KB264952

교회사전집4

중세시대

그레고리우스 1세부터
그레고리우스 7세까지

Philip Schaff

교회사전집

HISTORY OF THE CHRISTIAN CHURCH

4

필립 샤프

중세시대 〉 A.D. 590–1049

그레고리우스 1세부터 그레고리우스 7세까지

크리스챤
다이제스트

† 차례

제4기
중세 시대
그레고리우스 1세부터 그레고리우스 7세까지
A. D. 590-1049〈혹은 1073〉

제 4 기

중세 시대

그레고리우스 1세에서 그레고리우스 7세까지
A.D. 590–1049〈혹은 1073〉

제 1 장

중세 교회사에 대한 개관적 서론

1. 자료와 문헌

AUGUST POTTHAST: *Bibliotheca Historica Medii Aævi. Wegweiser durch die Geschichtswerke des Europäischen Mittelalters von 375–1500. Ber-lin, 1862. Supplement, 1868.*

The mediæval literature embraces four distinct branches.

1. The Romano-Germanic or Western Christian;
2. The Græco-Byzantine or Eastern Christian;
3. The Talmudic and Rabbinical;
4. The Arabic and Mohammedan.

We notice here only the first and second; the other two will be mentioned in subdivisions as far as they are connected with church history.

The Christian literature consists partly of documentary sources, partly of historical works. We confine ourselves here to the most important works of a more general character. Books referring to particular countries and sections of church history will be noticed in the progress of the narrative.

I. DOCUMENTARY SOURCES.

They are mostly in Latin—the official language of the Western Church,—and in Greek,—the official language of the Eastern Church.

(1) For the history of missions: the letters and biographies of mis-sionaries.

(2) For church polity and government: the official letters of popes, patriarchs, and bishops.

The documents of the papal court embrace (a) *Regesta* (*registra*), the transactions of the various branches of the papal government from A. D. 1198–1572, deposited in the Vatican library, and difficult of access. (b) *Epistolæ decretales*, which constitute the basis of the

Corpus juris canonici, brought to a close in 1313. (c) The *bulls* (*bulla,* a seal or stamp of globular form, though some derive it from βουλή, *will, decree*) and *briefs* (*breve,* a short, concise summary), *i. e.,* the official letters since the conclusion of the canon law. They are of equal authority, but the bulls differ from the briefs by their more solemn form. The bulls are written on parchment, and sealed with a seal of lead or gold, which is stamped on one side with the effigies of Peter and Paul, and on the other with the name of the reigning pope, and attached to the instrument by a string; while the briefs are written on paper, sealed with red wax, and impressed with the seal of the fisherman or Peter in a boat.

(3) For the history of Christian life: the biographies of saints, the disciplinary canons of synods, the ascetic literature.

(4) For worship and ceremonies: liturgies, hymns, homilies, works of architecture, sculpture, painting, poetry, music. The Gothic cathedrals are as striking embodiments of mediæval Christianity as the Egyptian pyramids are of the civilization of the Pharaohs.

(5) For theology and Christian learning: the works of the later fathers (beginning with Gregory I.), schoolmen, mystics, and the forerunners of the Reformation.

II. DOCUMENTARY COLLECTIONS. WORKS OF MEDIÆVAL WRITERS.

(1) For the Oriental Church.

Corpus Scriptorum Historiæ Byzantinæ, opera NIEBUHRII, BEKKERI, *et al.* Bonnæ, 1828–'78, 50 vols. 8vo. Contains a complete history of the East-Roman Empire from the sixth century to its fall. The chief writers are ZONARAS, from the Creation to A. D. 1118; NICETAS, from 1118 to 1206; GREGORAS, from 1204 to 1359; LAONICUS, from 1298 to 1463; DUCAS, from 1341 to 1462; PHRANTZES, from 1401 to 1477.

J. A. FABRICIUS (d. 1736): *Bibliotheca Græca sive Notitia Scriptorum veterum Græcorum,* 4th ed., by *G. Chr. Harless,* with additions. Hamburg, 1790–1811, 12 vols. A supplement by S. F. W. HOFF-MANN: *Bibliographisches Lexicon der gesammten Literatur der Griechen.* Leipzig, 1838–'45, 3 vols.

(2) For the Western Church.

Bibliotheca Maxima Patrum. Lugduni, 1677, 27 vols. fol.

MARTENE (d. 1739) and DURAND (d. 1773): *Thesaurus Anecdotorum Novus, seu Collectio Monumentorum,* etc. Paris, 1717, 5 vols. fol. By the same: *Veterum Scriptorum et Monumentorum Collectio ampliss.* Paris, 1724–'33, 9 vols. fol.

J. A. FABRICIUS: *Bibliotheça Latina Mediæ et Infimæ Ætatis.* Hamb. 1734, and with supplem. 1754, 6 vols. 4to.

Abbé MIGNE: *Patralogiæ Cursus Completus, sive Bibliotheca Universalis . . . Patrum,* etc. Paris, 1844–'66. The Latin series (1844–'55) has 221 vols. (4 vols. indices); the Greek series (1857–'66) has 166 vols. The Latin series, from tom. 80–217, contains the writers from Gregory the Great to Innocent III. Reprints of older editions, and most valuable for completeness and convenience, though lacking in critical accuracy.

Abbé HORAY: *Medii Ævi Bibliotheca Patristica ab anno MCCXVI usque ad Concilii Tridentini Tempora.* Paris, 1879 sqq. A continuation of Migne in the same style. The first 4 vols. contain the *Opera Honorii III.*

JOAN. DOMIN. MANSI (archbishop of Lucca, d. 1769): *Sacrorum Conciliorum nova et amplissima Collectio.* Florence and Venice 1759–1798, 31 vols. fol. The best collection down to 1509. A new ed. (fac-simile) publ. by *Victor Palmé,* Paris and Berlin 1884 sqq. Earlier collections of Councils by LABBÉ and COSSART (1671–72, 18 vols), COLET (with the supplements of Mansi, 1728–52, 29 vols. fol.), and HARDOUIN (1715, 12 vols. fol.).

C. COCQUELINES: *Magnum Bullarium Romanum. Bullarum, Privilegiorum ac Diplomatum Romanorum Pontificum usque ad Clementem XII. amplissima Collectio.* Rom. 1738–58. 14 Tom. fol. in 28 Partes; new ed. 1847–72, in 24 vols.

A. A. BARBERI: *Magni Bullarii Rom. Continuatio a Clemente XIII. ad Pium VIII.* (1758–1830). Rom. 1835–'57, 18 vols. fol. The bulls of Gregory XVI. appeared 1857 in 1 vol.

G. H. PERTZ (d. 1876): *Monumenta Germaniæ Historica.* Hannov. 1826–1879. 24 vols. fol. Continued by G. WAITZ.

III. DOCUMENTARY HISTORIES.

Acta Sanctorum BOLLANDISTARUM. Antw. Bruxellis et Tongerloæ, 1643–1794; Brux. 1845 sqq., new ed. Paris, 1863–'75, in 61 vols. fol. (with supplement). See a list of contents in the seventh volume for June or the first volume for October; also in the second part of Potthast, sub "Vita," pp. 575 sqq.

This monumental work of *John Bolland* (a learned Jesuit, 1596–1665), *Godefr. Henschen* (†1681), *Dan. Papebroch* (†1714), and their associates and followers, called *Bollandists,* contains biographies of all the saints of the Catholic Church in the order of the calendar, and divided into months. They are not critical histories, but compilations of an immense material of facts and fiction, which illustrate the life and manners of the ancient and mediæval church. Potthast justly calls it a *"riesenhaftes Denkmal wissenschaftlichen Strebens."* It was carried on with the aid of the Belgic government, which contributed (since 1837) 6,000 francs annually.

CÆS. BARONIUS (d. 1607): *Annales ecclesiastici a Christo nato ad annum 1198.* Rom. 1588–1593, 12 vols. Continued by RAYNALDI (from 1198 to 1565), LADERCHI (from 1566–1571), and A. THEINER (1572–1584). Best ed. by *Mansi,* with the continuations of Raynaldi, and the *Critica* of Pagi, Lucca, 1738–'59, 35 vols. fol. text, and 3 vols. of index universalis. A new ed. by *A. Theiner* (d. 1874), Bar-le-Duc, 1864 sqq. Likewise a work of herculean industry, but to be used

with critical caution, as it contains many spurious documents, legends
and fictions, and is written in the interest and defence of the papacy.
IV. MODERN HISTORIES OF THE MIDDLE AGES.

J. M. F. FRANTIN: *Annales du moyen age.*   Dijon, 1825, 8 vols. 8vo.

F. REHM: *Geschichte des Mittelalters.*   Marbg, 1821–'38, 4 vols. 8vo.

HEINRICH LEO: *Geschichte des Mittelalters.*   Halle, 1830, 2 vols.

CHARPENTIER: *Histoire literaire du moyen age.*   Par. 1833.

R. HAMPSON: *Medii Ævi Calendarium, or Dates, Charters, and Customs
   of the Middle Ages, with Kalenders from the Xth to the XVth century.*
   London, 1841, 2 vols. 8vo.

HENRY HALLAM (d. 1859): *View of the State of Europe during the Middle
   Ages.*   London, 1818, 3d ed. 1848, Boston ed. 1864 in 3 vols.   By the
   same: *Introduction to the Literature of Europe in the 15th, 16th, and
   17th centuries.*   Several ed., Engl. and Am.   Boston ed. 1864 in 4
   vols.; N. York, 1880, in 4 vols.

CHARLES HARDWICK (†1859): *A History of the Christian Church. Middle
   Age.*   3d ed. by *Stubbs,* London, 1872.

HENRY HART MILMAN (†1868): *History of Latin Christianity; includ-
   ing that of the Popes to the Pontificate of Nicholas V.*   London and N.
   York, 1854, 8 vols., new ed., N. York (A. C. Armstrong & Son), 1880.

RICHARD CHENEVIX TRENCH (Archbishop of Dublin): *Lectures on
   Mediæval Church History.*   London, 1877, republ. N. York, 1878.

V. THE MEDIÆVAL SECTIONS OF THE GENERAL CHURCH HISTORIES.

(a) Roman Catholic: BARONIUS (see above), FLEURY, MÖHLER, ALZOG,
   DÖLLINGER (before 1870), HERGENRÖTHER.

(b) Protestant: MOSHEIM, SCHRÖCKH, GIESELER, NEANDER, BAUR,
   HAGENBACH, ROBERTSON.   Also GIBBON'S *Decline and Fall of the
   Rom. Empire* (Wm. Smith's ed.), from ch. 45 to the close.

VI. AUXILIARY.

DOMIN. DU CANGE (Charles du Fresne, d. 1688): *Glossarium ad Scriptores
   mediæ et infimæ Latinitatis,* Paris, 1678; new ed. by *Henschel,* Par.
   1840–'50, in 7 vols. 4to; and **again** by *Favre,* 1883 sqq.—By the
   same: *Glossarium ad Scriptores mediæ et infimæ Græcitatis,* Par.
   1682, and Lugd. Batav. 1688, 2 vols. fol.   These two works are the
   philological keys to the knowledge of mediæval church history.

   An English ed. of the Latin glossary has been announced by John
   Murray, of London: *Mediæval Latin-English Dictionary, based upon
   the great work of Du Cange.   With additions and corrections by* E. A.
   DAYMAN.

2. 중세. 범위와 일반적 성격.

중세(the Middle Age)는 그 용어가 함축하듯이 고대와 현대 사이에 끼여 있는 시기로서, 고대를 계승하고 현대를 예비함으로써 두 시대를 연결시킨다. 그리스-로마 문화를 이어받은 뒤 중간에 조성된 야만주의의 혼돈을 걷고 점진적으로 올라선 로마-게르만 문화로 이행해 간 시기가 중세이다. 두 문화 사이에 연결고리가 된 기독교는 옛 시대의 훌륭한 요소들을 보존하고, 새로운 질서를 선도하고 형성해 나갔다.

정치적 관점에서 보자면, 중세는 5세기에 발생한 민족들의 대규모 이동과 서로마 제국의 멸망을 기점으로 시작한다. 그러나 교회사의 관점에서 보자면, 중세는 6세기 말에 활동한 마지막 교부이자 첫 번째 교황인 대 그레고리우스와 더불어 시작한다. 그리고 중세에 막을 내리게 한 것은 세속사로든 교회사로든 16세기 종교개혁으로서(1517), 이 사건이 기독교 시대의 근세[현대]를 열었다. 어떤 학자들은 근세사의 출발점을 종교개혁 이전에 발생한 인쇄술 발명이나 아메리카 대륙 발견으로 잡는다. 그러나 이 사건들은 기독교 세계의 거대한 개혁 운동과 확장에 예비적인 역할을 수행했을 뿐이다.

중세 기독교의 역사가 펼쳐진 무대는 주로 유럽이다. 서아시아와 북아프리카에서는 십자가가 초승달[이슬람교 상징]로 대체되었고, 갈수록 팽창해 가는 역사의 에너지에 새로운 장을 열어준 아메리카 대륙은 15세기 말에 가서야 비로소 발견되었다.

훗날 아메리카 대륙이 문명화한 기독교 유럽에서 온 평화로운 이민들로 채워졌던 것과 달리, 중세가 시작될 무렵 유럽은 아시아에서 전쟁 상황을 방불하게 대규모로 밀려온 이교 야만족들로 채워졌다.

민족들의 대규모 이동이 종교사·문화사의 물줄기를 돌려놓았다. 본격적 이동이 시작되던 초기에는 파괴와 약탈이 잇따라 심판날의 멸망을 연상시켰으나, 그것이 결국 새 창조의 전조이자, 코스모스(질서 있는 우주)에 앞서 존재하던 카오스(혼돈)였음이 밝혀졌다. 하지만 변화는 점진적으로 이루어졌다. 옛 그리스-로마 세계의 세력이 수세기 동안 새 요소들 곁에 나란히 존속했다. 야만족의 침입은 한 번 밀려왔다가 잦아드는 해일과는 달리 밀려왔다가 물러가기를 끊임없이 반복하는 파도처럼 임했고, 그렇게 해서 물에 흠뻑 적셔진 땅을 마침내 지배했다. 게르만족의 거대한 무리는 동으로 도나우 강 계곡을 휩쓸고 내려와 그리스 제국 접경까지 이르렀고, 남으로 라인 강과 보주 산맥을 넘어 갈리아로 진입했고, 알프스 산맥을 넘어 이탈리아로 진입했으며, 서로는 피레네 산맥을 넘어

스페인으로 진입했다. 이들은 단일 민족이 아니라 여러 독립 부족들이었다. 따라서 한 정복자가 이끄는 일사불란한 군대가 아니라 용감한 왕들의 지배를 받는 비정규적인 거친 전사들의 무리였다. 알렉산더나 카이사르 같은 천재 지략가의 야심에 지휘를 받은 게 아니라, 역사적 본능의 거역할 수 없는 충동에 이끌렸으며, 자신들도 모르는 가운데 미래에 펼쳐질 유럽과 미국의 운명을 뒷자락에 끌고 왔다. 불과 칼로써 파괴와 약탈을 자행했으나 생기와 열정이 넘쳤고, 여성들을 존중하는 태도와 유머 감각, 자유에 대한 애정이 있었다. 이것은 기독교의 교훈으로 성결하게 씻기고 발전한 다음에는 그리스-로마 문화보다 더 고등한 문화의 지배 원리들이 된 고상한 본능들이었다.

5세기 중반에 야만족이 물밀듯 밀려내려오던 때에 활동한 기독교 수사 살비아누스는 당시 정통신앙 진영의 로마인들이 저지른 죄악들을 몹시 음울하고 소름 끼치게 그리는 반면에, "로마인들의 방탕이 깊이 배여 있는 땅을 정절로써 정결케 하는" 이단(아리우스파)과 이교도 야만족들을 호의적으로 그리는 데 주저하지 않는다. 좀 더 냉정하고 포괄적인 눈을 가지고 시대를 바라본 아우구스티누스(430년 죽음)는 「하나님의 도성」이라는 대작에서 옛 로마 제국의 폐허를 딛고 새롭고 더 나은 문화가 일어날 가능성을 암시한다. 그리고 그의 제자 오로시우스는 다음과 같은 소망스러운 견해를 감추지 않는다. "사람들은 야만족들이 제국의 원수라고들 하지요. 그러면 나는 과거에 동방의 모든 사람들이 알렉산더 대왕에 대해서도 같은 생각을 하지 않았느냐고 대답합니다. 내 눈에는 로마인들도 멀리 떨어져 있는 민족들에게는 원수로밖에 보이지 않을 것으로 비칩니다. 하지만 여러분은 그리스인들이 제국을 세웠고, 게르만족이 이제 그 제국을 무너뜨리고 있는 게 아니냐고 말합니다. 옳습니다. 마게도냐인들은 먼저 민족들을 굴복시켰고, 그런 다음 그 민족들에게 문화를 보급했습니다. 같은 이치로, 오늘날 게르만족이 온 세상을 온통 뒤엎고 있습니다. 그러나 만약 그들이 정복을 끝내고도 여전히 세상의 주인이 된다면, 아마도 먼 훗날 우리의 후손들은 현재 우리 눈에는 원수로밖에 보이지 않는 이들에게 위대한 군주들이라는 칭호를 붙여가며 칭송할 것입니다."

3. 중세 기독교를 세워간 민족들. 켈트족, 튜턴족, 슬라브족

이렇게 해서 교회사의 무대에 등장하게 된 민족들을 다음 네 무리로 구분할 수 있다.

1. 로마족 곧 남유럽의 라틴족. 이 무리에는 이탈리아인들과 스페인인들, 포르투갈인들, 프랑스인들이 속한다. 이들은 옛 로마인들의 혈통과 라틴 기독교의 적자(嫡子)이자 상속자이지만, 켈트족과 게르만족의 새로운 세력들이 뒤섞였다. 이 부족들의 언어는 모두 라틴어에서 파생했다. 이들은 로마의 법과 관습을 계승했으며, 로마 주교구를 교회 조직의 중심으로 알고 그 통치를 받았다. 이들은 자신들의 영토로 침입해 들어오던 야만족들에게 기독교를 전했으며, 자신들의 우월한 문화에 힘입어 정복자들에게 법을 주었다. 오늘날도 이들은 중앙·남 아메리카에 사는 자신들의 후손들과 더불어 로마 가톨릭 교회에 속해 있다.

2. 켈트족. 이 무리에는 갈리아족과 옛 브리튼족(old Britons), 픽트족(Picts)과 스코트족(Scots), 웨일스족(Welsh)과 아일랜드족(Irish), 그리고 영국과 미국의 모든 대도시들에 살고 있는 이들의 무수한 이민들이 포함된다. 그리스도가 나시기 수백 년 전에 역사의 무대에 등장한 이들은, 신비한 아시아 땅에서 밀려와 서양의 땅끝까지 휩쓴, 거대한 아리아족 이민의 가벼운 첫 물결과 비슷한 존재들이었다.[1] 갈리아인들은 카이사르에게 정복되었으나, 훗날 프랑크 왕조를 세운 튜턴 계열의 프랑크족(Francs)과 합류했다. 브리튼인들도 로마인들에게 정복되었고, 훗날 앵글로색슨인들에게 쫓겨 웨일스와 콘월로 밀려났다. 고지대의 스코트족(Gaels)은 켈트족으로 남은 반면에, 저지대의 스코트족은 색슨족과 노르만족과 뒤섞였다.

켈트족의 정신적 특성들은 2천년이 지난 오늘날에도 변하지 않고 그대로 남아

---

1) 켈토이 혹은 켈타이 Celtae, 갈라타이 Galatae 혹은 Galati, Galli, Gael. 어떤 학자들은 이 단어가 '덮개', '은신처'라는 뜻의 celt라는 단어에서 유래했다고 하며, 다른 학자들은 '감추다'라는 뜻의 celu(라틴어. celo)에서 유래했다고 한다. 헤로도토스가 이들을 최초로 언급하며, 그의 말에 따르면 이들이 유럽 북서쪽 끝에 살았다고 한다. 사도 바울이 서신을 보낸 소아시아의 갈라디아인들은 켈트족의 일족으로서, 서쪽으로 이동한 주류에서 이탈했거나, 이동하다가 바다에 가로막혀 동쪽으로 발길을 옮긴 사람들이었다. Wieseler는 그들이 게르만족이었다고 주장하는데, 이 견해는 루터가 최초로 암시한 바 있다. 갈라디아 그리스도인들의 변덕스러움은 고대 갈리아인들과 현대 프랑스인들의 특징이다.

있다. 한편으로는 판단력이 민첩하고, 입담이 세고, 성격이 쾌활하고 직설적이며, 감수성이 예민한 반면에, 다른 한편으로는 경솔하고 변덕스럽고 쉽게 발끈하고 자제력이 부족한 것이 그들의 전형적인 특성이다. "그들은 제국들을 죄다 뒤흔들어 놓았으나, 스스로는 제국을 세우지는 못했다." 대 카토(the elder Cato)는 그들에 관해서 이렇게 말한다. "켈트족은 두 가지 일에 가장 몰두한다. 하나는 싸움(ars militaris)이고, 다른 하나는 논쟁(argute loqui)이다." 카이사르는 그들이 참 경솔하고 변덕스러운 사람들이라고 해가며 혀를 끌끌 찬다. 사도 바울도 같은 약점을 놓고 하소연한다(사도가 갈라디아인들에 대해서 해놓은 평가: 역자주).

켈트족의 역사를 쓴 티에리(Thierry)는 다음과 같이 그들을 잘 묘사한다. "그들에게는 아주 독특한 점들이 있다. 개인적 용맹에서 어느 민족에게도 뒤지지 않고, 성격이 솔직한데다 불같다. 사람들이 똑똑하긴 한데, 감정의 기복이 몹시 심하고 참을성이 없고, 기율과 질서를 배겨내지 못하며, 자부심이 강하고 언제든 한데 뭉치질 못한다. 허영이 그만큼 크기 때문이다." 몸젠(Mommsen)은 이 단락을 인용하면서 덧붙이기를, 켈트족이 군인으로서는 탁월한데 시민으로서는 형편없으며, 사회 전체의 엄격한 기강에 강압을 받아야만 자제(自制)라는 무거운 짐을 덜 수 있기 때문에 그들이 복종하는 유일한 질서란 군사적 질서라고 말한다.[2]

켈트 기독교는 처음에는 로마로부터 독립해 있었고, 심지어 특정 의식들에 대해서는 로마에 적대적인 태도를 취하기까지 했다. 하지만 색슨인들과 노르만인들의 정복을 겪고나서부터는 로마 교회를 준봉(遵奉)하게 되었으며, 종교개혁 이래로 아일랜드인들은 오히려 라틴인들보다 더 철저히 로마 교회에 결탁했다. 프랑스인들도 종교개혁 이전에는 개방적 가톨릭주의(이른바 갈리아주의)에 기울어져 있었으나, 이후에는 갈리아 교회가 누려오던 자유들을 포기하고 바티칸 공의회가 천명한 교황지상주의(敎皇至上主義, Ultramontanism) 밑으로 들어갔다. 반면에 웨일스인들과 스코트인들은 스코틀랜드 북부의 일부 고지대 주민들을 제외하고는 엄격한 칼빈주의를 표방하는 개신교 종교개혁을 받아들였으며, 그 진영에서도 가장 결연하고 열정적인 분자들이 되었다. 켈트 민족들이 걷게

---

2) *R mische Geschichte*, vol. I., p. 329, 5th ed., Berlin, 1868.

된 역사의 노정은 일찍이 신약시대 갈라디아인들이 어느 정도 예시한 바 있다. 이들은 사도 바울이 유대교로부터 독립된 내용의 복음을 전할 때 처음에는 그것을 기꺼이 진심으로 받았다가 곧 거짓 교사들의 말에 혹해서 유대교 회귀적인 율법주의로 돌아섰으며, 그러다가 다시 바울의 가르침을 듣고서 올바른 길로 돌아섰던 것이다.

3. 게르만족[3] 혹은 튜턴족은 그리스도의 강생 전후에 켈트인들의 이민에 뒤이어 서녘과 남녘으로 이동하여서 독일·스위스·네덜란드·스칸디나비아 반도·러시아 발트해 연안으로 흩어져 살았으며, 앵글로–색슨족의 침공이 있은 뒤에는 잉글랜드와 스코틀랜드, 그리고 아일랜드의 북부(켈트인들이 거주하지 않던 지역)에도 퍼져 살게 되었다. 오늘날 그들의 후손들은 대영제국과 북아메리카에 평화롭게 정착해 있다. 게르만 민족들은 중세와 현대에 두각을 드러낸 신선하고 활기차고 유망하고 진취적인 민족들이다. 이들의 기독교화는 4세기에 시작하여 대대적으로 진행하다가 마침내 10세기에 완료되었다. 게르만인들은 476년에 지도자 오도아케르(Odoacer)의 지휘하에 로물루스 아우구스툴루스(Romulus Augustulus) — 로마의 창건자들인 로물루스와 아우구스투스의 그림자 — 를 황제의 자리에서 끌어내고 서로마제국을 뒤엎었으며, 그로써 로마가 여섯 세기는 상승하고 여섯 세기는 쇠퇴할 것이라는, 고대로부터 전해 내려온 열두 마리 새의 복점(卜占)이 그대로 성취되었다. 게르만인들은 가는 곳마다 쇠락해 가던 제도와 시설을 무너뜨렸다.

그러나 극소수 예외 경우를 제외하고는 대체로 자신들이 정복한 라틴 지방의 종교를 받아들였으며, 그 종교가 제공하는 교육을 어린이 같은 유순함으로 받아들였다. 이들은 기독교를 위해 예정된 사람들이었고, 기독교도 이들을 위해 예정된 종교였다고 해도 과언이 아니다. 기독교는 이들의 호전적인 정열을 억제하고, 야수적인 세력을 길들이고, 헌신적 태도와 충절, 여성에 대한 배려, 가족 관계에 대한 존경, 개인 자유와 독립 중시 같은 그들의 본성 가운데 고상한 면들을

---

3) 게르만이라는 단어는 어원이 불확실하다. 어떤 학자들은 켈트어의 어근 garm 혹은 gairm(시끌벅적함)에서 유래했다고 주장하고, 다른 학자들은 고대 게르만어 gere(guerre, 예리한 무기, 창 혹은 단검)에서 유래했다고 주장한다(이럴 경우 '게르만인'은 무장한 사람, 전사라는 뜻이 된다). 또 어떤 학자들은 페르시아어 irman, erman(손님)에서 유래했다고 주장한다.

발전시켰다. 라틴 교회는 그들이 신앙으로 장성하여 독립하기 시작한 6세기까지 그들을 훈련하는 학교였을 뿐이다. 마침내 개신교 종교개혁은 게르만 민족들을 중세적이고 율법주의적인 가톨릭 체계의 예속에서 해방시켰다.

이교의 대 역사가 타키투스는 당대 로마인들의 부패상을 극명하게 부각시키기 위해서 야만 상태를 면치 못하던 시절의 게르만인들을 이상화한 것이 사실이지만(마치 몽테뉴와 루소가 '자기들의 나라에 대한 반감으로' 미개인들을 예찬한 것처럼), 그러는 과정에서 그들이 훗날 위대하게 될 것을 무의식적으로 예언했으며, 그의 예언은 성취되고도 남았다.

4. 슬라브족(Slavonic 혹은 Slavic races, 혹은 Slaves).[4] 이들은 유럽 동부와 북부에 거주하며, 불가리아족 · 보헤미아족(체코족) · 모라비아족 · 슬로바키아족 · 세르비아족 · 크로아티아족 · 벤드족(Wends, 독일 북동부에 살던 슬라브 민족: 역자주) · 폴란드족 · 러시아족이 이 무리에 속한다. 이들은 주로 9–10세기에 동방에서 파견된 선교사들을 통해서 회심했다. 절대 다수를 차지하는 동부의 슬라브족은 러시아의 민족 종교가 된 그리스 교회에 가입했으며, 그리스[비잔틴] 제국을 통해서 로마 교회의 영역과 거의 대등한 영역을 획득했다. 보헤미아족과 폴란드족으로 구성된 서부의 슬라브족은 교황제에 귀속되었다.

슬라브족은 그 수가 거의 8천 만을 헤아리며, 중세사에서 매우 종속적 지위를 차지했으며, 주류에서 소외되었다. 그러나 최근에는 자신들의 자원을 개발하기

---

4) Slave 혹은 Slavonian이라는 용어에 대해서 어떤 학자들은 slovo(말, 단어)에서 유래한 것이라고 주장하고, 다른 학자들은 slava(영광)에서 유래한 것이라고 주장한다. 이 단어에서 slave(노예)와 slavery(Sclave, esclave. 노예제도)라는 단어들이 유래했다. 그 이유는 많은 슬라브인들이 게르만 주인들에 의해서 노예나 농노 상태로 전락했기 때문이다. Webster는 slav 대신에 slave라고 표기하며, Edward A. Freeman은 *Historical Essays*(third series, 1879)에서 이 표기를 옹호하면서 다음 세 가지 이유를 제시한다. 1) 영어 단어 중에서 v라는 철자로 끝나는 예가 없다. 그러나 러시아의 많은 단어들은 이 철자로 끝나며(예. Kiev, Yaroslav), 어떤 히브리어 문법학자들은 Tau와 Vau 대신에 Tav와 Vav를 사용한다. 2) 유추. 우리는 Dane(데인인), Swede(스웨덴인), Pole(폴란드인)이라고 표기하지, Dan 등으로 표기하지 않는다. 그러나 슬라브어에서는 a가 장음이며, 묵음 모음들은 발음하지 않는 경향이 있다. 3) Slave라는 형태가 어원 연구를 계속 자극한다. 그러나 그 어원(slave=노예)은 불확실하며, 민족의 이름을 '노예'라는 보통 명사와 구분함으로써, 모욕을 끼치는 일을 피하는 것이 옳다.

시작했으며, 러시아가 유럽과 아시아에서 발휘하고 있는 지배적인 정치 권력에 힘입어 원대한 미래를 앞에 두고 있는 듯하다. 러시아는 범슬라브주의 (Panslavism)와 동방 교회의 운명을 양 어깨에 짊어지고 있다.

5. 그리스인들은 고대 기독교에서 현저하게 두각을 드러냈었고, 1453년에 비잔틴 제국이 멸망할 때까지 독립을 유지했다. 그러나 결국에는 슬라브인들과 섞이게 되었다. 그리스 교회는 이슬람교의 침입으로 인해 크게 약해졌으며, 초기 기독교가 차지했던 영역들을 상실했으나, 러시아에서 광활한 선교지를 새롭게 획득했다.

4. 중세 기독교의 특성

중세 기독교는 한편으로는 고대 가톨릭 교회를 합법적으로 계승하여 발전시켰고, 다른 한편으로는 개신교의 등장을 준비했다.

중세 기독교를 이끌어 간 주된 동인들은 교황제 · 수도원주의 · 스콜라주의로서, 각각 절정에 이르기까지 발전하다가 내부에서 자라난 반대에 부닥치게 되었다.

기독교는 처음 세상에 전파될 때에는 문화가 고도로 발달한 민족들과 접촉했다. 그러나 이제는 야만족들 사이에서 새로운 문화의 터를 닦아야 하는 처지에 서게 되었다. 사도들은 유대인들과 그리스인들과 로마인들의 도시들에 교회를 세웠고, 따라서 당시에는 시골 사람, 벽지 사람이란 뜻의 ‘이교도’(pagan)라는 단어가 점차 ‘우상 숭배자’를 가리키게 되었다. 사도 시대와 그 이후의 교회들은 방대하고 불후한 문학을 이미 지니고 있던 언어로 말하고 글을 썼고, 로마 군단들이 이미 잘 닦아놓은 대로들을 다니면서 복음을 전파했고, 가는 곳마다 이미 잘 수립된 사회와 정부를 발견했으며, 따라서 고대의 문화에 새로운 영적 생명을 불어넣고, 그 문화를 더 숭고한 도덕적 목표에 귀속시키는 것이 교회 앞에 놓인 사명이었다. 그러나 암흑시대의 선교사들은 거친 삼림지대와 개간되지 않은 황량한 벌판을 찾아가야 했고, 무지한 민족들에게 문자를 가르쳐야 했으며, 사회와 문학과 예술을 위한 토대를 닦아야 했다.

따라서 기독교는 아직 유아들로 다룰 수밖에 없는 상태에 있던 민족들을 훈련시키는 강력한 교육 기관의 성격을 띠게 되었다. 중세 가톨릭 교회가 율법주의적이고 위계적(位階的)이고 의식주의적이고 로맨스적(傳奇的) 성격을 띠었던 원인이 거기에 있었다. 그럼에도 불구하고 민족들은 교회라는 학교에서 훈련을 받은 정도만큼 성직위계제도에 대해서 독립을 주장하기 시작했고, 자국어로 민족 문학을 발전시키기 시작했다. '사유'(思惟)와 '반추'(反芻)가 인간 생활의 가장 높은 결정자가 된 우리 시대와 비교할 때, 중세는 '열정'의 시대였다. 로마 사회에서 발전했던 성문법을 야만족들은 이해할 능력도 복종할 의지도 없었다. 그러나 살아 있는 말로 이루어진 불문법에는 쉽게 감명을 받았으며, 타인의 의지에 자신의 의지를 철저히 굽히는 데서 일종의 매력을 발견했다. 따라서 교회의 가르침이 그 땅의 법이 되었으며, 모든 사회적 · 정치적 조직의 토대가 되었다.

흔히들 중세를 가리켜 '암흑시대'라고 한다. 이 말은 앞 시대인 고대 기독교 시대와 뒤에 이어진 현대 기독교 시대와 비교하면 옳은 말이지만, 교회가 암흑에 책임이 있다는 뜻이 실려 있다면 그것은 틀린 말이다. 기독교는 주위의 야만성과 이교성의 암흑을 뚫고 들어가 점차 어둠을 몰아낸 빛이었다. 부지런한 사제들과 수사들이 로마제국이라는 난파선에서 고전 학문의 보물들을 성경과 교부들의 글들과 함께 건져내어 좀 더 나은 시대로 전수해 주었다. 중세의 빛은 신약성경의 영감된 글들에서 발산되는 밝은 햇빛이라기보다는 교회 전승이라는 차용된 별빛과 달빛이었다. 하지만 이것이 무지한 가운데 있던 민족들의 눈이 견딜 수 있었던 빛이었으며, 위대한 종교개혁의 광명한 빛 앞에서 사라질 때까지 비추기를 끊이지 않았다. 그리스도께서는 모든 시대 모든 나라들에 자신의 증인들을 두어오셨는데, 칠흑 같은 어둠에 둘러싸인 증인들일수록 훨씬 더 밝게 비춘다.

> "사막 길을 걸어갈지라도 잠시 멈춰 서면,
> 은신처가, 거룩하고 안전한 거처가 눈앞에 보인다."

반면에 중세는 특히 로마 가톨릭 저자들에 의해서 '신앙의 시대'라고 자주 불린다. 이 시대에는 신앙 소설의 매력을 지닌 성인들의 전설들이 가득하다. 이 시대를 살았던 모든 사람들이 초자연적이고 기적적인 것들을 마치 오늘날 어린이들이 그러하듯 쉽게 믿었다. 천국과 지옥이 프랑스 왕국과 베네치아 공국만큼 현실로 통했다. 회의와 불신이란 찾아볼 수 없었으며, 혹시 있으면 탄압을 받고 은닉되었다. 그러나 신앙이 미신과 크게 결부되었고, 비평적 조사와 판단은 전무했다. 어린이들의 신앙처럼 신앙이 맹목적이었다. 도저히 믿을 수 없고 터무니없는 전설들이 의문 없이 받아들여졌다. 게다가 도덕성도 별로 나을 게 없었고, 오히려 현대 사회보다 더 거칠고 상스럽고 격정적이었다.

보이는 조직으로서의 교회가 사람들의 정신을 이 시대만큼 강력하게 장악한 시대는 전에도 없었고 후에도 없었다. 요람에서 무덤까지 교회가 삶의 모든 부분들을 통제했다. 모든 학문을 독점했으며, 과학과 예술을 시녀로 만들었다. 모든 진보적 운동을 주도했다. 대학교들을 설립했고, 높은 대성당들을 세웠고, 십자군들을 일으켰고, 왕들을 세우기도 하고 폐하기도 했으며, 모든 민족들에 복과 저주를 내렸다. 로마에 거점을 둔 중세의 성직위계제도는 구약 유대인들의 신정(神政) 체제를 더 포괄적인 범위로 재현했다. 그리스도의 천년 통치를 현세적으로 예기했다고 할 만한 시대였다. 이 거대한 체제는 세워지는 데도 여러 세기가 걸렸고, 해체되는 데도 여러 세기가 걸렸다.

체제에 대한 비판은 주로 반(反) 가톨릭적 분파들에게서 나왔다. 이들은 무자비한 박해에 굴하지 않았고, 교황제의 부패와 독재에 항거하기를 마지않았다. 비판의 원동력은 크게 세 가지였다. 첫째는 모든 것을 수탈해가는 성직위계제도의 중앙집권적 체제에 저항하여 일어난 민족 의식이었다. 둘째는 미신과 전통의 군림을 타파한 전통과 성경 연구의 부흥이었다. 셋째는 가톨릭 교회 자체의 내면적이고 깊은 삶으로서, 이러한 고민과 노력이 종교개혁의 필요를 크게 부각시켰고, 율법의 엄한 훈련을 뚫고 복음의 빛과 자유로 나아가려고 갈등했다. 중세 교회는 사람들을 그리스도에게로 인도하는 몽학선생이었다. 종교개혁은 서방 기독교 세계를 율법의 멍에에서 해방시키고, "그리스도께서 우리를 자유롭게 하려고"(갈 5:1) 주신 자유를 되찾은 사건이었다.

5. 중세의 시기들

중세는 세 시기로 구분할 수 있다.

1. 선교 시기. 그레고리우스 1세부터 힐데브란트 곧 그레고리우스 7세에 이르

는 시기(주후 590-1073). 북유럽 야만족들의 회심. 새로운 문명의 여명. 이슬람의 발흥과 약진. 서방 교회와 동방 교회의 분열. 더러는 이 시기를 게르만-로마 제국의 창건자 샤를마뉴(800)를 기점으로 세분하기도 한다.

2. 교황 중심적 신정정치의 전성기. 그레고리우스 7세에서 보니파키우스 8세에 이르는 시기(주후 1073-1294). 교황제 · 수도원주의 · 스콜라주의의 전성기. 십자군 전쟁들. 교황과 황제의 대립. 힐데브란트가 등장한 시기를 기점으로 잡을 경우 이 시기는 1049년에 시작한다.

3. 중세 가톨릭 체계의 쇠퇴와 현대 기독교의 예비. 보니파키우스 8세에서 종교개혁에 이르는 시기(주후 1294-1517). 교황청의 유배와 분열. 개혁적 공의회들. 스콜라주의 쇠퇴. 신비주의 성행. 학문과 인쇄술의 부흥. 아메리카 대륙 발견. 개신교의 선구자들. 종교개혁의 여명.

이 세 시기가 다듬어지지 않은 유년기와 완숙한 장년기, 쇠퇴해 가는 노년기로서 서로 맞물려 전개된다. 그러나 중세 체제의 점진적 해체는 새로운 삶을 위한 예비였으며, 재건을 지향하는 파괴였을 뿐이다.

이 세 시기는 따로 다룰 수도 있고 하나의 연속된 시기로 다룰 수도 있다. 두 방법 다 나름대로 장점이 있다. 자세한 공부를 하기에는 전자가 유리하고, 지속성을 지닌 큰 사건들을 한눈에 개관하기에는 후자가 유리하다.

제1권의 서문에 제시한 시대 구분에 따르면 중세의 세 시기는 기독교 역사의 넷째, 다섯째, 여섯째 시기에 해당한다.

제 2 장

북유럽과 서유럽 야만족들의 회심

6. 중세 선교의 특성

중세의 문턱에서 역사 무대에 들어온 새롭고 야만적인 부족들이 회심한 사건은 기독교 교회가 6-10세기에 이루어낸 위대한 사역이었다. 기독교는 이미 2세기 혹은 3세기에 갈리아인들과 브리튼인들, 그리고 라인 강 양안의 게르만인들에게 전파되어 있었다. 하지만 이것은 산발적인 노력에 따른 일시적인 결과였을 뿐이다. 6세기까지는 이렇다 할 진지한 노력이 없다가, 그 뒤로는 비록 내전과 외침에 의해 숱한 장애와 일시적 중단을 겪긴 했어도, 10세기와 12세기에 이르기까지 열정적인 노력이 기울여졌다.

켈트족과 튜턴족, 슬라브족이 기독교를 받아들인 것은 동시에 문명을 향한 걸음이었으며, 이 점에서 앞 시대에 이루어진 유대인들, 그리스인들, 로마인들의 개종과 사뭇 달랐다. 북유럽과 서유럽의 민족들에 파송된 기독교 선교사들은 오늘날 아시아와 아프리카의 이교 민족들 속에서 사역하는 선교사들이 그러하듯이 문자·학문·농경·법·예술을 위한 토대를 닦았다. 어떤 역량있는 비평가는 이렇게 말한다. "언어학은 생성 단계에서 기독교에 큰 혜택을 입었다. 이 학문의 선구자들은 온 세상으로 나아가 만민에게 복음을 전하라는 사명을 받은 사도들과, 그들의 진정한 계승자들인 기독교 교회의 선교사들이었다."[1] 지식의 모든 분야와 질서 확립 방식에 대해서도 같은 평가를 할 수 있다. 선교사들은 경건

---

1) Max Müller, *Science of Language*, I. 121.

과 영혼 구원에 목표를 두고서 지적 문화와 현세적 번영을 일시적으로 촉진하기도 했다. 기독교 정신의 영향으로 신자들이 형제들이라는 의식이 생기면서 민족과 민족 사이를 가로막고 있던 담장이 무너졌고, 민족들간에 형제애가 형성되었다.

중세 기독교 전파 방식은 집단 회심, 즉 민족이 군주의 명령에 따라 강제로 기독교 신앙을 받아들이는 방식이었다. 선교가 선교사들과 영적인 수단들로만 행해진 것이 아니라, 정치적 영향력에 의해서, 이교 군주가 그리스도인 아내를 맞이함으로써, 그리고 어떤 경우에는 군사력에 의해서도 행해졌다(예. 색슨족이 샤를마뉴의 강압에 의해 세례를 받은 일). 그것은 신약성경에 기록된 것과 같이 성령의 영감을 받은 사도들의 1차적 기독교로 회심한 것이 아니라, 교부들과 수사들과 교황들이 가르친 교회 전승에 입각한 2차적 기독교로 회심한 것이었다. 세례도 불과 성령에 의한 세례가 아닌, 물 세례였다. 설교에 의한 신앙 교육도 변변치 않거나 아예 이루어지지 않았다. 세례 고백조차 뜻도 모른 채 라틴어로 암기했다. 기독교를 접해본 거친 야만족들은 기존에 신봉해 오던 자신들의 종교가 취약하다는 것을 발견하고는 새 종교에 기꺼이 복종했다. 하지만 몇몇 부족들은 정복자의 칼이 무서워서 겉으로 복종하는 척했을 뿐이다.

이렇게 명목상의 기독교로 피상적이고도 집단적으로 개종한 일은 민족적 유아세례의 관점에서 바라봐야 한다. 이 일은 오랜 세월을 두고 시행될 기독교 교육을 위한 토대가 되었다. 야만족들은 지적 수준에서 어린아이들이었고, 따라서 어린아이들처럼 다루지 않을 수 없었다. 기독교는 몽학선생으로서 그들을 그리스도 안에서 장년이 될 때까지 지도하는 새로운 율법의 형식을 취했다.

중세의 선교사들은 거의 다 수사들이었다. 이들은 대체로 제도 교육을 받지 못하고 인생과 세계를 바라보는 관점도 편협했으나, 헌신과 자기 부인의 열정만큼은 대단했다. 단순 소박한 생활에 익숙했고, 세상의 모든 인연을 단절했고, 온갖 유형의 자기 부정에 훈련되었고, 어떤 노고도 감당할 자세가 되었고, 비범한 습관과 독신 생활, 금식, 규칙적인 기도로 민중의 주목과 존경을 받은 이들은 북유럽과 서유럽의 야만 부족들에게 기독교와 문명을 이식(移植)하는 최고의 선구자들이었다. 이들의 생애는 전기 작가들에 의해서 워낙 심한 전설과 기적의 후광이 입혀진 까닭에 허구에서 사실을 가려내기가 사실상 불가능하다. 이들이 일으켰다고 하는 기적들의 대다수는 물론 공상이나 사기의 산물이지만, 그렇다고

해서 통째로 부정하는 것은 경솔한 태도일 것이다. 기독교가 처음 등장할 때 기적이 필요했던 바로 그 이유는 야만족들로 하여금 자기들보다 더 숭고한 도덕적 증거를 깨우쳐 주기 위해서였을 것이다.

I. 잉글랜드·아일랜드·스코틀랜드의 개종

7. 참고문헌

I. SOURCES.

GILDAS (Abbot of Bangor in Wales, the oldest British historian, in the sixth cent.): *De excidio Britanniæ conquestus*, etc. A picture of the evils of Britain at the time. Best ed. by *Joseph Stevenson*, Lond., 1838. (English Historical Society's publications.)

NENNIUS (Abbot of Bangor about 620): *Eulogium Britanniæ, sive Historia Britonum.* Ed. *Stevenson*, 1838.

The Works of Gildas and Nennius transl. from the Latin by *J. A. Giles*, London, 1841.

*BEDA Venerabilis (d. 734): *Historia Ecclesiastica gentis Anglorum;* in the sixth vol. of Migne's ed. of Bedæ *Opera Omnia*, also often separately published and translated into English. Best ed. by *Stevenson*, Lond., 1838; and by *Giles*, Lond., 1849. It is the only reliable church-history of the Anglo-Saxon period.

The ANGLO-SAXON CHRONICLE, from the time of Cæsar to 1154. A work of several successive hands, ed. by *Gibson* with an Engl. translation, 1823, and by *Giles*, 1849 (in one vol. with Bede's *Eccles History*).

See the *Six Old English Chronicles*, in Bohn's *Antiquarian Library* (1848); and *Church Historians of England trans.* by JOS. STEVENSON, Lond. 1852–'56, 6 vols.

SIR HENRY SPELMAN (d. 1641): *Concilia, decreta, ⌐ges, constitutiones in re ecclesiarum orbis Britannici*, etc. Lond., 1639–'64, 2 vols. fol. (Vol. I. reaches to the Norman conquest; vol. ii. to Henry VIII).

DAVID WILKINS (d. 1745): *Concilia Magnæ Britanniæ et Hiberniæ* (from 446 to 1717), Lond., 1737, 4 vols. fol. (Vol. I. from 446 to 1265).

*ARTHUR WEST HADDAN and WILLIAM STUBBS: *Councils and Ecclesiastical Documents relating to Great Britain and Ireland:* edited *after Spelman and Wilkins.* Oxford (Clarendon Press), 1869 to '78. So far 3 vols. To be continued down to the Reformation.

The Penitentials of the Irish and Anglo-Saxon Churches are collected and edited by F. KUNSTMANN (*Die Lat. Pönitentialbücher der*

Angelsachsen, 1844); WASSERSCHLEBEN (*Die Bussordnungen der abendländ. Kirche*, 1851); SCHMITZ (*Die Bussbücher u. d. Bussdisciplin d. Kirche*, 1883).

II. Historical Works.
(a) The Christianization of England.

*J. USSHER (d. 1655): *Britannicarum Eccles. Antiquitates.* Dublin, 1639; London, 1687; *Works* ed. by Elrington, 1847, Vols. V. and VI.

E. STILLINGFLEET (d. 1699): *Origenes Britannicæ; or, the Antiqu. of the British Churches.* London, 1710; Oxford, 1842; 2 vols.

J. LINGARD (R. C., d. 1851): *The History and Antiquities of the Anglo-Saxon Church.* London, 1806, new ed., 1845.

KARL SCHRÖDL (R. C.): *Das erste Jahrhundert der englischen Kirche.* Passau & Wien, 1840.

EDWARD CHURTON (Rector of Crayke, Durham): *The Early English Church.* London, 1841 (new ed. unchanged, 1878).

JAMES YEOWELL: *Chronicles of the Ancient British Church anterior to the Saxon era.* London, 1846.

FRANCIS THACKERAY (Episcop.): *Researches into the Eccles. and Political State of Ancient Britain under the Roman Emperors.* London, 1843, 2 vols.

*COUNT DE MONTALEMBERT (R. C., d. 1870): *The Monks of the West.* Edinburgh and London, 1861–'79. 7 vols. (Authorized transl. from the French) The third vol. treats of the British Isles.

REINHOLD PAULI: *Bilder aus Alt-England.* Gotha, 1860.

W F. HOOK: *Lives of the Archbishops of Canterbury.* London, 2nd ed., 1861 sqq.

G. F. MACLEAR (D.D., Head-master of King's College School): *Conversion of the West. The English.* London, 1878. By the same: *The Kelts,* 1878. (Popular.)

WILLIAM BRIGHT (Dr. and Prof. of Eccles. Hist., Oxford): *Chapters on Early English Church History* Oxford, 1878 (460 pages).

JOHN PRYCE: *History of the Ancient British Church.* Oxford, 1878.

EDWARD L. CUTTS: *Turning Points of English Church-History.* London, 1878.

DUGALD MACCOLL: *Early British Church. The Arthurian Legends.* In "The Catholic Presbyterian," London and New York, for 1880, No. 3, pp. 176 sqq.

(b) The Christianization of Ireland, Wales, and Scotland.

DR. LANIGAN (R. C.): *Ecclesiastical History of Ireland.* Dublin, 1829.

WILLIAM G. TODD (Episc., Trinity Coll., Dublin): *The Church of St. Patrick: An Historical Inquiry into the Independence of the Ancient Church of Ireland.* London, 1844. By the same: *A History of the Ancient Church of Ireland.* London, 1845. By the same: *Book of*

Hymns of the Ancient Church of Ireland. Dublin, 1855.

FERDINAND WALTER: *Das alte Wales.* Bonn, 1859.

JOHN CUNNINGHAM (Presbyterian): *The Church History of Scotland from the Commencement of the Christian Era to the Present Day.* Edinburgh, 1859, 2 vols. (Vol. I., chs. 1–6).

C. INNES: *Sketches of Early Scotch History, and Social Progress.* Edinb., 1861. (Refers to the history of local churches, the university and home-life in the mediæval period.)

THOMAS MCLAUCHLAN (Presbyt.): *The Early Scottish Church: the Ecclesiastical History of Scotland from the First to the Twelfth Century.* Edinburgh, 1865.

*DR. J. H. A. EBRARD: *Die iroschottische Missionskirche des 6, 7 und 8 ten Jahrh., und ihre Verbreitung auf dem Festland.* Gütersloh, 1873.

Comp. Ebrard's articles *Die culdeische Kirche des 6, 7 und 8ten Jahrh.,* in Niedner's "Zeitschrift für hist. Theologie" for 1862 and 1863.

Ebrard and McLauchlan are the ablest advocates of the anti-Romish and alleged semi-Protestant character of the old Keltic church of Ireland and Scotland; but they present it in a more favorable light than the facts warrant.

*DR. W. D. KILLEN (Presbyt.): *The Ecclesiastical History of Ireland from the Earliest Period to the Present Times.* London, 1875, 2 vols.

*ALEX. PENROSE FORBES (Bishop of Brechin, d. 1875): *Kalendars of Scottish Saints. With Personal Notices of those of Alba, Laudonia and Stratchclyde.* Edinburgh (Edmonston & Douglas), 1872. By the same: *Lives of S. Ninian and S. Kentigern. Compiled in the twelfth century. Ed. from the best MSS.* Edinburgh, 1874.

*WILLIAM REEVES (Canon of Armagh): *Life of St. Columba, Founder of Hy. Written by Adamnan, ninth Abbot of that monastery.* Edinburgh, 1874.

*WILLIAM F. SKENE: *Keltic Scotland.* Edinburgh, 2 vols., 1876, 1877.

*F. E. WARREN (Fellow of St. John's Coll., Oxford): *The Liturgy and Ritual of the Celtic Church.* Oxford 1881 (291 pp.).

F. LOOFS: *Antiquæ Britonum Scotorumque ecclesiæ moves, ratio credendi, vivendi,* etc. Lips., 1882.

Comp. also the relevant sections in the Histories of England, Scotland, and Ireland, by HUME (Ch. I –III.), LINGARD (Ch. I. VIII.), LAPPENBERG (Vol. I.), GREEN (Vol. I.), HILL BURTON (*Hist. of Scotland,* Vol. I.); MILMAN'S *Latin Christianity* (Book IV., Ch. 3–5); MACLEAR'S *Apostles of Mediæval Europe* (Lond. 1869), THOMAS SMITH'S *Mediæval Missions* (Edinb. 1880).

8. 브리튼족

브리타니아는 기독교 시대보다 반 세기 앞서 세계사의 무대에 등장했다. 갈리아의 정복자 율리우스 카이사르가 갈리아의 칼레에서 로마 군단을 이끌고 해협을 건너 브리타니아 섬에 상륙한 뒤 그 섬을 '영원한 도성'의 지배에 귀속시킨 것이 그 시작이었다. 하지만 이 섬이 로마에 완전히 귀속된 것은 클라우디우스의 재위 때(주후 41-54)였다. 교회사에 모습을 드러내기 시작한 것은 2세기에 브리튼인들이 회심하면서부터였다. 브리타니아에 대한 선교 역사는 켈트족 시기와 앵글로색슨족 시기로 구분된다. 두 민족 모두 교리에서는 당시에 통용되던 가톨릭 신앙을 견지했고 권징 체계만 약간 달랐을 뿐이지만, 민족 감정으로 인해 서로를 철저히 적대시했다. 이러한 적대감이 잉글랜드와 스코틀랜드에서는 결국 해소되었으나, 켈트족의 고향인 아일랜드에서는 여전히 뜨겁게 타오르고 있다. 두 민족은 노르만 정복을 겪으면서 과거보다 훨씬 더 로마 교회에 가깝게 다가섰다.

브리타니아에 가장 오래 전부터 거주한 주민들은, 아일랜드인들과 스코트인들과 갈리아인들과 마찬가지로, 켈트족의 혈통을 물려받은 사람들이었다. 반라(半裸)로 다니던 이 야만족은 싸움을 좋아하고 사납고 복수심이 강했으나 내부 갈등으로 분열되었던 까닭에 외세에 쉽게 정복되었다. 이들은 그리스와 로마의 신들을 이름만 바꾸어 받아들였으며, 숲과 강과 산의 정령들로 이루어진 무수한 지역 신들을 숭배했다. 삼림의 왕인 떡갈나무에 각별한 존경을 바쳤다. 대지의 결실과 적군에게서 탈취한 물건을 신들에게 바쳤고, 민족의 운명이 위태로울 때는 인신(人身) 제사까지도 바쳤다. 드루이드(druid)라 부른 그들의 사제들은 고요하고 음울한 숲에 마련한 통나무 집이나 동굴에서 거주하면서 교육과 종교를 관장했고, 자연과 의술과 점성술의 비결들을 안다고 자처했으며, 사람들에게 점을 쳐주었다.[2] 이들이 지혜의 세 가지 원칙으로 가르친 것은 "신의 법에 복종하

---

2) Druid 혹은 Druidh라는 단어는 대 플리니우스가 생각한 대로 그리스어 δρυς(떡갈나무)에서 유래한 것이 아니라, '현자', '사제'라는 뜻의 켈트어 draiod에서 유래한 것이며, 고대 동방의 마기(magi)와 같은 뜻이다. 아일랜드어 성경에는 draiod가 마태복음 2:1의 동방박사들을 가리키는 데 사용된다.

는 것, 인간에게 유익을 끼치는 것, 살면서 당하는 뜻밖의 일들 앞에서 인내하는 것"이었다. 이들은 영혼 불멸과 윤회도 가르쳤다. 드루이드 집단 가운데 시의 형식으로 강론을 하던 계층이 있었는데, 방랑 시인들이라 불린 이들은 시인들과 음악가들로서 추장을 따라 전장에 나갔고, 전쟁이 끝나면 하프를 연주하여 잔치의 흥을 돋구었다. 오늘날도 솔즈베리 평야의 스톤헨지와 오크니 제도(諸島)의 스테니스 같은 드루이드교 신전 유적들이 남아 있다. 몇몇 경우는 거석(巨石)들이 지면에서 6m가량 높이로 둘러서 있고, 그 주변에는 고대의 묘지로 추측되는 거대한 봉분들이 자리잡고 있다. 숭배지 근처에 묻히고 싶어하던 사람들의 심정이 잘 반영되어 있다.

브리타니아에 기독교가 최초로 전래된 경위는 베일에 가려져 있다. 전설에 따르면 이 지역에 최초로 복음을 전한 사람이 적어도 열 명이나 된다. 1) 브리타니아의 왕자 브란(Bran)과 그의 아들 카라독(Caradog). 그는 주후 51-58년에 로마에서 사도 바울을 만나 그에게 배웠고, 귀국한 뒤 고향에 복음을 전했다고 한다. 2) 사도 바울. 3) 사도 베드로. 4) 사도 셀롯 시몬. 5) 사도 빌립. 6) 사도 대 야고보. 7) 사도 요한. 8) 아리스도불로(롬 16:10). 9) 아리마대 요셉 — 주로 노르만 정복 이후에 글래스턴베리 대수도원의 전설들에 등장하며, 그리스도의 피가 담긴 성배(聖杯)를 잉글랜드로 가져갔다고 전해진다. 10) 교황 엘류테루스(Eleutherus)가 로마에서 브리타니아 왕 루키우스(Lucius)에게 파견한 선교사들.[3]

그러나 이 전설들은 6세기 이전에 생긴 것일 수가 없으며, 따라서 역사적 가치가 전혀 없다. 사도 바울이 주후 63-67년의 어느 시점에 브리타니아를 방문했을

---

3) 참조. Haddan & Stubbs, *Counc. and Eccles. Doc.* I. 22-26, and Pryce, 31 sqq. Haddan은 이렇게 말한다. "(a) 1세기에 로마에 갔던 브리타니아의 그리스도인들, (b) 1세기에 브리타니아에 있던 브리타니아의 그리스도인들, (c) 1세기에 브리타니아에서 전도를 하던 사도들 혹은 사도들이 파견한 사람들에 관한 진술들은 추측이나 오류나 전설에 근거한 것들이다." 그리고 "2세기에 브리타니아에 기독교 교회가 주장한 것처럼 제시되는 증거는 비역사적인 것일 뿐이다." Pryce는 앞의 사람들을 최초의 전도자로 주장하는 말에 대해서 "근거없는 추정, 그럴듯한 가정, 혹은 전설"이라고 일축한다. 에우세비우스는 *Dem. Ev.* III. 5에서 열두 사도나 칠십 문도 가운데 일부가 "대양을 건너 브리티쉬라고 부르는 섬들에 들어간" 것처럼 말하지만, 이 단락은 수사적이고 불명확하다. 그의 「교회사」에서는 사도들의 선교 지역에서 브리타니아를 제외한다.

가능성을 완전히 배제할 수는 없으며(로마에서 두 번째 구금된 일을 놓고 생각하면), 심지어 어셔(Ussher)와 스틸링플릿(Stillingfleet) 같은 학자들에게까지 옹호를 받았으나, 사실상 그렇게 했을 개연성이란 전혀 없으며 증거도 없다.[4]

2세기에 브리타니아의 왕 루키우스가 로마 주교 엘류테루스와 서신을 주고받다가 회심했다는 이야기는 비드(Bede)가 여러 오류들을 지적해 가면서 언급하는데, 확립된 사실보다는 전설에 가깝다.[5] 리옹의 이레나이우스는 교회들을 하나씩 다 열거하는데, 브리타니아의 교회에 대해서는 전혀 언급이 없다. 하지만 로마 및 갈리아와 유지했던 관계를 감안할 때, 브리타니아는 일찌감치 기독교와 접촉했음에 틀림없다. 주후 208년경에 테르툴리아누스는 "아직까지 로마인들의 방문을 받은 적이 없는 브리타니아의 지역들이 그리스도에게 복속되었다"고 환호하며 선포했다.[6] 로마의 군인 출신으로 추정되는 성 알바누스는 디오클레티아누스의 박해 때(303) 브리타니아 최초의 순교자로서 목숨을 잃었으며, 이 일로

---

4) 바울이 "서방의 끝까지" 복음을 전했다는 주장은 로마의 클레멘스의 유명한 구절(*Ep. ad Corinth*, c. 5)에서 추론할 것일 뿐이다. 오히려 바울이 의도한 것이 스페인 방문이었던 것으로 이해하는 것이 훨씬 더 자연스러우며(참조. 롬 15:28), 이것은 170년경에 작성된 무라토리 단편의 단락으로 확증되는 듯하다("*Profectionem Pauli ab urbe ad Spaniam proficiscentis*"). 반면에 브리타니아를 방문하려고 했거나 실제로 방문한 흔적은 없다. 참사회원 Bright는 이것을 단순히 '신앙심에서 비롯된 공상'이라고 부르며, 주교 Lightfoot는 "영국의 일부 작가들이 애국심에서 사도들의 방문지에 브리타니아를 포함시키지만, 증거도 개연성도 전혀 없다"고 말한다(*St. Clement of Rome*, p. 50). 하지만 바울의 전도를 받고 회심한 갈라디아의 일부 신자들이 모직물들을 들고 브리타니아의 금속류와 교환하기 위해서 서유럽 끝을 찾아간 길에 브리튼인들에게 그들이 친숙히 알고 있던 켈트어로 복음을 최초로 전했을 개연성은 있다. 참조. Lightfoot, *Com. on Gal.*, p. 246.

5) Book I., ch. 4: "브리튼인들의 왕 루키우스는 엘류테루스에게 편지를 보내서 자신이 그리스도인이 되도록 명령해달라고 청원했다. 교황은 곧 왕의 경건한 청원을 받아들였고, 브리튼인들은 자신들이 이미 받아들였던 믿음을 황제 디오클레티아누스 때까지 평화로운 가운데 변질시키지 않고 온전히 간직했다."

6) *Adv. Judaeos 7*. 주교 Kaye(Tertull., p. 94)는 이 구절이 브리타니아의 변경 지대들을 가리킨다고 이해한다.

7) Bede. I. 7. 성 알바누스 이야기는 6세기에 Gildas가 최초로 언급한다. Milman과 Bright(p. 6)는 그의 역사적 실재를 인정한다.

인해서 영국사에 이름을 남겼다.[7] 첫 기독교 황제 콘스탄티누스는 브리타니아에서 태어났으며, 그의 어머니 성 헬레나도 그곳 출신으로 추정된다. 도나투스파를 단죄한 314년의 아를 공의회에는 브리타니아에서 파견된 주교 3인이 참석했는데, 요크의 에보리우스(Eborius, 에보라쿰), 런던[론디늄]의 레스티투투스(Restitutus), 링컨[콜로니아 론디넨시움]의 아델피우스(Adelfius)가 그들이었고, 사제와 부제가 그들을 수행했다.[8] 아리우스 논쟁이 벌어졌을 때는 브리타니아의 교회들이 비록 호모우시오스라는 단어를 받아들이기를 주저하긴 했으나, 아타나시우스와 니케아 신조 편에 섰다.[9] 유명한 이단인 펠라기우스(모건⟨Morgan⟩)도 그 섬 출신이었으며, 비록 영향력은 그보다 뒤졌으나 능력은 컸던 동료 켈레스티우스(Celestius)는 아일랜드 출신이었던 듯하다. 하지만 두 사람의 교리는 단죄를 당했고(429), 가톨릭 신앙이 갈리아의 두 주교의 지원을 받아 재확립되었다.

로마 제국의 지배를 받던 기간에 남은 브리타니아 교회의 유적과 유물은 캔터베리(세인트 마틴 교회)·카일레온·뱅거·글래스턴베리·도버·리치버러[켄트]·리컬버·리민즈·브릭스워스 등의 지역들에 남아 있다.

브리타니아에 대한 로마의 지배는 주후 410년경에 종결되었다. 군대가 철수하면서 그 땅은 자치 정부에 맡겨졌다. 그 결과 교회가 부분적으로 야만적인 분위기에 휩싸이고 도덕의 침체를 겪었다. 대륙과의 접촉이 단절되었고, 북부의 야만인들이 브린튼인들을 심하게 압박했다. 그 뒤로 한 세기 반 동안 브리타니아 교회는 침묵에 빠져들다가, 개혁을 요구하는 길다스(Gildas)의 외침이 정적을 깨뜨렸다. 그는 성직자들의 부패와 신앙의 쇠퇴, 펠라기우스 이단설의 전래와 탄압, 그리고 아일랜드의 스코트인들에 대한 팔라디우스의 선교를 전한다. 이러한 긴 단절과 고립이 옛 브리타니아 교회의 잔존 집단과 그들이 혐오하던 앵글로색슨족 사회에 로마에서 수입된 새 교회 사이에 사소한 차이들과 강렬한 적대감이 형성되었던 이유를 부분적으로 설명해준다.

두 교회 사이의 차이는 교리가 아닌 의식과 권징의 차이였다. 6-7세기 동안 아일랜드와 스코틀랜드뿐 아니라 브리타니아의 그리스도인들도 3월 보름에 주

---

8) Wiltsch, *Handbuch der kirchl. Geogr. und Statistik* I. 42 and 238.

9) 참조. Haddan and Stubbs, I. 7-10.

일이 겹치는 날이나 보름 다음에 오는 주일에 부활절을 지켰다. 이들은 6세기 중엽부터 대륙에서 사용되기 시작한 디오니시우스력의 95년 주기에 반대하여 기존의 84년 주기를 고수했다.[10] 이들은 정수리 부분을 동그랗게 밀고 옆으로 둘러 있는 머리카락이 구주의 가시면류관을 상징하도록 한 로마인들의 방식을 채택하지 않고, 후광처럼 한쪽 귀에서 맞은편 귀까지 초승달 모양으로 앞머리를 밀고 뒷머리만 자라게 두었다. 더 나아가 이들은 사실상 로마로부터 독립하게 되었으며, 교황에게 문의하지 않고 공의회들에서 업무를 처리했다. 당시 대륙에서 교황이 모든 기독교 세계의 의로운 군주와 판사로 간주되기 시작하던 분위기를 감안할 때 이것만큼 중요하고 자극적인 차이도 없었다.

이 사실들을 근거로 어떤 사가들은 고대 브리타니아 교회가 동방 곧 그리스 교회에서 유래했다고 추론했다. 그러나 두 교회 사이에 그러한 관계가 있었다는 증거는 없다. 혹시 그런 관계가 있었다면 아마도 이웃 갈리아 교회가 매체 역할을 했을 것이다. 갈리아 교회에는 서머나[스미르나]의 성 폴리카르푸스의 제자 리옹의 이레나이우스에 의해서 동방 교회의 요소가 다소간 정착되었으며, 항상 로마에 대해서 일정한 독립을 견지했다.

그러나 방금 언급한 쟁점들에 관한 한 당시의 갈리아 교회는 로마에 동의했다. 결과적으로 브리타니아 그리스도인들의 독특한 점들은 섬으로서의 고립과 로마와의 오랜 단절에서 그 원인을 찾아야 할 것이다. 대륙의 서방 교회는 교황권의 발전에 따른 변화들과, 부활절 날짜 계산법이 525년 디오니시우스 엑시구스를 통해서 최종적으로 정착될 때까지 그 계산법에 발생한 변화들을 겪었다. 이런 변화들에 익숙하지 않았던 브리타니아인들은 기존의 독립성과 관습들을 고수했다. 계속해서 3월 14일에서 20일 사이에 오는 주일에 부활절을 지켰다. 이 차이는 모든 축일들의 날짜가 유동적이 된다는 것을 뜻했고, 이로써 색슨족이 로마 교회의 의식을 채택했을 때 잉글랜드에는 큰 혼란이 발생했다.

---

10) 브리타니아와 아일랜드의 그리스도인들은 로마의 비판자들에게 십사일파(Quartodecimans)라고 낙인 찍혔다(Bede III. 4). 하지만 동방의 십사일파는 3월 14일이 주일이 되든 그렇지 않든 그 날을 고정적으로 부활절로 지켰다. 반면에 브리튼인들과 아일랜드인들은 3월 14일과 20일 사이에 오는 주일에 부활절을 지켰다. 로마인들은 15일과 21일 사이에 오는 주일을 부활절로 지켰다.

9. 앵글로색슨족

브리타니아의 기독교는 항상 약한 식물과 같아서, 앵글로색슨족의 정복과 그에 따른 전쟁의 참화로 큰 고초를 겪었다. 로마 권력의 쇠퇴와 더불어 로마 문화에 붙은 악들로 인해 쇠약해져서 북쪽에서 밀고 내려오는 사나운 픽트족과 스코트족의 공세를 막아낼 수 없었던 브리튼족은 주후 449년에 형제 왕자들이자 독일의 전쟁 신 보단(Wodan)의 유명한 자손들인 헹기스트(Hengist)와 호르사(Horsa)에게 도움을 요청했다.[11]

이때부터 색슨족·앵글족(Angles 혹은 Anglians)·주트족·프리지아족이 브리타니아로 이주하기 시작했다. 이들은 이 땅에 새로운 민족성과 앵글로색슨어라는 새로운 언어를 부여했는데, 이것이 오늘날 잉글랜드(앵글족의 땅)의 인구와 언어의 토대와 줄기를 형성한다. 이들은 튜턴족이라는 거대한 집단에 속했으며, 독일의 서부와 북부, 엘베 강·베세르 강·아이더 강 이북과 특히 홀슈타인·슐레스비히·유틀란트에서 이주했다. 이들은 로마인들에게 굴복한 적이 없었으며, 황제 율리아누스는 그들을 가리켜 라인 강 너머에 거주하는 민족들 가운데 가장 가공할 상대라고 불렀다. 이들은 키가 크고 용모가 준수했고, 눈이 파랗고 피부가 깨끗했고, 강인하고 끈기가 있었으며, 토양 경작과 가축 사육을 여성들과 노예들에게 맡겨둔 채, 육로로는 화적질을, 해로로는 해적질을 일삼았다. 게르만족에 속한 여러 부족들 가운데 이들만큼 흉포한 부족이 없었다. 이들은 포로들 가운데 1/10을 신들의 제단에 바쳤다. 나머지 포로들에게도 공포감을 심어주기 위해서 창과 칼과 도끼로 다스렸다.

클레르몽의 주교 시도니우스는 이들에 관해서 다음과 같이 말한다. "색슨족보다 더 잔인하고 위험한 적이 없다. 그들은 용기를 내서 자신들을 대항하는 모든 사람들을 제압한다 …… 누구를 추적하면 반드시 굴복시키고 만다. 추적을 당하면 반드시 도망친다. 위험을 업신여긴다. 파선에 익숙해 있다. 생명의 위험을 무릅쓰고 전리품을 긁어모은다. 다른 사람들이 몹시 두려워하는 폭풍과 풍랑을 이들은 온몸으로 즐긴다. 적에게 압박을 당할 때 바람의 보호를 받고, 공격을 계획할 때는 바람을 이용하여 작전을 은폐한다." 동방의 베두인들과 아메리카의 인

---

11) 이 연대는 다소 불확실하다.

디언들과 마찬가지로, 이들은 여러 부족들로 나뉘었고, 각 부족마다 추장이 있었다. 위기가 닥치면 각 부족들이 코닝(Konyng) 혹은 킹(King)이라는 이름으로 총지휘관을 선발했으나, 그의 지위는 한시적이었다.

대륙에서 밀려든 이 낯선 사람들은 북부의 침략자들을 격퇴하는 데 성공했다. 하지만 그 땅의 비옥한 토양과 온화한 기후가 너무나 마음에 든데다 부족 구성원들의 열화와 같은 성화 때문에 브리튼족과 맺은 동맹을 뒤집고 그들을 웨일스의 산지와 스코틀랜드 접경으로 쫓아내거나 노예로 만들었으며, 한 세기 반만에 잉글랜드의 주인이 되었다. 침략자들이었던 이들이 정착민들이 되었으며, 여덟 개의 독립 왕국(octarchy, 8왕국 정치)을 수립했다(켄트 · 서섹스 · 웨섹스 · 에섹스 · 노섬브리아 · 머시아 · 버니시아 · 데이라). 나중의 두 왕국은 한 왕의 치하에 통일되는 경우가 많았다. 일반적으로 앵글로색슨족 7왕국을 말하는 이유가 거기에 있다.

두 민족이 충돌하던 이 시기부터 켈트적 형태의 아서 왕 전설들이 발생했으며, 이 전설들이 훗날 프랑스에서 큰 변화를 겪었다. 이 전설들은 중세 신앙의 전기적(傳奇的, romantic) 시와 관련된다는 점 말고는 역사적 가치가 없다.[12]

---

12) Geoffrey of Monmouth의 연대기와 원탁에 관한 로맨스들에 등장하는 웨일스의 영웅 아서(Arthur 혹은 Artus) 왕은 혹시 철저히 신화적인 인물이 아니라면 켈트족의 마지막 추장들 가운데 한 사람으로서, 6세기에 색슨 침략자들에 맞서 싸웠다. 웨일스 카일레온에 자리잡은 큰 나라에서 용맹스런 기사들과 함께 원탁에 앉아 그들의 옹위를 받으며 다스렸고, 색슨족에 대해서 열두 번 승리를 거두었으며, 바스 근처의 배든 산 혹은 배든 언덕 전투에서 전사했다(주후 520). 이 전설이 훗날 기독교적 색채가 가미되었고, 프랑스로 건너가서는 존재하지도 않은 카롤링거왕조의 원탁의 기사들 이야기와 혼합되었다. 십자군 전쟁 이후로 아서의 이름은 성배(Holy Grail 혹은 Graal. 聖杯, 주께서 최후의 만찬에 사용하셨다고 전해지는 대접 모양의 그릇. 켈트어, gréal. 고대 프랑스어, san gréal 혹은 greel)를 찾기 위한 탐험과 연관되기도 했다. 이 그릇은 아리마대 요셉이 구주께서 십자가에서 흘리신 피를 담았다고 전해지던 것으로서, 아서에 관련된 로맨스들에서는 그리스도의 가시적 임재의 증표로 혹은 화체설 교리의 상징적 구현으로 등장한다. 이런 이유로 많은 학자들은 Graal이라는 단어가 sanuis realis(진짜 피) 혹은 sang royal(주님의 피)에서 유래했다고 본다. 다른 학자들은 이 단어가 로망스어 greal(잔 혹은 접시)에서 유래했다고 보며, 또 다른 학자들은 라틴어 graduale에서 유래했다고 본다. 참조. Geoffrey of Monmouth, *Chronicon sive Historia Britonum* (1130 and 1147, 영역, Aaron Thomson, London, 1718); Sir

10. 그레고리우스와 아우구스티누스의 선교. 켄트의 개종. A.D. 595-604

이교도 야만족들이었던 앵글로색슨족의 정복과 더불어 기독교는 브리타니아에서 거의 멸절되다시피 했다. 사제들은 잔혹하게 학살되었고, 교회들과 수도원들은 파괴되었으며, 겨우 연명하던 로마 문명의 자취들도 같은 운명에 처해졌다. 브리튼족은 한편으로는 증오에 휩싸이고 다른 한편으로는 힘이 약했기 때문에 정복자들에게 복음을 전하지 못했으며, 혹시 전했더라도 피정복민들을 깔보던 정복자들이 그것을 받아들였을 리 만무하다.[13]

그러나 다행하게도 기독교는 먼 나라에서 두 종족 사이의 알력과 상관 없는 사람들에 의해서 다시 전파되었다. 잉글랜드를 다시 기독교와 문명의 땅으로 선포하는 명예는 프랑스의 영향력에 지원을 받은 로마의 몫으로 돌아갔다. 잉글랜드에서 최초로, 그리고 서방에서 유일하게 순수한 민족 교회라고 할 수 있는 교회가 설립되었지만, 이 교회는 교황청과 긴밀한 관계를 유지했다. 프리먼(Freeman)은 이렇게 말한다. "잉글랜드 교회는 로마를 존경하되 굴종하지는 않는 태도를 견지하는 과정에서 독특한 민족적 특성을 지닌 채 자라났으며, 점차 잉글랜드 주민들의 정서와 관습에 깊은 영향을 끼쳤다. 7세기 말에는 독립적이고 고립된 튜턴족 교회가 기독교의 밤하늘을 가장 밝게 수놓는 별들 가운데 하나가 되어 있었다. 간단히 말하자면 기독교의 도입이 잉글랜드 민족의 지위를 섬 내부에서 뿐 아니라 세계 나머지 지역에서도 완전히 바꾸어 놓았다."[14]

앵글로색슨족에 대한 선교의 기원은 아름다운 로맨스와 같은 감동을 준다. 교황 그레고리우스 1세가 베네딕투스회에 소속된 어느 수도원의 대수도원장을 지낼 때 로마의 노예 시장에 갔다가 앵글로색슨족 소년 세 명이 팔리기를 기다리고 있는 것을 보았다. 소년들의 준수한 외모와 발그레한 혈색, 얌전한 얼굴과 연

T. Malory, *History of Prince Arthur* (1480-1485, new ed. by Southey, 1817).

13) Bede(I. 22)는 브리튼족이 자기들 땅에 들어와 사는 색슨족에게 신앙을 전하지 않는 것을 그들 자신의 사가 Gildas가 언급한 것보다 훨씬 더 강한 어조로 몹시 악한 행위이거나 태만이었다고 말한다.

14) *History of the Norman conquest of England*, Vol. I., p. 22 (Oxford ed. of 1873).

한 황갈색 머리카락에 깊은 인상을 받은 그는 그들이 우상 숭배자들이라는 말을 듣고서 마음이 몹시 안되어서 소년들이 어느 나라에서 왔는지, 왕은 누구인지 물었다. 앵글족(Angles)이라는 설명을 들은 그는 이렇게 말했다. "맞습니다. 저 소년들은 천사의(angelic) 얼굴을 가졌으니, 하늘에서 천사들과 동료 후사들이 될 자격이 있습니다." 소년들이 속주 데이라에서 끌려왔다는 안내인의 말을 듣고서, 그레고리우스는 이렇게 대답했다. "그렇습니다. 저 소년들은 데-이라-은스(De-ira-ns)입니다. 즉 하나님의 이레(ire, 진노)에서 건져져 그리스도의 자비로 부름을 받은 소년들입니다."

왕의 이름이 무엇이냐고 물었을 때 아일라 혹은 엘라라고 대답하자(이 왕은 559-588년에 재위함), 그는 "할렐루야"라고 탄성을 지르면서 "창조주 하나님께서 그 땅에서 반드시 찬송을 받으셔야겠군요" 하고 말했다. 그는 즉시 노예 시장을 떠나 교황에게로 가서 잉글랜드에 선교사들을 보내달라고 간곡히 청하면서, 이 고귀한 사역에 자신을 바치겠다고 말했다. 벌써 이때부터 그는 그 먼 섬에 대한 영적 정복 사업을 시작했던 것이다. 하지만 로마인들은 그와 떨어져 지낼 마음이 없어서 곧 그를 도로 불러들였고, 얼마 후에 그를 교황으로 선출했다(590). 이렇게 해서 그는 자신이 직접 할 수 없었던 일을 다른 사람들을 통해서 이루었다.[15]

596년에 그레고리우스는 얌전한 얼굴에 고운 머리카락을 지닌 앵글로색슨족 노예 소년들을 만났던 일을 기억하고, 마침 선교에 유리한 상황이 조성되었다는 소식을 듣고는 베네딕투스회의 대수도원장 아우구스티누스(Augustine, 오스틴)와 서른 명의 다른 수사들, 라우렌티우스라는 사제를 발탁하고, 그들에게 프랑크 왕들과 갈리아 주교들에게 보내는 추천장들과 몇 권의 도서들을 준 뒤 잉글랜드로 파송했다.[16] 선교사들은 프랑스 출신의 통역관 몇 사람을 대동한 채 켄트

---

15) Beda(B. II. ch. 1 종결부)는 이 이야기를 "고대인들한테서" 들었지만, 이것을 영국 선교의 일부가 아닌 일화로 평가한다. 단어들에 가해진 정교한 언어 유희가 이야기의 진정성에 비평적 의심을 일으킨다. 비록 근사하게 표현되어 있으나 그레고리우스에 관련된 많은 전설들처럼 고안되었거나 윤색되었으리라는 것이다.

16) 그들에게 준 책들은 두 권으로 된 성경, 시편 찬송가, 복음서 가운데 한 권, 순교전, 외경적 사도들의 생애, 그리고 주석 몇 권이었다. "이 도서들이 잉글랜드 교회 도서관의 초석 혹은 시작이다."

의 새넷 섬에 상륙했다. 템스 강 어귀에 자리잡은 섬이었다.[17] 왕 에설버트(Ethelbert)는 주교를 대동하고 파리에서 온 그리스도인 공주 버타(Bertha)와 결혼했기 때문에 이미 종교를 바꿀 준비가 되어 있었다. 왕은 자기 땅을 찾아온 낯선 이들을 만나러 나가서 밖에서 그들을 영접했다. 그들을 집 안에 들이면 혹시 무슨 마술이나 걸지 않을까 두려웠던 것이다. 선교사들은 그들의 기치로서 은 십자가를 들고, 또한 그리스도의 형상을 그린 판자를 들고 왔다. 호칭 기도를 한참 읊조리고, 자신들과 자신들이 회심시키러 온 백성을 위해서 기도한 이들은 프랑크 통역관들을 통해서 복음을 전했다.

왕은 멀지만 강성한 로마에서 온 새 종교의 의식적이고 웅변적인 외양에 잔뜩 마음이 끌리어 이렇게 말했다. "여러분의 말과 약속이 무척 훌륭하군요. 하지만 우리에게는 낯설고 불확실하므로 잉글랜드 전체 백성과 함께 오랫동안 모셔온 종교를 버릴 수가 없습니다. 그렇긴 하지만 여러분이 먼 데서 오셨고 우리에게 유익을 주고 싶어하시므로 지내시는 데 불편이 없도록 해드릴 것이며, 전도를 하여 얼마나 많은 사람을 여러분의 종교로 귀의시키든지 금하지도 개의치도 않을 것입니다."[18]

따라서 그는 선교사 일행이 캔터베리 시[도로번, 두로베르눔]에 체류하도록 허락했다. 이 도시는 그 왕국의 수도로서, 머지 않아 잉글랜드 교회의 메트로폴리스가 될 도시였다. 이들은 엄격한 수도 생활을 하면서 전도를 했다. 많은 사람들이 믿고 세례를 받았는데, 비드(Bede)의 말에 따르면 "그들의 무흠하고 단순한 생활과 그들이 전하는 천상적이고 흠모할 만한 교훈에 탄복한" 결과였다. 비드는 선교사들이 기적을 일으킨 사례들도 소개한다. 이 소식을 들은 그레고리우스는 아우구스티누스에게 기적들을 행했다고 우쭐대지 말라고 경고했다. 귀신들조차 자기들에게 복종하더라고 말하던 제자들을 주님께서 타이르신 일을 기억하고서, 두려움을 가지고 기뻐하며, 기쁨을 가지고 두려워하라고 당부했다. 선택된 사람들이 다 기적을 행하는 것이 아니지만, 모든 선택된 자들의 이름이

---

17) 아우구스티누스가 595년에 행한 첫 여행은 실패로 끝났다. 마침내 그는 596년 6월 23일에 잉글랜드를 향해 출발하여 갈리아에서 겨울을 묵은 뒤 다음 해 마흔 명 가량 되는 사람들과 함께 잉글랜드에 상륙했다. 갈리아의 사제들과 통역관들이 그를 대동했다. Haddan and Stubbs, III. 4.

18) Bede I. 25.

천국에 기록되기 때문이라고 했다.[19]

왕 에설버트도 결국 회심하고 세례를 받았으며(597년 6월 2일로 추정됨), 점차 자기 나라 전체를 교회로 인도했다. 물론 그에 앞서 선교사들은 왕에게 그리스도를 섬기는 일은 자발적이어야 하므로 전도에 강제력을 동원하지 말라고 당부를 했다.

아우구스티누스는 교황 그레고리우스의 명을 받고 597년 11월 16일에 프랑스 아를의 대주교 베르길리우스[20]에 의해 잉글랜드 국가의 대주교로 임명되었으며, 잉글랜드 최초의 고위성직자가 되어 오늘날까지 끊이지 않는 긴 계보의 선두에 섰다. 아우구스티누스는 그 해 성탄절에 잉글랜드에 돌아간 즉시 만 명이 넘는 잉글랜드인들에게 세례를 주었다. 그는 재능과 인품이 아주 뛰어난 사람은 아니었고, 이름이 같은 히포의 신학자 겸 주교와 비교할 만한 특징이 없었지만, 대체로 자신이 맡은 선교 사역에 매우 적합한 인물이었고, 사역의 성공에 힘입어 큰 명성을 얻게 되었다. 그는 앵글로색슨 기독교 세계의 모교회인 캔터베리에 교회 겸 수도원을 세웠다. 사제 라우렌티우스를 로마로 보내어 교황에게 자신이 거둔 성과를 알리게 하고, 주교들이 휘하의 성직자들을 대하는 태도와, 로마 교회와 갈리아 교회 사이의 의식적(儀式的) 차이들, 두 수사가 두 수녀와 결혼한 일, 친척간의 결혼, 주교가 다른 주교들의 임석 없이 임명을 받을 수 있는지, 임신한 여성에게 세례를 주어야 하는지, 산후(産後)에 얼마동안 부부 관계를 금해야 하는지 따위의 질문들에 답변을 구했다. 그레고리우스는 이 질문들에 자세히 답변했는데, 비록 표면에는 당시의 계율적이고 금욕적인 정신이 나타나 있지만, 대체로는 건전한 상식과 목회적 지혜가 실려 있다.[21]

---

19) Greg., *Ad Augustunem Anglorum Episcopum, Epp. Lib*. XI. 28, and Bede I. 31.

20) Bede는 I. 27과 다른 지면들에서 그를 Aetherius라고 진술하는데, 그것은 사실이 아니다. 에테리우스는 당시 리옹의 대주교였다.

21) Bede(I. 27 sqq.)는 그레고리우스가 보낸 답장을 발췌하여 소개한다. 교황이 어떻게 부부 관계 같은 미묘한 주제들을 다루는가 하는 것은 호기심을 자아낸다. 그는 아내가 출산한 뒤에 아기가 젖을 뗄 때까지는 남편이 아내를 가까이 해서는 안 된다고 말한다. 어머니는 자기 아기를 다른 여인에게 주어 젖을 물리게 해서는 안 된다고 한다. 금지된 기간에 아내를 가까이 한 남자는 물로 씻고 해가 질 때까지는 교회에 들어와서는 안 된다고 한다. 여기서 볼 수 있는 것은 인간 생활의 모든 부면들을 법 체

이 교황이 후임자들과 달리 로마 교회에 절대 복종을 요구하지 않고, 갈리아 교회의 다른 관습들이 신앙의 통일에 저해가 된다고 생각하던 아우구스티누스에게 "하나하나의 교회에서 경건하고 신앙적이고 옳은 것들을 선별하라"고 조언한 점은 주목할 만하다. "장소를 위해서 어떤 것들을 사랑하는 것이 아니라, 어떤 것들을 사랑하게 되니까 자연히 장소도 사랑하게 되는 것"이라는 게 그레고리우스의 지론이었다.[22] 다른 점들에서 볼 때, 그 조언은 교황 제도와 활동과 부합한다. 그는 선교사들에게 이교 신전들을 파괴하지 말고, 그것들을 기독교 예배당으로 개조하고, 우상 숭배를 성유물 숭배로 대체하며, 회심자들에게 봉헌과 그 밖의 축일들에 그들의 옛 관습에 따라 가축을 죽이도록 허용하되 이제는 더 이상 마귀를 위해서가 아닌 하나님을 찬송하기 위해서 그리하라고 당부한다. 생각이 완고한 사람들에게서 모든 것을 단번에 지워버린다는 것이 불가능하며, 지극히 높은 곳에 오르려면 한 단계씩 올라가야지, 단번에 비약할 수는 없는 것이라는 게 그의 생각이었다.[23] 이 지침을 선교사들은 충실하게 따랐다. 이것이 잉글랜드의 명목적 회심을 촉진하는 데 틀림없이 이바지했겠지만, 이교 사상과 관습의 거대한 조류가 걸러지지 않은 채 그대로 기독교 교회로 쏟아져 들어오게 했으며, 훗날 교회에서 그것을 제척해 내는 데에만 수 세기가 걸렸다.

그레고리우스는 601년 6월 22일에 아우구스티누스 앞으로 수도대주교의 영대(領帶, pallium, 주교가 제복 위 어깨에 걸치는 흰 양털띠: 역자주)와 여러 명의 사제들(멜리투스 · 유스투스 · 파울리누스 등), 여러 권의 도서들, 의식용 그릇들과 의복들, 사도들과 순교자들의 성유물들을 보냈다. 그리고 그에게 지시하기를, 캔터베리 대주교구에 열두 명의 주교를 임명하고, 요크에 대주교 한 명을 임

계로써 통제하고, 세밀하고 상세한 결의론(決疑論)으로 양심을 구속하려는 로마 교회 체제의 정신이다. 하지만 당시 교회로서는 야만족들을 어린아이처럼 다루지 않으면 안 되었던 점도 감안해야 한다.

22) *Ep.* XI. 64, and Bede I. 27.

23) *Ep.* lib. XI. 76 (and Bede I. 30). 601년에 작성된 이 서신은 잉글랜드로 가려던 멜리투스 앞으로 쓴 것이지만, 아우구스티누스가 잉글랜드를 회심하기 용이하도록 할 의도가 담겨 있었다. 이와 대조적으로, 기독교가 이미 성행하던 사르디니아에 대해서 그레고리우스는 그곳의 주교 야누아리우스에게 이교도 잔존 세력을 투옥과 체형으로써 진압하라고 조언했다.

명하고, 혹시 인근 지역이 하나님의 말씀을 받아들이게 될 경우 그로 하여금 열두 명의 주교를 임명하도록 했다. 그의 지시대로 604년에 아우구스티누스는 멜리투스를 런던의 초대 주교로, 유스투스를 로체스터의 주교로 축성했으며, 그레고리우스와 아우구스티누스가 죽은 뒤인 625년에는 파울리누스가 요크의 대주교로 축성되었다.[24] 교황은 왕 에설버트에게 "자신의 가장 유능한 아들"이라는 표현을 사용하여 편지와 예물을 보내면서, 기독교 신앙을 잘 견지할 것과, 선행으로써 백성들 앞에서 신앙의 모범을 보일 것과, 우상 숭배를 금하고 아우구스티누스의 교훈을 따를 것을 권고했다.

11. 색슨족과 브리튼족 성직자들의 반목

아우구스티누스는 왕 에설버트의 지원을 받아 서섹스 지방을 흐르는 세번 강 유역의 어느 마을에 우뚝 선 '아우구스티누스의 떡갈나무' 아래서 브리튼족 주교들을 모아놓고 회의를 열었다(602 혹은 603년). 그 회의에서 주교들에게 로마 교회의 관습에 준한 부활절 주일과 세례 방식을 따를 것과, 색슨족 형제들과 힘을 합하여 이교도 개종 사업에 힘쓸 것을 주문했다. 아우구스티누스는 지극히 사소한 의식들조차 평화의 제단에 희생시킬 만한 지혜도 관용도 없었다. 몹시 현학적이고 옹졸한 성직자였다. 브리튼족 성직자들을 만났을 때 그들이 어쨌든 그 땅에서 더 오랜 역사를 지닌 토착 기독교를 대표하는 사람들이었는데도 로마의 고압적인 태도로 그들을 대했다. 로마 교회는 이교적 관습들에는 얼마든지 타협할 용의가 있었으나, 기독교의 다른 형태들에게는 절대 복종을 요구했으며, 거기에서 독립을 내세우는 행위를 극악의 이단으로 간주하여 혐오했다.

브리튼족은 자신들의 전통을 더 좋아했다. 그래서 많은 무익한 논쟁 끝에 아우구스티누스는 하나님의 기적적 개입에 호소했고, 브리튼족은 마지못해서 그 제의를 받아들였다. 아우구스티누스는 색슨족 가운데 시각 장애자 한 사람을 불러다가 기도로써 그의 시력을 되찾아 주었다. 하지만 브리튼족 성직자들은 민중

---

24) 요크와 런던은 브리튼족 사회에서 최초의 수도대주교구였다. 런던은 비드(II. 3)가 언급하듯이 당시에도 여러 민족들이 해상과 육지로 드나드는 상업 중심지였다.

이 동의하지 않는 한 조상 대대로 물려받은 관습을 포기할 수 없다고 버텼고, 다시 더 규모가 큰 교회회의를 열자고 제의했다.

이렇게 해서 열리게 된 제2차 회의에는 브리튼족 주교 7인과 뱅거 수도원에서 온 여러 명의 지식인들이 참석했고, 덕망 높은 은수자가 나서서 색슨족 대주교에게, 그리스도께서 제자들에게 요구하신 온유과 겸손에 관하여 도덕적 시험을 받으라고 조언했다. 만약 회의장에서 아우구스티누스가 겸손한 태도를 취하고서 자기들 앞에서 일어나면 자기들도 그의 말을 순순히 듣겠지만, 자기들 앞에서 일어나지 않으면 그를 교만한 자로 간주하여 경멸할 것이라고 했다. 그런데 그들이 가까이 다가갔을 때 그 로마의 고위성직자는 의자에 그대로 앉아 있었다. 그러면서 그들에게 세 가지를 요구했다. 부활절 날짜에 대해 로마의 관례를 따를 것과, 로마식 세례를 따를 것, 그리고 잉글랜드 백성들을 회심시키려는 노력에 힘을 보태라는 것이 그것이었다. 이 요구를 받아들이면 나머지 그들 고유의 입장을 기꺼이 관용해 줄 것이라고 했다. 하지만 그들은 그의 요구를 거부했다. 가만히 생각해 볼 때, 이 사람이 지금도 자기들 앞에서 일어나지 않고 있는데, 장차 자기들이 그의 권위 아래로 들어가면 얼마나 자기들을 무시하겠느냐는 것이 그 이유였다. 아우구스티누스는 몹시 화가 난 채로 그들을 꾸짖으면서, 색슨족의 군대를 풀어 천벌을 받게 하겠다고 협박했다. 비드는 여기까지 쓴 다음, "하나님의 심판을 통해서 모든 게 그의 말대로 이루어졌다"고 덧붙인다. 몇년 뒤(613) 노섬브리아의 이교도 왕 난폭자 에셀프리스(Ethelfrith the Wild)가 체스터의 브리튼족을 공격하여 그들의 군대를 궤멸시켰을 뿐 아니라, 군대를 따라 전장에 나와 기도로써 돕던 수백 명의 사제들과 수사들을 학살했던 것이다.[25] 학살에 뒤이어 뱅거 수도원이 파괴되었다. 이곳은 2천 명이 넘는 수사들이 스스로의 힘으로 생계를 꾸려나가던 융성한 수도원이었다.

이 사건은 기독교권에 속한 두 민족이 서로를 얼마나 지독하게 증오하고 대립했는지를 보여준다. 불행하게도 이러한 관계는 오늘날까지 존속하지만, 그래도 당시와 현저히 다른 점이 있다. 켈트계 아일랜드인들은 브리튼족과 마찬가지로 노르만 정복 이래로, 종교개혁 이후로는 훨씬 더 로마 교회를 지지한 반면에, 잉

---

25) 비드는 천이백 명을 언급하지만, 색슨족의 연대기(A.D. 607)는 불과 2백 명이라고 기록한다.

글랜드인들은 한때는 로마의 충직한 신민들이었으나 외세와 철저히 단절했으며 피정복민이었던 아일랜드인들에게 개신교 신앙을 강요했으나 성과를 거두지 못했다. 아일랜드 문제는 민족적·종교적 반목이라는 이중의 저주가 걷히기 전에는 해결되지 않을 것이다.

12. 일곱 왕국 중 다른 왕국들의 개종

앵글로색슨족의 사도 아우구스티누스는 604년에 죽었고, 그의 시신은 그의 후계자들과 함께 유서 깊은 캔터베리 대성당에 묻혀 있다. 그의 무덤에는 다음과 같은 비명이 새겨져 있다. "여기에 캔터베리 초대 주교 아우구스티누스 경이 잠들다. 그는 로마 시의 주교인 복된 그레고리우스에게 파견을 받고, 기적들로 도우신 하나님의 지원을 받아 왕 에설버트와 그의 나라를 우상 숭배에서 그리스도에 대한 믿음으로 돌려놓았고, 평안한 가운데 자신의 직무를 마치고 같은 왕이 재위하던 5월 26일에 숨을 거두었다."[26]

그는 위인은 아니었지만 잉글랜드 기독교와 문명의 터를 닦는 데 크게 이바지했다. 라우렌티우스(604-619)와 훗날 멜리투스(619-624)가 그의 직위를 계승했다. 아우구스티누스가 죽은 뒤 다른 사제들과 수사들이 이탈리아에서 파견되었는데, 그들은 오면서 책들과 야만족의 침입에도 살아남은 그런 문화를 가지고 왔다. 캔터베리와 요크의 초대 대주교들과 잉글랜드 남부 대다수 교구의 주교들은 외국인들로서, 교황에게 축성은 받지 않았을지라도 적어도 위임은 받았으며, 끊임없이 로마와 연락을 주고받았다. 세월이 흐르면서 잉글랜드에서도 점차 자국인 성직자들이 일어났다.

일곱 왕국 중(켄트 외에) 다른 왕국들에서도 기독교화가 진행되었다. 왕들이 기독교 신자를 아내로 맞아들이는 방식이 그 작업에 도움을 주었으나, 오히려 그 과정에서 이교로 빗나가는 경우도 더러 있었다. 노섬브리아는 주로 훗날 성자로 추서된 아이단(Aidan, 651년 8월 31일 죽음)의 사역에 힘입어 개종했다. 아이오나 혹은 히(Hii) 섬 출신의 수사로서 린디스판의 초대 주교가 된 아이단은 부

---

26) Bede II., c. 3.

활절 날짜 계산에서 비드와 견해 차이를 드러냈음에도 불구하고 열정과 경건과 선행으로 인해 비드에게조차 칭송을 받는다.[27] 서섹스는 일곱 왕국 중 이교를 맨 마지막으로 버린 지역이었다. 잉글랜드가 명목상 기독교 신앙으로 개종한 뒤 거의 백년이나 지나서 개종했다.

잉글랜드는 이렇게 기독교 신앙으로 개종함으로써 민족의 통일을 이루고 문화의 우수한 요소들을 보유하는 데 큰 힘을 얻었다.

앵글로색슨 기독교는 종교개혁 때까지 줄곧 로마 우수한 점들과 과오들을 고스란히 지닌 로마의 기독교로 남았다. 라틴어 미사, 성인과 화상과 성유물 숭배, 수도원적 가치관, 거룩한 도시를 향한 순례, 그리고 무수한 맹신과 미신을 견지했다. 심지어 왕들이 교황에게 깊은 존경을 표시하고 하늘에 이르는 통행권을 얻기 위해서 왕위를 내놓기까지 했다. 도시들에 기념 예배당, 교회, 대성당이 세워졌으며, 농촌의 강변이나 산 밑에는 세워진 수도원들은 지주들이 연보한 땅으로 부유하게 되었다. 높다란 대성당들과 담쟁이덩굴로 덮인 고색창연한 대수도원들과 수사·수녀들의 봉쇄구역들이 잉글랜드와 스코틀랜드 곳곳에 여전히 남아 있으면서 중세 가톨릭 체제의 권력을 장중한 침묵으로 입증하고 있다.

13. 로마에 대한 충성심의 확립. 윌프리드 · 테오도루스 · 비드

앵글로색슨 혹은 로마와 브리튼이 의식 문제로 벌여온 분쟁이 7세기 중엽에 재개되었으나, 앵글로색슨족이 잉글랜드 본토에서 승리를 거둠으로써 그 분쟁도 막을 내렸다. 브리튼족의 독립 정신은 노르만 정복 때까지 아일랜드와 스코틀랜드로 피신할 수밖에 없었으나, 결국 노르만 정복으로 인해 아일랜드에서마저 그 정신이 분쇄되었다.

훗날 요크의 주교를 지낸 윌프리드(Wilfrid)는 최초로 이름을 낸 본토인 고위 성직자로서, 성직자의 복장에 잔뜩 위세를 부린 옷을 고안했으며, 노섬브리아에서 이른바 '십사일파와 분파 사상'을 몰아냄으로써 명성을 얻었다. (이 지역에는 스코트족이 성 아이단을 통해서 그 사상을 전파한 바 있다.) 그 문제와 관련

---

27) Bede III., c. 14–17; V. 24.

된 논쟁은 664년 휫비에서 열린 교회회의에서 왕 오스위(Oswy, 혹은 Oswio)와 그의 아들 알프리드(Alfrid)가 참석한 가운데 결말이 났다. 회의에서 아이단의 두 번째 계승자 콜맨(Colman)은 성 콜룸바와 사도 요한의 권위를 토대로 스코틀랜드 교회의 부활절 날짜를 옹호했다. 그러자 윌프리드가 일어나 베드로의 권위에 근거하여 로마의 날짜를 주장했다. 베드로가 그 관례를 로마에 소개했고, 그것이 기독교 세계의 보편적 관습이 되었다고 했다. 윌프리드가 베드로에게 천국의 열쇠가 맡겨졌다고 말하자, 왕은 "천국문에 이를 때에 문을 열어줄 사람이 없으면 곤란할 테니 문지기의 뜻을 거역하지 않겠습니다" 하고 말했다. 이 거역할 수 없는 선언 앞에서 반론이 와해되었고, 로마의 관습이 공식적으로 채택되었다. 스코틀랜드의 반원형 체발도 시몬 마구스가 시작한 것으로 간주되어 사도 베드로에게서 유래했다고 전해지는 원형 체발로 대체되었다. 콜맨은 어깨를 축 늘어뜨린 채 수행원들의 위로를 받아가며 스코틀랜드로 돌아갔고, 그곳에 수도원 두 곳을 세운 뒤 그곳에 은거했다. 투다(Tuda)가 그의 후임으로 주교가 되었다.[28]

얼마 후에 페스트가 잉글랜드와 아일랜드 전역을 무서운 기세로 휩쓸었는데, 칼레도니아(스코틀랜드의 옛 명칭: 역자주)는 무사했다. 그곳의 신자들은 성 콜룸바가 자신들을 위해서 빌어준 덕분이라고들 생각했다.

잉글랜드 그리스도인들의 융합은 캔터베리 대주교 테오도루스(Theodorus, 669-690 재위)와 웨어마우스의 사제 겸 수사 가경자 베다(비드)(Beda Venerabilis, 673-735) 때에 완료되었다. 이 무렵에 앵글로색슨 문학이 탄생했고, 이것이 결국에는 민족 정서가 로마로부터 단절되어 발전하도록 토대를 놓았다.

테오도루스는 사도 바울의 고향 다소에서 태어나 아테네에서 공부하였으며, 물론 그리스와 라틴의 학문에 능통했다. 로마에서 교황 비탈리아누스(Vitalian)에게 잉글랜드 최고 성직자로 임명과 축성을 받은 그는 669년 5월 27일에 캔터베리에 도착한 뒤 잉글랜드 전역을 순방하면서 로마의 부활절 규례를 확립하고, 런던을 제외한 모든 교구에 주교들을 배치했다. 자신과 똑같이 로마에 헌신적이던 요크의 주교 윌프리드를 부당한 방법으로 면직시켰으며, 말년에는 교회 권력

---

28) 이 논쟁을 좀 더 자세히 알려면 Bede, III, c. 25, 26과 Haddan and Stubbs, III. 100-106을 참조하라.

을 놓고 시기와 분쟁에 휘말렸다. 해이해진 교회에 기강을 세웠고, 성직자들에게 일정 수준의 교육을 받게 했다. 테오도루스는 독재적인 기질과 탁월한 행정 능력이 있는데다 로마에서 직접 파견을 받았기 때문에 권위도 그만큼 막강했다. 비드는 "그는 잉글랜드 교회 전체가 그 권위에 복종한 최초의 주교였다"고 말한다. 그의 재위 기간에 색슨족과 프리지아족의 고향에 대해서 최초의 앵글로색슨 선교가 이루어졌는데, 이 사역을 주도한 사람은 에그버트(Egbert)와 빅트버트(Victberct), 윌리브로르드(Willibrord)였다(689–692년). 테오도루스는 주요 저서인 「참회규정서」(Penitential)를 비롯하여 상세한 도덕 · 신앙 지침서들, 주정과 방탕 등 당시에 만연하던 악행들에 대한 처벌 규정집을 남겼다.[29]

가경자(可敬者) 비드(the Venerable Bede)는 최초의 잉글랜드 출신 학자이자 잉글랜드 신학과 교회사의 아버지이다. 교회와 세속 분야의 학문을 배우고 키워가며 겸손하고 평온한 삶을 영위해간 그는 라틴어 산문과 시를 썼고, 성경의 부분들을 앵글로색슨어로 옮겼다. 주요 저서이자 진정성이 의심받지 않는 유일한 저서는 「고대 잉글랜드 교회사」이다. 그는 비록 로마의 관점으로 채색되긴 했으나 점잖은 문체와 진정한 기독교적 정신으로 궁정에서 궁정으로, 수도원에서 수도원으로, 주교구에서 주교구로 독자를 안내하며, 본토 섬에 자리잡은 작은 왕국들 사이로 선교사들이 지나간 복잡한 경로를 소상히 보여준다. 브리튼족 교회들과 논쟁이 벌어질 때 그는 로마 편을 들었다.

비드가 색슨어 산문을 발전시키기 전에, 돼지치기였다가 휫비에서 수사가 된 캐드먼(Caedmon)이 (680년경에) 마치 영감을 받은 듯 창조와 구속의 기사들을 노래했으며, 색슨족(그리고 기독교 게르만족) 시의 아버지가 되었다. 그의 시는 성경 역사를 색슨족의 상상력에 친숙히 자리잡게 했고, 「신곡」과 「실낙원」을 희미하게 예시했다.[30] 비드와 캐드먼의 관계는 성경전서를 최초로 영어로 옮긴 위클리프(1380)와 동시대에 활동한 영시의 아버지 초서(Chaucer)를 방불케 한다. (위클리프와 초서는 영국 종교개혁의 선구자들로서, 마치 비드와 캐드먼이 중세

---

29) 테오도루스의 「참회규정서」는 Migne의 *Patrol.* Tom. 99, p. 902와, Bede, IV. 2, Bright, p. 223, Haddan and Stubbs, III. 114–227에 전문이 실려 있다. 이 책은 아마도 테오도루스가 직접 쓴 것이라기보다 그가 감독하여 자신의 권위로 펴낸 것인 듯하다. 책의 내용은 당시 성직자들이 도덕적으로 저급한 수준에 있었음을 전제로 한다.

30) Beda, *Histo. Eccl. Angl.*, IV. 24.

가톨릭 잉글랜드와 맺었던 것과 유사한 관계를 개신교 성향의 잉글랜드와 맺고 있었다.)

잉글랜드의 개종은 지적이고 도덕적이었다기보다 명목적이고 의식적이었다. 교육이 성직자들과 수사들에게 한정되었고, 교육 내용은 십계명과 사도신경, 주기도문, 그리고 약간의 라틴어가 전부였다. 헬라어와 히브리어는 가르치지 않았다. 앵글로색슨 성직자들의 교육 수준은 브리튼 성직자들에 비해 아주 근소하게 나은 정도였다. 로마가 궁극적으로 승리를 거두게 된 원인은 주로 우수한 조직, 사도로부터의 직접적 계승, 로마 제국의 명성 때문이었다. 이로써 잉글랜드 기독교는 정치와 궁정의 음모에 대해 초연한 자세를 유지하면서, 대륙의 기독교와 긴밀한 접촉을 유지할 수 있었다. 이러한 관계가 주는 유익들은 섬에 고립되었을 경우 당했을 온갖 위험과 악을 가정할 때 적지 않은 것들이었다. 튜턴족에 속한 부족들 가운데서 잉글랜드가 교황에게 가장 헌신적인 신민들이었다. 이들은 다른 어떤 민족보다 로마에 많은 순례자들을 보냈고, 교황청 재정에 이바지했다. '베드로 헌금'(Peter's Pence)을 고안해 낸 것도 이들이었다(베드로 헌금이란 토지를 소유한 가구마다 매년 1페니를 교황청에 납부하는 관습으로서, 헨리 8세 때 폐지됨: 역자주).

잉글랜드의 왕들과 여왕들 중에서 적어도 30명과 무수한 귀족들이 수도원 봉쇄구역에서 인생을 마쳤다. 거의 모든 공유지들이 교회들과 수도원들에 기증되었다. 그러나 수도원주의가 번성하면서 군사력과 노동력이 약해졌으며, 데인족[덴마크족]과 노르만족이 쉽게 침략할 수 있는 틈이 생겼다. 교회의 권력과 재산이 증가하면서 성직자들이 세속화했고, 적절한 때에 개혁이 일어나지 않으면 안 될 상황으로 내달았다. 부는 항상 악을 향해 기울고, 악은 부패로 기우는 경향이 있다. 노르만족의 정복은 잉글랜드의 교회적 관계들에 이렇다 할 변화를 일으키지 않았으나 색슨족에게 새로운 피와 활력을 불어넣었는데, 그것이 색슨족이 유지하던 혼합적 성격에는 매우 유익한 영향을 끼쳤다.

다음 목록은 잉글랜드의 대표적 네 교구의 초기 대주교들과 주교들을 소개한 것이다. 교구는 설립 순서대로 배열했다:[31]

---

31) 출처: Bright, p. 449.

캔터베리	런던	로체스터	요크
아우구스티누스 – 597	멜리투스 – 604	유스투스 – 604	파울리누스 – 625
라우렌티우스 – 604	[케드 인 에섹스] – 654	로마누스 – 624	채드 – 665
멜리투스 – 619	위니 – 666	파울리누스 – 633	윌프리드,
유스투스 – 624	에콘월드 – 675	이타마 – 644	(축성 665, 임직 669)
호노리우스 – 627	월드히어 – 693	다미안 – 655	보사 – 678
데우스데디트 – 655	잉월드 – 704	푸타 – 669	윌프리드(재임) – 686
테오도루스 – 668		크위쳄 – 676	보사(재임) – 691
브리트월드 – 693		겝문드 – 678	존 – 706
타트윈 – 731		토비아스 – 693	

14. 아일랜드의 개종. 성 패트릭과 성 브리젯

아일랜드는 독특한 교회사를 지니고 있다. 이 나라의 교회는 독립적 가톨릭 신앙(절반의 개신교 신앙이라고 할 수 있는)에서 출발하여 로마교로 마쳤는데, 서구의 다른 나라들이 정반대의 수순을 밟은 것과 크게 대조를 이룬다. 로마 제국의 변경 바깥에 자리잡은데다 로마 군단에게 한 번도 침공을 받아본 적이 없는 이 처녀 섬은 피 한 방울 흘리지 않은 채, 로마와 에큐메니컬 공의회들의 교회법에 귀속되지 않은 채 독립적으로 기독교를 받아들였다.[32] 초기의 아일랜드 교회는 교회 정치와 예배에 관련된 사소한 점들에서 대륙의 교회들과 달랐으나, 6-7세기 내내 영적 순결과 선교 열정에서 대륙의 교회들보다 크게 우수했다. 노르만 정복 후에는 로마와 긴밀한 동맹 관계를 유지하게 되었다. 이러한 관계가 확고히 뿌리를 내린 결과 16세기 종교개혁의 빛조차 본토 주민들 속으로 뚫고 들어가지 못했으나, 엘리자베스 여왕과 스튜어트가(家) 왕들이 강압적으로 개신교 국교를 강요함으로써 그렇지 않아도 로마 교회에 확고히 고착되어 있던 민중

---

32) 아그리콜라(37-93, 브리타니아를 평정한 로마의 장군: 역자주)는 브리튼족이 자유를 꿈꾸는 위험한 발상을 제거하기 위해서 한때 아일랜드 침공을 염두에 둔 적이 있었다. 일개 군단이면 그 땅을 정복할 수 있다고 생각했다.

의 정서에 적대감을 조성했다. 그로써 아일랜드의 켈트계 인구는 잉글랜드 왕들의 반동적인 입법에 자극받아 민족과 종교의 차이를 근거로 잉글랜드를 곱절이나 증오하게 되었다. 이렇게 개신교 교회가 로마 가톨릭 나라에 세워져 고립을 겪는 비정상적인 상태는 마침내 3세기에 걸쳐 압박과 혼란을 겪은 끝에 글래드스턴 내각이 공포한 1869년의 아일랜드 교회 국교 폐지령에 의해서 해소되었다.

아일랜드(라틴어명. 히베르니아)의 초기 교회사는 베일에 가려져 있다. 고대 히베르니아인들은 혼합 민족이었으나, 대다수가 켈트족이었다. 이들을 다스린 군주들은 거만하고 사납고 호전적인 사람들로서, 나라를 끊임없는 투쟁으로 몰아갔다. 이들은 토착 신앙인 드루이드교에 충실했다. 이들이 살던 섬은 기독교가 전파되기 전부터 신성한 섬이라 불렸다. 11세기까지 스코티아 혹은 스코틀랜드라 불리기도 했다.[33] 로마인들은 칼레도니아에 자신들의 권위를 확립하는 데 성공하지 못한 까닭에 이곳을 복속시키려는 시도를 하지 않았다.

초기 아일랜드 기독교의 흔적들은 4세기 말 내지 5세기 초에 발견된다.

유명한 이단의 아버지 펠라기우스가 브리튼 사람이었듯이, 그의 주요 동료이자 투사였던 켈레스티우스(Celestius)는 히베르니아 사람이었다. 하지만 그가 아일랜드를 떠나기 전부터 그리스도인이었는지는 알 길이 없다. 툴(프랑스 북동부의 도시: 역자주)의 초대 주교 만수에투스(Mansuetus, 350년)는 아일랜드계 스코틀랜드인이었다. 431년에 교황 첼레스티노(켈레스티누스,Celestine)는 로마의 부제이자 브리튼인으로 추정되는 팔라디우스를 주교로 임명한 뒤 "그리스도를 믿는 아일랜드인들에게" 주교로 파견했다.[34] 프랑스의 프로스페르(Prosper)가 남긴 이 말에는 아일랜드에 진작부터 기독교가 존재했음이 암시되어 있다. 그러나 팔라디우스는 아일랜드에 가보고는 크게 낙심한 뒤 수행원들과 함께 그 사역지를 포기하고 브리타니아 북부로 가서 그곳의 픽트족 사이에 거하다가 죽었다.[35] 이때로부터 거의 두 세기 동안 교황의 아일랜드 접촉에 관한 신뢰할 만한 기록이

---

33) 세비야의 이시도루스가 560년에 최초로 히베르니아를 스코티아라는 이름으로 불렀다.

34) 아키텐의 프로스페르. (A.D. 455–463), *Chron. ad an.* 431.

35) 그는 아일랜드를 떠나면서 성 베드로와 바울의 유물과 교황에게 하사받은 성경 전서 사본, 그리고 자신이 사용하던 서판(書板)을 남겼다고 전해진다. Haddan & Stubbs, p. 291.

남아 있지 않다. 그럴지라도 이 기간 동안 아일랜드는 기독교 나라들 사이에서 제 위치를 확보했다.

아일랜드는 수수한 두 개인에 의해서 개종했다. 한 사람은 로마에 가본 적이 없었을 것으로 추정되고 한때 노예 생활을 했던 성 패트릭(St. Patrick)이고, 다른 한 사람은 노예 어머니에게서 태어난 성 브리젯(St. Bridget)이라는 여성이다.[36] 성 패트릭이 교황 첼레스티노의 명을 받고 아일랜드에 파견되었다는 로마의 전 승은, 진정성을 갖기에 너무 늦은 연대에 생겼다는 점과, 패트릭 자신이 자신의 저서들에서 그 일에 관해 전혀 언급하지 않는 점으로 인하여 배제된다. 이 전승 은 패트릭을 팔라디우스와 혼동한 데서 생겼다. 팔라디우스를 앞세운 로마의 선 교는 실패로 끝난 반면에, 패트릭의 독자적인 선교는 성공을 거두었다. 그가 진 정한 아일랜드의 사도이며, 국내외의 아일랜드인들에게 자신의 기억을 지울 수 없을 만큼 강렬하게 남겼다.

성 패트릭(혹은 파트리키우스라고도 함. 465 혹은 493년 3월 17일에 죽음)은 부제(副祭)의 아들이자 사제의 손자로 태어났는데, 자신은 성직자 결혼이 불법 이라는 암시를 조금도 내비치지 않은 채 이 점을 고백한다.[37] 그는 연소한 나이 에 다른 여러 사람들과 함께 아일랜드로 붙잡혀 갔으며, 그곳에서 6년간 목동 생 활을 했다. 고적한 들판에서 가축들을 돌보던 중 특별히 누가 와서 들려주지도 않았는데 어렸을 때 배웠던 교훈들이 마음에 선연히 되살아났다. 그 뒤 프랑스 혹은 브리타니아로 도망쳤다가 다시 포로가 되어 잠시 노예 생활을 하는 동안 비상한 꿈을 꾸게 되었고, 그것이 그의 소명이 되었다. 꿈에서 빅토리키우스라 는 사람을 보았는데, 그가 아일랜드에서 왔다고 하면서 건네준 다량의 편지들에

---

36) 이런 이유에서 Montalembert는 이렇게 말한다(II. 393): "아일랜드에서는 기독 교 신앙이 두 명의 노예에 의해서 동텄다." 아일랜드와 잉글랜드 사이에는 수 세기 동 안 노예 거래가 성행했다.

37) 로마 가톨릭 저자들은 대체로 이 사실을 빼놓는다. Butler는 그냥 "그의 아버지 는 좋은 가문 출신이었다"고만 말한다. Montalembert조차 그를 "갈리아계 로마인(?) 으로서 투르의 위대한 성 마르탱의 친척의 아들 패트릭"이라고 부른다. 그 역시 성 패 트릭이 교황 성 첼레스티노에게 축성과 파송을 받았다는 전설을 소개하지만 증거를 조금도 제시하지 않으며, 다만 "성 패트릭의 생애를 놓고 전설과 역사가 서로 경쟁한 다"는 양보적인 표현을 사용한다.

는 그곳으로 건너와 자신들을 도와달라고 간청하는 내용이 적혀 있었다. 꿈을 깬 패트릭은 이것을 하나님의 명령으로 받아 순종하고, 나머지 생애를 아일랜드 개종 사역에 다 바쳤다(440-493).[38]

그는 이렇게 말한다. "나는 하나님께 큰 빚을 진 사람이다. 내게 감당할 수 없이 큰 은혜를 베풀어 주셔서, 나를 통해서 수많은 사람들이 하나님에게로 다시 태어났다. 아일랜드인들은 하나님을 모른 채 우상들과 부정한 것들만 숭배하고 살아왔는데, 그들이 최근에 주님의 백성이 되었으며, 하나님의 자녀들이라 불리고 있다." 그는 수천·수만을 헤아리는 많은 사람들에게 직접 세례를 주었다고 말한다. 아마(Armagh, 북아일랜드 남부 지방: 역자주)가 한동안 그의 선교 활동 중심지였던 듯하며, 오늘날까지 로마 가톨릭과 개신교 양측의 중심지로 남아 있다. 그는 평화롭게 눈을 감고서 다운패트릭(혹은 가불)에 묻혔다. 다운패트릭은 그가 선교를 시작하여 첫 회심자들을 얻은 곳인 동시에 말년을 보낸 곳이다.[39]

그의 로마 가톨릭 전기작가들은 그의 생애에 기적적인 업적들을 둘러놓은 데 비해, 현대 개신교의 몇몇 혹평가들은 그의 존재 자체에 의문을 제기했다. 634년 이전에는 "성 패트릭의 찬송가에 실린 성 세크날(세쿤디누스)의 찬송"(저작 연대가 448년으로 매겨짐)이 아니면 그의 이름조차 변변히 언급되지 않는다는 것이 그들의 근거이다. 그러나 패트릭 자신의 저서들을 받아들인다면, "그가 5세기에 히베르니아(아일랜드의 라틴어명: 역자주)에서 복음을 전했다는 점과, 대단히 열정적이고 유능한 전도자였다는 점, 아일랜드의 사도라는 명예로운 칭호를 받았다는 점을 정당한 근거를 가지고 의심할 수 없다."[40]

패트릭의 기독교는 본질상 갈리아와 고대 브리타니아의 기독교, 즉 가톨릭적·정통·수도원적·금욕적이되 교황으로부터 독립한 기독교였으며, 그레고리우스 1세 때에는 교회 정치와 의식상의 사소한 문제들에서 로마와 견해를 달리했다. 그는 자신의 고백록에서 로마나 교황을 한 마디도 언급하지 않는다. 전

---

38) 이 연대는 추정일 뿐이다. Haddan & Stubbs(p. 295)는 패트릭이 사역을 시작한 연대를 440년으로, 그가 죽은 연대를 493년으로 잡는다. 다른 기록들에 따르면 그의 사역은 훨씬 전에 시작하여 60년간 지속되었다고 한다. 참고로 아마(Armagh, 북아일랜드 남부의 옛 주)가 설립된 연대가 445년으로 추정된다.

39) 후에는 아마가 다운패트릭과 주도권 다툼을 벌였다. 참조. Killen I. 71-73.

40) Killen, Vol. I. 12.

승에도 호소하지 않으며, 신앙의 문제들에서 성경(외경을 포함한)을 유일한 권위로 인정한 듯하다. 정경 성경에서 스물다섯 번, 외경에서 세 번 인용한다. 일부 학자들은 팔라디우스가 실패하여 철수한 이유가 당시에 이미 이곳 선교지를 독점하고 있던 패트릭 때문이었다고 추측해왔으나, 좀 더 신뢰성이 높은 연대기에 따르면 패트릭이 선교를 시작한 시점이 팔라디우스가 철수한 뒤 9년쯤 되는 때였다고 한다. 7세기 말부터 두 사람은 혼동되었고, 팔라디우스의 역사의 일부, 특히 교황 첼레스티노와의 관계 같은 내용들이 패트릭에게 전가되었다.

성 패트릭과 떼어놓고 생각할 수 없는 사람이 있는데, 그는 아일랜드의 가장 유명한 여자 성인 성 브리젯(St. Briget. 혹은 Brigid, Brigida, Bride)으로서, 패트릭의 수의(壽衣)를 마련했고 그가 죽은 뒤에 여러 해 더 살았다. 523년(혹은 525년) 2월 1일에 죽었다. 브리젯은 "아일랜드의 마리아" 였으며, 헤아릴 수 없이 많은 아일랜드의 딸들과 교회들과 수녀원들에 자신의 이름을 주었다. 이 여성을 이름이 같은 스웨덴의 과부 성인과 혼동해서는 안 된다. 브리젯의 생애는 성 패트릭의 생애보다 훨씬 더 두꺼운 전설의 구름에 싸여 있으며, 따라서 후대인들이 남의 말을 경솔히 믿고 덧붙여 놓은 이야기들 중에서 사실을 추려내기가 불가능하다. 브리젯은 족장 혹은 음유시인과 노예인 어머니 사이에 서녀(庶女)로 태어나 성품(聖品)을 받았고, 기도 응답으로 불구자가 되었고, 유명한 킬데어('떡갈나무 교회' 라는 뜻) 수녀원을 설립했고, 콜룸바의 탄생을 예언했으며, 각종 표적과 기사를 행했다. 훗날 킬데어에 있는 그녀의 무덤에서 불이 솟았는데, 아무도 끌 수 없었던 이 불을 가리켜 사람들이 '성 브리젯의 빛' 이라 불렀고, 그녀의 수녀들이 (로마의 베스타 여사제들처럼) 이 불을 가져다가 "긴 세월의 어둠과 폭풍우를 뚫고서"(Moore) 보관했다.

브리젯의 전기는 콜건(Colgan)이 「세 명의 기적가」(*Trias Thaumaturgus*)에 여섯 편을 실어 펴냈고, 볼란드파(the Bollandists)가 「성인전」(*Acta Sanctorum*)에 다섯 편을 실어 펴냈다

성 패트릭에 관한 비평적 주해

패트릭의 이름을 내세운 문헌들 가운데 진정성이 의심받지 않는 것은 한두 편뿐인데, 모두 야만성을 다 벗지 못한 (초기 아일랜드의) 라틴어로 기록되어 있고, 구체적으로 로마의 특성을 찾아볼 수 없는 상태에서 겸손하고 경건하고 열

정적인 선교 정신이 숨쉰다. 한 편은 자서전적인 「고백록」(*Confession*, 25장으로 구성됨)으로서 죽기 직전에 썼고(493?), 다른 한편은 아일랜드를 침략하여 패트릭의 여러 회심자들을 노예로 팔아넘긴 브리타니아의 족장(명목상의 그리스도인) 「코로티쿠스(Coroticus 혹은 Ceredig)에게 보내는 항의서」(*Letter to Coroticus*, 10장으로 구성됨)이다. 「고백록」은 「아마의 책」(*Book of Armagh*)에 실린 대로는 패트릭의 친필 자서전이 부분적으로 읽기 어렵게 훼손된 까닭에 807년 이전에 필사한 것으로 되어 있다. 이 사본 말고도 11세기에 제작된 네 편의 사본들이 있는데, 결말 부분에 잡다한 내용이 부가되어 있으며, 동일한 원본을 따로 필사한 것들로 보인다. 「코로티쿠스에게 보내는 항의서」는 훨씬 짧으며, 그다지 널리 받아들여지지 않는다. 두 문서 모두 「성인전」(*Acta Sanctorum*)에 실려 1656년에 최초로 인쇄되었고, 1668년에 다시 인쇄되었으며, 그 뒤에 미뉴(Migne)의 「교부총서」(*Patrologia*, 제53권), 쿠삭(Miss Cusack)의 「성 패트릭의 생애」(*Life of St. Patrick*), 에브라드(Ebrard)의 저서(482 sqq.), 해던 앤 스텁스(Haddan & Stubbs)의 「공의회들」(*Councils*, Vol. II., P. II., 296 sqq.)에 실려 인쇄되었다.

패트릭의 출신 민족에 관해서는 스코틀랜드로 보는 견해도 있고, 브리타니아 혹은 프랑스로 보는 견해도 있다. 그는 「고백록」을 다음과 같이 시작한다. "나 패트릭은 죄인이요 방자한 자요 신자들 중에서 가장 작은 자요 가장 경멸을 받아 마땅한 자로서 아버지는 사제 포티투스(혹은 포티우스)의 아들이자 부제를 지낸 칼포르누스(혹은 칼푸르니우스)였고, 타베르니아의 반나벰(혹은 바나벤)이라는 마을에서 사셨다. 내가 붙잡혔던 곳의 인근 마을에 별장을 갖고 계셨다. 당시 내 나이는 열여섯살이었는데, 하지만 참 하나님을 모른 채로 히베르니아에 포로로 끌려갔다." 타베르니아의 반나벰은 아마도 스코틀랜드 로카버에 있는 바나비로 추정된다(McLauchlan). 다른 학자들은 그의 탄생지를 클라이드 만에 자리잡은 던바튼 근처의 킬패트릭(즉 패트릭의 암자 혹은 교회)으로 생각한다(Ussher, Butler, Maclear). 또 다른 학자들은 브리타니아의 어느 지역으로 보며, 그의 묘비에 적힌 "Brito" 혹은 "Briton"이란 단어를 그런 배경을 가지고 설명한다(Joceline and Skene). 또 다른 학자들은 아르모리카 갈리아(프랑스 북서부 지방의 옛이름. 지금의 부르타뉴: 역자주)의 불로뉴라고 생각하며(보노니아를 근거로), "Brito"라는 지명이 브르타뉴에서 유래한 것으로 본다(Lanigan, Moore,

Killen, De Vinne).

패트릭은 자신이 누구의 도움으로 회심했다고 진술하지 않는다. 그는 성직자의 아들이었으므로 틀림없이 어릴 때부터 신앙 교육을 받았음에 틀림없지만, 커서 노예로 잡혀가 있는 동안 하나님과 사귐을 갖는 신앙의 힘을 느끼기 전까지는 신앙을 무시하고 컸다. 그는 이렇게 말한다(6장). "아일랜드에 도착한 뒤에 나는 매일 가축들을 먹였고, 그렇게 낮 시간을 지내는 동안 자주 기도를 드렸다. 갈수록 하나님의 사랑과 엄위가 크게 느껴졌고, 믿음과 영혼이 강하게 되었으며, 그래서 어떤 날 낮에는 기도를 백번도 더 드렸고, 밤에도 그에 못지않게 많은 기도를 드렸다." 그는 자신의 소명과 위임이 환상 가운데 하나님께로부터 직접 왔다고 말하며, 어떠한 교회의 권위나 축성(祝聖)의 개입에 영향을 받지 않았다고 밝힌다. 아일랜드에서 가장 오래된 사본의 하나인 「더로우의 책」(*the Book of Durrow*)은 그를 사제로 소개한다. 「코로티쿠스에게 보내는 항의서」에서는 교회의 권위와 사법권을 부여받은 성직자에 가깝게 묘사된다. 하지만 이 서신은 그가 어디서 누구에 의해 성직 임명을 받았는지 진술하지 않는다.

「아마의 책」(*Book of Armagh*)에도 "성 파트리키우스의 스코틀랜드 노래"(*S. Patricii Canticum Scotticum*)라 불리는 아일랜드 찬송(아일랜드 켈트어의 가장 오래된 작품)이 실려 있는데, 이 노래는 패트릭이 그 섬의 족장(Laoghaire 혹은 Loegaire)을 회심시킬 무렵에 지었다고 전해진다. 이 찬송은 그토록 중요한 사역을 위해서 전능하신 하나님의 특별한 도움을 청하는 기도이다. 그 안에는 정통 기독교의 주요 교리들과 함께 요즘도 아일랜드 일부 지방에 널리 퍼져 있는, 마술적 힘에 대한 할머니들과 대장장이들의 공포감이 실려 있다. 하지만 전승상의 패트릭에게서와, 영적 원수들에 맞서기 위해 고안된 흉배나 (허리)갑옷 같은 물품들에서 예상할 수 있는 것과 같은 마리아와 성인들에 대한 기도는 찾아볼 수 없다. 다음은 그 책의 주요 부분이다:

"5. 오늘 내가 나를 결속시키는 것은
　　나를 인도하시는 하나님의 능력과,
　　나를 붙드시는 하나님의 권세와,
　　나를 가르치는 하나님의 지혜와,
　　나를 하감하시는 하나님의 눈과,

내 말을 들으시는 하나님의 귀와,

내게 말을 주시는 하나님의 말씀과,

나를 보호하시는 하나님의 손과,

내 앞에 나 있는 하나님의 길과,

나를 보호하는 하나님의 방패와,

나를 방어하는 하나님의 군대입니다.

이는 나를 귀신들의 올무에서 보호하고,

악의 시험에서 보호하고,

육체의 정욕에서 보호하고,

나를 해하려고 꾀하는 모든 사람에게서 보호하되,

원수가 멀리 있든 가까이 있든

그 수가 많든 적든 상관치 않습니다.

6. 내가 이 모든 능력들을 내 주위에 두른 것은

내 육체와 영혼을 겨냥하는

모든 적대적이고 야만적인 세력을 막고자 함이고,

거짓 예언자들의 주술을 막고자 함이고,

이교의 악한 법을 막고자 함이고,

이단의 거짓된 법을 막고자 함이고,

우상 숭배의 속임을 막고자 함이고,

여자들과 대장장이들과 드루이드교 신자들에게서 막고자 함이며,

인간 영혼을 눈멀게 하는 모든 지식에게서 막고자 함입니다.

7. 그리스도께서는 오늘 나를

독(毒)에서, 불에서,

익사에서, 부상에서 보호하시어

나로 풍성한 상을 받게 하십니다.

8. 그리스도가 나와 함께 계시고, 그리스도가 내 앞에 계시고,

그리스도가 내 뒤에 계시고, 그리스도가 내 안에 계시고,

그리스도가 내 밑에 계시고, 그리스도가 내 위에 계시고,
그리스도가 내 오른편에 계시고, 그리스도가 내 왼편에 계시고,
그리스도가 요새[즉, 가정]에 계시고,
그리스도가 마차 좌석에 계시며[육지로 여행할 때],
그리스도가 선미루(船尾樓)에 계십니다[배로 여행할 때].

9. 그리스도가 나를 생각하는 모든 사람의 마음에 계시고,
그리스도가 나에게 말하는 모든 사람의 입에 계시고,
그리스도가 나를 보는 모든 눈에 계시고,
그리스도가 내 말을 듣는 모든 귀에 계십니다.

10. 내가 나를 결속시키는 대상은
삼위일체 하나님을 향한 기도의 강한 능력과,
일체로 계시는 삼위 하나님에 대한 믿음과,
[천지 만물을 지으신] 창조주 하나님입니다.

11. 구원은 주님께 속한 것이고,
구원은 주님께 속한 것이고,
구원은 그리스도께 속한 것이니,
주님, 당신의 구원이 영원히 나와 함께하게 하옵소서.”

진정성과 당대성을 인정받아온 네 번째와 마지막 문서는 성 세크날(St. Sechnall, 세쿤디누스)이 지은 라틴어 찬송인 “성 패트릭의 찬송”(*Hymnus Sancti Patricii, Episcopi Scotorum*)이다.

이 시는 Haddan & Stubbs의 책 324-327에 자세히 실려 있으며, 세크날이 죽은 해인 448년(?)으로 저작 연대가 매겨져 있다. 그러나 동일 저자들에 따르면 패트릭의 사역이 불과 8년 전(440)에 시작하여 493년까지 지속되었는데, 그가 어떻게 그의 사역을 예견할 수 있었겠는가? 이 찬송은 「아마의 책」에서 티레카누스(Tyrechanus)에 의해서 최초로 언급된다.

다음으로 오래된 문서는 성 피악(St. Fiacc)이 성 패트릭에 관해서 쓴 아일랜드

어 찬송으로서, 6세기 후반의 작품으로 간주된다(*l. c.* 356–361). 「*Senchus Mor*」
는 성 패트릭 시대에 집필된 것으로 간주된다. 그러나 이것은 이교 시대부터 유
래한 아일랜드인들의 법전으로서 기독교 성직자들에 의해서 교회에 유리하게
점차 수정되었다. 성 패트릭이 썼다고 전해지는 「교회법」(*Canons*)은 후대의 것
이다(Haddan & Stubbs, 328 sqq.).

비드(Bede)가 자신의 교회사에서 히베르니아와 그 지역의 교회를 자주 언급하
면서도 성 패트릭을 언급하지 않은 것과, 「성인전」에서 그를 사제로 간단히 소
개하고 넘어가는 것은 이상한 일이다. 패트릭은 콜룸바와 로마 가톨릭 저자들에
의해서도 무시되다가, 8–12세기에 그의 전기를 쓴 중세 작가들에 의해서 본격
적으로 다뤄지게 되는데, 하지만 이때부터 작가들은 그를 로마화하고, 그의 「고
백록」에 의존하지 않고 위조 문서들과 모호한 전승들에 의존했다. 패트릭은 아
일랜드의 모든 족장들과 음유시인들을 회심시켰다고 하는데, 그 가운데는 심지
어 자신에게 켈트족 영웅들과 전투들에 관한 긴 서사시를 읊어준 스코틀랜드의
맹인 호메로스 오시안(Ossian)도 포함되었다고 한다. 그는 365채(혹은 어떤 자료
들에 따르면 700채)의 교회를 세웠고, 많은 수의 주교들을 축성했으며, 3000명의
사제들을 임명했다(당시 아일랜드 섬의 인구는 기껏해야 20만 내지 30만 명밖에
되지 않았다. 심지어 엘리자베스 재위 때에도 60만 명을 넘지 못했다). 그는 왕
국의 법을 변경하고, 소경들을 고치고, 아홉 명을 죽음에서 일으키고, 아일랜드
에서 뱀과 개구리를 모조리 쫓아냈다.[41] 패트릭의 기념일은 5월 17일이며, 이 날
에는 전 세계에 있는 모든 아일랜드 가톨릭 신자들이 대규모 행렬을 벌인다. 그
가 죽은 연대는 학자들에 따라 455년으로도 매겨지고(Tillemont), 464년 혹은

---

41) 나를 배에 태우고 킬라니 호수를 건너던 재치있는 아일랜드 뱃사공한테 재미있
는 이야기를 들었다. 그의 말인즉슨, 성 패트릭이 마지막 뱀을 철 상자에 가둔 뒤 그
것을 호수 바닥에 가라앉게 했다는 것이다. 물론 그러면서 그 짐승을 꺼내주겠다고
엄숙히 약속하면서. 나는 뱃사공에게 뱀을 속인 것이 죄가 아니냐고 물었다. 그러자
뱃사공의 입에서 당장 이런 대답이 나왔다. "그렇지 않지요. 그분은 다만 뱀에게 똑같
은 값을 지불한 것일 뿐입니다. 첫 뱀이 온 세상을 속였잖습니까." 뱃사공은 이어서
말하기를, 크롬웰이 아일랜드에 살던 선량한 사람들을 죄다 죽여버리고 악인들만 살
려두었다고 했다. 조상들을 그렇게 도매금으로 악인으로 만들어서야 되겠느냐고 힐
난하자, 그는 정중하게 대답하기를 "아니오, 우리 부모는 아메리카에서 오셨습니다"
라고 말하는 것이었다.

465년으로도 매겨지며(Butler, Killen), 493년으로도 매겨진다(Ussher, Skene, Forbe, Haddan & Stubbs). 포브스(Forbes, *Kalendars*, p. 433)와 스킨(Skene, *Keltic Scotland*, II. 427 sqq.)은 현재 형태의 성 패트릭 전설이 9세기 이후에 생긴 것이며, 다음 세 인물로 구분된다고 결론짓는다: 센 파트릭(Sen-Patrick) — 그의 기념일은 8월 24일이다; 팔라디우스 — 431년의 선교 활동은 그에게 속한 것이다; 파트리키우스 — 그의 기념일은 3월 17일이며, 사망 연대는 493년이다. "이 세 성인들의 활동을 토대로 후대의 아일랜드 대 사도의 전설이 형성되었고, 여기에 인위적인 연대 표기가 붙었다."

15. 성 패트릭 이후의 아일랜드 교회

선교 시대

성 패트릭의 사역은 그의 제자들이 계승했고, 5-6세기에 앵글로색슨족의 침공으로 잉글랜드에서 쫓겨난 많은 수의 브리튼족 사제들과 수사들도 그의 사역을 계승했다. 브리타니아의 기독교가 피신한 아일랜드와 웨일스 사이에는 밀접한 접촉이 있었고, 니니안(Ninian)과 켄티건(Kentigern)에 의해서 기독교의 씨앗이 심겨진 아일랜드와 스코틀랜드 사이에도 그러한 관계가 유지되었다. 성 패트릭이 죽은 뒤 한 세기도 못 되어서 아일랜드는 교회들과 수도원·수녀원들로 뒤덮였다. 수도원들이 곧 성직자들과 선교사들을 양성하는 교육 기관이었고, 신앙 서적들을 필사하는 작업장이었다. 그 가운데서도 아마·뱅커(혹은 뱅거, 558)·클로나드(500)·클론막노이스(528)·데리(555)·글렌돌로우(618)에 세워진 수도원들이 왕성한 활동을 벌였다.

6-7세기에 아일랜드는 기독교 신앙에서 다른 나라들을 능가했으며, "성인들의 섬"이라는 칭호를 얻었다. 이 말은 상대적 의미로 이해해야 하며, 당시 잉글랜드가 앵글로색슨족의 이교에서 막 벗어나고 있었던 단계이고, 독일은 거의 이교 지역이었으며, 프랑스 왕들 — 교회의 장자들 — 이 "죄악의 괴물들"이었다는 점을 기억할 필요가 있다. 아일랜드 자체도 고만고만한 왕들과 족장들 사이에 벌어진 내전으로 혼란을 겪었으며, 수사들과 성직자들, 심지어 여성들조차 전쟁터로 나섰다. 아담난(Adamnan)은 여성들에게 전쟁을 면제해 주는 법을 어

렵사리 확보했으며, 아일랜드의 성직자들이 "원정과 군복무"를 면제받은 것은 9세기에 가서야 비로소 이루어진 일이다. 노예 매매는 10세기에 아일랜드와 잉글랜드 사이에 왕성하게 이루어졌으며, 브리스톨이 그 중심지였다.

아일랜드인들의 신앙은 주로 유치한 단계의 미신의 터에서 이루어졌다. 그러나 그럴지라도 그 나라의 선교 열정은 후한 평가를 받을 만했다. 아일랜드는 이교 유럽을 회심시키려는 꿈을 품었다. 이 나라의 사도들이 스코틀랜드·브리타니아 북부·프랑스·독일·스위스·이탈리아 북부로 진출했다. "그들이 서방의 육지와 바다를 덮었다." 지칠 줄 모르는 선원들이었던 그들은 멀리 떨어진 대다수 섬들에 상륙했고, 대륙을 이민들로 넘치게 했다. 알려진 세계와 알려지지 않은 세계를 그리스도를 위해 정복하려는 환상을 끊임없이 품었다. 중세에 크게 명성을 떨친 수도원풍 오디세이아이자 「신곡」의 유명한 서곡을 장식한 「성 브랜던의 순례기」(*Pilgrimage of St. Brandan*)라는 시는 켈트족의 이상이 담긴 모든 꿈들과 기사들에 밀접히 접촉하던 아일랜드 수사들의 모습을 보여준다.

선교사들이 아일랜드를 떠날 때는 대개 열두 명으로 구성된 무리를 지도자 한 사람이 인솔하는 형태를 취했다. 열둘로 구성된 이러한 조직은 그리스도와 열두 사도를 상징하려는 것이었다. 다음은 이들 선교사 일행들 가운데 가장 유명한 집단들이다:

성 콜룸바와 열두 형제. 스코틀랜드 고지대를 향해 떠남. 563년.

성 모혼나(혹은 마카리우스, 마우리키우스). 콜룸바에 의해 열두 명의 일행과
　　함께 픽트족에게 파송됨.

성 콜룸바누스가 열두 형제들(그들의 이름이 기록에 남음)과 함께 프랑스와
　　독일로 감. 612년.

성 킬리안이 열두 명과 함께 프랑코니아와 뷔르츠부르크로 감. 680년.

성 엘로퀴우스가 열두 명과 함께 벨기에로 감. 680년.

성 러드버트 혹은 러퍼트가 열두 명과 함께 바이에른으로 감. 700년.

성 월리브로르드(아일랜드에서 12년을 공부함)가 열두 명과 함께 프리슬란트
　　로 감. 692년.

성 포라난이 열두 명과 함께 벨기에 접경 지대로 감. 970년.

아일랜드 교회의 이러한 선교 활동이 로마 교회로부터 독립을 유지한 시기에 국한된다는 점이 눈여겨 볼 만하다. 노르만 정복 이후에는 그러한 이야기를 다시 들어볼 수 없다.

이러한 선교 시기인 6-7세기에 아일랜드 교회는 독특한 특징을 지니고 있었는데, 8세기에 작성된 두 편의 문서, 즉 "아일랜드 성인 목록"과 "쿨디 앙구스의 호칭 기도"에서 그것을 주로 확인할 수 있다.

"아일랜드 성인 목록"은 세 시기와 세 부류의 성인들, 즉 재속 성인과 수도원 성인과 은둔 성인을 구분한다.

성 패트릭 시대의 성인들은 한결같이 성령 충만한 주교들로서, 그 수가 350명이었고, 모두 교회 설립자들이었다. 이들은 하나의 머리이신 그리스도와 한 명의 지도자 패트릭을 섬겼고, 하나의 미사와 귀에서 귀로 이어지는 하나의 체발을 준수했으며, 춘분 이후에 오는 음력 14일에 부활절을 지켰다. 이들은 평신도도 여자도 배제하지 않았다. 자신들이 그리스도라는 반석에 서 있기 때문에 시험의 바람을 두려워하지 않았던 것이다. 이 성인들은 로마인들과 프랑크인들, 브리튼인들과 스코트인들 가운데서 일어났다. 이 제1기의 성인들은 네 왕의 재위 기간(440-543) 동안 활동했다.

제2기도 네 왕의 재위 기간에 해당하며(599년까지), 이 시기에 활동한 성인들은 가톨릭 사제들로서 그 수가 300명이었고, 주교는 없었다. 이들은 이전과 마찬가지로 하나의 머리이신 그리스도와 하나의 부활절, 하나의 체발을 준수했다. 하지만 미사와 규율은 이전 시대와 달랐으며, 여성들의 예배 집례를 거부하고, 그들을 수도원에 받아들이지 않았다.

제3기는 백 명의 경건한 사제들과 소수의 주교들로 구성되었으며, 이들은 광야에 나가 나물과 물과 신자들의 연보로 생활했다. 체발 형식과 부활절 날짜를 저마다 달리 지켰는데, 어떤 이들은 음력 14일에, 다른 이들은 음력 16일에 부활을 기념했으며, 665년까지 네 왕의 재위 기간 동안 계통을 전수했다.

제1기는 교회 중심적 성인들의 시대라고 할 수 있다. 물론 다소 비교회적이고 비교구적인 의미를 지니긴 했지만 말이다. 앙구스는 자신의 「호칭 기도」에서 "그 성인[패트릭]이 임명한" "7의 50배[350]인 거룩한 주교들과" "그 성인이 임명한 3백 명의 순수한 사제들"의 이름을 부르며 기도한다. 네니우스(Nennius)의 책에서는 사제들의 수가 3천 명으로 늘어나며, 3부로 이루어진 패트릭의 전기에서는 5천 명으로 늘어난다. 이 주교들은 비록 그 수는 실제로 크게 줄여서 생각해야 옳을지라도, 그 지위는 고대 동방 교회의 지방주교들(chorepiscopi) 곧 시골 주교들(한때 소아시아에서만 이들의 수가 4백 명을 상회함)보다 높지 못했다. 심지어 쿨디 앙구스는 각각 일곱 명의 주교들로 구성된 153개의 성인 집단을 소개하는데, 각 집단이 같은 교회에서 사역했다고 한다. 전체 아일랜드인의 수석 주교로 자임한 패트릭은 어디에서든 소수의 회심자들을 얻더라도 그곳에 교회를 세웠고, 그곳 씨족의 장에게 허락을 받았으며, 그 교회에 주교를 세웠다. "그것은 정규 관할구 아래의 영토적 유대보다는 연방적 유대로 결합된, 회중적이고 부족적인 주교제였다. 패트릭 개인이 생시에 아일랜드 전역에 대해 감독권을 행사했다는 데에는 의심의 여지가 없다. 하지만 아마 교회가 나머지 교회들에 대해서 수도대교구적 관할권을 행사한 흔적은 조금도 찾아볼 수 없다."[42]

제2기는 수도원과 선교 중심적 시기였다. 사제들과 부제들이 모두 수사들이었다. 수도원 생활이 아일랜드의 지형에 잘 맞았으며, 드루이드교의 사제들과 수녀들을 전례로 가지고 있었다.[43] 수도원주의는 프랑스에서 패트릭을 통해서 직접 혹은 갤로웨이의 성 니니안 수도원에서 아일랜드로 전해진 듯하다(성 니니안은 투르의 마르탱한테 수도원주의를 전수받았다).[44] 이들 사제-수사들 가운데 두드러졌던 집단은 563년에 스코틀랜드에 기독교를 소개한 성 콜룸바를 우두머리로 하는 아일랜드의 열두 사도들과, 612년경에 아일랜드를 떠나 대륙으로 간 콜룸바누스의 열두 동료였다. 가장 유명한 수도원은 벤카 혹은 뱅거 수도원으로서, 558년에 콤갈(Comgall)이 벨파스트 러프 남부에 자리잡은 다운(Down) 군(郡)에 설립했다. 콤갈은 자신의 감독하에 4천 명의 수사들을 거느렸다.[45] 콜룸바누스와 그 밖의 전도자들은 뱅거에서 사역을 시작했다.

---

42) Skene, II. 22.

43) Ammianus Marcellinus(XV. 9)는 드루이드교를 "피타고라스의 규례에 따라 결속된 형제단들과 자치 단체들"로 묘사한다. 참조. Killen, I. 29.

44) 다음 항을 참조하라. 성 패트릭 자신도 성 마르탱의 제자였다고 전해진다. 그러나 성 마르탱은 거의 백년 전에 살았던 사람이다.

45) 쿨디 앙구스는 자신의 호칭 기도에서 "뱅거의 콤갈의 치하에서 하나님의 복을 받아 사역했던 4만 명의 수사들"의 이름을 불러 기도한다. 그러나 이것은 '4천 명'을 잘못 표기한 것임에 틀림없다. Skene II. 56. 아일랜드 북동부 해안에 자리잡은 뱅거를 웨일스 서부 해안에 자리잡은 뱅거와 혼동해서는 안 된다.

초기 켈트족 수도원을 정교한 석조 건물로 생각해서는 안 된다. 오히려 시골의 조야한 통나무 건물이나 강변의 오두막집(botha)으로서, 그 안에는 교회당(ecclais)과 식당, 방앗간, 숙박소가 있었고, 사방에는 흙담이나 돌담이 둘러졌다. 선임 수사들은 기도와 성경 필사에 주력했다. 젊은 수사들은 밭일과 대장간 일, 혹은 자라나는 세대를 교육하는 일을 맡았다. 이 수도원 공동체들은 그리스도를 보이지 않는 머리로 모시는 연방적 연합을 이루었다. 이들이 성직자들을 양성했다. 주변의 이교도들에게 전도하여 회심자들을 얻어냈고, 그들에게 위험과 폭력으로부터 피할 수 있는 피난처를 제공했다. 잉글랜드의 귀족들이 이 수도원들을 자주 찾았는데, 비드에 따르면, 수도원들은 그들을 환대했고, 장서들과 강의를 제공했다고 한다. 어떤 아일랜드 성직자들은, 교황 그레고리우스 1세가 헬라어를 모르던 시기에 헬라어를 읽을 줄 알았다. 특히 패트릭의 저서들에는 「이탈라」(*Itala*)와 「불가타」(*Vulgate*)와 다른 초기 라틴어 번역성경의 흔적들이 있다.[46] 그러나 “켈트어 번역성경이나 그 일부가 있었던 흔적은 없다. 성 크리소스토무스의 발언이 그런 가설을 뒷받침하는 데 잘못 사용되지만, 그럴 만한 근거가 없다.”[47] 만약 그러한 번역성경이 있었다 하더라도 민중이 그 언어를 읽을 줄 몰랐고, 교회의 공적 가르침을 통해서 하나님의 말씀을 근근이 배웠기 때문에 거의 사용되지 않았을 것이다.

807년에 아마의 필경사 혹은 학구적 수사인 페르돔낙(Ferdomnach)이 편집한 「아마의 책」(*Book of Armagh*)은 당시 아일랜드 교회의 지적 수준을 어느 정도 짐작하게 한다. 이 책에는 현존하는 가장 오래된 성 패트릭의 회고록, 성 패트릭의 고백록, 제롬이 신약성경에 붙인 머리말, 복음서들, 서신서들, 계시록과 사도행전, 그리고 주로 펠라기우스의 저서들에서 취한 몇몇 머리말들, 술피키우스 세베루스가 쓴 투르의 성 마르탱의 생애, 저자를 대신한 간단한 호칭기도[連禱,

---

46) Haddan & Stubbs(Vol. I., 170-198)는 5-9세기에 브리타니아나 아일랜드의 저자들(Fastidius, St. Patrick, Gildas, Columbanus, Adamnanus, Nennius, Asser 등)이 인용한 라틴어 성경 구절 모음을 제시하면서, 「불가타」가 비록 420년경에 브리타니아의 파스티디우스에게는 알려졌을지라도 반 세기 뒤에 아일랜드에서 저작 활동을 한 성 패트릭에게는 알려지지 않았을 가능성이 있으며, 하지만 7세기부터는 「불가타」가 점차 과거에 쓰이던 아일랜드 라틴어 번역성경을 대체했다고 결론짓는다.

47) Haddan & Stubbs, I. 192.

litany]가 수록되어 있다.

9세기에는 874년에 프랑스에서 죽은 존 스코투스 에리게나(John Scotus Erigena)가 특이하면서도 괴벽스럽고 천재적이고 범신론적인 사변들로써 교회를 놀라게 했다. 그는 오늘날까지 아일랜드인들의 강점으로 남아 있는 신속하고 재치있는 답변 능력을 갖고 있었다. 대머리 왕 샤를(Charles the Bald)의 저녁 식사에 초대되어 스코트인(a Scot)과 술고래(a Sot)의 차이가 무엇이냐(quid distat inter Scottum et Scutum?)는 질문을 받았을 때, 존은 "전하, 스코트인과 술고래 중간에는 식탁이 있을 뿐입니다" 하고 대답했다.

16. 아일랜드가 잉글랜드에 복속됨, 그리고 로마의 지배

로마 교회는 아우구스티누스를 통해서 앵글로색슨족 사이에 뿌리를 내리는 데 성공하자 이제 자극을 받아 아일랜드 교회를 교황청 밑으로 들어오게 하고, 그 교회에 로마의 의식들을 강요하려는 생각을 하게 되었다. 잉글랜드의 기독교는 뱅거와 아이오나에서 온 아일랜드와 스코틀랜드의 독립적 선교사들에게 큰 신세를 졌지만, 아일랜드(그리고 독일)는 이렇게 해서 잉글랜드로 인하여 로마교로 정착하는 데 큰 신세를 지게 되었다. 교황 호노리우스(그는 훗날 제6차 에큐메니컬 공의회에 의해 단의론 이단설을 주장했다는 이유로 단죄를 받았다)는 629년에 아일랜드의 성직자들에게 서한을 보내어, 로마 교회의 부활절 준수 방식을 채택하도록 권고했다. (위압적인 명령이 아니니라 지혜와 경험을 앞세운 권고였다.) 이것이 교황이 그 나라에 보낸 교서 가운데 최초로 알려진 것이다. 이 교서로 인하여 마그렌(Magh-Lene)에서 교회회의가 열렸고, 교회회의의 결과 낯선 부활절 관습을 확인하기 위해 교황(그리고 세 명의 동방 총대주교)에게 대표단을 파견하게 되었다. 대표단은 로마에서 각별한 환대를 받았으며, 3년만에 귀국하여 로마의 달력을 채택하는 게 낫겠다고 보고했다(실제로 그 달력은 좀 더 나은 계산 체계에 근거한 것이었다). 그 뒤 아일랜드 남부에서는 아일랜드의 학자 성직자인 쿠미아누스(Cummian)의 영향으로 로마 교회의 달력을 채택했다. 쿠미아누스는 그 논쟁을 연구하느라 꼬박 일년을 할애했다. 몇 년 뒤 아마의 대주교 겸 대수도원장(623-661)이자 당대 아일랜드 최고의 학자였던 토미아누스(Thomian)는 교황과 서신을 주고받은 뒤에 북부에도 로마의 관습을 채택했으며, 이 조치로써 아일랜드의 일정 지역에 영향력을 행사하면서 옛 관습을 강력히 고수하고 있던 아이오나의 대수도원장에 대해서 자신의 권위를 크게 향상시켰다. 그러나 마침내 아이오나의 대수도원장 아담난도 704년에 숨을 거두기 전에 로마의 관습에 굴복했다.

윌리엄 1세 때 교황의 재가를 받아 감행된 노르만의 정복은 아일랜드 교회를 로마와 훨씬 더 밀접하게 결합시켰다(1066). 그레고리우스 7세는 아일랜드와 왕과 성직자단과 평신도들에게 보내는 교서(1084)에서 거룩한 베드로의 대리인에게 복종할 것을 강력히 요구했고, 중재가 필요한 모든 문제에 교황인 자신에게 항소하도록 권유했다.

잉글랜드 캔터베리 대주교들인 란프랑쿠스와 안셀무스는 노르만족 정착민들이 자신들에게 주교들과 사제들을 보내달라고 요청한 것을 근거로 아일랜드의 가장 중요한 항구 도시들인 더블린과 워터포드, 리메릭에 대해 관할권을 주장했고 일정한 권한을 행사했다. 이들의 영향력은 아일랜드를 로마에 순응하도록 하는 방향으로 행사되었다. 성직자 독신제가 더욱 널리 도입되었고, 의식의 통일이 확립되었으며, 무수히 난립해 있던 주교구들이 북부의 아마와 남부의 카셀에 거점을 둔 두 대주교의 감독을 받는 스물세 교구들로 축소되었다. 반면에 더블린 주교는 캔터베리 대주교의 감독하에 남아 있도록 허용되었다. 이렇게 정치가 성직자 위계제도를 크게 강화하는 쪽으로 재편된 것은 1112년경에 열린 라스브레아사일(Rathbreasail) 교회회의의 결정에 따른 것이다. 이 회의에는 58명의 주교와 317명의 사제, 다수의 수사, 그리고 왕 머토그 오브리엔(Murtogh O'Brien)과 그의 귀족들이 참석했다.

마침내 아일랜드는 헨리 2세 치하의 잉글랜드에게 침공과 정복을 당했는데, 이때 잉글랜드인으로서 교황 권좌에 앉은 유일한 인물인 교황 하드리아누스 4세가 사실상 침공을 지원했다. 이 교황은 1155년에 발행한 특이한 교서에서 아일랜드 침공이 교황청에게 유익이 된다는 이유로 정당화하고 권장했고, 왕에게 아일랜드의 주인으로 인정하는 반지를 보냈으며, 그 방탕한 군주에게 아일랜드에서 "악의 온상들을 뿌리뽑고" "(로마) 교회의 영역을 넓히며", 각 가정에서 "해마다 1페니의 세금을 성 베드로에게 받아내라"고 요구했다(12세기의 1페니는 20세기의 2–3실링에 해당한다).[48]

헨리는 1171년에 자신의 구도를 실천에 옮기어, 지리한 내전으로 지리멸렬한

---

48) 교황의 이 아일랜드 교서는 *Bullarium Romanum*에는 수록되어 있지 않다. 편집자가 이 문서 싣기를 수치스러워했기 때문이다. 아일랜드의 일부 로마파는 이 문서를 기괴한 날조로 간주하여 권위를 인정하지 않는다. 하지만 Matthew Paris(1155)는 이 문서를 교서 목록에 실었고, 교황 알렉산더 3세는 헨리 2세에게 보낸 서한(1172. 아일랜드에서는 1175년에 발행)에서 이 문서의 권위를 확증했다. Baronius는 *Codex Vaticanus*에서 이 문서의 사본을 취하여 *Annales*(1159년까지)에 수록했는데, 아일랜드의 로마 가톨릭 사가 Dr. Lanigan(IV. 64)과 그 밖의 학자들은 이 문서의 진정성을 확고히 인정한다. 교서의 내용은 다음과 같다:

"하나님의 종들의 종, 주교 하드리아누스는 그리스도 안에서 가장 귀한 아들, 잉글랜드의 영명하신 왕에게 문안하며 사도의 강복을 비는 바입니다.

"전하께서는 참 훌륭하게도 당신의 명성을 땅에 선파하고 하늘에서 얻을 영원한 행복의 상을 확보하는 계획을 품으시는 가운데, 가톨릭 군주로서 교회의 경계를 확장하고, 무지하고 미개한 자들에게 기독교 신앙 진리를 가르치고, 주님의 밭에서 불법의 온상들을 뿌리뽑으려는 뜻을 품으시며, 이 뜻을 좀 더 손쉽게 이루기 위해서 사도 교구의 자문과 호의를 요구하고 계십니다. 이 일에 임하는 전하의 생각이 좀 더 완숙하고 절차가 신중할수록 우리는 주님의 지원을 받아 훨씬 더 행복하게 전하를 지원해드릴 수 있겠습니다. 이는 무엇이든 뜨거운 신앙과 종교적 사랑에서 기인한 것이면 반드시 성공하고 번성하게 마련이기 때문입니다.

"의의 태양이신 그리스도께서 밝게 비추시고, 기독교 신앙의 교리들을 받아들인 아일랜드와 모든 섬들이 사도 베드로와 거룩한 로마 교회의 관할권에 속한다는 것은 전하께서도 인정하시듯이 의심의 여지가 없는 사실입니다. 그러므로 우리는 그 섬들에 대해서 아주 엄격한 보고를 [주님 앞에] 드려야 한다는 은밀한 양심의 가책에 따라서, 그 섬들을 충실히 관리하여 주님을 기쁘시게 해드리는 씨앗을 번식시키기 위해 노심초사하고 있습니다.

"그렇기에 그리스도 안에서 가장 귀한 아들이신 전하께서도 어찌하든 아일랜드 섬에 들어가 백성으로 하여금 율법을 지키게 하고, 악의 온상들을 뿌리뽑고, 각 가구 당 매년 1페니를 성 베드로에게 바치게 하고, 그 섬 교회들의 권리들이 침해되지 않고 온전히 지켜지도록 하겠다는 뜻을 우리에게 밝히신 것입니다. 그러므로 우리는 전하의 경건하고 훌륭한 뜻을 예의를 다해 존중하고 전하의 청원에 흔쾌히 동의하면서, 교회의 경계를 확장하고 악의 창궐을 막고 기강을 바로잡고 덕을 권장하고 기독교 신앙을 증가시키기 위해서는 전하께서 그 섬에 들어가 하나님의 영예와 그 땅의 안녕을 위해 필요한 모든 조치를 단행하는 것과, 그 땅 백성이 전하를 명예롭게 영접하고 자기들

상태에 놓여 있던 아일랜드 전체를 쉽게 평정하여 잉글랜드의 지배 아래 굴복시켰으며, 이러한 상태가 그 뒤로 줄곧 지속되었다. 아마에서 열린 교회회의는 그 침공을 백성의 죄, 특히 노예 매매에 대한 의로운 심판으로 간주했다. 헨리를 가장 먼저 승인한 사람들은 주교들이었는데, 그렇게 한 이유는 외국 정권이 들어서면 그동안 자국의 독재 권력들한테서 받았던 억압에서 벗어날 수 있다는 기대 때문이었다. 1172년의 교회회의는 여러 가지 법을 제정하는 과정에서, 향후 아일랜드의 모든 성직자들은 잉글랜드 교회의 관습을 준수해야 한다고 법으로 공포했다. 그때부터 교황 특사가 아일랜드에 상주했다. 교황 알렉산더 3세는 자신의 권한이 이렇게 확장된 데에 크게 만족을 표시했는데, 1172년 9월에는 신앙을 빙자한 거만한 어조로 하드리아누스의 교서를 재확인하는 간단한 교서를 발행했으며, "그 야만적인 민족"이 헨리의 정권하에서 "다소나마 예절과 격식을" 갖추기를 바라는 희망을 표시했다. 그 외에도 세 통의 서신을 썼는데, 한 통은 헨리 2세에게 쓴 것이고, 다른 한 통은 아일랜드의 왕들과 귀족들에게 쓴 것이며, 또 다른 한 통은 아일랜드 성직자들에게 쓴 것으로서, 저마다 아일랜드에 대해서 잉글랜드에 복종할 것과, 아일랜드와 잉글랜드 모두 성 베드로에게 복종할 것을 명령하는 내용이다.

17. 스코틀랜드의 회심. 성 니니안과 성 켄티건

의 주인에게 하듯 전하를 존경하는 것, 그리고 여전히 훼손되지 않은 채 신성하게 남아 있는 그곳 교회들의 권리들을 지키고 각 가구 당 일년에 1페니의 금액을 성 베드로에게 바치게 하는 것이 선하고 바람직하다고 판단했습니다.

"만약 이렇게 전하께서 품으신 뜻을 단행할 결심이 확고히 섰다면 그 민족을 인생의 바른 도리로 훈련시키기 위해서 연구하시기를 바라며, 전하께서 직접 이 일에 적합하다고 사료되는 인재들과 함께 믿음과 말과 삶으로써 교회가 그곳에서 아름답게 세워지고, 기독교 신앙이 뿌리를 내려 자라며, 하나님의 영예와 영혼들의 구원에 관련된 모든 일들이 질서 있게 시행됨으로써, 전하께서 하나님 안에서 영원한 상을 풍성히 얻고 지상에서 만대에 걸쳐 영광스러운 이름을 얻을 수 있게 되도록 각고면려하시기를 당부드립니다."

스코틀랜드(스코티아)는 10세기 이전에는 아일랜드(히베르니아)와 구분되어 대체로 브리튼(브리타니아)이라는 명칭에 포함되었다. 로마인들은 이 땅을 칼레도니아라고 불렀고, 켈트족은 알반(Alban)이라고 불렀다.[49] 하지만 스코티아라는 명칭은 10세기까지는 아일랜드를 가리키는 데에만 사용되었다. 스코틀랜드의 독립적 역사는 9세기에 스코틀랜드의 왕조 수립과 더불어 시작된다. 처음에 이 나라는 순수한 켈트족의 왕국이었으나, 세월이 흐르면서 색슨족과 봉건제도가 전역에 퍼졌으며, 켈트족은 고산지대와 서부의 섬들로 밀려났다. '스코틀랜드 사람'(Scot)과 '스코틀랜드 말'(Scotch)이라는 명칭들이 영어권 사람들과 그들의 언어에 그대로 넘어온 반면에, 과거에 '스코틀랜드 말'로 알려졌던 켈트 말은 아일랜드 말로 알려지게 되었다.

켈트족이 지배하던 시기의 스코틀랜드 역사는 전설들로 가득하며, 로마 교회와 개신교, 성공회와 장로교가 각각 자신들의 교리 체계와 교회 정치 형태를 놓고 벌이는 각축장이다. 하지만 쿨디스(Culdees: 스코틀랜드에서 10세기에서 14세기 중엽까지 복음주의적·독립적 수사들로 로마에 복종하지 않고 종교개혁 때까지 독립된 존재로 유지하였다: 역자주) 논쟁에서 교파적 쟁점들을 분리해내어야 한다. 역사가는 논쟁가도 변증가도 아니며, 다만 진리에만 목표를 두어야 한다.

테르툴리아누스는 로마인들이 정복하지 못한 브리타니아의 특정 지역들이 그리스도에게 복속되었다고 말한다. 이 말은 기독교에 관한 최초의 지식이 잉글랜드에서 스코트인들과 픽트인들에게 전달되었다는 뜻일 가능성이 크다. 하지만 그들과 브리튼인들 사이에 전쟁이 끊이지 않았던 현실과 로마 권력이 몰락한 현실이 선교 사역에 틀림없이 불리하게 작용했을 것이다.

팔라디우스가 교황 첼레스티노의 명을 받아 스코틀랜드에 가서 선교를 했다는 이야기는 그가 같은 교황에 의해 아일랜드로 파견되었다는 이야기와 마찬가지로 모호하고 불확실하며, 패트릭의 선교와 크게 뒤섞여 있다. 패트릭의 전도로 그리스도인들이 된 얼스터(아일랜드 북부 지방: 역자주) 북동부 출신의 아일랜드 이민들이 5세기 말엽에 스코틀랜드에 정착했으며, 이들이 아가일(스코틀랜

---

49) 게일어로는 '숲의 땅'이란 뜻의 Calyddom. 다른 학자들에 따르면 '척박하고 황량한'이라는 뜻의 Kaled에서 유래한 명칭이라고 한다.

드 서부 지방: 역자주) 해안을 따라 꾸준히 퍼져나가 물(Mull) 섬과 아이오나 섬까지 다다랐으나, 결국 북부의 픽트족에게 막혀 더 이상 뻗어나가지 못했다.

스코틀랜드 교회사에서 맨 먼저 두드러지는 사실은 4세기 말엽에 동방에서 테오도시우스가 재위하던 때에 성 니니안(St. Ninnian)이 이 지역에서 사도적 임무를 수행했다는 것이다. 그에 관해서는 신뢰할 만한 정보가 없다. 브리튼족 왕의 아들이었던 니니안은 일찍부터 그리스도를 섬기는 데 자신을 바쳤다. 한동안 로마에 가서 지내다가 그곳에서 교황에게 칼레도니아 이교도들의 사도로 임명을 받았으며, 돌아오는 길에 갈리아에서 투르의 주교 마르탱과 교제를 나누었는데, 참고로 마르탱은 프리스킬리아누스파 사건이 발생했을 때 이단들을 사형에 처하는 데 항의한 일로 각별히 칭송을 받을 만한 인물이다. 니니안은 오늘날 스코틀랜드의 동부 지역들에 살던 남부 픽트족에게 복음을 전함으로써 사역을 시작했다. 스코틀랜드 해안을 따라 남서쪽에 자리잡은 갤로웨이의 휘턴(쿼턴, 위터나)에 ‘칸디다 카사’(Candida Casa, ‘흰집’)라고 불린 흰 색의 석조 건물을 세운 그는 이것을 그 해에 숨을 거둔 성 마르탱을 기념하여 그의 이름에 봉헌했다(397). 이것이 주변 지역에 문명과 인도적 영향력을 끼치면서 해마다 잉글랜드와 스코틀랜드로부터 성 니니안의 성소에 순례객들을 끌어들이는 ‘대 수도원’(Magnum Monasterium) 혹은 Rosnat의 수도원의 효시였다. 니니안의 생애는 전기적(傳奇的) 색채를 띠게 되었고, 전설들로 윤색되었다. 그가 갓 태어난 아기에게 자기의 친아버지를 가리키게 했고, 어머니한테 폭행 죄로 고소를 당한 장로의 무죄를 밝혀냈고, 부추와 약초를 제철에 앞서 밭에서 자라게 했고, 지팡이로 바다의 바람과 파도를 잠잠케 했으며, 심지어 그의 성유물이 병자들을 고치고 문둥병자를 깨끗하게 하고 악인들을 두려움에 몰아넣었다고 하며, 그의 전기 작가 아일레드(Ailred)에 따르면 “이런 모든 일로써 신자들의 믿음이 확고해져서 그리스도를 찬송하고 그에게 영광을 돌리게 되었다”고 한다.

성 켄티건(St. Kentigern, 603년 11월 13일에 죽음)은 성 뭉고(St. Mungo, ‘자애로운 이’)라고도 불리는 사람으로서, 글래스고의 초대 주교를 지냈고, 6세기에 컴벌랜드(잉글랜드 북서부 지방)와 웨일스, 그리고 클라이드 강 주변에 살던 주민들에게 복음을 전했으며, 믿음에서 떠난 픽트족에게 다시 복음을 전했다. 그는 컴브리아(잉글랜드 북서부 지방) 혹은 스트래스클라이드(스코틀랜드 남서부 지방; 스코틀랜드 남부와 잉글랜드 북서부에 걸친 6–11세기의 켈트족의 왕국)

의 이교도 왕의 손자이자 그리스도인의 아들이었다(어머니는 세례를 받지 않은 사람이었다). 쿨디스(Culdees) 곧 재속 수사들의 대학과 여러 개의 교회들을 설립했다. 고행자의 마모직 셔츠와 염소가죽 겉옷을 입었고, 빵과 채소만 먹고 살았고, 바위 침상에서 야곱처럼 돌베게를 베고 잤고, 한밤중에 일어나 시편 찬송을 드렸고, 아침에는 시냇가로 나가 시편 찬송 전체를 불렀고, 사순절에는 광야로 나가 지내면서 나무뿌리를 캐서 연명했고, 성 금요일에는 그리스도처럼 십자가에 달렸고, 무덤 앞에서 밤을 샜으며, 부활절은 기쁨과 환희로 보냈다. 연설보다는 침묵으로 더 많은 사람들을 회심하게 만들었고, 여우와 사슴에게 함께 쟁기를 끌게 했고, 모래를 뿌려 곡식이 자라게 했고, 비를 맞아도 옷이 젖지 않게 했으며, 그 밖에 자신의 전기를 쓴 12세기 작가들의 신앙 혹은 미신을 입증할 만한 기사들을 행했다.

조슬린(Jocelyn)은 켄티건이 로마를 일곱 번 방문했고, 교황에게 다양한 특권과 성경사본들을 받았다는 점도 언급한다. 하지만 그레고리우스 1세의 저서들에는 그의 방문에 관한 흔적이 남아 있지 않다. 그 교황은 스코틀랜드보다 색슨족에 대한 선교에 관심이 더 많았다. 켄티건은 처음에 홀델름(오늘날의 호담)에 자신의 주교좌를 두었다가 후에는 글라스구(글래스고)로 옮겼다. 성 콜룸바를 만났으며, 그와 목가 시를 주고받았다.[50] 185살까지 살다가 601년에서 612년 사이의 어느 해(추측컨대 603년)에 죽었다. 중세 스코틀랜드 대성당 가운데 보관 상태가 가장 양호한 글래스고의 성 뭉고 주교좌성당 지하묘실에 묻혔다.

성 쿠트베르트(St. Cuthbert, 687년 3월 20일 죽음)는 비드가 전기를 쓴 인물로서 유명한 메일로스(멜로즈) 수도원 원장을 지냈고, 훗날 린디스판의 주교가 되었으며, 마지막에는 은수자(隱修者)로서 스코틀랜드의 또 한 사람의 성인이 되었는데, 오늘날 많은 교회들이 그를 설립자로 여기거나 그의 이름을 교회명으로 삼고 있다.

18. 성 콜룸바와 아이오나 수도원

---

50) 조슬린의 책에 기록된 두 성인의 만남은 성 안토니우스가 전설적인 인물인 테베의 파울루스를 만난 일을 떠올리게 한다.

성 콜룸바 혹은 콜룸브킬레(Columbcille, 597년 6월 9일 죽음)는 스코틀랜드의 실제적인 사도이다. 니니안과 켄티건에 비해서 우리에게 훨씬 잘 알려져 있다. 히(Hy)의 제9대 대수도원장을 지낸 아담난(624-704)의 기록은 콜룸바가 죽은 지 백년 뒤에 권위 있는 기록과 구전 전승들을 토대로 집필되었다. 물론 그 성격이 역사라기보다는 찬사에 해당하지만 말이다. 후대의 전기작가들은 성 패트릭처럼 그도 로마 사람으로 만들었다. 콜룸바는 아일랜드와 브리튼 달리아다의 지배 가문 출신으로서 521년경에 도니골 군(郡)의 가탄에서 태어났다. 세례받을 때 콜룸 혹은 라틴어로는 콜룸바(성령의 상징인 비둘기)라는 이름을 받았으며, 훗날 이 이름에 킬레(cille 혹은 kill), 즉 '교회의' 혹은 '수도원 암자들의 비둘기'라는 수식어가 붙었다. 그만큼 교회의 예배에 자주 참석했기 때문에, 혹은 그보다는 많은 교회들을 설립했기 때문이었다.[51] 그는 성 피니안(St. Finnian)이 설립한 클로나드 수도원 신학교에서, 그 후에 더블린 근처의 수도원에서 공부한 뒤 사제가 되었다. 545년에 데리에 교회를, 553년에 더로에 수도원을, 그리고 그 외의 교회들을 설립했다. 자신의 전 생애를 조국 아일랜드와 데리 수도원에 바쳤다. 훗날 아일랜드의 어떤 음유시인이 애국심을 가지고 다시 다듬은 듯한 비가(悲歌) 한 편에서 그는 이렇게 노래한다:

"중앙에서 접경까지
스코티애[즉 아일랜드]의 모든 공물이 내 것이라면,
그 모두를 아름다운 나의 데리에 있는
작은 암자에 바칠 것이다.
그 평화로움과 그 순결함,
대중 사이를 이 끝에서 저 끝까지
지나는 흰옷 입은 천사들로 인하여
나는 나의 아름다운 데리를 사랑한다.

---

51) 아일랜드 교회력에는 콜룸바 혹은 콜룸바누스, 콜룸부스, 콜룸브라는 이름을 지닌 성인이 스무 명이나 등장한다. 콜룸브킬레에 버금가는 유명한 사람은 대륙에서 사역한 선교사 콜룸바누스로서, 콜룸바와 자주 혼동되는 인물이다. 대륙의 성인록에는 그 이름이 여성 성인들에게 사용된다.

그 정숙함과 순결함,

떡갈나무 잎사귀들 아래로 지나는

천상의 천사들로 인하여

나는 나의 아름다운 데리를 사랑한다.

나의 데리여, 아름다운 나의 떡갈나무 숲이여,

나의 사랑스러운 작은 암자여,

천상의 나의 거처여!

그곳을 더럽히는 자 저주를 받을지어다.

사랑스러워라, 더로와 데리여,

사랑스러워라, 순결한 래포여,

사랑스러워라, 비옥한 드럼홈이여,

사랑스러워라, 소즈와 켈스여!

그러나 나에게 더 정겹고 아름다운 곳은

갈매기 우짖는 바다.

먼 곳을 갔다가 데리에 돌아오면

그곳은 내게 더욱 정겹고 아름답다.

내게 더욱 아름답다."[52]

563년에 마흔둘의 나이에 콜룸바는 여행에 대한 갈망과 복음의 열정에 자극을 받아 열두 명의 동료 사도들과 함께 배를 타고 스코틀랜드 서부로 갔는데, 아마도 자신과 혈족의 관계가 있는 그 지역 왕의 초대가 있었던 것으로 추측된다. 그는 왕에게 히 섬을 하사받았는데, 이 섬은 대개 아이오나라고 불리며, 스코틀랜드 서해안에 있고, 오반에서 80km 가량 떨어져 있다.[53] 길이 약 5km에 너비 약 2.5km인 이 척박한 섬은 반은 개간되었고 반은 산지의 목초지와 움푹 들어간 골짜기들, 소택지들과 바위들로 덮여 있는데, 오늘날은 아가일(스코틀랜드 서부 지방)의 공작이 관할하고 있으며, 스코틀랜드 국교인 장로교와 자유교회에 속한

---

52) Montalembert, III. 112.

53) 이것은 콜룸바의 히브리어 이름을 각색한 것(Neander)이 아니라, Ii-shona(아이-쇼나), 즉 거룩한 섬('섬'이라는 뜻의 켈트어 Ii와 '거룩한'이란 뜻의 hona 혹은 shona)이 와전된 것이다. 이 섬은 서른 개나 되는 이름을 지녀왔다.

300여 명의 개신교 신자들이 살고 있다. 이웃의 스타파 섬은 비록 규모도 작고 주민도 살지 않지만 일반 관광객들한테는 더 큰 관심을 끌며, 그곳에 있는 핑갈의 동굴은 자연이 빚어낸 가장 기이한 건축 기교를 자랑한다. 높이 20m, 너비 13m, 길이 680m의 규모에 마치 고딕 대성당의 모양을 하고 있는 이 동굴은 웅장한 현무암 기둥들, 활처럼 휜 천장, 대양을 향해 활짝 열린 입구로 이루어져 있으며, 바닷물이 이 자연의 독특한 전당을 끊임없이 들락달락거리며 엄숙한 송가를 울려퍼지게 한다. 콜룸바와 그의 동료 수사들은 전도할 곳을 찾아다니는 과정에서 틀림없이 이곳을 지나갔을 것이다. 하지만 하늘에 너무 몰입해 있었기 때문에 땅의 장엄한 광경에 눈길을 줄 여유가 없었으며, 따라서 이 동굴은 1772년까지 세상에 비교적 알려지지 않은 채 남아 있었다. 앞에서 말한 섬들은 6세기에도 현재와 같은 모습을 하고 있었는데, 다만 한때 무성했던 삼림이 지금은 자취를 감추었다는 것이 다를 뿐이다. 월터 스콧(Walter Scott)은 (「섬들의 주」〈*Lord of the Isles*〉라는 시에서) 스코틀랜드 기독교의 발상지가 된 헤브리디스 제도의 섬들을 아름답게 묘사한다.[54]

콜룸바와 그의 후계자들의 수고에 힘입어 아이오나는 기독교 선교 역사상 가장 존경과 흥미를 자아내는 지점의 하나가 되었다. 이곳은 이교 세계의 어둠을 비추는 등대였다. 북단(北端)의 그 영웅적인 선교사들이 발휘한 자기 부인의 열정은 실로 비류없는 것이었다. 그들은 인간이 살기 힘든 기후 속에서 강도들과 들짐승들에게 노출된 채 야만족들에게 복음을 전하는 일에 인생을 다 바쳤다. 콜룸바와 그의 친구들은 돌과 나무로 된 기념비 하나 남기지 않았다. 남아 있는 것이라곤 섬 남부에 그가 상륙한 곳을 알리는 표지와, 그의 시신이 그의 종의 시신과 함께 뉘었던 빈 석관이 전부이다. 그의 유골은 훗날 던켈드로 이장되었다. 10세기에 거친 데인족과 노르만족의 손에 옛 수도원은 파괴되었고, 수사들은 살해를 당했다. 아이오나의 남은 유적들 — 대성당, 예배당, 수녀원, 스코틀랜드 ·

---

54) 아가일의 공작은 이렇게 말한다(*Iona*, p. 1): "흥미를 일으키는 두 가지 대상 가운데 가까이 붙어 있는 스타파 섬과 아이오나 섬만큼 서로 닮은 구석이 없는 경우란 찾아볼 수 없다. 아이오나는 천년이 넘는 세월을 기독교 세계에 소중한 지역으로 남아 왔다. 반면에 스타파는 지난 세기 말에야 비로소 과학 지식과 호기심을 지닌 사람들에게만 관심을 끌기 시작했다. 섬이라는 점 외에 두 섬을 하나로 결합시킬 만한 것이 없다. 두 섬을 다 속속들이 이해하고 즐길 수 있는 사람은 극소수이다."

노르웨이·아일랜드의 여러 왕들의 묘비가 있는 포도원, 인상적인 형태로 조각된 세 개의 십자가(종교개혁의 화상 파괴 열정으로 360개가 바다에 던져지고 남은 것들) — 은 모두 초기의 켈트 기독교의 뒤를 이은 로마 가톨릭 시대의 것들이며, 그 명성에 힘입어 오늘날까지 보존되었다. 중세에 아이오나는 순례자들이 즐겨 찾아가 예배를 드리고, 왕들과 귀족들이 묻히고 싶어하던, 북유럽의 예루살렘과 같은 곳이었다. 저명한 존슨 박사(Dr. Johnson)는 헤브리디스 제도를 여행하면서 아이오나에 가까이 다가갔을 때 속에서 우련히 경건심이 솟아오르는 것을 느꼈다. 선교에 관심 있는 사람 가운데 항상 안개에 감싸여 있는 이 쓸쓸한 곳을 와서 보고, 마침내 복음이 모든 장애를 극복하고서 최후 승리를 거두겠다는 새로운 소망과 영감을 받지 않을 사람은 없을 것이다.

콜룸바가 아이오나에 발을 디딘 것이 스코틀랜드에 켈트 교회가 출범하게 된 시점이었다. 당시 이 섬은 픽트족과 스코트족의 관할권 아래 있었고, 두 부족을 상대로 선교 사역을 하기에 편리한 전진 기지가 되었다. 스코트족은 이미 명목상으로는 그리스도인들이었지만 교육과 훈련이 필요했으며, 픽트족은 여전히 이교도들로서, 몸에 문신을 하고 나체로 전투를 한 까닭에 그런 이름을 갖게 되었다. 콜룸바는 먼저 픽트족에게 열정을 쏟아부었다. 왕 브루드(Brude)를 그의 성채로 찾아가 만났고, 그에게 존경과 그의 부족에게 기독교를 전파할 수 있도록 협조하겠다는 약속을 받아냈다. "그는 말뿐 아니라 행실로도 그들을 회심시켰다"(비드). 콜룸바는 직접 혹은 제자들을 통해서 아일랜드와 스코틀랜드에 아주 많은 수의 교회와 수도원을 세웠다. 사역을 시작한 지 얼마 못되어 자주 전쟁에 휘말리곤 했는데, 여성들도 전장에 나와 도와야 했던 당시의 현실에서, 콜룸바는 군사력을 이교도 진압에 적절히 사용했다. 출교[파문]를 아주 자유롭게 사용했으며, 한 번은 강도를 욕을 해대며 바다까지 쫓아가서 바닷물이 무릎에 차오를 때까지 따라가기도 했다. 이런 거친 행동들이 그의 존경스러운 이름에 조금도 손상을 주지 않았다. 그는 단지 동족과 똑같은 유형의 사람이었던 것이다.

몽탈랑베르(Montalembert)는 이렇게 말한다. "그는 자기 동족 특유의 유랑민 기질과, 열정적이고 쉽게 분노하고 심지어 다투는 성격이 있었다." 그에게는 '스코틀랜인의 집요한 기질'(pervidum ingenium Scotorum)이 있었던 것이다. 그는 남자다웠고, 키가 크고 준수했으며, 혈기 왕성하고 말과 행동이 과장되고, 목청이 크고, 그런 목청으로 다윗의 시편을 토씨 하나 빼먹지 않고 외우고 다녔다. 그는 일기를 예측하는 능력이 있었다. 아담난(Adamnan)은 그의 용모가 천사와 같았고, 선지자적인 예지와 그리스도와 같은 기적 능력을 갖고 있었다고 한다. 예를 들면 성찬을 앞두고 포도주가 다 떨어졌는데 물로 성찬용 포도주를 만들었다거나, 신 열매를 달게 만들고, 바위에서 생수가 나오게 하고, 풍랑을 잔잔케 하고, 각종 질병을 고쳤다고 한다. 그의 전기는 확고한 사실들을 진술하는 대신에 어린이들이나 솔깃할 만한 우화적인 전설들로 가득하다. 오도넬(O'Donell)의 전기는 한결 더 심하다. 콜룸바가 실수로 아이오나 해변에 놓고 간 지팡이가 그의 기도로 바다 건너로 운반되어 그가 아일랜드 어느 지점에 상륙할 때 그의 손에 들어왔다는 식이다.[55]

콜룸바는 교회의 제단 곁에서 한밤중 기도를 드리다가 숨을 거두었다. 여러 편의 시가 그의 저작으로 간주된다. 한 편은 그가 사역지로 택한 섬의 아름다운 풍광을 예찬한 것이고, 다른 한 편은 성 베네딕투스의 수도회칙과 유사한 수도 회칙을 진술한 것이다. 그러나 윌프리드가 휫비 교회회의에서 언급한 콜룸바의 '규율과 교훈' (*Regula ac praecepta*)은 기록된 규율이라기보다는 훈육이나 준수에 뜻을 둔 것으로 보인다.

콜룸바가 아이오나에 교회를 세운 것은 아일랜드 교회의 제2기 곧 수도원 시대에 속하며, 이 시기가 아일랜드 교회사의 중심 부분에 해당한다. 이 교회는 수도원 규율로 지도를 받는 150명의 교인들로 구성되었다. 맨 위에는 사제–대수도원장이 있었는데, 그는 관구 전체를, 심지어는 주교들까지도 관할했다. 물론 성직 임명권이 주교에게 있음을 인정하긴 했지만.[56] 수사들은 한 가족처럼 공동생활을 했다. 이들은 세 계층으로 구분되었다. 첫째 계층은 예배 인도와 교육, 성경 필사를 담당한 선임 수사들이었고, 둘째 계층은 농사를 짓고 가축을 치고 수공업을 담당하는 중간 나이의 수사들이었으며, 셋째 계층은 교육을 받는 젊은 수사들이었다. 복장은 흰 겉옷 혹은 속옷과 카밀라 곧 외투와 양모로 만든 두건으로 이루어졌다. 식사는 빵·우유·계란·생선으로 했고, 주일과 절기들에는 양고기와 쇠고기를 먹었다. 부활절 준수 방식과 체발 방식에 관한 교리적 견해

---

55) Montelembert가 묘사하는 콜룸바의 성격은 이 전기들의 사실성을 분명히 전제로 하며, 진실하기보다는 웅변적이다.

56) Bede, *H. E.* III. 4; V. 9.

와 관습은 아우구스티누스가 색슨족에게 보급했던 로마 교회 체제와 다른, 브리튼족과 아일랜드족의 방식들과 대동소이했다.

비드는 아이오나 수도원이 상당 기간 동안 픽트족과 북부의 스코틀랜드 수도원들과 교회들을 관할했다고 말한다. 덧붙여 말하기를, 콜룸바의 후계자들이 절제와 하나님에 대한 사랑, 엄격한 규율 준수에서 남다른 모습을 보여주었으며, 다만 "큰 절기[부활절]의 날짜를 계산할 때 불확실한 주기를 사용한 점이 있었는데, 왜냐하면 그 계산 방식은 세계의 나머지 지역들이 사용하던 것과 너무 크게 달랐고, 부활절 준수에 관하여 교회회의 차원에서의 법령을 하달할 만한 것이 그들에게 없었기 때문이다"라고 한다. "그러므로 그들은 선지자들의 글과 복음서들과 사도들의 글들에서 배울 수 있는 한도 내에서 경건과 정절의 일들을 수행했을 뿐이다. 이들의 부활절 준수 방식은 그 후로도 150년이나 지속되다가 우리 주님이 성육신하신 지 715년이 되던 해에 마침내 중단되었다."[57]

콜룸바의 아홉번째 계승자 아담난(704년 죽음)은 색슨족을 방문한 후에 부활절 준수 방식을 로마 교회의 방식에 맞추었다. 그러나 그의 수사들은 이러한 변화를 수용하기를 거부했다. 그가 죽은 뒤 아이오나 공동체는 부활절 문제로 분열되었다가 옛 관습을 고수하던 콜룸바파 수사들이 국왕의 명령으로 추방된 뒤에 재결합했다(715). 이들이 축출됨으로써 아이오나 수도원이 픽트족 왕국에서 차지해온 수위권도 중단되었다.

수도원 교회는 와해되었다. 혹은 재속 성직자들의 교계 제도에 병합되었다.

19. 쿨디

8세기에 콜룸바의 수사들이 픽트족 왕국에서 추방된 뒤에, 쿨디(Culdee) 혹은 케일레 드(Ceile De) 혹은 칼레데이(Kaledei)라는 용어가 역사에 처음 등장하며, 이후로 많은 논쟁과 무리한 이론들을 일으켰다.[58] 이 명칭은 기원은 모호하지만

---

57) *H. E.* III. 4.

58) Adamnan과 Bede에게 이 명칭은 전혀 낯선 것이었다. Skene(II. 226)는 이렇게 말한다. "교회사를 통틀어 보더라도 이 명칭을 6-7세기에 활동한 콜룸바의 수사들에게 적용하는 것만큼 권위가 빈약한 예는 없으며, 그 가설을 근거로 발생한 우화만큼

하나님의 종들 혹은 예배자들이라는 뜻인 듯하다.[59] 이 단어는 은자들(anchorites), 즉 사회로부터 완전히 격리되어 완전한 성결을 추구한 사람들을 가리키는 데 쓰였다. 이들은 콜룸바의 수사들에 이어서 등장했다. 훗날 은수자들(hermits)의 사회에 자진하여 동화되었으며, 결국에는 재속 성직자들과 함께 성무일과 규율을 적용받다가, 마침내 '쿨디'라는 명칭이 재속 참사회를 가리키는 명칭과 거의 동의어가 되었다.

'쿨디'라는 명칭은 경우에 따라 잘못 쓰여서 켈트 교회 전체에 적용되기도 했고, 그 명칭에 부합한 기준으로 고도의 순결이 요구되기도 했다.

스코틀랜드의 콜룸바파 혹은 켈트파 교회가 초기 아일랜드와 초기 브리튼 교회들과 마찬가지로 여러 점에서 로마의 중세 교회 및 현대 교회와 달랐고, 단순하면서 선교에 매우 적극적인 유형의 기독교를 대표한다는 데에는 의심할 여지가 없다.

고대 켈트 교회가 로마 교회와 달랐던 큰 특징들은 다음과 같다:

1. 교황으로부터의 독립. 아이오나가 그 교회의 로마였으며, 아이오나의 대수도원장이, 후에는 던켈드의 대수도원장이 사제의 신분에도 불구하고 스코틀랜드 전체를 지배했다.

2. 수도원주의가 지배 이념으로 존재했으나 세속 생활과 뒤섞여 있었고, 독신 서약에 구애받지 않았다. 반면에 로마 교회에서는 수도원제도가 재속 성직자 위계제도에 종속되었다.

3. 주교들이 교구도 없고 관할권도 없고 계승되지도 않았다.

전혀 근거 없는 예도 없다." 가상적인 개신교적 Culdee Church를 가장 학문적이고도 독창적으로 구성한 사람은 Ebrard와 McLauchlan이다.

59) Culdee라는 단어의 출처는 다음과 같이 다양하게 주장된다: 게일어, Gille De(하나님의 종); 켈트어 Cuil 혹은 Ceal(칩거, 은둔), Cuildich(은둔자들) – Jamieson, McLauchlan, Cunningham; 아일랜드어 Ceile De(하나님의 신부) – Ebrard, 하나님의 종들–Reeves; 아일랜드어 Culla(두건, 즉 흑수사); 라틴어 Deicola, Cultores Dei(Colidei), 성부 하나님의 예배자들 – Christicolae(아일랜드어, Calechrist) 혹은 일반 그리스도인들과 구분하여(Skene), 헬라어 켈레오타이(암자의 사람들) – 초기의 라틴어 형태는 Kaleei였다(Goodall). 아일랜드에서는 Keile가 명사로 쓰이면 socius maritus 혹은 servus를 뜻한다.

4. 부활절의 날짜.

5. 체발 형태.

학자들에 따라서는, 켈트족 혹은 쿨디들이 비밀 고해성사에 반대했고, 성인과 화상 숭배, 연옥설, 화체설, 칠성사를 반대했으며, 그런 이유로 개신교의 선구자들이었다고 주장하는 이들도 있다.

하지만 이것은 근거 없는 가설이다. 무지한 것과, 우월한 지식에 담긴 오류를 배척하는 것은 별개이다. 차이는 정신보다는 형태에 속한 것이었다. 켈트족 교회는 대륙과 멀리 떨어진데다 격리되어 있었던 까닭에 갈리아와 이탈리아의 교회들보다 우월했던 반면에 — 적어도 6, 7세기에는 그랬다 — 선교 열정과 성과에서는 그들에 뒤졌고, 과거에 전개되었던 진리와 오류의 발전 단계에 집착했다. 그러나 그 시기에 두 부류의 교회들이 지녔던 일반적인 특성과 경향은 본질상 개신교 기독교의 정신과 달랐다. 갈리아와 이탈리아의 교회와 비교하여, 켈트족 교회도 수도원주의와 금욕주의에 대한 애착에서 비슷했거나 훨씬 더 강렬했고, 성유물 숭배의 열기도 비슷했고(콜룸바와 아이단의 유골들이 수세기 동안 이곳저곳으로 옮겨다녔다), 형식과 의식을 꼼꼼하고 편협하게 중시하는 것도 비슷했고(예. 부활절의 날짜와 수사들의 체발 모양을 중시한 것), 다만 켈트 교회가 과거의 좀 더 불완전한 달력을 고수하고, 원형 체발 대신 반원형 체발을 견지한 점에서만 달랐을 뿐이다. 켈트 교회가 그리스도인의 자유라든가 개신교의 적극적인 특성들, 이를테면 전승에 대한 성경의 절대 수위성, 행위가 아닌 믿음으로 얻는 의롭다 함, 모든 신자의 보편적 제사장 신분 같은 원칙들을 견지했다는 증거는 없다.[60]

이렇게 켈트 교회의 특성들이 단지 기독교사의 주류에서 고립된 데서 생긴 것임을 생각할 때, 로마가 궁극적으로 승리하고 그와 더불어 온갖 부수적인 악들이 고착한 것은 점진적으로 전개되어간 과정이었다. 더욱이 쿨디들조차 9–10세기의 암흑기와, 온 국토를 황폐하게 하고 사회 질서를 와해시킨 데인족의 침공을 겪으면서 나태와 침체의 나락으로 떨어졌다. 쿨디들은 11세기에도 자취를 드

---

60) 스코틀랜드 장로교도인 아가일의 공작은 이렇게 말한다(l. c. p. 41): "스코틀랜드-아일랜드 교회의 특징들에서 초기 교회의 관습이나 특정 체계를 찾으려 하는 것은 무망한 일이다."

러내면서 세습 토지 재산과 십일조 수입 등 수입에 관한 문제들을 놓고 로마파 성직자들과 자주 분쟁을 벌이는 모습을 보여주지만, 교리나 그리스도인의 삶 같은 문제들에는 함구한다. 세인트앤드루스, 던켈드, 던블레인, 브레친에 세워졌던 옛 쿨디 수도원들은 주교 선출권을 지닌 주교의 참사회로 바뀌었다. 브레친에서는 비교적 오래 존속하다가 13세기에 자취를 감추었다. 쿨디들의 쇠퇴는 곧 로마의 기회였다. 좀 더 문명화한 나라들에 연고를 둔 색슨족 사제들과 수사들이 매우 왕성하고 공세적인 활동을 펼치면서 곳곳에 대성당들과 수도원들, 구호소들을 세웠고, 그러면서 그 땅을 차지해 갔다.

20. 켈트 교회가 종식되고, 왕 데이비드 1세 치하에 로마가 승리하다

스코틀랜드 교회사의 전환점은 스코틀랜드에서 배출된 탁월한 여왕들의 한 명인 독실한 색슨족 출신 여왕 성 마거릿(St. Margaret, 1070-1093)의 즉위였다. 마거릿은 일자무식한 남편 말콤 3세와 아들들에게 무제한한 영향력을 행사했다. 정이 많고, 자기 부정의 태도가 강하고, 성경에 해박하고, 부패 척결에 열정적이던 그녀는 과도할 정도로 금식에 힘쓰다가 그로 인해 건강을 잃고 죽음을 앞당겼다. "성 마거릿은 시대의 정신을 잘 구현한 여성이다. 체면치레용 겸손, 후한 구제, 지극정성의 기도, 이런 시대의 모습을 얼마나 잘 드러냈는가! 얼마나 진실한 경건을 드러냈는가! 그것이 미신의 검댕을 털어낸 것이었다면 얼마나 좋았을까! 쿨디들이 태만과 게으름에 뒹굴고 있을 때, 마거릿은 선을 행하느라 여념이 없었다. 쿨디들이 논쟁을 걸었을 때 그 앞에서 무식이 드러나 망신을 당하고 물러났다. 무릇 죽음은 생명과 겨룰 수 없는 것이다. 인디언은 백인이 등장하기 전에 자취를 감춘다. 켈트족 쿨디는 색슨족 사제의 발자국만 보고서도 자취를 감추었다."[61]

변화는 노르만족 왕들이 아일랜드에도 같은 정책을 추구함으로써 일어났다. 교회가 부족 중심에서 영토 중심으로 바뀌었고, 소교구와 교구 체제가 수도원의

---

61) Cunningham, *Church Hist. of Scotland*, p. 100.

관할권과 기능적 교권을 축으로 한 옛 부족 교회들을 대체했다. 더욱이 로마 교회의 대규모 수도회들이 들어오고 대형 수도원들을 설립되면서 공세적인 거점역할을 수행했다. 마지막으로, 쿨디들이 재속 참사회에서 정규[수도원] 참사회로 변하면서 로마 체제로 흡수되었다. 1107년에 터고트(Turgot)가 세인트앤드루스의 주교로 임명되었을 때 "쿨디들이 스코틀랜드 왕국 전체에 행사하던 권한이모두 세인트앤드루스 주교에게 넘어갔다."

여왕 마거릿 때부터 색슨족과 노르만족이 스코틀랜드로 쏟아져 들어왔는데, 이때는 정복자들이 아닌 정착민들로서 그리했으며, 때로는 왕의 허가를 받아서, 때로는 결혼에 의해서 트위드 강(영국 스코틀랜드 남동부 · 잉글랜드 북동부를 동쪽으로 흘러 북해로 들어감: 역자주)에서부터 펜트란드 해협에 이르는 매우 비옥한 지역을 빠른 속도로 잠식했다. 스코틀랜드의 유수한 귀족 가문들은 모두 이 정착민들에게 뿌리를 둔다. 이들은 잉글랜드의 문화와 종교를 가지고 들어왔다.

마거릿의 아들들과 계승자들은 후한 기부로써 교회를 재정적으로 부요하게 했다. 알렉산더 1세는 모리와 던켈드의 주교구들을 설립했다. 그의 동생 데이비드 1세는 말콤 3세의 여섯째 아들로서 정복자 윌리엄의 조카손녀딸 모드(Maud)와 결혼했고, 1124-1153년에 스코틀랜드를 다스렸는데, 그가 로스 · 애버딘 · 케이스니스 · 브레친의 주교구들과 여러 수도원들, 종교 시설들을 설립했다. 후임 왕들도 그의 선례를 따라서 교회와 성직자들에게 물질적 지원을 아끼지 않은 결과, 몇 세기가 지나지 않아서 국부(國富)의 절반이 성직자들의 수중에 들어갔으며, 성직자들은 재산뿐 아니라 모든 학문도 주관했다.

데이비드의 재위 말기에 세인트앤드루스부터 아이오나에 자리잡고 있던 쿨디의 조직과 시설들을 무너뜨리기 위한 군사 원정이 왕성하게 이루어졌으며, 그 결과 쿨디라는 명칭 자체마저 점차 자취를 감추게 되었다. 그들의 명칭이 공식 석상에서 마지막으로 언급된 것은 1332년에 주교 선출시 그들을 배제한다는 통상적 문구가 반복해서 낭독된 때였다.

"이렇게 해서 옛 켈트 교회는 형적도 없이 막을 내렸다. 지붕 없이 기둥들만 여기저기 서 있어서 그곳이 예배당 터였음을 말없이 알리고 있고, 지금도 주민들이 고집스럽게 이용하고 있는 옛 묘지들이 여러 곳에 남아 있으며, 그곳에 이따금씩 옛 켈트족의 십자가가 서 있어서 과거의 상태를 말해 주고 있을 뿐이다.

이런 것들을 제외하고는 모두 사라졌다. 그들의 역사와 그들의 시조들의 이름은 옛 달력들과, 그들의 이름이 붙은 옛 교회들 근처의 샘, 마을의 옛 유품 전시회, 교회의 유명한 설립자가 쓰던 지팡이나 그 밖의 유물 등을 가보처럼 간직해온 가정들에 흩어져서 보관되어 있다.”[62]

II. 프랑스와 독일 그리고 인접국들의 개종

21. 고트족과 다른 게르만족 사이의 아리우스파 기독교

이제는 유럽 대륙의 튜턴족, 특히 프랑스와 독일의 튜턴족의 개종을 살펴보자.

게르만족 혹은 튜턴족이 처음 대규모로 개종한 일은 아리우스주의가 동로마 제국에서 전성기를 구가하던 시절에 고트족에게서 발생했다. 그 일을 주도한 사람들은 성직자들과 전쟁 포로들이었다. 고트족은 로마 제국 속주들을 침공하여 붙잡아온 이 포로들에게 숭고한 덕성이 있는 것을 보았고, 심지어 기적 능력까지 있다고 보고서 이들의 그러한 면을 흠모하고 사랑했다. 콘스탄티누스 대제는 그들과 우호적인 관계를 맺었으며, 전하는 바로는 에우세비우스와 소크라테스가 그들을 그리스도의 십자가에 굴복시켰다고 한다. 그 무렵에 고트족의 교회 조직이 다소 영향을 받은 것은 사실인 듯하다. 325년의 니케아 공의회 교부들의 명단에 고트족의 주교 테오필루스가 언급된다.

고트족의 진정한 사도는 울필라스(Ulfilas)이다[63] 그는 348년에 콘스탄티노플에서 주교로 축성되었고, 381년에 일흔의 나이에 그곳에서 숨을 거두었다. 그는 고트족 문자를 창제하고 성경을 고트어로 번역했으나, 신앙의 면에서는 아리우스주의자 혹은 반(半)아리우스주의자로서, 그리스도를 부차적인 신으로, 성령을 단지 거룩하게 하는 영향력으로 간주했다.[64]

---

62) Skene, II. 418.

63) 그것이 일반적인 철자이다. 좀 더 정확하게 표기하자면 Wulfia, 작은 늑대이다.

64) 그는 항상 소지하고 다니던 유언적 신조에서 다음과 같이 신앙을 고백한다.

아리우스주의는 서고트족·동고트족·부르군트족·반달족 사이에 아주 빠른 속도로 퍼져나갔다. 하지만 기독교의 이 이단적 형태가 게르만족 사회에서는 선호와 확신의 문제가 아닌 우연의 문제였으며, 따라서 그 사회가 정통 기독교를 접하게 되었을 때는 곧 정통신앙에 자리를 내주었다. 서고트족의 유명한 왕 알라릭(Alaric)이 로마를 함락했을 때(410) 그 도시를 매우 관대하게 대했는데, 아우구스티누스는 그 원인을 비록 이단의 형태이긴 하나 기독교 신앙의 영향에서 올바로 찾았다. 튜턴족 가운데 가장 무자비했던 반달족은 예외여서 북아프리카의 정통파 그리스도인들을 무참히 박해했으며(430년 이래), 한때 가톨릭 교회의 융성한 토양이자 아우구스티누스의 불후의 활동 무대이던 이곳을 폐허로 만들어 놓았다. 반달족 왕국은 유스티니아누스 치하에 멸망했으나(534), 그 폐허에서 가톨릭 교회가 다시 일어서지 못했고, 겨우 살아남아 있던 유약한 기독교 사회마저 이슬람의 칼에 정복당했다(670).

크리소스토무스는 동방의 고트족을 아리우스주의에서 가톨릭 신앙으로 돌이키게 하려고 큰 노력을 기울였으나, 그가 죽으면서 그 사역도 중단되었다(407).

프랑크족이 가톨릭 기독교로 회심한 사건과 그 밖의 다양한 정치 상황들이 게르만족의 다른 부족들에게도 아리우스주의를 포기하게 만들었다. 라인 강에서 론 강과 손 강까지 퍼져나간 부르군트족은 517년에 가톨릭 기독교를 받아들였고, 534년에 프랑크 왕국으로 편입되었다. 독일 동부에서 프랑스와 스페인으로 퍼져나간 수에비족은 550년에 가톨릭 신앙을 받아들였다. 스페인의 서고트족은 가톨릭 신자였던 그들의 왕 레카레드(Reccared)를 통해서 589년의 제3차 톨레도 공의회에서 정통 신조에 서명했으나, 고트족의 마지막 왕 로데릭(Roderic)은 711년에 아프리카로부터 스페인으로 밀고 올라온 사라센족과 맞서서 세레스 데 라 프론테라에서 피비린내 나는 전투를 벌인 끝에 정복을 당했다.

아리우스주의의 마지막 요새는 롱고바르드족 곧 롬바르드족으로서, 이들은 이탈리아 북부(그들로 인하여 오늘날도 롬바르디아라고 불림)를 정복하여 처음에는 가톨릭 교회를 박해했다. 이들은 교황 그레고리우스 1세(590-616)와 가톨

"[나는] 성부 하나님과 그분의 독생자 우리 주와 하나님, 그리고 '조명과 성화의 능력이시되 신도 아니시고 주도 아니시며 그리스도의 사역자이신' (virtutem illuminantem et sanctificantem, nec Deum nec Dominum, sed ministrum Christi) 성령을 [믿습니다]." 참조. Krafft, l. c. 328 sqq.

릭 신자였던 왕비 테오델린데(Theodelinde, 625년 죽음)의 지혜로운 영향에 힘입어 정통 신앙으로 개종했다. 테오델린데의 남편 아길룰프(Agilulf, 590-616)는 아리우스주의자로 남았으나, 아들 아델발드(Adelwald)가 세례를 받고 가톨릭 교회에서 양육되도록 허용했다. 그 뒤 아리우스파의 반동이 있었으나, 그리모알드(Grimoald, 662-671)와 리우트프란드(Liutprand, 773-774)의 치하에 가톨릭 신앙이 승리를 거두었다. 8세기 말엽에 단신왕(短身王) 피핀(Pepin)과 그 아들 샤를마뉴(Charlemagne)가 프랑스와 교황청을 위해서 약 200년간 독립을 유지해온 롬바르드족을 무너뜨리고 이탈리아의 상당 부분을 동방 제국과 교황에게 넘겼다. 롬바르드족과의 전쟁 과정에서, 교황들은 당시에 (그 뒤로도 늘 그랬듯이) 이탈리아의 정치적 통일을 지지하던 이탈리아 내 성직자 집단의 반대를 무릅쓰고 프랑크족을 지원했고 그 결실을 거두었다.

22. 클로비스와 프랑크족의 개종

살리파 프랑크족(the Salian Franks)이 튜턴족 가운데 처음으로 가톨릭 곧 정통 기독교로 개종했다. 이런 이유에서 교황들은 프랑스 왕을 가리켜 '교회의 맏아들'이라 했고, 클로비스(Clovis)가 세례를 받은 랭스는 샤를 10세(1824)에 이르는 대다수 프랑스 왕들이 대관식을 치른 성도(聖都)가 되었다.[65] 프랑크족의 개종은 다른 게르만 부족들 가운데서 아리우스 이단이 몰락하고, 샤를마뉴 치하에 독일 제국에서 교황청이 승리를 거둘 수 있는 길을 닦아주었다.

갈리아의 문화는 비록 명목상으로는 기독교적인 것이었으나 실제로는 로마에 깊이 뿌리박고 있었던 것으로서, 게르만의 야만족들이 그 땅에 침입하여 새로운 피를 수혈할 때 마지막 소진의 단계에 접어들어 있었다. 그 전에는 여러 야만 부족들이, 심지어 훈족조차도 태풍처럼 그 땅을 초토화시킨 채 지나가버렸지만, 프랑크족은 그곳에 정착하면서 마치 앵글로색슨족이 브리타니아를 잉글랜드로

---

65) 앙크마르에 따르면 클로비스의 견진성사 때 하늘에서 비둘기가 기적의 기름을 가지고 내려왔다고 한다. 이 기름은 1794년에 폐기되었으나 1824년에 다시 전시되었다.

바꾸어 놓았듯이 갈리아를 프랑스로 바꾸어 놓았다. 그들은 로마계 갈리아인들을 정복하고, 북동부에서 그들을 무참히 약탈하고 거의 멸절하다시피 했다. 그들은 정복된 부족의 기독교를 받아들이기에 앞서 그들의 다양한 악들을 배웠다. 앙리 마르탱(Henri Martin)은 이렇게 말한다. "야만족 정부가 끼친 가장 큰 해악은 아마도 자신들의 관습과 통념을 새로운 주인들의 확신으로 굳어지게 하는 탐욕스럽고 부패한 로마인들의 영향이었을 것이다."[66]

몽탈랑베르는 이교 게르만족들이 본래의 야수성에다 새로운 탄압 기술과 세련된 방탕과 배반의 형태를 취하게 된 것이 다 이들 타락한 그리스도인들의 영향 탓으로 돌린다. "야만족들은 제국의 치하에서 썩을 때로 썩은 로마 세계와 접촉하여 하나도 이득을 본 것이 없었다. 그들은 로마인들이 기억조차 잊어버린 사내다운 기개들을 왕성하게 지닌 채 들어왔다. 하지만 그 대신에 게르만족 세계에는 존재하지 않던 비천하고 전염성 강한 악들을 차용했다. 침략해 들어온 땅에서 기독교를 발견했으나, 그 이로운 영향에 굴복하기 전에 이미 오랫동안 썩은 채 고여 있던 문화의 온갖 저급하고 방탕한 것들에 뛰어들어 탐닉했다. 고대 게르만족들이 자신들의 추장들뿐 아니라 노예들과 어린이들에 대해서까지 유지하던 족장적 정치 체제가 전염성이 강한 부패와 접촉하면서 와해되었다."[67]

살리파 프랑크족의 개종은 킬데릭(Childeric)의 아들이자 메로빅(Merovig, 그의 이름을 따서 메로빙거 왕조라는 명칭이 생김)의 손자로서, 전쟁을 승리로 이끈 그들의 왕 클로드빅(Chlodwig) 곧 클로비스(Clovis, Ludovicus, Louis) 치하에 발생했다. 그는 481년부터 숨을 거둔 때인 511년까지 다스렸다. 그와 더불어 프랑스 제국과 그 정부와 법의 역사가 시작되었을 뿐 아니라, 프랑스 민족과 그 종교와 도덕 관습까지도 시작되었다. 그는 부르군트족 왕의 딸 클로틸다(Chlotilda)라는 그리스도인 공주와 결혼했고(493), 자기 자식이 세례를 받도록 허락했다. 알레마니족의 침공에 맞서서 쾰른 근처 톨비악에서 사활을 건 중대한 전투를 벌이게 되었을 때, 그는 처음에는 자신들의 부족 신들에게 빌다가 마침내 예수 그리스도를 향해 도와달라는 기도를 드렸으며, 승리하게 된다면 자신의 병사들과 함께 세례를 받겠노라고 약속했다. 승리를 거둔 뒤 그는 랭스의 주교 레미기우

---

66) Vol. I. p. 349, Montalembert가 인용함.
67) Montalembert, Vol. II. p. 230.

스(Remigius)의 지도를 받았다. 그리스도께서 십자가에 달려 죽으셨다는 말을 듣자, 그는 "내 용감한 프랑크 병사들과 함께 그 자리에 있었더라면 시원하게 응징을 해드렸을 텐데요!" 하고 분통을 터뜨렸다. 496년의 성탄절에 그는 랭스의 주교좌성당의 세례당으로 들어갔으며, 3천 명의 병사들이 그와 함께 낙원의 기쁨을 맛보았다. "그들이 그리스도의 제자들로서 물에서 일어섰을 때 1천4백년의 제국 역사가 그들과 함께 일어난 셈이다. 중세 역사를 이뤄간 기사들, 수 차례의 십자군 전쟁들, 깊고 심오한 스콜라 철학이, 한 마디로 후대의 모든 영웅주의와 모든 자유와 모든 학문이 그들과 함께 일어났다. 거대한 민족이 세상에 웅보를 내딛기 시작했는데, 그 민족이 바로 프랑크족이었다."[68]

그러나 종교가 바뀌었다고 해서 잔악한 범죄들로 얼룩진 역사를 이루어온 클로비스와 그의 후손들의 성격이 달라진 것은 없었다. 반은 호랑이요 반은 어린 양의 모습을 갖춘 메로빙거 왕조는 냉온탕을 넘나들듯 참혹한 학살과 뜨거운 통회를 놀라우리 만큼 신속하게 반복했으며, 고해를 하고 돌아서자마자 본성대로 잔인하게 행동했다. 클로비스가 범한 죄악들은 투르의 그레고리우스와 앙크마르(Hincmar) 같은 성인의 면모를 지닌 전기작가들이 정직하게 진술하는데, 그들은 그가 기독교에 봉사한 점들을 감안하여 그를 두둔할 필요를 느끼지 못했다. 성 레미기우스는 심지어 서고트족이 아리우스파라는 이유로 그들에 대해서 정복 전쟁을 벌이도록 조언했다.

유명한 프랑스 가톨릭 교도는 이렇게 말한다. "프랑크인들은 슬픈 그리스도인들이었다. 그들은 가톨릭 신앙의 자유를 존중하고 그것을 겉으로 고백했으면서도 그 모든 계명을 서슴지 않고 어겼으며, 뿐만 아니라 인간으로서 지켜야 할 가장 단순한 규율조차 범했다. 거룩한 순교자나 고백자의 무덤 앞에 경건히 엎드린 다음, 주교의 설교를 듣고 돌아온 다음, 사제나 수사의 조언을 듣고 돌아온 다음, 때로는 분노에 휩싸여서, 때로는 냉혈한의 잔인함으로 본래의 야만성을 남김없이 휘둘렀다. 믿기지 않을 만큼 심히 괴팍했던 그들의 성격은 집안에서 벌어진 참극들에서 극명하게 드러나는데, 클로비스가 최초로 시범을 보인 이 친족 처형과 암살 사건들이 그의 아들과 손자 대에 가서도 지울 수 없는 얼룩을 남겨놓게 된다. 일부다처와 위증이 야만적인 미신과 함께 그들의 일상 생활에 뒤

---

68) Ozanam, *Etudes Germaniques*, II. 54.

섞여 있었으며, 신앙과 겸손이 과연 잠시라도 그들에게 머문 적이 있었는지 의심케 할 만큼 피에 얼룩진 그들의 전기를 읽노라면, 그들이 과연 기독교를 받아들이면서 이교의 악을 단 하나라도 버렸는지, 아니면 기독교의 덕을 단 하나라도 받아들였는지 의심스러운 생각이 든다.

"이렇게 단순히 천하고 폭력적인 태도를 넘어선, 영혼의 야만성에 맞서서 교회는 당당하게 싸워 이긴 것이다. 이렇게 무섭도록 무질서한 가운데서, 이렇게 부패와 폭력이 동시에 흐르는 가운데서, 순결하고 찬란한 기독교의 성결의 빛이 떠오르게 될 것이었다. 그러나 재속(在俗) 성직자들은 그들 자신이 이미 두 민족의 총체적 부패에 깊이 물들어 있었기 때문에 이 과업을 수행하기에 적절하지 못했다. 강력하고 조만간 사회를 주도하게 될 수도원 군대의 지원이 그들에게는 필요했다. 그리고 수도원은 그 기대를 저버리지 않았다. 교회와 프랑스가 로마나 비잔틴의 타락한 신민들보다 훨씬 더 길들이기 힘들었던 민족에게 기독교 문화의 옷을 입히는 데 결정적인 승리를 거둔 것은 수도원 덕분이었다. 프랑크족이 북쪽에서 내려와서 갈리아를 정복하는 동안, 베네딕투스회 수사들이 남쪽에서 올라와서 게르만족에 의해 야만적으로 짓눌린 땅을 평화롭고 자애로운 손길로 쓸어주게 될 것이었다. 교화[문명화]의 능력에서 서로 역량이 달랐던 이 두 세력의 만남과 결합이 향후 이 나라의 장래에 절대적인 영향력을 행사하게 될 것이었다."[69]

이들 베네딕투스회 수사들 가운데 성 마우루스(St. Maurus)가 가장 현저한 지위를 차지한다. 그는 성 베네딕투스가 죽기 전(450)에 동료 네 사람과 함께 이탈리아 몬테 카시노를 떠나 알프스 산맥을 넘어 루아르 강변의 그랑푀유에 프랑스 최초의 베네딕투스회 수도원을 설립했으며, 천년이 지난 뒤에는 교부들의 저서와 그 밖의 신앙·신학 저서들에 대한 가장 훌륭한 편집본들을 제작하여 교회를 부요롭게 한 숭고한 학자들의 무리에 자신의 이름을 내어주었다.[70] 그는 왕 테오데베르트(Theodebert, 클로비스의 손자)를 접견하고서 그에게 큰 존경을 받고 국왕 사유지 가운데 막대한 토지 재산을 기부받았다. 그 뒤 수도원 설립에 박차를 가하였으며, 프랑스 문화 발전에 지대하게 이바지했다.

---

69) Montalembert, II. 235.

70) 성 마우루스 형제회는 1618년에 설립되었고, Mabillon, Montfaucon, Ruinart 같은 학자들을 배출했다.

23. 콜룸바누스와 대륙의 아일랜드 선교사들

라틴 베네딕투스회 수사들이 남쪽에서 프랑스 심장부로 올라와서 사역하는 동안, 켈트 선교사들은 서쪽에서 프랑스 북부와 라인강 연안, 스위스와 롬바르디아로 와서 자신들의 독자적인 기독교를 전파했다. 하지만 로마 선교사들이 이들의 활동에 제동을 걸었으며, 마침내 프랑스와 독일뿐 아니라 브리타니아 제도까지도 장악하게 되었다.

성 콜룸바누스(St. Columbanus)는 아일랜드 선교사들을 대륙에 진출시킨 선구자이다.[71] 그의 생애는 그가 몸담았던 보비오 수도원의 수사 요나스(Jonas)에 의해 아주 상세히 기록되었다. 콜룸바누스는 그의 유명한 선배 수사 성 베네딕투스가 몬테 카시노에서 숨을 거둔 543년에 라인스터에서 태어나 다운 해안에 자리잡은 뱅거 수도원에서 성 콤갈(St. Comgall) 문하에서 교육을 받았다. 나이가 들어 선교 열정에 사로잡힌 그는 동료 열두 명과 함께 고향을 나서서 바다를 건너 590년 혹은 585년에 갈리아에 상륙했다. 아우구스티누스가 잉글랜드에 상륙하기 여러 해 전이었다. 그가 상륙하여 바라본 갈리아는 전쟁으로 황폐해진 땅이었다. 사람마저 피폐해져서 기독교적 도덕과 기강을 찾아볼 수 없었다. 그 땅을 여러 해 두루 다니면서 복음을 전하고, 겸손과 자비의 덕을 몸소 실천했다. 그 기간 동안 야채와 들과일로만 연명했다. 숲과 동굴에서 고적하게 지내는 생활을 가장 좋아했으며, 그가 그곳에서 지낼 때는 짐승들조차 그의 소리에 복종하고 그의 손에 쓰다듬을 받았다. 부르고뉴에 갔을 때는 클로비스의 손자 왕 공트랑(Gontram)에게 따뜻한 영접을 받았으나 재산을 기부하겠다는 제의를 거절한 채 보주 산지에 들어가 조용히 은거하는 편을 택했다. 그 산지에 들어가 처음에는 아네그레에 폐허로 남아 있던 로마의 요새에서, 그 뒤에는 뤽쇠일[룩소비움]에서 기거했다. 부르고뉴와 오스트리아의 접경 지대인 이곳에 훗날 유명해진 수도원을 건립했다. 퐁텐에도 유사한 수도원을 건립했다. 수백 명의 제자들이 그의 주변에 몰려들었다. 뤽쇠일은 갈리아 수도원 사회의 수도가 되어 여러 유

---

71) 그는 스코틀랜드의 콜룸바와 구분하기 위해서 소 콜룸바(Columba the younger)라고도 불린다. 제2의 성 콜룸바누스도 있다. 그는 프랑스의 생 트뤼도(성 드루드)의 대수도원장이자 시인으로서, 9세기 중엽에 죽었다.

수한 주교들과 성인들을 배출했으며, 다른 수도원들의 모체가 되었다.

콜룸바누스는 수도회칙을 작성했는데, 이것은 기본적인 내용에서는 좀 더 유명한 베네딕투스의 수도회칙과 유사하지만, 분량이 적고 내용이 좀 더 엄격하다. 이 수도회칙은 수도원의 일과를 수행 시간과 농사 시간으로 구분하며, 엄격한 처벌로써 절대 복종을 요구한다. 훗날 이것은 교황의 재가와 후원에 뒷받침받은 베네딕투스의 수도회칙으로 대체되었다.[72]

콜룸바누스가 프랑스에서 보낸 생애는 순탄하지 않았으며, 프랑스 성직자들과 부르고뉴 궁전과 논쟁을 벌이는 과정에서 권위가 약화되었다. 그는 아일랜드 방식의 부활절 산정법과 아일랜드식 체발과 복장을 엄격히 고수했다. 그 외에도 극단적일 정도로 엄격하고 단정한 그의 생활 모습이 세속적인 성직자들과 부패한 궁정인들에게 항상 경종이 되었다. 그는 602년 혹은 603년의 교회회의에 소환되었으며, 격식을 초월하여 탁월한 문체를 구사하며 쓴, 그리고 겸손과 자부심이 독특하게 결합된 편지로써 자신을 변호했다. 그는 (성 패트릭과 마찬가지로) 자신을 "죄인 콜룸바누스"라고 불렀으나, 편지의 문구에는 권위가 배여 있었다. 이 편지에서 그는 자신이 의식상의 차이들을 조장한 장본인이 아니고, 다만 그리스도를 위해서 가난한 나그네로서 프랑스에 왔을 뿐이라고 호소하면서, 이미 세상을 뜬 열일곱 명의 형제들이 잠들어 있는 깊은 산속에서 조용히 살게 해준다면 더 이상 바랄 것이 없겠다고 밝힌다. "제발 저희를 지금 거하고 있는 이곳 갈리아 땅에서 여러분과 함께 살도록 해주십시오. 우리가 천국에 들어가기에 합당한 사람들이라면 천국에서 함께 영원히 살도록 운명지어진 사람들이기 때문입니다." 이 편지에는 주교들을 질책하는 내용과, 부활절 산정표와 성경 인용구들이 섞여 있다. 그는 교회회의뿐 아니라 교황 그레고리우스 1세에게도 편지를 여러 통 썼는데, 그 중 한 통만이 콜룸바누스의 저서에 보존되어 있다. 이 논쟁에 대해서 공의회가 어떻게 처결을 했는지, 또한 교황이 어떻게 답변하는지 기록으로 남아 있는 것이 없다.

---

72) 그가 작성한 *Regula Monastica*(10장으로 구성됨)와 역시 그가 작성한 *Regula Caenobialis Fratrum, sive Liber de quotidianis*(15장으로 구성됨) 사이에는 상당한 차이가 있다. 후자는 터무니없이 엄격하며, 식사 시간에 말을 하거나 찬송을 부를 때 기침을 하는 경미한 위반에 대해서도 체벌을 가한다. Ebrard는 두 개의 사본에서만 발견되는 *Regula Caenobialis*가 후대에 작성된 것이라고 주장한다.

부르고뉴 궁전과 벌인 불화로 콜룸바누스는 비록 큰 명예는 얻었으나 결국 그 일로 인해서 추방을 당했다. 그는 말과 글로써 왕비 브루네힐드(Brunehild 혹은 Brunehauld)의 독재와 그녀의 손자 테오도릭(Theodoric 혹은 티에리 3세)의 방탕을 비판했으며, 그의 서자들에게 복을 빌어주기를 거부하고, 심지어 그 젊은 왕에게 행실을 고치지 않으면 파문에 처하겠다고 경고했다. 아첨과 뇌물에도 꿈쩍하지 않았으며, 결국 그로 인해 결박된 채 브장송으로 보내졌다가 마침내 610년에 왕국에서 추방을 당했다.

하지만 이러한 박해는 오히려 그를 더욱 쓸모있는 사람으로 만들어 놓았다. 그는 왕국에서 추방된 뒤 자신을 따르는 아일랜드 출신 친구들과 함께 취리히 호숫가로 갔다가, 콘스탄츠 호숫가에 있는 브레겐츠[브레겐티움]로 가서 그곳에 자리잡고 있는 독일쪽 스위스의 아름다운 지역들에 기독교의 씨앗을 심었다. 그의 설교에 감격한 주민들이 이교의 우상들을 끄집어내어 불태웠다. 그 뒤 자신의 제자 성 갈(St. Gall)을 브레겐츠에 남겨둔 채 알프스를 넘어 롬바르디아로 들어갔고, 그곳의 보비오에 유명한 수도원을 건립했다. 그곳에서 아리우스주의에 맞서서 용감히 싸웠으나, 교황 보니파키우스 4세에게 보낸 편지에서, 553년의 제5차 에큐메니컬 공의회가 단죄한 네스토리우스를 변호했으며, 이단죄로 비판을 받던 로마 교회를 옹호해 달라고 요구했다. 교황에게 직언을 서슴지 않았으나, 로마가 "주님께서 부활하신 곳[예루살렘]의 독특한 지위를 제외하고는 전세계 교회들의 머리"임을 인정했다. 그는 615년 11월 21일에 보비오에서 숨을 거두었다. 감사하는 마음과 미신적인 신앙으로 그의 생애를 기리는 시들이 다양한 기적들로써 그의 소박했던 인생을 장식했다.

콜룸바누스는 당대의 기준으로 볼 때 상당한 학식의 소유자였다. 심지어 헬라어와 히브리어 지식도 어느 정도 갖추고 있었던 것 같다. 주요 저서들에는 짧은 10개의 장으로 되어 있는 「수도원 규율」(*Regula Monastica*), 열일곱 편의 강론, 부활절 논쟁에 대해서 갈리아 교회회의와 그레고리우스 1세와 보니파키우스 4세에게 보낸 편지들, 그리고 시 몇 편이 남아 있다. 다음 강론 중 한 편은 그의 금욕적 인생관을 여실히 보여준다. "죽을 인생들이여, 여러분은 얼마나 많이 속이고 유혹하고 눈멀게 했습니까! 여러분은 날아오르지만 실은 아무것도 아닙니다. 여러분은 사람들 앞에 존재를 드러내지만 그림자에 지나지 않습니다. 여러분은 일어나지만 수증기와 다를 바 없습니다. 여러분은 날마다 날아오르고 날마다 옵니다. 오면서 날고 날면서 오며, 출발점에서 같지만 끝은 다릅니다. 어리석은 자들에게는 관대하고 지혜로운 자들에게는 신랄합니다. 여러분을 사랑하는 이들은 여러분을 모르며, 여러분을 알고 난 사람들은 여러분을 경멸합니다. 그렇다면 여러분 인생들이여, 그대들은 무엇입니까? 그대들은 필멸자들의 길일 뿐 그들의 생명은 아닙니다. 여러분은 죄로 시작하여 죽음으로 마칩니다. 여러분은 오직 길들일 뿐인데, 그 길은 평탄치 않으며, 어떤 이들에게는 길고 다른 이들에게는 짧습니다. 이 사람들에게는 넓고 저 사람들에게는 좁습니다. 어떤 사람들에게는 기쁘고 다른 사람들에게는 슬픕니다. 하지만 모두에게 똑같이 신속하며, 돌아가는 법이 없습니다. 비참한 인생들이여, 그렇다면 여러분이 누구인지 재어보고 질문을 던져야 하되 신뢰는 말아야 합니다. 여러분은 안에 거하지 않은 채 그냥 지나가야 합니다. 넓은 길에서 안주하는 사람은 없습니다. 길이 끝나는 곳까지 계속 걸어가야 합니다."[73]

콜룸바누스의 제자들 중 상당수가 헬베티아[스위스]와 라이티아 동쪽에서 사역했다.

지기스베르트(Sigisbert)는 생 고타르 고개(스위스 남부 레폰틴 알프스의 고개: 역자주) 기슭에서 콜룸바누스와 작별한 뒤 동쪽으로 상 알프스(the Oberalp)를 넘어 라인강 상류에 이르렀으며, 그 지방의 그리손스에 디센티스 수도원을 세웠다. 이 수도원은 오늘날도 존속하고 있다.

콜룸바누스의 제자들 가운데 가장 유명하게 된 성 갈(St. Gall, 생 갈, 갈루스)은 스위스에 남아 슈타이나하 강변에 훗날 그의 이름이 붙게 된 수도원과 도시를 설립했다. 콘스탄츠의 주교직을 제의받았으나 정중히 거절했다. 그는 자연의 세력과 이교의 신들에 맞서서 이중의 투쟁을 벌였는데, 이것이 중세의 전설 시들에 의해서 기적의 색채로 윤색되었다. 640년에 그가 아흔다섯의 나이로 숨을 거두었을 때 알레마니 지방 일대가 적어도 명목상으로는 기독교화해 있었다. 생 갈 수도원은 스위스와 독일에서 가장 유명한 학교들의 하나가 되었으며, 이곳에서 아일랜드와 그 외 나라들에서 온 선교사들이 독일어를 배우면서 스위스와 독일 남부에서 펼칠 사역을 준비했다. 이 수도원의 대수도원장 노트커 발불루스(Notker Balbullus, 912년 죽음)는 후대에까지 중세의 찬미(Laudes) 혹은 속송(續

---

73) Montalembert, II. 436.

誦, Prosae, 산문송)의 창안자 혹은 주창자로서 종교 시와 음악에 자극을 주었으며, 그 중 한 편은 "삶의 한복판에서 우리는 죽음 안에 있다"(Media vita in morte sumus)라는 유명한 작품으로써 오늘날도 기독교 세계 전역에서 다양한 언어로 거행되는 장례식에서 엄숙한 경고를 해준다.

프리놀드(Frinold) 혹은 프리돌린(Fridolin)은 스코틀랜드 출신으로 추정되며, 독일 남부의 알레마니 지방에 복음을 전했다. 그러나 그의 생애는 모호하게 남아 있으며, 어떤 학자들은 그가 클로비스 1세(481–511 재위) 때에, 다른 학자들은 클로비스 2세(638–656 재위) 때에 활동했다고 간주한다.

킬리안(Kilian) 혹은 킬리나(Kyllina)는 아일랜드 귀족 출신으로서, 7세기에 사역한 프랑코니아의 사도이자 뷔르츠부르크의 초대 주교였다고 전해진다.

24. 보니파키우스 이전의 독일 선교사들

잉글랜드의 인구는 5세기에 독일에서 그곳으로 이주한 앵글로색슨족으로 채워졌는데, 8세기에는 거꾸로 잉글랜드 선교사들이 교황청의 강력한 뒷받침을 받아가며 독일에 기독교 신앙을 전해주었다. 훗날 독일은 교황청의 멍에를 벗어던지고 잉글랜드에 개신교 종교개혁을 선사했다. 17세기에 잉글랜드는 이신론(Deism)을 낳았는데, 이것은 현대적 불신앙을 최초로 드러낸 행위이자 독일 합리주의의 선구자였다. 그 뒤 두 나라에서 발생한 복음주의 신학과 신앙의 부흥은 두 나라에게 새로운 접촉점을 세워주었고, 이 접촉점에 힘입어 두 민족은 미국이라는 나라에서 뒤섞일 공동의 기반을 서구 세계에서 다시 한 번 얻게 되었다.

독일이 기독교와 로마 교회로 개종한 것은 잉글랜드의 경우와 마찬가지로 여러 세기에 걸친 더딘 과업을 통해서 완수되었다. 이 과업을 수행한 주체는 프랑스 · 스코틀랜드–아일랜드 · 그리스 등 여러 나라에서 온 선교사들이었다. 이 일은 이레나이우스가 두 개의 게르마니아, 즉 라인강 상류와 하류에 위치한 제1게르마니아와 제2게르마니아에 거주하고 있는 그리스도인들을 언급한 시기인 2세기 말에 시작되어 샤를마뉴 시대인 8세기에 완수되었다. 그러나 주로 슬라브족이 살던 독일 북동부 거의 전역은 11–13세기까지도 이교 지역으로 남았다.

독일 선교를 생각할 때는 크게 세 단계로 나누어 봐야 한다: 1) 이탈리아·프랑스·스코틀랜드–아일랜드 선교사들이 벌인 예비 시기; 2) 잉글랜드의 보니파키우스와 그의 계승자들이 독일에서 로마 교회의 터를 공고히 다진 시기; 3) 샤를마뉴 치하에 색슨족을 군사력으로 강제 개종시킨 시기. 넷째와 다섯째 선교 단계에 해당하는 독일 북동부의 프로이센족과 슬라브족의 개종은 다음 시대에 속한다.

독일을 최초로 비춘 기독교의 빛은 라인강변에 개척된 로마 식민 정착지들을 거점으로 삼은 로마 제국으로부터 왔다. 314년의 아를 공의회에는 쾰른의 주교 마테르누스(Maternus)와 그의 부제이자 아들 마크리누스(Macrinus), 아그뢰키우스(Agröcius)라는 이름의 트리어 주교가 참석했다.

5세기에는 동방에서 온 세베리누스(Severinus)라는 신비스러운 인물이 바이에른의 도나우 강 유역에 사는 야만인들 사회에 천사와 방불한 자애로운 모습으로 나타나서 엄동설한에 맨발로 걸어다니고, 전쟁 포로들을 속량시켜주고, 가난하고 불행한 사람들에게 식량과 의복과 함께 복음의 위로를 전달하는 등 자기 부인의 수고로써 널리 존경을 받았다. 프랑스 수사들과 은수자들은 성 고아, 성 엘리크, 불파크, 그리고 아름다운 라인 강변에 자리잡은 그외 지역들에 사역의 흔적을 남겨놓았다. 콜룸바누스와 그의 아일랜드 동료들과 제자들이 벌인 효과적인 사역은 보주 산맥에서부터 독일 남부와 스위스 동부로 뻗어나갔다. 앵글로색슨족 출신인 윌리브로르드(Willebrord)는 아일랜드의 수도원에서 양육되어 열두 형제와 함께 네덜란드를 향해 떠났고(690), 그곳에서 프리지아인들의 사도가 되었으며, 교황에 의해 클레멘스라는 이름으로 위트레흐트[트라예크툼]의 초대 주교로 축성되었다. 그는 죽을 때까지(739) 거의 50년간 폭넓은 사역을 펼쳤다. 보니파키우스는 독일에 도착했을 때 가는 곳마다, 특히 바이에른과 튀링겐에서 로마에 적(籍)을 두지 않은 선교사들과 주교들을 만났으며, 따라서 이교도들을 회심시키는 것 못지않게 이 초기 단계의 기독교 사회를 로마 교회로 귀속시키는 것을 사역의 목표로 삼았다. 그러기 위해서 잉글랜드에서 한창 벌어지고 있던 앵글로색슨 선교사들을 앞세운 로마 교회와 패트릭과 콜룸바, 그리고 그의 계승자들이 전파하던 옛 켈트 기독교 사이의 대립과 갈등을 잉글랜드에서 독일로 옮겨다 놓았으며, 캔터베리의 아우구스티누스가 수행했던 역할을 독일에서 답습했다.

해묵은 부활절 산정 논쟁은 콜룸바누스 이후에 종식되었던 까닭에, 당시의 주된 쟁점들은 교황청으로부터의 해방과 성직자 결혼 문제였다. 두 쟁점에 대해서 보니파키우스가 치열한 논쟁 끝에 독일을 로마 교회로 귀속시키는 데 성공을 거두었다.

보니파키우스의 계승자들과 동시대 사역자들 가운데 로마와 그에 반발한 지도자들은 아델베르트(Adelbert)와 클레멘스(Clemens)였다. 두 사람에 관해서는 보니파키우스가 그들을 몹시 비판적인 관점에서 소개하는 편지들을 통해서밖에 알 수 없다. 아델베르트 혹은 알데베르트(Adelbert, Aldebert)는 갈리아 사람이었고 아마 수아송의 주교였던 것으로 추정된다. 어쨌든 그는 라인 강의 프랑스 연안에서 사역했고, 주교 임명을 받았으며, 설교로써 큰 인기를 얻어 훗날 사도와 수호성인과 기적 행위자로 간주를 받았다. 보니파키우스에 따르면 그는 제2의 시몬 마구스 혹은 방탕한 사기꾼으로서, 거짓 기적과 거짓 성유물로 백성을 속이고, 사도들과 동등한 지위를 주장하고, 멀쩡한 밭에 십자가들과 예배당들을 세우고, 건물들을 자신의 이름으로 축성하고, 여인들을 타락시키고, 로마에 보관된 것들보다 더 좋은, 땅끝에서 천사가 가져다 주었다고 하는 성유물들을 자랑했다고 한다.

클레멘스는 스코틀랜드인[아일랜드인]으로서 프랑코니아 동부에서 사역했다. 교회의 전승들과 성직자 독신제도에 반대했으며, 아들을 둘 낳았다. 신자가 친형제의 미망인과 결혼하는 것이 정당하다고 주장했으며, 하나님의 예정과 그리스도께서 음부에 내려가셨다고 하는 독특한 견해들을 주장했다. 알데베르트와 클레멘스는 진술할 기회를 얻지 못한 채 744년 수아송 교회회의에서 이단죄와 백성 미혹죄로 단죄와 파문을 당했으며, 다시 745년에 로마 교회회의에서 보니파키우스의 판단을 존중한 교황 자카리아스에게 단죄와 파문을 당했다. 알데베르트는 마침내 풀다 수도원에 유폐되었고, 그곳을 탈출했으나 목동들에게 붙잡혀 살해되었다. 클레멘스는 자취를 감추었다.

25. 독일의 사도 보니파키우스

보니파키우스(Bonface) 혹은 윈프리드(Winfried)는 사역의 범위와 결과에서 일찍이 독일 땅에 발을 디딘 모든 선교사들을 능가했으며, 독일의 사도라는 이름을 얻었다.[74] 그는 앵글로색슨족이 세운 왕국들 가운데 이교의 마지막 보루였던 웨섹스 왕국의 커튼이란 곳에서 680년에 귀족 가문의 아들로 태어났다. 윈체스터 근처의 너트살 수도원에서 양육되었고, 서른의 나이에 사제가 되었다. 그는 자신의 앵글로색슨족 선조들이 잉글랜드로 이주하기 전에 살았던 나라들을 기독교화하는 것을 자신의 의무로 느꼈다. 그것은 영웅적인 용기와 불굴의 인내가 필요한 엄청난 사역이었다.

그는 자기 왕국에 남을 경우 보장된 탄탄대로를 뒤로 한 채 두세 명의 동료와 함께 해협을 건너 네덜란드 위트레흐트 주변에 사는 프리지아인들을 상대로 선교를 시작했다(715). 하지만 첫 번째 시도는 실패로 끝났다. 당시의 상황이 프리슬란트의 왕 라트보드(Ratbod)가 카를 마르텔과 전쟁을 벌이면서, 프랑크인들과 윌리브로르드가 설립해놓은 교회들과 수도원들을 파괴하고 있던 때였기 때문이다.

그러나 보니파키우스는 좌절하지 않고 오히려 자극을 받아 훨씬 분발했다. 잉글랜드로 잠시 돌아가 자기가 몸담았던 수도원으로부터 대수도원장직을 받은 뒤에 다시 고국을 떠났는데, 이번에는 영구히 떠났다. 로마를 순례했고, 교황 그레고리우스 2세에게 따뜻한 영접을 받았으며, 유럽 중부에 기독교와 로마 교회를 심도록 총괄적인 승인을 받았다(718). 다시 알프스를 넘은 그는 바이에른과 튀링겐을 방문했다. 두 지역은 콜룸바누스의 제자들에 의해 부분적으로 복음이 들어간 곳이었는데, 하지만 이 지역 사람들은 보니파키우스가 자신들의 기독교를 불충분한 것으로 평가하고, 로마의 승인을 받아야 한다고 주장한다는 이유로 그에게 곱지 않은 눈길을 주었다. 그는 질서를 되찾은 프리슬란트로 다시 발걸음을 옮긴 뒤 3년간 그곳에서 위트레흐트 대주교 윌리브로르드를 도왔다. 722년에는 카를 마르텔의 개선 부대를 따라 튀링겐으로 돌아가 라인강 중간과 엘베강의 중간 지대에서 프랑크족과 작센족 틈에 끼여 살던 헤세의 이교도들에게 복음을 전했다. 옴 강 유역의 아마나부르크[아뫼네부르크]에 수도원을 설립했다.

---

74) 노력하여 평화를 얻는 사람이라는 뜻. 그의 라틴어 이름 보니파키우스(恩시)는 아마도 수사명이었거나, 혹은 그가 723년에 로마를 두 번째 방문했을 때 교황에게 받은 이름이었을 것이다.

723년에는 로마를 두 번째로 방문했다. 그를 초대한 그레고리우스 2세는 그에게 주교구 없는 선교사 주교(episcopus regionarius)로 축성했다. 이에 대한 답례로, 그는 사도 베드로의 무덤을 놓고서 이탈리아와 주변 나라 주교들이 축성식 때 교황에게 의무적으로 바쳤던 것과 유사한 지극히 근엄한 충성 서약을 교황에게 바쳤다.[75]

이때부터 그의 사역은 기독교 세계의 중심인 로마와 긴밀한 접촉을 유지하는 좀 더 체계적인 성격을 띠게 되었다. 추천장들로 무장한 그는 단시간 내에 카를 마르텔의 궁정에 거점을 확보했고, 마르텔은 헤시안족을 정복하고자 하는 그의 계획을 실행에 옮겼다. 이렇게 세속 권력의 지원과 교황의 영적 권위에 뒷받침을 받은 그는 사역을 신속하게 펼쳐나갔다. 선교 전략의 중대한 일환으로 튜턴족 이교 신앙의 뿌리에 도끼를 갖다 대었다. 가이스마르(프리츨라르가 아닌)에서 군중이 지켜보고 있는 가운데 성스럽게 떠받들어지던 천둥 신의 떡갈나무를 도끼로 찍어 쓰러뜨리고, 성 베드로 예배당 혹은 교회를 세웠던 것이다. 그의 전기작가 윌리볼드는 덧붙이기를, 하늘이 그를 도와서 갑작스러운 폭풍을 보냈고, 그 폭풍으로 떡갈나무가 균등한 길이로 조각났다고 한다. 이 행위 설교에 의해서 게르만족의 신화가 종언을 고하게 되었다. 보니파키우스는 그 뒤로 가끔씩 잉글랜드로부터 서적들과 수사·수녀들을 공급받았다. 잉글랜드 교회 전체가 그의 사역에 깊은 관심을 가졌는데, 이 사실이 그의 편지들에 고스란히 담겨 있다. 그는 에르푸르트·프라츨라르·오르드루프·비숍샤임·홈부르크 근처에 수도원 정착촌들을 건설했다. 당시에 카를 마르텔이 투르에서 사라센 군대에 승리를 거둠으로써 이슬람교의 서진(西進)을 막고, 유럽 중부에서 기독교의 승리를 확고히 다졌다(732).

보니파키우스는 신임 교황 그레고리우스 3세에 의해 대주교와 교황특사의 지위에 올랐고(732), 그로써 자신을 경원하고 견제하던 주교들을 제압할 수 있었다.

738년에 보니파키우스는 세 번째이자 마지막으로 로마를 순례했다. 수사들과 회심자들을 대거 인솔하고 간 이번 순례에서 그는 바이에른와 알레마니아에서

---

75) 보니파키우스는 이때 행한 서약을 두고 훗날 내내 양심의 가책을 받았으며, 이 서약이 그의 선교 정책 전체를 얼룩지게 했다.

주교들의 교회회의를 소집할 수 있는 권한을 받았다. 그는 돌아온 즉시 오딜로 (Odilo) 공작과 협력하여 잘츠부르크 · 프라이징 · 파사우 · 라티스본 혹은 레겐스부르크, 네 지역에 바이에른 주교구를 신설했다(739). 이 네 곳 외에도 독일 중부에 뷔르츠부르크 · 부라부르크(프리츨라르 근처) · 에르푸르트 · 아이히슈태트 교구들을 세웠다(742). 마인츠와 그외 지방에서 교회 조직과 권징 시행을 목적으로 교회회의를 여러 차례 소집했다. 739년까지 그가 회심케 하여 세례를 준 사람들의 수가 수만 명에 이른다고 전해진다.

743년에 그는 주교 게르빌리우스[게발리프]의 후임자로 마인츠 혹은 마옌스의 대주교가 되었다. (전임 주교는 오락에 빠지고 전쟁 때 살인을 했다는 이유로 폐위되었다.) 그의 교구는 쾰른에서 스트라스부르로, 심지어 코이레에까지 확대되었다. 그는 쾰른을 매우 좋아하여 그곳에 머물고 싶었지만, 그 도시의 성직자들은 그의 엄격한 권징을 두려워했다. 그는 카를 마르텔의 아들들을 도와 갈리아 성직자들을 굴복시키고, 켈트 교회의 요소들을 제거하고, 로마와의 결합을 굳게 다졌다.

744년에 스물세 명의 주교들이 참석한 수아송 공의회에서 그를 가장 치열하게 반대하던 집단이 단죄를 당했다. 같은 해에 그는 독일의 심장부에 풀다 수도원의 터를 닦았는데, 이렇게 해서 세워진 수도원은 그가 지은 수도원들 가운데 규모가 가장 컸고, 독일의 몬테 카시노가 되었다.

753년에 그는 룰(Lull 혹은 룰루스)에게 마인츠 대주교직을 물려주었다. 모든 직위에서 물러나 다시 한 번 평선교사가 된 그는 50명 가량의 헌신적인 추종자들을 이끌고 청년 시절에 전투하는 태도로 사역을 했던 프리지아인들에게로 돌아갔다. 그 지역은 윌리브로르드가 죽고 나서, 복음을 거부한 채 이교를 완강히 고수하고 있었다. 보니파키우스는 도쿰(프라네커와 그로닝겐 중간 지역) 근처를 흐르는 보르네 강둑에 막사를 설치해 놓고는 많은 수의 회심자들이 가르침을 받으러 오기를 기다렸다. 하지만 그를 찾아온 자들은 회심자들이 아닌 무장한 이교도들이었다. 그들이 난입하여 그와 그의 동료들을 죽였다. 이렇게 해서 보니파키우스는 754년 혹은 755년에 조용히 아무 미련도 남기지 않은 채 순교의 죽음을 당했다. 그의 유골은 처음에는 위트레흐트에, 다음에는 마인츠에, 마지막으로는 풀다에 안치되었다. 그가 죽은 직후에 잉글랜드의 교회회의는 그를 교황 그레고리우스와 아우구스티누스와 함께 잉글랜드 교회의 수호성인으로 정했다.

1875년에 교황 피우스 9세는 독일과 잉글랜드의 가톨릭 신자들에게 특별히 성 보니파키우스의 도움을 구하라고 지침을 내렸고, 이것이 불행하게도 오늘날까지 시행되고 있다.

보니파키우스가 남긴 저서란 편지들과 설교들이다. 전자는 그의 선교 노력과 정책을 보여주고, 후자는 그의 신학적 견해와 실천적 경건을 드러낸다. 열다섯 편의 짧은 설교들이 현존하는데, 이것들은 이교도들이 아닌 기독교 회심자들에게 전한 것이다. 그러므로 그의 설교 활동뿐 아니라 교육 활동도 잘 드러내 준다. 설교들에는 성경 본문이 없으며, 내용은 구원사, 특히 인간의 타락과 구속을 설명하는 절기 설교이거나, 기독교 교리와 의무를 골자로 한 교리문답 강해이다. 여기서 세례받을 때 마귀와 관계를 단절해야 한다는 내용의 열다섯번째 설교를 소개하고자 한다.

설교 15

"I. 형제들이여, 여러분이 세례를 받을 때 엄숙히 포기했던 것을 다시 한 번 듣고 잘 생각하시기 바랍니다. 여러분은 마귀와 그의 모든 일들, 그의 모든 허영을 버렸습니다. 그런데 마귀의 일들이란 게 대체 무엇입니까? 교만과 우상 숭배·시기·살인·비방·거짓말·위증·미움·음행·간음·온갖 종류의 외설·도둑질·거짓 증거·강도질·탐식·술취함·중상모략·싸움·악의·미약(媚藥)·주문·점·마녀와 늑대인간에 대한 신앙·낙태·주인에 대한 불순종·부적. 이런 것들이 마귀의 일들이며, 이런 일들을 행하는 자는 사형에 해당하며 하나님 나라를 유업으로 받지 못한다는 사도의 말에 따라서, 여러분은 세례받을 때 이런 일들을 모두 버리겠다고 서약했습니다. 그러나 여러분이 믿으시는 대로, 하나님의 은혜로 여러분이 은혜에 합당한 자가 되기 위해서 마음과 손으로 이 모든 일들을 버리게 되도록, 나는 사랑하는 형제 여러분에게 전능하신 하나님 앞에서 직접 약속한 것을 기억하도록 권고하는 바입니다.

II. 여러분은 먼저 전능하신 하나님을, 그리고 그의 아들 예수 그리스도와 성령을 완전한 삼위일체로 계시는 전능하신 한 분 하나님으로 믿기로 약속했습니다.

III. 그러므로 여러분은 다음과 같은 계명들을 마음에 간직하고 준행해야 합니다. 여러분이 고백하는 하나님을 마음과 영혼과 힘을 다하여 사랑하고, 이웃을 자신과 같이 사랑하십시오. 이 두 계명에 온 율법과 선지자가 걸려 있기 때문입니다. 인내와 자비와 긍휼과 정조와 순결에 힘쓰십시오. 자녀들에게 하나님 경외하기를 가르치십시오. 어디를 가든 화평에 힘쓰고, 법관은 공정히 판결하고 뇌물을 받지 않도록 하십시오. 뇌물은 지혜자의 눈을 어둡게 하기 때문입니다.

IV. 안식일을 지켜 교회에 나가되, 교회에 가서 한담만 하고 돌아오지 말고 기도에 힘쓰십시오. 나그네를 환대하고, 병자를 위문하고, 고아와 과부를 보살피고, 교회에 십일조를 내고, 남이 여러분에게 하지 말았으면 하는 일을 남에게 하지 마십시오. 주기도문과 사도신경을 늘 마음에 두고 다니고, 그것을 자녀들과 세례 때 보증이 되어주는 이들에게 들려주십시오. 금식을 꾸준히 실천하고, 옳은 것을 사랑하고, 마귀에 대적하여 서고, 수시로 성찬에 참여하십시오. 이런 일들을 하나님께서는 여러분에게 요구하십니다.

V. 그리스도의 재림과 육체 부활과 만민 심판을 믿으십시오. 그날이 오면 불의한 자들이 의로운 자들에게서 분리되어 영원한 불에 들어갈 자들과 영생에 들어갈 자들이 갈리게 될 것입니다. 그날이 오면 죽지 않고 하나님과 함께 거하는 삶, 그림자 없는 빛, 질병 없는 건강, 굶주림 없는 풍성함, 두려움 없는 행복, 불행 없는 기쁨이 시작될 것입니다. 그날이 오면 영원한 영광이 임하여 의인들이 해와 같이 빛날 것입니다. 그 영광은 아무 눈도 바라보지 못했고 아무 귀도 듣지 못했고 아무 마음도 꿈꾸지 못했으며, 그 모든 것을 하나님께서 그분을 사랑하는 자들을 위해서 준비하셨습니다.

VI. 사랑하는 형제들이여, 여러분에게 또 한 가지 전해 드리고 싶은 것은, 우리 주님이 탄생하신 날이 다가오므로 세상적이고 외설적이고 더럽고 악한 일을 삼가라는 것입니다. 모든 악의와 미움과 시기를 버리십시오. 이런 것들은 마음에 독이 됩니다. 아내들에게조차 정절을 지키십시오. 선행으로 옷입으십시오. 그리스도에게 속한 가난한 사람들을 구제하십시오. 모든 사람과 화목하고, 서로 불화 관계에 있는 사람들을 화해시키십시오. 여러분이 그리스도의 도우심을 받아서 이 계명들을 지킨다면, 이생에서도 확신을 가지고 하나님의 제단에 나아갈 수 있으며, 내세에서 영원한 복에 참여할 것입니다."[76]

---

76) In Migne, *l. c.*, p. 870.

보니파키우스는 선교사로서의 열정과 헌신에다 세상적 지혜와 탁월한 조직 · 행정력을 두루 겸비했다. 깊이 있는 학자는 아니었으나, 실제적인 정치가이자 엄격한 권징가였다. 신학자는 아니었으나 교회 행정가였고, 만약 교황이 되었다면 훌륭한 업적을 남겼을 것이다. 그는 자신의 주교구들과 수도원들에 최적의 환경을 마련해 주었고, 정책들을 수립할 때도 멀리 내다보고서 했다는 것이 역사에 의해서 확증되었다. 인격에 흠이 없고 지칠 줄 모르는 활동가였다. 끊임없이 활동하고 설교하고 여행하고 교회회의를 주재하고 이교의 관습과 사소한 의식들에 관한 당혹스러운 문제들을 해결해 나갔다. 하지만 당시의 선교사에게서 기대함직한 기적을 일으키지는 않았다. 그의 제자 겸 전기작가는 이 점을 아쉬워하면서, 그는 눈에 보이지 않는 영혼들의 질병을 치유한 무수한 사례들이 기적을 상쇄하고도 남는다고 쓴다.

그가 인격에 안고 있던 약점은 자신보다 먼저 독일에 와서 선구자 역할을 수행한 프랑스와 스코틀랜드 · 아일랜드 선교사들과 대립하면서 드러낸 편협하고 비관용적인 태도였다. 그들이 수고하여 맺어놓은 열매를 그가 거둔 것이 사실인데, 만약 폭넓은 선교 정책을 견지했더라면 훌륭하게 살려놓을 수 있었을 그들의 유용성을 그만 말살해 버리고 말았다. 그는 교리 문제에 있어서는 개성과 민족적 독립의 특성을 모조리 미워했다. 그에게 참된 기독교란 로마 교회 체제와 동일했으며, 이러한 소신에 근거하여 독일을 고국 잉글랜드와 마찬가지로 교황에게 충성하도록 만들었다. 그는 네 명의 교황 — 그레고리우스 2세 · 그레고리우스 3세 · 자카리아스 · 스테파누스 — 을 섬겼는데, 이 교황들은 그보다 더 헌신적이고 충직한 대리자를 갖지 못했다. 교황의 권위를 떠나서 사역하는 사람들이 그에게는 문이 아닌 다른 곳으로 양우리에 넘어들어온 삯꾼이요 도둑이요 강도였다. 그는 그들을 거짓 선지자들, 백성의 미혹자들, 우상 숭배자들, 행음자들이라고 비판했다. (행음자들이라 비판한 이유는 그들이 결혼을 했고, 성직자 결혼을 옹호했기 때문이다.)[77]

---

77) 그가 그들의 부도덕을 묘사한 글은 상당한 추론을 해가며 읽어야 한다. 교황 자카리아스에게 보낸 *Ep.* 49(A.D. 742, in Migne, *l. c.*, p. 745)에서 그는 로마에 적대적인 부제들과 사제들과 주교들이 습관적으로 술을 마시고, 첩을 거느리고, 심지어 여러 여자와 함께 지내는 죄를 범한다고 말한다.

그는 그들에게서, 특히 바이에른 지방에서 가장 확고한 반대를 받았다. 그의 굴종적인 친로마주의와 밀접히 연관된 것이 현학적 계율주의와 의식 존중주의이다. 그의 편지들과 설교들은 해박한 성경 지식도 보여주지만, 편협한 계율주의적 정서도 드러낸다. 그는 로마의 권위와 관습에 외적으로 복종하는 문제들에 대해서, 그리고 우상의 제물로 바쳐졌던 말고기·토끼고기·황새고기를 먹어도 되는지, 아들의 대부(代父)가 되어준 이의 아내가 과부가 되었을 때 그녀와 결혼해도 되는지, 설교할 때 십자가 성호를 몇 번이나 긋는 것이 적절한지 등의 사소한 결의론적(決疑論的) 질문들에 관해서 할 말이 많았다. 그는 강점과 약점에서, 로마에 충성한 면에서, 자신이 성취한 일의 중요도에서, 앵글로색슨족 조상들의 로마인 사도인 아우구스티누스와 닮은 점이 많았다.

보니파키우스는 불굴의 인내로써 승리했고, 그의 사역은 그의 죽음을 넘어서까지 지속되었다. 이것만큼 그의 정당성을 입증해 주는 것도 없다. 그를 판단할 때는 그가 프랑스와 스코틀랜드-아일랜드의 대립자들과 벌인 논쟁이 가톨릭 신앙과 복음적 개신교 신앙 사이의 논쟁이 아니라(개신교는 아직 태어나지도 않았다), 조직된 가톨릭 체제 곧 로마 교회와 독립된 가톨릭 체제 사이의 논쟁이었음을 기억해야 한다. 중세 기독교는 매우 약했고, 존립을 위해서는 강력한 중앙 권력과 법적 권징이 필요했다. 당시의 야만적 상태에서, 그리고 크고 작은 전쟁이 끊이지 않던 상황에서, 로마 교회에 반대하는 선교사들의 독립적이고 산발적인 노력들이 과연 살아남을 수 있었을지, 과연 살아남아서 공동의 통일과 권위의 구심점을 지닌 강력한 기독교에 못지않게 독일 민족에게 강한 영향을 줄 수 있었을지 매우 의심스럽다. 로마가 구심점이 된 통일이, 아직 훈련되지 않아 미숙한 독립보다 나았다. 그러나 그러한 통일 자체는 성년이 되어서 행사하게 될 가치 있는 자유를 위한 예비학교일 뿐이었다.

보니파키우스가 사역을 완수한 뒤에 프랑스에서는 그 사역을 외적으로 뒷받침해 줄만한 정치 혁명이 발생했다. 부패한 메로빙거 왕조의 실세였던 피핀이 교황 자카리아스의 지원을 받아 왕조를 뒤엎은 것이다. 교황은 피핀이 늘 골치를 썩혀온 롬바르드족을 평정해준 대가로 그에게 프랑스 왕관을 씌워주었다(753). 50년 뒤에 프랑스와 독일이 이탈리아 교황청과 수립한 이러한 동맹 관계가 샤를마뉴와 레오 3세 사이에 완결되어 그 뒤 여러 세기 동안 지속되었다. 로마는 두 나라를 원격 조종할 만한 매력과, 권력과 문화의 명성을 갖고 있었고,

새로 설립된 약한 교회들에게 강력한 지원을 제공하기로 약속했다. 또한 로마는 중세와 고대 문화를 잇는 연결고리였고, 야만적인 민족들에게 고전 문학의 보화를 전해주었으며, 그것이 무르익었을 때 문예부흥과 개신교 종교개혁이 결실을 보게 되었다.

26. 보니파키우스의 제자들: 윌리볼드 · 위트레흐트의 그레고리우스 · 풀다의 슈투름

보니파키우스는 자신의 사역을 이어받아 수행한 헌신적인 제자들을 남기고 떠났다.

그 가운데서 아이히슈태트의 초대 주교 성 윌리볼드(St. Willibald)를 먼저 거론할 수 있다. 그는 700년경에 앵글로색슨족의 귀족 가문에서 보니파키우스의 가까운 친척으로 태어났다. 청년 시절에 로마와 성지(다메섹까지)를 순례했고, 몬테 카시노의 베네딕투스회 수도원에 들어가 여러 해를 지냈고, 로마에서 보니파키우스를 만났고, 독일에서 그와 합류했으며(740), 742년에 바이에른 지방 아이히슈태트의 주교가 되었다. 그는 주로 베네딕투스의 수도회칙에 근거하여 수도원을 설립하는데 주력했다. 자신의 친형제 우네볼드와 친자매 왈푸기스, 그리고 그 외의 조력자들을 잉글랜드에서 불러들였다. 그는 781년 혹은 787년 7월 7일에 숨을 거두었다. 일부 학자들은 그를 보니파키우스의 전기작가로 간주하지만, 그 전기는 이름이 같은 마인츠의 사제가 쓴 것으로 추정된다.

위트레흐트의 대수도원장 그레고리우스는 메로빙거 왕실 사람으로서 궁정에서 교육을 받았고, 열다섯살에 보니파키우스의 설교를 듣고 회심했으며, 그의 여행길에 따라나섰다. 보니파키우스가 죽은 뒤 프리지아인들에 대한 선교를 총괄했다. 주교직 제의를 정중히 고사했으며, 노년에 다리를 못 쓰게 된 까닭에 공식적으로 참석해야 할 곳이 생기면 제자들의 신세를 졌다. 781년에 일흔셋의 나이로 숨을 거두었다.

풀다의 초대 대수도원장인 슈투름(Sturm, 710-779.12.7)은 바이에른 지방의 귀족 가문 출신으로서 보니파키우스 밑에서 배웠다. 보니파키우스의 승인을 받아 적합한 수도원 터를 물색하기 위해서 동료 두 사람과 함께 헤세의 거대한 밤나무 숲을 뒤지고 다녔다. 나귀를 타고 시편을 부르면서 야수들이 서식하는 숲에 길을 내면서 지나갔다. 밤에는 기도를 드리고 십자가 성호를 그은 뒤 하늘을 지붕 삼아 맨 땅에 누워 해가 뜰 때까지 잠을 잤다. 숲에서 만난 사람이라곤 풀다 강에서 목욕하던 이교도 노예들과, 그 지방 지리에 밝은 말 탄 사람 한 명이 전부였다. 그는 마침내 적합한 부지를 발견했고, 744년에 보니파키우스의 요청을 받은 카를로만(Karloman)에 의해서 그 땅을 수도원 부지로 하사받았다. 이곳에 수도원을 세웠을 때 보니파키우스가 많은 수사들을 데리고 이곳을 찾아왔으며, 그 뒤에도 이곳을 즐겨 찾았다. 그는 751년에 교황 자카리아스에게 다음과 같이 썼다. "저의 설교에 맡겨진 부족들이 사는 광활하고 고적한 곳에는 제가 수도원 부지로 고른 땅이 있습니다. 저는 이곳에 수도원을 짓고 수사들을 불러 살게 했습니다. 성 베네딕투스의 수도회칙을 따라 그들에게 고기와 술을 금했고, 취하게 하는 음료와 노예 소유를 금했고, 제 손으로 일해서 먹도록 하는 등 엄격한 생활을 하도록 했습니다. 저는 이 터를 경건한 사람들, 특히 프랑크족의 마지막 왕자 카를로만에게 합법적으로 받았고, 이것을 구주께 봉헌했습니다. 제가 이곳에서 가끔 지친 몸을 누이고, 결국 영면을 하게 되는 날까지 계속해서 로마 교회와 제게 맡겨진 백성들을 위해 충성을 다하게 될까요?"[78]

풀다 수도원은 교황 자카리아스와 그의 계승자들에게 특별한 권한들을 부여받았고, 독일 기독교와 문화의 중심이 되었으며, 이곳에서 삼림 개간과 토지 경작, 청소년 교육이 시작되어 독일 전역으로 퍼져나갔다. 베네딕투스회 수사들의 수는 슈투름이 747년에 이탈리아 여행을 마치고 돌아온 뒤 몬테 카시노에서 많은 수의 수사들이 재충원되면서 증가했다. 그는 말년에 보니파키우스 순교(755) 이후 그의 유골 문제로 마인츠의 룰루스와 논쟁을 벌인 일과, 수사 세 명이 자신을 비방하여 왕 피핀에게 밉보이게 만든 일로 마음 고생을 했다. 하지만 그는 결국 권위를 되찾았고, 사랑하는 스승의 유골을 풀다 수도원에 안치하여 스승이 그곳에 영면하도록 했다. 샤를마뉴는 그를 작센족의 선교사로 활용했다. 그의 유해는 수도원 교회에 안치되었다. 교황 인노켄티우스 2세는 1139년에 그를 시성(諡聖)했다.

---

78) Migne, fol. 778에 실린 *Epist.* 75를 압축하여 옮김.

27. 작센족의 개종. 샤를마뉴와 앨퀸. 헬리안트

게르만 부족들 가운데 가장 사납고 호전적이었던 작센족이 기독교 신앙을 맨 마지막으로 받아들였다. 그들은 이 점에서 잉글랜드를 침공하여 정복한 동족과 크게 달랐다. 하지만 복음을 전하기 위해 사용된 방법도 달랐다. 잉글랜드로 건너간 작센족에게 도덕적 감화가 사용되었다면, 대륙에 남아 있던 작센족에게는 무력이 사용되었다. 대륙의 작센족은 오늘날 하노버 · 올덴부르크 · 브룬즈비크 · 베스트팔렌 지역에 거주했는데, 모두 숲으로 짙게 덮인 지역들이었다. 일찍이 이들이 프랑크족을 베세르 강과 라인 강 너머로 몰아냈는데, 이제는 카를 마르텔 · 피핀 · 샤를마뉴에 의해 도로 원래의 자리로 밀려나 있었다. 이들은 이질적 부족인 프랑크족과 로마의 멍에를 혐오했다. 교회를 지원한다는 명목으로 자신들에게 부과되던 십일조를 증오했다. 기독교를 자신들이 누리는 자유와 독립의 적으로 간주했다. 일찍부터 에발트(Ewald)와 수이드베르트(Suidbert) 같은 선교사들이 이들에게 들어가 복음을 전해보았으나 아무런 성과도 거두지 못했다. 이들의 개종은 결국 칼에 의해 이루어졌다. 이 방법이 사용된 데에는 신앙적 동기뿐 아니라 정치적 동기도 작용했으며, 초기에는 형식적 개종밖에 이끌어내지 못했으나, 마침내는 조용히 발휘되는 기독교 신앙의 도덕적 감화력에 의해 실제적인 변화가 나타났다.

768년에 프랑스 왕국의 주인이 된 샤를마뉴는 게르만 부족들을 로마와 우호관계를 지니는 하나의 대제국과 하나의 종교로 결집하려는 숭고한 야망을 갖고 있었다. 그리고 이 야망을 이루기 위해서 군사력을 동원했다. 물세례에는 능력이 있어서 비록 강제로 시행하더라도 결국 그리스도인이 되게 한다고 믿었던 것이다. 자기 왕국에게 가장 위험한 적인 작센족을 군사력으로 굴복시켜 기독교화하거나, 아니면 모두 말살해 버리지 않으면 안 된다고 생각했다. 마치 무단 점유자들이 미국 정부를 시켜서 인디언들을 서부에서 몰아냈던 것과 비슷한 정책을 그들에게 사용했다. 협상이 결렬되고 충격적인 잔혹한 행위가 양측에서 오갔다. 작센족은 복수와 독립을 위해서, 기독교 진영은 종교와 문화의 이름으로 응징하기 위해서 그렇게 했다. 이러한 잔혹한 행위들 가운데 가장 두드러진 것은 베르덴에서 프랑크 군대가 하루에 4천5백 명의 작센족 포로들을 학살한 사건이었다. 하지만 프랑크 군대가 철수하자, 작센족이 교회당들을 파괴하고 사제들을 붙잡아 죽였으며, 다시 이 일로 인해서 피의 보복을 당했다.

작센족의 굴복은 772년부터 805년까지 33년에 걸친 전쟁의 결과였다. 가장 강력했던 작센족 족장들인 비두킨트(Widukind, Wittekind)와 알비오(Albio, Abbio)는 저항해 봐야 소득이 없다고 판단하고서 785년에 샤를마뉴를 후견인으로 삼아 세례를 받았다.

그러나 작센족은 804년에 1만 가정이 집에서 쫓겨나 다른 지방으로 흩어지는 사건을 겪은 뒤에야 완전히 굴복했다. 이제는 이교 신앙으로 되돌아가는 행위가 살벌한 법으로 금지되었다. 이로써 민족의 독립 정서가 크게 꺾이긴 했으나 완전히 짓밟힌 것은 아니어서, 일곱 세기 뒤에 작센족의 지도자인 수사 마르틴 루터의 주도로 로마의 바벨론 독재에 맞서는 다른 형태로 발산되었다.

샤를마뉴가 작센족을 상대로 벌인 전쟁은 이교를 타도하고 교회를 확장하기 위한 유혈 십자군 원정을 예견하는 최초의 불길한 전쟁이었다. 그것은 사도들의 방법을 철저히 떠난 것이었고, 복음의 정신과도 전혀 맞지 않았다. 이러한 점은 벌써 당대에 비교적 깨인 신학자들에 의해서도 감지되었다. 잉글랜드 선교사들을 대표하고, 샤를마뉴에게 편지로써 큰 존경과 흠모를 표시한 앨퀸(Alcuin)은 군사력에 의한 강제 개종에 온건하게 항의를 표시하면서, 오히려 '가증한' 작센족과 화친을 하도록 요구했다. 물론 이러한 의사 표시가 샤를마뉴의 마음에 의미있게 박혔을 리는 없다. 앨퀸이 샤를마뉴에게 정당하게 주장한 사항은, 이교도들에게 세례를 주고 십일조를 내게 하려면 먼저 복음을 가르쳐야 한다는 것과, 신앙 없이 물세례를 받아봐야 소용이 없다는 것, 세례에는 보이는 요소 세 가지(즉 사제와 육체와 물)와 보이지 않는 요소 세 가지(성령과 영혼과 신앙)가 있어야 한다는 것, 신앙은 강요될 수 없는 자유로운 행위라는 것, 교훈과 설득과 사랑과 자기 부인이 이교도들을 개종시키는 데 유일하게 정당한 방법이라는 것이었다.[79)]

샤를마뉴는 797년 이후부터 법 곧 교회 관련 법령을 다소 완화했다. 작센족 지역에 여덟 개의 주교구를 설치했다(오스나브뤼크 · 뮌스터 · 민덴 · 파더보른 · 베르덴 · 브레멘 · 힐데스하임 · 할버슈타트). 이 주교구들과 각 주교구를 중심으로 설립된 소교구 교회들로부터, 그리고 풀다 수도원 같은 수도원들로부터 사람

---

79) Neander III. 152 sqq.

들의 정신과 마음에 작용한 더 고등하고 고상한 영향력들이 흘러나왔다.

작센족 사회에 진정한 기독교가 존재했음을 알리는 최초의 기념비는 「헬리안트」(*Heliand*, 'Heiland', 즉 치유자, 구주) 곧 대역 복음서이다. 이 문헌은 앵글로색슨족 캐드먼(Caedmon)이 수난과 부활을 주제로 쓴 기존의 저서를 빼닮은 종교 서사시이다. 이것이 캐드먼의 저서에서 영감을 받은 데에는 의심의 여지가 없다. 이는 보니파키우스 이래로 잉글랜드 교회와 독일 교회 사이에 활발한 접촉이 있었고, 두 나라의 언어가 당시에는 본질상 같았기 때문이다. 두 저서 모두 그리스도를 인류를 구원한 젊은 영웅, 세상과 마귀를 이긴 신적 정복자로 묘사하고, 그리스도인들을 그의 충직한 기사들과 전사들로 묘사한다. 「헬리안트」는 9세기에 언어 사용으로 보아 베스트팔렌이 고향인 듯한 몇몇 시인들의 작품이다. 이 책에 담긴 교리는 성인 숭배와 베드로 숭상, 그리고 과도한 금욕에서 벗어나 있지만, 다소 신화적 잔재들이 뒤섞여 있다. 필마르(Vilmar)는 이 책을 유일하게 진정한 기독교 서사시이자 독일인의 정신을 훌륭하게 구현해 낸 작품이라고 부른다.

얼마 후(870년경)에 풀다와 생 갈에서 교육을 받은 프랑코니아 사람 오트프리트(Otfried)가 시의 형식을 빌어 복음서 대조서를 펴냈는데, 이 책은 구 성기(盛期) 독일 문학의 주요 기념비의 하나이다. 그리스도의 생애로서 탄생부터 승천까지 다루며, 심판에 관한 묘사로써 맺는다. 4행을 한 연으로 하여 1만5천 행으로 이루어진 시이다.

이처럼 잉글랜드에서 뿐 아니라 독일에서도 기독교가 승리하면서 시와 문학이 시작되었고, 진정한 문화가 시작되었다.

프로이센 · 리보니아 · 쿠르란트를 면하고 있는 발트 해를 따라 슬라브 족이 거주하던 독일 북동부 지역의 기독교화는 다음 시기에 주로 포메라니아의 사도라 불리는 밤베르크의 주교 오토(Otto)와 튜턴 기사회를 통해서 전개되었고, 12–13세기에 완료되었다.

III. 스칸디나비아의 개종

28. 스칸디나비아의 이교

스칸디나비아는 튜턴족 가운데 가장 거칠고 사나우면서도 가장 강인하고 용맹스러운 부족이 살았는데, 한때는 화적들이었던 이들이 결국 정복자들이 되었다. 동일한 언어를 말하고 — 지금도 아이슬란드에서는 그 언어가 쓰인다 — 동일한 신들을 숭배한 이들은 오늘날 덴마크·스웨덴·노르웨이를 포함하는 여러 작은 왕국들로 분할되어 있었다. 해마다 봄이 되어 피오르드 해안의 얼음이 녹으면 이들은 왕국마다 왕이 직접 인솔하여 작은 배들을 타고 주변 나라들의 해안으로 내려갔다. 강을 타고 내륙으로 깊숙이 뚫고 들어가서는 가지고 돌아올 수 없는 것은 모조리 불태우고 파괴했다. 가을이 찾아오면 탈취물을 잔뜩 배에 싣고 고향으로 돌아가서 난롯가에 기대앉아 탈취물을 먹으며 겨울을 났다. 그러나 세월이 흐르면서 소규모 단위로 움직였던 무리가 결집하여 큰 군대를 이루었고, 화적패들이 조직을 갖춘 원정대로 변하였으며, 러시아·잉글랜드·프랑스·시칠리아에 왕국들을 세웠다. 하지만 그렇게 해서 새로 정착한 터전에서 북부의 바이킹들은 곧 모국어와 옛 신들을 잊어버린 채 새로운 문화에 왕성히 적응해 나갔고, 기독교의 용맹스러운 기사들이 되었다.

스칸디나비아 신화에는 기독교 선교사가 연결고리로 사용할 수 있는 개념들이 적지 않았다. 선교사가 그곳에 복음을 전하러 갔을 때 단순히 기존의 것을 부정하는 것으로만 시작할 필요가 없었다. 이 땅에도 "알지 못하는 신"이 있었으며, 8-9세기에 스칸디나비아 전역의 주민들이 갈수록 그 신에 관해 더 듣고 싶어했음을 알게 하는 흔적들이 많이 남아 있다. 사람이 죽으면 그가 생전에 용감했을 경우 발할(Walhall)에게, 비겁했을 경우 니플하임(Niflheim)에게 간다고 믿었다. 발할에게 간 사람은 신들과 함께 큰 광명과 기쁨 가운데 밤낮 잔치를 즐기며 살고, 니플하임에게 간 사람은 온갖 메스껍고 천한 것들에 둘러싸인 채 어두운 그늘에 홀로 지낸다. 그러나 발할과 니플하임은 영원히 존재하지 않는다. 깊은 어둠인 라그나뢰크(Ragnarokr)가 우주에 임할 것이다. 발할과 니플하임은 불로 멸망할 것이고, 신들과 영웅들과 그늘들도 멸망할 것이다. 그런 뒤에 만유의 아버지가 새 하늘과 새 땅을 창조할 것이며, 그가 만민을 심판하되 용감과 비겁의 잣대가 아닌 선과 악의 잣대로 심판할 것이다. 「에다」(*Eddas*, 아이슬란드의 신화·시가집. 고 에다와 신 에다를 포함하여 일컫는 명칭: 역자주)에 기록되어 있듯이, 스칸디나비아 이교 세계 전역에서는 항상 용감하기에 힘쓰면서도 선하게 되기를 갈망하는 사람들이 때때로 일어났다. 기독교의 '거룩' 개념을 희미하게 예표한 이 '선' 의 대표자는 무지개에 올라앉아 세상을 지켜보는 젊은 신 발두르(Baldur)였는데, 그는 또한 발할 휘하의 모든 신들을 하나로 묶는 연결고리이기도 했다. 그가 죽었을 때 라그나뢰크가 왔다.

발두르 신화에서 그리스도의 복음으로 전환하는 것이 스칸디나비아인들의 관념에서는 과히 어려운 일이었을 리가 없다. 실제로 스칸디나비아 이교도들이 최초로 생각한 "흰 그리스도"(White Christ)라는 발상은 발두르 사상에서 영향받았음에 틀림없다. 하지만 스칸디나비아 신화의 특정 부분들, 이를테면 위에 언급한 라그나뢰크와 발두르 신화들이 기독교 사상의 반영이 아닌가 하는 질문은 아직 해결되지 않았다. 다만 스칸디나비아인들이 9세기에 그리스도를 발두르의 이미지를 가지고 바라보기 시작할 때, 진작부터 무의식중에 발두르 개념을 그리스도의 이미지로 고쳐서 이해했을 개연성이 크다.

기독교 선교사에게 상당히 중요했을 또 한 가지 점은, 스칸디나비아 이교 세계에 자신이 대항할 만한 사제(司祭)가 없었다는 사실이다. 스칸디나비아에서는 종교가 제도의 형식을 갖춘 적이 없었다. 물론 덴마크에는 로에스킬드 근처 레이르에, 스웨덴에는 웁살라 근처의 시그투나, 노르웨이에는 드론타임 근처의 모에레에 신전 혹은 적어도 제단이 있었고, 해마다 율(Juul)의 절기가 돌아오면 그 장소들에서 말 아흔아홉 마리, 수탉 아흔아홉 마리, 노예 아흔아홉 명이라는 어마어마한 제물이 바쳐진 것이 사실이다. 그러나 모든 사람이 저마다 사제였다. 기독교가 스칸디나비아에 처음 전파될 당시에 스칸디나비아에서는 옛 종교가 개인들에 대한 장악력을 현저히 잃어가고 있었으며, 바로 이 이유에서 옛 종교가 민족을 장악하는 데 한 번도 성공을 거둔 적이 없었다. 사람들은 여전히 신들의 이름으로 맹세도 하고 술자리에서 신들의 이름으로 건배도 했지만, 그들의 이름으로 기도하는 일은 사라졌다. 여전히 전쟁에 나아가기 전이나 전쟁에서 승리한 뒤에 제사를 드렸고, 아이가 태어나 이름을 지어줄 때 토르(Thor)의 망치를 뜻하는 십자가 표지를 그었지만, 민족이든 개인이든 공적이든 사적이든 그들의 삶에는 종교적 성별(聖別)을 요구할 만한 실제적인 것이 없었다. 한편으로는 기성 종교를 훨씬 더 넘어서서 더 숭고하고 깊은 것을 갈망하는 특성들이 나타나기도 했지만, 다른 한편으로는 오로지 자기 자신의 힘만 믿고 기성 종교는 철저히 무시해 버리는 특성들이 훨씬 더 많이 나타났다.

기독교가 스칸디나비아에 들어갔을 때 해결해야 했던 가장 큰 장애는 종교적인 것이라기보다 도덕적인 것이었다. 열정(passion) 면에서 옛 스칸디나비아인들은 때로 짐승보다 못한 모습을 드러내곤 했다. 폭식과 폭음이 자랑거리로 통했다. 그러나 성적인 면에서는 정숙했다. 여성이 품행이 단정치 못하다는 이야기는 어지간해서는 나오지 않았고, 간음을 범했다는 이야기는 아예 찾아볼 수도 없었다. 힘을 발산하는 면에서는 때로 귀신을 능가했다. 파괴를 위한 파괴를 일삼았으며, 적을 정복했을 때 그 집단에게는 상상을 초월하는 모욕과 잔학한 행위를 가했다. 그러나 친구와 왕과 아내와 자녀를 위해서는 모든 것, 심지어 목숨이라도 희생할 태도를 취했다. 그리고 이 일을 할 때는 한 점 의심도 없이 한순간의 상심도 없이 순수하고 고상한 열정으로 했다. 하지만 이런 것이 그들의 도덕이었기에 이러한 도덕이 그들을 철저히 사로잡았다. 그들은 신들은 잊어버릴 수 있었어도 자기들의 의무는 잊지 않았다. 신들과 인간들 사이에서 자신의 의무를 알면서도 회피한 자가 바로 악한 자였다. 옛 스칸디나비아인들 사이에서 최고의 영적 능력이자 그들의 유일한 열정은 의무감이었다. 그러나 이 의무감에 부여된 방향은 기독교 도덕이 가리키는 방향과 너무나 상반된 것이었기에 둘은 도무지 화해할 수 없었다. 복수가 인간이 내놓을 수 있는 가장 고상한 정서이자 열정이었으며, 용서는 죄였다. 피가 흐르고 불길이 솟아오르는 전쟁터야말로 지상에서 볼 수 있는 가장 아름다운 정경이었으며, 인내와 평화를 위한 노력은 가증스러운 행위였다.

그러므로 기독교와 스칸디나비아 이교가 실제로 맞부닥쳤을 때 전선이 형성된 곳이 도덕 분야였다는 것은 지극히 자연스러운 결과였다. 이교도들이 선교사들을 죽이고 그들이 지어놓은 학교와 교회를 불태웠는데, 그렇게 한 이유는 그들이 새로운 신들을 전했기 때문이 아니라 (전투의 기상을 꺾음으로써) "민중의 도덕을 부패시켰기" 때문이었다. 그리고 한 세기가 넘게 지속된 투쟁이 끝나면서 기독교의 승리가 명확해졌을 때, 이교의 용사들은 마치 두려운 전염병을 피해 도망치듯이 거대한 무리를 이룬 채 고향을 떠났다. 기독교가 스칸디나비아에서 이뤄내야 했던 최초이자 가장 힘겨웠던 작업은 종교적인 것이라기보다 인도적(도덕적)인 것이었다.

29. 덴마크의 기독교화. 성 안스가르

데인족(the Danes)은 6-7세기에 최초로 기독교와 접촉을 하게 되었다. 네덜란드의 뒤에스테드와 교역을 한 것과 아일랜드를 끊임없이 침공한 것이 그 계기가 되었다. 그리고 '흰 그리스도'에 관한 이야기가 그들의 입에 자주 오르내렸다. 물론 그 이야기가 그들에게 경이감 이외에 다른 정서를 불러일으키지는 않았겠지만. 그들을 최초로 방문하여 그들 사이에서 사역한 최초의 기독교 선교사는 윌리브로르드(Willebrord)였다. 노섬브리아 왕국에서 태어나 켈트족 교회에서 교육을 받은 그는 690년에 프리지아인들에게 가서 복음을 전했고, 700년경에 그곳에서 쫓겨나 덴마크로 갔으며, 그곳에서 왕 잉그린(Yngrin, 오겐두스)에게 환대를 받고서 교회를 세우고 덴마크 소년 서른 명을 돈 주고 사서 그들에게 기독교 신앙을 가르쳤는데, 그 중 한 명인 지그발트(Sigwald)는 오늘날까지도 뉘른베르크의 수호성인 성 세발두스(St. Sebaldus)로 기억되고 있다.

하지만 그곳에서 사역한 지 얼마 되지 않았을 때 정치적 조직가인 샤를마뉴가 전개한 엄청난 정책의 여파가 덴마크 접경에까지 느껴지게 되었다. 그의 영역이 아이더 강에까지 뻗쳐왔다. 이로써 로마 제국과 덴마크 사이에 외교 관계가 형성되었고, 이러한 관계에 힘입어 기독교 선교사들이 좀 더 자유롭고 폭넓게 덴마크에 들어갈 수 있었다. 샤를마뉴는 에세호에와 홀슈타인에 수비대를 위한 예배당을 지었고, 함부르크에서는 헤리독(Haridock)을 기독교 회중의 대표로 세웠다. 그리고 앨퀸의 편지들 가운데 한 단락을 보면 데인족 개종 사업이 그의 계획 밖에 있었던 것이 아니었음을 알게 된다. 당시 덴마크는 여러 왕국들로 분할되어 있었는데, 고만고만한 여러 왕들 가운데 한 사람인 하랄드 클라크(Harald Klak)는 샤를마뉴의 계승자 경건자 루이(Lewis the Pious) 때 가문의 불화 문제를 놓고 황제의 지원과 결단을 요청했고, 이에 대해 루이는 정치적 중재자이자 열정적인 선교사인 랭스의 대주교 에보(Ebo)를 덴마크로 파견했다. 822년에 에보는 캉브레의 주교 할리트가르(Halitgar)를 대동하고서 아이더 강을 건넜다. 그 뒤 몇 해 동안 덴마크를 여러 번 여행하면서 전도하고 세례를 주었으며, 에세호에 근처의 켈라 벨라나(오늘날의 벨나우)에 덴마크 선교 거점을 설치했다. 그러나 그는 제국의 내부 문제에 너무나 몰입했었던 반면에, 이제 덴마크 선교를 위해서 열린 기회는 역량이 탁월한 사람의 온전하고도 철저한 노력을 요구했다. 826

년에 하랄드 클라크가 추방되고 황제와 함께 망명처를 찾을 때, 에보가 다리를 놓아주었다. 멘츠 근처의 잉겔하임에서 왕과 왕비와 그들의 아들과 수행원 전원이 엄숙하게 세례를 받았고, 하랄드는 황제의 지원을 받아 덴마크로 돌아간 직후에 장차 북유럽의 사도가 될 안스가르(Ansgar)의 수행을 받았다.

안스가르는 800년경(일반적인 추산에 따르면 801년 9월 9일)에 아미앵 교구에서 프랑크족 부모에게서 태어나 코르비 대수도원에서 아달하르의 지도를 받았다. 파스카시우스 라드베르투스(Paschasius Radbertus)가 그의 스승들 가운데 한 사람이었다. 822년에 코르비 대수도원은 베스트팔렌에 선교사단을 정착시키고, 그곳에 독일의 코르베이 혹은 뉴 코르베이 수도원을 설립했다. 안스가르는 그곳 수도원의 신설 학교에 교사로 파견되었고, 그곳에서 설교자로서의 역량과 뜨거운 경건에 힘입어 큰 명성을 얻게 되었다. 그는 소년 시절부터 거룩한 이상을 품었으며, 현세적 입신양명이 덧없는 것이라는 생각이 마음 깊숙이 배였다. 그에게는 순교자의 면류관이 인간 세상에서 얻을 수 있는 가장 높은 명예였으며, 그것을 얻게 되도록 간전히 기도했다. 하랄드 왕으로부터 선교사 자격으로 이교도 데인족 사회를 왕래하지 않겠느냐는 제의를 받은 그는 친구들의 우려와 항의를 무릅쓰고 그것을 즉시 수락했으며, 827년에 아우트베르트의 수행을 받아 덴마크로 가서 슐레스비히 지방의 헤데비에 선교 거점을 즉시 설치했다.

그것은 어려운 임무였으나 시작 단계에서부터 적지 않은 성공을 거두었다. 열두 명의 소년들을 사서 교사로서 훈련시켰으며, 적지 않은 사람들이 회심하고 세례를 받았다. 안스가르는 가난한 사람들과 병자들과 고통을 당하는 모든 사람들에게 친절하게 대함으로써 주목을 받았다. 전도자와 교사로서 쏟아부은 열정에 힘입어 아직 이렇다 할 저항을 받지 않은 채 공감을 불러일으켰다. 그러나 829년에 왕 하랄드가 다시 추방되어 베세르 강 어귀에 자리잡은, 황제에게 봉토로 하사받은 사유지로 은퇴했다. 안스가르는 그를 따라가지 않을 수 없게 되었고, 이로써 덴마크 선교의 앞날에 먹구름이 끼게 되었다. 게다가 아우트베르트가 건강 악화로 선교 사역에 더 참여하지 못하고 뉴 코르베이로 돌아감에 따라 상황은 더욱 악화되었다.

이때 스웨덴 왕 비외른(Björn)의 초대가 있어서 스웨덴을 방문할 기회를 가졌으며, 831년에 엑스라 샤펠 제국의회의 결정으로 함부르크에 주교좌가 설치되어 덴마크에 새로운 선교의 가능성이 생기게 된 831년까지 그곳에 머물렀다. 스칸디나비아 전역이 새로운 주교구에 편입되었고, 안스가르가 메츠의 주교이자 황제의 친형제인 드라고(Drago)에 의해서 함부르크 초대 주교로 축성되었다. 이때 랭스의 에보, 트리어의 헤티, 멘츠의 오브가르 등 세 명의 대주교가 그를 엄숙히 지원했다. 그레고리우스 4세는 교서를 통해서 그 조치를 승인했으며, 안스가르는 교황에게 팔리움을 받았다. 834년에 황제는 함부르크 교구에 플랑드르 서부이자 브뤼헤(Bruges) 남부에 자리잡은 부유한 토루트 수도원을 하사했고, 이에 힘입어 덴마크 선교를 활력을 가지고 추진할 수 있게 되었다. 이제 덴마크의 군소 왕들을 대등한 지위에서 대할 수 있게 된 데다 그들에게 대의의 중요성을 강조할 수 있는 수단을 갖게 된 안스가르는 가파른 속도로 성공을 거두었으나, 쉽게 예상할 수 있었던 대로 곧 반대에 부닥치게 되었다.

834년에 이교도 데인족이 왕 호리크 1세(Horich I)의 지휘하에 6백 척의 작은 배를 타고 엘베 강을 거슬러 올라와 함부르크를 포위했다. 곧 그 도시는 함락되어 약탈과 방화에 휩싸였다. 안스가르가 세운 교회, 그가 기거하던 수도원, 황제가 그에게 선물한 성경 사본이 보관된 도서관 등이 파괴되었고, 그리스도인들은 쫓겨났다. 안스가르는 목숨을 잃게 될 다급한 상황에서 여러 날 이곳저곳으로 피해 다녔다. 그 과정에서 브레멘의 주교에게 자신을 피신시켜달라고 요청했으나, 스칸디나비아가 자신의 교구에 편입되지 않은 데 불만이 있었던 브레멘 주교는 그를 받아주지 않았다. 게다가 황제 대머리 샤를(Charles the Bald)이 토루트(Thorout)의 봉토를 자신의 측근에게 주는 바람에 그곳에서 거둬온 수입도 잃어버렸다.

이러한 위기 상황에서 안스가르는 자신의 역량과 인격을 유감없이 발휘했다. 하나님이 자신에게 부과하신 상황을 침묵으로 받아내고, 한 마디 불평도 하지 않았다. 그러는 동안 독일의 루이스가 그를 지원하러 왔다. 846년에 브레멘 교구가 공석이 되었다. 그런 상황에서 함부르크 교구가 브레멘 교구와 통합하게 되었는데, 이렇게 해서 신설된 교구를 안스가르가 맡게 되었으며, 교황은 846년 5월 31일자 대칙서를 통해서 그에게 대주교 지위를 내렸다. 이렇게 해서 브레멘에 거점을 두게 된 안스가르는 다시 덴마크 선교에 나서서 이번에도 처음부터 성공을 거두었다. 심지어 왕 호리크 자신마저 기독교 진영으로 끌어들였으며, 그에게 헤데비에 덴마크 최초의 기독교 교회를 짓도록 허락을 받아 완공하여 성모에게 헌정했다. 왕 호리크의 아들이 덴마크를 다스리게 되었을 때 이 교회는 이교도들이 특히 두려워하던 종을 달 수 있도록 허락을 받았으며, 리베에도 새롭고 더 큰 규모의 교회가 세워졌다. 안스가르의 활동에 힘입어 덴마크에서 기독교가 국가의 공인을 받는 기관이 되었으며, 비단 덴마크뿐 아니라 그가 848-850년에 방문한 스웨덴에서도 그러한 지위를 확보했다.

안스가르의 신앙 인격의 특징은 엄격한 금욕이었다. 고행자들이 입는 마모직(馬毛織) 옷을 입고 수시로 금식하고 상당 시간을 기도에 보냈다. 그러나 이러한 금욕 생활을 바탕으로 실천에 왕성한 에너지를 쏟아부었다. 수사들의 게으름을 질책했고, 제자들에게는 손으로 일하여 먹을 것을 요구했으며, 자신도 그러한 생활에 힘써서 종종 기도하면서 뜨개질을 했다. 그의 신앙 열정은 건전한 상식과도 잘 조화를 이루었다. 혹시 남들이 자신이 기적을 일으켰다고 하면서 자신의 위대함과 인자함을 칭찬하려고 할 때에는, 하나님께서 자기 같은 자를 온전히 경건한 사람으로 장성시켜 주신다면 그것이야말로 자기 일생을 통틀어 가장 큰 기적일 것이라고 말해 주었다. 하지만 그의 신앙 인격 가운데 가장 찬란하게 빛났던 점은 자신이 품은 대의가 최후 승리를 거둘 것이라는 흔들리지 않는 믿음과, 이 믿음으로 자기 영혼을 공고히 세워준 확고한 인내였다. 누가봐도 틀림없는 실패인 상황에서도 그는 사역을 포기하지 않았다. 재앙에 압도당해도 묵묵히 추진해 나갔다. 그는 임종 침상에서 왕 루이스에게 스칸디나비아 선교를 자신에게 맡겨달라는 편지를 썼다. 용기와 조직력에서 그를 능가하는 선교사들이 혹시 있을는지 몰라도, 영웅적인 인내와 겸손에서는 그를 능가할 만한 사람이 없었다. 그는 865년 2월 3일 브레멘에서 숨을 거두었고, 자신에게 헌정된 그곳의 교회에 묻혔다. 교황 니콜라우스 1세가 그를 시성했다.

안스가르를 계승하여 함부르크-브레멘 대주교구를 맡은 사람은 그의 친구이자 그의 전기를 쓴 림베르트(Rimbert, 865-888 재위)였다. 그의 시대에는 덴마크를 분할해 온 모든 소왕국들이 왕 연장자 고름(Gorm the Old)의 홀(笏) 아래에 통합되었다. 이 사건은 한편으로는 기독교의 급속한 전파에 매우 유리하게 작용했으나, 다른 한편으로는 기독교 진영에 중대한 장애가 되었다. 덴마크를 그 나라 선교의 거점이자 유일한 지원국이던 독일과 정치적으로 대치하는 자리에 세워놓았기 때문이다. 왕 고름 자신은 확고한 이교도였다. 그러나 왕비 티라 다나보드(Thyra Danabod)는 기독교를 받아들였으며, 림베르트와 그의 계승자 아달가르(Adalgar, 888-909 재위) 두 사람의 지휘하에 기독교 선교사들이 방해를 받

지 않고 일할 수 있었다. 덴마크로서는 세 번째로 아르후스에 교회가 설립되었
다.

　그러나 아달가르의 후임자 우니(Unni, 909-936 재위) 때에 왕 고름이 절반은
정치적 이유로, 절반은 종교적 이유로 기독교에 대해서 분노를 터뜨렸다. 그 결
과 교회들이 불탔고, 선교사들이 살해되거나 추방되었으며, 결국 독일 왕 들새
사냥꾼 하인리히(Henry the Fowler)가 덴마크 왕과 전쟁을 벌여 확고한 승리를
거둠으로써 덴마크의 그리스도인들은 겨우 멸절의 위기를 넘길 수 있었다. 평화
조약에 의하여 왕 고름이 자신의 영토 안에서 기독교 전도를 허용하기로 합의되
었고, 우니가 다시 대주교직을 맡아 왕성한 열정으로 사역을 재개하게 되었다.
우니의 후임자 아달닥(Adaldag, 936-988 재위)과 고름의 아들인 왕 푸른 이빨
하랄드(Harald the Blue Tooth) 사이에는 거의 협력이라고 부를 수 있을 만한 관
계가 조성되었다. 유틀란트 반도에 세워진 세 교회 — 슐레스비히 · 리베 · 아르
후스 — 외에 퓐 섬의 오덴세에 새 교회가 설립되었다. 이 세 교회를 중심으로
주교구들이 결성되었고, 아달닥은 본토인 네 명을 주교들로 축성했다. 교회가
기부를 받아 보유할 수 있는 권한을 얻었고, 그 뒤로 막대한 기부 사례가 줄을
이었다.

　왕 하랄드와 독일 왕 오토 2세 사이의 전쟁은 단순히 정치적 이유로 발생했으
나, 결국 하랄드가 세례를 받는 것으로 결말이 났으며, 곧 이어 왕궁이 스칸디나
비아 이교의 중심지들 가운데 한 곳인 라이레에서 기독교 교회가 세워져 있던
로에스킬데로 옮겨졌다. 하지만 데인족 가운데 상당수는 이러한 사태 전개를 대
단히 달가워하지 않았다. 그들이 이교도였던 이유는 이교만이 자신들의 정열에
적합한 종교였기 때문이다. 그들이 토르 신을 끝까지 숭배한 것도 확신 때문이
아니라 자부심 때문이었다. 그들은 기독교가 곳곳에서 민중의 성격과 삶에 일으
키던 변화를 경시하면서 그 상황에 분노하고 혀를 끌끌 찼다. 마침내 그들은 팔
나토케(Palnatoke)의 주도하에 고향을 버리고 오데르 강 어귀로 가서 정착하면
서 일종의 공화국인 욤스보르그를 설립했다.

　그들은 이곳을 거점으로 십년이 넘도록 덴마크의 기독교와 끊임없이 전쟁을
벌였으며, 그 결과는 참담한 것이었다. 그때 목숨을 잃은 순교자들의 이름만으
로도 책 한 권이 된다고 브레멘의 아담은 말한다. 로에스킬데의 교회는 불에 타
붕괴되었다. 퓐 주교구가 폐지되었다. 왕의 친아들 스웬(Swen)이 이교 지도자의

한 사람이었으며, 왕 자신도 결국 991년에 팔나토케에서 전사했다. 하지만 스웬은 곧 욤스족 바이킹들과 사이가 벌어져 그들과 전투를 벌였고, 잉글랜드를 침공함으로써 호전적인 그 민족의 열정을 다른 방향으로 분출시켰다.

욤스보르그가 정복되어 덴마크와 동일되면서부터 덴마크 선교는 새로운 활력을 얻었다. 왕 스웬 자신이 회심했으며, 기독교에 대해 왕성한 열성을 나타냈다. 로에스킬데에 교회를 재건하고, 룬드와 스칸에 교회를 신설하고, 자신의 주화에 십자가 상징을 넣어 발행하고, 임종할 때는 아들 카누트(Canute)에게 덴마크 기독교화의 작업을 위임했다. 이 무렵에는 덴마크 선교를 향한 함부르크-브레멘 대주교구의 열정이 차갑게 식은 듯한데, 혹시는 그 이유가 열정이 식었다기보다는 아이더 강 이북에서 사용되던 언어와 이남에서 사용하던 언어가 갈수록 크게 달라져서 독일 선교사들이 덴마크에 가서 선교하기에 매우 어려웠기 때문이었는지도 모른다. 안스가르는 이러한 언어의 차이를 느끼지 못했으나, 그로부터 두 세기 뒤에는 독일 선교사가 덴마크에 들어가 사역을 하려면 외국어가 되어버린 그 나라 말을 배워야만 했다.

잉글랜드와 덴마크 사이에는 그러한 언어 차이가 없었다. 재위 기간 중 덴마크의 개종을 완수한 카누트 대왕(Canute the Great, 1019-1035 재위)은 덴마크에 잉글랜드 사제들과 수사들을 불러와 기용했으면서도 언어 문제로 낭패를 겪은 적이 전혀 없었다. 그는 퓐 주교구를 다시 설립하고, 시란드와 스칸에 주교구 두 곳을 신설했으며, 이 세 교구를 캔터베리 대주교에게 축성받은 잉글랜드 성직자들에게 맡겼다. 잉글랜드의 수사들을 다수 덴마크로 초빙하여 일부는 교회에, 일부는 소규모 단위로 전국에 흩어져 있던 선교 조직들에 배치시켰다. 이로써 교회 건축 양식으로 혹은 예배의 형식으로 잉글랜드의 영향이 덴마크 전역에 두루 퍼졌다. 하지만 이러한 상황이 덴마크 교회와 함부르크-브레멘 대주교구의 관계에 영향을 준 것은 아니다. 대주교의 권위가 침해를 당하는 경우가 없지는 않았으나 대체로는 존중되었고, 12세기에 독립된 스칸디나비아 대주교구가 룬드에 설치될 때까지는 위에 언급한 경우들을 제외하고는 그가 항상 덴마크 주교들을 임명하고 축성했다. 게다가 교황과의 관계도 무척 우호적이었다. 카누트는 로마를 순례했고, 그 도시에 여러 채의 덴마크인 여인숙(Hospitia Danorum)을 건립했다. 하지만 베드로의 세금을 덴마크에 도입하는 것을 허용하지 않았으며, 14세기까지 해마다 그 나라에서 로마로 보낸 공물도 자발적인 선물의 성격을 띠었다.

덴마크에서 마지막으로 개종한 지역은 보른홀름 섬이었다. 이 섬은 1060년에 룬드의 주교 에기우스(Egius)의 수고로 기독교화했다. 하지만 덴마크에서는 기독교가 잉글랜드와 노르웨이처럼 법의 일부가 되지 않았다는 점은 주목할 만하다.

30. 스웨덴의 기독교

하랄드 클라크가 추방되면서 안스가르가 덴마크 선교를 포기할 당시에, 적어도 잠깐동안 스웨덴 왕 비외른이 황제 경건자 루이에게 특사를 보내어 스웨덴에 기독교 선교사들을 보내줄 것을 요청했다. 데인족과 마찬가지로 스웨덴족도 외국들과의 전쟁과 무역을 통해서 기독교를 알게 되었으며, 기독교를 알아가면서 그리스도인들이 되려는 실제적인 욕구가 크게 증가한 듯하다. 이러한 분위기에 힘입어 안스가르는 829년에 비트마르(Witmar)를 데리고 스웨덴에 갔다. 그런데 발트해를 지나는 동안 해적을 만나 약탈을 당하는 바람에 빈털터리가 된 채 멜라른 섬에 있는 왕 비외른의 거처 비외르쾨 혹은 비르카에 도착했다. 가난하고 초라한 형색으로 유서깊은 스칸디나비아의 이교도 왕을 배알한 셈이었으나, 왕은 그를 극진히 환대해 주었다. 그리고 비르카 궁정에서 매우 유력한 대신 헤르게이르(Hergeir)를 따뜻하고 신뢰할 만한 친구로 사귀었다. 헤르게이르는 스웨덴 최초의 기독교 예배당을 건립했고, 평생 기독교 진영의 확고하고 강력한 지원자가 되었다. 안스가르는 2년에 걸쳐 사역을 성공리에 마친 뒤 독일로 돌아갔다.

하지만 사역을 재개하기를 잊지 않았다. 함부르크의 주교로 임명되자마자 834년에 에보의 조카 가우트베르트(Gautbert)를 스웨덴에 파견하면서 니타르드(Nithard)와 여러 사제들에게 그를 수행하게 했으며, 사역에 필요한 지원을 아끼지 않았다. 가우트베르트는 대단히 큰 성공을 거두었다. 비르카에 교회를 세웠으며, 그로써 이제는 스웨덴 전역에 흩어져 있던 그리스도인들이 두에스테드나 그 밖의 외지로 굳이 가지 않고도 자기 나라에서 예배를 드리고 성찬에 참여할 수 있게 되었다. 그러나 덴마크에서와 마찬가지로 스웨덴에서도 기독교 선교의 성공으로 인하여 이교 진영의 질투와 미움이 팽배해졌고, 마침내 그 기세가 크게 비등하여자 헤르게이르 자신도 그들을 제어할 수 없게 되었다. 분노에 찬 군중이 가우트베르트의 집으로 난입했다. 그 집은 약탈되었고, 니타르드는 살해되었고, 교회당은 불에 타 무너졌으며, 가우트베르트 자신은 결박된 채 변경 밖으로 쫓겨났다. 그는 생전에 다시 스웨덴 땅을 밟아보지 못했으나, 안스가르의 전임자로 오스나브뤼크의 주교로 사역하다가 숨을 거두었다. 안스가르는 스웨덴에서 폭동이 일어났다는 소식을 들은 즉시 덴마크 이교도들이 들고 일어나기 전에 피신했으며, 그러느라 여러 해 동안 스웨덴 선교를 위해서 아무 일도 할 수 없었다. 은수자로 지내다가 사제가 된 아르드가르(Ardgar)가 스웨덴에 파견되었다. 그는 스웨덴의 비르가로 갔다가 그곳에서 헤르게이르가 기독교 회중을 결집하고 보호하는 데 성공한 사실을 발견했다. 그러나 헤르게이르는 얼마 뒤에 죽었고, 그와 더불어 이교도들과 야만족들의 공격을 막아주던 마지막 보루도 무너지고 말았다.

한편 안스가르는 함부르크-브레멘의 대주교가 되었다. 848년에 그는 직접 스웨덴에 가기로 결심했다. 그가 왕 올라프(Olaf)에게 바친 값진 선물과, 황제와 덴마크 왕이 그의 편에 보낸 다급한 편지, 그리고 선교사 일행의 위엄 있고 엄숙한 풍모가 그에게 깊은 인상을 심어주었다. 왕은 기독교를 다시 자기 나라에 전해도 괜찮은지 백성들을 모아놓고 물어보겠다고 약속했다. 이 회의에서 마침내 다시 한 번 기독교 선교사들이 그 나라에서 방해받지 않고 선교에 전념할 수 있도록 여론의 방향을 돌려놓은 것은, 그리스도인들이 믿는 하나님이 토르 신보다 훨씬 강하며, 국가가 가장 강한 신을 섬기지 않는다면 그 정책은 대단히 미흡한 것이라는 내용의 어느 연로한 스웨덴 교인의 편지였다. 안스가르가 떠나기 전인 880년에 비르카에 교회가 재건되었고, 여러 해 동안 가우트베르트의 조카 에림베르트(Erimbert)와 데인족으로 태어난 안스프리드, 마찬가지로 데인족으로 태어난 림베르트의 지대한 열정으로 선교 사역이 계속되었다.

하지만 박해는 그쳤을지라도 기독교는 별다른 진전을 보지 못했으며, 935년에 대주교 우니가 직접 비르카를 방문했을 때 그가 가장 각별히 신경을 써서 수행한 작업은 한때 복음을 듣고 믿음을 가졌다가 다시 이교도로 돌아가 믿음을 잊어버린 사람들을 기독교의 우리 안으로 되돌아오게 하는 것이었다. 하지만 반세기 뒤 올라프 스코트콘지(Olaf Skotkonge)가 다스리는 동안, 선교에 새로운 자극이 가해졌다. 왕 자신과 그의 아들들이 기독교 진영으로 들어온데다, 덴마크에서 여러 명의 잉글랜드 선교사들이 그 나라로 들어온 것이다. 이들 중 가장 두드러진 선교사는 지그프리드(Sigfrid)로서, 안스가르와 나란히 북유럽의 사도라불리는 인물이다. 그의 노력으로 많은 사람들이 회심했으며, 기독교가 옛 이교와 함께 그 나라에서 법적 인정을 받는 종교가 되었다. 스웨덴 남부에서는 이교제사가 중단되었고, 이교 제단들이 자취를 감추었다. 하지만 북부에서는 옛 신앙이 여전히 살아남았는데, 그 이유는 선교사들이 거칠고 금지된 지역으로 뚫고들어가기 어려웠기 때문이기도 했고, 다시 정치적 차이가 생기기 시작한 스웨덴북부와 남부 사이에 부족의 차이가 존재했기 때문이기도 했다. 스웨덴의 기독교화는 12세기 중엽에 가서야 비로소 완수되었다.

31. 노르웨이와 아이슬란드의 기독교화

노르웨이에 기독교가 전파된 것은 순전히 왕들의 노력에 힘입은 결과이며, 그들이 사용한 방법은 주로 폭력과 사기였다. 백성이 기독교를 받아들인 이유도복음을 깨닫고 받아들이고자 하는 열심이 있었기 때문이 아니라, 우격다짐으로받으라고 하니 어쩔 수 없이 받아들인 것이며, 그로써 나타난 결과는 이교의 관습과 사상이 스칸디나비아의 다른 지역에서는 모두 사라진 뒤에도 노르웨이에서만큼은 여전히 여러 세기 동안 살아남은 것이었다.

노르웨이에 기독교를 소개한 최초의 시도는 10세기 중반에 선량자 하콘(Hakon the Good)에 의해서 이루어졌다. 이 나라는 9세기 후반에 하나의 국가로 통일되었지만, 하랄드의 아들이자 계승자인 에릭의 치하에 내전이 거듭 발생했다. 사태가 이렇게 전개되자 하랄드 하르파그르(Harald Haarfagr)의 서자로서일찍이 잉글랜드로 가서 왕 에설스탠(Athelstan)의 궁전에서 교육을 받은 하콘(Hakon)이 노르웨이로 돌아와 왕위를 요구하게 되었다. 그는 한 정파를 끌어들이는 데 성공하여 에릭을 추방하고 노르웨이 전역을 정복했으며, 집권한 지 얼마 되지 않아 전국적인 인기를 얻게 되었는데, 그렇게 된 비결은 용기와 군사적역량 때문이기도 했고, 세련되고 정중한 매너 때문이기도 했다. 하콘은 그리스도인이었다. 따라서 그의 재위 초반부터 노르웨이의 기독교화가 그에게 최고의 국정 목표인 것처럼 보였다. 그러나 그는 빈틈없는 인물이었다. 그 문제에 백성의 시선을 크게 집중시키지 않은 채 상당수의 측근들을 기독교 진영으로 끌어들였고, 잉글랜드로부터 기독교 사제들을 초빙했으며, 드론트하임에 교회당을 지었다.

그러던 어느 날 그는 좀 더 공식적이고도 결정적인 단계를 밟을 때가 왔다고 생각했으며, 전국의 유력 인사들이 한자리에 모이는 대절기에 회중 앞에서 그 문제를 놓고 연설을 한 다음 그리스도인이 되라고 권고했다. 그때 청중의 반응은 대단히 독특한 것이었다. 그들은 기독교에 대해서 잘 모르기 때문에 기독교 자체에는 반대하지 않지만, 왕이 혹시 자신들에게서 정치적 권리와 자유를 빼앗아 가려는 정치적 술책으로 그런 제의를 하는 게 아닌지 의심스럽다고 말했던 것이다. 이로써 그들은 그리스도인이 되기를 거부했을 뿐 아니라, 더 나아가 왕에게 자신들의 이교 축제에 참여하여 이교 신들에게 제사를 드리라고 강요하기까지 했다. 왕은 매우 분개하여 그 치욕을 갚아주겠다고 별렀지만, 군대를 정비하자마자 지난 날 추방당했던 에릭이 노르웨이에 상륙했고, 그를 앞세운 반대 세력과 전투를 벌이다가 치명상을 입고 말았다.

아버지와 함께 추방당한 뒤 잉글랜드에서 살았던 에릭의 아들들 역시 그리스도인들이었는데, 이들은 이교 제단들을 철거하고 제사를 금하는 등 매우 고압적인 자세로 기독교를 내세웠다. 그러나 그들이 기독교와 관련하여 남긴 것은 불쾌한 인상이 전부였으며, 그들의 계승자 하콘 야를(Hakon Jarl)은 비열한 이교도였다. 기독교가 실제로 노르웨이에 발판을 구축한 것은 올라프 트리그베송(Olaf Trygveson) 때였다. 하랄드 하르파그르의 후손이었으나 어릴 때 에스토니아에 노예로 팔려갔던 그는 우연히 그곳에서 자신을 만나 준수한 외모를 보고 혈족임을 알아본 친척의 도움으로 풀려났고, 모스크바에 가서 교육을 받았다. 그 뒤 덴마크 · 벤드란트 · 잉글랜드와 아일랜드를 떠돌아다니면서 해적 왕으로 지냈다. 잉글랜드에 가서 지낼 때 기독교를 접하고서 즉시 받아들였으나, 바이킹의 천성을 하나도 버리지 않은 채 그리스도인으로 지냈으며, 그 결과 그와 같이 사나운 십자가 기사는 아마도 다시는 없었을 것이다. 하콘 야를의 독재에 염증을 느낀 노르웨이의 정파에게 와달라는 요청을 받은 그는 995년에 어렵지 않게 그 나라를 차지했고, 즉시 기독교를 그 나라의 종교로 삼았으며, 스노르(Snorre)의 말에 따르면 "자신을 반대하는 모든 자들을 엄히 벌하고, 더러는 죽이고 더러는 사지를 절단했으며, 나머지는 나라 밖으로 쫓아냈다"고 한다.

노르웨이 남부에는 여전히 선량자 하콘 시절부터 기독교에 대한 기억이 남아 있었으며, 따라서 이 지역에서는 비록 올라프가 여러 번 백성을 모아놓고 자신의 적이 되든지 아니면 세례를 받든지 택일하라는 요구를 한 일이 없지 않았으나, 그래도 상황이 다소 유연하게 전개되었다. 그러나 북부에서는 반대 세력을 극복하기 위해서는 왕의 모든 지략과 역량이 필요했다. 한번은 모이레(Moere)에서 대규모 이교 축제가 거행될 때 올라프는 그곳에 모인 백성 앞에서, 자신이 이교 신들에게 돌아가려면 신들을 놀라게 할 만한 크고 비중있는 제물을 바쳐야 한다고 말한 다음 그 자리에 참석한 유력 인사 12인을 붙잡아 그들을 토르 신에게 제물로 바치도록 했다. 하지만 온 회중이 기독교를 받아들이고 세례를 받겠다고 말하는 바람에 그들은 목숨을 건졌다. 1000년에 올라프는 덴마크와 스웨덴 연합군과 전쟁을 벌이다가 패하였다. 그는 비록 5년밖에 재위하지 않았음에도 기독교를 노르웨이의 국교로 수립하는 데 성공했고, 더욱 주목할 만한 점은 그가 죽은 뒤에도 나라가 이교로 다시 돌아가는 일이 발생하지 않았다는 사실이다.

성 올라프(Olaf the Saint)의 재위 기간인 1014–1030년에 노르웨이의 기독교화가 완료되었다. 그가 수행한 과업은 어디에든 이교의 잔재가 발견되면 확고히 뿌리뽑고, 기독교를 교회 조직으로 정착시킨 것이었다. 그는 전임자들과 마찬가지로 자신의 목표를 달성하기 위해서 계략과 폭력을 사용했다. 그 결과 이교의 우상들과 제단들이 사라졌고, 이교의 관습과 축제가 법의 제재를 받았으며, 민법이 기독교 도덕 표준에 맞게 제정되었다. 노르웨이가 교구들과 소교구들로 구분되었고, 교회당들이 건립되었으며, 성직자들을 지원하기 위한 정규 기금이 마련되었다. 성 올라프는 대체로 잉글랜드의 수사들과 사제들을 기용했으나, 함부르크–브레멘 대주교의 동의를 받았으며, 노르웨이 교회를 그의 권위 아래 두었다. 그는 1030년 7월 29일에 스티클레스타드 전투에서 목숨을 잃은 뒤 시성되었고, 노르웨이의 수호성인이 되었다.

아이슬란드는 당시에는 노르웨이에 속해 있었다. 아이슬란드의 전승뿐 아니라 9세기 초에 활동한 아이슬란드의 수사 디쿠일리우스(Diculus)가 쓴 「지구의 크기에 관하여」(*De Mensura Orbis*)에 따르면 이 섬에 아직 인구가 거주하지 않을 당시인 8세기 초부터 쿨디 은수자들이 이 섬에 은거하곤 한 듯하다. 하지만 이 은수자들은 9세기 후반에 하랄드 하르파그르의 독재를 피해서 이 섬에 와서 정착하기 시작한 노르웨이 정착민들에게 이렇다 할 영향을 주지 않은 듯하다. 새 이주자들은 이교도들이었는데, 이들은 892년에 아이슬란드로 이주하여 집 앞에 높은 십자가를 세운 더블린 왕 흰 사람 올라프(Olaf the White)의 과부 부자 아우다(Auda the Rich)를 경이로운 눈으로 바라보았다. 그러나 아이슬란드 주민들은 대단한 여행자들이었으며, 그들 중 한 사람으로서 작센에서 기독교를 받아들인 토르발드 코드란손(Thorvald Kodranson)은 주교 프레데릭을 아이슬란드로 데려왔다. 프레데릭은 그 섬에 4년간 머물렀으며, 그의 설교는 주민들에게 상당한 호응을 받았다. 10세기 후반에 탕그브란드(Thangbrand)가 이 섬에서 벌인 선교는 실패로 끝났지만, 노르웨이 혹은 적어도 노르웨이의 해안이 기독교 지역이 되었을 때 아이슬란드와 노르웨이 사이에 형성된 친밀한 관계가 곧 옛적에 프레데릭이 심어놓은 씨앗을 급속히 자라게 했고, 1000년에는 아이슬란드의 알팅(Althing)이 기독교를 그 나라의 국교로 선포했다. 그 직후에 성인 올라프가 노르웨이에서 나무가 없는 그 섬에 보낸 목재를 사용하여 그 섬 최초의 교회가 건립되었다.

IV. 슬라브족의 기독교화

32. 개관

슬라브족이 구체적으로 언제 유럽에 모습을 나타냈는지는 잘 알려지지 않는다. 6세기 후반에 활동한 라틴 그리스 저자들, 이를테면 프로코피우스, 요르난데스, 아가시아스, 황제 마우리티우스 같은 사람들은 로마 제국 변경 지대에 사는 슬라브족밖에 알지 못했다. 샤를마뉴 시대에 슬라브족은 발트해에서 발칸 반도에 이르는 동유럽 전역을 차지했고, 오보트리트족(Obotrites)과 벤드족은 엘베 강과 비스툴라 강 사이의 지대를, 폴란드인들은 비스툴라 강 유역을, 러시아인들은 그들 배후 지역을, 체코인들은 보헤미아를 각각 차지했다. 남쪽으로 더 내려간 지대에는 조밀한 슬라브족 집단들이 다양한 핀족 혹은 투라니아족의 침공으로 분할되었고, 5세기에 훈족, 6세기에 아바르족, 7세기에 불가리아족, 9세기에 마자르족이 각각 침공했다. 아바르족은 아드리아해까지 뚫고 내려왔지만, 640년에 불가리아족에게 밀려난 다음 파노니아에 정착했으며, 791-796년에 샤를마뉴에게 굴복하고 기독교로 개종했으며, 9세기에는 역사의 무대에서 사라졌다. 불가리아족은 슬라브어를 채택하였고, 언어뿐 아니라 관습과 습관으로도 슬라브족이 되었다. 타이스 강과 도나우 강 주변에 정착하여 헝가리의 지배 민족이 된 마자르족만 독특한 민족성을 유지했다.

거대한 슬라브 족 집단은 공통된 정치 조직이 없었으나 여러 왕국들을 형성했는데, 이 왕국들 가운데 더러는 단명했고, 모라비아 · 불가리아 · 보헤미아 · 폴란드 · 러시아 같은 왕국들은 오래 존속했다. 종교적 관점에서도 그들 사이에는 커다란 차이가 존재했다. 그들은 농경민들이었고, 그들이 섬기던 신들은 자연세력을 대표하는 신들이었다. 하지만 오보트리트족과 벤드족이 숭배하던 라디고스트(Radigost)와 스비아토비트(Sviatovit)는 잔인한 신들로서, 그들의 신전, 특히 뤼겐 섬의 아르코나에 있는 것과 같은 신전들에서는 인신 제사가 드려졌다. 반면에 폴란드족이 숭배하던 스바로그(Svarog)과 보헤미아족이 숭배하던 다츠보그(Dazhbog)는 온순한 신들로서 사랑과 기도를 요구했다. 하지만 모든 슬라브족에게 공통되었던 것은 요정과 트롤(지하나 동굴에 사는 괴물: 역자주)에 대한 매우 정교한 믿음이었다. 그리고 때로 순장(殉葬)으로 이어진 일부다처제가 그들 사이에 널리 성행하기도 했다. 이들의 개종은 콘스탄티노플과 로마 양측에서다 시도했으나, 그들이 처해 있던 정치 상황이 워낙 혼란스럽고 늘 가변적이었던 까닭에 동방 교회와 서방 교회 사이에 점증하던 차이와 반목, 선교사들이 그들의 언어를 익히는 데 겪은 큰 어려움이 큰 장애물로 버티고 섰으며, 이 책이 다루는 시기가 끝날 무렵까지도 그들의 개종이 완료되지 않았다.

33. 벤드족에 대한 기독교 선교

엘베 강 어귀에서 비스툴라 강에 이르기까지 발트 해 연안을 따라 벤드족(Wends)이라는 집합적 이름으로 독일 북부를 차지하고 살던 슬라브 부족들에게 최초로 기독교를 전파하려고 시도한 사람은 샤를마뉴였다. 당시 이 지역에 살던 슬라브족을 살펴보자면, 홀슈타인에 바그리안족(Wagrians), 메클렌부르크에 오보트리트족(Obotrites), 작센에 소르비아족(Sorbians), 브란덴부르크에 빌지아족(Wilzians)이 살았다. 그러나 샤를마뉴에게 기독교 선교는 정치적 무기였다. 그리고 슬라브족에게는 기독교를 받아들이는 것이 정치적·민족적 굴복과 병합을 뜻했다. 따라서 그들은 기독교에 대해서 적개심을 가졌으며, 그것이 가끔 화산처럼 폭발하여서 선교사들의 사역을 완전히 와해시켰다. 오토 1세가 벤드족에게 거둔 결정적인 승리는 샤를마뉴에게 대규모 차원에서 그들 사이에 기독교 교회를 수립하려고 시도할 기회를 주었다. 그 결과 946년에 하벨베르크, 948년에 알텐부르크 혹은 올덴부르크, 968년에 마이센, 메르세부르크, 자이츠에 주교구들이 설치되었으며, 마지막 해에는 마그데부르크에 대주교구가 설치되었다. 레겐스부르크의 성 에머란 수도원 출신의 수사로서 전례(典禮) 예규를 최초로 자국어로 번역한 보소(Boso)가 메르세부르크의 주교가 되었으며, 뤼겐 섬에 최초로 복음을 전한 아달베르트(Adalbert)가 대주교가 되었다.

그러나 이번에도 기독교 교회가 정치적 목적을 위한 수단으로 쓰였으며, 그 결과 오토 2세의 재위 때 벤드족 사이에서 왕자 미스티보이(Mistiwoi)의 주도로 무서운 기세로 민란이 발생했다. 그는 한때 그리스도인이 되었으나, 기독교 신앙의 명목으로 자행되는 탄압에 분개하여 이교로 돌아간 뒤 벤드족 이교 사회의 주요 거점의 하나인 레트르에 부족들을 소집하여 983년에 전쟁을 시작하였는데, 이 전쟁이 독일 북부 전역을 폐허로 만들었다. 교회당들과 수도원들이 불탔고, 기독교 사제들은 추방되었다. 훗날 미스티보이는 크게 후회하고는, 자신이 분노를 함부로 표출함으로써 끼쳐놓은 악을 치유하기 위해 노력했다. 그러나 그러한 모습을 본 그의 백성들이 그를 버렸으며, 그는 그 땅을 떠나 말년을 바르데비크의 기독교 수도원에서 보냈다.

그의 손자 고트샬크(Gottschalk, 그의 슬라브어 이름은 알려지지 않는다)는 뤼네부르크 근처의 성 미카엘 수도원에서 기독교 신앙으로 교육을 받았으나, 1032년에 자신의 아버지 우토(Uto)가 살해되었다는 소식을 듣고는 속에 잠자고 있던 이교적 복수심이 즉시 깨어났다. 결국 수도원을 떠난 그는 기독교를 버리고 그리스도인들을 대상으로 한 박해의 태풍을 일으켰으며, 이것이 브란덴부르크·메클렌부르크·홀슈타인 전역을 휩쓸었다. 하지만 작센 저지대의 베르나르드(Bernard)에게 패하여 포로로 잡힌 뒤에는 기독교로 돌아갔다. 훗날 덴마크와 잉글랜드의 카누트 대왕의 궁정에서 지냈으며, 덴마크의 공주와 결혼한 뒤 오보트리트족을 맡아 다스렸다. 위대한 전사였던 그는 홀슈타인과 포메라니아를 정복했고, 강력한 벤드족 제국을 형성했다. 이러한 견고한 정치적 토대 위에 기독교 교회를 세우는 데 힘써서 상당한 성공을 거두었다. 과거의 주교구들이 재설치되었고, 라체부르크와 메클렌부르크에 새 주교구들이 설치되었다. 로이첸·올덴부르크·라체부르크·뤼벡·메클렌부르크에 수도원을 설립했으며, 함부르크-브레멘 대주교 아달베르트에게 선교사들을 지원받았다. 전례서를 자국어로 번역하게 했고, 성직자들과 교회들과 예배를 지원하기 위한 기금을 마련했다.

그러나 충분히 예상할 수 있듯이, 기독교가 민간 사회에 깊숙이 뚫고 들어갈수록 이교 진영의 저항도 갈수록 격렬해졌다. 그 결과 고트샬크는 1066년 6월 7일에 렌츠에서 자신의 연로한 스승 대수도원장 우포(Uppo)와 함께 살해되었으며, 대규모 민란이 발생했다. 교회들과 학교들이 파괴되었고, 사제들과 수사들이 돌에 맞아 죽거나 이교 제단들에서 제물로 바쳐졌다. 말 그대로 기독교가 그 나라에서 제거되어 버렸다. 새로운 시작이 이루어지기까지는 수십 년의 세월이 걸렸으며, 벤드족에 대한 최후의 기독교화는 12세기 중엽에 가서야 이루어졌다.

34. 슬라브족의 사도들인 키릴루스와 메토디우스.
모라비아 · 보헤미아 · 폴란드의 기독교

모라비아의 슬라브족은 샤를마뉴에게 정복을 당했고, 파사우의 주교가 그들의 사회에 기독교를 수립하는 임무를 맡았다. 그들의 족장 모이미르(Moymir)가 개종했고, 올뮈츠와 니트라에 주교구들이 설치되었다. 그러나 독일인 루이스(Lewis the German)는 모이미르가 독립을 꾀한다고 의심하고서 그의 자리에 라스티슬로(Rastislaw) 혹은 라디슬로(Radislaw)를 세웠다. 하지만 라스티슬로는 족장의 지위에 오르자 모이미르가 의심을 받던 그 일을 성취했다. 그는 독립된 모라비아 왕국을 수립하고서 독일인 루이스를 격퇴시켰으며, 독일과 정치 및 교회 관계를 단절하고서 비잔틴 황제 미카엘 3세(Michael III)에게 그리스 선교사들을 보내달라고 요청했다.

이리하여 키릴루스(Cyrillus)와 메토디우스(Methodius)가 슬라브족의 사도들이 되었다.

키릴루스는 원명이 콘스탄티누스로서, 9세기 전반에 데살로니가에서 태어나 콘스탄티노플에서 철학을 공부했고, 이 일로 인해 철학자라는 별명을 갖게 되었다. 훗날 신학 공부에 몰입하면서 형제 메토디우스와 함께 수도원에 들어가 살았다. 확고한 금욕주의자였던 그는 열정적인 선교사가 되었다. 860년에 흑해 북동부 연안에 정착해 살던 타르타르족의 일족인 차차레스족(Chazares)을 찾아가 그곳에 기독교 교회를 세웠다. 훗날 불가리아족 사이에 들어가 사역했고, 마침내 863년에 라스티슬로의 초대를 받아 자신의 형제와 함께 모라비아로 갔다.

키릴루스는 슬라브어를 알았으며, 그 말에 적절한 문자를 창안하여 말을 문자로도 표현할 수 있게 하는 데 성공했다. 문자를 만드는 과정에서 헬라어 문자들을 토대로 아르메니아어와 히브리어 문자들도 더러 사용했고, 몇 가지는 독창적으로 고안했다. 그의 슬라브어 알파벳은 오늘날도 러시아·발라키아·몰다비아·불가리아·세르비아에서 약간 변형된 형태들로 사용된다. 그는 전례서와 성구집을 슬라브어로 번역했는데, 이러한 점과 본토어로 설교를 하고 예배를 집전하는 역량에 힘입어 수많은 개종자들이 그의 우리 안으로 들어왔다. 이리하여 슬라브 민족 교회가 급속히 발전했고, 라틴어로 예배를 인도하던 독일 사제들은 그 나라를 떠났다. 이러한 사태 진전은 독일 고위 성직자들로부터 완전히 독립된 교회를 수립하려던 라스티슬로의 정치 계획과도 잘 부합하는 것이었다. 그러나 당시에 동방 교회와 서방 교회 사이에 불거진 차이 때문에 젊은 슬라브족 교회가 콘스탄티노플이 아닌 로마와 손을 잡는 것이 훨씬 자연스러웠다. 이렇게 된 데에는 키릴루스가 항상 로마에 편애를 보였기 때문이기도 했고, 교황 니콜라우스 1세가 당시에 불가리아 교회에 개입하면서 드러낸 현명하고 조심스러운 태도가 좋은 인상을 심어준 것도 크게 작용했음에 틀림없다.

868년에 키릴루스와 메토디우스는 로마를 방문했다. 그곳에서 예배식에 슬라브어를 사용하는 문제와 슬라브 교회가 오직 교황의 권위에만 복종하는 것을 조건으로 독립된 지위를 갖는 문제에 대해서 교황 하드리아누스 2세(Adrian II)와 완벽한 합의를 이루었다. 키릴루스는 869년 2월 14일에 로마에서 숨을 거두었으나, 메토디우스는 판노니아 교구의 대주교로 축성 받은 뒤에 모라비아로 돌아갔다.

이렇게 해서 신설된 판노니아 교구는 파사우 교구와 잘츠부르크 교구의 관할권을 다소 침해하게 되었으며, 이것이 독일의 고위성직자들에게는 여간 불쾌한 일이 아니었을 것이다. 그들이야말로 슬라브족 사회에 기독교의 씨앗을 뿌린 최초의 사람들이었기 때문이다. 그 점 외에도 동방 교회와 서방 교회 사이에 갈수록 불거지던 차이도 영향을 끼쳤다. 독일 성직자들은 미사 때 슬라브어를 사용하는 것을 부당한 혁신으로 간주했으며, 메토디우스와 슬라브 교회가 오늘날까지도 고수하고 있는 그리스 교회의 성령 단일 발출 교리를 이단으로 간주했다. 독일 성직자들이 비판은 처음에는 실제적인 결과를 이루어내지 못했지만, 라스티슬로가 870년에 스바토플루크(Swatopluk)에게, 하드리아누스 2세가 872년에 요한 8세에게 자리를 넘겨준 뒤에는 메토디우스의 지위가 곤란하게 되었다. 그는 879년에 다시 한 번 로마로 소환되었는데, 이번에도 완벽한 합의를 도출하여 슬라브 교회의 독립을 재확인하고 그 교회의 모든 독특한 점들을 승인받았지만, 이제는 메토디우스의 열정도 교황의 지원도 안팎에서 가해지던 공격에서 슬라브 교회를 막아낼 수 없었다. 스바토플루크는 독일-로마의 견해에 기울었으며, 메토디우스가 세운 주교의 한 사람인 비친(Wichin)은 스바토플루크의 강력한 옹호자가 되었다.

스바토플루크가 죽은 뒤에 모라비아 왕국은 사분오열된 채 독일인들과 보헤미아의 체코인들, 헝가리의 마자르인들 사이에 분할되었다. 이로써 슬라브 교회는 토대 자체를 잃어버렸다. 메토디우스는 881~910년의 어느 시점에 숨을 거두었다. 10세기 초에 슬라브 교회는 민족적 특성을 완전히 상실했다. 슬라브족 사제들이 추방되고 슬라브어 전례가 폐지되었으며, 독일의 사제들과 라틴어 전례가 그 자리를 대신 차지했다. 추방당한 사제들은 불가리아로 도피했으며, 그곳에 슬라브어로 번역된 성경과 전례서를 보급했다.

샤를마뉴도 경건자 루이스도 보헤미아를 정복하지 못했으며, 그 지방은 비록 레겐스부르크 교구에 편입되었을지라도 주민들은 여전히 이교도로 남아 있었다. 그러나 보헤미아가 모라비아 제국에 귀속되고 스바토플루크가 보헤미아의 공작 보르치바이(Borziwai)의 딸과 결혼하면서 기독교에 대해 문이 열렸다. 보르치바이와 그의 아내 루드밀라(Ludmilla)가 세례를 받았고, 그들의 자녀들은 기독교 신앙으로 교육을 받았다. 그럴지라도 보르치바이의 아들이자 계승자인 브라티슬라프가 925년에 죽고나자 격렬한 반동이 일어났다. 그는 두 아들 벤체슬라프(Wenzeslav)와 볼레슬라프(Boleslav)를 남겼는데, 두 사람은 할머니 루드밀라의 후견에 맡겨졌다. 그러나 그들의 어머니 드라호미라(Drahomira)는 뿌리깊은 이교도였으며, 그녀가 먼저 루드밀라의 살해를, 938년에는 벤체슬라프의 살해를 교사했다. 냉혈한(the Cruel)이라는 별명을 지닌 볼레슬라프는 성격이 어머니를 닮은데다 신앙도 그러했던 인물인데, 그가 보헤미아에서 기독교를 거의 쓸어내다시피했다.

그러나 950년에 황제 오토 1세에게 완패를 당함으로써 기독교 사제들을 도로 불러들이지 않을 수 없었을 뿐 아니라, 파괴되었던 교회당들도 재건해야 했으며, 이러한 불운이 실제로 그의 심경에 변화를 일으킨 듯했다. 이제는 자기 영토의 그리스도인들을 비록 우호적으로 대하지는 않았을지라도 적어도 관용은 했으며, 이런 상황에 힘입어 그의 아들이자 계승자인 온건자 볼레슬라프(Boleslav)의 재위 기간에 기독교 교회는 멀리 보헤미아까지 확대되어 프라하에 독립된 대주교구가 설치되었다. 하지만 대다수 국민은 야만적인 상태로 남아 있었으며, 이교의 관습과 사상이 한 세기 이상 그들 사회에 존속했다.

프라하 대주교 아달베르트(983-997 재위)는 강단에서 일부다처제와 주로 유대인들이 시행하던 그리스도인 노예 매매를 비판했으나 이렇다 할 성과를 거두지 못했다. 염증과 좌절에 빠진 그는 두 번 교구를 떠났다가, 마지막에는 프로이센계 벤드족의 손에 잡혀 순교했다. 그러다가 1038년에야 비로소 대주교 세베루스가 결혼과 성찬, 그리고 그 밖의 기독교 도덕 관련 쟁점들을 법으로 제정하는 데 성공했다. 보헤미아에서 로마-슬라브 교회와 로마-게르만 교회 사이에 투쟁이 있었다는 이야기는 전해지지 않는다. 전설에 따르면 메토디우스가 보르치바이와 루드밀라에게 직접 세례를 주었다고 하며, 최초의 선교 사역은 의심할 여지 없이 슬라브 사제들의 손으로 이루어졌으나, 아달베르트 당시에는 독일 교회의 분위기가 지배적이었다.

폴란드인들에게도 슬라브 선교사들에 의해 복음이 최초로 전해졌으며, 폴란드 전례에서는 키릴루스와 메토디우스가 그 나라의 사도들로 존경을 받는다. 모라비아 제국이 라스티슬로 치하에서 훗날 폴란드 왕국에 속한 방대한 지역을 포괄한 점을 감안하면, 키릴루스와 메토디우스가 시작시킨 운동이 이 지역들에까지 미쳤고, 폴란드에서 사역한 적어도 한 명 이상의 슬라브 선교사의 이름이 역사에 알려지고 있다는 것은 지극히 자연스럽다.

모라비아 왕국이 와해된 뒤에 모라비아의 귀족들과 사제들은 폴란드로 망명했으며, 공작 세모비트(Semovit)의 재위 기간에 기독교가 폴란드인들 사이에서 대단히 강해지는 바람에 이교도들의 시기를 자극하여 격렬한 투쟁에 휘말리게 되었다. 공작 미에치슬라프(Mieczyslav)와 온건자 볼레슬라프의 누이, 보헤미아의 공주 돔브로카(Dombrowka)의 결혼으로 기독교의 영향력은 한층 더 강해졌다. 돔브로카는 965년에 많은 수의 보헤미아 사제들을 폴란드로 데리고 왔으며, 다음 해에는 미에치슬라프 자신이 회심하고 세례를 받았다. 그는 특유의 거만함을 발휘하여 자신의 모든 백성에게 자신의 뒤를 따르라고 명령하고는 이교 우상들을 불태우거나 강물에 빠뜨렸으며, 이교 제사를 금지하고 명을 어기는 자는 엄히 처벌하였으며, 기독교 교회들을 건립했다. 이전까지는 폴란드인들 사이에 기독교가 전파된 것이 전적으로 슬라브 선교사들의 노력에 힘입은 결과였으나, 이때는 공작 미에치슬라프와 오토 1세의 긴밀한 정치적 제휴로 말미암아 독일 교회의 영향이 강력하게 밀려들어올 수 있는 문이 열리게 되었다. 미에치슬라프는 폴란드 교회의 조직 전체를 독일 교회에서 본땄다. 그가 포센에 폴란드 최초의 주교구를 설립하고 그것을 마그데부르크 대주교의 권위 아래 둔 것은 오토 1세의 조언을 따른 것이었다. 로마 교회의 교리들과 의식들을 대표하고 라틴어를 사용하는 독일의 사제들이, 그리스 교회의 교리들과 의식들을 대표하고 자국어를 사용하는 슬라브 사제들과 나란히 사역을 시작했으며, 결국 폴란드 교회가 전적으로 로마의 권위 아래 들어가게 되었을 때에 그것은 교회 자체 내의 자발적 운동 때문이 아닌, 독일 황제와 독일 교회의 영향 때문이었다(폴란드 연대기 저자들은 교회 내부의 자발적 운동에 말미암은 결과로 설명한다). 폴란드 최초의 왕이자 폴란드 역사에서 가장 빛나는 영웅의 한 사람인 미에치슬라프의 아들 볼레슬라프 크로브리(Boleslav Chrobry) 치하에서 폴란드는 비록 표면상으로만 기독교화했을 뿐이지만 다른 슬라브 부족들을 향한 선교활동의 거점이 되었다.

벤드족에게 프라하의 아달베르트를 파견한 사람이 볼레슬라프였으며, 아달베르트가 그 도시에서 처참하게 순교를 당했을 때 볼레슬라프는 값을 치르고 그의 유해를 가져와 그네센에 묻어주었고(훗날 그곳에서 다시 프라하로 이장됨), 이곳에 대주교구를 설치했으며, 이곳을 중심으로 폴란드 교회가 마침내 공고하게 되었다. 하지만 기독교 선교는 여전히 볼레슬라프의 수중에서 이루어졌다. 이것은 과거에 독일 황제들의 수중에서, 때로는 심지어 교황의 수중에서 오로지 정치적 무기로 사용되던 것과 하나도 다를 게 없었다. 그의 영토에 살던 대다수 인구는 여전히 심중으로는 이교도들이었다. 폴란드인들은 해마다 우상들이 강물에 던져지거나 불태워졌던 날에 모여 그 사건을 기념했고, 과거에 조상들이 섬기던 우상들에게 장송곡을 불렀다. 하지만 지극히 간단한 기독교 윤리 조항조차 몹시 야만적인 처벌을 적용해야 겨우 시행되는 정도였다. 마침내 1034년에 미에치슬라프 2세가 죽자 정계가 크게 불안해지면서 폴란드 왕국 전역에서 이교가 총체적으로 고개를 들고 일어났으며, 그러한 분위기를 완전히 수습하는 데는 오랜 시간이 걸렸다.

35. 불가리아인들의 개종

불가리아인들은 우랄알타이 어족이지만, 오랜 세월 동안 슬라브 부족들 사이에서 살면서 그들의 언어와 종교와 관습과 습관을 받아들였다. 도나우 강과 발칸 반도 사이에 펼쳐진 평야 지대에 정착한 이들은 비잔틴 제국의 영토를 수시로 침범했다. 813년에는 아드리아노플을 정복하고 수많은 그리스도인들을 포로로 끌고 불가리아로 돌아왔는데, 그들 중에는 주교도 포함되어 있었다. 이곳에서 그리스도인 포로들은 회중을 결성하고서 자신들을 잡아온 사람들을 개종시키기 위한 노력을 기울였으나, 주교가 순교한 사건이 말해주듯이 겉으로 봐서는 그 노력이 별로 성과를 거두지 못한 것 같았다. 하지만 콘스탄티노플에 포로로 잡혀갔다가 그곳에서 기독교 신앙으로 교육을 받은 불가리아 왕자 보고리스(Bogoris)의 누이가 고향으로 돌아왔고, 오빠를 회심시키려는 그녀의 노력이 마침내 성공을 거두었다.

메토디우스가 그녀를 돕기 위해서 파견되었고, 그가 최후의 심판을 주제로 그린 그림이 보고리스에게 엄청난 중압감을 일으켜 결국 기독교를 받아들이기로 결심하게 만들었다고 한다. 그는 863년에 세례를 받았고, 그 직후부터 콘스탄티노플 총대주교 포티우스(Photius)와 편지를 주고받기 시작했다. 하지만 그의 백성들 가운데 그가 세례받은 데 불만을 품은 집단이 민란을 일으켰다가 그에게 참혹한 형벌을 당했는데, 이 사건은 아직 그가 기독교의 가르침을 얼마나 피상적으로 이해하고 있었는지 잘 보여준다.

한편 대부분 수사들이던 그리스 선교사들이 불가리아에 들어왔으나, 교만한 데다 호기심만 잔뜩 불러일으키는 등 생산적인 일은 하지 않고 백성들 가운데 불화만 일으켰다. 865년에 보고리스는 교황 니콜라우스 1세에게 직접 편지를 써서 로마의 선교사들을 보내줄 것을 요청하고, 기독교 교리와 도덕, 의식에 관한 160개의 질문을 교황에게 문의했다. 교황은 주교 2인을 불가리아에 파견했고, 보고리스가 보낸 질문들에 대해서 매우 자세하고 재치있는 답변을 적어보냈다.

그럴지라도 로마 교회의 선교는 성공을 거두지 못했다. 불가리아인들은 외세의 권위에 복종하기를 싫어했다. 독립된 민족 교회를 세우고 싶어했는데, 이 뜻은 로마에게서도 콘스탄티노플에게서도 얻을 수 없었다. 하지만 결국에는 비잔틴 황제 바실리우스 마케도(Basilius Macedo)가 이 나라에 그리스 교회 주교들과 대주교를 세우는 데 성공했고, 이로써 불가리아 교회는 콘스탄티노플 총대주교의 권위 아래 들어가게 되었지만, 그 역사는 오늘날에 이르기까지 이 권위에 대한 끊임없는 투쟁이었다.

터키인들이 그리스도인들을 잔학하게 대한 사건으로 인해 1877년에 러시아-터키 전쟁이 벌어졌는데, 그 결과 불가리아가 독립하게 되었으며, 1878년 베를린 조약에 의하여 이 나라는 "술탄의 종주권 아래 있는 자율적이고 조공을 바치는 공국(公國)"으로, 하지만 기독교 정부와 군대를 보유하는 국가가 되었다. 종교적 변절이 금지되어 있고, 학교의 종교 교과서는 성회(the Holy Synod)에 의해 사전 검열을 받아야 한다. 하지만 개신교 선교사들이 이 나라에 들어와 사실상 완전한 자유를 누리며 사역하고 있다.

36. 마자르족의 개종

마자르족은 우랄알타이 어족에 속하고 핀란드족·터키족과 동족으로서, 9세기에 유럽에 들어와 884년에 부그 강(우크라이나 서부에서 남동쪽으로 흘러 흑해로 들어가는 강: 역자주)과 도나우 강 어귀에서 멀지 않은 세레스 강 사이의 평야 지대에 정착했다. 이들은 비잔틴 황제 지혜자 레오(Leo the Wise)의 사주를 받아 불가리아족을 공격하여 그들을 철저히 물리쳤다. 이러한 군사적 명성에 힘입어 새로운 기회를 얻게 되었다. 프랑크 왕 아르눌프(Arnulf)가 모라비아 제국의 군주 스바토플루크에 대치하던 상황에서 그들에게 지원을 요청했다. 이들의 개입으로 스바토플루크도 패하였고, 그의 영토는 승리자들 사이에 분할되었다.

마자르족은 다시 카르파치아 산맥(체코슬로바키아 북부에서 루마니아 중부에 이름: 역자주) 너머로 발길을 돌려 타이스 강과 도나우 강 주변의 평야에 정착했다. 이 땅은 한때 그들의 선조 훈족이 지배하던 곳으로서, 오늘날 헝가리에 해당한다. 이들은 하늘과 강 등 다양한 자연 현상들을 가장하여 나타나는 최고 유일신을 숭배하는 거칠고 잔인한 민족이었다. 신전도 사제도 없었고, 제물은 동물로만 드렸는데, 주로 말이 사용되었다. 그러나 이들은 맹세를 신성하게 여겼고, 일부일처제를 유지했으며, 결혼이 종교 의식으로 시작되었다.

마자르족이 기독교를 처음 접하게 된 것은 비잔틴 궁정과 맺은 관계 때문이었는데, 그때에는 별다른 성과가 없었다. 그러나 사면에 기독교 민족들이 에워싸고 있는 헝가리에 정착한 뒤 950년에는 파사우의 주교가 황제 오토 1세의 명을 등에 업고 선교사들을 그 나라로 파견하는 것을 허용하지 않을 수 없었다. 그 외에도 다양한 상황들이 이 선교가 신속하고도 완벽한 성공을 거두게 하는 데 이바지했다. 그들의 왕자 게이차(Geyza)가 트란실바니아의 왕자 기율라(Gyula)의 딸과 결혼을 했는데, 이 공주 사볼타(Savolta)는 어릴 때부터 기독교 신앙으로 교육을 받았다. 이로써 게이차는 그리스도인들에 대해 친근한 정서를 가지게 되었으며, 이 사실이 알려지면서 기독교는 마치 겨우내 추위를 참고 지내다가 봄을 맞이하여 땅을 뚫고 올라오는 꽃들처럼 허다한 민중 가운데서 솟아올랐다. 마자르족이 헝가리에 정착하면서 굴복시킨 사람들과, 그들이 불가리아와 모라비아에서 끌어온 포로들은 그리스도인들이었다. 이 땅에서 이들 그리스도인들은 권력자들이 두려워 신앙을 숨기고 지냈고, 자식들에게 세례를 줄 때도 남몰래 주었다. 그러나 이제 그들은 선교사들 주위에 모여들어 거대한 무리를 이루었고, 기독교가 헝가리에 들어가는 모습이 마치 개선 행진과 같았다.

훗날 정치 상황이 불리하게 조성되어 이 행진을 방해했으나 그것은 단지 잠시일 뿐이었다. 프라하의 아달베르트는 그 땅을 방문하고는 아주 깊은 감명을 받았다. 그는 961년에 태어난 게이차의 아들 보이크(Voik)에게 세례를 주었고, 994년에 그에게 스테파누스라는 이름을 주었다. 아달베르트의 제자 로들라(Rodla)는 그 나라에 좀 더 오래 머물면서 백성에게 너무나 큰 존경을 받은 까닭에 나중에 그가 떠나려고 할 때 만류하는 사람들의 손길을 뿌리치느라 애를 먹었다. 997년에 스테파누스(Stephanus)가 권좌에 즉위하면서 기독교를 자기 영토의 유일종교로 수립하기로 결심하고는, 모든 마자르족은 세례를 받아야 하며, 그리스도인 노예들은 모두 해방시켜 주어야 한다고 명령했다. 하지만 이 명령에 반대하여 이교 진영이 스테파누스의 친척인 쿠파(Kuppa)를 앞세워 반란을 일으켰으나 베스츠프림에서 쿠파의 군대가 패하는 바람에 이교 진영도 스테파누스의 명령에 복종할 수밖에 없었다.

스테파누스는 황제 오토 3세의 친척 기셀라(Gisela)와 결혼함으로써 독일 제국과 한층 더 긴밀한 관계에 들어가게 되었으며, 폴란드의 미에치슬라프와 마찬가지로 독일 교회로부터 교회 조직을 통째로 차용했다. 열 개의 주교구가 신설되면서 도나우 강 유역의 그란 대주교의 권위 아래 들어갔다(이곳에는 오늘날도 헝가리 최고위 성직자의 관저가 있다). 교회당들이 건립되었고, 학교들과 수도원들이 설립되었으며, 그들을 지원하기 위해서 적지 않은 기금이 마련되었다. 성직자들이 가장 높은 계급으로 선포되었으며, 라틴어가 교회에서 뿐 아니라 일반 사회에서도 공식 언어가 되었다. 이러한 열정의 대가로 스테파누스는 교황 실베스터 2세에게 금면류관을 하사받았고, 1000년에는 그란의 대주교 앞에서 왕의 대관식을 성대히 거행했으며, 교황에게는 교서를 통해서 "사도적 국왕 폐하"(His Apostolic Majesty)라는 칭호를 받았다. 과연 스테파누스는 마자르족의 사도였다. 독일에서 초빙해온 사제들과 수사들이 대부분 백성의 말을 이해하지 못하자, 왕 자신이 고을마다 찾아다니면서 복음을 전하고 기도를 드렸고, 모든 백성에게 주일을 지키라고 권고했으며, 금식과 그 밖의 그리스도인으로서의 의무들을 수행하라고 타일렀다.

그럴지라도 기독교가 마자르족을 실제로 장악하기까지는 오랜 세월이 걸렸는데, 그렇게 된 큰 이유는 사제들과 평신도들 사이에 깊은 간격이 형성되어 있었기 때문이기도 했고, 언어가 달랐기 때문이기도 했고, 스테파누스가 성직자들에게 부여한 특권적 지위를 성직자들이 초기부터 이기적인 목적으로 사용한 현실 때문이기도 했다. 마자르족은 11세기에 두 번에 걸쳐 대대적으로 이교로 이탈했는데, 한 번은 1045년에 왕 안드레아스가, 또 한 번은 1060년에 왕 벨라가 각각 이탈을 주도했다.

37. 러시아의 기독교화

전설에 따르면 러시아 기독교의 유래는 사도 안드레에게로 거슬러 올라간다. 이런 이유에서 러시아인들은 그 사도를 각별히 존경한다. 무라비에프(Mouravieff)는 자신의 러시아 교회사 저서를 다음과 같은 말로 시작한다. "러시아 교회는 다른 동방의 정교회들과 달리 사도를 설립자로 모시고 있다. 열두 사도 가운데 가장 먼저 부르심을 받은 사도 안드레가 훗날 기독교가 정식으로 우리 나라에 전파되기 오래 전에 우리에게 복음을 전해 주었다. 우리 땅에 들어와 드네프르 강을 건너 스키타이 사막으로 들어온 그는 키에프 언덕들에 최초의 십자가를 세웠으며, 자신의 제자들에게 '그 언덕들을 보았습니까? 그 언덕들에서 하나님의 은혜의 빛이 찬란하게 빛날 것입니다. 이곳에 큰 도시가 설 것이며, 하나님께서 그 도시 안에 당신의 이름을 지닌 많은 교회들을 세우실 것입니다' 하고 말했다. 이것이 기독교 러시아가 어디에서 유래했는지 일러주는 거룩한 네스토르(Nestor)의 말이다."

이 전승은 안드레가 스키타이(흑해 북부의 옛 지방: 역자주)에서 사역하다가 순교했다는 보고를 확대시킨 것에 다름 아니다.[80]

9세기에 유럽 동부에 살던 러시아 부족들이 바랑족(Varangian) 왕자 루릭(Ruric)의 통치 아래 한데 뭉쳤다.[81] 루릭은 발트 해 연안에서 오늘날의 러시아 중앙으로 왔으며, 그곳에서 부족들에게 족장으로 선출되지는 않았을지라도 자진해서 그들의 족장이 되었다. 그가 862년에 러시아 제국을 설립한 것으로 간주되며, 러시아 제국은 이 전승을 토대로 1862년에 건국 천년을 기념했다. 거의 같은 시기이거나 조금 늦게 러시아인들은 비잔틴 제국과의 교섭을 통해서 기독교를 다소간 알게 되었다. 하지만 동방 교회는 그들에 대해서 대규모 선교 활동을 전개하지 않았으며, 콘스탄티노플 총대주교 포티우스는 로마 교구를 비판하는 회람 서신에서 당시(867), 즉 제국이 설립된 뒤 얼마 후에 러시아인들이 이미 회심했다고 말하는데, 이것은 침소봉대인 것이 확실하다. 945년에 러시아 대공 이고르(Igor)와 비잔틴 황제 사이에 평화조약이 체결되었을 때, 러시아 군대의 일부 병사들이 그리스도의 이름으로 맹세했지만, 훨씬 더 많은 수는 옛 러시아 신 페룬(Perun)의 이름으로 맹세했다. 당시에 드네프르 강 유역에 자리잡은 러시아

---

80) Euseb. III. 1.

81) 바랑족은 슬라브족과 핀족을 조공국들로 만든 노르만족의 일족이다.

영토의 수도 키에프에는 엘리야에게 봉헌된 기독교 교회가 있었으며, 955년에는 대공의 부인 올가(Olga)가 콘스탄티노플에 가서 세례를 받았다. 아들 스바토슬라프(Svatoslav)에게도 기독교 신앙을 받아들이도록 설득했으나 뜻을 이루지 못했다.

러시아인들 사이에 기독교가 전파된 속도는 대공 블라디미르(Vladimir, 980-1015) 때까지는 매우 완만했다. 올가의 손자로서 이사포스톨로스('사도와 동등한 자')로 존경을 받은 블라디미르는 일거에 기독교를 그 나라의 국교로 수립했다. 네스토르가 전하는 이 사건의 전말은 대단히 드라마틱하다. 그리스 교회와 로마 교회, 이슬람교와 유대인들(카자레스족 사이에 정착해 있던)의 사절들이 블라디미르를 찾아와 조상 때부터 섬겨온 신들을 버리라고 설득했다. 그는 주저했고, 새 종교를 받아들인다 하더라도 그 중 어느 것을 골라야 할지 몰랐다. 그러던 중 마침내 백성들 가운데 지혜로운 자들을 여러 나라로 파견하여 실정을 파악하고 돌아오도록 했다. 그가 보낸 사절들은 콘스탄티노플 성 소피아 교회에 가서 최후의 심판의 그림과 거기서 드려지던 예배에 워낙 강렬한 인상을 받았던지라, 비잔틴 궁정이 믿는 종교로 결정하기로 즉시 가닥이 잡혔다.

하지만 블라디미르는 그리스 정교를 통째로 수입할 마음이 없었다. 당시 그는 얼마 전에 공격하여 탈취한 크리미아 반도의 케르손에 머물고 있었는데, 그곳에서 황제 바실리우스에게 편지를 보내어, 자신은 기독교를 받아들이고 황제의 누이 안네를 아내로 맞이하기로 결심했으며, 만약 그렇게 되지 않을 경우 콘스탄티노플로 진격하여 그 도시를 케르손처럼 대해 주기로 했다고 알렸다. 결국 그는 안네와 결혼했는데, 결혼식을 올리던 988년의 어느 날에 세례를 받았다.

그가 세례를 받은 직후에 그의 백성에게 세례를 줄 준비 작업이 이루어졌다. 나무로 만든 페룬 상을 말 꼬리에 달고는 나라 전역으로 질질끌고 다니게 하고, 구경꾼들에게 확실하게 채찍질하게 한 다음 마지막에는 드네프르 강에 던져버렸다. 그 다음, 정해진 시각에 키에프의 모든 남녀노소가 강으로 내려와 대기했고, 대공이 무릎을 꿇고 있는 동안 기독교 사제들이 해안 절벽 꼭대기에서 기도문을 낭독했다. 러시아의 수사 겸 연대기 저자인 네스토르는 그 정경을 다음과 같이 묘사한다. "어떤 이들은 물이 목까지 오는 곳으로 들어가 서 있었고, 다른 이들은 가슴까지 오는 곳에서 어린 자녀들을 안고 서 있었다. 사제들이 해안에서 기도를 드리면서, 강으로 내려온 모든 사람들을 같은 이름으로 불렀다. 매우 신기하고도 아름다운 정경이었다. 사람들은 세례를 받은 뒤에 뿔뿔이 집으로 돌아갔다."

이렇게 해서 러시아 민족은 전제 권력에 의해서 집단으로 기독교로 개종했다. 이것이 군주의 절대 권력과 백성의 굴종으로 이루어지는 그 나라의 전형적인 모습이다. 그럴지라도 기독교는 처음 러시아에 들어올 때 다른 나라의 경우보다 더 깊이 민중의 삶 속으로 뚫고 들어갔다. (물론 그에 상응하는 철저한 도덕적 변화를 일으킨 것은 아니긴 하지만.) 그리고 비교적 단기간 내에 종교의 형식들과 민족성의 완벽한 결합이 이루어졌다. 그 민족 역사의 모든 사건, 더 나아가 개인의 생애에 발생한 모든 사건이 종교적 관점에서 이해되고 평가되었다.

이 놀라운 현상이 일어날 수 있게 한 데에는 키릴루스(Cyrill)가 슬라브어로 번역한 성경도 중요한 역할을 했다. 모라비아와 불가리아에서 로마 교회 사제들에게 배척을 당했던 슬라브어 성경이 불가리아에서 러시아로 전래된 이래 이 땅에 뿌리를 내렸던 것이다. 로마 교회가 항상 라틴어 번역 성경과 라틴어 예배만 고집한 반면에, 그리스 교회는 자국어 사용을 항상 허용했다. 그리스 교회의 후원 하에 성경이 콥트어·시리아어·아르메니아어·슬라브어로 번역되었으며, 이러한 원칙이 끼친 영향은 최소한 러시아만 놓고 보자면 대단히 유익한 것이었다. 블라디미르의 계승자 야로슬라프(Jaroslaff, 1019-1054 재위)가 다스리는 동안 전국에 교회들과 수도원들과 학교들이 설립되었을 뿐 아니라, 그리스 교회의 신학 저서들이 번역되었고, 이러한 분위기에 힘입어 러시아 교회는 초기 단계부터 자국어로 집필된 종교 문학을 내놓았다. 야로슬라프는 자신의 유명한 법전으로 인하여 러시아의 유스티니아누스가 되었다.

차르들과 러시아 백성들은 그 이래로 두 대륙의 북부 경계선을 따라 제국과 함께 성장해간 동방 교회에 내내 충실했다. 서방에서와 마찬가지로 러시아에서도 수도원주의가 기독교를 이교 야만인들에게 전파하는 데 주된 매체 역할을 수행했다. 힐라리온(Hilarion, 훗날 수도대주교가 됨), 안토니(Anthony), 테오도시우스(Theodosius), 세르기우스(Sergius), 라자루스(Lazarus)가 러시아 초기 수도원 역사에서 중요한 이름들이다.

그 뒤에 이어진 러시아 교회사는 역사의 본류에서 동떨어지며, 니콘(Nikon)과 표트르 대제(Peter the Great) 때까지는 거의 이렇다 할 중요한 사건이 없었다. 초기에는 이 교회가 콘스탄티노플 총대주교에 종속되었다. 그러다가 1325년에 모스크바가 건설되면서 키에프 대신에 수도대주교를 보유한 러시아의 로마가 되었다. 모스크바 수도대주교는 콘스탄티노플이 함락된 뒤에는 독립된 지위를 얻었으며(1461), 한 세기 뒤에는 동방 교회의 다섯 총대주교 가운데 하나의 지위에 올랐다(1587). 그러나 표트르 대제는 자신이 북부에 건설한 도시를 정치적 수도뿐 아니라 교회의 수도로 삼았으며, 모스크바 총대주교의 권위를 '성회'(Holy Synod)로 이관했는데(1721), 항구적으로 상트 페테르부르크에서 열리도록 되어 있는 이 성회는 차르의 정교 일체적 통치하에 러시아 최고 교회 법원 역할을 하며, 로마 교황의 가장 강력한 라이벌이 되어 있다.

제 3 장

기독교와의 관계에서 바라본 이슬람교

"하나님 외에는 다른 하나님이 없으며, 마호메트는 그의 사도이다."

— 코란 경.

"하나님은 한 분이시요 또 하나님과 사람 사이에 중보자도 한 분이시니 곧 사람이신 그리스도 예수라. 그가 모든 사람을 위하여 자기를 대속물로 주셨으니 기약이 이르러 주신 증거니라"— 딤전 2:5, 6.

38. 참고문헌

See A. SPRENGER's *Bibliotheca Orientalis Sprengeriana.*   Giessen, 1857.
W. MUIR: *Life of Mahomet*, Vol. I., ch. 1.   Muir discusses especially the value of Mohammedan traditions.
CH. FRIEDRICI: *Bibliotheca Orientalis.*   London (Trübner & Co.) 1875 sqq.

I. SOURCES.

1. **The KORAN or AL-KORAN.**   The chief source.   The Mohammedan Bible, claiming to be given by inspiration to Mohammed during the **course of twenty years.**   About twice as large as the New Testament. The best Arabic MSS., often most beautifully written, are in the Mosques of Cairo, Damascus, Constantinople, and Paris; the largest collection in the library of the Khedive in Cairo.   Printed editions in Arabic by HINKELMANN (Hamburg, 1694); MOLLA OSMAN ISMAEL (St. Petersburg, 1787 and 1803); G. FLÜGEL (Leipz., 1834); revised by REDSLOB (1837, 1842, 1858). *Arabice et Latine*, ed. L. MARACCIUS, Patav., 1698, 2 vols., fol. (*Alcorani textus universus*, with notes and

refutation). A lithographed edition of the Arabic text appeared at
Lucknow in India, 1878 (A. H. 1296).

The standard English translations: in prose by GEO. SALE (first publ.,
Lond., 1734, also 1801, 1825, Philad., 1833, *etc.*), with a learned and
valuable preliminary discourse and notes; in the metre, but without the
rhyme, of the original by J. M. RODWELL (Lond., 1861, 2d ed. 1876,
the Suras arranged in chronological order). A new transl. in prose by
E. H. PALMER (Oxford, 1880, 2 vols.) in M. Müller's "Sacred Books
of the East." Parts are admirably translated by EDWARD W. LANE.

French translation by SAVARY, Paris, 1783, 2 vols.; enlarged edition
by GARCIN DE TASSY, 1829, in 3 vols.; another by M. KASIMIRSKI,
Paris, 1847, and 1873.

German translations by WAHL (Halle, 1828), L. ULLMANN (Bielefeld,
1840, 4th ed. 1857), and parts by HAMMER VON PURGSTALL (in the
Fundgruben des Orients), and SPRENGER (in *Das Leben und die Lehre des
Mohammad*).

2. Secondary sources on the Life of Moh. and the origin of Islâm are
the numerous poems of contemporaries, especially in IBN ISHÂC,
and the collections of the sayings of Moh., especially the SAHIH
(*i. e.* The True, the Genuine) of *Albuchârî* (d. 871). Also the early
Commentaries on the Koran, which explain difficult passages, recon-
cile the contradictions, and insert traditional sayings and legends.
See Sprenger, III. CIV.sqq.

II. WORKS ON THE KORAN.

TH. NÖLDEKE: *Geschichte des Quorâns*, (*History of the Koran*), Göttingen,
1860; and his art. in the "Encycl. Brit.," 9th ed. XVI. 597–606.

GARCIN DE TASSY: *L'Islamisme d'après le Coran l'enseignement doctrinal
et la pratique*, 3d ed. Paris, 1874.

GUSTAV WEIL: *Hist. kritische Einleitung in den Koran.* Bielefeld und
Leipz., 1844, 2d ed., 1878.

SIR WILLIAM MUIR: *The Corân. Its Composition and Teaching; and
the Testimony it bears to the Holy Scriptures.* (Allahabad, 1860),
3d ed., Lond., 1878.

SPRENGER, *l. c.*, III., pp. xviii.–cxx.

III. BIOGRAPHIES OF MOHAMMED.

1. Mohammedan biographers.

ZOHRI (the oldest, died after the Hegira 124).

IBN ISHÂC (or IBNI ISHAK, d. A. H. 151, or A. D. 773), ed. in Arabic
from MSS. by *Wüstenfeid*, Gött., 1858–60, translated by *Weil*, Stuttg.,
1864.

IBN (Ibni) HISHÂM (d. A. H. 213, A. D. 835), also ed. by *Wüstenfeld*,
and translated by *Weil*, 1864.

KATIB AL WAQUIDI (or WÂCKEDEE, WACKIDI, d. at Bagdad A. H. 207.

A. D. 829), a man of prodigious learning, who collected the traditions, and left six hundred chests of books (Sprenger, III., LXXI.), and his secretary, MUHAMMAD IBN SÂAD (d. A. H. 230, A. D. 852), who arranged, abridged, and completed the biographical works of his master in twelve or fifteen for. vols.; the first vol. contains the biography of Moh., and is preferred by Muir and Sprenger to all others. German transl. by WELLHAUSEN: *Muhammed in Medina. From the Arabic of Vakidi.* Berlin, 1882.

TABARI (or TIBREE, d. A. H. 310, A. D. 932), called by Gibbon "the Livy of the Arabians."

Muir says (I., CIII.): "To the three biographies by IBN HISHÂM, by WÂCKIDI, and his secretary, and by TABARI, the judicious historian of Mahomet will, as his original authorities, confine himself. He will also receive, with a similar respect, such traditions in the general collections of the earliest traditionists—Bokhâri, Muslim, Tirmidzi, *etc.*,—as may bear upon his subject. But he will reject as *evidence* all later authors."

ABULFEDA (or ABULFIDA, d. 1331), once considered the chief authority, now set aside by much older sources.

*SYED AHMED KHAN BAHADOR (member of the Royal Asiatic Society): *A Series of Essays on the Life of Mohammed.* London (Trübner & Co.), 1870. He wrote also a "Mohammedan Commentary on the Holy Bible." He begins with the sentence: "*In nomine Dei Misericordis Miseratoris.* Of all the innumerable wonders of the universe, the most marvellous is *religion.*"

SYED AMEER ALI, MOULVÉ (a Mohammedan lawyer, and brother of the former): *A Critical Examination of the Life and Teachings of Mohammed.* London 1873. A defense of Moh. chiefly drawn from Ibn-Hishâm (and Ibn-al Athîr (1160–1223).

2. Christian Biographies.

DEAN PRIDEAUX (d. 1724): *Life of Mahomet,* 1697, 7th ed. Lond., 1718. Very unfavorable.

COUNT BOULINVILLIERS: *The Life of Mahomet.* Transl. from the French. Lond., 1731.

JEAN GAGNIER (d. 1740): *La vie de Mahomet,* 1732, 2 vols., *etc.* Amsterd. 1748, 3 vols. Chiefly from Abulfeda and the Sonna. He also translated Abulfeda.

*GIBBON: *Decline and Fall, etc.* (1788), chs. 50–52. Although not an Arabic scholar, Gibbon made the best use of the sources then accessible in Latin, French, and English, and gives a brilliant and, upon the whole, impartial picture.

*GUSTAV WEIL: *Mohammed der Prophet, sein Leben und seine Lehre.* Stuttgart, 1843. Comp. also his translation of *Ibn Ishâc,* and *Ibn Hishâm,* Stuttgart, 1864, 2 vols.; and his *Biblische Legenden der Muselmänner aus arabischen Quellen und mit jüd. Sagen verglichen.* Frcf., 1845. The last is also transl. into English.

Th. Carlyle: *The Hero as Prophet,* in his *Heroes Hero-Worship and the Heroic in History.* London, 1840. A mere sketch, but full of genius and stimulating hints. He says: "We have chosen Mahomet not as the most eminent prophet, but as the one we are freest to speak of. He is by no means the truest of prophets, but I esteem him a true one. Farther, as there is no danger of our becoming, any of us, Mahometans, I mean to say all the good of him I justly can. It is the way to get at his secret."

Washington Irving: *Mahomet and His Followers.* N. Y., 1850. 2 vols.

George Bush: *The Life of Mohammed.* New York (Harpers).

*Sir William Muir (of the Bengal Civil Service): *The Life of Mahomet. With introductory chapters on the original sources for the biography of Mahomet, and on the pre-Islamite history of Arabia.* Lond., 1858–1861, 4 vols. Learned, able, and fair. Abridgement in 1 vol. Lond., 1877.

*A. Sprenger: First an English biography printed at Allahabad, 1851, and then a more complete one in German, *Das Leben und die Lehre des Mohammad. Nach bisher grösstentheils unbenutzten Quellen.* Berlin, 1861–'65, 2d ed. 1869, 3 vols. This work is based on original and Arabic sources, and long personal intercourse with Mohammedans in India, but is not a well digested philosophical biography.

*Theod. Nöldeke: *Das Leben Muhammeds.* Hanover, 1863. Comp. his elaborate art. in Vol. XVIII. of Herzog's *Real-Encycl.,* first ed.

E. Renan: *Mahomet, et les origines de l'islamisme,* in his "Etudes de l'histoire relig.," 7th ed. Par., 1864.

Barthélemy Saint-Hilaire: *Mahomet et le Coran.* Paris, 1865. Based on Sprenger and Muir.

Ch. Scholl: *L'Islam et son Fondateur.* Paris, 1874.

R. Bosworth Smith (Assistant Master in Harrow School): *Mohammed and Mohammedanism.* Lond. 1874, reprinted New York, 1875.

J. W. H. Stobart: *Islam and its Founder.* London, 1876.

J. Wellhausen: Art. *Moh.* in the "Encycl. Brit." 9th ed. vol. XVI. 545–565.

IV. HISTORY OF THE ARABS AND TURKS.

*Jos. von Hammer-Purgstall: *Geschichte des osmanischen Reiches.* Pesth, 1827–34, 10 vols. A smaller ed. in 4 vols. This standard work is the result of thirty years' labor, and brings the history down to 1774. By the same: *Literaturgeschichte der Araber.* Wien, 1850–'57, 7 vols.

*G. Weil: *Gesch. der Chalifen.* Mannheim, 1846–51, 3 vols.

*Caussin de Perceval: *Essai sur l'histoire des Arabes.* Paris, 1848, 3 vols.

*Edward A. Freeman (D.C.L., LL.D.): *History and Conquests of the Saracens.* Lond., 1856, 3d ed. 1876.

Robert Durie Osborn (Major of the Bengal Staff Corps): *Islam under the Arabs.* London., 1876; *Islam under the Khalifs of Baghdad.* London, 1877.

Sir Edward S. Creasy: *History of the Ottoman Turks from the Begin-*

ning of their Empire to the present Time. Lond., 2d ed. 1877. Chiefly
founded on von Hammer.

TH. NÖLDEKE: *Geschichte der Perser und Araber zur Zeit der Sasaniden.
Aus der arabischen Chronik des Tabari übersetzt.* Leyden, 1879.

Sir WM. MUIR: *Annals of the Early Caliphate.* London 1883.

V. MANNERS AND CUSTOMS OF THE MOHAMMEDANS.

JOH. LUDWIG BURCKHARDT: *Travels in Nubia,* 1819; *Travels in Syria
and Palestine,* 1823; *Notes on the Bedouins,* 1830.

*EDW. W. LANE: *Modern Egyptians.* Lond., 1836, 5th ed. 1871, in 2 vols.

*RICH. F. BURTON: *Personal narrative of a Pilgrimage to El Medinah and
Meccah,* Lond. 1856, 3 vols.

C. B. KLUNZINGER: *Upper Egypt: its People and its Products. A de-
scriptive Account of the Manners, Customs, Superstitions, and Occupa-
tions of the People of the Nile Valley, the Desert, and the Red Sea Coast.*
New York, 1878. A valuable supplement to Lane.

Books of Eastern Travel, especially on Egypt and Turkey. BAHRDT'S
Travels in Central Africa (1857), PALGRAVE'S *Arabia* (1867), *etc.*

VI. RELATION OF MOHAMMEDANISM TO JUDAISM.

*ABRAHAM GEIGER: *Was hat Mohammed aus dem Judenthum aufgenom-
men?* Bonn, 1833.

HARTWIG HIRSCHFELD: *Jüdische Elemente im Koran.* Berlin, 1878.

VII. MOHAMMEDANISM AS A RELIGION, AND IN ITS RELATION TO CHRISTIANITY.

L. MARACCI: *Prodromus ad refutationem Alcorani.* Rom., 1691, 4 vols.

S. LEE: *Controversial Tracts on Christianity and Mahometanism.* 1824.

J. DÖLLINGER (R. C.): *Muhammed's Religion nach ihrer innern Entwick-
lung u. ihrem Einfluss auf das Leben der Völker.* Regensb. 1838.

A. MÖHLER (R. C.): *Das Verhältniss des Islam zum Christenthum* (in his
"Gesammelte Schriften"). Regensb., 1839.

C. F. GEROCK: *Versuch einer Darstellung der Christologie des Koran.*
Hamburg und Gotha, 1839.

J. H. NEWMAN (R. C.): *The Turks in their relation to Europe* (written in
1853), in his "Historical Sketches." London, 1872, pp. 1–237.

DEAN ARTHUR P. STANLEY: *Mahometanism and its relations to the East-
ern Church* (in Lectures on the "History of the Eastern Church."
London and New York, 1862, pp. 360–387). A picturesque sketch.

DEAN MILMAN: *History of Latin Christianity.* Book IV., chs. 1 and 2.
(Vol. II. p. 109).

THEOD. NÖLDEKE: Art. *Muhammed und der Islam,* in HERZOG'S "Real-
Encyclop." Vol. XVIII. (1864), pp. 767–820.

*EMAN. DEUTSCH: *Islam,* in his "Liter. Remains." Lond. and N. York,
1874, pp. 50–134. The article originally appeared in the London

"Quarterly Review" for Oct. 1869, and is also printed at the end of the New York (Harper) ed. of R. Bosworth Smith's *Mohammed.*
Reports of the General Missionary Conference at Allahabad, 1873.
J. MÜHLEISEN ARNOLD (formerly chaplain at Batavia): *Islam: its History, Character, and Relation to Christianity.*   Lond., 1874, 3d ed.
GUSTAV. RÖSCH: *Die Jesusmythen des Islam,* in the "Studien und Kritiken." Gotha, 1876. (No. III. pp. 409–454).
MARCUS DODS: *Mohammed, Buddha, and Christ.*   Lond. 2d ed. 1878.
CH. A. AIKEN: *Mohammedanism as a Missionary Religion.*   In the "Bibliotheca Sacra," of Andover for 1879, p. 157.
ARCHBISHOP TRENCH: *Lectures on Mediæval Church History* (Lect. IV. 45–58).   London, 1877.
HENRY H. JESSUP (Amer. Presbyt. missionary at Beirut): *The Mohammedan Missionary Problem.*   Philadelphia, 1879.
EDOUARD SAYOUS: *Jésus Christ d'après Mahomet.*   Paris 1880.
G. P. BADGER: *Muhámmed* in Smith and Wace, III. 951–998.

39. 통계 자료와 연표

이슬람교 인구 평가 (Keith Johnston의 자료)

아시아	112,739,000
아프리카	50,416,000
유럽	5,974,000
합계	169,129,000

기독교 국가에 거주하는 이슬람 인구

영국령 인도	41,000,000
러시아령 중앙아시아	6,000,000
프랑스령 아프리카	2,000,000
네덜란드령 자바와 셀레베스	1,000,000
합계	50,000,000

개괄적 연표

A. D.

570. 마호메트가 메카에서 태어남.

610. 마호메트가 가브리엘의 환상을 보고, 예언자로서 생애를 시작함. (앵글

로 색슨족의 개종.)

622. 헤지라, 즉 마호메트가 메카에서 메디나로 도피함. 이슬람교 시대의 시
		작.

632. (6월 8일) 마호메트가 메디나에서 죽음.

632. 아부 베크르. 초대 칼리프, 즉 마호메트의 첫 계승자.

636. 예루살렘이 칼리프 오마르에게 함락됨.

640. 알렉산드리아가 오마르에게 함락됨.

711. 타리크가 지브롤터 해협을 건너 아프리카에서 유럽으로 진출하고, 그곳
		의 산을 예벨 타르크(지브롤터)라고 부름.

732. 푸아티에와 투르 전투. 압더 라흐만이 카를 마르텔에게 패함. 서유럽이
		이슬람에게 정복당하는 운명을 면함.

786-809. 바그다드의 칼리프, 하룬 알 라쉬드. 이슬람교의 황금기. (샤를마뉴
		의 시대와 일치함.)

1063. 알프 아르슬란, 셀주크 터키의 왕자.

1096. 제1차 십자군 원정. 부용의 고드프루아가 예루살렘을 함락시킴.

1187. 이집트의 술탄이자 십자군에 대한 회초리인 살라딘이 티베리아스를 정
		복하고 예루살렘을 탈취함(1187). 아스켈론에서 리샤르 쿠르 드 리옹에
		게 패한 뒤 1193년에 죽음. 십자군의 쇠퇴.

1288-1326. 오토만 (터키) 왕조 설립자 오스만의 재위.

1453. '정복자' 이자 터키 대국의 창건자 마호메트 2세가 콘스탄티노플을 함
		락함.(그리스 학자들이 유럽 남부로 탈출; 그리스어 성경이 서방으로
		전래됨; 학문의 부흥.)

1492. 7월 2일. 바오브딜(혹은 아부 압달라)이 그라나다에서 페르난도에게 패
		함; 무슬림의 스페인 지배가 끝남. (콜럼버스가 아메리카 대륙을 발견
		함.)

1517. 오토만 제국 술탄 셀림 1세가 이집트를 정복하고 Motawekkel Billah를
		통해 나 있던 커라이쉬족의 아랍 라인에서 칼리프의 영토를 빼앗아 오
		토만 제국의 술탄에게 넘김. 오토만 제국의 칼리프는 페르시아나 무어
		족 무슬림들에게 인정받은 적이 없음. (종교개혁.)

1521-1566. '위대한 자' 술레이만 1세가 터키의 군사력을 절정에 올려놓았

고, 베오그라드를 탈취하고(1521), 헝가리를 격파했으나(1526), 빈(오스트리아)에서 격퇴됨(1529, 1532).

1571. 셀림 2세가 레판토 해전에서 오스트리아의 돈 요한이 이끄는 기독교 군대에게 패배함. 터키 권력이 쇠퇴하기 시작함.

1683. 터키가 9월 12일에 폴란드 왕 요한 소비에스키에 의해 빈(오스트리아) 관문에서 최종적으로 격퇴됨. 동유럽이 무슬림의 지배를 면함.

1792. 몰다비아의 야시에서 평화조약이 체결됨. 드니프르 강이 러시아와 터키의 경계선이 됨.

1827. 터키-이집트 함대가 10월 20일 나바리노 전투에서 영국·프랑스·러시아 연합 함대에게 궤멸됨. 1829년, 아드리아노플 조약 체결. 1832년, 그리스 왕국의 독립.

1856. 크림 전쟁의 종식. 터키가 영국과 프랑스의 지원을 받아 러시아의 침공을 막아냄. 파리 조약. 유럽이 터키 내정에 개입하지 않기로 합의함.

1878. 터키가 러시아에게 패배함. 그러나 비콘스필드 경을 앞세운 영국의 간섭을 막아냄. 유럽 강대국들의 회의, 베를린 조약. 불가리아의 독립. 영국-터키 조약. 영국이 키프로스를 점령. 술탄이 아시아쪽 터키에서 근본적 개혁을 단행하는 조건으로 영국이 터키의 아시아쪽 국경선에서 러시아의 침공을 막아주는 데 동의함.

1880. 베를린에서 열린 보충 회담. 몬테네그로와 그리스의 국경선 조정 및 확대.

40. 이슬람교가 교회사에서 차지하는 위치

유럽 북부와 서부에서 사도들에게 알려지지 않았던 새로운 민족들과 나라들이 기독교 교회에 편입되던 동안에, 아시아와 아프리카에서는 오늘날 세계 인구의 1/10이 넘는 막대한 인구를 보유한 경쟁 종교가 등장하여 약진하는 정반대의 상황이 전개되고 있었다. 이 종교는 창시자의 이름을 따서 '마호메트교'라고도 하고, 유일하고 참된 신에게 절대 복종하는 그 주된 특징을 감안하여 '이슬람교'라고도 한다. 기독교와 마찬가지로, 이슬람교도 세 개의 유일신교의 모체인 셈족에서 태어났으나, 문명의 그늘에서 벗어난 사막 지대가 거점이 되었으며, 기독교보다 항구적인 성공을 거두지는 못했지만 단기간에 급속한 성장을 기록했다.

그러나 이 종교가 세력을 키우는 과정에서 사용한 방법과 그 결과가 기독교와 비교할 때 얼마나 달랐던가! 기독교는 평화로운 선교사들과 설득에 힘입어 정복을 해나갔고, 복음과 더불어 가정과 자유와 문명의 복을 끼쳤다. 이슬람교는 지상에서 가장 아름다운 지역들을 칼로써 정복했고, 그 사회들에 일부다처제와 노예제, 독재와 황폐라는 저주를 끼쳤다. 기독교 선교를 움직인 원동력은 하나님과 인간에 대한 사랑이었던 반면에, 이슬람교의 원동력은 광신과 야만적 폭력이었다. 기독교는 모든 나라 모든 지방에 가정을 세웠으나, 이슬람교는 비록 세계를 정복하기 위해서 대단히 왕성한 노력을 기울였음에도 불구하고 어쨌든 사막과 텐트와 대상(隊商)의 종교였으며, 주로 아랍인들과 페르시아인들과 터키인들로 구성된 유목민들의 야만족 혹은 반(半) 문화적 민족들의 울타리를 벗어나지 못했다. 야만적인 무력 외에는 유럽에 이렇다 할 영향을 끼친 적이 없다. 콘스탄티노플을 점령하고 있긴 하나 철저히 정착하지 못하고 다만 주둔만 하고 있을 뿐이며, 유럽을 떠나야 할 날이 올 때는 그 뒤에 아무런 자취도 남기지 못할 것이다.

이슬람교는 정복의 과정에서 성경의 지역들과 그리스 교회를 무력으로 강점했고, 콘스탄티누스의 권좌를 찬탈했고, 스페인을 짓밟았고, 피레네 산맥을 넘었고, 로마 교회와 게르만 제국까지 오랫동안 위협하다가 마침내 빈의 성벽 밑에서 격퇴당했다. 중세 기독교사를 화려하게 장식한 십자군 원정들은 성지를 '거짓 선지자'의 추종자들에게서 탈환하려는 소원에서 시작되었고, 서방 세계가 동방 세계를 접촉할 수 있게 해주었다. 스페인의 왕조와 교회는 건축과 기사도와 편협한 신앙과 종교재판소를 동원하여 무어족과의 치열한 투쟁을 딛고 일어섰다. 심지어 16세기 종교개혁조차 터키 문제와 복잡하게 얽혔다. 아우크스부르크 제국의회뿐 아니라 복음적 제후들과 신학자들의 신앙고백서에서도 터키 문제가 주목을 받았던 것이다. 루터는 자신의 가장 유명한 찬송 가운데 한 편에서 복음의 가장 큰 두 대적인 "교황과 터키의 공격에서" 건져달라고 기도한다. 그리고 성공회의 공동기도서도 성 금요일을 위한 본기도에서 "유대인들과 불신자들과 이단들"뿐 아니라 "모든 터키인들에게도 자비를 베풀어 주시도록" 하나

님께 구한다.[1]

그 쪽 방향에서 서방 기독교 세계에 가하던 위협은 오래 전에 걷혔다. "형언하기 어려운" 터키인들이 이제는 예전과 같은 가공할 상대가 아니었던 것이다. 하지만 그리스 교회권에 속한 동유럽의 아시아쪽 지역은 여전히 술탄의 전제에 예속되어 있었다. 술탄이 콘스탄티노플을 4백 년 이상 지배해온 현실이 기독교 세계에는 항상 모욕거리였다.

교회사에서 이슬람교는 과연 이스마엘과 같은 존재로서 항상 적대 세력이었다. 기독교가 상대해온 경쟁 세력들 가운데 가장 강력한 세력이며, 기독교를 제외하고서 적어도 잠깐 동안이나마 세계 제국을 꿈꾸었던 유일한 종교이다.

그렇지만 이슬람교가 기독교에 적대적인 존재이기만 한 것은 아니다. 그 종교가 서양 문명에 끼친 유익한 영향이 적지 않다. 기사 제도 발달을 자극했고, 기독교 건축에 영향을 주었고, 수학·화학·의학 연구를 촉진했으며(algebra〈대수〉, chemistry〈화학〉, alchemy〈연금술〉), 스페인 무어족이 번역하고 주석해 놓은 아리스토텔레스의 저서들이 스콜라주의의 철학적 기반을 놓는 데 이바지했다. 심지어 터키가 콘스탄티노플을 점령한 사건조차 서방 세계에 이루 헤아릴 수 없이 큰 복을 끼쳤다. 그들로 인해 그리스 학자들이 헬라어 성경 사본을 들고서 이탈리아로 망명했고, 그곳에서 개신교 종교개혁을 위해 길을 닦아준 르네상스를 시작시켰던 것이다.

이슬람교에게 주요 거점들을 빼앗긴 동방 교회를 놓고 생각할 때, 이슬람교는 동방 교회가 5세기 이후에 무익한 사변과 논쟁에 치우치고, 공허한 의식과 사실상의 우상 숭배에 빠져 타락의 길로 내달은 데 대한 마땅한 징벌이었다. 참 종교의 핵심인 하나님과 인간에 대한 사랑이 증오와 분쟁으로 잠식되었고, 그 결과 외국의 정복자에게 저항할 힘이 남아 있지 않았던 것이다. 동방 정교회와 동방의 분파 교회들간의 반목, 그리고 그리스 교회와 라틴 교회의 질투와 대립이 공동의 적 앞에서 서로 힘을 합쳐서 공동의 전선을 형성하지 못하도록 했다. 그리

---

1) "모든 유대인들과 터키인들과 불신자들과 이단들"이라는 표현은 공동기도서 초판(1547) 작성자들에 의해 삽입되었다. 본기도의 나머지 부분은 옛 라틴어 전례를 번역한 것이다. 중세에 '불신자' 라는 단어는 이슬람교도를 가리켰다. 이에 대해서 이슬람교는 그리스도인들과 유대인들과 다른 모든 종교인들을 '불신자들' 과 '개들' 이라고 불렀다.

스인들은 라틴인들의 필리오케("그리고 아들로부터." 서방교회의 니케아-콘스탄티노플 신조에서 성령에 관하여 덧붙은 문구: 역자주)를 이슬람교보다 더 유해한 이단으로 간주하여 혐오했다. 반면에 라틴인들은 기독교의 승리보다 교황의 수위권을 더욱 중시했으며, 십자군 원정 기간에는 동방에 대립 성직위계체제를 수립하기까지 했다. 오늘날까지도 베들레헴과 예루살렘에 살고 있는 그리스와 라틴 수사들은 성탄절과 부활절에 자신들의 공동의 주님과 구주의 요람과 무덤을 놓고 분쟁을 벌이기 일쑤여서, 그곳에 주둔하고 있는 터키의 병사들 덕분에 질서가 유지되는 실정이다.[2]

그러나 이슬람교는 그 발생의 토대인 이교와의 관계를 놓고 바라볼 때 괄목할 만큼 큰 진보이며, 마치 모세 율법이 복음으로 인도하는 몽학선생 역할을 수행했던 것처럼 궁극적으로는 기독교로 딛고 들어올 수 있는 계단이 될 가능성이 있다. 이슬람교는 아라비아와 아시아, 아프리카의 상당 지역에서 우상 숭배 세력을 분쇄했으며, 타타르족과 흑인들을 저급한 미신에서 유일하고 참되신 하나님을 믿고 숭배하는 차원과 일정 수준의 문화로 끌어올렸다.

하지만 간과해서는 안 되는 사실이 있는데, 아프리카 선교사들과 여행자들의

---

2) 대주교 Trench는 이렇게 말한다. "우리는 이슬람교를 하나님께서 범죄한 교회에 내리시는 회초리 외에 달리 간주할 수 없다. 하나님은 당신의 영광을 다른 이에게 넘기시지 않는다. 하나님은 창조주와 피조물이 혼동되도록 그냥 놔두시지 않으신다. 그런데 만약 마땅히 진리를 증거해야 할 자들이, 그리고 그 목적으로 세움을 입은 자들이 진리를 버리고 잊고 혹은 부정한다면, 하나님은 사방에서 뜻밖의 증인들을 일으키셔서 그들의 손을 강하게 하시고, 아무리 당신의 이름을 지니고 있다 할지라도 진리를 망각한 자들에게 승리를 거두게 하실 것이다." Dr. Jessup도 같은 이야기를 한다. "이슬람교는 하나님의 섭리 가운데 우상 숭배에 빠진 기독교와 아시아와 아프리카의 이교 체제들을 벌할 회초리로 일으키셨다. 그것은 다신교에 대한 응징이며, 지금 그 비범한 권력에 들어가 있는 많은 사람들이 훗날 순수한 기독교로 개종할 일을 미리 준비하는 것이다." Carlye은 이슬람교의 신조에 대해서 이렇게 평가한다. "그것은 머리는 쓸데없는 소음으로 꽉 차 있고 마음은 텅 비고 죽어 있는 시리아의 가련한 분파들보다 더 나은 종류의 기독교이다. 이 종교가 내포한 진리는 두려운 오류와 거짓에 박혀 있다. 하지만 진리가 그 자체를 건져낼 것이다. 진리가 오류를 이길 것이다. 이슬람교는 기독교의 서자이지만 살아 있는 종교이다. 생명력 없는 팍팍한 논리만 있는 게 아니고, 그 안에 심장이 살아서 뛰고 있다."

증언에 따르면, 이슬람교가 사고 구조가 단순한 아프리카 주민들에게 광신의 불순한 불을 붙여서 기독교에 훨씬 더 강렬한 적개심을 품게 만들었다는 것이다. 매우 유능한 판사인 윌리엄 뮤어 경(Sir William Muir)은 이슬람교가 일부다처제와 노예제의 유해한 영향과 종교 자유 말살 정책으로 기독교 선교에 가장 어려운 장벽을 구축해 놓았다고 생각한다. 그의 말을 들어보자. "어떠한 체제도 자신이 지배하는 나라들을 이처럼 완벽한 기술을 가지고 진리의 빛에서 철저히 차단해오지는 않았다. 차라리 우상 숭배에 빠져 있던 아랍인들이라면 복음을 전하여 예수를 믿게 하고 그들의 생활을 영적 생활로 끌어올릴 여지가 있었겠지만, 이슬람교가 지배하는 아라비아는 인간의 눈으로 볼 때 복음의 유익한 영향으로부터 차단되어 있다 …… 마호메트의 칼과 코란이 문명과 자유와 진리의 가장 치명적인 원수들이다."[3]

이 평가는 물론 과거에 대해서는 두말할 여지 없는 사실이다. 그러나 이 역사적 문제의 끝을 우리는 아직 목격하지 않았다. 이슬람교가 동방에서 순수한 성경적 종교가 부흥하는 데 필요한 환경이 되지 말라는 법이 없다. 이슬람교권 나라들에서 사역하고 있는 영국과 미국의 선교사들은 그리스나 러시아 정교권 나라들에서보다 더 큰 자유를 누리고 있다. 이슬람교가 우상 숭배와 형상 숭배를 혐오하고, 단순하고 절제된 삶을 숭상하는 점은 복음적 기독교와 접촉되는 부분이며, 서방의 선교사들이 터키의 중요한 지역들에서 성공적으로 사역할 수 있게 해주는 비결이기도 하다. 그리스 교회는 이슬람교와 접촉점이 없다. 이슬람교도들을 개종시키려면 그것은 그들이 쉽게 정복하고 경멸해온 유형의 기독교보다 우상 숭배의 기미가 없고 예배가 단순하고 생활에 활력이 있는 유형의 기독교에 의해서 이루어져야 할 일이다. 이슬람교도들이 앵글로색슨족을 크게 동경한다는 것은 매우 고무적인 일이다. 오늘날 그들은 마호메트의 턱수염 못지 않게 영국인의 말에 의지하여 맹세를 한다.

이슬람교는 동방에서 여전히 거대한 종교 권력이다. 시리아 · 팔레스타인 · 소아시아 · 이집트 · 북아프리카의 지배 권력이며, 검은 대륙의 내륙에 사는 야만 부족들 사이로 뚫고 들어가고 있다. 슐레겔(Schlegel)이 잘 간파하듯이, 이 종교는 결코 단순히 "기적 없는 선지자, 신비 없는 신앙, 사랑 없는 도덕률"이 아니

---

3) *Life of Mohamet*, IV. 321, 322.

다. 불굴의 의지와 공세적인 활력과 강렬한 열정을 이 종교는 지니고 있다. 동방 세계를 여행하는 사람은 어김없이 이슬람교의 단순한 유일신론이 그 추종자들을 장악하고 있는 힘을 보고서 충격을 받는다. 이집트 카이로의 엘 아자르 사원에 세워진 모슬렘 대학교를 둘러보면 그 종교에 대해서 많은 것을 알게 된다. 이 대학교는 10세기(975)에 세워졌고, 이슬람 세계 전역에서 유학온 만 명 이상의 학생들이 이곳에서 배우고 있는데, 이들이 공부하는 모습은 마치 기독교 교회의 거대한 주일학교를 연상시킨다. 작은 그룹들로 무리지어 바닥에 앉아서 코란경을 모든 지혜의 시작과 끝으로 간주하여 공부하고, 정해진 시간에는 교사의 인도에 따라 모두 일어나서 기도를 드린다. 같은 사원 안에서 공부하고 먹고 담요나 밀짚에서 자는 등 지극히 단순하게 생활하지만, 얼굴들은 신앙 열기로 환하게 빛난다. 이들은 자비(自費)로 혹은 신자들의 지원을 받아 살아간다. 교사들(3백 명이 넘음)은 급료를 받지 않고 개인 지도로 혹은 여유있는 학자들의 지원을 받아 생활한다.

그럴지라도 이슬람의 세력은 그 상징인 달과 마찬가지로 다시 한 번 동방의 지평에 떠올라 천하를 비추는 기독교의 태양 앞에서 쇠하고 있다. 전체 신도 중 1/3에 육박하는 수가 기독교 국가(주로 영국)의 지배를 받고 있다. 이슬람교는 본질상 정치-종교적 체제이며, 터키가 그 요새이다. 술탄은 오래 전부터 '병자'였으며, 기독교 진영의 관용과 질시 덕분에 연명하고 있다. 조만간 그는 유럽에서 추방되어 브루사(터키 북서부의 도시: 역자주)나 메카로 자리를 옮기게 될 것이다. 거대한 러시아 제국은 선천적으로 터키의 적으로서, 1854-1877년의 전쟁에서 만약 가톨릭 국가인 프랑스와 개신교 국가인 영국이 개입하지 않았다면 터키를 멸망시켰을 것이다. 그러는 동안 유럽 문화와 기독교 선교의 조용한 영향이 터키의 토대를 잠식해 가고 있으며, 동방의 종교적·도덕적·사회적 갱생과 변화를 위한 길을 닦아가고 있다. "하나님의 맷돌은 천천히 돌지만 확실하게 고운 가루로 만든다." 하나님께는 천년이 하루와 같으며, 하루에 천년의 역사가 일어날 수가 있다.

41. 이슬람교의 고향과 조상들

이슬람교의 고향은 홍해와 인도양과 페르시아만에 접한 아라비아 반도이다. 이 땅은 사막과 황량한 언덕들, 암석으로 이루어진 해안, 비옥한 와디 지역들, 풍부한 목초지들로 덮여 있다. 주민의 대다수가 유목민들과 상인들인데, 이들은 구스·셈·이스마엘·그두라·에서 등 다섯 족장의 후손들이다. 고대인들은 이 땅을 아라비아 데제르타(사막 아라비아), 아라비아 페트레아(페트라를 수도로 삼은 시나이 지역), 아라비아 펠릭스(엘-예멘, 즉 오른손의 땅 혹은 남쪽 땅)로 구분했다. 이 지역의 강들은 대부분 주기적으로 내리는 비로 범람하다가 모래 평원으로 스며든다. 바다로 흘러가는 강이 없고, 배를 띄워 이동할 만한 강은 아예 없다. 이곳은 냉혹한 사막이 무한정 펼쳐지고 푸른 초원이 띠처럼 길게 형성된 땅으로서, 가물고 황량하며, 비가 무서운 기세로 퍼붓고, 갤 때는 하늘이 쾌청하고, 적도 지방처럼 햇볕이 작열하고, 대추야자와 방향 식물들, 커피, 향유, 몰약, 유향, 팥수수가 자란다. 대표적인 가축은 '사막의 배'인 낙타와 종자가 좋은 말, 양, 염소이다. 사막은 대양과 마찬가지로 장엄한 모습을 지닌다. 무한에 대해서 생각하게 하며, 하나님과 영원에 대해서 침묵과 명상을 절로 일으킨다. 인간이 홀로 하나님 앞에 서게 된다. 아라비아 사막은 숭고한 시 몇 편이 태어나게 했다. 미리암이 부른 해방의 노래, 모세가 지은 시편 90장, 칼라일이 "인간의 펜에서 나온 가장 장엄한 시"라고 부른 욥기가 그것이다.

아랍인들은 유랑 생활을 좋아하고, 단순하고 관용적이며, 용감하고 공손하고, 손님 대접을 잘하고, 상상력이 풍부하고, 시와 웅변을 좋아하는 반면에, 인명을 경시하고 복수심이 강하고 감각적이고 열광적이다. 아라비아는 사막으로 보호를 받는 까닭에 외세에 제대로 정복당한 적이 없다.

이슬람교의 종교적 수도이자 그 설립자의 출생지 — 이슬람교의 예루살렘과 로마 — 는 아라비아의 고도(古都)들 가운데 하나인 메카이다. 이 도시는 홍해 연안의 도시 지다에서 동쪽으로 약 100km, 메디나에서 남쪽으로 약 390km 떨어진 곳에 자리잡고 있으며, 터는 좁고 황량한 골짜기인데다 민둥산이 에워싸고 있다. 한창 번성하던 시절에는 주민 수가 십만 명에 달했으나, 오늘날은 사만오천 명밖에 되지 않는다. 이 도시는 술탄의 직접적인 통치를 받는다. 거리들은 넓으나 포장되어 있지 않아서 여름에는 먼지가 날리고 겨울에는 진흙탕으로 변한다. 가옥들은 벽돌이나 돌로 지어졌고, 높이는 3-4층 규모이다. 방들은 동방의 평범한 방들보다 잘 꾸며져 있다. 순례자들이 워낙 많이 몰리기 때문에 이 도시 주민들에게는 방들이 주요 수입원이다. 메카 시내나 근교에는 정원이나 밭을 찾아보기 어렵고, 다만 아카시아 나무들과 작은 관목들이 여기저기 서 있어서 그나마 눈의 피로를 덜어준다.

메카 시는 모든 과일 — 수박·대추야자·오이·라임·포도·살구·무화과 — 을 타이프와 와디 파티마에서 들여오는데, 순례 기간에는 매일 낙타 백 마리가 그 지역들에서 물건을 잔뜩 싣고 수도로 들어온다. 주민들은 탐욕스러우면서도 게으르며, 이슬람권 세계 전역에서 해마다 밀려드는 무수히 많은 순례자들이 그들의 주요 수입원이다. 메카에는 이슬람 신도만 들어갈 자격이 있지만, 1814년에 알리 베이(Ali Bey, 도밍고 바디아 이 레플리크라는 스페인 사람〈1818년 죽음〉의 가명)와 부르크하르트(Burckhardt), 1852년에 버튼(Burton), 1862년에 말찬(Maltzan), 1880년에 킨(Keane) 같은 소수의 기독교 여행자들이 이슬람 신도로 가장하고서 목숨을 걸고 그 도시를 방문했다. 우리가 그 도시에 관한 정보를 알고 있는 것은 그들 덕분이다.

메카에서 가장 거룩한 장소는 알-카바라고 하는 작은 직사각형 신전으로서, 입방체 형태이기 때문에 그런 이름이 붙었다. 이 신전을 향해서 날마다 수백 만의 이슬람 신도들이 경건한 태도로 얼굴을 땅에 대며 기도를 한다. 신전은 대규모 사원으로 둘러싸여 있으며, 이 사원은 중요도에서 예루살렘의 솔로몬 성전과 로마의 성 베드로 교회에 해당하며, 한꺼번에 약 3만5천 명을 수용할 수 있다. 기둥들과 방들과 원형 지붕들과 광탑(회교 사원의 탑)들로 둘려져 있다. 근처에는 '젬젬'이라고 하는 거품 이는 우물이 있는데, 하갈과 이스마엘이 이곳에서 타는 듯한 갈증을 해소했다고 한다. 카바는 메카보다 훨씬 더 오래되었다. 디오도루스 시쿨루스(Diodorus Siculus)는 이곳이 자기 시대에 가장 오래되고 가장 신성시되는 신전이라고 말한다. 이슬람 신도들은 천사들이 이 건물을 장막 모양으로 지어 하늘에서 땅으로 내렸고, 아담이 낙원에서 추방된 뒤에 이곳에서 예배를 드렸고, 셋이 장막 대신에 점토와 돌 건물로 바꾸었고, 홍수로 파괴된 뒤에 아브라함과 이스마엘이 재건했으며, 그들의 발자국들이 남아 있다고 생각한다.[4]

---

4) Bahador는 이렇게 말한다. "아라비아의 모든 지역 전승들 가운데 가장 오래되고 권위 있는 전승은 …… 카바 신전이 A.M. 42세기, 즉 B.C. 19세기에 아브라함에 의해서 건립되었고, 그의 아들 이스마엘이 작업을 도왔다고 설명한다." 그는 창세기 12:7,

이것은 1627년에 완전히 개축되었다.

건물 내부에는 입구쪽에서 북동쪽 모서리에 유명한 흑석(黑石)이 있다. 이 돌은 아마도 운석이거나 화산 폭발로 생긴 것인 듯하며, 원래는 제단으로 쓰였다. 아랍인들은 이 돌이 아담과 함께 낙원에서 떨어졌으며, 처음에는 우유처럼 희었으나 인간의 죄로 인해 검게 변했다고 한다. 모양은 반원형이고, 높이 15cm, 너비 20cm의 크기에 지면에서 1.2-1.5m 올라가 있다. 검붉은 색깔이고, 무수한 참배객들의 입맞춤으로 광택이 나며(로마 성 베드로 교회의 베드로 동상 발과 유사하다), 은 상자에 넣어져 검은 비단으로 덮여 있으며, 코란경의 문구가 새겨져 있다. 기억하기 어려운 먼 옛날부터 숭배의 대상이었으며, 오늘날도 순례차 이곳에 온 이슬람 신도들이 신전 주위를 일곱 번 돌 때마다 매번 신심(信心)으로 입을 맞추거나 쓰다듬는다.

마호메트는 카바 신전에서 우상 숭배에 관련된 모든 유물들을 제거하고서 이곳을 자기 추종자들의 순례지로 삼았다. 그는 아브라함이 하나님께 계시를 받고서 아들 이스마엘을 하갈과 함께 메카로 보내어 그곳에 참된 예배와 순례 절기를 확립하도록 했다는 전설을 지어냈거나 혹은 환상을 통해서 받았다. 그는 코란경에서 "하나님께서 카바 곧 신성한 집을 인류를 위한 기지로 정하셨다"고 말하고, 이어서 이렇게 말한다. "내가 그 성소를 인간이 의지하고 안전히 쉴 곳으로 정하고서 '아브라함의 이 거점을 기도처로 삼으라' 고 말한 때를 기억하라. 그리고 나는 아브라함과 이스마엘에게 '내 집 주위를 돌고 그 안에서 엎드려 절할 사람들을 위해서 집을 정결케 하라' 고 명령했다."5)

마호메트가 출현했을 당시에 아라비아는 그가 창시한 그런 거칠고 호전적이고 절충적인 종교를 위한 모든 요소들을 두루 갖추고 있었다. 이교의 별 숭배자들과 유대인들과 그리스도인들이 이곳에 살았다.

지배 계층은 이교도들로서, 아브라함(이브라힘)의 서자 이스마엘의 후손들이

13:18을 아브라함이 "하나님께 경배한 곳마다 하나님을 예배할 제단들을" 쌓았다는 증거로 인용한다. 그러나 성경은 아무데서도 그가 메카에 간 적이 있다고 말하지 않는다.

5) Sprengar, II. 279는 카바 숭배가 아브라함에게서 비롯되었다는 이슬람교의 전설을 순전히 마호메트의 고안일 뿐, 과거의 흔적이 전혀 없다고 말한다.

었으며, 동물적 생명력과 활력이 충만한 진정한 사막의 아들들이었다. 이들은 메카의 카바 신전을 성소로 삼았는데, 이곳은 마호메트가 등장하기 오래 전부터 수많은 순례자들을 끌어모으던 곳이었다.

유대인들은 예루살렘이 파괴된 뒤에 아라비아에 흩어지면서 특히 메디나 지역에 많이 모여 살게 되었으며, 자신들의 고등 문화와 랍비 전승으로 주변 민족들에게 상당한 영향을 끼쳤다.

아라비아에 거주하던 그리스도인들은 대부분 4-5세기에 교리 논쟁이 격렬하게 전개될 때 로마 제국에서 추방된 다양한 이단 분파에 속한 사람들이었다. 아리우스파 · 사벨리우스파 · 에비온파 · 네스토리우스파 · 유티케스파 · 단성론파 · 마리아파(Marianites) · 콜뤼리스파(Collyridians, 마리아 숭배자들)의 흔적이 그 지역에서 감지된다. 은수자들과 수사들도 세르발 산 주위의 와디 페이란에 대거 모여살았으며, 황제 유스티니아누스는 시내 산 자락에 성 카트린 수도원의 터를 닦았는데, 이 수도원은 1859년까지 콘스탄티누스 시대부터 작성된 헬라어 신구약 성경의 가장 오래되고 가장 완벽한 언셜체 사본을 보관해왔다. 아라비아 사막 지대는 사도 바울이 회심한 뒤 3년 동안 자신이 받은 큰 사명을 위해 고요히 준비하던 곳이기도 하다. 그러나 이 사막 지대에 자리잡은 기독교는 대단히 피상적이고 변질된 형태를 가지고 있었다.

아라비아에 거하는 세 민족과 종교들은 비록 서로를 불구대천의 원수로 여기면서도 신자들의 아버지 아브라함을 공동의 조상으로 알아 존경했다. 원대한 정신의 소유자라면 이러한 현실을 바탕으로 유일신교를 원칙으로 삼고 절충주의의 성격을 띠는 민족 종교로 세 종교를 통합하려는 발상을 할 만하다. 실제로 이슬람교 창시자가 계획했던 것이 바로 그것이었던 것으로 보인다.

최근의 조사를 통해서 확실하게 밝혀진 것은, 마호메트가 부름을 받을 당시와 그 이전에 메카와 메디나에 거주하던 상당수의 구도자들이 일찍이 시리아와 아비시니아에서 동방 기독교를 접해본 터에서, 주변의 우상 숭배에 불만을 느끼고, 자신들이 아브라함 때로 연원을 거슬러 올라가는 유일신교에 애착을 갖고 있었다. 그들은 스스로를 가리켜 하니프스(Hanyfs) 즉 개종자들, 청교도들이라고 불렀다. 그들 중 한 사람인 타이프의 오마야흐(Omayah)는 기독교의 영향을 받은 것으로 알려진다. 다른 사람들은 유대교에서 유일신교 사상을 차용한 듯하다. 자이드(Zayd, 마호메트가 아끼던 노예), 오마야흐 혹은 우마이야흐(유명 시인), 와라카(Waraka, 차디야〈Chadijah〉의 사촌이자 유대교와 기독교 성경을 배운 사람) 같이 초기에 마호메트의 교훈에 개종한 사람들이 이 집단(하니프스)에 속했으며, 심지어 마호메트조차 처음에는 자신을 가리켜 하니프 신도라고 불렀다. 전하는 바에 따르면, 와라카는 하니프로 남아 있는 동안에는 마호메트를 믿었으나, 그 뒤 그를 버리고 그리스도인으로 혹은 유대인으로 숨을 거두었다고 한다.

마호메트는 이 개혁 운동을 공고히 하고 활력을 불어넣었으며, 이슬람, 즉 '하나님을 향한 귀의(歸依)'라는 이름으로 이 운동에 범세계적인 의미를 부여했다. 여기에서 '자신을 하나님께 바친 사람'이라는 뜻의 모슬렘(혹은 무슬림)이라는 단어가 유래했다.

42. 마호메트의 생애와 인격

마호메트는 제도 교육을 받지 못하고 자연을 벗하여 혼자 자라며 익힌 사람으로서, 지체 높은 가문 출신이고, 용모가 준수하고, 상상력과 활동력이 왕성하고 용감하여 베두인 족장의 이상적인 면모를 갖추고 있었으며, 훗날 정치·종교 개혁자, 시인, 예언자, 사제, 아라비아 왕이 된다.

그는 570년에 메카에서 태어나 아미나(Amina)라는 젊은 과부 어머니의 외동아들로 자라났다.[6] 아버지 압달라(Abdallah)는 스물다섯살이 되기 몇달 전에 메디나에 장사하러 갔다가 죽었고, 아들에게 물려준 유산은 낙타 다섯 마리와 양 몇 마리, 그리고 노예 소녀였다. 그의 집안은 하심(Hashim)이라는 이교도 가문으로서 부유하지는 않았으나 이스마엘의 직계 후손임을 주장했으며, 아랍인들

---

6) 마호메트가 죽은 정확한 날짜(632년 6월8일)는 알려지지만, 태어난 날은 다만 추측만 될 뿐이다. 게다가 그의 나이가 예순한살에서 예순다섯살까지 다양하게 진술되기 때문에 출생 연도를 진술하는 대목에서도 그만한 차이가 있다. De Sacy는 571년 4월 20일, von Hammer는 569년, Muir Aug는 570년 8월 20일, Sprenger는 567년 5월 13일과 571년 4월 13일 사이(후에는 571년 4월 20일)를 초기 전승에 가장 부합한 마호메트의 출생일로 추정한다.

의 지도급 부족이자 카바 신전의 세습적 관리자들인 코레이쉬(Koreish) 혹은 코라쉬 부족과 관계가 있었다.[7] 전승은 그의 출생에 기이한 전설들의 후광을 두른다. 그는 할례를 받고 탯줄을 자른 채 세상에 나왔고, 등에 빛의 문자로 새겨진 예언의 인(印)이 찍혀 있었다. 그는 태어나자마자 즉시 땅에 엎드린 채 손을 치켜들고 자기 백성을 용서해달라고 기도했다. 그러자 세 사람이 햇볕처럼 찬란한 용모를 하고서 나타났는데, 한 사람은 은잔을 들었고, 둘째 사람은 에메랄드 쟁반을 들었고, 셋째 사람은 은 타월을 들었으며, 이들이 그를 일곱 번 씻긴 뒤 복을 빌고 그를 "인류의 왕자"라고 부르며 그에게 문안했다. 그는 사막에 사는 건강한 베두인 여성의 품에서 자라났다. 네살 때에는 간질 같은 것에 걸렸는데, 와키디(Wackidi)와 그 밖의 사가들은 이때의 일을 기적 현상으로 변모시켰다. 그는 자주 심한 두통과 열에 의한 경련을 앓았고, 경련이 일어날 때면 주정뱅이처럼 땅바닥에 쓰러져 낙타처럼 코를 골았다. 여섯살에 메디나에서 집으로 돌아왔다가 어머니와 사별하게 되었다. 어머니가 그를 낙타에 태워 아버지의 외갓집으로 보냈다가, 충직한 노예 소녀인 보모에게 이끌려 메카로 돌아오자마자 겪은 일이었다. 그 뒤 나이 지긋한 할아버지 압드 알 모트칼리브(Abd al Motkalib) 밑에서 컸으며, 578년에 할아버지가 돌아가신 뒤부터는 숙부[혹은 백부] 밑에서 자랐는데, 숙부는 아내가 둘에다 자녀가 열이었으며, 비록 가난한데다 조카의 사명을 믿지 않았지만 끝까지 성의를 다해 그를 보호해 주었다.

마호메트는 숙부를 따라 시리아로 장사 여행길에 나섰다. 가는 길에 사막도 지나고, 폐허가 된 옛 성읍들도 구경하고, 유대인들과 그리스도인들의 정착촌들도 살펴보았다. 이런 것들이 그의 어린 마음에 깊은 인상을 심어주었을 것이다.

그는 대상(隊商)의 사환 노릇을 하고, 양들과 염소들을 지켜주면서 근근이 살아갔다. 양과 염소를 봐주는 일은 아랍인들 사회에서 다소 천한 직업으로서, 미혼 여성들과 노예들이 맡아 하던 것이었다. 하지만 그는 훗날 모세와 다윗의 예를 거론하면서 그 일을 아주 귀하게 여겼으며, 목동 역할을 해보지 않은 사람은 하나님께서 예언자로 부르시지 않는다고 말했다. 전승에 따르면 — 이슬람교는 형상을 엄격히 금하기 때문에 그 예언자의 용모에 관해서 알 길이 없고, 전승에

---

7) 코레이쉬 부족은 엄밀히 말해 사제들이 아니라 신전을 경비하고, 열쇠를 보관하고, 행렬을 주도하고, 순례자들의 숙식을 마련하는 사람들이었다.

의존할 수밖에 없다 — 그는 중키에다 다소 마른 편이었으나, 어깨가 넓고 근육이 강했고, 눈동자와 머리카락이 검었고, 계란형 얼굴에 흰 치아, 긴 코, 족장다운 턱수염, 그리고 당당한 인상을 갖고 있었다고 한다. 걸음걸이는 빠르고 당찼다. 평소에는 흰색 면직 옷을 입다가 축일이 되면 줄무늬가 있는 혹은 붉은 물을 들인 고운 린넨 옷을 입었다. 남의 힘을 빌리지 않고 모든 것을 스스로 했다. 숨을 거두는 날까지 직접 옷을 기워 입고, 신발을 수선해 신고, 아내들의 바느질과 요리를 도와주었다. 자주 큰소리로 웃고 늘 미소를 지었다. 상상력이 대단히 뛰어났고 시와 신앙 면에서 비범한 재능이 있었으나, 따로 무엇을 배우지는 않았다. 이 점에서 이스라엘의 몇몇 선지자들과 갈릴리의 어부들과 유사한 점이 있는 '무학(無學)의 예언자'였다. 그가 심지어 읽고 쓸 줄이나 알았는가 하는 것이 이슬람 학자들과 기독교 학자들 사이의 쟁점이다.[8] 아마 읽고 쓰지를 못했을 것이다. 코란을 쓸 때도 영감으로 떠오르는 것을 제자들과 서기들에게 받아적게 했다. 그가 소유한 지식은 사람들과 대화를 하고, 남이 낭독하는 책을 잃고, 특히 여행을 하면서 얻은 것이다.

스물다섯살에 부자 과부 차디야(Chadijah 혹은 Chadidsha)와 결혼했는데, 이 여성은 그보다 열다섯살 연상이었으며, 과거에 전남편이 그를 장사 일로 고용하여 데리고 간 적이 있었다. 그녀의 아버지는 그 결혼에 반대했으나, 그녀가 결혼식이 끝날 때까지 아버지에게 계속 술을 권하여 들게 했다. 마호메트는 아내의 대상(隊商)을 맡아 크게 성공했으며, 그러느라 여행도 많이 했다. 결혼 생활도 행복하여 슬하에 아들 둘 딸 넷, 모두 여섯 자녀를 두었다. 그러나 모두 죽고 어린 딸 파티마만 남았는데, 이 아이가 장차 커서 그 예언자의 헤아릴 수 없이 많은 서자들과 적자들의 어머니가 된다.

---

8) Sprenger는 그 문제를 논하면서 그런 쪽으로 대답한다. Vol. II. 398 sqq. 코란(29)은 이렇게 말한다. "과거에[내가 그 책 곧 코란을 쓰기 전에] 그대는 어떤 책도 읽지 않았고 그대의 오른손으로 어떤 글도 쓰지 않았다." 이 구절을 토대로 일부 이슬람교도들은 마호메트가 코란을 받은 이후에 초자연적으로 읽고 쓰는 법을 배웠다고 추론하지만, 다른 이들은 그가 둘다 할 줄 몰랐다고 주장한다. Syed Ahmed Khan Bahador는 이렇게 말한다. "오늘날은 그 선지자가 전혀 쓸 줄을 몰랐고, 물론(?) 다른 사람이 써놓은 글을 읽을 줄도 몰랐다는 데 한 점 의혹도 존재하지 않는다. 이 이유에서, 그리고 오직 이 이유에서만 그는 움미(Ummee, 문맹자)라고 불렸다."

마호메트는 알리(Ali)를 양자로 맞아들이기도 했는데, 그와의 밀접한 관계가 이슬람 역사에서 대단히 중요하게 된다. 마호메트는 차디야에게 충실했으며, 아내가 죽은 뒤에도 항상 고마운 마음을 품고 지냈다.[9] "차디야는 다른 사람들이 나를 하나도 믿지 않을 때도 나를 믿어주었다"고 입버릇처럼 말했다. 차디야와 사별한 뒤 여러 아내를 얻었는데, 이 여성들은 그에게 많은 번민과 추문을 안겨 주었다. 그가 아꼈던 아내 아예사(Ayesha)는 열둘 남짓 되는 살아 있는 다른 아내들보다 죽은 차디야를 더 질투했다. 치아도 없던 그 늙은 여자를 항상 아내의 전범으로 추켜 세웠기 때문이다.

마호메트는 장사차 시리아에 갔다가 유대인들과 그리스도인들을 만나게 되었고, 불완전하나마 그들의 전승을 알게 되었다. 그 뒤로 많은 시간을 은거와 기도와 금식과 명상에 보냈다. 그에게는 심한 경련과 간질적 발작이 원수처럼 늘 따라다녔는데, 처음에는 그 원인을 귀신에 들린 탓으로 돌렸지만, 나중에는 하나님의 압도적인 임재 탓으로 돌렸다. 그의 영혼은 이제 하나님과 합일해야겠다는 일념으로 불타올랐으며, 그것이 그의 지배적 정서가 되었다. 그러던 중 자신이 하나님의 사자라는 대범한 자각을 하게 되었다. 동족들에게 경종을 울려 우상 숭배를 버리고 유일하고 참되신 하나님을 섬김으로써 심판과 지옥의 멸망을 피하도록 하나님이 자신을 부르셨다고 생각한 것이다. 유일신론에 대한 그의 열정은, 하지만 선악의 차이에 대한 무지와 불완전한 지각 때문에 비록 약해지지는 않았으나 지장을 받았다.

그는 마흔의 나이(610)에 하나님 우편에 있는 천사장이자 동정녀 마리아에게 구주의 수태를 고지한 가브리엘의 부름을 받았다. 처음 계시를 받은 곳은 마카에서 걸어서 한 시간 거리에 있는 히라 산의 황막한 곳이었다. 환상 중에 "주의 이름으로 외치라"는 지시를 받았다. 자기에게 아주 두려운 일이 일어났다고 생각하여 벌벌떨며 집에 돌아온 그는 아내에게 모든 이야기를 다 들려주었더니, 아내가 크게 기뻐하면서 이제 백성의 예언자가 될 것이라고 독려해 주었다. 그 뒤에 다른 환상이 임하기를 기다렸으나 감감 무소식이었다. 그래서 히라 산으로

---

9) Sprenger는 마호메트가 차디야에게 충실했던 이유를 그의 인격에서 찾지 않고 의존성에서 찾는다. 차디야는 자기 재산을 스스로 관리했고, 마호메트에게는 그가 필요한 만큼만 주었다.

다시 올라갔다. 이번에도 환상이 임하지 않으면 스스로 목숨을 끊겠다고 단단히 결심을 했다.

그러나 자주 가던 자리에 다가갔을 때 지평선 끝자락에 가브리엘이 서 있었다. 그가 말하기를 "나는 가브리엘이고, 그대는 하나님의 예언자 마호메트이니라. 두려워 말라!"고 했다. 이때부터 마호메트는 예언자이자 새 종교의 창시자로서 첫발을 내딛게 되었다. (그가 창시한 종교는 아라비아를 대표하는 세 종교의 다양한 요소를 두루 겸비했으나, 전능하고 항상 존재하며 활동하는 의지인 알라〈Allah〉에 대한 신앙을 축으로 삼는다.) 이때부터 그의 인생은 세상의 눈 앞에서 전개되었으며, 그의 행적과 코란으로 구현되었다.

이러한 계시가 이십 년이 넘도록 여러 번 계속되었다. 어떤 방식으로 받았는가 물으면 (아예사가 전하는 바에 따르면) 이렇게 대답했다. "어떤 때는 종소리처럼 계시가 임하여 알아듣기가 몹시 힘겨웠다. 하지만 소리가 그치고 나면 들은 것이 다 생각났다. 때로는 천사가 인간의 모양으로 찾아와 나와 대화를 나누었고, 그가 해준 말을 나는 모두 기억한다."

부름을 받은 뒤 처음 삼년 동안은 가족과 친구들을 상대로 몹시 눈총을 받아가면서 사역하여 마흔 명 가량 되는 개종자들을 얻었는데, 그 중에서 아내 차디야가 첫 번째 개종자였고, 장인 아부 바크르(Abu Bakr)와 젊고 혈기왕성한 오마르가 중요한 개종자들이었다. 딸 파티마와 양자 알리, 그의 노예 자이드(Zayd)도 그가 신에게 사명을 받았다고 믿었다. 삼년 뒤에는 자신이 하나님의 명령으로 예언자와 입법자의 직무를 시작한다는 사실을 공적으로 알리고 난 뒤, 메카에 모여드는 순례자들에게 전도를 시작했다. 메카에서 자행되는 우상 숭배를 비판하고, 반대자들과 논쟁을 벌이고, 기적을 증거로 내보이라는 그들의 요구에 코란을 경우에 맞게 "한 장씩" 내보임으로써 대답했으며, 박해와 폭동을 유발했다. 결국 622년에는 생명의 위협을 느낀 채 추종자들과 함께 메카에서 메디나(엘-메디나 안-나비. '그 예언자의 도시')로 도피했다. 메카에서 북쪽으로 400km쯤 떨어진 곳으로서, 사막의 모래와 바위로 열흘을 가야 닿을 수 있는 곳이었다.

이 도피 혹은 이주를 가리켜 헤지라(Hegira 혹은 Hidshra)라고 하며, 이 사건이 그의 경이로운 성공의 발단이자 이슬람교 시대의 출범이 된다(622년 7월 15일). 그는 메디나에서 그는 예언자와 입법자로 인정을 받았다. 처음에 그는 "신앙에 강제가 있어서는 안 된다"고 하면서 관용을 선포했다. 하지만 세월이 흐른 뒤에는 모든 불신자를 이슬람교로 들어오게 해야 하고, 거역하는 자들은 칼로 다스려야 한다는 상반된 원리를 드러냈다. 열정적인 추종자들이 크게 증가하여 군대를 이루자, 그는 반대 세력과 전투를 벌여 624년에 305명의 병력으로 두 배나 병력이 많은 코레이쉬 진영에 대해 첫승을 거두었고, 여러 유대인 부족들과 그리스도인 부족들을 정복했고, 6백 명의 유대인들을 하루에 도륙하도록 지시하고 자신이 직접 지켜보았고,[10] 부녀자들은 노예로 팔아넘겼으며(627), 메카에 입성하여(630) 카바 신전에 있던 160개의 우상을 파괴하고 아라비아의 주인이 되었다.

코레이쉬 족은 그의 성공을 보고 크게 위축되어 "신은 한 분뿐이며, 마호메트가 그의 예언자이다"라고 외치게 되었다. 다양한 부족들이 하나의 민족으로 융합되었고, 조상 때부터 서로에게 지녀온 반목이 불신자들, 즉 타종교의 신도들에 대한 광적인 증오로 통합되었다. 코란의 마지막 장은 아라비아의 우상 숭배자들이 넉 달 안에 굴복하지 않으면 가차없이 제거해 버리라고 명령한다.

헤지라 제10년에 그 예언자는 4만의 이슬람 교도들을 이끌고 메카를 마지막으로 순례하고 그들에게 중요한 모든 교훈을 해주었으며, 약자들과 가난한 자들과 여자들을 보호하고 고리대금을 삼가라고 권고했다. 그는 그리스(헬라)인들에 대한 대규모 원정을 계획했다.

그러나 메디나로 돌아간 직후인 632년 6월 8일에 집에서 고열로 인해 아예사의 품에 안겨 예순셋의 인생을 마감하고 근처에 묻혔는데, 훗날 그의 무덤 둘레로 사원이 세워져 오늘날까지 남아 있다. 죽기 전에 격심한 고통 속에서 울부짖으며 침상에서 몸을 이러저리 굴렸는데, 곁에서 간병하던 아내들이 그러한 그의 행동에 놀라움을 표시하자, 그는 이렇게 말했다. "예언자들이 다른 사람들보다 고통을 많이 겪어야 한다는 것을 모르시오? 어떤 사람은 병균에 먹혀 죽었고, 어떤 사람은 너무나 가난하여 누더기 외에는 시신을 가릴 것이 없는 비참한 상태로 죽었지만, 그들이 내세에 받을 상은 참으로 클 것이오."

그가 최후에 남긴 말 가운데는 이런 것이 있다. "주님께서 유대인들과 그리스

---

10) Sprenger는 그렇게 말한다. III. 221. 다른 이들은 도랑에서 참수를 당한 유대인들의 수를 790명이라고 전한다.

도인들을 멸하옵소서! 예언자들의 무덤을 예배처로 사용하는 자들에게 진노하소서! 주님, 제 무덤이 숭배의 대상이 되지 않게 하옵소서! 아라비아 전역에서 이슬람교 외에는 어떠한 종교도 남지 않게 하옵소서 …… 가브리엘이여 내게 가까이 오시옵소서! 주님, 저를 가납하시사 높은 곳에서 당신과 사귐에 들어가게 하옵소서! 낙원에서 누릴 영원한 생명을 주옵소서! 가납해 주옵소서! 높은 곳에서 복된 사귐을 누리게 하옵소서!"[11]

오마르는 마호메트가 죽었다는 말을 믿으려 하지 않고 메디나의 사원에서 이렇게 선언했다. "그 예언자께서는 단지 혼절하셨을 뿐입니다. 그분은 위선자들과 불신자들을 모조리 뿌리뽑으실 때까지는 죽지 않으실 것입니다." 그러나 아부 바크르가 그를 가만히 있게 한 뒤 이렇게 말했다. "마호메트를 숭배하는 사람은 다들 그가 죽었다는 것을 알아야 합니다. 그러나 하나님을 숭배하는 사람은 주님이 살아 계시고 영원히 죽지 않으신다는 것을 알아야 합니다." 마호메트에게 가장 극진한 총애를 받은 아부 바크르가 칼리프 곧 마호메트의 후계자로 선출되었다.

후대의 전승과 심지어 최초의 전기조차 메카의 예언자가 신비한 기적들을 일으켰다고 전하며, 그의 이름에 신비스럽고 영광스러운 후광을 둘러놓는다. 그 내용을 간단히 소개하자면, 마호메트는 걸어다니는 나무들과 돌들에게 인사를 받았고, 비쩍 마른 염소들의 젖을 간단히 만지기만 하여 우유가 잘 나오게 했고, 가물어 갈라진 땅에서 물이 펑펑 솟게 하고 빈 동이에 물이 차게 하고 혹은 손가락 사이에서 물을 내기도 했고, 죽은 자를 살렸으며, 한밤중에 보락(Borak)이라는 자신의 말을 타고 하늘로 날아올라 메카에서 예루살렘으로, 예루살렘에서 낙원으로, 예언자들과 천사들의 거처로 갔다가 도로 메카로 돌아왔다는 따위의 내용들이다. 하지만 마호메트 자신은 코란의 여러 대목에서 기적의 능력을 단호하게 부정한다. 자기가 가르친 교훈의 내적인 증거들을 중시했으며, 하나님의 섭리를 자신의 방패로 삼았다. 하나님은 신앙의 덕을 감소시키고 불신앙의 죄를 증가시킬 수 있는 기적들을 거부하신다고 그는 주장했다.

마호메트의 인격

---

11) 참조. Sprenger, III. 522 sqq., Muir, IV. 270 sqq.

코란을 연대순으로 배열하면 그것만큼 마호메트의 인격을 잘 설명해 주는 자료가 없다. 그의 추종자들은 오늘날까지 그를 하나님의 가장 위대한 예언자로 간주하지만, 기독교 세계에서는 오래 전부터 그를 성경에 예언된, 그리고 거짓의 아비에게 영감을 받은 악한 사기꾼, 적그리스도, 거짓 선지자로 간주하여 혐오했다.

최근의 사가들이 내놓는 좀 더 온건한 평가는 그가 동방 족장의 좋고 나쁜 특성들을 겸비한 사람이었고, 생애 초반에는 진실한 개혁자이자 열정가였으나 자기 왕국을 수립한 뒤에는 정복욕의 노예가 되었다는 쪽으로 기운다. 확실히 그는 메디나에서 번영과 승리를 누릴 때보다는 메카에서 박해를 받고 고생할 때 더 훌륭한 면모를 보였다. 역사에는 그처럼 가난과 무명을 딛고 위대한 자리에 올랐다가 부와 권력의 볕 아래서 시들어 버린 사람들의 기록이 많이 남아 있다. 그는 솔로몬처럼 타락했으나 "헛되고 헛된 일"을 전하는 자처럼 회개하지 않았다. 성격은 우울하고 예민했고, 환각과 흥분에도 쉽게 달아오르는가 하면 가끔 좌절과 자살의 언저리에 다가갈 만큼 깊은 침체에도 쉽게 빠졌다. 그가 젊을 때 자주 겪은 간질적 발작 이야기가 훗날 그가 받았다고 하는 계시의 성격을 이해하는 데 실마리가 된다. 한참 발작을 하는 동안에는 낙타 울음소리를 내고, 입에 거품을 뿜고, 땀을 많이 흘렸다고 한다. 그는 악령들과 징조들과 주문들과 꿈을 믿었다. 그의 정신은 명석하지도 예리하지도 않았으나 강하고 열정적이었으며, 풍부한 상상력의 영향을 받았다. 그는 수준 높은 시인이었으며, 코란은 아랍 문학에서 최고의 고전으로 꼽힌다. 그는 자신이 초자연적 영향에 의해 동료 인간들을 가르치고 훈계할 거역할 수 없는 사명을 받은 예언자라고 믿었다. 활동을 시작할 당시에 하나님과의 합일과 우상 숭배의 가증함에 대한 확고한 신념을 품었으며, 동족을 이 '죄악들 중의 죄악'에서, 그리고 장차 올 심판의 공포에서 구출하기를 원했다. 그러나 국내 개혁자의 지위에서 다른 종교들을 흡수하는, 그리고 무력에 의해서 선전되어야 하는 세계 종교의 창시자로 점차 올라서게 되었다. 그런 상태에서는 정직한 열정과 이기적인 야심, 하나님을 경외하는 것과 권력과 영광을 사랑하는 것 사이에 구분선을 긋기가 힘들다.

그는 권좌와 왕관을 혐오했고, 굽지 않은 벽돌로 만든 초라한 집에서 아내들과 함께 살았으며, 아내들의 가사일을 거들었다. 먹고 마시는 일에 극히 절제했고, 대추야자 열매와 물을 주식으로 삼았다. 염소 젖을 짜고 옷을 깁고 구두를 수선하는 일을 부끄러워하지 않았으며, 죽을 때 남긴 사유 재산도 몰수된 땅 몇 필지, 14-15명 남짓한 노예, 낙타와 노새 몇 마리, 양 백 마리, 장닭 한 마리가 전부였다. 사막 지대를 호령하는 베두인 족장답지 않은 이런 검소함은 마호메트의 후계자들인 칼리프들과 술탄들이 보여준 화려하고 탐욕스러운 생활과 크게 대조를 이룬다. 그들은 수십 채의 왕궁과 후궁을 두고, 화려한 의복과 예법과 음악 외에는 아는 것이 없는 내시들과 여성들을 잔뜩 거느리고 살았던 것이다. 마호메트는 믿음과 경외심을 가지고 자기를 찾아오는 사람들을 편하게 만나주었다. 인내심을 가지고 넉넉한 마음으로, (아예사에 따르면) "면박을 한 처녀처럼" 신중하고도 수줍은 태도로 방문객들을 맞이했다.

그러나 원수들을 대할 때는 잔인하고 사납지 그지없었다. 그들에게는 배반도 서슴지 않았다. 무력 사용이 최고의 선교사라고 믿었으며, 성공하기 위해서는 수단과 방법을 가리지 않았다. 도덕성은 강했으나 육체적 용기는 미약했다. 처음 권력을 장악하기까지 13년 동안은 민중의 조소와 위협을 두려워하지 않았으나, 그 뒤에는 전투에 직접 나서는 일이 없었고, 항상 군대의 호위를 받으며 지냈다.

마호메트는 감각적 정욕의 노예였다. 그의 개인적 성격과 습관을 가장 잘 알았던 아예사는 늘 이렇게 말하곤 했다. "그 선지자께서는 세 가지를 사랑하셨는데, 그것은 여자들과 향품들과 음식이다. 처음 두 가지는 그분의 마음에 소원처럼 자리잡고 있었지만, 세 번째 것은 그 정도까지는 아니었다." 그가 과도한 일부다처 생활에 몰입하게 된 동기는 나이가 들면서 더욱 강해진 정욕과 사내 아이를 얻고자 하는 소원 때문이었다. 그의 추종자들은 아브라함과 다윗, 솔로몬의 예를 거론하고, 예언자 직분 수행에 따르는 과도한 어려움들을 거론하면서 그의 행위를 변명 내지 정당화했다. 그 직분이 인간으로서는 너무나 과중한 것이어서 하나님이 그에게 성적 유희를 보상으로 주셨고, 보통 남자 서른 명을 능가하는 정력을 부여하셨다고 그들은 설명했다.

마호메트는 24년 동안 사랑하는 아내 차디야 한 여성하고만 살았으나, 619년에 차디야가 예순다섯의 나이로 죽자 바로 두 달만에 소다(Sawda)라는 여성과 재혼했으며(619년 4월), 그 뒤부터 죽는 날까지 후궁의 여자들을 점차 늘리되 특히 마지막 2년 동안은 더욱 그러했다. 슈프렝거(Sprenger)에 따르면, 마호메트는 아름다운 여성에 관한 소문을 들으면 그녀에게 청혼을 했으나 대부분 거절당했다고 한다. 그에게는 정식 부인이 적어도 열네 명이나 되었고, 노예 첩의 수는 훨씬 더 많았다. 죽을 때는 아홉 명의 과부를 남겼다. 이 점과 관련하여 그는 자신이 특별한 계시를 받았다고 주장한다. 이 계시에 따라서 일반 이슬람교 신자보다 성생활에 탐닉할 훨씬 큰 자유를 얻었으며, 근족 결혼도 자신은 면제되었다고 한다.[12] 신적인 명령이라고 주장하면서 양자이자 절친한 친구인 자이드의 아내 제이납과 결혼했다. 그의 아내들은 아예사를 빼놓고는 모두가 과부들이었다. 그 중 하나는 아름답고 부유한 유대인 여성이었는데, 이 여성은 다른 아내들에게 "꼴보기 싫은 유대인 계집!"이라고 멸시를 당했다. 마호메트는 그녀에게 "아론이 내 아버지이고 모세가 내 숙부이다"라고 대응하라고 일러주었다.

아부 바크르의 딸 아예사는 마호메트의 각별한 사랑을 받았다. 그는 쉰세살에 당시 아홉살 소녀이던 그녀와 결혼했다. 아예사는 시집올 때 인형 아기들을 데리고 왔으며, 활달함과 쾌활함과 재치로 그 예언자의 마음을 사로잡았다. 아예사는 글을 읽을 줄 알았고, 코란 사본을 지니고 있었으며, 신학과 족보와 시에 대해서 마호메트의 다른 아내들보다 더 많이 알았다. 마호메트는 아예사가 낙원에서도 자신의 아내가 될 것이라고 선언했다. 그럴지라도 마호메트가 그녀의 무죄에 관한 계시를 받기 전까지는 정숙한 여자가 아니라는 의심을 면치 못했다. 마호메트가 죽은 뒤 아예사는 이슬람 신도들 가운데 가장 거룩한 사람이 되었고, 신앙과 법률 문제에서 가장 높은 권위를 가지게 되었다. 남편보다 47년을 더 살다가 678년 7월 13일에 메디나에서 예순일곱의 나이로 세상을 떠났다.

세습 왕조를 세우고 싶어했던 마호메트는 이 점에서는 큰 실패를 맛보았다. 차디야에게서 낳은 두 아들을 잃었고, 자신이 총애하던 첩 이집트 여성 마리아에게서 얻은 셋째 아들도 잃었다.

---

12) 그는 코란에서 이 주제를 자유롭게 이야기한다(*Sur.* 4, 33). 뒷부분에 다음과 같은 수치스러운 단락이 나온다. "예언자여! 우리는 당신에게 부여된 아내들과, 신이 당신에게 허락한 노획물 가운데 당신이 오른손으로 취한 노예들, 그리고 당신과 함께 메디나로 도피한 당신의 삼촌의 딸과 숙모들과 외숙모들의 딸들, 그리고 예언자에게 자신을 내맡긴 여성들 가운데 예언자가 결혼하기를 원하는 여성들을 나머지 모든 신자들을 넘어서서 당신에게 특권으로 바칩니다." 훗날 같은 Sura(p. 569)에서 그는 이렇게 말한다. "너희는 신의 사도를 괴롭게 해서는 안 되고, 그가 죽은 뒤 그의 아내들과 영원히 결혼해서는 안 된다. 이것은 신을 크게 노엽게 하는 일이 될 것이다."

예수와 같은 분과 비교하자면 그는 참으로 터무니없는 인물이고, 심지어 신성 모독적이기까지 하다. 예수는 죄 없으신 죄인들의 구주이셨으나, 마호메트는 죄인이었고, 자신도 그것을 알고 자백했다. 그는 도덕적 순결 면에서 모세나 엘리야보다, 혹은 여느 선지자들과 사도들에 못 미치는 사람이었다. 하지만 계시의 영역 밖에서는 세계 종교의 창시자이자 입법자들인 유교의 공자와 불교의 석가모니에 견줄 만한 인물이다.

43. 이슬람의 정복

마호메트는 이렇게 말한다. "칼이 천국과 지옥의 열쇠이다. 알라를 위해서 흘린 피 한 방울과, 무장한 채 지새운 하룻밤이 금식이나 기도로 보낸 두 달보다 더 효험이 있다. 누구든 전투에 나가면 죄 사함을 받으며, 심판 날에 팔다리 대신에 천사들과 그룹들의 날개를 받게 될 것이다." 이것이 그가 성공을 거둘 수 있었던 비결이다. 우상 숭배자들은 이슬람 신자가 될 것인가, 노예가 될 것인가, 아니면 죽음을 당할 것인가를 놓고 택일해야 했다. 유대인들과 그리스도인들은 조공을 바침으로써 제한된 관용을 얻도록 허락받았으나, 그렇게 하지 않을 경우 치욕스러운 노예 신세를 면치 못했다. 역사는 좀 더 숭고한 대의를 위해 순수한 동기를 가지고 싸운 크롬웰의 철기병(鐵騎兵)과 스코틀랜드 맹약도(Covenanters)를 제외하고는 이슬람 정복자들처럼 용감하고 신앙으로 무장된 군대에 관한 기록을 남기지 않는다.

마호메트와 마찬가지로 사제와 왕의 위엄을 두루 갖춘 그의 계승자들인 칼리프들은 "여러분 앞에는 낙원이 있고, 여러분 뒤에는 죽음과 지옥이 있다"는 전투 구호를 가지고 정복을 전개해 나갔다. 비잔틴 제국이 약해진 틈과 그리스 교회의 내부 갈등에 힘입은 사막의 거친 아들들은 맹렬한 광신으로 무장을 하고, 지극히 간소한 음식으로 만족할 줄 알고, 전쟁과 고생과 험한 생활로 잘 훈련된 병사들로서, 팔레스타인·시리아·이집트를 굴복시키면서, 초기 기독교의 고대 그리스·로마의 땅을 집어삼켰다. 예루살렘·안디옥·알렉산드리아 총대주교구들에 속한 무수히 많은 기독교 교회들이 무참히 파괴되거나 이슬람 사원으로 개조되었다. 마호메트가 죽고 21년이 지난 뒤 초승달[이슬람 군대의 문장]이 로마 제국만큼 광활한 영토를 지배했다. 콘스탄티노플조차 두 번(668년, 717년) 포위 공격을 당할 정도였다. 물론 함락은 면했지만 말이다. 당시에 새로 발명된 "그리스의 불"의 가공할 화력과 유난히 길고 추웠던 겨울 탓에 이슬람 군대가 패퇴를 하게 되었고, 유럽의 동부와 북부가 코란의 충해(蟲害)로부터 건짐을 받았다. 별로 의미도 없는 신조상의 미묘한 차이를 놓고 치열한 분쟁을 벌여온 무수히 많은 명목상의 그리스도인들은 정복자 앞에서 신앙을 버렸다. 707년에는 한때 아우구스티누스가 신학과 신앙의 중대한 문제들을 놓고 교회를 지도했던 북아프리카 속주들이 아랍인들의 수중에 들어갔다.

711년에 그들은 아프리카를 건너 스페인으로 들어갔고, 코르도바에 독립 칼리프 국가를 세웠다. 서방 고트족들의 도덕적 타락과 불화가 그들의 정복을 용이하게 만들었다. 이러한 성공에 고무된 아랍인들은 피레네 산맥을 넘었고, 조만간 로마의 성 베드로 성당에 마구간을 짓겠다고 호언장담했지만, 732년에 푸아티에와 투르의 중간 지대에서 압드-에르 라만(Abd-er Rahman)이 카를 마르텔에게 패함으로써 서진(西進)의 기세가 꺾였으며, 1492년 — 콜럼버스가 신대륙을 발견한 해 — 에는 페르난도가 그라나다 관문에서 스페인에 마지막으로 남아 있던 이슬람 군대를 격퇴하고 그들을 다시 아프리카로 밀어냈다. 알함브라 궁전과 요새, 사자상들이 두드러지는 궁전, 정교한 아라베스크 문양들과 격자 무늬 세공, 여전히 남아 있는 방향 식물들의 정원과 관목들이 무어족 왕들의 권력을 엿보게 하는 화려한 유적으로 남아 있다.

동방에서는 무슬림들이 정복의 고삐를 놓지 않았다. 9세기에 그들은 페르시아 · 아프가니스탄 · 인도의 상당 지역을 점령했다. 조로아스터교 신도들을 소수의 흩어진 집단들로 전락시켰고, 브라만교와 불교의 광범위한 영역을 심지어 갠지스 강 너머까지 정복했다. 11세기에 셀주크 터키와 13세기의 몽고는 자신들이 정복한 칼리프들의 종교를 채택했다. 콘스탄티노플은 1453년에 결국 터키에게 함락되었고, 유스티니아누스의 영광스러운 통치가 고스란히 배어 있는 성 소피아 성당은 복음 대신에 언월도(偃月刀)를 든 낭독자가 코란을 낭독하는 이슬람교 사원으로 변모했다. 터키는 콘스탄티노플을 거점으로 내내 독일 제국을 위협했으며, 1683년에 가서야 비로소 그들이 빈의 관문에서 소비에스키에 의해서 최종적으로 패배하여 도나우 강 이남으로 철수했다.

타타르 터키(the Tartar Turks)는 지독한 광신과 탐욕으로 동유럽의 노른자위와 같은 지역을 마구 짓밟고 노략질했다. 다른 종교들을 경멸했던 이들은 그리스도인들을 '개'라고 부르고 또 그렇게 대함으로써 사실상 노예 상태로 전락시켰다. 기독교 집단의 내부 문제에는 간섭하지 않았으나, 교회의 성직 임명을 건수로 삼아 돈을 받아 챙겼다. 이슬람 신도를 개종시키려는 시도에 대해서는 사형으로 엄벌했다. 신앙을 버리는 것은 국가에 대한 반역이었고, 이생에서 극형에 해당할 뿐 아니라 장차 올 세상에서도 영원한 저주에 해당하는 죄악이었다.

1856년에 크림 전쟁이 끝난 뒤 술탄의 영토에서 배교에 대한 사형 규정이 명목상 폐지되었으며, 1878년의 베를린 조약이 체결되면서 터키 제국에 기존에 존재하던 모든 분파들에게 종교의 자유(관용보다 한 단계 더 나아간)가 허용되었으나, 과거의 광신은 다만 더 우월한 권력에만 굴복할 것이며, 종교 자유 보장도 이슬람 신도들에게 전도할 자유를 내포하는 것으로 이해되지 않는다. 다만 기독교 분파들이 서로 먹고 먹힐 자유를 얻게 된 셈인데, 그 범위를 넘어서서 이슬람의 신성한 권역을 침범하면 그것은 재앙으로 통한다.[13]

마호메트의 전승은 마리아의 아들 그리스도가 세상을 심판하기 위해서 마지막 칼리프로 돌아올 것이라는 묘한 예언을 담고 있다.[14] 이슬람 신도들 사이에서는 자신들이 결국에는 기독교와 서양 문명의 끈질긴 공세를 견뎌내지 못할 것이라는 의식이 자리를 얻어가고 있다. 칼리프들의 후예인 술탄은 제 한 목숨 보존을 위해 몸을 사리는 허약한 권력자일 뿐이다. 비록 가까운 장래에는 일어나지 않겠지만, 터키 제국이 해체되면 이슬람의 척추가 끊길 것이며, 동방 문제 곧 성경적 기독교에 의해 성경의 땅들이 도덕적으로 갱생하게 되는 일이 해결될 수

---

13) 만약 개신교 선교사들이 로마 가톨릭인 오스트리아와 그리스 가톨릭인 러시아에서보다 터키에서 더 많은 자유를 누린다면, 그 자유가 틀림없이 위와 같은 제약 안에서 누리는 것임을 알아야 한다. 터키의 관용은 모든 유형의 기독교에 대한 거만한 경멸에서 나오지만, 러시아와 오스트리아의 불관용은 특정 기독교 유형에 대한 편협한 신앙과 독재에서 나온다.

14) 마호메트의 전통적 발언 가운데는 이런 것이 있다(Gerock, *l. c.*, p. 132): "나는 시작과 끝 양면에 대해서 예수와 가장 가깝다. 나와 예수 사이에는 예언자가 없기 때문이며, 세상 끝에 그가 나의 대표와 계승자가 될 것이기 때문이다. 예언자들은 비록 어머니들은 다르지만 모두 한 분 아버지를 모시므로 모두 형제들이다. 그들의 모든 종교들의 기원은 동일하며, 나와 예수 사이에는 다른 예언자가 없다."

있는 진정한 길이 열리게 될 것이다.

44. 코란과 성경

　　코란은 이슬람교의 경전이다.[15] 이것이 그들의 신조이고 법전이고 전례(典禮)이다. 그들은 이것이 천사장 가브리엘 — 그들은 이 천사가 성경에서 성령에 해당하는 기능을 수행한다고 믿는다 — 에 의해 신적으로 감화된 책이라고 주장한다.[16] 이슬람 교도들은 계시를 두 부류로 구분한다. 하나는 천사가 말한 것을 문자 그대로 옮겨적은 것(와히 마틀루〈Wahee Matloo〉, '하나님의 말씀')이고, 다른 하나는 영감된 교훈의 인상을 주는 예언자 자신의 말(와히 가이르 마틀루〈Wahee Ghair Matloo〉 혹은 Hadees)이다. 예언자는 다섯 번밖에 이름이 언급되지 않지만, 계시의 수령자이자 거룩한 필사자로서 말하라는 단어와 함께 책 전체를 통해서 가브리엘의 지시를 받는다. 코란은 114개의 수라(Sura, 장)와 6,225

---

15) 아랍어, 쿠란(*quran*, 꾸란).

16) 수라 53(Rodwell, p. 64):
　　"코란은 그에게 나타난 계시에 다름 아니다.
　　어떤 두려운 권세를 가진 이[가브리엘, 즉 하나님의 강한 자]가
　　그것을 그에게 가르쳤다.
　　그는 지혜로 교육을 받고, 균형을 가지고
　　지평선의 가장 높은 곳에 섰다.
　　그가 더 가까이 다가와서
　　활 두 개의 거리나 혹은 더 가까이 서서
　　자신이 계시하고자 하는 바를 자신의 종에게 일러 주었다."
　　현대 이슬람교 학자 Syed Ahmed Khan Bahador의 견해를 덧붙여 소개한다(*l. c.*, *Essay on the Holy Koran*): "거룩한 코란이 마호메트에게 전해질 때는 돌판으로도 갈라진 불의 혀로도 전해지지 않았다. 또한 마호메트의 추종자들은 모세의 추종자들처럼 원본이 망실되었을 경우 사본이나 대응물을 받지도 않았다. 그것이 전달되는 상황에 어떠한 신비스러운 일도 따르지 않았다. 그것은 마호메트의 마음에 새겨졌기 때문이고, 그의 혀를 통해 온 아라비아에 전달되었기 때문이다. 마호메트의 마음이 그가 계시를 받은 시내 산이었으며, 참된 신자들의 마음들이 그의 돌판들이었다."

개의 절로 이루어져 있다.[17] 수라는 (아홉번째 것을 제외하고는) 한결같이 "자비의 신이요 자비가 풍성한 알라의 이름으로"라는 문구(유대적 기원을 지닌)로 시작한다.

코란은 불완전한 보격(meter)과 운율(rhyme)로 되어 있다(이탈리아어와 마찬가지로 아랍어에서도 운율과 보격이 자연스럽고 평이하다). 코란에 쓰인 언어는 가장 정순한 아랍어로 간주된다. 시 형식은 동양적 이미지와 일종의 대구법에서 히브리 시와 유사하지만, 번역 과정에서 본래의 매력이 상실된다. 반면에 성경의 시편과 선지서들은 어느 언어로 번역하든 원래의 힘과 아름다움을 잃지 않고 옮길 수 있다. 코란은 미신적 숭배로 떠받들어지며, 최근까지도 너무나 거룩하여 보통 책처럼 번역하거나 판매될 수 없는 책으로 간주되었다.

마호메트는 계시를 받고 활동을 해나가는 과정에서 독자들이 아닌 청중을 위해서 이따금씩 코란의 내용을 준비하여 받아적게 했으며, 그로써 암기로든 혹은 그의 친구들이 필사하여 남긴 사본들을 낭독하는 방식으로든 청중 앞에서 낭송하기에 알맞게 만들어 놓았다. 따라서 그 내용이 우발적이고 단편적인 성격을 지닌다. 마호메트가 죽은 뒤 일년 쯤 되었을 때 그의 장인이자 계승자인 아부 바크르의 지시에 의해 그 선지자의 안사르(ansar, 서기) 자이드가 산발적으로 보관되어온 코란의 단편들을 "야자수 잎사귀에서, 흰 석판에서, 사람들의 품에서" 수집했지만, 연대순이나 주제의 연속성은 고려하지 않았다. 아부 바크르는 이 사본을 마호메트의 과부들 가운데 한 사람인 하프사(Haphsa)에게 맡겨 보관하도록 했다. 이것이 오마르가 칼리프로 재위하던 10년 동안 정본으로 남았다. 사본들마다 다른 내용이 발견되면서 심각한 논쟁이 벌어지자, 자이드가 여러 명의 코레이쉬들과 함께 메카 방언으로 된 본문을 순결하게 보존하는 책임을 맡았고, 기존의 나머지 사본들은 모두 수거되어 소각되었다. 자이드의 교정본이 꼼꼼한 노력에 의해 오늘날까지 변경되지 않은 채 전수되었으며, 그 외의 다양한 사본

---

17) 수라(Sura)는 계시 혹은 장 혹은 한 장의 부분이란 뜻이다. 이슬람교 주석가들은 마치 벽을 구성하는 벽돌들의 열처럼 주로 주제들 혹은 부분들의 연속을 가리키는 데 이 용어를 사용한다. 수라들의 이름들은 일반적으로 각 수라를 대표할 만한 주제나 단어에서 취한 것들로서, 예를 들면 다음과 같은 것들이다: '태양', '별', '책임들', '흩음', '경배', '거미', '여성들', '위선자들', '빛', '요나', '동굴', '야간 여행', '암소', '전투', '승리.'

들은 거의 알려지지 않는다. 사본들 사이의 차이는 후대에 창안된 모음 점들에 국한된다. 코란에는 일관성이 없고 모순된 점들이 많이 있지만, 주해자들은 뒤의 계율이 앞의 계율을 대체한다고 주장한다.

  '수라' 들의 연대순을 회복하는 것이 저자의 정신과 인격에서 이슬람 사상이 어떻게 점진적으로 발전했는가를 올바로 이해하는 데 필요하다.[18] 초기의 수라들과 중기의 수라들, 후기의 수라들 사이에는 현저한 차이가 있다. 초기의 것은 시적이고 거칠고 광상적(狂想的)인 요소들이 두드러지고, 중기의 것은 산문체의 이야기 형식으로서 선교에 관한 내용이 주종을 이루며, 후기의 것은 공적이고 법률적인 요소가 내용을 이끌어 간다. 마호메트는 자연의 대상들, 심판, 천국과 지옥에 관하여 기술함으로써 글을 시작하는데, 주로 간단한 문장으로 되어 있는 열정적이고 단편적인 발언들이다. 계속해서 유대교와 기독교의 자료를 토대로 교리적 주장들과 역사 진술들을 전개하고, 선교에 대한 호소와 설득을 펼쳐나간다. 그리고 입법가이자 전사로서의 권위적인 명령으로 맺는다. "메카에서 훈계와 설득에 힘썼던 사람이 메디나에서는 입법가와 전사의 태도를 가지고 순종을 명령하며, 시인과 서기관의 펜 이외의 다른 무기들을 사용한다. 메디나에서처럼 일이 바쁘게 진행될 때는 시가 산문에 자리를 내어주는 법이다. 비록 시적 표현들이 가끔 나타나는 것이 사실이고, 그가 말년까지 시인에 불과한 자가 아니냐는 비판에 대해서 스스로를 변호해야 했던 것이 사실일지라도, 메디나 수라들에서는 이런 면모를 찾아볼 수 없다. 메디나 수라들에서는 하나님과 사도, 하나님의 선물들과 사도의 선물, 하나님이 기뻐하시는 것과 사도가 기뻐하는 것이 한 호흡에 언급되고, 수라 IX의 경우처럼 알라에게 적용되는 칭호들과 속성들이 노골적으로 마호메트에게도 적용되는 것을 발견하고서 깜짝 놀라게 된다."[19]

---

18) Muir는 현재의 순서가 거의 자연적인 연대순을 뒤집어 놓은 것이라고 말한다. 그 중 긴 부분들은 대부분 마호메트의 후기에 속한 것인데 앞에 배치했고, 짧은 부분들은 나중에 배치했다. Weil, Sprenger, Muir는 연대순에 따른 배열에 많은 관심을 기울였다. 뇔데케도 「코란의 역사」에서 이슬람교 전승들과 본문에 대한 면밀한 분석을 토대로 상당한 수준의 확실성을 가지고 수라들의 순서를 확정했다. Rodwell는 자신의 영어본에서 주로 그의 견해를 따랐다.

19) Muir(*Life*, II. 313, 278)와 Stanley(p. 366)는 마호메트가 정경 복음서들의 내용을 희미하게나마 알고 있었던 흔적들로, 코란에 세례 요한의 탄생 기록이 실려 있는

코란의 자료들은 저자 자신의 상상의 산물이 아닌 한에는 아라비아와 시리아에 떠돌아다니던 전승들에서, 랍비적 유대교에서, 그리고 변질된 기독교에서 유래한 것들로서, 저자가 자신의 목적에 맞게 고쳐 사용한 것이다.

마호메트는 여행을 다니면서 여러 종교의 학자들을 만나보았으며, 대상(隊商)을 따라 낙타를 타고 처음 여행길에 나섰을 때는 보스트라의 네스토리우스파 수사를 만났다. 여러 가지 다른 이름들(보하리 · 바히라 · 세르기우스 · 게오르게)을 가지고 활동하던 그는 젊은 예언자를 기쁘게 맞아주고는 그가 훗날 크게 될 것이라고 예언해 주었다. 마호메트의 아내 차디야와 사촌 와라카(기독교로 개종한 유명한 인물. 혹은 유대인이었을 개연성이 높음)는 유대인들과 그리스도인들의 경전을 익숙히 알고 있었다고 전해진다.

코란은 특히 앞 부분의 수라들에서는 성경에 관해서 자주 높이 평가를 하며, 그 책을 "하나님의 책", "하나님의 말씀", "투라트"(토라, 모세오경), "복음"(이닐)이라고 부르며, 유대인들과 그리스도인들을 "그 책의 사람들" 혹은 "성경의 사람들" 혹은 "복음의 사람들"이라고 부른다. 성경에서 마호메트와 그의 성공에 관한 예언들을 찾아내며, 아담과 하와의 타락, 노아와 홍수, 아브라함과 롯, 소돔과 고모라의 멸망, 모세와 요셉, 세례 요한, 동정녀 마리아와 예수에 관한 기사를 신되, 때로는 성경에 있는 표현대로 싣지만, 대체로는 랍비적이고 외경적인 우화들을 가지고 성경의 내용을 왜곡하고 산만하게 한다.

누군가가 성경의 내용을 마호메트에게 읽어 주었을 가능성이 크다. 그러나 그가 직접 성경을 읽었을 가능성은 희박하다. 이슬람교의 지배적인 전승에 따르면

점과, 마호메트가 페리클리투스(Periclytus) 곧 유명한 자(the Illustrious)라는 왜곡된 형태로 파라클레투스(보혜사)의 이름을 취한 점을 지적한다. 그러나 필자의 견해로는 마호메트가 세례 요한의 탄생 기록을 누가복음에서 취했을 것 같지 않다. 만약 그랬다면 마리아를 모세의 누이 미리암과 혼동하는 큰 연대적 착오를 범하지 않았을 것이다. 요한복음에만 나오는 보혜사에 관한 약속의 경우도 그것이 마호메트 이전에 민간 전승에 흘러들어갔음에 틀림없다. 그 단어는 탈무드에도 나오기 때문이다. 만약 마호메트가 요한복음을 읽었다면 보혜사가 성령이시라는 것을 알았을 것이고, 따라서 그를 자신보다 가브리엘과 동일시했을 것이다. Palmer의 견해는 마호메트가 읽지도 쓰지도 못했지만 당시 아라비아에서 살던 유대인들과 그리스도인들 사이에서 유포되던 전승들에서 지식을 얻었다는 것이다.

그는 아예 글을 읽을 줄 몰랐고, 마호메트의 정복 이전에는 아랍어 번역 성경 — 이것이 정복된 나라들에 아랍어를 널리 보급하는 데 이바지했다 — 이 없었기 때문이다. 그 외에도 혹시 마호메트가 조금이라도 주의 깊게 성경을 읽었다면 그렇게 심한 왜곡은 할 수 없었을 것이다. 그가 사용한 몇 가지 성경적 표현들 — "구제할 때에 …… 사람에게 영광을 얻으려고 …… 하는 것같이 너희 앞에 나팔을 불지 말라", "하나님 한 분 외에는 누가 능히 죄를 사하겠느냐" — 은 개인적 접촉과 유명한 전승에서 끌어다 쓴 것일 가능성이 있다. 그는 예수(이사⟨Isa⟩)를 가리켜 "성령으로 능력을 입은 마리아의 아들"이라고 말한다. 노아(누흐⟨Nuh⟩), 아브라함(이브라힘⟨Ibrahym⟩), 모세(무사⟨Musa⟩), 아론(하룬⟨Harun⟩)이 자주 존경의 어조로 언급하지만, 어김없이 불완전한 전승 혹은 외경 자료를 토대로 삼는다.

코란은 틀림없이 세상에서 가장 위대한 책들 가운데 한 권이다. 그냥 책에 불과한 게 아니라 제도이고, 신적 기원과 권위를 주장하는, 국가와 종교를 아우르는 법전이다. 이것은 오늘날까지도 수억에 해당하는 이슬람 신도들에게 기도의 심정을 불러일으키고, 개인과 사회의 생활을 규제한다. 시적 아름다움과 종교적 열정과 지혜로운 조언이 두드러지는 단락들이 많이 실려 있다. 하지만 다른 한편으로는 터무니없는 내용들과 허황되고 무의미한 이미지들, 말초적 감각에 호소하는 내용들도 많이 섞여 있다. 중복과 모순도 많이 실려 있는데, 이런 것들은 간편한 폐기 이론으로는 제거되지 않는다. 코란을 펴서 읽다보면 매력을 느끼게 하고 거부감을 일으키는 것이 자꾸 반복되기 때문에 끝까지 읽어내기가 쉽지 않다.

기번(Gibbon)은 코란을 가리켜 "신의 유일성에 관한 영광스러운 증거"라고 하지만, 그러면서도 매우 적절하게 "우화와 계율과 선언으로 이루어지는 끊임없고 일관성 없는 광상곡(狂想曲)으로서, 지적 정서나 관념을 일으키지 못하고, 때로는 바닥을 기고 때로는 구름 위로 날아오른다"고 평가한다.[20] 레이스케(Reiske)는 코란을 건전한 상식을 지닌 독자에게 불합리하고 부담스러운 책이라고 혹평한다. 탁월한 평론가이기도 했던 괴테(Goethe)는 코란의 문체를 소박하고 탁월하고 격렬하고 때로는 장엄하기까지 하다고 특징짓는다. 그는 이렇게 말한다.

---

20) *Decline and Fall of the R. E.*, Ch. 50.

"해도 될 일과 해서는 안 될 일에 관한 구체적인 명령들, 유대교와 기독교에 관한 전설들, 온갖 부류의 부연 설명들, 끝없는 중복과 반복 등이 이 종교서의 몸체를 이루는데, 이것이 우리가 접근할 때는 거부감을 일으키다가도 다음 순간에는 마음을 사로잡고, 감탄을 일으키며, 마침내는 존경심이 절로 생기게 한다." 괴테는 이슬람교의 핵심을 두 번째 수라에서 찾는다. 이 부분에서는 신앙과 불신앙에 천국과 지옥의 확고한 약속이 붙으면서 극명하게 대비된다.

칼라일(Carlye)은 코란을 가리켜 "다듬어지지 않은 거대한 인간 영혼의 혼란스러운 발효; 조야하고 학문의 손길이 닿지 않아 읽어내기조차어렵지만, 그러면서도 열정적이고 진실하고 치열하게 속에 있는 생각을 표현해 낸" 책이라고 한다. 그리고 이슬람교에 대해서는 이렇게 평가한다. "그것을 거짓이라 부르지 말고, 그것의 거짓된 면을 바라보지 말며 진실한 면을 바라봐야 한다. 그것은 지난 열두 세기 동안 전세계 인구 1/5의 종교이자 삶의 지침이었다. 무엇보다도 그것은 그 많은 사람들이 마음으로 뜨겁게 믿어온 종교이다." 하지만 이런 감탄과 긍정적 평가를 내놓은 뒤, 칼라일은 자신도 코란을 영어로 직접 읽어보았는데 그것이 여간 '괴로운 일'이 아니었다고 털어놓는다. "[코란은] 지루하고 혼란스러운 잡동사니이다. 여간 거칠고 조잡한 게 아니다. 끝없이 반복되고 장황하며, 근거도 없이 허황되다. 한 마디로 유럽인은 종교적 의무감이 없다면 코란을 끝까지 읽어낼 수가 없다. 어떤 훌륭한 사람을 어렴풋이라도 알 수 있기 위해서 마치 국가 공문서 기록소에 가서 방대한 분량의 문서를 읽듯 이렇게 좀처럼 읽기 힘든 잡다한 문서들을 우리는 읽는 것이다."

그런데도 이슬람교의 어떤 학자들은 코란을 7만 번이나 읽었다고 한다. 에마누엘 도이취(Emanuel Deutsch)는 코란의 위대성을 주로 그 안에 쓰인 아랍어 어투에서 발견한다. "[코란에 쓰인 아랍어는] 아주 독특한 위엄과 강렬한 인상을 풍기는 셈족 특유의 격조 있는 음조와 어투로 되어 있고, 만연체에 무수히 많은 접두사와 접미사로 이루어져 있는데, 이 접사들은 각각 제 위치를 잘 지키면서도 마치 여러 겹 옷이 몸을 감싸듯, 궁정의 신하들이 왕 한 사람 주위를 옹위하듯 중심의 뿌리를 지향하고 그것에 영향을 준다."

팔머(E. H. Palmer)는 기적 차원의 주장을 펴는 코란이 서양인들에게는 아무리 터무니없게 들릴지라도 아랍인들에게는 예나 지금이나 논쟁의 여지가 없다고 말하며, 아랍인들은 코란이 아랍인의 정신에 항상 막대한 영향을 끼쳐온 비결을 다음과 같은 사실로써 설명한다고 지적한다. "코란은 단순히 개인의 열정적 발언으로 이루어져 있지 않고, 오래 전부터 사막의 부족들 가운데 전해지던 유명한 격언들과 탁월한 웅변의 대목들, 민중의 사랑을 받던 전설들로도 이루어져 있다. 아랍 저자들은 샤이반 와일(Shaiban Wail) 같은 고대의 아랍 웅변가들이 얻은 명성을 자주 언급하지만, 불행하게도 그들의 작품들 가운데 현존하는 것이 없다. 하지만 코란은 그들의 동족들을 그토록 강하게 사로잡았던 연설들이 어떤 것인가를 평가할 수 있게 해준다."[21]

「베다」(Vedas)를 포함한 모든 책들 가운데 코란은 성경의 가장 강력한 라이벌이지만, 내용과 형식 면에서 성경에 한참 뒤진다.

코란과 성경 모두 그것을 소유하고 있는 민족들의 도덕적·종교적 법을 싣고 있다. 두 책 모두 문체와 이미지 체계가 동양적이다. 두 책 모두 분명한 역사 상황과 구체적인 필요들에서 발생한 시의성(時宜性) 있는 저작이라는 신선한 성격을 지닌다. 그러나 성경이 유일하신 참 하나님께서 그리스도 안에서 자신을 나타내시고 세상을 자신과 화목시키시는 사실을 알리는 정순한 계시인 반면에, 코란은 그리스도도 없고 속죄도 없는 거짓 계시이다. 코란에 실린 내용 가운데 참된 것은 모두 성경에서 차용한 것이고, 독창적인 것은 거짓되거나 경박하다. 성경은 역사적인 책으로서, 만대의 인류가 최후의 절정에 이르기까지 품어왔고 또한 품어갈 가장 숭고한 열망들을 구현한다. 반면에 코란은 마호메트에서 시작하여 그와 더불어 끝난다. 성경은 대단히 다양한 내용을 기록하지만, 동시에 통일성을 지니고 있으며, 지역 상황에 맞게 적용할 수 있는 보편적 적용성도 지니고 있다. 반면에 코란은 획일적이고 단조로워서, 하나의 지역, 하나의 국가 사회, 하나의 정신 계층에 국한된다. 성경은 세계의 책이며, 항상 땅끝까지 두루 다니면서 모든 민족과 모든 사회 계층 사람들에게 영적 자양을 공급하지만, 코란은 동방에 머물며, 한번 살아 계시는 하나님의 참된 말씀을 맛본 사람들에게는 무미건조하다. 코란의 시(詩)도 욥기나 이사야서의 웅장하고 숭고함, 시편의 서정적 아름다움, 아가의 정겨움과 사랑스러움, 잠언과 전도서의 격언적 지혜에 미치지 못한다.

몇 가지 예만 들어도 충분한 설명이 될 수 있다.

---

21) *The Quran*, Introd. I., p. 1.

"찬미와 기도의 수라"라고 부르는 첫 번째 수라 — 이슬람 신도들이 하루 다섯 번 드리는 기도 때마다 이 부분을 여러 번 암송함 — 는 이슬람교에게는 기독교의 주기도문에 해당하는 기도로서, 주기도문과 같은 수의 간구를 싣고 있다. 그것을 옮겨본다(참조. 한국 이슬람 정보 사무국 刊 성 꾸란):

"자비로우시고 자애로우신 하나님의 이름으로
온 우주의 주님이신 하나님께 찬미를 드리나이다
그분은 자애로우시고 자비로우시며
심판의 날을 주관하시도다
우리는 당신만을 경배하오며 당신에게만 구원을 비노니
저희들을 올바른 길로 인도하여 주시옵소서
그 길은 당신께서 축복을 내리신 길이며 노여움을 받은 자나
방황하는 자들이 걷지 않는 가장 올바른 길이옵니다."

이 첫 번째 수라를 주기도문과 비교할 때 무게가 후자쪽으로 확연히 기울듯이, 코란이 묘사한 낙원을 사도 요한이 이상으로 바라본 천상의 예루살렘과 비교해 봐도 역시 마찬가지이다:

"실로 그날 천국에 거주하는 자들은
그들이 행한 모든 것으로 크게 기뻐하리라;
그들은 그의 아내들과 시원한 그늘에서 장식된 침상에 기대어
모든 과일을 즐기며 그들이 원하는 모든 것을 갖게 되며
평안하라는 자비로운 주님의 말씀을 듣더라
죄인들이여, 오늘은 너희를 의로운 자들로부터 분리시키리라"
(수라 36 중에서).

————————————

"그러나 성실한 하나님의 종들은
그들을 위해서 베풀어진 잔치가 있으니
과일들과 명예와 존엄이 그것이라
그들은 기쁨의 낙원에서

긴 의자에 서로 마주보고 앉아서

흐르는 샘물에서 잔으로 순배를 들게 되나니

그것은 수정같이 하얗고 마시는 이들에게 맛이 있더라

그것은 머리가 아프지 아니하고 취하지도 않더라

그들 주위에는 순결한 여성들이 있나니

그녀의 눈은 잘 보호되었고 눈은 크고 아름다우매

마치 잘 보호받은 달걀과 같더라"(수라 37 중에서).

45. 마호메트의 종교

이슬람교는 새로운 종교가 아니다. 모든 민족과 시대를 위해 예비된 완전한 종교[기독교]가 나타난 뒤에 새로운 종교가 일어난다는 것은 기대할 수 없는 일이다. 마호메트가 아라비아에서 설립한 것은 기존의 요소들을 짜깁기 내지 합성한 것으로서, 이교와 유대교와 기독교를 종합하려는 거친 시도였으나 그 형식은 매우 불완전했다. 이슬람교에 따르면 이 종교는 이삭과 이스마엘의 공동의 아버지 아브라함의 신앙을 회복한 것이라고 한다. 그러나 그것은 복음의 경륜[시대]을 목표와 성취로 직접 바라보는 메시야 소망과 열망을 지닌 아브라함의 정순한 신앙이 아니라, 이스마엘의 서출 유대교이자, 탈 기독교 · 반 기독교적 탈무드의 유대교이다. 더욱이 마호메트는 신약성경에 기록된 대로의 순수한 예수의 종교를 알지 못했다. 그가 안 것은 형편없는 외경과 이단 복음서들에서 볼 수 있는 기독교의 왜곡과 풍자일 뿐이다. 이렇게 성경에 무지하고, 이슬람 신도들이 접촉했던 동방 기독교가 변질되어 있었던 상태가 그들의 불신앙과 완고한 편견에 다소나마 변명이 된다. 그럴지라도 코란에 실려 있는 빈약한 거짓 유대적, 거짓 기독교적 요소들이 아라비아와 아프리카의 옛 이교를 개혁하여 훨씬 더 높은 수준으로 끌어올려 놓을 만한 힘이 있었다. 이슬람교의 위대하고 의심할 여지 없는 장점은 우상 숭배를 타파하고 유일신교를 확산시킨 것이다.

이슬람교 신조는 단순하며, 다음과 같은 여섯 조항으로 되어 있다: 하나님, 예정, 천사들(선한 천사와 악한 천사), 책들, 예언자들, 영원한 상과 영원한 형벌이 따를 부활과 심판.

하나님

유일신교가 이 종교 체계의 모퉁잇돌이다. 항상 반복되는 다음 문장에 이 신조가 표현되어 있다: "하나님(알라, 즉 참되고 유일하신 하나님) 외에는 다른 신이 없으며, 마호메트는 그의 예언자이다."[22] 기번은 이것을 가리켜 "영원한 진리와 필요한 허구의 결합"이라고 부른다. 이 첫 조항은 당연히 구약성경에서 차용한 크고 강력한 진리이며(참조. 신 6:4), 이슬람 체계를 뒷받침하는 종교적 힘이다. 그러나 이슬람교의 유일신론은 (후대의 유대교와 소치니파와 유니테리언파의 유일신론과 마찬가지로) 추상적이고 단조롭고 내면의 삶과 충만함이 제거되어 있고, 반삼위일체적이며, 그 점에서 반기독교적이다. 이슬람교도들이 죽어도 용납하지 못하는 교리의 하나가 그리스도의 신성이다. 많은 신적 속성들이 기도에서 생생하게 이해되고 강조되고 반복된다. 그러나 알라는 무한한 능력과 지혜를 지닌 신이되, 온 인류를 구속하는 사랑의 신은 아니다. 속민들과 노예들을 두려워 떨게 하는 독재 군주이되, 어린 자녀들을 품에 안아주는 사랑의 아버지는 아니다. 그는 사랑과 감사의 대상이라기보다 경외와 두려움의 대상이다. 선하고 악한 모든 것을 불변하게 예정해 놓은 운명의 신이다. 따라서 그에게 무조건 귀의하는 것(이것이 '이슬람'이라는 단어의 뜻이기도 하다)이 참 지혜와 경건이다. 그는 감춰져 있고 알 수 없는 존재가 아니라, 천사든 사람이든 자신이 선택한 사자들을 통해서 자신을 나타내온 신이다. 아담·노아·아브라함·모세·예수는 그의 주된 예언자들이다. 하지만 마호메트가 마지막이자 가장 위대한 예언자이다.

그리스도

코란의 그리스도론은 사실들과 외경적 허구들, 인간 예수에 대한 존경과 그의 신성에 대한 부정이 묘하게 뒤섞인 것이다. 그리스도를 가리켜 "마리아의 아들 메시야 예수" 혹은 "마리아의 복된 아들"이라고 부른다. 그는 유일하고 참된 신의 종과 사도였으며, 성령 곧 가브리엘[드쉐브릴]에 의해 능력을 받았다(이 가브

---

22) 알라(Allah)는 관사 al과 '신'이라는 뜻의 단어 ilah가 합성된 단어로서, 히브리어의 엘과 엘로힘에 해당한다. 알라는 마호메트 이전의 아랍인들에게 알려졌고, 그들의 만신전에서 가장 높은 신으로 간주되었다.

리엘이 훗날 마호메트에게 신적 계시를 전달했다고 한다). 그러나 그는 신의 아들이 아니다. 신은 아내가 없으므로 아들도 없기 때문이다.[23] 그는 항상 홀로 존재하며, 알라를 다른 존재와 관련짓는 것은 기괴하고 신성모독적인 발상이다.

이슬람교 신학자들 가운데 더러는 예수와 심지어 그의 어머니를 죄에서 면제시키며, 그로써 마리아의 무원죄 잉태 교리를 최초로 선포한 셈이다(이 교리의 길은 외경 복음서들이 이미 닦아 놓았다).[24] 코란은 동정녀 마리아와 미리암 곧 "아론[하룬]과 모세의 누이"(출 15:20; 민 21:1)를 혼동하는 시대착오적 오류를 범한다. 아마도 마호메트는 또 다른 아론을 뜻했을 가능성이 있는데(왜냐하면 그는 마리아를 "아론의 누이"라고 할 뿐, "모세의 누이"라고는 하지 않기 때문이다), 하지만 그의 몇몇 주석가들은 모세의 누이가 기적적으로 살아남아 예수를 낳았다고 주장한다.[25]

코란에 따르면 예수는 동정녀 마리아가 가브리엘을 만났을 때 잉태되었고, 종려나무 아래에서 태어났으며, 그가 태어난 곳에 샘이 솟았다고 한다. 이 이야기는 에비온파에서 유래한 것이다. 예수는 요람에서부터 전도를 했고, 유아기에

---

23) 마호메트는 무지에 의한 오해 때문에 혹은 고의적인 왜곡으로 기독교의 삼위일체 교리를 성부 · 마리아 · 예수로 구성되는 삼위일체로 이해한 듯하다. 성령은 가브리엘과 동일시한다. "신은 오직 한 분인 신이시다! 신에게 아들이 있다는 것은 그분의 영광과 거리가 멀다!" Sura 4, ver. 169; comp. 5, ver. 77. 기독교 사회가 마리아를 '하나님의 어머니'라고 부르고 숭배한 일이 이러한 이상한 오해를 낳은 듯하다. 4세기에 아라비아에는 콜뤼리데스파(Collyridians)라는 광신적 여성들의 집단이 있었는데, 이들은 마리아를 신으로 숭배했다. Epiphanius, *Haer.* 79.

24) 예. the *Protevangelium Jacobi*, the *Evang. de Nativitate Mariae*, the *Evang. Infantis Servatoris* 등. Gibbon(ch. 50)과 Stanley(p. 367)는 무원죄 잉태 교리의 연원을 곧장 코란으로 거슬러 올라가 찾는다. 코란은 마리아에 관해서 이렇게 말한다. "천사가 마리아에게 한 말을 기억하라. '마리아여! 신께서 그대를 진정으로 택하셨고, 정결하게 하셨고, 세상의 여성들 위에 우뚝 세우셨다.'" 그러나 이 말이 누가복음 1:28을 넘어서는 의미를 지니는 것은 아니다. 코란은 기독교적 의미에서의 원죄를 알지 못한다.

25) Gerok, *l. c.* pp. 22–28. 이것은 보통의 죽음과 부패가 모세와 마찬가지로 미리암에게 효력을 발휘하지 못했으며, 두 사람 다 여호와의 숨결에 의해서 죽었다는 랍비의 전설을 수정한 것인 듯하다.

그리고 공생애기에 기적을 일으켰으며(외경 복음서들의 내용과 일치함), 혹은 그보다는 알라가 그를 통해서 기적을 일으켰다. 마호메트는 기적의 능력을 부정하며, 교리의 진실성을 더욱 의존했다. 그에 따르면 예수는 신이 한 분이라는 순수한 교리를 선포했고, 자신에 대해서는 신적 영예들을 부정했다고 한다.

마호메트는 예수의 십자가 사건을 부정한다. 죽을 고비에서 기적에 의해 구출되었고, 하나님이 그를 그의 어머니와 함께 낙원으로 들어올리셨다고 한다. 유대인들은 예수와 비슷하게 생긴 자를 예수로 착각하고서 죽였다고 한다. 이러한 허황된 가현설적 개념이 그리스도인들의 공통된 신앙이라고 한다.[26]

예수는 마호메트의 도래에 관해서 예언했다고 하며, 그 내용이 다음 글에 실려 있다: "이스라엘의 자녀들이여! 진리에 관하여 나는 하나님이 너희에게 보내 나에 앞서 주신 율법을 굳게 세우고, 내 뒤에 아흐메드(Ahmed)라는 이름의 사도가 올 것을 고지하도록 하신 하나님의 사도이다."[27] 따라서 성령 곧 "다른 보혜사"에 대한 약속을 마호메트는 파라클레토스를 페리클리토스(유명한) 혹은 자신의 이름들 가운데 하나인 아흐메드(영화롭게 된 자, 유명한 자)와 혼동함으로써 자신에게 적용했다.[28]

이렇게 기독교를 부분적으로 인정한 점 때문에, 마호메트는 본래 새 종교 창시자로 평가되지 않고, 주요 이단들 가운데 한 사람으로 평가되었다.[29] 같은 견해

---

26) Sura 4. 십자가 수난을 이렇게 바라보는 견해는 의심할 여지 없이 외경 자료들에서 유래한 것이다. 영지주의 분파인 바실리데스파는 구레네 시몬이 예수 대신에 십자가에 못 박혀 죽은 그 다른 사람이었을 것이라고 추정했다. 마니(*Epist. Fund.*)는 어둠의 왕이 십자가에 못 박히고, 가시면류관을 썼다고 말한다.

27) Sura 61.

28) 이슬람교도들은 성경의 몇몇 다른 구절들도 마호메트와 그의 종교에게 적용한다. 예. 창 16:10; 17:20; 21:12, 13; 27:20 (하갈과 이스마엘에게 복을 주시겠다는 하나님의 약속); 신 18:15, 18 (모세와 같은 선지자를 일으키시겠다는 약속); 사 21:7 (이 구절에서 마호메트는 '나귀를 탄 자' 인 예수와 구분되게 '낙타를 탄 자' 로 암시된다고 한다); 요 4:21; 요일 4:23 (이 구절에서 그는 하나님께 속한 영이다. 예수가 하나님이 아니라 참 사람이라고 그가 선포했기 때문이다); 신 32:2 (이 구절에서 시내 산은 유대교의 계시를, 세일 산은 기독교의 계시를, 바란 광야는 마호메트의 계시를 각각 뜻한다고 한다).

29) 다마스쿠스의 요한과 중세의 저자들이 이슬람교를 그렇게 비판한다.

가 오늘날 가톨릭권과 개신교권 저자들에 의해서도 제시된다. 될링거(Döllinger)는 이렇게 말한다. "이슬람은 그 저변에서는 기독교 이단으로, 즉 기독교 아버지와 유대교 어머니에게서 난 서자로 간주해야 마땅하며, 기독교의 한 분파로 간주되는 마니교보다도 기독교에 더 밀접히 연관되어 있다."[30] 스탠리(Stanley)는 이슬람교를 "동방 기독교의 기괴한 이단 형태"라고 하며, 에발트(Ewald)는 좀 더 정확하게 "영지주의의 마지막이자 가장 강력한 파생물"이라고 부른다.[31]

이슬람교의 윤리

알라의 전능한 뜻에 귀의하는 것(이슬람)이 주된 덕목이다. 그것이 적극적 행동과 고난 양면에서 가장 강력한 동인이며, 숙명론과 체념으로 이어진다.

돼지고기와 포도주를 엄히 금하고, 기도와 금식(특히 라마단 월에는), 구제를 명한다. 기도가 사람을 신에게 반절쯤 인도한다면, 금식은 신의 궁전 문까지 인도하며, 구제는 그 안에 들어가게 한다. 주류를 금하되 심지어 포도주가 풍성하게 나는 나라들에 대해서까지 금하는 것은 놀랄 만큼 강한 자제력을 보여주며, 많은 기독교 국가들을 부끄럽게 만든다. 이슬람교는 거대한 절제의 사회이다. 절제에 가장 큰 도덕적 힘이 있다.

일부다처제

반면에 일부다처제와 축첩제라는 이교적 악이 그 예언자의 모범에 의해 영속화되고 권장된다. 마호메트는 기존의 관습을 억제하고 규제한 뒤, 그것에 종교적 승인을 해주었다. 일반 신도들은 아내를 네 명까지 둘 수 있는데(노예를 제외하고), 대개는 한두 명의 아내를 둔다. 그러나 칼리프들은 재산 능력과 정욕의 범위까지 후궁에 여자들을 채울 수 있다. 여자 노예를 첩으로 취하는 행위는 모든 사람들에게 무제한 허용했다. 적국에서 잡아온 여자들을 범하는 것을 정복자의 적법한 보상으로 인정했다. 이혼 법과 금지 규정들은 대부분 유대인 사회에서 차용한 것이지만, 결혼 생활을 철저히 부도덕하게 만들 정도로 이혼이 쉽게 이루어진다.

---

30) *Lectures on the Reunion of Churches*, p. 7 (transl. by Oxenham, 1872).

31) *Die Lehre der Bibel von Gott*, Vol. I. (1871), p. 418.

일부다처제와 노예 축첩제는 여성의 인권을 말살하며, 가정의 아름다움과 평화를 깨뜨린다. 이슬람교 국가들에서는 예외 없이 여성이 무시되고 지위가 낮다. 면박을 쓰게 하여 사회로부터 감춰둔다(이것은 보호의 행위일 뿐 아니라 인권 유린의 표시이기도 하다). 여성에게는 기도하라고 명하지 않으며, 사원에서 여성이 기도하는 모습은 찾아볼 수 없다. 여성이 영혼을 가지고 있느냐 하는 것이 공공연한 질문일 정도이며, 하지만 낙원에서조차 여성은 남성의 정욕을 해소하는 데 필요한 존재이다. 이슬람교도에게 아내 혹은 아내들의 건강에 관해서 물으면 모욕감을 느낀다. 일부다처제 때문에 고대 이교 사회에서와 마찬가지로 이슬람교도들 사이에서 두려울 정도로 성행하고 있다고 하는 변태적 악들에서 여성을 보호할 장치가 없다.

여성과 가정 생활의 지위만큼 기독교가 이슬람교보다 월등한 면도 없다. 기독교 사회에서 여성들은 복음의 종교로 인하여 참으로 큰 혜택을 누리고 있는 셈이다.

감각적 요소가 심지어 이슬람교가 그리는 천국의 상마저 정절이 배제되는 기이한 상태로 부패시킨다. 이슬람교는 신도들에게 정원에 꽃이 만발하고 샘에 생수가 솟고 아름다운 처녀들이 있는 화려한 낙원을 누리게 될 것이라고 약속한다. 장차 낙원에서는 일흔두 명의 후리(Houri)들 곧 화사하게 피어난 검은 눈동자의 소녀들이 가장 천한 남자 신도들의 쾌락을 위해 창조될 것이고, 쾌락의 한 순간이 천년간 지속될 것이며, 그들의 성적 능력이 백배나 증가할 것이다. 성인들과 순교자들은 신을 직접 바라보는 영적 기쁨을 맛보도록 허락될 것이다. 그러나 불신자들과 신앙을 위해 싸우기를 거부하는 사람들은 지옥에 던져질 것이다.

코란은 일곱 천국과 일곱 지옥을 구분한다(악인들 곧 배교한 이슬람 신도들, 그리스도인들, 유대인들, 사비교도〈Sabians〉, 마술사들, 우상 숭배자들, 위선자들이 일곱 지옥으로 떨어진다고 한다). 지옥(야헨넴=게헨나)은 땅의 가장 낮은 지대와 캄캄한 바다 밑에 자리잡고 있다. 지옥에 가로질러 나 있는 다리는 머리카락보다 가늘고 칼날보다 예리한데, 경건한 자들은 이 다리를 단숨에 건너지만, 악인들은 다리를 건너다가 심연으로 떨어진다.

노예제도

노예제도는 사회의 정상적 조건으로 인정되고 승인되며, 코란에서든 이슬람교의 어느 통치자의 활동에서든 이 제도를 뿌리뽑으려고 시도한 흔적을 찾아볼 수 없다. 노예제도는 일부다처제의 쌍둥이 자매이다. 모든 후궁이 노예굴 곧 노예의 궁이다. "보편적 계시라고 하는 코란이 노예제도를 항구적으로 합법화한 칙령이었다." 마호메트는 노예들의 열악한 상태를 경감하고 주인들에게 노예들을 살살 다루도록 명함으로써 그 제도가 폐지될 수 있는 길을 닦지 않고 오히려 족쇄가 단단히 죄어지도록 했다. 오늘날도 이슬람교도들은 중앙 아프리카의 흑인들을 대상으로 대단히 야만적이고 두려운 방식으로 노예 매매를 시행하고 있다.

전쟁

불신자들에 대한 전쟁을 코란은 합법적 행위로 간주한다. 적군의 병사들은 죽이고, 부녀자들은 노예로 삼으라고 명한다. 유대인들과 그리스도인들은 우상 숭배자들에 비해 관대하게 취급되었다. 하지만 그들도 조공을 바치게 함으로써 철저히 낮추라는 것이 이슬람교의 본령이다.

46. 이슬람교의 예배

이슬람교 예배의 현저한 특징은 극단적인 화상파괴주의와 청빈주의이다. 이 점에서 회당 예배와 비슷한 점이 있다. 제2계명을 문자적으로 이해하여, 살아 있는 존재의 모든 형상들을 교회나 어느 장소에서든 금한다. 유일하게 허용되는 장식은 '아라베스크'로서, 항상 소재를 무생물에게서 취한다.[32]

의식은 매우 간소하다. 모스크(이슬람교 사원)들은 가톨릭 교회당들과 마찬가지로 항상 열려 있으며, 개인으로든 집단으로든 머리에 수건을 쓰고 맨발로 기도를 드리는 예배자들로 붐빈다. 사원에 들어갈 때는 "너의 선 곳은 거룩한 땅이니 네 발에서 신을 벗으라"는 명령에 따라 신을 벗어야 한다. 예배자들을 위해서 슬리퍼나 밀짚 샌들이 준비되어 있는데, 그것을 사용하려면 반드시 값을 지불해

---

32) 알함브라 궁전에 있는 사자상들은 예외적인 경우이다.

야 한다. 사원 입구에서 항상 대여섯 명이 진을 치고서 '팁'을 요구하는 것이다. 이것이 이집트와 시리아를 여행하는 사람들이 처음과 마지막에 듣는 단어이다. 예배식에서는 설교가 크게 중시된다.[33]

할례는 비록 코란에는 언급되어 있지 않지만, 유대인들로부터 물려받아 그대로 시행한다. 유대교 안식일인 토요일 대신에 금요일이 성일이다(과거부터 이 날이 종교 회집일이었기 때문일 것이다). 이 날은 날들의 제왕, 인간이 창조되었고 최후의 심판이 거행될 가장 뛰어난 날이라 불린다. 그러나 이슬람교도들이 이 날을 준수하는 태도는 유대인들이 안식일을 지키는 태도에 비하면 느슨한 편이다. 엄숙한 행사들이 벌어지는 날들에는 주로 감사제의 성격을 띤 제사를 드리며, 이 제사가 가난한 자들을 구제하는 행위와 연관된다. 그러나 이슬람교에는 속죄 개념이 없다. 신이 공의를 만족시키는 일 없이 즉각 자의적으로 죄를 용서한다고 보기 때문이다. 따라서 제사를 전담하여 신과 인간들 중간에서 중재하는 세습적 내지 항구적 계급의 의미에서의 사제직도 존재하지 않는다.[34] 그런데도 서양의 사제 및 수사 계급에 못지않게 권위와 힘을 지닌 종법(宗法) 해석관(Mufty)들과 고행파 탁발수도사(Dervish)들이 있다. 이슬람교도 자체의 성인들을 보유하고 있으며, 그들의 흰 무덤 앞에서 기도를 드린다. 이 점에서 그들은 그리스 교회와 로마 교회 신자들과 유사하다. 하지만 성인 숭배를 우상 숭배로 규정하고서 혐오한다. 그들은 또한 종교 행렬과 순례를 중시한다. 주된 순례지는 메카이다. 이집트와 터키 전역에서 해마다 무수한 순례자들이 아라비아 사막을 통과하여 카바 신전에 몰려들며, 귀향해서는 개선한 군인들과 같은 환영을 받는다. 모세의 무덤으로 추정되는 장소 — 사해 서안으로 이전됨 — 에도 해마다 4월에 예루살렘과 인근에 사는 이슬람교도들이 찾아간다.

땅에 엎드려 드리는 기도는 정해진 시각에 거행되는 기계적인 행위로 간소화

---

33) 메카의 연단에서 행해지는 설교를 흥미롭게 소개해 놓은 책은 Burton의 *Pilgrimage*, II. 314; III. 117이다. Burton은 자신이 그렇게 엄숙하고 인상적인 종교적 광경을 본 적이 없다고 말한다. 아마도 그는 기독교 설교를 많이 듣지 않았던 모양이다.

34) Gibbon은 "이슬람교에는 사제도 없고 제사도 없다"고 진술하는데, 이것은 사실상 정확한 진술이다.

했다. 기도하기 전에는 손을 씻어야 하지만, 사막에서는 모래가 물 대용으로 쓰는 것이 허용된다. 공적으로 정해진 기도 시간은 다섯 회이다. 먼저 새벽에 기도를 드려야 하고, 정오 조금 전에, 오후에, 해지고 나서(태양 숭배의 인상을 불식시키기 위함), 밤이 내려온 뒤에 드려야 하며, 여분으로 밤에 두 번 더 드려야 한다. 무에딘(Mueddin) 혹은 무에친(muezzin, 포고자)이 사원의 광탑(光塔)에서 '아단'(Adan) 즉 다음과 같은 기도의 부름을 노래함으로써 기도 시간을 고지한다:

"하나님은 위대하십니다!"(네 번). "하나님 외에는 다른 신이 없음을 나는 증거합니다"(두 번). "마호메트가 하나님의 사도임을 나는 증거합니다"(두 번). "이곳으로 와서 기도하십시오!"(두 번). "이곳으로 와서 구원을 받으십시오!"(두 번). "하나님은 위대하십니다! 다른 신은 없습니다!" 그리고 이른 아침에는 포고자가 "자는 것보다 기도하는 것이 더 좋습니다" 하고 덧붙인다.

독실한 이슬람교도는 사원에서든 거리에서든 선상에서든 사람들 앞에서 기도하기를 부끄러워하지 않는다. 주변 환경에 개의치 않고 오직 군중 속에서 하나님만을 느끼면서 메카로 얼굴을 향하고, 손을 하늘을 향해 치켜든 채 무릎을 꿇고 이마를 땅에 대고, 이런 자세로 계속 절을 하면서 코란의 첫 번째 수라와 알라의 아름다운 아흔아홉 가지 이름을 반복하며, 이것이 그의 묵주기도를 구성한다.[35] 사원들은 남자들로 가득 차 있는데, 이것은 많은 기독교 교회들이 여자들로 가득 차 있는 것과 대조를 이룬다. 이슬람교는 남자들을 위한 종교이다. 여자들

---

35) Palmer는 그 이름들을 아랍어와 영어로 소개한다. *L. c.* I. Intr., p. lxvii. sq. 다음은 처음 열 가지이다.

  1. 아르–라흐만, 자비로운 이.
  2. 아르–라힘, 긍휼히 여기는 이.
  3. 알–말리크, 통치자.
  4. 알–콰두스, 거룩한 이.
  5. 아스–살람, 평화.
  6. 알–무민, 신실한 이.
  7. 알–무하이문, 보호자.
  8. 알–하지즈, 강한 자.
  9. 알–가바르, 회복자.
  10. 알–무타카비르, 위대한 자.

은 중요하지 않다. 여자들의 교육과 지위 향상은 곧 체제 붕괴로 이어질 것이다.

이슬람교 예배는 단순하고 장중함에도 불구하고 탁발수도사(Dervish)들이 큰 흥분을 조장하는 면도 가지고 있다. 그들의 예언자가 탄생한 축일과 그 밖의 축일들에, 탁발수도사들은 "알라, 알라"를 끊임없이 반복하여 황홀경 상태에 들어가는데, "그 상태에서 그들은 가슴에 칼을 꽂고, 뱀을 산 채로 물어뜯고, 유리병을 씹어 삼키고, 마지막에는 자기들의 종단의 수장 앞에서 납작 엎드린 채 수장이 말을 탄 채 자기들을 밟고 지나가도록 한다."[36]

필자가 1877년에 콘스탄티노플과 카이로에 있는 이슬람 수도원들에서 직접 목격한 탁발수도사들의 '춤'과 '울부짖음' 같은 고행 행위들을 간단히 덧붙일까 한다.

페라(Pera)에는 춤추는 혹은 회전하는 탁발수도사들이 열세 명이었는데, 머리에 든 것이 별로 없어 보이는 사람들도 더러 있었고, 독실하고 아주 열정적으로 보이는 사람들도 더러 있었다. 이들은 먼저 기도를 드리고 엎드려 절한 다음 겉옷을 벗고 축 늘어진 흰 긴옷 차림에 뻣뻣한 양털로 만든 긴 모자를 쓰고는 이상한 가락에 맞춰 춤을 추기 시작했다. 발끝으로 우아하고 숙련되게 회전하면서 큰 원을 도는데, 서로 부딪히는 일도 없고 원 밖으로 나가는 일도 없었다. 그런 자세로 일분에 40-50바퀴 도는 행위를 모두 네 막에 걸쳐서 시행했는데, 팔은 벌리거나 하늘을 향해 들고, 눈은 반쯤 감고, 마음은 일종의 열반에 빠져들었거나 알라 안에 범신론적으로 흡수된 것이 분명해 보였다. 몇 시간 뒤에 나는 춤을 추었던 탁발수도사들 가운데 한 명이 만취한 상태로 골든혼(보스포루스 해협의 작은 만으로, 이스탄불의 항구: 역자주)의 낮은 다리를 비틀거리며 걸어가는 모습을 보았다.

스쿠라티에서 구경한 고함치는 탁발수도사들은 훨씬 더 진기한 광경을 연출했는데, 고행의 정도는 앞의 경우보다 훨씬 심했으나 우아하고 아름다운 맛은 없었다. 공연은 작고 평범하고 사각진 방에서 거의 두 시간 동안 이루어졌다. 수사들이 입장하자, 그들은 그들의 지도자의 손에 입을 맞추고는 그와 함께 코란에 기록된 긴 기도문을 반복해서 암송했다. 한 사람이 마호메트를 찬양하는 아랍어 노래를 부르고 나자, 그들은 열을 지어 허리를 굽힌 상태에서 고개를 들고

---

36) Dean Stanley가 카이로에서 직접 목격한 내용을 적은 글. *l. c.*, p. 385.

는 거의 한 시간 동안 이슬람교의 근본 교리인 라 일라하 일 알라(La ilaha ill Allah)라는 문구를 가지고 고함을 질러댔다. 몇 명은 완전히 기진맥진한 채 땀에 흠뻑 젖었다. 카이로에 갔을 때 본 공연은 시간은 짧았으나 연극적인 면은 훨씬 강했다. 머리를 길게 기른 탁발수도사들이 원 안에 모여 서서 끊임없이 몸을 앞 뒤로 흔들었고, 그들의 머리카락도 바닥에 닿을랑말랑하게 함께 흔들렸다. 이렇 게 기괴한 금욕적 묘기를 시행하는 점에서 이슬람교도들은 고대 기독교의 은수 자들과 인도의 고행자 탁발승들과 대동소이하다.

47. 기독교가 이슬람교와 벌인 논쟁. 모르몬교에 대한 주해

이슬람교가 다른 종교들에게 제시한 논증은 칼이었다. 기독교권 유럽도 십자 군 원정을 통해 칼로써 답을 제시했으나, 실패로 끝났다. 그리스와 라틴 교회의 학자들은 우월한 지식을 가지고 그 거짓 예언자를 비판했으나, 더 높은 곳을 도 도히 흐르던 하나님의 섭리를 깨닫는 데까지 이르지 못했고, 이렇다 할 효과도 얻지 못했다. 기독교 학자들이 마호메트와 코란을 비판하기 시작한 것은 8세기 의 일로서, 이런 시도는 크고작은 방해를 받아가며 16-17세기까지 지속되었다.

사라센족 사회에서 살았던 다마스쿠스의 요한(750년경)은 초승달에 대항하여 논쟁을 벌인 십자가의 논객들의 효시(嚆矢)였다. 그리스 교회에서 그 뒤를 이은 사람들은 메소포타미아에서 이슬람교도들과 많은 논쟁을 벌인 아부카라의 테오 도르(Theodor)와, 가자의 주교 사모나스(Samonas), 에데사의 바르톨로메오, 요 한 칸타쿠제누스(John Kantakuzenus, 혹은 그보다는 한때 이슬람교도였던 수사 멜레티우스. 그는 자신이 황제의 도움을 받아 개종한 사실을 네 가지 변명과 네 가지 연설로써 정당화했다), 유티미우스 지가베누스(Euthymius Zigabenus), 콘 스탄티노플의 총대주교 게나디우스(Gennadius)이다.

라틴 교회에서 대표적인 논객들은 클뤼니의 대수도원장 페트루스(12세기), 토 마스 아퀴나스, 알라누스 압 인술리스(Alanus ab Insulis), 라이문두스 룰루스 (Raimundus Lullus), 쿠사의 나콜라우스(Nicolaus), 리콜드(Ricold) 혹은 리차드 (동방에서 오래 살았던 도미니쿠스회 수사), 사보나롤라(Savonarola), 투레크레 마타의 요한(Joh. de Turrecremata)이다.

그리스권이든 라틴권이든 중세의 저자들은 마호메트를 주로 유대교(탈무드)의 전설과 기독교의 이단들에게서 종교를 만들어낸 사기꾼과 대 이단으로 평가한다. 그가 다니엘서의 작은 뿔로, 계시록의 거짓 선지자로 예언되었다고 본다. 네스토리우스파 수사 세르기우스가, 혹은 야코부스파의 바히라(Bahira)가 마호메트를 만나 여러 가지를 가르쳐 주었고, 만약 악감을 품은 유대인들이 끼어들어 중상모략을 하지 않았다면 그를 기독교 신앙으로 회심시킬 수도 있었을 것이라고 생각한다. 이처럼 중세 기독교 저자들의 눈에 비친 마호메트는 배교한 유대교와 배교한 기독교에다 자신의 아랍 이교의 잔재를 혼합해서 거짓 복음을 만들어낸 사악하고 이기적인 예언자였다. 단테(Dante)는 그가 무참하게 찢기고 사지가 절단된 채 이단들과 분리주의자들의 괴수들 틈에 섞여 지옥의 아홉 번째 심연에 떨어져 있는 모습을 그린다.

"거기서는 불화의 씨를 심어 괴로움을 거둔 자들이

　죄값을 지불한다."[37]

중세의 이러한 견해는 완전한 무지나 사실 왜곡에도 그 원인이 있다. 당시의 사람들은 이슬람교도들이 이교도들이자 우상 숭배자들로서 그리스도의 이름을

---

37) *inferno*, Canto XXVIII. 22 sqq.
　"중간 널빤지나 곁의 널빤지가 빠진 술통이라도
　　내가 본 자만큼 산산조각난 일이 없었다.
　　그는 턱에서부터 방귀 나오는 곳까지 두 동강 나 있었다.
　　다리 사이로 창자가 매달려 흔들리고
　　심장도 드러나 있었고, 삼킨 음식을 배설물로 만드는
　　혐오스런 자루[위]도 나와 있었다.
　　넋을 잃고 그를 보고 있자니 그도 나를 보며
　　그가 나를 보고서 손으로 가슴을 열며 말하기를,
　　'자 내가 나를 어떻게 찢는지 한 번 봐라.
　　마호메트가 어떻게 절단되는지를 봐라.
　　내 앞에서 알리가 이마에서 턱까지 갈라진 채
　　울면서 지나간다.
　　그대가 여기서 보는 자들은 한결같이
　　생전에 추문과 분열의 씨앗을 뿌린 자들이므로
　　이렇게 찢겨 있는 것이다."

저주한다고 믿었던 것이다. 그들이 실은 우상 숭배를 혐오하고 그리스도를 마호메트에 버금가는 높은 예언자로 존경했다는 사실을 당시 그리스도인들은 알지 못했다.

종교개혁자들과 초기 개신교 신학자들도 사실상 동일한 견해를 취하여 코란과 그 저자를 무조건 비판했다. 우리가 기억해야 할 점은 17세기 후반에 이르기까지 터키인들이 유럽의 평화를 위협하는 가장 위험한 적이었다는 사실이다. 루터는 1540년에 비텐베르크에서 리처드(Richard)의 「코란 논박서」(*Confutatio Alcorani*)의 독일어 번역본에 활기 넘치는 주해를 붙여가며 "코란이 얼마나 수치스럽고 거짓이 가득하고 가증한 책인가를" 입증하고자 했다. 그는 마호메트를 가리켜 "사탄의 장자"라고 불렀다. 교황과 마호메트 두 사람 중 누가 더 악한가 하는 질문을 던져놓고는, 결국에는 교황이 더 악하며 그가 진짜 적그리스도(Endechrist)라고 결론을 내렸다. 그 책의 후기에서 그는 "이제, 하나님께서 저희에게 은혜를 베푸시고, 교황과 마호메트를 그들의 귀신들과 함께 벌해 주옵소서. 저는 참 선지자와 교사로서 제 역할을 수행했사옵나이다. 제 말을 청종하지 않는 사람들은 그대로 버려두옵소서"라고 마무리를 짓는다. 온건하고 학자다운 면모를 지닌 멜란히톤(Melanchthon)조차 마호메트를 다니엘서의 작은 뿔에, 혹은 그보다는 계시록의 곡과 마곡에 관련지으며, 그의 분파에 대해서 "신성모독과 강도질과 음욕"이 뒤섞인 집단이라고 비판한다. 논쟁이 뜨겁게 달아오르던 그 시기에 로마 교회의 논객들이 루터파를, 루터파는 칼빈파를, 그리고 루터파와 칼빈파는 로마 교회를 마호메트의 이단설을 주장하는 집단이라고 비판한 것은 하나도 이상한 일이 아니다.[38]

18세기에 들어서면서부터는 이러한 견해가 점차 교정되었다. 학자 딘 프리도

---

38) Maracci, Vivaldus, 그리고 그 밖의 로마 저자들은 이슬람교와 루터교가 공유하는 열세 가지 이상의 이단설들을 지적한다. 화상파괴, 성인 숭배 배척, 일부다처(헤세의 필립의 경우) 등이 그것이다. 어떤 광적인 루터교 저자는 "저주받은 칼빈주의자들이 이런 점들을 터키인들과 666가지(계시록에 나오는 수)나 공유하고 있다"고 입증하기 위해서 책을 썼다. 반면에 칼빈주의자 Reland는 이슬람교의 의식 가운데서 죽은 자를 위한 기도, 예언자들의 무덤 방문, 메카 순례, 천사의 중보기도, 고정된 금식일들, 공로를 쌓기 위한 구제 등 로마교의 오류들을 유추하게 할 만한 것들을 발견한다.

(Dean Prideaux)는 마호메트를 여전히 천박한 사기꾼이라고 비판했으나, 동시에 우리의 거룩한 종교를 "논쟁과 다툼과 폭력에 대한 지옥의 화인(火印)으로" 바꾸어 놓은 동방 교회들의 죄악에 대해서 하나님이 징벌로써 내리신 의로운 회초리라고 평가했다. 그는 「마호메트의 생애」(*Life of Mahomet*)를 "동방 교회사"의 일부로 집필할 계획을 세웠으나 그것을 실천으로 옮기지 못했다.

볼테르를 비롯한 이신론자들도 마호메트를 사기꾼으로 보았으나, 모든 종교의 근원을 사제 집단의 사기와 기만에서 본 터에서 그런 견해를 주장했다는 점에서 기존의 마호메트 비판자들과 다르다. 슈펜하임(Spenheim), 살레(Sale), 가그니어(Gagnier)는 좀 더 광범위하고 우호적인 관점에서 평가를 내놓기 시작했다. 기번은 차분히 그 종교의 역사를 기술한다. 그리고 자신의 평가를 정리하는 대목에서 "광신자나 사기꾼 같은 칭호가 그 비범한 사람에게 과연 적합한지" 확답을 내리지 못한다. "광신에서 사기로 올라가는 계단은 위험하고 미끄럽다. 소크라테스 같은 위인도 현자가 어떻게 스스로 기만을 당할 수 있는지, 선량한 사람이 어떻게 남들을 속일 수 있는지, 양심이 어떻게 자기 기만과 자발적 사기의 혼잡한 중간 상태에서 잠들어 있을 수 있는지를 여실히 보여준다."

딘 밀먼(Dean Milman)은 판단을 유보하면서 이렇게 말한다. "마호메트가 영웅인지 현자인지 사기꾼인지 혹은 광신도인지 혼합 종교가인지, 혼합했다면 어느 정도나 혼합했는지, 이런 요소들이 그에게 얼마나 뒤섞여 있었는지, 이 질문에 대한 가장 좋은 답은 이슬람교도들이 경외심을 가지고 말하는 '신이 아신다'는 표현에 담겨 있다."[39]

괴테와 칼라일은 계시와 영감의 범위를 확대하고, 기독교를 다른 모든 종교들과 갈라놓는 구분선을 지워버림으로써 마호메트와 코란을 비판하는 정통 견해와 그것의 상극에 자리잡은 범신론적 영웅 숭배 사이에서 왔다갔다 했다. 스탠리(Stanley), 보스워스 스미스(R. Bosworth Smith), 에마누엘 도이취(Emanuel Deutsch) 같은 사람들은 다소 이런 광범위하고 관대한 평가를 따른다. 이로써 많은 오해와 편견이 걷혔고, 이슬람교와 그 신도들이 지닌 호의적인 특징들, 이를테면 그들의 기도 습관, 절제, 체념(인종) 등이 부각되면서 기독교 세계에 부끄러움과 감탄을 안겨주었다. 오늘날 널리 받아들여지는 평가는, 마호메트 자신은

---

39) *Lat. Christianity*, II. 120.

정직한 개혁자로서 시작하여 신앙 때문에 많은 박해를 받고 결국 우상 숭배를 타파했으며, 소년기와 장년기 24년 동안은 불순한 동기들을 버리고서 엄격한 일부일처제를 유지하며 살았으며, 죽을 때까지 매우 검소하게 지냈다. 그의 말년 12년에 오명을 남긴 일부다처 생활은 동방의 다른 전제군주들과 칼리프들과 술탄들에 비하면 매우 온건한 것이었으며, 더러는 자신이 창시한 종교 때문에 고생하다가 죽은 추종자들의 과부들에게 온정을 베풀려는 동기로 그렇게 한 것이었다.[40]

그러나 칼라일이 메카의 예언자를 위해서 붙인 긍정적 평가의 불길은 바일(Weil), 뇔데케(Nöldeke), 슈프렝거(Sprenger), 뮤어(Muir) 같은 박식한 전기작가들이 원전을 토대로 파악한 좀 더 풍부한 정보에 의해서 상당히 견제를 당했다. 그들은 차분하고 신중하고 공정한 판단을 위한 신빙성 있는 자료들을 제시하는데, 하지만 이 자료들은 사가의 종교적 관점에 의해 다소 수정된다. 슈프렝거는 마호메트를 시대의 아들로 평가하여 심리학적 분석이나 철학적 평가 없이 호평과 혹평을 함께 가한다. 윌리엄 뮤어 경(Sir William Muir)은 마호메트가 초기에 개혁자와 경고자로서 지녔던 정직성과 열정을 인정하지만, 자기 기만에 빠져 갈수록 공정성을 잃었으며, 그가 말기에 받았다고 하는 계시들에는 사탄의 사주를 받은 흔적까지 나타난다고 평가한다. 그는 이렇게 말한다.

"마호메트는 초기에는 자신의 계시가 신적 대리자에게서 온 것임을 믿었거나 혹은 스스로를 독려하여 믿었다. 그의 생애에서 메카 시기에는 이러한 결론을 실망시키는 개인적 야심이나 부당한 동기를 찾아볼 수 없다. 그곳에서 그 예언자는 본인이 고백했듯이 '그저 전도자와 경고자일 뿐' 이었다. 비판자들에게 멸시와 배척을 당하는 교사였다. 그런 상태에서 그들을 개혁하고자 하는 목적 외에는 아무것도 없었다 …… 그러나 무대를 메디나로 옮기면 장면이 확 바뀐다.

---

40) 이슬람교의 호교론자 Syed Ameer Ali(*The Life and Teachings Mohammed*, London 1873, pp. 288 sqq.)는 이 사실을 중시하며, 마호메트의 일부다처 행위를 전적으로 옹호한다. 그러나 아예사(아부 바카르의 처녀 딸)와의 결혼이나 제이납(그의 자유민 자이드의 합법적인 아내)과의 결혼, 그리고 사피야(유대인 여성)와의 결혼에서는 온정과 관대의 동기가 발휘되지 않았음이 분명하다. 알리 자신도 "마호메트의 결혼 가운데 일부는 남아를 얻으려는 욕심에서 비롯되었을 가능성도 있다"는 것을 인정하지 않을 수 없다. 하지만 그는 정욕의 동기를 완전히 배제한다.

그곳에서는 세속 권력의 획득과 지위 상승과 자기 과시가 기존의 원대한 목적과 뒤섞였다. 이 두 가지 상반된 것들을 동일한 수단을 통해 추구하여 성취했다. 하늘에서 임했다고 하는 메시지들이 그의 종교적 계율들만이 아니라 그의 정치적 행위를 정당화하는 데도 사용되었다. 전능한 신이 재가했다는 명목으로 전투를 벌이고 대대적인 학살을 자행하고 영토를 병합했다. 신이 재가 혹은 명령했다는 구실로 그보다 더 비열한 행위를 자행했을 뿐 아니라 그렇게 하도록 장려했다 …… 역사학도들은 마호메트가 초기에는 얼마나 순수하고 고상한 열망을 품었다가 자기 기만에 의해서 점차 타락해간 과정과, 이 과정에서 어떻게 진리가 오류에, 진실이 교활에 파묻히게 되었는지, 그리고 이 두 상반된 원리들이 어떻게 그의 행동에 뒤섞여 발휘되었는지 추적할 수 있을 것이다. 독자들은 그 예언자가 우상 숭배를 타파하고 세상에 종교와 도덕을 증진하려는 진지한 소원 곁에다가 어떻게 부도덕한 방종을 키웠는지, 그러다가 결국에는 어떻게 스스로 하늘의 총애를 입은 자로 자처하고서 지극히 부도덕한 행위들에 대해서까지도 신에게서 온 '계시들'로 자신을 정당화했는지 관찰하게 될 것이다. 또한, 마호메트가 '우는 자들과 함께 울고' 자기 희생적인 사랑과 우정으로 추종자들과 마음을 통함으로써 친절하고 자애로운 성향을 간직하면서, 그와 동시에 잔인하고 비겁한 암살을 즐기고, 부족들 전체가 학살당하는 모습을 지켜보면서 흐뭇해하고, 무죄한 젖먹이를 지옥의 불에 던지라고 명령하는 야만적인 행동을 할 수 있었다는 것을 지켜보게 될 것이다. 이런 모순된 면들은 그가 메디나에 도착한 시기부터 나타나기 시작했는데, 이러한 모순된 면들을 면밀히 연구해야만 그의 인격을 올바로 이해할 수 있다. 이런 평가에 따르는 많은 어려운 점들을 해결하는 열쇠는 '마호메트가 자신의 영감에 대해서 지닌 신념'이라는 장에서 찾아볼 수 있다고 나는 생각한다. 그가 한번 지극히 높으신 하나님의 이름을 자신의 말과 행동을 보증하는 인(印)과 권위로 감히 날조한 순간부터 그가 이후에 저지른 오류들이 활발하게 치명적으로 자라날 수 있는 씨앗이 뿌려졌다."[41]

모르몬교에 대한 주해

이 장에서는 동방의 이슬람교를 다루었는데, 그것과 아울러 미국에서 발생한

---

41) *Life of Mah.,* IV.317, 322

모르몬교(Mormonism)라는 비정상적인 현상에 관해서 잠깐 언급하고 지나가야 할 이유가 있다. 모르몬교는 19세기에 발생했는데, 그 교훈이 이슬람교에 뿌리를 두고 있기 때문이다. 모르몬교를 조직한 조셉 스미스(Joshep Smith, 1805년에 샤론에서 태어나 1844년 일리노이 노부(Nauvoo)에서 총에 맞아 죽음)는 미국의 마호메트라고 부를 만한 사람이다. 물론 재능과 역량에서는 마호메트에 현저히 미치지 못했지만.

두 사람 사이에는 비슷한 점들이 아주 많다. 천사가 전해준 초자연적 계시를 받았다고 주장하는 점, 후기에 받은 좀 더 편리한 계시로 앞의 계시를 폐기하는 점, 영감되었다고 주장하는 책에 계시들을 기록해 놓은 점, 종교 체제가 유대교와 이교와 기독교의 온갖 분파들의 요소들을 두루 혼합한 절충적 성격을 지니고 있다는 점, 초기 모르몬교 신도들이 이 주에서 저 주로 옮겨다니면서 폭행과 박해를 대단히 열광적이고도 영웅적으로 견딘 끝에 유타 준주(準州)의 사막지대에 은신처를 확보하고 그곳을 옥토로 만들어 놓은 점, 사도들을 먼 나라들에 파송하고, 개종자들을 잉글랜드와 웨일스, 노르웨이, 독일, 스위스의 무지한 사회에서 자신들의 이상적 낙토로 데려오는 점, 미국 정부가 교회와 국가를 분리하는 것과 반대로 종교와 세속 정부를 결합하는 점, 기독교 문명 세계의 사회 질서를 어지럽히는 일부다처제가 이슬람교와 유사한 점들이다. 육욕과 탐욕에서 브리검 영(Brigham Young)은 마호메트를 능가했다. 죽을 때 솔트 레이크 시티에 아내 열일곱 명, 아들 열여섯 명, 딸 스물여덟 명(원래는 쉰여섯 명이 넘는 자녀를 낳았다), 그리고 2백만 달러에 달하는 재산을 남긴 것이다.[42]

미국 정부는 모르몬교를 건드리지 못한다. 그러나 유타가 의회의 직접적인 관할하에 있는 준주(準州)인 한에는 그 집단의 사회 제도들을 규제할 수 있다. 일부다처제는 의회의 관할하에 있는 준주들의 법에 의해 금지되었고, 대통령 헤이스(Hayes)는 외국 정부들에게 미국으로 이주해온 모르몬교 개종자들이 처벌을 감수하면서까지 법을 어기는 점에 대해서 경고했다(1879). 대통령 가필드(Garfield)는 (1881년 3월 4일자 연두교서에서) 모르몬교 문제에 대해 동일하게 단호한 태도를 취하면서 이렇게 말했다. "모르몬 교회는 일부다처제를 승인함으로써 인류의 미풍양속을 저해할 뿐 아니라 정상적인 법 집행 수단을 통해서 법

---

42) *New York Tribune*지 1877년 10월 3일자에 그러한 기사가 실렸다.

을 집행하는 것을 가로막는다. 내 판단에는 모든 시민의 양심적 확신과 종교적 가책을 최대한 존중하면서, 관할권 내에서 자행되는 모든 범법 행위들, 특히 가정을 파괴하고 사회 질서를 위태롭게 하는 집단의 범법 행위들은 법으로 규제하는 것이 의회가 할 일이라고 생각한다. 아울러 어떠한 교회 조직도 정부의 기능과 권한을 조금이라도 탈취하도록 내버려두어서는 안 될 것이다."

가필드의 후임 대통령 아서(Arthur)는 1884년 12월에 의회에서 행한 마지막 연설에서 의회에 대해 "유타 준주를 정치적으로 완전히 장악하라"고 재차 권고한 뒤, "그 가증스러운 관행[일부다처제]을 법으로 규제할 수 있는 길은 헌법의 규정에서 벗어나지 않는 가장 철저한 입법뿐이라고 본인은 여전히 믿고 있습니다" 하고 말했다. 미국의 세속 및 종교 언론 기관들은 거의 일치된 목소리로 대통령의 이러한 정서를 지지한다.

멕시코 전쟁이 끝나고 유타가 미합중국에 병합된 이래로 "이방인들"(모르몬 교도들은 그리스도인들을 이렇게 부른다)이 모르몬교 정착촌에 들어갔고, 각기 다른 교단에 속한 대여섯 개의 교회들이 솔트 레이크 시티에 세워졌다. 그러나 여전히 "말일 성도들"이 절대 다수를 차지하고 있으며, 인근 준주들에까지도 퍼져나가고 있다. 과연 모르몬교 문제가 무력에 의존하지 않고, 혹은 모르몬 교도들의 새로운 이주에 의존하지 않고 풀릴 수 있을지는 세월이 입증해 줄 것이다.

제 4 장

교황청의 성직위계제도와 신성로마제국

48. 교황청에 관한 총괄적 참고문헌

**Bullarium Magnum Romanum a Leone M. usque ad Benedictum XIV.*
Luxemb., 1727–1758. 19 vols., fol. Another ed., of superior typog-
raphy, under the title: *Bullarum . . . Romanorum Pontificum am-
plissima Collectio, opera et studio C. Cocquelines,* Rom., 1738–1758, 14
Tomi in 28 Partes fol.; new ed., 1847–'72, 24 vols. *Bullarii Romani
continuatio, ed. A. A. Barberi,* from Clement XIII. to Gregory XVI.,
Rom., 1835–1857, 18 vols.

**Monumenta Germaniæ Historica inde ab anno Christi quingentesimo usque
ad annum millesimum et quingentesimum;* ed. by *G. H. Pertz* (royal
librarian at Berlin, d. 1876), continued by *G. Waitz.* Hannoveræ,
1826–1879, 24 vols. fol. A storehouse for the authentic history of
the German empire.

**ANASTASIUS* (librarian and abbot in Rome about 870): *Liber Pontificalis*
(or, *De Vitis Roman. Pontificum*). The oldest collection of biogra-
phies of popes down to Stephen VI., A. D. 885, but not all by Anas-
tasius. This book, together with later collections, is inserted in
the third volume of MURATORI, *Rerum Ital. Scriptores* (Mediol., 1723–
'51, in 25 vols. fol.); also in Migne, *Patrol. L.* Tom. CXXVII. (1853).

ARCHIBALD BOWER (b. 1686 at Dundee, Scotland, d. 1766): *The History
of the Popes, from the foundation of the See of Rome to the present time.*
3rd ed. Lond., 1750–'66. 7 vols., 4to. German transl. by Rambach,
1770. Bower changed twice from Protestantism to Romanism, and
back again, and wrote in bitter hostility to the papacy, but gives
very ample material. Bp. Douglas of Salesbury wrote against him.

CHR. F. WALCH: *Entwurf einer vollständigen Historie der römischen
Päpste.* Göttingen, 2d ed., 1758.

G. J. PLANCK: *Geschichte des Papstthums.* Hanover, 1805. 3 vols.

L. T. Spittler: *Geschichte des Papstthums;* with Notes by J. Gurlitt, Hamb., 1802, new ed. by H. E. G. Paulus. Heidelberg, 1826.

J. E. Riddle: *The History of the Papacy to the Period of the Reformation.* London, 1856. 2 vols.

F. A. Gfrörer: *Geschichte der Karolinger.* (Freiburg, 1848. 2 vols.); *Allgemeine Kirchengeschichte* (Stuttgart, 1841–'46, 4 vols.); *Gregor VII. und sein Zeitalter* (Schaffhausen, 1859–'64, 8 vols.). Gfrörer began as a rationalist, but joined the Roman church, 1853, and died in 1861.

*Phil. Jaffé: *Regesta Pontificum Roman. ad annum* 1198. Berol., 1851; revised ed. by Wattenbach, etc. Lips. 1881 sqq. Continued by Potthast from 1198–1304, and supplemented by Harttung (see below). Important for the chronology and acts of the popes.

J. A. Wylie: *The Papacy.* Lond., 1852.

*Leopold Ranke: *Die römischen Päpste, ihre Kirche und ihr Staat im* 16 *und* 17*ten Jahrhundert.* 4 ed., Berlin, 1857. 3 vols. Two English translations, one by *Sarah Austin* (Lond., 1840), one by *E. Foster* (Lond., 1847). Comp. the famous review of *Macaulay* in the Edinb. Review.

Döllinger (R. C.): *Die Papstfabeln des Mittelalters.* München, 1863. English translation by *A. Plummer,* and ed. with notes by *H. B. Smith.* New York, 1872.

*W. Giesebrecht: *Geschichte der Deutschen Kaiserzeit.* Braunschweig, 1855. 3rd ed., 1863 sqq., 5 vols. A political history of the German empire, but with constant reference to the papacy in its close contact with it.

*Thomas Greenwood: *Cathedra Petri. A Political History of the great Latin Patriarchate.* London, 1856–'72, 6 vols.

C. de Cherrier: *Histoire de la lutte des papes et des empereurs de la maison de swabe, de ces causes et des ses effets.* Paris, 1858. 3 vols.

*Rud. Baxmann: *Die Politik der Päpste von Gregor I. bis Gregor VII.* Elberfeld, 1868, '69. 2 vols.

*F. Gregorovius: *Geschichte der Stadt Rom im Mittelalter, vom 5. bis zum 16. Jahrh.* 8 vols. Stuttgart, 1859–1873. 2 ed., 1869 ff.

A. v. Reumont: *Geschichte der Stadt Rom.* Berlin, 1867–'70, 3 vols.

C. Höfler (R. C.): *Die Avignonischen Päpste, ihre Machtfülle und ihr Untergang.* Wien, 1871.

R. Zöpffel: *Die Papstwahlen und die mit ihnen im nächsten Zusammenhange stehenden Ceremonien in ihrer Entwicklung vom* 11 *bis* 14. *Jahrhundert.* Göttingen, 1872.

*James Bryce (Prof. of Civil Law in Oxford): *The Holy Roman Empire.* London, 3rd ed., 1871, 8th ed. enlarged, 1880.

W. Wattenbach: *Geschichte des römischen Papstthums.* Berlin, 1876.

*Jul. von Pflugk-Harttung: *Acta Pontificum Romanorum inedita.* Bd. I. Urkunden der Päpste A. D. 748–1198. Gotha, 1880.

O. J. Reichel: *The See of Rome in the Middle Ages.* Lond. 1870.
Mandell Creighton: *History of the Papacy during the Reformation.*
    London 1882.   2 vols.
J. N. Murphy (R. C.): *The Chair of Peter, or the Papacy and its Bene-*
    fits. London 1883.

49. 교황들과 대립교황들, 로마 황제들의 연표
(그레고리우스 1세 ~ 레오 13세)

독자 여러분의 편의를 위해서 여기에 교황 그레고리우스 1세부터 레오 13세에
이르는, 그리고 샤를마뉴부터 프랑수아 2세에 이르는 교황들과 대립교황들, 황
제들의 명단을 빠짐없이 소개한다.[1]

A. D.	POPES.	ANTI-POPES.	EMPERORS.	A. D.
			(GREEK EMPERORS).	
590–604	St. Gregory I.		Maurice.	582
	(the Great).		Phocas.	602
604–606	Sabinianus.			
607	Boniface III.			
608–615	Boniface IV.		Heraclius.	610
615–618	Deusdedit.			
619–625	Boniface V.			
625–638	Honorius I.			
638(?)-640	Severinus.			
640–642	John IV.		Constantine III.	
642–649	Theodorus I.		Constans II.	641
649–653 [655]	St. Martin I.			
654–657	Eugenius I.		Constantine IV.	
657–672	Vitalianus.		(Pogonatus.)	668
672–676	Adeodatus.			
676–678	Donus or Dom|nus I.			
678–681	Agatho.			
682–683	Leo II.			
683–685	Benedict II.			
685–686	John V.		Justinian II.	685
686–687	Conon.			
687–692		Paschal.	Leontius.	694
687	Theodorus.		Tiberius III.	697

1) 이 목록은 Jaffe(*Regesta*), Potthast(*Bibl. Hist. Medii Aevi*, Suppliment, 259–267),
그리고 그의 자료들을 편집한 것이다. 사도 베드로부터 레오 13세까지 교황의 총수는
263인이다. 별표가 붙은 황제들은 교황에게 대관식을 받은 경우이고, 나머지는 단지
독일의 왕들과 황제들이다.

A. D.	POPES.	ANTI-POPES.	EMPERORS.	A. D.
687–701	Sergius I.		Justinus II. restored	705
701–705	John VI.		PhilippicusBardanes	711
705–707	John VII.		Anastasius II.	713
708	Sisinnius.		Theodosius III.	716
708–715	Constantine I.		Leo III. (the Isau-	
715–731	Gregory II.		rian).	718
731–741	Gregory III.		(Charles Martel, d.	
			741, defeated the	
			Saracens at Tours,	
			732.)	
741–752	Zacharias.		(Pepin the Short,	
752	Stephen II.		Roman(Patricius).	741
752–757	Stephen III. (II.)			
757–767	Paul I.			
767–768	Constantine II.		ROMAN EMPERORS.	
768	Philippus.			
768–772	Stephen IV.			
772–795	Adrian I.		*Charlemagne.	768–814
795–816	Leo III.		Crowned emperor at	
816–817	Stephen V.		Rome,	800
817–824	Paschal I.		*Louis the Pious.	
824–827	Eugenius II.		(le Débonnaire).	814–840
827	Valentinus.		Crowned em. at Rheims	816
827–844	Gregory IV.		*Lothaire I. (crown-	
844		John (diaconus).	ed 823).	840–855
844–847	Sergius II.		(Louis the German,	
847–855	Leo IV.		King of Germany,	
	The mythical	papess Joan or John	840–876.)	
855–858	Benedict III.	VIII.		
855		Anastasius.	*Louis II. (in Italy)	855–875
858–867	Nicolas I.			
867–872	Adrian II.			
872–882	John VIII.		*Charles the Bald.	875–881
882–884	Marinus I.		*Charles the Fat.	881–887
884–885	Adrian III.			
885–891	Stephen VI.		*Arnulf.	887–899
891–896	Formosus.		Crowned emperor,	896
896	Boniface VI.			
896–897	Stephen VII.	(murdered).		
897	Romanus.			
897	Theodorus II.			
898–900	John IX.		(Louis the Child.)	899
900–903	Benedict IV.			
903	Leo V.		Louis III. of Pro-	
903–904	Christophorus	(deposed).	vence (in Italy).	901
904–911	Sergius III.		Conrad I. (of Fran-	
911–913	Anastasius III.		conia), King of	
913–914	Lando.		Germany.	911–918
914–928	John X.		Berengar (in Italy).	915
928–929	Leo VI.		Henry I. (the Fow-	
929–931	Stephen VIII.		ler), King of Ger-	
931–936	John XI.		many. The House	
936–939	Leo VII.		of Saxony.	918–926
939–942	Stephen IX.		*Otto I. (the Great).	936–973
942–946	Marinus II.		Crowned emperor,	962

A. D.	POPES.	ANTI-POPES.	EMPERORS.	A. D.
946–955	Agapetus II.			
955–963	John XII.	(deposed).		
963–965	Leo VIII.			
964	Benedict V.	(deposed).		
965–972	John XIII.			
972–974	Benedict VI.		*Otto II.	973–983
974–983	Benedict VII.	(Boniface VII.?)		
983–984	John XIV.	(murdered).	*Otto III.	983–1002
984–985	Boniface VII.		Crowned emperor,	996
985–996	John XV.			
996–999	Gregory V.			
997–998		Calabritanus John XVI.	*Henry II. (the Saint	
998–1003	Silvester II.		the last of the	
1003	John XVII.		Saxon empe'rs).	1002–1024
1003–1009	John XVIII.		Crowned emperor,	1014
1009–1012	Sergius IV.			
1012–1024	Benedict VIII.		*Conrad II. The	
1012		Gregory.	House of Franconia.	1024–1039
1024–1033	John XIX.		Crowned emperor,	1027
1033–1046	Benedict IX.	(deposed).		
1044–1046		Silvester III.	*Henry III.	1039–1056
1045–1046	Gregory VI.		Crowned emperor,	1046
1046–1047	Clement II.			
1047–1048	Damasus II.			
1048–1054	Leo IX.			
1054–1057	Victor II.		*Henry IV.	1056–1106
1057–1058	Stephen X.		Crowned by the An-	
1058–1059	Benedict X.	(deposed).	tipope Clement.	1084
1058–1061	Nicolas II.			
1061–1073	Alexander II.		(Rudolf of Swabia,	
1061		Cadalous (Honorius II.).	rival).	1077
1073–1085	Gregory VII. (Hildebrand).		(Hermann of Lux-	
1080–1100		Wibertus (Clement III.)	emburg, rival).	1081
1086–1087	Victor III.			
1088–1099	Urban II.			
1099–1118	Paschal II.			
1100		Theodoricus.		
1102		Albertus.	*Henry V.	1106–1125
1105–1111		Maginulfus (Silves-		
1118–1119	Gelasius II.	ter IV.).		
1118–1121		Burdinus (Gregory	*Lothaire II. (the Saxon	1125–1137
1119–1124	Calixtus II.	VIII.).		
1124		Theobaldus Buccape- cus (Celestine).	*Conrad III. The	
1124–1130	Honorius II.		House of Hohen-	
1130–1143	Innocent II.		staufen. (The Swa-	
1130–1138		Anacletus, II.	bian emperors.)	1138–1152
1138		Gregory (Victor IV.).	Crowned Em. at Aix	
1143–1144	Celestine II.			
1144–1145	Lucius II.			
1145–1153	Eugenius III.		*Frederick I. (Bar-	
			barossa).	1152–1190
1153–1154	Anastasius IV.		Crowned emperor,	1155
1154–1159	Adrian IV.			
1159–1181	Alexander III.			
1159–1164		Octavianus (Victor IV.)		

A. D.	POPES.	ANTI-POPES.	EMPERORS.	A. D.
1164–1168		Guido Cremensis (Paschal III.).		
1168–1178		Johannes de Struma. (Calixtus III.).		
1178–1180		Landus Titinus (Innocent III.).		
1181–1185	Lucius III.			
1185–1187	Urban III.			
1187	Gregory VIII.			
1187–1191	Clement III.			
			*Henry VI.	1190–1197
1191–1198	Celestine III.			
1198–1216	Innocent III.		Philip of Swabia, and Otto IV. (rivals).	1198
			*Otto IV.	1209–1215
1216–1227	Honorius III.		*Frederick II.	1215–1250
1227–1241	Gregory IX.		Crowned emperor.	1220
1241	Celestine IV.			
1241–1254	Innocent IV.		(Henry Raspe, rival) (William of Holland rival).	
			Conrad IV.	1250–1254
1254–1261	Alexander IV.			
			Interregnum.	1254–1273
			Richard (Earl of Cornwall).	
1261–1264	Urban IV.		Alfonso (King of Castile)—(rivals).	1257
1265–1268	Clement IV.			
1271–1276	Gregory X.			
1276	Innocent V.		Rudolf I. (of Hapsburg). House of Austria.	1272–1291
1276	Adrian V.			
1276–1277	John XXI.			
1277–1280	Nicolas III.			
1281–1285	Martin IV.			
1285–1287	Honorius IV.			
1288–1292	Nicolas IV.			
1294	St. Celestine V.	(abdicated).	Adolf (of Nassau).	1292–1298
1294–1303	Boniface VIII.			
1303–1304	Benedict XI.		Albert I. (of Hapsburg).	1298–1308
1305–1314	Clement V.[1]			
			*Henry VII. (of Luxemburg).	1308–1313
1316–1334	John XXII.		*Lewis IV. (of Bavaria).	1314–1347
1334–1342	Benedict XII.		(Frederick the Fair of Austria, rival, 1314–1330.)	
1342–1352	Clement VI.			
1352–1362	Innocent VI.			
1362–1370	Urban V.		*Charles IV. (of Luxemburg).	1347–1437
1370–1378	Gregory XI.		(Günther of Schwarzburg, rival).	
1378–1389	Urban VI.			

A. D.	POPES.	ANTI-POPES.	EMPERORS.	A. D.
1378–1394		Clement VII.		
1389–1404	Boniface IX.		Wenzel (of Luxemburg).	
1394–1423		Benedict XIII. (deposed, 1409)		1378–1400
1404–1406	Innocent VII.		Rupert (of the Palatinate).	
1406–1409	Gregory XII.	(deposed).		1400–1410
1410–1415	Alexander V.			
1410–1415	John XXIII.	(deposed).	*Sigismund (of Luxemburg).	1410–1437
			(Jobst of Moravia, rival.)	
1417–1431	Martin V.	Clement VIII.		
1431–1447	Eugene IV.			
		Felix V.	Albert II. (of Hapsburg).	
1439–1449				1438–1439
1447–1455	Nicolas V.		*Frederick III.[1]	1440–1493
1455–1458	Calixtus IV.		Crowned emperor.	1452
1458–1464	Pius II.			
1464–1471	Paul II.			
1471–1484	Sixtus IV.			
1484–1492	Innocent VIII.		Maximilian I.	1493–1519
1492–1503	Alexander VI.			
1503	Pius III.			
1503–1513	Julius II.		*Charles V.	1519–1558
1513–1521	Leo X.		Crowned emperor at	
			Bologna not in Rome	1530
1522–1523	Hadrian VI.			
1523–1534	Clement VII.			
1534–1549	Paul III.			
1550–1555	Julius III.			
1555	Marcellus II.		Ferdinand I.	1558–1564
1555–1559	Paul IV.			
1559–1565	Pius IV.			
1566–1572	Pius V.			
1572–1585	Gregory XIII.		Maximilian II.	1564–1576
1585–1590	Sixtus V.			
1590	Urban VII.			
1590–1591	Gregory XIV.			
1591	Innocent IX.			
1592–1605	Clement VIII.		Rudolf II.	1576–1612
1605	Leo XI.			
1605–1621	Paul V.		Matthias.	1612–1619
1621–1623	Gregory XV.		Ferdinand II.	1619–1637
1623–1644	Urban VIII.			
1644–1655	Innocent X.		Ferdinand III.	1637–1657
1655–1667	Alexander VII			
1667–1669	Clement IX.		Leopold I.	1657–1705
1607–1676	Clement X.			
1676–1689	Innocent XI.			
1689–1691	Alex'der VIII.			
1691–1700	Innocent XII.			
1700–1721	Clement XI.			
			Joseph I.	1705–1711
			Charles VI.	1711–1740
1721–1724	Innocent XIII.		Charles VII. (of Ba-	
1724–1730	Benedict XIII.			

A. D.	POPES.	ANTI-POPES.	EMPERORS.	A. D.
1730–1740	Clement XII.		varia).	1742–1745
1740–1758	Benedict XIV.		Francis I. (of Lor-raine).	1745–1765
1758–1769	Clement XIII.		Joseph II.	1765–1790
1769–1774	Clemênt XIV.			
1775–1799	Pius VI.			
			Leopold II.	1790–1792
			Francis II.	1792–1806
1800–1823	Pius VII.			
			Abdication of Fran-cis II.	1806
1823–1829	Leo XII.			
1829–1830	Pius VIII.			
1831–1846	Gregory XVI.		(Francis I., Emperor of Austria).	
1846–1878	Pius IX. (long-est reign).		[German Confederation	1814–1866
			North German Con-federation.	1866–1870
1878	Leo XIII.		[New German Empire.	1870
			William I. of Prussia.	1870]

50. 대 그레고리우스(590-604)

랑케(Ranke)는 이렇게 말한다. "초기 교황들에 관해서 어떻게 생각하든간에, 그들은 항상 억압받는 신앙을 보살피고, 이교와 싸우고, 기독교를 북유럽 민족들에게 전파하고, 독립된 성직위계체제를 수립하는 일에 큰 관심을 가졌다. 이 일은 어떤 위대한 일을 목표로 세우고 실천하는 인간 존재의 위엄에 속하며, 이러한 경향을 교황들은 상승의 기세로 간직했다."[2]

초기 교황들에 대한 이러한 호평은 비록 그들 모두에게 해당되는 것은 아니겠지만, 그럴지라도 우리가 다루는 시기의 벽두에 서 있는 인물에 관한 한 틀림없는 사실이다.

그레고리우스 1세(Gregory the First, 혹은 대 그레고리우스)는 라틴 교부들 가운데 마지막이자 교황들 가운데 처음에 해당하는 인물로서, 고대 교회와 중세 교회를, 그리스-로마 유형의 기독교와 로마-독일 유형의 기독교를 접목시킨다.

---

2) *Die R mischen P pste des 16 und 17ten, Jahrhunderts,* Th. I., p. 44 (2nd. ed.).

그는 중세 가톨릭 교회를 가장 잘 대표하는 인물로서, 그의 특성을 몇 가지 방향에서 정의하자면, 첫째로, 수도원적이고 금욕적이고 독실하고 미신적이었고, 둘째로, 성직위계 중심적이고 고압적이고 야심적이되 하나님 앞에서는 겸손했고, 셋째로, 고전·세속 문화에 적대적이지는 않았으나 무관심한 반면에 종교·교회 학문에는 우호적이었고, 넷째로, 공의롭고 인도적이고 겉치레에 관대했으며, 다섯째로, 기독교와 로마 교황청을 위한 설교 열정이 충만했다(기독교와 로마 교황청이 그의 정신에는 뗄래야 뗄 수 없이 연관되었다). 그레고리우스는 탁월한 행정 능력에다 지칠 줄 모르는 근면한 습성을 겸비했으며, 눈코 뜰 새 없이 바쁜 공무 속에서도 경건 생활의 필요를 강조하기를 잊지 않았다. 재능 면에서는 레오 1세와 그레고리우스 7세, 인노켄티우스 3세보다 뒤졌으나, 인간으로서 그리스도인으로서는 역대 교황들 가운데 가장 순수하고 훌륭한 면모를 지녔다. 선량함이 위대함 가운데서도 가장 높은 덕목임을 감안할 때, 교회는 '대'(Great)라는 칭호를 그보다 지적 능력이 우수했던 다른 교황들에게 붙이지 않고 그에게 붙였다는 것은 정확한 판단이었다.

그가 교황으로 재위하던 시기(590년 9월 3일부터 604년 3월 12일까지)에는 많은 문제들이 발생했으며, 따라서 그와 같은 훈련과 인격을 지닌 사람을 필요로 했다. 이탈리아는 고트족 왕국이 되었다가 비잔틴 제국에 속주로 편입되었으나, 전쟁으로 피폐해지고 야만적인 롬바르드족에게 짓밟혔다. 여전히 이교도 혹은 아리우스파 이단이었던 롬바르드족은 이탈리아의 교회들을 불태우고 성직자들을 학살하고 수도원들을 약탈하고 수녀들을 범하고 잘 경작된 밭들을 황무지로 만들어 놓았다. 로마는 항상 약탈에 노출되어 있었고, 전염병과 기근에 시달렸다. 유럽 천지가 무정부 상태나 다름 없는 혼돈에 빠져 있었다.

그레고리우스를 포함한 진지한 사람들은 종말이 가까이 왔다고 생각했다. 그는 설교를 통해서 이렇게 말한다. "이러한 때에 이 세상에서 우리에게 기쁨을 줄 수 있는 것이 무엇입니까? 도처에서 환난을 보며, 도처에서 애도의 소리를 듣습니다. 도시들은 파괴되었고, 성들은 무너졌고, 밭들은 황무지가 되었으며, 땅은 고적하게 변했습니다. 촌락들은 텅텅 비어 있고, 도시들에는 주민들이 없으며, 남아 있는 이 가련한 자들조차 매일 살육을 당합니다. 하늘의 공의의 회초리가 쉬지 않는 까닭은 회초리를 맞으면서도 회개하는 사람이 없기 때문입니다. 어떤 사람들은 포로로 끌려가고, 어떤 사람들은 사지를 절단당하고, 어떤 사람들은 칼에 찔려 죽으며, 우리가 그런 모습들을 도처에서 목격합니다. 형제 여러분, 이 생에서 우리를 만족시킬 수 있는 것이 과연 무엇입니까? 우리가 이런 세상을 사랑한다면 그것은 기쁨을 사랑하는 것이 아니라 상처를 사랑하는 것입니다. 한때 세상의 여왕이었던 나라가 어떤 지경이 되었는지 우리는 지켜보고 있습니다 … 그렇다면 우리는 현세를 적극적으로 경멸하고 온 힘을 다해 경건한 분들이 이뤄 놓은 일들을 배워 우리도 그렇게 행합시다."

그레고리우스는 540년경에 로마의 유서깊고 부유한 원로원 가문에서 태어나 좋은 교육을 받았다. 라틴 문학을 익혔고, 암브로시우스·제롬·아우구스티누스를 공부했으나, 헬라어는 배우지 못했다. 어머니 실비아(Sylvia)는 남편 고르디아누스(Gordianus)가 죽은 뒤 수녀원에 들어갔고, 거룩한 생활에 힘쓴 결과 성인의 반열에 올랐다. 그레고리우스는 그리스 황제 유스티누스(Justin)에게 발탁되어 로마의 최고위직 곧 제국 총독에 임명되었다(574). 그러나 그는 곧 세상과 인연을 끊고서 로마 근처에 있던 아버지의 저택을 성 안드레를 기리는 수도원으로 바꾸었고, 자신이 직접 그 수도원의 수사가 되었으며, 훗날 대수도원장이 되었다. 그 외에도 시칠리아에 수도원을 여섯 곳 설립했으며, 남은 재산을 가난한 사람들에게 나누어 주었다. 자신은 지극히 검소하게 살았으며, 건강을 해칠 정도로 철저한 금욕 생활을 했다. 그럴지라도 그는 훗날 이 시절을 회상하면서 이때가 자기 생애에서 가장 행복했던 시절이라고 말했다.

교황 펠라기우스 2세(Pelagius II)는 그를 로마 교회의 일곱 부제 가운데 한 사람으로 임명했으며, 그를 자신의 대사로서 콘스탄티노플 궁정에 파견했다(579). 그동안 쌓아온 정치력과 행정력을 감안할 때 그는 이 직위에 둘도 없는 적임자였다. 그는 585년에 로마로 돌아가서 자기 수도원의 대수도원장으로 임명되었으나, 그와 동시에 중요한 공적 업무를 맡아 수행했다.

그는 대수도원장으로 재직하는 동안 앵글로색슨족에 대한 선교 열정에 타올랐다. 노예 시장을 지나가다가 무심코 겪은 일이 그 계기가 되었다. 그 결과가 (앞장에 소개한 바와 같이) 그의 교황 재위 기간 동안 잉글랜드의 개종과 로마 교황청의 관할권 확장으로 나타났다. 이것이 그 시대에 가장 위대한 사건이며, 그의 면류관에 박힌 가장 화려한 보석이다. 마치 기독교 카이사르처럼, 그는 서른 명의 수사 군대를 그 아름다운 섬으로 파견하여 십자가 깃발 아래 진군하게 함으로써 그 섬을 재정복했다.[3]

590년에 그레고리우스는 성직자단과 원로원과 백성의 만장일치에 의해 본인의 강력한 고사에도 불구하고 교황으로 선출되었으며, 당시의 세속 군주인 비잔틴 황제 마우리키우스(Mauricius)에게 인준을 받았다. 수도원주의가 최초로 교황의 권좌에 등극한 것이다. 이후부터 숨을 거두는 순간까지 그레고리우스는 자신이 사도 베드로의 계승자이자 그리스도의 대리자라는 확고한 의식을 가지고 교황청과 영원한 도성을 지키고 그 세력을 증진하는 데 자신의 모든 힘을 쏟아부었다. 교황이 된 뒤에도 수도원 시절과 다름 없이 매우 검소하게 살았고, 수사들을 측근으로 삼아 그들을 주교와 교황특사로 임명했고, 로마 공의회에서 성 베네딕투스의 수도회칙을 승인했고, 수도원들의 자유와 재산을 보증했으며, 자신의 모범과 영향력에 의해 베네딕투스회에 큰 영향을 끼쳤다. 가난한 사람들을 구제하는 데는 제한을 두지 않았다. 3천 명의 처녀들, 가난하게 된 귀족들과 나이 지긋한 귀부인들이 얼굴을 붉히지 않은 채 그에게 구제품을 받았다. 조촐한 음식을 차려놓고 식사를 하려다가도 가난한 사람들이 생각나면 그 음식을 그들에게 보냈다. 억울한 일을 당한 과부들과 고아들을 위해서 항상 개입했다. 노예들과 포로들을 속량해 주었고, 축성(祝聖)된 그릇들을 자선의 목적으로 판매하도록 허용했다.

그레고리우스는 전임 교황의 목숨을 앗아간 전염병으로 인해 대중 앞에서 겸비(謙卑)의 태도를 취함으로써 교황으로서의 직무를 시작했다. 사흘 동안 행렬을 벌여 거리를 돌면서 기도하고 찬송했다. 그러나 전염병은 여전히 기승을 부렸으며, 행렬이 거행되는 동안에도 여덟 명이 죽어 실려나갔다. 후대의 전설은 이 행렬로 인하여 재앙이 소강 상태에 들어갔고, 결국 천사장 미가엘이 하드리아누스의 대영묘에 나타나서 그동안 빼들었던 칼을 도로 칼집에 꽂았다고 전한다. 그래서 이 무덤이 성 안젤로 성이라 불리며, 천사의 조각상이 이곳에 세워졌다.

그레고리우스는 교황으로서 쉬지 않고 활동했는데, 그의 이런 모습은 그가 몹시 약했고 그래서 종종 침대 신세를 져야 했던 점을 감안하면 참으로 대단한 것이다. 그는 601년에 친구에게 쓴 편지에서 이렇게 말한다. "오랫동안 나는 침대에서 일어날 수 없었다네. 응혈로 인한 고통이 너무 심했기 때문이지. 통증이 심

---

3) 참조. 위의 § 10.

할 때는 불이 몸을 확 사르는 것 같아. 사는 게 고역이라네. 죽는 게 유일한 치료제인 것 같아." 또 다른 편지에서는 "나는 매일 죽어가고 있는데, 그런데 어찌된 게 죽어지질 않는군" 하고 쓴다.

그레고리우스에게는 너무가 커서 할 수 없는 일도 없었고, 너무나 작아서 그냥 지나치는 일도 없었다. 그는 교회 의식을 체계화하고 완성했고, 그것에 훨씬 더 장엄한 면모를 띠게 했고, 자신의 이름이 붙은 새로운 찬송 형식으로써 미사와 예배의 예규를 개선했다. 수시로 능력 있게 설교를 했으며, 설교할 때는 그의 눈에 심판 날의 전조로 비친 당시의 재앙들을 근거로 겸손과 경건을 역설했다. 로마 시를 야만족이자 이단인 롬바르드족으로부터 구했다. 교황청 세습 재산을 관리했는데, 그 대상에는 로마 근교와 칼라브리아 · 사르디니아 · 코르시카 · 시칠리아 · 달마티아, 심지어 갈리아와 아프리카의 토지까지 포함되었다. 선교사들을 독려하고 그들에게 조언을 아끼지 않았다. 서방 세계의 수장으로서 이탈리아 · 갈리아 · 스페인 · 브리타니아의 교회들을 보살폈고, 몇몇 수도대주교들에게 팔리움(대주교가 착용하는 영대〈領帶〉: 역자주)을 보냈으며, 하지만 법적 관할권을 주장하지는 않았다. 주교들을 임명했고, 의무에 태만하거나 범죄를 저지른 주교들을 견책하고 면직시켰다. 당대에 만연하던 성직 매매 관행을 단호히 반대했으며, 성직자들에게 사역의 대가로 수수료를 징수하거나 혹시 주더라도 받지 말라고 경고했다.

교회의 유익을 위해서 서방 세계의 귀족들과 왕들, 여왕들, 동방 세계의 황제들 및 총대주교들과 서신을 주고받았다. 레카레드(Reccared)가 스페인의 고트족 왕국을 아리우스 이단에서 가톨릭 신앙으로 돌려놓은 일을 치하했다. (이 사건은 589년 5월 8일에 톨레도 공의회에 의해서 공식적으로 선포되었다.) 그레고리우스는 왕 레카레드에게 축하의 편지를 보냈으며, 하지만 그 편지에서 겸손과 정절과 자비에 힘쓰라고 당부했다. 내내 혐오스러운 존재였던 롬바르드족도 그의 생애 말년에 아리우스주의를 버리게 되었는데, 이것은 그가 삼위일체 신앙을 배우며 자란 바이에른의 공주 출신인 왕비 테오델린다(Theodelinda)에게 영향력을 행사한 결과이기도 했다. 그는 아프리카의 도나투스파 잔당을 진압하는 데 힘썼다. 기독교 이단들과 분리주의자들에 대해서는 추호도 타협하지 않았지만, 그의 시대가 유대인들을 관대하게 대하는 데로 나아가는 데 하나의 계단이 되었다. 테라키나의 주교와 칼리아리의 주교가 유대인들한테서 회당을 부당하게 몰수한 행위에 대해서 책임을 물었고, 갈리아에서 유대인들을 무력으로 세례받게 한 일을 단죄했으며, 전도를 통해서 죄를 깨닫고 믿는 것만이 합법적인 회심의 수단이라고 천명했다. 하지만 뇌물을 사용하는 부정직한 방법을 쓰고도 가책을 느끼지 않았으며, 자신의 주장과 다르게 유대인들이 회당을 신설하고 그리스도인 노예를 소유할 수 있는 권리를 인정하지 않았다. 비록 성과를 거두지는 못했지만, 노예 매매를 막아보려고 노력을 했다. 당시에는 노예매매가 주로 유대인들의 손에 의해 이루어지고 있었다.

그레고리우스가 죽은 뒤에 그가 평생 덜어보려고 노력했던 사회적 곤궁이 대규모 기근으로 극에 달하게 되었고, 이에 불만을 품은 로마 주민들이 그의 서재로 몰려가 파괴할 지경에 이르렀는데, 그때 대부제 페트루스가 군중을 가로막고 서서 과거에 그레고리우스가 책들을 집필할 때 성령께서 비둘기 모양으로 그의 머리에 머물러 계신 모습을 자신이 직접 보았노라고 말함으로써 그의 저서들이 훼손되는 것을 막았다. 이 일로 인하여 그레고리우스는 비둘기로 상징된다. 그는 성 베드로 교회의 성 안드레 제단 밑에 묻혔다.

특주

그레고리우스 1세에 대한 평가

주교 보쉬에(Bossuet)는 그레고리우스의 공적 생애를 다음과 같이 간결하게 요약한다. "이 위대한 교황은 황제들에게 아무런 지원을 받지 못했음에도 롬바르드족을 굴복시켰고, 로마와 이탈리아를 구원했고, 콘스탄티노플 총대주교들의 느닷없는 교만을 꺾었고, 자신의 교리로써 온 교회를 깨우쳤고, 겸손이 뒷받침된 열정으로 동방과 서방을 지도했으며, 세계에 교회 정부의 완벽한 예를 남겼다."

이 내용에 몽탈랑베르(Count Montalembert)는 이렇게 덧붙인다. "5세기 뒤에 성 그레고리우스 7세 교황과 함께 누구라도 교황들 가운데 가장 위대한 교황이라고 불렀을 그레고리우스 1세를 교회에 준 것은 베네딕투스회였다 …… 그는 과연 위대한 그레고리우스였다. 왜냐하면 그는 한도 끝도 없이 닥쳐오는 난제들 앞에서 흠잡을 데 없이 처신했고, 교황이 갈수록 위세를 더해갈 수 있도록 터를 공고히 닦았는데, 그것은 고결한 인품과 정직한 양심, 따뜻한 마음을 잘 발휘했기 때문이다.”

기번(45장)은 이렇게 말한다. “13년 6달 10일간 지속된 대 그레고리우스의 교황 재위 기간은 교회사에서 손꼽히는 수립과 계몽의 시기였다. 단순함과 간계, 교만과 겸손, 상식과 미신이 독특하게 뒤섞였던 그의 덕성들과 심지어 단점들까지도 시대의 상황과 정서에 잘 들어맞았다.”

라우(Lau)는 자신의 탁월한 논문(302, 306쪽)에서 이렇게 말한다. “그레고리우스의 신앙 인격의 특성들은 그가 취한 행위들에 고스란히 나타난다. 사물을 명쾌하고 실제적으로 바라보는 통찰력에다 친절하고 따뜻한 마음을 겸비한 것이 그의 인격이었다. 정의에는 조금도 뜻을 굽히지 않는 강직한 성품이어서 완고하게 율법을 어기는 자들에 대해서는 서릿발처럼 냉엄하게 대했지만, 죄를 뉘우치는 사람들에게는 한없이 관대하고 친구들에게는 따뜻한 친구가 되어 주었다. 물론 의와 교회의 안녕이 우정보다 우선이었으므로 그것을 무시하고 저해하는 자들은 친구라도 모질게 대했다. 다양한 상황들과 사람들을 대단히 현명하고 시의적절하게 대하는 지혜가 있었을 뿐 아니라, 한번 옳다고 판단한 것은 한치도 양보하지 않는 확고함도 있었다. 하지만 완고한 적은 없었다. 집요한 열정으로 교회의 권리와 사도좌의 특권을 지키기 위해서 싸웠으나, 개인의 영달은 구하지 않았다. 교회와 로마의 권좌에 관하여 생각하는 것만큼 자신에 관해서는 겸손하게 평가했다. 마음으로부터 겸손한 모습을 여러 기회에 드러냈다. 과연 그에게는 겸손이 가장 중요하고 숭고한 덕목이었다. 그의 활동은 큰 일이든 작은 일이든 똑같은 열정으로 임할 만큼 훌륭한 면모가 있었다. 그는 마음이 따뜻한 애국자로서, 동족들의 영적 안위뿐 아니라 물질적 안위에도 끊임없이 관심을 가졌다. 로마를 롬바르드족의 위협에서 구출하고, 기근의 고통을 덜어준 것이 여러 번이었다 …… 원대한 계획들을 품은 위대한 인물로서, 계획들을 실현하는 과정에서 확고한 의지 못지않게 깊은 통찰력을 발휘했고, 사람들을 예리하게 판단하는 것 못지않게 상황도 슬기롭게 파악했다. 그가 발휘한 영향력은 대단히 컸으며, 혹시 이 영향력이 모든 점에서 선한 방향을 취하지는 못한 점이 있을지라도 그것은 그의 시대 탓이지 그의 탓은 아니었다. 그의 목표는 항상 자신이 최선으로 인정하는 것이었다. 6세기와 그 이후에 재위한 교황들 가운데 그가 가장 찬란하게 빛나는 별이다.”

박스만(Rud. Baxmann, *l. c.* I. 45 sq.)은 이렇게 말한다. “롬바르드족이 이탈리아 전역에서 동요와 불안을 일으키는 가운데 한 사람이 영원한 도성에서 자신의 지위에 굳게 서서 아무리 높은 파도가 휩쓸고 지나가도 요동하지 않았다. 루터가 유언에서 자신을 가리켜 천국과 지상과 지옥에서 그 이름이 잘 알려진 하나님의 대변자라고 부르듯이, 그레고리우스의 비문에는 그가 하나님의 집정관(consul Dei)으로 다스렸다고 적혀 있다. 그는 교회 공화국의 수석 주교이자 라틴 교회의 다른 유력한 신학자들과 기둥들인 암브로시우스 · 아우구스티누스 · 제롬에 이어 제4대 교회 박사(doctor ecclesiae)였다. '의식의 아버지'(pater ceremoniarum), '수도원의 아버지'(pater monachorum), 대(the Great)라는 칭호가 그에게 부여되는 것이 정당하다. 그는 이전 시대의 라틴 교회가 교회 정치와 교의, 목회와 예배에 관하여 쌓아놓은 것을 집대성하여 다음 시대를 위해서 어지간해서는 빗나가지 않은 규범들을 세워놓았다."

이러한 평가에다 최근에 그레고리우스의 전기를 내놓은 제임스 밤비(James Barmby)의 평가를 덧붙인다(*Greg.*, p. 191): "그가 숭고한 목표를 품었고, 마음의 동기가 진실했고, 지칠 줄 모르고 행동했고, 개인 생활에 오점이 없었다는 데에는 의심의 여지가 있을 수 없다. 이러한 특성들이 그의 생애 전체에서 확연히 드러난다. 혹시 그의 신앙에 강한 금욕적 형태와 미신적 맹신이 묻어났다면 그것은 지극히 거룩한 생활을 열망하던 그의 시대의 양상이었다. 게다가 그에게서 나타나는 미신이나 금욕주의도 공의와 자비와 진리라는 진정한 내면의 신앙의 원칙들을 대체하지는 않았다. 그는 필요할 경우 제사보다 자비를 앞세우는 모습을 보여준다. 공의로웠을 뿐 아니라 매우 친절하고 인정이 많았으며, 수도원적 권징을 엄격히 시행할 때도 약한 자들을 배려하기를 잊지 않았다. 외교관처럼 약삭빠르고 정치가처럼 진실치 못한 모습을 드러낸 때라도 그 목표가 개인적이거나 이기적인 경우는 없었다. 그리고 목표 달성을 위하여 여느 사람처럼 권력자에게 몸을 낮추고 아첨도 할 수 있었지만, 큰 원칙들이 흔들린다고 느낄 때에는 아무리 큰 권력자 앞에서라도 두려워하지 않고 소신을 말할 수 있었다."

51. 그레고리우스와 보편적 주교직

그레고리우스의 활동 방향은 교황권 확립 쪽으로 강하게 기울었다. 그는 주교와 수도대주교, 총대주교의 세 가지 지위를 한 몸에 지녔다. 로마의 주교였고, 로마 영토에 속한 일곱 속교구 주교들(후에는 추기경 주교들이라 불림)을 감독하는 수도대주교였으며, 이탈리아(실제로는 서방 세계 혹은 라틴 교회 전체)의

총대주교였다. 그의 이러한 지위는 특별한 경우들에 그의 권한의 범위가 논란이
된 사례들을 제외하고는 논박되지 않았다. 모든 총대주교들 사이에서, 심지어
동방의 총대주교에게조차 일정한 한도에서는 수위성을 인정받았다. 그러나 동
방 혹은 그리스 교회에 대한 관할권을 포함한 보편적(universal) 주교직은 인정
받지 못했으며, 이것보다 더 주목할 만한 점은 그레고리우스 자신도 그런 지위
를 주장하지 않고 오히려 강하게 부정했다는 것이다. 그는 총대주교제와 엄밀한
의미에서의 교황제 중간 지점에 서 있었다. 콘스탄티노플 · 알렉산드리아 · 안디
옥 · 예루살렘, 이 네 도시의 총대주교들이 교회의 머리이신 그리스도 밑에서 함
께 사역하는 교회 지도자들로서, 그들의 토대가 되는 네 차례의 에큐메니컬 공
의회들과 네 복음서들에 각각 해당한다고 이해하면서도, 결국 교황의 수위권(首
位權)을 확고히 믿었다. 그가 이 주제로 동방 교회와 주고받은 서신은 대단히 중
요하다. 이 문제를 둘러싼 동방 교회와 서방 교회의 논쟁은 595년에 시작하여 여
러 해를 끌었으나 결국 해결되지 못했다.

　콘스탄티노플 총대주교 요한 4세(John IV, 금식자)는 서신들에서 '에큐메니컬
주교' 곧 '보편적 주교'라는 칭호를 거듭 사용했다. 이것은 명예상의 칭호로서,
황제들인 레오와 유스티니아누스가 총대주교들에게 부여했었고, 588년에 콘스
탄티노플에서 열린 교회회의에서 요한과 그의 계승자들에게로 확정된 바 있었
다. 이 칭호는 칼케돈 공의회에서 교황 레오 1세에게도 사용된 바 있었다. 그러
나 그레고리우스 1세는 동방의 경쟁자가 그 칭호를 사용하는 데 극히 분개하면
서 어떻게 해서든 그 칭호를 사용하지 못하게 하려고 노력했다. '보편적 주교'
라는 칭호가 어리석고 교만하고 속되고 악하고 전염성이 강하고 신성모독적이
고 마귀적인 권리 찬탈이라고 하면서, 이 칭호를 사용하는 자는 루시퍼와 같다
고 주장했다. 이러한 내용의 서신을 처음에는 콘스탄티노플에 주재하던 자신의
대사(apocrisiarius) 사비니아누스(Sabinianus)에게 보냈고, 다음에는 총대주교에
게 재차 보냈으며, 황제 마우리키우스(Mauricius)에게, 심지어는 황후에게도 보
냈다. 그레고리우스는 본래 수사 기질로 인하여 여성을 경시했으나 여성의 영향
력을 이용할 수 있는 상황이 생기면 그것을 마다하지 않았던 것이다. 그는 총대
주교와 교회적 관계를 단절하겠다고 위협했다. 황제에게는 그런 주제넘는 행위
를 처벌해야 한다고 주장했고, 콘스탄티노플 총대주교구가 네스토리우스 같은
중대한 이단들에 의해 오염된 사실을 환기시켰다.[4]

새 로마[콘스탄티노플]에 자리잡고 있는 경쟁자의 마음을 돌려놓는 데 실패한 그레고리우스는 알렉산드리아와 안디옥의 총대주교들에게 서신을 보내어 그들의 시기심을 이용하여 견제해 보려고 했다. 하지만 그들은 그 칭호를 그저 명예상의 직함으로 간주했으며, 그들 중 한 사람은 그레고리우스에게 '에큐메니컬 교황'이라는 칭호를 부여했다. 그레고리우스로서는 흔쾌히 받아들일 수 없었던 인사치레였다.

596년에 금식자 요한이 죽자, 그레고리우스는 콘스탄티노플에 주재하던 자신의 대사에게 새 총대주교 키리아쿠스(Cyriacus)를 상대로 관계 회복의 조건으로 그 악한 칭호를 버릴 것을 요구하게 했으며, 황제 마우리키우스에게 보낸 서신에서는 "누구든 자신을 가리켜 보편적 사제라고 하거나 그렇게 불리기를 바라는 자는 적그리스도의 선구자입니다"라고 주장하기까지 했다.[5]

이런 교만한 칭호들에 반대하는 과정에서, 그레고리우스는 겸손을 가장한 교만으로 자신을 "하나님의 종들의 종"이라고 불렀다.[6] 이 칭호가 교황들의 항시적 칭호들 가운데 하나가 되었는데, 그들이 내세우는 외람된 주장들과 관련지어 볼 때 대단히 역설적인 칭호가 아닐 수 없다.

그러나 그레고리우스의 항의는 실효를 거두지 못했다. 총대주교도 황제도 그의 소원대로 따라주지 않았다. 따라서 602년에 콘스탄티노플 정권이 폭력 혁명에 의해서 교체되자 그가 크게 환영했던 것이다.

혁명으로 새로 집권한 사람은 포카스(Phocas)로서, 무식하고 빨간머리에 턱수염이 없고, 천박하고 잔인하고 볼품없이 생긴 인물이었다. 마우리키우스와 그의

---

4) 참조. *Lib*. V. 18–21(Migne III. 738–751)의 서신들. 그의 전임자 펠라기우스 2세 (578–590 재위)는 요한이 그 칭호를 사용하는 데 대해서 이미 강력히 비판하면서, 동시에 베드로 주교의 보편적 수위성을 분명히 주장했다. 참조. Migne, Tom. LXXII. 739, and Baronius, *ad. ann.* 587.

5) *Ep*. VII. 13.

6) 'Servus servorum Dei.' 참조. Joa. Diaconus, Vit. Greg. II. 1, and Lib. Dirunus, in Migne, Tom. CV. 23. 아우구스티누스(Epist. 217, ad Vitalem)은 다음과 같은 서명을 사용했다. 'Servus Christi, et per ipsum servus servorum ejus." 참조. 마 20:26; 23:11. 풀겐티우스는 자신을 Servorum Christi famulus라고 불렀다. 교황들은 고난주간에 성 베드로 성당에서 그리스도를 본받는다고 하여 걸인들의 발을 씻기는 의식을 거행하지만, 실제로는 왕들과 왕비들이 자기들의 발에 입맞추기를 기대한다.

전가족(아내와 여섯 아들과 세 딸)을 매우 잔인한 방법으로 살해하고서 권좌에 오른 그와 그의 아내 레온티아(Leontia, 남편보다 그리 나을 게 없는 여성)에게 그레고리우스는 신속히 축하 인사를 보냈다. 그 인사의 편지에서 그는 하늘과 땅을 불러 그들의 즉위를 기뻐하라고 한 다음, 죽은 황제를 독재자로 규정짓고, 교회가 그의 멍에에서 풀려난 것이 얼마나 다행한 일인가 하고 말했다.[7] 이것이 그의 교황 재위 기간을 얼룩지게 한 오점이지만, 변명의 여지가 없는 진정한 오점이라고 할 만한 것은 이것뿐이었다. 이 경우에 그는 목표가 좋으면 수단은 아무래도 괜찮다는 좋지 못한 격언을 따른 듯하다.[8] 물론 그가 그렇게 한 동기는 로마 교구를 보호하고 그 권한을 신장하려는 것이었다. 그는 황후에게 교황의 증거 본문인 "너는 베드로라 내가 이 반석 위에 내 교회를 세우리니 음부의 권세가 이기지 못하리라"는 성구를 상기시키면서 이렇게 덧붙여 말했다. "황후께서는 죄 사함을 받고자 할 때 힘입어야 할 그를 늘 곁에 모시고 살 줄을 저는 의심치 않습니다."

살인자이자 권력 찬탈자는 불행한 전임 황제를 지지했던 총대주교(키리아쿠스)를 따돌리고 교황을 지지함으로써 호의에 보답했다. 로마 교회가 "모든 교회의 머리"라고 인정했다. 그러나 만약 그가 보니파키우스 3세(그레고리우스의 재위 기간에 그는 콘스탄티노플 주재 교황 대사였다)의 경우에 그러한 입장을 공포했다면 그것은 이미 과거에 칼케돈 공의회와 황제 유스티니아누스가 로마에 대해서 인정했던 명예상의 수위권 정도에 지나지 않았을 것이다. 어쨌든 논란이 되던 그 칭호는 그 뒤에도 계속해서 콘스탄티노플 총대주교들과 황제들에 의해서 사용되었다. 포카스는 수치스러운 재위(602–610) 끝에 왕관과 홍포를 벗기우고 사슬에 결박된 채 모욕과 고문을 당하다가 참수(斬首)되었고 시신은 불에 던져졌다. 그의 후임으로 헤라클리우스가 제위에 올랐다.

논쟁 전체를 놓고 볼 때 총대주교에 대한 교황의 질시가 극명하게 드러나며, 항의가 그러한 질시에서 나온 것이 아닌가 하는 의심을 갖게 한다.

그레고리우스는 자신의 경쟁자와 주고받은 서신에서 교만과 겸손이 독특하게

---

7) 그의 서신 "Gloria Phocam imperatorem," Ep. XIII. 31 (III. 1281 in Migne).

8) Gibbon(ch. 46)은 이렇게 쓴다. "백성과 그리스도인으로서 정부의 권위에 복종하는 것이 그레고리우스의 의무였다. 그러나 그가 자객들의 성공에 찬사를 보낸 일은 성인으로서의 인격에 지울 수 없는 오점을 남겼다."

뒤섞인 태도를 드러낸다. 그는 경쟁자에게 보편적 주교라는 칭호를 양보하지 못할 만큼 매우 교만했던 반면에, 그 칭호를 자신에게 적용하지 못할 만큼 매우 겸손하거나 혹은 매우 모순된 모습을 보여주었다. 그의 주장들을 잘 분석해 보면 그 칭호 자체가 그릇된 것이 아니라면 자신이 그것을 사용하기에 가장 적합하다는 뜻이 담겨 있다. 아마도 그의 본뜻은 알렉산드리아의 총대주교 율로기우스(Eulogius)에게 보낸 서신에 가장 잘 나타나 있는 듯하다. 그는 율로기우스가 베드로 — 그의 이름 자체는 확고함과 견고함을 뜻한다 — 의 계승자인 자신에게 사용한 표현들을 모두 받아들였다. 하지만 그는 안디옥과 알렉산드리아도 베드로의 지위를 계승한 교구들로 보았다. 비록 로마 교구와 지위가 똑같지는 않을지라도 대등하며, 따라서 세 교구가 사실상 하나의 교구를 구성한다고 보았다. 그는 예루살렘을 무시했다. 그의 주장은 이렇게 이어진다.

"사도들 가운데 수장의 교구만이 수위권을 획득했으며, 그것이 비록 지역은 셋으로 나누어져 있을지라도 단일 교구를 이룹니다(quae in tribus locis unius). 사도는 황송하옵게도 이 땅에서의 생명을 쉬고 마감한 교구[로마]를 몸소 높여주었습니다. 그리고 자기 제자[마가]를 전도자로 파송한 교구[알렉산드리아]를 친히 부각시켜 주었습니다. 그리고 자신이 7년간 가르친 교구[안디옥]를 몸소 설립하였습니다. 그렇다면 이렇게 교구는 하나이고, 하나의 교구를 세 명의 주교가 신적 권위를 가지고 감독하기 때문에, 본인은 당신이 어떠한 칭송을 받으시든 그것을 모두 제가 받는 것처럼 여깁니다. 당신도 혹시 저에 관하여 좋은 말을 들으실 때는 이것을 당신 자신의 공덕으로 여겨주십시오. 우리는 '아버지께서 내 안에, 내가 아버지 안에 있는 것 같이 저희도 다 하나가 되어 우리 안에 있게 하사 세상으로 아버지께서 나를 보내신 것을 믿게 하옵소서'(요 17:21)라고 말씀하신 분 안에서 하나이기 때문입니다."[9]

율로기우스가 이렇게 자신의 교구(알렉산드리아)를 높여준 데 대한 보답으로 훗날 그레고리우스에게 '보편적 교황'이라는 칭호를 사용했을 때, 그레고리우

---

9) *Ep.* VII. 40 (Migne III. 899). 이렇게 베드로의 세 대 교구들의 동등성 — 성직위계제도상의 '동일본질에 세 위격' — 은 그레고리우스의 독창적인 발상인 듯하며, 그 후에 이런 개념을 사용한 교황은 없었다. 그의 이 주장은 로마의 베드로 권좌가 유일한 수위권을 지닌다는 주장에 치명적이며, 이것이 교황제의 본질이다.

스는 이 칭호를 강하게 부정하면서 이렇게 말했다. "일전에 말씀드린 대로 제가 됐든 누가 됐든(nec mihi, nec cuiquam alteri) 당신에게 이런 유의 표현을 사용해서는 안 됩니다. 그런데 보십시오! 당신은 서신 서두에서 그 표현을 금한 저한테 보편적 교황이라는 거만한 표현을 사용하셨습니다. 간청하건대 성하(聖下)께서는 이런 일을 더 이상 하지 말아 주십시오. 상식에 어긋나는 것을 남에게 준다면 그것은 손해를 자초하는 일이기 때문입니다. 나는 형제들의 명예를 손상케 하는 그런 명예를 높이 평가하지 않습니다. 내 명예는 보편적 교회에 관련되어 있습니다. 내 명예는 내 형제들이 견고하여 흔들리지 않는 것입니다. 모든 형제가 저마다 각자에게 해당하는 명예를 얻을 때 나는 비로소 명예를 얻습니다. 만약 성하께서 저를 보편적 교황이라고 부르신다면 저한테 보편적으로 부르시는 그 호칭을 당신 자신에 대해서는 부정하는 셈이 됩니다[즉, 당신 자신은 교황이 아니라고 말씀하시는 셈이 됩니다]. 그러나 이런 일은 이제 그만 하십시오. 교만을 부추기고 형제애에 상처를 입히는 표현들은 삼가십시오!"

그레고리우스는 심지어 상대방의 편지에 쓰인 "당신이 명령하셨듯이"라는 표현조차 반대한다. "'명령했다'는 표현을 더 이상 듣지 않게 해주시기를 간곡히 부탁드립니다. 제가 어떤 자인지, 여러분이 어떤 분들인지 저는 잘 알고 있기 때문입니다. 지위로 말하자면 여러분은 저의 형제들이고, 삶의 태도로 보자면 여러분은 저의 아버지뻘 되는 분들입니다. 그러므로 저는 명령하지 않고, 다만 제게 편리해 보이는 것을 말씀드리고 싶을 뿐입니다."[10]

반면에 그레고리우스가 한편으로는 동방 총대주교들이 보편적 주교라는 칭호를 사용하는 데 대해서 반기독교적이고 신성모독적인 행위로 규정하여 강력히 비판하면서도, 다른 한편으로는 기회와 권한이 허락하는 한 그리스도의 온 교회, 심지어 동방 교회에 대해서까지 권위와 감독권을 주장하고 행사했다는 것을 부정할 수 없다. 그는 어느 서신에서 이렇게 묻는다. "콘스탄티노플 교회를 두고 생각할 때, 그 교회가 사도적 교구에 속한다는 것을 누가 의심하겠습니까?" 또 다른 편지에서는 "과오가 발견된 자를 제외하고는 이 교구에 속하지 않은 주교를 나는 알지 못합니다" 하고 말한다. 황제 마우리키우스에게는 이렇게 쓴다. "복음을 아는 사람이라면 베드로가 모든 사도들의 수장으로서 우리 주님에게 온

---

10) *Ep.* VIII. 30 (III. 933).

교회를 보살피라는(totius ecclesiae cura) 명령을 받았다는 것을 누구나 다 압니다 …… 그러나 천국의 열쇠와 매고 푸는 권세가 그에게 위임되었고, 온 교회를 보살피고 다스리는 권한(totius ecclesiae cura et principatus)이 그에게 맡겨졌을지라도, 그는 보편적 주교라 부름을 받지 않습니다. 반면에 나의 가장 거룩한 동료 사제(vir sanctissimus consacerdos meus)인 요한은 자신을 가리켜 보편적 주교라고 합니다. '오 시간이여, 오 관행이여!' (O tempora, O mores!)라고 외치지 않을 수 없습니다."[11]

우리는 그레고리우스의 진실성을 나무랄 권리가 없다. 그러나 그는 보편적 주교라는 칭호를 한편으로는 비판하면서도 다른 한편으로는 사실상 그 칭호에 해당하는 권위를 주장하는 명백한 모순을 보여주었다. 그가 진정으로 반대한 것은 칭호가 아니라 보편적 주교로 행세하는 태도였다. 전자를 허용한다면 후자는 아주 적법한 일이 된다. 그리고 그러한 보편적 권한은 이미 레오 1세와 펠릭스·겔라시우스·호르미스다스 같은 그레고리우스 이전의 로마 교황들이 말과 행동으로 그보다 더 거만하고 당당하게 주장한 것이었다.

그러므로 그레고리우스보다 덜 겸손하고 더 교만했던 그의 후임자들이 그레고리우스가 "하나님은 교만한 자는 물리치시되 겸손한 자에게는 은혜를 베푸신다"는 경고로써 엄숙히 비판했던 칭호보다 더 교만한 칭호들을 거리낌없이 사용한 것이 하나도 이상한 일이 아니다.[12] 그러나 아주 주목할 만한 사실은, 교황제의 막강한 권력이 발휘되기 시작하던 때에 대단히 훌륭한 교황들 가운데 한 사람이 그 제도가 지니는 반기독교적 교만과 권위 참칭(僭稱)에 항의했다는 점이다.

52. 그레고리우스의 저서들

---

11) *Epist.* V. 20 (III. 745). 그는 교황들이 즐겨 사용하는 요한복음 21:17, 누가복음 22:31, 마태복음 16:18을 증거로 인용한다.

12) 그들이 사용한 칭호들은 다음과 같다. Universalis Episcopus (그레고리우스가 죽은 지 일년 뒤에 보니파키우스 3세가 사용함); Pontifex Maximus, summus Pontifex, Vicarius Christi, 심지어 ipsus Dei in terris Vicarius (Conc. Trid. VI. De reform. c. 1). 처음에는 베드로의 대리자로 시작하더니, 다음에는 그리스도의 대리자가 되고, 마침내는 전능하신 하나님의 대리자를 자임한 것이다!

과중한 업무에 시달리면서도 그레고리우스는 글을 쓸 시간을 냈다. 그의 저서들은 문학적 가치는 대단하지 않지만 중세 성직자들에게 매우 인기가 있었고 유용하게 쓰였다.

그의 신학은 네 차례의 에큐메니컬 공의회들과 네 복음서에 토대를 두었다. 그는 이 둘을 정통신앙의 움직일 수 없는 기둥들로 간주했다. 더 나아가 제5차 에큐메니컬 공의회가 삼장(the three Chapters)을 단죄한 것도 받아들였다. 그는 온건한 아우구스티누스주의자였으나, 정신적 성향은 매우 실제적이고 탈사변적이고 탈비평적이고 전통적이며 미신적이었다. 그가 팔라틴 도서관(the Palatine Library)을 파괴했다는 설이 있는데, 혹시 그런 도서관이 존재했는지 확인되지도 않을 뿐더러, 오늘날은 그 설이 전설로 배격된다. 그러나 이 전설에는 세속적·고전적 학문을 기독교 주교의 품위에 합당치 못한 일로 경시한 그의 태도가 잘 반영되어 있다. 그럴지라도 교회적 학문과 설교에서는 당대에 그를 능가하는 사람이 없었다.

그레고리우스는 교회의 위대한 박사들과 권위 있는 교부들 가운데 한 사람이다. 그가 죄와 은혜에 대해서 제시한 견해는 거의 반(半)펠라기우스주의에 다가서 있다. 그는 예정을 예지에 종속시킨다. 타락한 본성을 죽은 것이 아니라 다만 병든 것으로 설명하며, 선행의 공로를 강조한다. 연옥에서 불로 죄를 연단한다는 교리와, 연옥에 들어간 영혼들에게 유익을 주기 위한 미사를 제정한 장본인이 바로 그이다.

그의 라틴어 문체는 고전적이라기보다 교회적이고 수도원적이다. 그래서 야만적인 요소가 많이 실려 있으며, 지루하고 장황하다. 하지만 가끔은 간결하면서도 수사학적 페이소스(비애감)로 고조되는데, 이것은 구약의 선지자들에게서 차용한 것이다.

그의 저서들은 다음과 같다.

1. 도덕 대전(*Magna Moralia*). 모두 서른다섯 권으로 된 이 방대한 저서는 세비야의 주교 레안데르(Leander)의 권유로 콘스탄티노플에서 쓰기 시작하여 로마에서 완성했다. 욥기를 그 책에 나타나 있는 역사적 혹은 문학적·알레고리적·도덕적 의미에 따라 3중으로 해석해 놓은 주해서이다.

그레고리우스는 히브리어와 헬라어, 동방의 역사와 관습을 몰랐기 때문에(비록 일정 기간 콘스탄티노플에서 체류하긴 했으나) 문법적·역사적 해석을 위한

1차적 준비가 미비했다.

그 책의 알레고리 부분은 해석학적인 면에서 좀 기묘하다. 그는 그 놀라운 시[욥기]의 행간 혹은 배후에서 그리스도의 역사와 신학 체계(자연적이고 계시적인) 전체를 읽어낸다. 인물들과 사물들의 이름, 숫자, 심지어 음절까지도 신비스러운 의미로 꽉 차 있다. 욥은 그리스도를 상징한다. 그의 아내는 육체적 본성을, 일곱 아들(7은 완전수이므로) 사도들과 따라서 성직자들을 상징한다. 세 딸은 삼위일체 하나님을 경배하는 신실한 평신도들의 세 계층을, 친구들은 이단들을, 7천 마리의 양들은 온전한 그리스도인들을, 3천 마리의 약대는 이교도들과 사마리아인들을 상징한다. 5백 겨리의 황소와 5백 마리의 암나귀들은 이번에도 이교도들을 상징하는데, 왜냐하면 선지자 이사야가 "소는 그 임자를 알고 나귀는 주인의 구유를 알건마는 이스라엘은 알지 못하고 나의 백성은 깨닫지 못하는도다"고 말하기 때문이다.

그레고리우스가 맨 마지막에 설명하는 도덕적 의미는 신앙의 덕을 세우는 데 초점을 둔 교훈적 확대와 적용이며, 기독교 윤리학의 대요에 해당한다.

2. 에스겔서에 관한 설교. 스물두 편으로 이루어져 있으며, 아길룰프(Agilulph)가 로마를 포위하고 있는 동안 전했고, 훗날 다듬었다.

3. 복음서 설교. 마흔 편으로 이루어져 있고 당시 상황을 염두에 두고서 전했으며, 그레고리우스가 여러 기회에 전한 뒤에 훗날 편집했다.

4. 「목회 지침서」(*Liber Regulae Pastoralis*). 4부로 구성된 목회신학서로서, 목회자들의 책임과 의무를 다루며, 자신이 교황직을 수락하기를 주저했던 이유를 해명한다. 크리소스토무스의 「성직」(*Priesthood*)보다 실제적이다. 중세에 가장 높은 평가를 받았고, 황제 마우리키우스의 명에 의해 헬라어로, 잉글랜드 왕 알프레드의 명에 의해 앵글로색슨어로 번역되었으며, 프랑스 주교들의 임직 때 교회법전과 함께 직무 수행 지침서로 그들에게 하사되었다. 이 책에서 그레고리우스는 시대 정신에 따라 심지어 차부제들에게까지 엄격한 독신 생활을 요구한다. 그러나 이 점을 제외하고는 모든 경우에 가장 잘 부합한 조언을 제시한다. 설교를 성직자들의 주요 의무들 가운데 하나로 규정하며, 이 일에 자신이 몸소 좋은 본을 보였다. 그는 성직자들에게 임직 초기부터 교만 죄를 범하지 않도록 단단히 주의를 준다. 고위 성직자가 되면 겸손을 배우기가 쉽지 않기 때문이었다. 성직자는 말뿐 아니라 살아가는 모습으로도 설교를 해야 한다고 강조한다. "직위

의 필요상 지극히 숭엄한 일에 관해 말해야 하는 사람은 지극히 숭엄한 교훈을 삶으로 예증할 필요도 똑같이 강하게 느껴야 한다. 설교로 명하는 것을 어떻게 실천할 수 있을지 직접 본을 보여주게 되면 그의 설교가 청중의 마음에 깊이 파고 들어간다." 그레고리우스는 이 책에서 명상과 행동을 겸해서 시행하라고 조언한다. "우리 주님은 늘 산에 올라 기도에 힘쓰셨지만, 성읍들에 들어가 기적도 많이 행하셨다. 이렇게 하시어서 성직자들에게 높은 세계를 열망하면서 동시에 약한 자들의 처지를 헤아릴 줄 알아야 함을 보여주셨다. 따뜻한 마음이 실린 자애는 가장 낮은 곳으로 내려올수록 훨씬 더 높은 곳으로 힘있게 올라가는 법이다." 영적 지도자는 영혼의 내면 생활을 잊을 만큼 외적 일들에 몰입해서도 안 되고, 내면 생활에만 몰입하느라 외적 일들을 소홀히 해서도 안 된다. "교리의 말은 자비의 손으로 전하지 않으면 궁핍한 자들의 마음으로 뚫고 들어가지 못한다."

5. 「대화록」(*Dialogues*). 네 권으로 되어 있으며, 누르시아의 베네딕투스와 그 밖의 이탈리아 성인들의 생애와 기적들, 그리고 영혼 불멸에 관해서 다룬다 (593). 그레고리우스가 로마의 대부제 페트루스와 나눈 이 대화에는 믿기 힘든 경이로운 일들과 죽은 영혼들의 상태를 환상으로 본 장면들이 많이 실려 있다. 하지만 그는 자신이 이런 이야기들을 풍문으로 알았을 뿐임을 시인하며, 목격자들의 말을 듣고 복음서를 기록한 마가와 누가의 본을 따서 이런 내용을 기록한 것이라고 변명한다. 그러므로 그의 진실성은 문제가 되지 않는다. 하지만 그만한 지성과 양식을 갖춘 인물이 그런 기괴하고 유치한 이야기들을 믿었다는 것은 이상한 일이다. 「대화록」은 중세에 연옥에 관한 미신들이 널리 퍼지게 된 주요 발상지이다. 왕 알프레드는 이 책을 앵글로색슨어로 번역하도록 지시했다.

6. 서신들(모두 838편). 주교들과 제후들, 선교사들, 그 밖에 기독교 세계 전역에 사는 사람들에게 보낸 이 서신들은 그레고리우스의 인격과 성직 수행 방식, 그리고 앵글로색슨족의 개종에 관해서 잘 알게 해준다. 서신들에 다뤄진 주제는 신학·도덕·정치·외교·수도원주의·주교직 및 교황직 수행 등이며, 그의 다양한 직무, 관심사, 정서가 잘 나타나 있다.

7. 그레고리우스의 성례전. 이미 겔라시우스와 레오 1세가 작성해 놓은 성례전들을 토대로 작성했으며, 미사전문에 약간 변화를 주었다. 사도들이 성찬을 거행할 때 주님의 기도만(solummodo) 사용했다는 그의 주장은 상당한 논란을

일으켰다. 이 주장의 의도는 성찬 제정의 말씀 이외의 다른 기도를 드리지 않았다는 것인 듯하다.

8. 미사를 위한 교송(交誦, Antiphon) 모음. 후대에 첨가된 내용들도 실려 있는 듯하다. 진정성이 의심되는 다른 여러 권과 아홉 편의 라틴어 찬송도 그레고리우스의 저작으로 돌려진다. 찬송들은 성 암브로시우스의 운율로 되어 있고, "Rex Christe, factor omnium"(만물의 창조자, 왕 그리스도: 루터에게 높은 평가를 받은 작품)을 제외하고는 각운(押韻, rhyme)이 사용되지 않았다. 내용은 단순하고 경건하고 교회적이고 생각과 정서가 고양되어 있으나, 시적 영감과 활력은 없다. 그 중 "빛을 지으신 복되신 창조주"(Lucis Creator optime), "자비하신 창조주여, 들으소서"(Audi, beate Conditor), "금식의 선함이여"(Clarum decus jejunii) 같은 작품들은 최근에 영국 가톨릭 학교가 내놓은 의역을 통해서 영어권 독자들에게 친숙해졌다. 그레고리우스는 대단한 의식주의자였으나(그런 이유에서 '교회 의식의 대가'라 불린다), 신앙 시와 음악에도 상당히 조예가 깊었다. 이른바 "그레고리우스 성가"(Cantus Gregorianus)는 시적이고 선율적인 교송인 "암브로시우스 성가"(Cantus Ambrosianus)에서 좀 더 고대의 단순한 찬송 형식으로 회귀한 것인 듯하다. 그는 가창자들의 학교를 세웠는데, 이 학교가 다른 교회들에 세워진 유사한 학교들의 모태가 되었다.

그 밖에 그의 저작으로 돌려지는 몇몇 저서들, 이를테면 열왕기상 주해와 알레고리적인 아가 주해는 진정성이 의심된다.

53. 그레고리우스 1세부터 그레고리우스 2세까지의 교황제(604-715)

그레고리우스 1세에서 그레고리우스 2세까지 이어지는 동안 교황직을 계승한 이들은 한결같이 잘 알려지지 않은 사람들로서 재위 기간도 짧았다. 대부분 이탈리아인들이었고, 그 중 많은 수가 로마인들이었다. 몇몇은 시리아인들로서, 동방 황제들이 자신들의 정치와 신학을 고려하여 선출한 사람들이었다.

사비니아누스(Sabinianus, 604)는, 구제에 힘쓰고 도량이 넓었던 그레고리우스와 달리 모질고 탐욕스러웠으며, 자신의 재위 기간에 발생한 기근을 덕망 높은 전임자의 방탕 탓으로 돌렸다. 보니파키우스 3세(606-607)는 그레고리우스가 지조높은 겸손으로 신성모독적이고 반기독교적인 참칭이라고 그토록 분개하여 항의한 '보편적 주교'라는 칭호를 주저없이 사용했다. 보니파키우스 4세는 로마의 판테온을 기독교 교회로 개조하고서 성모 마리아와 모든 순교자들에게 봉헌했다(608). 호노리우스 1세(625-638)는 에큐메니컬 공의회와 자신의 계승자들에 의해서 단의론(單意論, Monothelitism) 이단으로 단죄를 당했다. 반면에 마르티누스 1세(649-655)는 그리스도에게 두 의지가 있다는 정통 교리를 수호하느라 박해를 받은 일로 존경을 받는다. 그레고리우스 2세와 3세의 재위 기간에 독일이 로마 기독교로 개종했다.

교황들은 그레고리우스의 선교 정책과 로마의 야심과 권력 본능을 추종했다. 유럽의 서부와 북부에서 이루어진 기독교의 진보는 로마 교회의 진보였다. 아우구스티누스 · 보니파키우스 · 안스가르(Ansgar)는 로마의 선교사들이자 교황제의 개척자들이었다. 잉글랜드가 그레고리우스 1세 때 삼중관(교황의 상징: 역자 주)에 귀속되었듯이, 프랑스 · 네덜란드 · 독일 · 스칸디나비아도 그의 계승자들 때에 로마 교회에 귀속되었다. 브리튼과 스코틀랜드-아일랜드의 독립은 로마 교회의 권위와 통일성이 아무런 저항도 받지 않은 채 진보할 수 있도록 점차 길을 열어주었다. 서방 세계 전역의 사제들과 귀족들, 왕들이 기독교 세계의 수도인 로마를 방문했으며, 사도들의 성소와 갈릴리 어부의 살아 있는 계승자에게 경의를 바쳤다.

그러나 교황들은 이렇게 유럽 사회에 새로 자리를 잡은 야만족들에 대해서 영적 지배력을 확대해 나가는 동안에도 정치적으로는 이탈리아의 군주인 동방 황제의 신민들이었으며, 그의 동의가 없이는 교황직에 오를 수 없었다. 심지어 영적 문제들에까지 제국의 칙령에 복종하도록 요구받았으며, 체포를 당하거나 추방을 당할 수가 있었다. 이렇게 불편한 종속 관계를 벗어버리는 것이 절대 교황제가 발전해 나가는 데에 필수적인 단계였다. 그리고 이 일이 마침내 8세기에 서방의 신흥 권력에 의해서 성취되었다. 이슬람교가 약진하고 그로 인해 그리스제국을 잠식한 것도 교황청의 독립에 이바지했다.

54. 그레고리우스 2세부터 자카리아스까지(715-741)

그레고리우스 2세(715-731)는 이렇게 상황이 전환되는 과정의 한복판에 서 있었던 교황이다. 그는 화상파괴론을 옹호한 황제 레오(Leo the Isaurian)를 상대로 화상 숭배에 관해 논쟁을 벌였다. 그의 재위 기간 중에 역대 롬바르드족 왕들 가운데 가장 유능하고 권력이 강했던 리우트프란드(Liutprand)가 동방 제국의 총독부가 자리잡고 있던 라벤나를 점령한 뒤 이탈리아의 주인이 되었다.

그러나 야만족에다가 한때 아리우스파였던 권력의 지배는 교황들에게 먼 거리에 떨어진 콘스탄티노플의 지배보다 더 불길하고 위험했다. 이단 황제와 야만족 약탈자 사이에 끼여 있는 상황에서, 교황들은 알프스 이북에서 새로운 권력이 태동하여 자신들을 구출하고 보호해 주기를 기대했다. 프랑크족은 클로비스 치하에 개종을 할 당시부터 가톨릭 교도들이었으며, 카를 마르텔('망치') 치하에서는 사라센족에게 대승을 거둠으로써(732) 기독교 유럽을 이슬람교의 침공과 학정으로부터 구출했다. 이로써 그들은 라틴 기독교의 보호자들이 되었다. 그 밖에도 보니파키우스가 독일을 개종시킬 때 그를 지원했다.

그레고리우스 3세(731-741)는 전임 교황이 시작해 놓은 프랑크족과의 협상을 재개했다. 롬바르드족이 다시 로마 영도를 침공하여 불과 칼로써 교회 유산의 마지막 남은 것마저 유린할 때, 그는 카를 마르텔에게 애처로우면서도 경고가 담긴 어조로 도움을 청했다. 아버지 에르스탈의 피핀에게 프랑스의 궁재(宮宰) 직을 세습한 카를 마르텔은 당시에 프랑스의 사실상 군주였다. 이러한 카를 마르텔에게 그레고리우스 3세는 이렇게 말한다. "우리 호소에 귀를 막지 마시기 바랍니다. 귀를 막으면 성 베드로도 당신에게 천국 문을 닫을 것입니다." 그러면서 그에게 충성의 상징으로 성 베드로 무덤의 열쇠를 보내면서, 로마의 귀족과 집정관이라는 칭호를 부여했다. 이것은 사실상 콘스탄티노플에 대해서 독립을 선언한 것이나 마찬가지였다. 카를 마르텔은 정중한 답변과 함께 선물을 로마로 보냈으나, 알프스를 넘어오지는 않았다. 그는 자기 나라 성직자들에게 교회 재산을 함부로 가로채고 주교직을 적법한 성직록 수임자들에게 주지 않고 자기 백작들과 공작들에게 나눠주었다는 이유로 증오의 대상이었다.[13]

---

13) Milman(Book IV. ch. 9)은 가톨릭 민간 전승을 충실히 기록한 단테가 샤를을 "지옥의 가장 깊은 구덩이"에 두는 저주스러운 전승을 채택한다고 말한다. 그러나 나는 단테의 글에서 그에 관한 언급을 찾을 수 없다. *Parad.*(천국편) VIII.과 IX에 등장하는 카를 마르텔은 그와 사뭇 다른 사람으로서, 1301년에 죽은 헝가리 왕이다.

741년 10월 21일에 카를 마르텔이, 같은 해 11월 27일에 그레고리우스 3세가 죽음으로써 협상은 중단되고 말았다.

55. 교황청과 프랑크족의 새 왕조의 동맹. 피핀과 성 베드로의 유증(741-755)

그리스인이었던 교황 자카리아스(741-752)는 성직자로서 범접하기 어려운 특유의 권위에 힘입어 리우트프란드를 일시적으로 굴복시켰다. 그 롬바르드족 왕은 이 일로 인해 갑자기 정복 사업을 중단했고, 30년을 재위하다가 죽었다(743).

그러나 그의 계승자 아스톨프(Astolph)가 다시 로마를 자신의 왕국에 병합하려고 위협했다. 자카리아스는 카를 마르텔의 아들이자 궁재, 샤를마뉴의 아버지인 단신자 피핀(Pepin the Short)에게 보호를 요청하면서, 그 대가로 그가 프랑스 왕이 되도록 지원했다. 이것이 서방 제국이 태동하고, 교황과 게르만 황제를 수장으로 삼는 유럽의 새로운 정치 체제가 수립되기 위한 첫 걸음이었다.

튜턴족 사회에서는 왕위 세습이 아직은 후대처럼 종교적 재가를 받지 못하고 있었다. 유대교 신정정치에서는 하나님의 종들이 개입하여 자격 없는 왕들을 폐위하고 새 왕조를 일으키는 일들이 있었다. 그런데 이제 교황이 교황제 역사 최초로 이와 동일한 권한을 주장하고 행사했다. 프랑스 왕국의 그 궁재는 군주의 총리이자 귀족들의 우두머리였다. 이 지위가 639년에 죽은 라오동의 피핀 가문에서 세습적 권한이 되면서, 그로부터 용감한 전사이자 노련한 정치가인 단신자 피핀에 이르기까지 여섯 대를 거쳐 세습되었다. 단신자 피핀은 독일의 사도이자 마인츠의 대주교 보니파키우스와 좋은 관계를 유지했다. 전통적 견해에 따르면 보니파키우스가 이러한 정치적 쿠데타와 관련하여 그와 교황 사이에서 중재자 역할을 했다고 한다.[14]

절망적으로 쇠락해 가던 메로빙거 왕조의 마지막 왕 킬데릭 3세(Childeric Ⅲ)

---

14) 하지만 Rettberg는 11세기에 이루어진 피핀의 즉위와 대관식과 보니파키우스의 관계를 별개의 것으로 이해하며, 보니파키우스가 오히려 그것에 반대했다고 주장한다. 몇몇 연대기 저자들의 침묵을 토대로, 그리고 개연성을 토대로, 교황특사가 이미 대관식을 거행했다면 교황이 그것을 반복할 수밖에 없었을 것이라고 주장한다.

는 실세의 허수아비에 지나지 않았으며, 결국 강요에 의해서 수도원으로 은퇴했다. 사실상의 군주가 된 피핀은 752년 3월에 군중의 박수갈채와 무기 두드리는 소리 속에서 보니파키우스나 다른 주교에 의해서 마치 이스라엘의 왕들처럼 거룩한 기름으로 임명을 받았으며, 2년 뒤에는 교황에게 직접 기름부음을 받았다. 합법적으로 왕권을 소유한 자가 왕의 직함도 합법적으로 소유할 수 있다는 것이 교황의 판단이었다. 그때부터 피핀은 자신을 가리켜 "하나님의 은혜로 말미암은 프랑크족의 왕"이라고 불렀다. 교황은 그에게 "로마의 집정관"(Patricius Romanorum)이라는 칭호를 부여했다. 이 칭호에는 로마 교회의 보호자 겸 로마 교회 영토에 대한 세속 군주라는 뜻이 암시되어 있었다고 할 수 있는데, 이는 콘스탄티누스 대제가 도입한 '집정관'(Patrician)이라는 칭호가 황제에 버금가는 높은 지위를 뜻했고, 6세기 이래로 이탈리아의 비잔틴 총독에게 부여되었기 때문이다. 다른 한편으로 이러한 격상과 대관식은 교황이 프랑스와 독일의 군주들에 대해서 수위권을 주장할 수 있는 근거가 되었다.

교황은 곧 피핀의 호의로 말미암은 열매를 따먹었다. 롬바르드족이 다시 압박을 가해오자, 곧장 새 왕에게 도움을 요청했던 것이다.

752년 3월에 자카리아스를 계승하여 757년까지 재직한 스테파누스 3세는 피핀을 직접 방문하여 성 베드로의 영토를 무력으로 되찾아달라고 간청했다. 생드니에서 피핀과 그의 두 아들에게 다시 대관식을 거행해 주었으며, 금령[성무중지령]과 파문이라는 두려운 권한으로 그의 왕조가 영구히 지속되게 해주겠다고 약속했다. 피핀은 군대를 끌고 이탈리아까지 직접 그를 수행하고 내려와 롬바르드족을 격퇴했다(754). 그가 돌아간 뒤 롬바르드족이 다시 전쟁을 일으키자, 교황은 그에게 거듭 서신을 보내어 베드로와 하나님의 성모의 이름으로 로마 시를 저 지긋지긋한 원수들의 손에서 건져달라고 훈계도 하고 명령도 한 뒤, 만약 신속히 순종해 준다면 이생에서의 장수와 내세에서의 영광스러운 거처를 보장하겠다고 약속했다. 이처럼 벌써 이 시기에 교황청이 자체를 그리스도의 왕국과 동일시하고, 세속 권력과 영원한 구원을 베푸는 것처럼 자처하는 경지에 오를 만큼 신성모독적 성격을 띠고 있었다.

피핀은 군대를 끌고 다시 알프스를 넘어가 롬바르드족을 격퇴하고 그들에게 빼앗은 영토를 교황에게 넘겨주었다(755). 그는 라벤나와 그 영토를 비잔틴 제국에게 반환해야 한다는 동방의 외교관들에 대해서, 자신이 전쟁을 치른 유일한 목적은 성 베드로에게 존경을 표시하려는 것뿐이었다고 천명했다. 이 전쟁으로써 교황이 새로 확보하게 된 영토는 총독 관할구와 펜타폴리스, 아펜니노 산맥 동부, 그리고 다음과 같은 도시들이었다: 라벤나·리미니·페사로·파노·체세나·시니갈리아·예시·포르림포폴리·포를리·몬테펠트로·아체라·몬테 디 루카노·세라·산 마리노·보비오·우르비노·칼리·루치올로·구비오·코마치오·나르니.[15]

피핀의 이러한 증여가 "성 베드로의 유증"의 토대이다. 교황은 이미 이탈리아와 다른 곳에서 교회에 부여된 토지를 소유하고 있었다. 하지만 금과 은을 소유하지 않은 베드로의 계승자이자 "내 나라는 이 세상에 속하지 않았다"고 하신 그리스도의 대리자로 자처하면서도, 이제는 외국 정복자가 기증한 이 선물에 힘입어 그는 이탈리아의 상당 지역을 다스리는 세속 군주가 되었다. 교황은 세속 권력을 쥐게 됨에 따라서 독립적으로 관할권 행사를 할 수 있게 되었지만, 그 대가로 영적 권력을 잃게 되었다. 그리고 세속 권력을 놓고 긴 투쟁을 벌이게 되었다. 그 과정에서 유럽을 놓고 정치적 흥정과 음모와 전쟁이 있었고, 교회와 성직자 사회가 세속화했다. 단테는 피핀의 증여가 콘스탄티누스 대제 때 이루어진 것으로 본 중세의 오류를 벗어나지 못한 채 다음과 같은 유명한 시로써 자기 생각을 표현했다:

"콘스탄티누스여, 그대가 얼마나 허다한 악의 모체였던가!
그대의 개종 때문이 아니라, 그대가 내놓은 결혼 지참금을
최초의 부유한 교황이 그대에게서 취한 것이다!"[16]

그럼에도 불구하고 단테는 "선량한 의도로 악한 열매를 맺게 한" 콘스탄티누스를 천국에 두고, 이렇게 묘사한다.

"이제 그는 자신의 선행에서 비롯된 모든 악한 결과가

---

15) 이것이 Baronius *ad ann.* 755에 열거된 목록이다. 다른 이들은 그 범위를 다르게 소개한다.

16) '지옥편'(*Inferno* xix. 115-118).

자신에게는 해를 입히지 않는다는 것을 알고 있다.
비록 세상이 그로 인해 파멸될지라도."

그리고 샤를마뉴가 교황을 위해서 개입한 것을 좋게 평가한다.

"그리고 롬바르디아의 이빨이 거룩한 교회를
물었을 때, 그 날개 밑에서
샤를마뉴가 교회를 구해냈다."　　　　　(천국편 20곡 57-60; 6곡 94-97)

피핀의 정책은 샤를마뉴와 독일과 오스트리아 황제들, 그리고 현대의 프랑스 군주들이 계승했는데, 이들은 교황의 세속 권력이 교황의 마지막 보호자 나폴레옹 3세 때 상실될 때까지 혹은 동맹자로서 혹은 적으로서 이탈리아 문제에 개입했다. 나폴레옹 3세는 독일과 전쟁을 치르기 위해서 로마로부터 병력을 철수시켰으며, 그 전쟁에서 패함으로써 빅토르 에마누엘(Victor Emanuel)이 로마를 차지하고 그곳을 통일 이탈리아의 수도로 삼게 되는 길을 마련해 주었다(1870). 그때 이래로 교황은 불과 몇 주 전만 해도 신앙과 도덕의 모든 문제에서 자신이 무오함을 만천하에 선포한 사실이 무색하게도 바티칸 궁전에 유폐되었다. 하지만 여전히 2억의 영혼들을 돌보는 주교들의 주교로서 영적 권세를 조금도 잃지 않았다.

56. 샤를마뉴(768-814)

단신왕 피핀이 죽으면서(768년 9월 24일) 프랑스 왕국은 그의 두 아들 샤를(Charles)과 카를로만(Carloman)에게 양분되었다. 샤를은 북부를, 카를로만은 남부를 맡았다. 그러나 카를로만이 죽자(771) 샤를은 어린 조카의 권리를 무시한 채 통치권을 독점했으며, 정복 사업을 벌여 영토를 배 이상 확장했다.

샤를마뉴의 인격과 목표
이 비범한 인물은 훗날 서로 다른 지류로 흐르게 되는 프랑스와 독일의 초기 역사를 대표하며, 두 지역과 민족을 다스렸다. 그의 원대한 야망은 유럽 대륙에 사는 모든 튜턴족과 라틴족을 교황의 영적 통치와 긴밀히 연결된 자신의 세속적 통치 아래서 통일시키는 것이었다. 달리 말하자면, (브리튼 제도와 스칸디나비아를 배제한) 라틴 교회와 공존하는 기독교 신정 체제를 수립하는 것이었다. "중세의 모세"라 불린 그는 그 칭호에 걸맞게 게르만 민족을 이끌고 야만 상태의 광야를 지나 정치·사회·교회에 관하여 새로운 법전을 제공했다. 콘스탄티누스 대제가 동방 제국을 수립했듯이 그는 새로운 서방 제국의 수장이 되었으며, 종종 새 콘스탄티누스로 불리지만, 라틴 제국이 그리스 제국보다 우월했듯이 그도 콘스탄티누스보다 훨씬 우월했다. 누구보다도 하나님의 섭리를 생각하게 하는 사람이었다.

샤를마뉴(Charlemagne, 원명은 카를 대제⟨Karl der Grosse⟩)는 당대의 군주들 위에 우뚝 솟아 있으며, 8-19세기에 이르는 독일 황제들의 긴 계보에서 첫 자리를 차지할 뿐 아니라 가장 위대한 인물이기도 하다. 또한 그의 프랑스 이름에 위대함이 덧붙어 있는 유일한 군주이기도 하다. 율리우스 카이사르 이래로 역사는 그만큼 탁월한 재능에다 성공을 겸비한 정복자와 정치가를 다시 알지 못했다. 그 뒤의 역사는 그와 견줄 수 있는 두 명의 군사적 영웅들을 배출했을 뿐이다. 그들은 프로이센의 프리드리히 2세(Frederick II)와 나폴레옹 보나파르트(Napoleon Bonaparte, 그는 샤를마뉴와 카이사르를 자신의 모델로 삼았다)이다. 하지만 이 두 사람은 신앙 인격에서 샤를마뉴와 견줄 수 없다. 샤를마뉴가 교회에 우호적이었던 것과 달리, 두 사람은 적대적이었다. 그의 높은 지성은 무지와 야만풍이 널리 퍼져 있던 그의 시대를 감안할 때 더욱 찬란히 빛난다. 그는 칠흑 같은 밤에 유성처럼 갑자기 등극했다. 우리는 그가 언제 어디서 태어났는지도 모르며, 소년 시절을 어떻게 무슨 교육을 받으며 자라났는지도 모른다.[17]

____

17) Eginhard(ch. 4)는 이렇게 말한다. "샤를의 출생과 유아기, 심지어는 소년기에 대해서도 무슨 내용을 쓴다는 것은 어리석은 짓이다. 그 주제에 관해서는 아무런 자료도 없고, 그 주제에 관한 정보를 전해줄 증인이 한 사람도 살아 있지 않기 때문이다." 그의 출생 시기는 742년 4월 2일로, 출생 장소는 엑스라샤펠로 간주하는 것이 보통이다. 그러나 전설에 따르면 그는 사생아로서, 바이에른의 방앗간집 아들로 거칠게 자랐다고 한다. 그가 황제가 되기 전까지 그의 이름은 딱 두 번 언급되는데, 한 번은 자신의 아버지가 교황 스테파누스 2세를 위해 배설한 궁정 환영회에서였고, 다른 한

그의 재위

샤를마뉴는 평생을 전쟁으로 보내다시피 했다. 군대를 직접 지휘하기도 하고 참모들을 보내기도 하여 치른 쉰세 번도 넘는 원정 대상에는 색슨족(18회), 롬바르드족(5회), 아키텐족, 튀링겐족, 바이에른족, 아바르족 혹은 훈족, 데인족, 슬라브족, 사라센족, 그리스가 포함되었다. 그렇게 해서 확보한 광활한 영토가 북쪽에서 발트 해와 엘베 강으로부터 시작하여 남쪽으로 에브로 강(스페인 북부를 흘러서 지중해로 들어감)까지, 브리튼[도버] 해협에서부터 로마까지, 심지어 메시나 해협(이탈리아 본토와 시칠리아 사이)까지 펼쳐지면서, 프랑스·독일·헝가리·이탈리아와 스페인의 상당 지역을 감싸안았으며, 어느 지역에서든 그의 존재를 느낄 수 있었다. 그가 관할한 교구의 판도는 스물두 개가 넘는 대주교구 혹은 수도대주교구로 이루어졌는데, 그것을 소개하자면 다음과 같다. 로마·라벤나·밀라노·프리울리(아퀼레이아)·그라도·쾰른·마인츠·잘츠부르크·트리어·상스·브장송·리용·루앙·랭스·아를·빈·무티에-앙-타랑테스·이브레딩·보르도·투르·부르주·나르본.[18]

그는 일정한 주둔지를 두지 않은 채 라인 강 유역, 잉겔하임, 마인츠, 님베겐에서 많은 시간을 보냈으며, 특히 좋은 목욕탕이 있던 엑스라샤펠에서 많이 머물렀다. 교역을 장려했고, 도로들을 개설했으며, 마인 강과 도나우 강을 운하로 연결했다. 나랏일에 관한 한 크고 작은 일들을 직접 챙겼다. 제국에 질서를 정착시키고 조직을 통일시켰으며, 그러느라 게르만 부족들이 옛부터 누려온 자유와 독립을 희생시켰다. 대신에 해마다 5월에는 자유민들의 총회(Maifeld)를 종전처럼 계속해서 열었다. 유럽을 미래의 이교도들과 이슬람교의 침공과 약탈로부터 보호했다. 당시에 그는 유럽과 주변 나라들에서 존경 내지 공포의 대상이었다. 그리스 황제들은 그의 지원을 얻어내려고 노력했다. 그런 이유에서 그리스에는 "프랑크인들을 친구로 삼되 이웃으로 삼지는 말라"는 속담이 생겼다. 동방에서 가장 막강했던 군주인 칼리프 하루날-라스키드(Harounal-Raschid)는 바그다드에서 사절단을 보내 그에게 예물을 전달했다. 그러나 샤를마뉴는 금보다 좋은

번은 아키텐 원정의 목격자로서였다.

18) Eginhard의 자료에 따른 목록(33장). 하지만 그는 나르본을 제외한 21개 지역만 열거한다. 샤를은 자신의 보물과 동산(動産) 가운데 1/3을 수도대주교들에 유증했다.

칼을 더 높이 평가했다. 그는 독일과 프랑스의 향후 역사에 자신의 재능과 업적의 도장을 뚜렷하게 찍어놓았다.

샤를마뉴의 용모와 습관

샤를은 위풍당당하면서도 사람의 마음을 끄는 인상을 지녔다. 그의 체격은 정신의 위대함을 드러냈다. 그는 키가 크고 강인하고 균형잡힌 몸매를 지녔다. 키가 발바닥 길이의 일곱 배였다. 눈은 크고 생기가 있었고, 코는 길었고, 얼굴은 활기가 넘쳤으며, 머리카락은 숱이 많고 고왔다. 에긴하르트(Eginhard)는 이렇게 말한다. "그의 용모는 서 있든 앉아 있든 항상 당당하고 위엄이 있었다. 목이 굵고 다소 짧았고 배가 조금 나오긴 했지만, 전반적으로 균형 잡힌 체격이 그만한 단점을 가리고도 남았다. 걸음걸이에 자신감이 넘쳤고 행동거지가 남자다웠으며, 음성은 맑고 또렷했지만 체격에 비해서 크지는 않았다."[19]

선천적으로 웅변가의 기질이 있었으며, 말에 조리와 설득력이 있었다. 옷차림새는 수수했고, 먹고 마시는 일에 절제했는데, 이 점에 관해 에긴하르트는 이렇게 말한다. "그는 누구와 술을 마시는 것을 싫어했으며, 혼자서 혹은 가족과 함께 마시는 것은 더욱 싫어했다. 어지간해서는 잔치를 열지 않고 대축일들에만 열었는데, 그 경우에도 아주 많은 사람들을 한 자리에 불러모아놓고 잔치를 베풀었다." 운동, 그 중에서도 사냥과 수영을 좋아했으며, 그런 생활 습관 덕분에 평생 왕성한 건강을 유지하다가 생애 마지막 4년 전부터는 자주 오르는 열 때문에 고생했다. 식사하는 동안 비서에게 아우구스티누스의 「신국론」(*City of God*, 그는 이 책을 즐겨 읽었다)의 일부분과 옛 시대의 이야기들을 소리내어 읽도록 했다. 옷을 차려 입는 동안 자주 접견을 했으나 군주로서의 품위를 잃는 법이 없었다. 가난한 사람들에게 친절했고, 구제에 인색하지 않았다.

교육에 대한 열정

샤를마뉴의 가장 큰 공적은 교육과 종교에 쏟은 열정이다. 그는 독서보다 대화를 통해서 라틴어를 익혔고, 헬라어는 조금밖에 알지 못했다. 평생 칼만 쥐고

---

19) 알브레히트 뒤러가 묘사한 샤를마뉴의 당당한 외모는 공상적인 그림이며, 가장 오래된 자료들로 뒷받침을 받지 못한다.

사느라 펜은 멀리했는데, 노년에 들어서는 글쓰기를 배우기 시작했다. 자국어인 독일어를 높이 평가하여서 독일어 문법을 편찬하도록 했으며, 태풍들과 달들에 독일어 이름을 붙였다.[20] 독일 음유시인들의 흘러간 영웅들의 노래를 수집했다. 라틴어 성경의 오역을 바로잡기 위한 조치를 취했으며, 신학 문제에 관심을 두었다. 문화가 발달한 사회를 좋아했다. 신학자들과 학자들과 시인들과 사가들을 불러모아 곁에서 지내게 했는데, 대부분 앵글로색슨족 출신이었고, 그 중에서 대표적인 인물이 앨퀸(Alcuin)이었다. 그는 궁정 학교와 수도원 학교들을 세웠으며, 자신이 직접 학교들을 방문했다. 전설에 따르면 그가 파리 대학교 설립자라고 하는데, 그 대학교는 사실상 훨씬 후대에 세워졌다. 그가 제정한 법률 가운데는 모든 남자 어린이들에게 보통 교육을 실시하도록 명하는 법률도 있었다.

경건

샤를은 확고한 기독교 신자로서 교회 예배에 착실히 참석했는데, "미사에 참석하는 것 말고도 아침 저녁으로, 심지어 밤중에도 교회에 갔다." 성직자들에게 매우 관대했다. 제국 전역에서 거둬들인 십일조를 그들에게 주었고, 자격을 갖춘 사람을 주교와 대수도원장으로 임명했고, 교회들에 기부했고, 엑스라샤펠에 화려한 대성당을 지었으며, 죽은 뒤 그곳에 묻혔다.

그가 성직자들에게 품은 존경은 로마 주교를 성 베드로의 계승자로 존경한 데서 절정에 달했다. "그는 로마에 있는 사도 베드로의 교회를 다른 모든 거룩하고 신성한 장소들보다 존중했고, 그 교회의 금고에 막대한 금과 은과 보석을 채워 주었다. 교황들에게 큰 선물을 셀 수 없이 많이 보냈다. 그가 재위 기간 내내 품고 지낸 간절한 소원은 자신의 보호와 영향하에 로마 시의 옛 권위를 재확립하고, 성 베드로의 교회를 방어하고 보호하며, 자신이 비용을 들여 그 교회를 다른 어떤 교회들보다 아름답고 화려하게 장식하는 것이었다."[21]

그가 끼친 해악

---

20) 1월에는 Wintermonat를, 2월에는 Hornung, 3월에는 Lenz, 4월에는 Ostermonat 등이다. 참조. Eginhard, ch. 29.
21) Eginhard, ch. 27.

샤를은 위대한 공적을 많이 세웠음에도 불구하고 교회의 시와 경건이 그를 묘사한 것만큼 순수하지는 않았으며, 성인이 될 인격과는 거리가 멀었다. 정복을 향한 야망과 열정을 위해서 무수한 인명을 희생시킨 사람이었다. 그는 무력으로 색슨족을 개종시켰다. 그러느라 삼십 년이 넘는 세월을 그들과 전쟁을 벌였고, 불과 칼로써 그들의 영토를 황무지로 바꾸어 놓았고, 그들의 독립을 짓밟았고, 알레 강 유역에 위치한 베르덴에서 하루에 4천5백명의 포로를 목 베어 죽이는 냉혈한의 면모를 보였으며(782), 거만하고 신앙도 없는 이 야만족들이 마침내 항복했을 때도 후에 반란을 일으킬 것이 두려워 그들 중 10,000개의 가족을 그들의 고향인 엘베 강 유역에서 독일과 갈리아의 여러 지역으로 강제 이주시켰다. 그것은 과연 이교를 뿌리뽑기 위한 종교 전쟁이었지만, 전쟁을 수행한 원칙은 '개종 아니면 죽음'이라는 이슬람교와 다를 바 없었다. 이것은 설득과 깨달음이라는 도덕적 수단만을 인정하는 기독교 정신과 상반된다.

샤를마뉴가 드러낸 가장 중대한 인격적 결함은 혼인의 신성함을 무시하고 무절제하게 살아간 데 있다. 이 점에서는 동양의 전제군주나 이슬람교의 칼리프보다 조금도 나을 게 없었다. 마음에 들면 결혼했다가 싫으면 이혼했다. 롬바르드족의 공주와 결혼하기 위해서 첫 아내를 내버렸고(그 여성의 이름조차 알려지지 않는다), 그렇게 해서 새로 얻은 아내마저 일년도 못가서 내버렸다. 다섯째 아내가 죽은 뒤에는 서너 명의 첩을 두고 지내는 것으로 만족했다. 전하는 바로는, 심지어 왕국에 대해 소유권을 주장할 만한 왕자들에게 딸들을 시집보내어 곤란한 처지에 처하는 일을 면하기 위해서 차라리 딸들에게 방탕한 생활을 하도록 조장했다고 한다. 하지만 딸들에게 세심한 교육을 제공했다. 교황들은 다소 권력이 약하고 신앙도 덜한 군주들에게는 혼인의 신성함을 아주 강하게 요구하고 그러지 못할 경우 가차없이 비판을 가한 반면에, 샤를마뉴에 대해서는 이런 악에 대해서 책망조차 하지 않았는데, 이것은 결코 잘한 일이 아니었다.

죽음과 매장

황제는 잠시 병을 앓다가 814년 1월 28일에 마지막 성찬을 받은 뒤 일흔한살의 나이로 숨을 거두었다. 재위 47년만의 일이었다. 에긴하르트에 따르면 죽은 당일에 "백성들의 애도 속에서" 엑스라샤펠 대성당에 묻혔다고 한다. 에긴하르트(32장)는 덧붙이기를, 아주 많은 징조들이 그의 임박한 죽음을 예고했으며, 샤를마뉴 자신도 그것을 알았다고 한다. 생애 마지막 3년 동안은 일식과 월식이 자주 발생했고, 칠일 동안 태양에 흑점이 보일 만큼 크게 나타났다고 한다. 마인츠를 흐르는 라인 강 위에 그가 십년에 걸쳐 건설해 놓은 다리가 불에 타버렸고, 엑스라샤펠의 궁전이 자주 흔들렸고, 그곳 대성당에 벼락이 떨어져 지붕에 금을 입혀 설치해 놓은 구체(球體)가 부서졌고, 그 파편이 곁에 있던 주교의 관사를 강타했으며, 아치에 새겨넣은 카롤루스 다음의 프린켑스(원수〈元首〉)라는 단어가 그가 병에 걸리기 몇 달 전에 지워졌다. "그러나 샤를은 이 모든 사건들을 자기와 무관한 일로 간주하여 무시하거나 적어도 겉으로는 태연하게 행동했다."

시에 묘사된 샤를마뉴

중세의 영웅적·전설적 시들은 샤를이 초인적 힘과 아름다움, 엄청난 정욕, 샛별처럼 빛나는 눈을 지닌 거인으로서, 전쟁터에서는 공포의 대상이고 평화시에는 자비로웠다고 묘사하며, 항상 승리하는 영웅, 지혜로운 입법가, 오류 없는 판사, 기독교 성인으로 소개한다. 그가 전쟁에서 패한 것은 딱 한 번뿐이다. 그것은 스페인 침공을 성공리에 마치고 귀환하던 중 피레네 산맥을 넘어가는 좁은 관문에 자리잡은 론세스바이에스[론스보]에서 그의 열두 용사들과 조카들 중 한 사람인 롤랑이 프랑스 정예 기병대를 이끌고 지휘하던 후미 병력이 바스크 산지인들의 공격에 혼비백산하여 패주한 사건이다(778).[22]

"복자 샤를"이라는 이름은 그가 교회에 행한 봉사와 교황에게 바친 예물들을 기리는 뜻에서 로마 교회의 달력에 올라 있다. 이교 로마가 율리우스 카이사르를 신격화했다면, 기독교 로마는 샤를마뉴를 시성(諡聖) 내지 시복(諡福)했다. 그가 죽은 뒤에 엑스라샤펠 교회에서는 그의 영혼의 안식을 비는 기도를 계속해서 드리다가, 마침내 대립교황 파스칼리스가 프리드리히 바르바로사의 요구를

---

22) 이 패배에 관한 역사 자료의 토대는 Eginhard, ch. 9에 실려 있다. 이 글이 훗날 기적의 내용으로 윤색되었고, 롤랑이 음유시인들과 시인들이 애호하는 주제가 되었다. 그가 사용한 마법이 걸린 뿔나팔은 워낙 소리가 컸기 때문에 한 번 불면 새들이 떨어졌고, 사라센 군대 전체가 무서워 벌벌 떨면서 도망쳤다. 그가 피레네 산맥에서 공격을 받을 때 그는 마지막으로 목의 혈관이 터질 정도로 뿔나팔을 크게 불었으며, 샤를마뉴가 몇 km 떨어진 상 쟁 피 드 포르에서 그 소리를 들었으나 그를 구하러 가기에는 너무 늦었다.

받아들여 그 도시에 그의 유골을 안치하여 성소로 만들고, 그를 성인으로 세운다는 교령을 공포했다(1166). 그의 교령은 정규 교황에 의해 인정도 철회도 되지 않고 다만 묵인되었는데, 이러한 암묵적 시성은 시복과 동등한 것으로 간주된다.

특주

I. 샤를마뉴의 인격에 관한 평가들.

에긴하르트(그의 아내 엠마는 전설에 샤를마뉴의 딸로 등장함)는 자신의 주군이자 친구의 사적 · 가정적 관계를 다음과 같이 솔직하게 진술한다(18, 19장, in Migne, Tom. XCVII. 42 sqq.):

"샤를마뉴는 이처럼 자기 왕국을 방어하고 확대했을 뿐 아니라 아름답게 장식했다. 여기서 그의 위대한 특징들과, 형편이 좋든 나쁘든 일관성을 유지한 탁월한 지조에 대해서 나의 존경을 표하는 바이다. 이제는 그의 사생활을 구체적으로 다루고자 한다. 그는 아버지를 여읜 뒤 형제와 왕국을 분할하여 다스리는 동안 특유의 무뚝뚝함과 질투심을 잘 참아냈으며, 무엇보다도 놀랍게도 형제에 대해서 화를 내지 않았다. 훗날 (잘 알려지지 않은 첫 아내를 버린 뒤에) 어머니의 권유로 롬바르드족의 왕 데시데리우스의 딸과 결혼했다(교황의 반대를 무릅쓰고); 그러나 일년이 채 가기도 전에 알려지지 않은 어떤 이유로 둘째 아내도 버리고서 스바비아 태생의 지체 높은 여성인 힐데가르드(783년 죽음)와 결혼했다. 이 여성에게서 세 아들 — 샤를 · 피핀 · 루이 — 과 세 딸 — 흐루오드루드 · 베르타 · 기셀라 — 을 낳았다. (에긴하르트는 아델라이데와 힐게가르드를 생략한다.) 그는 이들 외에도 딸 셋 — 테오데라다 · 힐트루드 · 루오드하이드 — 이 더 있었는데, 이중 둘은 셋째 아내(파스트라다)에게서 낳았다. 파스트라다는 프랑크 동부(즉, 독일)에서 태어난 여성이다. 파스트라다가 죽은 뒤 그는 알라만족 출신의 리우트가르트와 결혼했으나 이 여성에게서는 자녀를 얻지 못했다. 리우트가르트가 죽은 뒤에는 세 명의 첩(다른 사람에 따르면 네 명의 첩) — 색슨족 출신의 게르스빈다(이 여성에게서 아달트루드를 낳았다), 드로고와 위그를 낳은 레기나, 테오도릭을 낳은 에텔린드 — 을 두고 지냈다. 샤를마뉴의 어머니 베르트라다는 큰 존경을 받아가며

아들과 함께 노년을 보냈다. 샤를마뉴는 극진한 존경으로 어머니를 즐겁게 해드
렸다. 두 사람 사이에는 그가 어머니를 기쁘게 해드리려고 아내로 맞이한 왕 데시
데리우스의 딸과 이혼한 일을 제외하고는 불화를 겪은 일이 없었다. 그의 어머니
는 아들의 집에서 손자 셋과 여러 명의 손녀들을 곁에 두고 지내며 살다가 힐디가
르드의 뒤를 이어 곧 숨을 거두었고, 그는 어머니를 아버지가 잠들어 있던 생 드
니 대성당에 성대한 의식을 갖추어 장사지냈다. 그에게는 [살아남은] 누이가 기셀
라 한 사람뿐이었는데, 이 여성은 소녀 시절부터 신앙 생활에 자신을 바쳤으며,
그는 누이를 어머니 못지않게 위했다. 기셀라는 그가 죽기 불과 몇 년 전에 자신
이 평생을 보낸 수녀원에서 숨을 거두었다.

　그가 자녀들의 교육을 위해 세운 계획은 무엇보다도 아들들과 딸들에게 자유7
과를 가르치도록 하는 것으로서, 자신도 관심을 가지고 이 과목들을 공부했다. 프
랑크족의 관습에 따라 자녀들이 일정한 나이가 되자마자 소년들은 승마와 전쟁
훈련과 사냥을 배워야 했고, 소녀들은 옷 짓는 법과 물레질을 배워 게으르게 자라
지 않도록 했으며, 샤를마뉴 자신이 딸들에게 온갖 고결한 정서를 심어주었다. 그
는 자신이 숨을 거두기 전에 아들 둘과 딸 하나밖에 잃지 않았다 …… 자식들을
잃었을 때 그는 강한 정신력으로 미루어 예상할 수 있을 법한 상태와 다르게 냉정
을 유지하지 못했다. 정서도 강하여 많은 눈물을 흘렸던 것이다. 또한 친구들 가
운데 가장 사랑했던 로마 교황 하드리아누스가 죽었다는 소식을 들었을 때도 마
치 친형제나 사랑하는 아들이 죽은 것처럼 슬피 울었다. 그는 기질상 사람을 잘
사귀었는데, 친구를 잘 만들었을 뿐 아니라 일관되게 교분을 나누었으며, 그렇게
유대를 갖게 된 사람들은 끔찍이 아껴주었다. 자녀 교육에 각별한 관심을 기울여
서 집에서 식사할 때는 반드시 자녀들과 함께 했고, 여행을 가더라도 반드시 자녀
들을 데리고 갔다. 아들들은 아버지 곁에서 말을 탔고, 딸들은 아버지를 뒤따라
갔으며, 여러 명의 경호원들이 뒤에서 그들을 뒤따라 갔다. 참 이상한 일이지만,
그의 딸들은 한결같이 아름다웠고 그도 딸들을 몹시 사랑했지만, 국내나 외국의
누구에게도 시집을 보내려 하지 않고 죽을 때까지 곁에 데리고 살았다. 딸들 없이
는 살 수 없다는 것이 그 이유였다. 그렇게 해서 한편으로는 행복하게 살았지만,
딸들로 인하여 좋지 못한 소문도 많이 들어야했다. 하지만 그런 소문을 짐짓 모르
는 척했다.”

　기번(Gibbon)은 샤를마뉴를 높게 평가하지 않으며, 오히려 그가 끼친 해악을
과장되게 진술한다. “그의 도덕적 품성 가운데 정절은 언급할 가치도 없다. 그러

나 그가 첩을 포함하여 아내를 아홉씩이나 두고, 다양한 정부(情婦)들과 연애 행각을 벌이고, 많은 사생아들을 낳게 하여 교회에 짐 지우고, 딸들을 과도하게 사랑한다는 의혹을 받아가면서 그들을 오래 독신으로 지내게 하여 인생을 방탕하게 보내도록 했음에도 불구하고 그런 일로써 사회의 안정을 크게 해치지는 않았다." 하지만 할럼(Hallam)과 밀먼(Milman)이 지적하듯이, 이러한 불륜에 대한 비판은 위에서 인용한 에긴하르트의 글을 잘못 해석한 데서 생긴 듯하며, 전혀 근거가 없다.

헨리 할럼(Henry Hallam, *Middle Ages*, I. 26)은 좀 더 우호적으로 평가한다. "샤를마뉴의 위대한 자질들이 야만족 정복자로서 드러낸 악들로 인해 삭감되는 것이 사실이다. 조금도 예를 갖추지 않고 내보낸 아홉 아내들이 그의 문란한 사생활을 적나라하게 드러낸다. 그가 다른 방면에서 아무리 절제와 검약에 힘썼다 할지라도 그것이 그러한 면을 가려주지는 않는다. 선천적으로 잔인하지는 않았으나 피 흘리기를 주저하지 않고, 야심을 이루기 위해 수단과 방법을 가리지 않았던 그는 단 하루 만에 작센족 4천 명의 목을 베어 죽였다. 이것은 대단히 잔학한 도살 행위로서, 이런 모습을 감안할 때 그가 세례를 거부하는 자들 혹은 심지어 사순절에 고기를 먹은 자들을 사형에 처하도록 법령을 공포한 것은 그야말로 대수롭지 않은 일이었다. 이렇게 야만적 잔학성과 민족 개량이라는 고상한 면이 결합된 생태는 러시아의 표트르 대제를 생각하게 한다. 그러나 러시아인들의 저급한 습관과 야만적 행위로 인해 표트르 대제는 제국 회복자와 거리가 아주 멀다.

"지적 탁월함에 강한 애착과 존경을 느낀 것이 샤를마뉴의 가장 큰 특징으로서, 이것이 그로 하여금 정치적 오류를 범하도록 만든 주된 원인이었음이 틀림없다. 성직위계제도의 권한과 주장을 수용했을 뿐 아니라 조장했던 것이다. 그러나 그의 가장 큰 찬사는 후시대의 불명예스러운 일들과 유럽의 비참한 상황에 기록되어 있다. 그는 황야에 서 있는 봉화대처럼 혹은 망망대해에 솟아 있는 바위처럼 홀로 우뚝 서 있다. 그의 홀은 약한 자는 당길 수 없는 율리시스의 활이었다. 유럽사의 암흑 시대에 샤를마뉴의 통치는 혼란과 누추로 얼룩진 두 긴 시기 중간에 안식처를 제공했다. 그것은 그가 전 왕조와도 대조되고, 자신이 제국을 수립하여 물려주었으나 그것을 유지할 자격과 능력이 없던 후손들의 왕조와도 사뭇 다른 장점들을 살려 세운 안식처였다."

제임스(G. P. R. James, *History of Charlemagne*, Lond., 1847, p. 499): "세상을 살다 간 사람 중에서 아마도 인간들을 다스리고 사건들을 주도해 가는 그만한 역

량들을 그처럼 고도로 겸비했던 이는 아무도 없었을 것이다. 그만큼 사람들에게
신뢰와 사랑을 받고, 다른 왕들에게 존경과 두려움의 대상이 되고, 살아서 존경
을, 죽어서 애도를 받은 사람은 다시 없을 것이다."

밀먼(Milman, 제5권 1장): "독일어 원명에 따르면 카를인 그는 거대한 체구와
엄청난 힘, 지칠 줄 모르는 활동에서 튜턴족 족장의 전형이었다. 식생활에 절제를
했고, 음주에 관련해서도 야만족의 악습에 비하면 건전한 편이었다. 사냥과 전쟁
이 그의 주업이었다. 전쟁을 치를 때는 야만족다운 사납고 잔인한 특성을 유감없
이 발휘했다. 그러나 로마 황제와 유사한 면도 지니고 있었는데, 광범위하고 조직
적인 정책 능력에서도 그랬지만, 과거에 메로빙거 왕들이 탐닉했던 옛 로마 문화
의 대표적 악습을 추구한 점에서도 그러했다. 물론 이전의 왕들만큼 무절제하지
는 않았을 것이다. 퍽 종교적인 황제였으나 한 가지 점에서는 종교의 규제에 얽매
이지 않았다. 그가 성스러운 결혼 예식을 자기 마음대로 폐기할 수 있는 계약으로
취급하고서 문란한 생활에 탐닉하는 등 가정 생활을 무절제하게 하는데도 불구하
고, 교회는 저자세로 혹은 감사한 마음에서 항의조차 제대로 하지 않았다. 교회가
권위 있는 혹은 위협적인 소리를 낸 것을 딱 한 번 들을 수 있는데, 그것도 프랑크
족의 왕에게 첫째 부인이 멀쩡히 살아 있는 동안 둘째 아내를 맞아들이는 행위를
비판한 것이 아니라, 롬바르드족 공주를 맞아들이는 행위를 비판한 것이다. 그의
영토에서 그의 친척이자 경건한 성직자 단 한 사람만 비판의 목소리를 높였을 뿐
이다."

기제브레흐트(Giesebrecht). 독일 황제들의 사가인 그는 샤를마뉴에 관하여 매
우 열정적인 평가를 한다(I. 140): "샤를마뉴 이후 10세기 동안 숭고한 정신을 지
닌 군주들이 많이 일어났지만 그를 능가하는 사람은 없었다. 정복을 할 때는 세상
에 둘도 없이 용감하되, 평화를 추구해야 할 상황에서는 누구보다도 지혜롭게 판
단하는 군주였다. 후대의 프랑스 기사들은 샤를마뉴를 최초의 기사로 숭앙했다.
독일의 부르주아 계층은 그를 아버지와 같은 민중의 벗이자 지극히 의로운 판사
로 여겼고, 가톨릭 교회는 성인의 반열에 올려놓았으며, 유럽 여러 나라에서 나온
시(詩)들은 그의 강직한 인격에서 영감과 힘을 얻었다. 그저 인생일 뿐인 인간에
게서 그보다 더 풍성한 삶이 나온 예가 없을 것이다."

위의 평가들에다 미국 저자 파크 고드윈(Parke Godwin, *History of France*, N.
Y., 1860, vol. I. p. 410)의 웅변적인 증언을 덧붙이고자 한다. "로마인들의 세력
을 꺾은 야만족의 여러 추장들 — 알라릭스(Alariks)·아타울프스(Ataulfs)·테오

도릭스(Theodoriks) · 유릭스(Euriks) — 의 인물됨과, 고대 제국의 폐허 위에 국가 조직을 세우려고 노력한 그들의 거칠고 영웅적인 방식에는 형언할 수 없이 위대한 면이 느껴진다. 그는 고대와 현대에 대하여 자신이 차지하는 독특한 위치에 의해서 — 유난히 길었던 재위 기간에 의해서, 그가 처리한 사건들의 수와 중요성에 의해서, 그가 이룩한 정복들의 범위와 찬란함에 의해서, 그가 교회에 내놓은 현저한 기여에 의해서, 탁월한 인격에 의해서 — 시대의 성격에 워낙 강렬한 인상을 지워놓았기 때문에 유럽의 연대기들에서 거의 군계일학의 상태에 서 있다. 그에 앞서 존재해온 천년의 세월 동안, 즉 율리우스 카이사르의 시대 이래로, 어떠한 군주도 그만큼 보편적이고 탁월한 명성을 얻지 못했다. 게다가 그 이후 지속된 천년의 세월 동안, 즉 독일의 카를 5세 시대에 이르기까지, 어떠한 군주도 그에 버금가는 권력을 장악하지 못했다. 옛 시대와 새 시대 사이에 교량 역할을 한 그는 서방 제국을 그 전성기에나 누렸던 찬란한 영화의 지위로 회복시켰으며, 그와 동시에 유럽 모든 민족의 근대사가 자신과 더불어 시작하게 만들었다. 독일은 그를 자신이 낳은 가장 유명한 아들들 가운데 한 사람으로 주장하고, 프랑스는 자신을 다스린 가장 숭엄한 왕으로, 이탈리아는 자신의 소중한 황제로, 그리고 교회는 가장 후한 기부자와 덕망 높은 성인으로 이해한다. 중세에 제정된 모든 제도들 — 정치 · 문학 · 과학 · 교회에 관련된 — 은 그 기원을 그의 손에 두기를 마지않는다. 그는 귀족의 뿌리, 기사도의 창시자, 대학교들의 설립자, 교회들의 기부자로 간주되었으며, 불길처럼 맹렬한 그의 행위들에 환상적인 횃불로 점화를 하여 그에 관한 새롭고 신비로운 세계를 밝히고, 놀라운 모험들과 영웅적인 형식들로 가득 찬 중세 기사 이야기의 천재로 간주되었다. 이리하여 역사의 사려 깊은 찬사와 허구의 후한 선물이라는 두 가지 불후의 면모에 힘입어 그는 인류의 연구 대상이 된다."

Ⅱ. 샤를마뉴의 시성(諡聖).

그의 시성은 독일 · 프랑스 · 스페인의 교회들에서 축하하듯이 *Officium in festo Caroli Magni imperatoris et confessoris*에 영구히 남아 있다. 바로니우스(*Annal. ad ann.* 814)는 그를 시성한 파스칼리스가 합법적 교황이 아니었기 때문에 로마 교회가 그의 시성을 정식으로 인정하지 않았으나, 그를 성인으로 모시는 행위를 금하지도 않았다고 말한다. 올번 버틀러(Alban Butler)는 자신의 「성인전」(*Lives of Saints*)에서 '복자 샤를마뉴' 에 대한 찬사적 전기를 기술하며, 그의 이름에 붙어다니는 죄에 대해서는 다음과 같은 역사를 무시한 주장으로 덮어준다. "그는 젊은 나이에 빠져든 성적 무절제를 진실한 회개로써 속죄했으며, 그로써 독일과 프랑스의 많은 교회들이 그를 성인의 반열에 올려놓고 존경한다."

샤를마뉴의 시적·전설적 역사에 관해서는 1000년경에 랭스의 대주교 튀르팽(Turpin)의 이름으로 집필된 「샤를마뉴와 롤랑의 생애」(*Vita Caroli Magni et Roland*)와, 위에 인용한 Gaston의 저서, 레옹 고티에(Leon Gautier)의 논문(*La legende de Charlemagne*, in Vetault, pp. 461–485), 코슈비츠(E. Koschwitz)의 *Karles des Grossen Reise nach Jerusalem und Constantinopel*, Heilbronn u. London, 1880을 참조하라.

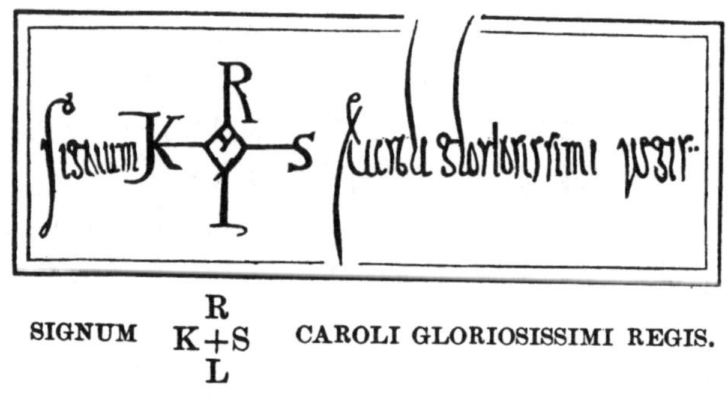

샤를마뉴 대제의 서명.

샤를의 결합 문자에다, 그가 790년 8월 31일에 쿠프슈타인에서 어떤 문서에 남긴 자필 서명. Stacke, *l. c.*에서 복사함.

57. 신성로마제국의 수립(800).
샤를마뉴와 레오 3세

과거에 롬바르드족이 동방 황제한테서 빼앗은 영토를 피핀이 그들에게 빼앗아 교황에게 주고 그 영지에 대한 보호자가 되어 주었는데, 이제 샤를마뉴가 그 지위를 물려받았다. 그런데 롬바르드족이 다시 반란을 일으키자 교황(하드리아누스)은 알프스 너머에 있는 군주에게 다시 도움을 호소했고, 이에 샤를마뉴는 자신의 통합 재위 제3년(774)에 교황을 구출하기 위해서 군대를 끌고 알프스를 넘어왔다. 이것은 당시로서는 어마어마한 대작전이었다. 이탈리아에 진입한 그는 여전히 그리스 제국에 소속된 남부의 일부 지역을 제외하고는 반도 전체를 점령한 뒤 로마로 당당히 입성했으며, 선친이 교황에게 주었던 선물을 재확인했는데, 아마도 그 의미를 교황에게 확대해서 주지시켰을 것이다. 당시의 관련 기록들은 남아 있지 않으며, 그 사건을 뒷받침할 만한 당대의 어떤 권위자의 논평도 남아 있지 않다. 샤를마뉴가 교황에게 바친 선물은 오로지 정복의 권리에 근거한 것이었다. 이후로 그는 항상 자신을 가리켜 "프랑스와 롬바르드의 왕과 로마 집정관"(Rex Francorum et Longobardorum, et Patricius Romanorum)이라고 불렀다. 그가 이탈리아 북부 롬바르드족의 영토에 대해서 행사한 권위는 프랑스에서 행사한 권위 못지않게 절대적인 것이었지만, 로마 집정관으로서 교황의 영지에 대해서 지녔던 권위는 그가 죽은 후에 수세기 동안 그 정확한 본질을 놓고 불화의 씨앗이 되었다. 하드리아누스는 그가 남긴 서신들을 놓고 평가할 때 샤를마뉴가 프랑스에서 행사한 것과 같은 절대적 세속 주권을 자신의 영지에 대해서 지니고 있다고 간주했다.

781년 부활절에 샤를마뉴는 아들 피핀을 데리고 로마를 다시 방문했고, 이번에 다시 교황에게 '이탈리아 왕'(Rex in Italiam)으로 기름 부음을 받았다. 787년에 세 번째로 방문했을 때는 친구 하드리아누스와 며칠을 함께 보내면서 성 베드로의 유증에 관해 논의했다. 레오 3세가 하드리아누스를 계승했을 때(796) 그는 즉시 샤를에게 복종의 증표로 로마 시의 열쇠와 기(旗), 그리고 베드로의 묘지 열쇠를 보냈다.

몇 년 뒤에 로마에서 유혈 폭동이 일어나 교황이 피습을 당했으나 가까스로 목숨을 건졌다(799). 그는 로마를 빠져나와 당시에 베스트팔렌 지방 파더보른에 머무르고 있던 샤를마뉴를 찾아가 도움을 청했고, 샤를마뉴는 그를 돕겠다고 약속했다. 다음 해에 샤를마뉴는 다시 알프스를 넘어 로마에 입성한 뒤에, 레오에 대한 확인되지 않은 고소들을 자신이 직접 조사하겠다고 공포했으나, 고소들을 입증할 만한 증인들이 나타나지 않았다. 레오는 자신의 무죄를 공식적으로 선포했다. 추측하건대 샤를마뉴의 요청을 받아 그렇게 한 듯한데, 하지만 이러한 행위가 선례가 될 수 있다는 항의도 만만치 않았다. 그런 직후에 유럽의 교회 및 정치 역사에서 새로운 시대의 획을 긋는 큰 사건이 발생했다.

샤를마뉴가 황제로 즉위하다

샤를마뉴가 우리 주님께서 오신 지 800년이 되던 해의 성탄절을 지키면서 제단 앞에서 무릎을 꿇고 기도하고 있을 때, 교황이 마치 갑자기 영감을 받은 듯이 (하지만 실은 치밀한 계획에 따라) 그의 머리에 금관을 씌워주었고, 로마 주민들은 세 번에 걸쳐 "하나님께 세움을 입은 위대하고 평화로운 로마인들의 황제 샤를 아우구스투스에게 장수와 승리가 있기를!"이라는 말을 외쳤다. 이어서 교황은 고대의 관습대로 그에게 경의를 표하고는 (집정관이란 칭호 대신에) 황제와 아우구스투스라는 칭호를 붙였다.[23]

새 황제는 교황에게 콘스탄티노플의 정경이 그려진 은제 원형 탁자와 많은 금제 선물을 주었고, 부활절까지 로마에 머물렀다. 대관식의 시점과 형식을 샤를마뉴로서는 전혀 예측하지 못했을 가능성이 있지만(우리가 그의 말을 액면 그대로 믿는다면), 반대의 경우로 그와 레오 사이에 사전 조율이 없었을 가능성은 생각하기 힘들다. 아마도 앨퀸이 이 계획을 지원한 듯하다. 그(앨퀸)가 이해한 지상 권력의 서열에서는 교황이 맨 앞자리를 차지하고, 황제가 두 번째 자리를 차지하고, 왕이 그 다음 자리를 차지했다. 그는 대관식이 있기 전에 투르에서 샤를마뉴에게 '존엄하신 황제의 영광을 기리며'(Ad splendorem imperialis potentiae)라는 글귀를 새긴 화려한 성경책을 보냈다.[24]

샤를마뉴는 프랑스로 돌아간 뒤 모든 백성에게 자신을 '카이사르'로 알고 새롭게 충성을 맹세하도록 강요했다. 그리고는 다음과 같은 긴 칭호를 정식으로 채택했다. "Serenissimus Augustus a Deo coronatus, magnus et pacificus imperator, Romanum gubernans imperium, qui et per misericordiam Dei rex Francorum et Longobardorum."

그 대관식의 의미

대관식은 교황의 입장에서는 로마의 합법적 군주로서 그리스 황제에 대한 독립과 해방을 알리는 최후 선언이었다. 샤를마뉴도 이 점을 느낀 듯하며, 따라서 아들을 죽이고 그리스 권좌를 찬탈한 이레네(Irene)와 혼인함으로써 두 제국을

---

23) *Annales Laurissenses ad ann.* 801.

24) 그러나 서신의 날짜와 imperialis라는 단어의 의미는 썩 명쾌하지 않다.

합치자고 제안했던 것 같다(797). 그러나 그러기 전에 교황이 로마 시의 열쇠를 피핀에게 보내고, 프랑스 왕이 세속 권력을 상징하는 이 증표를 받음으로써 동일한 반란이 사실상 자행된 셈이었다. 여론은, 힘이 정당화한다는 원칙에 입각하여 그 행위를 정당화했다. 그리스 황제는 이탈리아에서 자신의 권력을 유지하고 자신의 백성들을 첫째는 롬바르드족에게서, 다음에는 프랑크족에게서 보호할 능력이 없었던 까닭에 사실상 자신의 권리를 포기했다.

서방 세계의 관점에서 그 사건은 튜턴족을 기반으로 옛 로마 제국을 다시 수립하는 것과 같았다. 이 제국이 교황청과 함께 향후 중세 역사를 지배해 나가게 되었다. 교황과 황제는 교회와 국가에서 가장 높은 지위와 권력을 대표했다. 그러나 교황이 더 크고 영속적인 권력이었다. 그는 종교개혁 때에 이르기까지 유럽 전역을 영적으로 통치했으며, 오늘날까지 고대 로마보다 훨씬 더 광활한 제국을 다스리고 있다. 홉스(Hobbes)의 탁월한 표현을 빌리자면, 그는 "왕관을 쓰고 무덤에 앉아 있는, 죽은 로마 제국의 혼령"이다.

교황과 황제의 관계

그렇다면 이 두 권력자 사이의 법적 · 실제적 관계는 무엇이었으며, 각각의 권력의 한계는 어디까지였을까? 이것이 수세기에 걸친 투쟁의 쟁점이었다. 이 투쟁에는 사건들의 흐름에서만 해결될 수 있는 많은 문제들이 내포되어 있었다. 물론 교황을 영적 군주로, 황제를 세속적 군주로 한정하여 이론적으로 두 지위를 구분하기란 쉽다. 그러나 교회와 국가의 일치를 근간으로 삼는 신정(神政) 이론에서는 둘이 끊임없이 투쟁하게 되어 있고 또 그럴 수밖에 없다.

교황은 샤를(샤를마뉴)에게 자진해서 황제 면류관을 씌워줌으로써 제국이 자신의 선물이었고, 군주를 세우는 권한에 폐하는 권한도 포함된다고 주장했음직하다. 그리고 실제로 후대의 교황들이 이러한 권한을 행사했던 바, 그들은 영적인 칼뿐 아니라 세속적 칼도 휘둘렀고, 나라들에게 충성 맹세의 의무를 면해주기도 했다. 라테란 궁에 자리잡은 레오 3세의 식당(9세기 이후)에 걸려 있는 모자이크화에는 영광스러운 자태를 한 성 베드로가 자신의 오른쪽에 무릎을 꿇고 있는 레오에게 사제의 영대(領帶)를 하사하고, 왼쪽에 무릎을 꿇고 있는 샤를에게는 로마의 기(旗)를 하사하는 모습이 묘사되어 있다.[25] 이것이 바로 모든 권력이 교회의 머리인 베드로를 통해서 하나님에게서 나온다는 중세의 성직위계 이론이다. 그레고리우스 7세는 교회를 태양에, 국가를 태양에서 빛을 받아 반사하는 달로 비유했다. 이런 정서를 토대로 교황들은 앞으로도 항상 국가를 지배하고, 국가가 — 그것이 제국이든 왕국이든 공화국이든 상관 없이 — 성직위계제도의 존립과 영광에 복종하는 정도에 따라서 지지도 하고 반대도 하는, 교회의 절대 수위권 원칙을 견지할 것이다. 1864년의 교황 유론표(謬論表, Syllabus)는 성직위계제도(hierarchical system, 교계제도)의 진정한 정신이 현대 역사와 문화의 정신과 화해할 수 없는 갈등의 상태에 있음을 지적한다. 바티칸 궁은 고전과 중세의 진기한 것들을 가득 소장한 박물관이며, 2억 영혼의 무오한 사도로 자임하는 교황 자신이야말로 그 박물관에 존재하는 가장 진기한 소장품이다.

반면에 샤를은 비록 교회와 교황에게 경건한 태도로 임하긴 하였으나, 자신의 절대권 안에 다른 절대권을 두는 것을 용납할 수 없는 철저한 절대 군주였다. 그는 자신의 신정(神政) 사상을 구약성경에서, 모세와 아론의 관계에서 끌어왔다. 황제로서 자신이 지닌 권위를 과거에 콘스탄티누스 대제와 테오도시우스 대제가 원칙과 실제에서 황제-교황주의를 표방하며 비잔틴 제국에서 행사했던 것과 똑같은 방법으로 이해하고 행사했다. 이것은 비잔틴 제국을 계승한 러시아 제국도 마찬가지이다. 샤를은 자신이 교회를 보호하고, 교회의 모든 외부 문제들과 어느 정도는 내부 문제들에 대해서까지 조정해 나갈 임무를 하나님께 받았다고 믿었다. 그래서 교황에게 문의하지 않은 채 제국 내에서 교회회의들을 소집했다. 그중에서 프랑크푸르트 공의회(794)를 자신이 직접 주재했는데, 이 회의는 교리와 권징에 관한 문제들을 입법하고, 교황의 견해에 부합하게 양자설 이단을 단죄하고, 제2차 니케아 에큐메니컬 공의회(787)의 결정과 여러 교황들이 천명한 견해들에 반하여 화상 숭배를 배격했다.[26] 그는 기사들을 임명했을 뿐 아니라

---

26) Milman(II. 497)은 이렇게 말한다. "프랑크푸르트 공의회는 샤를마뉴가 자기 영역의 귀족들뿐 아니라 성직자들에게까지도 행사하던 막강한 권력과, 혼합된 성격, 모든 분야를 포괄할 정도로 광범위했던 그의 입법을 잘 보여준다. 프랑크푸르트 회의는 그 지역의 제국 의회인 동시에 교회 공의회였다. 이 회의는 순전히 교회적인 문제들과 순전히 세속적인 문제들을 번갈아가며 다루었다. 샤를마뉴는 이 프랑크푸르트 공의회에 참석하여 회의를 주재했다. 이 회의의 교회법뿐 아니라 그 밖의 법률들도 주로 그의 이름으로 공포되었다."

주교들과 대수도원장들까지 임명했으며, 만약 자신이 살아 있는 동안 교황좌가 비게 되었다면 일반 주교구들을 채우듯 그 자리를 자신이 직접 채웠을 것이다. 그가 대관식을 치른 뒤 맨 처음 취한 행동은 교황을 폐위시키려던 자들을 대역 죄인들로 몰아 사형에 처한 일이었다. 이로써 그는 그 사건에 대해서 판사 역할을 했다. 813년의 마인츠 공의회는 공식 문서에서 그를 가리켜 "거룩한 교회의 경건한 군주"라고 표기했다.

샤를은 왕과 황제의 직위를 자기 가문과 식솔의 세습 권리로 간주했으며, 그래서 813년에 교황이나 로마인들에게 자문을 구하지 않은 채 자기 아들 경건자 루이를 엑스라샤펠에서 왕으로 임명했다. 그 자신은 튜턴족의 후예로서 프랑스와 독일을 동시에 대표했다. 하지만 두 나라가 아들들 대에서 정치적으로 분리되면서 황제의 지위는 독일 왕에게 돌아가게 되었다. 따라서 신성 로마 제국이라는 칭호가 생기게 되었다.

58. 신성로마 제국의 역사 개관

로마인들이 레오의 전격적인 대관식 행위에 흔쾌히 따라주었다는 것은 서방 제국의 재수립이 시의적절했음을 입증한다. 신성 로마 제국은 거룩한 로마 교회에 필요한 짝으로 여겨졌다. 여러 세기 동안 유럽의 나라들은 모든 세속 권력을 한 사람에게 집중하는 데 이용되었다. 물론 네로부터 시작하여 디오클레티아누스에 이르기까지 여러 로마 황제들이 불과 칼로 기독교를 박해한 것이 사실이지만, 콘스탄티누스와 그의 계승자들은 교회를 위엄과 권력의 지위로 끌어올렸고, 국교에 해당하는 모든 특권을 부여했다. 제국 수도가 로마에서 콘스탄티노플로 이전되면서 서방 교회는 세속 권력의 울타리를 잃게 되었고, 유럽 사회는 야만족의 침략에 대한 공포와 내전의 혼돈에 노출되었다. 교황들이 누구보다도 큰 시련을 겪었고, 그들의 영토는 야만적인 롬바르드족에 의해 수없이 짓밟히고 유린되었다. 따라서 새로운 제국으로부터 보호를 받고자 하는 본능적 욕구가 강렬하게 퍼져 있었으며, 이것은 알프스 이북에서 솟아나 로마 선교사들에 의해 기독교화한 신선하고 왕성한 튜턴족의 힘 아니고는 어디서도 기대할 수 없는 것이었다. 이 제국 안으로 "고대 세계의 모든 생명이 집결했으며, 이 제국으로부터 현대 세계의 모든 생명이 발생했다."[27]

제국과 교황청, 중세를 지배한 두 권력

이후로 유럽 중세사는 주로 교황청과 제국의 역사이다. 둘은 교회와 세상을 다스리시는 하나님의 두 팔로 간주되었다. 이 이중적 정부가 야만족들에게 기독교 문명과 자유를 가르치는 최고의 학교 위에 수립되어 있었다. 교황청은 군사 독재를 견제하고, 제국은 사제권 남용을 견제하는 건강한 역할을 수행했다. 둘 다 사회의 분산화 경향에 대해서 질서와 통일을 확보했다. 둘 다 민족들의 공영(共榮), 인류의 형제 관계, 성도의 사귐이라는 원대한 사상을 북돋웠다. 제국은 로마와 유대를 맺음으로써 남부의 유서 깊은 민족 정서에 새로운 피를 주입하고, 고전 문화와 로마 법이라는 남아 있는 보물들을 북부의 신흥 민족들에게 전달했다. 고전 문화와 로마 법은 모두 궁극적으로는 자기 파괴적인 경향을 띠었다. 둘 다 겉으로는 그렇지 않은 듯했지만 실은 교회와 민족의 독립 정신을 촉진했다. 권위를 바탕으로 한 기율은 반드시 자유를 그 적법한 결실로 거두게 마련이다. 법은 사람들을 복음으로 인도하는 몽학선생인 것이다.

대 오토

제국 역사의 첫 장에서 제국이 위대한 정신의 소유자에게 다스림을 받고 교황청과 우호적 협력 관계를 유지했음을 발견하게 된다. 제국은 샤를마뉴의 유약한 계승자들 때에는 명목적 존재로 왜소해졌다. 그러나 작센 왕조의 오토 1세(Otto I, 936-973) 혹은 오토 대제에 이르러서 다시 세력을 회복했다. 그는 교황의 주인이자 로마 교회의 보호자였으며, 곳곳에 영웅의 면모를 남겨놓았는데 그것은 샤를마뉴에 버금가는 것이었다. 교황의 세력이 저점으로 가라앉은 하인리히 3세(Henry III, 1039-1056) 때에는 제국이 다시 개혁과 재건의 세력을 발휘했다. 하인리히 3세는 세 명의 대립 교황들을 폐위하고 자격 있는 인물을 교황으로 세웠다. 그러나 교황청이 다시 바닥을 딛고 일어서면서 제국에 위협감을 일으켰다.

하인리히 4세와 그레고리우스 7세

---

27) Bryce, p. 396 (8th ed.)

하인리히 4세(1056-1106)와 그레고리우스 7세(1073-1085) 때 두 권력은 서임권(敍任權, the right of investiture), 즉 주교들과 대수도원장들을 선출하는 권한을 놓고 첨예하게 대립하게 되었다. 교황청은 카노사에서 막강한 군주를 베드로의 콧대높은 계승자의 발 앞에 무릎 꿇게 함으로써 제국에 대해 도덕적 승리를 거두었다(1077). 하지만 하인리히는 곧 기개와 세력을 회복하고서 대립 교황을 세웠으며, 그 결과 그레고리우스는 살레르노로 망명하여 그곳에서 숨을 거두었으나 원칙과 주장을 한 치도 굽히지 않았다. 두 사람의 대립은 50년간 지속되다가 보름스 정교조약(the Concordat of Worms, 1122년 9월 23일)으로 종결되었다. 이 조약은 절충적 협약이었으나, 황제의 권한에 다소 제한이 가해졌다. 이로써 교황이 주교들에게 반지와 목장(牧杖)을 하사할 권한을 가지게 되었지만, 신임 주교가 축성을 받기 전에 황제의 홀(笏)을 만짐으로써 왕에게 봉토(封土)를 받듯 세속 영지를 받아야 했다.

호엔슈타우펜 가문

슈바벤 지방에 거점을 둔 호엔슈타우펜 가문의 황제들(1138-1254) 치하에서 로마 제국은 십자군 원정들과 관련하여 전성기를 누렸으며, 이 시기는 중세의 기사도와 시와 노래의 전성기이기도 했다. 그 황제들은 개인적 역량과 명성에서 작센과 살리 출신의 황제들보다 뛰어났으나, 독일의 이익을 도모하기 위하여 이탈리아 내부 문제에 지나치게 개입했다. 프리드리히 바르바로사(Frederick Barbarossa, 붉은 턱수염)는 샤를마뉴와 오토 대제의 계승자로서 손색이 없는 인물이었다. 그는 이탈리아 북부를 평정하고 교황 알렉산더 3세와 투쟁을 벌이고 대립 교황 두 명(파스칼리스 3세와 그가 죽은 뒤에는 칼릭스투스 2세)을 세웠으나, 결국 알렉산더에게 굴복하여 베네치아에서 그의 발 앞에 무릎을 꿇었으며, 교황에게 기쁨의 눈물과 평화의 입맞춤으로 포옹을 받았다(1177). 그는 직접 십자군을 이끌고 킬리키아의 키드누스 강을 건너다가 죽었으며(1190년 6월 10일), 키프호이저에서 마법에 걸린 채 긴 잠에 빠졌다가, 1871년에 그의 정신이 다시 나타나 새로운 독일 제국을 수립하게 되었다.

교황 인노켄티우스 3세(Innocent III, 1198-1216) 때 교황청은 권력의 절정에 도달했으며, 그 상태를 보니파키우스 8세(Boniface VIII, 1294-1303) 때까지 유지했다. 바르바로사의 손자인 황제 프리드리히 2세(1215-1250)는 재능과 열정에서 전임 황제들 가운데 누구에도 못지않았고 교양도 많이 앞선 인물이었으나 독일인이라기보다는 이탈리아인이었으며, 신앙 문제에는 회의론적 견해를 갖고 있었다. 그는 제5차 십자군 원정을 감행하여 예루살렘을 재정복했으나 교회를 보살피는 일은 등한히했으며, 교황 그레고리우스 9세에게 파문을 당했다. 교황은 그를 이단이자 신성모독자로 단죄하고, 계시록에 등장하는 무저갱에서 풀려난 짐승에 비유했다.[28] 그의 갑작스런 죽음을 전해듣고서 교황 인노켄티우스 4세는 크게 기뻐하면서 "하늘이여 기뻐하고 땅이여 즐거워할지어다" 하고 외쳤다. 그의 죽음은 호엔슈타우펜 가문의 몰락으로 이어졌고, 한동안은 로마 제국의 몰락을 초래했다. 그의 아들이자 계승자인 콘라드 4세(Conrad IV)는 불과 몇 년밖에 재위하지 못했고, 열여섯살의 밝고 순진한 그의 손자 콘라딘(Conradin)은 교황에게 반대를 당했으며, 자신의 세습 왕국을 눈 앞에 둔 채 나폴리에서 목베임을 당했다(1268년 10월 29일).

이탈리아는 즉각 낙원으로, 독일의 야심은 무덤으로 변했다.

독일 제국

힘이 정의 노릇을 하던 '대공위(大空位) 시대'(the great interregnum)가 지난 뒤, 합스부르크(스위스의 아르가우 주에 있는 성) 가문의 스위스 백작 루돌프(Rudolf)가 일곱 선제후에 의해 황제로 선출되었고 아헨에서 대관식을 치렀다(1273-1291). 그는 평화와 질서를 회복했고, 이탈리아를 한 번도 방문하지 않았고, 교황과 소모전을 피했고, 독일 왕국을 건설했으며, 보수적이고 정통적이고 강인하고 이기적인 오스트리아의 가문에 토대를 놓았다.

제국은 그 뒤 5세기 넘게 로마와 명목상의 관계를 유지하고 기독교 세계 세속 권력의 수장으로서 다양한 운명을 겪어가면서 존속했지만, 교황청의 운명과 유럽의 진행에 별다른 영향을 끼치지는 못했다. 하지만 그 과정에서 제국으로서의 면모를 가끔씩 드러낸 경우가 없지 않았다. 예를 들어, 하인리히 7세는 로마에서 대관식을 치르고 단테에 의해서 이탈리아의 구원자라는 친사를 받았으나, 토스카나에서 열병으로 죽었다(1313). (그의 사인이 도미니쿠스회의 수사가 성찬의

---

28) 모든 황제들 중에서 유독 그만이 단테에 의해 지옥에 배치된다(*Inferno*, x. 119): "이 안에는 제2의 프리드리히가 있다."

잔에 독을 타서 준 결과라고 보는 시각도 있다.) 지기스문트(Sigismund)는 당대의 황제나 교황들보다 훨씬 더 훌륭한 인물이었던 후스(Hus)를 화형에 처하고 (1414) 교황들을 폐위한 콘스탄츠 에큐메니컬 공의회를 소집하고 보호한 황제이다. 카를 5세(Charles V, 1519-1558)는 독일뿐 아니라 스페인과 오스트리아의 왕관까지 썼고, 해가 지지 않는 광활한 영토를 다스렸다. 교황의 항의에도 아랑곳하지 않은 채 선왕들의 관용 정책을 포기한 요제프 2세(Joseph II, 1765-1790)는 위대한 자라는 칭호에 조금 못 미쳤다.[29] 그러나 루돌프 이후의 황제들은 거의 예외 없이 더 이상 로마에서 대관식을 치르지도 않았고 로마에서 손을 떼었다.[30] 이들은 프랑크푸르트에서 일곱 명의 선제후(選諸侯)에 의해 선출되었다. 이 일곱 명은 마인츠 · 트레브[트리어의 프랑스어명] · 쾰른의 대주교들과, 보헤미아 왕, 팔츠와 작센, 브란덴부르크의 선제후들 등 고위성직자 세 명과 세속 군주 네 명으로 구성되었다(훗날 그 수가 아홉 명으로 확대되었다). 하지만 경쟁은 소수의 유력한 가문들에 국한되었으며, 15세기까지는 합스부르크 가문이 훗날 해체될 때까지 한 번만 빼놓고는 줄곧 왕관을 붙들고 놓지 않았다. 합스부르크 황제들은 독일과 교황청보다는 자신들이 연혼 정책에 의해 꾸준히 늘인 세습 영지를 관리하는 데 관심을 많이 기울였다.

제국의 쇠퇴와 몰락

독일 제국이 점차 몰락하기까지는 여러 가지 요인들이 작용했다. 스위스 산지 주민들이 반란을 일으켜 성공하고, 스페인 · 프랑스 · 영국 같은 독립 왕국들의 국력이 증가하고, 선제후들과 독일의 군소 군주들이 황제를 견제하고, 서부에서 신대륙이 발견되고, 동부에서 터키가 침공하고, 종교개혁이 일어나 독일 주민들

---

29) 교황 피우스 6세는 심지어 빈(wien)까지 여행하고, 그가 대신 카우니츠에게 손을 내밀어 입맞추도록 했으나, 그는 교황의 손을 잡고 악수를 했다. 요제프도 로마를 방문했는데, 로마 주민들은 그를 "우리 황제 만세!"라는 구호로 영접했다.

30) 단테(*Purgat.* VII. 94)는 합스부르크의 루돌프가 연옥에 혼자 우울하게 앉아서 "이탈리아가 가해한 상처들을 치유하는 데" 게을리한 죄를 애도하는 모습을 묘사한다. 국내 모든 도시들에서 참주들과 파벌들이 벌이는 끊임없는 권력 투쟁에 지친 단테는 자기가 사랑하는, 하지만 불행하기 짝이 없는 이탈리아에 통일과 평화를 되찾아 줄 강한 권력을 갈망했다. 그는 자신의 정치 사상을 「군주론」에 피력해 놓았다.

을 양대 적대적 종교 진영으로 갈라놓고, 삼십년 전쟁으로 나라가 초토화되고, 독일에서 호엔촐레른 가문과 프로이센 왕국이 프리드리히 2세의 탁월한 재능에 힘입어 부상하고, 프랑스 대혁명의 여파로 전쟁이 끊이지 않았다. 독일 제국은 마지막 국면에 가서는 그림자에 지나지 않았으며, 신성 로마 제국이 신성하지도 않고 로마도 아니고 제국도 아니라는 풍자(볼테르가 한 것으로 추정됨)가 하나도 틀리지 않았다. 마지막 황제인 프란시스 2세(Francis II)는 1806년 8월 6일에 선거에 의한 독일 왕위를 포기하고, 프란시스 1세라는 이름으로 그것을 오스트리아의 세습 왕위로 대체했다(1835년에 죽음).

이로써 신성 로마 제국은 1006년이라는 수(壽)를 향유한 끝에 평안히 숨을 거두었다.

나폴레옹 제국

혁명의 소용돌이 속에서 군사적 재능 덕택에 갑작스럽게 권력을 잡게 된 나폴레옹은 제2의 카이사르와 제2의 샤를마뉴라는 이중의 영광을 꿈꾸며 교황을 충복으로 삼아 프랑스에 기대한 군사 제국을 세웠으나, 라이프치히와 워털루 전투에서 소생의 기약 없이 몰락하고 말았다. "나는 루이 14세가 아닌 샤를마뉴를 계승했다"고 그는 말했다. 아내를 버리고 독일의 마지막 황제이자 오스트리아의 첫 황제의 딸과 결혼했다. 밀라노에서 롬바르드 왕관을 썼고, 독일의 "로마인들의 왕"을 모방하여 자신의 불행한 아들을 "로마의 왕"으로 세웠다. "나의 전임자들인 프랑스 황제들이 기부했던 재산들"을 철회하고, 그것을 도로 프랑스의 재산으로 귀속시켰다. 한때 자신에게 "그리스도 안에서 극진히 사랑하는 아들"이라는 표현을 써가며 서신을 보낸 교황 피우스 7세에게는 "성하께서는 로마의 군주이시지만, 나는 로마의 황제입니다"라고 써보냈다. 자신의 백[숙]부이기도 했던 추기경 페슈(Fesch)에게는 이렇게 썼다. "말씀하신 대로 나는 샤를마뉴이며, 교황궁의 황제로 대우를 받아야 마땅합니다. 교황에게 내 의도를 몇 마디로 적어 보낼 생각인데, 만약 그가 순순히 따르지 않으면 샤를마뉴 때 교황이 처했던 상황으로 끌어내릴 것입니다." 전하는 바에 따르면 나폴레옹은 교황에게 관저를 파리로 옮겨 고액의 급여를 받으면서 황제의 군사적 수위권 밑에서 유럽의 양심을 다스려달라고 제의했는데, 이러한 제의에 대해서 교황은 처음에는 "코메디언이군" 하고 일축했다가, 거듭된 협박에 대해서 "비극배우로군" 하고 말하고는 등을 돌렸다고 한다. 교황청은 숙[백]부와 조카의 제국을 최대한 이용했고, 결국 제국이 몰락한 뒤에도 살아남았다. 그러나 나폴레옹은 진액이 말라버린 봉건제도를 소제해 버렸으며, 자신이 정복한 민족들을 무자비하고 경멸적으로 대함으로써 오히려 그들의 민족 의식이 강력하게 되살아나도록 자극했으며, 그들에 의해서 자신이 인위적으로 수립한 제국이 타도되어 매몰되는 운명에 처해졌다. 독일 특히 프로이센은 그에게 깊은 굴욕을 당한 것을 계기로 해방 전쟁을 시작하게 되었다.

독일 연맹

빈 의회(the Congress of Vienna)는 옛 제국을 대체할 잠정적인 권력으로 프랑크푸르트에 독일 '연맹'(Bund)을 수립했다. 이것은 연방 국가가 아니라 38개의 주권국들 혹은 그보다는 국민의 대의권이 없는 군주국들로 구성된 느슨한 연맹이었다. 오스트리아의 지배를 받는 모래 밧줄이자 거짓 통일체였다. 그리고 오스트리아가 고만고만한 공국들의 사소한 경쟁과 시기를 이용하여 프로이센의 약진을 저지하고 자유를 지향하는 모든 운동들을 탄압했다.

새로운 독일 제국

그리는 동안 해방 전쟁과 위대한 민족 문학에 힘입어 눈을 뜬 민족 통일을 향한 대중의 갈망이 꾸준히 무르익다가 마침내 자유로운 헌법과 의회를 지닌 새로운 독일 제국이 수립되기에 이르렀다. 그러나 이 위대한 결과는 프로이센의 주도하에 외세의 공세에 맞서는 과정에서 큰 사건들을 겪고 중대한 업적들을 성취해냄으로써 비로소 가능하게 되었다. 이 결과에 이르기 위한 첫 단계는 프로이센이 쾨니히그레츠에서 오스트리아에게 대승을 거두고서 북독일 연맹을 결성한 것이었다(1866). 둘째 단계는 연합 독일이 나폴레옹 3세의 제국에 맞서서 벌인 방어전에서 훨씬 더 큰 승리를 거둔 것이었다. 이 전쟁은 베르사유에서 독일 제후들과 민중의 통일된 소원을 받들어 루이 14세 대신에 빌헬름 1세를 황제로 선언하는 것으로 끝났다(1870).

이로써 독일 민족의 기나긴 꿈이 근대사에 기록된 가장 혁혁한 군사적·외교적 승리들을 통해서 성취되었다. 이것은 하나로 통일된 비스마르크·몰트케·빌헬름의 재능과 독일 군대의 용맹·기강·지력이 이루어낸 결과였다.

독일이 이렇게 약진하는 동안 이탈리아도 카부르(Cavour)와 빅토르 엠마누엘(Victor Emmanuel)의 주도로 로마를 정치적 수도로 하는 민족 통일을 이루어냈다.

그러나 새 독일 제국은 옛 제국의 연속도 부흥도 아니며, 여러 본질적인 특징들에서 옛 제국과 다르다. 새 제국은 정복의 결과가 아니라 대중의 민족 정서와 방어 전쟁의 결과였다. 그리고 그 토대가 된 것은 오스트리아와 남독일이 아닌 프로이센과 북독일이었다. 황제가 선거로 선출되지 않고 세습되었고, 중세적 개념들과 제도들이 아닌 근대의 자유와 진보 사상이 제국 결성을 이끌어 갔고, 본질상 로마 가톨릭이 아닌 개신교였으며, 로마 제국이 아닌 독일 제국이었다. 독일 제국의 부상(浮上)은 독일과 이탈리아 양국의 통일과 자유에 항상 장애가 되어온 교황의 세속 권력이 몰락한 일과 간접적으로 관련이 있다. 새 제국은 교회로부터 독립하고 공식적으로 종교와 관계가 없었으며, 이 점에서 미국 정부와 유사하다. 하지만 제국이 개신교를 표방했다는 것은 초대 황제가 지닌 모태 신앙에서 뿐 아니라, 예수회를 추방한 일(1872), 그리고 교황지상주의를 표방한 교황청의 정치적·성직위계적 야심에 대항하여 '문화투쟁'(Culturkampf)을 펼친 일에서도 잘 나타난다. 피우스 9세가 빌헬름 1세에게 보낸 서신에서 세례받은 모든 그리스도인들에 대한 자신의 관할권을 주장했을 때(1873), 황제는 이른바 무오한 교황에게 용기 있게 고지하기를, 자신은 모든 개신교 신자들과 함께 하나님과 사람 사이에 우리 주와 구주 예수 그리스도 외에는 다른 아무 중보자도 없다고 주장했다. 새 독일 제국은 가톨릭 교회에 대해서 정당한 태도를 취할 것이고 또 그래야 하지만, "카노사로 가는 일은 결코 없을 것이다."

지금까지 역사에서 참으로 길고 비중 있는 장의 말미에서 논의를 마친 셈이다. 다음 장이 어떻게 전개될는지 자못 궁금하다.

59. 샤를마뉴의 죽음에서부터 니콜라우스 1세까지의 교황청과 제국(814-858). 여자 교황 요한나의 비밀

샤를마뉴의 권력은 개인적인 것이었다. 그의 유약한 계승자들 치하에서 제국은 사분오열되었고, 그가 심오한 재능으로 이룩해 놓은 것이 혼돈에 묻혀버렸다. 하지만 그의 사상은 죽지 않고 살아남았다. 그의 아들이자 계승자인 경건자 루이(독일인들과 이탈리아인들이 이렇게 부르고, 프랑스 역사에는 신사 루이 〈Louis the Gentle, le debonnaire〉라고 표기됨, 814-840)는 아버지의 신앙과 용 맹과 입법에 관한 지혜의 일부분을 물려받았으나 재능과 활력은 물려받지 못했 다. 그는 성직자들을 미신적으로 추종한 인물이었다. 즉위하자마자 개혁을 단행 한 그는 아버지의 첩들과 딸들을 그들의 정부(情夫)들과 함께 궁정에서 몰아내 고 궁정을 수도원으로 바꾸어 놓았으며, 성 안스가르가 추진하던 스칸디나비아 선교를 지원했다. 하지만 세월이 지날수록, 특히 야심이 강한 유디스와 재혼하 면서부터 한심할 정도로 유약한 모습을 드러냈고, 쇠망해 가는 제국을 방치한 채 수도 생활과 아르데네스 숲에서의 사냥에만 몰두했다. 어리석게도 자신의 세 아들과 권력을 나누어 가진 결과 아들들이 아버지에게 반란을 일으키고 자기들 끼리 전쟁을 벌이는 형국을 초래했다.

그가 죽은 뒤 베르됭 조약이 체결되었고, 이 조약으로 제국이 분할되었다. 로 타르(Lothair)는 이탈리아와 황제 직함을 받았고, 프랑스는 대머리 샤를(Charles the Bald)에게, 독일은 독일인 루이스(Louis the German)에게 넘어갔다. 이로써 서방 제국이 라틴 교회와 균형을 이루어야 한다는 샤를마뉴의 소신이 무너지거 나 크게 위축되었고, 세 나라는 그 뒤로 개별적인 역사를 갖게 되었다. 민족의 발달에는 이것이 더 유리하게 작용했다. 황제의 지위는 이후부터는 독일 왕의 소유가 되었으며, 이렇게 수정된 형태로 1806년까지 그 지위가 유지되었다. 제 국이 이렇게 분란을 겪는 동안 교황청은 이렇다 할 인물을 배출하지 못했으나, 이러한 상황에 큰 이득을 보았다. 몇몇 교황은 선출 과정에서 제국의 재가를 면 했다. 프랑스 성직자들은 수아송에서 신사 루이를 압박하여 내전 기간 동안 자 행된 모든 살육과 약탈과 신성모독 행위, 그리고 제국을 파멸의 벼랑으로 몰아 간 행위에 대해서 지극히 굴욕적인 사죄를 하도록 만들었다. 이로써 성직자단이 세속 군주의 실정(失政)까지도 간섭하여 고해를 부과한 셈이 되었다.

특주

여자 교황 요한나의 비밀

여기서 호기심을 끄는 여자 교황 요한나(Johanna)의 전설을 잠시 언급하고 지나가고자 한다. 그것은 이 여성이 레오 4세(847)와 베네딕투스 3세(855)의 재위 기간 사이에 2년 반 동안 교황관을 썼다고 하는 전설이다. 요한나는 마인츠 출신의 여성으로서 (그 이름이 아그네스 · 질베르타 · 요한나 · 유타 등 다양하게 불린다) 남장한 채 아테네에서 철학을 공부했고(하지만 그 도시에서는 철학이 이미 오래전에 소멸한 뒤였다), 로마에서 요한네스 앙글리쿠스라는 이름으로 신학을 가르치다가 요한 8세라는 이름으로 교황의 지위에 올랐으나, 바티칸에서 라테란까지 엄숙한 행렬을 벌이는 도중에 거리에서 갑자기 해산을 하는 바람에 여자임이 발각되어 처형되었다. 또 다른 전승에 따르면 이 여성은 말굽에 묶인 채 성 밖을 질질 끌려다니다가 군중이 던진 돌에 맞아 죽었으며, 그 무덤에는 다음과 같은 비명이 적혔다고 한다:

"신부(神父) 중의 신부여, 여자 교황의 출산을 중지시켜라."

이 이상한 이야기는 로마에서 발생했으며, 도미니쿠스회와 프란체스코회 수사들의 입으로 처음 유포되다가 13, 14세기에 널리 신용을 얻었다. 교황 요한 20세(1276)는 자신을 요한 21세라고 불렀다. 15세기 초에 이 여자 교황의 흉상이 시에나에서 다른 교황들의 흉상과 나란히 배치되었는데 아무도 그것에 손을 대지 않았다. 심지어 교황청 종교법 고문 제르송(Gerson)은 그 이야기를 교회가 사실의 문제에서는 오류를 범할 수 있다는 논거로 사용했다. 콘스탄츠 공의회에서는 이 이야기가 교황들을 폄하하는 데 사용되었다. 교황 독재를 옹호한 토레크레마타(Torrecremata)는 이 이야기로부터, 교회가 여자 교황을 참아낼 수 있다면 이단 교황이 끼치는 훨씬 더 큰 악도 참아낼 수 있다는 교훈을 이끌어낸다.

그럴지라도 그 이야기는 단순한 허구일 뿐이며, 로마 가톨릭뿐 아니라 개신교권에 속한 현대의 거의 모든 학자들도 그렇게 간주한다. 4백 년 후에 교황 열전을 집필한 프랑스의 도미니쿠스회 수사 스테파누스도 이 이야기를 언급하지 않는다(그는 1261년에 죽었다).[31] 9-10세기에 활동한 포티우스와 그리스의 치열한 논객들도 이 이야기를 알지 못했다. 만약 알았다면 교황청을 공격할 그 좋은 기회를 놓치지 않았을 것이다. 레오와 베네딕투스 사이의 교황들이 선출된 연도에 빈 기

---

31) 거의 동시대에 나온 아나스타시우스의 「교황들의 생애」(*Liber Pontificalis*)에 실린 가장 오래된 증언은 좋은 사본들에는 누락되어 있으며, 그런 점을 감안할 때 후대의 삽입임에 틀림없다. 될링거는 그 신화가 아무리 일찍부터 민간에 퍼져 있었을지라도 13세기 중엽 이전에는 글로 뚜렷이 기록되지 않았음을 입증한다.

간이 없다. 당대의 사가들에 따르면 베네딕투스는 레오 4세가 죽은 뒤 사흘만에 혹은 적어도 같은 달에 적법하게 선출되었고 두 달 뒤(9월 29일)에 축성되었다고 한다. 아마도 그 전설은 10세기에 여인들(테오도라와 마로치아)이 여러 방탕한 교황들 — 세르기우스 3세 · 요한 10세 · 11세 · 12세 — 의 배후에서 정사를 그르치게 한 시대를 대상으로 한 알레고리 혹은 풍자였을 가능성이 크다. 호이만, 슈뢰크, 기번, 네안더가 이러한 견해에 동조한다. 이 가설을 뒤흔들 만한 유일한 대안은, 만약 그렇게 볼 경우 전설의 시기가 9세기에서 10세기로 바뀐다는 것뿐이다.

그 외에 다음과 같은 추측들이 있다. 여자 교황의 전설은 요한 8세가 포티우스(바로니우스) 앞에서 보여준 유약한 태도를 풍자한 것이다; 로마에 주재한 어떤 외국 주교(pontifex)가 사실은 남장한 여자였다는 사실을 오해한 것이다(라이프니츠); 여자 교황은 레오 4세의 과부였다(Kist); stella stercoraria를 잘못 해석한 것이다(Schmidt); 가짜[僞] 이시도루스 교령들의 기원과 유포를 풍자한 알레고리이다(Henke and Grförer); 계시록에 등장하는 큰 음녀를 의인화한 것이며, 옛적의 비밀이 교황청에서 역사하고 있다는 민간 신앙을 표현한 것이다(Baring-Gould).

데이비드 블론델(David Blondel)이 이 주제로 쓴 박식한 프랑스어 박사학위 논문(Amsterdam, 1649)에서 이 중세 허구의 신뢰성을 최초로 무너뜨린 사람이다. 슈판하임(Spanheim)은 이 전설을 변호했고, 모스하임(Mosheim)은 사가로서의 불명예를 무릅쓰고서 변호했다.

60. 위 이시도루스 교령집

9세기 중엽 카롤링거왕조의 치하에 혼란이 극에 달해 있을 때 신비스러운 책이 등장했는데, 그 내용은 교황청에 대한 민간의 견해를 법적으로 뒷받침하고, 교황청의 권한을 다른 어느 기관보다 높이고 강화하며, 로마 교회 교회법의 토대를 상당 부분 형성하게 된 것이었다. 이 책은 세비야의 주교 이시도루스(Isidor, 636년 죽음)의 이름을 부당하게 가져다 쓴 교회법전이며, 그런 이유로 「위(僞) 이시도루스 교령집(敎令集)」(*Pseudo-Isidorian Decretals*)이라 불린다.[32] 이시도루스는 6세기의 로마 대수도원장 디오니시우스 엑시구스(Dionysius

---

32) 이 책의 서문은 이렇게 시작한다: "Isidorus Mercator servus Christi lectori

Exiguus)의 자료에 근거한, 그리고 스페인 교회의 법률 교과서로 쓰였고 따라서 '히스파니아' 라고 불린 이전 교령집의 유명한 (비록 실제가 아니었지만) 저자였다. 초기의 이 교령집에서는 시리키우스(384) 이래로 교황들이 남긴 서신들과 법령들(Epistolae Decretales)이 중요한 지위를 차지한다.[33] 교회법적 의미에서 교령(敎令, decretal)이라 함은 교황이 자신에게 문의된 질문에 대답한 권위 있는 답서인 반면에, 법령(decree)은 사전 문의 없이 추기경들의 조언을 받아 공포한 교황의 규례(ordinance)를 가리킨다. 교회법(canon)은 세계 혹은 지역 교회회의가 제정한 법이다. 교의(敎義, dogma)는 교리에 관한 교회법이다. 최초의 교령들은 법률적 구속력보다 도덕적 구속력이 강했다. 그러나 교황에게 접수되는 질문과 항소가 증가하면서 교황의 답서에 점차 권위가 붙게 되었다. 이런 추세에 맞춰서 위조 문서, 위조 교회법, 위조 교령이 등장했다는 것은 새삼스러운 일이 아니다. 그러나 위 이시도루스의 교령집은 그 중에서도 교회 문헌사에 알려진 가장 거대하고 효과적인 사기이다.

1. 위 이시도루스 교령집의 내용. 이 책은 세 부분으로 나뉜다. 첫째 부분은 디오니시우스의 모음집에서 가져온 50조항의 사도 교령과, 클레멘스(101년 죽음)부터 멜키아데스(Melchiades, 314년 죽음)까지 로마 주교들이 남겼다고 하는 60조항의 위조 교령들을 싣는다. 둘째 부분은 콘스탄티누스의 증여라는 위조 문서, 니케아 공의회에 관한 논문 몇 편, 스페인 교회법 모음집을 토대로 683년까지 축적된 그리스·아프리카·갈리아·스페인 공의회들의 법령들을 싣는다. 셋째 부분은 「히스파니아」에서 옮겨 쓴 머리글에 이어서 실베스터(335년 죽음)부

---

conservo suo et parenti suo in Domino fideli (al. fidei) salutem." 가장 오래된 사본들 가운데 30편에서 발견되는 'Mercator' 라는 별명은 오늘날까지 이렇다 할 설명이 붙지 않았다. 더러는 그것이 콘스탄티노플에 체류하던 서방의 유명한 평신도 마리우스 메르카토르 — 펠라기우스를 비판하고, 위 이시도루스가 사용한 교회 기록들을 번역한 인물 — 를 가리킨다고 생각한다. 다른 이들은 이 별명이 '페카토르'(Peccator), 즉 사제들과 주교들이 흔히 사용하던 겸양의 칭호로서, 3편의 사본에서 발견된다고 한다. '메르카투스' 라는 이름도 여러 사본들에 나오며, 이것은 redemptus와 동의어인 듯하다. 그렇게 되면 '그리스도의 구속 받은 종 이시도루스' 라는 뜻이 된다.

33) 원래의 명칭은 *decretale constitutum* 혹은 *decretalis epistola*였고, 훗날 *decretalis*가 되었다.

터 그레고리우스 2세(731년 죽음)에 이르는 교황들의 교령들을 연대순으로 소개하는데, 그 중 35개 교령은 위조된 것들로서, 다마수스 이전 것은 모두 여기에 포함된다. 그러나 이시도루스 모음집에서 발췌한 진짜 편지들에도 삽입된 내용들이 섞여 있다. 여러 판본들에는 「카피툴라 앙길람니」(*Capitula Angilramni*)가 부록으로 첨부되어 있다.

이 모든 문서들이 정통 교회의 교리와 성직자 기율 지침서를 구성한다. 이 문서들은 이단들(특히 스페인에서 오래 살아남은 아리우스주의)에 대한 교리적 판결들, 예배·성례·축일과 금식·의식과 복장·교회 봉헌·교회 재산에 관한 지침들, 특히 교회 정치에 관한 지침을 진술한다. 곳곳에 교회와 사제 위주의 경건과 예절이 잘 배여 있다.

2. 성직 체계. 가짜 이시도루스는 교황 중심의 신정(神政) 체제를 옹호한다. 성직자들은 신적으로 세워지고 축성되고 침범될 수 없는 계급으로서, 구약 경륜의 때와 마찬가지로 하나님과 사람 사이에 서서 중재한다. 사제들은 '하나님의 가족'(familiares Dei), '영적인 사람들'(spirituales)이며, 평신도들은 '육체적인[현세적인] 사람들'(carnales)이다. 성직자에게 죄를 짓는 것은 곧 하나님에게 죄를 짓는 것이다. 성직자는 세상 법정에 세우지 못하며, 자신을 사람들의 재판장으로 임명하신 하나님에게 대해서만 책임을 진다. 사제직의 특권은 주교직에서 절정에 달하고, 주교직은 교황직에서 절정에 달한다. 베드로의 권좌(cathedra Petri)는 모든 권력의 샘이다. 교황의 동의 없이는 주교를 폐위할 수 없고, 공의회를 소집할 수 없다. 교황은 모든 논쟁의 궁극적 심판이며, 교황의 판결에 대해서는 항소할 수 없다. 그레고리우스 1세의 항의에도 불구하고 교황은 종종 '보편적 주교'(episcopus universalis)라 불린다.

3. 위(가짜) 이시도루스의 목표는 그런 권위 있는 판결집에 힘입어 성직자들을 세속 권력과 도덕적 타락으로부터 보호하려는 데 있다. 수도대주교의 권한을 다소 낮게 규정한 이유는 주교들에 대한 재판에서 교황에게 최종 판결권을 주기 위함이다. 그러나 옛 시대의 저자들이 교황의 권한을 높이 끌어올리는 데 주된 목표를 두었다면 그것은 분명히 잘못된 것이다. 교황제는 주교가 세속 정부와 대립하는 상황에 처할 때 주교를 보호하기 위한 수단이다. 그것은 주교들의 권익을 뒷받침하는 최고 보증이다.

4. 위 이시도루스는 중세 내내 진정성을 의심받지 않았으나(오직 앙크마르

〈Hincmar〉만 이 문서를 프랑스 교회에 법률로 적용하는 데 반대했다), 오늘날은 개신교 사가들뿐 아니라 로마 가톨릭 사가들도 인정하지 않는다.

이 문서는 날조임이 분명하다. 로마에서 산 디오니시우스 엑시구스가 그렇게 많은 분량의 교황 서신들을 모르고 있었다는 것은 말이 안 된다. 더욱이 이 문서는 시대 착오적인 내용들로 가득하다. 2-3세기의 로마 주교들이 니케아 이후 정통신앙의 정서가 담긴 교리 문제들과 중세적 교회-국가 관계에 관하여 9세기 프랑스 라틴어로 진술한다. 성경을 인용할 때 샤를마뉴 시대에 개정된 제롬의 번역본을 사용한다. 빅토르가 2세기의 부활절 논쟁들에 관하여 2백 년 뒤에 활동한 알렉산드리아의 테오필루스에게 의견을 진술한다.[34]

이 문서에 포함된 콘스탄티누스의 증여는 좀 더 오래 전에 작성된 위조 문서로서, 여러 종류의 헬라어 본문들로도 존재한다. 이 문서는 콘스탄티누스가 324년에 교황 실베스터에게 세례를 받을 때 (하지만 실제로 그는 337년에 가서야 비로소 니코메디아의 아리우스파 주교 에우세비우스에게 세례를 받았다) 교황에게 라테란 궁과 황제의 모든 기장(旗章), 그리고 로마와 이탈리아의 영토를 선사했다고 주장한다. 이 위조 문서가 노린 목적은 피핀과 샤를마뉴의 증여에 토대를 둔 교황의 세속 권력을 다섯 세기나 거슬러 올라가 그 기원을 제시하려는 것이었다.[35] 이 문서를 뒷받침할 수 있는 유일한 토대는 라테란 궁의 증여로서, 이 궁전은 원래 라테란 가문의 소유였다가 후에 황제들이 거처로 삼았고, 마지막에는 교황들이 소유했다. 콘스탄티누스의 아내 파우스타가 이 궁전에 거주하고 있었는데, 콘스탄티누스가 제국의 수도를 옮기면서 이것을 로마 성직자들과 귀족

---

34) 이 책이 위조라는 사실은 맨처음 15세기의 쿠사의 니콜라우스와 칼빈(『기독교 강요』 제4권 7, 11, 20장)에 의해 암시되었고, 그 뒤 마그데부르크 세기사(*Magdeburg Centuries*)에 의해 입증되었으며, 그 뒤 예수회 수사 토레스(Torres)가 변호하고 나선 데 대해서(Turrianus, 1572) 칼빈파 신학자 블론델(David Blondel, 1628)이 결정적으로 논박했다.

35) 콘스탄티누스가 세례를 받을 때 실베스터에게 증여를 했다는 이야기는 처음에 *Acta Sylvestri*에, 다음에는 하드리아누스 1세가 샤를마뉴에게 보낸 서신(780)에 언급된다. 9세기에 그 위조문서가 나타났다. 이 문서의 위조성은 일찍이 999년에 황제 오토 3세가 간파했고, 1440년경에 라우렌티우스 벨라가 「콘스탄티누스의 증여의 거짓 신빙성」(*De falso credita et Constantini donatione*)에서 입증했다. 바로니우스가 증여 자체를 사실로 주장하긴 하지만, 오늘날 이 문서는 보편적으로 위조로 간주된다.

들의 수장인 실베스터에게 남기고 갔다. 따라서 오늘날까지 라테란 궁에는 "이 곳은 교황과 대신관의 권좌이다"(Haec est papalis sedes et pontificalis)라는 문구가 새겨진 교황의 권좌가 있다. 이 권좌를 근거로 교황이 로마 교구를 차지한다. 하지만 콘스탄티누스와 그의 계승자들의 역사를 면밀히 살펴보면 그들이 자신들의 세속 권력의 일부분이라도 교황에게 이양할 마음을 먹은 적이 없다는 것이 분명해진다.

5. 저자는 847-865(혹은 857)년에 프랑스 교회, 그 중에서도 아마 랭스 교구에서 활동한 어떤 성직자임에 틀림없지만, 저자 문제에 관해서는 학자들마다 견해가 다르다. 위 이시도루스는 829년의 파리 공의회 문건에서 여러 단락을 그대로 인용하며, 베네딕투스 레비타(Benedictus Levita)가 847년에 작성한 모음집과 일치하는 부분이 있다. 반면에 저자(위 이시도루스)는 857년의 치에서 프랑스 교회회의에서 최초로 인용되며, 859년에 랭스의 앙크마르에 의해서 거듭 인용된다. 모든 사본들의 출처가 다 프랑스이다. 교계가 매우 무질서하고, 주교들이 재판도 받지 않은 채 면직당하고, 하찮은 이유로 이혼하는 사례들이 많고, 교회의 신성한 구역들이 자주 침범당한다는 등의 불평들은 샤를마뉴의 손자들 대에 내전이 발생한 상황과 잘 부합한다. 로마에서는 이 교령집이 865년에 교황 니콜라우스 1세에 의해서 최초로 알려지고 인용되었다.

같은 시기에 같은 정신으로 작성된 카피툴라(Capitula) 혹은 카피툴라리아(Capitularia) 모음집들 — 즉, 카롤링거왕조 치하에서 교회회의의 결정들을 대신한 국왕의 교회 관련 법령집 — 이 여러 권 현존한다. 그 가운데 언급할 만한 것은 퐁테넬레의 대수도원장 앙세지(Ansegis, 827)의 카피툴라 모음집, 마인츠의 베네딕투스 레비타(847)의 모음집, 저자가 메츠의 주교 앙길람누스(701년 죽음)로 오인된 카피툴라 앙길람니(Capitula Angilramni)이다.

6. 위 이시도루스의 교령집이 갖는 의의. 이 문서의 의의는 중세 성직자 사회의 견해와 주장을 참신하게 소개한 데 있다기보다는, 9세기의 것을 2-3세기의 것으로 소개하고 그것에 고대성의 권위를 부여한 데 있다. 이 문서에 실린 몇 가지 주요 원칙들은 이미 레오 1세의 서신들과 5세기의 문헌들에서 주장되었고, 교황의 아니무스(animus)도 그 기원을 2세기의 빅토르와 사도 바울에 대항한 유대화주의자들에게로 거슬러 올라가 찾을 수 있다. 그러나 이 모음집에서는 여러 세기에 걸쳐 발전한 성직위계제도와 사제 제도가 아예 처음부터 완전하고 불

변한 것으로 나타난다. 「사도헌장」(*the Apostolic Constitutions*)과 「사도교령」(*the Apostolic Canons*)에서도 비슷한 현상을 볼 수 있는데, 이 두 문서도 처음 3세기 동안 교회들이 내린 결정들을 한데 모은 뒤 그 기원을 직접 사도들이나 그들의 제자인 로마의 클레멘스에게로 돌린다.

위 이시도루스는 물론 성직위계제도를 철저하게 신봉한 사람이었다. 그럴지라도 그의 문서에는 교회의 대의명분을 위한 거짓임을 자각한 흔적이 많이 묻어나며, 그런 점에서 그 기원을 거짓의 아비에게서 찾아야 마땅하다. 이 문서는 유대교 성직위계제도 못지않게 유혹과 오염을 피하지 못한 기독교 성직위계제도의 역사에 존재하는 사탄적 요소에 속한다.

61. 니콜라우스 1세(858년 4월-867년 11월 13일)

우연의 일치라고 하기에는 너무나도 기이하게 위 이시도루스 교령집이 발행된 시기에 그 교령집이 원리들을 효과적으로 실행할 능력과 기회를 지닌 교황이 재위하고 있었고, 정의와 도덕의 명분을 내세워 그 원리들을 실행할 좋은 여건이 무르익어 있었다. 신적 권한을 참칭하는 것이 탄압과 악을 제어하는 데 유용하다면 그것은 마땅히 존중되고 복종되어야 하며, 해보다는 유익을 더 많이 끼친다는 것이 교황의 생각이었다. 당시에는 거만하고 압제적인 교회회의들, 왕들, 황제들에 대해서 더 우월한 권위를 주장할 사람은 교황뿐이었다.

니콜라우스 1세(Nicolas I)는 위대한 교황이었다. 그레고리우스 1세와 그레고리우스 7세 사이에 '위대한'이라는 수식어를 붙일 만한 교황은 그뿐이었다. 그는 평야에 의해서는 보다 낮은 봉우리와 구분되고, 계곡에 의해서는 보다 높은 봉우리와 구분되는 높은 산의 세 봉우리 가운데 하나로 그들 사이에 서 있다. 당대의 젊은 세대에게 '새로운 엘리야'로 통한 그는, 하나님에게 임명을 받은 군주처럼 세상을 다스리면서, 제후든 사제든 악을 행하는 자들에게는 공포의 대상이, 선량하고 순종하는 이들에게는 어진 군주가 되었다. 황제 루이 2세보다 성직자들의 영향을 덜 받은 채 선출되었으며, 그 황제 앞에서 축성되었다. 황제와 우호적인 관계를 맺으며 지냈으며, 그 대가로 황제에게 교황으로서 각별한 존경을 받았다. 자신의 직위를 숭고하게 이해한 점에서 힐데브란트(Hildebrand, 그레고리우스 7세)를 예기했으며, 왕성한 활력과 대담한 인품이 스스로 생각한 직위와 잘 어울렸다. 그가 이해한 교황이란 주교들을 집행 기관들로 삼아 질서와 기율과 공의를 유지하고, 오류와 악을 처단하기 위해 하나님에게 온 교회의 감독자로 임명을 받은 자였다. 그는 카롤링거 왕들을 당당하게 대했다. 황제의 직위에 대해서는, 성 베드로의 대리자가 그리스도인들을 불신자들로부터 보호하기 위해서 내린 하사품으로 간주했다. 제국이 세습권에 의해서 루이에게 내려왔지만, 그것을 재가한 것은 사도 교구의 권위라고 보았다.

니콜라우스의 재위 기간에는 세 가지 중요한 사건이 있었다. 첫째는 포티우스(Photius)와의 논쟁이고, 둘째는 왕 로타르의 이혼을 금한 것이고, 셋째는 대주교 앙크마르에게 굴욕을 준 것이었다. 그는 첫째 사건에서는 실패했으나, 둘째와 셋째 사건에서는 도덕적 승리를 거두었다.

니콜라우스와 포티우스

황제 가문 출신으로서 엄격한 금욕 생활에 힘쓰던 콘스탄티노플의 총대주교 이그나티우스가 부황제 바르다스(Bardas)의 불륜을 책망했다는 이유로 황제 미카엘리스 3세(Micael III)에게 부당하게 면직과 추방을 당했으나, 이그나티우스가 그 조치를 받아들이지 않는 사건이 발생했다. 당대의 가장 위대한 학자로서 거의 모든 지식과 학문 분야에 조예가 깊었던 포티우스(Photius)가 평신도 신분이었음에도 그의 후임자로 선출되었고, 엿새만에 하위 성직들을 거쳐 총대주교의 지위에 올랐다(858). 두 진영은 한 치도 양보하지 않고 치열한 분쟁을 벌이다가 서로를 파문에 처했다. 그러자 포티우스가 먼저 로마 교황에게 호소했다. 니콜라우스는 중재자 역할을 하는 대신에 판사의 태도를 취했으며, 콘스탄티노플에 사절단을 파견하여 쟁점이 된 사안을 조사하게 했다. 사절단은 구금과 회유를 당한 끝에 포티우스에게 유리하도록 조사 결과를 발표했다. 하지만 교황은 로마에서 열린 교회회의에서 그들의 행위를 무효로 돌린 다음 이그나티우스에게 유리한 판결을 내렸다(863). 그러자 포티우스는 교황을 단죄했으며, 자신의 회람 서신을 통해서 그리스 교회가 전통적으로 라틴 교회에 대해 가해온 비판들을 발표했다(867). 이 논쟁으로 두 교회가 항구적으로 소원해지는 결과가 초래되었다. 이것이 교황이 동방 교회 문제에 공식적으로 개입한 마지막 사례였다.

니콜라우스와 로타르

로렌의 왕이자 황제 로타르(Lothair)의 차남인 로타르 2세는 아내인 부르고뉴의 튜트베르가(Teutberga)를 학대하다가 마침내 이혼하고, 진작부터 공식적으로 왕비처럼 차려입고 행세해온 자신의 정부 발라다(Walrada)와 결혼했다. 이혼을 당한 여성으로부터 항소를 받은 니콜라우스는 용감하게 결혼의 신성함을 변호했다. 교회회의들의 결정을 무효화하고, 군주의 불륜을 묵인한 죄로 쾰른과 트리어 대주교들을 폐위했다. 왕에 대해서는 만약 첩을 내보내고 합법적인 아내를 받아들이지 않으면 즉각 파문에 처하겠다고 위협했다. 심지어 튜트베르가가 아마도 강요를 못 이겨 로타르에게 이혼을 승낙해주라고 요청하고 나왔을 때도 끝내 입장을 포기하지 않았다. 로타르는 이리저리 빼다가 마침내 굴복하고 말았다(865). 혐오스러운 이 논쟁의 세세한 내용과 거기에 함축된 의미들을 낱낱이 소개하는 것은 불필요한 일이다.

니콜라우스와 앙크마르

니콜라우스는 앙크마르와 벌인 논쟁에서 주교들과 하위 성직자들을 수도대주교들의 전횡에서 보호했다. 랭스의 대주교 앙크마르는 당시 프랑스에서 가장 막강한 고위성직자이자 갈리아 교회 독립의 원칙을 앞장서서 주장하던 인물이었다. 그가 관할권 문제로 교황과 세 번 대립했다. 가장 큰 사건은 자신의 가장 오래된 속교구 주교(suffragan)들 가운데 한 사람인 수아송의 주교 로타드(Rothad)에 관련된 사건이었다. 그는 대머리 샤를의 지원을 받아 로타드를 충분한 이유 없이 폐위한 뒤 감옥에 가두었다(862). 교황은 자신의 특사 아르세니우스(Arsenius)를 "측면에서" 샤를에게 파견하여 그 주교를 복직시킬 것을 요구했다. 그는 사르디카 공의회의 법령을 토대로, 비록 로타드가 교황에게 항소하지 않았을지라도 그 사건을 반드시 로마가 판결해야 한다고 주장했다. 주교들에 대해서는 그들도 수도대주교에게 이런 유의 부당한 처분을 얼마든지 당할 수 있음과, 그들의 유일한 피난처는 로마뿐임을 환기시킴으로써 그들의 동정심을 일으켰다. 샤를은 교황이 이 사건에서 손을 떼주기를 바랐으나, 니콜라우스는 요지부동이었다. 그는 로타드를 로마로 부른 뒤 산타 마리아 마조레 교회에서 엄숙히 주교직을 복권시켜 주었으며, 다시 프랑스로 파견했다(864). 앙크마르는 불만이 이만저만이 아니었으나 상급 권위에 굴복하지 않을 수 없었다.

이 논쟁에서 니콜라우스는 위 이시도루스 교령집을 이용했는데, 아마도 로타르를 통해서 그 문서를 입수한 듯하다. 이로써 그 문서에 교황의 재가를 얹어준 셈이다. 그럴지라도 그는 이 위조 문서의 상당 부분이 아무리 초기 교황들에게서 나온 것처럼 작성되어 있을지라도 교황청 문서 보관소에 존재하지 않는다는 사실을 알고 있었음이 틀림없다. 앙크마르는 새로운 교령들이 유효하게 통용되고 프랑스에까지 적용되는 데 항의했으며, 이러한 그의 견해는 갈리아 교회의 자유라는 대의명분과 결합하여 수세기 동안 존속되다가 마침내 1870년 바티칸 공의회에 표출된 교황 절대주의에 묻히고 말았다.

62. 하드리아누스 2세와 요한 8세(867-882)

니콜라우스부터 힐데브란트까지 거의 2백 년 동안(867-1049) 극소수 예외를 제외하면 교황좌가 평범한 사람, 심지어 자격이 없는 사람에 의해 채워졌다.

하드리아누스 2세(Hadrian II, 867-872)와 요한 8세(872-882)는 니콜라우스 못지않게 교황권을 변호했으나 능력과 위엄과 성과 면에서는 니콜라우스에 현저히 미치지 못했으며, 도덕을 중시하기보다 자기를 과시하는 경향이 있었다. 이들은 카롤링거 왕들의 정치 분쟁에 개입했고, 자신들이 왕과 황제를 폐위할 수 있다고 주장했다.

하드리아누스는 교황좌에 오를 때 이미 일흔다섯살이었으며, 구제 사업으로 널리 알려진 상태였다(그는 792년에 출생했다). 그는 니콜라우스에게서 포티우스·로타르·랭스의 앙크마르 문제를 물려받았으나 그 논쟁을 이끌어 가면서 번번이 좌절을 겪었다. 교황이 되기 전에 결혼한 상태였으며, 그가 교황이 되었을 때 아내(스테파니아)가 여전히 살아 있었다. 그런데 주교 아르세니우스(니콜라우스의 특사)의 아들 엘류테리우스(Eleutherius)가 교황의 딸(마흔살의 미혼여성으로서 다른 남자와 약혼한 상태였음)을 납치하여 황제 루이에게 도망쳤으며, 처벌하겠다고 위협을 당하자 교황의 아내와 딸을 모두 살해했다. 그는 사형에 처해졌다. 하지만 교황들에게는 이 사건이 여자와 아무런 관계도 맺지 말라는 경종이 되었을 것이다. 그러나 이 사건이 끝이 아니고 더 악한 사건이 벌어졌다.

요한 8세는 혈기 왕성하고 기민하고 계략에 능한 고위성직자로서, 불가리아에서 프랑스와 스페인에 이르는 기독교 세계의 모든 문제들에 간섭했고, 카롤링거 왕조의 미미한 두 황제에게 대관식을 치러주었고(대머리 샤를은 875년에, 뚱보 샤를은 881년에), 아나테마를 남발했고, 사라센족의 침공에 전전긍긍했으며, 교황직과 재산을 탐한 친척에게 살해되었다고 전해진다. 그가 남긴 가장 훌륭한 업적은 불가리아가 콘스탄티노플 총대주교와 분쟁을 겪을 때 성령께서 히브리어·헬라어·라틴어 외의 다른 언어들도 예배에 사용하도록 창조하셨다고 주장한 일이었다. 물론 훗날 그리스어와 라틴어가 미사 집례를 위한 유일하게 합법적인 기관들이며, 슬라브어 같은 야만족 언어들은 설교에 유익할 수 있다고 말함으로써 입장을 수정했다.

폭력에 의하여 단절된 그의 재위는 폭력에 의한 긴 공위(空位)의 서막이었다. 9세기의 끝은 10세기의 훨씬 더 큰 문제들에 비하면 맛보기에 지나지 않았다. 카롤링거왕조가 몰락한 뒤 교황들은 갈수록 이탈리아 제후들을 상대로 한 정치 분쟁과 복잡한 관계에 얽혀들어갔다. 프리울리의 공작 베렝가르(Berengar, 888-924)와 스폴레토의 귀도(Guido, 889-894)는 외가쪽으로 샤를마뉴의 먼 친척뻘 되는 사람들로서, 이탈리아 왕국과 황제직을 놓고 투쟁을 벌였으며, 투쟁에 의해 결정된 서열에 따라 교황직을 번갈아가며 차지했다. 이탈리아인들은 두 군주를 가지는 것을 좋아했다. 두 사람이 서로를 견제할 수 있기 때문이었다. 귀도는 891년 2월에 교황 스테파누스 6세(5세)에 의해서 황제 지위에 올랐고, 그를 이어서 894년에는 그의 아들 람베르투스(Lambert)가 황제가 되었다.

요한 8세가 강렬한 증오로 탄압했던 포르투스의 주교 포르모수스(Formosus)가 우여곡절 끝에 교황좌에 올랐으며, 그가 먼저 람베르투스에게, 하지만 다음에 896년에는 전공을 세운 카린티아의 아르눌프(Arnulf)에게 황제 면류관을 씌워주었다. 이 일로 람베르투스를 분노케 했고, 결국 그의 손에 살해되었다. 그의 두 번째 계승자이자 철저한 원수로서 람베르투스파의 수족이었던 스테파누스 7세(6세)는 그의 시신을 무덤에서 파내어 교황 의복을 입히고 재판석에 앉힌 뒤 단죄와 폐위를 언도하고 다시 의복을 벗기고 참혹하게 사지를 절단하고 목을 자른 뒤 티베르 강에 던져버렸다. 그러나 베렝가르파가 다시 권력을 잡게 되면서 스테파누스 7세 역시 옥에 갇혔다가 교살을 당하였다(897). 이 사건은 그가 포르모수스에게 가한 행동에 대한 정당한 처벌로 간주되었다. 요한 9세는 포르모수스의 명예를 회복시켜 주었다. 그는 900년에 죽었고, 그 뒤를 이어 람베르투스파 혹은 스폴레토파 사람인 베네딕투스 4세가 즉위하여 당시로서는 짧지 않은 3년 반이라는 기간을 재위했다.[36]

63. 10세기 교황청의 퇴락

10세기는 교회와 국가에 무지와 미신, 무정부 상태와 범죄가 판을 친 암흑시대 중에서도 가장 캄캄한 시기였다. 11세기 전반에 들어서도 사태는 호전되지 않았다. 말세가 가까이 온 것만 같았다. 사려깊은 사람들은 기독교 시대의 첫 천년이 마감되는 시점에 두려운 심판의 날이 올 것을 예상하고서 일손이 잡히지 않았으며, 교회에 토지와 기타 재산을 연보로 바치면서 "종말이 가까이 왔다"고 써넣었다.

타락은 국가에서부터 시작하여 교회에도 여파가 미쳤고, 교황청에서 극에 달했다. 사회의 재편성도 같은 과정을 거쳤다. 기독교 세계의 어떤 교회나 분파도 10세기의 라틴 교회만큼 추락한 적이 없었다. 교황청은 고대 로마의 야누스 신처럼 기독교적인 면과 반기독교적인 면, 친절하고 관대한 면과 악하고 표독한 면을 동시에 지니고 있다. 하지만 이 시기의 교황청은 오로지 반기독교적인 면만 지니고 있었다. 이 시기의 충격적인 타락상을 들춰내는 것이 역사가로서는 참으로 내키지 않는 일이다. 하지만 그 뒤에 따라온 종교개혁을 이해하기 위해서는 그럴 필요가 있다. 진리는 그것이 주는 공과(功過)에 관한 충분한 교훈과 함께 반드시 진술되어야 한다. 어떠한 교리 체계나 정치 형태로도 교회를 쇠퇴와 부패로부터 막을 수 없다. 인간 본성은 사탄적인 악에 빠질 가능성이 있다. 적그리스도는 다른 곳이 아닌 하나님의 성전 안으로 숨어들며, 성직자의 옷을 입고 나타나는 경우가 허다하다. 그러나 하나님은 역사에서 물러나 뒷짐을 지고 계신 적이 없으시며, 만유를 주관하시는 그분의 지혜는 결국 악에서 선을 이끌어 낸다. 이렇게 칠흑 같은 어둠 속에서도 별들이 창공에서 빛나고 있었다. 선지

---

36) 아욱센티우스와 불가리우스에 따르면 교황 스테파누스 7세가 포르모수스의 시체를 훼손한 장본인이었다고 한다. 리우트프란드는 세르기우스 3세가 요한 9세의 대립교황이던 898년에 그 일을 자행했다고 추적한다. 바로니우스는 리우트프란드가 스테파누스 대신에 세르기우스라고 써넣었을 것이라고 추측한다.

자 엘리야가 사역하던 시절과 마찬가지로 바알에게 무릎을 꿇지 않은 자가 많이 있었다. 어떤 수도원들은 부패의 사조에 저항했으며, 세상의 헛된 영화에 염증을 느낀, 그리고 하나님 앞에서 회계할 날에 대비하고자 한 귀족들과 왕들의 조용한 은신처가 되었다. 닐루스(Nilus)와 로무알드(Romuald)와 클뤼니의 수사들은 상류사회에 만연한 악을 강하게 비판했다. 교회회의들도 성직자들과 평신도들의 부도덕상을 비탄했으며, 사회의 기강을 세우기 위해서 노력을 기울였다. 민족들이 대규모로 이동하던 5세기에 못지않게 큰 혼란에 빠져 있던 10세기의 상황도 결국에는 새 생명을 탄생시키기 위한 산고(産苦)였을 뿐임이 밝혀졌다. 그 뒤에는 먼저 오토 대제 치하에서 제국이 기력을 회복하는 일과, 힐데브란트 치하에서 교황청이 개혁되는 일이 뒤따랐다.

정치 혼란

야만 상태와 다를 바 없던 중세의 사회에서는 질서를 유지하기 위해서 교회와 국가에 강력한 중앙 권력이 필요했다. 샤를마뉴는 시대를 앞서간 인물이었을 뿐, 실상 그의 권력을 뒷받침해 줄 확고한 토대가 없었다. 그의 재능과 열정이 그의 계승자들에게는 없었으며, 그들 대에 가서는 메로빙거 시대와 다름 없는 무능과 방탕으로 가라앉았다. 민중이 그들을 얼마나 경멸했는가 하는 것이 '대머리', '뚱보', '말더듬이', '순둥이', '게으름뱅이', '유아' 같은 별명들에 잘 표현되어 있다. 그들이 실정(失政)을 거듭하는 동안 법과 기강의 토대가 허물어졌다. 그런 상태에서 유럽이 새로 밀려들어온 이교 야만주의의 홍수에 엄몰될 위기에 처해 있었다. 덴마크와 노르웨이의 노르만족 해적들이 독일과 프랑스의 해안 지대로 새까맣게 밀려내려와 성읍들과 촌락들을 불태우고 주민들을 포로로 끌고 갔으며, 큰 강들의 줄기를 타고 내려온 뒤 가벼운 보트를 어깨에 메고 내륙 지방으로 퍼져나갔다. 이들은 함부르크 · 쾰른 · 트리어 · 루앙을 약탈하고, 엑스에 있던 샤를마뉴의 대성당을 마구간으로 개조했다. 잉글랜드에도 침공했으며, 그렇게 하여 온 유럽을 공포의 도가니로 몰아넣다가 결국 기독교를 받아들이고 노르망디에 정착하게 되어 프랑스와 잉글랜드 주민들에게 새로운 피를 수혈하게 되었다. 남부에서는 사라센족이 아프리카에서 건너와 시칠리아와 이탈리아 남부를 점령했다. 교황 요한 8세는 이들을 하갈족(the Hagarenes), 즉 음행과 진노의 자식들로, 옥토를 광야로 만들어 놓는 메뚜기떼로 묘사했다. 동부에서는 이교도들인 헝가리족 곧 마자르족이 들짐승떼처럼 몰려와 독일과 이탈리아를 침략했으나 '새 사냥꾼' 헨리(Henry the Fowler)와 오토 대제에게 패배하였으며, 그들의 경건한 군주인 스테판(997-1068) 아래서 기독교로 개종한 뒤에는 터키족의 진출을 막는 방어벽 역할을 했다.

명목상의 기독교 세계의 울타리 안에서는 왕들과 귀족들이 자기들끼리 투쟁을 벌이고 민중을 억압하고 주교구들과 대수도원들을 측근끼리 나누어 갖거나 수입을 가로챘다. 수도대주교들은 주교들을 억압했고, 주교들은 사제들을, 사제들은 평신도들을 억압했다. 곳곳에 화적떼가 출몰하여 법 무서운 줄 모르고 날뛰었다. 힘이 곧 정의였다. 뚱보 샤를(Charels the Fat)은 자신의 봉신(封臣)들에게 폐위된 뒤 거지처럼 구걸해 가며 비참하게 살다가 죽었다(888). 그의 계승자로서 카롤링거왕조 황제들의 마지막 대를 이은(비록 서자이긴 했으나) 카린티아의 아르눌프(Arnulf)는 노르만족(891)과 신설 왕국인 모라비아를 제압했으나, 분쟁에 휘말린 끝에 이탈리아인이 넣은 독을 먹고 죽었으며, 독일의 왕관을 자신의 유일한 적자(嫡子)인 유아 루이스(Louis the Child, 899-911)에게 넘겨주었다. 루이스는 마인츠의 대주교 하토(Hatto)의 후견을 받았다. 이 고위성직자는 '쥐탑'(라인 강의 빙겐 맞은 편 섬에 위치함)이라는 유명한 전설에 등장하는데, 그가 굶주린 수많은 걸인들을 이 탑에 가두어 굶어죽게 한 죄로 쥐들이 이 탑에서 그의 뼈를 꺾고 "사지를 다 갉아먹었다"고 한다. 그러나 문헌상의 역사는 그를 좀 더 우호적으로 평가한다. 루이스는 어른이 되기 전에 죽었고, 그와 더불어 독일 혈통의 카롤링거의 대도 끊겼다(911). 이탈리아에서는 황제의 마지막 그림자로서 성 베드로 교회에서 대관식을 치렀던 베렝가르가 자객의 칼을 맞아 죽었다(924). 그 뒤 제국은 40년간 황제 없이 존속하다가 샤를마뉴에게 정복을 당한 바 있는 색슨족 공작 비두킨트(Widukind)의 후손인 오토(Otho)가 등장하여 제국을 되살리게 되었다.

프랑스에서는 카롤링거왕조가 거의 한 세기 동안 명맥을 유지하다가, '게으름뱅이'(Lazy)라 불린 다섯째 루이 때에 수치스럽게 막을 내렸고, 백작 위그 카페(Hugh Capet)가 세습 계승의 원칙에 입각하여 카페 왕조의 창시자가 되었다(987). 그와 그의 아들 로베르(Robert)는 프랑스의 왕관을 교황에게 받지 않고 랭스 대주교에게 받았다.

이탈리아는 헝가리족과 사라센족의 침공을 받았으며, 권력 투쟁을 벌이던 경쟁 왕들과 군소 제후들간의 전쟁으로 인해 국력이 분산되었다. 주교들과 귀족들이 모두 타락했으며, 나라 전체가 도덕적으로 폐허나 다름 없었다.[37]

교황청의 타락

유럽의 정치 혼란이 교회에도 영향을 끼치고, 사회 기강을 바로잡으려고 하던 교회 나름대로의 노력을 무산시켰다. 교황청마저 독립성과 위엄을 상실했으며, 탐욕과 폭력과 음모에 휘둘려 말 그대로 사탄의 회당이 되었다. 지독히 두려운 죄악의 수렁에서 질질 끌려다니던 교황청은 만약 섭리에 의해 더 나은 시대를 위해서 보존되지 않았다면 철저히 수치 속에서 멸망하고 말았을 것이다. 교황이 얼마 못 가 새 교황으로 교체되었으며, 그들 중 대다수가 폐위와 투옥과 살해로써 재위를 마감했다. 재산과 권력을 겸비한 토스카나의 후작들과 투스쿨룸의 백작들이 반세기 이상 로마 시와 교황청을 좌우했다.

설상가상으로(incredible, attamen verum) 지위는 가장 높은데 인격은 말할 수 없이 저열했던 세 명의 대담하고 정력적인 여성들인 테오도라(Theodora the elder, 로마 원로원 의원의 아내 혹은 과부)와 그녀의 두 딸인 마로지아(Marozia)와 테오도라가 성 베드로의 권좌에 자신들의 정부(情夫)들과 사생아들을 기용했다. 로마의 이 여걸들은 미모와 재산이라는 치명적인 매력과 치밀한 음모 능력, 권력과 쾌락을 향한 타오르는 욕구를 겸비한 사람들이었다. 제롬 시대에 성 파울라와 성 유스타키움이 덕성과 경건에서 우뚝 섰다면, 이들은 자신들의 성적 편력에서 대담하고 사악하게 우뚝 서려는 악마적 욕구를 불태웠다. 성 베드로 교회를 강도의 굴혈로 만들었고, 그의 계승자들의 관사를 매음굴로 만들었다. 그러면서도 자신들의 수치를 만천하에 자랑했다. 따라서 이 수치스러운 시기를 가리켜 교황청의 도색정치(Pornocracy) 혹은 매춘부 정치라고 부른다.

이 시기에 재위한 몇몇 교황들은 지독히 악했던 이교 로마의 황제들에 못지 않았다. 이교 황제들이라면 그나마 변명의 여지가 있을지 모르지만 이들은 전혀 그렇지 못했다.

마로지아의 애인 세르기우스 3세(Sergius III, 904–911)가 수치스러운 역사의

---

37) 회플러(I. 16)는 10세기 이탈리아의 모든 제후 가문이 근친상간의 피로 얼룩졌으며, 아내와 누이, 어머니와 딸을 구분하기 어려웠다고 주장한다.

문을 열었다. 그는 토스카나 군대의 보호를 받으며 로마에 나타나서 바로 얼마 전에 레오 5세를 폐위시키고 즉위한 크리스토퍼를 밀어내고 자신이 교황직을 차지한 뒤 온갖 더러운 행실로 그 자리를 더럽혔다. 하지만 공로가 전혀 없지는 않았으니, 896년에 지진으로 무너지고 귀중한 보물들을 약탈당한 라테란 교회를 복원시킨 것이다.

그 뒤 다른 두 교황이 짧게 재위한 뒤에 라벤나 대주교 요한 10세가 교회법에 따르자면 도저히 교황이 될 수 없는데도 불구하고 오로지 욕심을 더 쉽게 채우기를 바란 테오도라의 의지에 따라 교황에 선출되었다(914-928). 군사적 재능과 용기가 있었던 그는 스스로 군대의 수장이 되어 사라센족을 격퇴했다(이로써 교황들 가운데 최초의 군인 교황이 되었다). 전투에서 승리한 뒤 장군의 어조로 승리를 선언했다. 그런 뒤에 마로지아와 그녀의 연인 혹은 남편인 후작 알베릭 1세(Alberic I)와 치열한 권력 투쟁을 벌였다. 로마에 대한 세속 권력을 한 치도 양보할 생각이 없었던 마로지아는 산타 안젤로 성을 점령하고는 요한을 옥에 가두고 질식시켜 죽였으며, 측근들인 레오 6세와 스테파누스 7세(8세), 그리고 스물한 살인 자기 아들[서자] 요한 11세를 차례로 교황좌에 앉혔다(928-936).

알베릭 1세가 살해된 뒤(926년경)에 원로원 의원 부인과 귀족을 자임한 마로지아는 무수한 애인들에게 최대한 등을 돌린 뒤 그들에게 내밀었던 호의와 사랑을 토스카나의 대공 귀도(Guido)에게 주었고, 그는 그 상을 기꺼이 받아들였다. 그가 죽자 이번에는 자신의 작고한 남편의 이복형제인 이탈리아의 왕 휴고(Hugo)와 결혼했다(932). 그는 마로지아를 이용하여 황제가 되고 싶어했으나, 마로지아의 아들 알베릭 2세가 사주한 반란 때문에 얼마 못가서 로마에서 쫓겨났다. 알베릭 2세는 휴고의 행위가 건방지다고 하면서 그의 뺨을 때리는 모욕을 가하였다. 그 일이 있은 뒤 마로지아는 무대에서 사라졌는데, 아마도 수녀원에서 숨을 거둔 듯하다.

그녀의 아들 알베릭 2세는 로마 주민들의 추대로 집정관의 지위에 오른 뒤 산타 안젤로 성에서 22년 동안 공화정의 구색을 갖추었으나 실은 노회한 전제군주로서 로마와 교황청을 지배했다(932-954). 자신의 형제 요한 11세가 죽자(936), 그는 무능한 사람 넷을 차례로 교황 자리에 앉히고는 그저 종교적 의무만 수행하도록 제한했다.

요한 12세

954년에 알베릭이 죽자 그의 아들이자 마로지아의 손자인 옥타비아누스(Octavian)가 로마의 세속 정부를 물려받았으며, 불과 열여덟의 나이에 교황으로 선출되었다. 이로써 이중의 수위권을 통합했다. 옥타비아누스라는 이름으로 세속 군주의 지위를 유지하면서도 동시에 요한 12세라는 이름으로 교황의 지위도 차지했는데, 이는 성직자들과 민중의 강권에 따른 결과였을 가능성도 있고, 혹은 그가 두 지위를 계속 구별하여 둠으로써 좀 더 폭넓은 재량권을 확보하고 싶었기 때문이었을 수도 있다. 이것이 그런 식으로 이름을 바꾼 최초의 사례이며, 그 뒤의 교황들이 모방했다. 그는 교황으로서 맡은 영적 직무를 세속적 직무에 완전히 매몰시켰고, 군인 복장으로 공식 석상에 나타났으며, 교황직에 따른 권리 주장을 하나도 포기하지 않으면서도 그것을 제대로 이행하지 않았다.

요한 12세는 8년간 교황직을 더럽혔다(955-963). 교황청 역사에서 베네딕투스 9세, 요한 23세, 알렉산더 6세와 어깨를 나란히 하는 지극히 패륜적이고 악한 교황으로 손꼽힌다. 로마에서 열린 교회회의에서 그는 부패한 인간 본성에서 나올 수 있는 온갖 죄악에 대해 고소를 당했으며, 죄악의 괴물로 단죄되어 교황직을 상실했다.[38]

---

38) 로마의 교회회의가 그를 고소한 죄목들은, 그가 노상 칼과 창과 투구와 갑옷으로 무장한 채 집무실에 나왔고, 아침기도와 저녁기도를 빼먹었고, 십자가 성호를 직접 그은 적이 없었고, 사냥을 탐닉했고, 열살짜리 소년을 주교로 임명하고, 주교나 부제를 마구간에서 임명했고, 어느 사제의 사지를 절단했고, 네로처럼 가옥들에 불을 질렀고, 살인과 간음을 저행했고, 신분의 귀천을 막론하고 처녀들과 과부들을 범했고, 아버지의 첩들과 동거했고, 교황 궁을 매음굴로 바꾸어 놓았고, 마귀를 위해서 건배했고, 도박을 하며 유피테르와 베누스 등 이교 귀신들에게 기원했다는 것이었다. 황제 오토는 이런 죄목들이 사실로 입증되기까지는 믿지 않겠다고 말했으나, 주교들은 그것이 증명을 요하지 않을 만큼 공공연히 자행된 범죄들이라고 답변했다. 교회회의가 열리기 전에 요한 12세는 성 베드로 교회의 보고(寶庫)에서 몸에 지니고 갈 수 있는 것들을 가지고 로마를 빠져나갔다. 그러나 황제가 떠나자 다시 도시로 들어와 잠시 권좌에 복귀했으나, 간음을 저지르다가 분노한 정부의 남편에게 혹은 마귀에게 현장에서 살해되었다. Liutprand, *De rebus gestis Ottonis* (in Migne, Tom. XXXVI. 898-910).

64. 오토 대제의 개입

교황청은 이러한 파렴치한 상태에서 오토 1세의 개입으로 잠시나마 구출되었다. 그는 과연 대제라고 불릴 만한 인물이었다(936-973 재위). 그는 데인족과 슬라브족, 헝가리족을 굴복시켰고, 접경 지대의 야만족들을 개종시켰으며, 질서를 확립하고 카롤링거 제국을 회복했다. 교황과 이탈리아의 여러 제후들로부터 왕 베렝가르 2세(혹은 소 베렝가르. 그는 950년에 즉위했고, 966년에 유배지에서 죽었다)의 압제로부터 보호해달라는 부탁을 받았다. 알프스를 넘은 그는 962년에 교황 요한 12세에 의해 로마 황제로 임명을 받았다. 그 대가로 피핀과 샤를마뉴에게 기증받았다가 빼앗긴 로마 교구의 모든 영토를 되찾아주기로 약속했으며, 그 보답으로 성 베드로의 무덤 앞에서 교황과 로마 주민들에게 충성 서약을 받았다.

이후로 로마의 황제 면류관은 항상 독일인들이 차지했으나, 황제와 아우구스투스라는 칭호는 교황이 집례하는 대관식에 의해서만 법적으로 취할 수 있었다.

오토가 알프스를 넘어간 뒤에 원래 신의가 없던 교황은 자기 위에 주군을 모실 생각이 없었던 까닭에 그를 배반하고서 그의 원수들과 손을 잡았다. 이 사실을 확인한 황제는 로마로 돌아와서 이탈리아와 독일의 주교들을 대상으로 교회회의를 소집한 뒤, 요한 12세가 출석하지 않은 상태에서 지독히 악한 범죄 혐의로 — 하지만 정식 재판 절차를 거치지 않은 채 — 그를 폐위하도록 했다(963).

황제와 교회회의는 덕망이 높은 평신도인 로마 교구의 수석 사무관을 후임 교황으로 선출했다. 교회법의 요건을 갖추기 위해서 독서자·차부제·부제·사제·주교로 신속히 임명한 뒤 레오 8세라는 이름으로 축성했는데, 하지만 성직위계제도를 엄격히 고수하던 집단은 그가 교황청의 자유를 황제에게 헌납했다는 이유로 그 축성을 인정하지 않았다. 로마 주민들은 다시는 황제의 동의를 받지 않은 채 교황을 선출하지 않겠다고 맹세했다. 레오는 공식 문서로써 이 맹세를 확약했다.

이에 반황제파는 요한 12세를 다시 교황으로 추대했고, 요한은 자신의 정적들에게 가혹한 보복을 가했으나, 횡사를 당함으로써 졸지에 죄값을 치르게 되었다. 그 뒤 반황제파는 베네딕투스 5세라는 이름으로 대립교황을 세웠으나, 그는 황제가 다시 로마를 방문했을 때 자신이 교황직을 찬탈한 것에 대해서 사죄를 구한 뒤 교황복을 벗기우고 부제로 강등된 채 독일로 추방되었다. 레오 8세는 965년 4월에 16개월이라는 짧은 재위 기간을 끝으로 숨을 거두었다.

그 뒤 로마 성직자단과 민중은 먼저 황제의 뜻을 구한 뒤 만장일치로 나르니의 주교를 요한 13세(965-972 재위)로 선출했다. 요한은 오토 2세에게 로마인들의 황제(973-983)로 대관식을 치러주었다. 훗날 로마 주민들이 그를 추방한 사건이 발생했는데, 이에 오토는 그를 복권시키고 자신에게 반기를 든 로마 시를 참혹하게 응징했다.

이로써 교황청은 도덕적으로는 구출되었으나, 그 대가로 독립을 상실했다. 혹은 그보다는 국내의 예속을 면한 대가로 외국에게 예속을 당했다고 해야 옳을 것이다. 오토는 이탈리아 정세가 혼란하던 동안 교황청이 빼앗긴 영토를 되찾아주었으나, 교황과 로마 주민들을 독일인들과 롬바르드인들과 똑같이 자신에게 세속적 충성을 바칠 의무가 있는 피지배자들로 간주했다.

혹시 독일과 이탈리아가 서로의 문제에 대해서 간섭하지 않았더라면 훨씬 더 좋은 결과를 낳았을 것이다. 이탈리아인들, 특히 로마인들은 독일 군대를 두려워했으나 독일인들에 대해서는 북부의 반야만족으로 혐오했으며, 기회가 생기자마자 곧 그들의 멍에를 벗어버렸다.[39] 독일인들은 이탈리아인들이 거짓말을 밥먹듯하고 항상 계략을 꾸민다고 의심했고, 그들로 인해 항상 열병과 독의 위험에 처해 있었으며, 경제적 이익이나 심지어 군사적 영광도 없이 막대한 병력과 예산을 낭비했다.[40] 두 민족은 항상 서로를 질시했으며, 최근에야 비로소 상호 독립과 불간섭을 기반으로 우호적인 관계로 바뀌었다.

교황청 부패에 대한 저항

교황들의 충격적인 부도덕상이 강력한 저항을 불러일으켰다. 물론 그렇다고

---

39) 이러한 반감은 롬바르디아와 베네치아에서 오스트리아인들을 추방하고 이탈리아 통일 왕국을 결성한 데서 최후로 표현되었다.

40) 하인리히 2세의 역사가 메르세부르크의 디트마르(Ditmar)는 당시의 정서를 이렇게 전한다(*Chro.* IV. 22). "그 기후도 사람도 우리 나라 사람들에게는 맞지 않는다. 로마와 롬바르디아에서는 반역이 밥먹듯이 발생한다. 이탈리아를 방문하는 객들은 환대받을 것을 애당초 기대하지 않는다. 무엇을 요구하려면 당장 돈을 내야 하고, 심지어 뇌물을 바쳐야 하거나 사기를 당하기 일쑤이며, 독살당하는 예도 적지 않다."

해서 교황제 자체에 대한 신의가 흔들린 것은 아니지만 말이다. 프랑스에서 열린 교회회의는 랭스의 대주교 아르눌프를 왕 위고 카페의 반역자로서 면직시켰는데, 그 과정에서 교황의 답변을 기다리지도 않았고, 위 이시도루스 교령집의 규정도 존중하지 않았다(991). 그 교회회의를 주도한 오를레앙의 주교 아르눌프는 교황청의 타락에 대해서 다음과 같이 담대한 선언을 했다. "교황제의 현실을 지켜보면서 우리는 무엇을 바라봅니까? 요한[12세]은 얼마 전에 자기 손으로 황제관을 씌워주었던 군주에 대해 반란을 공모하기 위해서, 당시 색욕의 시궁창에서 뒹굴고 있던 옥타비아누스를 불러들였습니다. 이 옥타비아누스라는 자가 신참 성직자 레오[8세]를 성에서 쫓아냈습니다. 그리고 그 괴수 자신도 무수한 인명을 살해하고 온갖 만행을 저지르다가 자객의 손에 죽었습니다. 그 다음에 등장한 자가 베네딕투스입니다. 그는 비록 로마인들의 자유로운 투표에 의해 선출되긴 했으나 첫째 카이사르[오토 1세]와 그 수하의 교황 레오에 의해서 독일의 황무지로 쫓겨났습니다. 그 뒤 첫째 카이사르[?]보다 예술과 군사 분야에서 역량이 탁월한 둘째 카이사르가 즉위했지요. 그가 자리를 비운 사이 죄악의 괴수 보니파키우스가 전임자의 피를 잔뜩 묻힌 채 베드로의 권좌에 올랐습니다. 그렇게 즉위했으니 축출과 단죄를 당한 것은 당연한 결과였습니다. 하지만 그가 다시 권력을 되찾아 경건한 주교 요한[14세]의 피로 자신의 손을 붉게 물들였습니다. 만유를 다스리시는 주님의 사제들이 이렇게 극악무도한 죄인들한테서, 파렴치하고 무식한 자들, 인간과 하나님에게 속한 일에 이렇게 청맹과니 같은 자들한테서 법을 하달받아야 바른 도리라고 주장할 만큼 대담한 사람이 과연 있겠습니까? 거룩한 신부들이여, 우리가 지극히 평범한 사람이 성직에 몸을 바치기 위해 찾아왔을 때 그가 살아온 과거와 도덕성을 이리저리 치밀하게 재어보는 것이 사실일진대, 하물며 모든 사제들의 주가 되고자 하는 사람에 대해서는 얼마나 더 치밀하게 살펴봐야 하겠습니까! 그럴지라도 이런 덕목들을 하나도 갖추지 못한 자가, 성직 가운데 말단의 자리에조차 앉을 자격이 없을 만큼 천박한 자가 모든 성직의 머리로 선출되는 일이 발생한다면 그게 대체 말이나 되는 일입니까? 그런 자가 자줏빛과 금빛으로 번쩍이는 권좌에 앉아 있는 모습을 볼 때 여러분은 대체 뭐라고 하시겠습니까? 그는 '하나님의 전에 앉아 자칭 하나님이라고 하는 적그리스도'임이 틀림없지 않습니까? 그런 자는 필시 지혜와 사랑이 모두 없게 마련입니다. 그는 성전에서 마치 우상처럼 형상으로 서 있으며, 그에게 조언을 구하는 것은 마치 생명 없는 대리석에게 조언을 구하는 것과 다름 없습니다.

"그러나 하나님의 교회는 악한 교황에게 속해 있지 않습니다. 물론 교회는 어떤 경우에든 선한 교황에게라도 속해 있는 법은 없습니다. 어려운 일을 당할 때는 곳곳이 다 썩어 있고, 판결과 공의가 돈과 거래되는 그 도시에 의뢰하지 말고, 차라리 벨기에와 독일에 있는 우리 형제들에게 의뢰합시다. 차라리 아프리카의 위대한 교회를 닮읍시다. 그 교회는 로마 교황이 자임하는 권리들에 대해서, 주님께서 특정인에게 당신의 절대 사법권을 부여하셨다는 주장을 가당치 않게 여겼을 뿐 아니라, 세계 도처에서 공의회로 모인 사제들의 큰 무리가 그런 권한을 부여받았다는 주장에 대해서도 일축했습니다. 흔히 들리는 소문대로 로마에는 글을 읽고 쓸 줄 아는 사람이 희소하다는 말이 사실이라면 — 읽고 쓸 줄을 모른다면 하나님의 집의 문지기가 될 수 없을 것입니다 — 일자무식장이가 과연 무슨 면목으로 남들의 스승으로 설 수 있단 말입니까? 평범한 사제라도 무식은 대단히 큰 악입니다. 그러나 로마의 높은 사제에게, 모든 사제들, 아니 보편 교회의 신앙과 삶과 도덕과 기강을 판단하는 자리에 앉았다고 자임하는 자에게 무식은 결코 용납될 수 없습니다 …… 그런 자가 비록 직급은 낮을지라도 인품과 지혜에서 그보다 훨씬 월등한 이들에게 판단을 받지 말아야 한다는 법이 어디 있습니까? 심지어 사도들의 수장이라고 하는 그분조차 자기보다 낮은 지위에 있던 바울의 책망을 거부하지 않았으며, 교황 대 그레고리우스[1세]는 말하기를, '만약 주교가 잘못을 범하면 어김없이 거룩한 교구에 종속되지만, 만약 잘못이 없다면 어느 지역의 주교든 자신이 로마 교황과 동등이며, 어떤 문제에 대해서라도 판단을 내릴 자격이 있음을 알아야 한다' 고 했습니다."[41]

이 공의회의 서기는 게르베르투스(Gerbert)였는데, 아마 그가 이 훌륭한 연설문을 작성한 듯하다. 그는 랭스의 대주교를 지낸 뒤 라벤나의 대주교가 되었고, 마침내 실베스터 2세라는 이름으로 교황이 되었다. 그러나 교황 요한 15세(혹은 그의 주군 크레스켄티우스)는 이 공의회의 결정을 무효로 선언하고 게르베르투스에게 성무 중지 처분을 내렸다. 그의 계승자 그레고리우스 5세는 아르눌프를

---

41) 이 교회회의의 법령은 처음에 마그데부르크 세기사에 수록되어 출판되었다가, 후에 Mansi(*Conc.* XIX. 107)와 Perz(*Mon.* V. 658)에 의해서 출판되었다. 바로니우스는 그 법령이 위조라고 선언했으며, 곳곳에 분개한 어조로 글을 써넣었다.

복권시키지 않으면 프랑스 전역에 성무 중지령을 내리겠다고 협박했다. 게르베르투스는 교황에게 호의를 입어야 했던 왕 로베르 1세에게 버림을 받은 뒤 불편하기 짝이 없는 자신의 직위를 벗어버린 채 오토 3세의 초대를 흔쾌히 받아들이고는 그에게 가서 그의 교사가 되었다(995). 그리고 아르눌프가 다시 랭스의 대주교 자리에 앉았다.

65. 교황청의 2차 타락.
오토 1세부터 하인리히 3세까지(973-1046)

교황청의 개혁은 일과성의 일로 그쳤다. 그 뒤에는 2차 타락기가 왔고 그런 상태가 11세기 중반까지 지속되었으나, 그 사이에 몇몇 훌륭한 교황들과 장차 임할 종교개혁의 징후들이 간간이 나타나기도 했다.

오토가 죽은 뒤 짧고 불행했던 그의 아들 오토 2세(973-983)의 재위 기간 동안에 크레스켄티우스(Crescentius) 혹은 켄키우스(Cencius, 교황 요한 10세와 테오도라의 아들로 추정되는 인물)를 앞세운 로마 귀족 일파가 권력을 장악했다.[42] 크레스켄티우스는 황제파 교황 베네딕투스 6세에게 반기를 들고 그를 살해한 뒤(974) 이탈리아계 대립 교황인 보니파키우스 7세를 선출했다. 하지만 불가피한 상황으로 콘스탄티노플로 도피할 수밖에 없었던 보니파키우스는 몇 년 후에 돌아와 또 다른 황제파 교황 요한 14세를 살해하고서(983) 직접 교황좌에 앉았다. 훔친 돈으로 자기 세력을 구축해 가면서 죽을 날까지 피로 얼룩진 교황좌를 유지했는데, 아마도 폭력에 의해서 최후를 맞이한 듯하다(985).

오토 3세가 아직 어릴 동안에 투스쿨룸의 백작 알베릭이 이끄는 황제파와 소크레스켄티우스(악명높은 테오도라의 손자로 추정됨)가 대중의 인기를 등에 업고 주도한 로마파가 요새화된 지역들을 거점으로 삼아 로마와 교황청을 지배하기 위해서 투쟁했다. 피 흘리는 일이 일상적인 유희였다. 두 파벌은 요새에서 나

---

42) 그는 Crescentius de Theodora라 불리며, 984년경에 수도원에서 숨을 거둔 듯하다. 더러는 그가 교황 요한 10세와 대 테오도라(the elder Theodora)의 아들로 여기고, 다른 이들은 소 테오도라의 아들로 간주한다.

와 혹시 길에서 마주치면 어김없이 전투를 벌였다. 저마다 교황들을 세웠고, 광기 섞인 분노에 싸여 그들을 살해하고 시체를 절단했다. 이렇게 치열하게 투쟁하던 두 파벌은 서로 혈연으로 뒤얽혀 있었다. 마로지아의 아들 알베릭은 투스쿨룸을 상속했던 것을 추정된다(참고로 투스쿨룸은 로마에서 불과 23km의 거리에 있다). 투스쿨룸의 알베릭이 죽은 뒤 크레스켄티아는 집정관 직함으로 정부를 장악했고, 외국 야만족들의 지긋지긋한 통치에 대립하여 자유가 보장되는 공화정의 꿈으로 잠시나마 로마 주민들에게 기쁨을 안겨주었다. 그는 교황 요한 15세를 마음대로 주물렀다.

그레고리우스 5세

오토 3세는 로마에 가서 자신의 유능한 전속사제이자 사촌인 브루노(Bruno)를 교황으로 선출했다. 브루노는 그레고리우스 5세라는 이름으로 축성을 받은 뒤 오토 3세에게 황제 대관식을 치러주었다. 그가 독일인 혈통을 지닌 최초의 교황이었다.[43] 크레스켄티우스는 황제에게 매우 관대한 대우를 받았으나, 독일 군대가 철수하자 반란을 일으켜 독일계 교황을 쫓아내고 칼라브리아(이탈리아 남부 지방) 출신 그리스인인 필라가투스(Philagathus)를 요한 16세라는 이름으로 성 베드로 권좌에 앉혔다. 그레고리우스 5세는 파비아에서 대규모 교회회의를 소집했고, 이 회의는 만장일치로 크레스켄티우스와 그의 교황에 대해 아나테마를 선언했다. 상황이 이쯤 되자 황제가 서둘러 군대를 이끌고 로마로 와서 산타 안젤로 성(하드리아누스의 대영묘)을 함락하고 크레스켄티우스를 반역죄로 참수했으며, 요한 16세는 그레고리우스 5세의 영에 의해 당시의 야만적 관행에 따라 처참하게 사지를 절단당한 상태에서 노새에 묶여 얼굴이 꼬리 부분을 향하게 하고 머리에는 포도주 부대를 동여맨 채 거리를 끌려다녔다.

실베스터 2세

그레고리우스 5세가 갑작스럽게 아마도 폭력에 의해서 죽음을 당한 뒤(999),

____

43) 하지만 바로니우스는 스테파누스 8세(939-942 재위)가 독일인이었고, 이 이유로 인하여 로마인들에게 반대를 당했다고 말한다. 브루노는 교황에 선출될 당시 스물네살밖에 되지 않았다.

황제가 성직자들과 로마 주민들의 동의를 받아 자신의 친구이자 교사로서 랭스와 라벤나의 대주교를 차례로 역임한 게르베르투스를 교황으로 선출했다. 게르베르투스는 최초의 프랑스 출신 교황으로서, 뛰어난 학문과 재능, 도덕성을 겸비한 인물이었다. 그는 교황이 되고 나서는 랭스 공의회에서 피력했던 자유로운 견해를 포기했는데, 전설에 따르면 교황관을 얻기 위해서 마귀에게 영혼을 팔았다고 한다. 그가 실베스터 2세라는 의미심장한 이름을 취한 의도는, 젊은 황제(그의 어머니는 그리스의 공주였다)를 도와 고도 로마를 수도로 하는 그리스-라틴 제국을 수립하고, 로마를 중심으로 콘스탄티누스 대제가 실베스터 1세의 재위 기간에 그랬던 것처럼 기독교 세계를 다스린다는 유토피아적 꿈을 실현시키려는 데 있었다. 그러나 오토는 스물둘의 나이에 이탈리아 열병에 걸려 죽었거나 독살되었다(1002).[44]

실베스터 2세는 일년 뒤에 자신의 제자인 황제의 뒤를 따랐다(1003). 그의 학식은 스페인의 아랍인들한테서 얻는 부분도 있었는데, 그것이 무지에 덮여 있던 그의 시대에는 경이롭게 보였으며, 마술과 연관이 있는 것처럼 비쳐졌다. 그는 헝가리의 성 스테파누스에게 왕관을 보냈고, 예루살렘이 지원 요청을 애타게 기다리는 것으로 이해한 유럽 사회에 목회 서신을 발행하여 최초로 십자군 원정을 독려했다(1000). 실제로 원정이 감행되기 90년 전의 일이었다.

임박한 심판을 예상한 순례자들이 구주의 재림을 맞이하기 위해서 무수히 팔레스타인으로 몰려갔다. 그러나 첫 번째 천년이 아무 일 없이 지나갔고, 기독교 세계는 1001년의 정월 초하룻날 안도의 한숨을 내쉬었다.

베네딕투스 8세, 그리고 황제 하인리히 2세

대체로 색슨계 황제들은 교황제에 지대하게 이바지했다. 이들은 교황청을 국

---

44) 여러 이탈리아의 저자들에 따르면, 그는 사랑하는 정부로 가장한 스테파니아에게 남편 크레스켄티우스를 살해한 데 대한 보복으로 살해되었다고 한다. Muratori와 Milman은 이 이야기를 받아들이지만, 이 이야기는 Ditmar(*Chron.* IV. 30)에 의해서 언급되지 않으며, Leo, Gfrörer, Greenwood에 의해 불신된다. 오토는 스테파니아의 아들에게 아버지의 모든 재산을 돌려주었고, 그를 로마의 장관으로 임명했다. 그 뒤에도 뉘우치지 않은 스테파니아는 교황 실베스터 2세를 교묘한 방법으로 독살했다고 전해진다.

내 파벌들의 전횡에서 해방시키고, 원래의 재산을 되찾아 주고, 기괴한 죄인들 대신에 자격을 갖춘 인물들을 교황으로 세웠다.

하지만 다음 대에 가서는 다시 한 번 혼란이 발생했다. 반황제파가 다시 권력을 잡았고, 참수당한 바 있는 집정관의 아들 요한 크레스켄티우스가 원로원 의원(Senator)과 귀족(Patricius)이란 칭호로 다스렸다. 그러나 투스쿨룸의 백작들이 매우 팽팽하게 세력 균형을 유지하다가 점차 크레스켄티우스 가문을 압도하기 시작했다. 그들은 자기들의 가문 사람인 베네딕투스 8세(1012-1024)를 교황으로 선출했다. 이에 대해서 크레스켄티우스와 그의 파벌은 대립 교황[그레고리우스]을 임명했다.

베네딕투스는 사라센족의 공세에 맞서서 이탈리아를 방어하는 데 매우 열정을 쏟아부은 교황이었다. 그는 오토 계열의 교황들과 힐데브란트 계열의 교황들을 잇는 연결고리에 해당한다. 그는 하인리히 2세에게 황제관을 씌워주되, 그의 위상을 교황의 주군이 아닌 단지 충직한 후원자와 보호자로 규정했다.

색슨 계열의 마지막 황제였던 그는 매우 독실하고 금욕적이었으며, 주교구들에 재정 지원을 아끼지 않았다. 성직자 독신주의를 지지했다. 교회의 도덕적 개혁을 진지하게 추구했다. 제국 의회에서 그리스도를 자신의 상속인으로 삼는다고 선언했으며, 전 재산을 하나님과 그분의 교회에 바치기를 소원했다. 공석 중인 주교구들과 대수도원들을 학식과 덕망을 갖춘 사람들로 충원했으며, 따라서 임명권 행사에 저항을 받는 일이 없었다. 22년의 재위 끝에 숨을 거두고 평소 좋아하던, 그래서 주교구를 설립해 둔 바이에른의 밤베르크에 묻혔다(1007). 그와 그의 정숙한 아내 쿠니군드(Kunigunde)는 감사해 마지 않는 교회에 의해서 시성되었다(1146).

투스쿨룸 출신의 교황들. 베네딕투스 9세

베네딕투스 8세와 더불어 교황직이 투스쿨룸 가문 안에서 세습이 되었다. 베네딕투스 8세는 교황직을 아예 대놓고 뇌물을 주고 샀다. 그 뒤를 이어 그의 형제 요한 19세가 교황직에 올랐는데, 그는 애당초 평신도로서 자기 형제와 마찬가지로 돈 주고 교황직을 샀으며, 하루 만에 교황이 되기 위한 모든 성직을 거쳤다.

그가 1033년에 죽은 뒤에 그의 조카 테오필락투스(Theophylact)가 불과 열살

내지 열두 살의 소년으로서 베네딕투스 9세라는 이름으로 교황직에 올랐다 (1033-1045 재위). 그가 교황이 된 것은 투스쿨룸 가문과 부패한 성직자들 및 로마 주민들이 돈을 놓고 흥정한 결과일 뿐이었다. 주님께서는 다시 한 번 예루살렘과 유다에서 기둥과 지팡이를 빼내시고, 어린이들을 보내 그들의 방백들이 되게 하시고, 아기들을 보내 그들을 다스리게 하셨다(참조. 사 3:1-4).

이 소년 교황은 악에 조숙한 점에서 요한 12세에 버금가거나 심지어 능가했다. 그는 칼리굴라의 유치함에다 헬리오가발루스의 사악함을 겸비했다. 그리고 나이를 먹어갈수록 더욱 악해졌다. 마치 화적떼 두목처럼 다스리면서, 순교자들의 무덤을 찾는 순례자들을 대상으로 돈을 갈취하고, 로마를 도적의 소굴로 바꿔놓았다. 이런 죄악들이 아무런 처벌도 없이 계속 자행되었다. 누가 과연 교황을 재판할 수 있었겠는가? 그리고 그의 형제 그레고리우스가 로마 시의 귀족(Patrician)이었다. 전하는 바에 따르면, 한때 그는 망상에 사로잡혀 사촌과 결혼하고 여자를 성 베드로의 권좌에 앉힐 생각을 했다고 한다. 그러나 신부를 삼고자 한 여성의 아버지가 만약 그가 교황직을 버리지 않으면 결혼을 승낙하지 않겠다고 거부함으로써 결혼은 무산되었다. 데시데리우스(Desiderius, 훗날 그 자신이 교황 빅토르 3세가 된다)는 이 베네딕투스의 혐오스러운 생애를 기술하면서 치를 떨었다. 그에 따르면 베네딕투스는 시몬 베드로보다 시몬 마구스의 발자취를 따랐으며, 강탈과 살인과 온갖 중죄를 끝없이 자행하다가, 마침내 로마 주민들조차 그의 죄악에 염증을 느끼고는 그를 도시에서 쫓아냈다고 한다. 실베스터 3세가 대립교황으로 선출되었으나(1044년 1월), 베네딕투스가 곧 온갖 악한 수단을 동원하여 교황직을 되찾은 뒤(1044년 4월 10일) 같은 집안 사람인 대사제(archpresbyter) 요한 그라티아누스(John Gratian)에게 은 일천 내지 이천 파운드를 받고 교황직을 팔아넘겼다(1045년 5월). 하지만 재산을 다 탕진하고서 교황직을 팔아넘긴 일을 후회하고는 다시 자신이 교황임을 주장했다가(1047년 11월), 마침내 로마에서 영구히 추방되었다(1048년 7월).

그레고리우스 6세

요한 그라티아누스는 그레고리우스 6세라는 이름을 취했다. 정숙하고 단정한 생활로 생시부터 성인으로 존경을 받았는데, 로마에서는 그런 생활 태도가 아주 희귀했기 때문에 천사의 인품이라 불렸다. 그는 비록 돈을 주고 교황직을 샀으나 내심 교황청을 개혁하기 위해서 그리했으며, 훗날 위대한 개혁자가 될 수사 힐데브란트(Hildebrand)를 자신의 전속 사제로 삼았다. 목적이 옳으면 수단도 옳다는 원리에 입각하여 행동했다.

이로써 한동안 세 명이 서로 교황으로 자처했던 셈이다. 베네딕투스 9세는 (최후에 추방되기 전에) 라테란 궁을 차지했고, 그레고리우스 6세(마리아 마조레)와 실베스터 3세는 성 베드로 교회와 바티칸 궁을 차지했다.[45]

이들의 반목과 대립은 이탈리아의 전반적 정세를 반영한 것이었다. 로마의 거리에는 살인청부업자들로 득실거렸고, 온 나라에 강도가 들끓었고, 순례자들이 공공연히 공격을 당했으며, 심지어 교회당들과 사도들의 무덤들조차 피로 더럽혀졌다.

상황이 이쯤 되자 독일 황제가 질서를 회복하기 위해서 다시 개입하지 않을 수 없었다.

66. 하인리히 3세와 수트리 교회회의. 세 경쟁 교황의 폐위(1046)

프랑코니아 가문 출신의 황제 하인리히 3세는 개혁을 갈망하던 인사들에게 하소연을 받고는 교회가 과연 비참한 상태로 전락해 있음을 절감했다. 그는 불과 스물두살밖에 되지 않았으나 지성이 무르익어 있었고, 활력과 열정이 충만했으며, 제국의 주도로 교회를 개혁할 목표를 세웠다. 이는 훗날 힐데브란트가 교황청의 주도로 교회 개혁을 위해 힘쓰게 될 일과 맥을 같이한다.

하인리히는 대관식을 받으러 로마로 가는 길에 로마에서 북쪽으로 40km가량 떨어진 소읍인 수트리에서 교회회의를 소집했고, 며칠 뒤에는 그 공의회의 논의를 마감하기 위해서 로마에서 또 한 번 교회회의를 소집했다.[46] 처음에는 그레고

---

45) Migne, Tom. 141, p. 1343.

46) 자료들은 그 일이 두 교회회의 가운데 어느 회의에서 이루어졌는지에 관해서 내용이 엇갈린다. 어떤 자료들은 수트리에서, 다른 자료들은 로마에서 이루어졌다고 하며, 또 다른 자료들은 두 회의로 가른다. Steindorff와 Hefele(IV. 710)는 그레고리우스와 실베스터가 수트리에서 폐위된 반면에, 베네딕투스(그는 수트리에 나타나지 않

리우스 6세가 회의를 주재했다. 회의에서는 세 명의 경쟁 교황들의 주장들을 심의했다. 그 결과 베네딕투스 9세와 실베스터 3세에 대해서 전자는 두 번 사임한 전력을 들어서, 후자는 단순히 권위를 참칭한 자로 각각 폐위를 결정했다. 그레고리우스 6세도 교황직을 매수한 성직매매 죄로 폐위되어야 마땅했으나, 황제의 명을 받아 교회회의를 소집했고, 교황직을 매수한 죄 외에는 자격이 있는 인물이었기 때문에 자진 사임을 허락받았다. 그는 사임의 변으로 이렇게 말했다. "주교요 하나님의 종들의 종인 나 그레고리우스는 불순한 성직매매에 의해서 내 선거에 중대한 오류가 끼어들어 손상시켰기 때문에 거룩한 로마 교회의 교황직을 이와 같이 자진해서 사임합니다." 이렇게 말한 뒤 회의장에 모인 신부들에게 "여러분은 일이 이렇게 되는 것이 좋으십니까?" 하고 묻자, 그들은 한결같이 "당신이 좋으시면 우리도 좋습니다. 그러니 그렇게 하십시오" 하고 대답했다.

가련한 교황은 스스로 사임의 변을 마친 뒤 권좌에서 내려와 교황복을 벗고는 무릎을 꿇은 채 기독교 세계의 가장 높은 권위를 탈취한 데 대해서 사죄를 구했다. 실제로는 교황처럼 행동하면서, 법률상으로는 더 이상 교황이 아님을 선언한 것이다. 그는 먼저 두 경쟁자들을 폐위시킨 다음 자신마저 폐위시키려는 교회회의에 의해서 이용당했다. 이런 방식으로 교회회의는 교황이 어떠한 인간 법정에 대해서도 초월해 있으며 오직 하나님께 대해서만 책임을 진다는 원칙을 보호했다. 그레고리우스 사건을 이런 방향에서 바라보는 관점은 보니토(Bonitho)와 데시데리우스가 보고한 자료에 의존한 것이다. 「코르베이엔세스 연대기」(*Annales Corbeienses*)에 실린 다른 기록들과 그 교회회의에 참석했던 페트루스 다미아니(Peter Damiani)의 보고에 따르면, 그레고리우스는 그 회의에 의해 직접 폐위되었다고 한다.[47] 어쨌든 그 폐위는 실제이자 최종적이었으며, 성직매매의 죄가 그 원인이었다.

그러나 만약 성직매매 행위가 교황 선출을 무효로 만들었다면, 로마가 철저히 부패의 늪에 빠져 있던 10세기에 과연 합법적인 방법으로 교황이 된 사람이 몇이나 될지 의심스럽다. 더욱이 뇌물은 가룟 유다 같은 이런 자들의 극악한 죄들

았다)는 로마에서 폐위되었다고 주장한다. 모두가 새 교황이 로마에서 선출되었다는 데에는 동의한다.

47) 참조. Jaffé, Steindorf, and Hefele(IV. 711 sqq.).

에 비하면 사소하게 보일 뿐이다. 힐데브란트는 그레고리우스 6세의 기억을 존중하는 뜻에서 그의 교황명을 채택함으로써 그를 인정했으며, 그러면서도 성직매매의 죄에 대해서 끊임없이 전쟁을 벌였다 그는 자진 사임한 교황의 전속 사제 자격으로 그를 따라 알프스를 넘어 라인 강 유역으로 갔으며, 그 유배지에서 죽은 그를 안장해 주었다.

하인리히 3세는 새 교황을 선출하는 문제를 놓고 교회회의 장소를 수트리에서 로마의 성 베드로 교회로 옮겼다(1046년 12월 23, 24일). 이 회의는 교황을 선출하도록 되어 있었으나, 로마의 성직자들 가운데서는 '성직매매와 음행' 에 오염되지 않은 깨끗한 인물을 찾을 수가 없었다. 그러자 황제가 교회회의로부터 교황 선거인단의 전권을 뜻하는 녹색 망토를 받아 입고 권좌에서 걸어내려와 장내에 호산나 구호가 울려퍼지는 가운데 청렴한 인물인 밤베르크의 주교 쉬드거(Suidger)를 성 베드로의 공석에 앉혔다.

신임 교황은 클레멘스 2세(Clement II)라는 이름을 취했으며, 샤를마뉴의 경우와 마찬가지로 성탄절에 하인리히에게 대관식을 치러주었다. 그의 이름은 시몬 마구스와 투쟁을 벌인 로마의 클레멘스 1세를 생각나게 한다. 그러나 그는 불과 8달밖에 재위하지 못하고 숨을 거두었으며, 그의 시신은 그가 사랑하던 밤베르크로 운구되어 묻혔다. 그 뒤에 비열한 베네딕투스 9세가 다시 라테란 궁을 차지했다(1048년 7월 16일). 하지만 얼마 뒤에 그로토 페라타에서 죽었는데, 어떤 보고에 따르면 참회하는 성인으로서 최후를 맞이했다고 하고, 다른 보고에 따르면 죽은 뒤에도 유령으로써 살아 있는 자들을 두렵게 한 완고한 죄인으로 죽었다고 한다. 브릭센의 주교가 독일인으로서는 세 번째로 교황에 선출되어 다마수스 2세(Damasus II)라는 이름을 취했는데, 하지만 축성된지 23일만에(1048년 8월 10일) 로마의 열병에 걸려 죽었다. 독살의 의혹도 제기되었다.

황제는 로마인들의 요청을 받고서 1048년 12월에 보름스에서 툴의 주교 브루노(Bruno)를 교황으로 임명했다. 그는 귀족 출신으로서 용모가 수려하고 학식이 깊고 인격에 흠이 없고 매우 경건하여서, 클뤼니에서 퍼져나가던 개혁 정신에 잘 부합한 인물이었다. 그는 로마 대표단 앞에서 임명을 받았으며, 로마 성직자단과 민중의 동의를 받아야 했다.[48] 로마로 가는 길에 수사 힐데브란트를 불러

____

48) 그의 친구이자 전기작가인 Wibert가 그렇게 말한다. 하지만 Bonitho는 힐데브

함께 가자고 청했다. 힐데브란트는 처음에는 브루노가 아직 교회법 절차에 의해 선출되지 않고 세속 권력에 의해 임명되었다는 이유로 동행하기를 거부했으나, 브루노의 설득을 받고서 그를 따라갔다.

브루노가 로마에 도착한 것은 1049년 2월이었다. 자신을 환영하는 찬송에도 아랑곳없이, 그는 순례자의 복장을 한 채 맨발로 울면서 로마에 들어갔다. 그의 선출이 로마 성직자단과 민중에 의해 만장일치로 재가되었으며, 그리하여 2월 12일에 레오 9세로서 엄숙히 축성되었다. 그는 교황청 재정이 바닥난 것을 발견했으며, 자신이 준비해 간 노자마저 곧 다 떨어졌다. 그는 힐데브란트를 자신의 차부제와 재무담당관과 고문으로 기용했다. 힐데브란트는 교황청 개혁의 중추 역할을 하다가 마침내 자신이 1073년에 교황좌에 오르게 된다.

지금 우리가 다다른 시기는 교황제의 역사에서 가장 어두웠던 터널의 막바지 이자 가장 찬란한 시기로 들어가는 문지방에 해당한다. 수트리 교회회의와 레오 9세의 재위는 권징 분야의 개혁의 출발점에 해당한다. 성직 매매(simony)와 성 직자들의 음행(Nicolaitism, 성직자 결혼, 축첩, 순리를 거스르는 악들을 포함)이 클뤼니회 수사들과 성 로무알드(St. Romuald)의 제자들을 포함한 진지한 사람들 의 눈에는 교회의 심각한 악으로 비쳤다. 그러므로 중세의 성직위계제도의 관점 에서 전개된 개혁은 필연적으로 이 두 악을 진압하는 데 초점이 맞춰졌다. 그리 고 부패가 교황좌에서 절정에 달했기 때문에 개혁도 온 교회에 두루 미치기 전 에 먼저 머리에서 단행되어야 했다. 이것이 주로 힐데브란트 즉 그레고리우스 7 세가 단행한 과업으로서, 그에 관해서는 다음 시기의 서두에서 살펴보기로 한 다.

란트가 그에게 권유하기를, 황제가 선출한 교황은 apostolicus(교황)가 아니라 apostaticus(배교자)이므로, 먼저 로마인들의 선출에 순복하라고 권유했다고 보고한 다. 참조. Baxmann, II. 215–217.

제 5 장

동방 교회와 서방 교회의 갈등과 분열

67. 자료와 문헌

The chief sources on the beginning of the controversy between Photius and Nicolas are in MANSI: *Conc.* Tom. XV. and XVI.; in HARDUIN: *Conc.* Tom. V. HERGENRÖTHER: *Monumenta Græca ad Photium ejusque historiam pertinentia.* Regensb. 1869.

1. On the GREEK side:

PHOTIUS: Ἐγκύκλιος ἐπιστολή, etc. and especially his Λόγος περὶ τῆς τοῦ ἁγίου Πνεύματος μυσταγωγίας, etc. See PHOTII *Opera omnia,* ed. Migne. Paris, 1860–'61, 4 vols. (*Patr. Gr.* Tom. CI.–CIV.) The Encycl. Letter is in Tom. II. 722–742; and his treatise on the μυσταγωγία τοῦ ἁγίου Πνεύματος in Tom. II. 279–391.

Later champions:

CÆRULARIUS, NICETAS PECTORATUS, THEOPHYLACT (12th century). EUTHYMIUS ZIGABENUS, PHURNUS, EUSTRATIUS, and many others. In recent times PROKOPOVITCH (1772), ZOERNICAV (1774, 2 vols.).

J. G. PITZIPIOS: *L'Egl. orientale, sa séparation et sa réunion avec celle de Rome.* Rome, 1855. *L'Orient. Les réformes de l'empire byzantin.* Paris, 1858.

A. N. MOURAVIEFF (Russ.): *Question religieuse d'Orient et d'Occident.* Moscow, 1856.

GUETTÈRE: *La papauté schismatique.* Par. 1863.

A. PICHLER: *Gesch. d. kirchlichen Trennung zwischen dem Orient und Occident von den ersten Anfängen bis zur jüngsten Gegenwart.* München, 1865, 2 Bde. The author was a Roman Catholic (Privatdocent der Theol. in München) when he wrote this work, but blamed the West fully as much as the East for the schism, and afterwards joined the Greek church in Russia.

ANDRONICOS DIMITRACOPULOS: Ἱστορία τοῦ σχίσματος. Lips. 1867. Also his Βιβλιοθήκη ἐκκλησ. Lips. 1866.

THEODORUS LASCARIS JUNIOR: *De Processione Spiritus S. Oratio Apologetica.* London and Jena, 1875.

11. On the LATIN (Roman Catholic) side:

RATRAMNUS (*Contra Græcorum Opposita*); ANSELM of Canterbury (*De Processione Spiritus S.* 1098); PETRUS CHRYSOLANUS (1112); THOMAS AQUINAS (d. 1274), etc.

LEO ALLATIUS (Allacci, a Greek of Chios, but converted to the Roman Church and guardian of the Vatican library, d. 1669): *De ecclesiæ occident. atque orient. perpetua consensione.* Cologne, 1648, 4to.; new ed. 1665 and 1694. Also his *Græcia orthodoxa*, 1659, 2 vols., new ed. by Lämmer, Freib. i. B. 1864 sq.; and his special tracts on Purgatory (Rom. 1655), and on the Procession of the Holy Spirit (Rom. 1658).

MAIMBURG: *Hist. du schisme des Grecs.* Paris, 1677, 4to.

STEPH. DE ALTIMURA (Mich. le Quien): *Panoplia contra s·hisma Græcorum.* Par. 1718, 4to.

MICHAEL LE QUIEN (d. 1733): *Oriens Christianus.* Par. 1740, 3 vols. fol.

Abbé JAGER: *Histoire de Photius d'après les monuments originaux* 2nd ed. Par. 1845.

LUIGI TOSTI: *Storia dell' origine dello scisma greco.* Firenze 1856. 2 vols.

H. LÄMMER: *Papst Nikolaus I. und die byzantinische Staatskirche seiner Zeit.* Berlin, 1857.

AD. D'AVRIL: *Documents relatifs aux églises de l'Orient, considerée dans leur rapports avec le saint-siége de Rome.* Paris, 1862.

KARL WERNER: *Geschichte der apol. und polemischen Literatur.* Schaffhausen, 1864, vol. III. 3 ff.

J. HERGENRÖTHER (Prof. of Church History in Würzburg, now Cardinal in Rome): *Photius, Patriarch von Constantinopel. Sein Leben, seine Schriften und das griechische Schisma.* Regensburg, 1867–1869, 3 vols.

C. JOS. VON HEFELE (Bishop of Rottenburg): *Conciliengeschichte.* Freiburg i. B., vols. IV., V., VI., VII. (revised ed. 1879 sqq.)

III. PROTESTANT writers:

J. G. WALCH (Luth.): *Historia controversiæ Græcorum Latinorumque de Processione Sp. S.* Jena, 1751.

GIBBON: *Decline and Fall*, etc., Ch. LX. He views the schism as one of the causes which precipitated the decline and fall of the Roman empire in the East by alienating its most useful allies and strengthening its most dangerous enemies.

JOHN MASON NEALE (Anglican): *A History of the Holy Eastern Church.* Lond. 1850. Introd. vol. II. 1093–1169.

Edmund S. Foulkes (Anglic.) : *An Historical Account of the Addition of the word Filioque to the Creed of the West.* Lond. 1867.

W. Gass: *Symbolik der griechischen Kirche.* Berlin, 1872.

H. B. Swete (Anglic.) : *Early History of the Doctrine of the Holy Spirit,* Cambr. 1873 ; and *History of the Doctrine of the Procession of the Holy Spirit from the Apost. Age to the Death of Charlemagne.* Cambr. 1876.

IV. Old Catholic Writers (irenical) :

Joseph Langen : *Die Trinitarische Lehrdifferenz zwischen der abendländischen und der morgenländischen Kirche.* Bonn, 1876.

The Proceedings of the second Old Catholic Union-Conference in Bonn, 1875, ed. in German by Heinrich Reusch ; English ed. with introduction by Canon Liddon (Lond. 1876) ; Amer. ed. transl. by Dr. Samuel Buel, with introduction by Dr. R. Nevin (N. Y. 1876). The union-theses of Bonn are given in Schaff : *Creeds of Christendom,* vol. II., 545–550.

68. 그리스 교회와 라틴 교회 사이의 일치점과 차이점

오늘날 세상에서 동방 혹은 그리스 교회와 서방 혹은 로마 교회처럼 서로 그렇게 비슷하면서도 서로 반감을 가지고 있는 집단은 찾아보기 어렵다. 양 교회는 동일한 교리 체계, 동일한 교회법, 동일한 예배 형식을 교부 시대로부터 물려받은 유산으로 주장하면서도, 서로에게 품고 있는 반감은 돌이킬 수 없을 정도로 강렬하다. 동질성 자체가 질투와 분열을 조장한다. 양 교회는 똑같이 배타적이다. 동방 교회는 독점적 정통신앙(orthodoxy)을 주장하면서 서방 기독교 세계를 이단으로 간주하는 반면에, 로마 교회는 독점적 보편성(catholicity)을 주장하면서 나머지 모든 교회들을 이단 내지 분파로 간주한다. 전자가 신조를 자랑한다면, 후자는 관할권을 자랑한다. 로마 교회와 개신교 사이의 쟁점들을 놓고 보자면 그리스 교회는 로마 교회에 훨씬 가깝지만, 두 교회가 다시 합칠 가능성은 로마와 제네바 혹은 모스크바와 옥스퍼드가 합칠 가능성보다 훨씬 희박하다. 교황과 차르는 기독교 세계에서 가장 강력한 경쟁적 전제군주들이다. 두 교회가 가장 가깝게 만나는 지점, 즉 우리 구주께서 태어나시고 죽으신 곳인 베들레헴과 예루살렘에서 양 교회는 가장 치열하게 반목하고 있으며, 양 진영에 속한 무지하고 편협한 수사들 사이에 유혈 충돌이 일어나지 않도록 이슬람교 병사들이 지키고 있는 형편이다.

I. 먼저 양 교회의 일치점을 간략히 살펴보자.

양 교회는 니케아 신조를 채택하고 있고(필리오케를 제외하고), 325-787년에 일곱 차례의 에큐메니컬 공의회가 공포한 교리적 결정들과 화상 숭배 관행을 공유하고 있다.

양 교회는 더 나아가 에큐메니컬 공의회들 이후 곧 중세의 교리들 대다수(복음적 종교개혁이 항의했던)에서도 일치하는데, 중요한 몇 가지를 소개하자면 다음과 같다: 교회 전승의 권위를 성경과 동일한 신앙의 준칙으로 인정함; 성모와 성인들과 그들을 묘사한 그림들(조각들이 아닌), 그리고 성유물을 숭배함; 믿음과 선행이 공동의 조건이 되어 의롭다 하심을 받게 함; 선행, 특히 자발적 독신과 청빈의 공로; 일곱 가지 성사(견신례 · 종부성사 혹은 도유식에서 사소한 차이가 있음); 세례에 의한 중생과 구원에서 물세례의 필요성; 화체설과 그에 따른 성례의 성물들에 대한 숭배; 살아 있는 자들과 죽은 자들을 위한 미사 제사와 죽은 자들을 위한 기도; 사제가 신적 권위를 가지고 베푸는 사죄; 성직의 삼중직과 총대주교를 정점으로 하는 성직위계제도의 필요성; 무수한 종교 의식들과 행사들.

연옥 교리에 대해서 그리스 교회는 로마 교회에 비해 명확하게 가르치지 않지만, 그럴지라도 사람이 죽어서 정결케 되는 중간 상태를 주장하고, 죽은 자들을 위한 기도와 미사의 효과를 가르치는 점에서는 로마 교회와 일치한다. 화체설 교리도 그리스 신조에는 로마의 신조만큼 명확하지 않지만, 두 교회 사이의 차이는 경미하다. 성경에 대해서, 그리스 교회는 평신도의 사용을 금한 적이 없으며, 러시아 교회는 심지어 교회가 공인한 자국어 번역 성경을 무료로 유포하는 사업을 지지한다. 그러나 그리스 교회의 전승들은 사적 판단과 해석학적 노력에 대해서는 로마의 전승들 못지않게 강한 장벽으로 남아 있다.

II. 두 교회가 서로 다른 점들은 다음과 같다:

1. 성령의 발출(發出, procession): 동방 교회가 성령께서 오직 성부에게서만 나오신다는 단일 발출을 가르치는 반면에, 서방 교회는 (아우구스티누스 이래로) 성부 그리고 성자에게서(필리오케) 나오신다는 이중 발출을 가르친다.

2. 교황의 보편적 권위와 무류성(無謬性). 로마 교회가 주장하는 이 교리를 그리스 교회는 부정한다. 전자가 교황 중심의 군주제라면, 후자는 총대주교들 중

심의 과두제이다. 그리스 교회의 이론에 따르면 동등한 권위를 지닌 5인의 총대주교가 있다고 한다(로마 교황과 콘스탄티노플 · 알렉산드리아 · 안디옥 · 예루살렘의 총대주교들). 그리스 교회는 이들을 육체의 오감(五感)에 비유하기도 한다. 훗날 러시아 교회는 그 5인에다가 모스크바 총대주교를 덧붙였다(오늘날은 러시아 교회가 '성 교회회의'〈Holy Synod〉에 의해 주관된다). 과거에는 동방 교회가 로마 주교에게 명예상의 수위성(首位性)을 양보했으나, 제국의 수도가 콘스탄티노플로 이전되면서 이 수위성도 콘스탄티노플 총대주교에게 이전되었으며, 따라서 그 도시의 총대주교는 "새 로마의 대주교이자 에큐메니컬 총대주교"라는 서명을 사용했다.

3. 성모의 무원죄 잉태설. 이것은 1854년에 교황이 교의로 천명했으나 동방 교회는 그것을 인정하지 않았다. 하지만 동방 교회도 실제로는 마리아에 대해서 서방 교회 못지않게 숭배한다.

4. 하위 성직자들의 결혼. 이 점을 동방 교회는 인정했으나, 로마 교회는 금지했다(하지만 연합 그리스파〈the United Greeks〉에 대해서는 교황이 그 결혼을 인정한다).

5. 평신도가 성찬의 잔에 참여할 수 없게 한 교리. 그리스 교회에서는 금수저를 사용하여 빵을 포도주에 적셔서 평신도에게 준다.

6. 동방 교회에 독특한 여러 사소한 의식들. 이를테면 세례 때 세 번 물에 담그고, 성찬에 무교병을 사용하고, 유아도 성찬에 참여하게 하고, 병자에게 반복해서 도유식[성유식]을 시행하는 관행들이 그것이다.

이런 차이들에도 불구하고 로마 교회는 항상 그리스 교회를, 비록 분리해 나갔으나 본질상 정통 신앙을 지닌 교회로 인정하지 않을 수 없었다. 그리고 확실히 이 차이들은 일치하는 점들과 비교할 때 사소하다. 그러므로 분열과 적대 관계는 서로간의 소원감과 상황 변화를 가지고 더 충분히 설명할 수 있다.

특주

동방 정교회에 관한 특주

이 장에서는 간결을 기하기 위해서 일상적 용어를 사용했으나, 그리스 교회의 고유 명칭은 거룩한 동방 정통 사도 교회(the Holy Oriental Orthodox Apostolic Church)이다. 동방 교회에서 주로 사용되는 용어들은 정교회(正敎會)와 동방 교회이다. 그리스라는 용어는 터키인들이 그리스 본토인들(the Hellens)을 가리킬 때만 사용한다. 그러나 터키와 러시아에 거주하는 대다수 동방 그리스도인들은 슬라브인들이다. 그리스어는 동방 교회의 고전적 언어로서 중요한 저서들은 대부분 이 언어로 집필되었다. 하지만 실제로 오늘날은 아시아쪽 터키에서는 아랍어로, 러시아와 유럽쪽 터키에서는 슬라브어로 대체되었다.

오늘날 동방 교회 곧 정교회는 세 가지 독특한 구분을 포괄한다:

1. 터키의 정교회. 콘스탄티노플 · 알렉산드리아 · 안디옥 · 예루살렘 총대주교들이 관할함. (유럽쪽 터키와 그리스 諸島, 소아시아, 시리아, 팔레스타인).

2. 러시아 국교회. 과거에는 콘스탄티노플 총대주교의 감독을 받다가 그 뒤 모스크바 총대주교의 감독을 받았고, 1725년 이래로는 차르를 수장으로 삼아 상트 페테르부르크 성 교회회의(Holy Synod)의 감독을 받는다. 이 교회가 동방 교회에서 가장 규모가 크고 중요한 교회이다.

3. 그리스 왕국 교회. 그리스 성 교회회의의 감독을 받음(1833년 이래).

이집트와 시내 반도(성 카트린 수도원의 수사들), 에게 해 제도, 몰타, 세르비아, 오스트리아 등지에도 그리스 교회 그리스도인들이 있다.

동방에 있으면서도 정교회와 구분되는 교회들이 있다. 동방 분리파(Oriental Schismatics), 네스토리우스파(Nestorians), 아르메니아파(Armenians), 야코부스파(Jacobites), 콥트파(Copts), 아비시니아파(Abyssinians)가 그들인데, 그들은 그리스도론 논쟁들로 인해서 정교회에서 이탈했다. 레바논 산의 마론파(Maronites)도 원래는 분파였으나, 십자군 원정 기간 중에 교황에게 속했다.

연합 그리스파(United Greeks)는 교황의 수위성을 인정하지만, 하위 성직자 결혼과 예배시의 자국어 사용 등에 관해서는 동방 교회의 몇 가지 특징들을 그대로 유지한다. 이들은 이탈리아 남부와 오스트리아, 러시아, 폴란드에 거주한다.

불가리아파(Bulgarians)는 자신들도 정통이라고 부르며 1878년의 베를린 조약에 의하여 독자적 공국(公國)을 형성했지만, 그리스 교회와 로마 교회 사이에서 독립된 위치를 차지하고 있다.

69. 분열의 원인들

교회사는 세속사와 마찬가지로 태양을 따라서 동쪽에서 서쪽으로 움직인다. 주후 첫 여섯 세기 동안 동방 교회 곧 그리스 교회가 삶과 행보의 주류를 형성했다. 중세에는 무대에 등장한 새 민족들을 기독교화하고 문명화하는 과업을 주로 라틴 교회가 맡아 수행했다. 그리스 교회는 일반적 의미에서의 중세를 갖지 못했으며, 따라서 종교개혁도 겪지 않았다. 이 교회는 슬라브계 민족들 사이에 기독교를 이식했으나, 슬라브계 민족들은 유럽사의 전개 과정에서 격리되어 있었으며, 교회의 교리나 정치나 의식에 중요한 영향을 끼치지 못했다. 이들의 개종으로 얻은 것은 내부의 발전이 아니라 외적 확장이었다.

그리스와 라틴 교회들은 하나의 정부 아래 유기적으로 통일된 적이 없고, 처음부터 민족과 언어와 다양한 의식에서 서로 크게 달랐다. 하지만 이 차이들이 신앙과 삶의 전체적인 조화를 가로막지 못했으며, 공동의 적들에 대한 협력을 저해하지도 않았다. 기독교의 진정한 정신이 그들을 주관하는 동안에는 다양성이 공동의 대의를 추진하는 데 오히려 힘이 되었다.

동방의 주요 교구들은 사도들이 직접 세웠으며 ― 콘스탄티노플은 예외이다 ― 그런 점에서 로마에 비해서 사도적 계승과 상속에 대해서 훨씬 더 확고히 주장할 근거를 갖고 있다. 그리스 교회는 6-7세기에 이르기까지 신학계를 주도했으며, 라틴 교회는 그 교회에게 감사하는 태도로 배웠다. 모든 에큐메니컬 공의회들이 비잔틴 제국의 토양에서, 즉 콘스탄티노플에서 혹은 그 근처에서 열렸으며, 회의도 그리스어로 진행되었다. 성 삼위일체와 그리스도론에 관한 거대한 교리 논쟁들도 동방에서 치러졌으며, 그럴지라도 좀 더 차분하고 실제적인 서방의 강력한 지원을 받지 않았다고 할 수 없다. 아타나시우스는 알렉산드리아에서 추방된 뒤 로마 주교를 찾아가 보호와 지원을 받았다. 라틴 교부들 가운데 가장 학문이 깊은 인물이자 교황 다마수스의 친구였던 제롬은 동방과 서방을 잇는 연결 고리였으며, 자신의 수고를 베들레헴에서 마쳤다. 교황 레오 1세는 칼케돈 공의회를 주관하고, 그리스도의 한 위격 안에 거하는 두 본성에 관한 정통 신앙 문구를 작성한 위대한 신학자였다. 그럼에도 불구하고 바로 이 교황이 제2차 에큐메니컬 공의회의 법령과 부합하게 자신을 콘스탄티노플의 새 주교와 동등한 지위에 놓은 칼케돈 공의회의 조치에 강력히 항의했다.

그리고 바로 여기서 양 교회가 궁극적으로 분열하고 치유할 수 없는 적대감을 갖게 된 비밀에 다가서게 된다. 그것은 주로 세 가지 원인 때문이었다. 첫째 원인은 비잔틴 제국이 뒷받침하는 콘스탄티노플 총대주교와 신설 독일 제국과 연결된 로마 주교가 정치적·교회적으로 벌인 경쟁이다. 둘째 원인은 라틴 교회가 교황제 안에서 그리고 그 제도를 통해서 점차 권력의 중심에 서게 된 것이다. 셋째 원인은 중세에 그리스 교회가 정체된 반면에 라틴 교회는 발전한 것이다. 그리스 교회는 완벽한 신조를 보유하고 있다는 자부심에서 한 치도 더 나아가지 못했다. 이 시기에도 여전히 막시무스·다마스쿠스의 요한·포티우스·외쿠메니우스·테오필락투스 같은 비중 있는 학자들과 성직자들을 배출했으나, 이들은 대부분 그리스 교부들의 전통적 신학을 요약하고 체계화하는 데 주력한 반면에, 마치 모든 지혜가 옛 에큐메니컬 공의회들로 시작하여 그것들로 마치는 것처럼 새로운 사상을 내놓지 못했다. 그리스 교회는 성 아우구스티누스 시대에 라틴 교회를 뒤흔들어 놓았던 인간론과 구원론에 관한 논쟁들에 관심을 두지 않았고, 죄와 은혜 교리들에 관해서는 처음 몇 세기의 특징인 불분명한 입장을 여전히 견지했다. 반면에 신학과 그리스도론에 관한 난해한 질문들에 관한 무익하기 짝이 없는 형이상학적 논쟁들로 인해서 마음을 많이 빼앗기고 쇠약해졌다. 이 논쟁들이 이슬람교의 급속한 약진을 더욱 용이하게 만들었다. 이슬람교는 성경의 땅들을 정복하고 콘스탄티노플을 거세게 몰아붙이고 있었던 것이다. 그리스 교회가 답보 상태에 머물러 있을 때, 라틴 교회는 자신의 위대한 에너지를 계발하기 시작했다. 유럽 북부와 서부에 새로 정착한 왕성한 민족들을 보살피는 어머니가 되었고, 스콜라 신학과 신비주의 신학 그리고 새로운 문명 질서를 생산했고, 웅장한 대성당들을 건축했고, 신대륙을 발견했고, 인쇄술을 발명했으며, 학문의 부흥에 힘입어 세계사의 새로운 시대가 도래할 수 있는 길을 예비했다. 이로써 라틴의 딸이 그리스의 어머니를 능가하게 되었으며, 개신교의 분리를 계산에 넣지 않는다면 수적으로도 두 배나 강하게 되었다. 동시에 동방 교회는 자신이 기독교화한 슬라브계 민족들 가운데서 여전히 새로운 장래를 내다볼 수 있다. 동방 교회에 필요한 것은 초기 기독교의 정신과 능력의 부흥이다.

양 교회가 서로를 경원하고 비기독교적 방법으로 수위권 경쟁을 벌일 때는 오래 전부터 존재했던 지극히 사소한 교리와 의식상의 차이들이 부당하게 크게 부각되었고, 그런 것들이 이단과 죄악으로 낙인찍혔다. 로마 주교는 콘스탄티노플 총대주교를 사도적 기원이 아닌 정치적 영향력을 등에 업고 권력을 잡은 교회의 벼락부자로 바라본다. 동방의 총대주교들은 교황을 반기독교적 권위 찬탈자와 최초의 프로테스탄트로 간주한다. 이들은 교황의 수위권에 대해서 이렇게 평가한다. "[그것은] 말세에 나타날 큰 이단으로서, 과거에 준동했던 그 선구자 아리우스주의와 마찬가지로 지금 번성하고 있으며, 장차 그 이단과 똑같은 방법으로 내버려져 사라질 것이다."[1]

70. 총대주교와 교황. 포티우스와 니콜라우스

성령의 발출에 관한 교리상의 차이는 신학 논쟁들에 관한 장에서 살펴볼 것이다. 이 차이는 분열 이전부터 존재했으나, 총대주교와 교황, 콘스탄티노플과 로마 사이의 광범위한 정치적·교회적 투쟁과 연계될 때에야 비로소 실제적인 중요성을 띠게 되었다.

이 투쟁이 최초로 심각하게 발생한 것은 9세기 중엽, 그러니까 양 교회를 가장 유력하게 대표했던 포티우스(Photius)와 니콜라우스(Nicholaus)가 서로 충돌하게 된 때였다. 니콜라우스가 유능한 교황이었던 것과 마찬가지로 포티우스도 유능한 총대주교였다. 포티우스가 학문에 능했다면 니콜라우스는 정치에 능했다. 도덕적 성실성과 공적 자부심과 지조 면에서는 두 사람이 매우 비슷했으나, 교황의 야심이 총대주교의 위엄을 상회했다. 포티우스가 자기보다 더 높은 권위를 인정하지 않으려 했다면, 니콜라우스는 자기와 동등한 권위조차 인정하려 하지 않았다. 포티우스는 칼케돈 공의회를, 니콜라우스는 위 이시도루스 교령집을 각각 권위의 토대로 삼았다.

두 사람의 대립은 사적인 데서 시작했다. 콘스탄티노플 총대주교이던 이그나티우스가 카이사르 바르다스(Bardas)의 불륜을 책망했다는 이유로 면직되고 그의 자리에 평신도에 불과하던 포티우스가 선출된 사건(858)은 교회법에 어긋난 무원칙한 행위로서, 동방에 일시적인 분열을 낳았고, 동방과 서방 사이에 분열이 고착되는 길을 닦았다. 중간 입장에서 양 진영으로부터 지지를 부탁받은 니

---

1) *Encycl. Epistle of the Eastern Patriarchs*, 1844, §5.

콜라우스는 (먼저 지지를 호소한 사람은 포티우스였다) 위 이시도루스 교령집을 토대로 거만하게 대법관 행세를 했으나, 초기에 자신의 특사들에게 기만을 당했다. 이 논쟁은 불가리아 문제로 빚어진 불화 때문에 복잡한 양상을 띠게 되었다. 불가리아 왕 보고리스(Bogoris)가 콘스탄티노플에서 파견한 선교사들에 의해서 기독교로 개종했으나(861), 곧 로마에 교사들을 보내달라고 요청했고, 교황은 자신의 관할권을 확장하기 위해서 이 기회를 기꺼이 이용했다(866).

로마의 교회회의(863)에서 니콜라우스는 무고한 이그나티우스의 손을 들어주고, 포티우스에 대해서는 면직을 선언한 뒤 불순종하면 파문에 처하겠다고 위협했다.[2] 교황의 이런 행동과 불가리아의 처신에 격노한 포티우스는 대립 교회회의를 열어 성 베드로의 계승자에 대해 면직을 공고했다(867). 그는 동방의 총대주교들을 초청하는 내용의 유명한 「부활절 회칙」(*Encyclical Letter*)에서 서방 교회 전체에 대해서 이단과 분열의 죄로 단죄했다. 그가 제시한 근거들을 살펴보면, 서방 교회가 토요일에 금식을 시행하는 것과, 사순절을 한 주간으로 단축시킨 것, 사순절 기간에 유제품(우유 · 치즈 · 버터)을 먹는 것, 성직자 독신을 강요하는 것, 결혼하여 건실하게 살고 있는 사제들을 경멸하는 것, 그리고 무엇보다도 필리오케를 삽입하여 니케아 신조를 변질시키고 그로써 삼위일체 안에 두 가지 원칙을 끌어들인 것이었다.[3]

이 회람 서신은 오늘날까지 분열의 원인과 추동력이 되어온 모든 교리적 · 의식적 차이들을 명쾌하게 지적한다. 차후의 역사는 동일한 비난과 단죄의 답습이었으나, 다만 그리스 교회가 처한 불행한 현실과 로마 교회의 교만과 불관용으로 인해 그 정도가 더욱 가중되었을 뿐이다.

---

2) 성령의 무류한 기관임을 자임한 이 교회회의는 포티우스를 이그나티우스의 생시에 콘스탄티노플 교구를 침탈한 일을 놓고 강도와 간음자에 비유하고서, "전능하신 하나님, 사도들의 제후들인 성 베드로와 성 바울, 모든 성인들, 여섯 차례의 에큐메니컬 공의회들의 권위에 의해서, 그리고 성령의 심판에 의해서" 그에게서 모든 사제의 명예와 기능을 박탈했으며, 그와 그의 모든 지지자들에게 죽는 순간까지 성찬에서 배제하는 아나테마와 파문으로 위협하면서, "이후로는 누구도 콘스탄티노플 교회에서 자주 그랬듯이 평신도의 신분을 가지고 주의 전에 들어올 수 없다"고 선언했다.

3) 참조. 포티우스가 헬라어로 작성한 글에 실린 *Encyclica ad Patriarchas Orientales, Opera* II. 722-742 (ed. Migne), also in Giseler II. 216 sq. Baronius(*ad ann.* 863 no. 34 sq.)는 그 내용을 라틴어로 옮겼다.

포티우스는 자신을 지원해준 황제 미카엘리스 3세(Michael III)가 살해되면서 몰락했다(867년 9월 23일). 수도원에 유폐된 뒤 사회와 격리되었고 심지어 독서조차 허락받지 못했다. 하지만 품위를 잃지 않고 불행을 견뎌냈으며, 그리스의 거의 모든 주교들이 끝까지 그에게 충성을 바쳤다. 이그나티우스는 마케도니아계 황제 바실리우스(Basil, 867-886 재위)에 의해 10년 유배 생활을 청산하고 총대주교로 복직했으며, 교황 하드리아누스 2세와 사귐을 재개했다(867년 12월). 그는 성 소피아 교회에서 총공의회를 소집했는데(869년 10월), 이 공의회는 라틴인들에 의해 제8차 에큐메니컬 공의회로 간주된다. 교황 특사들이 이 회의를 주재하고 일치안을 제시하여 모든 주교들에게 회의장을 떠나기 전에 서명하도록 했다. 이 문안에는 모든 이단들에 대해서, 그리고 포티우스와 그의 지지 세력에 대해서 아나테마를 선언하는 조항이 실려 있었다. 그러나 공의회 참석률이 극히 저조했다(초기에는 불과 18명의 주교만 참석했을 뿐이다). 제5차 회기에는 포티우스를 강제 출두시켰는데(10월 20일), 하지만 그는 여러 질문에 침묵으로 일관하거나 가야바와 빌라도 앞에서 그리스도께서 하신 말씀을 인용하여 답변했다. 제10차이자 마지막 회기에는 황제와 그의 아들들, 그리고 102명의 주교들이 참석했다. 이 회기에서는 포티우스를 단죄하고 이그나티우스를 승인한다는 내용의 교황의 법령이 재가되었고, 단의론파와 화상파괴론파에 대한 아나테마가 재확인되었다. 교황의 사절들은 "교황의 수정을 조건으로" 서명했다.

그러나 이렇게 조성된 평화는 가변적인 것이었으며, 공의회가 끝난 뒤 불가리아 문제로 곧장 깨지고 말았다. 그 문제는 콘스탄티노플의 교회적 권위뿐 아니라 정치적 권위까지 걸린 문제였던 것이다. 이그나티우스 자신도 그 점에서는 양보할 의지가 없었으며, 따라서 황제적 교황 요한 8세가 불가리아로부터 그리스 교회의 모든 주교들과 사제들을 불러들이라고 명령하고 만약 복종하지 않으면 성무 중지와 파문에 처하겠다고 경고했을 때 그의 말을 듣지 않았다. 그러나 죽음이 그가 더 깊은 논쟁에 휘말리는 것을 면하게 해주었다(877년 10월 23일).

포티우스는 이그나티우스가 죽은 뒤 사흘만에 총대주교직에 복귀했다(이그나티우스가 죽기 전에 그와 화해했다). 그가 879년 11월에 공의회를 소집했는데, 이 공의회는 880년 3월까지 계속되었으며, 동방인들에게는 제8차 에큐메니컬 공의회로 인정되지만 라틴인들에게는 포티우스의 사주를 받은 가짜 교회회의(Pseudo-Synodus Photiana)로 일축되었다.[4] 이그나티우스가 소집했던 것보다 세 배나 규모가 컸던 이 공의회는 성 소피아 교회에서 포티우스를 의장으로 성대하게 거행되었다. 공의회는 869년의 공의회를 사기로 규정하여 무효화하고, 필리오케를 비롯한 모든 첨삭에 의한 변경에 아나테마를 선언한 채 니케아 신조를 다시 채택하고, 포티우스의 비류없는 인품과 학식을 예찬함으로써 폐회했다. 이 공의회가 작성한 법령에 훗날 교황 요한 8세가 포티우스에게 보낸 (위조) 서신이 덧붙었는데, 서신의 내용은 필리오케가 로마 교회에 의해 배격되는 첨가이자 반드시 제거되어야 할 신성모독이라고 주장하는 것이었다.[5] 교황 특사들은 공의회의 결정에 전폭 동의했으며, 교황에게 전달하는 보고서에 그리스 교회가 불가리아를 포기했다는 거짓 내용을 실어 보냈다. 교황은 황제에게 이 교회회의로써 교회에 유익을 끼친 데 대해 감사의 뜻을 전할 정도로 철저히 기만을 당했다.

그러나 사태를 제대로 파악한 교황은 주교 마리누스를 콘스탄티노플로 보내어 자신의 특사들이 자신의 훈령과 상반되게 취한 조치가 무효라고 선언하도록 했다. 이 일로 인해서 마리누스는 30일 동안 구금을 당했다. 그가 돌아온 뒤 교황 요한 8세는 감히 거룩한 교구를 기만하고 모욕하며 과거의 사기에 새로운 사기를 덧붙인 포티우스에 대하여 엄숙히 아나테마를 선언했다. 마리누스는 자신이 교황에 선출된 뒤 포티우스에 대한 아나테마를 재확인했다(882). 포티우스는 그의 선출을 인정하지 않았으며, 비범한 문필 능력을 펼쳐나갔다.

그러나 황제 바실리우스가 죽은 뒤(886) 포티우스는 지혜자 혹은 철학자라고 잘못 불린 레오 6세에 의해 다시 폐위되었고, 당시에 열여섯살밖에 되지 않던 막내동생 스테파누스에게 자리를 넘겨주었다. 포티우스는 인생의 마지막 5년을 수도원 봉쇄구역에서 보내다가 891년에 숨을 거두었다. 그는 학문과 열정과 지위와 영향력에서 동방 기독교 역사상 괄목할 만한 인물로 손꼽힌다. 분열의 교리적 토대를 닦았고, 교황의 독재를 견제했고, 그리스 교회의 독립을 지켰다. 866년의 회칙에서 그는 이렇게 선언했다. "하나님은 만대에 찬송을 받으시기에 합당하십니다! 러시아인들이 주교를 받아들였고, 기독교 예배에 대단한 열의를 보

---

4) 하지만 엄밀히 말하자면 정통 동방 교회는 에큐메니컬 공의회를 일곱 번으로 간주한다.

5) 로마 가톨릭 사가들은 이 서신을 그리스인의 사기로 간주한다.

이고 있습니다." 로마의 저자들은 이것이 거짓말이라고 주장했으나, 역사는 이것이 중요한 사실, 즉 동방 교회의 큰 버팀목이 될, 그리고 교황제의 가장 강력한 경쟁 세력이 될 새 민족의 개종을 예기하는 것이었음을 입증했다.

그리스와 로마의 사가들은 분열의 책임을 전적으로 상대편에 전가하면서, 상대편에 대해서 신앙을 벗어난 야심과 음모의 죄를 덮어씌우는 경향이 있다. 그러나 우리는 한편으로는 니콜라우스가 부당한 처분을 받은 이그나티우스를 위해서 의로운 열정을 발휘한 것을 인정해야 하고, 다른 한편으로는 포티우스가 역경 가운데서도 드러낸 여러 인격적 역량과 신학·철학·역사에 대한 해박한 지식도 인정해야 한다. 하지만 분열에 대해서는 양 교회의 죄이자 수치로 알고 유감스럽게 생각하며 비판해야 마땅하다.

특주

로마 사가들, 그중에서 탁월한 사가들의 기록들조차 분파주의로 채색되어 있으므로 주의해서 읽어야 한다. 추기경 헤르겐뢰터(Hergenröther, *Kirchengesch.* I. 684)는 879년의 공의회를 "포티우스의 가짜 공의회"라고 부른다. 주교 헤펠레(Hefele)는 「공의회의 역사」(*Conciliengesch.* IV. 464 sqq.)에서 이 차후 공의회(Aftersynode)에 대해서도 더 낮게 평가하지 않는다. 두 사람 모두 자신들의 작고한 스승 될링거 박사(Dr. Dollinger)의 노선을 따른 셈인데, 될링거는 40년 전에 자신의 「교회사」(*History of the Church*, 영역. Dr. Edward Cox, London 1841, vol. III. p. 100)에서 이 교회회의를 가리켜 "모든 면에서 449년의 강도 공의회와 견줄 수 있는 회의로서, 다만 449년의 공의회 때는 악인들이 자신들의 악한 구도를 실현하기 위해서 폭력과 독재를 사용한 반면에 879년의 공의회 때는 똑같은 악인들이 사기와 거짓을 사용했다는 점이 다를 뿐이다"라고 했다. 그러나 1870년에 바티칸 공의회가 교황 무류성이라는 역사적 거짓을 재가했을 때, 될링거는 독일의 로마 교회를 가장 유능하게 대변해온 인물답게 다시 한 번 로마에 항의했다가 파문을 당했다. 라틴인들이 포티우스 교회회의를 어떻게 비판하든간에, 869년의 라틴 교회회의도 전혀 나은 점이 없었으며, 콘스탄티노플이든 로마든 음모의 방책에 능하기는 마찬가지였다. 그리스 교회와 로마 교회가 주고받은 이 논쟁은 기독교 역사에서 가장 수치스러운 면에 속하며, 진정한 화해가 이루어지려면 양 교회가 모두 자신들의 죄와 죄책을 겸손히 시인해야 할 것이다.

71. 분열의 전개와 완결. 케룰라리우스

이제는 분열이 어떤 경로를 거쳐 고착화했는가를 간략히 살펴보자.

5인 과두제에 관한 견해차

황제 철학자 레오(886-912 재위)의 네 번째 결혼은 그리스 교회법을 어긴 것이었기에 동방 교회에 대규모 분열을 일으켰다(905).[6] 총대주교 니콜라우스 미스티쿠스(Nicholas Mysticus)가 그 결혼에 항의했다가 면직당했으나(906), 교황 세르기우스 3세(Sergius III)는 교황 니콜라우스와는 달리 의를 위해 고난당하는 편에 서지 않고 그 결혼을 승인하고(서방에서는 그런 결혼을 금하지 않았다) 양심적인 총대주교의 면직을 기정 사실로 받아들였다.

레오는 임종 침상에서 과거에 자신이 면직시킨 총대주교를 복권시켜 주었다(912). 교황 요한 10세가 대표를 파견한 920년의 콘스탄티노플 교회회의는 네 번째 결혼을 불법으로 규정하고 로마에 조금도 양보하지 않았다. 레오의 아들 황제 콘스탄티누스는 칙령으로써 네 번째 결혼을 금했다. 은연중에 자신의 출생 과정에 대해서 불만을 토로한 셈이었다. 그리스 교회는 결혼을 성례로, 인류 번식을 위한 필연적인 수단으로 간주하지만, 성직자에 대해서는 재혼을 금하고, 평신도에 대해서는 세 번째 결혼을 일종의 합법적 축첩으로 관용하며, 네 번째 결혼에 대해서는 죄와 추문으로 단죄한다. 교황은 묵인했으며, 분열은 10세기 암흑기 동안 소강 상태를 유지했다. 돈으로 성직을 산 교황 요한 19세(1024)는 거액을 받고서 동방 총대주교들에게 일체의 수위권 주장을 양도할 준비가 되어 있었지만, 자신의 비열한 계획이 발각되자 협상을 포기할 수밖에 없었다.

---

6) 레오 자신이 네 번째 결혼을 금했을 뿐 아니라 세 번째 결혼조차 금한 바 있다. 그가 거느린 네 아내는 테오파노, 조에(과거 그의 정부), 유도키아, 조에 카르보노스 퓌네였는데, 마지막 아내는 905년에 그에게 콘스탄티누스 포르피로게니투스(혹은 포르피로게네토스, 959 죽음)를 낳아 주었다.

케룰라리우스와 레오 9세

1043-1059년에 총대주교를 지낸 미카엘리스 케룰라리우스(혹은 카이룰라리우스)가 분열을 재개하여 영구 고착시켰다. 지금까지는 머리와 그 집단끼리만 서로 아나테마를 던졌으나, 이제는 교회들이 서로를 파문했다. 황제 콘스탄티누스 모나쿠스(Constantinus Monachus)는 정치적 이유에서 교황에게 친교를 청하였으나 그의 총대주교가 가로막았다. 케룰라리우스는 불가리아 출신의 박식한 수도대주교 아크리다의 레오와 상의하여 1053년에 풀리아(이탈리아 남동부 지방. 당시에는 동방의 통치를 받음) 트라니의 주교 요한에게 서신을 보내고, 그를 통해서 프랑스의 모든 주교들과 교황 자신에게 서신을 보내게 하여, 서방의 교회들이 그리스도의 모범을 버리고 유대인들의 관습을 따라서 성찬 때 무교병을 사용하는 것과, 사순절의 토요일에 금식하는 것, 예루살렘 공의회의 결정(사도행전 15장)을 무시하고서 피와 목졸라 죽인 짐승을 먹는 것, 그리고 금식 기간에 할렐루야를 부르지 않는 것을 비판했다. 그는, 무교병(azyma) 대신에 일반 빵을 사용하는 것을 이단으로 간주하는 집단에 무교병파(Azymites)라는 이름을 붙였다.[7] 성령의 발출에 관해서는 아무런 언급도 없었다. 이 서신은 추기경 훔베르트(Humbert)의 라틴어 번역으로만 현존한다.[8]

교황 레오 9세는 훔베르트라는 당찬 인물을 우두머리로 삼아 3명의 특사를 콘스탄티노플로 파견하여 케룰라리우스의 비판에 대해서 역 비판을 가하도록 했다. 그 내용은, 케룰라리우스가 교만하게도 '에큐메니컬' 총대주교라는 칭호를 사용하고 있는 것, 그가 알렉산드리아와 안디옥의 총대주교들을 자신의 권위 밑에 두려고 하는 것, 그리스인들이 라틴인들에게 재세례를 시행하고 있는 것, 그

---

7) 아쥐마라는 단어는 아주모스(발효시키지 않은, 주메<누룩>)에서 유래했다. 따라서 무교절(유월절)이라고 했으며, 이 절기에 유대인들은 발효되지 않은 빵을 먹어야 했다. 그리스인들은 우리 주님이 유월절 음식을 드신 뒤에 참되고 자양을 공급하는 빵을 기쁨이 넘치는 새로운 시대의 상징으로 사용하셨다고 주장한다. 이제 생명이 없고 발효되지 않은 빵은 유대인의 시대에 속하게 되었다고 한다. 라틴인들은 빵이란 발효된 빵과 발효되지 않은 빵 전부를 가리키며, 그리스도께서 유월절에 발효되지 않은 빵 외에는 구하실 수 없었다고 주장했다. 그들은 그리스인들이 자신들을 무교병파라고 부르는 데 대해서 그리스인들을 발효파(Fermenarei)라고 불렀다.

8) Baronius, *Annal.* ad ann. 1053 no. 22; and Gieseler II. 222 sq.

들이 니골라당처럼 자신들의 사제들에게 결혼을 허용하는 것,[9] 자녀들이 생후 팔일이 넘기 전에 세례를 주는 일을 소홀히 하는 것, 성령이단론파(Pneumatomachi 혹은 Theomachi)처럼 성령께서 성자에게서 발출하신다는 내용을 신조에서 삭제하는 것이었다. 교황 특사들은 황궁에서 유숙했으나 케룰라리우스는 그들을 일절 접견하지 않았다. 마침내 1054년 7월 16일에 그들은 로마 교회의 신앙과 그 교회의 거룩한 제사 방법을 일관되게 비판하는 총대주교와 모든 사람들에 대해서 파문을 선언했다. 그들은 하기아 소피아 교회의 제단에 "하나님께서 보시고 심판하옵소서"(Videat Deus et judicet)라는 글귀가 적힌 문서를 올려놓았다.

케룰라리우스는 자신의 성직자들과 민중의 지원을 받아 즉각 교황 특사들에게 아나테마를 선포하고 그들을 사기죄로 고소함으로써 응수했다. 다른 한편으로는 안디옥 총대주교 페트루스(그는 초기에는 중재자 역할을 자임했다)에게 서신을 보내어 로마의 수치스러운 관행들을 환기시켰다. 그 내용은, 두 형제가 두 자매를 아내로 맞이하도록 허용하는 것과, 주교들이 주교 반지를 끼고서 전쟁에 참여하는 것, 세례가 단회 침수의 방식으로 거행되는 것, 세례자의 입에 소금을 뿌리는 것, 성인들의 화상과 성유물을 공경하지 않는 것, 신학자 그레고리우스와 바실리우스, 크리소스토무스를 성인의 반열에 올리지 않는 것이었다. 물론 필리오케도 거론되었다.

주교들이 군인처럼 행동한다는 비판은 야만 시대를 벗어나지 못한 당시 상황에서 곧잘 제기되었다. 케룰라리우스는 여러 해 동안 막강한 권한을 행사했다. 황제 한 명을 폐위시키고 다른 황제를 즉위시킬 정도로 기세가 등등했으나, 결국 유배지에서 죽었다(1059).

알렉산드리아 · 안디옥 · 예루살렘의 총대주교들은 콘스탄티노플 교구를 지지했다. 이로써 기독교 동방과 서방 사이의 분열이 고착되었다. 당시의 주교구 숫자는 양 교회가 거의 동일했으나, 세월이 흐르는 동안 라틴 교회가 동방을 훨씬 앞지르게 되었다.

---

9) 반면에 포티우스와 그리스인들은 성직자 독신제도에서 서방이 "아버지를 알지 못하는 그렇게 많은 자녀들을" 갖게 된 사실을 설명한다.

동방의 라틴 제국(1204-1261)

양 교회 사이의 분열은 십자군 원정 기간 중에 훨씬 더 깊어졌다. 그 장본인들은 콘스탄티노플에 진입하여 약탈과 만행을 서슴지 않은 프랑스와 베네치아의 군인들이었다(1204). 이들은 그 도시에 라틴 제국을 수립하고, 교황으로 하여금 그리스 교구들에 라틴인 주교들을 임명하게 했다. 이 독단적인 제국은 비록 반세기밖에 명맥을 유지하지 못했으나(1204-1261), 동방이 서방의 야만족들한테서 감내해야 했던 두려운 파괴와 약탈과 모욕의 기억으로 인한 타오르는 증오를 유산으로 남겼다. 교회들과 수도원들이 강탈과 더럽힘을 당했고, 그리스 교회의 예배가 조소를 당했고, 성직자들이 박해를 받았으며, 모든 예절과 규범이 도전을 받았다. 콘스탄티노플에서는 "창녀가 총대주교의 권좌에 앉혀졌고, 벨리알의 딸이 교회에서 노래하고 춤을 추면서 동방인들의 찬송과 행렬을 조소했다." 심지어 교황 인노켄티우스 3세조차 그 도시에 간 순례자들에 대해서 비판하기를, 그들이 나이와 성별과 성직을 가리지 않은 채 음욕을 발산하고, 백주에(in oculis omnium) 음행과 간음과 불륜을 저지르면서, "하나님께 헌신한 부인들과 처녀들에게 온갖 외설스러운 행동을 서슴지 않았다"고 비판한다. 그러면서도 이 위대한 교황이 비잔틴 제국의 폐허 위에 라틴 성직위계제도를 수립함으로써 동방 교회를 모욕했다.[10]

72. 수포로 돌아간 재연합의 시도들

자신들의 권력을 전복시키려고 수시로 위협을 가하던 두려운 터키인들의 공세에 시달리던 그리스 황제들은 서방의 강력한 지원을 얻기 위해서 교황과 여러 번 협상을 시도했다. 그러나 재연합의 가능성이 교황의 절대주의와 그리스의 고집이라는 바위에 부닥쳐 산산조각나 버리고 말았다.

---

10) 참조. Gibbon의 생생한 묘사(ch. LX). 그는 프랑스의 지휘관 Villehardouin(그는 동정이나 후회의 기색을 드러내지 않는다)과 비잔틴의 원로원 의원 Nicetas(직접 고초를 겪은)의 일치된 진술들을 토대로 콘스탄티노플이 함락되던 처참한 정경을 생생하게 묘사한다.

리옹 공의회(1274)

콘스탄티노플에서 라틴인들을 몰아낸 황제 미카엘리스 팔라이올로구스(Michael Palaeologus, 1260–1282 재위)는 그리스 총대주교구를 회복했으나, 콘스탄티노플 재정복을 위한 새로운 십자군 원정을 막기 위해서 교황 우르바누스 4세와 협상을 벌였다. 1273년과 1274년에 리옹에서는 동방과 서방의 재연합을 목표로 총공의회가 대단히 엄숙하고 성대하게 개최되었다(이 공의회가 라틴 교회로서는 제14차 총공의회이다). 라틴 교회 주교 500명, 대수도원장 70명, 천명 남짓한 그외 성직자들이 참석했고, 잉글랜드 · 프랑스 · 독일을 비롯한 여러 나라의 대사들도 참석했다. 팔라이올로구스는 대규모 대표단을 보냈으나 그들을 태운 배가 좌초하는 바람에 콘스탄티노플의 전임 총대주교 게르마누스, 니케아의 수도대주교 테오파네스, 그리고 제국의 종교법 고문, 이 세 사람만 살아남아 공의회에 참석했다. 교황이 대미사를 집례한 뒤 공의회의 세 가지 목표를 공포함으로써 공의회를 개회했다(1274년 5월 7일). 첫째 목표는 예루살렘을 돕는 일이고, 둘째는 그리스인들과 연합하는 일이고, 셋째는 교회를 개혁하는 일이었다. 보나벤투라(Bonaventura)가 설교를 했다. 라틴 교회의 성령 이중 발출 교리를 변호한 바 있는 스콜라학파의 거장 토마스 아퀴나스(Thomas Aquinas)가 공의회에 참석하기로 되어 있었으나 리옹으로 오는 도중에 마흔아홉의 나이를 끝으로 세상을 떠났다(1274년 3월 7일). 황제의 사절들은 극진한 환대 가운데서 분열을 포기하고 교황에게 복종하고 로마 교회의 독특한 교리들을 받아들였다.

하지만 동방의 총대주교들은 대표단을 파견하지 않았고, 콘스탄티노플 민중은 로마와의 연합을 극도로 혐오했으며, 그런 상황에서 전제군주 미카엘리스 팔라이올로구스가 죽는 바람에 라틴파도 동시에 몰락하면서 교황에게 복종했던 행위가 공식적으로 철회되었다.

페라라–피렌체 공의회(1438–1439)

재통합을 위한 또 다른 시도가 요한 7세(John VII. Palaeologus)에 의해서 페라라 공의회에서 이루어졌다. 이 공의회는 원래 교황 유게니우스 4세(Eugenius IV)가 개혁 성향의 바젤 공의회에 반대하여 소집했던 것으로서, 훗날 전염병 때문에 장소를 피렌체로 옮겼다. 이 공의회에는 황제와 콘스탄티노플 총대주교, 21명의 동방 교회 고위성직자들이 참석했으며, 그들 가운데는 학문이 깊었던 니케아의 베사리온(Bessarion), 에베소의 마르쿠스(Mark), 사르디스의 디오니시우스(Dionysius), 키에프의 이시도르(Isidor)가 있었다. 공의회에서 논의된 주요 쟁점들은 성령의 발출, 연옥, 무교병 사용, 교황의 수위권이었다.[11] 베사리온은 서방 교회의 교리를 받아들이고 그 교회로 개종했으며, 그 대가로 추기경이 되었다. 그 뒤 두 번이나 거의 교황에 선출될 뻔했다(1472년 죽음). 1439년 7월 6일에 공포된 공의회 법령은 그의 견해를 구체화한 것으로서, 동방 총대주교들의 교회법상 권리와 특권에 관해서 단 하나의 조항도 마련하지 않은 채 교황에게 철저히 복종하는 내용이었다. 성령의 발출에 관하여 그리스 교회가 채택해온 아버지로부터 아들을 통해(ex Patre per Filium)라는 문구를 라틴 교회의 필리오케와 동일한 것으로 공포했다. 교황을 베드로의 계승자이자 그리스도의 대리자로 인정했을 뿐 아니라, "온 교회의 머리이자 모든 기독교 세계의 아버지와 교사"로 인정했다(하지만 그리스어 본문에는 표현을 달리했다). 재통합 문서에는 교황과 황제와 여러 대주교들과 주교들, 콘스탄티노플 총대주교를 제외한 모든 동방 총대주교들의 대표들이 서명했다. 콘스탄티노플 총대주교는 그 전에 피렌체에서 죽었으나, 로마의 보편적·사도적 교회에 복종한다는 논란이 된 마지막 문장을 남기고 세상을 떠났다. 교황은 자신의 승리를 위해서 동방의 제휴 세력에 대해서 사절단의 여비와 체류비를 부담하고, 군인 3백 명을 보내 콘스탄티노플을 보호하고, 만약 필요하다면 적군의 공격으로부터 황제를 보호하기 위해 육군과 해군을 파견하기로 하는 등 지원 약속을 쉽게 할 수 있었다.

그러나 재통합안의 굴욕적인 조건들이 밝혀지자 동방과 러시아는 라틴파를 정통 신앙을 위해한 반역자들로 규정짓고 반란을 일으켰다. 총대주교들도 저마다 공개적으로 입장을 철회했고, 오늘날 조롱조로 메트로포누스(Metrophonus) 곧 '모친 살해자'라 불리는 콘스탄티노플의 신임 총대주교 메트로파네스(Metrophanes)는 강제로 폐위되었다.

콘스탄티노플의 함락 이후

이슬람교 터키가 콘스탄티노플을 함락하고(1453) 비잔틴 제국이 멸망함으로

---

11) 연옥에 관하여 그리스인들은 견해가 일치하지 않았다. 화체설 교리에 대해서는 모두가 양보했고, 따라서 그 주제는 논란이 되지 않았다.

써 재통합의 정치적 구도는 물거품이 되고 말았으나 교황청이 동방에서 전도를 할 수 있는 길이 열리게 되었다. 교회가 분열되는 바람에 지극히 아름다운 땅을 이슬람의 모진 영향권에 넘겨주는 재앙을 촉진했는데, 그러한 분열상이 비록 조금씩 완화되긴 하지만 여전히 힘을 발휘하고 있다. 터키는 자신들이 경멸하는 그리스도인들 내부에서 투쟁이 벌어지더라도 그것이 자체의 영역에서 그치고 코란에 손상을 입히지 않는다면 반대하지 않는다. 불관용의 기저에서 관용을 허용하고 있는 셈이다. 그리스인들은 교황과 필리오케를 메카의 거짓 선지자를 미워하듯이 미워한다. 반면에 교황은 기독교의 공동의 대의보다 자신의 권력을 사랑하며, 콘스탄티누스의 도시를 갈라져 나간 러시아의 경쟁 총대주교나 차르가 다스리는 것보다 차라리 술탄이 지배하는 것을 속 편하게 생각한다.

19세기에 새로운 두 가지 교의가 작성되면서 분열이 더욱 깊어졌다. 그것은 마리아의 무원죄 잉태 교의(1854)와 교황 무류 교리(1870)이다. 피우스 9세가 동방의 총대주교들에게 바티칸 공의회에 초대했을 때, 총대주교들은 그 공의회에서 다뤄질 의제를 보고받고는 분개하여 초대를 거부했으며, 과거에 교황이 기독교 정신에서 벗어나 권력을 찬탈한 일과 이단적인 필리오케에 대해서 비판을 재개했다. 그들은 자신들의 역사를 깨끗이 지워버리고 도덕적 자살을 감행하지 않고서는 바티칸 공의회의 법령을 도저히 인정할 수 없었다. 교황 절대주의(혹은 오늘날 그리스인들의 표현을 빌자면 라틴인들의 교황 숭배)와 동방의 지지부진한 상태가 분열된 교회들을 재통합하는 데 극복하기 어려운 장애물로 버티고 있다. 그것은 어지간히 큰 사건들이 아니면, 다시 말해서 기사를 행하시는 성령의 권능이 아니면 제거하기 힘든 장애물이다.

제 6 장

도덕과 신앙

73. 참고문헌

I. The chief and almost only sources for this chapter are the acts of Synods, the lives of saints and missionaries, and the chronicles of monasteries. The *Acta Sanctorum* mix facts and legends in inextricable confusion. The most important are the biographies of the Irish, Scotch, and Anglo-Saxon missionaries, and the letters of Boniface. For the history of France during the sixth and seventh centuries we have the *Historia Francorum* by GREGORY OF TOURS, the Herodotus of France (d. 594), first printed in Paris, 1511, better by Ruinart, 1699; best by Giesebrecht (in German), Berlin 1851, 9th ed. 1873, 2 vols.; and *Gregorii Historiæ Epitomata* by his continuator, FREDEGAR, a clergyman of Burgundy (d. about 660), ed. by Ruinart, Paris 1699, and by Abel (in German), Berlin 1849. For the age of Charlemagne we have the *Capitularies* of the emperor, and the historical works of EINHARD or EGINARD (d. 840). See *Ouvres complètes d'* EGINARD, *réunies pour la première fois et traduites en français, par A. Teulet*, Paris 1840-'43, 2 vols. For an estimate of these and other writers of our period comp. part of the first, and the second vol. of AD. EBERT's *Allgem. Gesch. der Lit. des Mittelalters im Abendlande*, Leipz. 1874 and 1880.

II. HEFELE: *Conciliengesch.* vols. III. and IV. (from A. D. 560–1073), revised ed. 1877 and 1879.

NEANDER: *Denkwürdigkeiten aus der Geschichte des christl. Lebens.* 3d ed. Hamburg, 1845, '46, 2 vols.

AUG. THIERRY: *Recits des temps merovingiens.* Paris -1855 (based on Gregory of Tours).

LOEBELL: *Gregor von Tours und seine Zeit.* Leipz. 1839, second ed. 1868.

MONOD: *Études critiques sur les sources de l'histoire mérovingienne.*

Paris 1872.

LECKY: *History of European Morals from Augustus to Charlemagne,* fifth ed. Lond. 1882, 2 vols. (part of the second vol.).

BRACE: *Gesta Christi,* N. York, third ed. 1883, p. 107 sqq.

Comp. GUIZOT (Protest., d. 1874): *Histoire générale de la civilisation en Europe et en France depuis la chute de l'empire romain jusqu' à la révolution française,* Paris 1830; seventh ed. 1860, 5 vols. (one vol. on Europe in general).

BALMEZ, (a Spanish philosopher and apologist of the Roman church, d. 1848): *El Protestantismo comparado con el Catolicismo en sus relaciones con la civilisacion europea.* Barcelona, 1842–44, 4 vols. The same in French, German, and English translations. A Roman Catholic counterpart to Guizot.

74. 중세 도덕의 일반적 성격

서방 기독교 세계의 중세는 "대로가 비었고 길의 행인들은 오솔길로 다녔도다"라고 한, 그리고 "사람마다 자기 소견에 옳은 대로 행하였더라"고 한 이스라엘 역사의 사사 시대와 비슷하다(참조. 삿 5:6; 17:6). 사회와 정치가 극히 혼란스럽고, 내전과 외침이 끊이지 않던 시기였다. 무정부 상태의 언저리에서 오락가락했다고 해도 과언이 아니다. 힘이 곧 정의였다. 변경 지대의 무법자들과 산적들, 해적들과 모험가들의 황금 시대였으며, 그와 아울러 용맹스런 기사들, 기드온·입다·삼손·사무엘 같은 진정한 용사들과 사사들의 황금 시대이기도 했다. 기독교의 덕목과 이교의 폐습, 금욕적 자기 부인과 무절제한 방탕이 극명한 대조를 이루며 뒤섞여 존재하던 시기였다. 사사 시대를 배경으로 한 룻기의 정겨운 이야기를 연상케 하는 가정의 고결함과 행복이 담긴 목가적인 일화들도 적지 않았다.

이 시대 사람들은 대체로 도덕적이기보다는 종교적이었다. 경건이 도덕을 대체하는 경우가 많았다. 초자연과 기적을 믿는 것이 보편적이었으며, 회의주의와 불신앙은 거의 알려지지 않았다. 사람들은 연옥과 지옥을 두려워했으며, 천국에 들어가기 위해서 교회당과 수도원과 자선 시설을 설립하는 데 재산과 노력을 아끼지 않았다. 그럼에도 불구하고 지배 계층과 민중 사이에는 두려울 정도로 부도덕이 만연해 있었다. 동방에서는 교회가 무력한 문명과 부패한 법정을 상대로 투쟁을 벌여야 했다. 이탈리아와 프랑스, 스페인에서는 옛 로마의 악들이 그대로 남아 있었으며, 그 악들이 새롭고 야만적인 피가 수혈되면서 오히려 활력을 띠기까지 했다. 투르의 주교 그레고리우스가 전하는 바에 따르면 메로빙거 왕들의 역사는 살인과 간음과 근친상간으로 얼룩진, 그리고 파멸로 끝난 비극이다.[1]

교회도 주변 사회로부터 좋지 않은 영향을 받았으며, 압도적인 부도덕의 물결에 잠긴 경우도 많았다. 그럴지라도 대체로 교회는 악을 막는 강한 보루였으며, 비록 암흑 시대에 교육과 도덕과 경건을 선도해 간 유일한 기관은 아니었다 하더라도 주된 기관이기는 했다. 야만적인 재료를 가지고 기독교 문명의 전을 건축해야 했다. 새로 회심한 사람들에게 가장 널리 알려진 신앙과 경건과 의무의 요약인 사도신경·주기도문·십계명을 가르쳤다. 뿐만 아니라 평화로운 삶을 영위하는 직업들을 가르쳤다. 악을 억제하고 덕을 장려했다. 교회회의의 입법은 거의 언제나 바른 방향을 유지했다. 기도와 금식, 환대와 자선과 박애, 그리고 성지 순례를 크게 강조했다. 천국의 보상도 주로 도덕적이고 거룩한 생활을 영위하도록 권장하는 성격을 띠었다. 그러나 사람들이 부도덕과 악으로 자멸의 길을 걷는 것보다는 지옥을 두려워하고 천국을 좋아해서 선하게 되는 편이 훨씬 낫다.

개인 차원에서 이루어진 도덕과 경건은 역사의 장에 기록되지 않는 법이며, 겸손히 남들 보지 않는 데서 이루어지고 지나가게 마련이다. 들판과 산에서 피는 들꽃들도 인간들의 눈에 띄지 않은 채 피었다가 진다. 그렇게 이름을 내지 않고 살다간 성인들이 가끔 언급된다. 교황 그레고리우스는 로마에서 살던 세르불루스(Servulus)라는 사람을 소개하는데, 그는 어릴 적부터 걷지 못하던 장애자였다. 하지만 성경에서 풍성한 위로와 평안을 찾았다. 글을 읽을 줄 몰랐기 때문에 신앙이 있는 친구들에게 읽어달라고 부탁하고는 자리에 누워서 귀담아 들었다. 자신이 장애자라는 사실로 인해 불평 한 마디 내뱉지 않고 항상 감사와 찬송을 마음과 입에 두고 살았다. 죽음이 가까이 다가왔을 때는 친구들에게 함께 시편 찬송을 부르자고 청했다. 그러더니 갑자기 정색을 하고는 "가만히 있어보게, 하늘에서 하나님을 찬송하는 노래가 들리지 않는가?" 하고 말한 뒤 숨을 거두었

---

1) Gibbon은 이 시기에 관해서 "어디서든 이보다 더 악하거나 덜 도덕적인 사회는 발견하기 어려울 것이다"라고 평가한다. Hallam, Milman, Lecky의 평가도 대동소이하다.

다. 이 사람이 보낸 인고(忍苦)의 세월은 헛되지 않고, 주변의 많은 사람들에게 복을 끼친 것이다. "가만히 서서 기다리는 사람들이 또한 섬기기도 하는 법이다."

중세의 도덕 상태는 격차가 매우 심했다. 민족들이 대거 이주해 들어오면서 교회가 평화롭게 사역을 해나가는 데 큰 장애를 겪었다. 그러던 중에 샤를마뉴가 등장하여 교육과 종교 분야에서 숭고한 노력을 기울였으나, 그의 유약한 계승자들 대에 가서는 또 다른 암흑 시기로 들어가게 되었다. 그 암흑이 점점 더 짙어만 가다가 오랜 후에 클뤼니 수도원을 중심으로 도덕 개혁이 시작되었으며, 그 여파가 힐데브란트가 이끄는 교황청에까지 미치게 되었다.

그럴지라도 로마 교회 달력에 이름이 오른 성인들의 수를 놓고 평가한다면 가장 어두웠던 시기에 속하는 7세기가 3, 4세기(순교자들이 무수히 배출된 시기)를 제외하고 앞뒤의 여느 시기보다 경건했다고 할 수 있다.

특주

아래의 표는 로마 교회 달력에 이름이 오른 성인들의 수이다(참조. Alban Butler's *Lives of the Saints*).

1세기	53명
2세기	43명
3세기	139명
4세기	213명
5세기	130명
6세기	123명
7세기	174명
8세기	78명
9세기	49명
10세기	28명
11세기	45명
12세기	54명
13세기	49명

14세기 ·· 27명
15세기 ·· 17명
16세기 ·· 24명
17세기 ·· 15명
18세기 ·· 20명

처음 몇 세기 동안 네로와 그 밖의 황제들 치하에서 자행된 박해 때 신앙을 위해서 이름 없이 죽어간 무수한 순교자들은 숫자에 포함되지 않았다. '무죄한 어린 이들'(the Holy Innocents), '칠인의 수면자'(the Seven Sleepers, 3세기), '세바스테의 40인의 순교자', 그리고 그 밖의 순교자 집단들은 각각 한 사람으로 계산했다. 레키(Lecky)는 7세기가 성인들을 대단히 많이 배출했는데도 불구하고 가장 부도덕한 시기였다고 매우 확신있게 주장한다. 이상한 점은 7세기부터 교회 수가 증가한 반면에 성인들의 수가 줄었다는 것과, 불신앙의 시기로 꼽히는 18세기에 오히려 17세기보다 다섯 명이나 많은 성인들이 배출되었다는 것이다. 그러므로 이 표를 보편적인 추론의 근거로 삼는 것은 그다지 안전하지 못한 셈이다.

75. 성직자들의 도덕 수준

1. 사회 상황. 중세에는 성직자들이 사회의 머리 위치에 섰으며, 왕들과 귀족들과 함께 민중을 다스렸다. 이들은 인간의 영혼과 양심을 감독할 권한이 있었고, 천국의 열쇠를 관리했다. 이들이 거의 모든 학문을 관장했으나 대개는 한계가 뚜렷하여서 헬라어에는 전혀 무지한 채 라틴어만 약간 아는 정도에 그쳤다. 사제들 가운데는 귀족 가문과 심지어는 왕족을 버리고 성직에 입문한 사람들이 있는가 하면, 수도원에 예속된 노예였다가 성직자로 신분이 상승한 사람들도 있었다. 사제들은 군역(軍役)과 조세 같은 공공의 의무를 상당 부분 면제받았다. 샤를마뉴와 그의 계승자들은 동방의 황제들이 콘스탄티누스 때부터 성직자들에게 부여했던 모든 특권들을 그들에게 부여했다. 그들은 민간 법정에 서지 않고 자신들만의 교회 법정에서 재판을 받았다. 어떠한 평신도 판사도 주교의 허락을 받지 않고는 성직자를 체포하거나 처벌할 수 없었다.

사제들은 토지 재산과 주교좌교회의 기금, 그리고 모세 율법의 전례에 따라 징수한 연간 십일조를 토대로 생활했다. 피핀은 764년의 법령에 의해서 국왕의 모든 재산에 대해서 십일조 납부를 의무화했다. 샤를마뉴는 그것을 모든 토지로 확대 적용했으며, 779년에는 교회법에 의해서 그것을 보편적인 의무로 제정했다. 십일조는 신앙을 유지하고 가난한 자들을 돕기 위한 최소한의 기부로 간주되었다. 십일조는 대대로 모든 교회 재산의 관리자인 주교에게 납부했다. 많은 귀족들이 가족의 전속 사제들을 두고 있었는데, 이러한 사제들은 귀족을 주군으로 삼아 생계를 의존했으며, 식탁에서 시중을 들거나 말과 개를 키우는 등 성직자로서의 품위를 떨어뜨리는 일을 도맡는 경우도 적지 않았다.

2. 도덕. 사제들은 교육 수준뿐 아니라 인품에서도 우수할 것과, 성직 수행 과정에서 생활로써 본을 보일 것을 요구받았다. 대체로 그들은 평신도들보다 우월했으나, 부도덕한 행실로 직위를 더럽힌 사례도 적지 않았다. 고대의 규율에 따르면 모든 사제는 특정 교회에 적(籍)을 두어야 했으며, 다만 이교 세계에 나가 활동하는 선교사들은 예외였다. 그러나 많은 사제들이 그 법을 어겼으며, 유랑 성직자들로서 불규칙한 방랑 생활을 했다. 사제들은 칼을 쥐는 것이 금지되었으나, 적지 않은 수의 주교들이 전쟁터에 나가 목숨을 잃었으며, 심지어 전쟁을 직접 진두 지휘한 교황들도 더러 있었다. 술취함과 방탕이 성직자 사회에서 보편화된 악이었다. 투르의 그레고리우스는 카우티누스(Cautinus)라는 주교를 언급하는데, 그는 한번 취했다 하면 네 사람이 달라붙어 숙소로 옮겨야 했다고 한다. 보니파키우스는 로마의 간섭을 받지 않고 활동한 프랑스와 독일 성직자들의 덕스럽지 못한 이야기를 전한다. 교회회의들의 회의록은 성직자들의 죄와 폐습을 어떻게 규제하고 처벌했는가 하는 내용을 가득하다. 교회회의들은 음행과 폭음과 탐욕과 습관적 사냥, 경주와 연극 관람을 금하는 법을 제정했으며, 범법 행위에 대해서는 심지어 체형까지 규정했다.[2]

성직자들의 부도덕상은 로마가 죄악의 구렁텅이에 빠지고 교황들 자신이 극악무도한 본을 보였던 10–11세기에 극에 달했다. 그러나 새로운 개혁이 힐데브

---

2) 성직자들이 윤락가에 출입하지 못하도록 법으로 금할 만한 상황이 있었다는 것이 어지간해서는 믿어지지 않는다. 그럼에도 불구하고 692년의 트룰로 공의회 곧 퀴니섹스타 공의회는 다음과 같인 법령을 채택했다. "윤락가에 드나드는 행위에 대해서 그가 만약 성직자라면 면직과 파문에 처한다. 평신도라면 파문에 처한다."

란트 계열의 교황들과 더불어 시작되었다.

3. 시도(時禱) 생활. 메츠의 주교 크로데강(Chrodegang, 760)은 성 아우구스티누스의 본을 따라 '시도'(時禱, cannonical) 생활 곧 준 수도 생활을 도입 내지 부흥시킴으로써 성직자 사회를 개혁했다. 주교와 하위 성직자들이 주교좌교회 곁에 딸린 집에 함께 기거하면서 같은 식탁에서 식사를 하고 함께 기도하고 연구했는데, 이들이 수도원에 속한 수사들과 달랐던 점은 복장과 재산 소유권 곧 사역에 대한 급료를 받는 점뿐이었다. 그러한 시설을 가리켜 참사회(參事會, Chapter)라고 했고,[3] 참사회 구성원들을 가리켜 참사회원(canons)이라고 했다.[4]

그의 본을 다른 지역들에서도 모방했다. 샤를마뉴는 시도(時禱) 생활을 될 수 있는 대로 모든 주교들에게 의무로 부과했다. 많은 참사회들이 많은 재산을 기부받았다. 그러나 사회가 극히 불안정하던 카롤링거왕조 때에는 시도 생활이 흐지부지되거나 중단되었다.

4. 독신. 동방에서는 하위 성직자들에게 항상 결혼이 허락되었고, 다만 재혼만 금지되었다. 서방에서는 독신이 규율로 정해져 있었으나, 대다수 성직자들이 합법적 아내나 첩을 두고 살았다. 11세기 중엽의 밀라노에서는 모든 사제들과 부제들이 결혼을 했으나, 그것은 당대의 엄격한 도덕론자들의 눈에는 대단히 혐오스러운 일이었다. 하드리아누스 2세는 교황이 되기 전에 결혼하여 딸을 두고 있었으나, 그 딸의 남편이 아내와 교황 자신의 아내 스테파니아를 함께 살해했다(868). 악한 교황 베네딕투스 9세는 사촌 조카에게 구혼을 했으며, 교황직을 사임하는 조건으로 결혼을 허락받았다(1033). 힐데브란트 계열의 교황들인 레오 9세와 니콜라우스 2세는 성직자 독신의 의무를 서방 세계 전역으로 확대하려고 시도했다. 그들은 성직자들의 도덕성과 영향력을 그들의 독신 생활과 결부시켜 이해했으며, 부자연스러운 도덕성을 강요함으로써 자연스런 부도덕성을 말살하려고 노력했다. 그레고리우스 7세가 이 분야에서의 개혁에 어느 정도까지 성공

---

3) Capitulum. 성경 혹은 매일 공동으로 읽는 수도회칙의 장(chapter)에서 유래한 단어. 이 칭호가 성직자들의 집단과 그들의 주거지(참사회관)에 다 적용되었다. 복수형 Capitula 혹은 Capitularia는 장별로 요약된 교회법 혹은 국법을 가리킨다.

4) Canonici. 이 칭호가 붙은 이유는 그들이 교회법에 얽매여 있기 때문이기도 했고, 교회 직분자 명단에 기록되었기 때문이기도 하다. 그들은 재속(在俗) 성직자들과 수사들 중간의 위치를 차지했다.

을 거두었는가 하는 것은 다음 시기에서 살펴볼 것이다.

76. 가정 생활

가정 생활의 순결과 행복은 가족 구성원들에게 활력을 공급하는 심장과도 같은 여성의 지위에 달려 있었다. 여성의 지위가 낮았던 것이 고대 그리스와 로마 문명에서 가장 취약한 점들의 하나이다. 교회는 사회에 만연한 악과 대립하는 과정에서 철저한 금욕이라는 정반대 극단으로 치우쳤다. 가정을 순결케 하고 가정의 가치를 중시하는 데 힘을 집중하는 대신에, 외로운 독신 생활을 더 높은 등급의 성결과 하늘에 이르는 더 안전한 길로 권장했다.

서유럽과 북유럽에 정착한 야만족들 사회에서 교회는 오히려 기독교 가정 생활을 계발시켜 갈 더 좋은 토양을 발견했다. 이교 사가 타키투스와 기독교 수사 살비아누스가 튜턴족 야만족의 정절과 라틴인들의 방종을 대조해 놓은 글은 비록 효과를 기하기 위해 과장한 면이 없지 않으나 근거 없이 작성한 것은 아니었다. 게르만족과 스칸디나비아 부족들은 여성이 신에 의해 영감을 받은 존재로서 예언의 능력이 있고 신비로운 마력을 부여받는다고 생각하여 본능적으로 여성을 존중했다. 그 부족들 사회에서 여성들은 남성들과 아무 차별이 없이 노동과 위험한 일을 분담했고, 치열한 전쟁터에 함께 따라나가 남성들을 독려했으며, 몸을 더럽히기보다 차라리 자살을 택했다. 그러면서도 아내는 남편의 권위에 철저히 종속되었으며, 남편이 매매하고 구타하고 심지어는 죽이기까지 할 수 있었다.

기독교는 여성에 대한 고귀한 태도를 보존하고 강화하면서 그것을 기사도의 덕목으로 발전시켰으며, 그 과정에서 악한 관습과 행위를 감소시키거나 철폐했다. 교회회의들은 자주 결혼과 이혼 문제를 다루었다. 일부다처 · 축첩 · 비밀 결혼 · 근족 결혼 · 이교도나 유대인이나 이단과의 통혼을 금했다. 결혼의 유대를 신성하고 해체할 수 없는 것으로 공포했고(간음의 경우를 제외하고), 주일과 사순절 기간에는 성행위를 억제하거나 금하도록 했으며, 여성의 인권과 재산권을 향상시켰다. 성모 마리아를 여성의 순결과 경건의 화신으로 생각하도록 항상 드높였다. 하지만 그릇된 금욕적 경건으로 인해 상호 합의하에 결혼이 파기되는 경우도 적지 않았다. 결혼한 평신도가 사제나 수사가 되려 하면 아내를 버리는 것이 예사였다. 827년의 로마 교회회의는 그런 목적으로 결별할 경우 주교의 승인을 받도록 했다. 1072년의 루앙 교회회의는 아내가 수녀가 된 남편에게 다른 여성과 결혼하는 것을 금했다. 남편이 행방불명되었을 경우 죽음이 확인되기 전에는 아내가 다른 남자와 결혼하지 못하도록 한 것도 동일한 교회회의가 내린 결정이었다.

교회회의가 결혼에 관해서 내린 결정들은 대부분 지혜롭고 시의적절했으며, 사회의 악을 규제하고 일소하고 그로써 사회의 기강을 바로 세우는 효과를 가져왔다. 교황 니콜라우스 1세의 역사에서 가장 순수하고 밝았던 장은 로렌의 왕 로타르가 아내를 버리려고 했을 때 그 여성의 손상된 인격을 보호해준 일이었다(참조. 61).

77. 노예제도

역사는 죄가 빚어낸 속박으로부터 더디지만 꾸준히 해방을 이룩해온 과정이다. 노예제도는 중세 내내 문화 민족들뿐 아니라 야만족들 가운데서도 유럽에서 보편적으로 시행되었다. 이 제도는 유럽에서는 15세기까지, 아메리카에서는 18세기까지 노예 인구 자체의 증가와 전쟁과 노예 매매를 통해서 유지되었다. 적지 않은 자유민들이 빚 때문에 혹은 가난을 면하기 위해서 스스로 노예가 되었다. 노예들은 철저히 주인의 수하에 있었으며, 신체적인 욕구를 충족하는 것을 넘어서는 권리를 주장할 수 없었다. 법정에서 증인으로 설 자격이 없었다. 다른 재산과 마찬가지로 자신들의 자녀들과 함께 매매될 수 있었다. 노예의 결혼은 존중되지 않았으며, 자유민과 노예 사이의 결혼은 무효였다. 세월이 흐르면서 노예제도가 토지를 근간으로 하는 농노제(農奴制, serfdom)로 완화되었다. 얼마 되지 않는 토지를 가지고 근근히 살아가던 농부들이 자유를 누리기보다 차라리 농노가 되는 편을 택했다. 그렇게 하면 강도들과 침략자들이 기승을 부리던 시기에 강력한 귀족들의 보호를 받을 수 있었기 때문이다. 하지만 중세 농노들의 지위는 노예들과 별반 다르지 않았으며, 그로 인한 불만이 가끔 농민 전쟁으로 분출되었다. 농민 전쟁들은 대부분 복음이 자유롭게 선포된 일과 관련하여 발생했으나(잉글랜드의 위클리프와 롤라드파, 독일의 루터가 그 예다), 결국은 무력으로 진압되고 피지배 계층의 부담을 훨씬 크게 가중시켰다. 이와 비슷한 투쟁이 오늘날은 자본과 노동이라는 다른 형식으로 여전히 전개되고 있다.

중세 교회는 교부들의 노예제도관을 물려받았다. 그것을 필요악으로, 도덕적 과실에 기초한 법적 권리로, 죄로 인한 결과이자 죄에 대한 정당한 형벌로 간주했다. 노예제도를 전쟁·폭력·전염병·기근 같은 악들과 같은 범주에 넣었다. 라틴 교회의 가장 위대한 신학적 권위자인 성 아우구스티누스는 노예제도를 정상적 조건과 관계를 저해하는 제도로 다룬다. 하나님께서 인간에게 명하신 것은 다른 인간이 아닌 짐승을 정복하고 다스리라는 것이었다고 그는 말한다. 그는 '노예'에 해당하는 세르부스(servus)라는 단어의 어근을 다른 사람들과 마찬가지로 세르바레(servare, '처형될 운명에 처한 전쟁 포로들의 생명을 구하다')에서 찾지만, 성경에서 이 단어가 의인 노아 때에 가서야 비로소 등장한다고 말한다. 노아는 죄를 지은 자기 아들 함에게 이것을 형벌로 부과했는데, 아우구스티누스는 그 사실을 토대로 그 단어가 "본성에서 유래하지 않고 죄에서 유래했다"고 결론짓는다. 더 나아가 모든 죄악이 사라지고 하나님께서 만유 안에 만유가 되시는 날에는 노예제도가 마침내 사라질 것이라고 주장한다.[5]

교회는 노예제도 폐지 못지않게 그 제도와 관련된 악들을 경감하고 제거하는 데에도 도덕적 능력을 크게 발휘했다. 많은 지역 교회회의들이 적어도 임시로나마 그 주제를 다루었다. 하지만 노예를 소유할 법적 권리가 문제시된 적은 없으며, 노예를 소유했다고 해서 사회 생활을 선량하고 정상적으로 수행하는 데 지장이 있지 않았다. 심지어 수도원들도 노예를 소유했다. 물론 그들이 공언한 평등과 형제애의 원칙에는 분명히 모순된 행위이긴 했지만 말이다. 역대 교황들 가운데 인간미가 있는 인물로 손꼽히는 교황 대 그레고리우스는 자신의 사유지에 딸린 노예들을 수도원으로 보냈으며, 자기 형제의 노예가 도주했을 때 그를 되찾기 위해 자신의 권한을 총동원했다. 힐데브란트의 선구자들 가운데 한 사람인 교황 베네딕투스 8세가 주재한 개혁 성향의 파비아 교회회의(1018)는 성직자들의 자녀들은 그들이 자유민 여성에게서 태어났든 노예에게서 태어났든, 법적 아내에게서 태어났든 첩에게서 태어났든 모두 교회의 재산이며, 속량(贖良)될

---

5) *De Civit. Dei*, 1. XIX. c. 15.

수 없다고 규정했다. 교황들 가운데 노예제도를 기독교와 양립할 수 없는 제도로 규정한 사람은 없었다. 교회는 지극히 보수적이었으며, 보편적 속량을 겨냥한 혁명이나 급진적 운동을 권장하지 않았다.

그러나 반면에 기독교 정신은 노예 속량의 방향으로 조용히, 꾸준히, 거역할 수 없게 움직였다. 그러한 정신의 모태인 교회는 적법하게 작용할 경우 끝내는 노예제도와 독재를 모두 뿌리뽑고, 자유와 사랑과 평화의 시대를 이끌고 오고야 말 사상들과 원칙들을 선포했다. 노예 주인을 겸손하게 만들고 노예의 신분을 사실상 상승시켰으며, 두 계층 모두에게 그들이 같은 곳에서 나와 같은 곳으로 간다는 사실을 주지시켰다. 설교를 통해서 노예를 인간적으로 대하도록 가르쳤으며, 그리스도께서 인간을 어떻게 사랑하셨고, 인간들이 어떻게 함께 구속을 받아 도덕적으로 형제의 관계를 맺게 되었는가 하는 생각에서 이끌어낸 강력한 동기들을 가지고 그 교훈을 실천했다. 예배당을 도주 노예들의 도피처로 제공했으며, 주인에게 용서를 다짐받은 뒤에야 그들을 주인에게 돌려보냈다.[6] 교회는 노예 신분에서 속량된 자유민들이 자유를 누리도록 보호했다. 노예의 아들들이 성직자가 되기를 원할 때 주인의 허락을 받아 그렇게 되도록 가르쳤다. 하지만 성직 임명을 받기 전에 먼저 속량을 받도록 했다.[7] 자유민과 노예의 결혼은 노예의 지위가 어떻다는 것을 알고서 맺어졌을 경우에는 유효하게 받아들였다.[8] 노예들에게도 주일에 노동을 강요해서는 안 되었다. 주일에 쉬면서 예배를 드리도록 한 것이야말로 가장 중요하고 인도적인 권리 보호였다.[9]

---

6) 클레르몽 교회회의, A.D. 549.

7) 제5차 오를레앙 교회회의, 549; 아헨 교회회의, 789; 프랑크푸르트 교회회의, 794. 만약 주인의 동의 없이 노예를 성직자로 임명했다면 주인이 노예의 성직을 취소하고 도로 데려갈 수 있었다.

8) Hefele III. 574, 575, 611. 첫 번째 예는 그 자신이 노예 출신이었던 교황 칼리스투스(218-223 재위)로서, 그는 기독교 자유민 여성들과 노예들 혹은 하층민 남성들과의 결혼에 대해서 로마 교회의 명의로 재가했다.

9) 제16차 톨레도 교회회의(693)는 다음과 같은 법령을 통과시켰다. "만약 노예가 주인의 명령으로 주일에 일을 한다면 그 노예는 해방시키고 주인은 30솔리두스의 벌금에 처한다. 노예가 주인의 명령 없이 주일에 일을 하면 그는 채찍질을 당하거나 그에 상응하는 벌금을 내야 한다. 만약 해방 노예가 주일에 일을 하면 그는 자유를 박탈당하거나 60솔리두스의 벌금을 내야 한다. 만약 사제의 경우에는 두 배의 벌금을 내

　그리스도인은 교회법에 의해서 노예를 외국이나 유대인이나 이교도에게 팔아서는 안 되었다. 그레고리우스 1세는 교황의 권한이 미치는 영역 안에서는 유대인들이 그리스도인 노예를 소유하는 행위를 금했다. 그것을 기독교의 이름을 모독하는 행위로 간주했던 것이다. 그럴지라도 심지어 성직자들조차 때로는 그리스도인 노예들을 유대인들에게 팔았다. 제10차 톨레도 공의회(656 혹은 657)는 이러한 관행을 지적하고 성경의 교훈을 들어 비판하면서, 그리스도인들에게 "노예들도 그리스도의 보혈로 구속을 받았으며, 그리스도인이라면 그들을 팔기보다 사야 옳다"고 환기시켰다.[10] 개인적 속량은 하나님을 크게 기쁘시게 해드리는 공로가 되는 행위로서 항상 권장했으며, 그것을 신성한 행위로 칭송했다. 노예를 해방시킬 때는 주인이 노예를 제단 앞으로 데리고 가서 횃불을 들고 주위를 돌다가 손을 제단에 올려놓고는 다음과 같이 말함으로써 속량을 선언했다: "전능하신 하나님을 경외하고 내 자신의 영혼을 치유하기 위해서 나는 너를 속량한다"; 혹은 "하나님의 이름과 그 사랑을 인하여 나는 이 노예에게서 노예제도의 결박을 풀어줍니다."

　이따금씩 노예제도 자체를 비판하는 목소리도 비록 미약하게나마 제기되었다. 이런 목소리는 특히 현세적 재산 소유에 반대하고, 따라서 수도원이 노예 재산을 보유하는 데 큰 괴리감을 느낀 수사들한테서 나왔다. 스투디움의 테오도루스(Theodore of Studium)은 자신의 수도원이 노예를 소유하지 못하도록 금했으나, 그렇게 한 근거는 세속적 재산 소유와 결혼이 평신도들에게나 합당한 일이라는 것이었다. 644~650년에 38명의 주교와 6명의 주교 대표가 참석한 샬롱 교회회의는 그리스도인 노예들을 클로비스의 왕국 바깥으로 팔아넘길 경우 이교도들이나 유대인들의 수중에 들어갈 염려가 있으므로 그렇게 하지 못하도록 금하면서, 다음과 같은 의미심장한 말로써 그것을 법령으로 공포했다: "숭고한 경건과 신앙은 그리스도인들을 노예 신분의 속박에서 완전히 속량해줄 것을 요구한다."[11] 판매 권한이 축소되면서 노예 재산은 일반 재산보다 격상되었고, 이것이 합법적 방법으로 노예 재산 자체를 폐지하는 데로 나아가는 한 걸음이었다.

야 한다."
　10) Hefele III 103. 참조. IV. 70.
　11) *Conc. Cabilonense*, can. 9. 공의회 날짜는 불확실하다.

기독교와 문명의 영향과 경제적·정치적 고려가 한데 결합하여서 노예 매매가 금지되었으며, 노예제도는 점차 농노제로 바뀌다가 마침내는 유럽과 북아메리카에서 완전히 폐지되기에 이르렀다. 그리스도의 정신이 있는 곳에는 자유가 있다.

특주

유럽에서는 농노제가 18세기까지, 러시아에서는 심지어 차르 알렉산더 2세가 그것을 폐지한 1861년까지 존속했다. 그런데 이상하게도 세계에서 가장 자유로운 나라라고 하는 미국에서 흑인 노예제도가 번성하고, 북부의 도주 노예법과 남부의 '왕 목화' 법의 강력한 보호를 받아가며 비대해지다가, 의회가 평화로운 노예 해방을 위해서 취할 수 있었고 또 당연히 취해야 했으나 그러지 못한 후한 배상을 훨씬 초과하는 유혈의 대가(1861~65)를 치른 끝에 폐지되었다. 그러나 열정이 이상을, 이기심이 정의를, 정치가 도덕과 신앙을 지배했다. 노예제도가 남아메리카의 명목상의 기독교 국가들에 여전히 남아 있으며, 아프리카의 이슬람권 지역들에서 여전히 존속하지만, 장차 문명의 울타리로부터 완전히 사라질 날이 올 것이다.

78. 반목과 사적 결투. 하나님의 휴전

개인이 상해를 받으면 가해자에게 즉각 보복하는 것이 모든 야만족 사회의 일반적 관행이다. 피해자가 속한 가족이나 부족은 복수심이 채워질 때까지 투쟁에 개입한다. 따라서 반목(feud)과 사적 결투(private war), 즉 가문들과 씨족들간의 치열한 투쟁이 발생한다. 이와 비슷한 자립과 무제한의 분노의 관습이 이슬람권 아랍 사회에는 오늘날까지도 만연해 있다.

기독교의 영향은 범죄의 책임을 그 당사자에게 국한시키고, 사적 복수를 질서 잡힌 법 집행으로 대체하는 방향으로 발휘되었다. 제16차 톨레도 교회회의(693)는 결투와 사적 반목을 금지했다. 푸아티에 교회회의(1000)는 향후 모든 논쟁은 폭력이 아닌 법으로 조정되어야 한다고 결의했다. 반목 중인 개인들이나 부족들에게는 약정서를 체결하여 화해하도록 권고했고, 약정을 어기고 평화를 깨뜨린 당사자는 파문에 처하도록 했다. 1031년의 리모주 교회회의는 유혈 반목 행위에 대해서 성무중지령이라는 훨씬 더 가혹한 처벌을 내렸다.

이런 산발적인 노력들이 중세의 가장 인도적인 제도의 하나인 '하나님의 휴전'(Truce of God) 혹은 '하나님의 평화'(Peace of God)가 제정될 수 있도록 길을 닦았다.[12] 이 제도는 참혹한 기근이 끝난 때인 1033년에 프랑스 아키텐에서 발생했다. 기근으로 인해 살인자가 속출하고, 그로 인해 민중이 말할 수 없이 큰 고통과 비참한 현실을 겪던 상황이었다. 주교들과 대수도원장들은 마치 신적 영감을 받기나 한 듯이(그런 인상을 주었기 때문에 '하나님의 평화' 라는 이름이 붙었다), 모든 반목은 수요일 저녁부터 월요일 아침까지 중단해야 하며, 이것을 어길 때에는 파문에 처한다고 결의했다.

1041년에는 아를의 대주교 Raimbald, 아비뇽의 주교 베네딕투스, 니스의 주교 니타르(Nitar), 클뤼니의 대수도원장 오딜로(Odilo)는 자신들의 이름과 프랑스 주교단의 이름으로 이탈리아 주교들과 성직자들에게 보내는 회람 서신을 작성했는데, 이 서신에서 그들은 이미 갈리아에 도입된, 하나님이 내리신 트류가 데이(Treuga Dei, 하나님의 휴전)를 지키라고, 즉 주중의 나흘 동안, 다시 말해서 그리스도의 승천일인 목요일과 십자가에 달리신 날인 금요일, 장사되신 날인 토요일, 부활을 기념하는 주일에 이웃들과 친구들 혹은 원수들 사이에 평화를 유지하라고 엄숙히 부탁했다. 그리고는 이렇게 덧붙여 말했다. "이 트류가 데이를 사랑하는 모든 이에게 우리는 복과 사면을 빕니다. 그러나 반대하는 이들은 저주하고 교회에서 추방합니다. 하나님의 평화를 교란하는 자를 처벌하는 사람은 죄책을 면제받고 모든 그리스도인들에게 하나님을 위해 싸우는 투사로 존경을 받을 것입니다."

이러한 평화 운동은 부르고뉴와 프랑스 전 지역으로 퍼져나갔고, 나르본 교회회의(1054) · 스페인의 게룬둠 교회회의(1068) · 툴루즈 교회회의(1068) · 트루아 교회회의(1093) · 루앙 교회회의(1096) · 랭스 교회회의(1136) · 라테란 교회회의(1139와 1179) 등의 회의들에서 재가를 받았다. 교황 우르바누스 2세가 주재한

---

12) Treuga Dei, Gottesfriede. 이 단어는 여러 언어들에서 나온다(treuga, tregoa, trauva, treva, tréve). 독일어 treu, Treue, 영어 true, troth, truce와 어근이 같으며, 원수에게 잠시 동안 평화를 지키겠다고 약속하는 신뢰의 보증을 상징한다.

클레르몽 교회회의(1095)는 하나님의 휴전을 교회의 일반법으로 제정했다. 휴전 시기는 강림절(Advent, 성탄절 전의 약 4주간) 첫날부터 주현절(Epiphany, 1월 6일)까지, 재의 수요일(Ash Wednesday, 사순절의 첫날)부터 부활절 주간 끝날까지, 승천일부터 오순절 주간 끝날까지 확대되었으며, 다양한 축일들과 그 기간들에 속한 철야 시간들에까지 확대되었다. 하나님의 휴전 시간은 종을 울려서 고지했다.

79. 시죄법

교회가 다루어야 했던 또 다른 이교 관습은 이른바 하나님의 심판 곧 시죄법(試罪法, Ordeal)이다. 이것은 유죄 혹은 무죄를 자연을 통해서 하나님께 직접 호소하는 방법을 사용하는 재판이다. 중국·일본·인도·이집트에서 성행했고, 유럽 전역의 야만족들 사이에서도 널리 사용되었다.

시죄법은 인간이 유죄가 입증되기 전에는 무죄하다고 간주되어야 한다는 정확한 원칙을 뒤엎으며, 입증의 책임을 원고가 아닌 피고에게 떠넘긴다. 인간이 약해서 판결을 내릴 수 없고, 그래서 하늘을 향해 도움을 청함으로써 자신의 책임을 덜기로 할 때 우주의 재판관께서 어느 때든 공의를 입증하기 위해 기적을 행하실 것이라는 미신적이고 주제넘는 추정에 근거한 것이 시죄법이다. 카롤링거 왕조의 법령집(the Carlovingian Capitularies)에는 다음과 같은 단락이 실려 있다: "의심스러운 사건은 하나님의 심판으로 판결하도록 하라. 판사들은 자신들이 명확히 아는 사건은 판결할 수 있지만, 모르는 사건은 하나님의 심판에 맡겨야 한다. 하나님이 친히 심판하시기로 남겨놓은 자를 인간의 방법으로 단죄해서는 안 된다."

중세에 널리 사용된 시죄법에는 물과 불이 사용되었는데, 평민들에게는 물 시죄법이, 귀족들에게는 물 시죄법과 불 시죄법이 사용되었다. 물 시죄법은 노아의 대홍수와 바로가 홍해에서 당한 심판을 연상케 했고, 불 시죄법은 장차 있을 지옥의 형벌을 연상케 했다. 물 시죄법은 끓는 물이나[13] 얼음장처럼 차가운 물을

---

13) Judicium aquae ferventis, aeneum, cacabus, caldaria. 이것이 유럽에서 가장 오

사용했고,[14] 불 시죄법은 달군 쇠나[15] 불을[16] 사용했다. 고소를 당한 사람이나 범

___

래된 시죄법 방식인 듯하다. 가장 오래된 법률서들에 자주 언급되고, 특히 랭스의 앙크마르가 대홍수 때의 물과 최후의 심판 때의 불을 결합한 것으로서 이 방식을 권장했다. 피의자는 물이 펄펄 끓는 가마솥에 맨손을 넣어 작은 돌이나 반지를 찾아야 했거나, 그냥 끓는 물에 팔목이나 팔뚝까지 넣어야 했다.

14) Judicium aquae frigidae. 유럽에서는 이 방식이 교황 유게니우스(824–827 재위) 이후에야 비로소 알려졌는데, 아마도 그가 이 방식을 도입한 듯하다. 피의자를 줄에 묶어 저수지나 연못에 담근 다음 (성 둔스탄의 기도문으로) 이렇게 기도했다. "선의 무게를 이기지 못해 죄악의 바람에 들려 올리우는 사람의 육체를 물이 받아들이지 못하게 하소서." 순수한 물이 범죄자를 품에 받아주지 않으리라는 발상이었다. 그러므로 이 경우에는 기적이 일어나야 피의자의 죄가 입증되는 셈이었다. Lea(p. 221)는 대영박물관에 소장된 사본을 토대로 이 사례를 소개한다. "1083년에 하인리히 4세와 힐데브란트를 앞세워 황제와 교황간에 치열한 투쟁이 전개되고 있는 동안, 교황궁의 일부 고위 성직자들이 황제의 정당성 여부를 놓고 시죄법을 시행하기로 했다는 소식을 기쁜 어조로 진술했다. 이 성직자들은 사흘간 금식을 하고 물에 강복 의식을 행한 뒤에 황제를 상징하는 소년을 물에 담궜는데, 경악스럽게도 소년은 돌덩이처럼 물에 가라앉았다. 이 소식이 힐데브란트에게 전달되자, 그는 자신에 대해서도 동일한 재판을 하도록 지시했다. 역시 교황을 대표하는 소년을 물에 던졌는데, 수면 위에서 억지로 소년을 눌렀는데도 불구하고 소년은 한사코 물 위로 떠올랐으며, 두 번이나 그렇게 해도 결과가 동일하자, 재판을 주관한 성직자들은 예기치 못했던 그 결과를 비밀로 부치도록 단단히 다짐을 해야 했다." 잉글랜드의 제임스 1세는 시죄법의 엄격한 신봉자였으며, 순수한 물이 거룩한 세례의 특권들을 더럽힌 자들을 받아줄 리 없다고 생각했다. 심지어 1836년에 와서도 마녀의 혐의를 받은 여성이 단치히 근처의 헬라 바다에 두 번 던져졌는데 계속 수면으로 떠오르자 유죄 판결을 내린 뒤 태형으로 죽게 했다. 참조. Lea, p. 228, 229.

15) Judicium ferri 혹은 ferri candentis. 즐겨 사용되던 방식의 시죄법으로서, 두 가지 다른 방식으로 집행되었다. 하나는 여섯 개 내지 열두 개의 달군 쟁기 위를 맨발로 걸어가게 하는 방식이었고, 다른 하나는 뜨겁게 달군 쇠붙이를 들고 아홉 걸음 이상을 가게 하는 방식이었다. 참조. Lea, p. 201 sq.

16) 피의자가 불에 손을 집어넣어야 했다. 때로는 활활 타오르는 장작더미 위를 맨발로 걸어가야 했다. 페트루스 이그네우스(Petrus Igneus)는 이런 유의 용감한 행위로 명성과 별명을 얻었다. 구체적인 사례들에 관해서는 Lea, p. 209를 참조하라. 1498년에 사보나롤라는 정적들에 대해서, 교회가 철저히 개혁될 필요가 있다는 점과, 교황 알렉산더 6세가 자신에게 내린 파문이 무효임을 입증하기 위해서 이 방식의 시죄법을

죄 혐의를 받는 사람은 이런 요소들 가운데 한 가지로써 죽음의 위험이나 심각한 상해에 노출되었다. 만약 상해를 입지 않는다면 — 끓는 물에 팔목까지 담그거나, 달군 쟁기날 위를 맨발로 걷거나, 달군 쇳덩이를 쥐었는데도 상해를 입지 않으면 — 그는 하나님의 기적적 개입에 힘입어 무죄 판결을 받고 석방되었으며, 그렇지 않으면 처벌을 받았다.

시죄법에는 법적 결투나 전투 시죄법도 들어 있다. 이것은 하나님께서 항상 무죄한 자에게 승리하게 하신다는 오래된 미신에 근거한 것이었다. 전투 시죄법은 자유민들에게만 허용되는 것이 보통이었다. 노인과 병자, 여자와 어린이, 성직자는 대리인을 세울 수 있었으나, 꼭 그렇게 한 것만은 아니었다. 중세의 송덕문(頌德文) 작가들은 법적 결투의 근원을 가인과 아벨에게로 거슬러 올라가 찾는다. 그것은 고대의 데인족과 아일랜드족, 부르군트족, 프랑크족, 롬바르드족 사이에서 성행했으나, 앵글로색슨족에게는 알려지지 않다가 정복자 윌리엄이 잉글랜드에 도입했다. 법적 결투는 국제간 소송에서도 사용되었다. 이 관습은 16세기에 소멸했다.[17]

중세 교회는 기적을 강하게 믿었기 때문에 시죄법을 반대할 수도 없었고 대체로 반대하지도 않았으며, 오히려 그것에 종교적 의미를 부여한 뒤 무지하고 미신적인 민중에게 권위를 행사하는 강력한 수단으로 사용했다. 880년의 마인츠 공의회, 895년의 트리부르(라인 강변에 위치함) 공의회, 925년의 투르 공의회, 1065년의 마인츠 공의회, 1068년의 아우크 공의회, 1099년의 그라우 공의회 등 여러 공의회들이 이 관습을 인정하고 권장했다. 성직자들과 주교들, 랭스의 앙크마르와 보름스의 부르크하르트 같은 대주교들, 심지어 그레고리우스 7세와 칼릭스투스 2세 같은 교황들까지도 그 관습을 사용해서 영향력을 행사했다. 성 베

제안했으나, 결국 재판에 응하지 못하게 되어 위신을 잃었고, 참혹한 고문을 당한 끝에 교수형과 화형을 당했다. 그는 콘스탄츠의 후스나 보름스의 루터만한 용기가 없었으며, 그가 시도한 종교개혁은 비극적인 기억 외에는 남기지 않았다.

17) 참조. Lea, p. 75-174. 결투 재판은 법적 제도로서, 모든 종족들 사이에 다소 관습처럼 시행되는 사적인 결투와 혼동해서는 안 되며, 비록 '신사의 만족'(the satisfaction of a gentleman)이라고 잘못 이름 붙여지긴 했으나, 일종의 야만적 폐습으로 여전히 남아 있다. 법적 결투는 진실을 밝혀내고 정의를 공정하게 집행하는 데 목표를 둔 반면에, 사적 결투는 개인적 보복과 명예 회복에 목표를 둔다.

르나르는 이단들에게 죄의 자백을 받아내는 일에 얼음물을 사용하도록 허락했으며, 샤르트르의 성 이보는 인간이 원래 의심이 많으며, 비록 하늘의 판결에 호소하는 일이 율법의 명령이 아닐지라도 때로 그렇게 할 필요가 있다고 인정했다.

세월이 많이 흘러 1215년이 되어서도 마르부르크의 잔인한 종교재판관 콘라트(Conrad)는 스트라스부르 한 도시에서만 알비파 이단의 혐의가 있는 80명을 대상으로 달군 쇠를 마음대로 사용했다. 성직자들은 피고들을 금식과 기도, 특별한 의식 문구로 준비시키고, 재판을 주관하고 형을 언도했다. 때로는 법정에서 사기를 저지르는 일도 있었고, 뇌물로써 공정한 판결을 그르치는 경우도 있었다. 투르의 그레고리우스는 어느 부제(副祭)의 사건을 언급하는데, 그 부제는 아리우스파 사제와 시죄법으로 시비를 가리다가 펄펄 끓는 가마솥에 손을 넣어 반지를 건지기로 했는데, 손을 넣기 전에 먼저 자기 손에 기름을 부었다. 아리우스파 사제는 뭔가 이상하다고 생각하고서 마술을 쓰지 말라고 질책하고는 재판이 무효라고 주장했다. 그런데 라벤나에서 온 가톨릭 사제 야킨투스가 나서더니 끓는 가마솥에서 반지를 건져올림으로써 크게 놀라는 군중 앞에서 정통 신앙의 승리를 입증하고는, 물이 바닥은 차고 위는 적절히 따뜻하다고 말했다. 그 말을 듣고 용기가 생긴 아리우스파 사제가 가마솥에 불쑥 손을 넣었더니 팔꿈치까지 살이 익어버렸다.

교회는 심지어 새로운 시죄법들을 고안하기도 했는데, 그렇게 고안한 방식들이 비록 고대 이교의 것들에 비하면 덜 고통스럽고 덜 잔인하긴 했으나 우리의 관념에 비춰보면 충격적일 정도로 저속하다. 저속함과 미신은 긴밀히 연결되게 마련이다. 이 새로운 방식들이란 십자가 시죄법과 성찬 시죄법이다. 이 둘은 특히 성직자들이 많이 사용했다.

십자가 시죄법은 단순히 신체적 힘에 관련된 재판이다. 원고와 피고가 간단한 종교 의식을 거친 뒤에 십자가 앞에서 서로 팔을 들고 서 있고, 의식이 거행되는 동안 오래 팔을 들고 있는 쪽이 재판에서 이기는 것이다. 피핀이 752년에 어느 여성의 이혼 청구 소송에 대해서 법령으로써 이 재판을 최초로 규정했다. 샤를마뉴는 자기 아들들 사이에 벌어질 소지가 있는 영토 분쟁건을 대비하여 이 재판을 규정했다(806). 그러나 Louis-le-Débonnaire는 샤를마뉴가 죽은 뒤인 816년에 엑스라샤펠에서 열린 공의회에서 이 방식의 재판을 즉각 금지했다. 그 이유는 이렇게 십자가를 남용함으로써 기독교의 상징이 천하게 되는 경향이 있었기 때문이다. 이 방식의 시죄법의 흔적은 십자가 체험(experimentum crucis, 십자가 실험)이라는 격언적 표현에 남아 있다.

이보다 훨씬 더 속된 재판 방식은 성찬의 축성된 빵을 가지고 "우리 주 예수 그리스도의 이 살과 피가 오늘 그대를 판결해 주시기를" 하고 말하면서 재판을 하는 시죄법이었다. 이 방식은 868년의 보름스 교회회의에서 살인·간음·도둑질·점술 같은 중죄로 고소를 당한 주교들과 사제들에게 적용하도록 규정했다. 이 방법을 6세기 말 오베르뉴의 주교 카우티누스(Cautinus)가 사용했는데, 그는 부친 살해죄로 고소를 당한 율랄리우스(Eulalius)라는 백작에게 성찬을 집례하고는 그가 성찬의 빵을 받아먹고도 아무런 이상이 없자 무죄로 선언했다. 왕 로타르와 그의 귀족들은 그가 자신의 정부(情婦) 발라다와 결별했다는 증거로 성찬을 받았으나 얼마 후 피아첸차에서 갑자기 전염병에 걸려 죽었는데, 교황 하드리아누스 2세는 이것을 하나님의 심판으로 간주했다. 루돌푸스 글라베루스(Rudolfus Glaber)는 어느 수사의 사건을 기록하는데, 그 수사는 용감하게도 축성된 성찬의 빵을 먹었다가 빵이 입으로 들어가기 전과 마찬가지로 희고 깨끗한 상태로 배꼽으로 빠져나오자 곧장 죄를 자백했다고 한다. 슈파이어의 주교 지비코(Sibicho)는 간음 혐의로 고소를 당한 뒤 결백을 입증하기 위해 이 재판을 받았다(1049).

심지어 교황 힐데브란트조차 1077년에 카노사에서 황제 하인리히 4세에 대해 자신을 변호하기 위해서 이 방법을 사용했다. 그는 이렇게 말했다. "내가 하나님의 증거 대신에 인간의 증거에 의존하지 않는다는 것과, 모든 사람의 마음에서 한 치의 거리낌도 없다는 것을 즉각 증명해 보이려는 뜻에서 우리 주님의 이 살을 먹고자 합니다. 이것이 오늘 내게 내 무죄함의 증거로 삼고자 하는데, 전능하신 하나님께서 오늘 친히 판결하시어 만약 내가 무죄하다면 모든 고소에서 나를 면제해 주시고, 만약 유죄하다면 급작스런 죽음으로써 나를 멸하시기를 바랍니다." 그런 뒤 교황은 조용히 전병을 먹었고, 곁에서 벌벌 떨고 있는 황제에게도 똑같이 하기를 권했으나, 하인리히는 자기 친구들과 적들이 다 그 자리에 없다는 이유로 거부하고는, 그 대신 제국 의회에서 재판을 받겠다고 약속했다.

연옥을 대상으로 한 맹세도 기적을 일으키는 성유물 앞에서 시킬 때는 천상의 기원을 지닌 일종의 시죄법 역할을 했다. 어떤 범인이 아빙턴 수도원에서 그리스도의 십자가에 박혔던 못들로 제작한 검은 십자가(콘스탄티누스 황제에게서 유래한) 앞에서 거짓 맹세를 했다가 죽임을 당한 일이 있었다. 많은 경우에 성유물들이 정상적인 재판으로는 받아낼 수 없는 자백을 유도하는 방편으로 쓰였다.

하지만 기독교의 진실한 정신은 이런 시죄법들을 개선하기보다 폐지할 것을 촉구했다. 그러한 비판의 소리가 제기된 경우가 적지 않았다. 물론 오랜 세월 동안 이렇다 할 성과를 거두지 못하긴 했지만. 6세기 초에 비엔의 주교 아비투스(Avitus)는 부르고뉴의 법에 전투 시죄법을 부각시키지 말라고 왕 군도발드(Gundobald)에게 간했다. 리옹의 대주교 성 아고바르(St. Agobard)는 9세기 중엽 이전에 (그는 840년경에 죽었다) 두 편의 특별 논문을 통해서 결투와 시죄법을 비판했는데, 이 논문들에는 자기 시대를 넘어서는 자비와 우애와 평화라는 복음 정신이 잘 나타나 있다. 그는 시죄법들이 부당하게도 하나님의 심판으로 불리고 있다고 말하면서, 이는 하나님께서 그런 방법들을 제정하시거나 승인하시거나 뜻하신 적이 없고, 오히려 정반대로 율법과 복음에서 이웃을 우리 몸처럼 사랑하라고 명하셨고, 사람들 사이에 발생하는 분쟁들을 조정하기 위해서 사사들을 세우셨기 때문이라고 설명한다. 그는 섭리를 외람되게 해석하는 행위를 경고하면서, 섭리는 은밀하게 역사하며, 결코 물과 불을 가지고 나타나게 할 수 없다고 말한다. 레오 4세(847-855 재위), 니콜라우스 1세(858-867), 스테파누스 6세(885-891 재위), 실베스터 2세(999-1003 재위), 알렉산더 2세(1061-1073 재위), 첼레스티노 3세(1191-1198 재위), 호노리우스 3세(1222) 같은 여러 교황들과 제4차 라테란 공의회(1215)는 미신적이고도 경박하게 기적에 호소하는 행위를 다소 분명하게 단죄했다.[18] 국법에 지원을 받은 그들의 영향력에 힘입어 이렇

---

18) "결국 교황권이 절정에 달했을 때인 1159-1227년에 교황좌를 차지한 교황들은 시죄법 제도를 아예 없애기 위해 철저하고도 지속적인 노력을 기울였다. 그중에서도 알렉산더 3세가 공포한 금령만큼 단호한 조치도 없었다. 1181년에 루키우스 3세는 어느 사제가 살인죄로 기소되었다가 물 시죄법을 통해서 무죄 언도를 받은 건에 대해서 무효로 돌린 다음, 그를 면책 선서자들에게 보내 무죄를 입증하도록 했다. 이 조치를 후임 교황들이 계승했다. 인노켄티우스 3세 때 열린 라테란 공의회(1215)는 시죄법 재판에 교회의 의식을 동원하는 행위를 공식적으로 금했다. 이로써 시죄법의 도덕적 영향이 전적으로 그 종교적 의미에 국한됨에 따라 이 교회법을 엄격히 준수하는 관행이 신속히 확산되었으며, 그 결과 시죄법은 곧 잊혀졌다. 그럴지라도 바로 그 시점에 종교재판관 마르부르크의 콘라트는 독일에서 달군 쇠를 불행한 혐의자들에게 무작위로 사용했는데, 연대기 저자의 진술에 따르면 죄가 있든 없든 그 재판을 통해 무죄 언도

게 하나님을 시험하는 시죄법들이 12–13세기에 점차 자취를 감추었으나, 그 저변에 깔렸던 사상은 오랫동안 시죄법의 자리를 대신한 고문으로 살아남았다.

80. 고문

고문은 시죄법과 같은 사상에 근거를 둔다. 이것은 하나님의 특별한 도움이 없이는 인간이 참아낼 수 없는 신체적 고통을 가함으로써 유·무죄를 입증하려는 시도이다. 시죄법이 제 소임을 다했을 때 고문이 그 자리를 대신했는데, 이것이 덜 미신적이고 더 회의적인, 하지만 매우 독재적이고 비관용적인 시대에 더 편리하고 적합한 방법이었다. 그리고 이것이 역사에서 가장 어두운 장들의 하나를 구성한다. 모세 율법의 정신에 위배될 뿐 아니라 기독교적이고 인도적인 정서를 철저히 거스르는 이 잔인한 제도가 수세기 동안 문명화한 기독교 국가들에서 사용되었으며, 그로 인해 죄인들뿐 아니라 무고한 사람들까지 포함된 무수한 인명이 죽음보다 못한 고통에 희생되었다.

고문은 힌두족과 셈족 계열의 민족들에게는 없던 것이었지만, 고대 그리스인들과 로마인들은 정규적인 법 절차로 인정했다. 초기에는 자발적 증거 가치가 없으므로 강제로 진실을 자백하게 해야 한다고 판단되는 노예들에게만 고문이 사용되었다.[19] 독재적인 황제들은 그것을 자유민들에게까지 확대 적용했는데, 처음에는 중상해죄(crimen laesae majestatis) 사건들에 적용했다. 본디오 빌라도는 우리 구주를 재판할 때 채찍과 가시면류관을 사용했다. 티베리우스는 반역 혐의자들을 고문하는 일에 자신의 재능을 총동원했으며, 그들이 고통당하는 모습을 보고 즐거워했다. 반미치광이였던 칼리굴라는 저녁 식사 자리에서 처참한 광경을 즐겨 관람했다. 네로는 이런 잔인한 방법을 사용하여 그리스도인들에게서 방화죄를 자백받아 그들을 박해할 구실로 삼았으며, 그것으로 만족하지 않고 무고한 그들의 몸에 역청을 바르고 자기 정원에 박아둔 기둥에 묶어 야간의 조

를 받은 사람이 없었다고 한다. 하지만 라테란 교회법은 교황 특사들에 의해서 적극 뒷받침되었으며, 그 효과가 속히 나타났다." Lea, p. 272.

19) "그들의 증거는 고문을 거치지 않고는 받아들여지지 않았으며, 고문을 거친 뒤에 받아낸 자백은 가장 확실한 증거로 간주되었다." Lea, 283.

명등으로 타오르게 하는 악마적인 모습을 드러냈다. 소 플리니우스는 비두니아 총독으로서 그곳의 그리스도인들에게 고문을 사용했다. 디오클레티아누스는 칙령을 내려서 그 혐오스런 종교[기독교]의 신자들을 이 방법으로 심문하라고 명령했다.

고문은 점차 정규 제도로 발전하다가 유스티니아누스 법전에 명문화했다. 구체적인 법규들이 제정되었으며, 성직자들을 비롯한 지식인들, 귀족들, 열네살 미만의 어린이들, 임신 여성들은 고문에서 제외되었다. 이렇게 해서 고문이 정규 법에 의해서 재가를 받게 되었다. 그러나 그 효율성에 관해서는 견해가 엇갈렸다. 아우구스투스는 고문이야말로 증거를 이끌어내는 최선의 방법이라고 공언했다. 키케로는 그것을 예찬하기도 하고 불신하기도 했다. 울피아누스(Ulpian, 170?-228, 페니키아에서 태어난 로마의 법학자: 역자주)는 좀 더 현명하게 고문이 안전하지 못하고 위험하고 기만의 여지가 있다고 생각했다.

북부의 야만족들은 초기에는 노예의 경우를 제외하고는 고문을 사용하지 않았다. 오늘날 잉글랜드의 관습법도 고문을 인정하지 않는다. 범죄를 사회가 아닌 개인들에 대한 상해로만 간주했으며, 주요 처벌 수단도 상해를 당한 측에서 개인적으로 보복하는 것이었다. 그러나 재산의 일부에 지나지 않는 노예가 도둑질의 혐의를 받을 경우 주인은 자백할 때까지 채찍질을 할 수 있었다. 자유민들 사이에서 제기되는 모호한 의문들은 성례를 통한 무죄 증명과 다양한 형태의 시죄법에 의해서 판결되었다.

그러나 로마인들이 야만족 정복민들에게 법을 제공한 유럽 남부에서는 과거의 관습이 존속하거나 로마 법 연구와 발맞추어 회복되었다. 프랑스 남부와 스페인에서는 고문이 단절되지 않은 유서 깊은 관습이었다. 13세기에 지혜자 알폰소(Alfonso the Wise)는 *Las Siete Partidas*로 알려진 스페인 법률 개정본에 고문 조항을 남겨놓았으나, 인간의 인격이 지상에서 가장 숭고하다고 주장했으며, 강요된 자백을 유효하게 만드는 자발적 자백을 요구했다. 그 결과 죄수가 고문을 당한 뒤에 판사 앞에 끌려나와 다시 심문을 받게 되었다. 만약 자백을 철회하면 다시 고문을 당했고, 중죄 혐의자일 경우에는 세 번 고문을 받았다. 만약 자백을 고수하면 유죄 판결을 받았다. 13-14세기에는 유럽에 고문 제도가 널리 보급되면서 시죄법을 대체했다.

교회는 인간 존중의 본능에 충실하게 처음에는 강제 자백 제도 자체에 반대했다. 오세르 교회회의(585 혹은 578)는 성직자들이 고문 광경을 참관하는 행위를 금했다. 교황 그레고리우스 1세는 혐의자를 감금하고 굶게 함으로써 받아낸 자백이 무가치하다고 비난했다.[20] 니콜라우스 1세는 불가리아의 새 개종자들에게 채찍질을 하고 날카로운 쇠붙이로 찔러 자백을 받아내는 행위를 종교 법과 세속 법을 망라한 모든 법에 위배되는 행위라고 천명했다(866).[21] 그라티아누스는 "고문들로 자백을 이끌어내서는 안 된다"(confessio cruciatibus extorquenda non est)라는 일반적인 규율을 제시한다.

그러나 세월이 흐른 뒤 로마 교회는 이단들을 다루는 과정에서 불행하게도 고문 사용을 최고의 권위로써 재가했으며, 그로써 교회의 가장 숭고한 정서와 가장 거룩한 사명을 저버렸다. 제4차 라테란 공의회(1215)는 알비파와 발도파를 철저히 뿌리뽑고, 악명 높은 교회-정치 법원인 종교재판소를 설립하도록 고취했다. 이렇게 세워진 법원들이 고문을 이단 처벌과 근절의 가장 효과적인 방법으로 채택했으며, 이교 로마의 선구자들보다 더 세련되고 잔인한 고문 방식들을 새로 개발했다. 교황 인노켄티우스 4세는 토스카나와 롬바르디아의 종교재판소 운용 지침을 지시하는 과정에서, 국가 관리들에게 모든 이단들에게 고문을 사용하여 그들의 유죄를 자백하게 하고 모든 공범을 누설하게 하라고 명령했다(1252).[22] 이것은 참으로 불길한 전례였으며, 무수한 이단 근절이 교황청에게 유익을 끼친 것과 비교가 되지 않을 정도로 교황청의 명예에 손상을 입혔다.

이탈리아에서는 황제가 교회의 권력을 규제한 탓에 종교재판소가 그 잔인하고 살벌한 면모를 충분히 과시하지 못했다. 독일에서는 민중과 주교들이 종교재판소 도입을 저지했으며, 종교재판관으로 임명된 마르부르크의 콘라트가 살해되었다(1233). 그러나 스페인에서는 오늘날까지 유혈 낭자한 투우 경기에 환호하는 국왕과 민중의 전폭적인 지지를 받았다. 스페인 종교재판소는 페르난도와 이사벨라의 재위 기간에 교황의 재가를 받아 설치되어(1478), 저승사자와 같은 대종교재판관 토르케마다(Torquemada, 1483년부터 활동) 때 그 두려운 맹위를 휘둘렀고, 왕성한 열정으로 무어족과 유대인들, 이교도들을 뿌리뽑았으며, 극단적 만행을 저질러서 심지어 교황들조차 나서서 권력 남용을 비판할 정도였으나

---

20) *Epist.* VIII. 30.

21) *Responsa ad Consulta Bulgarorum*, c. 86.

22) 대칙서 *Ad extirpanda*.

그들의 말이 거의 먹혀들지 않았다. 종교재판소는 고문 제도를 극단으로까지 몰아갔다. 고문은 종교개혁 이후에도 점쟁이와 마녀를 재판할 때 계속해서 사용되다가, 18세기의 사상 혁명을 맞이하여서 잔인한 형태의 형벌과 함께 자취를 감추었다. 이러한 승리는 정의와 인도애와 관용이 합쳐져 발휘한 영향 덕분이었다.

특주

I. 리(Lea, p. 331)는 이렇게 말한다. "종교재판소 체제 자체가 불가피하게 고문에 의존하도록 되어 있었다. 재판 절차는 비밀에 부쳐졌다. 죄수가 자신의 혐의가 구체적으로 무엇인지, 어떤 증거가 제출되었는지 모르도록 주의했다. 그를 유죄로 추정한 다음 판사들이 그에 해당하는 자백을 받아내기 위해서 모든 역량을 동원했다. 이 목적을 달성하는 방법에는 너무 저급한 것도 너무 잔인한 것도 없었다. 몇 사람이 그를 동정하는 척하고 그의 감방에 배치된 뒤, 친절을 가장하여 경솔히 죄를 자백하는 발언을 하도록 유도했다. 그와 동시에 가상적인 증거로 무장한 관리들로 하여금 증인들[당연히 거짓 증인들]한테서 충분히 증거를 확보했다고 겁을 주도록 시켰다. 고독과 고통과 굶주림과 공포로 가련한 죄수의 마음이 약해지도록 주도면밀히 끌고 간 다음 그의 경계심과 결심을 짓눌러 버리는 데에 사기나 조작을 금하지 않았다. 이런 단계에서 고문대와 발의 뒷발질까지는 아주 쉽게 이어졌고, 오래 지체되지 않았다." 자세한 내용은 종교재판소에 관한 저서들을 참조하라.

롤렌트(Llorente, *Hist. crit. de l'Inquisition d' Espagne* IV. 252, quoted by Gieseler III. 409 note 11)는 이렇게 말한다: "(1478년부터 1498년에 토르케마다가 종교재판관직을 사임할 때까지) 8800명이 산 채로 화형을 당했고, 6500명이 교수형에 처해졌으며, 90,004명이 다양한 고행으로 처벌을 받았다. 제2대 대종교재판관인 도미니쿠스회 출신 디에고 데차(Diego Deza)는 1499년부터 1506년까지 1664명을 산 채로 화형시키고, 832명을 교수형에 처하고, 32,456명을 처벌했다. 제3대 대종교재판관인 추기경 겸 톨레도 대주교 프란시스 히메네스 드 치스네로스(Francis Zimenes de Cisneros)는 1507년부터 1517년까지 2536명을 산 채로 태워 죽이고, 1368명을 교수형에 처하고, 47,263명을 굴복시켰다."

롤렌트는 스페인의 사제로서 마드리드 종교재판소의 총서기를 지냈으며(1789-1791), 덕분에 모든 문서를 열람할 수 있었으나, 본인이 시인하듯이 그가 제시한 숫자들은 추정상의 계산에 근거한 것이며, 몇몇 사례들은 사실과 다름이 밝혀졌다. 스페인 종교재판소가 330년간 존재하면서 처형한 사람의 수가 30,000명이라고 진술된다. 헤펠레(Hefele, *Kirchenlexikon*, v. 656)는 이 합계가 과장되었다고 생각하지만, 독일에서만 화형을 당한 마녀의 숫자와 비교해 보면 그 수는 그다지 많은 편이 아니다. 스페인 종교재판소는 1781년에 마지막 사형 선고를 내렸고, 1808년 12월 4일에 조셉 나폴레옹에게 통치를 받는 동안 폐지되었다가 1814년에 페르난도 7세에 의해 복원되었으며, 1820년에 다시 폐지되었다가 다시 복원된 뒤 1834년에 폐지되었다.

가톨릭 저자들은 롤렌트의 자료가 부정확하다고 비판하면서, 스페인 종교재판소의 잔인한 행위에 쏟아지는 비난에 대해서 가톨릭 교회를 변호한다. 종교재판소가 교회 기관이라기보다 정치 기관이었으며, 적어도 종교 전쟁을 방지하는 유익한 효과를 끼쳤다고 주장한다. 그러나 종교재판소는 교황 식스투스 4세의 명백한 재가를 받아 설치되었고(1478년 11월 1일), 도미니쿠스회와 추기경들에 의해 통제되었으며, 가톨릭 저자들이 말하는 유익을 놓고 보더라도, 무덤의 평화란 전쟁보다 더 못한 법이다.

II. 고문은 잉글랜드에서는 1640년에, 프로이센에서는 1740년에, 토스카나에서는 1786년에, 프랑스에서는 1789년에, 러시아에서는 1801년에, 독일의 다양한 국가들에서는 각기 이르게 혹은 늦게 폐지되었으며(1740-1831년 사이에), 일본에서는 1873년에 폐지되었다. 토마시우스(Thomasius)·볼테르(Voltaire)·호멜(Hommel)·하워드(Howard)는 자신들의 영향력을 사용하여 고문에 반대했다. 사법 기관에서 고문을 자행한 예외적인 사례들이 19세기의 나폴리·팔레르모·루마니아(1868)·추크(1869, 스위스 중부의 주: 역자주)에서 발생했다.

마녀 재판은 증거 확보가 극히 어려워서 불가피하게 고문에 의존했던 것 같다. 잉글랜드의 마녀 재판은 17세기에 절정에 달했으며, 왕 제임스 1세와 심지어 매튜 헤일 경(Sir Matthew Hale), 토머스 브라운 경(Sir Thomas Browne), 리처드 백스터(Richard Baxter) 같은 현인들까지도 그 재판을 변호했다. 잉글랜드에서 마녀 재판이 시들해지니까 청교도가 주도하던 뉴잉글랜드에서 시작되어 사회를 공포 분위기로 몰고갔으며, 결국 27명을 처형하는 데 이르렀다. 스코틀랜드에서는 조금 더 오래 지속되다가 1727년에 여성 한 명이 마술 죄로 화형을 당했다. 스위스 글라루스 주에서는 1782년에 마녀가 처형되었고, 프로이센의 단치히 근처에서는 1836년에 또 다른 마녀가 처형되었다. 레키(Lecky)는 그렇게 지상에서의 고통에서 지옥의 영벌로 넘어갈 운명을 안고 증오와 혐오 속에 외롭게 죽어간 그 가련한 여성들에게 바치는 유려한 글로써 글을 맺는다.

필자는 브레이스(Brace)의 글(*Gesta Christi*, p. 274 sq.)에서 고문에 관하여 훌륭하게 다룬 대목을 덧붙이고자 한다. "만약에 '인자'가 중세에 육신을 입고 땅에 계셨다면 고문 제도보다 그분의 순수한 영혼에 상처를 입힌 악과 불의가 다시 없었을 것이다. 자신이 무죄하다는 것을 아는, 혹은 가장 순수한 진리를 고백하고 믿는 인간들이 증거도 없이 범죄자로 낙인찍혀 극도의 고통과 신음과 공포에 내몰린다. 아무리 진실을 말해도 소용이 없다. 자백한 내용이 왜곡된다. 고통과 공포를 이기지 못해 요구하는 대로 그냥 불어버리고 고문만 간신히 면한다. 인생의 마지막 순간은 사이비 판사, 사이비 성직자에게 고초를 겪는다. 그들은 현세에서의 저주뿐 아니라 영원한 저주를 들먹이며 협박한다. 그리고 이런 짓거리가 장구한 세월 동안 계속되어서 결국 죄 없는 사람도 누구나 자신이 법과 종교를 빙자한 이 괴이한 재판에서 자유롭지 못하다는 것을 느낀다. 아마도 기독교의 창시자께서는 이것을 신앙의 가장 악한 장애요 인간성의 가장 잔혹한 상처로 여기셨을 것이다.

매 세기마다 그분이 마음으로 이 엄청난 악과 싸우시고, 인간성을 아는 좋은 벗들에게 그것에 맞서 싸우도록 영감을 불어넣으셨다는 것은 새삼 말할 필요가 없다. 중세 사회를 이끌어 간 주류 집단, 그 중에서 심지어 사회 개량을 위해서 힘쓰던 사람들조차 이 악에 대해서는 건드리지 않았다. 로마 법이 이 폐습을 뒷받침했다. 스토아주의가 이것에 무관심했다. 그리스 문학이 그것에 영향을 주지 못했다. 봉건제와 독단적인 권력은 자신들의 목적 달성에 이로우면 무슨 관행이든 장려했다. 심지어 성직자위계제도와 국교회도 자신들이 지닌 진리를 망각한 채 '사랑의 종교'를 지원하기 위해서 고문을 사용한다고 주장했다.

그러나 이런 모든 권력들에서 동떨어진 대척점에는 '네 이웃을 사랑하라!', '너희 원수를 사랑하며 너희를 박해하는 자를 위하여 기도하라'고 명하시는 예수의 말씀이 있었다. 이 말씀이 개인 영혼들 속에서 도처에서 역사했고, 강단과 수도원에서 울려퍼졌고, 겸손한 신자들의 입에 오르내렸으나, 저마다 야만적인 열정과 성직자 집단의 잔혹 행위를 저지하는 데에는 굼뜨기 그지 없었다. 16–17세기에는 예수의 메시지가 담긴 책들이 점차 모든 계층에게 유포되어 가면서, 동료 인간에게 고문을 사용해서는 안 되며, 종교재판소 같은 범죄 집단을 지상에서 제거해야 한다는 깨달음이 사람들의 정신과 마음에 생기기 시작했다."

81. 기독교의 사랑[자선, 선행]

미신과 편협한 신앙에서 비롯된 온갖 잔인한 폐습에서 이제는 기독교의 덕목들 가운데 여왕이라고 할 수 있는 '지극히 탁월한 자선의 은사'를 기쁜 마음으로 살펴보게 되었다. 이것은 기독교 세계의 모든 시대 모든 부분을 하나로 엮어주는 '완전의 띠'이다. 이것이 늙어 죽음의 고통과 번뇌에 처한 로마 제국을 위로했다. 이것이 야만족 침략자들을 순하게 길들였다. 그리스도의 가르침과 모범, 바울 사도의 사랑에 대한 숭고한 예찬이 모든 시대 모든 나라에서 이 중요한 덕목이 발전하는 데 끼친 도덕적 영향은 절대로 과소평가해서는 안 된다. 그리스도에 대한 감사와 동료 인간들에 대한 순수한 사랑에서 가정과 건강과 재산과 생명 자체를 바쳐 야만족들을 인간답게, 신자답게 만들고, 굶주린 자들을 먹이고, 헐벗은 자들을 입히고, 병자를 보살피고, 갇힌 자를 돌아보고, 죽어가는 자를 위로한 무수한 선교사들과 주교들·수사들·수녀들·왕들·귀족들, 부유하든 가난하든, 유명하든 그렇지 않든 평범한 남자들과 여자들로 이어져온 진정한 사도적 계승 앞에 우리는 옷깃을 여미고서 존경을 표시한다. 우리는 또한 구주께서 부자 청년에게 해주신 조언을 문자대로 실천하거나 오해한 채 실천하고, 예루살렘의 첫 제자들을 모방하여 소유를 다 팔아 가난한 자들에게 나눠주고 그로써 완전에 이르기를 원했던 성인들을 존경하고 탄복한다. 세월이 흐를수록 그런 이들에 대한 존경이 줄어드는 게 사실이지만, 만약 세련된 이기심이 자기 부인으로 녹아든다면, 그리고 하늘의 부요가 지상에서 자발적 가난을 택하는 유일한 동기가 된다면 그러한 심정은 결코 사라지지 않을 것이다.

기독교적 사랑이라는 최고의 의무는 초기부터 모든 복음 사역자들이 거듭 강조해왔다. 사도 시대와 니케아 시대에는 주일에, 특히 성찬과 그에 딸린 애찬 시간에 연보를 냄으로써 시행했다. 모든 지교회들이 구제를 실천하는 사랑의 공동체였으며, 과부와 고아, 나그네와 옥에 갇힌 자를 보살피고, 지역이 서로 다르더라도 어려움에 처한 다른 지교회에게 도움을 베풀었다.[23]

민중이 대규모로 교회에 들어온 콘스탄티누스 이후에는 기독교적 사랑[자선]이 제도적 형식을 취하여서, 병원과 빈민 수용소, 즉 나그네들과 가난한 사람들,

---

23) 참조. 제2권 § 100.

병자들, 노인들, 고아들을 보호하는 시설들이 설립되었다. 이런 시설들은 동방에 처음 등장했으나, 후에는 곧 서방에도 세워졌다. 파비올라는 로마에, 파마키우스는 로마의 성문에, 파울리누스는 놀라에 병원을 세웠다. 그레고리우스 1세 때에는 로마에 여러 채의 병원들이 있었으며, 그는 로마 외에도 나폴리·시칠리아·사르디니아에 있던 병원들에 대해서도 언급한다. 이 시설들은 교회가 아주 광활한 영역에 흩어져 존재하게 현실과, 마침내 로마 제국을 삼켜버릴 정도로 점증한 가난과 비탄과 재난의 현실을 감안할 때 꼭 필요한 것이었다. 이 시설들은 많은 경우 은밀한 자선에 만족하지 못한 과시의 목적으로 이용되었고, 게으름을 조장했으며, 그로써 빈민 상태를 줄이기보다 증가시켰다. 그러나 이런 점들은 인간이 아무리 훌륭한 제도와 기관을 세우더라도 따라오는 폐단들일 뿐이다.

사적 구제는 교회가 생명력을 유지하고 있는 정도에 비례하여 꾸준히 이루어졌다. 4-5세기의 위대한 교부들과 주교들은 생활은 소박하고 사고는 깊고, 자기에게는 철저하고 남에게는 관대한 훌륭한 모범을 보여주었으며, 설교와 글로써 자선의 의무를 강조하는 데 전혀 지치지 않았다. 성 바실리우스는 자신이 가이사랴에 세운 대규모 병원을 직접 감독했으며, 문둥병자들을 대할 때도 몸을 사리지 않았다. 성 나지안주스의 그레고리우스는 형제들에게 "선을 행하는 일만큼 신적인 것이 없으므로 하나님의 자비를 본받음으로써 불행한 자들에게 하나님처럼 되라"고 권고했다. 성 크리소스토무스는 콘스탄티노플에 여러 채의 병원을 설립했고, 부자들에게 가난한 자들을 잊지 말라고 수시로 당부했으며, 귀족 과부 올림피아스가 힘써 구제하는 일을 잘 지도해주었다.

거만한 로마인이면서 동시에 겸손한 그리스도인이었던 성 암브로시우스는 밀라노의 빈민들을 위로하는 한편, 황제라도 잔인한 행동을 한 데 대해서는 맹렬히 질책했다. 놀라의 파울리누스는 아내 테레시아와 함께 작은 집에서 살면서 거액의 재산을 수도원 건립과 빈민 구제, 포로 석방에 쾌척했으며, 재산이 바닥나자 어느 과부의 아들 대신 아프리카로 끌려갔다.

위대한 아우구스티누스는 자신이 가난한 형제에게 줄 수 있는 것보다 더 좋은 외투를 누가 선물로 주려고 했을 때 그것을 받지 않았다. 성 제롬은 가산을 정리한 돈으로 베들레헴에 요양원을 세웠으며, 유서 깊은 로마 귀족 가문의 귀부인들에게 보석과 비단 옷과 궁전을 팔아 가난한 사람들에게 나눠주고, 사치스럽고 안락한 생활을 청산하고 자기 부인의 금욕 생활을 하도록 권유했다. 이 분들이 보여준 삶은 중세의 캄캄한 하늘에서 찬란한 별들처럼 빛난다.

그러나 덧붙여 생각해야 할 점은, 동일한 교부들이 선행이 "허다한 죄를 덮는" 공로의 성격과 구속의 효과가 있다고 가르치고, 심지어 그것이 죽어 연옥에 가 있는 영혼들에게까지 영향을 줄 수 있다고 가르쳐서 중세에 혼란스러운 교리를 남겼다는 사실이다. 이러한 오류들이 선행이라는 덕을 크게 자극하는 한편 심각하게 훼손했으며, 이러한 흐름은 오늘날까지도 계속된다.[24]

'선행' (자선)에 해당하는 라틴어 카리타스(caritas)는 원래 '귀중함' 혹은 '값짐' (귀중함이라는 뜻의 carus에서 유래)을 가리키다가 '존중', '애정'을 가리키게 되었으며, 교회에서는 '선행' (benevolence)과 '자선' (beneficence), 즉 특히 동료 인간들 중에서 가난하고 고통당하는 사람들에게 행동으로 나타내는 사랑이라는 좀 더 중요한 뜻을 갖게 되었다. 정서와 행동이 분리되어서는 안 되며, 손의 선물은 마음의 사랑이 덧붙을 때 가치를 가지는 법이다. 선물들은 똑같지 않을지라도 마음은 같아야 하며, 마음이 실리면 과부의 두 렙돈이라도 부자가 쾌척한 거금 못지않게 하나님께 복을 받는다.

암브로시우스는 사람과 사람 사이에 이루어지는 선행을 태양과 땅의 관계에 비유한다. 또 다른 교부는 "부자라면 당연히 많은 연보를 내야 하지만, 가난한 사람이라도 사랑에서는 부자에 뒤져서는 안 된다"고 말한다. 하지만 선행이 단순한 구제만으로 축소되는 경우도 적지 않았다. 기도와 금식과 구제가 경건의 중요한 일들로 간주되었으며(이것은 유대인 사회와 이슬람 사회에서도 마찬가

---

24) 참조. Uhlorn, p. 278 sqq.에 수록된 교부들의 여러 인용문들. "구제가 하늘에 계신 하나님을 향해 좋은 이자를 보장받고 행하는 안전한 투자라는 생각이 수없이 표현된다." 그는 이렇게 생각한다. "연옥 교리와, 구제가 연옥에 있는 영혼들에게까지 영향을 준다는 생각이 중세에 이루어진 자선 행위를 결정하는 가장 큰 특징이 되었다"(p. 287). 구제가 속죄의 효과를 지닌다는 개념이 다른 어떤 것보다 큰 동기로서 다양한 형태로 표현된다. 교부들 가운데 가장 복음적인 아우구스티누스조차 "구제가 죄를 소멸하고 속하는 힘이 있다"고 가르친다. 물론 그는 그 말의 한계를 설명하고, 행실을 고치는 사람들에게 그 유익을 한정한다. 라틴 교회에서 울호른의 말대로 "무의식 중에 중세의 프로그램을 작성한" 「신국론」의 저자만큼 지대한 영향을 끼친 사람은 없다.

지였다), 그 중에서 구제가 가장 높은 덕목이었다. 선행을 위해서는 금식을 깨거나 기도를 중단하는 것이 정당한 일이다.

교황 대 그레고리우스는 중세의 선행을 금욕적 자기 부인, 경건을 지향한 미신들과 공리적인 요소들로 묘사한다. 그는 고대 로마 문명이 산산조각 났으나 그 폐허 위에 아직 새로운 문명이 건설되지 못한 비참한 전환기에 살았다. 그는 이렇게 말한다. "보이는 것이라곤 슬픔뿐이다. 들리는 것이라곤 탄식뿐이다. 아, 로마여! 한때 세계의 여왕이었던 그대여! 원로원은 어디로 갔는가? 시민들은 어디로 갔는가? 건물들은 폐허가 되었고, 성벽들은 죄다 무너졌다. 도처에 칼이 난무한다! 가도가도 죽음뿐이다! 사는 것이 이리도 힘겨울 수 없다!"

그러나 선행은 위로의 천사로 남았다. 선행이 사회의 총체적 붕괴를 막을 수 없었으나, 개인들의 눈에서 눈물이 마르게 하고 슬픔을 덜어주었다. 그레고리우스는 가난한 자들의 아버지였다. 달이 바뀌면 어김없이 수레들에 가득 곡식과 기름과 포도주와 고기를 싣고 거리로 나가 가난한 사람들에게 나눠주었다. 로마 황제들이 민란을 막기 위해서 정책상 수행했던 일을 이 교황은 그리스도와 빈민들을 사랑하는 마음으로 수행했다. 로마 시내에서 누가 굶어 죽은 모습을 발견하면 죄책감에 몹시 시달렸다. 로마의 병원들에 신중하고 성실한 사람들을 세워 일하도록 했으며, 그들에게 기금 운용 내역서를 정기적으로 제출하도록 요구했다. 예루살렘에 순례자들을 위한 여관을 설립하기 위한 기금을 제공했다.

교회의 수입을 공평하게 네 부분으로 나누어 한 부분은 주교에게, 한 부분은 성직자들에게, 한 부분은 교회 건물 유지에, 한 부분은 가난한 사람들에게 주는 관습을 앞장서서 장려했다. 반면에 그는 구제에 살아 있는 자들과 죽은 자들을 위한 공로의 효과가 있다고 굳게 믿었다. 아우구스티누스의 연옥 사상을 널리 퍼뜨렸고, 수사들의 전설들로 그 사상을 뒷받침했으며, 죽은 자들을 위한 미사를 도입했다(하지만 죽은 지 30일 뒤에 거행하는 이른바 '삼십일제'〈thirties〉는 그와 무관하다). 그는 하나님께서 죄책과 영벌을 면제해 주시지만, 죄에 대한 일시적인 형벌은 그렇게 하지 않으시며, 그것은 현세에서나 연옥에서 반드시 받고 넘어가야 한다고 주장했다. 이러한 방식으로 나무와 지푸라기와 그루터기, 즉 한담과 희롱, 불성실한 돈 관리 같은 경미하고 사소한 죄로써 사르는 불에 관한 단락(고전 3:11)을 설명했다. 따라서 구제를 많이 할수록 우리 자신의 구원을 위해서나 죽은 가족과 친구들의 구원을 위해서 더 유리하다고 보았다. 구제는 회개의 날개이며, 천국에 이르는 길을 닦는다고 했다. 이러한 사상이 중세를 지배했다.

서방의 야만족들 사회에는 선교사들이 나그네들을 환대하고 가난한 자들을 돕기 위해서 지은 수도원들과 관련하여 자선 시설들이 도입되었다. 아일랜드 선교사들은 자신들이 복음을 전한 이교도들의 영혼뿐 아니라 육체까지도 돌보았으며, 그런 차원에서 '스코트인들의 병원'(Hospitalia Scotorum)을 세웠다. 549년의 오를레앙 공의회는 성읍들에 있는 순례자들의 여관을 알고 있음을 보여준다. 리옹에는 대규모 여관이 있었다. 메츠의 크로데강(Chrodegang)과 앨퀸(Alcuin)은 주교들에게 자선 시설을 설립하거나, 적어도 병자와 나그네를 위한 객실이라도 마련하라고 권고한다. 815년에 프랑스 엑스에서 열린 교회회의는 교회와 모든 수도원 근처에 진료소를 세우라고 명령했다. 샤를마뉴의 법령집은 자선 시설들에 교회와 수도원에 준하는 특권을 부여하며, "나그네들과 순례자들과 빈민들"을 교회법에 따라 적정하게 환대하라고 규정한다.

병원은 주교가 직접 혹은 주교가 세운 감독관이 감독했다. 병원 건물은 주로 성령께 봉헌되었으며, 건물에서 눈에 잘 띄는 곳에 비둘기 형상으로 성령을 묘사해 놓았다. 병원들은 기부와 유증(遺贈)을 받았으며, 토지 재산을 관리해 주었다. 중세의 교회는 막대한 재산 보유자였으나, 바로 그 부와 번성이 유혹과 타락의 근원이 되었으며, 세월이 흐르면서 종교개혁의 중요한 원인을 제공했다.

받는 사람보다 주는 사람 자신이 부각되도록 이기적인 목적으로 자선을 하는 행위와, 가난한 사람들이 스스로 분발하여 정직하게 일하도록 세워주는 대신에 걸인 근성을 심어주는 지나치게 후한 구제의 폐단이 기독교 역사에 분명히 있었고 그 점에 관해서 앞에서 살펴보았으나, 그럴지라도 교회는 인류의 도덕 역사에서 다른 종교가 유사한 예를 내놓을 수 없는 대단히 숭고한 장들 가운데 하나를 이 시기에 내놓았다.

이교 로마도 가난한 빈민들에게 정기적으로 곡물을 무상으로 제공했고, 아우구스투스가 수혜자의 규모를 200,000명으로 늘리고 안토니누스가(家) 황제들이 500,000명으로 늘렸으나, 그것은 개인과 단체의 자선이 아닌 국고에서 내놓은 것이고 이기적 동기가 깔린 국가 정책으로 시행한 것이었다. 결국 목적도 성취하지 못했으며, 노예제도와 민중의 유희를 위한 검투 경기와 마찬가지로 제국의 도덕적 힘을 크게 쇠약하게 만든 중요한 원인의 하나였음이 입증되었다.

　마지막으로 잊지 말아야 할 점은, 진정한 기독교 자선의 역사가 상당 부분은 기록으로 남지 않은 채 시행되었다는 사실이다. 그 힘이 실제로 모든 곳에서 매일 느껴졌다. 그러나 기독교의 사랑이란 공로나 보상을 바라지 않고 조용히 시행하기를 좋아한다. 인간의 비참한 현실을 그 외롭고 아픈 구석까지 헤아리되 마음이 실린 동정뿐 아니라 물질적 도움까지 함께 베풀며, 남들을 행복하게 함으로써 행복을 느꼈다. 선 자체에 목적을 두고 행하는 선행에는 기쁨이 있다. 주님께서는 "너는 구제할 때에 오른손이 하는 것을 왼손이 모르게 하여 네 구제함을 은밀하게 하라. 은밀한 중에 보시는 너의 아버지께서 갚으시리라"고 말씀하신다(마 6:3, 4).

제 7 장

수도원주의

82. 중세 수도원의 용도

수사들은 교회의 영적 귀족들이었으며, 세상과 완전히 구별하여 하나님 나라에 자신을 바치는 더 높은 유형의 덕을 대표했다. 교부들이 품은 경건의 이상이 중세로 넘어갔는데, 이것은 성경적 이상도 현대적 이상도 아닌, 타락한 주변 사회과 극명한 대조를 이룬 채 수립된 이상이었다. 수사들이 지향한 거룩함이란 세상을 이기기보다 세상을 도피하는 것이고, 결혼 생활을 거룩하게 영위하기보다 아예 금하는 것이고, 본성 내면보다 외면으로 정절을 유지하는 것이며, 육체의 정욕을 정결케 하고 통제하기보다 철저히 진압하는 것이다. 그러나 이것이 야만족들에게 강력한 영향을 끼쳤으며, 그들을 개종시키고 문명화하는 중요한 수단이었다. 동방의 수사들은 한가한 명상과 과도한 금욕 행위에 몰입했는데, 이것은 서방의 기후에서는 불가능한 것이었다. 반면에 서방의 수사들은 대체로 좀 더 근실하고 실천적이고 실용적이었다. 아일랜드와 스코틀랜드의 수도원들은 선교 열정으로 유명해졌으며, 교회의 설립자들과 민중의 수호성인들을 무수히 배출했다.

유럽의 야만 민족들 사회에는 선교사들을 통해서 기독교가 보급되는 속도에 발맞추어 수도원들이 설립되었다. 이들은 제후들과 귀족들과 교황들과 주교들에게 특별한 권한과 기부를 받았다. 삶의 고단함에 지친 사람들에게, 혹은 재산과 인격에 파산을 맞이한 사람들에게 조용히 은거하면서 오로지 자신의 영혼만 돌볼 수 있는 기회를 제공했다. 수도원들은 나그네들과 여행자들에게 숙소를 제공했으며, 여행이 어렵고 위험한 시기에 큰 유익을 끼쳤다.[1] 금욕적 덕을 훈련하고, 성인들을 길러낸 학교들이었으며, 고대 문명의 남은 유산을 훗날 잘 쓰일 날을 대비하여 보전했다. 필사자(筆寫者)들이 기용되어 고대 고전 작품들과 성경, 교부들의 저서들을 사본으로 남겼다. 수도원에서 이렇게 조용히 살다간 수사들 덕분에 종교 분야와 세속 분야를 망라하여 고대의 거의 모든 지식이 보존되고 전수되었다. 그 일 말고 다른 일을 하나도 하지 않았을지라도, 교회와 세상에 항구적인 감사를 받아 마땅한 사람들이다.

유럽 사회가 온통 혼란과 격동에 휩싸여 있던 9-10세기에 수도원의 기강도 해이해졌다. 근면하고 고결한 삶의 보상으로 축적된 수도원의 많은 재산이 악의 올무와 뿌리가 된 경우가 허다했다. 탐욕스러운 평신도들이 그것을 가로챈 뒤 가산으로 물려주었다. 심지어 공주들조차 대수녀원장들의 직함과 수당을 받았다.

83. 성 베네딕투스. 성 닐루스. 성 로무알드

그럴지라도 이 암흑기에 찬란하게 빛나는 별들이 없었던 것은 아니다.

아니아네의 성 베네딕투스(750-821)는 프랑스 남부 지방의 저명한 가문 출신으로서, 샤를마뉴의 궁정에서 일하다가 세상에 염증을 느끼고서 수도원에 들어간 뒤 고향 아니아네에 성 누르시아의 성 베네딕투스의 수도회칙을 따라 수도원을 신설하고, 그곳에 장서를 수집하고 특히 기근 때에 자선을 실천하고, 수도원

---

1) 특히 동방과 알프스 산맥을 지날 때에는 더욱 그랬다. 여행자들은 사막에 솟은 시내 산의 수도원과, 사해 근처의 마르 사바, 그리고 알프스 산의 관문들에 자리잡은 성 베르나르 수도원, 성 고타드 수도원, 심플론 수도원의 여행자 숙소들을 잊지 못할 것이다. Lecky(II. 84)는 이렇게 말한다. "수사들에 의해서 귀족들은 위압을 당했고, 가난한 사람들은 보호를 받았고, 병자들은 간호를 받았고, 여행자들은 숙소를 얻었고, 죄수들은 속량되었고, 고통을 당하는 지극히 먼 지역들도 조사되었다. 중세의 암흑기 동안에 수사들은 눈 덮인 알프스 산지에 공포와 위험을 무릅쓰고 순례자들을 위한 대피소를 설립했다. 독거 은수자가 다리가 없는 강가에서 지내면서 여행자들을 건너게 하는 것을 일생의 자선으로 삼는 경우도 적지 않았다."

주의 개혁에 힘썼으며, 경건자 루이의 신임을 얻어 프랑스 서부의 모든 수도원들을 감독하는 책임을 맡아 수도원들을 하나의 수도회칙으로 다스림으로써 하나의 '회중'으로 바꾸어 놓았다. 그는 817년의 엑스라샤펠 교회회의에 참석했다. 하지만 숨을 거둔 뒤(821년 2월 12일)에는 수고의 결실도 무너져 버렸으며, 사회가 예전보다 더 무질서하게 되었다.

성 닐루스(St. Nilus the younger)는 그리스인의 후손으로서 칼라브리아의 로사노에서 태어나(그래서 로사노 사람 닐루스라 불렸다) 10세기의 암흑을 비추었다. 940년경에 아내와 사별한 뒤에 독신으로 성 안토니우스와 성 힐라리온을 본받아 살면서 이탈리아 남부에 수도원을 여러 곳 설립했다. 고위 성직자들에게 자주 자문을 요청받았으나 성 안토니우스가 그랬듯이 지위 고하를 고려하지 않은 채 답변해 주었다. 교황 그레고리우스 5세와 황제 오토 3세가 어느 대주교를 부당하게 대우했다는 이유로 그들에게 질타를 가하였다. 훗날 황제가 무슨 소원이든 다 들어주겠다고 했을 때, 그는 "내 소원은 당신 스스로의 영혼을 구원하시기를 바라는 것 외에는 아무것도 없습니다. 당신도 틀림없이 여느 사람처럼 죽게 되어 있고, 죽은 뒤 하나님 앞에서 선악간의 모든 행위를 직고하게 되어 있기 때문입니다" 하고 대답했다. 황제는 그 연로한 수사 앞에서 면류관을 벗고는 자기를 위해 기도해달라고 간청했다.

어느 귀족이 방탕하게 살면서 솔로몬도 그러지 않았느냐고 자신의 행위를 정당화하면서, 그 지혜로운 왕이 과연 구원을 받았을는지 닐루스에게 물었을 때, 그 수사는 이렇게 대답했다. "솔로몬이 어떻게 되었든 그것은 우리와 상관이 없습니다. 우리에게 선포되어 있는 말씀은 '음욕을 품고 여자를 보는 자마다 마음에 이미 간음하였느니라' 는 것입니다. 솔로몬에 관해서는 그가 므낫세처럼 후에 회개했다는 기사가 없습니다."

한가한 호기심에서 던진 질문들에 대해서는 묵묵부답으로 답변을 대신하거나 우문(愚問)에 걸맞는 우답(愚答)을 해주었다. 예를 들어 아담과 하와가 어떤 종류의 실과를 먹고 멸망하게 되었는가 하는 질문을 받았을 때, 그는 그것이 돌능금이었다고 대답했다. 그는 지긋한 나이에 침략자들에 의해 칼라브리아에서 쫓겨나 유명한 키케로의 투스툴룸 근처에 크리파 페라타라는 작은 수도원을 세웠다. 1005년에 그곳에서 아흔여섯쯤의 나이에 평화롭게 눈을 감았다.[2]

성 로무알드(St. Romuald)는 카말돌리회(the order of Camaldoli) 설립자로서,

10세기 초에 라벤나에서 부유한 귀족 가문의 아들로 태어나 스무살에 인근에 있던 베네딕투스회의 클라시스 수도원에 들어갔다. 아버지가 재산권 문제로 친척과 다투다가 그를 살해한 데 대해서 엄격한 40일의 고행으로 아버지를 위해 사죄를 빌기 위함이었다. 수도원에서 그는 거의 침식을 잃은 채 기도하며 울었다. 그러한 동기로 들어간 수도원에서 3년을 지낸 뒤에 방랑 은수자 생활을 시작했다. 마귀의 유혹들을 물리치기 위해서 온갖 유형의 고행을 실천했으며, 날마다 시편을 반복해서 암송하는 등 기도를 쉬지 않았다. 이러한 규칙적이고 기계적인 신앙 생활과 그 밖의 금욕 생활은 베네치아 근처에 살던 평범한 은수자 마리누스한테서 배운 것이다. 그가 가는 곳마다 그를 존경하는 제자들이 모여들었다. 사람들은 그가 예언과 기적의 은사를 받았다고 믿었으나, 뒤에서 그를 헐뜯는 사람들도 없지 않았다. 1000년에 황제 오토 3세가 라벤나 근처의 섬에 있던 그를 방문했다. 로무알드는 이교 지역들에 선교사들을 보냈고, 자신이 직접 여러 제자들을 거느리고 헝가리 변경 지방을 찾아갔으나, 심한 병에 걸려 자신은 선교사 생활에 적합하지 않다는 교훈을 깨닫고서 발길을 돌렸다. 1027년에 발레 드 카스트로 수도원에서 숨을 거두었다.

로무알드가 죽은 지 15년 뒤에 그의 전기를 쓴 다미아니(Damiani)에 따르면, 그는 120살을 살았는데, 20년은 세상에서, 3년은 수도원에서, 97년은 은수자로서 살았다고 한다.[3]

로무알드가 세운 수도원 암자들 가운데 가장 유명한 곳은 그가 1009년경에 세운 토스카나 아레초 근처, 아펜니노 산맥 지대의 캄포 말돌리 혹은 카말돌리 수도원이다. 이곳은 그의 송덕문 작가이자 힐데브란트의 친구였던 다미아니의 영향력에 힘입어 카말돌리 수도회(공동 수도 생활과 독거 생활을 절충한 수도회)의 중추적 수도원이 되었으며, 엄격한 규율로 명성을 얻었다. 교황 그레고리우스 16세가 이 수도회 출신이었다.

---

2) *Acta Sanctorum*, vol. XXVI. Sept 26 (어느 제자가 헬라어로 기록한 그 성인의 전기가 수록됨).

3) *Vita S. Romualdi*, c. 69, in Damiani's *Opera* II. f. 1006, in Migne's edition (*Patrol*. Tom. 145, f. 953−1008).

84. 클뤼니 수도원

9-10세기에 수도원 기강이 크게 해이해진 뒤에 부르고뉴에 자리잡은 클뤼니 수도원에서 개혁 운동이 시작되어 온 교회에 영향을 끼쳤다.[4]

이 수도원은 910년에 프랑스 아키텐의 경건한 공작 기욤(William)이 성 베네딕투스의 수도회칙을 토대로 성 베드로와 성 바울을 기리기 위해서 설립했다.

백작 브루노(Bruno, 927년 죽음)가 초대 대수도원장을 지내면서 엄격한 규율을 도입했다. 후임자 오도(Odo, 927-941 재위)는 군인으로 출발하여 성직에 입문한 뒤 학식과 지혜와 고결한 인품을 발휘했으며, 여러 베네딕투스회 수도원들을 대상으로 개혁 운동을 벌였다. 네안더(Neander, 1789-1850, 독일 개신교 교회사가: 역자주)는 그가 그리스도인의 삶을 깊이 통찰하고 도덕을 높이 존중한 것을 기독교의 기적 능력과 비교해 가면서 칭송한다. 눈이 멀게 되었을 때 사임한 아이마르두스(Aymardus, 에마르〈Aymard〉, 941-948 재위), 교황직을 고사한 마욜루스(Majolus, 메윌〈Maieul〉, 994까지 재위), '선량자' 라는 별명을 지닌 오딜로(Odilo, 1048까지), 위고(Hugo, 1109까지)가 같은 정신을 이어갔다. 뒤의 두 사람은 황제들과 교황들에게 큰 영향력을 행사했으며, 교황청과 교회의 개혁을 고취했다.

바로 이곳 클뤼니에서 힐데브란트가 툴의 주교 브루노(훗날 하인리히 3세에 의해서 교황에 선출된 레오 9세)에게 먼저 로마의 성직자단에 의해 합법적으로 선출되는 방안을 모색하라고 조언했고, 이로써 자신이 앞날에 겪을 황제 권력과의 투쟁을 예고했다. 오딜로는 휴전의 날(Treuga Dei)과 모든 영혼의 축일을 도입했다. 힐데브란트의 친구 위고는 60년간 다스리면서 클뤼니 수도원의 명성을 절정에 올려놓았다.

클뤼니는 개혁파 베네딕투스회 수도원들의 거점이었으며, 그 수장은 수석 대수도원장(archiabbas)이었다. 이 수도원이 교회에 여러 유력한 주교들과 세 명의 교황(그레고리우스 7세 · 우르바누스 2세 · 파스칼리스 2세)을 배출했다. 전성기

---

4) Cluny 혹은 Clugny(Cluniacum)는 마콩에서 북서쪽으로 약 20km 떨어진 곳이다. 오늘날의 읍에는 4천 명 가량의 주민들이 살고 있다. 중세 건축의 유적지들이 읍의 주요 수입원이다.

에는 이 수도원이 2천 곳이 넘는 수도원들을 감독했다. 수사들의 일과는 시시콜콜한 부분까지 다 규제했다. 하루의 많은 시간 동안 침묵하도록 했고, 침묵 시간에는 신호로만 의사소통을 하도록 했다. 수사들은 상급자에게 절대 복종해야 했다. 가난한 사람들과 나그네들에게 환대와 자선을 후하게 시행했는데, 그런 사람들이 수사들보다 많은 경우도 적지 않았다. 오딜로는 심한 기근이 들었을 때 수도원에 보관되어 있던 연료들을 모두 방출했으며, 심지어 의식용 기구들까지 녹이고, 교회의 장신구들과 하인리히 2세가 독일에서 자신에게 보내온 면류관까지 내다팔았다. 클뤼니 수도원은 교황의 직할을 받았으며, 대단히 후한 기부와 특권을 받아 누렸다. 이 수도원에 딸린 예배당이 프랑스에서(아마도 유럽 전역에서) 가장 규모가 크고 부유했는데, 스물다섯 개의 제단과 종들, 값진 예술품들이 이곳을 찾는 사람들의 경탄을 자아냈다. 이 교회는 위고가 설립했고, 70년 뒤(1131)에 교황 인노켄티우스 2세가 가경자 피에르(Peter the Venerable)를 통해서 축성했다.

클뤼니를 모방하여 다른 수도회들이 등장했는데, 1038년에 성 요한 가울베르트(St. John Gaulbert)가 피렌체에서 약 30km 떨어진 곳에 설립한 발롬브로사(Vallombrosa, '어둠의 계곡'이란 뜻) 수도회와, 1069년에 독일 뷔르템부르크에 설립된 히르사우 수도회가 대표적인 경우이다.

그러나 클뤼니 수도원에게는 명성과 번영이 곧 유혹과 쇠퇴의 원인이었다. 자격이 없는 대수도원장 폰티우스가 기금을 물쓰듯 하다가 결국 교황에 의해 교회의 강도라는 오명을 받은 채 면직과 파문을 당했다. 성 베르나르의 친구이자 불행한 아벨라르의 친절한 후원자였던 가경자 피에르는 지혜롭고 긴 재임(1122–1156)을 통해서 클뤼니를 소생시켜 번영의 절정에 올려놓았다. 그는 수사의 숫자를 200명에서 460명으로 증가시켰으며, 314개의 수도원들을 자(子) 수도원으로 두었다.

1245년에 교황 인노켄티우스 4세는 추기경 12명과 휘하의 모든 성직자들, 총대주교 2명, 대주교 3명, 주교 7명, 프랑스 왕, 콘스탄티노플 황제, 그리고 여러 공작들과 백작들과 기사들, 그들의 가신들과 함께 클뤼니 수도원에서 환대를 받았다. 이것이 클뤼니 수도원이 누린 번영의 끝이었다. 그 뒤로 다시 한 번 쇠퇴기가 찾아왔는데, 이번에는 거기서 다시는 옛 모습으로 되돌아가지 못했다. 마지막 대수도원장들은 그냥 허울뿐인 존재들로서, 수입의 2/3를 프랑스 궁정에

탕진했다. 1789년의 프랑스 대혁명으로 이 수도원은 문을 닫았고, 한때 그토록 명성을 날리던 건물들이 폐허로 변했다. 하지만 그 뒤로 복원 작업이 이루어졌다.[5]

잉글랜드에서도 클뤼니와 유사하게 수도원주의와 성직자를 대상으로 개혁 운동이 부분적으로 이루어졌다. 개혁을 주도한 인물은 성 둔스탄(St. Dunstan)으로서, 글래스턴베리의 대수도원장을 지낸 뒤 윈체스터와 런던의 주교를 지냈고, 마지막에는 캔터베리 대주교가 되었는데(961), 사실상 잉글랜드의 군주나 다름이 없었다. 매우 엄격한 수사이자 쇠붙이처럼 의지가 강한 성직자였던 그는 베네딕투스의 수도회칙을 강요하고, 주요 교구들과 부유한 성직록들에 베네딕투스회 수사들을 기용하고, 성직자들을 세상으로부터 도로 이끌어냄으로써 그들의 부도덕을 바로잡겠다는 일념으로 성직자 결혼(당시에 예외적 상황을 넘어서서 보편적인 관행이 된)을 금하고, 왕 에드위와 에드거 치하에 교회가 세속 권력을 주관하는 신정적(神政的) 통치를 강조했다. 그러나 그의 과도한 개혁 조치들이 잉글랜드의 수사들과 세속인들 사이에 격렬한 분쟁을 발생시켰다. 그는 힐데브란트와 토머스 아 베켓의 선구자였다.

---

5) 교회의 자료들은 종교개혁 기간에 100,000프랑 정도의 가격에 매각되었다. 나폴레옹 보나파르트는 마콩을 지나갈 때 클뤼니에 잠시 들러달라는 요청을 받았으나, "당신들은 크고 아름다운 교회가 매각되고 폐허가 되도록 방치했으므로 반달족의 아류들이오" 하고 대답하면서 거절했다. 클뤼니의 마지막 대수도원장은 추기경 Dominicus de la Rochefaucauld로서, 1800년에 유배지에서 죽었다.

제 8 장

교회 권징

85. 참회규정서들

　가톨릭 교회의 권징은 사도들과 그들의 계승자들에게 위임된 열쇠의 권세에 토대를 두며, 파문과 죄를 범한 교인들에 대한 회복을 포함한다. 이것이 원래는 순수히 영적 권세였으나, 기독교가 국교의 지위에 오른 뒤에는 세속적이고 현세적인 처벌에도 영향을 끼치기 시작했다. 교회의 권징이 대중의 마음을 강력하게 사로잡을 수 있게 된 것은 로마 교황을 중심으로 하는 가시적 교회가 하나님의 뜻에 따라 영원한 구원을 베풀어 주는 기관이며, 교회의 사귐에서 추방되면 회개와 회복이 따르지 않을 경우 영원한 저주에 떨어지게 된다는 중세의 보편적인 신념 때문이었다. 어떠한 이단이나 분파도 이러한 권한을 주장한 적이 없다.

　천성이 거칠고 독립심이 강한 야만족들에게는 교회의 권징이 보통 성가시고 거슬리는 것이 아니었다. 권징은 주교가 교회회의 법원을 통해서 시행했는데, 샤를마뉴의 영토에서는 백성의 도덕심을 고취하기 위해서 매년 이러한 법원을 개설했다. 샤를마뉴는 주교들에게 일년에 한 번 소교구들을 방문하여 근친상간과 부친 살해, 형제 살해, 간음, 그리고 그 밖에 하나님의 율법을 어긴 사건들을 조사하도록 명령했다. 이와 비슷한 명령을 스페인과 잉글랜드의 교회회의들도 내렸다. 주교가 혼자 감당하기에 너무나 넓은 교구들은 여러 개의 대부제 구역들(archdeaconries)로 구분했다. 대부제들은 주교 대리로 활동했는데, 주교와의 이러한 긴밀한 관계 때문에 사제들보다 더 큰 권위와 권한을 행사했다. 주교와 대부제들은 각 지교회에서 선출된 일곱 명에게 감독권을 위임하고, 교인들의 신앙과 도덕 상태에 대해서 교회법원에 보고하도록 했다. 교회에든 사회에든 죄를 범한 사실에 대해서는 즉각 벌금 · 금식 · 순례 · 채찍질 · 투옥 등으로 처벌했다. 국가 관리들이 주교들을 도와 권징을 집행했다. 공적인 범죄에 대해서는 공적인 고행을 규정했고, 사적인 범죄에 대해서는 사제에게 자백을 하면 사제가 일정한 조건하에 즉각 사면해 주었다.

중세 라틴 교회의 권징은 이른바 '참회규정서들'(Penitential Books)에 실려 있다. 이 책들은 참회의 체계를 규정하며, 주정 · 음행 · 탐욕 · 위증 · 살인 · 이단 · 우상 숭배 같은 특정 죄들에 해당하는 구체적인 처벌 규정을 제시한다. 그 내용은 교부들의 글들과, 7세기까지 열렸던 교회회의들 — 앙키라(314) · 네오가이사랴(314) · 니케아(325) · 강그라(362) 공의회들과 북아프리카와 프랑크와 스페인에서 열린 공의회들 — 의 법령집을 토대로 작성한 것이다. 이 참회규정서들의 일관된 목적은 실제적인 의무들을 잘 수행하도록 독려하고, 사납고 방탕한 이교 사회의 분위기를 다잡기 위한 것이다. 이 책들은 육신의 죄들을 매우 어둡게 그린다. 율법을 어긴 모든 행위를 처벌하시는 하나님의 도덕적 통치를 생생하게 구현하되, 죄가 기계적인 실천과 벌금으로 사해질 수 있다는 악한 생각을 조장함으로써 죄책감을 저하시켰다.

그런 책들이 영어와 아일랜드어 · 프랑스어 · 스페인어 · 라틴어로 많이 존재했다. 가장 잘 알려진 책들은 7-8세기의 앵글로색슨 참회규정서들로서, 특히 캔터베리 대주교 테오도루스(669-690 재위)가 작성한 것이 유명하다. 그는 길리기아 다소에서 태어난 그리스인으로서, 동방과 서방의 권징 규율들을 체계화했다. 그가 자신의 이름을 지닌 그 책을 직접 다 작성하지는 않았을지라도 자신의 권위하에 작성하게 했고, 자신의 생시에 자신의 권위로 발행했으며, 에오다(Eoda)라는 사제를 비롯한 여러 사람들이 고행과 다양한 교회 권징을 주제로 질문한 데 대해서 자신의 판단을 실어놓았다. 진본이 최근에 독일과 영국 학자들의 합작 연구에 의해서 초기 사본들을 토대로 빛을 보게 되었다.[1] 서론과 본문은 조야한 라틴어로 기록되어 있다. 테오도루스가 그리스 학문을 공부한 흔적들을 성

---

1) 할레 대학교 교수 Wasserschleben이 1851년에 대륙의 여러 사본들을 토대로, 그리고 참사회원 Haddan과 옥스퍼드 대학교 교수 Stubbs가 1871년에 8세기의 케임브리지 사본을 토대로 그 작업을 수행했다.

바실리우스와 그리스의 관습들을 언급한 데서 찾아볼 수 있다. 테오도루스의 모음집 다음으로는 가경자 비드(735 죽음)과 요크의 대주교 에그버트의 이름으로 작성된 참회규정서들이 있다.

프랑스 최초의 참회규정서는 아일랜드 선교사 콜룸바누스(615 죽음)의 작품이다. 그는 철저한 수도원적 권징주의자로서 범죄들을 처벌할 때 체형(體刑)의 필요성을 강조했다. 커미언 참회규정서(Cummean Penitential, Paenit. Cummeani)는 스코틀랜드-아일랜드에서 작성된 것으로서, 저자가 아이오나의 콜룸바(597경), 그의 제자 쿠민(Cumin), 혹은 콜룸바가 보비오에 세운 수도원에서 죽은 커미언(711 이후) 등 다양하게 추측된다. 9세기(829경)에 프랑스 캉브레의 주교 할티가르(Haltigar)는 「로마 참회규정서」를 발행했는데, 로마의 문서들을 기초로 삼은 것처럼 되어 있으나 실은 상당 부분을 콜룸바누스와 프랑크 교회의 자료들에서 이끌어냈다. 그 이전인 8세기 초에 「로마 참회규정서」(*Paenitentiale Romanum*)라는 제목으로 작성된 책은 앞의 책에 비해 좀 더 일반적인 성격을 가지고 있으나 구체적인 출처가 분명하지 않다. '로마'라는 표현은 특정 지역을 넘어서 보다 광범위한 권위를 행사한 참회규정서들의 부류를 가리키는 데 사용되었다.[2] 라바누스 마우루스(Rabanus Maurus, 855 죽음)는 마인츠의 대주교 오트가(Otgar)의 요청으로 「참회규정서」를 작성했다(841). 거의 모든 교구마다 이런 유의 책을 가지고 있었으나, 그 정신과 내용은 사실상 같았다.

86. 교회의 징계들. 출교 · 아나테마 · 성무중지령

교회의 징계들 가운데 출교[파문] · 아나테마[저주] · 성무중지령[interdict, 금령]이 가장 심한 것들이다. 교회가 구원을 통제할 수 있다고 믿고, 세속 권력이 교회의 결정을 공권력으로 집행하던 중세에는 이 세 가지가 성직자 집단의 손에 들린 가공할 무기였다. 징계는 회개와 그에 따른 사면과 함께 끝난다. 사면은 출

---

2) 이것이 Wasserschleben의 견해이다. 반면에 Schmitz는 「로마 참회규정서」가 원래 로마 교회를 위해 작성되었고, 서방의 참회규정서들은 그것에서 유래했다고 생각한다.

교를 선포한 주교가 베풀 수 있다. 하지만 임종 때(articulo mortis)에는, 회복될 줄 경우 순종하겠다는 조건이라면 사제도 사면할 수 있다.

1. 출교(excommunication). 출교는 성례, 특히 성찬에 참여할 자격을 박탈하는 것이다. 샤를마뉴의 영역에서는 이 징계가 민간 법정 이용 금지와 심지어 투옥과 재산 몰수 같은 공민권 박탈 조치로 이어졌다. 주교는 누구라도 교회법에 순종하기를 거부하는 자를 출교에 처할 수 있었다. 그러나 주교를 출교할 수 있는 사람은 교황뿐이었고, 교황을 출교할 수 있는 사람은 지상에 아무도 없었다.[3] 출교를 선고할 때에는 범죄자의 육체와 영혼에 무서운 저주를 선언하는 경우가 많았다. 교황들은 일반 주교들 위에 우뚝 솟아 있었기 때문에 저주하는 방식에서도 그들을 능가했으며, 믿기지 않을 만큼 속된 방식으로 출교를 시행했다. 예를 들어 황제 하인리히 2세의 대관식을 집전한(1014) 베네딕투스 8세는 생 질레[4] 수도원의 재산에 부정한 손을 대려 한 프로방스의 백작 기욤의 무모한 가신들을 끔찍한 저주의 기도와 함께 사탄에게 넘겨주었다. 아마도 그는 자신이 이렇게 하는 것이 아나니아와 삽비라, 마술사 시몬을 저주한 사도 베드로의 예를 따르는 것일 뿐이라고 생각했을 것이다.[5]

리(Lea)는 이렇게 말한다. "완악한 죄인들은 그런 저주의 기도를 무시할 수 있겠지만 그것이 신자들에게 끼친 영향은 가공할 만한 것이었다. 화려하고 웅장한 의식이 거행되는 가운데 주교가 촛불을 들고 있는 열두 사제에게 둘러싸인 채 행악자와 그의 모든 후손들을 영원한 고통에 처한다는 두려운 선언문을 엄숙히 낭독했다. 멸망의 선언이 절정에 달하면 배석한 사제들이 일제히 촛불을 땅바닥에 던지면서 발로 짓뭉갰다. 인간 영혼의 불을 꺼서 영원한 지옥의 밤에 처하게

---

3) 하지만 교황청 분열 기간에는 경쟁 교황들이 서로를 파문했으며, 콘스탄츠 공의회는 그들을 모두 폐위시켰다.

4) Aegidius; 이탈리아어: Sant Egidio; 프랑스어: S. Gilles. 성 질레는 카를 마르텔의 재위 기간이나 그 이전에 프랑스의 대수도원장 겸 고해신부로서, 지금 우리가 알고 있는 것보다 훨씬 더 유명한 인물이었다. 그는 지체장애자들의 특별한 수호성인이며, 그의 무덤은 프랑스와 잉글랜드, 스코틀랜드에서 온 순례자들로 항상 붐빈다. 잉글랜드의 거의 모든 군(郡)에 그의 이름을 지닌 교회가 있어서 그 수가 146개를 헤아린다. 참조. Smith and Wace I. 47 sq.

5) Bened. Papae VIII. Epist. 32 (*ad Guillelmum Comitem*). In Migne's *Patrol.* T. 139, fol. 1630-32.

한다는 뜻이었다. 여기에 희구의 말이 덧붙었는데, 그것은 그렇게 선포된 심판을 하늘이 자연스러운 시간 과정을 거쳐 확증할 게 아니라, 내세뿐 아니라 현세에서도 그 저주가 이루어지기를 바란다는 것이었다. 이렇게 해서 영적 협박이 통하지 않던 사람들도 아나테마에 감히 코웃음치던 완고한 죄인에게 임하는 두려운 심판 이야기 앞에서는 크게 위축되었다.”

2. 아나테마는 넓은 의미에서는 출교와 같은 뜻으로, 즉 교회의 사귐과 특권으로부터 내쫓는다는 뜻으로 사용된다. 그러나 좁은 의미에서는 ‘더 큰’ 출교, 즉 범죄자에게 그리스도인과의 모든 접촉을 금하고 법의 보호를 박탈하는 것을 뜻한다. ‘작은’ 출교는 성찬만을 금한다. 이러한 구분은 그라티아누스와 인노켄티우스 3세가 제정했다. 아나테마는 출교의 경우보다 더 엄숙한 의식을 갖추어 선포되었다. 325년의 니케아 공의회는 아리우스파에게 아나테마를 선언했고, 1563년의 트렌트 공의회는 모든 이단들에게 아나테마를 선언함으로써 폐회했다.

3. 성무중지령(interdict)은 도시나 교구, 지방이나 나라에 대해서 선포되며, 범죄자들뿐 아니라 무고한 자들까지도 대상이 된다.[6] 이 징계는 결혼과 장례까지도 포함한 공적 예배와 의식을 중지시키는 것으로서, 단 세례와 종부성사는 시행할 수 있었고, 그 경우라도 실내에서 문을 닫은 채 행해야 했다. 이 조치는 해당 지역에 장례의 그늘을 드리우고, 주민들에게는 최후 심판을 예상하며 두려워 떨게 했다. 이 굉장한 징계는 5세기에 사소하게 시작되었다. 주교 아욱실리우스(Auxilius)가 어느 가장의 죄에 대해서 그 가족 전체를 출교함으로써 자신의 권한을 남용한 사건을 놓고 아우구스티누스가 정당하게 그 동료 주교를 책망하고, 교황 대 레오가 범죄에 가담하지 않은 자까지 징계하는 행위를 금한 것이 그 발단이었다.[7] 그러나 11-13세기에 활동한 중세의 주교들과 교황들은 달리 생각하여 복종을 강요하기 위해서 이 극단적인 방법에 의존했다. 개인이 범한 죄의 책임을 가족이나 부족에게 묻는 야만족들의 관습도 이러한 관행의 근거가 되었다.

성무중지령이 선포된 최초의 명백한 사례는 프랑스에서 발생했다. 베외의 주

---

6) Interdictum 혹은 prohibitio officiorum divinorum. 공예배 금지령으로서, 특정인에게 내리는 interd. personale, 지역에 내리는 interd. locale, 나라나 왕국 전체에 내리는 interd. generale와 구분된다.

7) Aug. *Ep.* 250, § 1; Leo, *Ep.* X. cap. 8. 때로는 가이사랴의 바실리우스가 성무중지령의 창안자로 인용되기도 하지만 그것은 사실이 아니다.

교 뢰도발(Leudovald)은 동료 주교들에게 자문을 구한 뒤 586년에 루앙의 모든 교회들을 폐쇄하고 주민들에게 온갖 신앙의 위로를 박탈했다. 성무중지령의 기간은 잔인한 왕비 프레데군다의 사주로 제단에서 살해된 루앙의 주교 프레텍스타투스(Pretextatus)의 살인범을 찾아낼 때까지였다.[8] 랑의 주교 앙크마르(Hincmar)는 자신의 교구에 성무중지령을 선포했으나(869), 랭스의 주교 앙크마르는 그것에 반대하여 취소시켰다.

1031년에 열린 리모주[리무아쟁] 교회회의는 교회에서 다음과 같은 성무중지령을 포고함으로써 '하나님의 평화'를 시행했다. "우리는 리모주 교구에 거하는 귀족들(milites) 가운데 평화를 지키라는 주교의 권고에 복종하지 않는 모든 자들을 파문에 처한다. 그들과 그들을 돕는 자들에게 저주가 임할 것이며, 그들의 무기와 말이 저주를 당할 것이다! 그들의 운명이 가인과 다단, 아비람과 같게 될 것이다! 현세에서 등불이 꺼지듯이 장차 천사들 앞에서 그들의 기쁨도 자취를 감추고 말 것이다. 죽기 전에 회개하고 보속을 드리기 전에는 그런 운명을 피하지 못할 것이다."

그 교회회의는 공예배를 금하고, 제단을 비우고, 십자가상과 장식들을 제거하고, 결혼을 금하라고 명령하고, 다만 성직자들과 걸인들과 나그네들과 두 살 이하의 어린이들에 대해서는 장례를 치를 수 있고, 임종에 처한 자들에게만 성찬을 베풀 수 있다고 예외를 둔 뒤, 귀족들이 굴복하기 전까지는 성직자든 평신도든 면도를 해서는 안 된다고 선포했다. 교회에서 하루의 제3시를 알리는 신호가 들리면 모든 사람들이 무릎을 꿇고 기도하라고 했다. 모든 사람이 상복을 입어야 했다. 성무중지령이 내려진 기간에는 금식하고 자숙하며 지내야 했다.

교황들은 이 두려운 무기를 불복종하는 왕들에게 사용했으며, 성직위계제도적 야심을 이루기 위해서 나라 전체의 영적 위로를 빼앗았다. 그레고리우스 7세는 왕 볼리슬라브 2세(Bolislaw II)가 크라쿠프의 주교 스타니슬라우스를 직접 살해한 사건으로 인하여 그네센 지방 전체에 성무중지령을 내렸다. 알렉산더 2세는 그 징계를 스코틀랜드에 내렸는데(1180), 그 이유는 교황이 임명한 주교를 왕이 거부하고 그를 나라 밖으로 추방했기 때문이었다. 인노켄티우스 3세는 프랑스에 성무중지령을 내렸는데(1120), 그 이유는 왕 필립 아우구스투스가 자신의

8) Gregory of Tours, *Hist. Franc.* VIII. 31.

합법적인 아내를 내버리고 첩과 함께 살았기 때문이다. 그는 잉글랜드 왕 존[랙클랜드]을 굴복시키기 위해서 잉글랜드에도 이 징계를 내렸다(1208년 3월 23일). 이때 잉글랜드에 내린 성무중지령은 6년간 지속되었으며, 그동안 세례와 고해와 임종 시 성찬을 제외한 모든 종교 의식이 금지되었다.

성무중지령은 교회가 무제한의 권력을 행사하던 중세에나 가능했다. 하지만 너무나 남발되고 철저한 집행에도 어려움이 있었기 때문에 그 위세가 점차 줄어들다가 마침내 유럽의 나라들이 사제들에게 훈육을 받는 단계를 훌쩍 넘어서서 성년의 단계에 이름에 따라 경시되다가 아예 자취를 감추었다.

87. 고해와 면죄부

'회개' 혹은 '고해' (告解)라는 단어는 그에 해당하는 헬라어 메타노이아의 의미를 다 전하기에는 불충분하다. 그 단어는 마음의 철저한 변화 혹은 죄로부터 거룩한 생활로 돌이킴을 뜻하며, 소극적으로는 죄에서 거룩한 슬픔으로 돌아서는 것(좁은 의미의 회개)을, 적극적으로는 그리스도를 따라가겠다고 결심하고서 믿음으로 그리스도에게 돌아서는 것을 포함한다. 이런 의미에서 회개하라고 외친 것이 세례자 요한과 예수 그리스도 두 분이 행하신 전도의 시작이었다(참조. 마 3:2; 4:17; 막 1:15).

라틴 교회에서는 회개라는 개념이 사죄를 받기 위해 외적인 행동으로 자기 비하나 자기 형벌을 드러내는 것과 동일시되었다. 교회 앞에서 공개적으로 하는 회개는 중죄의 경우를 제외하고는 7-8세기에 자취를 감추었으며, 사적 고해와 자백으로 대체되었다.[9] 1215년에 교황 인노켄티우스 3세가 주재한 라테란 공의회는 모든 가톨릭 신자에게 소교구 사제에게 적어도 일년에 한 번 죄를 자백하는 것을 의무화했다.[10]

비밀 고해와 사제에 의한 면죄로 이루어지는 고해는 세례받은 후에 범하는 죄

---

9) 교황 대 레오(440-461 재위)는 은밀한 참회 체계를 공적 통회를 위한 비밀 고해로 대체한 서방 최초의 고위성직자였다. *Ep.* 136. *Opera* I. 355.

10) *Can.* 21.

를 위한 성사의 지위로 격상되었다. 그 토대가 된 이론은 교부들(테르툴리아누스와 키프리아누스)이 닦았고, 스콜라 학자들이 완성했으며, 로마 교회가 재가했다. 그 이론의 내용은 세례로 과거의 죄에 대한 완전한 사죄를 얻지만, 세례 후에 범하는 죄는 그렇지 못하며, 영원한 멸망에서 해방되지만 일시적 형벌은 그렇지 못하여 죽음으로써 혹은 연옥에 들어가서 치러야 한다는 것이다. 트렌트 공의회는 고해를 "노고(勞苦)의 세례"(laborious kind of baptism)라고 묘사하며, 세례가 아직 거듭나지 못한 사람에게 필요하듯이, 고해는 세례 후에 타락한 사람이 구원을 얻는 데 필요하다고 규정했다.[11]

고해성사와 사제의 사면은 세 가지 요소를 포함한다. 첫째가 마음의 통회이고, 둘째가 입의 자백이고, 셋째가 선행에 의한 보속(補贖, satisfaction)이다.[12] 이 조건들을 근거로 사제는 사면을 베풀되, 단지 선언이 아닌 법적 판결로써 그리한다. 사면에 필요한 선행은 특히 금식과 구제이다. 예루살렘 · 로마 · 투르 · 콤포스텔라 같은 성지를 순례하는 것도 보속으로 애용된다. 페트루스 다미아니(Peter Damiani)는 하나님의 진노를 누그러뜨리는 방법으로서 자발적인 채찍질을 권한다. 이러한 신앙 행위들이 대중의 마음에 고해 자체로 각인되었다. 경건이 인격의 질로 평가되지 않고 선행의 양으로 평가되었다.

여기서 언급해야 할 또 한 가지 중세의 제도는 고해와 밀접히 연관된 것이다. 서방 교회는 폭력과 유혈을 막아보겠다는 열의로써 금전 배상(pecuniary compensation)으로 처벌을 대신하게 하는 야만족들의 관습을 취함으로써 방향은 잘 잡았으나, 이 관습을 신앙의 영역에 잘못 적용했다. 그리하여 돈이 금식을 비롯한 보속들을 대신할 수 있게 되었고, 구속의 효과를 지니게 되었다. 이 관습은 잉글랜드 교회에서 유래하여 곧 대륙 전체로 퍼진 듯하다.[13] 이것이 정규 거

---

11) *Conc. Trid.* Sess. XIV. cap. 2 (Schaff's *Creed* I. 143). 두 공의회는 법령 제6조 (II. 165)에서 "성례적 자백이 신적 권리로 제정되었고, 구원에 필수적이라는 것을 부정하는 사람들, 혹은 교회가 처음부터(?) 항상 지켜보아 왔고 지금도 시행하고 있는, 사제에게만 은밀히 자백하는 방식이 그리스도께서 제정하신 방법과 명령과 다르며 인간의 고안일 뿐이라고 주장하는 사람들"에게 아나테마를 선언할 만큼 멀리 나갔다.

12) 참조. *Conc. Trid.* Sess. XIV. cap. 3-6 (*Creeds*, II. 143-153).

13) 캔터베리 대주교 테오도루스는 돈을 받고 고해성사를 해준 장본인으로 유명하다.

래로 변질되면서 교회와 수도원의 재산 증식을 위한 중요한 수입원이 되었다.

이것이 이른바 면죄부(indulgences, 대사〈大赦〉), 즉 돈을 내고 통회의 기도를 드리는 조건으로 가벼운 죄를 사해주는 제도가 생기게 된 기원이다. 이 관행은 성인들의 행위들이 자신들을 죄와 형벌에서 구속하고도 남아서 잉여 공로와 잉여 상급의 보고(寶庫)를 형성하며, 그것을 교황이 맡아 주관한다는 스콜라주의의 이론으로 정당화되었다. 따라서 면죄부는 교황이 성인들의 넘치는 공로의 보고에서 공로를 꺼내어 사죄를 베푼다는 특별한 의미를 띠게 되었고, 이러한 권세가 연옥에 들어간 죄인들에게 유익을 끼치는 데까지 확대되었다.[14]

면죄부는 주교들과 대주교들이 자신들의 교구에서 베풀 수 있고, 교황이 모든 가톨릭 신자들에게 베풀 수 있다. 전자는 그것으로 소매로 다루고, 후자는 도매로 다룬다. 교황이 면죄부를 사용한 최초의 사례는 9세기에 파스칼리스 1세와 요한 8세가 교회를 지키기 위한 전쟁에 참여했다가 타락한 자들에게 그것을 부여한 것이었다. 1046년에 그레고리우스 6세는 로마의 교회당들을 복원하는 작업에 기부금을 보내는 모든 자들에게 이것을 약속했다. 클레르몽 공의회(1095)에서 우르바누스 2세는 십자군 병사들에게 "사도들의 제왕들인 베드로와 바울의 권위로" 성지 순례에 대한 보상으로 완전한 면죄부를 주겠다고 제의했다. 같은 제의가 이슬람교와 이단들에 대한 모든 십자군 원정에 반복되었다. 교황은 그것이 권력을 증진하고 재정을 충당하는 편리한 수단임을 발견했다. 이리하여 면죄부 부여가 주기적인 제도가 되었다. 면죄부 남용은 레오 10세 때 테첼이 성 베드로 교회에 기부한다는 명목으로 그것을 속되게 판매한 데서 절정에 이르렀으나, 오히려 하나님의 섭리로 종교개혁이 일어나 회개의 성경적 개념으로 되돌아갈 수 있는 계기가 되었다.

---

14) 이 이야기는 토마스 아퀴나스와 그 밖의 스콜라 학자들이 충분히 발전시켰고, 1563년 12월 4일에 열린 트렌트 공의회 제25차 회기에 의해 재가되었다. 그러면서도 그 공의회는 "면죄부의 고귀한 이름이 이단들에게 모독을 당하게 하는 모든 불의한 이득"과 그 밖의 남용들을 금한다. 교황들은 물론 중세의 교황들에 비해서 조심스러운 태도를 취하긴 하지만, 여전히 대사(大赦)를 하사할 권한을 가끔 행사한다.

특주

중세 교황청이 면죄부들의 정규 가격표를 보유했다는 비판이 자주 제기되며, 이따금씩 발행된 로마 상서국의 조세 기준표가 그러한 비판의 근거가 된다. 로마 가톨릭 저자들은 교황청이 부과하는 세금이 사업 추진과 관리들에 대한 급여를 위한 것일 뿐이라고 말하지만, 일부 교황들의 수치스러운 탐욕을 부정할 수는 없다.

제 9 장

교회와 국가

88. 입법

중세 기독교는 이교 국가와 대립 관계에 있던 니케아 이전 기독교의 계승이 아니라, 명목상의 기독교 국가와 우호적으로 연합되었던 니케아 이후 기독교의 직접적인 계승이다. 중세 초기에 선교사들이 지향했던 목표는 유럽 서부와 북부에 분포하고 있던 야만족들의 군주들을 회심시키는 것이었다. 아우구스티누스는 교황 그레고리우스가 왕들에게 쓴 서신들을 지닌 채 서른 명의 수사들을 대동하고서 먼저 켄트의 왕 에설버트(Ethelbert)와 왕비 버타(Bertha)를 찾아갔다. 보니파키우스는 교황과 카를 마르텔에게 기대었다. 클로비스의 개종은 프랑크족의 종교를 결정했다. 기독교 군주들은 즉각 자신들의 백성들 사이에 세워진 교회의 후원자들이 되었으며, 콘스탄티누스와 테오도시우스를 모델로 삼았다. 이들은 가톨릭 교회의 영적 권위에는 복종했으나, 주교들과 대수도원장들을 임명하고 교회 재산을 감독함으로써 세속 영역에서는 교회를 지배하고자 했다. 이로써 두 권력이 자주 충돌했는데, 그것이 교황과 황제 사이에 벌어진 긴 투쟁에서 절정에 달했다.

중세에는 국가와 교회가 워낙 밀접하게 관련되었던 까닭에 둘 가운데 하나를 빼놓고서는 어느 하나도 제대로 공부하거나 이해할 수가 없다. 예를 들어 스페인에서는 톨레도에서 열린 교회회의들이 교회의 공의회인 동시에 국왕의 의회이기도 했다. 이 회의들에서는 교회 문제를 다룬 뒤에, 주교들과 귀족들이 한자리에 모여 국왕이 재가한 법안을 제정했다. 샤를마뉴 치하에 열린 교회회의들과 제국의회들도 이중의 성격을 지녔다. 잉글랜드에서는 예나 지금이나 주교들이 상원의원들이며, 추기경 울지(Wolsey) 때까지는 내각에 참여하는 일도 자주 있었다. 참고로 울지는 요크의 대주교와 잉글랜드 대법관을 겸직했다. 중세의 종교 박해는 교회와 국가의 공동 사업이었다.

교회와 국가의 이러한 연합은 밝은 면과 어두운 면을 동시에 갖고 있었다. 야만족들에게는 아주 유익한 학교였으며, 국가를 교화하고 고상하게 만들었다. 그러나 교회와 성직자들을 세속화했으며, 정신을 독재 권력의 멍에에서 해방시키려던 모든 노력을 탄압함으로써 자유 신장을 저해했다. 교회는 세상에 승리를 거두었으나, 세상도 교회에 승리를 거두었다.

성 제롬은 교회와 로마 제국이 결혼한 첫 여파를 목도한 사람인데, 그가 훗날의 상태에 대해서 다음과 같이 예견했다. "교회는 기독교 군주들과 결합함으로써 권력과 부를 얻었으나 덕을 상실했다." 중세 성직위계제도의 황금기에 살았던 사람으로서 콘스탄티누스가 실베스터에게 기부했다는 전설을 사실로 믿은 단테는 교회가 부패한 원인을 최초의 부자 교황이 초대 기독교 황제에게 받은 '그 결혼 지참금' 탓으로 돌렸다.

교회 권력과 세속 권력의 결합은 인간과 인간의 관계를 조절하고 사회 질서와 국가의 안전을 지키기 위한 입법으로 구현되었다. 그렇게 제정된 법률들은 기존의 관습들을 전제로 삼고 고착시킨 한에는 공중 도덕의 목록이었고, 일반 대중의 정서를 앞서간 경우에는 입법자들의 정신에 담긴 도덕적 이상을 표현했으며, 이 이상은 법이 지니는 계도적 능력으로 실현될 성격의 것이었다.

중세에는 세 가지 법률 체계가 있었다. 첫째는 로마법이었고, 둘째는 야만족의 법이었으며, 셋째는 교회법이었다. 처음 두 가지는 국가 권위에서, 세 번째 것은 교회 권위에서 나왔다. 국법은 황제들과 왕들의 각종 기록과 칙령, 제국의회들과 의회들의 법령, 법원들과 판사들의 판결을 집대성한 것이다. 교회법은 공의회들의 법령과 교황들의 교령(decretal)을 집대성한 것이다. 전자는 이교에서 발원하였으나 기독교에 의해 개선되고 수정되었고, 후자는 교회의 직접적 산물이지만 중세 사회의 상태에 영향을 받았다. 둘 다 교회와 국가의 결합에 의존하며 서로를 뒷받침하지만, 구분선을 그어 관할권 충돌을 사전에 예방하기란 어려운 일이었다.

89. 로마법

유스티니아누스 법전(527-534)은 로마가 공화정과 제정을 거치면서 쌓은 입법의 지혜와 경험, 그리고 인권 향상에 기여한 스토아 철학과 기독교 신앙을 중세에 전달했으나, 동시에 유일한 국교로서 인정과 보호를 받은 정통 가톨릭 신조에서 이탈하는 행위를 규제하는 형법도 전달했다. 이 법은 동방 제국에서 권위를 유지했다. 그리고 서방 제국이 멸망한 뒤에도 이탈리아와 프랑스, 스페인에 거주하던 라틴인들 사이에서 더 오래된 테오도시우스 법전(429-438)을 편집한 법률서에 부분적으로 실려 보존되었는데, 이 법률서에는 콘스탄티누스 이후의 법률들과 그 이전의 법률서들에서 간추린 내용들이 실렸다.

12세기에는 (1135년에 아말피에서 Pandects〈유스티니아누스 법전〉가 발견된 후 이 법전은 후에 피렌체에 보관되었다) 로마법이 대단한 열정으로 다시 연구되기 시작했다. 볼로냐에 유명한 민법학교가 세워졌다. 파리·나폴리·파두아 같은 도시들의 대학교들에도 유사한 법률 학교들이 세워졌다. 로마 민법(Corpus juris civilis)이 교회법(Corpus juris canonici)과 연계되어 점차 유럽 전역에서 채택되었으며, 대학교들이 두 분야를 연계하여 학위를 주었다.

이로써 칼을 법으로 대체한 로마는 다시 한 번 수세기 동안 세계를 지배하면서, 자신의 제국을 멸망시킨 야만족들의 후손들을 굴복시켰다. 정복당한 자들이 정복한 자들에게 법을 준 이 상황은 베르길리우스의 예언적 시를 생각하게 한다.

"Tu, regere imperio populos, Romane, memento."

(로마인, 너는 최고의 지배로 민족들을 다스린다는 것을 기억하라)

특주

로마법 가운데 박해의 근거 역할을 한 이단 규제 부분을 밀먼(Dean Milman)은 다음과 같이 정리한다(제3권 5장): "새로운 부류의 범죄들이 비록 기독교에 의해서 도입된 것은 아니지만 널리 퍼졌고, 그 정체가 엄격히 정의되었으며, 무자비하게 진압되었다. 기독교가 요지부동한 저항으로 분쇄한 '국교가 민중의 종교여야 한다'는 고대 로마의 이론이 과거보다 훨씬 더 엄격하게 되살아났다. 유스티니아누스 법전은 마니교와 도나투스파 같은 특정 이단들을 사회 안정을 해치는 반국가적 범죄 집단으로 규정한 테오도시우스와 그 계승자들의 법률들을 확증했다. 그 범죄를 재산 몰수와 상속 혹은 유증(遺贈) 금지로 처벌할 수 있었다. 이단자가 사람의 눈을 피해 살다가 죽는다고 해서 형사 소추를 면할 수 있는 것은 아니었다. 이단죄는 대역죄와 마찬가지로 무덤에서도 유죄 판결을 받을 수 있었기 때문이다. 이단자의 유언은 무효였을 뿐 아니라 자손에게 상속을 할 수도 없었다. 이단자를 보호해준 사람도 처벌을 받았으며, 이단자의 노예는 그를 떠나 정통신앙을 지닌 주인에게 적(籍)을 옮길 수 있었다. 이단의 목록은 갈수록 광범위해졌다. 마니교도들은 인류의 동정으로부터 훨씬 더 멀리 밀려났으며, 그리스의 어느 지역에서는 그들을 사형에 처했다. 소 테오도시우스의 법에는 덜 혐오를 받던 30개가량의 이단이 언급되는데, 유스티니아누스 때에는 그들의 명단에 네스토리우스파·유티케스파·아폴리나리우스파가 덧붙었다. 이 분파들의 서적들은 모두 소각되었다. 그럼에도 불구하고 이단들의 수가 너무나 많았기 때문에 전면적인 법 집행이 불가능했음에 틀림없다. 그러나 가톨릭 신앙을 믿지 않는 모든 자를 이단으로 규정한 유스티니아누스 법전은 그런 분파들뿐 아니라 이교도들과 유대인들과 사마리아인들에 대해서도 공무원이나 군인(말단 계급을 제외한)이 될 수 없게 했다. 그들은 변호사 같은 명예로운 공직을 맡을 수 없었다. 물론 고되고 어려운 직위들은 심지어 유대인들에게도 맡길 수 있긴 했다. 이단들은 집회가 금지되었고, 그들의 서적들은 수거되어 소각되었으며, 의식과 세례와 성직 임명이 금지되었다. 부모는 이단자라도 그 자녀는 정통신앙을 가질 수 있었다. 이단자의 자녀가 정통신앙을 믿을 경우 그가 남자라면 그에게 상속을 거부해서는 안 되었고, 딸이라면 적절한 결혼 지참금을 주어야 했다. 마니교도·사마리아인·이교도의 유언은 효력이 없었다. 정통신앙을 버리고 이러한 분파들로 배교하면 기존의 모든 특권들이 박탈되었고, 온갖 처벌을 당할 수 있었다."

90. 샤를마뉴의 법전

　　게르만 민족들 가운데 최초이자 가장 위대한 입법가는 신성로마제국 설립자 샤를마뉴이다. 콘스탄티누스 대제와 테오도시우스 대제, 그리고 유스티니아누스가 이교 로마와 고대 그리스-라틴 교회를 토대로 옛 로마 제국을 위해서 행한 일을, 샤를마뉴는 게르만족의 관습과 로마 교황제에 중심을 둔 라틴 교회를 토대로 이루어냈다. 그는 군인과 정복자보다는 입법가로서 더 크고 유익하고 항구적인 영향을 끼쳤다.[1] 자신의 광활한 제국에 퍼져 있는 야만족의 조야한 관습들을 조직하고 문명화하고 기독교화하는 거대한 임무를 떠맡아 그것을 탁월한 지혜로 수행해냈다. 그의 법률들은 카피툴랄리아(*Capitularia*), 즉 장별로 구분된 법전에 집대성되어 있다. 이것이 프랑스와 독일 최초의 대 법전이다. 이 법전에는 샤를마뉴가 교회·정치·사회 분야에 내린 칙령들과 율령들, 법적 판결들과 도덕적 계율들이 실려 있다. 이 안에는 교회와 기독교 신앙의 영향이 로마 법전에 비해 더 직접적이고 포괄적이며, 모세 법전에 근접하는 신정적(神政的) 요소를 내포한다.

로마 가톨릭 교회는 신조와 도덕적 법률들과 정치에 힘입어 서방의 야만족들을 한데 규합하고 황제의 견해와 목표를 통제하는 가장 강력한 통일의 띠였다. 물론 황제야말로 최고의 권위를 지닌 군주였다. 그러나 그의 주위에는 그 시대 최고의 지식인층으로서 교회회의와 제국의회의 입법 활동에 강한 영향력을 행사한 성직자들이 포진해 있었다. 황제와 그의 귀족들은 주교들의 권위 아래 있었으며, 주교들은 성직자들일 뿐 아니라 세속 영주들이자 정치인들이었다. 교회 업무는 아포크리시아리우스(Apocrisiarius, 교황이 황제에게 파견한 대사)이, 세속 업무는 코메스 팔라티(Comes Palatii, 궁정 대신)가 담당했으며, 두 사람은 각 속주에서 협력하여 직무를 수행한 위임 주교와 백작의 지원을 받았다. 중요한 문제에 관해서는 교황에게 자문을 구했다. 입법은 황제와 교회회의들, 제국의회 곧 황제가 소집한 의회로부터 나왔다. 제국의회는 고위 성직자들과 고위 관리들, 궁정 대신들, 주교들, 대수도원장들, 공작들, 백작들 등으로 구성되었으며, 매년 봄에 열렸다. 황제는 자신의 궁정에 유력한 정치인들과 성직자들, 학자들을 기용하여 함께 거하면서 자신의 통치권을 훼손하지 않은 상태에서 최대한 많은 것을 배우려고 노력했다. 그의 궁정은 인격을 훈련하고, 훗날 기사도의 현저한 특징이 된 겸양과 세련을 배양하는 학교였으며, 이로 인해 샤를마뉴는 시(詩) 세계에서 최초의 전형적인 기사로 찬란하게 빛난다.

---

1) 나폴레옹 1세에 대해서도 같은 말을 할 수 있다. 그의 법전은 그의 군사 정복보다 오래 살아남았다.

카롤링거왕조 법전은 성직자들과 수도원들, 도덕과 신앙에 우호적이다. 결혼이 보호되고, 심지어 노예들의 결혼도 존중된다. 이혼 자격이 제한되고, 이혼자들은 상대가 살아 있는 동안에는 재혼이 금지된다. 주일 준수가 의무화되어 노동자 계층에게 특별한 혜택이 돌아간다. 교회 권징이 근친상간 같은 대죄의 경우에 형법으로 집행된다. 점을 치는 행위 같은 미신적 관습이 금지된다. 하지만 시죄법은 유지된다. 유익한 도덕 교훈이 법전에 실리는데, 때로는 성경의 언어가 사용된다. 대중에게 위증과 반목과 결투를 삼가도록 경고하며, 가난한 자들을 압제하지 말라고 경고한다(부자의 변론을 듣기 전에 먼저 가난한 자의 변론을 듣게 한다). 민중에게 사도신경과 기도를 배우라고 권하며, "그들이 하늘에 계신 한 분 아버지를 모시고 있기 때문에" 서로 사랑하고 평화롭게 지내라고 권한다. 탐욕을 가리켜 "만악의 뿌리"라고 한다. 죽은 자들에 대한 존경을 장려한다. 소자라도 그리스도의 이름으로 영접하면 그리스도를 영접하는 것이라는 이유로 환대를 권장한다.

이 법전은 샤를마뉴의 유약한 계승자들 대에 가서는 크게 무시되었으나, 그의 의중이 실린 숭고한 기념비로 남아 있다.

91. 잉글랜드의 입법

잉글랜드는 로마 민법을 채택한 적이 없고, 다만 로마 교회법만 일부 받았을 뿐이다. 이 나라는 섬으로 고립된 데 힘입어 외국의 영향과 그것에 대한 시샘으로부터 보호를 받았다. 잉글랜드는 앵글로색슨족의 습관과 관습을 토대로 법률 체계를 수립했다. 이 나라의 민법은 관습법(Common Law) 곧 불문법(不文法, lex non scripta)과 성문법(Statute Law, lex scripta)으로 구분된다. 이 두 법은 마치 신학에서 구전 전승과 성경이 맺고 있는 것과 같은 관계를 서로간에 맺고 있다. 관습법은 고대 영국인들의 전국 및 지역 관습들을 구현한 것으로서, 상고적부터 구전되어 내려오다가 판사들의 판결문으로 기록되었다. 관습법은 앵글로색슨족의 뿌리에서 자라나 기독교의 정의와 형평의 원칙에 영향을 받은 노르만족 법률가들에 의해 틀을 갖추었다. 영국법의 표준 해설가 블랙스톤(Blackstone)은 "기독교가 영국 관습법의 일부"라고 말한다.[2] 따라서 신성모독과 속된 맹세,

주일 훼손, 기독교로부터의 배교, 이단 같은 종교적 범죄를 규제하는 법률들이 영국 관습법에 포함되었다.[3]

영국의 법이 기독교적 성격을 띠게 된 이유는 특히 영국 법들을 법전화할 수 있는 길을 닦은 알프레드 대왕(849-901 재위)과 고백자 에드워드 3세(1004-1066 재위. 1166년에 교황 알렉산더 3세에 의해 시성됨) 같은 앵글로색슨족 왕들 덕분이다. 물론 이들의 경건은 금욕적이고 수도원적이었으나, 자신들의 시대를 환하게 밝혔고, 공의와 자비의 정신이 저변에 흐르고 있었다. 알프레드 대왕은 영국 법의 창시자(Legum Anglicanarum Conditor), 에드워드 3세는 영국 법의 복원자(Legum Anglicanarum Restitutor)라 불린다.

알프레드가 작성한 법전(*Doom-Book* 혹은 *Liber justicialis*)은 데인족의 침공 때 소실되었으나 고백자 에드워드의 개선된 법전으로 살아남았다. 샤를마뉴가 프랑스와 독일에 기독교 군주·입법가·교육가로서 수행한 역할을, 알프레드는 잉글랜드를 위해서 수행했다. 그는 "잉글랜드를 통치한 왕들 가운데 가장 지혜롭고 훌륭하고 위대한 왕"으로 평가받는다. 비록 간헐적으로 갑자기 닥쳐서 그를 좌절에 빠뜨리곤 했던 간질 혹은 그와 유사한 질환으로 심하게 고생했으나, 마치 육체의 가시를 극복하며 사역한 사도 바울처럼 그도 그것을 극복하면서 믿기지 않을 만큼 왕성한 사역을 펼쳤다. 그의 은덕에 감사한 영국인들이 그의 시

---

2) *Comment.* Bk IV. ch. 4. 미국도 모국의 관습법을 채택해온 범위 안에서는 같은 평가를 받을 수 있다. 이러한 내용을 뉴욕·펜실베이니아·매사추세츠 대법원들과 그 밖의 유력한 판사들이 주장했다. 물론 그들은 그러면서도 영국 관습법 가운데 교회와 국가의 통일이 정교 분리 정책을 취하는 미국에는 적용할 수 없다는 점을 인정했다. 판사 Strong(*l. c.* p. 32)은 "미국의 모든 법률과 제도는 기독교를 존중하는 토대 위에 세워져 있다"고 말한다. 펜실베이니아 법원은 그 법을 다음과 같이 진술한다. "기독교는 예나 지금이나 이 나라 관습법의 일부이다. 그것은 유럽 여러 나라들의 영적 지원이 없는 기독교이다. 특정 신조들 위에 수립된 기독교도 아니고, 국교회와 토지 재산과 교회 법원을 보유한 기독교가 아니라, 모든 사람들에 대한 양심의 자유를 지닌 기독교이다."

3) 1401년에 통과된 '이단 화형에 관한'(de haeretico comburendo) 법률(Henry IV. c. 15)은 오랜 뒤에도 여전히 효력을 발휘하여서, 엘리자베스 시대에 두 명의 재세례파 신도가 화형을 당했으며, 제임스 1세 때에도 두 명의 아리우스파 신도가 화형을 당했다.

대 전에 존재하던 제도들과 법률들, 권리들과 특권들까지도 모두 그에게 돌린 점이 없지 않지만, 실은 그는 자기 시대를 훨씬 앞서나간 사람이었다. 그가 즉위할 때만 해도 "템스 강 이남에 사는 어느 누구도 교회의 의식을 이해하거나 라틴어를 번역할 만한 사람이 없었다." 그는 이런 수준에 있던 백성에게 전국적인 교육을 시행하려는 원대한 뜻을 세웠다. 이 뜻을 이루기 위해서 데인족들에 의해 파괴되었던 교회당들과 수도원들을 재건하고 새로운 건물들을 신축하고, 로마에서 서적들을 수입하고, 대륙에서 학자들을 초빙하여 자신의 궁정에 머물게 하고, 그들의 도움을 받아 라틴어 저서들(이를테면 그레고리우스의 「목회 지침서」〈Pastoral Care〉, 비드의 「교회사」, 보에티우스의 「철학의 위안」〈Consolations of Philosophy〉)을 앵글로색슨어로 번역하고, 법률들을 집대성하고, 자기 왕국의 사회 및 교회 조직을 재편했다.

그의 법전은 맨 앞에 십계명이 나오고, 그 다음에 성경에서 인용한 그 밖의 율법들이 나온다. 이 법전은 구약 이스라엘이 애굽에서 종살이하던 일을 기억하여 나그네를 보호하고, 모세 율법이 유대인 종을 칠년 되는 해에 속량시켰듯이 그리스도인 노예를 칠년 되는 해에 해방시키고, 주일에는 노동자가 안식할 수 있도록 보호하고, 벌금 제도를 마련하여 피로 보복하려는 욕구를 억제하고, 남이 우리에게 하지 말았으면 하는 일을 남에게 하지 말라는 소극적 형태의 황금률을 제시한다.

"인간애와 경건, 정의심, 측은지심이 담긴 이 내용은 거칠기 짝이 없는 민족의 야만적인 입법가들이 작성한 것으로서, 그 안에서 말하고 있는 이는 지고한 동정과 지극히 이타적인 덕목을 구현한 위대한 인물이다. 물론 이러한 종교적 영향들이 앵글로색슨족 치하의 잉글랜드 법을 바꿔놓은 것은 사실이겠으나, 그렇다고 그 사회에 어떠한 강한 영향을 끼쳤다고는 할 수 없다. 그럴지라도 기독교는 잉글랜드 사회에 종교적 영향을 끼치기 시작했으며, 그것이 비록 형식주의와 위선으로 흐려지고 이기심으로 약해졌을지라도 그 나라의 역사에 위대한 도덕적·인도적 개혁을 더디게나마 이루어갔으며, 다른 영향들과 맞물려 그 나라가 근대의 진보를 앞장서서 이끌도록 만들었다."4)

---

4) Brace, *Gesta Christi*, p. 216.

제 10 장

예배와 의식

92. 미사

공예배는 그리스도께서 세상의 죄를 속하시기 위해 치르신 제사의 실제적 반복(비록 피 없는 제사이긴 하지만)인 미사에 중점을 두었다. 이 점에서 동방 교회와 서방 교회는 오늘날까지 충분히 일치한다. 두 교회는 온갖 엄숙하고 신비로운 상징 체계로 미사 의식을 장식한다. 두 교회가 다른 점은 극히 사소한 점들뿐이다.

교황 그레고리우스 1세는 라틴 전례를 개선하고, 그것에 사실상 오늘날 라틴 교회가 지니고 있는 형태를 부여했다. 그는 성찬이 하늘과 땅, 영원과 시간의 화해를 구현하며, 단절 없는 하나의 사귐을 이루고 있는 살아 있는 자들과 신앙을 가지고 죽은 자들을 위한 영적 유익으로 충만하다는 사상을 확고히 지니고 있었다. 사제가 피 없는 제사를 하나님께 바칠 때 하늘이 열리고 천사들이 임하며, 보이는 세계와 보이지 않는 세계가 연합된다고 보았다.[1]

그레고리우스는 자신이 발전시켜 널리 퍼뜨린 연옥 교리와 연계하여 죽은 자들을 위한 미사를 도입했다.[2] 이것은 세상을 떠난 사람을 위해 기도하던 오래된

---

1) *Dialog.* 1. IV. c. 58 (in Migne's ed. III. 425 sq.).

2) Missae pro Defunctis, Todtenmessen, Seelenmessen. 이것과 성인들의 축일에 드리는 성인들을 위한 미사는 비록 제사를 똑같이 하나님께 드리는 점에서는 같지만 서로 다르다.

관습에 기초를 둔 것으로서, 가톨릭 신앙을 가지고 죽긴 했으나 남은 죄를 씻어 내기 위해서 당하는 형벌의 고통을 덜어주려는 데 뜻이 있었다. 죽어 하늘로 곧 장 갈 만하다고 생각한 가톨릭 신자는 거의 없었기 때문에, 많은 경우는 임종을 앞둔 사람이나 친구들이 미사를 요청했다.[3] 미사는 사제들에게 적지 않은 수입 원이 되었다. 동방 교회는 연옥 교리를 서방 교회처럼 명쾌하게 교리로 정의해 놓지 않았으나, 서방 교회와 마찬가지로 죽은 자들이 살아 있는 자들의 기도, "특히 피 흘림 없는 그리스도의 살과 피의 제사와, 죽은 자들을 기억하고서 믿음 으로 행한 자선과 합하여 드리는" 기도로 유익을 얻는다고 주장한다.[4]

성례의 효능을 지나치게 높게 매기는 태도는 사제가 청중 없이 홀로 거행하는 단독 미사의 남용으로 이어지기도 했다. 이것은 구주와 구속받은 자들이 연합한 사실을 기념하는 성찬의 본의를 말살한다. 샤를마뉴 시대에 열린 여러 교회회의 들은 이러한 관행을 비판했다. 813년의 마인츠 교회회의는 이렇게 결정했다. "아무리 사제라도 혼자 미사 찬송을 부를 수는 없다는 것이 우리의 생각이다. 아 무도 없고 자기 혼자 있는데 어찌 그가 '여러분의 마음을 높이 들어올리십시오' (sursum corda, 미사의 서창의 말: 역자주)라고 말하거나, '주님께서 여러분과 함께하시기를' (Dominus vobiscum)이라고 말할 수 있겠는가!" 829년에 파리에 서 열린 개혁적 교회회의는 이런 미사를 금하면서, 그것을 "게으름 탓이기도 하 고 탐욕 탓이기도 한 책망받을 관행"이라고 부른다.[5]

성찬의 신비스러운 성격이 기적적인 성격으로, 심지어는 화체설의 확산으로 마술적인 성격으로까지 변질되었다. 그러나 그 교리는 두 번의 논쟁을 거친 뒤 에 11세기에 승리를 거두었다.[6]

미사의 언어는 동방 교회는 그리스어였고 서방 교회는 라틴어였다. 라틴어는 유럽의 야만족들에게는 생소한 언어였다. 그것이 로마인들의 후손들 사이에서

---

3) 교황들조차 비록 살아서는 '성하' (聖下)라는 칭호를 받지만 죽어서는 연옥을 통 과해야 하며, 신자들의 기도를 필요로 한다. 역대 교황들 가운데 가장 오래 재위했고, 바티칸 공의회(1870)에서 자신의 무류성을 선포한 피우스 9세의 석관에는 "Orate pro eo" (나를 위해 기도하시오)라는 글귀가 새겨져 있다.

4) Missae solitariae 혹은 privatae.

5) *Can.* 48. Mansi XIV. 529 sq. Hefele IV. 64.

6) 참조. 다음 장의 신학 논쟁들.

점차 사용되지 않다가 로망스 언어들(라틴어에서 분파된 프랑스어 · 이탈리아 어 · 스페인어 · 포르투갈어 · 루마니아어 등: 역자주)로 대체되었다. 그러나 교황의 지배를 받은 교회는 모든 신자의 권리를 사제들에게 넘기고, 이성적 혹은 영적 예배(롬 12:1)를 희생시키고 외적 통일을 살렸으며, 라틴어를 오늘날까지 미사에 사용하는 교회의 거룩한 언어로 남겼다. 트렌트 공의회는 영감되지 않은 라틴어 「불가타」 성경을 사실상 영감된 히브리어와 헬라어 성경과 동렬에 놓는 데까지 나아갔다.

93. 설교

예배의 가장 중요한 부분이 일반 회중에게 이해할 수 없는 것이었기 때문에 자국어 설교와 교리문답 교육으로 그 부분을 보완할 필요가 더욱 컸다. 그러나 바로 이 점에서 중세 교회는 매우 취약한 모습을 드러냈다.

교황 그레고리우스 1세는 경우에 따라 매우 진지하게 설교를 했으나, 후대의 교황들 가운데 그의 본을 따른 사람은 거의 없다. 설교는 주교들의 의무였으나 많은 경우 그들은 그 의무를 소홀히했다. 747년에 캔터베리 대주교 커스버트 (Cuthbert)를 의장으로 런던 근처 클로베쇼에서 열린 공의회는 여러 가지 남용들 을 개혁하기 위해서 주교들이 매년 자신의 소교구들을 의무적으로 방문하여 대 수도원장들과 수사들을 가르쳐야 하고, 모든 사제들은 사도신경과 주기도문, 미 사, 세례를 일반 회중에게 자국어로 가르칠 수 있어야 한다고 결정했다. 813년에 열린 투르 교회회의와 847년에 라바누스 마우루스(Rabanus Maurus)의 주재로 열린 마인츠 교회회의는 모든 주교가 설교집을 보유해야 하고 그것을 "프랑스 [로망스]어 혹은 독일어로"(in rusticam Romanam linguam aut Theotiscam) 명쾌 하게 번역하여 "모든 신자가 알아들을 수 있도록 해야 한다"고 결정했다.

사제들 가운데 대다수가 설교 준비를 할 수 없을 만큼 무지했으며, 라틴어 예 배 의식문이나 겨우 이해하는 수준이었다. 802년의 엑스 교회회의는 사제들이 아타나시우스 신조와 사도신경, 주기도문과 그 강해, 성례 예식서(Sacramen-tarium) 혹은 미사전서, 귀신을 쫓는 문구, 임종 기도(commendatio animae), 참 회규정서, 교회력, 로마 성가집을 배워 알고 있어야 하며, 주일과 축일 설교들을 익혀 설교의 모본으로 삼고, 교황 그레고리우스의 목회 지침서를 읽어야 한다고 규정했다. 이것이 성직자 교육의 대요이자 실질이었다. 헬라어 성경과 히브리어 성경을 연구하는 것은 논외의 일이었으며, 중세에 서방의 주교나 교황 가운데 성경을 원어로 연구할 만한 역량을 갖춘 사람은 없었다.

그러므로 사제들과 부제들, 심지어 대다수 주교들조차 이 일에서 발휘할 수 있었던 최대한의 역량은 교부들의 설교를 읽는 것이었다. 아우구스티누스가 작문에 소질이 없는 성직자들을 위해서 이런 조언을 해놓았다. 이것이 프랑스와 잉글랜드의 공인된 관행이 되었다. 따라서 호밀리아리아(*Homiliaria*)라고 불린 설교집들이 주일들과 축일들에 전할 복음서들과 서신서들을 위해서 마련되었다. 설교집들은 대부분 교부들의 글을 편집한 것이었다. 「절기 설교」(*Homiliae de Tempore*)라 불린 비드의 모음집은 여름을 위한 설교 33편, 겨울을 위한 15편, 사순절을 위한 22편, 그리고 성인들의 축일들을 위한 설교들을 실었다.

샤를마뉴는 780년경에 파울루스 디아코누스(Paulus Diaconus) 혹은 파울루스 바르네프리드(Paul Warnefrid, 몬테 카시노의 수사, 샤를마뉴의 전속사제의 한 사람, 롬바르드족의 역사가, 성인들에 관한 시를 쓴 작가)에게 명하여 설교집(*Homiliarim* 혹은 *Omiliarius*)을 마련하도록 하고, 프랑스 교회들에게 그것을 채택하도록 권했다. 이 책은 주일들과 축일들의 순서를 따랐고, 「불가타」를 본문으로 삼았으며, 여러 세기 동안 꾸준히 사용되었다. 후대에 다른 설교집들도 제작되었으며, 심지어 에드워드 6세와 엘리자베스 여왕 치하의 잉글랜드 개혁교회조차 무지한 성직자들에게 종교개혁 교리에 맞춰 개작된 두 권의 설교집을 보급할 필요를 발견했다.

이 점과 관련하여 성경의 역사를 시(詩) 형식을 빌어 재현한 작품들, 즉 잉글랜드 노섬브리아의 수사 캐드먼(Caedmon, 古英詩의 시조라 일컬어지는 7세기 영국의 종교시인: 역자주)의 종교 서사시(680), 색슨족의 "구주(救主)"(Heliand, Heiland, 880경), 오트프리드(Otfrid, 라바누스 마우루스의 제자)의 "그리스도", 즉 네 복음서 대조본(870경)을 다시 언급할 필요가 있다. 이 작품들은 민중에게 구속 역사를 가르치는 데 큰 도움이 되었던 설교집이며, 동시에 앵글로색슨어와 튜턴족 언어의 고대 게르만 방언들을 확인하게 해주는 매우 귀중한 자료이다.

하지만 16세기 종교개혁이 일어났을 때에야 비로소 설교와 교육적 요소가 공예배의 정규적이고 필수적인 부분으로서 본연의 지위를 되찾고 충분히 인정을 받게 되었다. 무릇 예배가 하나님의 계시를 풀어 가르치고 그러한 강해를 경건한 마음으로 경청하는 시간이 되려면 설교자와 회중 모두의 예배여야 하며, 이 것은 기도와 찬송의 경우에도 마찬가지이다.

94. 교회의 시. 그리스 찬송과 찬송가 작가들

그리스 교회 시(詩)의 고전기는 650년경부터 820년까지 이어지며, 거의 화상 파괴 논쟁과 맞물린다. 성인들과 화상들을 숭배하려는 열정이 시적 영감에 불을 지폈으며, 그러한 숭배를 앞장서서 옹호한 사람들이 동시에 주요 찬송가 저자들 이기도 했다. 동방 교회는 이들에 대한 기억을 신성하게 간직하고 있다. 이들이 남긴 작품들은 전례서들에 수록되었는데, 특히 그 중 12권으로 된(매월 한 권씩) 「메나이아」(the Menaea)에는 매일 드려야 할 기도들이 실려 있으며, 라틴 교회 의 성무일과서에 해당한다. 화상숭배자들이 지은 많은 찬송 시들이 여전히 출판 되지 않은 채 수도원 도서관들에 보관되어 있다. 이 시들은 성 삼위일체 하나님 과 성육신. 대 절기들을 기릴 뿐 아니라, 특히 성모 마리아와 성인들, 순교자들 그리고 성화상들도 기린다.

그리스 교회의 시는 운율(韻律, metre)이나 압운(押韻, rhyme) 위주가 아니라, 시편과 신약성경의 찬미들, 글로리아 인 엑셀시스, 테 데움처럼 노래로 부르는 데 중점을 둔 리듬 위주[장단격] 산문으로 작성되었다. 이전 시대의 찬송가 작가 들은 작곡자이기도 했다. 연(聯, stanza)들을 트로파리아(troparia)라고 하며, 첫 트로파리아는 음정을 잡고 뒤에 오는 다른 것들을 이끌기 때문에 히르모스 (hirmos)라고 한다.[7] 서너 개의 트로파리아가 모여서 한 개의 송가(Ode, 송부)를 이룬다. 세 편의 작은 송가가 모이면 트리오디온(triodion)이 되고, 아홉 편의 송 가 혹은 세 편의 트리오디온이 모이면 카논(canon)이 된다. 송가들은 대개 송영 (doxa)과 하나님의 어머니(theotokion) 마리아를 찬송하는 연으로 끝난다.[8] 독자

---

7) Εἰρμός, tractus(연쇄, 연재)도 원래는 ἀκολουθία와 마찬가지로 라틴어 jubilatio, sequentia와 마찬가지로 음악 용어였다. 참조.§96.

8) θεοτοκίον, sc. τροπάριον(좀 더 드물긴 하지만 좀 더 정확한 표현은 어미로부터 두 번째에 강세가 붙는 θεοτοκίον이다). θεοτόκος, Deipara에서 유래.

적인 가락을 지닌 찬송을 이디오멜론(idiomelon)이라고 한다.

닐(Neale, John Mason, 1818-1866. 성공회 학자, 찬송가 작가: 역자주)에 따르면 이러한 시가 그리스 예배서들의 9/10 혹은 4/5 이상을 차지한다고 한다. 지금까지는 이것이 서방 교회에 거의 알려지지 않았으나 이제는 접근할 수 있게 되어 있다.[9] 그리스 교회의 찬송시에는 무명의 고백자들과 순교자들, 기적을 일으키는 형상들을 단조롭고 과장되고 멋없게 칭송해 놓은 무수한 시들 속에 보석처럼 묻혀 있는 진정한 기독교 찬송들이 몇 편 실려 있다.

그리스 교회의 시는 3세기에 작곡된 익명의, 하지만 보편적으로 채택되고 진정으로 불후의 작품인 글로리아 인 엑셀시스(Gloria in Exelsis)와 더불어 본격적으로 시작한다.[10] 나지안주스의 그레고리우스가 쓴 시들과 고전적인 일반적 박자를 사용한 퀴레네의 시네시우스가 쓴 시들은 오늘날 채택되지 않으며, 애당초 공예배에 사용하도록 의도되지도 않았다.[11]

비잔틴 시기의 첫 찬송가 작가는 콘스탄티노플 총대주교 아나톨리우스(Anatolius, 458경 죽음)이다. 그는 운문체 산문의 새 길을 개척했으며, 이 점에서 서방의 베난티우스 포르투나투스(Venantius Fortunatus)와 비교할 만하다.[12]

이제는 그리스 교회 시의 고전기로 넘어가자.

그리스 찬송가 작가들의 맨 앞열에는 만수르라는 별명을 지닌 성 다마스쿠스의 요한(780경에 아주 지긋한 나이에 죽음)이 서 있다. 그는 동방 교회가 배출한 가장 위대한 조직신학자이자, 이사우리아 출신 황제 레오(717-741 재위)와 콘스탄티누스 코프로니무스(741-775 재위) 때 화상파괴파에 맞서서 화상 숭배를 앞장서서 옹호했다. 한때는 예루살렘과 사해 중간을 가로지르는 황량한 기드론 골짜

---

9) Vormbaum(그가 쓴 다니엘의 *Thesaurus* 제3권에서. 이 책은 다시 편성할 필요가 있다), Pitra, Christ가 그것을 가능하게 해놓았다. 유럽 대륙의 저자들은 그리스 교회의 전례와 시문학에 대한 영국 최고의 전문가인 Dr. Neale을 무시하는 경향이 있다. 그가 해놓은 번역들은 매우 자유로운 재현이지만, 바로 이 이유에서 원 작품들보다 서양의 취향에 더 잘 맞게 되어 있다. 알렉산드리아의 클레멘스가 남긴 로고스 찬송도 Dr. Henry와 M. Dexter에 의해서 비슷한 변화를 겪었으며, 공예배를 위해 유용하게 만들어졌다.

10) 참조. 제2권

11) 참조. 제3권, 581, 921.

12) 참조. 제3권, §114에 소개된 실례들.

기에 세워진 마르 사바(혹은 성 사바스) 수도원에 들어가 지내기도 했다. 사람들은 그가 특히 수도원의 수호성인인 동정녀 마리아에게 영감을 받아 그리스도를 찬송하는 시를 썼다고 생각했다. 그는 동방 교회의 주일 예배 의식들을 싣고 있는「팔조 찬가집」(*Octoechus*)의 상당 부분을 썼다. 그가 지은 부활절 카논(canon)은 '황금 카논' 혹은 '카논의 여왕'이라 불리며, 부활절 전야에 "그리스도께서 살아나셨다"는 기쁨의 외침과 "과연 그리스도께서 살아나셨다"는 응송으로 시작한다. 그의 기념일은 12월 4일이다.

그 다음 자리를 차지하고 있는 찬송가 작가로서 비잔틴 작가들 사이에서 그보다 탁월한 작곡가로 평가받는 사람은 작곡가라 불린 예루살렘의 성 코스마스(St. Cosmas of Jerusalem)이다. 닐(Neale)에 따르면 그는 "그리스 시인들 가운데 가장 박식했으며, 성 빅토르의 동방의 아담"이다. 코스마스와 다마스쿠스의 요한은 마르 사바 수도원에서 의형제와 친구와 동료로 지내면서 서로의 작품을 다듬어 주었다. 코스마스는 본인 뜻과 상관 없이 예루살렘의 총대주교 요한에 의해서 팔레스타인 남부 가자 근처 마이우마의 주교로 축성되었다. 그는 760년경에 죽었고, 기념일은 10월 14일이다. 그의 전기 서두에는 이런 시가 실려 있다:

"소리의 완벽한 아름다움이 있는 곳으로 코스마스는 가 있다;
하지만 그의 아름다운 선율은 여전히 교회에 기쁨을 준다."

세 번째 서열은 낙인찍힌 자(the Branded)라는 별명을 지닌 매우 왕성한 시작(詩作) 활동을 벌인 성 테오파네스(St. Theophanes)가 차지한다. 그는 제2차 니케아 공의회에 참석했다(787). 아르메니아 출신 황제 레오의 재위 기간(813)에 화상(畵像)들을 숭배한다는 이유로 옥고를 치르고 추방과 신체 절단을 당했으며, 820년경에 숨을 거두었다. 그의「연대기」(*Chronography*)는 화상 논쟁사를 이해하는 중요한 자료이다.

아담이 자신의 타락을 슬퍼하는 장면을 묘사한 다음 시는 흥미롭다:

"아담이 동쪽 문에 기대어 앉아 있자니
슬픈 기억이 폭풍우처럼 마음을 쓸고 지나간다:
아, 어쩌다가 뱀의 증오에 이렇게 무너졌던가!

아, 그렇게 영광스러웠는데 이제는 다 상실했다!

이 비참한 운명을 택하고 말았다니!

이 즐거운 정경을 뒤로하고

낙원이여, 나 이제 그대를 떠나

유배의 길을 나서야 한단 말인가?

이젠 탄식을 그치지 못하리라.

내 하나님께서 저녁 서늘한 때에

친히 내려와 거니시던 일을 어찌 잊을까?

자비로우신 주여! 당신 앞에 호소하나이다.

긍휼이 많으신 주여! 저의 죄를 사해 주옵소서!"

이 세 거장 앞에 혹은 뒤에 활동한 그 밖의 비잔틴 찬송가 작가들은 다음과 같
다. 그들의 활동 연대는 매우 불확실하여 쟁점으로 남아 있다.

세르기우스(Sergius)는 헤라클레우스가 황제로 재위할 때(610-641) 콘스탄티노
플 총대주교를 지낸 인물로서 단의론 논쟁 서두에 등장하며, 아마도 그 황제에
게 연합을 위한 신조를 제안한 듯하다. 역사가 크리스트(Christ)는 그가 마리아를
페르시아 군대의 공격에서 콘스탄티노플을 구원한 이로 찬송한 유명하고 널리
애송되던 "아카티스토스"(Akathistos, 630)의 작가로 추정하지만, 이 찬송은 게
오르기우스 피시다(Georgius Pisida)의 작품으로 간주하는 것이 일반적이다.

소프로니우스(Sophronius)는 예루살렘 총대주교(629)를 지낸 인물로서, 아나크
레온(주전 582?-485?, 이오니아 출신의 그리스 서정시인: 역자주) 식의 운율
(meter, 보격)로 그리스도와 사도들, 순교자들을 기리는 찬송을 지었으며, 교회
예배를 위한 음악을 갖추어 이디오멜론들을 썼다.

고백자 막시무스(Maximus the Confessor, 580-662)는 단의론 논쟁에서 정통신
앙 진영의 양의론(兩意論) 교리를 앞장서서 주장하다가 순교한 인물로서, 동방
교회가 배출한 매우 심오한 신학자이자 신비주의자였으며, 몇 편의 찬송을 지었
다.

게르마누스(Germanus, 634-734)는 시지쿠스의 주교를 지내다가 콘스탄티노플
총대주교가 되었으며(715), 이사우리아 출신 황제 레오의 화상파괴 칙령들에 복
종하지 않았다는 이유로 730년에 면직을 당했고, 그 뒤 초야에 묻혀 지내다가 백

살 가량의 나이에 숨을 거두었다. 그는 "그리스도인들에게 자신들의 가장 명예로운 고백자들 가운데 한 사람으로 평가를" 받는다(Neale). 그가 남긴 몇 편의 시들 가운데는 주상성인 시므온(Symeon the Stylite), 선지자 엘리야, 세례자 요한의 참수 등을 노래한 작품들과, 기적을 일으키는 에데사의 화상(畵像)을 노래한 카논이 있다.[13]

크레타의 안드레아스(Andrew of Creta, 660-732)는 다마스쿠스에서 태어나 예루살렘에서 수사가 되었고, 콘스탄티노플에서 부제로 일하다가 크레타의 대주교가 되었으며, 712년의 단의론 교회회의에 가담했으나 후에는 정통신앙으로 돌아왔다. 이렇게 돌아선 일과 화상숭배를 옹호한 일을 감안하여, 그리스 교회는 그를 성인의 반열에 올려놓았다. 그는 '카논' 의 창안자로 간주된다. 그가 지은 '대 카논' (Great Canon)은 사순절 중간 주간 목요일에 전곡이 연주된다. 이 찬송은 죄를 자백하고 하나님의 은혜를 간구하는 내용이다. 무려 250개(Neale에 따르면 300개)의 연으로 이루어져 있다.

다마스쿠스의 요한은 불합리하게 긴 카논들의 길이를 줄였다.

안드레아스 푸로스라 불리는 또 다른 안드레아스는 8편의 이디오멜론으로 이루어진 "메나이아"(*Menaea*)의 작곡자로 간주되며, 크리스트는 이 작품에서 베드로와 바울에 대한 예찬시를 최고의 작품으로 꼽았다.

사바 출신의 스테파누스(725-794)는 다마스쿠스의 요한의 조카로서 59년을 마르 사바 수도원에서 보냈다. (이 수도원은 기드론 계곡의 험한 바위 지대에 마치 독수리 둥지처럼 세워져 있었다.) 그의 기념일은 7월 13일이다. 그는 닐(Neale)의 아름다운 위로의 찬송 "그대 지쳤는가"(Art thou weary)의 주 선율을 지었는데, 이것이 「팔조(八調) 찬가집」(*Octoechus*)의 일부 편집본들에서 발견된다. 그는 그 찬송을 작곡했다기보다 영감을 제공했으며, 모든 신앙 시집에 한 자리를 차지할 자격이 있다.

로마누스(Romanus)는 베리투스의 부제를 지내고 훗날 콘스탄티노플에서 사제로 사역한 사람으로서, 고대의 시인들 가운데 독창적이고 많은 작품을 남긴 시인으로 손꼽힌다. 피트라(Pitra, Jean-Baptiste, 1812-1889, 추기경, 교부학자: 역자주)는 스물다섯 편의 찬송을 그의 작품으로 간주한다. 그는 로마누스의 활동

---

13) 참조. 그의 *Opera* in Migne's "Patrol. Graeca," Tom. 98(1865).

시기를 황제 아나스타시우스 1세(491-518 재위) 때로 간주하지만, 크리스트는 아나스타시우스 2세(713-719 재위) 때로 간주하며, 야코비는 콘스탄티누스 포고나투스(681-685 재위) 때로 여기는데 그의 견해가 가장 개연성이 높다.[14]

스투디움의 테오도루스(Theodore of the Studium, 스투디움은 콘스탄티노플 근처의 유명한 수도원)는 화상파괴 논쟁 때 고초를 겪은 일로 유명하며, 826년 11월 11일에 유배지에서 숨을 거두었다. 사순절을 위한 카논들과 성인들의 축일들을 위한 송가들을 지었다. 842년에 화상숭배 진영이 최후 승리를 거둔 일을 기념하여 정통신앙의 주일을 주제로 쓴 힘찬 카논을 사람들은 그의 작품으로 간주하지만, 그가 그 승리 이전에 죽었으므로 후대의 작품임에 틀림없다.

스투디움의 요셉(Joseph of the Studium)은 테오도루스의 형제이자 그 수도원의 수사 출신으로서, 훗날 데살로니가의 대주교를 지내다가 황제 테오필루스(829-842)의 명령으로 당한 고문의 후유증으로 감옥에서 죽었다. 그는 가끔 찬송가 작가 요셉(Joseph Hymnographus)와 동일인으로 혼동되지만(심지어 닐도 그렇게 혼동한다), 두 사람은 니케포루스에 의해서 구분되며, 기념일도 각기 다르다.

스투디움의 테옥티스투스(Theoctistus of the Studium, 890경)는 "예수께 바치는 간구의 카논"이라는 찬송을 지었다. 이것은 그에 관해서 알려진 유일한 찬송이지만, 그리스 교회가 내놓은 가장 아름다운 예수께 대한 찬미이다.

찬송가 작가로 불리는 요셉(Joseph Hymnographus, 880)은 가장 많고 가장 과장되고 가장 지루한 작품을 남긴 그리스 찬송가 작가이다. 그는 시칠리아 태생으로서, 마지막에는 콘스탄티노플에 있는 어느 교회의 기물들을 관리하는 일을 맡아보았다. 총대주교 포티우스의 친구였고, 그를 따라 유배의 길을 떠났다. *Menaea*와 *Octoechus*에 실린 아주 많은 수의 카논들이 그의 저작으로 간주된다.

콘스탄티노플 총대주교 타라시우스(Tarasius, 784)는 화상 복원과 제2차 니케아 공의회(787) 소집에 주도적 역할을 했다. 806년 2월 25일에 죽었다. 그의 찬송들은 그다지 중요하지 않다.

---

14) Christ(131-140)는 "거룩한 사도들의 시편"과 그리스도의 탄생 시를 소개한다. Jacobi(p. 203 sq.)는 630년경에 시작한 단의론 논쟁에 대한 Romanus의 언급들에서 그 자료와 흔적들을 논한다. 그는 구속이 주는 유익들을 아름답게 묘사한 내용의 일부를 독일어로 소개한다.

유티미우스(Euthymius)는 대개 쉰겔루스(Syngelus) 혹은 쉰켈루스(Syncellus, 910 죽음)로 알려지는 인물로서, 성모 마리아에게 바치는 참회의 카논을 지었는데, 이 작품은 동방에서 높은 평가를 받는다.

761년경에 예루살렘의 주교를 지낸 엘리아스(Ellias)와, 996-1012년에 같은 도시의 주교를 지낸 오레스테스(Orestes)는 피트라(Pitra)가 그로타 페라타 수도원을 비롯한 여러 수도원들을 대상으로 벌인 조사 활동에 힘입어 시인들로서 세상에 밝혀졌다.

그 외에도 그리스 교회의 찬송가 작가들로서 언급할 수 있는 사람들은 메토디우스(846), 콘스탄티노플 총대주교 포티우스(891 죽음), 스미르나의 메트로파네스, 네 번째 결혼으로 동방 교회를 곤경에 빠뜨린 황제 레오 6세(886-917 재위), 시므온 메타프라스테스(900년경에 콘스탄티노플 황궁의 국무대신), 카시아스, 닐루스 크산트로풀루스, 요하네스 게오메트라, 마우로푸스(1060)이다. 마우로푸스와 더불어 그리스 찬송의 작곡 활동은 사실상 종결되었다. 상당 분량의 찬송들이 저자 미상으로 남아 있다.

결론으로 닐(Neale) 박사가 복원하고 다듬은 그리스 교회의 대표적인 찬송들을 소개하고자 한다. (原詩는 물론이고 영어 번역시에도 補格과 押韻이 나타나 있으나, 한글 번역에서는 의미를 충실히 전달하는 데 역점을 두었음을 알려드린다: 역자주.)

오늘은 부활의 날

다마스쿠스의 성 요한

오늘은 부활의 날,
  땅이여 널리 선포하라!
기쁨의 유월절,
  하나님의 유월절이여!
죽음에서 영생으로
  지상에서 하늘로,
우리 그리스도께서 우리를 건지셨으니
  승리의 찬송을 부르자.

우리 마음이 악에서 돌이켜 순결해지도록
 그리하여 만물을 똑바로 볼 수 있도록
주께서 영원한 빛으로
 부활을 비추어 주셨다.
이제 고요하고 명료한
 그의 음성에 귀 기울이라.
"만물아 즐거이 부르라!"는 그의 음성을 듣고
 승자의 기개로 일어서라.

이제 하늘은 즐거워하라!
 땅은 노래를 시작하라!
세계와 거기 충만한 것은
 승리를 누리라!
감사와 환희의 노래에
 만물이여 참여할지니,
주 그리스도께서 살아나시어
 우리의 기쁨이 한량없음이로다.

예수, 모든 이름 위에 뛰어난 이름
스투디움의 성 테옥티스투스

 예수, 모든 이름 위에 뛰어난 이름,
 예수, 가장 좋고 귀한 이름.
 예수, 완전한 사랑의 샘,
 가장 거룩하고 자애롭고 친근하도다!
 예수, 가장 완전한 은혜의 원천,
 가장 진실한 예수, 가장 자비로운 예수,
 신적 능력의 샘, 예수시여,
 저를 지으시고 보존하시고 당신의 것으로 인쳐 주옵소서!
 예수시여, 죄인이 들어갔던 문을

제게도 열어 주옵소서.
그는 마지막 죽어가던 상태에
오로지 당신을 붙잡았나이다.
당신의 상처로 늘 호소하시고
당신의 고난으로 대언하시어
저를 이 비참한 데서 일으키시사
본향 낙원에 들어가게 하옵소서!
당신은 탕자를 부르셨고
마리아의 죄를 사하셨나이다.
당신의 말씀은 헛되이 돌아가지 않으며
사랑이 변할 수 없사오니,
주여, 비참하게 넘어져 있는 저에게
통회하는 마음을 일으켜 주옵소서!
주께서 뜻하신다면
얼마든지 저의 악을 사하실 수 있나이다.
제가 육체의 쾌락에 져서 넘어졌으니
제게 화가 임하는 것이 당연하옵니다!
하늘의 보화를 얻으려 힘쓰지 않았으니
제게 화가 임할 것이옵나이다!
그 보화는 하늘 본향에 안전히 보관되어
썩지 않고 영원할 것이옵나이다!
성자의 고난 외에는
어떤 값을 주고도 살 수 없는 보화이옵나이다!
저를 위해 가시면류관을 쓰신 예수시여,
저의 죄를 위해 채찍질을 당하신 예수시여,
주께서는 쓰라린 고통을 감내하시며
당신의 선한 고백을 증거하셨나이다.
왕의 홍포를 입으시고
저의 많은 죄값을 치르신 예수시여,
당신이 당하신 저주와 고통이

골고다의 고난이 제게 헛되지 않게 하옵소서.
제가 두려운 죽음의 바다 앞에 설 때,
 물결이 더 높이 일 때,
성난 파도가 더 가까이 밀려와
 저를 삼키려 할 때,
예수여, 의지할 데 없고 소망도 없고
번민이 가득한 저를 버리지 마옵시고,
 제게 말씀해 주옵소서. "진실로 네게 이르노니,
 오늘 네가 나와 함께 낙원에 있으리라!"

그대 지쳤는가?
사바 출신의 성 스테파누스

 그대 지쳐서 힘을 잃고
 심한 괴로움에 싸여 있는가?
"내게로 오라. 내게로 와서 안식하라"고
 어느 분께서 말씀하셨다.
그가 나의 안내자이시라면,
 나를 자신에게로 이끄실 무슨 표를 가지고 계신가?
"그의 발과 손에는 상처가 있고,
 옆구리에도 그러하다."
그가 군주답게
 머리에 왕관을 쓰고 계신가?
"물론 가장 확실한 왕관을 쓰고 계신다.
 하지만 그것은 가시로 만든 왕관이다!"
내가 그를 발견하고서 따른다면
 이생에서 무슨 상을 얻는가?
"많은 근심과 많은 수고와
 많은 눈물을 받을 것이다."
그래도 그를 떠나지 않고 꼭 붙들면

마지막에 무엇을 주시는가?

"슬픔이 사라지고, 수고가 끝나고,

요단 강을 건너게 될 것이다."

혹시 나를 받아달라고 부탁을 드리면

그가 거절하시겠는가?

"땅이 사라지기 전에는, 하늘이 없어지기 전에는

그렇게 하시지 않으실 것이다!"

발견하고 따르고 지키고 분투하는 일에

그가 과연 복을 주실 것인가?

"천사들과 순교자들과 선지자들과 동정녀들이

한결같이 그렇다고 대답한다!"

95. 라틴 찬송. 참고문헌

I. Latin Collections.

The *Breviaries* and *Missals*. The hymnological collections of CLICHTOVÆUS (Paris 1515, Bas. 1517 and 1519), CASSANDER (Col. 1556), ELLINGER (Frankf. a. M. 1578), GEORG FABRICIUS (*Poetarum Veterum ecclesiasticorum Opera*, Bas. 1564). See the full titles of Breviaries and these older collections in Daniel, vol. I. XIII–XXII. and vol. II. VIII–XIV.

Cardinal JOS. MARIA THOMASIUS (Tomasi, 1649–1713, one of the chief expounders of the liturgy and ceremonies of the Roman church): *Opera Omnia*. Rom. 1741 sqq., 7 vols. The second volume, p. 351–403, contains the *Hymnarium de anni circulo*, etc., for which he compared the oldest Vatican and other Italian MSS. of hymns down to the eighth century. The same vol. includes the *Breviarium Psalterii*. The fourth (1749) contains the *Responsorialia et antiphonaria Romanœ ecclesiœ*, and the sixth vol. (1751) a collection of Missals. Thomasius is still very valuable. Daniel calls his book "*fons primarius.*"

AUG. JAK. RAMBACH (Luth. Pastor in Hamburg, b. 1777, d. 1851): *Anthologie christlicher Gesänge aus allen Jahrh. der christl. Kirche.* Altona and Leipzig 1817–1833, 6 vols. The first vol. contains Latin hymns with German translations and notes. The other volumes contain only German hymns, especially since the Reformation. Rambach was a pioneer in hymnology.

Jos. Kehrein (R. C.): *Lat. Anthologie aus den christl. Dichtern des Mittelalters.* Frankfurt a. m. 1840. See his larger work below.

[**John Henry Newman**, Anglican, joined the Rom. Ch. 1845]: *Hymni Ecclesiæ.* Lond. (Macmillan) 1838; new ed. 1865 (401 pages). Contains only hymns from the Paris, Roman, and Anglican Breviaries. The preface to the first part is signed " J. H. N." and dated Febr. 21, 1838, but no name appears on the title page. About the same time Card. N. made his translations of Breviary hymns, which are noticed below, sub. III.

H. A. Daniel (Lutheran, d. 1871): *Thesaurus Hymnologicus.* Lips. 1841–1856, 5 Tomi. The first, second, fourth and fifth vols. contain Lat. hymns, the fourth Greek and Syrian h. A rich standard collection, but in need of revision

F. J. Mone (R. Cath. d. 1871): *Lateinische Hymnen des Mittelalters.* Freiburg i. B. 1853–'55, 3 vols. From MSS with notes. Contains in all 1215 hymns divided into three divisions of almost equal size; (1) Hymns to God and the angels (461 pages); (2) Hymns to the Virgin Mary (457 pages); (3) Hymns to saints (579 pages).

D. Ozanam: *Documents inédits pour servir à l'histoire littéraire de l' Italie.* Paris 1850. Contains a collection of old Latin hymns, reprinted in Migne's " Patrol. Lat." vol. 151, fol. 813-824.

Joseph Stevenson: *Latin Hymns of the Anglo-Saxon Church; with an Interlinear Anglo-Saxon Gloss, from a MS. of the eleventh century in Durham Library.* 1851 (Surtees Soc.).

J. M. Neale (Warden of Sackville College, high Anglican, d. 1866): *Sequentiæ ex Missalibus Germanicis, Anglicis, Gallicis, aliisque medii ævi collectæ.* Lond. 1852. 284 pages. Contains 125 sequences.

Felix Clément: *Carmina e Poetis Christianis excerpta.* Parisiis (Gaume Fratres) 1854. 564 pages. The Latin texts of hymns from the 4th to the 14th century, with French notes.

R. Ch. Trench (Archbishop of Dublin): *Sacred Latin Poetry, chiefly Lyrical.* Lond. and Cambridge, 1849; 2d ed. 1864; 3rd ed. revised and improved, 1874. (342 pages). With an instructive Introduction and notes.

Ans. Schubiger: *Die Sängerschule St. Gallens vom 8ten bis 12ten Jahrh.* Einsiedeln 1858. Gives sixty texts with the old music and facsimiles.

P. Gall Morel (R. C.): *Lat. Hymnen des Mittelalters, grösstentheils aus Handschriften schweizerischer Klöster.* Einsiedeln (Benziger) 1868 (341 pages). Mostly *Marienlieder* and *Heiligenlieder* (p. 30–325). Supplementary to Daniel and Mone.

Phil. Wackernagel (Luth., d. 1877): *Das deutsche Kirchenlied von der ältesten Zeit bis zum Anfang des XVII. Jahrh.* Leipz. 1864–1877, 5 vols. (the last vol. ed. by his two sons). This is the largest monumental collection of older German hymns; but the first vol. contains Latin hymns and sequences from the fourth to the sixteenth century

Karl Bartsch (Prof. of Germ. and Romanic philology in Rostock):

Die lateinischen Sequenzen des Mittelalters in musikalischer und rhythmischer Beziehung dargestellt. Rostock 1868.

CHS. BUCHANAN PIERSON: *Sequences from the Sarum Missal.* London 1871.

JOSEPH KEHREIN (R. C.): *Lateinische Sequenzen des Mittelalters aus Handschriften und Drucken.* Mainz 1873 (620 pages). The most complete collection of Sequences (over 800). He divides the sequences, like Mone the hymns, according to the subject (*Lieder an Gott, Engellieder, Marienlieder, Heiligenlieder*). Comp. also his earlier work noticed above.

FRANCIS A. MARCH: *Latin Hymns, with English Notes.* N. York, 1874.

W. MCILVAINE: *Lyra Sacra Hibernica.* Belfast, 1879. (Contains hymns of St. Patrick, Columba, and Sedulius).

E. DÜMMLER: *Poëtæ Latini Aevi Carolini.* Berol. 1880–'84, 2 vols. Contains also hymns, II. p. 244–258.

Special editions of Adam of St. Victor: L. GAUTIER: *Les œuvres poétiques d' Adam de S. Victor.* Par. 1858 and 1859, 2 vols. DIGBY S. WRANGHAM (of St. John's College, Oxford): *The Liturgical Poetry of Adam of St. Victor.* Lond. 1881, 3 vols. (The Latin text of Gautier with E. Version in the original metres and with short notes). On the *Dies Iræ* see the monograph of LISCO (Berlin 1840). It has often been separately published, *e. g.* by FRANKLIN JOHNSON, Cambridge, Mass. 1883. So also the *Stabat Mater*, and the hymn of Bernard of Cluny *De Contemptu Mundi* (which furnished the thoughts for Neale's New Jerusalem hymns). The hymns of St. Bernard, Abelard, Thomas Aquinas, Bonaventura, are in the complete editions of their works. For St. Bernard see Migne's "Patrol. Lat." vol. 184, fol. 1307–1330; for Abelard, vol. 178, fol. 1759–1824.

II. Historical and Critical.

POLYC. LEYSER: *Historia Poëtarum et Poëmatum Medii Aevi.* Halæ 1721.

FRIEDR. MÜNTER: *Ueber die älteste christl. Poesie.* Kopenhagen 1806.

EDÉLSTAND DU MÉRIL: *Poésies populaires Latines anterieures au douzième siècle.* Paris 1843. *Poésies populaires Latines du moyen âge.* Paris 1847.

TRENCH: *Introd.* to his *S. Lat. Poetry.* See above.

BAEHR: *Die christl. Dichter und Geschichtschreiber Roms.* Karlsruhe 1836, 2nd ed., revised, 1872 (with bibliography).

EDWARD EMIL KOCH: *Geschichte des Kirchenlieds und Kirchengesangs in der christlichen, insbesondere der deutschen evangel. Kirche.* Stuttgart, third ed. rev. and enlarged 1866–1876, 7 vols. This very instructive and valuable work treats of Latin hymnology, but rather superficially, in vol. I. 40–153.

AD. EBERT: *Allgem. Gesch. der Lit. des Mittelalters im Abendlande,* vol. I. (Leipz. 1874), the third book (p. 516 sqq.), and vol. II. (1880) which embraces the age of Charlemagne and his successors.

JOH. KAYSER (R. C.): *Beiträge zur Geschichte und Erklärung der ältesten Kirchenhymnen.* Paderborn, 2d ed. 1881. 477 pages, comes down only to the sixth century and closes with Fortunatus. See also his article *Der Text des Hymnus Stabat Mater dolorosa,* in the Tübingen "Theol. Quartalschrift" for 1884, No. I. p. 85–103.

III. English translations.

JOHN CHANDLER (Anglican, d. July 1, 1876): *The Hymns of the Primitive Church, now first collected, translated and arranged.* London 1837. Contains 108 Latin hymns with Chandler's translations.

RICHARD MANT (Lord Bishop of Down and Connor, d. Nov. 2, 1848): *Ancient Hymns from the Roman Breviary.* 1837. New ed. Lond. and Oxf. 1871. (272 pages)

JOHN HENRY NEWMAN:] *Verses on Various Occasions.* London 1868 (reprinted in Boston, by Patrick Donahue). The Preface is dated Dec. 21, 1867, and signed J. H. N. The book contains the original poems of the Cardinal, and his translations of the Roman Breviary Hymns and two from the Parisian Breviary, which, as stated in a note on p. 186, were all made in 1836–38, *i. e.* eight years before he left the Church of England.

ISAAC WILLIAMS (formerly of Trinity College, Oxford, d. 1865): *Hymns translated from the Parisian Breviary.* London 1839.

EDWARD CASWALL (Anglican, joined the R. C. Church 1847, d. Jan. 2, 1878): *Lyra Catholica. Containing all the Breviary and Missal Hymns together with some other hymns.* Lond. 1849. (311 pages). Reprinted N. Y. 1851. Admirable translations. They are also included in his *Hymns and Poems, original and translated.* London 2d ed. 1873.

JOHN DAVID CHAMBERS (Recorder of New Sarum): *Lauda Syon. Ancient Latin Hymns in the English and other Churches, translated into corresponding metres.* Lond. 1857 (116 pages.)

J. M. NEALE: *Mediæval Hymns and Sequences.* Lond. 1862; 3d ed. 1867. (224 pages). Neale is the greatest master of free reproduction of Latin as well as Greek hymns. He published also separately his translation of the new Jerusalem hymns: *The Rhythm of Bernard de Morlaix, Monk of Cluny, on the Celestial Country.* Lond. 1858, 7th ed. 1865, with the Latin text as far as translated (48 pages). Also *Stabat Mater Speciosa, Full of Beauty stood the Mother* (1866).

The Seven Great Hymns of the Mediæval Church. N. York (A. D. F. Randolph & Co.) 1866; seventh ed. enlarged, 1883. 154 pages. This anonymous work (by Judge C. C. NOTT, Washington) contains translations by various authors of Bernard's Celestial Country, the Dies Iræ, the Mater Dolorosa, the Mater Speciosa, the Veni Sancte Spiritus, the Veni Creator Spiritus, the Vexilla Regis, and the Alleluiatic Sequence of Godescalcus. The originals are also given.

PHILIP SCHAFF: *Christ in Song.* N. Y. 1868; Lond. 1869. Contains translations of seventy-three Latin hymns by various authors.

W. H. ODENHEIMER and FREDERIC M. BIRD: *Songs of the Spirit*. N.
York 1871. Contains translations of twenty-three Latin hymns on
the Holy Spirit, with a much larger number of English hymns.
ERASTUS C. BENEDICT (Judge in N. Y., d. 1878): *The Hymn of Hilde-
bert and other Mediæval Hymns, with translations*. N. York 1869.
ABRAHAM COLES (M. D.): *Latin Hymns, with Original Translations*.
N. York 1868. Contains 13 translations of the *Dies Iræ*, which were
also separately published in 1859.
HAMILTON M. MACGILL, D.D. (of the United Presb. Ch. of Scotland):
Songs of the Christian Creed and Life selected from Eighteen Centuries.
Lond. and Edinb. 1879. Contains translations of a number of Latin
and a few Greek hymns with the originals, also translations of Eng-
lish hymns into Latin.
THE ROMAN BREVIARY. *Transl. out of Latin into English by John
Marquess of Bute*, K. T. Edinb. and Lond. 1879, 2 vols. The best
translations of the hymns scattered through this book are by the
ex-Anglicans Caswall and Cardinal Newman. The Marquess of
Bute is himself a convert to Rome from the Church of England.
D. F. MORGAN: *Hymns and other Poetry of the Latin Church*. Oxf. 1880.
100 versions arranged according to the Anglican Calendar.
EDWARD A. WASHBURN (Rector of Calvary Church, N. Y. d. Feb. 2,
1881): *Voices from a Busy Life*. N. York 1883. Contains, besides
original poems, felicitous versions of 32 Latin hymns, several of
which had appeared before in Schaff's *Christ in Song*.
SAMUEL W. DUFFIELD: *The Latin Hymn Writers and their Hymns* (in
course of preparation and to be published, New York 1885. This
work will cover the entire range of Latin hymnology, and include
translations of the more celebrated hymns).
IV. German translations of Latin hymns (mostly accompanied by the
original text) are very numerous, *e. g.* by RAMBACH, 1817 sqq. (see
above); C. FORTLAGE (*Gesänge christl. Vorzeit*, 1844); KARL SIM-
ROCK (*Lauda Sion*, 1850); ED. KAUFFER (*Jesus-Hymnen, Sammlung
altkirchl. lat. Gesänge*, etc. Leipz. 1854, 65 pages); H. STADELMANN
(*Altchristl. Hymnen und Lieder*. Augsb. 1855); BÄSSLER (1858);
J. FR. H. SCHLOSSER (*Die Kirche in ihren Liedern*, Freiburg i. B.
1863, 2 vols); G. A. KÖNIGSFELD (*Lat. Hymnen und Gesänge*, Bonn
1847, new series, 1865, both with the original and notes).

96. 라틴 찬송과 찬송가 작가들

중세 라틴 교회의 시는 그리스 교회의 시에 비해 훨씬 잘 알려져 있고, 오늘날

까지 로마 교회에서 기도의 풍성한 자료로 남아 있으며, 시의 재능과 신앙 열정
이 소멸되지 않는 한 언제나 그럴 것이다. 우수한 라틴 찬송들은 성무일과서와
미사경본에 수록되었으며(몇 편은 개악된 상태로), 현대어들로 종종 번역되어
왔다. 하지만 그리스도에 대한 순수한 사랑에 감화되고 모든 교파의 그리스도인
들이 불러서 유익을 얻을 수 있는, 정말로 고전이라 할 수 있는 찬송의 수는 얼
마 되지 않는다. 라틴 교회의 시는 그리스 교회의 시와 마찬가지로 마리아 숭배
와 성인 숭배로 가득하다. 우리 주님의 복된 모친이 중세에 기사적(騎士的)이고
열정적인 기도를 얼마나 많이 받았는지 확인하면 놀라지 않을 수 없다. 모네
(Mone)의 모음집에는 마리아에게 바치는 찬송이 457쪽으로 된 한 권 전체를, 성
인들에게 바치는 찬송이 579쪽으로 된 또 다른 권 전체를 채우는 반면에, 461쪽
밖에 되지 않는 첫 권은 하나님과 천사들에게 바치는 찬송들로 나뉘어있다. 시
인들은 그리스도를 그의 어머니를 통해서 찬송하려고 했지만, 무수한 성모상들
에서 볼 수 있는 대로 어머니가 아기의 빛을 가린다. 마리아가 모든 신적 은혜의
중보자가 되어 거의 그리스도를 대체할 정도까지 되었다. 그리스도가 너무나 높
은 위엄의 보좌에 앉아 계시기 때문에 죄인이 그 어머니와 그 정 많은 인간의 동
정에 힘입지 않고는 그 앞에 감히 나아갈 수 없다고 생각한 것이다.

　마리아에게는 다음과 같이 찬송에 해당하는 수식어들이 붙었다: 하나님의 어
머니(Mater Dei), 하나님을 낳은 자(Dei Genitrix), 우리 주님의 어머니(Mater
summi Domini), 자비의 어머니(Mater misericordiae), 선량한 어머니(Mater
bonitatis), 슬픔의 어머니(Mater dolorosa), 기쁨의 어머니(Mater jucundosa), 찬
란한 어머니(Mater speciosa), 바다의 별(Maris stella), 세상의 여주인(Mundi
domina), 세상의 소망(Mundi spes), 낙원의 문(Porta paradisi), 하늘의 여왕
(Regina caeli), 은혜의 근원(Radix gratiae), 동정녀 중의 동정녀(Virgo virginum),
하나님의 궁정의 동정녀(Virgo regia Dei). 심지어 저명한 성 보나벤투라는 마리
아에게 「테 데움」조차 마리아에게 맞도록 고쳐서 "우리는 마리아께 찬송을 드리
고, 마리아께 고백을 드립니다"(Te Matrem laudamus, Te Virginem confitemur)
라고 썼다.

　라틴 찬송가 작가들은 그리스 작가들과 마찬가지로 거의 대부분 수사들이었
다. 하지만 황제 한 사람(샤를마뉴?)과 왕 한 사람(프랑스의 로베르)이 그들 사이
에 영광스러운 자리를 차지하고 있다.

라틴 교회의 신앙 시들은 세 시기로 구분할 수 있다. 1. 교부 시기 — 힐라리우스(368 죽음)와 암브로시우스(397 죽음)부터 베난티우스 포르투나투스(609경 죽음)와 그레고리우스 1세(604 죽음)까지; 2. 중세 초기 — 페트루스 다미아니(1072 죽음)까지; 3. 고전기 — 13세기까지. 첫째 시기는 이미 앞 권에서 살펴보았다. 그 시기가 보편 교회에 남긴 가장 소중한 유산은 테 데움 라우다무스(Te Deum laudamus, '우리가 하나님께 찬송을 드립니다')이다. 많은 사람들이 이 찬송의 작가로 밀라노의 암브로시우스를 지목하지만(혹은 암브로시우스와 아우구스티누스의 공동 저작으로), 현재의 완성된 형태는 6세기 초반 이전에는 나타나지 않는다. 물론 그 일부 내용은 초기 그리스 교회의 저작일 가능성이 있긴 하지만. 이 찬송은 사도신경과 그리스 교회의 글로리아 인 엑셀시스와 마찬가지로 어느 개인의 작품이라기보다는 교회의 점진적인 결실이다. 세 번째 시기에는 라틴 교회의 가장 위대한 찬송가 작가들인 모를레의 베르나르(1150경에 활동한 클뤼니의 수사), 클레르보의 베르나르(1153 죽음), 생 빅토르의 아당(1192 죽음), 보나벤투라(1274 죽음), 토마스 아퀴나스(1274 죽음), 토마스 아 첼라노(1250경), 야코포네(1306 죽음)를 배출했고, 종말의 시간(Hora Novissima), 감미로운 기억의 예수(Jesu dulcis memoria), 상하신 머리여 고이 쉬소서(Salve caput cruentatum), 슬픔의 성모(Stabat Mater), 진노의 날(Dies Irae) 같은 마지막이자 불후의 가톨릭 교회 찬송들을 내놓았다. 이 책에서는 두 번째 시기를 다룬다.

프랑스 푸아티에의 베난티우스 포르투나투스와 그의 동시대인인 교황 그레고리우스 1세는 세둘리우스와 프루덴티우스가 중심이 된 교부 시대의 시에서 중세의 고전 시로 이행하는 자리를 차지한다.

포르투나투스(600경)는 자기 시대에 인기 있는 시인이었다.[15] 이탈리아에서 태어난 그는 갈리아로 이주하여 세상을 폭넓게 여행하면서 투르의 성 그레고리우스와, 홀로 된 채 은둔하여 금욕 생활을 하던 왕비 라데군드와 교분을 쌓았으며, 푸아티에의 주교로 생을 마감했다. 강약격(強弱格)을 최초로 본격적으로 사용한 대가로서 3백여 편의 시를 남겼으며, 그중 두 편이 유명한 수난시(受難詩)이다:

---

15) 그의 생몰 연대는 매우 불확실하며, 530년이나 550년부터 600년이나 109년까지 다양하게 제시된다.

"Vexilla regis prodeunt,"
(왕의 기수단(旗手團)이 전진합니다.)

그리고

"Pange, lingua, gloriosi praelium certaminis."
(내 혀여 노래하라, 저 영광스러운 전투를.)

그레고리우스 1세(604 죽음)는 시재(詩才)에서는 포르투나투스에 훨씬 못 미치지만, 그래도 교회 시와 교회 음악에서는 중요한 자리를 차지한다. 보격(補格) 형식과 기도와 같은 어조, 교회 중심의 정신에서 암브로시우스를 따랐으며, 교회의 실용적인 목적을 위해서 시를 썼다. 수십 편의 시를 썼는데, 그중 대다수가 로마 성무일과서에 실렸다. 대표작은 주일 찬송이다:

"Primo dierum omnium,"
(하늘이 땅에 임하는 이 첫날에,)

혹은 성무일과서에 변형되어 실린 대로는,

"Primo die quo Trinitas,"
"오늘 영광의 삼위일체 하나님이
 하늘과 땅을 짓기 시작하셨다;
 오늘 정복자이신 하나님의 아들이
 무덤에서 일어나셨다.
 우리도 깨어날 것이며,
 권태와 무기력을 딛고,
 시편 기자가 명하듯 모두가 어둔 밤을 뚫고
 소망의 눈길로 기다린다."

가경자 비드(735 죽음)는 아름다운 승천 시를 썼다:

"Hymnum canamus gloriae,"
(영광의 찬송을 다 함께 부르세)

그리고 거룩한 의인들을 위한 찬송도 지었다:

"Hymnum canentes Martyrum,"
(순교자들이 부르는 승리의 찬송)

라바누스 마우루스(Rabanus Maurus)는 라인 강변의 마인츠 태생으로서, 앨퀸에게서 배웠고, 풀다 수도원의 수사와 대수도원장을 지냈고, 847-856년에 마인츠의 대주교를 지냈고, 카롤링거 조(朝) 시대의 대표적 시인이었으며, 라틴 시를 쓴 최초의 독일인이었다. 그의 시 몇 편이 성무일과서에 실렸다.

"오시옵소서, 창조주 성령이시여"(Veni, Creator Spiritus)라는 오순절 찬송은 아마도 그가 지은 것인 듯하다. 이 시는 그가 남긴 다른 모든 시들을 능가한다. 고전 라틴 찬송들 가운데 한 편으로서, 가톨릭 교회에서는 지금도 교회회의의 개회 때라든가 교황들을 축성할 때, 왕들의 대관식 때처럼 지극히 엄숙한 의식들에 이 찬송을 사용한다. 이 찬송에는 미신적인 마력이 붙어 있었다. 가톨릭 교회의 성무일과에 실린 찬송으로서는 유일하게 성공회 전례에도 실려, 사제들을 임명하고 주교들을 축성하는 의식에 사용된다. 사람들은 이 찬송의 저자를 다양하게 추측했다. 샤를마뉴로 보기도 하고, 대 그레고리우스, 앨퀸, 심지어 암브로시우스로 보기도 했으나 뒷받침할 만한 근거는 없다. 이 찬송은 898년의 연도와 함께 처음 나타나며, 라바누스 마우루스의 시들이 실린 사본과 고대의 모든 독일 성무일과서들에 실려 있다. 일찍부터 자주 독일어로 번역되었으며, 마우루스가 성령에 관해서 쓴 논문과 생각과 표현이 매우 일치한다.[16]

원시와 두 종류의 번역을 여기서 소개한다.

---

16) 그의 저서 *De Universo* l. I. c. 3(in Migne's edition of the *Opera*, V. 23-26)에 실린 바와 같다. 여기서 그는 성령을 *Digitus Dei*(하나님의 손가락)이라 부르며(찬송에서와 마찬가지로), 809년의 엑스 교회회의에서 필리오케가 채택된 이래로 서방에서 널리 성행하는 교리가 된 이중 발출을 가르친다.

Veni, Creator Spiritus

Mentes tuorum visita.

Imple superna gratia

Quae tu cresti pectora

Qui Paracletus diceris,

Donum Dei altissimi,

Fons vivus, ignis, charitas,

Et spiritalis unctio.

Tu septiformis munere,

Dextrae Dei tu digitus,

Tu rite Promissum Patris,

Sermone ditans guttura.

Accende lumen senibus,

Infunde amorem cordibus;

Infirma nostri corporis,

Virtute firmans perpetim.

Hostem repellas longius,

Pacemque dones protinus.

Ductore sic te praevio,

Vitemus omne noxium.

Per te sciamus, da Patrem,

Noscamus atque Filium,

Te utriusque Spiritum,

Credamus omni tempore.

[Sit laus Patri cum Filio,

Sancto simul Paracleto,

Nobisque mittat Filius

Charisma Sancti Spiritus.]

[Praesta hoc Pater piissime,

Patrique compar unice,

Cum Spiritu Paracleto,

Regnans per omne saeculum.][17]

(1)
창조주, 성령, 은혜의 주시여,
우리 마음을 당신의 거처로 삼으시고,
당신의 천상의 능력으로
친히 지으신 영혼들을 도우소서.

높은 하나님의 보좌에서 내려오신,
보혜사, 거룩한 비둘기이시여,
오시옵소서, 기쁨의 기름, 정결케 하는 불,
순결한 소원의 샘이시여.

하나님의 손가락이시여,
은혜의 일곱 은사가 당신의 것이오며,
당신이 만지신 입술이 지극히 거룩한
하나님의 이름을 만방에 선포하나이다.

---

17) 두 형태로 마감하는 관습적인 강복(降福)은 후대의 삽입이다. 첫 번째 것은
Daniel(I. 214)과 Mone(I. 214)의 본문에 실렸고, 두 번째 것은 Rabanus Maurus의 본
문에 실렸다.

하오면 우리 영혼에 당신의 빛을 비추시고
모든 마음에 당신의 사랑을 주시어
우리의 온갖 연약함을 강하게 하옵소서.
생명과 빛의 근원이시여!

공격해 오는 적에게서 우리를 보호하시고
사랑의 열매인 평안을 내려주옵소서.
우리의 힘과 안내자인 당신께 붙들리면
어떠한 악도 우리 길을 막지 못합니다.

믿음의 영을 우리에게 베풀어 주시어
아버지와 아들을 알게 하옵시고,
두 분에게서 나오신 성령 당신을 알게 하옵시며,
영원히 한 분이며 영원히 세 분이신 하나님을 알게 하옵소서.

성부 하나님께 우리가 찬송하게 하옵시고,
성자 하나님, 우리의 부활하신 왕께 찬송하게 하옵시며,
두 분과 나란히 영원히 하나님이신 성령께
경배하게 하옵소서.

(2)
창조주 성령이시여, 오시어서,
　당신의 백성들의 마음에 가득하옵소서!
당신의 초자연적 은혜로
　당신이 지으신 영혼들을 채워주옵소서.

당신은 보혜사라 불리시는,
　지극히 높으신 하나님의 선물 —
살아 있는 샘이시요, 불과 사랑이시며,
　우리 영혼의 순결한 동반자이옵나이다.

당신은 온갖 선한 것을 일곱 배나 주시는 분,
    하나님 오른손의 손가락;
당신은 아버지께서 모든 나라를 위한 말씀으로
    해주신 풍성한 약속;

우리의 감각들을 뜨겁게 타오르게 하시고,
    우리의 마음을 사랑으로 채워주옵소서.
연약한 우리의 육신에
    위로부터 용기를 부어주옵소서.

우리의 원수를 멀리 쫓아주시고
    속히 우리에게 평화를 주옵소서.
친히 우리의 안내자가 되시어
    우리를 악에서 떠나게 하옵소서.

당신을 통해서 우리는 아버지를 아오며,
    그로써 아들을 고백하나이다.
당신은 두 분에게서 나오신 성령이시오니,
    우리가 영원토록 찬송하리이다.

이와 관련하여 중세에 작성된 또 한편의 위대한 오순절 찬송인 "오시옵소서 성령이시여"(Veni, Sancta Spiritus)를 언급하고자 한다. 이 찬송의 작가는 일반적으로 위그 카페(Hugh Capet)의 아들이자 계승자인 프랑스 왕 로베르(970-1031)로 지목된다.[18] 그는 자신보다 더 유명한 계승자 성 루이 9세처럼 경건과 자선으로 유명했으며, 궁궐보다 수도원이 더 어울리는 사람이었다. 먼 사촌과 결혼했다는 이유로 교황에게 징계를 받았으며(998), 이혼을 함으로써 교황에게 복종했다. 음악과 시를 사랑했고, 수도원들과 교회들을 지었으며, 3백 명의 극빈자들을 먹여 살렸다. 그의 찬송은 성령께서 인간 마음에 베푸시는 선물들과 역사들을

---

18) 소수의 저자들은 이 작품을 교황 인노켄티우스 3세의 것으로 간주한다.

체험으로 알고 있었음을 간결하고 음악적인 언어로 드러낸다. 이 찬송이 그 짝이라 할 수 있는 "오시옵소서, 창조주 성령이시여"보다 훌륭하다. 트렌치(Trench)가 이 찬송을 가리켜 라틴 찬송들을 통틀어 "가장 사랑스러운 작품"이라고 하지만, 필자는 그 평가를 오히려 성 베르나르의 "예수, 감미로운 기억"(Jesu dulcis memoria, "구주를 생각만 해도", 한글통일찬송가 85장: 역자주)에게 돌리고 싶다. "오시옵소서, 성령이시여"는 3행으로 된 10개의 반연(半聯)으로 되어 있으며, 각 연마다 이움(ium)으로 끝나는 후렴이 있다. 각 행은 일곱 음절로 되어 있고 2중 혹은 3중 운(韻, rhyme)으로 끝난다. 셋째 행은 다음 반연(半聯)의 셋째 행과 같은 운(韻)을 둔다. 닐(Neale)은 각 셋째 행의 이중 압운(押韻)을 잘 살려서 번역한다(예. 'brilliancy', 'radiancy'. 이 시도 보격과 운을 한글로 재현하는 데 어려움이 있어서 정확한 의미 전달에 중점을 둠: 역자주.)

Veni, Sancte Spiritus,
Et emittee caelitus
   Lucis tuae radium.

Veni, Pater pauperum,
Veni, dator munerum,
   Veni, lumen cordium.

Consolator optime,
Dulcis hospes animae,
   Dulce refrigerium:

In labore requies,
In aestu temperies,
   In fletu solatium.

O lux beatissima,
Reple cordis intima,

Tuorum fidelium.

Sine tuo numine
Nihil est in homine
  Nihil est innoxium.

Lava quod est sordidum,
Riga quod est aridum,
  Sana quod est saucium.

Fleete quod est rigidum,
Fove quod est languidum,
  Rege quod est devium.

Da tuis fidelibus,
In te confitentibus,
  Sacrum septenarium:

Da virtutis meritum,
Da salutis exitum,
  Da perenne gaudium.

빛의 하나님, 성령이시여!
오셔서 우리의 마음의 눈에
  당신의 밝은 하늘의 빛을 비추어 주소서!

비천한 자들의 아버지시여, 오시옵소서;
한량없이 너그러운 이시여, 이곳이 당신의 거처이옵니다.
  우리 마음의 햇빛이시여!

내면의 위로자시여!
우리 영혼들에 가장 소중한 손님이시여,
　　저들의 갈증을 충족히 해소해 주옵소서;

고단한 우리에게 안식처가 되어 주시고,
작열하는 햇볕에서 우리의 그늘이 되어 주시며,
　　오셔서 우리 눈에서 눈물을 씻겨 주옵소서.

지극히 순결하고 영광스러운 빛이시여!
이 지치고 외로운 마음에 기쁨을 부어 주시고,
　　밤을 낮으로 바꿔 주옵소서.

당신이 안 계시면 인간에게서
순수하거나 강한 것을 찾을 수 없사오며,
　　빗나가지 않은 것을 찾을 수 없사옵나이다.

우리에게 묻은 죄의 얼룩을 씻어주옵시고,
마음을 온유하게 만져주시사
　　상한 심령이 고침을 받고 쉬게 하옵소서.

경직되고 완고하게 휜 것과,
줏대 없이 무른 것을 달래고 어루만져 주옵시며,
　　그릇된 것을 완만하게 제거해 주옵소서.

당신의 충성스러운 종들,
당신으로부터 신뢰하고 사는 법을 배운 종들에게,
　　이 날부터 일곱 배나 복을 내려 주옵소서.

간구하오니, 우리의 이름을 깨끗하게 하사,
우리의 죽을 몸이 땅에 묻힐 때

우리에게 영원한 기쁨을 주옵소서.

노(Older) 혹은 발불루스(Balbulus, '조금 말을 더듬는 이' — 약간 혀 짧은 소리를 한 데서 생긴 별명)라는 별명이 있는 노트케르(Notker)는 850년경에 스위스의 귀족 가문에서 태어나 아일랜드 선교사들이 세운 프랑스 생 갈 수도원에서 교육을 받고, 그곳에서 겸손히 수사로서 살았다. 912년경에 숨을 거두었으며, 1512년에 시성되었다.

그는 속송(續誦, 속창. Sequentiae)의 저자로서 유명한데, 이 작품은 운율적 산문체로 된 찬송집으로서, 그런 이유로 산문송(Prosae)이라고도 불렸다. 이 찬송들은 서신서와 복음서 사이에 부르는 층계송(Gradual)의 알렐루-야를 부를 때 마지막 음절을 길게 부르는 관습에서 유래했다. (층계송은 부제가 제단에서 성단소 뒤의 층계〈오르간 자리〉로 올라가서 복음서를 낭송하는데, 그러기 위해 층계로 오르면서 부르는 찬송을 가리킨다.) 이렇게 마지막 음절을 길게 늘여 부르는 것을 그 기쁜 어조를 감안하여 유빌라티오(jubilatio) 혹은 유빌루스(jubilus)라고 하고, 때로는 그것을 서신서 낭송이나 알렐루야에 이어서 부르기 때문에 세쿠엔티아(sequentia, 속송, 그리스어 ἀκολουθία)라고 한다. 신비주의 해석가들은 이렇게 소리를 무의미하게 늘여 부르는 것을 환희에 찬 천상 음악의 울림으로 해석한다. 이것이 후에 찬송을 위한 운율체 산문으로 된 가사를 넣는 식으로 발전했다. '속창' 이라는 이름은 그 뒤로 가사에 적용되었으며, 넓은 의미로는 정규 보격과 운(韻)을 갖춘 찬송들을 가리키게 되었다. 속창들을 모아놓은 책은 세쿠엔티알레(*Sequentiale*)라 불렸다.

노트케르는 의미 없는 음악적 진행을 문학적 혹은 시적 의미를 지닌 순서로 정착시켰다. 서른 편이 넘는 시가 그의 이름을 지니고 있다. 가장 널리 보급된 것은 성령에 관한 속창이다:

"Sancti Spiritus adsit nobis gratia."
(성령의 은혜가 우리와 늘 함께 하옵소서)

그의 작품들 가운데 가장 훌륭한 것은 마르탱스토브 강의 수심 깊은 곳에 다리를 놓는 인부들을 보고서 영감을 얻었다고 전해지는 작품으로서, 죽음에 관한 명상(*Antiphona de morte*)이다.

이 엄숙한 기도는 여러 장례식 예규들에 실려 있다. 성공회의 공동기도서에는 이 기도가 다음과 같이 확대 번역되었다:

> "생의 한가운데서 우리는 죽음에 처하게 되나이다 :
>> 당신 외에 우리가 누구에게 도움을 바라리이까?
>> 주여, 누가 우리의 죄로 인해 정당한 슬픔을 품겠나이까?
>> 그럴지라도 주 하나님은 지극히 거룩하시며, 주님은 권능이 크시옵나이다.
>> 거룩하시고 지극히 자비로우신 구주시여,
>> 저희를 영원한 죽음의 참혹한 고통에 던지지 마옵소서.
>> 주님은 저희 마음의 은밀한 것을 아시오니
>> 저희의 기도에 당신의 자비로운 눈을 감지 마옵소서.
>> 다만 저희를 아끼시옵소서, 지극히 거룩하신 주님이시여,
>> 지극히 권능이 크신 하나님이시여.
>> 거룩하고 자비로우신 구주시여,
>> 당신은 영원히 합당한 재판장이시옵나이다.
>> 저희를 마지막 시간에
>> 죽음의 고통에 버려두어
>> 당신에게서 떨어지지 않게 하옵소서."

(에드워드 6세의 제1기도서, 1549)

페트루스 다미아니(Peter Damiani, 1072 죽음)는 힐데브란트의 친구이자 그가 추진한 성직자 사회 개혁을 지원한 인물로서, 죽음의 날에 관한 엄숙한 찬송을 썼다:

> "Gravi me terrore pulsas vitae dies ultima."
> (얼마나 심한 두려움으로 당신이 엄습하시는지요.)

그는 아마도 낙원의 영광과 기쁨을 다룬, 좀 더 잘 알려진 서술적 시(대개 아

우구스티누스의 작품으로 간주되는)의 저자인 듯하다.

우리가 다루는 시기에 활동한, 좀 더 비중이 낮은 시인들은 다음과 같다:

세비야의 이시도루스(Isidore of Seville, Isidoris Hispalensis, 560-636). 성 아가타에 관한 찬송: "Festum insigne prodiit."

스페인의 키실라(Cyxilla of Spain). Hymnus de S. Thurso et sociis: "Exulta nimium turba fidelium."

톨레도의 유게니우스(Eugenius of Toledo). Oratio S. Eugenii Toletani Episcopi : "Rex Deus."

파울루스 디아코누스(Paulus Diaconus, 720-800). 몬테 카시노 수도원 수사, 샤를마뉴의 전속사제, 롬바르드족의 역사를 쓴 사가, 유명한 설교집 저자. 세례 요한에 관한 시(Ut queant laxis)와 성 베네딕투스의 기적들에 관한 시(Fratres alacri pectore).

클뤼니의 오도(Odo of Cluny, 941 죽음). 성 막달라 마리아의 축일에 부치는 찬송, "Lauda, Mater Ecclesiae." 닐(Neale)의 번역: "어머니 교회여, 그대의 주님 이신 그리스도의 관용을 드높이라." 이 찬송은 요크의 성무일과서에 실렸다.

고데스칼쿠스(Godescalcus, 고트샬크, 950경 죽음. 9세기에 활동한 동명이인 과 혼동해서는 안 됨)는 노트케르에 버금가는 속송 혹은 산문송 작가로서 "그리 스도여, 당신께 찬송을 바칩니다"(Laus Tibi, Christe)와 "하늘이 영광을 선포하 고"(Coeli enarrant) 같은 작품을 남겼다.

샤르트르의 풀베르(Fulbert of Chartres, 1029경 죽음)는 부활절 찬송 "여러분 새 예루살렘의 성가대여"(Chorus novae Jerusalem)를 썼는데, 이 작품이 여러 성 무일과서에 수록되었다.

우리가 다루는 6-12세기의 훌륭한 찬송들 가운데 몇 편은 저자 미상이다. 대 표적인 예를 들자면 이와 같다:

"Hymnum dicat turba fratrum." 비드가 훌륭한 강약격 4보격(trochaic tetrameter) 작품이라고 언급한 아침 찬송.

"Sancti venite." 성찬 찬송.

"Urbs beata Jesusalem." 8세기의 작품이며, 요한계시록의 마지막 장에서 영감 을 얻은 감동적인 새 예루살렘 찬송들 가운데 한 편으로서, 하늘 본향을 사모하

는 그리스도인의 심정이 잘 나타나 있다. 아래는 첫 연이다(Neale의 번역):

"Urbs beata Jerusalem,
Dicta pacis visio,
Quae construitur in coelo
Vivis ex lapidibus,
Et angelis coronata
Ut sponsata comite."

"복된 도성 하늘의 살렘,
　평화와 사랑의 귀한 정경
쌓인 산 돌들
　하늘의 기쁨이 되는 자들이
천군(天軍)과 함께
　땅에 강림하시는 신랑을 옹위한다!"

"Apparebit repentina." 마태복음 25:31−36을 토대로, 심판 날에 관한 알파벳 순서에 따른 아크로스틱(각 행의 머릿 글자를 모으면 뜻이 통하는 형식: 역자주) 시. 7세기에 작성되었고, 비드가 최초로 언급한 뒤 오랫동안 자취를 감추었던 이 시는 「진노의 날」(Dies Irae)의 전신으로서, 서정적이라기보다 설화적이며, Dies Irae에 비해 장엄미와 두려움이 덜하지만 엄숙한 점에서는 같다. 아래에 소개할 내용은 닐(Neale)의 훌륭한 영역 가운데 첫부분이다:

"진노와 공포의 큰 날,
화(禍)와 멸망의 마지막 날이
밤중에 오는 도적처럼
인간들의 아들들에게 임하리라;
세상의 교만과 자랑이
완전히 사라지고 마는 날,
저들은 번민에 휩싸인 채 서서
마침내 종말이 임했음을 시인하리라.
우렁찬 나팔 소리가
온 천지에 울려퍼지며
갈수록 더 커지어
살아 있는 자들과 죽은 자들을 불러모으리라.
그리하여 하늘의 영광의 왕이
높은 보좌에 좌정하시고

그의 천군들이
하늘에서 그를 모셔 설 것이다.
태양이 잿빛으로 변하고
달이 핏빛으로 변하며
달이 하늘에서 떨어질 것이요
파괴의 홍수 밑으로 가라앉으리라.
불과 화염과 파멸이
재판장의 발에서 나가리라.
땅과 바다와 모든 심연들이
그의 엄위로운 판결을 알게 되리라."

"Ave, Maris Stella."(찬양하라, 바다의 별) 이것은 중세에 애송된 마리아 찬송으로서, 아마도 "하늘의 여왕"에 대한 예배에 바쳐진 많은 시 가운데 가장 빼어난 작품일 것이다. 마리아 숭배는 중세의 동방과 서방 양 진영의 교회에 매우 깊숙이 들어와 있었다. 그러므로 여기서 그 전문을 에드워드 캐스월(Edward Caswall)의 번역으로 소상히 소개한다.

"Ave, Maris Stella,[19]
Dei Mater alma
Atque semper Virgo
Felix coeli porta.

Sumes illud Ave
Gabrielis ore,

---

19) 마리아를 이렇게 부른 것은 이름을 번역한 것으로 추정된다. 마리아(maria)를 mare(바다)의 복수형으로 간주한 것이다. 참조. 창세기 1:10(불가타). 이것은 대단히 특이한 해석이지만 중세라는 시대를 감안하면 그다지 지나친 것이 아니다. 당시에는 헬라어와 히브리어 지식이 일천했고, 성경이 네 가지 의미를 갖고 있다고 여겼으며, 알레고리적이고 공상적인 해석이 문법적이고 역사적인 해석의 자리를 차지했다.

Funda nos in pace,

Mutans nomen Evae.[20]

Solve vincla reis

Profer lumen coecis,

Mala nostra pelle,

Bona cuncta posce.

Monstra te esse matrem,[21]

Sumat per te precem,

Qui pro nobis natus

Tulit esse tuus.

Virgo singulairs

Inter omnes mitis,

Nos culpis solutos

Mites fac et castos.

Vitam praesta puram

Iter pura tutum,

Ut videntes Iesum

Semper collaetemur.

Sit laus Deo Patri,

Summo Christo decus,

---

20) 마리아를 하와와 비교한 것 — 순종의 어머니를 불순종의 어머니와 대조하고, 죄를 들어오게 한 첫째 하와와 구속과 복을 들어오게 한 둘째 하와를 대조한 것 — 은 일찍이 이레나이우스에게서부터 찾을 수 있으며(180경), 마리아 숭배의 비옥한 씨앗이다.

21) 우리 주님이 요한에게 하신 말씀("보라 네 어머니라", 요 19:27)을 모든 그리스도인들에게 하신 말씀으로 간주했다.

Spiritui Sancto
Honor trinus et unus.

"찬양하라, 바다의 별,
 창공의 문,
지극히 높으신 주님의
영원한 동정녀 어머니시여!

아, 오래 전
 가브리엘이 드린 인사로
이제 바뀌게 된 에바의 이름이
땅에 평화를 가져옵니다!

포로의 족쇄를 깨뜨리시고
 눈먼 이에게 빛을 부어 주시고
우리의 온갖 질병을 고치시며
 만복을 베푸시기를 간구하나이다.

그분에게 친히 어머니로서 다가가시어
 우리의 탄식을 그 앞에 드리시면
우리를 위해 육신이 되신 그분이
 당신의 청을 멸시치 않으실 것입니다.

모든 동정녀들 가운데 뛰어나신 동정녀시여!
 당신의 피난처로 저희를 숨겨 주시며,
온유한 자들 가운데 가장 온유한 이시여!
우리를 순결하고 온유하게 만들어 주옵소서.

우리가 여전히 인생 길을 여행할 때에
우리의 연약한 분발을 도우소서.

당신과 예수님과 함께
영원히 즐거워할 그날까지.

가장 높은 하늘을 지나
 전능하신 삼위일체 하나님,
 성부, 성자, 성령께
 동등한 영광이 계시옵소서."

라틴 찬송은 사제들과 수사들, 그리고 라틴어를 이해하던 극소수 사람들만을 위한 것이었다. 민중은 미사에 참여하여 그것을 경청하면서, 그리스 교회에서 서방 교회의 연도(連禱, litany, 호칭기도)로 흘러들어온 키리에 엘레이손과 크리스테 엘레이손으로 화답했다. 유럽의 현대어들이 라틴어와 튜턴어에서 발전함에 따라 13-14세기에 민중 시가 등장했으며, 이 분야의 시가 훗날 종교개혁 이후에는 강한 탄력을 받았다. 그 이래로 개신교 교회들, 특히 독일과 잉글랜드의 개신교 교회들은 민중에게 친숙한 언어로 그들의 마음에 대고 호소하는 찬송들과, 교회 예배와 개인 기도의 주된 자료가 되는 시편 찬송들을 풍부히 내놓았다. 이렇게 형성된 복음적 찬송들의 군(群)에서 대표적인 그리스와 라틴 찬송들이 다양한 번역들과 번안들과 변형들을 통해서 같은 하나님과 구주를 예배하는 일에 과거와 현대 사이에 교량 역할을 하면서 명예로운 지위를 차지하고 있다.

97. 칠성사(七聖事)

중세의 기독교는 성례와 제사와 성직위계제도에 강렬하게 집중했다. 사제와 제사, 제단 개념들은 밀접하게 연관되어 있다. 성례[성사]들은 영혼을 위한 모든 은혜와 주된 양식의 통로들로 간주되었다. 성례들이 요람에서 무덤까지 인간의 일생을 동행했다. 아이가 이 세상에 태어나면 세례로써 환영을 받았고, 노인이 저 세상으로 여행할 때는 임종 성찬(viaticum)을 받았다.

주된 성례들은 세례와 성찬이었다. 세례는 천국 문을 열어주는 신생(新生)의 성례로 간주되었고, 성찬은 새 생명을 유지하고 자양을 공급하는 성화(聖化)의 성례로 간주되었다.

이 두 성례 외에도 여러 의식들에 성례의 고귀한 이름이 붙었지만, 스콜라주의 시대 이전에는 성례의 수에 관해서 일치된 견해가 없었다. 라틴어 사크라멘툼은 그리스어 뮈스테리온과 마찬가지로 거룩하고 신비스러운 교리들과 의식들을 가리키는 느슨하고 불분명한 방식으로 오랫동안 사용되었다. 성례의 수에 대해서, 라바누스 마우루스와 파스카시우스 라드베르투스는 넷으로, 디오니시우스 아레오파기타는 여섯으로, 다미아니는 열둘로 보았다. 결국에는 주로 롬바르드인 페트루스[페트루스 롬바르두스]와 토마스 아퀴나스의 권위에 의해서 성례의 수가 일곱 가지로 확정되었으며, 이것이 덕목의 수와 죄의 수, 인간의 삶에 필요한 것들의 수 등 다양한 유추에 의해서 정당화되었다.[22]

그러나 칠성사(七聖事)는 교회가 성례의 수에 관해서 일치된 견해를 갖기 오래 전부터 신성한 의식들로 존재했다. 라틴인들 사이에서 뿐 아니라, '비밀들'(mysteries)이란 이름을 사용해온 그리스인들 사이에서도 칠성사가 약간의 차이만 지닌 채 독자적으로 사용되어온 것을 발견하게 된다. 칠성사에는 세례와 성찬(로마 교회는 이것을 성례뿐 아니라 제사로도 이해한다) 외에도 견진성사(confirmation), 고해성사(penance, 자백과 면죄), 혼인성사, 신품성사(ordination, 성직 임명), 종부성사(終傅聖事, extreme unction)가 있다.

견진성사는 세례를 보완하는 의식으로서 세례와 밀접히 연관된다. 세례받은 유아들의 경우에는 다소 독립된 성격을 띠며, 후에 거행된다. 그리스 교회에서는 사제가, 라틴 교회에서는 주교만 시행할 수 있다.[23]

고해성사는 세례 이후의 죄를 사함받는 데 필요한 의식으로 간주되었다.

---

22) 밤베르크의 주교 오토(1139-1189)가 자신이 기독교로 개종시킨 포메라니아인들 사이에 칠성사를 도입했다는 것이 일반적인 견해이지만, 이 전승이 토대를 두는 강론은 진정성이 의심된다. 스콜라주의자들이 정한 일곱이라는 수는 피렌체 공의회에 의해 재가되었고(그리스의 사절들도 동의함), 트렌트 공의회는 성사의 수를 가감하는 자에게 아나테마를 선언했다(제7회기, can. I). 개신교 교회들은 오직 두 가지 성례인 세례와 성찬만을 인정한다. 이 두 가지만 그리스도께서 특별히 지키라고 명하셨기 때문이다. 그럴지라도 성직 임명과 결혼, 그리고 일부 교회들에서는 견신례까지도 엄숙한 신앙 의식으로 거행한다.

23) 루터교는 견신례를 목사가, 성공회는 주교가 거행한다.

신품성사는 성직자들의 성례이며, 교회 정치와 불가분의 관계를 갖고 있다.

혼인성사는 교회와 국가 안에서 가정과 사회의 토대에 자리잡고 있으며, 편의에 따른 이혼과 중혼(重婚), 근족 결혼에 대해서 교회가 가장 긴밀하고도 열정적으로 보호해온 성사였다.

종부성사는 850년의 파비아 교회회의와 다미아니에 의해서 최초로 성사에 포함되었다. 이 의식은 저 세상으로 떠날 사람에게 베푸는 마지막 성찬으로서, 야고보서 5:14, 15의 지침에 근거를 두었다(비교. 막 6:13; 16:18). 처음에는 모든 병자에게 치료의 한 수단이자 부적과 주문의 뜻도 담아 사제뿐 아니라 평신도도 거행했으나, 라틴 교회는 훗날 극단적인 위험에 처한 사람에게만 시행했다.

성사[성례]의 효능은 사효성(事效性, ex opere operato)이라는 스콜라 신학의 용어로 정의되었다. 이것은 성례가 규정된 양식에 따라 적절한 의도로 거행된다면, 그리고 그것을 받는 자가 장애를 놓지 않는다면, 사제와 신자의 도덕적 성격과 무관하게 제도 자체에 의도된 효능이 있다는 것이다.[24]

성사들 가운데 세 가지, 즉 세례와 견진성사와 신품성사는 그 외에도 말소할 수 없는 성격(Charater indelebilis)을 부여하는 효능을 지닌다. 한 번 세례를 받았으면 비록 그 유익은 상실하는 일이 있을지라도 영원히 세례를 받은 것이며, 일단 성직자로 임명을 받았으면 비록 면직과 파문을 당할지라도 영원히 임명을 받은 것이다.

98. 오르간과 종

예배의 외적 보조 수단들에 오르간과 종이 덧붙었다.

오르간은 특정 악기(아우구스티누스 시대부터 유래)라는 의미로는 목신(牧神) 판(Pan)의 피리(Syrinx, Pandean pipe)에서 발전했다.[25] 최초의 형태는 작은 박스

---

24) 여기서도 개신교(적어도 개혁교회)의 신앙고백서들은 적극적인 믿음의 발휘를 성례의 유익을 받는 조건으로 요구하는 점에서 로마 가톨릭 신앙고백과 다르다. 유아 세례의 경우에는 부모나 책임있는 후견인의 신앙이 고려 사항이 된다. 그러한 믿음이 없이 참여하면 성례를 낭비하거나 더럽히게 된다.

25) Organum. 헬라어 ὄργανον에서 유래. 칠십인역에서는 이 단어가 cheli,

와 그 상단에 열 지어 놓은 파이프들로 구성되었으며, 연주자가 튜브를 이용하여 한쪽 끝에서 입으로 바람을 불어넣는 식으로 연주했다. 이 형태는 세월이 흐르면서 상당한 변화를 겪었다. 교회에서 오르간을 사용하기 시작한 이는 교황 비탈리아누스(657-672)로 간주된다. 767년에 콘스탄티누스 코프로니모스(Constantine Copronymos)는 프랑스 왕 피핀에게 여러 가지 선물을 보내면서 오르간을 함께 보냈다. 샤를마뉴는 칼리프 하룬 알 라쉬드(Haroun al Rashid)에게 오르간을 선물로 받고서 그것을 엑스라샤펠 대성당에 보관했다. 오르간 건축술은 주로 독일에서 발전했다. 교황 요한 8세(872-882)는 프라이징의 주교 아노에게 오르간과 오르간 주자를 보내달라고 요청했다.

　교회들이 오르간에 대해서 취한 태도는 다양하다. 오르간은 숭배의 대상이 된 적이 없다는 점을 제외하고는 어느 정도는 화상(畵像)들과 같은 운명을 겪었다. 라파엘로가 자신의 걸작들 가운데 한 점으로 길이 남긴 시적 전설은 오르간 발명을 종교 음악의 수호성인 성 세실리아의 몫으로 돌린다. 그리스 교회는 오르간 사용을 금한다. 라틴 교회는 이 악기를 아주 보편적으로 받아들였지만, 저명한 인물들의 반대가 없지 않았으며, 심지어 트렌트 공의회에서는 비록 통과되지는 않았으나 적어도 미사 때는 오르간을 사용하지 말자는 동의안이 제출되기도 했다. 루터교는 오르간을 그대로 사용했고, 칼빈파 교회들, 특히 스위스와 스코틀랜드 교회들은 배척했으나 최근에는 비판적 시각이 크게 줄어들었다.

　종은 놀라의 파울리누스(431 죽음)가 이탈리아 캄파니아에서 발명했다고 전해진다.[26] 하지만 그는 교회당들을 묘사한 기록에서 종을 언급하지 않는다. 다양한 공명(共鳴) 악기들이 콘스탄티누스 대제 이래로 공예배 시작을 알리는 데 사용되었다. 투르의 그레고리우스는 수사들에게 기도 시간을 알리기 위해 '신호'(signum)가 사용되었다고 언급한다. 아일랜드 교회들은 성 패트릭 시대부터 주로 손으로 흔드는 종을 사용했는데, 패트릭 자신이 그것을 무료로 나눠주었다. 성 콜룸바는 한밤중에 종이 울릴 때(pulsante campana) 교회에 갔다고 전해진

---

chinor(cithara), nephel(nablium), yugab 같은 히브리어의 여러 음악 용어들에 대해서 사용된다. 참조. Trommius, Concord. Gr. V. LXX, II. 144.

　26) 따라서 Campanum 혹은 campana, nola(이탈리아어에서는 계속 그런 의미로 쓰임) 같은 이름들이 생겼다. 하지만 좀 더 개연성이 높은 것은, 그 이름이 초기에 종의 재료가 된 캄파니아산 놋쇠에서 유래했다고 보는 것이다.

다. 비드는 장례의 기도에 종이 사용되었다고 언급한다. 풀다의 성 슈투름은 자신이 죽는 순간에 수도원의 모든 종이 울려퍼지게 하라고 지시했다(779). 샤를마뉴의 재위 때에는 제국에서 종이 보편적으로 사용되었다. 그는 종 만드는 기술을 장려했고, 그의 궁정에서 종 만드는 기술자를 환대했다. 생 갈 수도원의 수사 탄코(Tancho)는 엑스라샤펠 대성당을 위해서 4백-5백 파운드의 무게가 나가는 근사한 종을 제작했다. 동방에서는 9세기 말 이전까지는 교회의 종들이 언급되지 않는다.

종들은 교회의 다른 기물들과 마찬가지로 복을 비는 의식을 통해서 거룩한 용도로 구별되었다. 때로는 종에게 세례를 베풀기도 했다. 하지만 샤를마뉴는 789년의 법령에서 이와 같은 폐습을 금했다.[27] 그 시대에는 종을 치는 직책이 대단히 높은 평가를 받아서, 심지어 대수도원장들과 주교들까지 그 직책을 시샘했다. 민간의 미신은 종들에 폭풍우를 잠재우고 전염병을 쫓아내는 신비한 효험이 있다고 믿게끔 만들었다. 종들을 보관하기 위한 특별한 탑들이 세워졌다.[28] 교회 종들의 용도는 많은 종들에 새겨져 있는 오래 된 시에 잘 나타나 있다:

"참 하나님을 찬양하라. 나는 회중을 부르고 성직자를 모으며
죽은 자들을 슬퍼하며, 질병을 피하고, 축일들을 존중한다."

99. 성인 숭배

성인 숭배는 니케아 시대부터 내려온 관행으로서, 이교의 우상 숭배와 영웅 숭배를 기독교식으로 대체한 것이었으며, 야만족들의 취향과 전례에 잘 부합했으나 문화권에서 살던 그리스인들 사이에서도 인기가 높았다. 스콜라 학자들은 세 등급의 숭배를 구분했다: 1) 흠숭지례(欽崇之禮, adoration, 라트레이아, 경배)

---

27) 바로니우스(Annal. ad a. 968)에 따르면, 교황 요한 13세는 라테란 교회의 거대한 종에 세례를 주고서 그것에 요한이라는 이름을 붙였다고 한다. 16세기 종교개혁자들은 샤를마뉴가 제기했던 항의를 재개하고, 종에게 베푸는 세례를 성례에 대한 모독으로 간주하여 폐지했다.

28) Campanile라 불림. 베네치아의 산 마르코 성당에 세워진 종탑이 특히 유명하다.

— 하나님에게만 속함; 2) 공경지례(恭敬之禮, veneration, 둘레이아) — 하나님께서 친히 존귀하게 해주시고 하늘에서 함께 다스리게 해주신 성인들에게 해당함; 3) 특별한 공경지례(후페르 둘레이아) — 구주의 어머니이며 모든 성인들의 여왕인 성모 마리아에게 해당함. 그러나 사람들은 대체로 이러한 구분을 의식하지 않았으며, 사제들이 오히려 과도한 성인 숭배를 조장하기도 했다. 성인들에게 자유롭게 기도를 드렸다. 물론 그러면서도 그들이 복을 준다고 생각하지는 않고 다만 자신들을 위해서 대신 빌어준다고 생각했다. 따라서 "우리를 위해서 빌으소서"(Ora pro nobis)라는 표현이 생긴 것이다.

성인들과 그들을 기리는 축일들의 수는 매우 급속히 증가했다. 각 민족과 나라와 지방 혹은 도시가 자체의 수호성인을 정했다. 예를 들면 로마는 베드로와 바울, 밀라노는 성 암브로시우스, 프랑스는 성 마르탱, 성 드니(디오니시우스), 성 제르맹, 잉글랜드는 성 조지, 아일랜드는 성 패트릭, 독일은 성 보니파키우스를 수호성인으로 숭배하고 있으며, 특히 성모 마리아는 무수히 많은 지역들과 교회들을 자신의 보살핌과 보호하에 거느리고 있다. 초기에는 성인의 자격이 민중의 소리로써 결정되었다. 민중의 소리를 하나님의 음성으로 여겼던 것이다. 선교사로 혹은 순교자로 혹은 주교로, 수사로, 수녀로 거룩한 생활을 하면서 기독교 신앙에 크게 봉사하다가 세상을 떠난 위대하고 선량한 남녀들이 후손들에 의해 감사한 심정으로 기억되었는데, 이들이 사역하며 고난을 당한 나라나 지방의 수호성인들이 되었으며, 이들에 대한 숭배가 차츰 온 교회로 퍼져나갔다. 이들의 성유물[relics, 유골 등 시신의 일부]이 신성하게 취급되었고, 이들의 무덤들이 순례지가 되었다.

1153년까지는 수도대주교들이 자신들의 관할구에서 추서된 성인 후보를 심사하여 결정하는 것이 보통이었다.[29] 그러나 성인의 남발을 막고 심사 과정의 실수

---

29) 때로는 주교들과 교회회의들, 정치적으로 중요한 경우에는 왕들과 황제들도 그 과정에 참여했다. 수도대주교가 성인을 결정한 마지막 사례는 1153년에 루앙의 대주교가 퐁투아의 대수도원장 성 고체(Gaucher) 혹은 골티에(Gaultier, 1130년 4월 9일 죽음)를 시성한 것으로 알려진다. 그러나 Labbe와 Alban Butler는 그가 1194년에 교황 켈레스티누스 3세에 의해서 시성되었다고 진술한다. 심지어 그 이후에도 주교들이 제한된 범위 내에서 시성을 행한 듯하다. 그렇기 때문에 1625년과 1634년에 우르바누스 8세가 이러한 관행을 부적절한 것으로 금한 것이다.

를 예방하기 위해서 교황들은 알렉산더 3세 때인 1170년부터 성인을 결정하는 독점권을 주장했으며, 일단 성인으로 결정된 사람에 대해서는 전체 (라틴) 가톨릭 교회에 대해서 숭배를 의무화했다.[30] 이 결정이 시성(諡聖, canonization)이라 불리는 엄숙한 행위로 이루어졌다. 세월이 지난 뒤 이 행위로부터 시복(諡福, beatification) 행위가 분리되었다. 이 행위는 죽은 가톨릭 그리스도인이 하늘에서 복을 받는 복자(福者)가 되었음을 선언하는 것이요, 일정한 범위 내에서 그의 숭배를 허용(의무가 아닌)하는 것일 뿐이다.

교황의 독점적 시성으로 최초로 알려진 사례는 아우크스부르크의 주교 울리히(Ulrich, 973 죽음)가 교황 요한 15세에 의해 시성된 일이다. 요한 15세는 993년에 19명의 고위성직자들로 구성된 라테란 교회회의에서 아우크스부르크의 후임 주교 루이톨프(Luitolph, 로이톨드)의 요청을 근거로 울리히의 생애와 기적들에 관한 그의 보고를 직접 들은 뒤에 그를 성인으로 공포했다. 울리히의 주된 공로는 독일 남부를 야만적인 마자르족의 침공으로부터 구출하고, 광범위한 아우크스부르크 교구를 헌신적으로 섬겼다는 것이었다. 그는 생시에 달구지를 타고 교구를 두루 방문했는데, 그가 가는 곳마다 걸인들과 불구자들이 그를 에워쌌다. 로마를 두 번 순례했고(두 번째 순례했을 때 그의 나이는 여든한살이었다), 맨발의 참회자로서 자신을 비하한 상태에서 숨을 거두었다. 요한 15세가 발행한 대칙서는 성인 숭배가 친히 자신을 성도들과 동일시하시는 그리스도께 영광이 된다는 이유로 그 행위를 의무화하지만, 숭배의 여러 등급들을 명확히 구분하지는 않는다. 이 문서는 이 법령을 무시하는 자에 대해서 지위고하를 막론하고 교황의 아나테마가 임할 것이라고 위협한다.

교황의 시성권(諡聖權)에 대한 온건한 해석은, 그것이 교황청 성사경신성성(聖事敬神聖省, the Congregation of Rites)이 성인 후보자의 공로를 면밀히 검토한 후에 공포하는 행위일 뿐이라고 축소 해석한다. 그러나 신적 계시에 미치지 못하는 것은 그러한 사실을 사멸적 존재인 인간에게 알게 할 수 없는 법이다. 성인 심사는 정규 법 절차에 의해서 이루어지는데, 그 과정에서 한 사람이 마귀의 대변인(Advocatus Diaboli) 혹은 성인 후보에 대한 고소인 역할을 하고, 또 한 사

---

30) 1170년에 교황이 이런 결정을 내리게 된 원인은 리지외 교구 수도원의 수사들이 술에 취한 두 명의 수사에게 수도원 식당에서 살해된 자신들의 원장을 성인으로 숭배한 사건 때문이었다.

람은 하나님의 대변인(Advocatus Dei) 역할을 한다. 성인이 될 수 있는 기준은 후보가 최상의 거룩한 생활을 했는가, 그리고 생시든 죽어서 유골을 통해서든, 혹은 자기에게 도움을 구하는 기도를 통해서든 기적을 일으켰는가 하는 것이었다. 서양 속담에 기적을 입증하려면 기적이 필요하다는 말이 있다. 그럼에도 불구하고 그러한 일이 로마 가톨릭 신도들을 만족시킬 만한 증거에 입각한 교황의 결정에 의해 이루어지고 있다.[31]

그렇다면 성인들과 성모 마리아가 과연 전지(全知)와 편재(遍在)라는 신적 속성들을 지니지 않고서야 어떻게 그렇게 다양한 지역들에서 자신들에게 드려지는 무수한 기도를 동시에 들을 수 있는가 하는 질문도 제기될 법한데, 그런 질문조차 민중의 신앙을 가로막지 못했다. 대체로 스콜라 신학자들은 성인들이 하나님의 전지하신 정신에 힘입어 신자들의 기도를 읽을 것이라고 추정함으로써 그 문제를 해결하려고 했다. 그렇다면 왜 하나님께 직접 기도하지 않고 굳이 성인들에게 하는 것일까?

성인들 개개인의 축일들 외에도 두 번의 축일이 모든 죽은 자들을 기념하는 날로 제정되었다.

모든 성인의 축일(The Festival of ALL SAINTS)은 서방에서 교황 보니파키우스 4세가 로마의 판테온[만신전]을 봉헌하면서 도입되었다.[32] 판테온은 원래 로마 황제 아그립파가 아우구스투스의 악티움 해전 승리를 기념하기 위해 건축하여 유피테르 빈덱스에게 바쳤던 건물로서, 이교의 신전들이 파괴된 상황에서도 살아남아 607년에 황제 포카스가 교황 보니파키우스 4세에게 선사했으며, 그 교황이 그것을 받아 깨끗이 정리하고 복원한 뒤 영원한 동정녀 마리아와 모든 순교자들의 이름으로 하나님을 예배하는 장소로 봉헌했다. 바로니우스는 봉헌식이 거행되던 해의 5월 13일에 여러 지역에 안장되어 있던 순교자들의 유골들이 스

---

31) 최근에 이루어진 시성 사례는 1862년에 교황 피우스 9세가 1597년에 박해를 당해 죽은 프란체스코회 소속 일본 선교사들과 개종자들 26명을 엄숙한 의식을 갖추어 시성한 일이다.

32) Omnium Sanctorum Natalis 혹은 Festivitas, Solemnitas, Allerheiligenfest. 그리스 교회는 오래 전부터 오순절 다음 첫 주일에 모든 순교자들을 기념하여 유사한 축일을 지켰다. 서방에서는 오순절 뒤의 첫 주일을 삼위일체 축일로 지켰고, 그것으로 교회력의 축제 부분을 마감했다.

물여덟 대의 수레에 실려 엄숙한 행렬을 갖추어 그 교회로 이장되었다고 한다. 이 축일은 로마에서 시작하여 서방 세계 전역으로 퍼졌으며, 835년에 그레고리우스 4세는 경건자 루이에게 이 날을 제국의 보편적 축일로 삼으라고 권유했다. 축일 날짜는 민중이 추수를 마친 뒤 여가가 생길 때, 그리고 하나님께서 베푸신 모든 자비에 대해서 감사하는 심정이 가장 클 때를 감안하여 11월 1일로 정했다.

모든 영혼의 축일(The Festival of ALL SOULS)은 모든 성인의 축일을 보완한 것으로서, 그 축일 다음 날(11월 2일)에 거행한다. 이 날을 도입한 사람은 10세기의 클뤼니 대수도원장 오딜로로 간주된다. 이 축일은 상부로부터 특별한 명령이 없었는데도 급속히 퍼져나갔으며, 연옥에 들어가 고통 당하는 이들에 대한 그 시대 사람들의 동정심을 크게 자극했다. 이 축일에는 숭배자들이 상복을 입고 나타나며, 죽은 자들을 위한 미사가 "Dies irae, Dies illa", 그리고 자주 반복되는 "Requiem aeternam dona eis, Domine"로써 거행된다. 일부 지역들(예. 뮌헨)에서는 이 날 그 계절에 마지막으로 피는 꽃들로 무덤들을 덮는 관습이 성행한다.

천사들의 군대의 지휘관인 천사장[대천사] 미가엘의 축일은 천사들을 숭배하는 날로서, 9월 28일이다.[33] 이 축일은 어떠한 교리나 사실에도 토대를 두지 않고, 다만 전설이라는 부실한 토대 위에 세워졌을 뿐이다.[34] 이 축일은 동방에서 먼저 발견된다. 콘스탄티노플과 주변의 여러 교회들이 성 미가엘에게 봉헌되었으며, 유스티니아누스는 그 중 허물어진 두 교회를 복원했다. 서방에서는 813년의 멘츠 공의회가 여러 축일들 가운데 이 날을 '성 미카엘리스 축일'로 처음 언급했다. 사도가 천사 숭배를 엄히 금했는데도 불구하고(골 2:18; 계 19:10; 22:8, 9) 그때부터 이 축일이 온 교회로 확산되었다.

---

33) 동방교회는 11월 8일. 동방교회가 어떻게 해서 이 축일을 제정하게 되었는지는 불분명하다.

34) 즉, 골로새 근처의 코나이, 이탈리아 아풀리아의 시몬툼 교구에 있는 몬테 가르갸노(그 연대가 492, 520, 536으로 다양하게 주장됨), 프랑스 노르망디의 몬테 툼바(710경)에서 미가엘이 나타났다는 전설과, 특히 로마의 하드리아누스 대영묘에서 전염병이 끝날 무렵 교황 그레고리우스 1세에게 혹은 그의 계승자 보니파키우스 3세(607-610 재위)에게 나타났다는 전설이 그것이다. 로마의 이 묘지는 그 이후로 카스트로 디 산 안젤로(천사의 성)라 불렸고, 그 위에 천사의 조각상을 세워 장식했다.

100. 화상 숭배. 상이한 이론들

성인 숭배와 밀접히 연관된 것이 그것에 종속된 그들의 화상(畵像)들과 성유물에 대한 숭배이다. 성유물 숭배는 성인 숭배의 합법적 적용이다. 그러나 중세 동방과 서방의 교회들이 — 소수의 비판이 없지 않았으나 — 성인 숭배에 합의하고 지내는 동안, 동방 교회에서는 화상에 관한 격렬한 논쟁이 벌어져 거의 한 세기 동안(724-842) 교회를 혼란에 빠뜨리고 결국 비잔틴 제국의 몰락을 재촉했다.

화상 사용에 관한 추상적 질문은 예술과 예배의 관계에 관한 일반적 주제에 연결되어 있다. 기독교는 완전하고 보편적인 종교임을 자부한다. 그것은 인간의 모든 기능들과 삶의 모든 분야들에 누룩과 같이 발효시키는 능력으로 고루 퍼져 있다. 하나님이 지으신 어떤 것에도 낯설지 않다. 참되고 아름답고 선한 모든 것과 조화를 이룬다. 철학과 과학과 예술에 친숙하며, 그것들의 봉사를 받는다. 시와 음악, 건축이 신앙의 시녀들로서 최상의 임무를 받으며, 저마다 가장 숭고한 작품들의 영감을 성경에서 받아왔다. 그런데 왜 하나님께로부터 나온 회화나 조각을 비롯한 그 밖의 예술을 교회가 사용해서는 안 된다는 말인가? 다른 모든 역사뿐 아니라 성경의 역사가 아름다움에 대한 취향을 지니고 있는 어린이들과 어른들을 교육하고 그들에게 즐거움을 주기 위해서 회화와 조각을 통한 상징을 인정해서는 안 되는 이유가 무엇인가? 하나님에게서 나오는 것은 무엇이든 하나님에게로 돌아가야 하고 그분의 영광을 널리 증시(證示)해야 한다.

그러나 화상들을 장식과 교육과 즐거움에 사용하는 것과 화상을 숭배하는 것 사이에는 상당한 거리가 있으며, 전자가 후자와 상관 없이 존재할 수 있다는 것을 경험이 입증한다. 하지만 중세에는 성인 숭배가 성행한 탓에 그 둘을 구분할 수 없었다. 그림들이 교회에 도입될 때는 예술 작품들이 아닌 신앙의 보조 수단과 대상으로서의 성격을 띠었다. 그러므로 화상 논쟁은 예배에 관련한 실제적인 문제였지, 그저 철학적이나 예술적인 문제가 아니었다. 상상력이 조야한 시기에는 추하고 거부감을 주는 그림이 차라리 아름답고 우아한 작품보다 신앙의 목적에는 훨씬 더 잘 부합했다. 중세 말엽에 가서야 비로소 기독교 회화 예술이 수준 높은 작품을 내놓기 시작했다. 더 나아가 화상 논쟁은 비록 하나님에 관한 모든 종류의 회화적 상징을 금한 것은 아닐지라도 어쨌든 모든 우상 숭배적이고 미신적인 그림 사용을 분명하고도 지혜롭게 금지하는 십계명의 제2계명으로 인하여 복잡한 양상을 띠었다. 뿐만 아니라 그리스도와 성모와 사도들, 혹은 여느 성경 인물들의 실물 그림이 존재하지 않는다는 사실로 인하여 논쟁이 더 어렵게 되었다.

앞의 몇 권에서 우리는 성상들이 로마의 카타콤들로부터 시작하여 6세기 말까지 점진적으로 도입된 경위를 살펴보았다. 상징들과 그림들이 처음에는 아주 순수한 의도로 사용되기 시작했다가 세월이 흐르면서 성인 숭배의 확산과 더불어 부지불식간에 널리 보급되었다. 고대 그리스인들로부터 예술을 사랑하는 정신을 유산으로 물려받은 동방이 주로 화상들에 몰입했다면, 예술 작품들을 감상할 수준이 되지 못했던 서방의 야만족들은 성유물들에 더 집착했다.

이 문제와 관련하여 제시된 이론들을 세 가지로 정리해 볼 수 있는데, 그 중 두 가지는 842년까지 서로 치열하게 상충되었다.

1. 화상 숭배 이론. 이것이 그리스 정교회의 이론으로서, 반대파는 이것을 우상 숭배라고 비판했으나, 민중과 수사들과 시인들과 여성들과 황후 이레네와 테오도라의 강력한 지지를 받았고, 제7차 에큐메니컬 공의회(787)와 교황들(그레고리우스 2세·그레고리우스 3세·하드리아누스 1세)의 재가를 받았다. 이 이론은 그리스도와 성모, 성인들의 화상들을 사용하고 숭배할 권리와 의무를 주장하면서, 그것이 우상 숭배라는 비난을 단호히 배격했으며, 그림들에 대한 제한된 공경과 오직 하나님께만 드려야 할 흠숭(欽崇)을 구분했다(하지만 실제로는 그 구분을 무시하는 경우가 많았다). 화상들은 그림으로 엮은 성경으로서, 말로써 귀에 전달하는 것보다 훨씬 더 큰 웅변으로 눈에 대고 말한다. 화상들은 성경을 읽지 못하는 보통 사람들에게 각별한 가치를 지녔다. 땅에서는 죽었으나 하늘에 올라가 있는 원형들에 대한 공경이 점차 땅에서 그들을 나무에 묘사해 놓은 화상들로 옮겨졌다. 화상들이 끊임없이 입맞춤을 당했고, 한쪽 무릎 꿇기와 촛불 켜기, 향 피우기 같은 이교의 의식들에 에워싸였다. 화상 앞에서 기도를 드리면 더 효험이 있다고들 생각했다. 화상에 대한 열정은 성인 숭배와 나란히 전개되었으며, 그것에서 떼어놓기가 거의 불가능했다. 그 열정이 시적 영감을 자극하여 그리스 교회의 예배서들을 풍부하게 만들었다. 주요 찬송가 작가들인 다마스쿠스의 요한·예루살렘의 코스마스·게르마누스·테오파네스·스투디움의 테오도루스는 모두 화상 지지자들이었으며, 그들 중 일부는 그런 열정으로 인하여

면직과 투옥과 신체 절단의 고초를 겪었다. 그러나 화상파괴론자들은 단 한 점의 시도 내놓지 못했다.[35]

화상 숭배 이론에 가해진 주된 비판의 논거는 제2계명이었다. 화상 숭배파는 이 비판을 다각도로 답변했다. 그 금령이 그리스도의 강림 때까지 일시적인 효력을 가지고 있었다거나, 새긴 형상들에만 적용되었다고, 혹은 우상 숭배적 목적을 위해 형상을 제작하는 행위에만 국한되었다고 이해했다.

다른 한편으로, 언약궤를 감싸는 그룹들과 광야에서 만든 놋뱀을 지적하면서, 모세 시대의 예배에서 가시적 상징들이 사용되지 않았느냐고 주장했다. 하나님의 아들이 육신을 입고 오셨으니 그리스도의 그림들을 제작하여 사용하는 것을 하나님이 친히 승낙하신 게 아니냐고 했다. 그리스도께서 당신을 인간의 형상으로 계시하셨으니 그분을 그런 형상으로 묘사하는 것이 죄일 수 없다고 했다. 복음서들이 의미심장하게도 그분의 외모에 관해서 침묵하는 데 대해서, 성 누가와 성 베로니카가 그렸다고 전해지는 가공적인 그림들과 에데사의 그림을 가지고 자신들의 견해를 보완했다. 심지어는 미신적 공상을 발동하여 화상들이 기적을 일으켰다는 이야기들을 지어냈고, 화상들이 움직이고 말하고 행동했다고 선전했다.

덧붙여 말해야 할 점은, 동방 교회가 화상들을 평면 채색화와 모자이크로 한정했고, 조각은 숭배의 대상에서 배제했다는 사실이다. 로마 교회는 그러한 한계를 두지 않았다.

2. 화상 파괴(Iconoclastic) 이론은 정반대 극단에 자리잡았다. 이 이론을 견지한 사람들은 화상 파괴자들이라 불렸다. 비틀거리던 제국을 사라센의 침공으로부터 구한 열정적인 그리스 황제들인 레오 3세와 그의 아들 콘스탄티누스가 이 이론을 지지했다. 화상 파괴론은 군대에서 인기가 높았고, 754년의 콘스탄티노플 교회회의에서 재가를 받았다. 그 이론적 근거는 시종일관 십계명의 제2계명에 대한 유대인들과 초기 그리스도인들의 엄격한 해석이었다. 이슬람교가 승승장구하던 당시의 상황이 이 이론에 상당한 무게를 실어준 면도 없지 않았다. 이슬람교는 유대교와 마찬가지로 그리스도인들조차 우상 숭배의 대죄를 짓고 있다고 비판했는데, 화상들이 보호하고 기적으로 개입한다고들 믿었던 시리아 · 팔

---

35) 참조. §94.

레스타인·이집트 같은 도시들이 이슬람 군대에 의해 차례로 정복되어간 현실이 화상 숭배에 대해 달리 생각하게 만들었던 것이다. 754년의 교회회의는 화상 숭배를 이교의 우상 숭배로 전락한 행위이자, 영과 진리로써 오직 하나님께서만 받으셔야 할 예배의 자리에 마귀가 슬그머니 끼워넣은 것이라고 규정하고서 그것을 금했다.

하지만 화상 파괴파는 일관된 태도를 취하지 못했다. 그들 역시 화상 숭배의 뿌리인 성인 숭배를 고수하고 있었고, 모든 종교 상징물들을 제거하는 대신에 가장 미신적으로 사용되던 십자가 상징을 그대로 남겨 놓았으며, 이렇게 예외를 둔 데 대해서 성경이 여러 곳에서 십자가의 능력을 가르치지 않느냐는 논리로 해명하고 지나갔기 때문이다. 하지만 성경이 가르치는 십자가의 능력이란 그리스도께서 십자가에서 드리신 제사를 가리키는 것이지, 십자가 상징을 말하는 것이 아니다.

화상 파괴론의 가장 큰 약점이자 실패 원인은 그것이 지닌 부정적 성격에 있었다. 이 이론은 화상 숭배에 대한 대안을 내놓지 않았고, 그리스인들의 종교심을 충족시킬 수 없는 공허한 담장 외에는 아무것도 남겨놓지 않았다. 그것은 복음적 종교개혁의 화상 파괴론과 사뭇 달랐다. 종교개혁은 화상을 제거하고 그 자리에 하나님 말씀에서 이끌어낸 풍성한 지적·영적 교훈을 세웠던 것이다.

3. **절충 이론**은 표상과 실체, 정당한 사용과 남용을 구분함으로써 화상 숭배와 화상 혐오 사이에 연결고리를 제시하려고 했다. 그리스도와 성인들의 상징들이 그분들과 그분들에 관련된 사실들을 눈으로 보고 기억하게 함으로써 신앙에 도움을 준다는 근거로 그것을 허용했다. 교황 그레고리우스 1세는 어느 은수자에게 그가 요구한 대로 그리스도와 마리아와 베드로와 바울의 그림을 보내면서 편지를 첨부했는데, 그 편지에서 존경과 사랑의 대상을 기억하게 해주는 가시적 상징을 지니고 싶은 자연적 욕구를 인정하면서, 동시에 미신적 사용을 경고했다. 그는 이렇게 말한다. "우리는 그림에 신성이 있다고 생각하여 그 앞에서 무릎을 꿇는 것이 아니라, 그림이 탄생이나 수난이나 위엄의 보좌에 앉으신 일을 기억하게 해주는 그리스도를 경배하는 것이다." 동일한 교황이 화상 숭배에 남다른 열정을 드러낸 마르세유의 주교 세레누스를 치하했으나, 그 방향에서 지나치게 나간 점에 대해서는 책망했고, 그런 보조 수단들의 용도가 이교의 야만적 상태에서 갓 회심하여서 성경을 가지고 직접 가르칠 수 없는 사람들을 위한 것

임을 환기시켰다. 8-9세기의 프랑크 교회는 화상 남용을 비판하는 좀 더 단호한 태도를 취했으나, 그럴지라도 동방에서 벌어진 화상 파괴 운동의 경계까지 나아 가지는 않았다.

세월이 흐르는 과정에서 라틴 교회는 비록 실제적 화상 숭배에까지 나아가지 는 않았을지라도, 동방 교회가 제7차 에큐메니컬 공의회 이후에 다가섰던 자리 만큼은 나아갔다. 그레고리우스 2세는 황제 레오의 화상 파괴 관련 칙령들을 단 호히 배척했으며, 그 논쟁을 교황권 독립의 빌미로 삼았다. 그레고리우스 3세도 같은 노선을 걸었으며, 하드리아누스는 제2차 니케아 공의회의 법령을 재가했 다. 화상 숭배는 성인 숭배를 포기하지 않고는 일관성 있게 반대할 수 없다.

위에 언급한 바와 유사한 이론들과 집단들이 종교개혁 시대에도 다시 나타났 다. 그리스 교회뿐 아니라 로마 교회도 가끔 남용에 대해 비판했을 뿐 화상 숭배 를 지지했으며, 이러한 견해가 특히 이탈리아에서 순수 미술의 발달을 자극했 다. 반면에 철저한 종교개혁자들(칼슈타트 · 츠빙글리 · 칼빈 · 녹스)은 화상 파 괴 이론을 다시 제기하여 질서 정연한 방식으로 교회당들에서 화상들을 제거했 다. 그것이 교묘하고 세련된 방식의 우상 숭배로서 영적 예배를 방해한다는 것 이 그 이유였다. 루터교는 (루터와 그의 친구 루카스 크라나흐가 수립해 놓은 본 보기에 충실하게) 지나간 시대의 그림들을 남겨두거나 그것을 새롭고 더 좋은 것들로 교체했으나, 이전 시대와 같은 미신에서는 벗어났다. 현대에 접어들어 미술이 발달하고, 기법과 시설의 발달로 그림이 대량 생산되면서 개신교 국가들 에도 변화가 일어났다. 주일학교 교재들과 그 외의 신자들을 위한 서적들에 성 경 역사를 소재로 한 그림들이 많이 실리고, 위대한 신앙 화가들의 걸작들이 많 은 가정들을 장식하고 있다. 하지만 그런 것들이 오직 하나님께만 드려야 할 경 배의 자리를 차지하는 대상이 되는 일은 다시 없을 것이다.

특주

트렌트 공의회 제25차 회기(1563년 12월)는 다음과 같은 내용으로 성인과 성유 물 숭배와 함께 "화상의 합법적 사용"도 승인했다. "더 나아가 그리스도와 하나님 의 동정녀 어머니, 그리고 그 외 성인들의 화상들은 특히 교회당들에 두어야 하며, 그들에게 합당한 존경과 공경을 바쳐야 한다. 그 이유는 그들 안에 숭배를 받을 만한, 혹은 기도를 받을 만한, 혹은 우상들에 소망을 두어온 이방인들의 해묵은 관행처럼 그들 안에 신뢰를 받을 만한 무슨 신성이나 덕이 있기 때문이 아니라, 그들에게 바쳐지는 공경이 그들이 상징하는 원형들에게 돌아가기 때문이다. 같은 이치로, 우리가 입맞추고 그 앞에서 모자를 벗고 무릎을 꿇는 화상들에 힘입어 우리는 그리스도를 경배하고, 인격이 그리스도를 닮은 성인들을 공경하는 것이다. 이것은 공의회들의 법령들, 특히 제2차 니케아 공의회의 법령에 의해서 화상 반대자들의 견해를 일축하면서 정의된 바와 같다." 트렌트 공의회의 신앙고백도 제9조에서 같은 내용을 가르친다(참조. Schaff, *Creeds*, II. p. 201, 209).

현대 동방 교회의 신조들도 제7차 에큐메니컬 공의회의 결정을 되풀이한다. 예루살렘 교회회의 혹은 도시테우스의 신앙고백은 그리스도와 하나님의 어머니, 성인들, 몇몇 족장들과 선지자들에게 나타난 거룩한 천사들의 화상들, 더 나아가 비둘기 모양의 성령의 상징도 숭배의 대상에 포함시킨다. 참조. Schaff, *l. c.* II. 436. 러시아 교회 대요리문답(The Longer Russian Catechism)은 제2계명 해설 부분에서 이 주제에 관해서 이렇게 말한다:

"화상(icon)이란 무엇입니까?

"그 단어는 헬라어로서, 형상(image) 혹은 상징(representation)이란 뜻입니다. 정교회에서 이 이름은 성육신하신 하나님 우리 주 예수 그리스도와 원죄 없이 잉태되신 그의 어머니, 그리고 그의 성인들의 거룩한 상징들을 가리킵니다.

"거룩한 화상들을 사용하는 것이 제2계명에 부합합니까?

"그것들을 신들로 삼는다면 과연 제2계명에 부합하지 않을 것입니다. 그러나 화상들을 거룩한 상징들로 공경하고 그것들을 하나님이 하신 일과 그의 성인들을 믿음으로 기억하는 데 사용하는 것은 추호도 그 계명에서 어긋나지 않습니다. 그렇게 사용하는 화상들은 문자 대신에 사람들과 사물들의 형태로 기록한 책들이기 때문입니다.

"화상들을 공경할 때 어떤 마음 자세를 가져야 합니까?

"눈으로 그것들을 볼 때 그것들이 상징하는 하나님과 성인들을 바라봐야 합니다."

101. 화상 파괴 전쟁, 754년의 교회회의

화상 논쟁의 역사는 세 시기로 이어졌다.

1) 화상들에 대한 전쟁과 콘스탄티노플 공의회에 의한 화상 숭배 폐지(726-754). 2) 화상 숭배파의 반격과 제2차 니케아 공의회에 의한 엄숙한 재가(754-787). 3) 양 진영간의 투쟁 재개와 화상 숭배파의 최종 승리(842).

화상 숭배는 성인 숭배와 함께 퍼졌고, 동방 교회의 신자들 사이에서 보편적 습관으로 자리잡았다. 그런데 그 도가 지나쳐서 유대인들뿐 아니라, 우상 숭배를 철저히 배격한 데 힘입어 교세가 급속히 신장한 이슬람교의 신자들조차 기독교에 대해서 끊임없이 던지는 우상 숭배의 비난에 대해서 기독교 변증가들이 답변할 근거를 찾기 어려울 정도였다. 교회들과 교회의 서적들, 왕궁들과 개인 주택들, 의복들과 가구들이 종교적 그림들로 장식되었다. 이런 그림들이 예술을 중시하던 그리스인들 가운데서 차지한 위치는 서방의 조야한 민족들 가운데서 성유물이 차지하던 위치와 같았다. 화상들은 그것들이 상징하는 성인들의 이름으로 후원자들로서 제작되었다. 화상들이 기적을 일으켰다는 전설적인 이야기들이 널리 퍼졌고, 민중은 기꺼이 믿었다. 이러한 과도한 면들이 자연스럽게 반발을 불러일으켰다.

이사우리아 사람(the Isaurian)이라 불린 레오 3세(716-741)는 근실하고 열정적이긴 하되 무지하고 독재적인 황제로서, 탁월한 군사적 재능과 성공에 힘입어 이사우리아(소아시아 중남부의 고대 지역) 산지의 일개 농부에서 카이사르의 권좌에 올랐고, '그리스 화약'을 발명함으로써 자신의 백성들을 아랍인들에 대한 공포에서 건져주었으며, 자신을 제2의 요시야로 여겨 황제의 권위를 사용하여 우상 숭배를 말살할 의무감을 느꼈다. 비잔틴 황제들은 교회의 내부 문제에 개입하고, 그 목적으로 자신들의 전제적 권력을 행사하는 데 주저하지 않았다. 레오는 프리기아 지방 니콜리아의 콘스탄티누스라는 주교에게 영향을 받았으며, 이슬람교가 기독교에 대해서 가하던 비난을 분쇄하고 싶은 내면의 소원도 강렬했다. 그는 재위 제6년에 유대인들과 몬타누스파(혹은 마니교도)에 대해서 강제 세례를 시행하라고 명령했는데, 전자는 거짓으로 복종하여 그 의식을 우롱한 데 반하여, 후자는 자신들의 집회소들에 불을 지르고 그 안에서 함께 타 죽는 쪽을 택했다. 그 사건이 있은 뒤 재위 제10년(726)에 그는 화상들에 대해서 전쟁을 시작했다. 처음에는 화상 숭배만을 금지했다가 비난 여론이 급등하자 자신의 의도는 사람들이 화상들을 만지고 입 맞추지 못하도록 금하여 화상들의 훼손을 방지하려는 것이었을 뿐이었다고 발표했다. 그러나 두 번째 칙령(730)에서 그는 모든 화상들을 제거하거나 파괴하라고 명령했다. 그림이 그려진 벽들에는 회칠을 하도록 했다. 황궁 문에 걸린 웅장한 그리스도 그림을 떼어내고 평범한 십자가를 걸게 했다. 나이 지긋한 콘스탄티노플 총대주교 게르마누스를 면직시키고 그 자리에 화상 파괴론자인 아나스타시우스를 앉혔다.

이 칙령들에 대해서 성직자들과 수사들과 민중들이 강력하게 들고 일어섰다. 그들은 이 조치들을 신앙 자체에 대한 공격으로 보았다. 황궁 문에서 그림을 떼어내는 작업을 수행한 종들이 군중에게 붙잡혀 살해를 당했다. 이미 앞에서 찬송 작가들로 소개한 바 있는 다마스쿠스의 요한과 게르마누스가 반대파를 이끌었다. 황제의 손길이 닿지 않는 곳에 있던 요한은 화상 숭배를 변호하는 세 편의 감동적인 연설문을 작성했는데, 한 편은 게르마누스가 면직되기 전에, 다른 두 편은 면직된 후에 작성했다. 수사들의 감독을 받던 에게 해 섬 주민들이 공개적인 반란을 일으켜 자신들의 사람을 황제로 선포했다. 하지만 그들은 패배했고 그들의 지도자들은 처형을 당했다. 레오는 동방 제국의 울타리 안에 대해서는 복종을 강요할 수 있었지만, 사라센 제국이나 로마, 라벤나에 사는 그리스도인들에 대해서는 아무런 권력도 발휘할 수 없었다. 그 지역들에서는 그의 권위가 공공연히 도전을 받았던 것이다. 교황 그레고리우스 2세는 황제에게 보낸 모욕적인 편지(729경)에 쓰기를, 만약 자신이 화상 파괴자라고 공언한다면 문법학교에 다니는 학동들이 자기 머리에 책을 던질 것이며, 자신이 지혜로운 자들에게 배우기를 거부한 것을 무지한 자들이 가르치려 할 것이라고 말했다.[36] 칠십 년 뒤에 서방은 로마 주교와 밀접한 관계를 가지고서 자체의 제국을 수립했다.

코프로니모스라는 별명을 지닌 콘스탄티누스 5세는 34년이라는 긴 재위 기간 (741-775) 동안 탁월한 역량과 열정과 잔인함으로 아버지의 정책을 유지해 가면서, 민중의 주장과 폭동과 음모를 제압했다. 그의 인품은 저자들의 교리적 견해

---

36) 이전 시대의 사가들(예. 바로니우스)에 따르면, 교황은 심지어 황제를 파문하고, 이탈리아의 주민들에게 황제에 대한 충성을 거두도록 하고, 조공 납부를 금했다고 한다. 그러나 이것은 사실이 아니다. 정반대로 그레고리우스는 두 번째 서신에서 교회 문제에 황제가 간섭할 권한이 없다고 단호히 주장하는 한편, 자신에게 군주의 권한에 개입할 권한이 없다는 점도 분명히 밝혔다. 그레고리우스가 레오에게 보낸 두 통의 서신을 참조하라(726-731 사이. in Mansi, XII. 959 sqq.).

에 따라 사뭇 다르게 평가된다. 정적들은 그가 대단히 사악했고 이단 사설을 믿었고 마술을 시행했다고 비판하는 반면에, 화상 파괴론자들은 그의 고결한 덕을 높이 칭송했으며, 그가 죽은 지 40년 뒤에도 여전히 그의 묘지를 찾아가 기도했다. 그가 행정과 군사 방면에 재능이 있었다는 점과, 사라센 제국과 불가리아족을 포함한 그 밖의 적들의 침공 위협을 제거했다는 점, 그리고 독재와 만행을 자행했다는 점(이 면에서는 비잔틴의 여느 황제들과 다름 없었다)은 논란의 여지가 없다.

그는 754년에 콘스탄티노플에서 화상 파괴를 위한 공의회를 소집했다. 원래대로 하자면 제7차 에큐메니컬 공의회였던 이 회의는 훗날 이단의 거짓 교회회의로 격하되었다. 이 회의에는 에베소의 대주교 테오도시우스를 의장으로 삼아 330명의 주교들이 참석했으며, 여섯 달 동안(2월 10일부터 8월 27일까지) 열렸다. 그러나 예루살렘·안디옥·알렉산드리아는 이슬람교의 지배하에 있었기 때문에 총대주교들이 참석하지 못했고, 콘스탄티노플 총대주교직은 공석이었으며, 교황 스테파누스 3세는 황제의 소집을 무시했다. 공의회는 제2계명과 우상 숭배를 금하는 그 밖의 다른 성경 구절들(롬 1:23, 25; 요 4:24), 그리고 교부들(에피파니우스·에우세비우스·나지안주스의 그레고리우스·크리소스토무스 등)의 견해들에 호소하여 화상에 대한 공적·사적 숭배를 면직과 파문의 벌로 단죄했으나, (일관성이 없게도) 그와 동시에 그림들로 장식된 교회 의식용 그릇들이나 의복들은 아무도 훼손해서는 안 된다고 명령했으며, 그것이 여섯 차례에 걸친 에큐메니컬 공의회들의 결정과 부합하다는 점과 성모와 성인들을 향하여 기도하는 것이 적법하다는 점을 공식적으로 발표했다. 화가나 조각가가 제작한 모든 종교적 상징들을 주제넘고 이교적이고 우상 숭배적인 것으로 규정했다. 분리할 수 없는 한 인격에 사람이신 동시에 하나님이신 구주의 그림들을 그리는 자들은 불가해하신 하나님을 창조된 육신의 한계 안에 가두는 우를 범하는 것이며, 유티케스파처럼 그분의 두 본성을 혼합하거나, 네스토리우스처럼 두 본성을 분리하거나, 아리우스처럼 그분의 신성을 부정하게 된다고 공포했다. 그리고 그런 그림을 숭배하는 자들도 동일한 이단과 신성모독의 죄를 범하는 것이라고 했다. 성찬의 빵만이 그리스도의 적법한 형상이라고 했다. 화상 숭배를 옹호하는 자들에 대해서 삼중의 아나테마를 선포했다. 심지어 다마스쿠스의 요한 같은 거물에게까지 만수르(Mansur)라는 이름을 붙여 그리스도의 배반자요 제국의 원수요 불경건의 교사요 성경의 왜곡자라는 비판을 가하였다.

황제는 자신의 권력을 최대한 발휘하여 큰 열정으로 공의회의 법령을 실행에 옮겼다. 화상들을 가차없이 훼파하고 그 위에 회칠을 하거나, 나무·새·동물 그림을 그려넣었다. 주교들을 비롯한 재속(在俗) 성직자들은 이 조치에 복종했으나, 애당초 그 그림들을 그렸던 수사들은 황제를 제2의 마호메트와 이단의 괴수로 비판하고, 투옥과 채찍질, 수족 절단, 온갖 모욕과 심지어 죽음까지도 당했다.

콘스탄티누스 5세의 재위 기간(761-775)에 화상 문제로 죽음을 당한 주요 인사들은 칼라바 사람(Kalabites, 즉 '오두막' 거주자) 페트루스, 모나그리아의 대수도원장 요하네스, 콘스탄티노플 맞은 편 아욱센티우스의 대수도원장 스테파누스(동명의 첫 순교자와 구분하기 위해서 '새 스테파누스'라 불림)이다. 황제는 심지어 수도원들을 폐쇄할 생각까지 했다.

102. 제7차 에큐메니컬 공의회(787)에 의한 화상 숭배 회복

카자루스(Chazarus)라 불리는 레오 4세(775-780 재위)는 다소 온건한 방법을 취하긴 했으나 여전히 화상 금지법을 존속시켰다. 하지만 미모와 재능과 야심과 음모로 유명한 그의 아내 아테네의 이레네(Irene)는 내심 화상 숭배를 지지했고, 그래서 남편이 죽고 아들 콘스탄티누스 6세[포르피로게니투스]가 아직 어릴 동안에 인내와 기지로써 화상 숭배 복원에 힘썼다(780-802). 처음에는 양 진영에 대해서 관용을 선포했다가, 후에 화상 파괴파에 대해서 관용을 철회했다. 박해당했던 수사들을 고위 성직자들로 기용하고, 교황 하드리아누스의 동의를 받아 자신의 비서 타라시우스를 콘스탄티노플 총대주교 자리에 앉혔다. 교황은 그가 정통신앙을 수호할 것으로 예상하고서 평신도 신분으로 규정을 무시한 채 급속히 총대주교가 되는 것을 간과했던 것이다. 이레네는 화상 파괴를 주도했던 황실의 측근 세력을 제거하고, 자신의 견해를 뒷받침해 줄 세력을 기용했다.

그러나 이레네가 취한 가장 중요한 조치는 에큐메니컬 공의회를 소집한 것이었다. 그것만이 화상 파괴론자들이 주도한 754년 공의회의 권위를 뒤엎을 수 있었다. 786년에 이레네는 이런 생각을 가지고 콘스탄티노플에 공의회를 소집했으나, 이 첫 번째 시도는 철저한 실패로 끝났다. 하지만 두 번째 시도는 좀 더 주도면밀한 준비에 힘입어 성공을 거두었다.

이레네는 787년에 니케아에서 제7차 에큐메니컬 공의회를 소집했다. 니케아는 콘스탄티노플에 비해서 화상 파괴파의 방해가 수월하지 않은데다 황궁에서 쉽게 갈 수 있었으며, 최초이자 가장 무게가 있는 에큐메니컬 공의회가 열렸던 장소여서 이목을 끌기에 충분했다. 타라시우스를 의장으로 하여 350명의 주교가 참석한 이 회의는 9월 24일부터 10월 23일까지 불과 여덟 번의 회기밖에 갖지 않았으며, 마지막 회기는 콘스탄티노플의 황궁에서 열렸다. 교황 하드리아누스 1세는 사제 두 명을 파견했는데, 둘 다 이름이 사도행전에서 사도들 가운데 이름이 맨 먼저 나오는 페트루스[베드로]였다. 사라센 제국의 전제적 통치하에 들어가 있던 세 명의 동방 총대주교들은 신변 안전 문제로 참석할 수 없었으나, 동방의 두 수사 요한과 토마스가 이들 총대주교들 가운데 두 명과 함께 수도생활을 했던 사람이라고 밝히면서 이집트와 시리아의 정통신앙에 관한 근황을 소상히 전함으로써 그 고위성직자들 대신에 회의 참석과 투표권을 얻었다. 물론 이들은 총대주교들에게 어떠한 권위도 위임받지 않고 다만 여러 동료 수사들에 의해 파견되었을 뿐이다.[37]

니케아 공의회는 화상 파괴를 결의한 콘스탄티노플 교회회의의 법령을 백지화하고, 화상들에 대한 제한된 숭배(프로스퀴네시스)를 엄숙히 재가했다.

화상들에 포함되는 대상은 십자가 성호, 그리스도와 성모 마리아, 천사들과 성인들의 그림들로 규정했다. 이 대상들은 채색화로 그리거나 모자이크로 구성하거나 그 밖의 적절한 재료로 구현할 수 있게 했고, 교회당과 집, 거리에 둘 수 있게 했으며, 벽과 탁자, 의식용 그릇들과 복장에 넣을 수 있게 했다. 공경을 바치는 방법은 입맞춤, 목례, 향 피우기, 등불 켜기, 그 앞에서 기도하기 등이었고, 이러한 공경은 하늘에 살아 있는 그 대상들을 향하도록 했다. 복음서와 순교자들의 유골도 공경의 대상으로 언급되었다.

공의회는 이러한 법령의 근거로 성경에 나오는 그룹들에 관한 구절들(출

---

37) 스투디움의 테오도루스는 열정적인 화상 숭배론자였음에도 이 같은 농간을 밝혀내고는, 공의회가 엄밀한 의미에서 에큐메니컬 회의가 아니지 않느냐고 의문을 제시했다. (물론 그는 가끔 이 회의에 그러한 명칭을 붙이긴 했다.) 참조. Neander, III. 228, Hefele, III. 459.

25:17-22; 겔 41:1, 15, 19; 히 9:1-5)과 교부들의 무수한 증언들, 화상들이 일으켰다고 하는 이러저러한 기적들을 제시했다. 어떤 사제는 자신이 그리스도의 그림 덕분에 중병에서 고침받았다고 증거했다. 주교들, 심지어 754년의 교회회의 결의에 가담했던 주교들조차 앞다투어 화상 파괴적 견해를 버렸고, 많은 수가 한 목소리로 "우리 모두가 죄를 지었나이다, 우리 모두가 오류를 범했나이다, 우리 모두가 사죄를 구하나이다" 하고 외쳤다. 양심의 가책을 토로하는 인사들도 더러 있었으나, 공의회가 하나님의 율법에 위배되는 맹세를 어긴 것은 위증이 아니라고 결정하자 입을 다물었다. 로마 사절단 가운데 한 사람의 요청으로 화상이 공의회장에 반입되어 모든 참석자들에게 경외의 입맞춤을 받았다.

폐회할 시점에 가서는 주교들이 만장일치로 이렇게 외쳤다. "그렇게 우리는 믿습니다. 이것이 사도들의 교리입니다. 이것을 믿지 않고 화상들에게 공경을 표하지 않고 그것들을 우상이라 부르는 자들과, 그리스도인들을 우상 숭배자들이라 비난하는 모든 자들에게 저주가 임할 것입니다. 황제들에게 장수를 허락하옵소서! 새 콘스탄티노플과 새 헬레나가 영원하도록 하옵소서! 하나님, 그들의 통치를 지켜주옵소서! 모든 이단들에게 저주를 내리시옵소서! 특히 에베소의 거짓 주교 테오도시우스와 시시니우스와 바실리우스에게도 저주를 내리시옵소서! 성 삼위일체께서 그들의 교리를 배척하셨나이다."

그런 뒤에 그 밖의 유명한 화상 파괴론자들과, 그리스도의 인성이 일정한 형태를 지니고 있음을 고백하지 않는 자들, 화상들에 공경을 표하지 않는 자들, 기록된 것이든 기록되지 않은 것이든 교회의 전승을 배격하는 자들에게 아나테마를 선포했으며, 반면에 화상 숭배를 앞장서서 옹호한 다마스쿠스의 요한과 키프로스의 게오르그를 영원히 기억할 진리의 선봉장들로 선포했다.

교회회의의 법령들은 콘스탄티노플에서 이레네와 그 아들이 참석한 제8차 회기에서 공식 선포되고 두 사람에 의해 서명되었으며, 서명이 끝나자 회중과 군인들이 "정통신앙을 지닌 섭정 황후 만세"를 외쳤다. 황후는 주교들에게 후한 선물을 안겨서 돌려보냈다.

제2차 니케아 공의회는 도덕적 위엄과 교리적 중요성에서 제1차 공의회에 턱없이 못 미치며, 일곱 차례의 에큐메니컬 공의회들 중에서도 가장 저급한 회의로 꼽힌다. 그러나 이 공의회는 동방 교회의 향후 예배 형식을 결정지었고, 이점에서 나름대로 의의를 지닌다. 이 결정은 로마 교회에도 구속력을 지닌다. 로마 교회는 이 회의에 교황 특사 두 명을 파견했고, 교황 하드리아누스가 「카롤링거 왕조의 책」(*Libri Carolini*)에 대한 답변으로 샤를마뉴에게 보낸 서신으로써 공의회의 입장을 변호했던 것이다. 개신교 교회들은 화상 숭배를 교묘한 형태의 우상 숭배이자 미신의 비옥한 원천으로 단죄하기 때문에 이 공의회를 무시했다. 그리고 이 이론은 제2계명의 명백한 의미와 초기 그리스도인들의 견해로 뒷받침을 받았으며, 부정적인 면에서는 19세기에 기적을 일으키는 성모들에 이르기까지 화상 숭배 역사에 함께 붙어온 미신들로 뒷받침을 받았다. 물론 제2차 니케아의 법령이 신앙 수준이 낮고 조야해서 눈에 보이는 보조 수단들이 필요한 사람들에게 도움과 위로를 제공했으며, 기독교 예술 발전을 자극했다는 점을 인정할 수 있다. 화상 파괴론이 득세했다면 기독교 예술을 말살하고 말았을 것이다. 하지만 로마 가톨릭권의 라파엘로와 미켈란젤로, 개신교권의 루카스 크라나흐와 알브레히트 뒤러가 종교개혁자들과 동시대 화가들이었으며, 기독교 세계의 상당 지역에서 화상 숭배가 오직 하나님께만 영적으로 드리는 예배로 대체되던 시기에 기독교 예술이 절정에 도달했다는 것은 한 번 깊이 생각해 볼 만한 대목이다.

니케아 공의회가 끝나고 몇 달 뒤에, 이레네는 자신이 성사시켰던 아들 황제 콘스탄티누스와 샤를마뉴의 딸 로트루드와의 약혼을 파기하고, 아들을 아르메니아의 여성과 강제로 결혼하게 했다. (훗날 콘스탄티누스는 이 여성을 버려 수녀원에 들어가 살게 했다.)[38] 이때부터 이레네는 아들과 사이가 벌어지게 되었다. 권력욕에 눈이 먼 이레네는 아들의 나쁜 습관들을 조장하여 그를 더 악한 길로 빠지게 만들었고, 마침내는 그가 자고 있는 동안 두 눈을 빼내게 함으로써 그로 인해 더 이상 권좌를 유지할 수 없도록 했다. 이 일로 콘스탄티누스는 결국 목숨을 잃고 말았다(797). 제1차 니케아 공의회를 소집한 콘스탄티누스 대제와 제2차 니케아 공의회를 소집한 이레네가 똑같이 존속의 피를 손에 묻혔는데도 불구하고 동방 교회에서 성인들로 추앙을 받고, 그들의 명성에 눌려 정통신앙이 허다한 죄를 덮어주고 있는 현실은 참으로 부끄러운 일이다.[39] 이레네는 외아들에게 가한 반인륜적 죄의 결실로 다섯 해 동안 권력을 향유했다. 이 여성이 금마

---

38) 훗날 샤를마뉴는 동방 제국과 서방 제국의 통일을 내다보고서 이레네에게 청혼을 했고, 이레네도 그 제의를 받아들였다. 그러나 이레네의 총리대신 아에티우스가 자기 친형제 레오를 권좌에 올리려는 욕심으로 그 결혼을 방해했다.

차를 타고 콘스탄티노플의 거리를 지나갈 때면 귀족 네 명이 우윳빛처럼 흰 말 네 필의 고삐를 쥐고 걸어서 수행했다. 하지만 결국 이 귀족들이 여왕을 모반하여 재무대신 니케포루스를 권좌에 앉혔다. 니케포루스의 대관식은 성 소피아 교회에서 총대주교의 집례로 거행되었다. 한편 이레네는 레스보스 섬으로 귀양을 갔으며, 결혼 전에 아테네에서 그랬듯이 물레질을 하여 생계를 유지해야 했다. 그러다가 803년에 비탄 속에서 생을 마감했다. 이레네와 함께 이사우리아 왕조도 막을 내렸다. 비잔틴 제국의 황제들과 총대주교들 가운데는 이렇게 현저히 대비되는 운명의 기복을 맛본 사람들이 적지 않았다.

103. 화상 파괴파의 반격, 화상 숭배파의 최후 승리(842)

이레네에 이어 네 황제가 재위한 38년 동안 화상을 둘러싼 전쟁이 기복을 거치면서 계속 전개되었다. 군부는 대체로 화상 파괴파였고, 수사들과 민중은 화상 숭배를 지지했다. 화상 숭배파 가운데 대표적인 인물은 스투디움 수도원 출신의 테오도루스로서, 아르메니아인 레오 5세(813-820 재위) 치하에서 화상 숭배를 감연히 주장하다가 모친 고초를 겪은 뒤에 제단 앞에서 살해되었다. 테오필루스(829-842 재위)는 화상 파괴파 황제들 가운데 마지막이자 가장 잔인한 인물이었다. 그는 수사들을 투옥하고 체벌을 가하고 수족을 절단했다.

그러나 제2의 이레네라 할 수 있으나 그녀만큼 잔인하지는 않았던 그의 과부 테오도라는 주정뱅이 아들 미카엘리스의 유년 시절인 섭정 제13년에 화상 숭배 진영에 최종적이자 항구적인 승리를 안겨주었다. 황제 테오필루스는 죽을 때 아내에게 화상 파괴 정책을 변경하지 말라고 신신당부했으나, 테오도라는 이 약속을 어기고 오히려 남편이 임종하면서 뜻을 철회했다는 이야기를 꾸며냄으로써 죽은 남편을 위해서 사죄를 받아냈다. 화상 파괴파 총대주교 문법학자 요한(John the Grammarian)은 추방과 2백 대의 태형을 받았고, 반대 입장에 섰던 수사 메토디우스(Methodius, 고백자와 성인으로 추앙을 받음)가 총대주교직에 올

---

39) 그리스인들은 8월 15일을 이레네의 축일로 기념한다. 그녀의 총대주교 타라시우스(806 죽음)는 그리스 교회뿐 아니라 로마 교회에서도 성인으로 인정받는다.

랐다. 주교들은 두려워 떨면서 입장을 철회하거나 면직을 당했으며, 수사들과 민중은 환호했다. 콘스탄티노플에서 열린 교회회의(이 회의의 법령은 유실되었다)는 일곱 차례에 걸친 에큐메니컬 공의회들의 법령들을 재확인하고, 화상 숭배를 회복하고, 모든 화상 파괴론자들에게 아나테마를 선포하고, 이 사건을 사순절 첫째 주일에 엄숙한 행렬과 화상 파괴파 이단에 대한 아나테마 재개로써 기념할 것을 결의했다.

842년 2월 19일에 콘스탄티노플의 교회들에 화상이 다시 반입되었다. 이것이 "정통신앙 주일"을 첫 번째 기념한 날로서, 후에는 의미가 넓어져서 모든 이단들에게 거둔 승리를 기념하는 날이 되었다. 이것이 동방 교회의 가장 전형적인 축일들 가운데 하나이다. 이날에는 지난날의 에큐메니컬 공의회들을 연극으로 재연하고, 무신론자들과 반삼위일체론자들을 비롯한 모든 이단들에게, 마리아의 동정녀성(그리스도의 탄생 전후를 망라한)과 성경의 무오성, 영혼의 불멸을 부정하는 자들과, 성례들과 전승들과 공의회들을 배척하는 자들, 정통신앙 진영의 군주들이 신적 임명에 의해서 다스리고 그들이 대관식 때 성령을 받는다는 것을 부정하는 자들, 그리고 모든 화상 파괴론자들에게 삼중의 아나테마를 선언한다. 그런 뒤에는 정통신앙을 수호한 고백자들과, "말과 글과 가르침과 고난과 거룩한 본으로써 정통신앙을 위해서 싸운 모든 사람들, 그리고 그리스도의 교회를 보호하고 지킨 모든 사람들"을 감사의 심정으로 기념한다. 결론으로 주교들과 대수도원장들과 사제들이 거룩한 화상들에게 입을 맞추었다.

104. 화상 숭배에 관한 카롤링거 왕조의 책들과 프랑크 교회

교황들이 이끌어 간 로마 교회는 제7차 에큐메니컬 공의회의 결정을 받아들이고 지지했으며, 궁극적으로는 동방 교회보다 한 걸음 더 나아가 그린 화상들뿐 아니라 새긴 화상들에 대해서까지 숭배를 허용했다. 그러나 황후 이레네와 사이가 좋지 못했던 샤를마뉴의 제국에 있던 교회는 화상 숭배론과 화상 파괴론 중간의 견해를 취했다.

화상 문제가 프랑스에서 최초로 다뤄진 것은 767년에 파리 근처의 장티이에서 열린 교회회의에서였으나, 우리는 그 회의의 결과를 알지 못한다.[40] 교황 하드리아누스는 샤를마뉴에게 니케아 공의회 법령의 라틴어 번역본을 보냈다. 하지만 번역이 부정확한데다 무슨 내용인지 이해하기 힘들었기 때문에, 몇십년 뒤에 로마의 상서국장 아나스타시우스는 그 문서의 번역자가 헬라어와 라틴어를 다 제대로 이해하지 못했다고 비판하고는 더 나은 번역으로 대체했다.

샤를마뉴는 자신의 전속 사제들, 특히 앨퀸의 도움을 받아 제2차 니케아 공의회가 끝난지 3년 뒤에 「샤를마뉴의 네 권의 책」(*Quatuor Libri Carolini*)이라는 제목으로 화상 숭배에 관한 중요한 저서를 준비하여 펴냈다.[41] 그는 화상 파괴파가 개최한 754년의 교회회의와 화상 파괴론을 배척한 787년의 교회회의에 모두 반대했으나, 나중 회의에 대해서 대단히 불쾌한 반응을 보임으로써 더 심하게 반대했다.[42] 화상 숭배를 단호하게 배척했으나, 장식과 기도를 위한 화상 사용은 허용했고, 자신의 견해를 성경 구절들과 교부들의 인용글로써 뒷받침했다. 그 책의 정신과 목표는 거의 개신교에 가깝다.

그 책에 실린 주요 사상은 다음과 같다: 오직 하나님만 예배와 경배(colendus et adorandus, 欽崇之禮)의 대상이시다. 성인들은 공경(venerandi)을 받을 뿐이다. 화상들은 어떤 의미로든 경배의 대상이 될 수 없다. 화상들 앞에서 절하거나 무릎을 꿇는 행위, 인사하거나 입맞추는 행위, 향을 피우거나 등불을 켜는 행위는 우상 숭배이며 미신이다. 그런 행위에 마음을 기울이는 것보다 성경을 상고하는 것이 훨씬 낫다. 성경은 그런 행위들을 가르치지 않는다. 화상들이 일으켰다고 하는 기적 이야기들은 상상으로 꾸며낸 것이거나 악령의 속임수이다. 반면

40) 참조. Walch, XI. 7-36; Hefele, III, 461-463. 자료들은 잠잠하다. 하지만 마르세유의 주교 세레누스가 일찍이 화상 파괴를 열정적으로 옹호했던 사실과, 그 뒤 샤를마뉴와 프랑스 교회가 취한 입장을 감안할 때, 그 교회회의가 화상 숭배를 반대했을 가능성이 크다.

41) 앨퀸이 이 작업에 참여했다는 것은 그의 요한복음 주석에 유사한 사상이 제시되었다는 점과, 그가 니케아 공의회에 반대하는 책을 썼다는 옛 잉글랜드의 전승으로 잘 나타난다.

42) 그는 자기 영토 안에 있는 교회들이 참석하지 않은 공의회를 신임하지 않았다. 또한 그는 교회에서 여성이 가르치는 직분을 맡는 데 대해서도 신적인 법과 자연의 법 모두에 위배되는 행위라고 하여 반대했다(III. 13, ed. Migne, fol. 1136). 이레네가 그의 딸과 그녀의 아들의 약혼을 파기한 일을 감안할 때 이렇게 분개할 이유가 충분히 있었다.

에 화상 파괴론자들은 우상 숭배를 타파하려는 열심이 지나쳐서 화상들을 아예 배격하는 데까지 나아갔다. 화상들을 적법하고 정당하게 사용하는 것은 교회들을 장식하고 그것들이 나타내는 인격들과 사건들을 민중의 마음에 기억나게 하는 것이다. 그럴지라도 이것조차 반드시 필요한 것은 아니다. 그리스도인은 감각적 보조 수단 없이도 성인들의 덕을 묵상하고 영원한 빛의 근원으로 올라갈 수 있어야 하기 때문이다. 인간은 하나님의 형상으로 지음을 받았으므로 그리스도를 자기 영혼에 받아들일 능력이 있다. 우리는 하나님을 항상 마음에 모시고 그분께 경배를 드려야 한다. 감각적 색채로 그린 그림이 있어야만 그리스도의 임재를 깨달을 수 있다면 그것은 참으로 불행한 일이다. 니케아 공의회는 화상들을 숭배하지 않는 사람들을 단죄함으로써 큰 과오를 저질렀다.

하지만 카롤링거 왕조의 책들을 쓴 저자들은 십자가 상징과 성인들의 성유물에 대해서는 예외를 인정함으로써 동방 교회의 화상 파괴론자들과 동일한 모순에 빠진다. 십자가를 가리켜 원수들을 도망치게 하는 깃발이라 하고, 성유물 공경을 경건 진작을 위한 훌륭한 수단이라고 한다. 성인들이 하늘에서 그리스도와 함께 다스리고 있고, 그들의 유골이 장차 영화롭게 될 것이기 때문이라고 한다. 하지만 화상들은 사람의 손으로 지은 것이므로 흙으로 돌아간다고 한다.

794년에 프랑크푸르트에서 열린 교회회의는 샤를마뉴의 재위 기간에 열린 교회회의 가운데 가장 중요한 회의로서, 프랑스와 독일의 교회들이 대표를 파견하고 두 명의 교황 특사들이 참여했다. 이 교회회의는 「샤를마뉴의 네 권의 책」에 실린 교리를 지지하고, 어떤 형태의 화상 숭배에 대해서도 만장일치로 단죄하고, 제7차 에큐메니컬 공의회를 배격했다. 오래된 어느 전승에 따르면 잉글랜드 교회도 이 결의에 동의했다고 한다.[43]

샤를마뉴는 자신의 책의 사본 혹은 그보다는 그 책의 발췌본(법령 제85조〈85 Capitula〉 혹은 화상에 관한 법령〈Capitulare de Imaginibus〉)을 자신의 사위 앙질베르(Angilbert) 편으로 친구 교황 하드리아누스에게 보냈다. 교황은 장문의 답장에서 서방 세계의 수호자에게 합당한 예를 갖춰가면서 동방의 니케아 정통 신앙을 변호하려고 노력했으나 결국 프랑크 교회를 만족시키지 못했으며, 얼마

---

43) 이것은 앵글로색슨족인 앨퀸이 샤를마뉴의 책들의 작성에 참여했을 것이라는 추측과, Simeon of Durham의 증언에 근거한 것이다.

뒤에 죽었다(795년 12월 25일).

샤를마뉴의 아들이자 계승자인 경건자 루이 치하인 825년에 파리에서 열린 교회회의는, 황제 미카엘리스 발부스의 대사에게 보낸 답서를 통해서, 화상 숭배와 제2차 니케아 공의회의 권위를 배척한 프랑크푸르트 교회회의의 항의를 재확인하고, 교황에 대한 가벼운 질책을 덧붙였다.

특주

카롤링거 왕조의 책들은 비록 샤를마뉴가 쓰지 않았을지라도 어쨌든 그의 이름으로 발행된 셈이다. 이는 저자가 그의 부친 피핀을 거듭 언급하고, 그 책을 그[샤를마뉴]의 영토 안에 있는 사제들의 동의를 받아 발행했음을 언급하기 때문이다. 이 책은 9세기에 랭스의 대주교 앙크마르에 의해서 *pseudo-Synodus Graecorum*(제2차 니케아 공의회)을 비판하려는 의도로 처음 언급되는데, 그는 자신이 황궁에서 본 이 책의 사본에서 한 대목을 언급한다. 두 번째 언급이자 인용은 교황청 상서국장 아우구스티누스 스테우쿠스(Augustin Steuchus, 1550 죽음)가 팔라티누스 도서관(Bibliotheca Palatina)에 보관되어 있던 아주 오래된 사본을 토대로 한 것이다. 이것이 인쇄되어 보급되자마자 플라비우스를 비롯한 개신교 논객들이 로마를 비판하는 데 사용했다.

바로니우스와 벨라르민과 그 밖의 로마 교회 학자들은 그 문서의 진정성을 부정하면서, 그것이 샤를마뉴 시대에 활동한 어떤 이단들이 작성한 것이고, 샤를마뉴가 그것을 단죄받도록 하기 위해서 로마로 보낸 것이라고 주장했다. 어떤 이들은 심지어 그것을 급진적 종교개혁자 칼슈타트가 날조한 것이라고까지 주장했다. 그러나 시르몽(Sirmond)과 나탈리스 알렉산더(Natalis Alexander)는 그 문서의 진정성을 확신있게 입증했다. 좀 더 최근에 들어서는 독일 본의 플로스 박사(Dr. Floss, 로마 가톨릭 학자)가 의심을 되살렸으나(1860), 라이퍼샤이드(Reifferscheid) 교수(1866)가 바티칸 도서관에서 스테우쿠스의 것과 다른, 아마도 베스트팔렌 지방 마리엔펠트에 자리잡은 시토회 수도원에서 작성된 듯한 새로운 사본을 발견한 이래로 그러한 의심은 불식되었다. 1877년에 주교 헤펠레(Hefele, III. 698)는 「카롤링거 왕조의 책들」(*Libri Carolini*)의 진정성은 이후로 더 이상 의문시되지 못한다"고 쓴다.

105. 복음적 개혁자들. 리옹의 아고바르두스와 토리노의 클라우디우스

화상 숭배와 그 밖의 미신적 관행들에 대한 반대는 9세기에도 프랑스 교회 내에서 지속되었다. 두 명의 유력한 주교들이 좀 더 영적이고 복음적인 유형의 신앙을 앞장서서 옹호했다. 이 점에서 그들은 동방의 이성적이고 파괴적인 화상파괴론자들과 달랐다. 그들은 교회사에서 일어난 모든 복음적 운동들에 영감을 제공한 바울과 아우구스티누스의 글에 영향을 받았다. 하지만 두 사람의 글이 준 영향이 약간 달랐는데, 바울이 파벌들과 학파들 위에 우뚝 서 있는 반면에, 아우구스티누스는 반(反) 펠라기우스적 원리들을 가지고 교회와 교회 질서에 관한 로마 가톨릭의 이론을 강력히 옹호했다.

아고바르두스(리옹의 방언으로는 아고보드 혹은 아게보드)는 스페인 태생이지만 부모는 갈리아 사람이었다. 리옹의 대주교(816-841 재위)를 지낸 그는 경건자 루이의 재위 기간에 프랑스의 정치 · 교회사에서 두드러진 인물이다. 시죄법과 법적 결투 등의 이교적 관습들에 반대한 인물로 이미 앞에서 소개한 바 있다.[44] 그의 인품은 특이한 대조를 자아낸다. 한편으로는 확고한 교회 · 성직자 중심주의를 견지하고 교리면에서 철저한 정통신앙을 표방했으나(성경의 축자적 영감을 부정한 점을 제외하면), 다른 한편으로는 모든 미신을 철저히 반대하고 예배 문제에서는 자유로운 견해들을 옹호했다. 833년에 로타르가 자기 아버지 루이에게 반기를 들었을 때 그 반란에 가담했다가, 그 일로 인하여 주교직을 박탈당하고 인격에 중대한 오점을 남겼으나, 훗날 루이와 화해한 뒤에 주교직을 되찾았다. 양자론(Adoptionism)을 온건한 형태의 네스토리우스 이단으로 규정하고 그것에 반대했다. 무리를 지어 리옹으로 이주해온 유대인들을 공격했으며, 그들이 그리스도인들을 거만하게 대한다고 비난했다. 이 점에서 자기 시대의 불관용 정신에 충실했다.

하지만 다른 한편으로는 화상 숭배에 반대하는 책을 쓰기도 했다. 화상 숭배를 반대하면서 그 난제의 뿌리가 되는 성인 숭배 문제를 건드렸다. 그는 성인 숭배를 뒷받침할 만한 근거가 없다고 주장했다. 누구보다도 성인들 자신들이 그러

---

44) 참조. §79.

한 숭배를 고사한다고 했다. 그것은 성인들을 공경한다는 구실로 교회에 이교의 우상 숭배를 교묘히 끌어들인 사탄의 간교한 계략이라고 했다. 사탄이 이러한 수법으로 사람들을 영적 예배에서 감각적 예배로 끌어내린다고 했다. 오직 하나님께서만 예배와 공경을 받으셔야 한다. 우리는 오직 하나님께만 상하고 통회하는 심령의 제사를 드려야 한다. 천사들과 승리의 면류관을 쓰고 우리를 위해서 기도하고 있는 성인들은 사랑과 존경의 대상이 되어야지 숭배의 대상이 되어서는 안 된다. "무릇 사람을 믿으며 …… 그 사람은 저주를 받을 것이라"(렘 17:5). 그들을 묘사해 놓은 그림들을 보고 기쁨과 유익을 얻을 수 있으나, 단순한 십자가 상징만으로 만족하는 것이 더 유익하다(이것이 동일한 남용의 대상이 되지 않는 것을 전제로).

아고바르두스는 화상들을 아예 금지한 엘비라 교회회의의 법령에 찬성한다. 결론으로 그는 이렇게 말한다. "예수 그리스도 외에는 어떤 인간도 본질상 하나님이 아니기 때문에, 우리는 성경이 명하는 대로 오직 그분의 이름에만 무릎을 꿇어야 하며, 그렇지 않고 이 영예를 다른 이에게 줄 경우 하나님에게서 떨어져서 우리 마음의 부패한 성향대로 인간의 교리와 전승을 따르게 될 것이다."[45]

아고바르두스는 이러한 견해로 인하여 시달림을 받지 않았고 심지어 죽은 뒤에는 리옹에서 성인으로 공경을 받았다. 하지만 그의 성인 지위는 쟁점으로 남아 있다.[46] 그의 저서들은 유실되었다가 파피리우스 마손(Papirius Masson)이 리옹의 어느 제본업자에게서 입수했다(1605).

이탈리아 토리노의 주교(814-839 재위)를 지낸 클라우디우스는 스페인 태생이지만 경건자 루이의 궁정에서 전속사제로 3년을 머물렀으며, 루이에 의해서 토리노 교구로 파견되었다. 황제의 요청으로 성직자들의 교육을 위해서 성경의 거의 모든 책들에 대해서 실제적인 주석을 썼다. 주석의 내용은 대체로 아우구스

---

45) Cap. 35 (in Migne, fol. 227).

46) 참조. *Acta SS.* Jun. II. 748, and the *Elogia de S. Agobardo* in Migne, fol. 13-16. 볼란드파는 자신들의 저서의 한 부분을 그에게 할애하여 그를 높인다. 왜냐하면 그 책의 첫 번째 편집자인 Masson이 그에게 성인 칭호를 부여하기 때문이고, 그가 리옹 교회에서 흔히 성 아게보드라고 불리고, 그 지방 성인 명단에 포함되기 때문이다. 「루그두눔(리옹) 성무일과서」(*Breviarium Lugdunense*)는 그가 행했다고 하는 아홉 편의 교훈을 싣는다.

티누스와 제롬을 비롯한 라틴 교부들의 저서들에서 발췌한 것이다. 그의 주석은 단편들로만 현존한다. 그는 아우구스티누스를 크게 존경했으나, 독창적 지혜와 절제는 찾아보기 힘들다.

그는 이탈리아 교회들이 화상들과 화상 숭배자들로 가득 차 있는 것을 발견했다. 그런데 화상 숭배자들이 한결같이 하는 말은, 자신들이 화상을 숭배하는 것이 아니라 그것이 상징하는 성인들에게 예를 바치는 것일 뿐이라는 것이었다. 그는 이교도들도 같은 논리로 자신들의 우상 숭배를 변호한다고 답변하면서, 만약 그런 식이라면 이교도들도 우상의 이름만 바꾸면 그리스도인이 될 수 있을 것이라고 했다. 그는 화상 숭배와 성인 숭배의 뿌리를 펠라기우스적 경향에서 찾으며, 아우구스티누스가 역설한 '하나님의 주권적 은혜'로 그것을 비판한다. 사도 바울이 당시의 수사들이 영광을 구하는 인간의 공로들을 배설물처럼 여기고 오직 하나님의 은혜만 드높인 점을 지적한다. 우리는 은혜로 구원을 받지, 행위로 받는 것이 아니라고 한다. 우리는 창조주를 경배해야지, 피조물을 경배해서는 안 된다고 한다. "오직 하나님에게서 구해야 할 구원을 하늘이나 땅에 있는 어떠한 피조물에게서 구하는 자는 우상 숭배자이다." 죽은 성인들은 우리에게 숭배를 받기를 원치 않으며, 우리를 도울 수도 없다. 우리는 땅에 살아 있는 동안 기도로써 서로를 도울 수 있으나, 죽은 뒤에는 그렇게 할 수 없다.

클라우디우스는 십자가를 미신적으로 사용하는 행위에 대해서도 비판하는데, 이 점에서 샤를마뉴와 아고바르두스를 넘어선다. 그것에 대한 반론을 그 부조리한 결론들로 끌고 감으로써 논박한다. 만약 그리스도께서 십자가에서 고난을 당하셨다는 이유로 십자가를 숭배한다면, 그분이 동정녀에게서 나셨다는 이유로 모든 동정녀를 숭배해야 하고, 구유에 뉘이셨다는 이유로 모든 구유를 숭배해야 하고, 배에서 가르치셨다는 이유로 모든 배를 숭배해야 하고, 나귀를 타고 예루살렘에 입성하셨다는 이유로 모든 나귀를 숭배해야 할 것이라고 말한다. 우리는 십자가를 지고 살아야지, 그것을 숭배해서는 안 된다고 한다. 그는 교회당들에서 화상들과 십자가상들과 수난상들을 철거했다. 그렇게 하는 것이 미신을 타파하는 유일한 길이라고 여겼다. 그는 순례의 관습에 대해서도 강력히 비판했다. 종교적 상징주의를 인정하지 않았으며, 청교도적 열정으로 시대를 극단적으로 거슬렀다.

클라우디우스는 주교로 재직하면서 이렇다 할 반대에 부닥치지 않았다. 하지만 본인 스스로 토로하듯이, 민중으로부터 공감을 얻지 못하고 "이웃들의 조소거리"가 되었으며, 사람들이 그를 가리켜 "무서운 망령"이라고 손가락질했다. 그는 교황 파스칼리스 1세(817-824 재위)에게 견책을 당했고, 오래된 친구인 니스메(Nismes)교구의 대수도원장 테오데미르에게 비판을 받았고(823. 이 대수도원장은 클라우디우스에게 지금은 존재하지 않는 레위기 주석을 헌정받은 인물이다), 둔갈(스코틀랜드 혹은 아일랜드 사람, 827경)에게, 오를레앙의 주교 요나스에게 비판을 받았다(요나스는 부당하게도 그에게 양자론자와 심지어 아리우스 이단이라고 비판했다). 어떤 저자들은 이렇다 할 증거도 없이 그와 훨씬 후대에 등장한 피드몽의 발도파 사이에 관계를 찾아보려고 했다.

오를레앙의 요나스, 랭스의 앙크마르, 발라프리트 스트라보는 카롤링거 왕조의 책들에 대해서 화상 파괴론과 화상 숭배론이라는 양극단 사이에서 사실상 중도적 견해를 유지했다. 그러나 교황들의 막강한 영향력, 그 시대의 감각적 경향과 맹신(盲信), 성직자들의 무지, 그들보다 더 깊었던 민중의 무지가 한데 결합하여 심지어 프랑스에서조차 화상 숭배가 궁극적으로 승리하도록 만들었다. 카롤링거 왕조 시대의 떠오르는 태양이 10세기의 암흑에 가려 빛을 잃었다.

제 11 장

교리 논쟁들

106. 개관

우리가 다루는 시기는 앞선 교부 시대와 뒤에 올 스콜라주의 시대와 교리적 중요성을 놓고 비교할 때 많이 뒤지지만, 교부들의 사상을 스콜라 학자들의 예리한 분석에 이어주는 교량 역할을 수행했으며, 가톨릭 체제를 그만큼 발전시켰다.

1. 성령의 단일 혹은 이중 발출에 관한 논쟁. 이것은 삼위일체 교리에 속하며, 오늘날까지 해결되지 않고 그리스 교회와 라틴 교회 사이에 견해가 갈려 있다.

2. 단의론(單意論, Monotheletism) 논쟁은 앞 시대의 유티케스주의와 단성론 논쟁의 연장이다. 이것은 단의론이 단죄를 받고 칼케돈 그리스도론에 그리스도께서 두 본성뿐 아니라 두 의지도 지니신다는 조항이 첨가되는 것으로 끝났다.

3. 양자론(養子論, Adoptionism) 논쟁은 네스토리우스주의의 연장이다. 양자론은 그리스도의 두 본성이 위격적 결합을 이루고 있다는 교리에 위배된다는 근거로 단죄를 당했다.

4, 5. 두 번에 걸친 성찬 논쟁은 화체설이 널리 퍼지는 것으로 귀결되었다.

6. 고트샬크와 앙크마르 사이에 전개된 예정 논쟁은 아우구스티누스 체제의 영향력을 약화하고 반(半)펠라기우스적 견해와 관행을 촉진하는 경향을 띠었다.

7. 화상 논쟁은 신학보다는 예배의 역사에 속하며, 이미 앞장에서 논의했다.[1]

---

1) 참조. 제10장, §§ 100-104.

첫째와 둘째, 그리고 일곱째 논쟁은 동방과 서방에 영향을 주었고, 양자론 논쟁과 두 번의 성찬 논쟁, 그리고 예정 논쟁은 서방에서만 전개되었을 뿐 동방에서는 무시되었다.

107. 성령의 발출에 관한 논쟁

필리오케 논쟁은 성령의 영원한 발출에 관련되며, 니케아 시대에 전개된 삼위일체 논쟁의 연장이다. 이 쟁점이 그리스 교회와 라틴 교회 사이에 존재하는 거의 유일하게 중요한 교리적 차이이다. 이것은 형이상학적 신학에 속하며, 성령께서 인간들의 마음에서 수행하시는 중생과 성화의 역사에 비해 실제적 가치가 훨씬 덜하다. 그러나 역사에서는 매우 크게 부각되어서 기독교 세계에서 가장 큰 규모의 분열을 일으키고 심화하고 영구화했다. 필리오케라는 한 단어가 가장 오래되고 가장 규모가 크고 가장 가까운 두 교회를 9세기부터 갈라놓았고, 여전히 연합을 방해하고 있다. 동방 교회는 성령의 단일 발출 교리를 정통신앙의 초석으로 간주하며, 이중 발출 교리를 모든 이단의 모체로 간주한다. 동방 교회는 4세기 이래로 자신의 견해를 완강하게 견지했으며, 지금도 그것을 포기할 기색이 전혀 없다. 로마 교회도 이중 발출 교리를 변경하는 것을 무오성 원리를 희생시키는 행위로 간주한다.

개신교의 신앙고백서들은 라틴 교회의 교의에 동의하지만, 교황제라는 더 중요한 문제에 관해서는 비록 관점은 다르지만 동방 교회에 동의한다. 잉글랜드 교회는 성령의 이중 발출 교리를 심지어 호칭 기도에까지 집어넣었다.[2] 하지만

2) "성부와 성자에게서 나오신 성령 하나님이시여, 불쌍한 죄인들인 저희들에게 긍휼을 베푸시옵소서." 그리스나 러시아 정교회에 속한 그리스도인은 자기 교회를 배반하지 않고는 성공회의 이 기도에 동참할 수 없다. 하지만 성공회의 지도적 신학자들 가운데 더러가 니케아 신조에 필리오케 구절을 넣은 행위를 단죄한다는 사실도 알아야 한다. Dr. Neale(*Introduction to the History of the Holy Eastern Church*, vol. II. p. 1168)은 "신성불가침의 권위를 지닌 이 신조에 [이 구절을 삽입했다는 것은] 어떤 이유로도 정당화할 수 없으며, 로마 교회가 1054년의 두려운 분열에 중요한 책임이 있음을 알려준다. 이 구절은 에베소 공의회 6차 회기, 칼케돈 공의회 5차 회기, 제2차 콘스탄티노플 공의회의 6차 회기, 제3차 콘스탄티노플 공의회 3차 회기가 분명히 거

기억해야 할 점은, 이 교의가 종교개혁 때에는 쟁점이 되지 않았으며, 조사 연구 없이 중세 교회로부터 물려받았다는 점이다. 개신교는 니케아 신조의 원형(필리오케가 없는)이 성경에 더 부합하다고 판단할 경우 얼마든지 그것으로 돌아갈 자유가 있다. 하지만 그리스도인들에게 모든 신조들에서 가장 중요한 것은 "사랑과 희락과 화평과 오래 참음과 자비와 양선과 충성과 온유와 절제인 성령의 열매"를 맺는 것이다.

이 논쟁의 외적 역사를 먼저 살펴보기로 하자.

1. 신약성경. 성령의 발출 교리의 해석학적 출발점과 토대는 우리 주님께서 제자들에게 행하신 고별사이다: "내가 아버지께로부터 너희에게 보낼 보혜사 곧 아버지께로부터 나오시는 진리의 성령이 오실 때에 그가 나를 증언하실 것이요"(요 15:26).

니케아 교부들은 이 구절에 성령의 발출(發出, procession) 교리의 토대를 두었다. 낳음을 입지 않은 부성(父性)이 성부 하나님의 위격에 속하고, 영원히 낳음을 입는 속성이 성자의 위격에 속하는 것처럼, '발출' 하시는 것이 성령의 위격적 속성 혹은 개성이라고 본 것이다.

우리 주님은 성령께서 오직 성부에게서만 나오신다고 하신 적도 없고, 성부 그리고 성자에게서 나오신다고 하신 적도 없다. 그러나 같은 고별사에 실려 있는 다른 여러 구절들에서 주님은 성령께서 아버지와 아들에 의해 보내심을 받는다고 하시며, 이것을 당신이 떠나신 뒤에 발생할 미래의 사건으로 약속하시며(요 15:26; 비교. 16:7; 14:26), 이것이 오순절과 그 이래로 항상 발생한 사건이 되었다.

이 구절들에 성령의 임무(mission)에 관한 교리가 근거를 둔다. 이것은 일시적 혹은 역사적 행위로 간주되며, 삼위일체 내면에서 이루어지는 영원한 발출과 구분해서 생각해야 한다. 다른 말로 하자면, 발출은 '본질의 삼위일체'에 속하며,

---

부안을 통과시켰음에도 불구하고 그대로 견지되었다. 그것은 본인 자신이 이중 발출을 믿었고 지금은 하나님과 함께 있는 지극히 거룩한 교황의 명백한 명령을 위배해 가면서 그대로 견지되었다. 경험이 밝히 말하듯이, 두 교회 사이에는 니케아 신조에서 필리오케가 삭제되기 전에는 절대로 진정한 일치가 이루어질 수 없다. 설혹 훗날 참된 에큐메니컬 공의회가 열려서 필리오케 교리의 진리성을 천명한다 할지라도 상황은 바뀌지 않을 것이다."

삼위일체 내부의 과정이지만(성자의 영원한 발생과 마찬가지로), 임무는 구속 계획의 역사적 실행이라는 점에서 '계시의 삼위일체'에 속한다. 이러한 해석에 대해서 그리스 교회와 라틴 교회의 신학자들은 견해가 일치한다. 양 진영은 발출의 근원에서 견해가 다를 뿐, 임무에 관해서는 다르지 않다.

문법 체계를 고수하고 교의 체계에 지배를 받지 않는 현대 해석학자들은 대체로 다음 견해에 기운다. 첫째, 위의 본문들에 형이상학적 구분이 의도되어 있지 않다. 둘째, 성령이 성부로부터 발출하시고 성령이 성부와 성자에 의해 임무를 받으신 일은 동일한 역사적 사건과 구원론적 사역, 즉 오순절에 성령이 부어지시고 그분이 교회와 신자들의 마음에서 계속해서 일하시는 것을 가리킨다. 성령은 성자를 영화롭게 하시고 구속을 인간들에게 적용하시는 신적 임무를 위해서 보내심을 받을 때 '발출'하신다. 구주께서 말씀하신 내용은 성령의 존재와 본질이라기보다는 성령의 임무와 사역이다. 그럴지라도 간과해서는 안 되는 차이가 있다. 발출의 면에서는 성령께서 능동적인 태도를 취하시는 반면에, 임무의 면에서는 피동적인 태도를 취하신다. 발출은 현재의 행위로 현재 시제로 언급되는 반면에, 임무는 미래의 사건으로 미래 시제로 언급되어서, 전자가 본질의 영원한 삼위일체에 속하고, 후자가 계시의 역사적 혹은 경륜적 삼위일체에 속하는 듯이 보인다. 이제 하나님은 실제로 자신을 있는 그대로 계시하시며, 따라서 우리는 성령의 신적 직분을 토대로 그분의 신성을 사유할 수 있고, 그분의 일시적 임무를 토대로 그분의 영원한 관계를 사유할 수 있다. 그럴지라도 성경의 명확한 가르침이 없는 상태에서 그러한 추론으로 이중 발출 교리가 입증되는 것인지 의문을 제기함직하다.

2. 니케아 신조는 325년의 원형대로는 "그리고 성령을 [우리는 믿습니다]"라는 말로 끝난다. 확대된 형태(그 기원이 대개 381년의 콘스탄티노플 공의회로 간주되고, 451년 이래로 그 공의회 법령에 실리지만, 그 이전인 373년에 에피파니우스의 글에 나타나고, 362년에 예루살렘의 키릴루스의 글에 나타나는)에는 "주(主)이시요 생명을 주시는 이인 그분은 아버지에게서 발출하신다"라는 문장이 덧붙는다. 이 형태가 451년의 칼케돈 공의회 이래로 동방 교회들에서 널리 채택되었고(이 교회들에서는 두 가지 형태가 다 같이 인정을 받아 낭송된다), 그 교회들에서는 오늘날까지 변경되지 않은 채 널리 사용된다. 그것은 그리스 본문의 '홀로'나 라틴 본문의 '그리고 아들로부터'가 덧붙지 않은 성경 구절 자체이다.

그리스 교회는 그 구절을 독점적인 의미로 이해했고, 라틴 교회는 아우구스티누스와 레오 1세 이래로 불충분한 의미로 이해했다.[3]

라틴 교회는 에큐메니컬 신조를 작성한 그리스 교회의 인지와 동의가 없이 그것을 수정할 권한이 없었다. 이는 서방 교회가 니케아 공의회와 콘스탄티노플 공의회에 대표를 거의 파견하지 않은 데다가 — 니케아에는 주교 한 명(스페인의 호시우스)만, 제2차 에큐메니컬 공의회에는 아예 파견하지 않았다 — 칼케돈 공의회에는 교황 레오 1세의 대표들이 참석하여 확대된 형태의 니케아 신조(하지만 필리오케 구절이 없는)를 충분히 동의했기 때문이다. 당시에는 비록 서방에 이중 발출 교리가 이미 퍼져 있었을지라도 그 구절에 관해서 생각하지 않았다. 이렇게 대부분의 비중 있는 에큐메니컬 공의회들의 공통된 신앙고백의 표준에서 상대방 진영의 동의도 없이 이탈한 것이 끝없는 분쟁의 문을 열어놓았다.

니케아 신조의 확대

스페인 왕 레카레드(Reccared)가 가톨릭 신앙으로 개종한 뒤인 589년에 톨레도에서 열린 제3차 스페인 전국 교회회의는 그 나라에서 가장 오래 잔존한 아리우스 이단에 맞서서 그리스도의 신성을 확립하려는 열정으로 동방 교회를 조금도 고려하지 않은 채 최초로 니케아 신조의 라틴어판에 필리오케 구절을 삽입했다. 그 뒤에 톨레도에서 열린 다른 교회회의들도 동일한 조치를 취했다.

이 구절은 스페인에서 프랑크 교회로 넘어갔다. 프랑크에서는 767년에 파리 근처의 장틸리에서 열린 교회회의에서 이 문제가 심의되었으나 그 결과에 관해서는 알 길이 없다. 라틴 교회의 견해는 아퀼레이아의 파울리누스(796), 앨퀸(804 이전), 오를레앙의 테오둘프가 옹호했다. 그것이 샤를마뉴 시대 직전이나 중간에 프랑스에 소개된 이른바 아타나시우스 신조에 표시되었다. 그 구절이 샤를마뉴의 궁전에서 노래로 울려퍼졌다. 샤를마뉴는 그 문제를 809년의 엑스라샤펠 공의회에 상정했고, 공의회는 이중 발출을 지지하는 쪽으로 결정했다.[4] 샤를마뉴는 다른 한편으로 교황 레오 3세에게 사신들을 보내어 니케아 신조에 그 구절

---

3) 아우구스티누스가 이중 발출에 관하여 제시한 주요 본문들은 제3권 § 131에 인용했다.

4) 그 교회회의가 니케아 신조에 필리오케 구절이 삽입되는 것을 재가했는가 하는 것은 불분명하다.

을 삽입하는 것을 재가해달라고 요청했다. 교황은 이중 발출 교리에는 찬성했으나 신조 수정에는 반대했으며, 니케아 신조의 그리스어 원문과 라틴어 번역본을 두 서판에 새겨 성 베드로 교회에 보관하고 그로써 수정을 금하는 항구적인 증거로 비치했다. 그의 전임자 하드리아누스 1세는 몇년 전(792-795 사이의 어느 해)에 요한 다마스쿠스와 총대주교 타라시우스가 표현한 그리스어 문구인, 성령께서 아버지로부터 아들을 통해서 나오신다는 문구를 변호했다.[5] 그러나 포티우스가 라틴 교회의 교리를 이단으로 격하게 비판하자 라틴 교회는 방어적인 입장으로 물러섰다. 따라서 9세기 이래로는 필리오케가 점차 서방 전역에서 니케아 신조에 삽입되었고, 교황들도 자신들의 무류성을 훼손해가면서까지 전임자들이 단죄해놓은 것을 승인했다.[6]

서방에서 필리오케의 승리와 새 로마 제국 수립이 같은 시기에 발생했다는 것은 의미심장하다. 이 제국이 교황을 비잔틴의 지배에서 해방시켰기 때문이다.

하지만 그리스 교회는 이러한 혁신을 별로 주시하지 않고 있다가, 약 150년 뒤에 유식한 콘스탄티노플 총대주교인 포티우스(Photius)가 로마 교황 니콜라우스 1세와 논쟁을 벌이면서 그 진정한 의미와 영향을 크게 자각하게 되었다. 포티우스는 단일 발출을 성령의 위격과 신성이 걸려 있는 성령 교리의 주요 부분으로 간주했으며, 그것을 부정하는 것을 이단과 신성모독으로 공포했다. 이때 이후로는 비록 양 진영에서 많은 글이 발표되긴 했으나 차이를 해소하는 방향으로 이렇다 할 진전이 없었다. 포티우스 논쟁 이후에 그리스 교회의 견해를 앞장서서 변호한 사람들은 테오필락투스(Theophylactus), 유티미우스 지가베누스(Euthymius Zigabenus), 메토네의 니콜라우스(Nicolaus of Methone), 니케투스 코니아테스(Nicetus Choniates), 유스트라티우스(Eustratius), 그리고 현대에 들어와서는 러시아 신학자들인 프로코퍼치(Prokovitch), 조에르니카프(Zoernicav), 무라비에프(Mouravieff), 필라레트(Philaret)이다. 라틴 교리를 변호한 주요 인물들은 이 쟁점에 관하여 9세기 프랑스 성직자들을 대표한 파리의 주교 아이네아스(Aeneas), 코르비의 수사 라트람누스(Ratramnus 혹은 베르트람), 잉글랜드 캔

---

5) 타라시우스가 오류를 범했다고 주장한 「카롤링거 왕조의 책」을 비판한 제2차 니케아 공의회를 비판하면서. 참조. Migne's *Opera Caroli M*., II. 1249.

6) 교황 요한 8세는 포티우스에게 보낸 서신에서 필리오케를 단죄했다. 그러나 이 서신은 로마 가톨릭 사가들에 의해 그리스 교회의 위조 문서로 논박된다.

터베리의 안셀무스(Anselm, 1098), 밀라노의 대주교 페트루스 크리솔라누스(Peter Chrysolanus, 1112),[7] 하벨베르크의 안셀무스(Anselm),[8] 토마스 아퀴나스(1274), 그리고 좀 더 최근에 와서는 레오 알라치(Leo Alacci), 미카엘 르 퀴앵(Michael Le Quien), 추기경 헤르겐뢰터(Hergenröther)이다.

108. 필리오케에 대한 논증과 반론

앞에서 쟁점이 된 교리들을 소개했으므로, 이제는 양 진영의 주요 주장들을 살펴보자.

I. 그리스와 라틴 교회들은 다음과 같은 사항에서 일치한다.

(1) 성 삼위일체의 제3위의 위격과 신성.

(2) 삼위일체에 안에서 성령의 영원한 발출($\dot{\epsilon}\chi\pi\acute{o}\rho\epsilon\upsilon\sigma\iota\varsigma$, processio).

(3) 성령께서 성부와 성자에게서 받은 일시적 임무($\pi\acute{\epsilon}\mu\psi\iota\varsigma$, missio). 오순절부터 시작하여 교회 안에서 항상 지속됨.

II. 성령의 영원한 발출의 근원에 관하여 두 교회가 다른 점. 그리스 교회는 '오직 성부에게서만' 이라고 하고, 라틴 교회는 '성부 그리고 성자에게서' 라고 하는 차이. 그리스인들은 성자와 성령이 신성의 하나이자 유일한 근원이신 성부에게 동등하게 의존하신다고 본다. 라틴 교회는 삼위일체의 세 위격이 본질에 관해서 절대 동등하시다고 가르치되, 위엄과 직위에서는 일정한 종속 관계를, 즉 성자가 성부에게 종속되시고, 성령이 성부와 성자에게 종속되시는 것을 인정한다. 그리스인들은 성령께서 성부로부터 성자를 통해서 나오신다고 인정함으로써 라틴인들에게 접근하며(이것이 알렉산드리아의 키릴루스와 다마스쿠스의 요한의 견해이다), 라틴인들은 성령께서 주로 성부에게서 나오신다고 인정함으로써(아우구스티누스) 그리스인들에게 접근한다. 그러나 이러한 절충으로는 얻어지는 것은 거의 혹은 전혀 없다. 진정한 쟁점은 성부께서 신성의 유일한 근원이신가,

---

7) 그는 교황 파스칼리스 2세의 이름으로 콘스탄티노플로 가서 황실에서 라틴 교리를 변호했다.

8) 그가 황제 로타르 2세의 대사로 콘스탄티노플에 체류할 때 그리스인들과 나눈 대화에서.

성자와 성령께서 성부와 동등이신가, 아니면 종속되어 의존하시는가 하는 것이다.

1. 현 상태에서의 그리스 교리. 성령은 오직 신성의 시작 원인 혹은 뿌리 (causa, radix), 그리고 샘이신 성부에게서만 나오시며, 성자에게서 나오시지 않는다.

포티우스와 니콜라우스 사이에 논쟁이 오가기 백년 전인 750년경에, 그리스 교부들의 교리에 스콜라적 형태를 부여한 다마스쿠스의 요한은 발출이 오직 성부에게서만 이루어지되 중보자인 성자를 통해서 이루어진다고 주장했다. 동일한 문구인 '성자를 통해서 성부에게서'(Ex Patre per Filium)가 제7차 에큐메니컬 공의회(787)를 주재한 콘스탄티노플 총대주교 타라시우스에 의해 사용되었고, 교황 하드리아누스 1세에 의해 재가를 받았으며, 페라라 공의회(1439)와 본에서 열린 고대 가톨릭 회의(the Old Catholic Conference, 1875)에서 절충을 위한 토대가 되었다. 그러나 포티우스와 후대의 동방 교회 논객들은 '성자를 통해서'(per Filium)을 누락시키거나 배격했는데, 이는 그것이 '아들에게서'(ex Filio)나 '그리고 아들에게서'(Filioque)와 거의 동등했기 때문이거나, 아니면 그것을 성령의 임무에 대해서만 적용할 수 있다고 생각하고, 성부로부터의 발출의 독점성을 강조했기 때문이다.

그리스 교리를 위한 주장들은 다음과 같다.

(가) 독점적 의미로 이해한 그리스도의 말씀(요 15:26). 이것이 성령의 발출을 명백하게 가르친 유일한 성구이므로, 그리스인들은 이 구절을 결론적인 것을 간주한다.

(나) 성부의 수위성(首位性) 혹은 군주성. 성부께서는 신성의 근원과 뿌리이시다. 성자와 성령은 성부에게 종속되시되, 하나이자 동일한 본질이나 실체(우시아)에서가 아닌 위엄과 직위에서 그러하시다. 이것이 니케아의 종속론이다. 이것이 성부를 뿌리로, 성자를 줄기로, 성령을 열매로 비유함으로써 설명되고, 태양과 광선과 빛, 혹은 불과 불꽃과 빛의 유추들로도 설명된다.

(다) 성자의 영원한 발생의 유추. 이 일도 성자의 중개 없이 성부에게서만 이루어진다.

(라) 니케아 신조와 그리스 교부들 — 특히 아타나시우스 · 나지안주스의 그레고리우스 · 크리소스토무스 · 몹수에스티아의 테오도루스 · 키루스의 테오도레투스 · 다마스쿠스의 요한 — 의 권위. 안디옥 학파는 분명히 그리스 편에 섰다.

그러나 알렉산드리아 학파는 '아들을 통해서'라는 문구에 기울었다. 그리스인들은 모든 그리스 교부들이 자신들의 교리를 뒷받침한다고 주장하며, 아우구스티누스를 라틴의 이중 발출 교리 창안자로 간주한다.

그리스인들은 라틴 교리를 혁신이요, 신성의 통일을 구분하거나 신성의 근원을 둘로 만든다고 비난한다. 그러나 라틴인들은 발출이 성부와 성자 두 분에게 공통된 하나이자 동일한 근원에서 유래했다고 답변했다.

2. 라틴 교회의 이중 발출 이론은 다음과 같은 주장들로 변호된다.

(가) 그리스도께서 친히 성부로부터 성령을 보내시겠다고 하신 성구들(요 15:26; 16:7)과, 성부께서 그리스도의 이름으로 성령을 보내시겠다고 하신 구절(14:26), 그리고 그리스도께서 제자들에게 성령을 불어넣어 주신 구절(20:22). 그리스인들은 이 모든 구절들을 성령의 일시적 임무에 관련지으며, 성령을 불어넣어 주신 일을 그리스도께서 약속하신 오순절 성령 강림을 가르쳐 주시기 위한 상징적 행위나 성례적 표시로 이해한다. 라틴인들은 발출과 임무가 동일한 과정으로서, 하나는 내면을 향하고(ad intra) 다른 하나는 외면을 향한다(ad extra)고 답변한다.

(나) 성부와 성자께서 모든 유형의 종속을 배제할 정도로(아우구스티누스 이래로) 본질의 동등성(호모우시아, 동일본질)을 지니시려면 이중 발출이 당연한 귀결이다. 성부의 영이 동시에 성자의 영이시고, 그리스도의 영으로도 표현된다. 그러나 앞에서 이미 언급했듯이, 아우구스티누스는 성령께서 주로 성부에게서 발출하시며, 이것이 결국은 위엄(dignity)상의 종속이다. 성부는 스스로 존재(우시아)를 지니시고, 성자와 성령은 파생(derivation)의 방식으로 성부로부터 존재를 지니시되, 성자께서는 발생(generation)에 의해서, 성령께서는 발출(procession)에 의해서 지니신다.

(다) 성령의 일시적 임무는 그분의 영원한 발출의 반영이다. 계시의 삼위일체가 본질의 삼위일체에 대한 우리의 모든 사색의 기초이다. 계시의 삼위일체로부터만 존재의 삼위일체를 알 수 있다.

(라) 니케아 신조와 니케아 교부들은 절대적 의미에서 성부로부터의 발출을 염두에 둔 것이 아니라, 성령의 신성을 부정한 성령이단파(Pneumatomachi)를 논박하는 일을 염두에 두었다. 에피파니우스와 알렉산드리아의 키릴루스, 다마스쿠스의 요한 같은 몇몇 그리스 교부들은 라틴 교회의 교리와 비슷한 내용을

가르쳤다. 하지만 똑같지는 않다. 성령께서 "성자를 통해서" 발출하신다는 말은 "성자로부터" 발출하신다는 말과 같지 않고, 종속을 내포한다.

(마) 라틴 교부들은 필리오케를 지지하는데, 특히 암브로시우스 · 아우구스티누스 · 제롬 · 레오 1세 · 그레고리우스 1세가 그러하다.

(바) 필리오케의 삽입은 사도신경과 325년의 니케아 신조 원본에 가해진 다른 더 큰 삽입을 감안할 때 정당화할 수 있는 현상이며, 콘스탄티노플 총대주교가 로마 교황과 대립하면서 그것을 논쟁의 무기로 사용하기 전까지는 그리스 교회에 의해서 내밀히 받아들여지거나 적어도 반대되지 않았다. 이 주장에 대해서 그리스인들은 다른 삽입들이 일관성이 있고 공동의 동의에 의해서 이루어졌으나, 필리오케는 그리스 교회가 모르는 상태에서, 원래의 작성과 아무 상관 없는 교회들(스페인과 프랑스의)에 의해서 동방의 가르침에 위배되게끔 가해졌다고 논박한다.

중세의 이 논쟁은 1875년에 본에서 열린 고대 가톨릭 회의에 의해서 되살아났다. 이 회의는 박식한 역사가 뮌헨의 될링거 박사(Dr. Döllinger)가 주도했고, 독일 고대 가톨릭 교회와 그리스 교회, 러시아 교회, 그리고 성공회 고교회파의 성직자들이 다수 참석했다. 동방 교회와 서방 교회가 분열하기 전에 교부들의 가르침, 특히 다마스쿠스의 요한의 가르침, 즉 성령께서 성부로부터 성자를 통해서 발출하신다는 교리를 토대로 분쟁을 해소하려는 시도가 있었다. 그 결과 필리오케가 비합법적이고 정당하지 못한 삽입으로 누락되었다.

그러나 본 회의는 어떠한 교단에 의해서도 재가를 받지 못했으며, 이 논쟁사와 고대 가톨릭권의 역사에서 흥미로운 일화만을 남겼을 뿐이다.[9]

109. 단의론 논쟁

(I.) Sources : Documents and acts of the first Lateran Synod (649), and the sixth œcumenical Council or Concilium Trullanum I., held in Constantinople (680), in MANSI, X. 863 sqq. and XI. 187 sqq.

---

9) 성령의 발출에 관하여 이 회의가 내린 결정들에 관해서는 Dr. Reusch, Bonn, 1875, p. 80 sqq.와, Schaff의 *Creeds of Christendom*, vol. II. 552 sqq.를 참조하라.

ANASTASIUS (Vatican librarian, about 870): *Collectanea de iis quæ spectant ad controv. et histor. Monothelit. hæret.*, first ed. by *Sirmond*, Par. 1620, in his *Opera*, III., also in *Bibl. Max. PP. Lugd.* XII. 833; and in GALLANDI, XIII.; also scattered through vols. X. and XI. of MANSI. See Migne's ed. of Anastas. in "Patrol. Lat." vols. 127–129.

MAXIMUS CONFESSOR: *Opera*, ed. Combefis, Par. 1675, Tom. II. 1–158, and his disputation with Pyrrhus, *ib.* 159 sqq. Also in Migne's reprint, "Patrol. Gr." vol. 91.

THEOPHANES: *Chronographia*, ed. Bonn. (1839), p. 274 sqq.; ed. Migne, in vol. 108 of his "Patrol. Græca" (1861).

(II.) FRANC. COMBEFISIUS (Combefis, a learned French Dominican, d. 1679): *Historia hæresis Monothelitarum ac vindiciæ actorum Sexti Synodi*, in his *Novum Auctuarium Patrum*, II. 3 sqq. Par. 1648, fol. 1–198.

PETAVIUS: *Dogm. Theol.* Tom. V. 1. IX. c. 6–10.

JOS. SIM. ASSEMANI, in the fourth vol. of his *Bibliotheca Juris Orientalis.* Romæ 1784.

CH. W. F. WALCH: *Ketzerhistorie*, vol. IX. 1–666 (Leipzig 1780). Very dry, but very learned.

GIBBON (Ch. 47, N. Y. ed. IV. 682–686, superficial). SCHRÖCKH, vol. XX. 386 sqq. NEANDER, III. 175–197 (Boston ed.), or III. 353–398 (Germ. ed.). GIESELER, I. 537–544 (Am. ed.).

The respective sections in BAUR: *Gesch. der Lehre v. d. Dreieinigkeit und Menschwerdung* (Tüb. 1841–'43, 3 vols.), vol. II. 96–128; DORNER: *Entwicklungsgesch. der Lehre v. d. Person Christi* (second ed. 1853), II. 193–305; NITZSCH: *Dogmengesch.* I. 325 sqq.; and HEFELE: *Conciliengeschichte* (revised ed. 1877) III. 121–313. Also W. MÖLLER in Herzog[2] X. 792–805.

The literature on the case of Honorius see in the next section.

110. 그리스도 안에 있는 두 의지에 관한 교리

단의론(單意論, Monotheletism) 곧 하나의 의지에 관한 논쟁은 니케아 이후 시대에 전개된 그리스도론 논쟁들의 연장으로서, 단성론 논쟁과 밀접히 연관되어 있다.[10]

---

10) 단의론(Monotheletism)이라는 명칭은 '하나' 라는 뜻의 '모논' 과, '의지' 라는 뜻의 '텔레마' 에서 유래했다.

이 질문은 고대의 교부들과 공의회들에 의해서 결정되지 않았으며, 그들의 저서들에서 인용한 대목들이 양 진영에 의해서 인용되었다. 그러나 신학 발전에 따른 불가피한 논리에 의해서 이 질문이 조만간 쟁점으로 대두하여 공의회에서 다뤄질 수밖에 없었다.

이 논쟁은 형이상학적이면서도 실제적인 면을 지니고 있었다.

형이상학적이고 심리학적인 면은 의지가 본성(nature)과 인격(person)에 대해서 맺고 있는 관계였다. 단의론은 의지를 인격의 한 속성으로 간주하는 반면에, 양의론(兩意論, Dyotheletism)은 본성의 한 속성으로 간주한다. 의지 없이도 추상적 본성을 인식할 수 있다. 반면에 이성적 인간의 본성은 충동(impulse)과 의지 없이는 이해하기 어렵다. 그리고 인간 인격을 의지 없이 이해한다는 것은 불가능하다. 이성과 의지는 함께 가며, 둘이 합해서 인격의 본질을 이룬다. 정상적 인간에게는 두 개의 의지가 공존할 수 없다. 그러나 그리스도의 인격은 복합적이기 때문에, 즉 신적인 동시에 인간적이기 때문에, 두 개의 의식과 두 개의 의지를 내포하신 것으로 인식할 수 있다. 칼케돈의 그리스도론은 어쨌든 두 개의 의지를 두 개의 이성적 본성들에 필요한 보완으로 요구한다. 다른 말로 하자면, 양의론은 양성론(兩性論, Dyophysitism)과 분리할 수 없는 반면에, 단의론 역시 단성론과 분리할 수 없다. 단의론이 겉으로는 칼케돈의 양성론을 인정하는 듯해도 그것은 어쩔 수 없는 현실이다. 정통신앙 교리는 그리스도의 인간 의지를 강조함으로써 그리스도의 인성의 진정성과 완전성을 견지했다.[11]

이 논쟁이 지니는 실제적인 면은 구주(救主)와 구속의 본질과 연관되어 있으며, 논쟁을 이끌어간 지도자들과 더불어 가장 현저히 부각되었다. 단의론 옹호자들은 주로 그리스도의 위격과 사역의 통일성을 견지하는 데 관심이 있었다. 그들은 그리스도께서 오직 하나의 인격만 지니시므로 하나의 의지밖에 지니실

---

11) 하지만 이러한 유익이 그리스도의 인성이 지니는 무인격성(impersonality, 안휘포스타시아) 개념 – 다마스쿠스의 요한이 정통 그리스도론을 강해한 자신의 표준서에서 가르친 – 에 의해 상실된다. 그의 목적은 이중 인격성 개념을 배척하기 위한 것이었다. 그러나 인격에서 이성과 의지를 구분하거나, 가현설에 빠지지 않은 채 그리스도의 인성의 무인격성을 주장하기란 불가능하다. 용납할 수 있는 최대한의 범위가 엔휘포스타시아, 즉 예수의 인성이 로고스의 단일 신적 인격에 결합되거나 포함된다는 견해이다. 교회는 무인격성 교리를 한 번도 공식적으로 주장한 일이 없다.

수 없고, 두 개의 의지란 인간 안에서 육체의 의지가 성령을 거스르듯이 필연적으로 상충될 것이며, 그리스도의 무죄함은 죄악의 뿌리인 순전히 인간의 의지를 그분에게서 부정할 때에 가장 확실히 확보된다고 생각했다. 그들은 로고스의 선재적(先在的) 신적 의지를 성육신과 구속의 충분한 원인으로 이해했고, 그리스도의 인성을 마치 이성적 영혼이 육체의 기관을 통해서 작용하는 것과 마찬가지로 단순히 사역과 고난을 위한 수단으로 간주했다. 그들 중 더러는 신자의 인간적 의지가 완전한 상태에서는 신적 의지에 완전히 흡수되며, 그 상태란 인간의 인격이 신적 인격에 범신론적으로 흡수되는 것에 해당한다고도 주장했다.

반면에 양의론 옹호자들은 완전한 구속을 이루려면 성육신도 완전해야 한다는 점과, 성육신이 완전하려면 인간 의지가 로고스의 선재적인 신적 의지와 결합해야 한다는 점, 인간 의지가 죄와 죄책의 발생 원인이며 따라서 구속과 정화(淨化)와 성화를 받아야 한다는 점, 그리고 그리스도께서 만약 인간 의지가 없으셨다면 온전한 인간이실 수 없었고, 시험을 받으실 수도 없었고, 선과 악 사이에서 선택하실 수도 없었고, 도덕적이고 책임있는 행동을 하실 수도 없었다는 점을 주장했다.

아가토(Agatho)를 비롯한 양의론 교리 옹호자들이 인용한 성구들은 마태복음 26:39("나의 원대로 마시옵고 아버지의 원대로 하옵소서"), 누가복음 22:42("내 원대로 마시옵고 아버지의 원대로 되기를 원하나이다"), 요한복음 6:38("내가 하늘에서 내려온 것은 내 뜻을 행하려 함이 아니요 나를 보내신 이의 뜻을 행하려 함이니라")이다. 인간 의지에 대해서는 누가복음 2:51("예수께서 함께 내려가사 나사렛에 이르러 순종하여 받으시더라"), 빌립보서 2:8("죽기까지 복종하셨으니"), 그리고 요한복음 1:43; 17:24; 19:28; 마태복음 27:34이 인용되었고, 신적 의지에 대해서는 누가복음 13:34; 요한복음 5:21이 인용되었다.

결국 논쟁을 결정짓게 될 수밖에 없는 이 성구들은 예수의 인간 의지를 분명히 가르치지만, 그것과 구분되는 다른 의지는 예수께서 죽기까지 복종하셨던 하늘 아버지의 의지이다. 정통신앙의 교의는 그리스도의 신적 의지가 성부 하나님의 신적 의지와 동일함을 내포하며, 신적 삼중 위격에는 하나의 의지뿐임을 상정한다. 정통 교의는 그리스도 안에 두 본성과 하나의 인격이 있음을 가르치되, 하나님 안에 세 위격과 하나의 본질이 있음을 가르친다. 여기서 우리는 별개의 뚜렷한 의지 없이는 인격을 생각할 수 없는 형이상학적 · 심리학적 어려움을 만

나게 된다. 그러나 인격(personality, 위격)이라는 용어가 하나님에게 적용될 때
는 독특하고, 따라서 쉽게 정의할 수 없는 의미를 띠게 된다. 신적 세 위격은 세
개체로 인식할 수 없는 것이다.

양 진영이 모두 인정한 칼케돈적 양성론에 토대를 둔 논증의 무게와 논리적
일관성은 두 의지 교리의 손을 들어주었다. 동방과 서방의 가톨릭 교회는 단의
론을 단성론과 유사한 이단으로 단죄했다. 680년의 제6차 에큐메니컬 공의회는
칼케돈 그리스도론에 다음과 같은 내용을 채택함으로써 최종 결정을 내렸다:[12]

"그리고 우리도 그분[예수 그리스도] 안에 두 개의 본성적 의지가 있고, 두 개
의 본성적 사역들(operations)이 거룩한 교부들의 교훈대로 나뉘지 않고 변하지
않고 구분되지 않고 섞이지 않은 채 존재한다고 가르친다. 두 개의 본성적 의지
는 (이단들의 불경스러운 주장과 달리) 상충되지 않는다. 그런 일이란 없다! 오
히려 인간 의지가 신적 의지를 따르며, 거역하거나 주저하지 않고, 오히려 그분
의 신적이고 전능하신 의지에 복종한다. 이는 지혜로운 아타나시우스의 교훈대
로 육체의 의지가 발휘되되 신적 의지에 복종하는 것이 적합했기 때문이다. 그
분의 육체가 로고스 하나님의 육체라 불리고 실제로 그런 것처럼, 그분 육체의
자연적 의지가 로고스 본연의 의지이기 때문이다. 이는 그분이 친히 하신 말씀
과 같다: '내가 하늘에서 내려온 것은 내 뜻을 행하려 함이 아니요 나를 보내신
이의 뜻을 행하려 함이니라' (요 6:38) …… 그러므로 우리는 두 개의 본성적 의
지와 작용이 인류 구원을 위해서 조화롭게 결합되었다고 고백한다."

신학 논쟁은 학문과 사색의 재능이 풍부한 동방 교회에서 주로 전개되었다.
그러나 최종 결정은 로마의 권위에 의해서 내려졌으며, 교황 아가토는 자신의
교의적 서신에 힘입어 교황 레오 1세가 제4차 에큐메니컬 공의회에 행사했던 것
과 동일한 지배적인 영향력을 제6차 에큐메니컬 공의회에 행사했다. 과거의 신
학 논쟁들에서 뿐 아니라 이 논쟁에서도 로마 교황들은 — 호노리우스를 제외하
고는 — 정통신앙 진영에 확고히 섰던 반면에, 동방의 총대주교들은 정통신앙
진영과 이단 진영을 오갔다.

양의론 결정으로 그리스 교회와 로마 교회의 그리스도론이 완성되었고, 그것
이 개신교 교회들에게 전달되었다. 그러나 그리스 교회가 이 교의에서 더 이상

---

12) *Actio* XVIII, in Mansi, XI. 637.

진전을 보지 못한 반면에, 로마 교회는 개정과 재구성을 허용했으며, 그리스도의 신인적(神人的) 인격이라는 중심적 사실과 진리를 사색하는 작업에 새로운 길을 열어놓았다.

111. 단의론과 양의론의 역사

양의론의 승리는 거의 50년(633-680)에 걸친 치열한 투쟁의 결과였다. 첫 번째 조치가 이 *Ekthesis*(638)라는 칙령을 발행하는 데 이르렀고, 두 번째 조치가 *Type*(648)라는 칙령을 발행하는 데 이르렀으며, 세 번째이자 마지막 조치가 제6차 에큐메니컬 공의회(680)가 소집되는 데 이르렀다. 신학적으로 단의론을 이끈 지도자들은 아라비아 파란의 주교 테오도루스(저서들의 몇몇 단편들로만 우리에게 알려진 인물), 세르기우스와 그를 계승하여 콘스탄티노플 총대주교직을 수행한 피루스(Pyrrhus)와 파울루스, 알렉산드리아 총대주교 키루스(Cyrus)였고, 정치적으로 단의론을 이끈 지도자들은 황제 헤라클리우스와 콘스탄츠 2세였다.

양의론 교리 옹호자들은 팔레스타인의 소프로니우스(Sophronius), 콘스탄티노플의 막시무스(Maximus), 로마 교황들인 마르티누스와 아가토였고, 정치적으로 이 교리를 뒷받침한 사람들은 황제 콘스탄티누스 포고나투스(Constantine Pogonatus, 668-685 재위)였다.

1. 투쟁은 정치적 동기에서 시작했지만, 곧 신학적·종교적 성격을 띠었다. 비잔틴 제국의 안전이 처음에는 페르시아인들에 의해서, 다음에는 아랍인들에 의해서 중대한 위협을 받았으며, 기독교 진영이 분열됨으로써 위험이 배나 가중되었다. 황제 헤라클리우스(610-640 재위)는 페르시아 원정에서 돌아온 뒤에 단성론파와 화해하기를 원했다. 아르메니아와 시리아, 이집트에서는 그들의 수가 더 많았던 것이다.[13] 그는 양 진영이 결합함으로써 그 지역들을 이슬람교 침략자들의 손에서 더 효율적으로 방어할 수 있기를 기대했다. 단성론파는 가톨릭 진영

---

13) 이집트에서는 단성론파 곧 민족 콥트 교회가 5-6백만 명을 헤아렸고, 정통신앙파 곧 황실파는 3십만 명에 불과했다 Renaudot, *Hist. Patriarch. Iacob.* (Par., 1713), p. 163 sq..

이 그리스도의 위격 안에 두 개의 에너지를 내놓은 추론에 격분했다. 황제는 콘스탄티노플 총대주교 세르기우스(610년부터 재위)에게 자문을 구했는데, 그는 시리아(아마도 야코부스파) 출신이었다. 두 사람은 "하나의 신인적(神人的) 에너지"에 관한 절충안에 합의했다.[14] 세르기우스는 교황 호노리우스(625-638 재위)의 동의를 얻어냈다. (이 교황은 훗날 이 일로 인해 이단으로 단죄를 받게 된다.) 알렉산드리아의 정통파 총대주교 키루스는 신조를 발행하여(638) 무수히 많은 단성론파를 정통신앙 진영으로 돌아서게 했다.

그러나 팔레스타인의 박식하고 덕망 높은 수사 소프로니우스가 당시에 마침 알렉산드리아에 들렀다가 절충안을 받아보고는 그것을 단성론파의 교활한 계교라고 하며 항의했다. 그는 예루살렘 총대주교가 되었을 때(633 혹은 634) 총대주교들에게 보내는 공식 서신을 통해서 양의론 교리가 칼케돈 그리스도론에 필수적인 부분임을 고백했다. 이것이 이 논쟁에서 가장 중요한 문서들의 하나이다.[15]

몇년 뒤에 사라센족이 예루살렘을 공격하여 마침내 정복했다(637). 소프로니우스는 이때 목숨을 잃었고, 그 자리를 단의론파 주교가 계승했다.

638년에 황제는 소프로니우스의 선언에 대한 답변으로 칙령을 발행했다. 세르기우스가 서명한 신앙 주해(*Exposition of the Faith*)라는 제목이 붙은 이 칙령은 쟁점이 된 주제에 관해서 함구할 것을 명령하면서도 명백하게 단의론의 손을 들어주었다. 이 문서는 먼저 삼위일체와 성육신에 관한 정통 교리를 칼케돈 신조의 의미대로 고백한 다음, '하나' 혹은 '두 개의 에너지'라는 표현이 이단적으로 해석되고 있으므로 사용하지 말고 그리스도 안에 하나의 의지(텔레마)가 있다고 말하도록 명령한다.

2. 콘스탄티노플에서 열린 두 번의 교회회의(638과 639)는 에크테시스를 채택했다. 그러나 먼 지역들에서는 이 문서가 상당한 저항을 받았다. 고백자 막시무스가 동방과 북아프리카에서, 교황 마르티누스 1세가 서방에서 양의론을 앞장서서 옹호했다. 두 사람은 논쟁의 의미를 확실하게 이해했으며, 신념을 지키기 위

---

14) 그 표현은 아레오바고 관원 디오니시우스의 신비스러운 저서들에서 차용한 것이다(*Epist. IV. ad Cajum*). 위 디오니시우스를 존경한 막시무스는 이 구절과 알렉산드리아의 키릴루스의 글에서 인용한 유사한 구절을 다른 뜻으로 해석했다. 참조. Hefele, III. 129.

15) 이 문서는 제6차 에큐메니컬 공의회 법령집에 수록되어 있다.

해서 순교할 용기를 가지고 있었다.

막시무스는 580년경에 콘스탄티노플의 유력한 가문에서 태어나 한동안 황제 헤라클리우스의 개인 비서로 일하다가, 630년에 세상 부귀와 영화를 버리고 크리소폴리스(오늘날의 스쿠타리)에 있는 수도원에 들어갔다. 그는 심오한 사상가이자 유능한 논객이었다. 단의론 이단이 확산되어갈 때, 그는 로마로 가기로 결심하고는 아프리카를 지나다가다 그곳에서 황제의 총독과 여러 주교들이 배석한 자리에서 피루스와 주목할 만한 논쟁을 벌였다. 세르기우스 후임으로 콘스탄티노플 총대주교가 된 피루스는 정치적 이유로 면직과 추방을 당한 상태였다. 이 논쟁은 645년 7월에 이루어졌으나, 아프리카의 어느 도시에서 이루어졌는지 알 길이 없다. 아주 깊이 있는 내용으로 치러진 이 논쟁은 피루스가 일시적으로 양의론으로 돌아서는 것으로 끝났다.

비슷한 시기에 북아프리카에서 열린 여러 교회회의들이 양의론 교리의 손을 들어주었다.

648년에 황제 콘스탄츠 2세(642–668 재위)가 튀포스(*Typos* 혹은 *Type*)라고 하는 새로운 칙령으로 평화를 회복하고자 했다. 이 칙령은 어느 견해에 대해서도 지지를 밝히지 않은 채 쟁점이 되고 있는 주제에 대해서 함구할 것을 명령하는 내용이었다. 이 칙령은 에크테시스(1차 칙령)를 백지화하고 중립을 선언했다. 두 칙령의 목표는 논쟁을 중지시키고 그리스도론이 제4, 5차 에큐메니컬 공의회의 차원을 넘어서 전개되는 것을 막으려는 것이었다. 그러나 튀포스가 '하나의 에너지'에 관해서 뿐 아니라 '하나의 의지'에 관해서도 일체의 논쟁을 금지한 점에서 좀 더 일관성이 있었다. 튀포스를 위반한 자들에게는 면직의 벌이 걸려 있었다. 성직자들은 파문을 당할 것이었고, 수사들일 경우는 위엄과 지위, 군사적·사회적 보호를 박탈당할 것이었다.

3. 하지만 그 치열한 논쟁이 황제의 칙령들로 잠잠해질 수가 없었다. 한때 콘스탄티노플 교황 사절을 지냈고, 덕망과 지식과 준수한 용모로 명성을 얻은 교황 마르티누스 1세는 교황좌에 오른 직후(649년 7월 5일) 제1차 라테란 공의회를 소집했다(649년 10월). (로마의 라테란 대성당에서 회의가 열렸기 때문에 그런 명칭이 붙었다.) 이 회의에는 150명의 주교들이 참석하여 단의론 교리와 두 개의 황제 칙령들에 저주를 선언하고, 양의론 교리를 엄숙히 재가했다. 이 결정은 사실상 제6차 에큐메니컬 공의회의 결정을 예기한 것으로서, 이 신앙 조항에 관한

한 그 공의회의 결정에 버금가는 권위를 지닌다.

　로마에서 열린 이 공의회의 법령들과, 에크테시스와 튀포스를 경고하는 교황의 회칙이 기독교 세계 전역에 발송되었다. 동시에 교황은 법령을 헬라어로 번역하여 황제 콘스탄츠 2세에게 보내면서, 교회회의가 참된 교리를 확증하고 이단을 단죄했다고 정중하게 고지해 주었다. 파란의 테오도루스, 세르기우스, 파울루스가 그동안 그리스도의 온전한 인성을 그릇 해석하고 에크테시스와 튀포스로써 황제들을 현혹했다고 지적해 주었다.

　그러나 황제는 자신의 대표이자 라벤나 총독인 테오도루스 칼리오파를 통해서 교황을 반역자이자 이단으로 폐위하고 그를 로마에서 추방했다(653년 6월). 교황을 콘스탄티노플의 감옥에서 일반 죄수들과 함께 수감했으며, 추위와 굶주림과 온갖 상해에 노출시킨 다음 마침내 배에 태워 흑해 연안의 케르손에 있는 동굴로 보냈다(655년 3월). 마르티누스는 품위를 잃지 않고 이러한 학대를 견뎌 내다가 655년 9월 16일에 숨을 거두었다. 두 의지 교리에 대한 신앙을 지키다가 순교의 죽음을 맞이한 것이다.

　막시무스도 콘스탄티노플로 압송되어(653) 훨씬 더 모진 대우를 받았다. 여러 해 동안 옥에 갇힌 채 채찍질을 당하고 혀를 뽑히고 오른손이 잘리고 그런 상태로 노년의 나이에 흑해(the Pontus Euxinus) 연한의 라치카 콜키스로 추방되었으며, 그곳에서 662년 8월 13일에 숨을 거두었다. 함께 체포된 두 동료도 유배지에서 최후를 맞이했다.

　이 순교자들이 견딘 박해가 그들의 교리에 승리의 길을 닦아 주었다. 그들이 고초를 겪고 있는 동안 동방은 조금씩 사라센족에게 정복을 당하고 있었다.

112. 제6차 에큐메니컬 공의회(680)

　콘스탄츠 2세는 시라쿠사의 공중목욕탕에서 살해를 당했다(668). 그의 아들 포고나투스 콘스탄티누스 4세(바르바투스, 668–685)는 아버지의 정책을 변경했고, 동방과 서방간의 화해를 복원하고 싶어했다. 그 쟁점에 대해서 현명하게 침묵을 지킨 교황 비탈리아누스(657–672 재위)와 그의 계승자들인 아데오다투스(672–676 재위), 도누스 혹은 돔누스(676–678 재위), 아가토(678–681 재위)와 우호적이거나 중립적인 관계를 유지했다.

그는 충분한 사전 준비를 거친 뒤에 아가토와 협의하에 총 공의회를 소집했다. 공의회는 콘스탄티노플의 황궁에서 열려 680년 11월 7일부터 681년 9월 16일까지 계속되었다. 이것이 제6차 에큐메니컬 공의회로 불리며, 황궁에 있던 홀 혹은 예배당의 이름을 따서 제1차 트룰로(Trullan) 교회회의라고도 불린다. 회의에 참석한 최대 인원은 174명으로서, 그 중에는 교황 특사들(사제 2명과 부제 1명)도 포함되어 있었다. 황제가 직접 회의를 주재했으며, 고위 관리들과 고위 성직자들이 배석했다. 공의회의 법령이 헬라어 원본과 두 편의 고대 라틴어 번역본으로 현존한다.

공의회는 쟁점에 관한 양 진영의 견해를 충분히 심의한 뒤에 제18차이자 마지막 회기에서 두 개의 의지 교리를 거의 교황 아가토가 황제에게 보낸 편지의 문안대로 정의하고 재가했다.[16] 알렉산드리아 총대주교 마카리누스는 단의론을 끝까지 고집하다가 폐위되었다.

아가토의 서신은 레오가 칼케돈 공의회에 보낸 서신과 잘 어울리는 짝으로서, 정통신앙의 견해를 명쾌하고 상세하게 진술하는 점에서 일치한다. 이 서신은 비록 교황 호노리우스가 단의론 이단을 채택한 전력에도 불구하고 로마 교회의 무류성을 확고하게 주장한 점에서도 눈길을 끈다(서신은 현명하게도 그를 언급하지 않는다). 아가토는 누가복음 22:31, 32에서 그리스도께서 베드로에게 하신 말씀을 교황 무류성을 뒷받침하는 논거로 인용하는데, 이 점에서 1870년의 바티칸 공의회의 결정을 예기했다.

그러나 공의회가 아무리 아가토의 양의론적 견해를 충분히 인정하고 그것에 보편교회적 권위를 실어주었을지라도, 교황 무류성까지도 인정할 생각은 없었다. 오히려 반대로 교황 호노리우스 1세를 세르기우스·키루스·피루스·파울루스·페트루스·파란의 테오도루스와 함께 단의론 이단으로 분명히 단죄했다.

공의회가 폐회된 직후에 황제는 공의회의 결정을 공포하면서, 이 결정을 따를 것을 의무화하고, 시몬 마구스에서부터 파란의 테오도루스·세르기우스·교황 호노리우스에 이르기까지, 누구든 그들을 추종하거나 그들과 교제하거나 이단 사상을 승인하는 모든 이단들에 대해서 아나테마를 선언하는 내용의 칙령을 발

---

16) Trullum, Trulla, Trullus는 둥근 지붕을 지닌 건물을 가리키는 전문 용어이다.

표했다. 칙령은 이후로 하나의 의지와 하나의 에너지 교리를 가르치는 행위를 면직과 재산 몰수와 추방의 벌로써 금했다.

교황 아가토는 682년 1월 10일에 죽었다. 그러나 그를 계승하여 같은 해 8월 17일에 축성을 받은 레오 2세는 제6차 공의회의 결정을 재가하고, 사도 교구의 이름을 빛내는 대신에 무오한 신앙을 반역으로써 훼절한 전임자 호노리우스를 비롯한 모든 이단들과, 동일한 오류 속에서 죽은 모든 자들에게 아나테마를 선언했다.

113. 호노리우스의 이단

교황 호노리우스 1세(625년 10월 27일-638년 10월 12일 재위)가 단의론 이단과 맺고 있는 관계는 그것이 교황 무류성 교의에 대해서 지니고 있는 의미 때문에 특별한 관심을 끈다. 교황 무류성 교의는 "만약 하나에서 오류를 범하면 전체에서 오류를 범하는 셈이다"(Si falsus in uno, falsus in omnibus)라는 원리에 따라서 단 하나의 공식적 오류와 더불어 성립되기도 하고 무산되기도 하기 때문이다. 이 교의는 1870년의 바티칸 공의회 이전과 그 과정에서 양 진영의 가톨릭 학자들에 의해서 충분히 논의된 끝에 공포되었으나, 그렇다고 해서 역사 사실들이 바뀌는 것은 아니다.

1. 호노리우스는 여러 통의 공식 서신(세르기우스 · 키루스 · 소프로니우스에게 보낸)을 통해서, 그러므로 성좌선언(ex cathedra)을 통해서 단의론 이단을 가르치고 지지했다. 그는 단의론파 콘스탄티노플 총대주교 세르기우스와 견해가 완전히 일치했다. 세르기우스에게 받은 첫 번째 서신(634)에 대한 답장에서, 그는 "그러므로 우리는 우리 주 예수 그리스도의 하나의 의지(텔레마, voluntas)를 고백합니다" 하고 말한다.[17] 그는 의지를 본성(nature)의 속성이 아닌 인격(person)의 속성으로 보았고, 인격은 하나의 의지를 지닐 뿐이라고 생각했다. 세르기우스에게 보낸 두 번째 서신에서, 그는 정통신앙의 '두 개의 에너지' 라는 표현과 이단의 '하나의 에너지' (에네르게이아, operatio)라는 표현을 모두 배격

---

17) Mansi, XI. 538 sqq.; Hefele, III. 146 sq.

하며, 성경이 두 본성을 명백히 가르치긴 하되 하나님과 사람 사이의 중보자에게 하나 혹은 두 개의 에너지가 있다고 말하는 것은 지극히 허망한 짓이라고 공언한다. 그리스도께서는 당신의 하나의 신인적(神人的) 의지에 힘입어 여러 가지 사역과 활동 양태들을 드러내시기 때문이라고 그 이유를 설명했다. 첫째 서신이 분명히 이단이었다면, 둘째 서신은 정통신앙이 아닌 것이 분명하며, 둘 다 양의론 교리를 진압함으로써 단성론파와 화해할 헛된 의도로 황제로부터 에크테시스(638)와 튀포스(648)를 이끌어내고 그것을 지지했다.[18]

그의 입장에 서서 말할 수 있고 또 말해야 할 유일한 내용은 그 쟁점이 당시에

---

18) 같은 견해를 개신교 사가들 가운데서는 처음으로 Neander와, 현대 가톨릭 사가들 가운데 가장 박식한 Döllinger가 견지한다. Neander(III. 179, E. ed.; III. 360, Germ. ed.)는 이렇게 말한다. "호노리우스는 두 통의 서신에서 자신이 세르기우스의 견해를 전폭 지지한다고 공언했고, 키루스와 소프로니우스에게도 같은 내용을 썼다. 더욱이 그는 그런 문제들에 대해 논리적인 결론을 내리기를 두려워했다. 그는 그리스도 안에 하나의 의지만 있다고 상정할 필요를 느꼈다. 인간들 안에 죄악의 이성이 존재하듯이, 그리스도 안에서 인간의 의지와 신적 의지가 공존하며 갈등을 일으킨다는 것은 생각할 수 없는 일이었기 때문이다." ["세르기우스와 마찬가지로 그도 하나의 동일한 주체에 이중의 의지가 있다는 것이 논리적으로 성립될 수 없다고 보았다."] "물론 그는 총대주교 키루스가 단성론파와 가톨릭 교회를 재연합시키려 할 때 사용한 '적응'(accommodation, 오이코노미아) 개념을 인정했다. 그러나 이전까지 교회가 공식적으로 내린 결정이 그리스도의 '하나의 사역 형태'나 '두 가지 사역 형태'를 말한 적이 없었으므로, 앞으로는 그런 표현들을 삼가는 것이 전자가 유티케스주의로, 후자가 네스토리우스주의로 치우치지 않을 수 있는 가장 안전한 길이라고 생각했다. 그는 이 문제가 경건의 유익을 해칠 무익한 논쟁에 포함된다고 생각했다. 지금까지 교회가 교리로 확고히 가르친 대로, 동일하신 그리스도가 신성과 인성 안에서 신적인 일과 인간적인 일을 동시에 행하신다는 개념을 확고히 붙들고 가면 그만이며, 그 밖의 다른 문제들은 학교의 문법학자들에게 일임하면 된다. 사도 바울의 말대로 만약 성령께서 신자들 안에서 다양하게 일하신다면, 머리이신 그분 자신에게는 이 사실이 얼마나 더욱 잘 해당하겠는가." 네안더는 각주에서 이렇게 덧붙인다. "두 가지 사역 형태의 이론[정통신앙의 교리]이 그가 여기서 주장하는 내용의 토대에 놓여 있을지라도, 그는 신중하게 그 이론을 표현하기를 삼갔다." 여전히 로마 교회에 속해 있는 될링거 박사도 같은 의미에서 호노리우스의 교리를 진술했으며, "호노리우스의 교리는 두 가지 황제의 칙령인 에크테시스와 튀포스를 이끌어냄으로써 세르기우스와 단의론을 지지하고 선호한 그 밖의 사람들을 흡족케 했다"(*Fables of the Popes*, p. 226, Am. ed.).

는 새로운 것이어서 아직 제대로 이해되지 않았다는 것뿐이다. 말하자면 그는 교회가 결정을 내리기 전에 자기 견해를 주장한 순진한 이단이었던 것이다. 두 본성에 관한 정통 교의가 두 의지 교리를 필요로 한다는 점과, 그리스도께서 인간 의지 없이 온전한 인간이 되실 수 없었다는 점이 확고히 부각되면서 교황들이 입장을 바꾸게 되었는데, 만약 호노리우스도 몇년 더 살았더라면 아마도 그렇게 했을 것이다.

교황청 사가들과 논객들은 교황 무류성 교의를 지키기 위한 목적으로 호노리우스의 정통신앙을 입증하기 위해서 다양한 시도를 해왔다. 더러는 그의 서신들이 후대 그리스 진영의 조작이라고 공언한다.[19] 다른 이들은 그 서신들의 진정성을 인정하지만, 부자연스러운 해석으로 그 내용을 정통신앙적 의미로 곡해한다.[20] 또 다른 이들은 호노리우스의 지식과 논리를 희생시켜 가면서, 그가 마음으로는 정통신앙을 견지했으나 표현이 이단적으로 나온 것이라고 주장한다.[21] 그러나 우리는 그의 언어 말고 다른 어떤 수단으로 그의 진정한 정서를 판단할 길이 없다. 그리고 그의 언어는 분명히 단의론적인 것이다. 이것이 개신교 학자들의 판단일 뿐 아니라,[22] 프랑스와 그 밖의 자유주의 가톨릭 사가들의 판단이기도 하다.[23]

2. 제6차 에큐메니컬 공의회는 호노리우스를 옛 뱀의 도움으로 치명적 오류를 퍼뜨린 "옛 로마에 속한 전임 교황"으로 단죄했다. 이 저주가 787년의 제7차 에큐메니컬 공의회와 869년의 제8차 에큐메니컬 공의회에 의해서 반복되었다. 그리스인들은 새 로마와 안디옥, 알렉산드리아의 이단적 총대주교들에게 익숙해

---

19) Bellarmin과 펠트르의 주교 Bartholus(Bartoli).

20) Perrone, Pennachi, Manning이 그러하다. 이 신학자들은 성좌선언(ex cathedra)으로 호노리우스를 이단으로 단죄한 무류한 교황 레오 2세보다 자신들이 사실을 더 정확히 안다고 생각한다.

21) 교황 요한 4세(640–642 재위)가 그러하다. 그는 전임 교황을 변호하면서, 그가 그리스도에게 두 개의 상호 대치되는 의지가 있다면 그분에게 마치 죄로 얼룩진 의지가 있는 것 같은 인상을 주기 때문에 그 개념을 배척했을 뿐이라고 주장했다(Mansi, X. 683). 그러나 그리스도께 죄악된 의지가 있다고 생각하는 사람은 없었다.

22) Walch, Neander, Gieseler, Baur, Dorner, Kurz 등.

23) Richer, Dupin, Bossuet, Döllinger.

있던 터라 이 판결에 놀라지 않았으며, 아마도 옛 로마 교황의 이단에 내심 만족
을 느꼈을 것이다.

이 점에서 다시 교황지상주의를 신봉하는 역사가들은 제6차 에큐메니컬 공의
회의 단죄 법령의 진정성이나 그 법령의 참된 의미를 부정하는 무모한 방법에
의존해 왔다. 교황 무류설 신봉자들이 이 점에서 취할 수 있는 유일한 길은 교의
적 사실(dogmatic fact)에 관한 에큐메니컬 공의회의 무류성을 부정하는 것이
다.[24] 이 경우에는 공의회가 호노리우스에 대해서 매우 그릇된 평가를 내렸다는
비난이 내포될 것이다.

3. 그러나 이 마지막 이론은 호노리우스를 이단으로 단죄하고 그로써 교황이
오류를 범할 수 있음을 증거한 교황들 자신들에 의해서 논박된다. 그의 첫 번째
계승자인 세베리누스는 불과 석 달밖에 재위하지 못했다. 둘째 계승자인 요한 4
세는 호노리우스의 표현을 견강부회함으로써 대신 해명했다. 아가토는 현명하
게도 그를 무시했다.[25] 그러나 그의 계승자인 레오 2세는 제6차 공의회 법령을
헬라어에서 라틴어로 번역하는 과정에서 교황 사절들이 참여한 공의회의 판결
을 뒤집지 않고는 호노리우스의 명예를 지켜줄 수 없음을 보았다. 그러므로 그
는 그리스 황제에게 보낸 서신과 스페인 주교들에게 보낸 서신에서 매우 강경한
어조로 호노리우스를 로마의 순결한 입장을 전복하려고 함으로써 로마 교회에
반역을 저지른 자로 분명히 단죄했다. 그뿐 아니라 불행한 호노리우스를 단죄하
는 문구가 11세기까지 모든 신임 교황이 서명해야 했던 신앙고백서에 삽입되었
으며, 이 내용이 교황청의 용도로 작성된 로마 교회의 공식 신조집인 「일지(日
誌)」(*Liber Diurnus*)에 실려 있다.[26] 16세기까지 이어져 내려온 로마 성무일과서

---

24) 그것은 교의적 정의에서의 오류가 아니라 교의 사실에 관한 오류이다. 교황뿐
아니라 에큐메니컬 공의회도 사실에 관한 문제에서 ― 비록 신앙에 관한 혹은 법률에
관한 문제는 아니더라도 ― 오류를 범할 수 있다고 주장된다. 이 견해는 교황청 상서
국장 아나스타시우스, 추기경 Turrecremata, Bellarmin, Pallavicino, Melchior Canus,
Jos. Sim. Assemani, 그리고 최근에는 Pennachi 교수가 주장했다. 참조. Hefele, III.
174, note 4.

25) 혹은 그보다도 그는 모든 교황이 거짓 교리에 관해서 자신들의 의무를 완수했
다고 주장했을 때 비진리를 말했다고 해야 옳을 것이다.

26) 이 신앙고백서는 교황들에게 "Sergium …… una cum Honorio, qui pravis
eorum assertionibus fomentum impendit"에 대해서 아나테마를 선언할 것을 요구한

의 판본들에는 그의 이름이 나오긴 하지만 직함이나 설명이 없고, 제6차 공의회에 의해 단죄된 나머지 성직자들과 나란히 실려 있다. 그러나 구체적인 사실들이 점차 잊혀졌고, 중세의 연대기들과 교황 명단들은 그 사실들을 무시한다. 16세기 중반 이후에 호노리우스 건은 다시 주목을 끌면서 교황지상주의 이론을 반박하는 부동의 논거로 사용되었다. 로마 교회는 처음에는 호노리우스의 서신들뿐 아니라 레오 2세의 서신들까지도 위조 문서들로 과감히 도려내려고 했으나, 「일지」(*Liber Diurnus*)가 빛을 보게 되면서 그것이 불가능하게 되었다.

모든 방면에서 모든 집단들에 의해서 가장 철저한 조사가 이루어진 뒤에 제시되는 역사의 판결은 흔들리지 않고 남아 있다. 에큐메니컬 공의회들과 교황들의 공식적 법령들로 대표되는 동방과 서방을 포함한 온 교회가 수백 년 동안 로마 주교가 신앙의 문제에 관한 성좌선언에서 오류를 범할 수 있다는 점과, 교황들 가운데 적어도 한 명이 사실상 그러한 오류를 범했다는 점을 믿어왔다. 1870년의 바티칸 공의회는 이러한 사실을 명백히 무시한 채 교황 무류설을 법령으로 공포했으며, 그로써 교의적 권위로 역사를 뭉개버렸다. 개신교 사가는 양심상 정반대의 원리를 따를 수밖에 없다. 그것은 만약 교의가 사실들에 위배되면 그 교의는 무산된다는 것이다.

114. 제5-6차 공의회(Concilium Quinisextum, 692)

옛 로마의 교황은 제6차 에큐메니컬 공의회에서 교의적으로 큰 승리를 거두었으나, 그리스 교회는 적어도 한 명의 교황을 이단으로 낙인을 찍는 만족을 맛보았고, 곧 경쟁자들인 교황들에게 권위가 제한된 것임을 상기시켜 줄 좋은 기회를 얻었다.

제5차와 제6차 에큐메니컬 공의회들은 교리적 법령들을 통과시켰으나 권징에 관한 법령들은 다루지 않았다. 이러한 부족이 692년에 콘스탄티노플에서 열린 새로운 공의회에 의해서 보충되었는데, 이 공의회를 가리켜 퀴니섹스툼

다. *Lib. Diurn.* cap. II. tit. 9, professio 2. 이 서약은 8세기 초에 그레고리우스 2세에 의해서 서명된 듯하다.

(Quinisextum, 제5-6차) 공의회라고도 하고, 회의가 열린 황궁의 둥근 천장이 있는 연회장의 이름을 따서 제2차 트룰로 공의회라고도 한다.

이 회의는 황제 유스티니아누스 2세에 의해서 소집되었다. 리노트메토스 (Rinotmetos)라는 별명이 붙은 이 황제는 기독교 권좌를 더럽힌 냉혈적인 전제 군주들 가운데 한 사람이다. 그는 685-695년에 재위하다가 혁명에 의해서 권좌에서 쫓겨나 코를 잘린 채 유배지로 추방되었다가, 705년에 다시 권좌로 복귀했으나 711년에 암살되었다.

이 보충 공의회는 그 구성과 정신이 순전히 동방적이었다. 102개 조항의 교회법을 채택했는데, 그 중 대다수가 오래 전에 소개되었는데도 불구하고 아직 법적으로 혹은 범교회적으로 재가를 받지 못한 법령들이었다. 이 교회법의 범위는 성직자들과 교회의 생활과 권징에 관한 것이었고, 오늘날까지 동방 교회에서 유효하게 남아 있다. 85개 조항의 이른바 사도교령(使徒敎令, apostolic canons. 로마 교회가 인정하는 것보다 35개 조항이 많음)과, 처음 네 차례 에큐메니컬 공의회들과 여러 군소 공의회들(앙키라 · 네오 가이사랴 · 강그라 · 안디옥 · 라오디게아 등지에서 열린 회의들)의 법령들, 그리고 알렉산드리아의 대 디오니시우스 · 알렉산드리아의 페트루스 · 그레고리우스 타우마투르구스 · 아타나시우스 · 바실리우스 · 니사의 그레고리우스 · 나지안주스의 그레고리우스 · 이고니움의 암필로키우스 · 알렉산드리아의 티모테우스 · 알렉산드리아의 키릴루스 · 콘스탄티노플의 게나디우스가 작성한 교회법들과, 카르타고의 키프리아누스가 로마에 대립하여 작성한 교회법이 이 보충 공의회의 교회법에 실렸다. 로마 주교들이 제시한 교황 교령집은 무시되었다.

법령들은 처음에 황제가 서명했고, 둘째는 교황을 위해 빈칸으로 남겨 놓았으나 그 뒤로 영구히 채워지지 않았다. 다음으로 콘스탄티노플의 파울루스 · 알렉산드리아의 페트루스 · 예루살렘의 아나스타시우스 · 안디옥의 게오르그(그의 이름이 이상하게도 예루살렘 총대주교 다음에 나온다) 등이 서명하는 식으로, 모두 211명의 주교들과 주교 대리인들이 서명했는데, 그들 모두가 그리스와 동방의 성직자들이었으며, 그중 43명은 제6차 에큐메니컬 공의회에 참석했던 사람들이었다.

황제는 트룰로 공의회의 법령을 로마의 세르기우스에게 보내면서 그 문서에 서명해줄 것을 요청했다. 교황은 그 안에 로마의 교회 관습과 상반되는 몇 장이 포함되어 있다는 이유로 서명을 거절했다. 황제는 주요 대신에게 자신의 친위대 병력을 딸려 보내면서 교황을 콘스탄티노플로 데려오라고 지시했다. 그러나 라벤나와 펜타폴리스 총독의 군대가 교황을 보호하고 나서면서 로마로 파견된 병력을 제압했다. 황제의 대신은 교황의 침대에 몸을 숨겼다가 치욕스러운 몰골로 로마를 떠나야 했다.[27] 그 직후에 유스티니아누스 2세가 권좌를 상실하고 유배지로 쫓겨났다. 그는 야만적인 군대의 지원을 받아 권좌를 되찾았을 때(705) 교황 요한 7세에게 두 명의 수도대주교를 보내어 로마 교회의 공의회를 소집해달라고 요청하면서, 공의회에서 될 수 있는 대로 많은 분량의 교회법 조항들을 재가해달라고 청했다. 소심했던 이 교황은 그냥 사본을 돌려보냈다. 그 후에 협상이 오갔으나 이렇다 할 중요한 결과를 얻지 못했다.

제7차 에큐메니컬 공의회(787)는 102개 법령을 다시 채택했고, 그것이 마치 제6차 에큐메니컬 공의회가 채택했던 것들인 것처럼 잘못 표기했다.

로마 교회는 유서 깊은 라틴 교회의 관습에 부합하는 조항들을 제외하고는 이 법령들을 결코 승인하지 않았다. 법령들 가운데 더러는 로마를 견제하고 반대하는 정신으로 제정된 것들이었다. 제1조는 교황 호노리우스에 대한 아나테마를 반복한다. 제36조는 제2차와 4차 에큐메니컬 공의회와 부합하게 콘스탄티노플 총대주교를 로마 주교와 동등한 권리에 세우며, 관할권의 수위권이 아닌 명예상의 수위권만을 로마 주교에게 양보한다. 제3조항과 13조항은 하급 성직자들의 결혼을 허락하며, 이로써 로마 교회가 성직자 독신 제도로써 하나님께서 친히 제정하시고 그리스도께서 가나의 혼인 잔치에 참여하심으로써 승인하신 혼인의 신성함을 훼손하고 있음을 분명히 암시한다. 그러나 성직자에게는 재혼을 금지하며, 과부와의 결혼(3조)과 성직 임명 이후의 결혼도 금지한다(6조). 주교들은 결혼 생활을 정리해야 했다(12조). 일찍이 유스티니아누스는 국법으로 주교들의 결혼을 금지한 바 있다. 사순절 주일의 금식을 금했는데(55조), 이것은 명백히 로마의 관습과 대치되는 것이었다. 제2조는 유효한 사도교령의 수를 라틴 교회의 50개에 반대하여 85개로 고정했다. 피를 먹지 말고, 목졸라 죽인 것을 먹지 말도록 한 예루살렘 공의회의 법령(행 15장)을 영구히 지켜야 할 법으로 공포했

---

27) 이 일화는 아나스타시우스, 비드, 파울루스 디오코누스가 전한다. 참조. Mansi, XII. 3, Baronius ad. a 692, Hefele, III. 346.

는데, 반면에 서방에서는 그것이 단지 사도 시대에 유대인들과 이방인 회심자들로 구성된 교회들을 위해서 일시적으로 정한 규례일 뿐이라고 간주했다. 세례 요한의 말을 근거로 그리스도를 어린양의 상징으로 묘사하는 행위를 구약에 속한 일로 간주하여 금했고, 대신에 그리스도를 인간의 형상으로 묘사하도록 권장했다(82조).

이러한 차이들이 동방과 서방 사이의 큰 분열의 토대가 되었다. 692년의 보충 공의회는 포티우스의 행동을 예기하며, 사이비 보편교회적 권위를 취했다.

115. 단의론의 반격. 마론파

칼케돈 공의회 같은 대규모 에큐메니컬 공의회들은 분파들을 낳았고, 그 집단들이 오랫동안 존속했으며, 더러는 오늘날까지도 존속하고 있다.

단의론은 유스티니아누스 2세에게서 권좌를 탈취하여 711-713년에 다스린 바르다네스(Bardanes) 혹은 필리피쿠스(Philippicus)에 의해서 짧은 기간 동안 되살아났다. 바르다네스는 제6차 에큐메니컬 공의회의 신조를 무효로 선포하고, 세르기우스와 호노리우스의 이름을 정통 총대주교들의 '딥티쿰' 들(diptycha, 미사 때 기념할 生死者 명단: 역자주)에 다시 포함시키고, 그들의 화상들을 공공장소에 다시 비치하도록 했다. 그는 콘스탄티노플 총대주교를 폐위시키고 그 대신 단의론파 부제 요한을 세웠다. 콘스탄티노플에서 공의회를 소집하여, 그 회의로 하여금 제6차 공의회의 법령을 철회하고 그 대신 단의론 신조를 채택하도록 했다. 이 신조에 서명하기를 거부하는 성직자들을 면직시켰다. 그러나 이탈리아에는 그것을 강요할 권력이 없었으며, 그렇게 하려고 하다가 폭동을 만났다.

황제 아나스타시우스 2세는 권좌 찬탈자를 폐위하고 이러한 단의론파 사건에 마침표를 찍었다. 총대주교 요한은 새로운 상황에 맞게 처신했으며, 그 일환으로 교황 콘스탄티누스에게 비굴한 어조의 편지를 보내어 심지어 그를 교회의 머리라고까지 표현하고, 과거에 자신이 이단을 옹호한 행위를 용서해달라고 구했다.

그때 이래로 단의론은 다시는 정통 교회에서 분란을 일으키지 못했다.

그러나 정통교회와 비잔틴 황제들의 영역 밖에서는 단의론이 레바논 산지와 안티 레바논 산맥 주민들 사이에 전파되었다. 그들의 초대 총대주교인 대수도원 장 요한 마론(Μαρών, 701 죽음)이 이 집단을 이끌었다. 그의 이름을 따서 마론 파(Maronites)라 불린 이 집단은 그리스 제국과 사라센족에게서 독립을 유지했 고, 십자군 원정 때까지 단의론 교리를 고수하다가 로마 교회에 합류했다(1182). 하지만 로마 교회와 달리 양형 성찬(떡과 포도주를 다 사용)과 시리아 전례(典 禮), 하급 성직자들의 결혼, 자체의 축일들, 자체의 성인들을 유지했다.

116. 양자론 논쟁. 참고문헌

I. SOURCES.

The sources are printed in HARDUIN, Vol. IV., MANSI, XIII., and in Alcuin's *Opera*, ed. *Frobenius* (1777), reprinted by *Migne* (in his "Patrol. Lat.," vols. 100 and 101), with historical and dogmatical dissertations.

(1.) The writings of the Adoptionists: a letter of ELIPANDUS *Ad Fide lem, Abbatem*, A. D. 785, and one to Alcuin. Two letters of the Spanish bishops—one to Charlemagne, the other to the Gallican bishops. FELICIS *Libellus contra Alcuinum;* the *Confessio Fidei* FELICIS; fragments of a posthumous book of Felix addressed *Ad Ludovicum Pium, Imperat.*

(2.) The orthodox view is represented in BEATUS *et* ETHERIUS: *Adv. Elipandum libri* II. ALCUIN: *Seven Books against Felix, Four Books against Elipandus*, and several letters, which are best edited by *Jaffé* in *Biblioth. rer. Germ. VI.* PAULINUS (Bishop of Aquileja): *Contra Felicem Urgellitanum libri tres.* In Migne's "Patrol. Lat.," vol. 99, col. 343–468. AGOBARD OF LYONS: *Adv. Dogma Felicis Episc. Urgellensis*, addressed to Louis the Pious, in Migne's "Patrol. Lat.," vol. 104, col. 29–70. A letter of Charlemagne (792) to Elipandus and the bishops of Spain. The acts of the Synods of Narbonne (788), Ratisbon (792), Francfort (794), and Aix-la-Chapelle (799).

II. WORKS.

(1.) By Rom. Cath. MADRISI (Congreg. Orat.): *Dissertationes de Felicis et Elipandi hæresi*, in his ed. of the *Opera Paulini Aquil.*, reprinted in Migne's "Patrol. Lat.," vol. 99 (col. 545–598). Against Basnage. ENHUEBER (Prior in Regensburg): *Dissert. dogm. hist. contra Christ. Walchium*, in Alcuin's *Opera*, ed. Frobenius, reprinted by Migne (vol. 101, col. 337–438).   Against Walch's *Hist. Adopt.*, to prove the Nestorianism of the Adoptionists.   FROBENIUS : *Diss. hist. de hær. Elip. et Felicis*, in Migne's ed., vol. 101, col. 303–336.   WERNER : *Gesch. der apol. und polem. Lit.* II. 433 sqq.   GAMS : *Kirchengesch. Spaniens* (Regensb., 1874), Bd. II. 2.   (Very prolix.)   HEFELE : *Conciliengesch.*, Bd. III. 642–693 (revised ed. of 1877).   HERGENRÖTHER : *Kirchengesch.*, 2nd ed., 1879, Bd. I. 558 sqq.   BACH : *Dogmengesch. des Mittelalters* (Wien, 1873), I. 103–155.

(2.) By Protestants.   JAC. BASNAGE : *Observationes historicæ circa Felicianam hæresin*, in his *Thesaurus monum.*   Tom. II. 284 sqq.   CHR. G. F. WALCH : *Historia Adoptianorum*, Göttingen, 1755 ; and his *Ketzergeschichte*, vol. IX. 667 sqq. (1780).   A minute and accurate account.   See also the lit. quoted by Walch.

NEANDER, *Kirchengeschichte*, vol. III., pp. 313–339, Engl. transl. III. 156–168.   GIESELER, vol. II., P. I., p. 111 sqq.; Eng. transl. II. 75–78.   BAUR : *Die christliche Lehre von der Dreieinigkeit und Menschwerdung Gottes*, Tübingen, 1842, vol. II., pp. 129–159.   DORNER : *Entwicklungs-Geschichte der Lehre von der Person Christi*, second ed., Berlin, 1853, vol. II., pp. 306–330.   HELFFERICH : *Der Westgothische Arianismus und die spanische Ketzergeschichte*, Berlin, 1880.   NIEDNER : *Lehrbuch der christl. K. G.*, Berlin, 1866, pp. 424–427.   J. C. ROBERTSON : *History of the Christian Church from 590 to 1122* (Lond., 1856), p. 154 sqq.   MILMAN : *Lat. Christ.* II. 498–500 ; BAUDISSIN : *Eulogius und Alvar*, Leipz., 1872.   SCHAFF, in Smith and Wace, I. (1877), pp. 44–47.   W. MÖLLER, in Herzog[2] I. 151-159.

117. 양자론의 역사

양자론(養子論, Adoptionism)은 네스토리우스 논쟁이 모양을 바꾸어 되살아난 것으로서, 그리스도께서 자신의 인성에 대해서 본질상 하나님의 아들이었는가, 아니면 입양(入養)에 의해서만 하나님의 아들이셨는가 하는 문제가 쟁점이었다. 후자의 견해를 취한 사람들을 가리켜 양자론파라고 했다. 그들은 그리스도가 신성에 관한 한 참되신 하나님의 아들이시요, 성부의 유일한 독생자이시지만, 인간으로서는 그분의 양자이자 마리아의 맏아들이시라고 가르쳤다. 그들은 하나의 위격과 두 본성을 축으로 하는 칼케돈 그리스도론을 받아들였으나, 하나님의 자연적 아들과 하나님의 입양된 아들을 구분함으로써 두 위격 혹은 이중 그리스도를 가르치고, 그로써 네스토리우스 이단으로 빗나갔다.

그들을 비판한 정통 신학자들은 그리스도께서 나뉘지 않고 구분되지 않는 한 분 하나님의 아들이시라는 점과, 동정녀 마리아가 하나님의 영원한 아들을 낳으셨고 그 이유로 "하나님의 어머니"라 불리는 점, 아들의 지위가 본성이 아닌 위격에 근거한다는 점, 그리고 양자론이 두 그리스도와 삼위일체 내에서의 네 위격으로 이어지게 된다는 점을 주장했다.

양 진영은 중세의 이 시기에는 예상하기 힘든 일정 수준의 교부들에 관한 지식을 발휘했다.

이 운동의 역사는 서방(스페인과 갈리아)에 국한되는 반면에, 기존의 다른 모든 그리스도론 논쟁들은 주로 동방에서 시작되고 전개되다가 해결되었다. 양자론은 스페인의 사라센족 영토에서 발생했으며, 이 지역에서 가톨릭 신자들은 아리우스파와 이슬람교 두 진영에 맞서서 그리스도의 영원하고 본질적인 아들의 지위를 변호해야 했다.

675년에 열린 톨레도 공의회는 그 신앙고백서 서문에서, 그리스도께서 입양이 아닌 본성에 의해서 하나님의 아들이시라고 공포했다. 그러나 약 한 세기 뒤에 톨레도의 노령의 대주교이자 이슬람교의 지배를 받던 스페인 그 지역의 수석 성직자였던 엘리판두스가 그리스도의 본성적 아들의 지위와 양자로서의 아들의 지위를 구분하고, 전자가 신성에, 후자가 인성에 속한다고 설명함으로써 정통 교리를 수정하고자 했다. 그는 그리스도의 영원한 신성을 부정하지 않은 채 그리스도의 온전한 인성을 확증하고자 했던 것이다. 어떤 사가들은 그가 그리스도의 신성을 비판하던 이슬람권 사람들의 공격을 면하기 위해서 그렇게 했다고 주장한다. 그러나 두 종교의 갈등은 일호의 타협도 허용하지 못할 만큼 강렬했다. 추측하건대 그는 네스토리우스의 저서들을 읽었던 것 같다. 어쨌든 그는 네스토리우스와 유사한 결론들에 도달하게 되었다.

자신의 견해가 별로 미덥지 못했던 엘리판두스는 778년부터 샤를마뉴의 영토에 병합된 스페인 카탈로니아 지방 우르겔의 주교 펠릭스(Felix)에게 자문을 구했다. 펠릭스는 엘리판두스보다 학식과 사고력이 뛰어났고, 심지어 자신의 비판자 앨퀸에게조차 역량과 경건에 대해 높은 평가를 받은 인물이었다. 네안더(Neander)는 그를 양자론의 효시로 간주한다. 어쨌든 그가 양자론의 이론적 틀을 다듬어 내었다.

자신의 친구에게 독려를 받은 엘리판두스는 여든이라는 지긋한 나이에도 아랑곳없이 젊은 개종자의 열의를 가지고 새로운 교리를 가르쳤다. 그리고 자신의 영향력 있는 지위를 이용하여 거만한 태도로 정통신앙 진영의 대적들을 공격했다. 과거에 그의 제자였던 오스마의 주교 에테리우스(Etherius)와 사제이자 앨퀸의 후임으로 아스투리아 지방 리바나의 대수도원장이 된 베아투스(Beatus)가 정통신앙을 변호하며 새 그리스도론을 폭로하는 역을 맡았다.[28] 엘리판두스는 그들이 마치 포도주와 물을 섞듯 그리스도의 본성들을 혼합하고 있고, 행실이 몹시 부도덕하다고 비난하고, 그들에게 아나테마를 선언했다.

이러한 분란을 보고받은 교황 하드리아누스는 785년에 스페인의 정통신앙 진영 주교들에게 서신을 보내어 새로운 교리가 네스토리우스주의와 다름없는 사상이라고 경고했다.[29] 그러나 그 서신은 아무런 효력도 발휘하지 못했다. 이 논쟁에서는 교황의 권위가 부차적인 권위밖에 행사하지 못했다. 사라센 정부는 기독교 신민들의 신학 논쟁에 무관심했던지라 개입하지 않았다.

그러나 양자론 이단이 펠릭스의 영향력을 통해서 스페인의 프랑스어 사용 지역에 전파되고, 심지어 피레네 산맥을 넘어 셉티마니아로 넘어가 성직자들 사이에 상당한 동요를 일으키자, 황제 샤를마뉴가 792년에 바이에른의 레겐스부르크(라티스본)에 교회회의를 소집하고서 우르겔의 주교 펠릭스에게 회의에 참석하여 자신의 견해를 정확하게 개진해달라고 청했다. 결국 교회회의는 양자론을 네스토리우스 이단의 재현으로 단죄했다.

펠릭스는 교회회의 앞에서 공식적으로 엄숙하게 자신이 견해를 철회하고, 또한 교황 하드리아누스를 찾아가라는 명령에 따라 그를 찾아간 자리에서도 그렇게 했다. 그러나 스페인으로 돌아와서 어찌 그렇게 유약하게 처신할 수 있느냐는 비난이 빗발치자, 교회회의와 교황 앞에서 엄숙히 맹세한 것도 무시한 채 동료들의 간청에 굴복하고서 이전의 사상으로 다시 돌아섰다.

이러한 사태를 접한 샤를마뉴는 자기 왕국 가운데 스페인의 부분이 떨어져 나

---

28) 그는 스페인에서 여전히 San Biego로 존경을 받지만, 엘리판두스는 그를 '적그리스도의 제자', 이단, 분리주의자, 무식자, 육욕에 빠진 자요, Beatus(복된)라는 이름이 암시하는 바와 정반대에 해당하는 자라고 부른다.

29) 전하는 바로는, 하드리아누스가 샤를마뉴에게 서신을 보냈고, 788년에 나르본 교회회의를 소집했다고 한다. 그러나 이 교회회의의 법령(1633년에 Cattell에 의해 최초로 출판됨)은 Pagi, Walch, Hefele(III. 662 sq.)에 의해서 위조 문서로 배척된다.

가 주변의 사라센족의 보호하에 들어가는 것을 바라지 않아서, 당시에 잉글랜드에서 프랑스에 와 있던 앨퀸에게 부탁하여 펠릭스에게 온건한 경고와 양자론에 대한 비판을 보내게 했다. 하지만 이러한 노력도 무위로 그치고, 스페인 주교들이 엘리판두스의 지도하에 황제의 정의에 호소하면서 펠릭스를 주교로 복직시켜 줄 것을 호소하자, 샤를마뉴는 794년에 마인 강 유역의 프랑크푸르트에 새로운 공의회를 소집했다. 주교들이 3백 명 가량(?) 참석한 이 공의회는 서방에 관한 한 '보편적'이라 불릴 만한 회의였다.[30] 펠릭스를 비롯하여 양자론을 지지하는 주교가 한 사람도 참석하지 않은 상태에서, 공의회는 앨퀸의 주도로 라티스본에서 결의했던 단죄령을 재확인했다.

그 뒤 펠릭스가 해명서를 썼으나, 이 글이 앨퀸에 의해서 논박되었다. 엘리판두스는 앨퀸이 2만 명이나 되는 종들(아마도 투르 수도원에 속한)을 거느리고 있으며 부를 자랑한다고 비난했다. 샤를마뉴는 리옹의 대주교 레드라(Leidrad)와 여러 주교들을 자기 왕국의 스페인 지역으로 보냈고, 이들이 두 차례의 방문 결과 이단들을 개종시키는 데 성공했다(앨퀸에 따르면 그 수가 2만 명에 달한다고 한다).

그 무렵 로마에서 레오 3세의 주재로 열린 공의회가 배우 빈약한 정보를 토대로 양자론이 구주의 신성 자체를 부정한다고 그릇되게 비판하면서, 다시 아나테마를 선언했다.

펠릭스 자신은 799년에 엑스라샤펠에서 열린 교회회의에 참석하여 엿새 동안 앨퀸과 변론한 뒤에 자신의 양자론 사상을 두 번째로 철회했다. 성경이 아닌 교부들(특히 알렉산드리아의 키릴루스·레오 1세·그레고리우스 1세)의 글을 읽고 몰랐던 것을 새로 깨닫게 되었다고 고백하면서, 네스토리우스를 단죄하고, 자신의 성직자들과 민중에게 참된 신앙을 따르라고 권고했다.[31] 그 뒤 여생을 리옹의 대주교의 감독을 받으며 보내다가 818년에 숨을 거두었다. 하지만 죽기 전

---

30) Hefele III. 678 sqq.에 소개된 자세한 기사를 참조하라. 이 회의는 교황 하드리아누스의 대리인 두 명이 참석하여 apostilica auctoritate(사도적 권위)로 뒷받침을 받았다. 그러나 회의는 샤를마뉴가 직접 주재했다. 참석자 수는 자료에 제시되지 않지만, 바로니우스와 그 뒤의 사가들은 300명이었다고 전한다.

31) Hard. IV. 929–934; Alcuin, *Epp.* 92, 176; *Confessio Fidei Felicis* in Mansi, XIII. 1035 sq.

에 논문을 한 편 남겼는데, 이 논문에서 문답 형태로 양자론 교리를 명쾌하게 진술했다. 이에 대해서 Leidrad의 계승자 아고바르두스는 그것을 논박할 의무감을 느꼈다.

한편 엘리판두스는 무어족 정부의 보호를 받으며 지내면서 자신의 이단 사상을 충실히 견지했다. 그러나 양자론은 그 옹호자들과 함께 생명력을 잃고 9세기에 소멸했다. 그 미미한 흔적들이 중세에 간헐적으로 나타난다. 둔스 스코투스(Duns Scotus, 1300)와 두란두스 포르키아노(Durandus a S. Porciano, 1320)는 필리우스 아돕티부스(Filius adoptivus, 입양된 아들)라는 용어를 제한된 의미로 인정한다. 양자론이 패함으로써 칼케돈 그리스도론에서 양성적(兩性的)·양의적(兩意的) 측면이 제재를 받았고, 그리스도의 위격에서 인간적 면의 발전에 관한 논의가 기약없이 연기되었다. 최근에 들어서 예수회의 바스케스(Vasquez)와 루터교 신학자들인 칼릭스투스(G. Calixtus)와 발흐(Walch)가 양자론을 본질상 정통신앙으로 변호했다.

118. 양자론 교리

양자론 교리는 그 정신이 네스토리우스 그리스도론과 밀접히 연결되어 있다. 그러나 그리스도의 위격의 구성보다는 단지 그분의 인성이 하나님의 부성과 맺고 있는 관계에 초점을 둔다. 양자론자들도 물론 처음부터 그리스도의 위격의 통일성과 두 본성 사이의 속성 간의 교류, 그리고 동정녀 마리아에게 부여된 테오토코스라는 용어(비록 제한된 의미이긴 하지만)를 진지하게 인정했다. 그럴지라도 그들의 견해는 하나님의 영원한 아들과 인간인 나사렛 예수 사이의 추상적 구분을 내포하며, 그 결과 하나님의 두 아들을 별개로 주장하게 된다. 정통 그리스도론의 양성론과 양의론을 강조했고, 아들의 지위가 본성의 속성이라기보다 위격의 속성인 한에서, 위격적 이원론으로 빠져들었다. 양자론자들은 인간 본성의 입양(adoptata natura humana)보다는 인간으로의 입양(adoptatus homo)에 관해서 말했으며, 입양된 인간성(manhood)을 입양된 아들이라 불렀다. 자신들의 이론적 근거를 암브로시우스·힐라리우스·제롬·아우구스티누스·세비야의 이시도루스, 그리고 스페인에서 사용되던 모자라베 전례(Mozarabic Liturgy,

무어족이 스페인을 정복한 뒤 그들의 왕에게 복종할 것을 조건으로 신앙이 허용된 스페인 그리스도인들을 모자라베 교도들이라 함: 역자주)에 두었다. 때로는 입양(adoptio)이라는 용어가 실제로 초기의 저자들에 의해서 성육신 사건에 적용되며, 스페인 전례에서도 발견되는데, 하지만 취득(assumptio 혹은 ἀναληψις, 취임), 즉 인성(人性)이 그리스도를 통해서 신성과 결합하는 데로 상승한다는 의미가 그 안에 다분히 실려 있었다. 이런 점을 감안하면 양자론자들이 몹수에스티아의 테오도루스를 자신들의 선구자로 인용했다면 더 나았을 것이라는 생각이 든다. 이는 그의 하나님의 아들(υἰὸς θετός)에 관한 교리가 그들이 주장하는 양자가 된 하나님의 아들(Filius Dei adoptivus)과 매우 흡사하기 때문이다.[32]

양자론에서 근본적인 점은 그리스도 안에 이중적 아들의 지위를 구분하는 것이다. 한 분은 본성으로 아들이 되고, 다른 한 분은 은혜로 아들이 되고, 한 분은 발생에 의해서 다른 한 분은 입양에 의해서, 한 분은 본질에 의해서 다른 한 분은 직함에 의해서, 한 분은 형이상학적으로 다른 한 분은 신적 의지와 선택 행위에 의해서 아들이 되었다고 본다. 아들의 지위라는 개념이 위격이 아닌 본성에 속해 있다고 보며, 그리스도께서 두 본성을 지니시므로 그분 안에 그에 따른 두 개의 아들의 지위가 있음에 틀림없다고 주장한다. 그리스도는 신성에 따르자면 실제적이자 본질적으로 영원부터 낳음을 입으신 하나님의 아들이시지만, 인성에 따르자면 입양에 의한 혹은 하나님의 은혜에 의한 명목상의 하나님의 아들이시다. 본성에 의해서는 하나님의 독생자(the Only-Begotten Son of God)이시고, 입양과 은혜에 의해서는 하나님의 맏아들(the First-Begotten Son of God)이시다.

양자론자들이 즐겨 인용하는 성구들은 요한복음 14:28; 누가복음 1:80; 18:19; 마가복음 13:32; 요한복음 1:14; 10:35; 로마서 8:29; 고린도전서 11:3; 요한일서 3:2; 신명기 18:15; 시편 2:8; 22:23, 그리고 구약성경 가운데 그들이 맨먼저 난 그리고 입양된 아들(Filius primogenitus et adoptivus)과 관련짓는 구약성경의 구절들이다. 반면에 시편 60:4; 44:2; 이사야 45:23; 잠언 8:25에 대해서는 독생자(Filius unigenitus)에 적용되는 것으로 이해했다. 하지만 아리우스주의를 뒷받침

---

32) 참조. Neander, *Kirchengeschichte*, III. p. 318 sqq; E. ed. III. 159 sqq.

하기 위해서 인용함직한 이 구절들 가운데 어느 하나도 쟁점에 대해서 그들을 뒷받침해주지 않는다. 어디서도 그리스도를 하나님의 '입양된' 아들이라 부르지 않는 것이다. 펠릭스는 하나님의 자녀들이 양자들이 된 사실을 토대로, 그들이 자신들과 같이 입양된 머리를 가져야 한다고 추론했다. 이 점을 설명하기 위해서 그가 사용한 예화는, 아들이 실제로 두 아버지를 가질 수 없고 다만 출생과 입양에 의해서 두 아버지를 가질 수 있듯이, 그리스도께서 자신의 인성에 따라서는 다윗의 아들과 하나님의 아들이 되실 수 없지만, 본성에 의해서는 다윗의 아들이, 입양에 의해서는 하나님의 아들이 되셨다는 것이었다.

펠릭스가 그리스도의 입양 시점을 승천으로 보았는지, 아니면 세례 때로 보았는지, 그것도 아니면 출생 때로 보았는지 분명하지 않다. 그는 그리스도의 이중 출생에 관해서 말하고, 그리스도의 세례를 신자들의 세례 혹은 중생과 비교하며, 그 둘을 입양을 통한 영적 출생(spiritualis generatio per adoptionem)과 관련 짓는다. 하지만 다른 한편으로는 인성과 신성의 결합을 마리아의 태에서 시작된 것으로 보는 듯한 인상을 주기도 한다.

앞서 언급한 대로, 양자론자들은 자신들이 칼케돈 그리스도론과 조화를 이루고 있다고 생각했으며, 두 개의 충만하고 완전한 본성들을 지닌 하나의 신적 위격에 대한 믿음을 고백했다. 그들이 원한 것은 자신들이 주장하는 이중적 아들 지위를 두 본성 교리의 적법한 결과로 도출해내는 것뿐이었다.

정통신앙의 변호자들은 한 목소리로 양자론을 제3차 에큐메니컬 공의회(431)가 단죄한 네스토리우스 이단의 부흥 내지 변형으로 이해했다. 그 중 대표적인 인물들은 샤를마뉴의 교사이자 친구로서 아퀼레이아의 파울리누스에 버금간 박식하고 유능한 앨퀸과 리옹의 아고바르두스였다.

실제적인 성육신 사실에서부터 출발한 정통신앙 진영은 하나님의 영원하신 독생자께서 동정녀의 태에서 인성을 취하셨고, 그것에 자신의 신성을 결합하시되 이러한 변화에도 불구하고 하나님이 아들로 여전히 계셨다고 주장했다. 그들은 자신들의 주장을 뒷받침하는 성구들로 요한복음 3:16; 로마서 8:32; 에베소서 5:2; 사도행전 3:13-15을 인용했다.

이 이단의 근본적인 오류는 아들의 지위에 대한 개념 자체를 위격(인격)에서 본성으로 옮긴 데 있다. 그리스도는 본성이 아닌 자신의 위격에 대해서 하나님의 아들이시다. 두 본성은 한 분 그리스도와 뗄 수 없이 연결되어 있기 때문에 두 아들을 형성하지 않는다. 하나님의 영원하신 아들은 성육신 행위에서 인간의 위격(personality, 인격)이 아닌 본성[人性]을 취하신다. 그러므로 양자로서의 아들의 지위가 존립할 여지가 없다. 성경은 아무데서도 그리스도를 하나님의 입양된 아들이라고 부르지 않는다. 그리스도는 당신의 위격에서 영원부터 혹은 본성에 의해서 그리스도인들이 은혜와 중생에 힘입어 얻는 그 지위에 계시다.

　교회는 단의론을 단죄하는 과정에서 그리스도 안에 있는 본성들의 이중성(duality)을 강조했고, 양자론을 단죄하는 과정에서는 위격의 통일성을 강조했다. 이로써 가톨릭 그리스도론을 유티케스주의와 네스토리우스의 일탈로부터 보호하였으나, 그리스도의 충만하고도 진정한 인성의 문제를 해결하지 않은 채 남겨놓았다. 그리스도는 하나님의 영원한 아들이시지만 동시에 진정하고도 충분히 인간의 아들이시다. 중세 교회는 주로 그리스도의 신적 위엄을 다루었고, 그분에게 나아가려면 중간에 중보자들이 있어야 할 정도로 그분을 인간으로부터 무한한 거리로 옮겨 놓았다. 하지만 반면에 지극히 현실적인 방법을 통해서이긴 하지만, 매일 미사 제사로써 그분의 수난을 생생하게 간직했으며, 아기 구주를 품에 안고 있는 자애로운 동정녀 어머니를 숭배함으로써 그리스도의 완전한 인성에 관한 사색과 거기서 얻는 위로를 대체했다. 화체설 이론이 승리를 거두면서 곧 양자론의 패배가 뒤따랐으며, 자연적인 것들을 변화시키는 대신에 말살하는 과도하고 마술적인 초자연주의를 중시하는 경향을 강화했다.

119. 예정론 논쟁

　고트샬크(Gottschalk) 혹은 고데스칼쿠스(Godescalcus)[33]는 색슨족 귀족의 가문에서 태어나 마지못해서 수사가 되고 정규 절차를 밟지 않고 사제가 된, 소신이 강하고 용기가 남다른 인물로서, 사변 신학의 가장 난해한 문제들 가운데 하

---

33) 그 이름을 지닌 여러 사람들이 있다. 그 중 가장 유명한 세 사람은, 1) 이 장의 주인공; 2) 이 책 § 96 후반에 언급한 속창 작가; 3) 독일 북부의 접경 지대에 살던 슬라브족과 벤드족의 왕(1066년 6월 7일에 죽음). 고트샬크라는 이름은 하나님의 종이라는 뜻이다. 독일어 Schalk, Knecht는 영어의 knabe와 비슷한 변화를 겪었다.

나인 아우구스티누스의 이론을 되살려 놓았으나, 그 위대한 아프리카의 신학자가 4세기 전에 좀 더 차원 높은 깊이와 지혜와 균형을 갖추어 설명하고 입증해 놓은 사상을 다시 주장했다가 심한 박해를 당했다.

그리스 교회는 아우구스티누스를 무시했고, 고트샬크에 대해서는 더욱 그러했으며, 신적 은혜 못지않게 인간의 자유의지를 크게 강조한 니케아와 니케아 이전 교부들의 인간론을 오늘날까지 고수한다. 다마스쿠스의 요한은 하나님의 절대 예지(像知)를 가르치지만 절대 예정은 가르치지 않는다. 그 이유에 대해서, 하나님께서는 자신이 뜻하시지도 않고 정반대로 단죄하고 벌하시는 죄를 예정하실 수 없기 때문이라고 했고, 하나님은 원치도 않는 사람의 의지에 덕을 강요하시지 않는다고 주장했다.

라틴 교회는 아우구스티누스를 위대한 신학자로 여겨 전통적으로 존경해 왔으나, 그의 예정 사상을 보편적으로 채택한 적은 없다.[34] 다만 루스페의 풀겐티우스(Fulgentius)와 세비야의 이시도루스 같은 이들의 개인 차원의 지지를 받았을 뿐인데, 이들은 이중 예정, 즉 선택자가 영원한 생명으로 예정되고 유기된 자가 영원한 죽음으로 예정된다는 견해를 주장했다. 비드(Bede)와 앨퀸은 온건한 유형의 아우구스티누스주의자들이었다. 그러나 지배적 정서는 아우구스티누스주의와 반(半)펠라기우스주의의 중간을 조심스럽게 견지하면서, 하나님의 우선적이고 능력 주시는 은혜를 강조하되, 인간의 동의하고 협력하는 의지에 대해서도 다소 무게를 두었다. 이러한 절충적 견해는 반(半)펠라기우스주의와 구분하여 반(半)아우구스티누스주의라 부를 수 있다. 이 사상은 529년의 오랑주(아라우시오) 교회회의에 의해 채택되었다. 이 교회회의는 반(半)펠라기우스주의 오류를 단죄하고(그 옹호자들을 거론하지 않은 채) 아우구스티누스의 죄와 은혜 사상을 인정하였으나, 그의 예정 사상은 채택하지 않았다. 이 사상은 아우구스티누스에 버금가게 우리가 다루는 시기의 신학에 큰 영향을 끼친 교황 대 그레고리우스를 통해서 중세로 전달되었다. 그리고 그가 전달한 중도적이고 약화된 아우구스티

---

34) 참조. 제3권 866 sqq. 네안더는 이렇게 말한다(*Church Hist.* III. 472): "아우구스티누스의 은혜 교리는 반펠라기우스주의에 완승을 거두었으나, 예정 교리에 관해서는 아직 공식적으로 결정된 바가 없었다." Gieseler(II. 84)는 "엄격한 아우구스티누스주의가 서방에서조차 보편적으로 채택된 적이 없었다"고 말한다.

누스주의가 고트샬크 논쟁에서 승리를 거두었다.

예정 문제에서 로마 교회가 아우구스티누스와 맺고 있는 관계는 루터 교회가 루터와 맺고 있는 관계와 비슷하다. 그 종교개혁자는 신적 예정에 관하여 가장 극단적인 견해를 주장했으며, 에라스무스를 비판하여 쓴 「인간 의지의 노예 상태」(*the Slavery of the Human Will*)라는 책에서 자기 이전의 아우구스티누스보다, 이후의 칼빈보다 더욱 나아갔다.[35] 그러나 그의 지대한 천재성과 권위에도 불구하고, 그의 견해는 사실상 폐기되었고, 신자들에 대한 절대적 선택과 모든 죄인들을 향한 진지한 회개의 부르심 양면을 가르치는 협화신조(協和信條, the Formula of Concord)라는 절충적 견해에 자리를 내주었다.

칼빈주의 신앙고백서들은 좀 더 논리적 일관성을 가지고서 절대 예정을 신적 전능과 전지의 필연적 결과로 가르치지만, 그것을 아우구스티누스와 마찬가지로 하나님을 죄의 근원에서 배제하는 후택설적(infralapsarian) 구도의 한계 안으로 한정했다. 하지만 전택설(Supralapsarianism)도 신학적 견해로서 나름대로 옹호자들이 있다. 로마 교회에서는 아우구스티누스 체계가 얀센주의자들에 의해서 되살아났지만, 그들은 결국 단죄를 당했다.

120. 고트샬크와 라바누스 마우루스

백작 베르노(Berno, 혹은 베른)의 아들 고트샬크(Gottschalk)는 유년 시절에 그를 경건한 자녀(oblatus)로 키우기를 원했던 부모에 의해서 헤세의 유명한 풀다 수도원에 들어갔다. 성년이 되었을 때 자신이 타의에 의해서 수사 서약을 한 것을 무효로 여기고 수도원을 나와 829년에 마인츠 교회회의 앞에 자신의 사정을 상정했다. 교회회의는 그의 손을 들어주었으나, 새로 부임한 대수도원장 라바누스 마우루스가 황제에게 항소하는 한편, 부모가 자녀를 수도원에 바쳤을 경우 자녀가 수사가 될 의무가 있음을 변호하는 내용의 「소년의 봉헌에 관하여」(*De*

---

35) 멜란히톤도 처음에는 하나님의 주권 사상에 매우 깊은 인상을 받았던 까닭에 다윗의 간음과 유다의 배반도 하나님의 영원한 작정으로 돌렸다. 하지만 후에 견해를 수정하여 신인협력설을 주장하게 되었는데, 하지만 루터는 그렇게 하지 않았다.

Oblatione Puerorum)를 썼다. 결국 그는 자신의 뜻을 관철시켰으나, 그 대신 고트샬크에게 수도원을 풀다에서 랭스 지방 수아송 교구에 있는 오르베 수도원으로 교체하도록 허용했다. 이때부터 자신이 유랑자라 부른 억지 수사를 만들어내는 관행에 대해서 악감정이 뿌리를 내리기 시작했으며, 논쟁 과정에서 라바누스가 너무 몰인정했다는 인상이 드는 것을 부정할 수가 없다.

오르베 수도원에서 고트샬크는 아우구스티누스와 로스페의 풀겐티우스(533 죽음)를 연구하는 데 열중했으며, 워낙 깊이 파고 들었기 때문에 풀겐티우스라는 별명을 얻었다. 그는 특히 예정 교리를 뒷받침하는 성구들을 선별하여 동료 수사들과 함께 여러 시간 암송했으며, 그로써 많은 사람들을 자신의 견해로 돌아서게 했다. 그러나 그의 친구 세르바투스 루푸스(Servatus Lupus)는 그에게 좀더 실제적인 교훈을 얻기 위해서 성경을 연구하지 않고 추상적인 주제들에 대한 무익한 사변에 몰두해서는 안 될 것이라고 경고했다. 고트샬크는 여러 학자들과 서신을 주고받았고, 로마를 순례했다. 847년 혹은 848년에 로마에서 돌아온 뒤에 사람 좋은 프리울리의 백작 에베하르(Eberhard, 황제 경건자 루이의 사위)와 한동안 함께 지냈고, 베로나의 주교 노팅(Noting)을 만나서 그에게 예정에 관한 자신의 견해를 전달했다. 노팅은 이 사실을 당시에 마인츠의 대주교가 되어 있던 라바누스 마우루스에게 알리고서 이 새로운 이단 사상을 논박해 줄 것을 부탁했다.

라바누스 마우루스는 노팅에게 보낸 편지에서 예정에 관해서 진술했다. 물론 거명은 하지 않았으나 이 편지는 당연히 고트샬크를 겨냥한 것이었다. 그는 고트샬크의 이중 예정 사상을 최대한 곡해한 뒤 일곱 가지 이유를 들어 그것을 배척했다. 그 중에서 몇 가지만 간추리자면 다음과 같다. 첫째, 그의 사상에는 하나님이 공의롭지 못하시다는 비판을 받으실 소지가 있다. 둘째, 그의 사상은 선행에 대한 영원한 보상을 약속하는 성경에 위배된다. 셋째, 유기된 자들에 대해서는 그리스도께서 헛되이 피를 흘리셨다고 말하는 셈이 된다. 넷째, 그의 사상은 일부 사람들에게는 현세적인 안전으로, 다른 사람들에게는 절망으로 인도한다. 라바누스 자신의 교리는 중도적 형태의 아우구스티누스주의이다. 그는 세례받지 못한 어린이들을 포함한 온 인류가 아담의 죄에 대한 공의로운 저주에 처해 있고, 이 타락한 인류 가운데서 하나님이 순전히 은혜로 일부를 영생으로 선택하시고, 나머지 일부를 그들의 도덕적 품행을 보시어 의로운 형벌에 내버리신다고 주장한다. 하나님은 모든 사람들을 구원하시기를 바라시지만 실제로는 일부만 구원하시는데, 왜 그런 차이를 두시는지 우리는 알지 못하며, 그것은 그분의 감춰진 뜻에 속한다. 예지와 예정은 구분되며, 예정의 조건은 예지이다. 이 점에서 라바누스는 아우구스티누스와 갈라서며, 반(半)펠라기우스주의에 동조한다. 그는 예지된 자들(praesciti)과 예정된 자들(praedestinati)도 구분한다. 회개하지 않는 죄인들은 예지만 되었을 뿐 예정되지는 않았다고 한다. "형벌이 죄인에 대해서 예정되었다"는 것을 인정했지만, "죄인들이 형벌을 위해 예정되었다"는 생각은 부정했다. 이러한 생각을 제롬 · 프로스페르 · 게나디우스 · 아우구스티누스에게서 인용한 구절들로 뒷받침했다.

고트샬크는 이 소논문에서 "가장 가톨릭적인 박사" 아우구스티누스의 교리보다 반(半)펠라기우스주의자 게나디우스와 카시아누스의 교리를 보았다. 그는 848년 10월 1일에 마인츠에서 독일 왕이 참석한 가운데 열린 교회회의에 출석하여 생명과 죽음으로의 이중 예정, 즉 하나님께서 친히 선택하신 자들을 값없는 은혜로써 영생으로 예정하시고, 이와 아주 유사하게 모든 유기된 자들을 그들이 받아 마땅한 공의로운 심판에 의해서 영원한 죽음으로 예정하셨다는 자신의 신념을 대범하게 밝혔다. 이 고백에서 거슬리는 부분은 이중(gemina)이라는 표현과 이와 아주 유사하게(similiter omnino)라는 표현으로서, 그는 이 표현들을 사용하여 이중 예정 곧 선택과 유기를 동일한 토대에서 이루어진 행위로 제시한 듯한데, 하지만 유기된 자들의 죄책과 내세의 심판과 결부지음으로써 그 의미를 한정했다. 더 나아가 그는 라바누스에 반대하여, 하나님의 아들이 인간이 되셨고 오직 선택된 자들을 위해서만 죽으셨다고 주장했다. 결과 혹은 효과의 범위를 가지고 목적의 범위를 판단했다. 하나님은 절대 불변하신 분이며, 그분의 뜻은 반드시 이루어지게 되어 있다고 했다. 발생하지 않는 일은 하나님이 의도하신 일일 수가 없다고 했다.

교회회의가 어떠한 판결을 내렸는지 자세한 내용이 알려지지 않지만, 교회회의를 주재했던 라바누스는 회의 결과를 정리하여 앙크마르에게 보낸 서신에서, 고트샬크가 그의 사악한 교리와 함께 단죄를 당했으며, 처벌과 구금을 위해서 그의 수도대주교 앙크마르에게 보낸다고 썼다.

121. 고트샬크와 앙크마르

랭스의 대주교로서 영향력이 막강하고 거만하고 비관용적이던 고위성직자 앙크마르(Hincmar)는 고트샬크에 대해서 매우 악감정을 가지고 있었다. 왜냐하면 그가 수아송의 주교가 모르는 상태에서 그의 감독하에 있는 시골 주교(chorespiscopus)에 의해 사제 임명을 받은데다, 자기 대수도원장의 허락 없이 여행을 했기 때문이다. 그는 그 가련한 수사를 매정하게 대했다. 고트샬크는 849년 봄에 치에시 교회회의 앞에 소환되었다. 그 자리에서 사상을 철회하기를 거부하다가 교정할 수 없는 이단이라는 단죄를 받고 사제직을 박탈당한 뒤 성 베데딕투스의 수도회칙에 따라 완고하다는 죄목으로 공개 채찍질을 당했고, 저서들이 압수되어 불살라지는 것을 보았으며, 랭스 관구의 수도원 감옥에 수감되었다. 목격자들의 증언에 따르면 그는 "거의 죽을 정도로" 채찍질을 당한 뒤 거반 죽은 상태로 성경과 교부들의 저서들에서 자신의 교리를 뒷받침하는 증거들을 인용한 저서를 불에 던졌다고 한다. 그가 당한 모진 대우를 생각할 때, 리옹의 대주교 성 레미기우스가 그 불행한 수사(miserabilis monachus, 동료 수사들이 고트샬크를 자주 이렇게 불렀다)를 "전에 들어보지 못한 사악함과 잔인함"으로 대한 데 대해서 심각한 우려를 표명했다는 사실에서 다소 위안을 얻게 된다.

호트빌리에의 외로운 감옥에서, 단죄받은 수사 고트샬크는 두 편의 신앙고백서를 작성했는데(단문 한 편과 장문 한 편), 이 글들에서 자신의 이중 예정 교리를 강력하게 다시 주장했다. 그는 교황 니콜라우스에게 항소했고, 그를 다소 동정한 교황은 재심문을 요구했으나, 재심문은 이루어지지 않았다. 고트샬크는 동시에 하나님의 은혜를 굳게 믿고서 왕과 주교들과 수사들 앞에서 시죄법으로 재판을 하자고 제의했다. 그가 제의한 시죄법의 방법은 물과 기름과 비계와 역청을 넣어 펄펄 끓인 네 개의 가마솥을 차례로 걸어간 다음 활활 타오르는 장작더미 위를 지나가자는 것이었다. 그러나 그 도전을 받아줄 수 있는 사람이 아무도 없었다. 앙크마르는 마지막 병에 걸려 있던 그에게 성찬과 기독교식 장례를 허락하기를 거부하면서, 그렇게 하려면 철저히 사상을 철회하라고 요구했다.[36] 고

---

36) 고트샬크는 주교의 권위를 무시함으로써, 그리고 교회의 찬송에서 'trina Deitas'를 'summa Deitas'라고 한 것을 사벨리우스주의라고 비판함으로써 그를 자극

트샬크는 그 조건에 경멸을 표시한 뒤 믿음이 흔들리지 않은 채 숨을 거두었으며, 20년간 수감 생활을 한 뒤 축성되지 않은 땅에 묻혔다(868 혹은 869).

그는 자신의 신념을 지킬 용기가 있었다. 그를 굳게 세워준, 하나님이 불변하시다는 신념이 그의 꿋꿋한 행동에 잘 반영되었다. 그의 정적들은 그가 허황되고 완고하고 이상한 미몽에 빠져 있다고 비난했다. 예수회 수사들(시르몽 · 페토 · 첼로)은 그와 그의 교리를 단죄하지만, 칼빈파와 얀센파(어셔 · 호팅커 · 모귀앵)는 그를 진리를 위해 목숨을 잃은 순교자로 인정한다.

122. 예정에 관한 상충된 이론들과 반(半)아우구스티누스주의의 승리

고트샬크가 수감되어 있는 동안 쟁점에 대해서 활발한 논쟁이 벌어졌다. 그의 사상이 당대의 지식인들에게는 매우 신뢰할 만한 것이었으나, 결국 그 논쟁은 명쾌하고 만족할 만하게 해결되지 못했다. 주요 쟁점은 모든 것을 신적 완전의 필연적 요소로 인정하는 신적 예정이 절대적인가 상대적인가 하는 것이었다. 달리 말하자면, 신적 예정이 선하든 악하든 모든 사람들과 모든 행위들을 포함하는가, 아니면 구원받은 자들과 하나님께서 인정하시고 상을 주시는 행위들만 포함하는가의 여부였다. 이 문제는 필연적으로 인간 의지의 자유에 관한 문제와 구속 계획의 범위를 내포하게끔 되어 있었다. 의지의 자유와 그리스도의 대속적 죽음이 갖는 보편적 취지에 대해서, 절대 예정을 옹호하는 사람들은 부정했고, 상대 예정을 옹호하는 사람들은 인정했다.

절대 예정 교리를 옹호한 사람들은 트루아의 주교 프루덴티우스, 코르비의 수사 라트람누스, 페리에레의 대수도원장 세르바투스 루푸스, 리옹의 대주교 레미기우스였다. 이들은 고트샬크에 비해 다소 온건하고 신중한 태도를 취하긴 했으나 사실상 그의 사상에 동조했다. 이들의 견해는 855년의 발랑스 교회회의와 859년의 랑그레 교회회에 의해서 추인되었다.

했다. 이에 대해 앙크마르는 그를 아리우스주의자라고 비판했으나, 그가 반대한 그 표현은 갈리아 예배 문구에 그대로 남았다.

고트샬크에 반대하여 자유의지와 조건 예정 교리를 옹호한 사람들은 마인츠의 대주교 라바누스 마우루스, 랭스의 대주교 앙크마르, 랑의 주교 파르둘루스였고, 이들의 견해는 853년의 치에서 교회회의에 의해 추인되었고, 859년에 툴 근처의 사보니에레에서 열린 교회회의에서 다시 부분적으로 추인되었다.

제3의 이론은 존 스코투스 에리게나가 고트샬크를 비판하기 위해서 제시했으나, 사실상 정통신앙의 견해에서 훨씬 벗어난 것으로서 양 진영에 의해서 모두 묵살되었다.

I. 절대 예정과 이중 예정 교리

고트샬크는 자신이 단지 대 학자 아우구스티누스를 따르는 것일 뿐이라고 토로했다. 이것은 사실이다. 그러나 그는 예정 교리에 과도한 무게를 실었고, 그것을 하나님의 불변성과 분리할 수 없는, 신학의 근본 원리로 삼았다. 반면에 아우구스티누스에게는 그것이 자신의 인간론의 전제들에서 이끌어낸 논리적 추론일 뿐이다. 고트샬크는 아우구스티누스가 끝낸 지점에서 논의를 시작했다. 후대의 (칼빈주의) 용어를 사용하자면, 그의 견해는 후택설보다 전택설에 해당했다. 그는 선택된 자들이 구원으로, 유기된 자들이 멸망으로 예정되었다는 이중 예정을 주장했지만, 두 개의 개별적인 예정들이라는 의미로 그렇게 한 것이 아니라, 긍정적 면(선택)과 부정적 면(유기)라는 양면(gemina, 즉 bipartita)을 지닌 하나의 예정의 의미로 그렇게 했다. 그로서는 후자 없는 전자를 생각할 수 없었다. 하지만 그가 가르친 것은 죄인에게 죄를 짓도록 하는 예정이 아니었다. 그렇게 했다면 하나님을 죄의 근원으로 만드는 것이 되는 셈이다. 이 점에서 그는 라바누스 마우루스에게 오해를 받았다. 그는 감옥에서 쓴 짧은 신앙고백서에서 이렇게 말한다.

"나는 하나님께서 거룩한 천사들과 선택된 사람들을 공로 없는 영생으로 예지하시고 예정하시되, 동일하게(pariter) 마귀와 함께 그의 군대와 모든 유기된 사람들을 그들의 예지된 미래의 악행으로 인하여 공의로운 심판으로써 당연히 받아야 할 영원한 죽음으로 예정하셨다." 그는 성경의 구절들과 아우구스티누스, 풀겐티우스, 그리고 동일하게(pariter)를 제외하면 같은 사상을 가르친 이시도루스의 글에 호소한다. 기도의 형식으로 된 긴 신앙고백서에서는 '동일하게' 대신에 좀 더 온건한 표현인 '거의'(propemodum)로 대체하며, 하나님께서 유기된 자들에게 죄를 짓도록 예정하셨다는 것을 부정한다. 그는 이렇게 말한다. "하나님, 당신이 저주받을 죄 안에서 자신들의 비참한 상태를 고집할 사람들을 미리 아시고서 의로운 재판장으로서 그들을 멸망으로 예정하셨나이다." 그는 두 가지 구속에 관해서 말한다. 하나는 선택된 자들과 유기된 자들에게 공통된 것이고, 다른 하나는 선택된 자들에게만 특별하고 유일한 것이다. 이와 비슷하게, 칼빈주의자들은 아르미니우스주의자들과 논쟁을 하는 과정에서, 그리스도께서 비록 만민을 위해서 충분하게 죽으셨지만, 그럴지라도 선택된 자들을 위해서만 효과적으로 죽으셨다고 주장했다.

예정론에 관하여 그와 뜻을 같이한 친구들은 하나님이 선인들과 악인들과 맺으신 관계의 차이를 좀 더 분명하게 부각시켰다. 예를 들어 라트람누스는 하나님께서 선한 생각들과 행위들의 통치자(ordinator)이실 뿐 아니라 근원(auctor)이시되, 악한 생각들과 행위들의 근원은 아니시라고 말한다. 하나님께서 죄에 대한 형벌을 예정하시되 죄 자체를 예정하시지 않았다고 한다(peccatum이 아닌 poenam). 하나님은 죄의 과정을 주관하시고, 그것을 선을 위하여 사용하신다. 유다의 악한 계획을 쓰셔서 십자가 고난이 있게 하셨고, 그 사건을 통해서 구속을 이루셨다. 루푸스는 하나님께서 아담의 타락을 예지하시고 허용하시고 그 결과들을 예정하셨으나, 타락 자체를 예정하시지는 않았다고 말한다.

마기스터 플로루스(Magister Florus)도 이중 예정(praedestinatio gemina)에 관해서 말하지만 그러면서도 그 둘의 구분을 강조한다. 하나님께서 선택된 자들을 선행뿐 아니라 구원으로도 예정하시되, 유기된 자들에 대해서는 죄를 짓도록 예정하신 게 아니라 오직 형벌을 받도록 예정하셨다고 한다. 그는 처음에는 고트샬크의 가르침을 잘못 전해 들어서, 마치 그가 영원한 형벌의 근거(meritum damnationis)를 부정한 것처럼 이해했다. 레미기우스는 고트샬크의 '만용'과 '때이른 장광설'을 비난했으나 그가 비인도적인 대우를 받은 데는 반대했으며, 타락 이후에 선을 행할 자유를 부정한 부적절한 견해를 제외하고는 그의 모든 명제들을 인정했다. 그는 앙크마르가 쓴 네 장에 대해서 신랄한 비판을 가했다. 하나님이 만민을 구원하기를 원하시는 데 있어서 제한을 두시지 않는가, 아니면 제한을 두시는가, 그리고 그리스도께서 만민을 위해서 죽으셨는가 아니면 선택된 사람들만 위해서 죽으셨는가 하는 질문에 관해서, 그 자신은 특정론적(特定論的, particularistic) 견해를 주장했으나, 견해의 자유를 허용할 의지가 있었다.

왜냐하면 교회가 그 문제에 대해서 판결하지 않았고, 성경이 상이한 해석들을 허용했기 때문이었다.[37]

855년에 황제 로타르의 요청으로 모인 발랑스 교회회의는 앙크마르와 치에시 교회회의의 네 장(four chapters)에 반대하여 공의회를 주재한 레미기우스가 이해한 대로의 아우구스티누스의 주요 견해들을 승인했다. 교회회의는 이중 예정을 인정했으나, 하나님의 거룩하심과 인간의 도덕적 책임을 보호하는 데 필요한 것처럼 보이는 설명들과 구분들을 사용하여 인정했다. 859년에 대머리 샤를이 리옹 관구에 속한 랑그르에 소집한 교회회의는 발랑스 교회회의 법령을 재확인 했으나, 그 가운데 치에시 교회회의의 네 장에 대한 비판을 삭제했다. 그 문서에 대머리 샤를이 서명했고, 이로써 절충할 수 있는 길을 마련했다.

아우구스티누스 학파의 체계는 다음과 같은 몇 가지 명제들로 간략히 진술할 수 있다.

(1) 모든 인간은 죄인들이며, 아담의 타락으로 인해 공의로운 정죄의 상태에 처해 있다.

(2) 자연 상태의 인간은 선택의 자유가 없고 다만 죄의 노예일 뿐이다. (하지만 이것이 레미기우스와 발랑스 교회회의에 의해서 반펠라기우스주의의 방향으로 수정되었다.)

(3) 하나님은 값없이 베푸시는 은혜로 영원부터 불변하게 인류의 일부분을 거룩함과 구원으로 선택하셨으며, 그들의 모든 선행의 근원이시다. 반면에 인류의 나머지는 그분의 불가해한 뜻 안에서 그들이 당연히 받아야 할 멸망으로 버리신다.

(4) 하나님은 회개하지 않는 자들과 완고한 죄인들을 불변하게 영원한 형벌로 예정하셨지만, 죄를 짓도록 예정하시지는 않았다. 죄는 인간의 책임이며 하나님에 의해 단죄된다.

(5) 그리스도는 오직 선택된 자들을 위해서 죽으셨다.

---

37) 특정론자들(particularists)은 마태복음 26:27의 pro multis('많은 사람을 위하여')라는 구절에 호소했고, 이것이 엄밀한 의미에서 pro omnibus('모든 사람을 위하여')라는 표현과 구분된다고 이해했다. 반면에 디모데전서 2:4의 omne('모든 사람')과 유사한 구절들의 의미를 작위적으로 제한하여 해석했다.

고트샬크는 정적들에 의해서 교회와 성례들을 가볍게 만들고, 세례와 성찬의 효과를 선택된 자들에게만 제한했다는 비판도 받는다. 이것이 그의 이론과 일치할 것이다. 그는 친구 라트람누스와 함께 화체설 교리를 배척하는 점에서 일치했다는 말을 듣는다. 아우구스티누스는 분명히 화체설을 가르치지 않았으나, 세례에 의한 중생 교리와 가시적이고 역사적인 교회를 구원의 중보자로 가르치는 교리 같은 가톨릭 교회의 교리로써 예정론의 논리적 경향을 견제했다.

II. 조건적, 단일 예정 교리

고트샬크를 대하는 비기독교적 태도뿐 아니라 신학에서도 일치했던 라바누스와 앙크마르는 아우구스티누스주의자로 자임했으나, 심중으로는 반(半)펠라기우스주의자들이었으며, 아우구스티누스의 전제들을 유지하면서도 논리적 결론들은 회피하는 어중간한 노선을 취했다. 예지(praescientia)는 하나님의 전지하신 정신의 필연적 속성이며, 그분의 전능한 의지의 속성인 예정(praedestinatio)과 다르다. 전자는 후자 없이도 존재할 수 있으나, 후자는 전자 없이는 존재하지 못한다. 예지는 절대적이며, 선하든 악하든 만물과 만민을 포함하지만, 예정은 예지를 조건으로 삼으며, 오직 선한 것들에만 해당된다. 하나님은 영원부터 죄를 미리 아셨지만, 그것을 예정하지는 않으셨다. 마찬가지로 죄인들을 예지하셨지만 그들이 죄를 짓거나 죽도록 예정하지는 않으셨다. 그들은 예정된 자들(praedestinati)이 아니라 예지된 자들(praesciti)이다. 그러므로 이중 예정이란 없고, 다만 영생으로의 선택과 동시에 이루어지는 하나의 예정만 있을 뿐이다. 아담의 타락은 그 결과들과 더불어 신적 허용 개념에 해당된다. 하나님은 모든 사람을 차별 없이 구원하실 뜻을 지니고 계시며, 그리스도께서는 만민을 위해서 피를 흘리셨다. 만약 멸망하는 자들이 있다면 그들은 자신들에게 책임이 있는 것이다.

앙크마르는 853년에 황제 대머리 샤를이 참석한 가운데 열린 치에시 교회회의에 의해서 자신의 견해를 확증받았다. 이 교회회의는 다음 네 가지 명제를 채택했다.

(1) 전능하신 하나님은 인간을 죄로부터 자유롭게 만드시고, 그에게 이성과 선택의 자유를 부여하셨으며, 그를 낙원에 두셨다. 인간은 이 자유를 남용함으로써 죄를 범했고, 온 인류가 멸망의 집단이 되었다. 이 멸망한 자들의 집단(massa

perditionis)으로부터 하나님은 당신이 은혜로써 영생에 이르도록 예정하신 자들을 선택하셨고, 나머지 사람들에 대해서는 그들이 멸망할 것을 미리 아시되 그들이 멸망하도록 예정하지는 않으신 상태에서 — 비록 그들에 대해서 영원한 형벌을 예정하시긴 했지만 — 공의로운 심판에 의해서 멸망의 집단에 버려두셨다. 이것은 아우구스티누스의 견해이지만, 마지막 대목에서 약화되었다.

(2) 우리는 첫 사람의 타락을 통해서 의지의 자유를 상실했고, 그리스도를 통해서 그것을 다시 얻었다. 하지만 이 장은 표현이 너무 모호해서 아우구스티누스적 의미로도 이해할 수 있고, 반펠라기우스주의적 의미로도 이해할 수도 있다.

(3) 비록 모든 사람이 실제로 다 구원을 받는 것은 아니지만, 전능하신 하나님은 모든 사람이 예외 없이 구원받기를 바라신다. 구원은 값없이 베푸시는 은혜의 선물이다. 하지만 멸망은 죄를 고집하는 자들에게 돌아갈 몫이다.

(4) 예수 그리스도는 과거와 현재와 미래의 모든 사람들을 위해서 죽으셨으나, 모든 사람들이 그분의 수난의 비밀에 의해서 다 구속받는 것은 아니다. 구속을 받지 못하는 것은 그들 자신의 불신앙 때문이다.

나중의 두 가지 명제는 아우구스티누스적인 것은 아니지만 가톨릭적인 것이며, 가톨릭 정통신앙과 반펠라기우스주의 이단을 연결해 주는 고리이다.

앙크마르는 레미기우스와 발랑스 교회회의의 비판에 맞서서 예정과 자유의지에 관한 저서 두 권(856-863년에 저술)에서 이 명제들을 변호했다. 첫 번째 책은 유실되었고, 두 번째 책은 현존한다. 자유의지에 관한 이 책은 매우 장황하고 반복이 심하며, 그 주제에서 논의를 사실상 한 발도 더 진전시킨 점이 없다. 역사 사실들에 대해서도 여러 번 와전하며, 아우구스티누스의 이름을 빌려서 쓴 「히폼네스티콘」(*Hypomnesticon*)을 자유롭게 인용한다. 그는 이 글이 아우구스티누스의 좀 더 잘 다듬어진 후기 사상을 반영한다고 생각했다.

양 진영은 860년 10월에 툴 근처의 투시에서 황제 대머리 샤를과 왕 로타르 2세, 프로방스의 샤를, 그리고 14개 교구의 주교들이 참석한 가운데 열린 프랑스 전국 교회회의에서 일종의 합의에 도달했다. 앙크마르가 회의를 주도했으며, 교회회의 서신을 작성했다. 그는 여전히 자신의 네 가지 명제를 주장했으나, 자신이 반(半)펠라기우스주의자라는 의혹을 깨끗하게 씻어냈다. 교회회의 서신의 서두는 모든 신자들에게 쓰는 내용으로서, 기독교 교리를 요약하고, 하나님의 뜻이나 허락이 없이는 하늘과 땅에서 어떠한 일도 발생할 수 없다고 주장한다. 이어지는 내용은 다음과 같다: 하나님은 모든 사람을 구원하기를 원하시며 아무도 멸망받기를 원치 않으신다; 타락 이후에도 인간에게서 자유의지를 박탈하지 않으시고, 은혜로써 그것을 고치시고 뒷받침하신다; 그리스도는 만민을 위해서 십자가에 돌아가셨다; 지금은 멸망한 자들의 집단(massa perditionis)에 흩어져 있는 모든 예정된 자들이 종국에는 하늘에서 영원한 교회의 충만 속으로 모이게 될 것이다.

이것으로 논쟁이 그쳤다. 이로써 엄격한 형태의 예정론이 패배하고 사실상 반(半)아우구스티누스주의가 승리를 거두게 되었다. 반아우구스티누스주의는 하나님의 은혜를 좀 더 크게 강조한다는 점을 제외하고는 반펠라기우스주의와 거의 동일하다.

그리고 실제로는 이러한 차이마저 자취를 감추었다. 중세 교회는 인간의 도덕적 책임과 죄책과 공로를 견지하기 위한 기초로서, 그리고 사제와 제사를 구원의 필수적 통로로 뒷받침하기 위해서 자유의지와 보편적 부르심의 교리를 견지할 필요가 있었다. 반면에 엄격한 예정론은 시간 전 혹은 창세 전의 작정에 의해 모든 개인의 운명이 변경할 수 없이 결정된다는 주장으로 인하여 죄인의 양심에 호소하는 일을 불필요하게 만들고, 공로와 보상이라는 강력한 동기를 제거하고, 성례의 효과를 선택된 자들에게만 제한하고, 가톨릭 교회의 성직위계제도를 약화한다고 인식되었다.

그러나 교회와 사제 중심적인 반(半)아우구스티누스주의 혹은 은밀한 반펠라기우스주의가 앙크마르의 주도로 프랑스에서는 승리를 거두었으나, 보편교회 차원의 재가를 받지는 못했다. 성직위계적 근거로 앙크마르에게 불만을 느낀 교황 니콜라우스는 고트샬크에게 동정을 표시했으며, '이중 예정'과 제한 속죄에 관하여 발랑스 교회회의와 랑그르 교회회의의 아우구스티누스적 법령들을 지지했다고 전해진다.[38]

이로써 가톨릭 교회 안에 엄격한 아우구스티누스주의가 되살아날 여지가 남

---

38) 교황의 법령은 현존하지 않는다. 그러나 그 사실은 *Annales Bertiniani* ad. ann. 859(Perz, *Mon. Germ.*, I. 453 sq.)에 표현된 유명한 트루아의 프루덴티우스의 권위를 근거로 삼는다.

게 되었으며, 그것이 결국 16세기에 대규모로 되살아났다.

특주

고트샬크 논쟁은 오랜 세월이 지난 17세기에 처음으로 연구와 비평적 논의의 주제가 되었으나, 얀센파(얀센, 모귀앵)와 예수회(시르몽, 셀로) 사이의 교리적 적대 관계로 인하여 방해를 받았다. 칼빈주의 사가들(어셔, 호팅거)은 고트샬크와 얀센파 편에 섰다. 논쟁은 19세기 개신교 사가들에 의해서 좀 더 차분하고 공정하게 다루어졌으나, 논쟁의 범위와 결과에서 약간 차이가 있었다. 더러는 이 논쟁을 단지 아우구스티누스주의의 엄격한 형태와 온건한 형태 사이의 대립으로 본 반면에(네안더, 쿠르츠), 다른 이들은 아우구스티누스주의와 유력한 세력으로 되살아난 반펠라기우스주의 사이의 대립으로 이해했다(바우어, 바이츠새커). 전자의 견해가 좀 더 정확하다. 반펠라기우스주의는 529년의 오랑주(아라우시오) 교회회의에 의해 단죄를 받았고, 같은 해에 열린 발랑스 교회회의와 530년에 교황 보니파키우스 2세에 의해 다시 단죄를 당했으며, 그 이후에 항상 로마의 이단 목록에 자리를 잡고 있다. 가톨릭 교회는 자신이 일단 단죄한 사상을 다시 재가할 수가 없다.

9세기의 논쟁에서 양 진영은 (스코투스 에리게나의 독자적인 견해를 외면한 채) 라틴 교회에서 최고의 교부적 권위를 지닌 아우구스티누스를 저마다 자신들의 논거로 제시했다. 양 진영은 아우구스티누스의 인간론과 구원론, 즉 아담 안에서 모든 인류가 타락했으며, 그리스도를 통해서 제한된 수가 구원을 얻는다는 교리에 동의했고, 일부 사람들이 은혜로 구원을 얻는 반면에 나머지 사람들은 자신들의 죄 때문에 멸망을 당한다고 주장했으며, 구원의 가능성을 현세와 가시적 교회의 울타리 안에 국한했다(그 논리를 따르자면, 세례받지 않은 유아들을 포함한 인류의 절대 다수가 영원히 멸망을 받는다는 두렵고 믿기 어려운 결론에 이르게 된다). 그러나 아우구스티누스 진영이 구원받은 자들과 멸망한 자들 혹은 선택된 자들과 유기된 자들을 하나님께서 차별해서 대하시는 궁극적 이유(ultima ratio)를 절대 예정으로 거슬러 올라가 찾은 데 반하여, 반(半)아우구스티누스 진영은 그 차이를 오히려 인간들의 공과(功過)에서 찾으며, 조건적 예정과 나란히 하나님의 보편적 자애와 보편적 구원 은혜 제시를 주장했다(하지만 이것은 단지 추정일 뿐이며, 현세에서는 분명하게 나타나지 않는다). 아우구스티누스주의가 좀 더 신학적이고 논리적이라면, 반아우구스티누스주의는 좀 더 교회적이고 실제적이다. 절대 예정론은 하나님의 전능하신 능력에서 출발하지만 도덕적 관념에 의해 제재를 받으며, 후택설 곧 거룩하신 하나님을 인간 타락의 원인과 조금도 관련짓지 않고 죄책을 분명히 인간에게 두는 견해에 머문다. 상대 예정론은 모든 인간의 책임과 구원 가능성을 강조하지만, 그들이 실제 구원을 받기 위해서는 하나님의 은혜에 철저히 의존해 있음을 인정한다. 이 문제에 대한 해답은 하나님의 모든 속성과 사역의 주조(主調)인 하나님의 거룩한 사랑이라는 중심 사상에서 찾아야 한다.

가톨릭의 반(牛)아우구스티누스주의와 이단의 반(牛)펠라기우스주의 사이의 실제적인 차이는 앞서 언급한 대로 그다지 크지 않다. 둘은 쌍둥이 자매이다. 두 사상은 사실상 예정을 무시하며, 역사적 교회의 성례 제도의 효과를 중생과 구원의 필요한 매체로 크게 강조한다.

루터교 사상은 협화신조에 제시된 대로는 가톨릭의 반아우구스티누스주의에 해당하는 개신교적 산물이다. 루터교도 성례적인 면(세례에 의한 중생과 성찬에서 그리스도의 실제적 임재)을 견지하지만, 오직 믿음으로 구원을 얻는다는 교리에 의해서 인간 공로의 뿌리를 잘라버린다.

칼빈주의는 아우구스티누스주의의 복원이지만, 그 사상에 담겨 있던 성례와 사제 제도 중심의 견제 장치들을 두지 않는다.

네덜란드 개혁교회와 웨슬리파 감리교 안에서 발전하여 성공회에서 폭넓은 발판을 마련한 아르미니우스주의는 반(牛)펠라기우스주의에 해당하는 개신교적 산물이며, 보편적으로 제시된 구원 은혜를 받아들일 수도 있고 거절할 수도 있는 의지의 자유와 조건적 선택을 가르친다는 점에서 루터교와 다르다.

123. 스코투스 에리게나의 교리

지식인들의 지원을 절실히 바라던 앙크마르의 요청으로, 존 스코투스 에리게나(John Scotus Erigena)는 예정에 관한 책을 써서(850) 그것을 앙크마르와 자신의 친구 랑의 주교 파르둘루스에게 헌정했다. 스코틀랜드-아일랜드인들이 배출한 이 걸출한 인물은 깊이 있는 학자이자 철학자였으나 그만큼 시대를 앞서나간 탓에 기인 취급을 받았다. 그는 밤하늘을 환하게 비추다 사라지는 유성처럼 그렇게 명멸했다. 그가 맘스베리에서 제자들에게 살해를 당했는지(그가 혹시 잉글랜드로 초빙을 받은 적이 있다면), 아니면 프랑스에서 자연사했는지 우리로서는 알 길이 없다(후자의 가능성이 더 크다). 그는 흔히 이단들이 겪는 운명을 맞이할 수도 있었지만, 사색이 워낙 초월적 성격을 띤 데다가 대머리 샤를이 각별히 감싸준 데 힘입어 그런 운명을 면할 수 있었다. 샤를과는 막역한 사이였기 때문에 저녁 식사 자리에서 "스코트인(Scot)과 술고래(sot) 사이에 무슨 차이가 있지요?"라는 질문에 곧장 "둘 사이에는 식탁이 있습니다, 폐하" 하고 맞받아칠 정도였다. 그의 사상 체계는 시대에 국한되지 않았으며, 자기 시대의 정신에서 워낙 솟아 있었던 까닭에 제대로 된 이해와 평가를 받지 못했다. 그는 기독교 신플라톤주의자였고, 스콜라주의와 신비주의의 선구자였으며, 어떤 점에서는 스피노자와 슐라이어마허와 헤겔의 선구자이기도 했다. 그와 더불어 교회의 권위가 이성으로, 신학이 철학으로 녹아들어갔고, 참된 철학이 참된 신앙과 구분할 수 없는 것이 되었다. 말하자면 철학이 가식없는 신앙으로 받아들여졌고, 그것이 민간 신앙이라는 구름 낀 지대를 벗어나 순수한 사고라는 청명한 대기로 올라서게 되었다.[39]

그는 사색이라는 이 높은 지대에 서서 예정과 자유의지의 문제를 바라보았다. 성경과 교부들에게 적지 않은 관심을 기울였다. 아우구스티누스를 자주 인용하면서, 자신은 그의 견해에 동의하지 않았으면서도 그를 가리켜 "가장 예리한 학자이자 진리 옹호자"라고 했다.[40] 그러나 교회의 권위가 이성에 위배되는 경우에는 그 언어를 상징적으로, 혹시 필요할 경우에는 상반된 의미로 이해해야 한다고 주장했다. 고트샬크에 대해서는 하나님의 은혜와 인간의 자유를 모두 부정한 이단이라고 비난했다. 그가 멸망으로 이어지는 범죄들과 영생으로 이어지는 덕행들의 근원을 모두 필연적이고 강제적인 예정에서 이끌어내었기 때문이다. 엄격히 말해서 하나님 안에는 이전도 이후도 없고, 과거도 미래도 없다. 따라서 사전 지식(*fore*-knowledge)도 사전 결정(*fore*-ordination)도 없으며, 그런 개념들은 하나님을 인간의 수준에 맞춰서 설명하기 위한 것들일 뿐이다. 그는 이중 예

---

39) 헤겔의 경우도 그러했다. 그의 경건한 과부가 내게 말하기를, 자기 남편이 교회에 함께 가자는 자신의 권유에 대해서 "여보, 사유(사고)도 예배요"라고 대답했다고 한다.

40) *De Prael.*, cap. 15, col. 413.

정을 거부하는데, 그 이유는 그 개념이 하나님 안에 모순을 두기 때문이었다. 하나님에게는 하나의 예정만 있을 뿐인데, 그것은 의인들에 대한 예정이며, 이것은 예지와 일치한다. 이는 하나님 안에서는 지식과 의지가 구분할 수 없게 있으면서 그분의 존재 자체를 구성하기 때문이다. 그러한 구분은 인간 정신의 한계와 그리스인들의 무지에서 비롯되었다. προοράω는 praevideo와 praedestino를 모두 뜻하기 때문이다. 죄와 형벌에 대한 예정 같은 것은 없다. 죄는 실재가 아니라 결여(缺如, negation, 비실재)이고 자유의지의 남용이기 때문이다.[41] 그리고 형벌은 죄인이 악한 목표를 세움으로써 실패한 데 대해서 스스로 느끼는 불쾌감일 뿐이다. 여러 교부들이 죄인들을 가리켜 예정된 자들(praedestinati)이라고 부른 것은 그 반대의 뜻을 담아 그렇게 한 것이다. 이것은 마치 그리스도께서 유다를 inimice(원수)라고 하지 않으시고 amice(친구)라고 하신 것과 같다. 죄는 하나님 밖에 있으며, 아예 하나님을 위해서 존재하지 않는다. 하나님은 죄를 예지하지도 않으시며, 더욱이 예정하지도 않으신다. 이는 하나님에게는 아는 것과 존재하는 것이 일치하기 때문이다. 그러나 하나님은 죄가 그 자체를 벌하도록 정하셨다. 불변의 법들을 수립하셨으며, 죄인은 그 법들을 피할 수 없다. 자유의지는 인간의 본질 자체이며, 타락에 의해서 폐기되지 않는다. 다만 의지의 능력과 에너지가 훼손되었을 뿐이다. 그러나 에리게나는 이렇게 주장하면서도 자유의지를 하나님과 관련지어 옹호하듯이 인간에 대해서도 옹호하며, 그것을 도덕적 필연과 동일시한다. 그의 범신론적 원리들이 그를 논리적으로 보편적 회복(universal restoration, 총괄갱신) 이론으로 이끌고 간다.[42]

이것은 그가 자신의 사상을 전개한 「자연의 구분에 관하여」(*De Divisione Naturae*)라는 주목할 만한 저서에서 좀 더 분명하게 제시된다. 이 책의 주된 사상은 하나님과 우주가 시초와 최후에 화목한다는 것으로서, 그 화목에 네 가지 양상으로 나타난다고 한다: 1) Natura creatrix non creata, 즉 존재하는 모든 것들의 창조적이고 창조되지 않은 시작으로서의 하나님; 2) Natura creatrix creata,

---

41) 반면에 스코투스는 죄를 피조물의 불가피한 한계로 가주하는 듯하다. 그러나 이 개념은 의지의 자유와 일치하지 않으며, 숙명론과 범신론으로 흐른다.

42) 스코투스의 예정 이론은 슐라이어마허의 견해와 어느 정도 비슷한 점이 있다. 슐라이어마허는 칼빈주의의 특정론을 변호하면서도, 보편적 선택과 회복의 예비 단계로서만 그리했다.

즉 이상적 세계 혹은 만물의 신적 원형들; 3) Natura creata non creans, 즉 창조
되었으나 창조 능력이 없는 시간과 의미의 세계(이상적 세계의 반영이자 실현);
4) Natura nec creata nec creans, 즉 모든 창조의 종국으로서, 모든 반대가 무릎
을 꿇은 뒤에는 '만물의 회복' (참조. 행 3:21: 역자주) 안에서 그분에게 돌아가야
할 분으로서의 하나님. "최초와 최후의 형태는 하나이며, 만물의 처음과 마지막
이신 하나님에 관련하여서만 이해할 수 있다"고 그는 말한다.

에리게나가 제시한 이러한 사변적이고 신비주의적인 범신론의 경향은 그의
교육과 개인적 경험에 흘러들어간 기독교적 이신론의 실제적 영향에 의해 견제
되었으며, 그런 까닭에 우리는 항상 공정하면서도 인간애를 잃지 않은 사가와
같은 입장에 서서 다음과 같이 말할 수 있다. "우리는 그가 구주 하나님을 향해
서 마음에 빛을 비춰달라고 경건하고 진실한 기도를 수없이 드렸으며, 성경에서
그 빛을 근실하게 구했다는 것을 의심할 생각이 없다. 물론 그가 신적 존재에 대
해 관념적으로 이해한 내용은 기도가 전제하는 것과 같은 인간과 하나님의 관계
를 배제하는 듯한 인상을 주긴 한다."[43]

앙크마르로서는 그런 위험한 사상가를 멀리하고, 그 스코틀랜드인의 '잡설'
(雜說)에 불평한 것은 그만한 이유가 있었다. 존 스코투스는 상스의 대주교 베닐
로(Wenilo, 그는 에리게나의 책에 실린 열아홉 가지 명제를 비판했다)와, 비판할
명제의 수를 일흔일곱 가지로 늘인 주교 프루덴티우스에 의해서 격렬한 비판을
받았다. 존 스코투스는 펠라기우스주의와 오리게네스주의로 몰렸고, 신학을 철
학으로 대체하고, 성경과 전승을 토대로 한 견고한 주장들을 철학적 치밀한 주
장들로 대체한 일로 비판을 받았다. 레미기우스는 그를 정신이상자로 생각했다.
플로루스 마기스터(Florus Magister)도 그를 비판하는 글을 썼으며, 죄와 악이 비
실재들이며, 따라서 신적 예지와 예정의 대상들이 될 수 없다는 교리를 신성모

---

43) Neander, III. 462. 같은 말을 슐라이어마허에 대해서는 더욱 확신있게 할 수 있
을 것이다. 그는 머리로는 범신론에 기울었으나, 마음으로는 자신의 주와 구주인 그
리스도를 굳게 믿었다. 절대자를 인격의 제한들로 한정하는 데 따르는 사유상의 어려
움을 예리하게 느끼면서도, 인격적인 하나님께 진지하게 기도했다. 기도란 추상적 존
재에게 드릴 수 없고 다만 듣고 응답할 수 있는 인격적 존재에게만 드릴 수 있는 법이
다. 게다가 인격에 반드시 제한이 있어야 하는 법은 없다. 절대 지성과 절대 의지와
마찬가지로 절대 인격도 있을 수 있다.

독적인 것으로 간주하여 배격했다. 발랑스 교회회의(855)는 그의 열아홉 개 연역을 터무니없는 주장으로, 그의 저서 전체를 '마귀의 포로가 신앙을 배척하여 쓴 공상' (commentum diaboli potius quam argumentum fidei)으로 일축했다. 그가 자신의 사상을 전체적으로 다룬 가장 중요한 저서도 상스 관구 교회회의에서 단죄를 당했고, 그 후 1225년에 교황 호노리우스 3세에 의해서도 단죄를 당했다. 그 교황은 그 책을 "이단적 부패의 해충으로 득실거리는" 것으로 규정했으며, 그 책의 모든 사본들을 불사르도록 지시했다. 그러나 다행스럽게도 몇 권의 사본들이 살아남아 후대에 연구될 수가 있었다.

124. 성찬 논쟁들. 참고문헌

The general Lit. on the history of the doctrine of the Eucharist, see in
  vol. I., § 55, p. 472, and II. 241.
Add the following *Roman Catholic* works on the general subject: Card.
  Jo. DE LUGO (d. 1660): *Tractatus de venerabili Eucharistiæ Sacramento*, in Migne's "Cursus Theol. Completus," XXIII.   Card. WISEMAN: *Lectures on the Real Presence*.   Lond., 1836 and 1842.   OSWALD:
  Die dogmat. Lehre von den heil. Sacramenten der katholischen Kirche.
  Münster, 3rd ed., 1870, vol. I. 375–427.
On the Protestant side: T. K. MEIER: *Versuch einer Gesch. der Transsubstantiationslehre.*   Heilbronn, 1832.   EBRARD: *Das Dogma v. heil.*
  Abendmahl und seine Gesch.   Frankf. a. M., 1845 and '46, 2 vols.
  STEITZ: Arts. on *Radbert, Ratramnus,* and   *Transubstantiation* in
  Herzog.   SCHAFF: *Transubstantiation* in "Rel. Encycl." III. 2385.
Special Lit. on the eucharistic controversies in the ninth and eleventh
  centuries.
I. Controversy between Ratramnus and Paschasius Radbertus.
(1) PASCHASIUS RADBERTUS: *Liber de Corpore et Sanguine Domini,* dedicated to Marinus, abbot of New Corbie, 831, second ed., 844, presented to Charles the Bald; first genuine ed. by Nic. Mameranus, Colon.
  1550; best ed. by Martene and Durand in " Veter. Script. et Monum.
  amplissima Collectio," IX. 367.—*Comm. in Matth.* (26 : 26); *Epistola*
  ad Frudegardum, and treatise *De Partu Virginis.*   See S. PASCH.
  RADB.: *Opera omnia* in Tom. 120 of Migne's "Patrol. Lat.," Par. 1852.
HAIMO: *Tract. de Corp. et Sang. Dom.* (a fragment of a Com. on 1 Cor.),
  in D'Achery, "Spicil." I. 42, and in Migne, "P. L.," Tom. 118, col.
  815–817.   HINCMAR: *Ep. ad Carol. Calv. de cavendis vitiis et virtutibus exercendis,* c. 9.   In Migne, T. 125, col. 915 sqq.

(2) RATRAMNUS: *De Corpore et Sanguine Domini liber ad Carolum Calvum Reg.* Colon., 1532 (under the name of Bertram), often publ. by Reformed divines in the original and in translations (from 1532 to 1717 at Zürich, Geneva, London, Oxford, Amsterdam), and by Jac. Boileau, Par., 1712, with a vindication of the catholic orthodoxy of Ratramnus. See RATRAMNI *Opera* in Migne, "P. L.," Tom. 121, col. 10–346.

RABANUS MAURUS: *Poenitentiale*, cap. 33. Migne, "P. L." Tom. 110, col. 492, 493. WALAFRID STRABO: *De Rebus Eccles.*, c. 16, 17. See extracts in Gieseler, II. 80–82.

(3) Discussions of historians: NATALIS ALEXANDER, *H. Eccl.* IX. and X., Dissert. X. and XIII. NEANDER, IV. 458–475, Germ. ed., or III. 495–501, Engl. transl., Bost. ed. GIESELER, II. 79–84, N. Y. ed. BAUR: *Vorlesungen über Dogmengesch.* II. 161–175.

II. Controversy between Berengar and Lanfranc.

(1) LANFRANCUS: *De Eucharistiæ Sacramento contra Berengarium lib.*, Basil., 1528, often publ., also in "Bibl. PP. Lugd.," XVIII. 763, and in Migne, "Patrol. Lat.," Tom. 150 (1854), col. 407–442.

(2) BERENGARIUS: *De Sacra Cœna adv. Lanfrancum liber posterior*, first publ. by A. F. & F. Th. Vischer. Berol., 1834 (from the MS. in Wolfenbüttel, now in Göttingen. Comp. LESSING: *Berengarius Turon. oder Ankündigung eines wichtigen Werkes desselben.* Braunschweig, 1770). H. SUDENDORF: *Berengarius Turonensis oder eine Sammlung ihn betreffender Briefe.* Hamburg and Gotha, 1850. Contains twenty-two new documents, and a full list of the older sources.

(3) NEANDER: III. 502–530 (E. Tr. Bost. ed.; or IV. 476–534 Germ. ed.). GIESELER: II. 163–173 (E. Tr. N. York ed.). BAUR: II. 175–198. HARDWICK: *Middle Age*, 169–173 (third ed. by Stubbs). MILMAN: III. 258 sqq. ROBERTSON: II. 609 sqq. (small ed., IV. 351–367). JACOBI: *Berengar*, in Herzog[2] II. 305–311. REUTER: *Gesch. der relig. Aufklärung im Mittelalter* (1875), I. 91 sqq. HEFELE: IV. 740 sqq. (ed. 1879).

125. 주의 만찬에 관한 두 가지 이론

주의 만찬 교리는 서방 교회, 특히 프랑스 교회에서 두 번에 걸친 논쟁의 주제가 되었다. 첫 번째 논쟁은 9세기 중반에 파스카시우스 라드베르투스(Paschasius Radbertus)와 라트람누스(Ratramnus) 사이에 벌어졌고, 두 번째 논쟁은 11세기 중반에 베렌가리우스(Berengar)와 란프랑쿠스(Lanfranc) 사이에 벌어졌다. 두 번째 논쟁에서는 교황 힐데브란트가 개입하여 베렌가리우스와 정통신앙 진영 사이에서 중재자 역할을 했다.

두 논쟁에서 쟁점은 성찬과 그 효과를 물질적으로 볼 것인가 아니면 영적으로 볼 것인가 하는 것이었다. 전자는 성찬 제정의 말씀과 요한복음 6장의 신비로운 강론을 문자적으로 해석한 데 기초를 두었고, 후자는 상징적으로 해석한 데 기초를 두었다. 논쟁 당사자들은 그리스도께서 성찬에서 신자들에게 생명의 떡으로 임재하신다는 신앙에서는 견해가 일치했으나, 그 임재의 형식에 대한 이해에서는 크게 달랐다. 한쪽은 그리스도께서 문자적으로 육체적으로 임재하시면서 성찬을 받는 모든 사람들에게 입을 통해서 전달되신다고 주장했고, 다른 한쪽은 그분이 영적으로 임재하시며, 신자들에게 믿음을 통해서 영적으로 전달되신다고 주장했다. 화체설주의자들(이 표현을 사용해도 괜찮다면)은 그리스도의 성찬의 몸이 그분의 역사적 몸과 동일하며, 미사를 거행할 때마다 사제가 성물들에 대해서 축성(祝聖)을 함으로써 기적적으로 창조된다고 믿었다. 반면에 그들의 반대파는 이러한 동질성을 부정했고, 성찬의 몸을 한때 십자가에서 제사로 드려졌다가 이제는 하늘에 영화롭게 된 상태로 계시되, 생명을 주는 효력과 구원의 능력으로 신자들에게 임재하시는 그분의 실제적 몸의 상징적 전시로 간주했다.

양 진영의 견해들은 고대의 교부들의 가르침에서 모두 발견하게 된다. 실제적이고 신비적인 견해는 중세의 과도한 초자연주의와 미신적 경건에 좀 더 쉽게 맞아떨어졌으며, 마침내 그리스 교회와 라틴 교회에서 승리를 거두었다. 이 교의에 관해서는 두 교회 사이에 사실상 아무런 차이가 없다. 영적 이론은 서방에서 아우구스티누스의 막강한 권위로 뒷받침되었고, 라트람누스와 베렌가리우스의 유능한 옹호를 받았지만, 화체설에 대한 지배적인 신앙에 불가피하게 자리를 내주었다가, 16세기에 종교개혁자들에 의해서 되살아났다. 이 논쟁은 종교개혁을 거치면서 결국 세 가지 이론으로 자리를 잡았다: 1) 로마 가톨릭의 화체설 교의(트렌트 공의회에 의해서 재차 강조됨); 2) 성물들의 본질은 남아 있으면서 그 안에 그리스도께서 실재적으로 임재하신다는 루터교의 이론; 3) 개혁주의(칼빈주의)의 '신자들을 위한 영적이고 실제적인 혹은 역동적인 임재' 이론. 로마 교회(그리고 이 주제에서 로마 교회와 완전한 일치를 보이는 그리스 교회)에서는 미사의 제사 교리와 밀접히 연결되어 있으며, 그것이 예배의 중심을 이룬다.

그리스도께서 목숨을 내어주시면서까지 보여주신 사랑을 기념하는 잔치가 신자들 사이에 가장 긴밀한 결합의 띠가 되어야 마땅할 텐데 오히려 가장 격렬한 논쟁을 일으키게 되었다니 참으로 굴욕적인 일이 아닐 수 없다. 그러나 그보다 훨씬 더 중요한 그리스도의 위격 교리의 경우도 마찬가지이다. 다행스럽게도 성례가 주는 영적 유익은 그리스도의 임재 형태에 관한 인간의 특정 이론에 달려 있지 않다. 그리스도께서는 누구든 당신을 사랑하는 모든 사람에게 복을 주시기를 원하신다.

126. 파스카시우스 라드베르투스의 이론

파스카시우스 라드베르투스(Paschasius Radbertus, 800-850경)는 박식하고 독실하고 미신적인 수사였다가 훗날 프랑스 보르비 혹은 코르베 대수도원장을 지낸 인물로서, 화체설 교리를 당시에 많은 사람들이 믿고 있던 바대로, 그리고 훗날 로마 가톨릭 교회가 채택한 바대로 처음으로 명쾌하게 가르쳤다. 그는 「주님의 살과 피에 관하여」라는 책을 썼다. 이 책은 381년에 자신의 제자 뉴 코르비의 플라키두스(Placidus)를 위해 쓴 것으로서, 훗날 좀 더 대중적 형태로 재편집되어 황제 대머리 샤를에게 성탄절 선물로 헌정되었다(844). 그는 화체설(transubstantiation)이라는 용어를 사용하지 않았다. 그 용어는 두 세기 뒤에나 사용되기 시작한다. 하지만 그는 그 내용, 즉 "떡과 포도주의 실체(substance)가 그리스도의 살과 피로 효과적으로 변화되며(efficaciter interius commutatur)", 그로써 사제가 축성한 뒤에는 "성찬에 그리스도의 살과 피 외에는 아무것도 남지 않으며", 다만 "떡과 포도주의 상징만" 시각과 촉각과 미각 같은 감각들에 남는다는 화체설의 내용을 가르쳤다. 그러한 변화는 성령의 기적에 의해서 발생하는데, 성령께서는 동거(同居) 없이 동정녀의 태에 그리스도의 몸을 창조하신 분으로서, 똑같이 전능한 능력으로써 날마다 미사가 거행될 때마다 떡과 포도주의 실체로부터 동일한 살과 피를 창조하신다. 그는 성찬의 몸과 동정녀에게서 태어나시고 십자가에서 고난을 받으시고 죽은 자 가운데서 살아나시고 하늘에 오르신 몸이 동일하다는 점을 강조하며, 그러면서도 다른 한편으로는 성찬의 먹고 마시는 행위를 믿음으로 참여하는 영적 과정으로 설명한다.[44] 그러므로 그는 감

---

44) 그는 조야한 가버나움주의(Capernaitic, 화체설) 곧 그리스도의 살과 피가 우리

각적 해석과 영적 해석을 혼합하는 셈이다. 그는 신자의 영혼이 그리스도와 사 귐을 가지며, 그의 육체는 마지막에 부활로써 절정에 달하는 불멸의 생명의 원 리를 받는다고 주장한다. 그는 고대의 여러 교부들과 마찬가지로 우리 구주의 말씀을 그런 식으로 이해했다: "내 살을 먹고 내 피를 마시는 자는 영생을 가졌 고 마지막 날에 내가 그를 다시 살리리니"(요 6:54).

그는 문자적으로 해석한 성찬 제정의 말씀과 요한복음 6장의 내용을 가지고 자신의 교리를 뒷받침한다. 뿐만 아니라, 성도들의 의심을 없애주거나 경건한 소원을 이루어주기 위해서 그리스도의 살과 피가 보이는 형태로 나타났다는 기 이한 이야기들도 근거로 삼는다. 그가 전하는 이야기에 따르면, 제단에 놓인 빵 이 자주 어린양이나 어린 아기의 모양으로 보이곤 했는데, 사제가 빵을 떼기 위 해서 손을 내밀자 하늘에서 천사가 칼을 들고 내려와 어린양 혹은 아기를 잡고 그 피를 컵에 받았다고 한다.[45]

이런 유의 이야기들을 민중이 쉽게 믿었으며, 이러한 정황이 화체설 교리를 강화하는 데 이바지했다. 죽은 영혼들이 연옥에서 나와 나타났다는 이야기들이 연옥에 대한 신앙을 강화했던 예와 비슷하다.

라드베르투스의 책은 서방에서 큰 센세이션을 불러일으켰다. 당시에 서방 세 계는 아직 화체설 교리를 받아들일 준비가 되어 있지 않아서 그것이 채택되려면 격렬한 투쟁을 거치지 않으면 안 될 상황이었다. 라드베르투스도 자기 시대의 일부 사람들이 성찬 때 영혼이 그리스도와 오직 영적 사귐을 가질 뿐임을 믿었 고, 실제 살과 피 대신에 그분 살과 피의 효과를 강조했다는 것을, 다시 말해서 실체 대신에 상징을 강조했다는 것을 인정한다.

의 살과 피로 변화한다는 견해를 부정한다. 영적 결실을 신자들에게 한정한다. 자격 이 없이 성찬을 받는 사람들을 유다와 비교하면서, 그런 사람들은 성례의 '신비'를 받 아 심판을 자초하게 될 뿐, '그 신비의 덕'을 받아 유익을 얻지는 못한다고 한다. 그는 자신의 전제들이, 모든 성체 배령재성찬 참여자]들이 똑같이 그리스도의 살과 피의 실체를 받되 상반된 결과를 얻는다는 결론으로 불가피하게 이어질 것을 뚜렷이 예견 하지 못한 듯하다. 하지만 Dr. Ebrard가 라드베르투스를 오히려 아우구스티누스의 견 해에 가깝다고 주장하면서, 그가 화체설을 제시한 장본인임을 부정한 것은 확실히 잘 못된 것이다.

45) 참조. 14장에 소개되는 그런 사례들(*Opera*, ed. Migne, col. 1316 sqq.).

그의 비판자들은 주로 아우구스티누스를 근거로 제시했다. (참고로, 아우구스티누스는 그리스도의 역사적 몸과 성찬의 몸을 구분했고, 그분 살과 피를 그릇되게 물질적으로 소유하는 행위와 참되게 영적으로 소유하는 행위를 구분했다.) 아우구스티누스의 여러 단락들을 인용한 수사 프루데가르두스(Frudegard)에게 보낸 서신에서, 라드베르투스는 그 단락들을 그의 의미로 설명하려고 노력했다. 이는 라틴 교회의 어떠한 신학자도 그 위대한 아프리카 교사의 권위에 감히 대들지 못했기 때문이다.

127. 라트람누스의 이론

화체설의 주요 비판자는 코르비의 수사이자 문필 능력으로 상당한 명성을 얻던 라트람누스였다.[46] 성찬을 상징적으로 해석하는 이론을 학문적으로 표현해낸 최초의 인물이었다. 대머리 왕 샤를의 요청으로, 그는 자신의 상급자 라드베르투스를 비판하는 성찬에 관한 소논문을 썼으나, 그 글에서 그의 이름을 거론하지는 않았다. 그는 축성된 성물들이 축성된 방식에 따라 그리스도의 살과 피라고 불리는가, 아니면 문자적 의미로 그렇게 불리는가 하는 질문과, 성찬의 몸이 죽으셨다가 다시 살아나신 역사적 몸과 동일한가 하는 질문에 답변했다. 라드베르투스가 강력히 주장한 이 동등성을 그는 부정했다. 그리고 바로 이 점에 차이의 골자가 있다. 그는 성물들이 감각적으로 받도록 하기 위해서 뿐 아니라 실제로도 축성되기 전의 상태로 남으며, 성물들이 그리스도의 살과 피인 것은 오직 신자들의 믿음에 대해서 영적 의미로 그러하다고 결론지었다. 그는 축성된 떡과 포도주를 그리스도의 살과 피의 표와 보증이라고 부른다. 떡과 포도주는 주의 죽으심을 증거하는 가시적 증표들이다. 즉, 성찬의 성물들을 통해서 그분의 고난을 기억함으로써 우리는 그 효과에 참여하는 자들이 될 수 있다. 라트람누스는 라드베르투스와 마찬가지로 요한복음 6장의 강론을 근거로 제시했다. 하지만 그가 주요 전거로 삼은 아우구스티누스가 그랬듯이, 그도 6장의 열쇠를 문자로

---

46) 중세와 종교개혁 시대에 그는 베르트람누스라는 이름으로 오류의 글을 집필한 사람으로 알려졌다.

부터 영을, 육체적 이해로부터 영적 이해를 가리키는 63절에서 발견했다. 신자들의 영혼은 하나님의 말씀[로고스]에 의한 사귐 안에서 자양분을 얻는데, 그 말씀은 그리스도의 자연적 육체에 거하시고, 보이지 않는 방법으로 성찬에 거하신다. 불신자들은 그리스도를 받을 수 없다. 그럴 만한 영적 기관이 없기 때문이다. 라트람누스는 생명의 샘이라고 정당하게 불리는 세례를 유추로 사용한다. 감각들에 의지하여 바라볼 때, 세례에 쓰이는 물은 그저 물일 뿐이다. 하지만 사제의 축성으로 중생케 하는 성령의 능력이 거기에 덧붙으면 그냥 둘 경우 썩을 수 있는 물이 상징적으로 혹은 신비스럽게 치유하는 효과를 지니게 된다.

라트람누스는 이러한 견해에 일관되게 서서 미사 제사를 (피 흘림 없는) 실제 제사의 반복으로 간주하지 않고, 다만 그리스도인들에게 그리스도의 제사를 함께 기념함으로써 자신들의 구속을 확신하게 하는 의식으로 간주했다. 그리스도를 얼굴과 얼굴로 대하게 되는 날에는 더 이상 그렇게 기억나게 하는 수단들이 필요치 않을 것이다.

존 스코투스 에리게나도 대머리 샤를의 요청을 받고 라드베르투스를 비판하는 책을 썼다고 전해진다. 랭스의 앙크마르는 그의 오류들 가운데 이것, 즉 제단의 성례에서 그리스도의 진정한 살과 피가 임재하는 것이 아니라, 다만 그 성물들을 기념하는 것일 뿐이라는 점을 언급한다.[47] 그 보고는 혼동에서 비롯된 것일 가능성이 있다. 왜냐하면 라트람누스의 논문이 후대에 스코투스 에리게나의 저작으로 간주되었기 때문이다. 그러나 스코투스는 다른 저서들에서 우발적으로 자신의 견해를 드러내는데, 그 내용에 따르면 그는 라트람누스의 견해에 동조하여, 성찬을 그리스도와 나누는 영적 사귐의 예표적 상징으로만 간주했다. 「자연의 구분에 관하여」(De Divisione Naturae)라는 책에서, 그는 영화롭게 된 그리스도의 인성이 신비스럽게 편재(遍在)함을, 혹은 공간의 제약을 초월해 있음을 가르친다. 네안더는 이 내용을 토대로 스코투스가 성찬의 떡과 포도주를 '믿는 영혼들에게 실제적인 방법으로 자체를 전달하시는 그리스도의 신격화하고 편재하는 인성의 상징들'로 주장했다고 추론한다. 어쨌든 편재설은 성물들의 기적적 변화를 배제하며, 실재적 임재에 그리스도-범신론적 양상을 부여한다. 루터교 신학자들은 이 가설을 수정된 형태(그리스도의 뜻에 좌우되는 다중 임재

---

47) *De Praed.*, c. 31.

〈mutipresence 혹은 multivolipresence〉)로 사용하여 자신들의 실제적 임재 교리를 뒷받침하는 교의적 토대로 삼았다.

카롤링거 왕조 시대에 아우구스티누스의 견해를 주장하고, 라드베르투스의 견해를 오류로 배척한 신학자들 가운데는 라바누스 마우루스(Rabanus Maurus), 발라프리트 스트라보(Walafrid Strabo), 크리스티안 드루트마(Christian Druthmar), 플로루스 마기스터(Florus Magister)가 있었다. 이들은 성찬에서 그리스도의 몸이 가시적이고 육체적으로 임하지 않고, 역동적이고 영적으로만 임한다고 이해했다.

반면에 라드베르투스의 이론은 랭스의 대주교 앙크마르, 할베르슈타트의 주교 하이모(Haimo), 그리고 그 밖의 지도급 성직자들이 받아들였다. 그의 이론은 암흑기로 접어든 카롤링거 왕조 이후 시대에 갈수록 더 인기를 얻었다. 하지만 베로나의 주교 라테리우스(Ratherius, 950경)는 변화의 방식에 관한 호기심 차원의 모든 질문들을 배격했으며, 심지어 박식하고 얽매이지 않은 사고를 지녔던 게르베르투스(Gerbert, 훗날의 교황 실베스터 2세, 999–1003 재위)조차 성찬의 성물들이 사제의 축성에 의해서 기적적으로 변화된다는 견해를 옹호했다. 주요 쟁점이라는 게 과연 축성된 성물들이 일상적이고 자연적인 방법으로 성찬받는 자의 몸 밖으로 배설되는가 하는 모욕적이고 추접스러운 질문이었다는 것이 10세기 신학의 매우 감각적인 성격을 보여주는 전형적인 예다. 화체설 비판자들은 이 질문에 '그렇다'고 대답했고, 옹호자들은 분개하면서 '아니다'라고 대답했으며, 전자의 집단에게 '배설물주의자들'(Stercorianists)이라는 새로운 이단 명칭을 붙였다. 게르베르투스는 배설물주의를 악마적 신성모독이라 불렀으며, 그리스도의 성례적 살과 피가 해롭고 불필요한 성분(noxios et superfluous humores)으로 나가지 않고, 최후 부활을 위해 육체 안에 보존된다는 이론을 고안해냈다.[48]

라드베르투스는 시성되었고, 1073년 이래로 정기적으로 기념되는데, 수아송 교구에서 지키는 그의 축일은 4월 26일이다. 라트람누스의 저서는 스코투스 에리게나의 저작으로 간주된 채 베렌가리우스 논쟁에서 두 번 단죄를 당했으며 (1050, 1059), 트렌트 공의회가 작성한 금서 목록에 실렸다.

---

48) 참조. Baur, II. 166, 172, 그리고 Gieseler, II. 80, 82의 각주들.

특주

    이 주제에 부수적으로 따라온 논쟁이 있는데, 그것은 그리스도께서 (그분의 초자연적 잉태를 인정할 경우) 여느 아기들과 똑같이 자연적인 방법으로 태어나셨는가, 아니면 기적의 방법으로 태어나셨는가 하는 미묘한 질문이다. 이 질문이 베소나(?) 수녀원의 일부 수녀들의 경건한 호기심을 자극했다가 마침내 코르비 수도원에까지 들어가게 되었다. 파스카시우스 라드베르투스는 암브로시우스와 제롬의 가르침을 따라서 거룩한 동정녀가 해산 과정과 이후에도 처녀(virgo in partu, post partum)로 남았다는 이론을 변호했고, 그 증거로 아가 4:12에 나오는 잠근 동산(hortus conclusus)과 봉한 샘(fons signatus), 그리고 에스겔 44:2에 나오는 여호와께서 닫으신 문(porta clausa Domini) 같은 시적 구절들을 사용했다. 성육신 전체가 초자연적이며, 그리스도의 잉태와 마찬가지로 출생도 기적이었다. 그리스도는 보통 생육법에 속하지 않으셨으며, "슬픔도 없이 고통도 없이 아무런 육체의 타락도 없이"(sine dolore et sine gemitu et sine ulla corruptione carnis) 세상에 들어오셨다. 참조. 라드베르투스의 논문 *De Partu Virginis*, in his *Opera*, ed. Migne, col. 1365–1386.

    라트람누스도 자신의 책 *De eo quod Christus ex Virgine natus est* (in D'Achery, "Spicilegium," I., and in Migne, Tom. 121, col. 82–102)에서 마리아의 영원한 동정녀성을 가르쳤지만, 그러면서도 그리스도께서 자연적인 방법으로 세상에 들어오셨다고 주장했다. 모태 안에(in utero) 잉태되셨다는 것은 모태 밖으로(ex utero) 출산되신 것을 암시한다. 하지만 그는 라드베르투스를 비판하거나 그의 이름을 거론하지 않으며, 그가 사용한 것과 동일한 성구들을 사용하여 자신의 견해를 뒷받침한다. 또한 그리스도께서 부활하신 날 닫힌 문을 그냥 통과하여 들어오신 일을 유추로 사용한다. 아우구스티누스 · 제롬 · 교황 그레고리우스 · 비드의 글들을 인용하여 자신의 견해를 뒷받침한다. 다만 그리스도께서 어떤 알려지지 않은 통로를 통하여 모태에서 밖으로 나오셨다는 기괴한 견해를 반대할 뿐이다. 그런 견해는 가현설 이단으로 이어지며, "그리스도의 진정한 출생도 없었고, 마리아의 진정한 출산도 없었다"(nec vere natus Christus, nec vere genuit Maria)는 결론으로 이어진다고 그는 생각했다.

128. 베렌가리우스 논쟁

그리스도께서 성찬에 육체로 임재하시고 참여하신다는 교리가 사제들의 권한 증가와 밀접한 관계를 가지고 서방 기독교 세계에서 공적인 견해로 꾸준히 기반을 다지고 있는 동안, 영적 임재와 믿음에 의한 참여 교리가 반발의 형식으로 11세기 중반에 잠깐 동안 다시 주장되었다가 교회의 권위에 의하여 단죄를 당했다. 이 단죄가 화체설의 승리를 확정지었다.

우선 논쟁의 외적 역사를 개관해 보자. 이 역사는 다음 권에서 다룰 시기까지 이어진다(1079년까지).

베렌가리우스(Berengar, 1000경-1088)는 샤르트르의 풀베르(Fulbert, 1029 죽음)의 제자로서, 자신의 고향 투르의 주교좌성당 참사회원이자 교회학교 교장을 지냈고, 훗날 앙제의 대부제가 되었으며, 성찬에 관한 그의 견해가 널리 알려지기 전까지는 높은 학식과 경건으로 큰 존경을 받았다.[49] 그는 유능한 변증가이자 인기 있는 교사였다. 기독교 합리주의의 선구자들에 넣어 분류할 수 있는 인물로서, 교회의 권위를 과감하게 비판했고, 이성과 신앙의 주장들을 조화시키는 데 뜻을 두었다. 하지만 순교자의 용기는 없어서 두 번이나 죽음의 위협 앞에서 사상을 철회했다. 게다가 자신의 원리를 실천하지도 않았다. 그는 성례 문제를 제외하고는 가톨릭 정통 신앙에 철저히 일치한 듯하다. 생활 습관은 금욕적이고 수도 생활에 대한 일반 사회의 높은 평가를 공유했으나, 그것에 따르는 위험을 분명하게 바라보았다. 자신에게 조언을 구한 은수자들에게 행한 권고 강론(Exhortatory Discourse)에서 진실뿐 아니라 아름다움까지도 담아서 다음과 같이 말했다.

"은수자(hermit)는 독방에 혼자 있지만, 죄가 문 밖에서 빈둥거리면서 유혹하는 말을 던지고는 어떻게든 안으로 들어가려고 합니다. '나는 당신이 세상에서 찾던 당신의 연인이에요. 나는 당신과 한 상에서 밥을 먹었고, 당신의 침대에서 함께 잠을 잤으며, 나 없이는 당신이 아무 일도 하지 않았잖아요. 그런데 어떻게 감히 나를 버릴 생각을 하시지요? 나는 당신이 가는 곳마다 따라갔는데, 당신은

---

49) 성찬 논쟁 과정과 이후에 그는 허영과 야심에 가득 차고, 돈과 후원 같은 부당한 방법을 사용하여 자신의 견해를 퍼뜨렸다는 비판을 받았다.

독방에 숨어 나를 따돌리려고 하시는 건가요? 나는 당신이 고기를 먹고 술을 마실 때 당신과 함께 세상에 있었는데, 혹시 당신이 광야로 나가 빵과 물만 먹고 사신다고 해도 따라갈 거예요. 지옥에서는 부귀영화의 상징인 자색 옷과 비단만 눈에 띄는 게 아니라, 수사의 고깔 달린 겉옷도 발견할 수 있답니다. 은수자여, 당신은 내게 속한 것을 가지고 계십니다. 당신이 지니고 사는 육체의 본성이 나와 함께 태어나 나와 함께 양육받은 나의 자매입니다. 육체가 육체인 동안 나는 당신의 육체 안에 있을 것입니다.' 죄가 그렇게 말합니다. 금욕으로 육체를 굴복시키려는 생각을 하고 계십니까? 그것은 교만한 생각입니다. 주의하십시오! 거기에 죄가 있습니다. 육체에 압도되어 정욕에 굴복했습니까? 거기에 죄가 있습니다. 혹시 인간들이 저지르는 죄를 짓지 않았다고 할지라도 감각에서 나오는 그런 죄가 있다는 말씀입니다. 교만은 악한 영들과 은수자들에게 공통으로 속해 있는 죄입니다."[50]

베렌가리우스는 성경과 교부들의 글을 끊임없이 공부한 데 힘입어 1040-1045년에 파스카시우스 라드베르투스의 성찬 교리가 성경과 교부들과 이성에 위배되는 천박한 미신이라는 결론에 도달했다. 이러한 견해를 프랑스와 독일의 많은 학생들에게 드러내어 큰 관심과 물의를 일으켰다. 그가 속해 있던 교구인 앙제의 주교 에우세비우스 브루노(Eusebius Bruno)와 상리스의 주교 프롤랑(Frollant)이 그의 편을 들어주었으나, 다수는 그를 반대했다. 학창 시절에 함께 공부했다가 훗날 뤼티히(리에주)의 대부제가 되었고, 다시 브레스키의 주교가 된 아델망(Adelmann)이 두 편의 경고 서신으로 그에게 항의했다(1046, 1048).

논쟁은 베렌가리우스가 자신의 동창 베크의 란프랑쿠스에게 서신을 보냄으로써 정식으로 시작되었다(1049). 그는 존경의 심정을 잃지 않되 지적 우월감이 묻어나는 어조로, 그리고 아마도 당시에 점차 대두되던 베크의 명성에 대한 질투심을 어느 정도 가지고서, 란프랑쿠스가 파스카시우스 라드베르투스에게 동의하고 존 스코투스(라트람누스와 혼동함)를 이단으로 단죄한 데 대해서 놀라움을 표시했다. 이것이 성경에 대한 무지를 드러낸 것이고, 다른 교부들은 말할 것도 없고 암브로시우스(?)와 제롬, 아우구스티누스를 단죄한 것과 다름없는 행위라고 비판했다. 이 서신이 당시 란프랑쿠스가 체류하고 있던 로마로 발송되었고,

---

50) Neander, III. 504.

1050년 4월에 교황 레오 9세가 주재하고 대부분 이탈리아 주교들이 참석한 로마의 교회회의에서 그의 협조로 인하여 베렌가리우스가 최초로 단죄를 받는 원인이 되었다. 동시에 베렌가리우스는 같은 해 9월에 베르첼리에서 열린 또 다른 교회회의에 소환되었다. 그가 출두하지 않자 교회회의는 심문을 생략한 채 그를 재차 단죄했으며, 라트람누스가 성찬에 관하여 쓴 책을 소각했다. 한 참석자는 분개한 채 "만약 우리가 여전히 상징을 붙들고 있다면 언제 실체를 갖게 된다는 것인가?" 하고 물었다(아마도 페트루스 다미아니가 이렇게 물은 듯하다). 1050년 혹은 1051년 10월에 파리에서 열린 교회회의가 이 판결을 재확인하고, 베렌가리우스와 그의 친구들에게 사형을 포함한 극형으로 위협했다고 전해진다. 하지만 과연 그런 교회회의가 열렸는지의 여부가 불확실하다.[51]

잠시 소강 상태가 지난 뒤, 베렌가리우스는 1054년에 투르에서 레오 9세의 주재로 열린 교회회의에서 심문을 받았으나,[52] 교황 대표 자격으로 회의를 주재한 힐데브란트의 지원에 힘입어 단죄를 모면했다. 힐데브란트는 베렌가리우스의 주장들을 조용히 듣고는, 그가 축성된 떡과 포도주가 (영적 의미에서) 그리스도의 살과 피임을 시인한 데에 크게 만족했다.[53] 동시에 그는, 힐데브란트에게서 자신을 따라 로마로 가서 문제를 마지막으로 정리하자는 권유를 받았다.

이 강력한 옹호자를 신뢰한 베렌가리우스는 1059년에 니콜라우스 2세가 주재한 라테란 공의회에 출두했으나, 회의 과정에서 크게 실망하게 되었다. 그가 '야수들'로 비유한 113명의 주교들이 참석한 그 회의는 그의 영적 사귐 개념을 들으려 하지 않고서 그리스도의 살과 피의 감각적 참여를 고집했다. 결국 사납고 완고한 추기경 훔베르트(Humbert)가 교회회의의 이름으로 그에게 모든 영적 해석을 단절하고 그리스도의 살을 문자적으로 먹는 행위를 가르치는 철회 문구를 강요했다. 베렌가리우스는 죽음이 두려워서 무릎을 꿇은 채 이 신앙고백서를 받아들이고, 자신의 책들은 불에 던졌다.[54] 그는 이렇게 말한다. "인간의 악함은 인

---

51) 베렌가리우스는 이 교회회의를 언급하지 않는다.

52) 란프랑쿠스의 기록에 따르면, 이것이 빅토르 2세 때인 1055년보다 더 정확한 연대인 듯하다.

53) 베렌가리우스는 비록 비육체적 임재이긴 하나 실제적 임재를 뜻했다. 그는 축성의 의미에서 성물들의 변화를 인정했으나, 실제가 변화한다고 생각하지는 않았다. 힐데브란트는 이 문제를 공식적인 쟁점으로 남겨둘 의지가 있었다.

간의 약함을 이용하여 다른 신앙고백을 이끌어내지만, 확신의 변화는 전능하신 하나님의 역사에 의해서만 일어날 수 있다." 그는 원수들의 동정보다 하나님의 자비를 더 신뢰하고 싶었으며, 아론과 베드로가 사죄를 받은 일을 생각하고서 위로를 얻었다.

베렌가리우스는 프랑스로 돌아가자마자 자신의 진정한 확신을 이전보다 더욱 담대하게 변호했다. 교황 레오 9세와 니콜라우스 2세에 대해서 다섯 세기 뒤에 루터가 사용한 것보다 더 신랄한 어조로 비판했다. 란프랑쿠스는 성찬에 관한 책을 써서 그를 비판했고, 베렌가리우스는 성찬에 관한 자신의 주요 저서에서 매우 예리하게 논박했다(1063-1069 작성). 그의 친구들이 점차 그를 떠나고 원수들의 분노가 갈수록 강렬해지면서, 그는 푸아티에에서 열린 교회회의(1075 혹은 1076)에서 거의 살해를 당할 뻔했다.

그러는 동안 그레고리우스 7세라는 이름으로 교황이 된 힐데브란트는 1078년에 베렌가리우스를 다시 한 번 로마로 불렀다. 1054년에 투르에서 그랬듯이 그에게 평안을 주고 싶었던 것이다. 이 교황은 그를 원수들의 손에서 여러 번 보호하려고 시도했다. 그러나 그들은 절대 철회와 죽음 중에서 택일하라고 요구했다. 1079년 2월에 열린 라테란 공의회는 베렌가리우스에게 일체의 궤변을 배제하는 용어들로 실체의 변화를 긍정하는 문서에 서명하도록 요구했다. 그는 어리석게도 자신이 그레고리우스와 개인적으로 나눈 대화를 근거로 제시했으나, 교황은 더 이상 자신의 정통 신앙이 의심받는 상황을 감수하면서까지 그를 보호할 수 없었기에 그에게 자신의 오류를 자백하라고 명령했다. 베렌가리우스는 굴복했다. 그는 이 일을 두고서 이렇게 말한다. "교황이 갑자기 태도를 돌변한 데에 당혹한 데다, 하나님께서 내 죄로 인하여 내리신 형벌로 꿋꿋한 마음을 허락하시지 않은 까닭에, 나는 교황이 곧장 내게 파문을 선포하는 것이 두려워서, 그리고 군중이 달려들어 나를 죽이려 하는 것이 무서워서 땅에 엎드려 사악한 목소리로 내가 과오를 범했노라고 말했다." 하지만 교황은 그때까지는 베렌가리우스를 마음에서 내치지 않았던 까닭에 그에게 편지 두 통을 들려 보냈는데, 한 통은

---

54) 란프랑쿠스는 그가 노골적인 위증을 저지르고 있다고 비난한다. 하지만 베렌가리우스 자신의 보고에 따르면, 그 문서에 서명하지 않았고, 그렇게 하도록 요구받지도 않았다고 한다.

투르와 앙제의 주교들에게 쓴 추천장이고, 다른 한 통은 모든 신자들에게 쓴 글이었는데, 이 글에서 그는 베렌가리우스의 인격이나 재산에 조금이라도 해를 끼치거나 그를 이단으로 부르는 자에게는 아나테마에 처하겠다고 경고했다.

베렌가리우스는 잔뜩 낙심한 채 프랑스로 돌아왔고, 해봐야 소용도 없는 논쟁에 더 이상 집착하지 않기로 결심했다. 이 무렵 그는 백발을 머리에 인 노인이 되어 있었으며, 여생을 투르 근처의 생 콩[코스마스] 섬에서 홀로 엄격한 금욕생활로 보내다가 1088년에 평화롭게 숨을 거두었다. 많은 사람들은 그가 자신의 이단설에 대해서 고해를 했다고 믿었으며, 그의 친구들은 해마다 그의 기념일에 그의 무덤을 찾아주었다. 그러나 그가 진정으로 뉘우친 일은 자신이 주장했던 진리를 비겁하게 배반한 행위였다. 이 사실은 그가 로마에서 재판을 받고 돌아온 뒤에 쓴 기록에 잘 나타난다.[55] 그 글은 하나님께 사죄를 구하는 기도와, 그리스도인 독자들에게 관용을 베풀어 달라는 부탁으로 끝을 맺는다. "이 눈물이 내게 전능하신 분의 긍휼을 얻게 되도록 나를 위해 기도해 주십시오."

그의 교리는 란프랑쿠스와 그 시대를 다룬 사가들에 의해서 그리스도의 실제적 임재를 부인한 것으로 와전되었다.[56] 그러나 원본이 발견된 이후로는 로마 가톨릭 학자들에 의해서까지라도 그가 화체설을 강하게 배척한 대신에, 성찬에서 그리스도의 영적인 실제적 임재와 참여를 주장했다는 사실이 인정된다.

이것은 그레고리우스 7세의 처신을 이해하는 데도 도움이 되며, 그가 다른 모든 점에서는 로마 교회와 교황권의 가장 지조 있는 옹호자였던 까닭에 더욱 주목하게 된다. 이 위대한 교황은 신학자라기보다 성직자였다. 그랬기 때문에 그리스도께서 성찬에 임재하시는 신비스러운 방식과, 성물들에서 발생하는 변화의 구체적인 본질에 관하여 일정한 해석의 자유를 허용할 용의가 있었다. 당시에는 그것이 실체의 변화로 권위 있게 정의되지 않은 상태였다. 그러므로 그는 자신의 대대적인 개혁들을 위험한 자리로 몰고 가지 않고 스스로 이단의 혐의를 받지 않는 한 외교적 수완을 발휘하여 베렌가리우스를 보호해 주었다.[57] 베렌가

______

55) 참조. *Acta Concilii Romani sub Gregorio papa VII in causa Berengarii ab ipso Berengario consecripta cum ipsius recantatione* (1079년 2월 이후). 참조. Neander, III. 521.

56) 그는 로마 가톨릭 사가들뿐 아니라 루터와 루터교의 여러 사가들에 의해서도 이단으로 취급되었다.

리우스가 마지막으로 남긴 저서는 그레고리우스의 죽음에 부쳐서 쓴 서신으로서(1085), 이 서신에서 그는 그 교황에게 존경을 표시하고, 그가 틀림없이 구원을 받았다는 확신을 피력하며, 자신이 그에게 폐를 끼친 일에 대해서 송구스러움을 나타낸다.

베렌가리우스는 도덕적 용기와 신체적 비겁함이 이상할 정도로 뒤섞인 사람이었다. 만약 그가 순교자의 최후를 맞이했다면 그의 교리는 큰 설득력을 지녔을 것이다. 하지만 그는 거듭 소신을 철회함으로써 자신의 대의명분을 크게 훼손했으며, 결국 화체설이 승리를 거두는 데 일조했다.

특주

힐데브란트와 베렌가리우스

수덴도르프(Sudendorf)의 *Berengarius Turonensis*(1850)는 베렌가리우스의 *De Sacra Caena*(1834)의 발견 다음으로 이 장의 참고문헌에 가장 중요한 자료이다. 수덴도르프 박사는 성찬 논쟁에 들어오지 않고서 슈토이들린(Stäudlin)과 네안더의 기록을 언급하는 것으로 만족한다. 하지만 그는 다음과 같은 자료를 제시한다: 1) 베렌가리우스의 저작에 관한 철저한 연대기적 목록(친구들과 비판자들의 모든 언급까지 포함, p. 7–68); 2) 앙주의 백작이자 당시 실권을 행사하던 독일의 황후 아그네스의 계부였고 베렌가리우스를 가장 열정적으로 강력하게 보호해준 고프리드 마르텔의 기록(69–87); 3) 베렌가리우스와 관련된 서신 22통. 이 서신들은 하노버 왕립 도서관에 소장된 사본들을 토대로 다음과 같은 제목의 한 권으로 처음 출판되었다: "*Codex epistolaris Imperatorum, Regum, Pontificum, Episcoporum.*" 이 서신들은 베렌가리우스의 성찬 논쟁에 새로운 빛을 비춰주지는 않지만, 그 중 세 통은 그와 힐데브란트의 관계를 알게 해주는 흥미로운 정보를 제공한다.

1. 앙주 백작 고프리드(1060 죽음)가 추기경 힐데브란트에게 보낸 서신.

베렌가리우스를 단죄한 라테란 교회회의(1059년 4월)가 소집되기 직전인 1059

___

57) 하인리히 4세의 파벌 가운데 그의 대적들은 그가 베렌가리우스에게 동조했다는 이유로 회의주의나 불신앙의 죄를 범했다고 비판했다.

년 3월에 작성되었다(p. 128, 215). 이 서신에서 백작은 매우 대담하고 확신에 찬 태도로 그 실세 추기경에게 임박한 로마 교회회의에서 베렌가리우스를 보호해 줄 것을 요청함으로써, 자신이 베렌가리우스의 견해에 철저히 동의하며, 투르에서는 자신의 진정한 견해를 숨겼었다는 인상을 준다. 그는 서신을 이렇게 시작한다:

"로마인들의 교회가 낳은 존경스러운 아들 H[힐데브란트]께. 백작 고프리드 拜上. 그토록 위대한 어머니[로마 교회]의 이름을 부끄럽게 하지 않도록 처신하실 줄로 믿습니다. B.[베렌가리우스]는 귀하의 권유와 초대장을 받고서 로마로 갔습니다. 이제는 귀하께서 그리스도인으로서의 도량을 발휘하여 귀하가 투르에 사도적 권위의 대리인으로 오셨을 때[1054] 그가 귀하로 인하여 겪었던 일을 다시 겪지 않도록 조처해 주실 때입니다. 그는 귀하의 왕림을 마치 천사의 왕림처럼 기대했습니다. 그곳[투르]에서 귀하께서는 죽은 영혼들을 살리고, 마땅히 살아야 할 영혼들을 죽이셨습니다 …… 그때 귀하께서 보여주신 행동은 성경에 기록된 다음과 같은 사람의 모습이었습니다: '아리마대 사람 요셉은 예수의 제자이나 유대인이 두려워 그것을 숨기더니'(요 19:38). 귀하는 '나는 그에게서 죽일 죄를 찾지 못하였나니'라고 말하면서 가이사가 두려워 예수를 석방하지 않았던 자(눅 23:22)와 닮았습니다. 귀하는 오히려 빌라도보다 못하게 처신했습니다. 그는 예수를 불러 심문한 뒤 그에게서 죄를 찾지 못하였다고 증언하기를 부끄러워하지 않았던 것입니다 …… 귀하에게는 다음과 같은 복음서의 판결이 해당합니다: '누구든지 나와 내 말을 부끄러워하면 인자도 자기와 아버지와 거룩한 천사들의 영광으로 올 때에 그 사람을 부끄러워하리라'(눅 9:26). 귀하에게는 주님의 말씀이 해당합니다: '화 있을진저 너희 율법교사여 너희가 지식의 열쇠를 가져가서 너희도 들어가지 않고 또 들어가고자 하는 자도 막았느니라'(눅 11:52).

이제 좋은 기회가 왔습니다. 귀하께서 베렌가리우스를 교황 앞에 서게 했습니다. 이번에도 어리석은 자들의 오류에 대해서 다시 침묵을 지키신다면, 지난번에도 선한 뜻을 품고 장차 적당한 기회가 오기를 기다리신 것이 아니라, 약하고 두려워서 무죄한 자의 입장을 변호하지 못한 것임이 분명해지는 셈입니다. 하나님께서 금하신 이런 상황이 발생한다면, 우리는 귀하에게 걸고 있는 큰 기대를 완전히 접게 될 것입니다. 그리고 귀하께서도 스스로에게, 아니 심지어 하나님께 크나큰 불의를 저지르는 일이 될 것입니다. 귀하에 의해서 동방이 큰 인내로써 서방에 소개될 것입니다. 그러니 우리의 어둠에 빛을 비추려 하시지 말고, 귀하의 탁월한 역량을 발휘하여 우리의 빛이 어둠에 비취도록 해주십시오. 학문이 깊고, 이 사안을 성경의 빛에 비추어 판단하는 모든 이들은 베렌가리우스가 성경에 따라 정당한 견해를 지니고 있다고 증거하였습니다 …… 민중을 기만하는 그 이론[화체설]은 사악한 이단으로 이어집니다. 썩을 것이 썩지 않음을 입겠다고 말하는 육체의 부활도 만약 우리가 그리스도의 몸이 감각적 방법으로 사제에 의해 찢어지고 치아에 의해 으깨진다고 주장한다면 도무지 성립될 수 없습니다. 귀하는 로마가 신앙과 군사적 영화에서 정복된 적이 없다고 자부합니다. 그런데 만약 하나님께서 귀하를 교황청에서 누구보다 높이 들어올리신 이때에 가장 확실한 이단의 온상이 되는 저 거짓된 교리가 귀하의 위선과 침묵에 힘입어 고개를 들게 된다면 그 영화는 수치스럽게 짓밟히게 될 것입니다. 구석으로 물러나 부끄러운 침묵을 지킴으로써 귀하의 영예를 다른 이들에게 넘겨주는 우를 범하지 마십시오."

2. 베렌가리우스가 교황 그레고리우스 7세에게 보낸 서신(1077).

이 서신에서 베렌가리우스는 그레고리우스 7세를 '좋은 아버지'(pater optime)라고 부르면서, 그에게 깊은 존경과 사랑을 약속한다(p. 182, 230). 그가 자신의 특사인 디(Die)의 주교 위고(Hugo, 훗날 리옹의 대주교가 됨)에게 보호를 당부하며 써준 서신에 대해서 감사를 표시한 다음, 대적들이 자신을 소환한 프랑스의 공의회에 출두하지 않은 것을 양해해달라고 청한다. 베렌가리우스는 교황을 직접 만나 대화하고 싶다고 하면서, 계속해서 자신을 보호해달라고 부탁하는 것으로 서신을 매듭짓는다. 이 서신이 어떤 결과를 냈는지는 알려지지 않는다. 교황을 직접 만나 대화를 하고 싶어했던 베렌가리우스의 소원은 1078년에 그가 로마 공의회에 소환됨으로써 성취되었다. 하지만 그 결과는 앞에서 살펴보았듯이 공의회가 교황의 재가를 받아 그를 단죄하는 것으로 귀결되었다.

3. 베렌가리우스가 보르도의 대주교 조슬랭(Joscelin)에게 보낸 서신.

1085년 5월 25일에 그레고리우스 7세가 죽었을 때 그리스도인으로서의 인애의 심정을 담아 쓴 이 서신은 이렇게 시작한다: "우리 G.[그레고리우스]의 뜻밖의 죽음이 적지 않은 당혹감을 안겨줍니다"(G. nostri me non parum moris inopinato [a] perturbat). '우리의'(nostri)라는 표현은 그레고리우스가 1079년에 취했던 행동을 감안할 때 지나치게 친밀하게 들리지만, 마지막 추천장으로 그에게 보여주었던 개인적 동정과 관련지어 이해해야 옳을 것이다. 베렌가리우스는 계속해서 그 교황이 틀림없이 구원받았으리라는 확신을 표시하고, 그가 자신을 저버린 행위를 용서한다. 하지만 이상하게도 그것을 바나바가 바울에게서 갈라선 일과 비교한다. 1079년에 로마 공의회에서 그레고리우스가 자신의 소신에 반하는 신앙고백서를 강제로 받아들이도록 했던 일을 기억하면서, 베렌가리우스는 그리스도께서 베드로에게 주신 열쇠의 권세(마 16:19)가 제한된 것이라고 주장한다. 매는 일이 작위적이거나 불의하게 되어서는 안 된다. 주님은 선지자들을 통해서 사제들에게 "너희의 복을 저주하리라"고 말씀하신다(말 2:2). 이 말씀에서는 필연적으로 주님께서 그들의 저주를 복주신다는 결론이 따른다. 따라서 시편 저자는 "그들은 내게 저주하여도 주는 내게 복을 주소서"라고 말한다(시 109:28). 복된 아우구스티누스는 주님의 말씀을 다룬 책에서 "공의가 불의의 결박을 푼다"고 말한다. 그리고 복된 그레고리우스[1세]는 "매고 푸는 권세를 자기 백성의 유익을 위해서 쓰지 않고 자신의 독단적인 뜻에 따라서 행사하는 자는 그 권세를 상실한 것과 같다"고 말한다. 이처럼 베렌가리우스는 첫 번째 그레고리우스를 들어서 일곱 번째 그레고리우스를 비판한다.

힐데브란트가 성찬 시 그리스도의 임재 방식에 관하여 어떤 견해를 갖고 있었는가 하는 것은 논쟁 과정에서 처신한 것을 가지고 추론할 수밖에 없다. 그는 베렌가리우스가 최종적으로 단죄를 당한 뒤에도 그가 폭력과 박해에 희생되지 않도록 보호해 주었다. 그러나 1059년에 그리고 다시 1079년에 공포된 교회의 공식 견해가 성찬 성물들의 실재적 혹은 본질적 변화를 워낙 강하게 주장한 까닭에 그도 그것을 받아들이지 않을 수 없었다. 개인적으로 힐데브란트는 변화의 방식에 대해서 베렌가리우스의 경우처럼 변화 자체를 인정하기만 한다면 일정한 견해의 자유를 지지했다. 1078년의 공의회를 앞두고 불과 며칠 전에 교황은 덕망 높은 수사를 통해서 성모의 견해를 물었는데, 그가 받은 대답은, 실재적 임재에 관해서는 성경에서 발견할 수 있는 것, 즉 축성 뒤의 떡이 그리스도의 참된 몸이라는 것 외에는 더 주장할 것도 요구할 것도 없다는 것이었다. 베렌가리우스는 그렇게 전한다; 참조. Mansi, XIX. 766; Gieseler, II. 172; Neander, III. 519. (Ebrard는 교황이 베렌가리우스를 위선적이고도 배신적으로 대했다고 주장하는데, 그것은 사실과 다르다.)

성물들이 불가해한 방법으로 따라서 규명할 수 없는 방법으로 변화한다는 동일한 견해가 페트루스 알릭스(Peter Allix)가 펴낸 "스승 힐데브란트"(Magister Hildebrand)라는 사람의 마태복음 주석 단편에 표현되어 있다. 네안더(III. 511)는 이렇게 말한다: "이 단편에서는 떡이 그리스도의 살로 변화(conversio)할 수 있는 다양한 방법들을 연구한 뒤에 다음과 같은 결론을 내린다: 이 주제에 관해서는 어떠한 확실한 결론도 내릴 수 없다; 그러므로 변화는 떡과 포도주가 그리스도의 살과 피라는 교리에 유일하게 필수적인 부분이다; 변화가 발생하는 방법에 관해서는 알려고 해서는 안 된다. 이 결론은 그 추기경이 보인 행보의 바탕에 분명히 놓여 있는 견해와 일치한다. 그러나 그 단편의 저자가 추기경 힐데브란트였는지의 여부는 대단히 의심스러운 질문으로 남는다. 왜냐하면 역사에 새로운 획을 긋는 인생을 살았던 사람이 마태복음 주석을 썼다면 그것이 그처럼 철저히 잊혀졌을 리가 없기 때문이다." 하지만 수덴도르프(p. 186)는 이 단편의 저자를 교황 힐데브란트로 간주한다.

129. 주의 만찬에 관한 베렌가리우스의 이론

주요 자료는 베렌가리우스가 란프랑쿠스를 논박한 두 번째 책으로서, 이 책은 이미 앞에서 인용했다. 첫 번째 책은 란프랑쿠스의 논박서에 실린 소수의 단편들을 제외하고는 모두 유실되었다.

베렌가리우스는 화체설 교리를 공격했으며, 그 일을 위해서 동원하지 않은 논리가 없었다. 화체설은 이성을 넘어설 뿐 아니라 이성에 위배되고 감각들의 증거에도 위배된다; 뗄 수 없는 관계를 지닌 주어["이것은"]와 술어["내 몸이라"], 실체와 그 속성들 사이에 모순을 내포한다; 그리스도께서 승천하여 하늘에 계시는 사실과 일치하지 않는다; 화체설은 사실상 그리스도의 몸의 번식이나 편재를 상정하는데, 그것은 육체가 필연적으로 지니는 제한들에 위배된다. 그리스도께는 하나의 몸밖에 있을 수 없고, 그리스도의 제사도 하나일 수밖에 없다. 제단에 피가 나타났다는 이야기들을 베렌가리우스는 경멸조로 일축해 버렸는데, 그의 원수들 가운데 더러는 그의 이러한 태도를 놓고 그가 모든 기적을 부정한다고 추론했다. 베렌가리우스는 화체설 교리를 부조리(ineptio)이자 민중의 정신나간 무지(vecordia vulgi)라고 불렀다.

제단에 그리스도께서 육체로 혹은 물질로 임재하신다는 이 개념에 대해서, 베렌가리우스는 영적 혹은 역동적 임재와 참여의 개념으로 대응했다. 그의 적극적인 견해는 본질상 라트람누스의 견해와 일치한다. 하지만 마치 칼빈이 츠빙글리를 넘어섰듯이, 그도 라트람누스를 넘어섰다. 그는 육체적 형태 없는 영적 실재를 확립하고자 힘썼다. 아우구스티누스와 라트람누스의 노선에 서서 그리스도의 역사적 몸과 성찬의 몸, 가시적 상징(sacramentum)과 상징된 물체(res sacramenti)를 각각 구분한다. 인간은 그리스도의 살과 피를 문자적으로 먹고 마실 수 없지만, 그럴지라도 믿음으로 살과 더불어, 즉 하늘에 계신 그리스도의 영화롭게 된 인성과 더불어 진정한 영적 사귐을 가질 수 있다고 주장한다. 그의 이론은 본질상 칼빈의 이론과 같다. 그의 이론 가운데 두드러지는 점들은 다음과 같다:

1) 성물들은 축성된 뒤에 외형뿐 아니라 실체로도 그대로 남는다. 다만 새로운 의미를 지니게 될 뿐이다. 따라서 성찬 제정의 말씀 가운데 술어["내 몸이라"]는 그리스도를 가리켜 사자 · 어린양 · 문 · 포도나무 · 모퉁잇돌 · 반석 등이라고 하는 여러 다른 성구들의 경우와 마찬가지로 상징적으로 이해해야 한다. 요한복음 6장의 강론도 상징적이며, 성찬을 가리키지 않고 그리스도의 죽으심을 믿음으로 받아들이는 것을 가리킨다.

2) 그럴지라도 떡과 포도주는 공허한 상징들이 아니라 어떤 의미에서는 그것들이 상징하는 그리스도의 살과 피이다. 성물들은 축성됨으로써 변화한다. 무엇이든 축성되면 높은 영역으로 끌어올려져 변화되게 마련이기 때문이다. 성물들은 축성된 뒤에 실체를 잃지 않으며, 다만 공허함을 잃고 신자에게 효력이 있게 된다. 세례의 물이 물로 남지만 중생의 매체가 되는 것과 같은 이치이다. 상징(sacramentum)이 있는 곳에는 상징된 물체(res sacramenti)도 있다.

3) 그리스도께서는 성찬에 영적으로 임재하시며, 신자는 그분을 믿음에 의해 영적으로 받는다. 믿음이 없이는 그분과 진정한 사귐을 가질 수도 없고 그분이 주시는 유익에 참여할 수도 없다. 베렌가리우스는 아델망(Adelmann)에게 보낸 서신에서 이렇게 말한다. "그리스도의 참된 몸이 제단 위에 올려져 있지만, 그것이 속사람과 오직 그리스도의 지체들인 사람들에게 영적으로 전달되어 영적으로 먹을 수 있게 합니다. 이것은 교부들이 밝히 가르친 교훈으로서, 그들은 그리스도의 살 · 피를 그 둘에 대한 성례적 상징들과 구분합니다. 경건한 사람들은 가시적으로는 성례의 상징(sacramentum)과 비가시적으로는 성례의 실체(res sacramenti)를 모두 받지만, 신앙이 없는 자들은 성례의 상징만 받음으로써 심판을 자초합니다."

4) 주의 만찬에 참여하는 것은 그리스도의 나뉘지 않은 온전한 인격에 참여하는 것이며, 분리된 성물들인 살과 피에 참여하는 것은 아니다. 그리스도의 몸 전

체가 죽음으로써 제사로 바쳐졌듯이, 우리는 영적인 방법으로 온 몸을 받는다. 그리스도의 몸이 지금 하늘에서 영화롭게 되어 계시기 때문에, 우리는 영적으로 하늘에 올라가야 한다.

이 점에서도 그의 견해는 칼빈의 견해와 크게 일치한다. 칼빈도 생명을 주시는 그리스도의 인성의 능력에 진정으로 참여하려면 반드시 영혼이 하늘로 올라가야 할 것을 가르쳤다. 물론 베렌가리우스가 주장한 것은 이동이 아니라 마음을 들어올리는 일(sursum corda)이었으며, 그것은 모든 기도 행위에 필요한 태도이다. 우리로 하여금 믿음의 날개에 의지하여 그리스도께로 올라가도록 하시고 그리스도를 우리에게 내려오게 하셔서 하늘과 땅을 연합시키는 분은 성령이시다.

베렌가리우스와 아주 흡사한 견해를 당시의 앵글로색슨 교회가 가르친 듯하다. 매우 큰 권위와 인기를 누렸던 앨프릭(Aelfric)의 설교들을 놓고 판단할 때 그렇게 짐작하게 된다.

130. 란프랑쿠스와 화체설의 승리

베렌가리우스의 주요 대적은 과거에 그의 친구였던 란프랑쿠스(Lanfranc)였다. 파비아 태생으로서(1005 출생) 노르망디 베크 수도원장이 되었고(1045), 훗날 캔터베리 대주교가 되었으며(1070-1089), 이 두 지위를 수행하면서 자신보다 더 유명한 안셀무스의 선구자가 되었다.[58] 그는 베렌가리우스에 버금가는 당대의 논객이었으나, 자신의 역량을 교권(敎權)과 전통을 뒷받침하는 데만 사용했으며, 이로써 정통 스콜라주의의 길을 닦았다. 그는 성찬에 관하여 23장에 걸쳐 쓴 논문에서 베렌가리우스를 공격했다. 1063년에 쓴 이 논문은 서신 형태를 취하고 있으며, 화체설 교리와 그 결과들을 옹호했다(물론 화체설이라는 용어는 쓰지 않았다). 그는 성찬에서 성물들의 변화를 떡과 포도주가 기적적으로 불가해하게 그리스도의 살과 피로 변하는 것으로 묘사한다. 더 나아가 자격이 없는 성찬 참

---

58) 그는 노르만계 잉글랜드 대주교들의 계보 가운데 맨 처음 사람이었고, 정복자 윌리엄이 잉글랜드를 정복할 때 그의 수석 고문으로 활동했다. 참조. Freeman, *History of the Norman Conquest*, vols. III. and IV.

여자들(indigne sumentes)도 신자들과 똑같은 성례적 실체를 받되 정반대의 효과를 거둘 따름이라고 가르친다.

성찬을 주제로 다룬 저자들 가운데 지명도가 덜한 사람들로는 아델망·두란두스(Durandus)·구이트문드(Guitmund)를 들 수 있는데, 이들은 베렌가리우스에 맞서서 가톨릭 교리를 옹호했다. 구이트문드(란프랑쿠스의 제자, 아풀리아 지방 아베르사의 대주교)는 베렌가리우스파에도 서로 견해차가 있어서, 더러는 상징적 임재만을 주장하고, 더러는 (베렌가리우스와 함께) 실제적이되 잠재적[내재적] 임재 혹은 일종의 공재(共在, impanation, 성체성찬 동체)를 주장하지만, 양측 다 실체의 변화를 부정했다고 보고한다. 그는 이 변화가 경건에 자양을 공급하는 주된 것이라고 간주한다. 그는 이렇게 묻는다. "그러한 신앙보다 무엇이 더 유익할 수 있는가? 그러한 신앙은 순수하고 단순한 그리스도만을 받고, 그 영광스러운 선물을 지니고 있다는 의식을 견지함으로써 한층 더 깨어 있는 정신으로 죄와 싸우게 된다. 그것은 의를 더욱 간절히 사모함으로써 빛나며, 날마다 세상에서 벗어나고 …… 투명한 시각으로 생명의 근원 자체를 받아들이기 위해서 분투한다."[59]

이때부터 화체설을 라틴 교회의 교의로 간주할 수 있다. 이 교의는 정통 스콜라주의자들이 변호했고, 1215년에 교황 인노켄티우스 3세 때에 보편교회의 차원에서 재가했다.

화체설이 승리를 거두게 된 것과 밀접하게 연관된 두 가지 관행이 있다. 하나는 평신도에게 성찬의 잔을 금한 관행이고(이것은 12세기에 점차 확산되었다),[60] 다른 하나는 축성된 성물들을 가지고 그리스도의 임재를 숭배한 관행으로서, 이것은 11세기에 시작되어 1217년에 호노리우스 3세가 의무화했고, 1264년에 우르바누스 4세에 의해 채택된 그리스도의 성체(Corpus Christi) 축일이 생기게 했다. 평신도에게 잔을 금하는 관행은 편의주의에서 비롯된 면도 없지 않지만, 그보다는 그리스도의 피를 쏟음으로써 신성을 모독하는 죄를 범치 않으려는 미신

---

59) Neander, III. 529 sq.

60) 빵을 포도주에 찍어 주는, 특히 유아들과 병자들에게 그렇게 성찬을 제공하는 방식이 아예 포도주를 주지 않는 방식으로 대체되었다. 여전히 유아 성찬을 시행하는 그리스 교회에서는 두 가지 요소를 모두 금수저에 담아 제공한다. 하지만 사제는 로마 교회와 마찬가지로 두 요소를 따로 받는다.

적 염려에서 비롯된 점이 더 크다. 스콜라학자들은 떡과 포도주 어느 요소에든 온전한 그리스도가 임재하신다는 교리로써 그 관행을 변호했다. 이 관행은 사제의 권한을 강화하는 대신 평신도의 권리를 위축시켰고, "너희가 다 이것을 마시라"(마 26:27)는 그리스도의 계명을 명백히 어겼다.

화체설 교리는 중세 가톨릭 교회와 현대의 그 계승자인 로마 교회의 가장 전형적인 신조이다. 이 교리는 지식인들에게 가장 무거운 부담을 안겨주는 마술적 초자연주의를 반영하며, 우리의 시각과 촉각과 미각 같은 감각들의 일치된 증거를 무시하도록 요구한다. 이 교리는 매일 드려지는 미사 제사와, 세상의 구주의 살과 피를 만들어 바친다는 두려운 주장을 내세우는 사제들의 권한에 교리적 기반을 제공한다. 이는 만약에 십자가에서 드려진 그리스도의 몸이 성찬에 실제로 임재하여 사람들의 입으로 들어간다면, 미사로써 반복되는 것도 똑같은 골고다 제사여야 하며, 참된 제사가 되려면 제단에서 그것을 드리는 참된 사제가 필요하기 때문이다. 사제와 제사와 제단이 분리할 수 없는 삼중 체제를 형성한다. 사제의 뜻을 문자적으로 받아들이려면 나머지 둘에 대해서도 문자적으로 받아들여야 하며, 사제를 영적으로 이해하게 되면 나머지 둘에 대해서도 영적으로 이해해야 한다.

특주

이 주제를 마감하기 전에 몇 가지 부가적인 내용을 다룰 필요가 있겠다. 여기서 그 내용을 미리 다루어놓으면 다음 권에서 이 주제를 따로 다루지 않아도 될 것이다.

1. 스콜라 신학의 용어들인 transsubstantiatio, transsubstantiare(헬라어, μετουσίωσις. 영어, transubtantiation. 독일어, Wesensverwandlung)는 하나의 실체가 다른 실체로 변화하는 것을 의미하며, 11-12세기에 소개되었다. substantialiter converti라는 표현은 1079년의 로마 교회회의가 사용했다. transsubstantiatio는 페트루스 다미아니(1072 죽음)의 *Expos. can. Missae*(Angelo Mai 발행. in "Script. Vet. Nova Coll." VI. 215)에 처음 나오고, 다음에 투르의 대주교 힐데베르트(1134 죽음)의 설교들에 나온다. 동사 transsubstantiare는 오팅의 주교 스테파누스의 *Tract. de Sacr. Altaris*(c. 14)에 처음 나오며, 그 다음에 1215

년의 제4차 라테란 공의회에서 공식 사용되었다. 비슷한 용어들인 mutatio, transmutatio, transformatio, conversio, transitio는 이전부터 사용되었다. 그 동사에 해당하는 헬라어 명사 μετουσίωσις는 1643년에 작성된 페트루스 모길라스(Peter Mogilas)의 정통 신앙고백(Orthodox Confession)과 후대에 작성된 문서들로써 동방 교회에 의해서 정식으로 채택되었으나, 그 단어를 떡과 포도주가 그리스도의 살과 피로 변하는 방식을 정의한 것으로 받아들여서는 안 된다는 단서가 부기되었다. 참조. Schaff의 Creeds of Christendom, II. 382, 427, 431, 495, 497 sq. 유사한 표현들인 μεταβολή, μεταβάλλειν, μεταποιεῖν 같은 용어들은 그리스 교부들, 특히 예루살렘의 키릴루스 · 크리소스토무스 · 다마스쿠스의 요한이 사용했다. 다마스쿠스의 요한은 러시아 요리문답에서 인용하는 중요한 권위자이다(참조. Schaff, l. c. II. 498).

이 모든 용어들은 불가해한 점들과 비합리적인 점들(이를테면 실체와 우유성, 실재와 외형 간의 모순)을 이성적으로 풀어내려는 시도들이다. 화체설은 경건이 수사(修辭)로 변하고, 다시 수사가 비이성적 논리로 변한 것이다.

2. 화체설 교리는 1059년과 1079년에 열린 두 번의 로마 교회회의들의 신앙고백들에서 처음으로 강하게 표현되었고, 이것을 베렌가리우스가 양심을 거슬러가면서 억지로 받아들였다. 이 교리는 1215년에 교황 인노켄티우스 3세가 주재한 제4차 라테란 공의회에 의해서 그 공의회 신조 제1장에 실려 전체 라틴 교회에 대하여 재가되었다.

트렌트 공의회는 1551년의 제13차 회기에서 개신교의 주장에 맞서서 다음과 같은 말로 화체설 교리를 재확인했다: “떡과 포도주의 축성에 의해서 떡의 모든 실체가 우리 주 그리스도의 살의 실체로 변화되며, 포도주의 모든 실체가 그의 피의 실체로 변화된다. 이 변화를 거룩한 가톨릭 교회는 적합하고도 올바로 화체(化體, Transubstantiation)라고 부른다.” 같은 교회회의는 성례(즉, 성물들의 형태로 제단에 계시는 그리스도)를 숭배하도록 재가했으며, 이 교리와 관행을 부정하는 자들에게 아나테마를 선언했다. 참조. Schaff, *Creeds of Christendom*, II. 130–139.

3. 스콜라 신학자들의 제왕 토마스 아퀴나스는 그리스도의 성체 축일을 위해 지은 자신의 유명한 찬송 “*Lauda Sion Salvatorem*”의 다음 연(聯)들에서 화체설 교의에 대단히 명쾌한 시적 표현을 입혔다:

　“Dogma datur Christianis,

Quod in carnem transit panis,
 Et vinum in sanguinem.
Quod non capis, quod non vides,
Animosa firmat fides
 Praeter rerum ordinem.

"Sub diversis speciebus,
Signis tantum et non rebus,
Latent res eximiae.
Caro cibus, sanguis potus,
Manet tamen Christus totus,
Sub utraque specie.

"A sumente non concisus,
Non confractus, non divisus,
 Iteger accipitur.
Sumit unus, sununt mille,
Quantum isti, tantum ille,
Nec sumitus consumitur.

"Sumunt boni, sumunt mali,
Sorte tamen inaequali
 Vitae vel interitus.
Mors est malis, vita bonis:
Vide, paris sumptionis
Quam sit dispar exitus."

"거룩한 교회가 주장하는 바를 들으라,
떡 그 실체가 살로 변하고
 포도주가 피로 변하나니,
이것이 그대의 지각을 뛰어넘는가?

믿음은 초월적인 것을 바라보는 법칙이어서,
 이해되지 않는 것들에게로 도약한다.

여기 이 외적인 상징들에는
감각에 금지된 귀한 것들이 감춰져 있다.
 실체들이 아닌 상징들이 우리가 보는 전부이다.
떡에서 살을, 포도주에서 피를 우리는 바라본다.
하지만 어느 쪽 상징이라도 그 안에
 그리스도께서 온전히 계심을 우리는 고백한다.

그리스도에 참여하는 그들도
그들의 주님을 자르거나 찢거나 쪼개지 않고
 그분을 통째로 받는다.
한 명이 먹든 천 명이 먹든
모두가 똑같은 음식을 먹는 것이며,
 작은 것을 남기지 않는다.

악인들과 선인들 모두가
이 천상의 음식을 먹는다.
 그러나 그 결과가 얼마나 상반되는가!
이쪽에는 영생이, 저쪽에는 죽음이 온다.
같은 것이 각 사람에게는
 무한히 다른 결과를 내놓는다.”

4. 화체설 교리는 개신교 신자들에 의해서 항상 로마교의 근본적 오류들과 중대한 미신들 가운데 하나로 간주되었다. 그러나 오류에 고집을 부여하는, 그 밑에 깔린 진리를 잊어서는 안 된다. 수세기 동안 그리스 교회와 라틴 교회가 동시에 믿어온 교리가 통째로 그릇될 수는 없다. 그 교리는 중요한 점, 즉 그리스도의 살과 피의 실제적 임재에 관해서는 루터교와 성공회의 상당 부분도 믿으며, 그것이 여전히 성찬에 임하는 무수한 사람들의 신앙에 자양분을 공급한다. 우리 주님이 많은 무리를 기적으로 먹이신 뒤에 가버나움 회당에서 신비스러운 강론을 행하셨

는데, 그 내용이 물질적·육체적으로 해석되어 화체설로 자리를 잡았다. 그리스도께서는 가장 깊은 의미에서 하늘에서 온 생명의 떡으로서, 신자들에게 자양을 공급하시며, 우리는 성찬 안에서 그분의 상하신 몸과 흘리신 피가 공급하는 실제적 유익을 받는다. 그분의 제사는 비록 단번에 드려지긴 했으나 믿음으로 성찬을 받는 모든 사람들에게 항구적인 효력을 지닌다. 오천 명을 먹이신 실제 기적이 그리스도와 신자의 생명의 연합 안에서 영적으로 이루어지며, 성례의 잔치에서 절정에 달한다. 우리 주님은 그 기적의 상징적 의미를 매우 강력한 용어로 설명하신다. 그러나 육체적이고 화체설적 의미를 분명히 배제하시며, 다음 말씀으로 그 진정한 이해를 위한 열쇠를 제시하신다: "살리는 것은 영이니 육은 무익하니라. 내가 너희에게 이른 말은 영이요 생명이니라"(요 6:63).

제 12 장

이단 분파들

131. 바울파

단의론파 · 양자론파 · 예정론파 · 베렌가리우스파는 모두 가톨릭 교회의 울타리 안에서 활동했으며, 저마다 하나의 교리에서만 이탈했다가, 앞 장에서 다룬 가톨릭 정통신앙의 발전과 더불어 그것에 통합되었다. 그러나 기독교를 이교 사상들과 혼합시키고, 역사적 교회와의 관계를 전면적으로 부정하고, 대립 공동체들로서 교회에 맞섰던 급진적 이단 분파들도 있었다. 그 집단들은 고대의 영지주의자들과 마니교와 마찬가지로 본질상 이원론적이었으며, 따라서 그들을 비판한 가톨릭 교회는 그들을 신 마니교라는 편리하고도 증오섞인 이름으로 불렀다. 예를 들어 바울파가 신 마니교라고 불렸을지라도 그들의 사상은 마니교보다 마르키온의 사상과 더욱 가까웠다는 점을 염두에 두어야 한다. 바울파는 처음에 동방에서 출현했다가 알려지지 않은 경로들을 통해서 서방으로 전파되었다. 이들은 꾸준히 교세를 확장해가다가, 13세기에 전성기를 누리던 상태에서 교황 인노켄티우스 3세의 주도로 일어난 십자군에 의해서 진압되었으나 멸절되지는 않았다.

이러한 이단 분파들이 종종 개신교의 선구자들로 잘못 평가되었다. 혹시 부정적인 의미에서 그렇게 볼 수도 있을지 모르지만, 그들이 제시한 적극적인 견해들에서는 그리스 · 로마의 신조뿐 아니라 개신교의 신조와도 사뭇 다르다. 종교개혁은 중세 가톨릭 교회의 품에서 나와서 그 교회의 보편적 교리들을 그대로 간직했고, 역사적 연속성을 계승했다.

바울파(Paulicians)는 우리가 다루는 시기에서 가장 중요한 이단 분파이다. 그들은 동방 교회의 영역에 국한되었다. 기독교가 파르시교(Parsism)와 충돌하면서 이원론 사상들과 뒤섞인 아르메니아에서 번성한 집단이다. 이들은 마니교와 마르키온파의 일부 전승을 물려받은 듯하다.

I. 그들의 이름은 그리스 교회의 비판자들이 사모사타에 살던 여성 마니교도 칼리니케(Kallinike)의 아들들인 바울과 요한 형제에게서 이끌어낸 것이다. 그러나 현대의 학자들이 좀 더 타당성 있는 추론을 제시하는데, 그들에 따르면 그 집단이 사도들 가운데 자신들이 가장 숭상한 사도 바울의 이름을 사용했다는 것이다. 그들은 바울의 제자들(실라 · 디도 · 디모데 · 두기고 · 에바브라디도)의 이름을 빌려 자신들의 교사들에게 붙였고, 자신들의 지교회들에 바울이 세운 교회들(고린도 · 빌립보 · 아가야 등)의 이름을 붙였다. 그들은 로마 국교회를 자랑하는 자들(로마이우스)에 반대하여 자신들을 '그리스도인들'(크리스티아노이)이라고 소박하게 부르기를 좋아했다.

II. 이 분파의 설립자는 사모사타 근처 마나날리스에 있던 영지주의파(마르키온파) 회중 출신의 시리아인 콘스탄티누스(Constantine)이다. 사도 바울의 서신들에 영감을 받고서 바울의 진정한 제자로 자임한 그는 실바누스[실라]라는 이름으로 아르메니아 키보사와 폰투스와 카파도키아 지역에서 이원론 교리들을 가르쳐 27년간 큰 성공을 구가하다가, 황제 콘스탄티누스 포고나투스(668-685 재위)가 보낸 관리 시므온에 의해서 체포된 뒤 처형되었다. 684년에 처형될 때 돌에 맞아 죽었으며, 그의 회중은 뿔뿔이 흩어졌다. 그러나 의연하게 죽음을 맞이하는 콘스탄티누스-실바누스의 모습에 감동을 받은 시므온은 그의 신앙으로 개종한 뒤 회중을 재건하고 티투스라는 이름으로 그 집단을 이끌었다. 황제 유스티니아누스 2세는 그 소식을 듣고는 그를 다른 지도자들과 함께 마니교 규제법에 따라 화형에 처하도록 했다(690).

하지만 거듭된 박해와 내부 분열에도 불구하고 그 분파는 소아시아로 퍼져나갔다. 교세가 시들하게 되었을 즈음에 두기고라고 불린 세르기우스라는 열정적인 개혁자가 등장하여 분파를 재건했다(801-835). 어느 여성의 전도를 받고 바울파로 개종한 그는 기존의 회중들을 방문하는 한편 새로운 회중들을 설립했고, 설교를 하고 서신들을 썼고, '불결한 자' 라 불린 바네스(Baanes)의 반(反)율법주의적 관행들을 비판했으며, 엄격한 권징을 도입했다. 그의 추종자들은 바네스파와 구분하여 세르기우스파라 불렸다.

이 분파의 운명은 그리스 황제들의 정책에 따라 부침을 겪었다. 화상파괴파 황제 이사우리아인 레오는 그들을 방해하지 않았으며, 총대주교의 만족스러운 검토를 거친 뒤에 그 분파의 지도자 게그나이시우스(Gegnaesius)에게 박해에서 보호를 보장하는 서신을 보냈다. 하지만 약삭빠른 그 이단은 총대주교를 속이는 방식으로 질문들에 답변했다. 아르메니아인 레오(813-820 재위)는 그들을 개종시키기 위한 원정을 감행하여 변절자들을 살려주고 끝까지 고집하는 자들을 처형했다. 화상 숭배를 복원시킨 테오도라는 그들을 잔인하게 박해했으며, 짧은 재위 기간 동안 바울파의 십만 인구를 참수형과 교수형과 화형으로 처형했다(844). 아마도 이 많은 인구 가운데는 화상파괴론자들도 섞여 있었을 것이다.

이러한 잔인한 박해에 분노한 바울파는 카르베아스(Karbeas)의 주도로 반란을 일으켰다. 결국 그는 5천 명을 이끌고 사라센 제국으로 도망친 뒤 아랍 변경 지대의 테프리카에 강력한 요새를 건축하고, 이슬람교도들과 동맹을 맺고는 비잔틴 영토를 여러 번 침공하여 피해를 입혔다. 그의 사위 크리소케레스(Chrysocheres)는 저 멀리 에베소까지 밀고 들어가서 그 도시의 주교좌성당을 마구간으로 만들었으나(867), 871년에 그리스인들에 의해 살해되었고, 그 분파는 황제 마케도니아인 바실리우스에게 투항했다. 그는 바울파에게 수사 페트루스 시쿨루스(Petrus Siculus)를 보냈으며, 그 수사는 그들의 교리들을 익숙히 파악해가면서 사역을 위한 자료를 수집했다.

이 일이 있은 뒤 바울파는 정치적 의의를 상실하고서 점차 역사의 무대에서 자취를 감추었다. 이 분파의 많은 신도들이 970년경에 트라키아의 필리포폴리스로 강제 이주되었다. 국경 수비를 위한 방책이었으나, 이들은 그곳에서 관용을 누렸다. 알렉시우스 콤네누스(Alexius Comnenus, 1081-1118 재위)는 그들의 지도자들과 논쟁을 벌이고, 회심자들을 얻고, 완고한 자들을 처벌했다. 1204년에 십자군들이 콘스탄티노플을 함락했을 때 그곳에서 바울파의 일부 잔존 세력을 발견했다.

III. 바울파의 교리와 관습은 정통 진영의 보고들과 세르기우스의 서신들 가운데 소수의 단편들을 통해서만 알려진다. 그들의 교리와 관습은 이원론과 데미우르고스주의, 가현설, 신비주의, 사이비 바울주의가 이상한 형태로 혼합된 것으로서, 여러 점에서 마르키온의 영지주의 체계와 비슷하다.

(1) 이원론이 그들의 근본 원리였다. 선한 신이 영적 세계를 창조하고, 악한 신혹 데미우르고스가 감각적 세계를 창조했다. 전자는 바울파 곧 참된 그리스도인들의 예배를 받고, 후자는 '로마인들' 곧 가톨릭 신자들의 예배를 받는다.

(2) 물질에 대한 경멸. 육체는 악한 정욕의 좌소이며 그 자체가 불순하다. 육체는 마치 감옥처럼 신적 영혼을 가둔다.

(3) 가현설. 그리스도가 공기와 같은 천상의 육체를 입고 하늘에서 내려와 마리아의 태를 마치 수로를 통과하듯 통과하여 외형을 입는 고초를 겪었으나, 그 외형은 실체가 아니었으며, 그 상태에서 영혼을 물질의 속박에서 구속하는 과정을 시작하셨다.

(4) 동정녀 마리아는 "하나님의 어머니"가 아니며, 순전히 예수와 외적인 관계가 있을 뿐이다. 시칠리아인 페트루스는 자신들이 마리아에게 선하고 덕스러운 여성들 틈에 끼워주지도 않는다고 말했다. 진정한 테오토코스는 천상의 예루살렘이며, 그곳에서부터 그리스도가 나오셨고 다시 그리로 돌아가셨다.

(5) 그들은 구약성경을 데미우르고스라는 악한 조물주의 사역으로 간주하여 배척하고, 베드로전후서에 대해서도 그리했다. 베드로를 거짓 사도로 간주한 이유는 그가 자신의 스승을 부정하고, 기독교보다 유대교를 가르쳤으며, 바울의 적(갈 2:11)이자 가톨릭 성직위계제도의 기둥이라는 이유 때문이었다. 그들은 네 복음서와 사도행전, 열네 권의 바울 서신서, 야고보서, 요한의 서신서들과 유다서를 받아들였다. 하지만 후기에 접어들어서는 마르키온처럼 바울과 누가의 저작들만을 받아들이고, 거기에다 아마도 요한복음을 덧붙인 듯하다. 그들은 라오디게아에게 보낸 서신서도 소유하고 있다고 주장했다. 그러나 이것은 에베소서와 동일한 글이었던 것 같다. 그들의 주해 방식은 알레고리였다.

(6) 그들은 사제 제도·성례·성인과 성유물 숭배·십자가 성호 등 신앙의 모든 외적 표현들을 배척했다(단 중환자에게는 십자가 성호를 사용했다). 세례는 오직 성령 세례를 뜻했고, 그리스도의 살과 피에 참여하는 의식은 곧 그분의 말씀과 교훈에 참여하는 것이었다.

바울파는 사제들(히에레시스와 프레스부테로이) 대신 교사들과 목사들(디다스칼로이와 포이메네스), 동반자들 혹은 순회 선교사들, 그리고 서기관들을 두었다. 교회당 대신에 '강연장'(oratory)이라고 하는 집회소들을 두었다. 하지만 설립자들과 지도자들은 '사도들'과 '선지자들'로 존경을 받았다. 선택된 자들

(electi)과 평신도들(credentes)의 두 계층을 마니교처럼 구분한 흔적은 없다.

(7) 그들의 도덕은 금욕적이었다. 그들은 영혼을 물질적 육체의 권력에서 해방시키는 것을 목표로 삼았으나, 결혼과 육류 섭취를 죄악시하지 않았다. 하지만 바네스파는 반(反)율법주의라는 정반대 극단으로 치달았으며, 방종과 심지어 근친상간까지 서슴지 않았다. 포티우스에 따르면 바울파는 진실성이 크게 부족했으며, 목적이 선하면 거짓말도 괜찮다는 원리에 입각하여 양심의 가책을 느끼지 않은 채 신앙을 부정했다고 한다.

132. 유키테스파와 동방의 그 밖의 분파들

유키테스파(the Euchites)는 파르시교에서 이끌어낸 이원론적 원리들을 지닌 신비주의적 수사들이다. 이들은 모든 사람이 태어날 때부터 그 안에 귀신이 거하는데, 끊임없는 침묵 기도로써만 귀신을 쫓아낼 수 있다고 주장했다. 그래서 그들은 모든 영적 행위 중에서 침묵 기도를 가장 높이 평가했다. 유키테스파라는 이름도 그래서 생겼다.[1] 그들은 입신(入神) 상태에서 계시를 받는 것을 자랑했기 때문에 사람들에게 광신도라고도 불렸다. 프셀루스(Psellus)는 그들을 '귀신숭배자들'이라고 불렀다. 그들은 모든 외적인 예배 형식을 경멸했다. 소문에 의하면 비밀 집회 때 문란한 성행위와 유아 살해를 자행했다고 한다. 그러나 초기 그리스도인들도 이와 비슷한 비난을 받았기 때문에, 그 소문은 별로 신뢰할 가치가 없다.

그들은 11세기에 메소포타미아와 아르메니아에서 바울파와 어느 정도 관계를 가지고서 등장했다. 아마도 옛 시리아의 유키테스파 혹은 4-5세기의 메살리안파(the Mesalians)의 후계자들인지도 모른다. 과거의 이 분파들은 금욕적 완전에 도달했다고 자부했고, 노동과 모든 평범한 직업을 경시했으며, 시주(施主)에 의존하여 살았다. 그런 의미에서 최초의 탁발수사들이었던 셈이다.

유키테스파에게서 11세기 말엽에는 보고밀파(the Bogomiles. 유키테스파를

---

1) '기도'라는 뜻의 헬라어 유케에서 유래. 시리아어 이름은 '기도하는 사람들'이라는 뜻의 메살리안파이다. 참조. 단 6:11; 스 6:10.

가리키는 슬라브 이름)와 카타리파(the Catharists, 즉 순결파, 청교도)가 파생하여 불가리아부터 시작하여 서방으로 퍼져나갔다. 그들은 다음 시기에 살펴보게 될 것이다.

손드라크파(Thondracians, 손드라크〈Thondrac〉라는 마을에서 유래)라는 동방의 또 다른 분파는 833-854년에 아라랏 지방에서 바울파 셈바트(Sembat)가 조직했다. 이들은 바울파에서 파생했으며, 박해를 받으면서도 아르메니아에서 많은 개종자들을 얻었다. 그들 중에는 주교 야콥이 있었는데, 그는 1002년에 아르메니아 교회의 부패상을 비판하는 설교를 하다가 붙잡혀 낙인이 찍히고 군중에게 굴욕을 당하고 수감된 뒤 마침내 대적들의 손에 죽었다.[2]

프리기아 북부 지방에서 등장한 아싱기아파(Athingians)에 관해서는 알려진 바가 없다.[3] 이들은 유대주의적인 성격을 강하게 띠었던 듯하다. 할례를 제외한 율법의 모든 의식들을 준수했다. 할례 대신 세례를 시행했다. 네안더는 이들이 사도 바울에게 비판을 받은 골로새의 오류론자들의 후손들이었으리라고 추측한다.

133. 서방에 나타난 새 마니교

서방의 이단 분파들은 주로 세 부류이다: 1) 이원론적 혹은 마니교적 분파; 2) 범신론적이고 신비주의적인 분파; 3) 성경적 분파(발도파). 서로간에 큰 차이를 지녔던 이들은 교황 중심의 교회와 사제 제도를 혐오한 점에서는 일치했다. 이들이 등장하게 된 요인들은 다양하다. 이교 개념들의 잔재와 해묵은 이단들, 교회들과 성직자들의 부패에 대한 반발, 독재 권력에 대한 이성의 반동, 하나님 말씀에 대한 민중의 갈증이 각각 중요한 요인이었다. 서방의 이단 분파들은 12-13세기에 불가리아에서부터 스페인까지 무서운 속도로 퍼져나갔다. 특히 이탈리아와 프랑스 남부를 휩쓸었으며, 권력의 절정에 도달해 있던 교황청이 (인노켄티우스 3세의 주도하에) 이들을 무력 진압하기 위해서 총력을 기울여야만 했다.

---

2) 참조, Tschamtschean's *History of Armenia.*

3) '만지다', '조작하다' 라는 뜻의 헬라어 싱가노에서 유래한 아싱가노이. 아마도 골로새서 2:21을 염두에 두고서 만든 칭호인 듯하다.

십자군의 토벌에 살아남은 분파는 발도파 하나뿐이었다. 이들이 살아남을 수 있었던 비결은 성경의 긍정적인 진리들을 충실하게 붙들었기 때문이다.

서방에서는 조직된 형태를 갖춘 이단적 경향이 교회와 교황청의 부패가 절정에 달했던 11세기에 처음 모습을 드러냈다. 그 시대에는 그것이 마니교 이단의 연장이나 소생으로 비쳤다.[4] 연결고리는 이원론적 원리이다. 옛 마니교가 불과 칼로 척결되지 않은 채 이탈리아와 프랑스에 은밀히 존속하면서 음지에서 양지로 나갈 유리한 기회를 기다리고 있었다. 동방으로부터 밀려온 영향도 간과해서는 안 된다. 바울파가 비잔틴의 깃발 아래 트라키아와 불가리아에서 이탈리아와 시칠리아의 그리스 속주들로 강제 이주된 경우가 종종 있었는데, 그들이 그 지역을 거점으로 하여 이원론과 가현설과 기성 교회에 대한 염증의 씨앗을 사방에 퍼뜨렸다.

새 마니교는 1022년에 아퀼레이아와 오를레앙에서, 1025년에 아라스에서, 1030년에 튀랭 근처의 몽트포르트에서, 1025년에 고슬라에서 발견되기 시작했다. 이들은 하나님과 물질을 대립시키는 이원론과 그리스도의 인성에 관한 가현설을 가르쳤고, 성인·화상 숭배를 반대했으며, 은혜의 방편을 물질화한 가톨릭 교회 자체를 배격했다. 그 대안으로 영적 세례와 영적 성찬, 그리고 안수에 의한 입교 의식을 시행했다. 그들 중 일부는 그리스도의 생명을 모든 인간 속에 있는 신적 생명을 가리키는 신화 내지 상징으로 해석했다. 그들은 대체로 엄격한 도덕률을 지켰고, 결혼과 육식과 술을 금했다. 그런 이유로 사람들은 얼굴이 창백하고 수척한 것을 이단의 표지로 간주했다. 이 분파의 지지자들은 평민들이었으나, 지도자들 가운데는 사제들이 있었으며, 그들은 가끔 은밀히 활동했다. 그들 중 한 사람인 디외도네(Dieudonné)는 오를레앙 교회의 선창자였으며, 가톨릭 신자로 죽었다. 하지만 3년 뒤에 그가 이단에 연루되었다는 사실이 발각되면서 교회 묘지에 묻혀 있던 유해가 파헤쳐졌다.

동방은 비국교파를 무력으로 탄압했는데, 그 방식을 서방이 고스란히 모방했다. 이단에 대한 민중의 광적인 분노가 사제들의 비관용을 부추겼다. 그런 식으

---

4) 하지만 꼬리가 서로 묶인 여우들에 비유된 다른 집단들과 구분하기 위해서 다른 이름들이 고안되었다. 인노켄티우스 3세 때에는 40개가 넘는 이단들의 이름이 사용되었는데, 그중 12개는 마니교 분파들로서, '마니교', '카타리파', '파타레니파'가 대표적인 집단들이었다.

로 1022년에 오를레앙에서 13명의 새 마니교도들이 화형을 당했고, 다른 지역들에서도 비슷한 사례들이 발생했다. 밀라노에서는 이단들이 십자가 앞에 절하거나 죽임을 당하는 것 가운데 택일해야 하는 자리에 섰는데, 대다수가 불에 몸을 던졌다.

하지만 박해를 당연시하던 시대의 정신을 뚫고서, 투르의 성 마르탱의 모범을 따른 사람들도 더러 있었다. (마르탱은 트리어에서 프리스킬리아누스파가 처형된 데 격렬히 항의한 바 있다.) 1047년경에 리에주의 주교 바초(Wazo)는 샬롱쉬르마른 교구에서 이단 처리 문제로 자문을 받았을 때 관용을 주장했다. 그런 교리는 기독교 교리에 위배되므로 반드시 단죄해야 하지만, 교리를 가르친 교사들에 대해서는 관용해야 한다고 말했다. 우리 구주께서도 온유하고 겸손하셨으며, 이 세상에 투쟁하러 오시지 않고 십자가의 수치와 죽음을 견디기 위해서 오시지 않았느냐고 했다. 밀과 가라지의 비유가 우리에게 가르치는 바도 오류에 빠진 이웃들이 회개하기를 인내로써 기다리라는 것이라고 했다. 그는 동료 주교들에게 이렇게 말한다. "우리 주교들은 임명을 받을 때 세속 권력의 칼과 살육의 소명을 받은 것이 아니라 다만 살리는 소명을 받았을 뿐입니다." 주교들이 해야 할 일이란 이단들을 교회의 성찬에서 배제하여 다른 사람들을 위험한 교리들에서 지키는 것이라고 했다.[5]

____

5) Neander, III. 605 sq.; Gieseler, II. 239, note.

제 13 장

학문의 상태

134. 참고문헌

I. The ecclesiastical writers of this period are collected for the first time by MIGNE, the Greek in his *Patrologia Græca*, Tom. 90 (Maximus Confessor) to 136 (Eustathius); the Latin in his *Patrologia Latina*, Tom. 69 (Cassiodorus) and 75 (Gregory I.) to 148 (Gregory VII.).

II. General works: DU PIN, CEILLIER, and CAVE, and the bibliographical works of FABRICIUS (*Biblioth. Græca*, and *Bibl. Latina*); especially the *Histoire Générale des auteurs sacrés ecclésiastiques* by the Benedictine Dom REMY CEILLIER (1688–1761), first ed., 1729–63, in 23 vols.; revised ed. by Abbé *Bauzon*, Paris, 1857–'62, in 14 vols. 4to. This ed. comes down to St. Bernard and Peter the Lombard. Tom. XI., XII. and XIII. cover the 6th century to the 11th.

A. H. L. HEEREN (Prof. in Göttingen): *Geschichte der classischen Literatur im Mittelalter.* Göttingen, 1822. 2 Parts. The first part goes from the beginning of the Middle Age to the 15th century.

HENRY HALLAM: *State of Europe in the Middle Ages.* Ch. IX. (New York ed. of 1880, vol. III. 254 sqq.); and his *Introduction to the Literature of Europe in the 15th, 16th and 17th Centuries.* Part I., Ch. 1 (N. York ed. of 1880, vol. I., p. 25–103).

HERMANN REUTER: *Geschichte der relig. Aufklärung im Mittelalter.* Berlin, 1875, 2 vols.

III. Special works.

(1) Learning and Literature in the East: LEO ALLATIUS: *Græciæ orthodoxæ Scriptores.* Rom., 1652–'59, 2 vols. The *Byzantine Historians*, ed. by NIEBUHR and others, Gr. and Lat. Bonn, 1828–'78, 50 vols., 8vo. Monographs on *Photius*, especially HERGENRÖTHER (the third volume), and on *John of Damascus* by LANGEN (1879), etc.; in part also GASS: *Symbolik der griech. Kirche* (1872).

(2) Literature in the Latin church: JOHANN CHRIST. FELIX BÄHR:

Geschichte der römischen Literatur. Carlsruhe, 1836 sqq.; 4th revised ed., 1868–'72, 4 vols. The 4th vol. embraces the *Christian* Roman literature to the age of Charlemagne. This formerly appeared in three *supplementary* vols., 1836, 1837 and 1840, the third under the title: *Gesch. der röm. Lit. im karolingischen Zeitalter* (619 pages).—WILHELM S. TEUFFEL: *Geschichte der römischen Literatur.* Leipzig, 1870, 4th ed. edited by L. Schwabe, 1882. Closes with the middle of the eighth century. ADOLPH EBERT: *Geschichte der Literatur des Mittelalters im Abendlande.* Leipzig, 1874–'80, 2 vols.

Comp. also LÉON MAITRE: *Les écoles episcopales et monastiques de l'occident depuis Charlemagne jusqu' à Philippe-Auguste,* 1866. H. JOS. SCHMITZ: *Das Volksschulwesen im Mittelalter.* Frankf. a. M., 1881.

(3) For Italy: MURATORI: *Antiquitates italicæ medii ævi* (Mediol., 1738–'42, 6 vols. fol.), and *Rerum italicarum Scriptores præcipui ab anno D. ad MD.* (Mediol., 1723–'51, 29 vols. fol.). TIRABOSCHI (a **very** learned Jesuit): *Storia della letteratura italiana, antica e moderna.* Modena, 1771–'82, and again 1787–'94; another ed. Milan, 1822–26, 16 vols. GREGOROVIUS: *Geschichte der Stadt Rom. im Mittelalter.* Stuttgart, 1859 sqq., 3rd ed. 1874 sqq., 8 vols.

(4) For France: the Benedictine *Histoire litteraire de la France.* Paris, 1733–'63, 12 vols. 4to., continued by members of the Académie des inscriptions et belles-lettres, 1814 sqq.—BOUQUET: *Recueil des historiens des Gaules et de la France.* Paris, 1738–1865, 22 vols. fol.; new ed. 1867 sqq. GUIZOT: *Histoire générale de la civilisation en Europe et en France depuis la chute de l'empire romain jusqu' à la révolution française.* Paris, 1830, 6 vols., and many editions, also two English translations.—OZANAM: *La civilisation chrétienne chez les Francs.* Paris, 1849.

(5) For Spain: The works of ISIDORE OF SEVILLE. Comp. BALMEZ: *European Civilization,* in Spanish, Barcelona, 1842–'44, in 4 vols.; transl. into French and English (against Guizot and in the interest of Romanism).

(6) For England: The works and biographies of BEDE, ALCUIN, ALFRED. *Monumenta Historica Brittannica,* ed. by PETRIE, SHARPE, and HARDY. Lond., 1848 (the first vol. extends to the Norman conquest). *Rerum Britannicarum medii ævi Scriptores, or Chronicles and Memorials of Great Britain.* London, 1858–1865, 55 vols. 8vo. Comp. J. R. LUMBY: *Greek Learning in the Western Church during the Seventh and Eighth Centuries.* Cambridge, 1878.

(7) For Germany: The works and biographies of BONIFACIUS, CHARLEMAGNE, RABANUS MAURUS. The *Scriptores* in the *Monumenta Germaniæ historica,* ed. PERTZ and others, Han., 1826 sqq. (from 500 to 1500); also in a small ed. *Scriptores rer. Germ. in usum scholarum,* 1840–1866, 16 vols. 8vo. WILHELM WATTENBACH: *Deutschlands Geschichtsquellen im Mittelalter bis zur Mitte des 13. Jahrhunderts.* Berlin, 1858, 4th ed., 1877–'78, 2 vols.

(8) On the era of Charlemagne in particular: J. J. AMPÈRE: *Histoire littéraire de la France avant Charlemagne* (second ed., 1867, 2 vols.), and *Histoire littéraire de la France sous Charlemagne et durant les Xᵉ et XIᵉ siècles.* Paris, 1868.—BÄHR: *De litter. studiis a Carolo M. revocatis ac schola Palatina.* Heidelb., 1856.—J. BASS MULLINGER: *The Schools of Charles the Great, and the Restoration of Education in the Ninth Century.* London, 1877.—EBERT: *Die liter. Bewegung zur Zeit Karls des Gr.,* in "Deutsche Rundschau," XI. 1877. Comp. also RETTBERG: *Kirchengeschichte Deutschlands,* I. 427 sqq., and the works quoted on p. 236. The poetry of the Carolingian age is collected in two magnificent volumes by E. DÜMMLER: *Poëtæ Latini Ævi Carolini.* Berlin, 2 vols. in 3 parts, 1880-'84 (in the *Scriptorum* series of the *Mon. Germania*).

135. 중세 초기 학문의 성격

이 시기의 종교 관련 학문이 지진 지배적인 특성은 옛 고전 학문과 기독교 학문의 유산들을 보존하여 그것들을 새로운 토양에 옮겨 심는 충실한 전통주의이다. 서로마제국의 멸망(476)과 힐데브란트의 시대(1049-1085) 사이의 여섯 세기는 쇠퇴한 이교 문화를 벗어버리고 새로운 기독교 문화로, 그리고 교부 신학에서 스콜라 신학으로 옮겨가는 전환기이다. 새벽이 가까왔음을 알리는 징후들이 곳곳에서 나타나던 암흑기였다.

교부들은 죽었고 스콜라 학자들은 아직 태어나지 않았다. 이 시기에 할 수 있었던 최선의 일은 미래의 유익을 위하여 과거의 유산을 보존하는 것이었다. 창의력이 고갈되었고, 모방과 편집이 부각되었다. 학문적 근면성이 독립적인 연구를 대신했다.

그리스 교회는 고전 학문과 교부학의 관계를 꾸준히 이어왔으며, 니케아 교부들과 일곱 차례에 걸친 공의회들의 교훈을 확고히 간직했다. 라틴 교회는 아우구스티누스와 제롬의 권위를 숭앙했다. 동방은 좀 더 학문적이었던 반면에 서방은 좀 더 실천적이었는데, 그 면모가 주로 선교 분야에서 잘 나타났다. 그리스 교회는 과거로 고개를 돌린 채 오늘날까지 8세기의 교리적 입장을 주장한다. 반면에 라틴 교회는 미래를 바라보면서 무지의 깊은 밤을 지나갔으나, 이민족들로부터 새로운 힘을 결집했다. 그리스 교회는 고대 기독교에 안주했지만, 중세의 라틴 교회는 현대를 향해서 약동하는 기독교였다.

136. 동방 교회의 학문

동방 교회는 헬라어 지식으로 인하여 서방보다 유리한 위치에 있었다. 헬라어 지식에 힘입어 신약성경과 그리스 고전과 그리스 교부들에 곧장 접근할 수 있었다. 하지만 중대한 애로사항을 가지고 있었으니, 그것은 이슬람교의 잦은 침공과 독재적 황실의 끊임없는 음모와 간섭이었다.

교부들의 학문 활동이 가장 왕성하게 이루어졌던 알렉산드리아와 안디옥이 이슬람교 정복자들의 수중에 들어갔다. 알렉산드리아의 대규모 도서관이 오마르의 지시로 소각되었다(638). 그의 지론은 다음과 같은 것이었다. "만약 그리스인들의 이 저서들이 신의 책[코란]과 일치한다면 쓸데없을 뿐 아니라 보존 가치가 없는 셈이고, 만약 일치하지 않는다면 사악하므로 없애버려야 마땅하다."[1]

하지만 8세기에 접어들어서는 사라센족이 스스로 학문을 권장하고 그리스 저자들의 글을 번역하고 바그다드 · 카이로 · 코르도바에 대규모 도서관을 건립하고 장서를 수집하는 일을 시작했다. 아랍의 학문은 그 뒤부터 몽고족의 침략을 받기까지 다섯 세기 동안 꾸준히 발전해 나갔다. 이러한 현상이 교회의 학문을 자극했는데, 특히 두드러진 것이 아리스토텔레스 번역자이자 주석가인 코르도바의 아베로에스(Averoës, 1198 죽음)의 저서들을 통해서 스콜라 철학이 발전한 것이었다.

콘스탄티노플은 중세에 그리스 교회의 학문 활동 중심지였다. 이 도시나 인접한 지역(칼케돈, 니케아)에서 에큐메니컬 공의회들이 열렸다. 이곳에는 학자들과 도서관들과 황제의 후원과 온갖 연구 시설들이 있었다. 많은 장서들이 소실되었으나 항상 보충되고 대체되었다.[2] 데살로니가와 아토스 산도 특히 12세기에

---

1) Gibbon(ch. 50)은 이 아불파라기우스와 그 밖의 이슬람교 학자들이 언급한 이 사실에 회의를 나타낸다. 하지만 Von Hammer, Silv. de Sacy, 그리고 그 밖의 동양 학자들은 그것을 권위있는 것으로 받아들인다. 그 도서관에는 4만 내지 7만 권의 장서를 보유하고 있었던 것으로 추정된다.

는 중요한 학문 중심지였다.

라틴어가 비잔틴 황궁과 유스티니아누스의 공식 언어였다. 60년간 떨어져 있다가 벨리사리우스의 무용(武勇)을 통하여 유서 깊은 로마를 다시 장악하게 된 유스티니아누스(536)는 로마인들의 황제라는 도도한 칭호를 사용했으며, 자신의 법전을 라틴어로 발행했다. 하지만 헬라어가 항상 민중과 문학과 철학과 신학의 언어였고 그 뒤로도 계속 그러했다.

고전 학문은 9세기에 황실의 지원을 받아 부흥했다. 카이사르 바르다스(Caesar Bardas, 860-866 재위), 마케도니아인 바실리우스 1세(867-886 재위), 직접 책을 쓰기도 한 철학자 레오 6세(886-911 재위), 콘스탄티누스 7세(포르피로게니투스, 911-959 재위)가 다스리던 시기가 비잔틴 학문의 전성기였다. 1057-1185년에 침체해 가던 제국을 다시 일으켜 세운 콤네누스 가문은 학문을 꾸준히 후원하고 장려했으며, 황후 유도키아와 공주 안나 콤네나는 수사학과 철학을 장려했다.

십자군 원정들과 재난들이 제국을 강타하던 동안에도 학문에 대한 사랑은 그치지 않았다. 그리고 마침내 콘스탄티노플이 터키인들의 손에 함락되었을 때도 그리스 학자들이 서방에 대거 유입되면서 르네상스에 불을 붙였으며, 종교개혁을 준비하는 데 중요한 요인이 되었다.

비잔틴 학문은 비록 왕성한 활력과 지배와 조직의 재능은 없을지라도 범위와 분량은 대단히 방대하다. 기번은 수사학적 과장을 약간 섞어서 이렇게 말한다.[3] "콘스탄티노플의 그리스인들은 생기를 잃은 손으로 교부들의 풍부한 학문을 받았으나, 그 거룩한 유산을 창조하고 개선했던 정신은 물려받지 못했다. 그들은 읽고 감탄하고 수집했다. 하지만 그들의 나른한 영혼들은 생각하고 행동할 능력이 없는 듯했다. 10세기의 세월이 지나는 동안 인류의 존엄성을 드높이거나 행

---

2) 12만 권의 장서를 보유한 이 도서관은 황제 콘스탄티우스와 배교자 율리아누스가 시작했으나 바실리스쿠스 때 화재로 소각되었다(478). 33,000권의 장서를 보유했던 콘스탄티노플의 또 다른 도서관은 화상 파괴파 황제 이사우리아 사람 레오의 재위 기간에 소멸되었다. 레오는 케드레누스와 그 밖의 정통 사가들에 의해서 그 사건의 책임자로 지목된다.

3) *Decline and Fall*, Ch. LIII. (V. 529).

복을 향상시켰다고 평가할 만한 업적이 단 한 가지도 발견되지 않았다. 단 한 가지의 사상도 고대의 사변적 사상 체계들에 덧붙지 않았고, 끈기는 있되 독창성이 없는 성실한 제자들만 대를 이어 등장하여 다음 세대에 교의를 전수했다. 역사와 철학과 문학 분야에서 단 한 작품도 본연의 아름다운 문체와 정조, 독창적인 상상, 심지어 훌륭한 모방조차라도 재현해내지 못했다 …… 그리스 교회 지도자들은 선조들의 가르침을 존경하고 모방하는 것으로 겸손히 만족했으며, 학교나 강단이 아타나시우스와 크리소스토무스에 필적하는 인물을 배출해내지 못했다."

신학 논쟁들은 변증 기교와 형이상학의 정교함에 대한 사랑을 발전시켰고, 실천적 경건을 무시한 채 이론적 정통신앙을 과대 평가하는 풍토를 조성했다. 단의론 논쟁은 그리스도론 신조에 내용을 보태는 것으로 결말이 났고, 화상 파괴 논쟁은 공예배의 성격과, 신앙과 예술의 관계를 결정했다.

우리가 다루는 시기의 동방 신학자들 가운데 역량이 뛰어난 사람은 7세기의 고백자 막시무스, 8세기의 다마스쿠스의 요한, 9세기의 포티우스이다. 단의론의 영웅 막시무스는 예리하고 심오한 사상가로서, 신비주의적 정통신앙을 뒷받침하는 과정에서 위(가짜) 디오니시우스의 철학을 최초로 활용했다. 다마스쿠스의 요한은 화상 숭배의 투사로서, 정통 교부들, 특히 세 명의 위대한 카파도키아인들인 바실리우스 · 나지안주스의 그레고리우스 · 니사의 그레고리우스의 교리들을 체계화하고, 오늘날까지 그리스 교회에서 라틴 교회 토마스 아퀴나스의 「신학대전」에 해당하는 권위를 누리는 기념비적 저서를 내놓았다. 포티우스는 교황 니콜라우스와 대립한 인물로서, 당대의 가장 위대한 학자였으며, 독자적인 판단으로 고대 이교와 기독교권을 망라한 철학 · 신학 · 교회법 · 역사 · 의학 · 문학 일반을 두루 섭렵하고 소화했다. 정보의 범위와 집필 능력에서 미카엘 프셀루스(Michael Psellus, 1106 죽음)가 그를 계승했다.

해석학은 10세기의 외쿠메니우스(Oecumenius), 11세기의 테오필락투스(Theophylact), 12세기의 유티미우스 지가베누스(Euthymius Zygabenus)가 발전시켰다. 그들은 '카테나이'(Catenae)라고 부르는 가치 있는 해석학 모음들을 편찬했다.[4] 시므온 메타프라스테스(Simeon Metaphrastes, 900경)는 122명의 성인들을 대상으로 전설적인 내용의 전기들과 송덕문들을 썼다. 11세기에 수이다스(Suidas)는 문헌학과 역사에 관련된 귀중한 정보들이 많이 실린 어휘사전을 제작했다.[5] 테오파네스(Theophanes) · 신켈루스(Syncellus) · 케드레누스(Cedrenus) · 레오 그라마티쿠스(Leo Gramaticus) 같은 비잔틴 사가들은 서서히 멸망해 가던 제국의 정치적 · 교회적 사건들을 기술한다. 12세기의 가장 유력한 학자는 데살로니가의 대주교 유스타티우스(Eustathius)로서, 그는 가장 유명한 호메로스 주석가였으나 신학자와 교회 지도자와 수도원 개혁가로서도 높은 평가를 받을 만하다.

137. 기독교 플라톤주의와 위 디오니시우스의 저서들

진짜 디오니시우스와 가짜 디오니시우스

신비주의적 사색을 향한 경향은 주로 신플라톤주의와 기독교를 혼합시킨, 그리고 사도 바울의 전도를 받고서 회심한 유명한 아테네인 디오니시우스 아레오파기타(Dionysius Areopagita, 행 17:34)의 이름으로 된 저서들을 통해서 유지되고 촉진되었다. 2세기의 전승에 따르면, 그는 아테네의 초대 주교가 되었다고 한다. 9세기에 프랑스가 그의 것으로 추정되는 저서들을 접하게 되었을 때, 사람들은 그를 그 '아레오바고 사람'(the Areopagite)보다 무려 2백년 가량 뒤에 살다가 죽은 파리의 초대 주교이자 프랑스의 수호성인인 생 드니(St. Denis)와 혼동했다.[6] 이렇게 하여 그는 명백한 시대착오에 의하여 아테네와 파리, 그리스 철학과 기독교 신학을 연결하는 고리가 되었으며, 거의 사도적인 권위를 얻었다. 익명

---

4) catenae 곧 '사슬들' 처럼 연결되어 있다는 뜻에서 그런 이름이 붙었다. 그런 유의 라틴어 모음들 가운데 가장 유명한 것은 토마스 아퀴나스가 복음서들을 주제로 쓴 *Catena Aurea*이다.

5) 이 책은 그리스 학자들에게 여전히 긴요한 자료이며, 신학자들과 역사학자들에게 성경 어휘, 신학 용어 설명, 교회 저자들의 전기적 · 문학적 언급들을 이해하는 데 여전히 중요하다. 가장 유명한 판본은 Gaisford(Oxford, 1834)와 Bernhardy(Halle, 1853, 4 vols.)의 것이다.

6) 가장 오래된 권위자들(술피키우스 세베루스<410 죽음>와 투르의 그레고리우스 <595 죽음>, 참조. 그의 *Hist. Franc.* I. 28)에 따르면, 프랑스의 디오니시우스는 3세기 중반에 활동하다가 데키우스 때(249-251 재위)나 아우렐리아누스(270-273 재위) 때 순교했다고 한다. 후대에는 그를 다시 1세기 사람으로 간주했다. 프랑스의 순교자와

의 저자가 사후에 얼마만한 영향력을 행사할 수 있으며, 죽은 자가 살아 있는 자들에게 얼마만한 힘을 발휘할 수 있는지 그만큼 현저하게 보여준 예는 찾아보기 힘들다. 수세기 동안 그는 신학자들의 제왕으로 간주되었다. 그는 그리스와 라틴 교회에 복음의 비밀스러운 지혜를 설명해주었고, 신앙과 믿음, 천상적 위계 체제와 지상적 위계 체제 사이의 신비스러운 조화를 보여주었다.

위(가짜) 디오니시우스는 신학 분야의 위(가짜) 이시도루스에 해당한다. 두 사람 다 가톨릭 체제의 이익을 위해서 신앙을 빙자한 거짓을 자행했는데, 전자는 신학 분야에서, 후자는 교회 정치 분야에서 그러했다. 두 사람 다 중세 기독교의 무비판적 특성에 편승했고, 두 사람 다 고대에 대한 강한 신념으로부터 본래의 가치를 훨씬 넘어서는 가공적인 중요성을 이끌어냈다. 그 아레오바고 관원의 이름으로 된 저서들의 진정성에 관해서 라우렌티우스 발라 · 에라스무스 · 추기경 카예타누스가 의심을 하긴 했지만, 가짜 디오니시우스를 사도의 회심자와 프랑스 수호성인과 동일인으로 간주하던 망상이 역사적 비평의 횃불 아래 마침내 사라지게 된 것은 17세기에 들어서 비로소 된 일이다. 17세기 이후로 그의 저서들은 권위와 관심을 상실했다. 그러나 그 저서들은 호기심을 자극하는 문학과 신비주의적 철학에서 항상 현저한 지위를 차지할 것이다.

저자

그 책들의 진짜 저자는 누구인가? 그 저자는 그냥 디오니시우스라고만 불리

아레오바고 관원을 혼동하게 된 연원은 생 드니의 대수도원장 일두앵에게로 거슬러 올라간다. 그는 835년에 황제 경건자 루이의 요청으로 디오니시우스에 관한 전승들의 무비평적 모음집(*Areopagitica*)을 편찬했다. Gieseler(II. 103)는 훨씬 더 거슬러 올라가 샤를마뉴 시대와 *Acta Dionys.*에서 연원을 찾는다. 그 책은 「성인전」(*Acta Sanct*) (792년 10월 4일)에 실려 최초로 인쇄되었다. 그때 이후로 디오니시우스가 교황 로마의 클레멘스에 의해서 열두 명의 동료와 함께 갈리아로 파견되었고, 도미티아누스 때 그들과 함께 순교했다는 신념이 널리 퍼졌다. 그가 아레오바고 관원이었다는 것이 거의 신조가 되다시피 했다. 훗날 아벨라르는 과감히 그러한 통념에 의문을 제기했다가 생 드니에서 위험한 이단으로 간주되어 추방당했다. 그 통념은 Launoy, Sirmond, Morinus, Le Nourry, Dailé에 의해서 단호하게 배격되었다. 하지만 여전히 프랑스 가톨릭 학자들 사이에는 그것을 지지하는 사람들이 있다.

며, 게다가 그 이름이 한 번밖에 나오지 않는다.[7] 그는 히에로테오스(Hierotheos)라는 알려지지 않은 인물을 자신의 스승으로 자주 언급한다. 하지만 '신학자 바울'에 대해서도 스승과 자신 두 사람의 영적 지도자로 칭송하며, 디모데·디도·가이오·폴리카르푸스·사도 요한 같은 사도적 이름을 지닌 사람들을 언급한다. 자신이 히에로테오스와 주의 형제 야고보, 그리고 "영감을 받은 사도들의 가장 고귀한 머리"인 베드로와 함께 "생명의 시작이요 하나님을 받은 이"인 그녀(마리아)의 (죽은) 시신을 보러 갔던 일을 언급한다. 그때 히에로테오스가 자신들의 정서를 담아 희열에 넘친 찬송 시를 읊었다고 한다. 그렇다면 그가 사도 시대에 그들이 활동하던 지역에서 살았거나, 아니면 상상을 통하여 그 시대로 거슬러 올라갔음에 분명하다. 앞의 경우는 불가능하다. 과장된 문체, 후대 사람들에 대한 언급(안디옥의 이그나티우스와 알렉산드리아의 클레멘스 등), 신플라톤주의 사상들을 익숙히 아는 점, 성경뿐 아니라 교회의 '옛 전승'을 근거로 삼는 점, 그가 전제하는 정교한 교회의 정치와 의식 체제 등은 명백히 그가 사도 시대 이후 사람임을 입증한다. 그는 에우세비우스나 제롬 혹은 533년 이전에 활동한 교회 저자들에게 알려지지 않았다. 533년 그 해에 그의 저서들이 유스티니아누스 1세의 주재로 콘스탄티노플에서 열린 정통진영의 주교들과 이단 세베리아누스파 사이에 열린 회담에서 처음 언급되었다. 세베리아누스파 대표들은 그 저서들을 자신들이 신봉하는 단성론적 그리스도론을 뒷받침하고 칼케돈 공의회를 배격하는 근거로 인용했다. 그 저서들이 알려지지 않았다는 반론에 대해서, 그들은 알렉산드리아의 키릴루스가 그 저서들을 네스토리우스파를 비판하는 데 사용한 적이 있다고 주장했다. 만약 이 주장이 사실이라면 이 저서들은 키릴루스가 죽던 해인 444년 이전에 틀림없이 존재했어야 한다. 그러나 키릴루스의 저서들에서는 그런 흔적을 발견할 수 없다.

반면에 디오니시우스는 5세기의 그리스도론 논쟁을 전제하고 있고, 단성론파의 견해들에 기우는 경향을 드러내며, 신플라톤주의를 최후에 가장 잘 대표한 학자들, 특히 485년에 아테네에서 죽은 프로클루스를 잘 알고 있는 면모를 드러낸다. 두 사람의 사상이 너무나 비슷했던 까닭에 디오니시우스 지지자들은 프로클루스가 그의 글을 표절했다고 비판했다. 그렇다면 저자는 5세기 말이나 6세기

---

7) In *Ep*. VII. 3. 이 글에서 아골로파네스는 그를 '디오니시우스여' 하고 부른다.

초에 그리스나 이집트에서 저작 활동을 한 기독교 신플라톤주의자로서, 문학적 허구로써 아테네의 초대 기독교 주교의 이름과 권위를 빌려 자신의 종교적 사색을 덧입힌 사람이었다.

같은 방식으로 가짜 클레멘스의 저서들도 로마의 초대 주교의 이름을 표방한다.

가짜 디오니시우스의 운명

가짜 디오니시우스는 맨 처음에 그리스도의 위격에 하나의 본성과 하나의 의지가 있다는 이단 교리를 지지하는 모습을 보였다.[8] 그러다가 곧 자신을 훨씬 더 정통 신학자들 대열에 넣었다. 그는 6세기에 요하네스 스키토폴리타누스(Johannes Scythopolitanus)에게, 7세기에 고백자 성 막시무스에게 호평을 받았다. 심지어 그의 진정성을 의심했던 포티우스조차 그를 위대한 교회 교사들의 범주에 넣고, 그의 깊은 사상을 높이 평가한다.[9]

서방에서는 가짜 디오니시우스의 저서들이 590년경에 교황 그레고리우스 1세에 의해서 최초로 언급되었다. 아마도 그는 콘스탄티노플에 대사로 가 있는 동안 그 저서들을 접하게 된 듯하다. 교황 하드리아누스 1세는 샤를마뉴에게 보내는 서신에서 그 저서들을 언급한다. 황제 말더듬이 미카엘리스 2세는 827년에 경건자 루이에게 그의 저서들의 사본을 보냈다. 생 드니에 안장되어 있던 그 성인의 축일 전야에 그 사본이 도착했을 때 인근 지역에서 열아홉 건이 넘는 기적

---

8) 단의론파는 *Ep*. IV. ad Calum에 실린 한 구절에 호소했다. Dorner(II. 196 sqq.)는 가짜 디오니시우스의 신비주의적 그리스도론을 단의론과 정통 교의를 잇는 연결 고리로 정확히 묘사한다.

9) 그가 자신의 "Bibliotheca"(845경)에서 언급하는 첫 번째 책은 테오도루스라는 장로가 디오니시우스의 저서들의 진정성을 변호하는 내용이다. 이에 대해서 그는 다음 네 가지 반론을 제기한다. 1) 그 저서들을 초기 교부들이 몰랐다; 2) 그 저서들은 에우세비우스의 도서 목록에 언급되지 않는다; 3) 그 저서들에는 사도 시대가 지나고 오랜 후에 점진적으로 생긴 교회 전승에 대한 논평들이 많이 실려 있다; 4) 그 저서들은 이그나티우스가 트라야누스 때 순교를 당하러 가는 길에 쓴 서신을 인용한다. 포티우스는 이 반론들이 테오도루스의 답변보다 더 강력하다고 생각한 듯하다. 참조. Neander, III. 170.

치유 사례들이 발생했다. 그의 저서들은 자연스럽게 프랑스 수호성인의 기억을 되살려 놓았고, 그 수호성인이 그 저서들의 저자로 간주되었다. 황제는 생 드니 대수도원장 일두앵(Hilduin)에게 사본을 라틴어로 번역하도록 지시했다. 하지만 대수도원장의 학문 역량이 그 작업을 맡을 만하지 못했다. 그래서 당시 서방에서 최고의 그리스 학자로 평가받던 존 스코투스 에리게나가 대머리 샤를의 초대로 850년경에 비평을 붙여가며 번역을 했으며, 저자를 "고대성에서 뿐 아니라 숭고한 천상적 신비들에 통달한 점에서도 존경할 만한 인물"로 추켜세웠다.[10] 교황 니콜라우스 1세는 "교회의 관습에 따라" 그 저서를 자신에게 보내 승인을 받지 않은 데 대해서 유감을 표시했으나, 몇년 뒤에 교황청 상서국장 아나스타시우스가 그 저서를 높이 평가했다(865경).

그 아레오바고 관원의 저서들(Areopagitica)은 직관적이고 사변적인 성향의 사고를 자극했으며, 스콜라 신학과 신비주의 신학이 발달하는 데 중요한 요인이 되었다. 생 빅토르의 위고, 페트루스 롬바르두스, 알베르투스 마그누스, 토마스 아퀴나스, 로버트 그로스테스트, 디오니시우스 카르투시아누스가 그 저서들에 대한 주석들을 썼으며, 저마다 그 책들에서 영감을 받아 책을 썼다. 이탈리아 르네상스를 주도한 플라톤주의자들도 그 저서들에 영향을 받았다.

단테는 디오니시우스를 햇살 가득한 천국에 들어가 있는 신학자들의 반열에 넣는다:

"그대가 다음으로 보시는 것은 저 촛불의 광채입니다.
　아랫 세상에 육신으로 거할 때에
　천사적 본성과 그 사역으로 매우 돋보였던 인물입니다."[11]

루터는 그를 몽상가라고 불렀으며, 이 점을 파리의 소르본 대학은 그의 이단 사상들 가운데 하나로 단죄했다.

---

10) 다른 라틴어 번역본들은 그 뒤 12세기에 요하네스 사라키누스에 의해서, 15세기에 암브로시우스 카말둘렌시스에 의해서, 그리고 17세기에 코르데리우스에 의해서 제작되었다.

11) *Paradiso*, X. 115.

여러 저서들

디오니시우스의 저서들은 현존하는 것들만 놓고 보자면 그의 '동료 장로' 디모데에게 보낸 다음 네 편의 논문이다: 1) 천상의 위계 체제에 관하여 2) 교회의 성직위계제도에 관하여 3) 하나님의 이름들에 관하여 4) 신비적 신학에 관하여. 이 네 편 외에도 사도 시대의 다양한 사람들에게 쓴 서신들이 있다.[12]

디오니시우스의 체계

이 책들은 신플라톤주의와 기독교가 혼합된 신비주의적 상징주의를 표방한 동일 저자의 같은 체계를 드러낸다. 항상 교회에 적대적이었던 헬라 철학의 그 마지막 국면이 여기서는 기독교에 굴복하는 모습을 보인다. 두 체계를 잇는 사상들을 열거하자면, 무한자의 점진적 계시, 위계적 삼중 체제, 악에 대한 부정적 개념, 초월적 하나님과 신비적 연합을 추구하는 인간의 부단한 노력을 들 수 있다. 디오니시우스의 저서들에 깔려 있는 사상 체계는 알렉산드리아의 필로가 그와 유사한 방법으로 플라톤 철학을 모세 종교와 융합하여 내놓았던 그리스-유대 신학의 대응이다. 그 아레오바고 관원과 필로는 철학의 옷을 입고 신학을 가르친다. 두 사람 다 성경과 전승과 이성을 근거로 삼는다. 두 사람 다 성경의 문자와 역사 사실들을 넘어서서 깊은 상징적·알레고리적 의미로 나아간다. 두 사람 다 이질적인 요소들을 가지고 계시된 진리들을 변절시킨다. 그러나 필로는 구약성경에 머무르면서 아직 기록되지 않은 신약성경에 무지한 반면에, 아레오바고 관원의 체계는 일종의 기독교 철학이다.

그 아레오바고 관원은 경외심을 품고서 형이상학적이고 종교적인 사색에 몰입하며, 심오함 통찰과 숭고한 영성의 면모를 드러낸다. 그리고 이런 점 때문에 중세의 위대한 스콜라 학자들과 신비주의자들의 마음을 사로잡게 되었다. 하지만 그의 글에는 반복이 수없이 나오고, 빈약한 사상을 숭고한 인상을 주는 표현들로 벌충하고, 헬라 신비주의 종교들의 용어가 사용되며,[13] 문체가 작위적이고

---

12) 라틴어로만 현존하는 열한번째 서신(스코투스 에리게나가 썼다고 함)과 디오니시우스의 라틴어 전례서(Migne's ed. I. 1123-1132)는 위조 문서들이다.

13) 그런 용어들에 관해서는 Migne, I. 1134 sqq., II. 23 sqq.에 실린 디오니시우스의 어휘 목록을 참조하라.

과장되고 복잡하며 단조롭다.

신성의 통일과 우주의 위계적 질서가 아레오바고 관원의 사상을 이끄는 두 가지 개념이다. 그는 신적 통일에서 출발하여 연속된 다양한 현시들을 훑어내려간 뒤, 다시 하나님과의 신비적 합일로 올라간다. 그의 본문은 사도 바울의 문장이다: "이는 만물이 주에게서 나오고 주로 말미암고 주에게로 돌아감이라. 그에게 영광이 세세에 있을지어다. 아멘"(롬 11:36).

그는 신플라톤주의의 신 개념에서부터 시작한다. 하나님은 모든 개체와 존재를 초월하면서도 모든 존재의 시작과 끝이시고, 불가해하면서도 모든 이성과 지식의 근원이시고, 이름도 없고 표현이 되지도 않으면서도 만물에 이름을 주시며, 단순한 통일체이시면서도 모든 다양성의 원인이 되시는 분이시다. 그는 하나님을 "사랑의 섭리를 가지고 위로는 천상의 가장 높은 본질들에서부터 아래로는 지상의 미물들에 이르기까지 만물을 관통하시는 세 위격의 연합체이시며, 시작이요 모든 존재들의 원인으로서 모든 시작의 너머에 계시고 만물을 자신의 무한한 품에 초월적으로 품으시는 분"으로 묘사한다. 하나님을 알려면 우리 자신에게서 벗어나 그분 안에 흡수되어야 한다고 주장한다. 모든 존재는 일종의 발산(emanation)에 의해서 하나님으로부터 나오며, 다시 하나님을 향해 올라가는 경향이 있다고 한다.

세상은 이중의 위계 체제, 즉 그의 정의를 따르자면 "최대한 하나님을 닮은 존엄한 상태에 동화되고, 신적 조명이 비춰진 정도에 따라서 하나님을 닮는 데로 상승하는, 거룩한 질서와 학문과 활동 혹은 에너지"로 구성된다. 두 부류의 위계 체제가 있는데, 하나는 하늘에 있는 것이고 다른 하나는 땅에 있는 것이며, 각각 세 계급의 삼중적 단계로 되어 있다.

천상적 혹은 초현세적 위계 체제는 세 계급의 천사들로 구성된다: 1) 하나님 앞에 직접 나아가는 자들인 보좌들(thrones)·그룹들(cherubim)·스랍들(seraphim); 2) 권세들(powers)·능력들(mights)·주관자들(dominions); 3) 천사들(angels, 좁은 의미에서의)·대천사들(archangels)·정사들(principalities).[14] 첫

---

14) 이 계급들 가운데 다섯 가지는 에베소서 1:21(아르케, 엑수시아, 뒤나미스, 퀴리오테스)과 골로새서 1:16(트로노이, 퀴리오테테스, 아르카이, 엑수시아이)에서 유래했고, 나머지 네 가지(세라핌, 케루빔, 아르캉겔로이, 앙겔로이)도 성경이 천사적 존재

째 계급은 하나님에 의해서 조명되고 성화되고 완전하게 된 천사들이고, 둘째 계급은 첫째 계급의 천사들에 의해 그렇게 되고, 셋째 계급은 둘째 계급에 의해서 그렇게 된다.

지상적 혹은 교회적 위계 체제는 천상적 체제의 반영으로서, 어떻게든 하나님과 친밀한 사귐을 갖도록 훈련하여 끌어올리는 학교이다. 지상적 위계 체제는 하나님의 보좌 끝에 닿아 있는 천상의 사닥다리 가운데 맨 아래에 놓인 가로대들이다. 이 체제는 감각적 상징들 곧 성례들을 필요로 하며, 이 상징들은 우리 주님의 비유들과 마찬가지로 진리를 거룩한 자들에게 드러내고 속된 자들에게는 감추는 이중의 목적을 수행한다. 지상의 위계 체제에서 첫째이자 가장 높은 서열은 조명(illumination)이라 불리는 세례와, 성례들 가운데 가장 신성한 성찬(모임, 사귐), 그리고 우리의 완전을 상징하는 도유식 같은 성례들이다. 세 가지 다른 성례들인 사제 서품 · 수사 축성 · 장례식, 특히 죽은 자에 대한 도유식도 언급된다. 사역에 관련된 세 가지 직분들이 두 번째 서열을 구성한다.[15] 세 번째 서열은 수사들과 거룩한 평신도, 그리고 교리문답자들로 구성된다.

천상적 사역과 지상적 사역 면에서 각각 아홉 계급을 지니는 이 두 가지 위계 제도는 하나님의 통치 기구이자 하나님께서 자신의 뜻을 인간에게 전달하시는 방편이다. 이 두 가지 제도는 존재들의 저마다 다른 계급들의 종속과 상호 의존에 관한 신적인 법을 표시한다.

들을 가리키는 이름들이지만, 이 순서로는 성경의 아무데서도 언급되지 않는다. 토마스 아퀴나스는 자신의 천사론에서 디오니시우스의 글을 문자적으로 인용하기도 하고, 혹은 그보다는 그의 글의 의미를 해석하는 등 그의 견해를 거의 그대로 따른다. 단테는 「신곡」(*Divina Commedia*) 천국편(Canto XXVIII. 97 sqq.)에서 천상의 세 계급을 다음과 같이 소개했다.
　　"이 계급들이 한결같이 위를 응시하며,
　　　아래로 강한 통제력을 행사하여서, 하나님을 향하여
　　　그들 모두가 이끌리고, 다른 존재들을 이끈다.
　　　디오니시우스가 이 계급들을 사색하기를 열망하여
　　　내가 하듯 직접 이름을 붙이고 분류했다."
15) 그들은 주교 · 사제 · 부제라 불리지 않고, 히에라르케스, 히에류스, 레이투르고스라 불린다. 그러면서도 디오니시우스는 디모데에게 보내는 글에서 '장로가 동료 장로에게'(프레스뷔테로스 토이 쉼프레스뷔테로이)라고 쓴다.

하나님의 이름들 혹은 하나님의 속성들은 긴 논문에 해당하는 주제로서, 베일과 그림자를 통해서 모든 생명과 빛, 생각과 소원의 근원을 우리에게 밝혀준다. 하나님의 아름다움과 선함과 사랑이 마치 태양 광선들처럼 모든 피조물들 위에 비추며, 만물을 다시 하나님에게로 이끈다. 그렇다면 악이 어떻게 해서 존재할 수 있는가? 악은 실제적이고 적극적인 것이 아니라, 다만 부정이고 결핍일 뿐이다. 차가움은 뜨거움의 부재이고, 어둠은 빛의 부재이다. 따라서 악은 선의 부재이다. 하지만 만약 그렇다면 하나님이 어떻게 악을 벌하실 수 있는가? 이 질문에 대한 답으로서, 저자는 지금은 유실되고 없는 또 다른 논문을 제시한다.[16]

「신비적 신학」(*Mystic Theology*)이란 제목의 논문은 앞서 하나님의 이름들에서 제시한 '하나님과의 신비적 합일'로 인간 영혼이 상승하는 방법을 제시한다. 영혼은 이제 표와 상징을 뚫고 지상적 개념들과 정의들 위로 솟아올라 하나님에 관한 순수한 지식과 직관에 도달한다.

디오니시우스는 적극적 혹은 긍정적 신학과 소극적 혹은 부정적 신학을 구분한다. 전자는 모든 이름들의 통합체이신 무한하신 하나님으로부터 유한하고 다양한 존재들로 내려오고, 후자는 유한하고 다양한 존재들로부터 하나님을 향해 올라가다가, 철저히 수동적이 되고, 입다물게 되고, 이름도 없고 형언할 수도 없고 초(超)본질적인 존재들의 존재(Being of Beings)와 인간이 합일하는 숭고한 경계에 도달한다.

열 편의 서신들은 신학이나 도덕의 개별적인 화두들을 다룬 것들로서, 수사 가이오[카이우스]에게 보낸 네 통, 집사(부제) 도로테우스에게 보낸 한 통, 사제 소시파테르에게 보낸 한 통, 수사 데모필루스에게 보낸 한 통, 폴리카르푸스에게 보낸 한 통(그는 히에라르케스라 불리는데, 유명한 서머나 주교임에 틀림없다), 디도(크레타의 감독〈주교〉)에게 보낸 한 통, 그리고 마지막 열 번째 서신은 '그 신학자' 요한, 즉 밧모섬의 사도 요한에게 쓴 것으로서, 훗날 그가 풀려날 것을 예언하는 내용이 실려 있다.

디오니시우스의 전설들

가짜 디오니시우스의 저서들에 관련된 두 가지 전설이 과장된 형태로 라틴 교

---

16) περί δικαίου και θείου δικαιωτηρίου.

회의 성무일과서와 그 밖의 기도서 두 권에 실리게 되었다. 하나는 그가 성모 마리아의 임종 침상에 사도들과 함께 임석했다는 전설이다. 다른 하나는 디오니시우스가 이집트 히에라폴리스에서 그리스도께서 십자가에 달리시던 시각에 기적에 의한 개기일식을 보고서 "자연의 신이 고통을 당하고 있거나, 아니면 그가 고통당하는 어느 신을 동정하고 있거나 둘 중 하나이다"라고 외쳤다고 하는 전설이다. 디오니시우스의 글들에는 그런 발언이 그 자신의 것으로 언급되는 경우는 한 문장도 없다. 하지만 히에라폴리스에서 그와 함께 공부한 소피스트 아폴로파네스에 따르면 그가 그 내용과 비슷한 말을 했다고 한다.

로마의 성무일과서는 신자들의 신앙 생활을 도우려는 목적으로 아레오바고 관원 디오니시우스와 관련된 몇 가지 역사적 오류들을 엄숙히 재가했다: 1) 그를 3세기의 프랑스 성인 드니와 동일인으로 간주한 것; 2) 그가 썼다고 전해지는 "하나님의 이름들에 관하여", "천상과 지상의 위계 체제에 관하여", "신비적 신학" 등의 글들이 5세기 말 이전에는 집필될 수가 없었다는 점; 3) 그가 아폴로파네스의 입을 빌어 자신이 그리스도의 십자가 수난 시간에 초자연적 일식을 보았고, 앞서 소개한 그런 말을 했다는 점.

로마의 성무일과서는 그 외에도 디오니시우스가 로마 교황 클레멘스에 의해 사제 루스티쿠스와 부제 엘류테리우스와 함께 갈리아로 파견되었다는 내용과, 도미티아누스가 재위하던 어느 해 10월 9일에 그가 쇠 격자 뚜껑 위에서 불로 고문을 당하다가 백살이 넘은 나이에 도끼로 참수형을 당했으나, "목이 잘리는 순간 그가 자신의 목을 들고 2백 보를 걸어다녔다"는 내용이 실렸다.

138. 서방 교회에 만연하던 무지

고대 로마 문명은 안토니누스가 황제들의 재위가 끝난 직후에 기울기 시작하여 마침내 북방의 야만족들에 의해 정복되었다. 학문과 예술의 보물들이 매장되고 캄캄한 밤이 유럽 전역을 덮었다. 소수의 학자들이 이런 상황을 맞이하여 고립감과 슬픔을 표시했다. 투르의 그레고리우스(540-594)는 자신의 프랑크 교회사 서문에서, 갈리아에서는 학문 연구가 거의 무너졌으며, 그 시대의 사건들을 글로 남길 만한 역량이 있는 사람들을 찾아볼 수 없게 되었다고 탄식한다.[17]

'중세'와 '암흑 시대'가 동의어가 되었다. 10세기는 특히 철의 시대 혹은 암흑 시대(saeculum obscurum)라 불린다.[18] 7세기와 8세기도 나을 게 없었다. 도덕의 부패가 무지와 맞물려 전개되었다. 전하는 바에 따르면 교황제가 타락의 깊은 수렁에 빠졌을 때, 로마에 아주 초보적인 학문이라도 알고 있는 사람이 한 사람도 없었다고 한다. 심지어 사제들이 주기도문과 사도신경조차 모른다는 불평을 듣게 된다. 저서들의 수를 가지고 평가하자면, 7, 8, 10세기가 집필 활동이 가장 빈약했고, 9세기가 가장 왕성했고, 11세기는 10세기에 비해 약간 증가했으며, 12세기는 훨씬 더 증가했으나 13세기에 접어들면서 다시 쇠퇴했다.[19]

그러나 개별적인 사실들에 호도되어 전체의 흐름을 놓쳐서는 안 될 것이다. 잉글랜드와 독일의 경우에는 10세기가 9세기보다 진보를 보였기 때문이다. 프랑

---

17) In Migne's ed., Tom. LXXIX. 159.

18) Cave와 그 밖의 사람들의 용어에 따르면, 7세기는 단의론 시대(Saeculum Monotheleticum), 8세기는 화상파괴 시대(S. Eiconoclasticum), 9세기는 포티우스 시대(S. Photianum), 11세기는 힐데브란트 시대(S. Hildebrandinum), 12세기는 발도파 시대(S. Waldense), 13세기는 스콜라주의 시대(S. Scholasticum), 14세기는 위클리프의 시대(S. Wicklevianum), 15세기는 교회회의의 시대(S. Synodale), 16세기는 종교개혁의 시대(S. Reformationis)라 불린다. 종교개혁 시대를 제외하면 모두 한편으로 치우치거나 부적절한 용어이다. 역사적 시기들은 세기라는 단위로 흐르지 않는다.

19) Migne의 라틴 교부전집에는 라틴 저자들의 저서들을 수록한 책들의 수가 다음과 같이 실려 있다:

7세기 저자들	일련번호	80—88 · · · · · · · · · 8권
8 " "	"	89—96 · · · · · · · · · 7권
9 " "	"	97—130 · · · · · · · · 33권
10 " "	"	131—138 · · · · · · · · 7권
11 " "	"	139—151 · · · · · · · ·12권
12 " "	"	152—191 · · · · · · · ·39권
13 " "	"	192—217 · · · · · · · ·25권

이 시기들 가운데 어느 시기도 니케아 시대와 니케아 이후 시대에 미치지 못한다. 미뉴는 아우구스티누스 한 사람에게만 12권, 제롬 한 사람에게만 11권을 할애하는데, 게다가 이 저서들은 편집자들의 작품이 아니라 원 저자들의 작품이다. 중세와 16세기 혹은 19세기의 격차는 한층 더 크다. 하지만 인쇄술의 발명과 교육 시설 증가를 고려해야 한다.

스에서는 8, 9세기가 새로운 문화의 씨앗을 생산했다. 이 씨앗들이 겨울 서리에 덮여 지냈으나 죽지 않고 있다가 11-12세기에 풍성한 결실을 맺었다.

세속 학문과 종교 학문은 성직자들과 수사들에게 국한되었다. 귀족들을 포함한 대다수의 평신도들은 읽을 줄도 쓸 줄도 몰랐으며, 대다수의 계약이 십자가 성호를 긋는 것으로 체결되었다. 심지어 샤를마뉴 황제조차 쓰는 데 큰 어려움을 겪었다. 민중은 빈약한 교육을 받은 사제에게 받은 제한된 지식을 가지고 살았다. 그러나 여러 황제들과 왕들, 특히 샤를마뉴와 알프레드는 학문 활동을 풍성하게 후원했으며 심지어 글을 남기기도 했다.

도서관의 부재

이렇게 무지가 만연하게 된 주요 원인들 가운데 하나로는 도서의 빈약을 꼽을 수 있다. 유서 깊은 도서관들이 야만족들의 약탈과 전쟁의 유린에 의하여 파괴되었다. 알렉산드리아가 사라센족에 의해서 정복된 뒤에 이집트 파피루스의 재배와 수출이 중단되었고, 대신 책의 재료로 쓰인 양피지나 송아지 가죽은 너무나 비싸서 성경 전서의 사본을 제작하려면 어지간한 궁전이나 농장을 매입하는 정도의 비용이 들었다. 왕 알프레드는 「우주구조론」이라는 책 한 권을 구입하기 위해서 약 1만평의 토지를 처분했다. 따라서 귀중한 책들은 공유하는 관습이 심지어 16세기까지 지속되었다. 고전 작품들의 필사본들을 지우고서 아무짝에도 쓸모없는 수도원 중심의 전설들과 금욕적 설교들을 적어넣는 관습도 그래서 생겼다. 심지어 성경도 이런 목적으로 지워졌으며, 그로써 "하나님의 말씀이 인간들의 전승들로 인해 공허하게 되었다."[20]

수도원과 주교좌성당 학교의 도서관들도 장서가 대여섯 권 혹은 여나무 권에 지나지 않는 경우가 태반이었다. 그나마 그렇게 빈약한 장서에 어지간하면 포함된 저서들은 라틴어 성경전서가 그 일부분, 전례서들, 아우구스티누스와 그레고리우스, 카시오도루스와 보에티우스의 저서들, 도나투스와 프리스키아누스의 문법서들, 베르길리우스와 호라티우스의 시들이었다. 이 저서들의 대다수는 이

---

20) 성경에서 가장 중요한 언셜체 사본인 에브라임 사본(C)은 팔림프세스트 사본(한 번 썼던 것을 지우고 다시 쓴 양피지, codex rescriptus)이지만, 원본은 해독하기가 매우 어려우며, Tischendorf에 의해서 출판되었다(Lipsiae, 1843). 참조. Schaff's *Companion to the Greek Testament*, p. 120 sq.

탈리아, 그 중에서도 특히 로마에서 수입해야 했다.

10세기 혹은 11세기에 면화지가 도입되고, 12세기에 린넨 종이가 도입되면서 서적을 대량으로 제작하는 일이 쉬워졌다.[21]

139. 교회가 교육에 쏟은 노력

중세 교회는 종종 부당하게도 세속 교육에 적대적이었다는 비판을 받는다. 교황 그레고리우스 1세가 로마의 팔라티누스 도서관(the Bibliotheca Palatina)과 고전 시대의 조각상들을 파괴한 장본인으로 지목된다. 하지만 이것은 아주 후대에 퍼진 신뢰하기 힘든 전승에 근거한 것이다. 그레고리우스 자신이 세비야의 이시도루스에 버금가는 당대 최고의 학자이자 인기 있는 저자였으며(그는 599년에 이시도루스에게 팔리움⟨영대⟩을 하사했다), 자신의 전기작가들과 투르의 그레고리우스에게 학문의 후원자로 찬사를 받았다. 그가 주교들에게 보낸 두 통의 서신에서 라틴어 문법과 구문을 험담하는 발언을 했다면, 그것은 이들과 이교 저자들의 저급한 학문 수준을 과대 평가하던 당대의 인식에 대해서 주교의 숭고한 의무들과 그들의 수준을 비교하고, 자신이 욥기 강해에서 과도되게 사용한 알레고리적 성경 해석과 비교함으로써 비판한 것으로 이해해야 한다.[22] 그의 저작으로 간주되는 열왕기 상하 주석에서, 그는 자유7과 공부를 올바른 성경 이해에 유용하고도 필요한 수단으로 권장하며, 그 예로 모세와 이사야, 사도 바울을 거론한다. 그렇다면 그가 학문과 예술의 옹호자였다고 말할 수 있지만, 어디까지나 가톨릭 교회의 유익에 부합하는 한도에서 그러했다는 점을 잊어서는 안 된다. 이것이 그 이래로 항상 교황청의 태도였다[23]

---

21) 대영박물관에 소장된 가장 오래된 면화지 사본은 1049년의 것이다. 파리 국립 도서관에 소장된 가장 오래된 면화지 사본은 1050년의 것이다. 린넨 종이로서 가장 오래된 사본은 1177년에 아라곤 왕과 카스티야 왕이 맺은 평화조약인 것으로 전해진다.

22) *Ep. ad Leandrum*, prefixed to his *Expos. of Job*, and *Ep. ad. Desiderim*, XI. 54 (*Opera*, ed. Migne, III. 1171).

23) 교황 니콜라우스 5세를 기원으로 볼 수 있는 바티칸 도서관은 아마도 사본들

중세 내내 고대 학문에 대한 연구와 보존이 주로 성직자들과 수사들, 그리고 소수의 세속 학자들의 몫이었다. 수도원들은 사본들의 산실이었다.

고전 고대와의 연계는 완전히 끊어진 적이 없었다. 보에티우스(Boethius, 525년경에 파비아에서 참수됨)와 카시오도루스(Cassiodorus, 비비어스 수도원으로 은퇴했다가 그곳에서 570년경에 죽음) 두 사람은 이탈리아의 서고트족 왕 테오도릭 치하에 활동한 정치가들로서, 고대 학문과 중세 학문을 잇는 연결고리 역할을 했다. 고대 로마의 마지막 사람들이었던 이들은 키케로와 세네카의 펜을 야만족의 잉크에 담갔으며, 그 힘으로 로마와 독일인들의 왕성한 활력이 다시 일어나도록 자극했다. 보에티우스는 「철학의 위안」(*Consolation of Philosophy*, 감옥에서 쓴 책)이라는 저서로써, 카시오도루스는 백과사전적인 「신적 문학의 원리」(*Institutes of Divine Letters*, 간략한 성경 연구 지침서)라는 저서로써 그리 했다. 전자는 그리스 철학을 되돌아보았고, 후자는 기독교 신학을 내다보았다. 그들의 저서들은 서적이 희귀한 상황 탓에 자체의 가치를 넘어서는 큰 영향력을 행사했다.

보에티우스는 일부의 평가와 달리 정치적 반란 때문이 아닌 테오도릭의 아리우스주의에 맞서서 정통신앙을 변호하다가 목숨을 잃은 성인과 순교자로서의 명성을 누리는 특이한 운명을 겪었다. 단테는 그를 알베르투스 마그누스 · 토마스 아퀴나스 · 그라티아누스 · 페트루스 롬바르두스 · 아레오바고 관원 디오니시우스, 그리고 그 밖의 위대한 교회 교사들과 함께 넷째 천국에 배치한다:

> "세상의 속임을 귀가 밝은 모든 이들에게
> 명명백백히 밝힌 성인의 영혼이
> 모든 선한 것을 바라보는 낙을 누리고 있다.
> 그 영혼이 쫓겨난 육신이
> 치엘다우로에 뉘어 있고, 영혼은

(예. 헬라어 성경의 바티칸 사본)과 교회의 중요 문서들에 관한 한 세계에서 가장 가치 있는 도서관일 것이다. 하지만 외부인들이 접근하기에 가장 어려운 도서관이기도 하다. 현재의 교황 레오 13세가 도서관 운영을 자유롭게 하긴 했지만, 추기경들의 독점적인 감독과 로마 교회의 유익에 초점을 두었다(1883).

순교와 유배를 벗고서 그러한 평안에 들어와 있다."[24]

그럼에도 불구하고 보에티우스가 과연 그리스도인이었는지 의심스럽다. 물론 그가 카시오도루스와 친밀한 사이였고, 기독교적 분위기에서 살아서 그의 철학이 도덕적으로 상승해 있는 것은 사실이다. 하지만 「철학의 위안」은 비록 기독교적 표현이 몇 개 나오긴 할지라도,[25] 역시 플라톤이나 세네카 학파의 귀족 이교도가 쓴 책임에 틀림없다. 이 책은 그리스 철학의 메아리이다. 낙관적인 인생관을 취하고, 체념과 희망의 아름다운 정서를 내쉬고, 하나님과 만유를 지배하는 섭리와 기도에 대한 굳은 신념에서 위안을 얻지만, 그리스도와 그분의 복음에 관해서는 철저히 침묵한다.[26] 이 책은 저자가 품위 있는 여성으로 가장한 철학과 반은 산문으로 반은 운문으로 나누는 대화이다(그 여성이 마치 단테의 베아트리체처럼 천상의 안내자 역할을 한다). 이 책은 중세 내내 대단히 큰 인기를 누렸으며, 헬라어·고대 고지(高地) 독일어(생 갈의 노트케에 의하여)·앵글로색슨어(왕 알프레드에 의하여)·노르만계 영어(초서에 의하여)·프랑스어(묑에 의하여)·히브리어(벤 반세트에 의하여) 등 여러 언어들로 번역되었다.

기번(Gibbon)은 이 책이 기독교를 무시하는 점 때문에 감탄을 아끼지 않으며, 이 책에 대해서 다음과 같이 평가한다. "[이 책은] 플라톤이나 키케로(Marcus Tullius Cicero) 못지않게 여가를 내어 읽어볼 만한 양서이면서도, 시대의 야만성과 저자의 처지를 감안할 때 대단히 훌륭한 책이다. 그가 로마와 아테네에서 그토록 오래 염원하던 천상의 안내자가 이제 낮은 데로 내려와 그가 갇힌 지하감옥을 환히 비추고, 그에게 용기를 다시 북돋워주고, 그의 상처에 치유의 기름을 부어주었다 …… 보에티우스는 최고선을 찾으러 지상에서 하늘로 올라갔다. 그곳에서 우연과 운명, 예지와 자유의지, 시간과 영원의 형이상학적 미로를 탐험

---

24) *Paradiso*, X. 125-129. 치엘다우로 혹은 치엘도로는 이탈리아 파비아 치엘 도로에 있는 산 피에트로 교회로서, 이곳에 롬바르드족 왕 리우트프란트가 726년경에 보에티우스의 기념비를 세웠다.

25) 예. angelica virtus, coaeternus, purgatoria clementia.

26) 어떤 이들은 그가 저작을 방해받은 여섯째 책으로 보류했던 것이라고 추정한다. 다른 이들은 알레고리적 해석으로 그 책에 기독교적 성격을 대입하여 해석하거나, 잘못 그의 저작으로 간주되는 신학 저서들을 가지고 그 책의 내용을 보완한다.

했으며, 신의 완벽한 속성들과 자기 나라의 도덕적 · 신체적 정부의 명백한 무질서를 넓은 도량으로 조화시키려고 시도했다."[27]

그리스와 히브리 학문

성경의 원어들을 서방에서는 이해하는 사람들이 전혀 없다시피 했다. 라틴어가 학문과 종교어로서 그리스어를 대신했으며, 다양한 민족 출신의 학자들 사이에서 그들을 하나로 묶어주는 고리 역할을 했다. 라틴어는 상용어로서 야만족들의 방언들이 유입되면서 급속히 변질되었으나, 세월이 흐르면서 유럽 남부에서 운율이 발달한 로망어를 배출하게 되었다.

극소수의 교부들(오리게네스와 제롬)만 이해했던 히브리어는 유대교 회당들과 유력한 유대인 문법학자들과 구약성경 주석가들 사이에서 계속해서 살아남았다. 하지만 이 언어가 기독교 교회에서 회복된 것은 종교개혁 직전에서야 비로소 된 일이다. 우리가 다루는 시대에는 극소수의 신학자들(이시도루스, 그리고 아마도 스코투스 에리게나)이 히브리어를 알고 있었다는 흔적을 조금이나마 드러낸다.

헬라어는 테르툴리아누스와 키프리아누스 때까지 심지어 서방 교회의 저자들에 의해서조차 거의 독점적으로 사용되다가 차츰 라틴어에 자리를 내주었다. 따라서 절대 다수의 서방 신학자들은 신약성경을 원어로 읽는 것조차 하지 못했다. 교황 그레고리우스는 콘스탄티노플에서 교황 대사로 여러 해를 체류했는데도 불구하고 헬라어를 몰랐다. 16세기에 이르기까지 대다수 스콜라 학자들의 경우도 마찬가지이다.

그러나 몇가지 좋은 예외 경우들이 없지 않았다. 단의론 논쟁과 화상 파괴 논쟁은 그리스 교회와 라틴 교회들을 서로 활발하게 접촉하게 만들었다. 포티우스와 니콜라우스의 대립은 라틴 신학자들로 하여금 스스로 방어하도록 자극했다.

이탈리아에서는 헬라어가 그리스 식민지들인 칼라브리아와 시칠리아에서 11세기에 이르기까지 계속해서 사용되었다. 보에티우스는 그리스 철학자들을 친숙히 알았다. 카시오도루스는 라틴어의 전문 용어들에 해당하는 헬라어 단어들

---

27) *Decline and Fall*, Ch. 39 (vol. IV. 138).

28) 예. in *De Artibus*, etc., cap. 1 (in MIgne's ed. II. 1154).

을 자주 제시한다.[28]

이 시기의 여러 교황들이 그리스인의 혈통을 받아 태어난 사람들이다. 예를 들면 테오도루스 1세(642), 요한 6세(701), 요한 7세(705), 자카리우스(741)가 그런 사람들이다. 그런가 하면 요한 5세(685), 세르기우스 1세(687), 시시니우스(708), 콘스탄티누스 1세(708), 그레고리우스 3세(731)는 시리아 출신이다. 자카리아스는 그레고리우스의 「대화록」(*Dialogues*)을 라틴어에서 헬라어로 옮겼다. 교황 파울루스 1세(757-768 재위)는 헬라어 지식을 보급하는 데 힘썼고, 헬라어 문법책과 아리스토텔레스 · 아레오바고 관원 디오니시우스의 저서들을 프랑스 왕 피핀에게 보냈다. 화상파괴파 황제 코프로니무스에 의해 동방에서 추방당하여 피신온 여러 수사들에게 헬라어로 예배를 드릴 수 있도록 배려해 주었다. 바티칸 상서국장 아나스타시우스는 교황 하드리아누스 2세의 지시를 받아 제8차 콘스탄티노플 에큐메니컬 공의회(869)의 법령을 라틴어로 번역했다.

세비야의 이시도루스(636 죽음)는 박식한 스페인 주교 헤로나의 요한이 어릴 때 콘스탄티노플에서 여러 해 공부했던 일을 언급한다. 이시도루스 자신은 「어원학」(*Etymologies*)이란 책에서 그리스의 여러 저자들을 인용하며, "라틴어 · 헬라어 · 히브리어에 박식하다"는 평을 받았다.

아일랜드는 오랫동안 잉글랜드보다 앞서 있었으며, 많이 배운 선교사들을 대륙뿐 아니라 그 자매 섬에도 파송했다. 아일랜드 사람들이 헬라어에 무지하지 않았다는 사실이 스코투스 에리게나의 글로 입증된다.

잉글랜드는 헬라어 지식을 대주교 테오도루스에게서 얻었다. 다소에서 태어난 그는 아테네에서 공부한 뒤 교황에 의해서 캔터베리 대주교로 임명되었다(668). 그와 그의 동료 하드리아누스(아프리카인 혈통을 지닌 이탈리아의 대수도원장)는 성직자들 사회에 헬라어 지식을 보급했다.[29] 비드는 그 두 사람의 제자들 가운데 자신들의 모국어인 색슨어뿐 아니라 헬라어와 라틴어도 능숙하게 구사하는 사람들이 자기 시대에 살고 있다고 말한다. 그들 가운데 빼놓을 수 없는 사람이 셔본의 주교 올드헴(Aldhelm)와 로체스터의 주교 토비아스(Tobias, 726 죽음)이다. 가경자 비드(735 죽음)는 자신의 주석들에서, 사도 교령의 헬라어 사

---

29) William of Malmesbury는 이 하드리아누스를 "서신들의 샘이요 예술의 강"이라고 부른다.

본에 관한 언급에서, 그리고 특히 시학(詩學)에 관한 저서에서 헬라어를 잘 알고 있었다는 분명한 증거를 보인다.

프랑스에서는 샤를마뉴의 치하에서 헬라어 연구가 시작되었다. 앨퀸(804 죽음)이 고국 잉글랜드에서 헬라어 지식을 가져와 전달했으나, 그가 언급한 내용들은 제롬과 카시오도루스에게서 인용한 것일 가능성이 크다. 파울루스 디아코누스(Paulus Diaconus)는 헬라어 단어들을 자주 사용한다. 샤를마뉴 자신이 직접 헬라어를 배웠고, 「샤를마뉴의 책」은 그리스 교회에서 벌어진 화상 논쟁을 구체적으로 알고 있음을 보여준다. 샤를마뉴의 누이로서 파리 근처 샬레의 대수녀원장이었던 기셀라(Giesela)는 앨퀸과 주고받은 서신에서 라틴어 문자로 몇 가지 헬라어 단어들을 사용한다. 물론 이 단어들이 라틴어에서 유래한 것일 가능성도 없지 않다.

서방에서 9세기를 포함하여 그 이후 시대를 통틀어 최고의 그리스학 학자는 존 스코투스 에리게나(850)로서, 그는 아일랜드에서 태어나 그곳에서 교육을 받았으나 프랑스로 건너가 대머리 샤를의 궁정에서 활동했다. 라틴어 저서들에서 헬라어 지식을 드러내며, 가짜 디오니시우스의 저서들을 라틴어로 번역했으며, 헬라어로 직접 글을 써보기도 했다.

독일에서는 라바누스 마우루스 · 할베르슈타트의 하이모(Haymo) · 발라프리트 스트라보(Walafrid Strabo)가 헬라어 지식을 약간 가지고 있었으나, 성경 해석에 본격적으로 활용할 정도는 되지 못했다.

연구 과정

교육은 주교좌성당 학교와 수도원 학교에서 주관했으며, 이런 기관들이 12세기에 대학교들이 설립될 수 있는 길을 닦았다.

세속 학문의 과정은 이른바 자유7과, 즉 문법 · 변증학(논리학) · 수사학 · 음악 · 대수학 · 기하학 · 천문학을 포괄했다. 처음 세 과목이 3과(Trivium)를 이루고, 나머지 네 과목이 4과(Quadrivium)를 이루었다. 7과 3과 4가 모두 거룩한 숫자로 간주되었다. 3과와 4과의 구분은 아우구스티누스에게서 유래했으며,[30] 보

---

30) *De Ordine*, II., c. 12 sqq., in Migne's ed. of Augustine, Tom. I. 1011 sqq. 아우구스티누스는 시를 음악과 연관짓는다.

에티우스와 카시오도루스가 채택했다. 중세의 최초이자 가장 인기를 누린 개론
서(compendium)는 카시오도루스의 「7학문에 대하여」(*De Septem Disciplinis*)였
다.[31] 이러한 과목들은 라틴어 성경과 라틴 교부들의 저서들에 토대를 두고 이루
어진 신학의 예비 과정이었다.

주요 신학자들

몇몇 신학자들이 당대의 모든 세속적·종교적 지식을 포용했다. 스페인에서
는 6세기 말과 7세기 초 사이에 활동한 세비야의 이시도루스(636 죽음)가 가장
학문이 깊은 학자였다. 스무 권으로 된 "기원들" 혹은 "어원들"에 관한 저서는
자유7과의 모든 내용들과 함께 신학·법학·의학·자연사 등을 포괄하며, 플라
톤·아레스토텔레스·보에티우스·데모스테네스·호메로스·헤시오도스·핀
다로스·아나크레온·헤로도토스·키케로·호라티우스·베르길리우스·오비
디우스·테렌티우스·유베날리스·카이사르·리비우스·살루스티우스를 익숙
히 알고 있음을 보여준다. 한 세기 뒤에 활동한 가경자 비드(the Venerable
Bede)도 그와 유사하게 고도의 백과사전적 지식을 지니고 있었다. 앨퀸(Alcuin)
은 카롤링거왕조 시대의 주도적인 신학자였다. 그의 학교에서 독일의 학문과 고
등 교육의 창시자 라바누스 마우루스(Rabanus Maurus)가 배출되었다.[32] 대머리
샤를의 재위 기간에 활동한 스코투스 에리게나(Scotus Erigena, 877경 죽음)는 학
문뿐 아니라 독립적 사고에서도 탁월한 학자였으며, 서방 교회가 지닌 사변적
신학의 잠재 능력을 미리 보여주었다.[33] 11세기 중반에 베렌가리우스와 란프랑
쿠스와 더불어 변증 기술이 화체설 교의를 반대하고 변호하는 데 사용되었다.
양자론·예정·실재적 임재에 관한 교리 논쟁들은 성경과 교부들에 대한 연구
를 자극했고, 지적 활동을 활발하게 유지시켰다.

---

31) 혹은 *De Artibus ac Disciplinis Liberalium Literarum*, in Migne's ed. of
Casiodori *Opera*, II. 1150-1218. 이것은 현대 학문의 표준에 비교하면 지극히 미미하
지만, 중세에는 대단히 유용했다.

32) 참조. 아래의 § 169.

33) 참조. §§ 123, 175.

성경 연구

라틴 교회의 학문은 참회서들·설교집들·연대기들·변역서들·편집서들·논쟁서들·주석서들을 포괄했다. 주석서들이 가장 중요하지만, 교부들과 종교 개혁자들의 업적에 비교하면 훨씬 못 미친다.

해석학은 대 그레고리우스·이시도루스·비드·앨퀸·토리노의 클라우디우스·파스카시우스 라드베르투스·라바누스 마우루스·하이모·발라프리트 스트라보 같은 사람들에 의해서 철저히 실천적이고 설교 중심의 정신과 목표로 발달했다. 라틴어 불가타 번역성경이 본문이었고, 헬라어 혹은 히브리어 성경을 참고하는 경우는 극히 드물었다. 아우구스티누스와 제롬이 주요 전거들이었다. 샤를마뉴는 불가타의 잘못 번역된 본문을 개정할 필요를 느끼고서 그 작업을 앨퀸에게 맡겼다. 축자 영감설이 널리 받아들여졌으며, 다만 영감(inspiration)을 감각(sense)과 논증들(arguments)에 한정하되 "물질적 언어 그 자체"(ipsa corporalia verba)에 한정하지 않은 리옹의 아고바르두스만이 그 이론에 반대했다.

애용된 해석 방식은 영적 해석, 즉 알레고리적이고 신비적인 해석이었다. 문자적 해석, 즉 문법적·역사적 해석은 무시되었다. 영적 해석은 그리스도인의 세 가지 핵심 덕목들을 기준으로 다시 세 분지로 구분되었다. 첫째는 알레고리적 해석 자체이고, 둘째는 도덕적 해석이고, 셋째는 신비적(anagogical, 영적) 해석이었다. 첫째는 믿음(credenda)에 관련되었고, 둘째는 실천 혹은 자선(agenda)에 관련되었으며, 셋째는 소망(speranda, desideranda)에 관련되었다. 예를 들어, 예루살렘은 문자적으로 혹은 역사적으로 팔레스타인의 도시를 뜻하지만, 알레고리적으로는 교회를 뜻하고, 도덕적으로는 믿는 영혼을 뜻하며, 신비적으로는 천상의 예루살렘을 뜻한다.

특주

리옹의 주교 성 유케리우스(St. Eucherius)는 (키프리아누스와 암브로시우스처럼) 처음에는 유명한 평신도로서 네 자녀의 아버지였다가 수사가 되었고, 그 뒤 주교가 되었으며, 5세기 중엽(그는 450년경에 죽었다)에 *Liber Formularum*

Spiritalis Intelligentiae(Rom., 1564, etc., in Migne's "Patrol." Tom. 50, col. 727–772)라는 제목으로 간단한 중세 해석학 지침서를 집필했다. 이 저서는 비드에 의해 자주 인용되며, 가끔 그의 저서로 오인되기도 한다. 유케리우스는 성경에 대한 해박한 지식과 경건한 정서를 보여준다. 중세 주석가들과 신비주의자들이 애호하던 여러 가지 해석들을 느슨하게나마 한 발 앞서서 보여주었다. 그는 성경 자체에서, 그리고 문자적인 해석법으로는 도저히 이해할 수 없는 신인동형적(anthropomorphic)·신인동감적(anthropopathic) 표현들에서 알레고리 해석법의 정당성을 입증한다. 그럴지라도 그는 도덕적·신비적 해석법뿐 아니라 역사 기록에 대해서는 문자적 해석도 정당하다고 인정한다. 그는 하나님의 손가락(Digitus Dei)을 하나님의 영(2장; 비교 눅 11:20과 마 12:28)을 동일시하며, 주요 단어들을 여러 가지 의미로 설명한다. 예: 예루살렘(ecclesia, vel anima, 20장); 언약궤(caro Dominica, corda sanctorum Deo plena, ecclesia intra quam salvanda clauduntur), 바벨론(mundus, Roma, inimici). 마지막 장에서는 숫자들의 상징적 의미를 다루는데, 예를 들면 1=하나님의 통일성; 2=두 가지 언약, 두 가지 큰 계명; 3=하늘에서와 땅 위에서의 삼위일체(그 근거로 요한일서 5:7을 인용한다); 4=네 복음서, 낙원을 흐르던 네 줄기의 강; 5=모세오경, 보리떡 다섯 덩이, 그리스도의 다섯 가지 상처(요 20:25); 6=창조의 날들, 세계의 나이; 7=안식일, 완전의 날; 8=부활의 날; 10=십계명; 12=사도들, 신자들의 보편적 무리 등.

네 가지 해석 이론은 라바누스 마우루스(776–856)에 의해서 좀 더 충분히 전개된다(*Allegoriae in Universam Sacram Scripturam*, *Opera*, ed. Migne, Tom. VI. col. 849–1088). 네 가지 감각을 지혜의 네 딸이라 부르며, 지혜가 감각들에 의해서 자신의 자녀들을 양육하는데, 초신자들에게는 '역사의 젖으로'(in lacte historiae) 마실 것을, 신자들에게는 '알레고리의 빵으로'(in pane allegoriae) 음식을, 선행에 힘쓰는 자들에게는 '비유의 휴식으로'(in refectione tropologiae) 격려를, 하늘의 안식을 사모하는 자들에게는 '신비의 포도주로'(in vino anagogiae) 기쁨을 준다고 한다.

140. 샤를마뉴와 대머리 샤를의 학문 후원

샤를마뉴는 자기 시대를 덮은 암흑 속에서 봉홧불처럼 멀리 빛을 비추었다.

그는 새 제국을 수립했을 뿐 아니라 학문에 새 시대를 개척하기도 했다. 프랑스와 독일 문화의 선구자이다. 위대한 군인이었으나, 입법가로서 그리고 평화의 주창자로서는 더욱 위대한 인물이었다. 신앙과 교육만이 국가를 견고하고 영구히 지탱해 주는 기초임을 분명히 파악했다. 이 점에서 그는 알렉산더 대왕과 카이사르보다 탁월했으며, 기독교 군주들 가운데 우뚝 서 있다.

그는 이탈리아와 잉글랜드에서 우수한 학자들을 궁정으로 초빙했다. 피사의 페트루스, 파울루스 바르데프리드, 아퀼레이아의 파울리누스, 오를레앙의 테오돌프, 요크의 앨퀸이 그들이었다. 이들이 이른바 학문과 예술의 왕립 아카데미를 형성하고서 학술 모임들을 가졌다. 각 구성원은 성경 혹은 고전에서 차용한 필명(nom de plume)을 사용했다. 왕은 '다윗' 혹은 '솔로몬'으로 회의를 주재했으며, 앨퀸은 호라티우스와 베르길리우스를 몹시 존경하였기에 '플라쿠스' (Flaccus, 호라티우스가 속한 가문명)라는 필명을 사용했다. 앙질베르(Angilbert, 앨퀸의 사위)는 '호메루스', 아인하르트(Einhard, 그의 전기작가)는 성막을 공교하게 지은 인물의 이름을 따서 '브사렐'(참조. 출 31:2), 비초(Wizo)는 '칸디두스'(Candidus), 아르노(Arno)는 '아퀼라'(Aquila), 프레데기수스(Fredegisus)는 '나다나엘', 리치보드(Richbod)는 '마카리우스' 등의 필명을 사용했다. 귀부인들조차 예외가 아니어서 황제의 누이 기셀라는 '루시아', 그의 박식한 사촌 군트라트는 '율랄리아', 그의 딸 로트루드는 '콜룸바'라는 필명을 사용했다.

황제는 이탈리아에서 처음 만난(781) 앨퀸을 '사랑하는 스승'이라 불렀고, 매우 겸손한 태도로 그에게 배웠다. 지식에 대해 만족할 줄 모르는 갈증을 갖고 있었고, 서신들을 통해서 그에게 다양한 질문을 했으며, 심지어 몹시 난해한 신학적 질문들을 하기도 했다. 어른이 다 되어서야 글쓰기, 라틴어 문법, 초급 헬라어(라틴어 신약성경을 헬라어 성경과 비교할 수 있기 위해서 이 언어를 배웠다)를 익혔고, 수사학·변증학·수학·천문학의 맛을 보았다. 고대 로마의 시인들과 사가들의 글들과 아우구스티누스의 「신국론」을 탐독했다. 제롬과 아우구스티누스 같은 석학들이 많이 나오기를 열망했으나, 앨퀸은 천지의 창조주께서 세상에 그런 거목들을 두 사람만 주시기를 기뻐하셨으므로 그들로 만족하라고 말해주었다. 화상을 숭배하는 미신을 개화된 위치에서 비판한 「카롤링거왕조의 책들」의 저술에도 어느 정도 참여했다. 몇 편의 시들이 그의 작품으로 혹은 그의 영감에서 나온 작품으로 간주된다. 그는 파울루스 바르네프리트[부제 파울루스]

에게 라틴 교부들의 우수한 설교집을 제작하여 교회들에게 사용하도록 하라고 지시했으며, 성직자들에게 부지런히 성경을 연구하라고 권면하는 내용의 서문을 붙여 설교집을 펴냈다. 그의 재위 기간(813)에 랭스·투르·마인츠에서 열린 교회회의들은 성직자들에게 설교집을 잘 간직하고, 라틴어 설교들을 시골 로마어(rusticam Romanam linguam aut Theotiscam)로 잘 번역하여 모든 사람들이 설교 내용을 이해할 수 있도록 하라고 당부했다.

샤를은 성직자들뿐 아니라 귀족들과 관리들에게 고등 교육을 받게 하려는 목표를 지녔다. 자녀들을 제대로 된 교육을 시켰다. 제국의 모든 주교들과 대수도원장들에게 회람 서신을 보내어(787), 주교좌성당과 수도원 병설 학교를 설립하도록 촉구했다. 후기에는 대중 교육이라는 원대한, 하지만 때이른 계획을 세우기까지 했으며, 모든 부모가 아들들을 학교에 보내 글읽기를 가르칠 것을 법령으로 요구했다(802). 오를레앙의 테오둘프(Theodulph, 821년 죽음)는 자기 교구의 사제들에게 모든 도시와 촌락에 학교를 세우고, 학생들을 친절하게 받아들이고, 수업료를 요구하지 말고 자발적인 선물만 받으라고 지시했다.

황제는 고등 교육을 위해서 궁정 학교(Schola Palatina)를 설립하고 앨퀸에게 운영을 위임했다.[34] 이 학교는 로마 황제들이 운영한 영재학교(*Paedagogium ingenuorum*)를 모방한 것이었다. 샤를마뉴가 거처를 엑스라샤펠·보름스·프랑크푸르트·마인츠·레겐스부르크·인겔하임·파리로 옮겨다니는 동안 그 학교도 함께 따라다녔다. 그것이 파리 대학교의 전신은 아니지만(파리 대학교는 훨씬 후대에 설립된다), 당대의 지식인 성직자들과 귀족들과 정치인들을 배출하는 주요 온상이었다. 이 학교의 교과 과정은 세속 학문과 종교 학문의 모든 과목들을 포함했다. 이것이 투르·리옹·오를레앙·랭스·샤르트르·트루아·새 코르비·구 코르비·메츠·생 갈·위트레흐트·뤼티히에 세워진 기존 혹은 신설 학교들의 모델이 되었다.

카롤링거 왕조 시대의 풍부한 문헌은 이러한 제국의 후원과 모범이 맺은 결실이다. 하지만 그것은 토착 산물이라기보다 외래 산물이었다. 프랑스적인 것도 독일적인 것도 아니라 라틴적인 것이었으며, 그런 정도만큼 인위적인 것이었다.

---

34) 이와 유사한 학교가 메로빙거 왕조 때에도 존재했으나, 이렇다 할 업적을 이루어내지는 못했다.

게다가 달리 어쩔 도리가 없었다. 이는 라틴 고전, 라틴 성경, 라틴 교부들이 유일하게 접근할 수 있는 학문의 원자료들이었고, 프랑스어와 독일어는 아직 학문 언어들이 아니었기 때문이다. 이 사실이 카롤링거왕조 학문의 급속한 쇠퇴와, 로마 교회와 밀접히 연관된 차후의 부흥을 설명해 준다.

샤를마뉴가 수립해 놓은 것들이 그의 유약한 계승자들 대에 벌어진 내전에 의해서 철저히 파괴될 위협에 놓였다. 그러나 경건자 루이의 아들인 프랑스 왕 대머리 샤를이 할아버지의 학문 열정을 이어받았고, 파리 궁정학교를 존 스코투스 에리게나에게 맡김으로써 다시 한 번 발전의 가도에 세워놓았다. 샤를이 볼 때 에리게나는 비록 괴팍한 점들이 많이 있을지라도 충분히 보호할 만큼 자유로운 사람이었다. 샤를의 재위 기간에 예정 논쟁과 최초의 성찬 논쟁이 벌어져서 상당한 수준의 지적 활동과 학문을 자극했다. 라바누스 마우루스 · 앙크마르 · 레미기우스 · 프루덴티우스 · 세르바투스 루푸스 · 존 스코투스 에리게나 · 파스카시우스 라드베르투스 · 라트람누스의 저서들이 좋은 증거들이다. 이 저자들에게서 세 가지 경향, 즉 보수적이고 자유적이고 사변적 혹은 신비주의적인 경향을 발견하게 되는데, 이 세 가지 경향은 대체로 지적 · 학문적 활동이 활발하게 전개되는 시대에 나타나는 특징이다.

대머리 샤를이 죽은 뒤에 무지와 야만의 밤이 전보다 훨씬 더 심한 정도로 유럽을 덮었다. 이 밤이 11세기 중반까지 계속되다가, 베렌가리우스의 성찬 논쟁이 잠들어 있던 교회의 지적 에너지를 흔들어 깨웠으며, 그로써 12세기의 스콜라 철학과 신학이 등장할 수 있는 길을 닦았다.

카롤링거 왕조의 남자쪽 혈통은 이탈리아에서는 875년까지, 독일에서는 911년까지, 프랑스에서는 987년까지 지속되었다.

141. 알프레드 대왕과 영국의 교육

잉글랜드에서는 선교사 아우구스티누스가 기독교를 전하면서 문화가 시작되었다. 훗날 초대 캔터베리 대주교가 된 그는 잉글랜드에 들어갈 때 성경과 교회의 서적들과 교황 그레고리우스의 글들, 그리고 로마 기독교의 교리들과 관습들을 가지고 들어갔다. 하지만 한 세기 동안은 이렇다 할 진전이 없었다. 그의 계승자들 중에서 그리스인 수사 다소의 테오도루스(668~690)가 성직자들에게 교육과 권징을 촉진하는 데 가장 왕성한 활동을 벌였다. 색슨족 시대에 가장 명성을 떨친 학자는 가경자 비드(Bede, 735 죽음)로서, 그는 앞서 언급했듯이 당대의 모든 역사적·해석학적 지식과 일반 지식을 대표했다. 요크의 주교 에그버트(Egbert)는 요크에 학교를 세워 번성시켰는데, 이 학교에서 샤를마뉴의 교사이자 친구인 앨퀸이 배출되었다.

이교도 데인족과 노르만족이 침략하던 시기에, 무수한 교회당들과 수도원들과 도서관들이 파괴되었으며, 성직자들조차 자신들이 공예배에 사용하는 라틴어 전례의 의미조차 이해하지 못할 정도로 야만적인 수준으로 주저앉았다.

모든 것이 뒤죽박죽 되던 이 시기에 왕 알프레드 대왕(871~901 재위)이 스물두살의 나이에 권좌에 올랐다. 그는 앵글로색슨족 군주들을 통틀어 전쟁에서도 최고였고, 평화에서도 최고였다. 독일과 프랑스에 샤를마뉴가 있었다면, 잉글랜드에는 알프레드가 있었다. 그는 데인족의 세력을 육상과 해상에서 정복하고, 나라를 외세의 지배에서 구출하고, 기독교 교육의 새로운 시대를 도래케 했다. 웨일스의 유서 깊은 브리튼 교회들과 아일랜드와 대륙에서 학자들을 초빙하여 유력한 자리에 앉혔다. 성경과 교부들의 저서들에서 중요한 문장들을 모아 책으로 펴냈다.

서른여섯살에 훗날 자신의 전기를 쓰게 되는 웨일스의 수사 에서(Asser)에게 라틴어를 배웠다. 물론 학자들의 도움을 받았겠으나, 자신이 직접 여러 권의 표준적인 저서들을 라틴어에서 앵글로색슨어로 번역했으며, 거기에 주해들을 붙였다. 주해의 내용은 시편, 보에티우스의 「철학의 위안」, 비드의 「잉글랜드 교회사」, 교황 그레고리우스의 「목회 지침」, 아우구스티누스의 「명상록」, 오로시우스의 「세계사」, 이솝의 우화의 내용이다. 그는 그레고리우스의 「목회 지침」을 모든 교구들에 보내어 성직자들이 유익을 얻게 했다. 이 시기의 성경과 예배서들에 아주 많은 자국어 주해들이 붙게 된 것은 주로 그의 영향 때문이었다.

그는 교회의 통일과 문화의 중심지였던 로마 교구와 밀접한 관계를 유지했다. 수입의 절반을 교회와 학교에 기부했다. 옥스퍼드에 궁정 학교(Schola Palatina)와 유사한 학교를 설립했다. 하지만 옥스퍼드 대학교는 케임브리지와 파리 대학교와 마찬가지로 훨씬 후대(12 혹은 13세기)에 세워졌다. 그는 심지어 백성들을 대상으로 보통 교육을 실시할 계획까지 세운 듯하다.[35] 신체적으로 큰 질환이 있었음에도 불구하고(그는 간질을 앓았다) 29년의 재위 기간 동안 왕성한 활동을 펼쳤으며, 순결하고 경건한 인품과 국태민안(國泰民安)을 위해 사심없이 노력한 일로 항구적인 명성을 남겼다.[36]

학문을 자국어로 촉진한 그의 본을 문법학자이자 설교가이자 성인전 저자인 앨프릭(Aelfric)이 이어받았다. 그는 캔터베리 대주교 앨프릭(996-1009 재위)과 요크 대주교 앨프릭(1023-1051)과 동일인으로 간주되어 왔으나, 두 견해에는 극복하기 어려운 난제들이 있다. 그는 자신을 단지 "수사와 사제"라고 부른다. 그는 주일과 대 축일들을 위한 여든 편의 앵글로색슨어 연속 설교와, 앵글로색슨 족 성인들의 축일들을 위한 또 다른 설교(앵글로색슨 교회에서 권위 있게 사용됨)를 남겼다.

---

35) 그레고리우스의 「목회 지침」 서문에서, 그는 잉글랜드의 모든 자유민 청년들이 영어를 배울 수 있게 되기를 소망했다. 그 저서는 문헌학적으로도 매우 중요하며, 1872년에 H. Sweet가 편집하여 "초기 영어 본문 협회"(Early English Text Society)에서 출판했다.

36) Freeman은 알프레드를 "역사상 가장 완전한 인물"로서, 미신을 떨쳐버린 성인, 현학적 태도가 없는 학자, 손을 잔인하게 놀려본 적이 없는 정복자라고 부른다. *History of the Norman Conquest*, I. 49, third ed. (1877).

제 14 장

교회 저자들에 대한 간략한 전기

142. 6-12세기에 활동한 주요 교회 저자들의 연대순 명단

I. 그리스 저자들

II. 라틴 저자들

143. 고백자 막시무스

고백자 막시무스(St. Maximus Confessor, 580경-662년 8월 13일)의 간략한 전기는 앞에서 소개했으므로, 여기서는 그의 학문 활동을 개관하고, 그의 신학적 견해를 간략히 진술하면 되겠다.

막시무스는 거처가 자주 바뀌었음에도 불구하고 라틴 교회에서 가장 많은 글을 남긴 저자의 한 사람이며, 학문적 역량에 힘입어 가장 우수한 저자들의 대열에 포함된다. 그의 논문들 가운데 48편이 출판되었고, 나머지는 사본들로 존재하며, 더러는 유실되었다. 그는 포티우스와 스코투스 에리게나조차 불만을 표시할 만큼 표현이 장황하고 모호한 점이 있긴 하지만, 함축적이고 영적인 사고들에 힘입어 독자들에게 항상 인기를 누려왔다.

그의 총서는 다섯 군으로 구분할 수 있다.

I. 해석학 저서들. 알렉산드리아 학파의 지지자였던 그는 분석과 해설보다는 알레고리에 치중했으며, 본문을 신학적 일탈의 출발점으로 본다. 이 부류에서 남긴 저서들은 다음과 같다. (1) 「난해한 성경 구절들에 대한 질문들[그리고 대답들]」(*Questions upon difficult Scripture passages*).[1] 맨 처음에 자신에게 질문을 한 친구 탈라시우스(Thalassius)에게 답변한 65개 문답으로 이루어진 저서. 대답들이 더러는 아주 간단하고, 더러는 내용이 풍성한 사색적인 에세이들이다. 예를 들어 그는 악에 관한 탐구로 시작한다. 알레고리적이고 신비적인 글들을 많이 접해보지 않은 사람은 막시무스가 제시하는 답변들이 쉽게 읽히지 않을 것이다. 그도 이 점을 느끼고 있는 듯하다. 다른 곳에서 부가적인 해설을 첨부하기 때문이다. (2) 「질의서」(*Questions*). 75개 질문으로 구성되어 있고, 앞의 저서와 비슷하지만 좀 더 간략하고 명쾌하다. (3) 「시편 59편 강해」(*Exposition of Psalm LIX*). (4) 「주기도문」(*The Lord's Prayer*). 두 권은 신비주의적인 성격이 매우 강하다.

II. 아레오바고 관원 디오니시우스와 나지안주스의 그레고리우스에 대한 주석. 스코투스 에리게나가 번역했다(864).

III. 교의서들과 논쟁서들. (1) 논문들. 처음 25권은 세베리아누스파에 반대하

---

1) Migne, XC. col. 244-785.

여 정통 양의론 교리(즉, 그리스도 안에 완전한 두 본성과 두 의지와 두 사역이 있다는 교리)를 변호한 글이다. 그 중 한 권은 성령에 관한 것이고, 다른 한 권은 성령의 발출에 관한 것이며, 나머지는 유사한 주제들을 다룬 것들이다. (2) 피루스(Pyrrhus)를 상대로 그리스도의 위격에 관하여 두 의지를 옹호하며 벌인 논쟁(645년 7월). 논쟁 결과 피루스가 자신의 단의론 오류를 철회하게 되었다. 이 논문은 나머지 논문들에 비해서 읽기가 쉽다. (3) 「삼위일체에 관한 다섯 편의 대화」(*Five Dialogues on the Trinity*). (4) 「영혼에 관하여」(*On the Soul*).

IV. 윤리적이고 금욕적인 저서들. (1) 「금욕주의에 관하여」(*On asceticism*). 어느 대수도원장과 젊은 수사가 수도 생활의 의무들에 관해서 나눈 대화. 매우 단순하고 명쾌하고 모든 그리스도인들에게 덕을 세워주는 유명한 논문이다. 하나님과 이웃과 원수를 사랑할 것과, 세상을 사랑하지 말 것을 가르친다. (2) 「자선에 관한 장들」(*Chapters upon Charity*). 네 장으로 구성되어 있고, 각 장에 금욕적이고 교의적이고 신비적인 내용의 금언 백 개가 실려 있는데, 모두가 다 자선에 관한 내용만은 아니다. 이 책에 대한 헬라어 주석이 있다. (3) 「신학과 하나님의 경륜에 관한 두 장」(*Two Chapters, theological and oeconomical*). 각 장에 백 개의 금언이 있고, 신학의 원리들을 주제로 다룬다. (4) 「연쇄식 교부 성경해석집」(*Catena*). 각각 백 개의 금언으로 구성된 다섯 장으로 구성되어 있고, 신학을 주제로 다룬다.

V. 기타 저서들. (1) 「신비들 속으로」(*Initiation into the mysteries*). 교회와 예배를 알레고리 방법으로 해설해 놓은 글. 그리스 교회의 전례가 7세기 이래로 변하지 않았음을 부수적으로 입증한다. (2) 「비망록」(*Commonplaces*). 71개 항으로 되어 있으며, 성경 본문들과 교부들에게서 인용한 글들을 주제별로 배열했다. (3) 「서한집」(*Letters*). 신학과 도덕을 주제로 다룬 45통의 서신들. 그 중 여러 통이 세베리아누스 이단에 관한 것이고, 나머지는 구체적인 전기 자료들이다. 대부분이 사본으로만 남아 있다. (4) 「찬송」(*Hymns*). 세 편의 찬송이 수록되어 있다.

막시무스는 아레오바고 관원 디오니시우스의 사상을 해명하고 발전시킨 뒤 그것을 다마스쿠스의 요한과 존 스코투스 에리게나에게 전수했다는 의미에서 전자의 제자이고 후자의 스승이었다. 다마스쿠스의 요한은 그의 영향력이 오늘날까지 그리스 교회에 존속하도록 만들었다. 스코투스 에리게나는 그의 일부 저서들을 서유럽에 소개했다. 막시무스 신학의 주요 내용은 다음과 같다. 죄는 적극적인 특성(quality)이 아니라 피조물의 선천적인 결핍이다. 그리스도 안에서 이 결핍이 채워지고, 새 생명이 부여되며, 하나님의 뜻에 순종할 힘이 생긴다. 성육신은 따라서 죄의 두려운 결과, 즉 선을 향한 자유로운 성향을 상실하고 불멸을 상실한 결과에 대해서 하나님이 내신 치유책이다. 은혜는 그리스도의 공로로 인간에게 임한다. 구속과 구원 은혜의 원리는 신적 본질 그 자체가 아니라 인간 본성과 결합된 신적 본질이다. 하나님은 모든 존재와 생명의 근원이시며, 창조의 알파와 오메가이시다. 하나님은 성육신에 의하여 은혜의 왕국의 머리가 되신다. 그리스도는 온전한 하나님이시며, 온전한 인간이시다. 이것이 성육신의 신비이다. 단성론과 단의론에 반대한 막시무스는 그리스도 안에 있는 본성들의 차이가 두 의지 곧 인간 의지와 신적 의지를 요구하며, 두 의지는 분리되거나 혼합되지 않고 다만 조화를 이룬다는 것을 자신의 모든 역량을 동원하여 증명한다. 그리스도는 영원부터 성부에게서 나셨고, 시간 안에서는 동정녀에게서 나셨으며, 동정녀는 하나님의 참 어머니이다. 그리스도의 의지는 자연적이고 인간적인 의지로서, 이것이 그분의 인성이 지니는 에너지들 가운데 하나이다. 이렇게 그리스도 안에서 신성과 인성이 결합된 것과 병행되는 것이 성령에 의해서 지니게 되신 인간 영혼이다. 신적 생명은 믿음으로 시작하고, 사랑 안에서 다스리고, 하나님의 말씀을 묵상하며 사는 삶 안에서 가장 고도로 발전한다. 그리스도인이 쉬지 말고 기도하라는 명령을 이룰 수 있는 길은 항상 참다운 경건과 진지한 열망을 품고 마음으로 하나님을 향하는 데 있다. 모든 합리적인 본질들은 궁극적으로 하나님과 다시 합일하게 되며, 모든 악이 철저히 멸하게 됨으로써 하나님께서 최후에 영광을 받으시게 된다.

그의 사상 가운데 인간의 관점에서 흥미로운 점은 노예제도를 하나님의 형상으로 지음받은 인간 본성의 시원적(始原的) 통일성과 존엄성이 소멸된 것으로 주장했다는 것이다.

144. 다마스쿠스의 요한

I. 생애. 다마스쿠스의 요한(John of Damascus)은 동방 교회의 성인과 박사이

자 그리스 교부들 가운데 마지막 인물로서, 7세기 말에 다마스쿠스에서 태어났다.[2] 크리소로아스(Chrysorrhoas, '금이 넘쳐흐르는')라는 별명은 유창한 연설 덕분에 붙기도 했지만, 그의 출생 도시를 관통하며 흐르면서 사막을 옥토로 만들어 놓는 그 이름의 강(성경의 아바나 강; 오늘날의 바라다 강) 이름이 별명으로 붙었을 가능성도 있다. 우리가 그의 생애에 관해서 알고 있는 지식은 예루살렘의 요한이 저자와 연대 미상의 아랍어 전기를 사용하여 소개한 다분히 전설적인 기사에서 주로 얻은 것이다.

그의 생애를 소개하자면 다음과 같다. 그는 만수르(Mansur, '속량된')라는 아랍어 이름을 지닌 저명한 그리스도인 가정에서 자랐다. 아버지 세르기우스는 사라센 제국 칼리프 압둘멜레드(Abdulmeled, 685-705 재위)의 재무대신이었다. (그리스도인들이 칼리프 밑에서 그 직위를 맡아 수행한 예는 드물지 않다.) 교육은 아버지 세르기우스가 노예 상태에서 속량해준 이탈리아의 유식한 수사 코스마스(Cosmas)에게서 받았다. 공부에 비상한 재능을 보였고, 어릴 때부터 장차 유능한 인물이 될 가능성을 드러냈다. 아버지가 죽자 칼리프의 권유로 아버지의 직위를 물려받았고, 능력을 인정받아 아버지보다 더 높은 지위에 오르기까지 했다. 황제 레오[이사우리아 사람]가 화상을 금하는 첫 칙령을 공포했을 때(726), 요한은 회람 서신을 작성하여 백성들에게 보냈는데, 이 서신에 발휘된 탁월한 논쟁 역량에 힘입어 일약 화상 숭배자들의 지도자의 지위에 오르게 되었다. 이 서신과 그 뒤에 쓴 두 통의 서신이 당대의 사람들에게 깊은 인상을 심어주었다. 이 서신들은 고전의 반열에 올라 있으며, 그 어떤 글도 사안을 더 훌륭하게 진술하지 못했다. 요한은 황제의 진노가 닿을 수 없는 곳에서 지냈으므로 철저히 자유로웠으며, 자신의 서신들이 도처에서 수사들과 성직자들을 흔들어 깨워 레오의 칙령에 격렬히 반대하도록 만들고 있다는 소식을 평온하게 보고받을 수 있었다. 그럴지라도 황제가 자신을 적대시하고 있고 어떻게든 자신을 처벌하려고 하고 있었기 때문에, 칼리프 궁정에서의 처신이 편안하지만은 않았을 것이다.

어쨌든 730년 직후에 그가 예루살렘에서 남동쪽으로 16km 떨어진 사해 연안 근처의 성 사바스 수도원에서 수사로 지내고 있는 모습을 발견하게 된다. 몇 년 뒤에 그는 사제가 되었다. 말년은 연구와 집필 활동으로 보냈다. 마지막 십 년은

---

2) 일반적으로 인정되는 연대는 676년이다.

황제 코프로니무스의 화상 파괴 정책에 반대 정서를 불러일으키기 위해서 팔레스타인과 시리아, 심지어 콘스탄티노플까지 여행했다고 한다. 생애를 마친 곳은 성 사바스 수도원이었으며, 그 해가 754년으로 추정될 뿐 정확한 날짜는 알려지지 않는다.[3] 그리스 교회는 12월 4일(혹은 일부 메노로기온파는 11월 29일)에, 라틴 교회는 5월 6일에 그를 기념한다.

그에 관해서는 많은 전설들이 있다. 가장 유명한 전설은 이사우리아 사람 레오가 화상 파괴를 명한 자신의 칙령을 무시한 데 격노하여 칼리프에게 위조 편지를 보냈다는 것이다. 마치 요한이 레오 자신에게 보낸 것처럼 필체와 문체를 정교하게 꾸민 이 편지에는 황제에게 다마스쿠스를 공격하여 점령하라는 내용이 담겨 있었다. 저자에 따르면 다마스쿠스 성은 방비가 허술했기 때문에 이 편지가 제대로 먹혔다고 한다. 더욱이 칼리프로서는 사업상 황제의 지원을 기대할 수 있었다. 그 편지는 당연히 위조된 것이었으나 여러 가지 면에서 너무나 교묘했기 때문에, 칼리프가 편지를 내밀자 요한도 자기가 쓴 편지가 아니라고 부정하면서도 필체와 문체가 비슷하다는 점을 인정했다. 칼리프는 극구 부정하는 요한을 반역자로 규정하고는 그의 오른손을 자른 뒤 관습대로 광장에 그것을 매달아 두었다. 하지만 요한이 그것을 매장하겠다는 구실로 돌려달라고 요청하자 저녁에 그것을 그에게 돌려주었다. 그러자 요한은 그것을 잘린 팔에 갖다 붙이고는 자신의 개인 예배당에 모셔놓은 성모 마리아 상 앞에 엎드려 절하고는 손이 팔에 붙게 해달라고 기도했다. 그리고는 잠이 들었다. 그런데 꿈에서 성모가 나타나 그의 기도가 응답되었다고 말했는데, 꿈에서 깨어나 보니 그대로 되어 있었다. 팔목에 흉터만 남아서 그곳이 절단된 부위였음을 말해주었다. 칼리프는 그 기적을 확인하고는 자기 신하의 무죄를 확신했고, 그에게 예전과 같은 직위에 남아 자신을 도와달라고 간곡히 청했으나, 요한은 떠나게 해달라고 부탁했다.[4] 이 이야기는 화상 숭배를 앞장서서 옹호한 그 인물이 순교자의 면류관을 쓸

---

3) Grundlehner(p. 55, n.1)는 다마스쿠스의 요한이 104살의 나이로 죽었다는 *Menaea Graecorum*의 진술을 받아들이며, 그 연해를 "780년경"으로 추정한다.

4) 이 유명한 이야기는 신빙성이 떨어진다. 심지어 Alzog(*Patrologie*, 2d ed., p. 405) 같은 로마 가톨릭 학자들조차 그 근거가 없음을 인정한다. 주목할 만한 점은 제2차 니케아 공의회가 이 기적에 관해서 아무것도 몰랐다는 것이다. 참조. Grundlehner, p. 42 n.; Langen, p. 22.

자격이 있음을 뒷받침할 목적으로 꾸며낸 것이다.[5]

좀 더 사실에 근거한 다른 전설들은 그가 성 사바스 수도원에서 지낸 일과 관련된다. 그는 이 수도원에서 열렬한 환영을 받았으나, 처음에는 이 유명한 학자를 감히 가르칠 엄두를 내지 못했다고 한다. 마침내 어느 연로한 수사가 그 일을 맡은 뒤 그에게 지극히 굴욕적인 시험들과 화를 돋구는 규제들을 가했으나, 그는 성인다운 태도로 그것들을 잘 참아냈다. 한번은 수사가 요한을 다메섹으로 보내 수도원에서 만든 바구니 한 짐을 원래 가격보다 두 배를 더 쳐서 팔아오라고 시켰다. 시정잡배들의 비웃음과 괴롭힘을 받으면서 교만이 꺾이도록 하려는 배려였다. 요한은 처음에는 큰 모욕감을 느꼈다. 하지만 마침내 과거에 자신의 하인이었던 사람이 동정을 베풀어 바구니들을 아주 비싼 값에 사주었고, 그 성인은 허영과 교만을 짓누른 채 수도원으로 돌아왔다. 그 뿐 아니라 몹시 천한 일들도 부여받았다. 요한에게 이런 일들 못지않게 큰 시험이 되었던 것은 산문이든 시든 쓰지 못하게 한 것이었다. 그러나 이런 시험들도 성모 마리아가 어느 날 밤에 연로한 수사에게 나타나 요한이 장차 교회에서 큰 역할을 수행할 인물이라고 일러줌으로써 끝이 났다. 이로써 요한은 자신의 재능을 거리낌없이 발휘하면서 자신의 폭넓은 학문을 신앙의 유익을 위해서 쓸 수 있었다.

II. 저서들. 그가 남긴 무수한 저서들의 순서는 단지 추측의 소산일 뿐이다. 우선은 저자를 세상에 알리게 한 저서들부터 시작하는 것이 자연스러워 보인다. 이 저서들은 세 권으로 된 「연설집」(*Orations*)으로서,[6] 화상 숭배를 옹호하는 회람 서신으로 작성했으며, 화상 숭배파의 관점에서 그 주제를 가장 유능하게 대변한 글로 널리 간주된다. 첫 번째 글은 황제 레오(이사우리아 사람)가 '화상들'의 숭배를 금지하는 칙령을 공포한 직후인 727년에 나온 듯하며, 두 번째 글은 화상들을 파괴할 것을 명한 레오의 730년 칙령 이후에 나왔으며, 세 번째 글은 그 후 얼마 있다가 나왔다.

이 세 통의 편지 가운데 첫째 편지에서 요한은 다음과 같은 주장을 전개했다. 모세가 우상 숭배를 금한 것은 사람들이 아닌 하나님의 형상들을 만들지 말라는 것이고, 사람들의 형상을 공경하지 말라는 것이 아니라 경배하지 말라는 것이

---

5) Langen, p. 22.

6) *De Imaginibus Orationes* III., in Migne, XCIV.

다. 사람의 손으로 만든 그룹들이 언약궤 위에 있었다. 성육신 이후에는 하나님을 상징으로 나타내는 것이 허용되었다. 그림은 무지한 자들에게 책이 줄 수 있는 교훈을 준다. 구약성경에는 기억을 돕고 신앙을 촉진하는 상징들이 있었다(언약궤·아론의 지팡이·놋뱀). 하물며 그리스도의 고난과 기적들을 같은 목적으로 상징으로 나타내는 것이 왜 불가하다는 것인가? 그리스도와 성모가 각자 화상들을 지니신다면, 성인들은 왜 그런 것을 가져서는 안 되는가? 구약의 성전에 그룹들과 그 밖의 상징들이 있었던 까닭에, 교회들도 성인들의 화상들로 장식할 수 있다. 형상 앞에서 경배해서는 안 된다고 한다면 그리스도께도 경배할 수 없게 된다. 그리스도는 성부의 형상이시기 때문이다. 사도들의 그림자와 수건이 치유 능력을 발휘했다고 한다면, 성인들의 상징들을 공경해서 안 될 이유가 무엇인가? 성경에 그런 숭배에 관해서 아무런 교훈이 없는 것이 사실이지만, 교회의 규례들은 성경 못지않게 전승에도 근거를 둔다. 성경에서 형상들을 금하는 구절들은 우상들을 가리킨다. "이교도들은 형상들을 자신들이 신들이라 부르는 귀신들에게 바치지만, 우리는 형상들을 성육신하신 하나님과 그분의 벗들에게 바치며, 그 형상들에 힘입어 귀신들을 쫓아낸다." 요한은 이 주제와 다소 유관한 교부들의 글을 많이 인용하고, 인용한 글 하나하나에 주해를 붙이는 것으로써 편지를 마무리한다.

둘째 편지는 사실상 첫째 편지를 반복하는 내용으로서, 황제가 콘스탄티노플 총대주교 게르마누스를 면직하고 추방한 데 대해서 황제를 격렬히 비판하는 내용이 주조를 이룬다. 이 편지도 첫째 편지에서 인용했던 교부들의 글과 새로운 인용문들로 마친다. 셋째 편지는 사실상 앞의 편지들의 반복이라 할 수 있다. 논지가 동일하게 전개되기 때문이다. 이 편지도 화상 파괴론자들을 마귀의 종들로 바라본다. 그러나 이 편지는 앞의 두 편지에 비해 준비를 많이 하여 작성한 흔적을 드러내며, 논지들이 좀 더 체계적으로 열거되고 인용문도 더 많다.

요한은 화상을 지지하는 글들로 인하여 제2차 니케아 공의회(787)에 의해서 열렬한 찬사를 받았다.

그러나 다마스쿠스의 요한이 역사상 가장 위대한 신학자들의 한 사람으로 명성을 얻게 된 것은 주로 「지식의 샘」(*Fount of Knowledge*)이라는 제목이 붙은 저서 덕분이다. 이 저서는 세 권의 독립된 책으로 구성되어 있으면서도, 기독교 신학과 그 밖의 모든 지식을 함께 개관하도록 되어 있다. 요한은 이 책을 연로한 수사 밑에서 형제처럼 함께 배운 마이우마의 주교 코스마스에게 헌정했다. 저작 연대는 코스마스가 주교 축성을 받던 743년이다. 이 책에서 저자는 자신이 과거에 알려지지 않은 무슨 새로운 것을 말하는 것이 아니며, 이 책의 가치는 그리스 신학을 요약하는 데 있다고 공언한다.

3부작 가운데 첫 부분인 「철학의 주제들」(라틴어 제목은 *Dialectica*)은 아리스토텔레스의 「범주론」과 포르피리오스의 「보편자들」을 기독교 교리들에 적용했다. 「철학의 주제들」은 두 가지 형태로 발견되는데, 하나는 68장으로 되어 있고, 다른 하나는 15장으로만 되어 있다. 저자가 죽기 전에 자신의 저서들을 세심하게 개정했다는 것은 아마도 잘 알려진 사실인 듯하다. 그러므로 긴 형태가 후대의 저작일 가능성이 크다. 이 책의 주된 가치는 당시의 교회 용어들을 잘 보여준다는 점과, 그리스도인들이 아랍인들보다 아리스토텔레스 연구를 백 년 일찍 시작했음을 입증하는 점에 있다. 삼부작 가운데 둘째 부분인 「이단 개론」(*Compendium of Heresies*)은 주로 에피파니우스의 글을 토대로 103가지 이단을 소개하는데, 그 중 이슬람교와 화상 파괴파 두 항목은 그가 독창적으로 쓴 내용인 듯하다. 신앙고백이 이 책을 마무리한다.

셋째 부분이자 가장 길고, 3부작 가운데 가장 중요한 부분은 「정확히 정리한 정통 신앙」(*An accurate Summary of the Orthodox Faith*)이다. 이 책이 소개하는 저자들은 거의 그리스 신학자들이다. 나지안주스의 그레고리우스가 주된 전거(典據)이다. 이 부분은 틀림없이 요한에 의해서 100장으로 구분되었으나, 교황 유게니우스 3세의 지시로 피사의 요한 부르군디오(John Burgundio)의 라틴어 번역으로 서유럽에 소개되었을 때(1150) 페트루스 롬바르두스의 「신학명제집」(*Sentences*)의 외형에 맞추어서 네 권으로 구분되었다. 이렇게 네 권으로 구분한 틀을 받아들이자면, 그 내용은 다음과 같이 진술할 수 있다. 제1권은 신학 자체에 관해서 말한다. 이 권에서 그는 그리스 교회가 가르치는 성령의 단일 발출 교리를 주장한다. 제2권은 창조(천사들과 귀신들, 외형의 자연, 낙원, 인간과 그의 모든 속성들과 능력들), 섭리, 예지, 예정을 다룬다. 이 부분에서 그는 자신이 습득한 폭넓은 자연 과학 지식을 소개한다. 제3권은 성육신 교리를 다룬다. 제4권은 다음과 같은 다양한 주제들을 다룬다: 그리스도의 수난·죽음·장사·부활; 그리스도의 두 본성; 신앙; 세례; 동쪽을 향해 드리는 기도; 성찬; 화상들; 성경; 마니교; 유대교; 동정녀성; 할례; 적그리스도; 부활.

책 전체가 아리스토텔레스의 범주들을 기독교 신학에 두드러진 방식으로 적용한 내용이다. 그리스도론에서 그는 네스토리우스주의와 단성론 양측을 배격하며, 그리스도 안에 있는 각 본성이 각자의 독특한 속성들을 지니며, 다른 본성과 혼합되지 않는다고 가르친다. 그러나 그리스도 안에 있는 신성이 인성을 강하게 지배한다고 주장한다. 로고스는 성령을 통해서 육체의 한계에 들어오셨고, 그로써 순수한 신성과 육체의 물질성 사이에 거하신다. 예수의 인성이 로고스의 단일 신적 위격 안에 연합되었다(엔휘포스타시아). 요한은 두 가지 성례 곧 그리스도께서 제정하신 성례 — 세례와 성찬 — 만 인정한다. 성찬에서는 성물들이 성령의 임재를 구하는 순간 그리스도의 살과 피로 변하지만, 어떻게 변하는지는 알려지지 않는다. 그러므로 요한은 엄밀한 의미에서의 화체설을 가르치지 않지만, 그럴지라도 그의 교리는 화체설에 매우 가깝다. 나머지 이른바 성사들에 관해서 그는 입을 다물거나 모호하게 말한다. 우리 주님의 어머니 마리아의 영원한 동정녀성을 주장하며, 마리아가 그리스도를 귀를 통해 잉태했다고 주장한다. 히브리 정경을 히브리어의 22개 문자에 맞춰 스물두 권으로, 혹은 그보다는 22개 문자들 중에서 다섯 개가 이중 형식을 취하고 있으므로 스물일곱 권으로 이해한다. 외경에 관해서는 「집회서」(*Ecclesiasticus*)와 「지혜서」(*Wisdom*)만 언급하며, 두 권을 정경이 아닌 책들로 간주한다. 신약성경 정경에는 클레멘스의 「사도교령」(*Apostolic Canons*)을 덧붙인다. 안식일은 육신적인 유대인들을 위해서 제정되었으며, 그리스도인들은 하루가 아닌 시간 전체를 하나님께 바친다. 참된 안식은 죄로부터 해방되는 것이다. 요한은 정절을 대단히 높게 평가한다. 천사들이 인간들보다 그처럼 높이 우뚝 솟아 있는 이유도 결혼을 하지 않고 정절을 지키기 때문이라고 설명한다. 그럴지라도 결혼은 불륜을 예방하고 자손을 번식하는 점에서는 유익하다. 세상 끝에는 적그리스도가 오는데, 그는 마귀가 그 안에 거하는 사람이다. 그는 교회를 박해하고, 지상에 다시 나타나게 될 에녹과 엘리야를 죽이지만, 재림하시는 그리스도에 의해서 멸망을 당한다. 육신의 부활은, 불변하고 정념에서 해방되고 영적이고, 물질적 제한에 얽매이지 않고, 음식에도 의존하지 않는 점에서 그리스도의 부활과 유사하다. 지옥의 불은 물질이 아니라, 오직 하나님께서만 아시는 상태로 이루어져 있다.

요한의 나머지 저서들은 소소한 신학 논문들로서, 간단히 소개하자면 다음과 같다: 성 삼위일체에 관한 간략한 교리문답; 이슬람교를 비판한 논쟁서들 — 이 글들이 특히 흥미로운 이유는 저자가 그 종교의 시작 시기와 가까운 때에 살았기 때문이다; 야코부스파 · 마니교 · 네스토리우스파 · 화상파괴파를 비판한 글들; 설교집 — 크리소스토무스를 예찬한 설교가 포함됨; 바울 서신 주석 — 거의 크리소스토무스의 설교를 발췌함; 성경 대조서 — 교리적 · 도덕적 주제들에 관한 교부들의 예화를 곁들인 성경 구절들(알파벳 순서로 열거했고, 문장에서 주요 단어가 내용의 흐름을 안내하도록 함). 요한은 앞 부분에서 소개한 여러 편의 찬송도 썼다.

이 외에도 그의 저작으로 간주되는 저서가 있는데, 그것은 인도 왕의 외아들이 어느 수사(발람)의 전도를 받고 회심한 이야기를 다룬 「발람과 요아삽의 생애」(*The Life of Barlaam and Joasaph*)이다. 이 책은 수도원을 배경으로 한 로맨스로서, 매우 재미있고 아름답다. 여러 언어로 번역되었고, 자주 인쇄되었으며, 널리 유포되었다. 다마스쿠스의 요한이 이 책을 썼는지의 여부는 의문으로 남아 있다. 이 책의 많은 사항들이 긍정적인 답변을 요구하는 듯이 보인다. 이 책에서 그가 다루는 자료들은 매우 오래된, 실제로 기독교 이전 시대의 것인데, 이는 이야기가 석가모니의 전설적 생애를 그린 「석가모니의 생애」(*Lalita Vistara*)의 반복이기 때문이다. 저자가 모호한 또 다른 책은 「성 바바라에 관한 찬사」(*Panagyric on St. Barbara*)로서, 고난당하는 성인을 주제로 한 기이한 이야기이다. 역량 있는 비평가들은 그를 이 책의 저자로 간주한다. 이 두 권은 수도원 전설을 전형적으로 보여주는 작품들로서, 이 안에 기록된 무수한 경건한 미신들이 대대로 전승되었다.

III. 위치. 다마스쿠스의 요한은, 이슬람교 사라센 제국의 칼리프 밑에서 관직을 맡은 인물로 바라보든, 화상 숭배를 대단히 유능하게 변호한 인물로 바라보든, 비록 맹신의 경향이 있으나 학문이 깊은 수사로 바라보든, 따뜻하고 거룩한 시인으로 바라보든 모든 면에서 흥미롭고 중요한 인물임이 틀림없다. 그러나 연구 대상으로서 가장 중요한 그의 면모는 그리스 교부들의 신학을 일목요연하게 정리한 점에 있다. 그는 비록 독창적인 발언을 거의 내놓지 않았을지라도 맹목적이고 굴종적인 필경사는 결코 아니었다. 그의 위대한 저서 「지식의 샘」은 고금을 막론하고 동방 교회에서 권위를 인정받는 고대 동방 교회의 신학 논의들을 정리했을 뿐 아니라, 라틴어로 번역됨으로써 서방 교회의 신학 연구에 강력한 자극을 가했다. 페트루스 롬바르두스와 토마스 아퀴나스를 비롯한 스콜라 학자들은 그 저서에 큰 빚을 졌다. '스콜라주의의 아버지'와 '그리스인들의 롬바르두스' 같은 별명들이 그 책의 저자에게 부여되었다. 다마스쿠스의 요한은 진정한 의미에서의 스콜라 학자는 아니었고, 단지 아리스토텔레스의 용어들을 전통적 신학에 적용했을 뿐이다. 그럴지라도 그렇게 함으로써 사실상 스콜라주의의 선구자가 되었다.

이 위대한 교부가 남긴 중요하면서도 우발적인 기여는 그리스 학문을 지킨 것이었다. "나지안주스의 그레고리우스뿐 아니라 많은 그리스 저자들로부터 인용한 글들이 그 세대의 필요를 채워주고도 남을 만한 헬라 학문의 장을 제공해 주었을 것이다. 그러한 장을 제공해 주고, 그로써 호전적이면서도 배우지 못한 민족들을 전 시대 문명의 신비들로 이끌고 들어감으로써, 다마스케누스(Damascenus)는 아랍인들의 천재 대(elder) 레노르만트(Lenormant)가 자신이 영감을 받은 위대한 학자들의 반열에 올려놓는 그런 영예를 안게 되었다."[7]

또 한 가지 흥미로운 사실이 언급할 가치가 있다. 그것은 고대 가톨릭 교회와 동방 가톨릭 교회, 잉글랜드 가톨릭 교회가 상호간에 견고한 연합의 토대가 된 성령과 성부·성자의 관계에 관한 정의를 다마스쿠스의 요한에게 돌린다는 사실이다.[8] "그는 그리스 교회의 유서 깊은 이론을 따르고, 성부 하나님을 아르케($\dot{\alpha}\rho\kappa\eta$, 기원)로 묘사하고, 성자의 존재 못지않게 성령의 존재도 성부 안에 근거를 두고 성부에게서 유래했다고 설명함으로써 성 삼위일체의 통일성을 다시 확고히 수립했다. 성령은 성부에게서 나오시는 분으로서 성부의 영이시다. 성자에게서 나오시지 않지만 그래도 여전히 성자의 영이시다. 성령은 만물에 대한 한 분 아르케이신 성부에게서 발출하시며, 성자를 통해서 전달되신다. 성자를 통해서 모든 피조물이 성령의 사역에 참여한다. 성자는 성령에 의하여 만물을 창조하시고 주조하시고 거룩하게 하시며, 만물을 하나로 통일시키신다."[9]

145. 포티우스, 콘스탄티노플 총대주교

---

7) Lupton, p. 212.

8) Schaff, *Creeds*, vol. ii., pp. 552-54.

9) Neander, vol. iii., p. 554. 참조. §68.

포티우스(Photius)는 9세기 초에 콘스탄티노플에서 태어났다. 부유하고 저명한 가문 사람이었던 그는 학문에 대한 지독한 갈증이 있었으며, 여러 과목들과 함께 신학도 공부했으나 원래는 신학자가 아니었다. 오히려 궁정인이자 외교관이었다. 바르다스가 그를 이그나티우스의 후임자로 콘스탄티노플 총대주교로 선출했을 때, 그는 황제 시위대장이었다. 이그나티우스의 철저한 원수 시라쿠사의 그레고리우스는 포티우스에게 닷새만에 수사·독서자·차부제·부제·사제 등 다섯 직위를 거치게 하고, 여섯째 날에 그를 총대주교로 축성했다. 포티우스는 891년에 아르메니아 수도원에서 망명객으로서 최후를 마쳤다.

포티우스가 총대주교직에 오른 뒤의 역사는 이미 다루었기 때문에, 이 부분에서는 그가 세속 학문과 교회 학문에 이바지한 점들을 간략히 되짚어보는 것으로 국한한다.

그가 가장 크게 이바지한 것은 이른바 그의 「총서」(*Library*)로서, 자신이 읽은 280권의 지극히 다양한 저서들을 소개하고 비평하고 발췌하는 수준을 넘어서는 매우 독특한 글들이다. 그가 인용한 저자들 가운데 여든 명 가량은 이 책을 통해서만 우리에게 알려진다. 「총서」는 그의 형제 타라시우스(Tarasius)의 간곡한 소원에 따른 것으로서, 포티우스 자신이 평신도 시절에 작성했다. 이 책에 언급된 대부분은 신학 저서들이고, 나머지는 문법·사전·수사학·공상·역사·철학·과학·의학 관련 저서들이다. 시인은 성경의 일부분을 운율체로 석의(釋義)한 서너 명의 저자들 외에는 언급하거나 인용하지 않는다. 저서들은 모두 헬라어로 되어 있으며, 처음부터 헬라어로 집필된 것이 대부분이고 몇 권은 다른 언어를 헬라어로 옮긴 것들이다. 대 그레고리우스와 카시아누스는 라틴 저자들 가운데 포티우스가 친숙함을 보이는 유일한 사람들이다.

「총서」를 세속 학문에 국한하여 바라볼 때 역사에서 가장 우수한 면모를, 문법에서 가장 빈약한 면모를 드러낸다. 로맨스들도 언급되고, 잡문(雜文)들도 언급된다. 종교 분야에서는 크리소스토무스와 아타나시우스가 가장 두드러진다. 포티우스가 언급했으나 현존하지 않는 저서들 가운데 가장 중요한 저서는 7세기 초반에 콘스탄티노플에서 활동한 익명의 저자가 남긴 것으로서, 열다섯 권에 걸쳐서 그리스·페르시아·트라키아·이집트·바빌로니아·칼데아[갈대아]·유대 학자들이 기독교에 대해서 유리하게 증언해 놓은 글들을 소개했다.

「총서」는 비록 독특하고 가치 있는 저서일지라도, 중요한 저서들보다 사소한

저서들에 더 큰 관심을 기울인다는 점과, 비평이 항상 공정하거나 가치 있지만
은 않다는 점, 언급된 저서들은 극소수인데, 그보다 훨씬 방대한 선집을 얼마든
지 만들 수 있었다는 점, 그리고 선별에 순서나 방법이 없다는 점 때문에 비판을
받았다. 하지만 비판에 앞서서 유념해야 할 사항은, 책을 집필하게 된 목적이 자
신과 자기 형제가 속해 있는 무리가 그동안 읽어온 책들을 언급하는 데 있었다
는 점과, 단기간에 집필되었다는 점, 그리고 속편이 예정되어 있었다는 점이다.
이런 점들을 고려할 때, 비교적 짧은 기간에 자신의 눈에 들어온 좀 더 중요한
저서들을 간단히 비평하거나 발췌함으로써 전혀 꾸밈없는 형식으로 후학들에게
무거운 짐을 남겨준 대 학자에게 찬사를 보낼 수밖에 없다.

포티우스는 그리스 교부들 중에서 아타나시우스 · 크리소스토무스 · 바실리우
스 · 나지안주스의 그레고리우스 · 에피파니우스 · 에프라임 · 알렉산드리아의
키릴루스 · 가짜 아레오바고 관원 디오니시우스 · 막시무스를 높이 평가한다. 라
틴 교부들 중에서는 레오 1세와 그레고리우스 1세를 높이 평가한다. 암브로시우
스와 아우구스티누스, 제롬도 교부들로 인정하지만 그들의 견해에 대해서는 자
주 논박한다. 니케아 이전 교부들에 대해서는 그들이 자신의 정통신앙의 표준에
미치지 못했다는 이유로 다소 낮은 평가를 내린다. 오리게네스는 신성모독적 오
류들을, 에우세비우스는 아리우스주의를 변호했다는 이유로 비판한다.

포티우스의 초창기 저서들 가운데 아마도 그의 처녀작으로 추정되는 저서는
헬라어 「사전」(Lexicon)으로서, 젊은 시절부터 준비하여 「총서」를 펴내기 전에
완성했다. 물론 그 후에도 시간을 두고 개정하긴 했지만. 그는 과거의 저자들이
남긴 어휘집들과 사전들을 활용했으며(그들의 이름이 「총서」에 실려 있다), 그렇
게 하여 제작한 사전이 수이다스(Suidas, 9세기) 같은 후대의 사전 편집자들에 의
해서 사용되었다. 포티우스가 사전을 제작한 의도는 기존의 그리스 세속 학문과
종교 학문의 저서들을 읽는 데 겪던 어려움들을 제거하려는 것이었다. 이 목적
을 위해서 고대 아티카 방언의 표현들과 수사법들을 설명하는 데 각별히 신경을
썼다.

포티우스의 신학 저서들 가운데 가장 중요한 것은 「암필로키우스의 질문들」
(*Amphilochian Questions*)이다. 이런 제목이 붙은 이유는 그 질문들이 그의 친
구인 리지쿠스의 수도대주교 암필로키우스가 제기한 것이기 때문이다. 이 책은
324개의 토론으로 구성되어 있는데, 대부분은 성경 해석이지만, 교의 · 철학 ·

신화·문법·역사·의학·과학에 관한 논의들도 있다. 포티우스의 다른 책들과 마찬가지로, 이 책도 대단한 학문과 역량을 드러낸다. 처음 유배 생활을 하면서 쓴 책답게 읽을거리들이 너무 없다는 불평이 자주 나온다. 전체를 하나로 엮는 구도가 없고 매우 단편적이며, 균형도 빈약한 등 여러 면에서 어려운 시절에 쓴 책임을 알게 한다. 대답들 가운데 많은 내용이 다른 저서들을 그대로 인용한 것이다. 동일한 질문이 다른 여러 곳에서 중복해서 논의되곤 한다.

포티우스가 구약성경의 어느 책에 관하여 주석을 썼을 가능성은 의심되지만, 복음서들과 로마서, 고린도 전후서와 히브리서에 관한 주석을 썼을 가능성은 매우 크다. 왜냐하면 인쇄된 형태로든 인쇄되지 않은 형태로든 이 책들에 관한 「카테나」(*Catena*, 연쇄식 교부 성경해석집)에 포티우스의 인용문들이 많이 발견되기 때문이다. 하지만 그런 주석이 하나의 단위를 이룬 형태로는 현존하지 않는다.

교회법 관련 저서 두 권이 포티우스의 저작으로 간주된다. 「교회법 모음」(*A Collection of Canons*)과 「교회법과 세속법 모음」(*A Collection of Ecclesiastical and Civil Laws〈Nomocanon〉*)이 그것이다. 이 두 권에 어떤 이들은 셋째 저서를 덧붙인다. 이 저서들 가운데 둘째 권(*Nomocanon*)은 그리스 교회 교회법에 관한 권위 있는 문헌이다. 노모카논이라는 단어는 교회법과 세속법 특히 황실법이 결합된 헬라어이다. 포티우스는 883년에 기존의 법률집들을 토대로 그러한 법률집을 작성했다. 이 문헌에는 다음과 같은 내용이 실려 있다: (1) 일곱 차례의 에큐메니컬 공의회들(325-787), 692년의 트룰로 공의회(Quinisexta), 861년과 879년의 교회회의들이 채택한 법령들; (2) 유스티니아누스가 그리스 교회와 관련하여 제정한 법률. 포티우스는 교회법 수집가였을 뿐 아니라 입법가이자 주석가였다. 861년과 879년에 그가 주재한 교회회의들의 법령들과, 그가 발행한 교회법 관련 서신들 곧 교령(敎令, decretals)은 그리스 교회법에 지대하고도 항구적인 영향을 끼쳤다. 노모카논은 12세기에 발사몬(Balsamon)에 의해서 증보되고 주석되었으며, 오늘날은 대개 이 주석들과 함께 출판된다. 이 문헌은 러시아 정교회에서 「항해사를 위한 책」(*Kormezia Kniga*)이라는 이름으로 오늘날 사용되고 있다. 다른 책들과 마찬가지로 이 책도 과거의 저자들이 닦아 놓은 토대 위에 세운 것이다.

포티우스의 역사적이고 교리적·논쟁적인 저서들은 바울파(Paulicans) 혹은 마니교를 비판한 것들과 로마 교회를 비판한 것들 두 부류로 구분할 수 있다. 첫째 부류에는 "새 마니교 비판서"라는 총칭을 지닌 네 권이 있다. 첫 권은 옛 마니교와 새 마니교의 역사로서, 포티우스의 첫 번째 총대주교 재위 기간에 작성되었으며, 주로 당대의 다른 저자의 글을 이용했음이 분명하다. 나머지 세 권은 새 마니교를 비판한 논문으로서, 철학적 논증보다는 신학적 논증에 의존하며, 이미 마니교를 비판할 때 사용되었던 논증들이 대부분이다.

라틴 교회를 비판한 저서들은 다음과 같다. (1) 「보혜사」(*Mystagogia*). 성령에 관한 교리를 다룬 저서. 라틴 교회 비판서 가운데 가장 중요한 책으로서, 성령의 위격이 아닌 신성의 발출만을 논한다. 이는 성령의 신성에 관해서는 라틴 교회와 그리스 교회 사이에 차이가 없었기 때문이다. 이 책의 내용은 포티우스의 독창적인 사상인 듯하다. 예리함과 상당한 변증 능력이 두드러진다. 이 책의 발췌문이 현존하지만, 그것을 포티우스가 직접 작성했을 것 같지는 않다. (2) 다음과 같은 문제들에 대한 열 가지 문답 모음: "어떤 점에서 로마인들이 부당하게 행동했는가?"; "얼마나 많은 그리고 얼마나 참된 총대주교들이 로마인들에 의해 인정을 받지 못하고 있는가?"; "어떤 황제가 교회의 평화를 위해서 투쟁했는가?" 이 모음은 달리는 유실되고 말았을 자료들을 수록하고 있다는 점에서 역사적으로 큰 흥미를 끈다. (3) 로마 교회의 수위권을 비판한 논문들. (4) 프랑크족을 비판한 논문. 동방 슬라브인들의 「항해사를 위한 책」에 이 논문이 발췌되어 있고, 13세기에 널리 유포되었으며, 러시아인들 사이에서 교회법 저서로서 큰 권위를 누리고 있다. 이 논문은 포티우스의 저작으로 간주되어 왔지만, 현재의 형태는 그의 것이 아니다. (5) 그의 유명한 「동방 총대주교들에게 보내는 회람 서신들」(*Encyclical Letter to the Eastern Patriarchs*, 867).

포티우스가 직접 쓴 저서들에는 앞서 언급한 것들 외에도 다음과 같은 것들이 있다: 세 권의 「서간집」 — 서로 다른 내용을 다루는 사적·공적 서신들로서, 주로 장황한 문체로 되어 있음; 「설교집」(*homilies*) — 두 편은 전체가 인쇄되었고, 두 편은 단편들만 인쇄되었으며, 스무 편은 아예 인쇄되지 않음; 여러 권의 시집들과 도덕 훈화서들 — 여러 저자들의 글을 편집한 내용으로 추측됨. 다른 여러 권의 책들이 포티우스의 저작으로 주장되지만, 진정성을 보증하기 힘들다.

146. 의역가(意譯家) 시므온

　　많은 저서를 남긴 시므온(Simeon Metaphrastes)은 아마도 철학자 레오(886-911 재위)와 콘스탄티누스 포르피로게니투스(911-959 재위) 때 콘스탄티노플에서 살았던 듯하다. 그는 황제의 비서와 대법관, 황궁의 총리를 지냈다. 나이가 다소 지긋해졌을 때 황제 레오의 명을 받고, 데살로니가 공격을 계획하고 있던 크레타 섬의 아랍인들을 방문하고서 그들을 설득하여 계획을 철회하도록 만들었다. 그 섬을 방문했을 때 은수자 파로스를 만났는데, 그에게서 성인들과 순교자들의 전기를 집필해보라는 권유를 받았다.

　　이렇게 해서 수집·작성한 책이 그를 유명하게 만들었다.[10] 그가 원래의 계획대로 이 책을 작성하지 않은 것이 분명하다. 성인전을 작성하려면 그들의 축일에 따라 일년치를 다 다루어야 하는데, 현존하는 그의 「성인전」(*Lives*)은 9월(그리스 교회력의 첫달)·10월·11월·12월 분량이 거의 전부이기 때문이다. 하지만 그 가운데서도 그가 얼마나 작성했는지는 확언하기 어렵다. 알라티우스(Allatius)는 그가 122명만 다루었다고 한다. 그의 저작으로 간주되는 사본들은 뮌헨·베네치아·피렌체·마드리드·파리·런던 등지의 도서관들에서 발견된다. 그의 저서가 지니는 특징은 의역가(Paraphraser, Metaphrastes) 시므온이라는 별명에 충분히 나타난다. 이 별명이 붙게 된 이유는 그가 "성인들의 전기를 과거에 작성된 것과 다른 문체로" 바꾸어 놓았기 때문이다. 그는 대부분의 경우 과거의 자료들을 사용했고, 가끔 자료들을 편집하는 수준을 넘지 않았으나 때로는 좀 더 정확하게 혹은 읽힐 만하게 만들기 위해서 다시 작성하기도 했다. 하지만 몇몇 사람의 전기는 독창적으로 쓴 것이다. 그의 저서는 매우 큰 가치를 지니고 있긴 하나, 그가 이전의 자료를 쉽게 믿는 태도를 보이기 때문에 주의해서 사용해야 한다. 하지만 그의 부지런함 덕분에 지금 유명하게 된 많은 사람들이 무명의 상태에서 빛을 보게 되었다.

　　성인전 외에도 아홉 통의 서신과 여러 편의 설교, 연설, 찬송, 교회법 요약서가 그의 이름을 걸고 있다. 「시므온 연대기」(*Simeonis Chronicon*)는 아마도 12세기의 시므온이란 사람의 작품인 듯하다.

---

10) 참조. Gass in Herzog² IX. pp. 677-679.

147. 외쿠메니우스

외쿠메니우스(Oecumenius)는 10세기 말에 테살리 지방 트리카의 주교로서, 사도행전·바울 서신서들·공동 서신서들에 대한 주석을 썼다. 이 주석은 23인의 교부들과 그리스 교회 저자들을 토대로 작성한 하나의 카테나(주석집)에 지나지 않지만, 가끔 그의 독창적인 소견이 실리기도 한다. 이 저서는 그의 취향과 식견을 드러낸다.

148. 테오필락투스

테오필락투스(Theophylact)는 당대 그리스 교회의 가장 박식한 해석가로서, 에게 해 유보이아 섬의 유리푸스에서 태어난 듯하다. 그에 관해서는 알려진 바가 거의 없다. 그리스 황제들인 로마누스 4세(디오게네스, 1067-1071 재위), 미카엘리스 7세(두카스 파라피나케스, 1071-1078), 니케포루스 3세(보토니아테스, 1078-1081), 알렉시우스 1세(콤네누스, 1081-1118) 때 살았다. 생애 초반은 콘스탄티노플에서 지냈으며, 학문과 인품을 인정받아 미카엘리스 두카스의 아들 콘스탄티누스 포르피로게니투스 왕자의 가정교사로 발탁되었다. 1078년에 아크리다 대주교, 1107년에 불가리아의 수도대주교가 되었다. 독립 정신을 가지고 교구를 다스렸으나, 그의 서신들은 그가 투쟁해야 했던 난제들을 보여준다. 언제 생을 마감했는지는 알려지지 않는다.

그가 유명하게 된 이유는 복음서들·사도행전·바울 서신들과 공동 서신들·호세아·요나·나훔·하박국 주석 때문인데, 이 저서는 최근에 데베테(De Wette)와 마이어(Meyer) 같은 해석학자들에게 높은 평가를 받았다. 이 책은 기존의 저자들, 특히 크리소스토무스의 가르침을 많이 참고했지만, 그럴지라도 테오필락투스는 진정한 해석학적 통찰을 발휘하여서, 본문을 명쾌하게 설명했고, 독창적이고도 귀중한 발언들을 많이 남겼다.

그의 저서들은 주석 외에도 연설문들인 「십자가 공경」(*Adoration of the Cross*), 「성모의 문안」(*Presentation of the Virgin*), 「황제 알렉시우스 콤네누스에 대하여」(*the Emperor Alexius Comnenus*)와, 논문 「왕자들의 교육에 관하여」

(*Education of Princes*), 「15인의 순교 역사(*History of Fifteen Martyrdom*)」, 「라틴 교회의 오류들에 관한 연설」(*Address on the Errors of the Latin Church*)이 있다. 그 중에서 두 편의 글은 좀 더 언급할 필요가 있다. 왕자들의 교육에 관하여는 콘스탄티누스 포르피로게니투스에게 쓴 글이다. 두 권으로 되어 있고, 그 중에서 첫째 권은 역사 기술이자 왕자 부모를 소개한 글이고, 둘째 권은 왕자의 의무와 시험을 논한다. 과거에는 아주 큰 인기를 누린 책이다. 이 책을 파울리누스와 앨퀸, 스마라그두스가 쓴 유사한 책들과 비교하면 유익을 얻을 수 있다.

라틴 교회의 오류들에 관한 연설은 테오필락투스가 남긴 가장 흥미로운 글이다. 철저히 보수적이면서 온건한 기조로 쓴 글이지만, 그러면서도 그리스 교회와 라틴 교회 사이에 쟁점이 되어있는 문제들, 이를테면 성령의 발출과 성찬의 떡 같은 문제들을 논한다. 이 문제들 가운데 테오필락투스는 첫 번째 것만 중요하게 간주하며, 그 문제에 대해서도 철저히 라틴 교회를 비판하는 그리스 교회의 입장을 취한다. 그러면서도 공정한 면모를 드러내는데, 그것은 라틴인들의 오류가 언어의 결핍에서 비롯되었을 것이라고 이해해 준 것이다. 즉 라틴인들이 언어의 결핍 때문에 "성령의 교통의 인과 관계(causality)와 그분 존재의 인과 관계를 가리킬 때 동일한 용어를 쓸 수밖에 없었다고 주장한다. 더 나아가 그는 라틴인들이 설교를 할 때 의미 전달에 각별히 주의를 기울여서 그릇된 개념을 전달하지 않도록 주의를 기울인다면 덜 정확한 표현 형태라도 그대로 사용할 수 있을 것이라고 주장했다. 철저한 명쾌성이 요구된 것은 오직 신앙고백서뿐이었다."[11]

성찬의 떡에 관하여 라틴인들은 그것이 무교병이어야 한다고 주장했으나, 그리스인들은 유교병이어야 하다고 주장했다. 양 교회는 각각 자신들이 그리스도의 관례를 따른다고 주장했다. 테오필락투스는 그리스도께서 무교병을 사용하셨음을 인정했으나, 이 점에서 주님께서 보이신 모범은 의무 사항이 아니라고 주장했다. 만약 그것이 의무 사항이라면 주님의 모범을 모든 점에서 성찬과 연관지어 생각해야 하는데, 그렇게 하려면 성찬 때 팔레스타인의 빵과 포도주를 써야 하며, 넓은 방이나 다락방에서 비스듬히 기대앉아 성찬을 받아야 할 것이다. 그러나 그리스도인의 자유라는 게 있는 것이며, 성찬 때 사용하는 떡의 종류

---

11) Neander, *l. c.*. p. 586.

는 이 자유가 허용하는 것들 중의 하나이다. 긴 세월 동안 격렬한 쟁점이 되어온 이 두 가지 문제에 대해서, 그는 기독교의 공동의 신앙과 기독교의 공동의 사귐을 끊임없이 기억할 것을 강조했다.

149. 미카엘리스 프셀루스

미카엘리스 프셀루스(Michael Psellus)는 알라티우스(Allatius)가 언급하는 그 이름의 소유자 가운데 세 번째 사람으로서, 1020년경에 콘스탄티노플의 집정관 배출 귀족 가문에서 태어났다. 천성적으로 공부를 좋아했으며, 공부에 전념하느라 또래의 젊은이들이 탐닉하던 유희 및 오락과 담을 쌓고 지냈다. 아테네에서 공부를 마친 뒤 콘스탄티노플로 돌아와 철학 주임교수가 되었다. 황제 콘스탄티누스 모노마쿠스의 초빙으로 황궁에 들어가 국사에도 참여했다. 그 뒤 철학과 수사학에서 신학 · 물리학 · 의학 · 수학 · 천문학 · 군사학으로 눈을 돌렸다. 간단히 말해서 지식의 모든 분야를 두루 섭렵했으며, 뛰어난 기억력에 힘입어 자신이 공부한 모든 내용을 간직할 수 있었다. "그 안에서는 그리스 학문의 몰락을 막기 위해서 인간 본성이 그 내면의 능력을 최대한 산출했다고 전해진다."[12] 그는 미카엘리스 두카스(Michael Ducas)의 가정교사가 되었는데, 두카스는 훗날 황제가 되었을 때 그를 자신의 고문으로 삼았다. 필리오케 문제에 대해서 프셀루스는 당연히 그리스 교회의 견해를 지지했으며, 그리스 교회와 라틴 교회를 화해시키려고 노력하던 아냐니의 주교 페트루스의 움직임에 제동을 걸었다. 미카엘리스 두카스가 폐위되었을 때(1078) 그는 교수직을 박탈당한 뒤 수도원으로 은퇴했으며, 그곳에서 생을 마감했다. 그가 역사 기록에 마지막으로 언급된 것은 1105년이다.

프셀루스는 많은 글을 남긴 저자였으나, 그의 글들 가운데 상당수가 인쇄되지 않았고, 많은 분량이 유실되었다. 인쇄된 신학 저서들 중에서 중요한 것들은 다음과 같다:

(1) 「아가 주석」(*Exposition of the Song of Songs*). 니사의 그레고리우스 · 닐루

---

12) Gass in Herzog² *s. v.* xii. 340.

스 · 막시무스의 주석과 발췌글들을 곁들인 운문(韻文) 석의.

(2) 「지식 문집」(*A Learned Miscellany*). 157 단락으로 된 책으로서, 삼위일체 위격들의 상호 관계에서부터 나일 강의 범람과 기후 변화에 이르기까지 거의 모든 내용을 다룬다. 기발한 지식을 망라해 놓긴 했으나 과거의 무지를 들여다 보게 하고, 지금은 호기심의 대상밖에 되지 않는 비슷한 유의 저서들 가운데 한 권이다.

(3) 「귀신들이 하는 일」(*The Operations of Demons*). 대화체의 글로 유키테스 파를 비판하고, 그 집단이 귀신들의 사주를 받아 패역하고 혐오스러운 죄악을 저지른다고 공격한 저서. 하지만 단순히 비판하는 차원을 넘어서서 그 주제를 좀 더 광범위하게 논하며, 실제로 귀신들을 보았다고 하는 어느 수사의 증언을 토대로 귀신들이 인간사에 끊임없이 관여하고, 자신들의 종을 번식시킬 수 있으며, 남자의 모습으로든 여자의 모습으로든 어디든 마음먹은 대로 갈 수 있다고 가르친다. 귀신들에게서 각종 질병과 온갖 재난이 임한다고 한다. 이 책은 매우 진귀한 면이 있으며, 중세의 귀신론에 이바지한 점에서 항구적인 가치가 있다.

그가 남긴 열두 통의 서신들은 인쇄가 되었다. 그가 시므온 메타프라스테스를 위해서 쓴 송덕문에 관해서는 이미 언급했다.[13] 신학자 그레고리우스 · 바실리우스 · 크리소스토무스의 웅변에 관한 비평서를 썼으며, 운문으로도 이 교부들을 예찬했다.

법률적 · 철학적 논문들 외에도, 「교리」(*Doctrine*)라는 시와 「법 개요」(*Synopsis of Law*)라는 운문체 글을 썼다.

150. 유티미우스 지가베누스

유티미우스 지가베누스(Euthymius Zigabenus 혹은 지가데누스)는 콘스탄티노플 근처 성모 마리아 수도원에 거점을 둔 성 바실리우스 수도회의 박식하고 유능한 그리스 수사로서, 황제 알렉시우스 콤네누스(1081-1118 재위)와 그의 아내 안나의 전폭적인 총애를 받았다. 그는 황제로부터 당시에 놀랄 만큼 세력을 넓

---

13) 참조. §146.

혀가던 보고밀파(Bogomiles)를 논박해달라는 부탁을 받고서 「갑옷」(*The Panoply*)이라는 제목으로 방대한 이단 비판서를 쓰게 되었다. 그가 이 책에 포함시킨 이단들 가운데는 범신론자들 · 유대인들 · 교황 · 라틴인들이 있었다. 그가 사용한 자료들은 공의회들의 결의들과 그리스 교부들의 저서들과 그 밖의 현자들이 남긴 글들이다. 이 중요한 저서와 개별 논문들에서, 그는 보고밀파 · 마살리아파(Massalians) · 아르메니아파 · 바울파, 심지어 유대교와 이슬람교에 관해서도 매우 가치 있는 역사 정보를 소개한다. 물론 이슬람교에 관해서는 그가 제대로 된 정보를 접하지 않아서 많은 편견을 써넣은 것이 분명하지만 말이다. 다른 그리스인들과 마찬가지로, 그도 보고밀파, 마살리아파, 아르메니아파, 바울파가 성령의 발출과 성찬의 떡에 관한 주제에서 이단이라고 보았다. 「갑옷」 외에도 크리소스토무스에게 크게 의존한 시편 주석과 복음서들 주석을 썼는데, 복음서들 주석은 일부 학자들의 평가에 따르자면 테오필릭투스에 버금가는 독자적인 관점과 해석학적 역량이 잘 나타나 있다고 한다

151. 데살로니가의 유스타티우스

유스타티우스(Eustathius)는 데살로니가 대주교와 수도대주교를 지낸 당대의 유명한 지식인으로서, 콘스탄티노플에서 태어나 황제 요한 콤네누스부터 이삭 2세(앙겔루스) 때까지, 즉 1118-1195년에 살았다. 원명은 알려지지 않으며, 유스타티우스라는 이름은 수사 서약 때 취한 것이다. 공부는 성 유페미아 수도원에서 했으나, 수사 서약은 성 플로루스 수도원에서 했다. 일찍부터 학문과 경건과 웅변에서 재능을 드러낸 데 힘입어 황제 마누엘의 주목을 받게 되었고, 황제에 의해서 그의 아들 요한의 가정교사, 성 소피아 교회의 부제, 황실의 민원 담당관을 지냈다. 민원 담당관을 지내던 시절 콘스탄티노플에 심한 기근이 들었을 때 적어도 한 번 황제 앞에서 주민들을 위해서 탄원을 했다.[14]

---

14) 마누엘은 호전적이고 방탕한 군주로서, 무거운 세금으로 백성을 짓눌렀다. 유스타티우스의 탄원은 Migne, CXXXV. col. 925-932에 수록되어 있다. 참조. Gibbon, Harpers' ed. V. 81, 82.

그는 아마도 생애의 이 시기에 고전 저자들에 대한 유명한 주석들을 쓴 듯한데,[15] 타펠(Tafel)이 그의 신학과 역사 분야 저서들을 펴내기 전까지는 그 주석들만으로 알려졌다. 그러나 하나님의 섭리로써 유스타티우스는 실제적인 분야에서 중요한 역할을 수행하게 되었고, 그로 인해서 황제 마누엘이 그를 소아시아 리키아의 수도 미라의 주교로 임명했으며, 그 뒤에 데살로니가 대주교로 발령하게 되었다(1175). 그는 경건하고 신실하고 이타적이고, 책망할 때는 불같이 무섭고, 권고할 때는 한없이 지혜로운 지극히 모범적인 주교였다. "[그는] 그리스인들 가운데서 만나기 힘든 정말로 순수한 인물이었다. 자기 민족과 시대의 오류들[미신, 위선적 신앙, 경박함]을 너무나 잘 알고 있으면서도 당대인들에게서 우뚝 솟아 있었다."[16]

그는 여러 경우에 큰 용기를 발휘했다. 황제 마누엘이 1180년에 콘스탄티노플에서 열린 교회회의에서 "낳거나 낳음을 입지 않았다고 하는 마호메트의 신에게 저주를"이라는 문구를 온건하게 다듬고자 시도했다(당시 그리스 교회는 이슬람교에서 기독교로 개종한 모든 사람에게 이 문구를 따라하도록 요구했다). 마누엘은 이 문구가 이슬람권에 기독교가 퍼지는 데 큰 지장을 초래할 것이라고 주장했다. 그러나 유스타티우스는 황제의 진노를 살 것을 감수하면서까지 그 주장이 사실이 아니라고 부인했다. 그러나 결국 문구를 수정하게 되었다. 마누엘은 유스타티우스를 탄핵하겠다고 협박했으나 실제로는 그에 대한 총애를 거두지 않았으며, 결국 마누엘이 죽었을 때 유스타티우스가 장례 설교를 해주었다.

1185년에 데살로니가가 시칠리아의 윌리엄 2세하에 행동하던 백작 알두인(Alduin)에게 약탈을 당했을 때, 유스타티우스는 그 도시에 남아서 백성들의 고통을 덜어주기 위해서 몸소 노력했으며, 백성들이 과격한 라틴인들에게 방해를 받지 않고 예배를 드릴 수 있도록 보호해 주었다. 또한 데살로니가 주민들이 황제의 징세관들에게 과도한 수탈을 당하지 않도록 개입했다. 그러나 그렇게 고매한 인격에다 데살로니가를 위해서 노력을 아끼지 않았음에도 불구하고, 그의 평

---

15) 호메로스, 지리학자 디오니시우스 페리게테스, 핀다로스, 그리고 아마 아리스토파네스. 그가 호메로스에 관해서 쓴 방대한 주석은 고전 학문과 호메로스 비평에 관한 완전한 보고이며, 유실된 고전학의 발췌문들을 많이 수록하고 있다는 점에서 독특한 가치를 지닌다.

16) Neander, IV. 530-531.

범한 말에서 꼬투리를 잡는 자들의 말에 선동되어 결국 그를 추방하게 만들 만큼 악한 사람들이 있었다. 이 일은 아마도 평소에 유스타티우스에게 호의적이지 않던 악명 높은 안드로니쿠스(Adronicus)의 재위 기간(1180–1183)에 발생한 듯하다. 하지만 그가 추방당한 동안에 벌어진 사건 때문에 그가 다시 부름을 받았고, 그는 큰 존경을 받으며 생을 마감했다. 이렇게 많은 노력을 기울여 구출해 놓은 도시에서 추방당했다가 다시 부름을 받은 점에서 유스타티우스와 칼빈이 유사하다는 것이 참 이상하다.

그가 실제적인 종교적 주제들에 관하여 쓴 저서들은 매우 흥미롭고 가치도 크다. 시편 48편에 관한 설교, 상서로운 해에 관한 설교, 사순절 기간 동안 행한 네 편의 설교(특히 느슨한 결혼 관습을 비판함), 순교자들에 대한 다섯 편의 설교 외에도, 수도원주의를 열정적으로 예찬하는 글을 썼으며, 그러면서도 수사의 명예를 더럽히는 그들의 과오들과 게으름, 위선, 무지를 신실하게 책망했다. 주상 성인(柱上聖人)들에 대해서는 지극히 평범하게 그들의 의무를 제시했다. 당시 사람들은 그들이 거룩하다고 생각하여 계층을 가리지 않고 하나님의 뜻을 물으러 그들을 찾아갔다. 그렇기 때문에 그는 그들에게 그들의 의무를 환기시키고, 자기들을 찾아오는 사람들의 지위를 고려하여 차별하지 말고, 강한 자들에게 아첨하지 말고 약한 자들에게 군림하지 말라고 말한다. 평신도들에게도 앞서 언급한 설교들을 통해서 뿐 아니라 개별 논문들에서도 권하는데, 매우 진지하고도 다감한 어조로 합법적인 군주들에게 복종하라고 당부하며, 당시에 만연한 죄인 위선과 복수심을 놓고 그들을 책망한다. 진정한 복음의 원리, 즉 사랑이 그리스도인의 삶에서 중심점이라는 사실을 강조한다. 75편이 출판된 그의 서신들은 당대의 정황을 생생하게 소개해 주며, 그의 인품을 은연중에 말해준다. 그가 남긴 「다마스쿠스의 요한의 오순절 찬송에 대한 해석」(*Interpretation of the Pentecost hymn of John of Damascus*)에 대해서 추기경 마이(Mai)는 극찬을 아끼지 않는다.

152. 니케타스 아코미나토스

니케타스 아코미나토스(Nicetas Acominatos)는 출생지인 프리기아의 옛 골로

새에 해당하는 코나이와 관련지어 코니아테스(Choniates)라고도 불리는 인물로서, 12-13세기의 위대한 학자들과 저자들 가운데 한 사람이었다. 콘스탄티노플에서 공부했고, 법학을 전공했으며, 일찍부터 황궁에서 두각을 나타냈다. 벨리사리우스의 자손과 결혼했으며, 콘스탄티노플이 십자군에 의해서 점령되었을 때(1204) 필리포폴리스의 총독이었다. 십자군에 밀려 니케아로 도피했으며, 그곳에서 1216년에 죽었다. 그곳에서 보낸 생애 말년에 고통당하는 동료 신자들을 위로하고 교훈하기 위해서 「정통신앙의 보고」(*Treasury of Orthodoxy*)를 작성했다. 이 저서는 스물일곱 권으로 되어 있었으나 다섯 권만 완간되었으며, 그것도 페트루스 모렐(Peter Morel)이 아토스 산에서 파리로 전달된 원 사본을 토대로 라틴어로 번역된 것으로만 남아 있다. 하지만 추기경 마이는 제6권, 8권, 9권, 10권 12권, 15권, 17권, 20권, 23권, 24권, 25권의 단편들을 제시했으며, 미뉴(Migne)는 이 단편들을 라틴어 번역서와 함께 재인쇄했다. 이 저서는 유티미우스의 「갑옷」과 마찬가지로 학구적인 신학 교과서이자 이단 논박서이지만, 좀 더 독창적인 내용을 수록하고 있으며, 평신도이자 정치가가 쓴 글이기에 더욱 인기가 높다.

제1권은 이교 철학과 유대교의 오류들을 진술한 내용이다. 제2권은 성령과 천사들과 인간들에 관하여 다룬다. 제3권은 성육신하신 말씀에 관하여 다룬다. 제4권부터 끝까지는 여러 이단들을 소개한 뒤 비판한다. 니케타스는 시몬 마구스로부터 시작하여 자기 시대까지 거슬러 내려간다.

그러나 그의 명성은 사실상 「역사」(*History*)에 걸려 있다. 이 책은 1117-1205년에 비잔틴 제국에서 발생한 사건들을 다루며, 역량 있고 신뢰할 만한 저서이다. 흥미롭게도 결론 부분에서 라틴인들이 콘스탄티노플의 기념비들을 파괴하거나 훼손한 사실을 진술한다.

153. 카시오도루스

마그누스 아우렐리우스 카시오도루스 세나토르(Magnus Aurelius Cassiodorus Senator)는 고전 학문에 크게 이바지한 인물로서, 국정에 이바지한 일로 유명한 유서 깊은 로마 가문 출신이다.[17] 477년경에 오늘날 이탈리아 남서단에 자리잡은

(칼라브리아의 스퀼라체에 해당하는) 브루티움의 스킬라키움에서 태어났다. 동일하게 카시오도루스라는 이름을 지닌 그의 아버지는 테오도릭의 친위대장이자 원로원 의원이었다. 아들 역시 뛰어난 역량을 인정받아서 스무살 무렵에 재무관(quaestor)이 되었고, 그 뒤에도 테오도릭을 계속해서 섬겨 개인 비서와 총리대신을 지냈으며, 526년 8월 30일에 테오도릭이 죽을 때까지 그와 교분을 나누었다. 테오도릭의 딸 아말라손타(Amalasontha)가 어린 아들 아탈라릭(Athalaric)을 대신하여 섭정할 때 자문을 해주었으며, 그녀의 몰락(535)을 지켜보았으나, 그대로 지위를 지킨 채 테오다투스(Theodatus)와 비티게스(Vitiges)를 섬겼다. 집정관을 지냈고, 친위대장을 세 번 지냈다. 로마인들과 그들을 정복한 야만족들의 관계 개선을 위해서 근실하게 노력했다.

그러나 540년경에 관직에서 물러나 고향 브루티움으로 내려가 지식을 추구하고 학문을 보존하는 데 힘썼다. 자기 인생 가운데 명예와 명성으로 가득 찬 한 장을 자발적으로 접고서 또 다른 장을 열었는데, 그것이 전혀 예상치 못하게 범세계적인 중요성을 띠게 될 것이었다. 정치가 카시오도루스가 수사 카시오도루스가 되었으며, 자신도 모르게 고트족에 대한 봉사를 인류에 대한 봉사로 바꾸었다. 그가 은퇴한 곳은 이탈리아 남서부 모스키우스 산자락에 자리잡은 비비에르스 수도원(모나스테리움 비바리엔세)으로서, 과거에 그가 직접 설립하고 후하게 기부했던 곳이었다. 그는 산 위에 또 다른 수도원(카스텔렌세)을 세우고 그곳에 연륜이 짧은 수사들을 살도록 한 듯하며, 비비에르스 수도원에는 교육을 잘 받고 믿음도 강한 수사들을 배치하여 학문 연구에 정진하도록 했다. 역량이 있는 수사들을 고전 사본들과 기독교 사본들을 베껴 쓰고 교정하는 데 기용한 반면에, 나머지 수사들에게는 책을 제본하고 약을 제조하고 정원을 가꾸는 일을 맡겼다. 분량이 적지 않은 자신의 장서를 수도원으로 옮기고, 많은 비용을 들여 장서의 수를 늘였다. 이렇게 해서 비비에르스 수도원이 그토록 혼란스럽고 타락한 시기에 문화의 대피소와 학문의 샘이 되었다. 그가 세운 모범을 다른 수도원들, 특히 베네딕투스회가 따르는 행복한 일이 있었으며, 사본들을 베껴 쓰는 작업이 수사들의 일과에 첨가되었다. 이 방법에 의해서 고대 고전 세계의 학문이

---

17) Senator(원로원 의원)이 그의 본명의 일부이다. 카시오도리우스는 카시오도루스의 변형이다.

우리에게까지 전수되었다. 그리고 이 운동의 시작을 카시오도루스가 했기 때문에 그는 옛 사상과 새 사상을 연결한 인물로 존경을 받을 자격이 있다. 이처럼 유익하게 보낸 그의 생애는 대단히 길었다. 그가 죽은 연도는 확실하지 않지만, 570년과 580년 사이의 어느 시점이었다.

카시오도루스의 저서들은 분량이 매우 방대하다. 이 저서들의 특징은 박식함과 독창성과 성실성이지만, 정확하지 못하고 인위적인 문체가 눈에 거슬린다. 더러는 정치가 시절에, 더러는 수사 시절에 작성했다.

1. 가장 중요한 것은 모두 열두 권으로 된 「문집」(*Miscellany*)으로서, 카시오도루스가 재무관(quaestor)과 총리대신(Magister officiorum)을 지내던 시절에 왕의 명의로 발행했던 4백 종 가량 되는 답서들과 칙령들을 모은 것이다. 제6, 7권에는 다양한 관직들에 대한 지침들을 모아놓았는데, 이러한 발상이 중세에 모방된다. 「문집」을 통해서 그 시기의 이탈리아의 정황을 소상하게 들여다볼 수 있다. 답서들 가운데 눈길을 끄는 점은 카시오도루스가 문서의 성격상 어쩔 수 없이 경직되고 형식적인 내용들에 상당한 활력과 다양성을 부여하려고 힘쓴 점이다. 그러기 위해서 경우에 맞게 문체를 바꾸고 관련된 주제에 맞는 논문을 첨부하는 창의적인 방법으로 사용했다. 이 저서는 친구들의 요청으로 후임자들을 위한 업무 지침서로 마련되었고, 534-538년에 출판되었다.

2. 「교회사」(*Ecclesiastical History*, 3부작⟨*Tripartita*⟩으로 불림)는 편집물이다. 그가 직접 참여한 부분은 에피파니우스 스콜라스티쿠스가 작성한 소조메누스 · 소크라테스 · 테오도레투스의 라틴어 요약을 손질한 것이 전부이다. 이 책은 카시오도루스가 루피누스의 에우세비우스 번역에서 빠진 부분을 보충하기 위해서 제작했으며, 수사들에게 루피누스의 글과 함께 중세 교회사에 대한 교과서로 쓰였다. 그러나 모호하고 정확하지 못하고 지리멸렬한 점 때문에 표준서라고는 할 수 없다.

3. 「연대기」(*Chronicle*)는 519년까지의 역사를 다룬 그의 첫 저서로, 여러 자료를 토대로 역대 집정관들의 명단을 소개하며, 가끔 역사 사건들을 언급한다. 율리우스 브루투스부터 시작하여 테오도릭까지 내려가는 명단 앞에는 놀랍게도 아시리아와 라틴, 로마 왕들의 명단이 매우 불완전한 형태로 소개되어 있다.

4. 「부활절 날짜 산정서」(*The Computation of Easter*). 562년에 집필함.

5. 「고트족의 기원과 역사」(*Origin and History of the Goths*). 원래 열두 권으

로 되어 있으나, 지금은 요르다니스(Jordanis)의 발췌문으로만 남아 있다. 이 책에서 카시오도루스는 고트족과 로마인들 사이에 우호적인 관계를 정착시키기를 바라는 강한 소원을 드러낸다. 534년경에 쓴 책이다.

6. 「시편 강해」(*Exposition of the Psalter*). 아마도 이 책이 그의 저서들 가운데 가장 길 뿐 아니라 중세에 가장 큰 영향을 준 듯하다. 비비에르스 수도원에서 집필했고, 「강요(綱要)」(*Institutes*, 아래 내용 참조) 전에 시작했으나 후에 마쳤다. 주된 자료는 아우구스티누스이다. 강해의 내용은 철저히 독창적이다. 숫자들을 신비주의적인 방식으로 다루고, 세속 학문 특히 수사학을 토대로 글을 써 간다는 점이 특징이다.

7. 「종교적·세속적 서신들의 강요」(*Institution of Sacred and Secular Letters*)는 544년에 두 권으로 집필했고, 두 권이 독립된 저서라는 것이 일반적인 평가이다. 제1권은 일종의 신학 백과사전으로서, 카시오도루스가 자신이 지도하는 수사들을 위해서 썼다. 그러므로 그들의 도서관에서 찾아볼 수 있는 다양한 저자들을 언급한다. 모두 33장 — 우리 주님의 생애를 가리키는 구분 — 으로 되어 있고, 장의 진행을 따라서 성경의 낱권들, 그 낱권들에 대해서 참고로 읽어야 할 저자들, 낱권들의 배열, 교회사와 주요 저자들, 수사들을 동원하여 사본을 효과적으로 필사하고, 충분한 교육을 받지 못한 수사들을 다양한 작업장에 배치하기 위해서 마련한 지침을 차례로 다룬다. 제2권은 자유7과(문법·수사학·변증학·수학·음악·기하학·천문학)를 초보적인 방법으로 다룬다.

8. 「권위있는 도서 목록」(*On Orthography*). 아흔세살에 집필한 저서로서, 자신의 도서관에 있는 문헌들을 발췌하여 모은 것에 불과하다.

9. 「영혼」(*Soul*). 친구들의 요청으로 「문집」을 펴낸 직후에 집필했으며, 독창적 사색보다는 기존의 지식을 정리하여 펴낸 저서이다. 영혼과 그 본질, 역량들과 최후 운명을 다룬다.

10. 서신서들과 사도행전, 요한계시록의 몇몇 구절들에 관한 주해. 수사로 지낼 때 집필한 저서로서, 이상하게도 중세에는 잊혀졌다. 가레(Garet)에게 알려지지 않았으나, 1702년에 베로나에서 발견되어 마페이에 의해 출판되었다. 이상의 저서들 외에도 「연설과 연설의 8개 구분에 관한 주석:수사학 입문서」(*Commentarium de oratione et de octo partibus orationis*)가 그의 저서로 간주되며, 그의 이름으로 출판되었다. 하지만 진짜 저자가 누구인지는 불확실하다.

154. 투르의 그레고리우스

원명은 게오르기우스 플로렌티우스(Georgius Florentius)이고, 주교로 축성될 때 랑그르의 덕망 높은 주교였던 외할아버지의 이름을 따서 그레고리우스라는 이름을 취한 그는, 538년 11월 30일에 오베르뉴의 주요 도시 아르베르나(오늘날의 클레르몽)에서 태어났다. 가문은 양친의 계보 모두 원로원 계급이었으며, 가문에서 배출된 주교들의 수가 그 지위와 영향력을 말해준다. 아버지(플로렌티우스)는 일찍 세상을 떠났음이 분명하며, 어머니(아르멘타리아)는 그를 놔두고 고향 부르고뉴로 떠났으나, 삼촌 갈루스(오베르뉴의 주교였으며, 554년에 죽음)와 갈루스의 후임자 아비투스가 그를 맡아서 가르쳤다. 그는 생사를 오가는 중병을 앓고 있는 동안 아르베르나의 수호성인 성 일리디우스의 성소에서 수사 서약을 면제받은 뒤 교회에 들어갔다. 563년에는 아비투스에게 부제 임명을 받고서 573년까지 아우스트라시아의 왕 시게베르트의 궁전에서 성직자로서 활동하다가, 그 도시의 성직자들과 민중의 일치된 요청에 의해서 왕이 그를 투르의 주교로 임명했다. 그렇게 무거운 책임이 따르는 높은 지위에 오르기를 꺼리던 그는 마침내 동의한 뒤에 랭스의 대주교 에기디우스에 의해서 축성을 받았다. 포르투나투스는 공식 서한으로 그의 축성을 환영했는데, 그런 유의 글들에 비해 훨씬 깊은 정서가 담겨 있으면서, 그레고리우스의 인생에 대한 진정한 예언이 된 글이었다.

투르는 갈리아의 종교 중심지였다. 성 마르탱의 성소가 그 나라에서는 가장 유명했으며, 순례자들이 워낙 많이 찾는 곳이어서 수입도 막대했다. 앨퀸의 시대(8세기)에 투르 수도원은 2만 명의 농노를 보유하는 등 그 나라에서 가장 부유한 수도원이었다. 투르는 아우스트라시아(6-8세기 프랑크 왕국의 동쪽 나라: 역자주)의 접경 도시로서도 중요했으며, 외침에 특히 취약했다. 그레고리우스가 그 지위에 오르게 된 가장 큰 요인은 아마도 인격의 힘이었을 것이다. 여러 가지 사실들이 합하여 그를 대주교의 지위에 오르게 했다. 첫째, 투르의 주교 5인이 모두 그의 가문 사람들이었고(그의 전임자 유프로니우스는 어머니의 사촌이었다), 더 나아가 그는 유프로니우스가 죽을 무렵 건강을 회복하기 위해서 성 마르탱의 성소를 순례하기 위해서 투르에 왔다가 건강을 회복함으로써 민중의 사랑을 받았다. 그 외에도 많은 지역을 여행하여 쌓은 경험, 검소하고 절제된 생활,

기독교 신앙에 대한 뜨거운 사랑, 그리고 대주교로 선출된 사실을 요인으로 들수 있다. 그레고리우스는 대주교라는 직위가 결코 한가한 자리가 아님을 발견했다. 시게베르트와 야만족 킬페릭 사이에 전쟁이 벌어져서 투르가 575년에 킬페릭에 의해서 함락되었다. 혼란과 무정부 상태가 만연했다. 교회들이 파괴되었고, 성직자들이 살해되었다. 힘이 정의였고, 약자들은 처참한 상태에 떨어졌다. 그러나 그 어둡고 소란한 시기에 투르의 그레고리우스는 봉홧불처럼 환하게 타올랐다. 박해받는 자들에게 피난처를 제공했고, 어찌할 바를 모르던 자들에게 조언을 베풀었으며, 악한 왕에게는 확고한 적이 되었다. 불철주야 투르를 위해서 노력한 결과 그 도시에 과도한 세금을 부과하려던 시도를 막았고, 성 마르탱 성소의 권익을 유지했으며, 당파 싸움을 그치게 했다. 그의 영향력은 이웃 지방에까지 퍼져나갔다. 이렇게 헤아릴 수 없이 많은 수고를 토대로 경건에 대한 명성을 확고히 다진 데 힘입어, 브렌 공의회(580)에서 류다스테스(Leudastes)가 허위 사실을 가지고 그를 고소했을 때 민중이 크게 반발했고, 공의회는 그의 무죄를 엄숙히 선언했다.[18)]

584년에 킬페릭이 죽었다. 이로써 투르는 오를레앙의 왕 군트람의 다스림을 받다가 587년에 시게베르트의 아들 킬데베르트의 치하에 들어갔다. 그레고리우스는 마지막 9년을 비교적 조용하게 지냈다. 군트람과 킬데베르트의 총애를 받았으며, 투르 시를 아름답게 장식하는 데 크게 이바지했고, 성 마르탱 교회(590)를 포함한 여러 채의 교회당을 세웠다. 그러나 마침내 그에게 할애된 시간이 다 지나고, 594년 11월 7일에 그는 상급을 받기 위해서 세상을 떠났다. 그가 죽자마자 그가 섬겼던 민중이 그의 성인 자격을 인정했으며, 라틴 교회는 정식으로 그를 시복(諡福)하고 시성(諡聖)했다. 교회력에서 그의 축일은 11월 17일이다.

그레고리우스의 저서들은 모두 그가 주교로 재직하는 동안에 집필되었다. 저서의 분량이 그의 근면함을 입증하지만, 문체는 자신이 훌륭한 라틴어를 구사할 역량이 없음을 시인한 본인 자신의 평가가 옳았음을 입증한다. 정말로 중요한 저서는 한 권뿐이지만, 5-6세기 프랑스 역사에 대한 유일하게 풍성한 자료라는 점에서 그 가치는 이루 말할 수 없이 크다. 그 책이 바로 10권으로 된 「프랑크 교

---

18) 그는 킬페릭의 아내 프레데군드를 보르도의 주교 베트랑과 간통을 저지른 혐의로 고소했다는 비판을 받았다. *Hist. Franc.* V. 49, (Migne, *l. c.*, col. 364).

회사」(*Ecclesiastical History of the Franks*)로서, 576년에 쓰기 시작하여 592년에
야 비로소 완성했다. 이 책으로 인하여 그레고리우스는 프랑스의 헤로도토스라
는 별명을 얻었다. 그가 이 책을 쓴 목적은 후세를 위해서 자기 시대의 역사를
남기려는 것이었다. 물론 그런 막중한 과업을 수행할 만한 역량이 자신에게 있
지 않다는 겸손한 태도를 잃지 않았다. 하지만 그는 당대의 연대기 저자들과 마
찬가지로 역사를 아담과 더불어 시작하며, 첫 권이 다 끝나는 부분에 가서야 비
로소 갈리아의 역사를 시작한다. 마지막 다섯 권은 그레고리우스 자신의 시대에
발생한 사건들을 기술하며, 따라서 가장 가치가 있다. 그레고리우스는 역사가의
표상이 될 만한 인물은 아니지만, 사실들을 자신이 경험한 바에 비추어 말할 때
는 비록 평가에 불공평한 면이 없지는 않지만 신뢰할 만하고 공정하게 진술한
다.

그레고리우스는 「프랑크 교회사」 말미에 자신의 저서 목록을 싣는데, 시편 주
석을 제외하고는 전부가 현존한다(시편 주석의 경우는 서문과 장들의 소제목만
남아 있다). 저서 목록을 소개하자면 다음과 같다: 「성 마르탱의 기적들」(*The
Miracles of St. Martin*) ― 4권으로 되어 있고, 574년에 시작하여 594년에 완성
했다; 기적들은 그레고리우스가 꿈에 나타난 어머니의 당부에 따라서 기록으로
남겼다; 「순교자 성 율리아누스의 수난」(*The Passion of St. Julian the Martyr*)
― 582-586년에 집필했다; 「순교자의 영광」(*The Martyr's Glory*) ― 586년경에
집필했다; 「고백자의 영광」(*The Confessor's Glory*) ― 588년경에 집필했다; 「교
부들의 생애」(*The Lives of the Fathers*) ― 각기 다른 시기에 쓰기 시작하여 594
년에 완성했다. 「교부들의 생애」는 이런 유의 성인전들 가운데 가장 흥미롭고
중요한 저서로서, 구태여 더 언급할 필요가 없다. 「별들의 길」(*The Course of the
Stars*) 혹은 그레고리우스의 표현대로 하자면 「교회의 순환」(*Ecclesiastical
Circuit*)은 전례서(典禮書)로서, 매우 중요한 별들이 나타날 때에 거행하는 의식
들을 소개한다.

155. 세비야의 이시도루스

세비야의 이시도루스(Isidore of Seville)는 라틴 교회의 성인과 박사로서, 560

년경에 카르타게나 혹은 세비야에서 태어났다. 기독교 정통신앙을 지닌 유명한 로마 가문의 막내아들이었다. 큰형 레안데르(Leander)는 대 그레고리우스의 유명한 친구이자 아리우스주의에 맞서서 가톨릭 신앙을 확고하게 지켜낸 인물로서, 579년경부터 600년까지 스페인에서 가장 중요한 교구인 세비야의 대주교를 지냈다. 또 다른 형 풀겐티우스(Fulgentius)는 그 교구에 속한 아스티지[에시하]의 주교였으며, 누이 플로렌티나는 그곳에서 수녀로 지냈다. 이시도루스의 이름에는 팍스 율리아(오늘날의 베자)의 이시도루스(이시도루스 파켄시스)와 구분하여 노(老, Senior)라는 칭호가 붙고, 코르도바의 이시도루스와 구분하여 소(少, Junior)라는 칭호가 붙는다. 그의 부모는 그가 어렸을 때 죽었음이 분명하다. 어쨌든 그는 형 레안데르에 의해 교육을 받았다. 600년에 형을 계승하여 세비야의 대주교가 되었으며, 이 직위를 수행하면서 스페인 교회의 위대한 지도자가 되었으며, 두 번의 공의회, 즉 제2차 세비야 공의회(619년 11월 13일)와 제4차 톨레도 공의회(633년 12월 5일)를 주재한 것으로 알려진다.

첫째 공의회는 지역의 문제를 다루었으나, 둘째 공의회는 훨씬 더 중요한 의미를 지녔다. 모두 6명의 수도대주교와 56명의 주교들, 7명의 주교 대리들이 참석함으로써 스페인에서 열린 가장 큰 공의회였다. 정치적 의미도 적지 않았는데, 왜냐하면 왕 시세난드(Sisenand)가 선왕 수인틸라(Suintila)를 폐위한 직후에 소집한 공의회였기 때문이다. 수인틸라는 공의회에 의해 큰 존경으로 환영을 받았다. 그는 주교들 앞에서 몸을 숙여 절한 뒤 눈물을 흘리며 그들에게 기도를 부탁했다.

그런 다음에 책임을 다하여 부패를 바로잡아달라고 당부했다. 공의회가 통과시킨 75개의 법령 가운데 호기심을 자극하는 것이 몇 가지 있다. 예를 들어, 세례를 줄 때 수세자(授洗者)를 물에 한 번 이상 담그지 말라고 했다. 아리우스파가 삼위일체의 분리를 환기시킬 목적으로 세 번 물에 담갔기 때문이다(6조). 힐라리우스와 암브로시우스가 쓴 찬송들을 공예배에서 모두 배제하고 성경의 가사만 사용한 찬송들을 사용하는 것은 옳지 않다(13조). 성직자가 왕에게 판사로 임명되면 법정에서 피를 흘리는 일이 없어야 한다고 왕한테 다짐을 받아야 한다(31조). 왕 시세난드의 명령으로 성직자들은 모든 국세와 부역을 면제받았다(47조). 한번 수사가 되면 부모의 뜻에 의해서 그렇게 되었다 할지라도 항상 수사이다(49조). 유대인들에 대한 강제 개종은 금지되지만, 강제로 그리스도인이 된 유대인은 다시 유대교로 돌아갈 수 없다(57조). 세례받은 유대인들이나 세례받지 않은 유대인들 모두를 엄격히 탄압하는 법률이 통과되었다(58-66조). 왕의 권력이 확립되었고, 폐위된 왕과 그의 가문을 영원히 권력에서 배제했다. 이시도루스의 견해를 감안할 때, 톨레도 공의회가 통과시킨 이 법령들은 아마도 다양한 문제들에 관한 그의 견해와 확신을 표현한 것으로 추정된다.

이시도루스는 죽음이 임박한 죽음에 경고를 받았을 때 재산을 나눠주기 시작했다. 생애 마지막 여섯 달 동안 아침부터 저녁까지 가난한 사람들에게 구호품을 나누어 주었다. 그의 임종은 대단히 교훈적이다. 찾아온 주교들에게 부축을 받아 순교자 성 빈켄티우스(St. Vincent) 교회를 찾아간 그는 그곳에서 죄를 공식적으로 자백하고 하나님께 사죄를 빌었다. 그런 다음 배석한 사람들의 용서와 기도를 구했고, 자신이 소유한 마지막 것을 나누어 주었고, 성찬을 받았으며, 자신의 독방으로 옮겨져 그곳에서 나흘 뒤인 636년 4월 4일 목요일에 숨을 거두었다.[19] 그는 즉시 인기 있는 성인들에 입적되었고, 제15차 톨레도 공의회(688)에서 '탁월한 박사'라는 칭호를 받았으며, 교황 베네딕투스 14세에 의해서 교회 박사가 되었다(1722년 4월 25일).

세비야의 이시도루스는 당대의 가장 위대한 학자였다. 그는 종교와 교부학뿐 아니라 세속 학문에서도 라틴어 · 헬라어 · 히브리어에 능통했다. 게다가 열정적이고 품격이 있는 고위성직자로서, 탁월한 웅변력으로 존경을 받았으며, 덕망 높은 인품으로 많은 사랑을 받았다. 교육, 특히 성직자들을 위한 교육에 크게 이바지했고, 세비야에 학교를 세워서 크게 성공시켰으며, 직접 교편을 잡았다. 그러나 그가 누린 큰 명성은 학문서들 덕분이다. 그의 저서들은 당시에 발전된 모든 분야의 지식을 포괄하며, 주로 편집된 것이긴 하지만 역량과 유용성을 감안하면 지나치게 높이 평가할 수 없다. 그는 종교 분야와 세속 분야 양면에 걸쳐서 학문을 영속시키는 데 이루 말할 수 없이 크게 이바지했다. 그가 얼마나 대단한 학자였는가 하는 것은, 그와 무관한 저서들이 그의 것으로 간주되어온 점에서 찾아볼 수 있다. 모자라베 전례와 스페인 교회법 및 국법 개정본, 그리고 특히 가짜 이시도루스 교령집이 대표적인 예이다.

그의 저서들은 느슨하게 여섯 부류로 구분할 수 있다. 두 가지 목록이 있는데,

---

19) *Vita S. Isidori*, §§ 33-36, in Migne, LXXXII. col. 45-49.

하나는 그의 친구이자 동료인 사라고사의 주교 브라울리오(Braulio)가 작성한 것이고, 다른 하나는 그의 제자 톨레도의 일데폰수스(Ildefonsus)가 작성한 것이다. 이 저서들을 엄격히 구분한다는 것은 불가능하다. 왜냐하면 앞으로 보게 되겠지만 그 중 여러 권이 부분적으로는 다른 부류에 속하기 때문이다.

I. 성경 관련 저서. 이 부류에는 다음과 같은 저서들이 있다. 1. 「성경의 알레고리들」(*Scripture Allegories*). 성경에 나오는 이름들과 단락들 가운데 구약성경의 129가지, 신약성경의 211가지에 대한 한 문장짜리 설명들로서, 과거의 주석들에서 편집한 면밀하고도 가치 있는 논문이다. 2. 「성경의 성도들의 생애와 죽음」(*Lives and Deaths of Biblical Saints*). 구약성경을 토대로 한 24편의 전기와 신약성경을 토대로 한 21편의 전기로 이루어져 있다. 3. 「구약성경과 신약성경의 서론들」(*Introductions in the Old and New Testaments*). 성경전서에 대한 매우 개괄적인 서론으로서, 그 뒤에는 에스드라서와 마카베오서를 포함한 여러 권의 간략한 설명이 붙는다. 네 복음서와 바울·베드로·요한의 서신서들은 함께 다뤄진다. 사도행전은 유다서와 요한계시록 중간에 온다. 이 책은 다른 저자들의 글을 편집한 것이다. 4. 「성경의 숫자들」(*Scripture Numbers*) (1–16, 18–20, 24, 30, 40, 46, 50, 60). 이러한 숫자들을 신비주의적인 방법으로 해석했다. 예를 들어 1이라는 숫자에서는 교회가 하나이고, 중보자께서 한 분이시라고 말한다. 2라는 숫자에서는 성경이 두 권이고, 스랍이 둘이며, 그룹이 둘이다. 5. 「구약성경과 신약성경에 관한 질문들」(*Questions on the Old and New Testaments*). 성경을 토대로 41가지 문답으로 구성된 요리문답. 6. 「거룩한 신비들에 관한 해설 혹은 구약성경에 관한 질문들」(*Expositions of Holy Mysteries, or Questions on the Old Testament*). 창세기 석의, 여호수아·사사기·네 권의 열왕기·에스라·마카베오에 대한 주해. 이 저서는 오리게네스·빅토리누스·암브로시우스·제롬·아우구스티누스·풀겐티우스·카시아누스·대 그레고리우스의 글들을 편집한 것이다. 저서들의 각 장이 요약되어 있다. 해설은 알레고리 방식이 사용된다.

II. 교리 관련 저서들. 1. 「유대인들에 맞서서 변호한 가톨릭 신앙」(*The Catholic Faith defended against the Jews*). 두 권으로 된 논문으로서, 수녀인 누이 플로렌티우스에게 헌정했다. 첫 권에서는 그리스도와 관련된 성경의 예언들과 진술들을 열거하고, 그 내용이 어떻게 실현되었는지 입증한다. 둘째 권에서도 같은 방

식으로 이방인들의 회심, 유대인들의 불신앙과 고집, 예루살렘 멸망, 의식법의
폐지 등을 다루며, 기독교 교리를 간단히 진술함으로써 매듭을 짓는다. 이 책은
유대인들을 기독교로 돌아오게 하려는 정직한 시도였는데, 7세기에 스페인에는
유대인들이 많이 살고 있었다. 이 책이 변증서로서 어떠한 성과를 거두었든간에
중세에 그리스도인들 사이에서 상당한 인기를 누렸으며, 여러 언어들로 번역되
었다. 2. 세 권으로 된「신학명제집」(*Sentences*). 아우구스티누스의 저서들과 대
그레고리우스의「도덕론」(*Moralia*)을 편집한 이 책은 신학 개론서로서 이 부류
에서 이시도루스의 가장 중요한 작품이다. 이 책이 끼친 영향은 이루 헤아릴 수
없다. 중세에 헤아릴 수 없이 많은 사본들이 제작되었고, 페트루스 롬바르두스
의「신학명제집」같은 유사 작품들이 나오도록 길을 닦았다. 3. 두 권으로 된「동
의어들」(*Synonyms*). 첫째 권은 죄와 좌절에 빠진 인간과 이성(혹은 로고스) 간
의 대화록으로서, 이성은 인간을 위로하고 좌절에서 일으키고, 죄가 비참의 원
인임을 깨우쳐주고, 하늘로 향하는 길에 세워준다. 둘째 권은 이성이 악들과 선
한 품성들을 향해서 행하는 강론이다.[20]

4.「창조 순서」(*The Order of Creation*). 이 책은 삼위일체 · 창조 · 마귀와 귀
신들 · 낙원 · 타락한 인간 · 연옥 · 내세를 다룬다.

III. 교회와 수도원 관련 저서들. 1.「교회의 직분들」(*The Ecclesiastical Offices*),
즉 옛 스페인 전례(典禮). 이 책은 그의 형제 풀겐티우스에게 헌정되었고, 두 권
으로 되어 있으며, 대부분 독창적인 내용이다. 첫째 권은 "직분들의 기원"이라
불리며, 성가대 · 시편 · 찬송, 그리고 교회 고고학에 관련된 그 밖의 주제들을
다룬다. '제사' 라는 항목에서 이시도루스는 성찬에 관한 자신의 견해를 진술하
는데, 그 내용은 사실상 "살과 피"가 축성된 성물들을 가리키지만, 우리 주님의
살과 피와 동등하다는 것은 아니다. 둘째 권 "사역[목회]의 기원"은 여러 등급의
성직들을 다루며, 수사들 · 고백자들 · 동정녀들 · 과부들 · 기혼자들 · 교리문답
자들 · 신앙의 준칙 · 세례 · 도유(塗油) · 안수 · 견신례에 대해서도 다룬다. 2.
「수도회칙」(*A Monastic Rule*). 이 책은 스페인의 수도원들을 위해 과거의 자료
들을 토대로 작성했으며, 베네딕투스의 수도회칙과 유사하지만 똑같지는 않다.

---

20) '동의어들' 이라는 용어가 붙은 이유는 약간씩 다른 단어들로 아주 많은 개념들
이 반복되기 때문이다.

수도원의 상황, 대수도원장의 선출, 수사들, 그들의 의무, 식사, 축일, 금식, 복장, 처벌, 질병, 죽음에 관해 논하면서 당시 스페인 수도원의 현실에 대해서 많은 것을 알게 해 준다. 앞서 언급한 카시오도루스의 「강요」를 생각나게 하는 책이다.

IV. 교육과 철학 저서들. 1. 스무 권으로 된 「어원론」(*Etymologies*). 그의 대표작이며, 그가 활동한 시대를 감안할 때 실로 놀라운 면이 있다. 이 책에 인용된 카스파르 바르트(Caspar Barth)의 154명 저자 목록은 이시도루스의 독서 폭이 얼마나 광범위했는가를 잘 보여준다. 목록에는 여러 기독교 저자들에 이어서 다음과 같은 고전 저자들이 이어진다: 이솝 · 아나크레온 · 아풀레이우스 · 아리스토텔레스 · 보에티우스 · 카이사르 · 카토 · 카툴루스 · 켈수스 · 키케로 · 데모스테네스 · 엔니우스 · 헤로도토스 · 헤시오도스 · 호메로스 · 호라티우스 · 유베날리스 · 리비우스 · 루카누스 · 루크레티우스 · 마르티알리스 · 오비디우스 · 페르시우스 · 핀다로스 · 플라톤 · 플라우투스 · 플리니우스 · 퀸틸리아누스 · 살루스티우스 · 수에토니우스 · 테렌티우스 · 바로 · 베르길리우스. 이 책은 보편적 지식을 다룬 간결한 백과사전으로서 자유7과(문법 · 수사학 · 변증학 · 대수 · 기하 · 음악 · 천문학)와, 의학 · 법학 · 연대기 · 천사론 · 광물학 · 건축 · 농경 등 여러 주제들을 포괄한다. 비록 그가 제시하는 정보와 특히 본론에 해당하는 제10권인 어원론에 오류와 터무니없는 내용들이 많이 있는 것이 사실이지만, 전체를 놓고 볼 때 높은 평가를 내릴 만한 가치가 있다. 이 책은 수세기 동안 유럽 전역에서 권위를 누렸고, 수없이 필사되고 인쇄되었다. 라바누스 마우루스는 자신의 「우주론」(*De Universo*)에서 이 책의 내용을 많이 사용한다.

2. 「용어들의 차이 혹은 본연의 의미」(*The Differences, or the proper signification of terms*). 두 권으로 이루어진 저서. 첫째 권은 단어들의 차이를 다룬다. 동의어들과 발음이 다소 비슷한 단어들을 알파벳 순으로 배열한 사전이다. 둘째 권은 사물들의 차이를 다루며, 간단하면서도 함축적인 일종의 신학 사전이다. 3. 「사물들의 본질에 관하여」(*On the Nature of Things*). 48장으로 구성되어 있고, 그에게 이 주제로 질문을 한 왕 시세부트(Sisebut, 612–620 재위)에게 헌정되었다. 일종의 자연 철학서로서, 시간 구분과 하늘과 땅, 땅 아래 물에 관하여 다룬다. 삽화도 싣고 있다. 이시도루스의 다른 저서들과 마찬가지로 교부들과 세속 저자들의 글을 기술적으로 편집한 저서이며, 중세에 상당한 인기를

끌었다.

V. 역사 저서들. 1. 「연대기」(*A Chronicle*). 창조부터 616년까지 세계의 주요 사건들을 소개한다. 세계사를 창조의 날수에 따라 여섯 시기 혹은 시대로 구분하는데, 이것은 명백히 아우구스티누스에게서 차용한 것이다.[21] 자료가 된 저자들은 율리우스 아프리카누스·에우세비우스·제롬·투네나의 빅토르이다. 2. 「고트족·반달족·수에비족의 역사」(*History of the Goths, Vandals and Suevi*). 61년까지의 사건들을 다룬다. 투르의 그레고리우스의 「프랑크 족의 역사」(*History of the Franks*)와 마찬가지로 특정 시기들에 유일한 자료가 되는 저서이다. 이 책의 특징은 이시도루스가 카시오도루스와 마찬가지로 로마인임에도 불구하고 고트족을 크게 배려한다는 점이다. 3. 「유명인들」(*Famous Men*). 제롬이 같은 제목으로 쓴 저서에 게나디우스가 붙인 부록의 연속이다. 코르도바의 주교 호시우스로부터 시작하여 7세기까지 46인의 저자들을 간략히 소개한다.

VI. 문집. 이 제목으로 열세 통의 짧은 서신들과 진정성이 의심되는 소소한 저서들이 한데 수록되어 있다. 그 밖에도 그의 이름으로 된 위작(僞作)들이 많이 있는데, 그 가운데는 찬송들도 포함되어 있다.

156. 가경자 비드

가경자(加敬者) 비드(the Venerable Bede, 아마도 Baeda)는 따뜻한 관심이 없이는 언급할 수 없는 인물이지만, 그럴지라도 너무나 평온한 인생을 살았기 때문에 개인사에 관해서 별로 할 말이 없다. 673년에 노섬브리아의 스코틀랜드 접경 근처를 흐르는 타인 강 남안에 자리잡은 재로우라는 마을에서 태어난 듯하다. 일곱살에 아마도 고아로서 웨어마우스의 성 베드로 수도원에 위탁되었다. 웨어 강 북안에 자리잡은 이 수도원은 674년에 베네딕트 비스콥(Benedict Biscop)이 설립한 바 있다. 비드는 682년에 재로우에서 8km 떨어진 곳에 새로 세워진 자매 수도원인 성 바울 수도원으로 옮겨졌다. 그 뒤 자매 수도원으로 옮겨진 것과, 요크 같은 인접 지역들에 사는 친구들을 방문했다는 것 외에는 더 알

---

21) *De Civitate Dei*, XXII, 30 (ed. Dombart, II. 635, Clark's *Aug. Lib.* II. 544).

려진 것이 없다. 그가 로마를 방문했고 케임브리지 대학교 교수가 되었다는 이
야기들은 언급할 가치가 없다. 그를 처음 맡아 가르친 스승은 베네딕트 비스콥
으로서, 스물다섯살에 수사가 되어 재산과 학식을 남들을 위해 사용한 귀족이었
다. 비스콥은 로마를 다섯 번 여행했고, 에설버트와 앨퀸과 마찬가지로 매번 학
문적 자료들과 화상들, 성유물들을 잔뜩 싣고 돌아왔다. 이렇게 해서 세워진 웨
어마우스 도서관은 당대 잉글랜드에서 가장 규모가 크고 훌륭한 도서관이 되었
다.[22] 비스콥의 이러한 활동과 넉넉함에 힘입어 비드는 선천적으로 물려받은 학
문에 대한 취향을 잘 키워갈 수 있었다. 그는 풍부한 서적들에 파묻혀 지내면서
라틴어와 헬라어, 히브리어를 배웠고, 다양한 지식을 풍부하게 쌓았다. 그러한
인품과 학문적 성취에 힘입어 교회법상 제한 연령에 여섯 살 모자라는 열아홉의
어린 나이에 부제(副祭)로 임명되었으며, 서른살에는 사제가 되었다.

그는 자신이 인생을 어떻게 보냈는지 다음과 같이 기술한다: "생애의 나머지
시간[즉, 웨어마우스를 떠난 이후의]을 그 수도원[재로우 수도원]에서 보내면서
수사로서 일상의 과업과 매일 교회에서 찬송을 드리는 일과 더불어 성경 연구에
몰입했다."[23] 그는 대수도원장이 되어달라는 요청을 받았을 때 그 자리가 결코
한가로운 자리가 아니어서 마음을 다 기울여야 하며, 따라서 학문 연구에 방해
를 받게 될 것이라는 이유로 고사했다. 하지만 실제로는 '학문 추구'에는 하루
일과의 작은 부분밖에 내지 못했다. 수사로서 맡은 의무가 많았고, 게다가 비드
정도면 설교를 자주 부탁받았을 것이기 때문이다. 그는 서른살 이전에는 어떠한
저서도 펴내지 않았다. 그의 말에 그 사실이 잘 나타나 있다: "그때부터[즉, 사제
서품을 받은 때로부터] 마흔아홉살이 될 때까지 나는 나 자신과 내게 속한 사람
들을 위해서 존경할 만한 교부들의 저서를 편집하고 해석하고 그 의미를 다음
책들에 설명해 놓는 것을 과업으로 삼았다."[24] 이렇게 말한 뒤에 그는 자신의 저
서 목록을 열거한다. 그러한 연구과 집필의 결과로 비드는 당대 최고의 지식인
과 최고의 저자가 되었다. 그럼에도 불구하고 대단히 겸손하고 단순한 사람이었
다.

---

22) 비스콥은 석공들과 유리 직공을 잉글랜드에 수입하고, 로마 전례와 찬송 기법
을 도입한 최초의 인물이다.

23) *Hist.* V. 24 (Giles' trans. in Bohn's Library, p. 297).

24) *Hist.* V. 24 (Giles, *ibid.*, p. 297).

그는 오래 천식을 앓다가 735년 5월 26일 수요일에 숨을 거두었다. 그가 숨을 거둘 때의 정황을 그의 제자 커스버트(Cuthbert)가 기록으로 남겼다.[25] 735년의 사순절 기간에 비드는 요한복음과 세비야의 대주교 이시도루스가 쓴 "주해서들의 일부 모음들"을 번역했다. 죽기 전날까지도 서기에게 받아적게 하는 방식으로 번역을 해가면서 이따금씩 "내가 언제까지 숨을 지탱할지, 나를 지으신 분께서 언제 나를 데려가실는지 알 수 없으니 어서 서두르게!" 하고 말했다. 요한복음 번역에 얼마나 심혈을 기울였는가 하는 것은 수요일 새벽 3시에 남은 분량이 마지막 한 장뿐이었다는 사실이 잘 말해준다. 서기 커스버트에게 이 말을 들은 그는 "어서 펜을 들고서 신속히 받아적게" 하고 말했다. 서기는 힘써 받아적었으나 9시가 되자 비드는 커스버트에게 이렇게 말했다. "지금 내 품에는 후추와 냅킨과 향 같은 몇 가지 귀한 물품들이 있는데, 속히 우리 수도원 사제에게 기별하여 하나님께서 내게 베푸신 이 선물들을 다른 사람들에게 나눠줄 수 있도록 내게 받아가시라고 전하게. 이 세상의 부자들은 다들 금과 은과 귀금속들을 내놓지. 하지만 나는 하나님이 내게 주신 내 형제들을 기쁜 마음으로 세상에 내놓는다네." 그는 수사들을 낱낱이 불러세워놓고 자신을 위해서 마음을 기울여 미사와 기도를 드려달라고 부탁했고, 그들은 그렇게 하겠다고 기쁘게 대답했다. 하지만 "이 세상에서는 다시는 얼굴을 뵐 수 없겠군요" 하는 그의 말에 모두들 마음이 아파서 눈물을 흘렸다. 하지만 이어서 하는 말을 듣고는 기쁜 표정으로 돌아왔다. "이제 나를 아무것도 없는 가운데서 지으신 분께 돌아갈 시간이군요. 참 오래 살았습니다. 자비로우신 재판장께서는 내 시간을 이미 알고 계셨습니다. 내 영혼이 몸에서 분리될 시간이 다가옵니다. 어서 죽어 그리스도와 함께 있고 싶군요."

그런 뒤에도 많은 이야기를 하면서 저녁까지 기쁜 표정으로 지내던 중에 소년[즉, 서기]이 "수사님, 아직 한 문장을 받아 적지 못했습니다" 하고 말하자 그는 "어서 서두르게" 하고 말했다. 소년이 "다 끝났습니다" 하고 말하자 그는 "좋아. 자네가 진실을 말했군. 다 끝났네. 내 머리를 자네 품에 받아주게. 늘 바라보고 기도하던 성소를 향해 앉아서 내 아버지께 기도를 드릴 수 있다는 것이 얼마나 좋은 일인가!" 하고 대답했다. 그리하여 좁은 독방의 포석(鋪石)에 앉아 "성부와

---

25) Giles는 Cuthbert의 서신을 자세히 소개한다, *ibid.*, pp. xviii-xxi.

성자와 성령께 영광을 돌리나이다"라는 찬송을 부르기 시작했는데, 성령을 부르는 순간에 마지막 숨을 몰아쉬었으며, 그리고는 하늘 나라로 떠나갔다.

비드의 시신은 재로우 교회에 안장되었으나, 1021-1042년의 어느 시점에 더럼의 사제 엘프레드(Elfred)가 도굴하여 자신의 주교좌성당에 성 커스버트의 시신과 함께 합장했다. 1104년에 두 시신을 따로 안장했고, 1154년에는 비드의 유골이 금과 은으로 제작되고 보석들로 장식된 성소에 안치되었다. 이 성소는 헨리 8세 때(1541) 무지한 폭도에 의해 파괴되었고, 다만 경멸조의 비명(碑銘)만 그곳에 비드가 묻혔다는 사실을 연대기에 남긴다.

오늘날 비드의 이름에 항상 따라붙는 '가경자'(Venerable)라는 칭호는 평소 비드 자신이 시성(諡聖)되지 못한 거룩한 사람을 가리킬 때 사용한 것으로서, 당시에는 오늘날 영국 국교회의 대부제에게 같은 칭호를 붙이는 것 정도의 의미밖에 없었다. 당대인들은 그를 사제 혹은 주인(Dominus)이라고 불렀다. 그가 가경자라고 불리기 시작한 것은 10세기 중엽의 일이다.

비드의 저서들은 매우 방대하며, 그 분량이 그의 광범위하고도 깊은 학문, 그리고 독립적이고 견고한 판단력을 입증한다. "당대의 거의 모든 지식을 자신과 자신의 저서들에 집중시킨 그는 죽기 전에 요크 학교의 토대를 닦음으로써 당시에 아일랜드와 프랑스에서 다 사위어 가는 것만 같았던 서방 세계의 학문의 불씨를 되살려냈다. 잉글랜드가 데인족의 약탈을 받는 상황에서 도로 야만으로 되돌아갈 위기에 처해 있을 때 요크 학교는 앨퀸에게 비드의 학문을 전수했고, 그로써 대륙에 문화가 꽃피울 수 있는 길을 터주었다." "그가 죽은 직후에 그의 저서들을 찾는 이들이 얼마나 많았는가 하는 사실을 놓고 판단할 때, 그의 명성은 잉글랜드의 선교사들이나 협상단이 가는 곳마다 퍼져나갔다는 것을 짐작할 수 있다."[26]

비드 자신은 아마도 투르의 그레고리우스를 모방하여 「역사」(*History*) 말미에 자신의 저서 목록을 첨부한다. 저서들의 저작 시기는 그것을 파악하는 데 참고할 만한 자료가 없다. 그래도 그가 직접 집필한 저서들을 개관하고 열거한 데서 대략적인 연대를 추정해 볼 수 있다. 다음에 소개할 저서들 외에도 아주 많은 저서들이 그의 이름으로 되어 있다.

---

26) *Beda* in Smith and Wace, *Dict. Chr. Biog.* I, 301, 302.

I. 교육 관련 논문들. 1. 「정자법(正字法)에 관하여」(*On orthography*, 700경). 단어들을 알파벳 순으로 구분한다. 2. 「운율학에 관하여」(*On prosody*, 702). 3. 「성경의 예표들과 비유들에 관하여」(*On the Biblical figures and tropes*). 4. 「사물들의 본질에 관하여」(*On the Nature of things*, 702). 자연 철학에 관한 논문. 5. 「시대들에 관하여」(*On the times*, 702). 6. 「시대들의 순서에 관하여」(*On the order of times*, 702). 7. 「시간 산정에 관하여」(*On the computation of time*, 726). 8. 「부활절 절기에 관하여」(*On the celebration of Easter*). 9. 「우레에 관하여」(*On Thunder*).

II. 해석학 저서들. 이 분야의 글들은 교부들의 저서를 편집한 것으로서, 원래는 원 자료의 여백에 주해들을 기록했으나, 잦은 필사(筆寫)의 과정에서 주해들이 지워졌다. 그는 성경의 다음 책들의 전부나 일부를 다루었다: 모세오경 · 사무엘 상하 · 열왕기 상하 · 에스라 · 느헤미야 · 잠언 · 전도서 · 아가 · 이사야 · 예레미야 · 다니엘 · 열두 권의 소선지서 · 토빗 · 마태복음 · 마가복음 · 누가복음 · 요한복음 · 공동서신들과 요한계시록.[27] 그의 주석들은 물론 라틴어 성경을 토대로 이루어졌으나, 그의 학문은 라틴어 본문을 원어 성경과 대조하여 자주 바로잡고 수정하는 데서 수립되었다. 그가 라틴어 성경에 대해서 가장 자주 지적하는 점은 라틴어에 관사가 없음으로 뜻이 모호할 때가 많다는 것이다. 그는 시종일관 본문을 세심하게 다루는 학도로서의 면모를 보여준다.

III. 설교집. 그의 설교는 주로 교리적이고 객관적인 것이다. 대상이 수도원의 회중이었다는 사실이 설교에 현실 사건들이나 일상 생활이 자주 언급되는 점을 설명해 준다. 그의 설교는 조밀하거나 선동적인 설교라기보다 차분하고 면밀한 성경 강해에 가깝다.

IV. 시. 그의 작품으로 간주되는 시들은 대부분 위작(僞作)이다. 그러나 몇몇은 정말로 그가 쓴 것들로서, 예를 들면 「역사」에 에그프리드 왕의 동정녀 아내 에설드리다(Etheldrida)에게 경의를 표하여 정절을 예찬한 찬송과, 성 커스버트의 생애와 순교자 유스티누스의 수난을 그린 작품들, 그리고 그 외 몇몇 작품들이다. 그가 자신의 저서 목록에서 언급하는 「찬송가」(*Book of Hymns*)는 유실되

---

27) 비드의 해석학 저서들은 Migne의 저서 가운데 Tom. XCI, XCII, XCIII를 차지한다.

었음이 분명하다.

V. 서신들. 모두 열여섯 통으로서, 그 중 두 번째 서신은 요크의 대주교 에그버트에게 보낸 것으로서 가장 흥미롭다. 작성 연대는 734년이며, 당시의 몹시 열악한 시대 상황을 글로써 잘 묘사한다. 심지어 대주교 자신이 신실한 책망을 받는 대상으로 등장한다. 비드는 이미 그를 한 번 방문했고 한 번 더 방문하기를 기대했으나, 허락을 받지 못하자 직접 찾아가 해주고 싶었던 말을 글로 쓴 것이다. 편지의 주제는 주교들의 탐욕과 수도원들의 무질서이다. 이러한 주제를 상당히 길게 다룬 뒤, 비드는 만약 자신이 술취함과 탐식과 사치와 그 밖의 전염성 강한 육체의 죄악들을 다 다룬다면 편지가 감당하지 못할 정도로 길어질 것이라는 말로써 결론을 짓는다. 셋째 서신은 플레그윈의 대수도원장에게 보낸 것으로서, 세계의 여섯 시대를 다룬 내용이다. 나머지 편지들은 대부분 헌정의 성격을 띤 것들이다.

VI. 성인 전기들. 1. 「웨어마우스와 재로우의 거룩한 대수도원장 5인의 생애 ─ 베네딕트, 케올프리드, 이스터와인, 지그프리드, 휘트벅트」(*Lives of the five holy abbots of Wearmouth and Jarrow, Benedict, Ceolfrid, Easterwine, Sigfrid and Huetberct*). 두 권으로 구분되며, 첫째 권은 베네딕트를 다룬다. 2. 「린디스판의 성 커스버트의 생애」(*Life of St. Cuthbert of Lindisfarne*)의 산문판. 앞서 소개한 운율판은 먼저 작성되었으며, 커스버트의 기적을 주로 다루는 점에서 산문판과 다르다. 산문판은 이전에 작성된, 현존하는 그의 전기를 주요 자료로 삼았으며, 분명한 허구들과 함께 사실들도 많이 싣는다. 아주 많은 공을 들여 작성한 책으로서, 출판에 앞서서 린디스판 수도원 수사들에게 읽게 하여 사전에 비평을 받기까지 했다. 3. 「고백자 놀라의 펠릭스의 생애」(*The life of Felix of Nola, Confessor*). 놀라의 파울리누스가 이미 작성한 전기의 산문판. 4. 「순교록」(*Martyrology*). 로마의 옛 자료들을 토대로 삼았으며, 저자의 학식과 소박함을 동시에 보여준다.

VII. 잉글랜드 교회사. 이것이 비드의 대작이다. 왕 케올울프(Ceolwulf)의 요청으로 쓰기 시작한 이 저서는 오랜 세월을 쏟아부은 역작으로서, 그가 죽기 직전에야 비로소 완성되었다. 다섯 권으로 구성되어 있으며, 단순 명쾌한 문체로 태곳적부터 731년에 이르는 잉글랜드의 역사를 진술한다. 제1권의 처음 스물두 장은 오로시우스(Orosius)와 길다스(Gildas)의 글을 편집한 것이지만, 23장에 기록된 아우구스티누스의 선교(596)부터는 독자적인 연구 조사에 근거한다. 비드는 정확을 기하기 위해서 큰 노력을 기울였으며, 집필에 도움이 된 모든 사람들의 이름을 소개한다. 이런 노력에 힘입어 이 책은 8세기에 이르는 잉글랜드 교회사를 이해하는 데 주된, 그리고 여러 면에서 유일한 자료이다. 다른 저서들에서와 마찬가지로 이 책에서도 비드는 이상한 내용들을 아주 많이 진술하지만, 내용 하나하나마다 그 근거를 제시하는 노력을 잊지 않는다. 하지만 그가 많은 경우 합리적인 설명이 불가능한 이 '기적들'을 실제로 믿었던 것이 분명하다. 이 신중하고 소박하고 꼼꼼한 「역사」를 읽고서 허다한 사람들이 가경자 비드를 사랑하게 되었다.

157. 부제 파울루스

부제 파울루스(Paulus Diaconus)는 롬바르드족의 역사를 쓴 저자로서, 바르네프리드(Warnefrid)와 튜델린다(Theudelinda)의 아들이다. 그런 이유로 파울 바르네프리드라고도 자주 불린다. 그는 롬바르디아의 귀족 가문 출신으로서, 720-725년의 어느 시기에 포룸 율리(이탈리아 북부의 프리울리)에서 태어났다. 고등 교육은 파비아에 자리잡은 왕 리우트프란드(Liutprand)의 궁정에서 받았다. 터득한 학문 가운데는 당시로서는 희귀한 헬라어 지식이 포함되어 있었다. 그는 리우트프란드의 계승자 라트키스(Ratchis, 744-749 재위)의 영향으로 교회에 들어가 부제가 되었다. 왕 데시데리우스(Desiderius, 756-774 재위)는 그를 자신의 비서로 삼고, 자신의 딸인 (베네벤토의 공작 아리키스의 아내) 아델페르가(Adelperga)의 교육을 그에게 위임했다. 774년에 그 롬바르디아 왕이 죽자, 그는 한동안 공작의 궁전에 들어가 살다가 몬테 카시노의 베네딕투스회 수도원에 들어갔다. 그곳에서 만족스러운 생활을 영위하다가 형제 사랑에 이끌려 그렇게 아끼던 처소를 떠나게 되었다. 776년에 자기 형제 아리키스(Arichis)가 아마도 흐루어드가우드(Hruodgaud)의 반란에 가담했던지, 샤를마뉴에게 사로잡혀 프랑스로 끌려갔고, 가문의 재산은 몰수당했다. 이로써 가문 전체가 거지 신세로 전락하게 되었다.

파울루스는 샤를마뉴를 찾아갔다. 그리고는 28행의 감동적인 시(아마도 782년에 갈리아에서 쓴 듯함)로써 자신의 딱한 처지를 고하고서 대왕의 관용을 호소했다. 그의 호소가 헛되지 않아 소기의 목적을 달성했고, 그는 즉시 몬테 카시노로 돌아가려고 했다. 하지만 항상 박식하고 총명한 사람들을 곁에 두고 싶어하던 샤를마뉴가 그를 놔주지 않았다. 그래서 궁정 시인과 헬라어 교사, 서기로 봉직했고, 그 과정에서 상당한 영향력을 발휘했다. 하지만 그의 마음은 자나깨나 수도원에 가 있었으며, 그 결과 787년에는 몬테 카시노에 갈 수 있었다. 그곳에서 보낸 여생은 학문 활동으로 아주 바쁘게 진행되었다. 그는 아마 800년 4월 13일에 롬바르드족의 역사를 완성하지 못한 채 품에 안고 숨을 거두었다.

파울루스는 점잖고 사랑이 많고 또 사랑을 많이 받은 기독교 학자였다. 항상 배우고, 배운 것을 전수하는 데 힘썼다. 비록 위대한 인물은 아니었으나 지극히 유용한 그릇이었으며, 그가 남긴 설교들과 롬바르드족의 역사는 높은 평가를 받기에 손색이 없다.

그의 저서들은 역사서들과 설교들, 서신들, 시들로 이루어져 있다.

I. 역사서들. 1. 중요도에서 가장 앞서는 것이 「롬바르드족의 역사」(*History of the Lombards*)이다. 모두 여섯 권으로 나눠져 있으며, 롬바르드족의 역사를 그들이 스칸티나비아에서 태동할 때부터 리우트프란드가 죽은 744년까지 진술한다. 이 책을 계속 써 나가면서 개정하려는 것이 파울루스의 의도였음이 분명하다. 서문도 결론도 없는데다, 최후 교정을 거쳤으면 바로잡혔을 명백한 실수들이 그대로 남아 있기 때문이다. 그러므로 그가 이 책을 탈고하기 전에 죽었을 가능성이 크다. 이 책은 역사 기술의 전범이 될 만한 작품은 아니다. 산만하고, 연대 기록이 분명치 않고, 주로 알려졌거나 알려지지 않은 자료들을 편집한 내용이고, 전설적이고 현실과 무관한 내용으로 가득하다. 그럴지라도 전반적으로 훌륭하게 배열되어 있으며, 진리와 독립과 공평을 사랑하는 태도를 드러낸다. 파울루스는 비록 애국자이긴 했으나 국수주의자는 아니었다. 불구대천의 원수들에게서조차 선한 면이 보이면 흔쾌히 인정한다. 중세에 이 책이 큰 인기를 끌었다는 것은 판본이 열다섯 종이 넘는데다, 이 책이 끝난 부분부터 이어서 쓴 책이 열 종이나 되었던 사실이 잘 말해준다.

2. 어떤 학자들은 롬바르드족의 역사를 그가 아델페르가(Adelperga)를 위해서 다음 자료들을 토대로 편집한 「로마사」(*Roman History*)의 속편으로 간주한다: 유트로피우스(Eutropius, *Breviarum historiae Romanae*); 제롬, 오로시우스

(*Historia adversus Paganos*); 아우렐리우스 빅토르(*De Caesaribus*), 요르다니스 (*De breviatione chronicorum*), 프로스페르(*Chronicon*), 비드 그리고 그 외 저자 들. 파울루스의 「롬바르드족의 역사」는 열여섯 권으로 이루어져 있으며, 그 중 처음 열 권은 유트로피우스를 주로 발췌하고 다른 자료들을 첨가한 내용에 불과 하다. 나중 여섯 권은 유트로피우스가 글을 끝낸 발렌스부터의 역사를 유스티니 아누스까지 이어간다. 나중 여섯 권의 구도는 처음 열 권의 것과 같아서, 어떤 저자의 글을 주로 발췌하고 거기에 다른 저자들의 글을 삽입한다. 「롬바르드족 의 역사」는 우리에게는 별로 가치가 없지만, 중세에는 대단한 인기를 누렸다. 후 대에 파울루스의 열여섯 권에 아나스타시우스 비블리오테카리우스(Anastasius Bibliothecarius)의 「교회사」(*Church History*) 여덟 권이 덧붙어 전체가 「혼합 역 사」(*Historia Miscella*)라 불렸으며, 란둘프 사각스(Landulph Sagax)가 여기에 후 기를 덧붙여 책의 내용이 813년까지 이어지게 했다.

이들 역사서들 외에도 노선이 비슷한 간략한 저서들이 오늘날까지 전해져 내 려온다.

3. 「성 대 그레고리우스의 생애」(*Life of St. Gregory the Great*). 비드의 「잉글 랜드 교회사」와 그레고리우스 자신의 저서들을 토대로 편집한 책.

4. 간단한 「메츠 주교구의 역사」(*History of the bishopric of Metz*). 784년경에 메츠의 주교 앙길람(Angilram)의 요청으로 집필한 책으로서, 인명록이 상당 부 분을 차지한다. 파울루스는 샤를마뉴의 비위를 맞추기 위해서 문맥과 전혀 상관 없이 그 군주의 족보를 끼워넣는다.

II. 설교집. 샤를마뉴의 요청으로 작성했고, 수세기 동안 로마 교회에서 사용되 었다. 세 부분으로 나눠져 있다. 1. 절기 설교. 202편이 수록되어 있고, 모두 교 부들의 설교들이다. 2. 성인들의 축일에 관한 설교. 96편이 수록되어 있다. 3. 일 반 설교. 5편이 수록되어 있다. 둘째와 셋째 부분에 수록된 설교들 가운데 상당 수는 파울루스가 직접 작성한 것으로 보인다.

III. 서신들. 네 통이 현존하는데, 둘은 샤를마뉴에게, 하나는 프랑스 코르비의 대수도원장 아달하르(Adalhard)와 대수도원장 튜데마르(Theudemar)에게 쓴 것 이다.

IV. 시. 비문들이 포함되어 있다. 아레초의 귀도(Guido)는 "성 세례 요한에 관 하여"(*De Sancto Joanne Baptista*)의 첫 연에서 악보들의 이름을 취했다.

158. 아퀼레이아의 성 파울리누스

아퀼레이아의 총대주교 파울리누스는 726년경에 베네치아 근처 포룸 율리(오늘날의 프리울리)에서 태어났다.[28] 사제가 되었고, 가르치는 일에 종사하면서 학자로서 명망을 얻었다. 자기 나라의 운영에 중요한 역할을 수행했으며, 롬바르드족이 일으킨 반란을 진압하는 데 중요한 공을 세움으로써 776년에 샤를마뉴에게 인정과 상을 받았는데, 그 일환으로 토지를 수여받았고, 787년에는 아퀼레이아의 총대주교로 승진되었다. 선교 사업에도 힘을 기울여 아퀼레이아 근처에 살던 카린티아 부족과 아바리 부족[훈족]에게 복음을 전하여 많은 개종자들을 얻었다.[29] 양자론파를 열정적으로 막았으며, 저서들로써 그 분파를 척결하는 데 크게 이바지했다. 오직 하나님과 교회를 위해서만 살았으며, 신자들로부터 큰 존경을 얻었다. 그의 인품을 가장 잘 보여주는 증거는 그가 앨퀸과 나눈 따뜻한 우정이었을 것이다. 앨퀸은 파울리누스의 학식과 업적에 대해서 극찬을 아끼지 않았다. 샤를마뉴도 그를 대단히 높게 평가한 듯하다. 이러한 사귐과 평가에 힘입어 파울리누스는 분주하고 알찬 인생을 영위해 가면서, 교회회의들에 참여하고 자신의 교구를 지혜롭게 감독하다가 804년 1월 11일에 숨을 거두었다. 죽은 직후에 민중으로부터 성인의 대우를 받았으며, 그에게 기적의 능력이 있다는 소문이 퍼지기 시작했다. 그의 유해는 프리울리 대성당의 대제단(Civitas Austriae라 불림)에 안치되었다. 그 건물을 보수할 때 그의 유골이 한동안 순교자 도나투스의 유골 곁에 안치되었다가, 마침내 1734년 1월 26일에 따로 분리되어 프리울리 대성당 성가대석 밑의 소예배당에 훨씬 더 웅장하고 화려하게 안치되었다.

파울리누스의 저서들은 다음과 같은 부류로 구성되어 있다. 1. 「간략한 엘리판두스 논박서」(*Brief treatise against Elipandus*). 엘리판두스는 톨레도의 대주교이자 스페인의 고위성직자로서, 일반적으로 양자론의 시조로 간주된다. 이 논문은 프랑크푸르트 암 마인 공의회(794)의 명의로 발행되어 스페인으로 발송되었다. 1549년에 장 드 틸레(Jean de Tillet)가 이 논문을 최초로 출판했다. 2. 「우르겔의 펠릭스를 비판하는 세 권」(*Three books against Felix of Urgel*). 이 책 역

---

28) Migne, *l. c. Vita* II. v. 9col. 30, l. 4).

29) 그는 앨퀸의 요청으로 그들을 회심과 세례를 위한 구체적인 지침서를 썼다.

시 양자론을 논박한 것이다. 796년에 샤를마뉴의 지시로 작성되었고, 아마도 저자의 요청으로 앨퀸의 감수를 받은 듯하다. 비록 문체는 그다지 탁월하지 않지만, 파울리누스의 가장 중요한 저서이다. 펠릭스는 우르겔의 주교이자 양자론파의 지도자였다. 파울리누스는 성경과 교부들을 인용함으로써 이 이단을 논박한다. 이 책에는 마드리시우스(Madrisius)가 주석을 붙임으로써 훨씬 더 이해하기 쉽게 되었다.[30] 3. 796년에 열린 프리울리 공의회 명의로 삼위일체와 성육신에 관하여 공포한 글. 4. 「권덕서(勸德書)」(*An exhortation to virtue*). 795년경 푸리울리의 백작 혹은 공작 헨리에게 쓴 책으로서, 모두 66장으로 되어 있으며, 공작이 힘써야 할 덕행들과 금해야 할 악행들을 다룬다. 문체가 탁월하다. 한때는 아우구스티누스의 저서로 오인되었으나, 지금은 그것이 잘못된 견해로 널리 인정된다. 그중 아홉 장(10-15, 17-19)은 5세기 갈리아 성직자 포메리우스(Pomerius)의 저서 「명상의 삶」(*The Contemplative life*)을 옮겨적은 것이다. 반면에 20-45장은 오랫동안 대 바실리우스의 저작으로 추정되어온 「영적인 아들에 대한 권면」(*Admonitio ad filium spiritualem*)에 도용되었다.

5. 서신들. (a) 헤이스툴푸스(Heistulfus)에게 보낸 서신. 헤이스툴푸스는 어느 악인의 말만 믿고 아내가 간통을 범했다고 생각하고서 아내를 살해한 사람이다. 이 서신은 위에 언급한 공의회가 열리고 있던 시기인 794년에 프랑크푸르트에서 보낸 것이다. 파울리누스는 헤이스툴푸스의 죄를 단호히 책망하면서, 만약 구원을 받고 싶다면 수도원에 들어가거나 종신토록 참회하며 살아야 할 것이라고 일러준다. 이 서신은 866년경에 교회법에 수록되었다. 교황 스테파누스 5세의 서신으로 오인된 적도 있다. (b) 샤를마뉴에게 쓴 서신. 803년의 알티눔 공의회 보고서. (c) 샤를마뉴에게 보낸 세 통의 다른 서신들과 (아마도) 교황 레오 3세에게 보낸 한 통의 서신의 단편들.

6. 시. (a) 「신앙의 준칙」(*The rule of faith*). 151편의 6보격 시. 시로서의 우수함은 찾아볼 수 없는 작품이다. 이 시에서 파울리누스는 삼위일체와 성육신에 대한 신앙을 진술하는 과정에서 기묘하게도 낙원과 게헨나를 묘사하며, 이단들을 구체적으로 열거한 뒤 그들을 게헨나로 보낸다. (b) 「찬송과 시」(*Hymns and verses*). 다양한 주제들을 다룬다. (c) 에릭(Eric)이라는 공작에 관한 시.

---

30) 펠릭스와 엘리판두스의 저서들은 Migne의 저서 *Patr. Lat.* XCVI에서 발견된다.

7. 미사에 관한 저서.

8. 회개에 관한 소논문의 서문. 하나님께 겸손한 말로 죄를 자백할 것을 요구한다.

9. 세례에 관한 논문.

159. 앨퀸

플라쿠스 알비누스(Flaccus Albinus) 혹은 보편적으로 사용되는 고대 영어식 표현인 앨퀸(Alcuin, '성소의 벗')은 샤를마뉴의 종교 분야 대신을 지낸 인물로서, 735년경 잉글랜드 요크셔에서 태어났다. 프리기아의 사도 윌리브로르드(Willibrord)를 배출한 노섬브리아의 귀족 가문 사람으로서, 요크셔 연안의 수도원에서 받은 수입을 포함하여 막대한 재산을 유산으로 물려받았다. 어릴 때 유명한 요크 주교좌성당 학교에 들어가서 그가 사랑하고 흠모한 벗들인 요크 대주교(732-766 재위)이자 그 학교 설립자인 에그버트(Egbert, 732-766 재위)와 그 학교 교장 에설버트(Ethelbert)에게 교육을 받았다. 에설버트와 함께 유럽 대륙으로 건너가 학문 연구차 여러 번 두루 여행을 했다. 한 번은 멀리 로마까지 여행했으며, 돌아올 때마다 막대한 비용을 들여 여러 수도원들에서 귀중한 사본들을 구해 가지고 돌아왔다. 이러한 방식으로 에그버트가 세운 도서관의 장서를 크게 늘렸다.

766년에 에설버트가 에그버트를 계승하여 요크 대주교가 되면서 교사로서 활동하던 앨퀸을 주교좌성당 학교장으로 기용하고, 767년 2월 2일에 부제로 임명했으며, 요크의 재속(在俗) 참사회원들 가운데 한 명으로 삼았다. 767년에 앨퀸은 리우드게르(Liudger)를 제자로 삼았다. 그 해와 780년 사이의 어느 시점에, 에설버트는 앨퀸에게 어떤 임무를 부여하여 이탈리아로 보내 샤를마뉴를 만나게 했고, 앨퀸은 파비아로 추정되는 지역에서 샤를마뉴를 만났다. 780년에 에설버트는 대주교직에서 은퇴하면서 앨퀸에게 도서관 관리를 맡겼는데, 이 무렵에는 잉글랜드에 그만한 도서관이 없었다. 앨퀸은 장서 목록을 작성함으로써 당시의 지식 상태를 들여다 볼 수 있게 해놓았다. 780년에 앨퀸은 다시 로마를 방문하여 에설버트의 계승자 이언발드(Eanbald)를 위해 영대(領帶, 팔리움)을 받아가지고 왔다.

돌아오는 길에 파르마에서 샤를마뉴를 만났고(781년 부활절), 그에게 궁정학교장이 되어달라는 부탁을 받았다. 귀족 청년들을 위해서 설립된 이 학교는 궁정에 붙어 있었다. 샤를마뉴와 그의 가문과 그의 궁정인들이 이 학교의 수업에 자주 참석했다. 샤를마뉴가 이 학교에서 가르쳐달라고 부탁했다는 것은 앨퀸의 학문과 역량을 크게 인정했다는 것이었다. 앨퀸은 그렇게 예상치 않게 자신에 열린 미래의 가능성을 내다보고는 그 제의를 흔쾌히 수락했다. 이 결정은 장차 자신에게 돌아오게 될 요크 대주교직을 사실상 포기하는 것이었다. 다음 해(782)에 그 문제로 왕과 대주교에게 허락을 받은 그는 샤를마뉴의 궁정에서 가르치기 시작했다. 이 사건에서는 확실히 섭리의 손길이 느껴진다. 잉글랜드 왕들간의 알력이 사실상 잉글랜드의 교육 발전에 장애를 놓고 있던 시기에, 당대의 가장 위대한 학자 앨퀸이 대륙으로 옮겨가 샤를마뉴의 보호와 격려를 받아가며 대륙을 무지의 속박에서 구출해내게 된 것이다. 그러나 그렇게 하기까지는 많은 힘을 쏟아부어야 했다. 샤를마뉴는 비록 그의 수업에 참석하기도 하고 그를 '소중한 스승'이라고 부르면서도 그의 근면과 인내를 남용하여서 이루 말할 수 없이 많은 짐을 그에게 안겨주었다.[31]

앨퀸은 궁정 학교에서 가르쳤을 뿐 아니라 — 샤를마뉴는 궁정을 여러 곳에 두고 이동하며 다스렸기 때문에 앨퀸은 연구와 수업에 상당한 지장을 받아가면서 따라다녀야 했다 — 학교와 교회의 용도로 교과서들을 작성하고 수정해야 했으며, 샤를마뉴의 원대한 개혁 구도를 총괄하는 업무까지 맡아 수행해야 했다. 그가 자신에게 부과된 다양한 업무를 얼마나 잘 수행했는가는 역사가 입증한다. 샤를마뉴가 발행하고 학문 발전에 크게 이바지한 787년의 유명한 법령집도 그가 작성한 것이다. 교회 생활 분야가 대단히 돋보이는 카롤링거왕조의 책들도 상당 부분이 그의 손에서 나온 것이다. 샤를마뉴는 이러한 그에게 재정적 후원과 마음의 성원의 표시로 트루아의 성 루푸스 수도원과 페리에레의 베들레헴 수도원, 피카르디 연안의 성 유데쿠스(St. Judecus)의 암자를 그에게 주었다. 그러나 이런 선물은 관리를 해야 하는 것이었으므로 짐만 더욱 무겁게 했을 뿐이다.

---

31) 이것을 근거로 Guizot(*l. c.* 246–7)는 앨퀸이 자주 피곤하다고 한 말들을 부분적으로 설명한다.

789년에 앨퀸은 샤를마뉴의 부탁을 받고서 잉글랜드로 가서 머시아 왕국의 오파(Offa) 왕을 만났는데, 아마 그곳에 남고 싶은 생각이 굴뚝같았을 것이다. 792년에 그는 그곳에서 잉글랜드 주교들의 명의로 화상 숭배를 반대하는 글을 보냈다. 그러나 793년에 샤를마뉴가 자기 곁에 와서 양자론 이단과 화상 숭배론으로부터 교회를 보호해달라고 부탁하자 그는 그에게로 갔다. 794년에 그는 양자론과 화상 숭배 양측을 격렬히 비판한 프랑크푸르트 공의회에서 비록 부제의 신분이었으나 중요한 역할을 수행했고, 799년의 아헨 공의회에서는 양자론파의 지도자 펠릭스와 엿새 동안 논쟁을 벌인 끝에 그에게 사상을 철회한다는 다짐을 받아냈다. 그는 양자론파와 협상하는 과정에서 끈기있는 수사 누르시아의 베네딕투스로부터 강력한 지원을 받았다.

796년에 샤를마뉴는 앞서 언급한 수도원들 외에 투르의 성 마르탱 수도원을 하사했고, 800년에는 코메리와 플라비니 수도원들을 하사했다. 투르 수도원은 2만 명의 농노를 소유했으며, 수입 또한 엄청났다. 앨퀸은 은퇴한 뒤 아마도 풀다 수도원으로 가고 싶었겠으나 그곳으로 갔다. 그곳에서 수사들을 개혁하고, 학교를 정비하고 도서관을 확장하는 등 많은 일을 했다. 그의 생애 중 이 시기에 그가 얻은 가장 유명한 제자는 라바누스 마우루스였다. 그는 죽던 해에 트루아 근처 뒤오데킹 퐁테에 호스피스를 세웠으며, 바로 전에는 투르 수도원을 제자 프레데기스(Fredegis)에게, 페리에레 수도원을 또 다른 제자 시굴프에게 물려주었다. 특기할 만한 점은 그가 평소 오순절에 죽기를 바란 대로 804년의 오순절이었던 5월 19일에 세상을 떠났다는 것이다. 그는 겸손하게 교회 밖에 묻히기를 원했으나, 그의 뜻과 달리 성 마르탱 교회에 묻혔다.

그가 신앙에 중요하게 이바지한 점 하나는 샤를마뉴의 부탁을 받고 기존의 정확한 사본들을 토대로 불가타를 개정한 것이다(802경). 기존의 라틴어 사본들을 사용할 수밖에 없었던 이유는 헬라어와 히브리어를 몰랐기 때문이었던 듯하다. 이로써 한동안 잘 다듬어진 불가타 본문이 보존되었다.

앨퀸은 성품이 점잖고, 의지력과 인내심이 강하고 겸손하고 지칠 줄 모르는 학자였다. 당시에 접근할 수 있는 모든 지식을 두루 섭렵했다. 마치 스코투스 에리게나가 그랬듯이, 자기 시대를 초월하지는 못했어도 앞장서서 이끌었다. 깊은 사상가는 아니었으나, 다른 사람들의 사상을 잘 활용했다. 방법 면에서도 퍽 기계적이었다. 그럴지라도 단순히 위대한 학자와 교사의 수준을 넘어서서 교회의

지도자였으며, 대륙에서 뿐 아니라 그의 서신들이 보여주듯이 잉글랜드에서도 그러한 역할을 수행했다. 샤를마뉴가 그에게 끊임없이 자문을 받았는데, 만약 앨퀸의 조언을 좀 더 자주 따랐다면 국정을 더 잘 수행했을 것이다. 선교 분야에서는 그러한 아쉬움이 더욱 크다. 앨퀸은 샤를마뉴가 색슨족을 무력으로 개종시키고 세례를 받게 하는 것을 못마땅하게 바라보았다. 그렇게 해서는 참담한 결과를 초래하게 될 것이라고 샤를마뉴에게 경고했다. 진정한 그리스도인은 강요해서 만들어지는 것이 아니라, 사랑의 정신으로 복음을 전함으로써 만들어지는 것이라고 했다. 이교도 색슨족에게 복음의 율례들을 점진적으로 가르치면 그들이 지식이 자랄 것이고, 그러면 그때 가서 좀 더 엄격한 순종을 요구해도 된다고 했다. 앨퀸은 훈족에 대해서도 유사한 내용으로 조언했다. 그 밖의 실제적인 문제들에 대해서 그가 제시한 견해도 언급할 가치가 있다. 예를 들어, 그는 군사 문제와 사형 언도 및 집행, 교회에 피신한 사람을 내주는 행위, 사제들이 세속 직무를 수행하는 행위 등에 대해서 반대했다. 설교와 성경 공부를 회복하는 데 열정을 쏟았다. 반면에 순례를 부질없는 행위로 여겼고, 순례에 쓸 돈이 있으면 가난한 사람들을 구제하는 편이 더 낫다고 했다.

저서들. 앨퀸의 저서들은 아홉 가지 부류로 구분된다.

I. 서신들. 앨퀸의 서신들이 갖는 독특한 점은 주소에 있다. 앨퀸과 친밀히 서신 왕래를 한 사람들은 중세 학자들의 관습에 따라 가명(假名)을 사용했던 것이다. 그가 서신을 주고받은 사람들 가운데는 왕들과 총대주교들과 주교들과 대수도원장들이 있었다. 이 서신들이 지니는 가치는 매우 크다. 당대의 역사에 빛을 비추어주며, 앨퀸의 마음을 들여다 볼 수 있게 한다. 불행하게도 그 중 상당수가 유실되었으며, 더러는 코턴(Cotton)의 모음집에 수록된 것과 같이 인쇄되지 않은 상태로 현존한다. 인쇄된 상태로 남아 있는 서신들은 대부분 투르에서 쓴 것들이며, 따라서 말년에 해당한다. 앨퀸의 서신들은 크게 세 그룹으로 나뉜다. (1) 잉글랜드인들에게 보낸 서신들. 앨퀸이 조국을 얼마나 소중하게 여겼는지, 잉글랜드의 사정에 얼마나 깊은 관심이 있었는지 여실히 보여준다. (2) 샤를마뉴에게 보낸 서신들. 분량도 많고 가장 중요한 서신들이다. 앨퀸은 자유로움을 잃지 않으면서도 항상 깊은 존경의 태도를 취한다. (3) 막역한 친구 잘츠부르크의 아르노(Arno)에게 보낸 서신들.

II. 해석학 저서들. 1. 「창세기 해석에 관한 문답」(*Questions and answers*

respecting the interpretation of Genesis). 2. 「참회의 시편들, 시편 118편, 성전에 올라가는 노래들에 관한 교훈적이고 간략한 주해」(*Edifying and brief exposition of the Penitential Psalms, Psalm CXVIII and the Psalms of Degrees).* 3. 「간략한 아가 주석」(*Short commentary on Canticles*). 4. 「전도서 주석」(*Commentary on Ecclesiastes*). 5. 문자적·알레고리적·도덕적 관점에서 제시한 「우리 주님의 조상들이 지닌 히브리어 이름들에 대한 해석」(*Interpretation of the Hebrew names of our Lord's ancestors*) — 이 글에서 그는 숫자가 지니는 상징적 의미에 많이 근거를 둔다. 6. 「요한복음의 부분들에 대한 주석」(*Commentary on portions of John's Gospel*). 7. 「디도서·빌레몬서·히브리서에 관하여」(*On Titus, Philemon, Hebrews*). 이 책들에 실린 주해는 대부분 교부들의 글에서 가져온 것이며, 성경의 알레고리적·도덕적 의미를 제시한다. 요한복음 주해가 가장 중요하다. 이렇게 발췌글들을 토대로 주석을 작성하는 방식은 곧 모방되었으며, 이것이 중세에 널리 사용된 유일한 방식이라 해도 과언이 아니다.

　III. 교의서들. 1. 「삼위일체」(*The Trinity*). 802년에 집필하여 샤를마뉴에게 헌정한 책으로서, 아우구스티누스가 그 주제에 관해서 가르친 것을 정리한 내용이다. 이 책이 12세기의 「신학명제」(*Sentences*)의 모델이 되었다. 삼위일체에 관한 28가지 문답으로 진행된다. 2. 「성령의 발출」(*The Procession of the Holy Spirit*). 마찬가지로 샤를마뉴에게 헌정했고, 교부들에게서 인용한 글로 이루어져 있다. 3. 「펠릭스의 이단(양자론)을 논박한 간략한 논문들」(*Brief treaties against the heresy of Felix*). 4. 일곱 권을 할애하여 펠릭스 이단을 논박한 또 다른 저서. 5. 네 권으로 된 「엘리판두스 논박서」(*A treatise against Elipandus*). 6. 어떤 여성에게 양자론을 비판하는 내용으로 보낸 서신. 양자론에 관한 저서들은 논리가 매우 탄탄하며, 그의 학식과 독립성을 잘 보여준다.

　IV. 전례서들과 윤리적 저서들. 1. 「성례들」(*The Sacraments*). 투르에서 사용하던 것을 토대로 작성한 미사 문구들의 모음. 2. 「시편 사용법」(*The use of the Psalms*). 시편들을 적절한 주제로 분류하여 해설과 독창적인 기도와 함께 기도로 사용할 수 있게 한 유용한 저서이다. 3. 「절기 예배서」(*Offices for festivals*). 절기들에 부르는 시편들과 기도들, 찬송들, 신앙고백들과 호칭기도들. 평신도를 위한 간단한 성무일과서로서, 샤를마뉴를 위해서 작성했다. 4. 「사제 오뒤앵에게 세례에 관하여 설명한 서신」(*A letter to Oduin, a presbyter, upon ceremony of baptism*). 5. 「덕행과 악행들」(*Virtues and vices*). 백작 비도(Wido)에게 헌정했으며, 아우구스티누스의 글을 편집했다. 6. 「인간 영혼」(*The human soul*). 서신의 형태로 프랑스 코르비 대수도원장 아달하르의 누이 율랄리아(Eulalia, 군드라다)에게 보낸 책. 7. 「죄의 자백」(*Confession of sins*). 투르의 성 마르탱 수도원에 있는 자신의 제자들에게 쓴 책.

V. 성인전. 1. 「투르의 성 마르탱의 생애」(*Life of St. Martin of Tour*). 술피키우스 세베루스의 글을 개작한 책. 2. 「성 베다스트의 생애」(*Life of St. Vedast*). 베다스트는 아트레바테스[아라스]의 주교였다. 3. 「지극히 복된 사제 레퀴에의 생애」(*Life of the most blessed presbyter Requier*). 베다스트와 레퀴에의 전기는 옛 기록들을 토대로 다시 쓴 책들이다. 4. 「성 윌리브로르드의 생애」(*Life of St. Willibrord*). 윌리브로르드는 위트레흐트의 주교로서 앨퀸의 조상이었다. 두 권으로 된 저서로서, 한 권은 산문으로, 다른 한 권은 운문으로 되어 있다. 독창적인 저서로서 역사서로서도 가치가 있다.

VI. 시. 앨퀸은 많은 분량의 시를 남겼는데, 시들의 성격이 기도와 비명(碑銘, 저서·교회당·제단·수도원에 남긴), 풍자, 도덕적 훈계, 서신, 수수께끼, 우화, 그리고 요크 교회가 설립 때부터 이언발드가 대주교직에 오를 때까지 배출한 주교들과 성인들을 다룬 657행의 긴 역사시 등 수효도 많고 종류도 다양하다. 매우 값진 저서이다. 시집 초반의 내용은 비드에게 토대를 두었지만, 107행부터는 독자적인 자료에 토대를 둔다. 앨퀸이 요크에서 살던 젊은 시절에 쓴 듯하다. 문체는 베르길리우스와 프루덴티우스에게 영향을 받은 흔적이 역력하다.

VII. 교육 관련 저서들. 1. 「문법」(*Grammar*). 2. 「정자법(正字法)」. 3. 「수사학」(*Rhetoric*). 4. 「변증학」(*Dialectics*). 5. 「피핀과 앨퀸의 대화」(*Dialogue between Pipin and Alcuin*). 6. 「달의 궤적과 변화 그리고 윤일(2월 24일)에 대하여」(*On the courses and changes of the moon and the intercalary day ⟨Feb. 24th⟩*). 이 저서들은 앨퀸의 강의실로 우리를 안내하며, 따라서 당대의 학문 연구를 이해하는 데 대단히 중요하다.

VIII. 저자가 불확실한 저서들. 1. 「신앙고백서」(*A confession of faith*). 네 부분으로 되어 있으며, 아마 그의 저서인 듯하다. 2. 「신앙에 관한 교사와 학생들의 대화」(*Dialogue between teacher and pupils*). 3. 「신앙명제집」(*Propositions*). 4. 시(詩)들.

IX. 그의 이름으로 된 저서들. 1. 「성일들」(*The holy days*). 2. 네 편의 설교. 3. 시들.

160. 성 리우드게르

리우드게르(Liudger) 혹은 루드게르(Ludger)는 뮌스터의 초대 주교로서, 744년 경 프리지아 벡트 섬의 수엑스논(오늘날의 쥘렌)에서 태어났다. 부모 티아드그림(Thiadgrim)과 리아프부르크(Liafburg)는 진실한 그리스도인들이었다. 친할아버지 부르싱(Bursing)은 윌리브로르드의 열렬한 지원자들 가운데 한 사람이었다 (c. 5).[32] 그는 어릴 때부터 경건하고 학구적인 성향을 드러냈다(c. 7). 위트레흐트 수도원 학교에 입학하여 대수도원장 그레고리우스에게 배웠으며(훗날 그의 전기작가가 됨), 세상의 습관을 버리고 오로지 신앙을 위해서 자신을 바쳤다. 공부에 큰 진전을 보인 데 힘입어 그레고리우스에 의해 교사로 임명되었다(c. 8). 767년에는 요크로 가서 앨퀸에게 배웠고, 부제 임명을 받았다(c. 9). 768년에는 위트레흐트로 갔다. 하지만 다음 3년 반 동안은 앨퀸 곁에 있었다. 이렇게 두 번째로 떠날 때는 그레고리우스가 허락하기를 몹시 주저하고 아쉬워했다. 리우드게르는 만약 프리지아(Frisia)의 상인이 요크의 백작 아들과 다투다가 그를 살해하는 일만 벌어지지 않았다면 앨퀸 곁에 더 오래 머물렀을 것이다. 이 사건으로 프리지아에 대한 악감정이 생겨서 요크에 머무는 것이 위험하게 되자, '많은 서적들'(copiam librorum)을 가지고 위트레흐트로 돌아갔다(c. 10).

그레고리우스는 그가 요크로 가 있는 동안에 숨을 거두었으며(771경), 그의 후임자는 그의 조카 알브릭(Albric)으로서 열정적이고 경건한 사람이었다. 리우드게르는 다시 요크로 돌아가게 되었고, 그곳에 가자마자 매우 분주하게 활동을 했다. 그리고 네덜란드 아이셀 강변의 데벤테르로 파견되었다. 그곳은 잉글랜드

---

32) 이 간략한 소개는 대부분 Altfrid의 *Acta seu Vita*(ed. Diekamp, pp. 3-53, Migne, col. 769-796)에서 직접 얻은 것이다. 'c'라는 글자는 Migne의 *Acta*(전기)에서 바로 앞에 했던 진술이 실린 장을 가리킨다. 연대들은 주로 추정에 근거한 것이다. *Acta*는 성인이 죽음 외에 다른 내용을 소개하지 않지만, 우발적으로 가끔 연대를 언급할 따름이다.

의 덕망높은 선교사 리아프윈(Liafwin)이 얼마 전에 숨을 거둔 곳이었다. 이교도 색슨족 무리가 그곳을 약탈하면서 교회를 파괴했고, 아마도 리아프윈의 사역도 무너뜨렸음에 분명하다(c. 13). 리우드게르는 그곳의 교회를 재건하고, 유실된 리아프윈의 시신을 찾아 묻어주는 임무를 띠고 그곳에 간 것이었다. 그 지역에 도착하여 시신을 찾기 위해 백방으로 노력했으나 찾지 못하여 포기한 채 교회를 재건하려고 할 참에, 리아프윈이 환상 중에 나타나 자신의 시신이 교회의 남쪽 담장에 있다고 일러주어서 결국 찾을 수 있었다(c. 14). 그 뒤 위트레흐트로 돌아갔고, 그곳에서 알브릭에게서 프리지아로 가서 우상들과 신전들을 모두 파괴하라는 임무를 받았다. 그곳의 신전들에서 수거한 막대한 보화들 중에서 샤를마뉴는 1/3을 알브릭에게 하사했다. 777년에 알브릭은 쾰른의 주교로 축성되었으며, 리우드게르는 동시에 사제로 임명되었다.

다음 7년 동안 리우드게르는 보니파키우스가 뼈를 묻었던 오스테르가우 강변의 도쿰이란 곳에서 사제로 사역했으나, 매년 가을 석 달 동안은 위트레흐트 수도원에 가서 가르쳤다(c. 15). 이 시기가 끝날 무렵에 리우드게르는 도쿰에서 도망쳐 나올 수밖에 없었다. 색슨의 공작 이교도 부투킨트(Wutukint)가 프리지아를 침공하여 성직자들을 몰아내고 이교 제단들을 세웠기 때문이다. 그 잔인한 침탈을 그냥 지켜보고만 있을 수밖에 없던 알브릭은 상심하던 끝에 숨을 거두었다. 리우드게르는 동료들인 힐디그림(Hildigrim)과 게르베르투스(Gerbert)와 함께 주변을 정리한 뒤 로마로 갔고, 그곳에서 2년 반 동안 몬테 카시노의 베네딕투스회 수도원에 머물렀다(c. 18). 그곳의 생활은 모처럼 가벼운 마음으로 쉴 수 있는 기회도 주었지만, 베네딕투스회 수도회칙을 공부할 기회도 주었다. 하지만 그는 수사 서약은 하지 않았다.

한편 그의 경건과 학문에 대한 명성이 샤를마뉴의 귀에까지 들어갔고 — 아마도 앨퀸이 그를 소개했을 것이다 — 따라서 그가 로마에서 돌아왔을 때 황제는 그에게 프리지아의 라베쿠스(라우페르스) 강 동편에 자리잡은 다섯 지역(휘흐메르히 · 휘뉘스하 · 퓌울하 · 에미스하 · 페디르하)과 방트 섬을 주어 관할하게 했다. 그곳에서 선교에 성공을 거둠으로써 윌리브로르드조차 완수하지 못했던 사업을 시작할 수 있게 되었다. 그는 배를 타고 독일 해[북해]를 건너 헬리골란트[헬골란트]로 섬으로 갔다. 당시에는 이 섬을 포세텔란트(포세테 신의 땅)라고 불렀다. 그의 자신감은 그 뒤에 일어난 사건들로 옳음이 입증되었다. 그는 많은 회심자들을 얻었는데, 그 가운데는 그 섬 추장의 아들도 포함되어 있었으며, 그는 후에 사제와 선교사가 되었다. 리우드게르가 본토로 돌아온 직후에 프리지아 동부에서 이교도들이 다시 쳐들어와서 교회당들을 불태우고 회중을 학살하는 처참한 사건이 벌어졌다. 하지만 이번에도 다시 기독교 신앙이 승리를 거두었다 (c. 19). 샤를마뉴는 로튀사 대수도원을 하사함으로써 리우드게르에 대한 한결같은 신망을 표시했는데(로튀사는 아마 젤레에 해당하는 곳으로서, 벨기에 헨트 근처에 있다), 그곳을 하사한 이유는 수도원의 수입으로 그의 사역을 지원하려는 뜻도 있었을 것이고, 혹은 이곳에 프리지아에서 멀리 떨어진 곳이어서 위기 시에는 이곳으로 피신하도록 하려는 뜻도 있었을 것이다. 더 나아가 샤를마뉴는 그에게 베스트팔렌의 미미게르나포르트 주교구를 하사했다. (훗날 미미가르데 포르트라 불린 이곳은 오늘날의 뮌스터에 해당하는 곳인데, 이런 지명이 붙게 된 이유는 그가 그곳에 수도원〈monasterium〉을 세웠기 때문이다.) 당시에 이곳은 이미 기독교가 충분히 정착되어서 교회의 감독을 받을 만한 상태에 있었다. 그는 이곳 말고도 비록 거리가 멀리 떨어져 있긴 하나 다섯 지역(이미 언급한)을 감독했다. 그는 처음에는 단순히 사제의 신분으로 이런 임무들을 수행했으며, 그만한 자격을 가지고 자신의 진취적인 목적들을 실천하고, 루르 강변의 유명한 베르덴 수도원(과거에는 디아판베키라 불림)을 세웠다. 그러나 힐데발트의 권유로 뮌스터의 초대 주교가 되었다(c. 20). 이 일이 있은 정확한 연대는 알 수 없으나 802-805년의 어느 시기가 아닌가 싶다.[33] 그는 끝까지 부지런히 사역하다가 죽었다. 809년 3월 26일 주일에 코에스펠트와 빌러베크에서 설교를 하고 미사를 집례하고, 그날 저녁에 숨을 거둔 것이다(*Acta* II. c. 7). 그는 베르덴에 묻혔고, 그곳이 그의 순례 성지가 되었다.

리우드게르의 저서들 가운데 현존하는 것은 「성 그레고리우스의 생애」(*Life of St. Gregory*)뿐이다.[34] 이 책은 위트레흐트에 세워진 그의 학교에서 주교들을 포함한 많은 유명 인사들이 배출된 점을 비롯하여, 그 성인의 덕을 칭송한다. 스물두 장 가운데 열두 장이 보니파키우스를 함께 다룬다. 상당 부분이 전설적인 내

---

33) 802년 1월의 문서는 그를 '대수도원장' 이라고 부르며, 805년 4월 23일의 문서는 '주교' 라고 부른다.

34) *VIta S. Gregoorii*, Migne, *l. c.* col. 749-770.

용이다. 그는 알브릭의 전기도 썼으나 현존하지 않는다. 그가 헬름슈테트(Helmstedt)와 관계가 있었다는 견해는 순전히 가설일 뿐이다. 그곳에 서 있는 리우드게르 수도원은 그가 설립한 것이 아니다. 설립 시기가 10세기이기 때문이다. 하지만 한 가지 가능성은 수사들의 식민단이 베르덴에서 그곳에 수도원을 세운 뒤 리우드게르의 이름을 붙였으리라는 것이다.

161. 오를레앙의 테오둘프스

오를레앙의 주교 테오둘푸스(Theodulph)는 카롤링거왕조 시대의 유능한 성직자로서, 8세기 중엽에 스페인에서 태어난 듯하다. 788년에 샤를마뉴의 눈에 들어 그의 초빙으로 프랑스로 갔고, 오를레앙 교구에 속한 베네딕투스회 수도원들인 플뢰리 대수도원과 에그낭 대수도원의 원장이 되었으며, 후에는 오를레앙의 주교가 되었다. 황제와 대단히 친밀한 관계를 유지하면서 그에게 중요한 임무를 많이 맡아서 수행했다. 프랑크푸르트 공의회에 참석했고(794), 789년에 황제 특사(missus dominicus)가 되었고, 샤를마뉴를 따라 로마로 가서 교황 레오 3세에 대한 고소를 심문하는 판사의 일원이 되었으며(800), 교황에게 팔리움을 받았다(801). 앨퀸을 계승하여 황실의 신학 분야 수석고문이 되었다. 809년에는 엑스라샤펠 공의회에 참석했으며, 황제의 요청으로 교부들의 글에서 필리오케 구절을 뒷받침하는 내용을 수집했다. 811년에는 황제의 유언에 증인이 되었다.

샤를마뉴의 아들이자 계승자인 경건자 루이는 한동안 그에게 이전과 동일한 영예와 신뢰를 베풀었다. 일례로 교황 스테파누스 5세가 대관식을 위해서 랭스에 올 때 그를 보내어 교황을 영접하게 했다(816). 그러나 2년 뒤에 그는 별다른 이유 없이 왕 베르나르의 반란을 공모했다는 의심을 받았으며, 818년 부활절에는 면직을 당한 채 앙제에 있는 성 오뱅 수도원이나 성 세그 수도원에 감금되었다. 그는 자신의 무죄를 주장하며 단호히 버텼으며, 그 결과 821년에 풀려나 복직했으나 오를레앙으로 가던 도중에 혹은 도착하자마자 죽어서 821년 9월 19일에 그곳에 묻혔다.

테오둘푸스는 탁월한 고위성직자였다. 신의가 두텁고 언행이 신중하고 지혜로운 사람이었다. 성직자들의 무지를 크게 우려하여서 그들의 수준을 끌어올리기 위해서 많은 노력을 기울였다. 그 목적으로 학교를 많이 지었으며, 아래에 언급할 「소교구 사제들에게 주는 권고의 글」(*Capitula ad presbyteros parochiae suae*)도 작성했다. 그는 이 책으로 특히 큰 성과를 거두었다. 오를레앙의 주교좌 성당 학교는 그곳에서 생산해낸 사본들의 수와 아름다움과 정확성으로 인해서 명성을 얻었다. 교육 사업에서 완숙한 시인 울피누스(Wulfin)의 지원을 받았다. 테오둘푸스 자신이 세속 학문과 종교 학문에 모두 능통한 학자였다.[35] 건축에도 조예가 깊어서 여러 수도원과 교회당을 복원했으며, 제르미니에 웅장한 바실리카를 건축했다. 그리고 이 건물이 훗날 엑스라샤펠 성당의 모델이 되었다.

그는 성경을 몹시 사랑했는데, 이러한 태도가 불가타를 개정하고 성직자들에게 성경을 강해하도록 권고하는 것으로 표출되었을 뿐 아니라, 서법의 걸작으로 평가되는 값진 성경 사본들을 제작하는 것으로도 표출되었다. 더 나아가 그는 당대 최초의 시인이었는데, 하지만 이 말은 그에게 시인으로서의 재능이 컸다는 말과 동의어는 아니다. 그의 저작들, 특히 교훈시들은 시적 역량보다는 시대를 잘 그려낸 점에서 높은 평가를 받는다. 그의 작은 시들 가운데 한 편을 놓고 볼 때, 그가 결혼을 했고, 기슬라(Gisla)라는 딸이 있었으며, 그 딸이 쉬아바릭(Suavaric)이라는 사람의 아내였다는 사실을 알게 된다.[36]

테오둘푸스의 현존하는 산문 저서들은 다음과 같다: 1. 「교구 사제들에 대한 지침」(*Directions to the priests of his diocese*, 797). 모두 46권으로서, 사제들의 일반적이고 특수한 의무들을 언급한다. 다음은 좀 더 교훈적인 지침들이다: 여성들은 미사가 거행되는 동안 제단에 가까이 가서는 안 된다(c. 6). 교회에는 거룩한 것들 외에는 두어서는 안 된다(c. 8). 사제들과 보편적인 인정을 받는 거룩한 평신도들 외에는 교회당에 묻힐 수 없다(c. 9). 여성은 사제와 한 집에서 살아서는 안 된다(c. 12). 사제들은 술에 취하거나 술집에 자주 가서는 안 된다(c. 13).

---

35) 참조. *Carmina*, IV. i. (Migne, *l. c.* col. 331). 이 책에서 그는 자기가 좋아하는 저자들을 열거한다. 앨퀸은 그를 샤를마뉴에게 양자론자 펠릭스를 논박할 만한 역량이 있는 학자로 천거했다. 참조. Alcuin, *Epistolae*, LXXXIV. (Migne, *Patrol. Lat.* C. col. 276).

36) *Carmina*, III. 4 (Migne, CV. col. 326). 그녀의 남편 이름은 "Suaveque, Gisla, tuo feliciter utere rico"로 소개된다(l. 29). 시의 배경은 테오둘프스가 그녀에게 아름답게 장식된 시편 책을 선물하는 것이다.

사제들은 친족들을 수도원 학교에 보내야 한다(c. 19). 사제들은 무상 교육을 시행하는 학교들을 자발적으로 운영할 수 있다(c. 20). 사제들은 모든 이들에게 주기도문과 사도신경을 가르쳐야 한다(c. 22). 주일에는 어떠한 노동도 해서는 안 된다(c. 24). 사제들은 설교 준비에 힘써야 한다(c. 28). 사죄를 받으려면 매일 정직하게 하나님께 죄를 자백해야 한다; 그러나 사제의 권고와 기도로써 죄의 얼룩을 씻어버릴 수 있도록 사제에게도 죄를 자백해야 한다(c. 30). 참된 자선은 선행과 도덕적인 생활이 합해져서 이루어진다(c. 34). 상인들은 더러운 이득을 얻기 위해서 자기 영혼들을 팔아서는 안 된다(c. 35). 금식에 관한 규례들(c. 36-43). 모든 사람이 교회에 와서 미사에 참석하고 설교를 들어야 하며, 성체를 받기 전에는 식사를 해서는 안 된다(c. 46). 2. 사제들을 대상으로 죄와 교회의 처벌에 대해서, 그리고 종부성사 집례에 관해서 쓴 논문. 3. 「성령」(*The Holy Spirit*). 필리오케 구절을 변호할 목적으로 성경 구절들을 모은 책. 위에 언급한 대로 샤를마뉴의 지시로 작성되었다(809). 황제에게 바치는 운율체 헌사가 실려 있다. 4. 「세례식」(*The ceremony of baptism*). 상스의 대주교 마그누스(801-818 재위)가 보내온 세례에 관한 샤를마뉴의 회람 서신에 대해서 812년에 작성한 글. 18장으로 구성되어 있으며, 세례 집례의 절차를 상세하게 기술한다. 5. 「두 설교의 단편」(*Fragments of two sermons*).

테오둘푸스의 시 작품들은 여섯 권으로 구분된다. 첫권은 "판사들에게 주는 권고"(*The exhortation to judges*)라는 시 한 편으로만 이루어져 있는데, 이 시는 모범적인 판사를 묘사하고 모든 판사들에게 의무를 올바로 수행하라고 권하는 것 외에도, 시인 자신이 특사로 활동할 때 겪은 경험들을 소개함으로써 시대상을 매우 흥미롭게 보여준다. 둘째 권은 비문(碑文)들을 포함한 열여섯 수의 시와, 자신이 화려하게 장정한 성경의 앞부분에 각 책에 관해서 한 행씩 요약하여 자신의 성경에 대한 지식을 잘 드러낸 시들로 구성되어 있다. 셋째 권은 앞서 언급한 기슬라를 위해서 쓴 시들을 포함하여 열두 수를 수록하고 있다. 넷째 권은 아홉 수를 수록하고 있는데, 그중 가장 흥미를 끄는 것은 자신이 좋아하는 저자들에게 바친 시(c. 1)와 자유7과 — 문법·수사학·변증학·대수학·음악·기하학·천문학 — 에 관한 시(c. 2)이다. 다섯째 권에는 다음 네 수가 실려 있다: "어떤 형제의 죽음을 위로함"(*Consolation for the death of a certain brother*), "일곱 가지 대죄에 관하여"(*On the seven deadly sins*)의 단편, "주교들에게 주는 권고”(*A n exhortation to bishops*), 그리고 거룩한 생활을 해야만 천국에 들어갈 수 있으며, 그런 생활이 없는 순례는 무익하다는 복음적 정서를 표현한 4행시. 여섯째 권에는 30수가 실려 있다. 그 밖의 10수가 미뉴의 총서 부록에 실려 있다.

162. 성 에이길

에이길(Eigil)은 노리쿰 출신이다. (노리쿰은 당시 도나우 강 이남의 인 강과 드라베 강을 중심으로 남으로 사베 강 양안에까지 뻗어 있던 지대를 가리키던 지명이다.) 소년 시절인 760년경에 헤세의 베네딕투스회 풀다 수도원에 위탁되었는데, 설립자이기도 한 대수도원장 슈투름(Sturm. 슈투르미, 슈투르민)이 그의 친척이었다. 그곳에서 여러 해를 수사로 지내면서 경건과 학식으로 인해 사랑과 존경을 받았다. 슈투름이 죽자(779) 바우골프(Baugolf)가 대수도원장직을 계승했고, 바우골프가 사임하면서 라트가르(Ratgar)가 그 직위에 올랐다(802). 라트가르는 독재자의 모습을 드러내다가 급기야 에이길이 너무 약해서 일을 할 수 없다는 이유로 그를 추방했다. 하지만 817년에 라트가르가 면직을 당했고, 다음 해에 에이길이 대수도원장으로 선출되었다. 몇 달 뒤에 라트가르가 다시 나타나 수도원에 다시 받아달라고 간청했다. “에이길로서는 이 간청을 받아들일 만한 권한이 없었으나, 황실[즉, 경건자 루이]로부터 긍정적인 답변을 얻어내기 위해 많은 노력을 기울인 결과 라트가르는 재입회 허락을 받고서 13년을 더 참회하는 태도로 더 지냈다.” 이 사건 하나만 놓고 보더라도 에이길이 성인의 칭호를 받을 자격이 있음을 입증한다.

대수도원장직이 원체 골치 아픈 일이 많은 자리였던 까닭에 마지못해서 수락하긴 했으나, 일단 수락한 뒤에는 마음을 다 기울여 의무를 수행했다. 라트가르가 벌여놓은 건축 사업을 지속했으나, 수사들의 미움과 불평을 일으키지 않는 방식으로 수행해 나갔다. 오히려 풀다 수도원은 한 번 더 번성했으며, 822년 6월 15일에 그가 죽을 때는 자신의 계승자이자 절친한 친구인 라바누스 마우루스에게 잘 정비된 수도원을 물려줄 수 있었다.

에이길이 쓴 산문 가운데 현존하는 것은 슈투름의 전기 한 편뿐이다.[37] 이 책은 비쇼프하임의 대수녀원장 앙길드루스(Angildruth)의 부탁을 받고 쓴 것으로

서, 풀다 수도원 설립에 관한 권위 있는 증언을 제시한다. 해마다 슈투름의 축일
(12월 17일)이 되면 저녁 식사 시간에 수사들이 모인 자리에서 이 글을 낭독했
다. 에이길 자신의 전기는 칸디두스(Candidus, 원명은 Brunn)가 썼다. 그는 라트
가르가 젤리겐슈타트의 아인하르트(Einhard)를 가르치도록 보낸 인물로서, 라바
누스 마우루스 밑에서 수도원 학교 교장을 지냈다. 전기는 두 부분으로 구성되
어 있는데, 둘째 권은 사실상 첫 권의 반복이다.

163. 아말라리우스

아말라리우스(Amalarius)는 메츠의 부제와 사제를 지냈고, 807년에 같은 교구
의 호른바흐 대수도원장으로 재직하다가 숨을 거두었다. 그가 언제 어디서 태어
났는지는 알려지지 않는다. 아고바르두스가 면직된 기간 동안(833-837) 그가 리
옹의 교회를 이끌었다. 그는 경건자 루이와 친분을 나눈 성직자들 가운데 한 사
람이었으며, 예정 논쟁에 참여했으나, 그가 앙크마르의 요청을 받아 쓴 고트샬
크 논박서는 현존하지 않는다. 그는 여러 공의회들에서 두드러진 역할을 수행했
다. 예를 들어, 교회법에 의거한 삶에 관해서 교부들(특히 세비야의 이시도루스)
의 글들과 공의회들의 법령을 편집하여 817년의 엑스라샤펠 제국의회에 보냈으
며, 825년 12월 6일에는 파리에서 열린 신학 회의에서 화상 숭배에 관한 글을 보
냈다. 834년에 아고바르두스의 대리인으로서 리옹 공의회를 소집했고, 공의회
참석자들을 앞에 놓고 사흘 동안 교회의 직분들에 관해서 강론했다.

참석자들의 대다수가 그의 강론을 지지했으나, 리옹의 플로루스는 반대 의사
를 분명히 하고서 디덴호펜 공의회에 두 통의 서신을 보내어, 로마의 직제를 활
용해야 한다는 아말라리우스의 주장과 그의 다음과 같은 위험한 교훈을 주목할
것을 요구했다. 그것은 그리스도의 몸이 셋으로서, (1) 그가 입으셨던 몸, (2) 우
리가 살아 있는 동안 우리 안에 계시면서 지니시는 몸, (3) 죽은 자들 가운데 거
하시는 몸이라는 것이었다. 따라서 성체[성찬의 빵]를 세 부분으로 나누어서, 첫
째 부분은 잔에 넣어야 하고, 둘째 부분은 성반(聖盤)에 놓아야 하며, 셋째 부분

---

37) Migne, CV. col. 423-444.

은 제단에 두어야 한다고 했다는 것이었다. 더 나아가 성찬의 빵이 그리스도의 육체를, 포도주가 그의 영혼을, 성배(聖杯)가 그의 무덤을, 성찬을 받는 자들이 아리마대 요셉을, 대부제가 니고데모를, 부제들이 사도들을, 차부제들이 무덤을 찾아간 여인들을 각각 상징한다고 주장했다고 고소했다. 그러나 공의회는 당장 처리해야 할 시급한 안건들이 있었던 까닭에 그의 고소를 심의하지 않았다. 플로루스는 이에 굴하지 않고서 비슷한 내용의 서신을 퀴어시 공의회(838)에 보냈으며, 이 공의회에 의해서 아말라리우스의 저서가 견책을 당하게 되었다.[38]

그의 저서들에는 다음과 같은 것들이 있다.

1. 「교회법에 의거한 삶의 규칙들」(*Rules for the canonical life*). 앞서 언급한 저서로서, 모든 등급의 성직에 따르는 의무를 다룬다.

2. 네 권으로 된 「교회의 직분들」(*The ecclesiastical offices*). 경건자 루이의 요청으로 작성하여 그에게 헌정했으며, 820년경에 완성했다. 아말라리우스는 좀 더 충실을 기하고자 투르와 코르비 수도원, 심지어 로마까지 가서 연구 조사 활동을 벌였다. 827년에 그는 좀 더 개선된 개정판을 내놓았다. 현존하는 형태로서, 이 책은 전례(典禮) 연구에 중요하다. 9세기 로마 교회가 사용하던 예배식을 아주 구체적으로 소개하기 때문이다. 만약 아말라리우스가 단순히 정보만 기록했다면 오히려 명성을 얻는 데는 더 유리했을 것이다. 사실상 그는 의식 각 부분의 이유와 의미, 그리고 의식과 조금이라도 연관된 물품 하나에 대해서까지도 설명하려고 했고, 그로써 조야하고 많은 경우 실소를 자아내는 신학화와 알레고리화에 빠졌다. 예를 들어 사제의 장백의(長白衣, alb)가 정념을 제어하는 것을, 신발이 곧추서서 걷는 것을, 망토가 선행을, 중백의(中白衣, surplice)가 이웃을 위한 봉사의 태도를, 손수건이 선한 생각을 각각 상징한다고 설명했다.

3. 「찬송의 순서에 관하여」(*On the order of the anthems*). 즉, 로마 교회 예배에서. 이 책은 로마 교회와 프랑스 교회가 사용하던 교송(交誦, antiphones)을 편집한 것이다.

4. 「미사 의식에 관한 목가시(牧歌詩)」(*Eclogues on the office of the mass*). 이것도 로마 교회의 미사를 염두에 둔 것이다. 이 책에서 로마 교회 예배식에 관해서 한 주장은 리옹의 대주교 아고바르두스를 겨냥한 것이었다. 아고바르두스는

---

38) 참조. Florus의 서신들. Migne, Tom. CXIX. col. 71-96.

로마의 직제를 채택하지 않았을 뿐 아니라, 자기 교회에서 사용하는 전례 가운데 자기 판단에 거짓 교리를 비호하거나 전례적 표현에 품위가 떨어진다고 보이는 것은 모두 삭제했다.

5. 「서간집」(*Epistles*). 첫째 서신은 예수님의 이름을 Jhesus라고 써야 하는지 아니면 Jesus라고 써야 하는지에 관해서 상스의 대주교 제레미야(Jeremiah)에게 보낸 것이다. 둘째 서신은 제레미야의 답장으로서, Jhsus라는 표현이 좋겠다는 내용이다. 셋째 서신에서 아말라리우스는 오를레앙의 요나스(Jonas)에게 예수님의 이름 약자를 IHC라고 써야 하는지 아니면 IHS라고 써야 하는지 문의한다. 요나스는 IHS가 좋겠다고 답변했다. 넷째 서신은 성찬에 관한 것이다. 란트가리우스(Rantgarius)가 이 서신의 수신자이다. 아말라리우스는 실재적 임재를 주장한다. 주의 만찬 가운데 첫째 잔은 구약의 제사를 상징했고, 그것이 둘째 잔에 담긴 실제 피의 상징이었다고 말한다. 다섯째 서신은 헤토(Hetto)라는 수사가 '세라핀'과 '세라핌' 가운데 어느 표현이 옳으냐고 문의한 데 대해서 쓴 답장이다. 그는 '세라핀'이 중성 명사이고 '세라핌'이 남성 명사이므로 둘 다 정확하다고 대답함으로써 학구적인 무지를 드러낸다!

여섯째 서신이 그의 서신들 가운데 가장 중요하다. 이 서신은 군트라드(Guntrad)라는 사람에게 보낸 것인데, 그 사람은 아말라리우스가 성찬의 빵을 받아 먹은 직후에 침을 뱉는 모습을 보고서 큰 고민에 빠졌다. 그리스도의 살의 일부를 버린게 아니냐는 것이었다. 아말라리우스는 답장에서, 자신이 평소에 가래가 많은 편이어서 자주 뱉어낼 수밖에 없다고 해명한다. 하지만 그는 하나님께서 자신의 육체를 이롭게 하는 것을 가지고 영적 건강을 해롭게 하실 것이라고는 믿지 않았다. 이렇게 답변한 뒤, 그는 그리스도의 몸에 바쳐야 할 진정한 존경은 속사람으로 드리는 것이며, 그리스도의 몸이 성찬을 통해서 속사람 안에 들어가 영생을 베푸신다고 말한다. 따라서 성체를 마음으로 존중할지라도 우발적으로 혹은 불가피하게 성체의 일부를 뱉게 된다 할지라도 그것을 그리스도의 몸을 모욕한 행위로 판단해서는 안 된다고 말한다. 이로써 성체소화론파(Stercoranists)의 견해를 평가하지 않은 채 그냥 건드린다. 마지막 서신은 단편에 불과하며 문체도 앞의 서신들과 크게 달라서 메츠의 아말라리우스의 것이 아닐 가능성도 있다.

164. 아인하르트

아인하르트(Einhard 혹은 Eginhard)는 샤를마뉴의 전기작가이자 카롤링거왕
조 시대 최고의 사가로서, 770년경에 헤세 다름슈타트에 속한 마인 강 계곡 지대
에서 아인하르트와 엥길프리타(Engilfrita) 부부의 아들로 태어났다. 그의 가문은
귀족 가문이었고, 그의 교육은 부모가 기부금을 낸 풀다의 베네딕투스회 수도원
의 유명한 학교에서 이루어졌다. 792년경에 대수도원장 바우골프가 그를 더욱
큰 그릇으로 키우고 더 큰 무대에서 역량을 발휘할 수 있도록 샤를마뉴의 궁전
으로 보냈다. 이러한 바우골프의 판단과 예견은 적중했다. 아인하르트는 곧 붙
임성 있는 성향으로 사람들의 호감을 샀고, 폭넓은 학문으로 찬사를 받았다. 귀
족 가문의 여성이자 보름스 주교 베른하리우스의 누이 임마(Imma)와 결혼하여
여러 해를 행복하게 지냈다. 둘 사이에는 부신(Wussin)이라는 아들이 태어났고,
이 아이는 커서 풀다 수도원의 수사가 되었다.

아인하르트는 황제로부터 상당한 총애를 받았으며, 중요하고 복잡한 문제들
을 잘 해결함으로써 두각을 나타냈다. 예를 들어 806년에 아들들에게 제국을 분
할하겠다는 샤를마뉴의 유언에 교황의 서명을 받는 임무를 띠고서 로마로 파견
되었다. 813년에 루이를 공동 섭정으로 인정하자고 처음 제안한 사람도 그였다.
그는 자신이 근면히 공부한 비트루비우스(Vitruvius)의 이상에 따라서 엑스라샤
펠[아헨] 교회당 건축을 비롯한 샤를마뉴의 건축 사업을 관할했다. 그리고 장인
에 못지않은 기술로 브사렐이라는 칭호를 얻었다. 연구에도 게으르지 않아 고전
저자들의 충실한 총서를 수집했다. 궁정 연대기를 편집했다. 샤를마뉴의 죽음
(814)도 그의 지위를 바꾸어 놓지 않았다. 경건자 루이는 그를 전과 다름없이 고
문으로 기용했고, 817년에는 아들 로타르의 교사로 임명했다. 그들 부자 사이에
갈등이 생겼을 때(830) 그는 두 사람을 화목시키기 위해서 최선을 다했다.

아인하르트는 평신도였으나 815년 이후로 교회의 여러 직분을 받았다. 루이는
그를 루앙 교구에 있는 퐁테넬 수도원과, 블랑디니의 성 베드로 수도원, 헨트의
성 바봉 수도원, 마스트리히트의 성 세르베 수도원의 대수도원장으로 임명했고,
파비아에 있는 성 세례 요한 교회의 수장으로 임명했다. 815년 1월 11일에 루이
는 그와 임마에게 마인 강변 오덴발트에 자리잡은 미켈슈타트와 물린하임의 영
지를 주었고, 그해 6월 2일에는 최초로 대수도원장이라는 직함을 받았다. 제국

의 정치 상황이 갈수록 복잡해지면서 아인하르트는 점차 공직 생활에서 발을 빼고 학문에 몰입했다. 823년에는 퐁테넬 대수도원장직을 사임했고, 다른 대수도원장직들도 정리한 뒤 미켈슈타트에 안주했다. 그곳에 교회를 세운 뒤 로마 근처 성 티부르티우스 교회에서 도난당했던 성 마르켈리누스와 성 페트루스의 유골을 확보하여 그곳에 안치했다(827). 하지만 일년 뒤에 물린하임으로 이주한 뒤 그곳의 명칭을 젤리겐슈타트(Seligenstadt)로 바꾸었다. 그곳에 웅장한 교회를 짓고 수도원을 설립했다. 루이와 로타르의 갈등을 해소하기 위해서 백방으로 기울인 노력이 아무런 성과가 없자, 완전히 젤리겐슈타트로 은퇴했다. 836년경에는 「십자가 숭배」(*The Worship of the Cross*)를 써서 세르바투스 루푸스에게 헌정했다(이 책은 현존하지 않는다). 836년에는 아내와 사별했다. 그 슬픔을 아무도 달래지 못했으며, 친구들에게 깊은 연민을 일으켰다. 하지만 840년 3월 14일에 숨을 거둘 때까지 자신이 맡은 일을 놓지 않았다. 그는 2월 20일에 퐁테넬 대수도원에서 성인으로 존경을 받고 있다. 그의 비문은 라바누스 마우루스가 썼다.

그와 그의 아내는 원래 젤리겐슈타트 교회 성가대석의 석관에 묻혔으나, 1810년에 헤세의 대공이 샤를마뉴의 유명한 딸 임마의 남편인 아인하르트의 후손이라고 주장하던 에르바흐의 백작에게 그 석관을 기증했다. 백작은 그것을 오덴발트의 에르바흐에 있는 자신의 성 예배당에 안치했다.

아인하르트는 키가 정말로 단신이었으나 정신은 당대인들에게 거인으로 평가받았다. 고전 지식에 해박했기 때문에 「샤를마뉴의 생애」(*Life of Charlemagne*)라는 불후의 저서를 집필할 수 있었다. 궁정에서 지니고 있던 탄탄한 지위에 힘입어 당대의 모든 유명 인사들을 대등한 관계에서 접촉할 수 있었다. 젊었을 때는 앨퀸 밑에 앉았으나, 나이가 들어서는 세르바투스 루푸스 같은 인물들과 우정과 사상을 주고받았다. 그는 평생 사람들에게 호감과 호평을 누렸으며, 궁정인이었는데도 불구하고 단순하고 순수한 인품을 잃지 않았다.

그의 저서들은 다음과 같다.

1. 「황제 샤를마뉴의 생애」(*The Life of the Emperor Charlemagne*). 이 책은 여러 점에서 가장 위대한 정치가였던 사람에 대해서 진실한 존경심을 가지고 집필한 불후의 문학 작품이다. 수에토니우스가 아우구스투스를 위해서 했던 일을 자신이 샤를마뉴를 위해서 하고 싶었던 것이 아인하르트의 소원이었다. 따라서 그는 수에토니우스의 문체를, 가능하다면 내용까지라도 모방하려고 했으며, 그 일

에 실패하지 않았다고 하는 것이 이 책에 대한 중요한 찬사이다. 이 책은 샤를마뉴 개인에 관해 알 수 있는 주된 자료이며, 공평과 진실을 기하는 데 노력했기 때문에 그의 사적 생활과 공적 생활을 충분히 드러낸다. 아인하르트는 샤를마뉴가 죽은 뒤(814)에 즉시 이 책을 쓰기 시작하여 820년경에 완성했다. 이 책은 출판되자마자 널리 보급되어 열정적으로 읽혔다. 그리고 유사한 책들의 모델이 되었다. 후대의 저자들이 이 책을 자유롭게 인용했고, 일부분을 시로 번안하기도 했다. 하지만 비평적 판본들이 잘 보여주듯이 오류에서 완전히 자유롭지는 못하다.

2. 「로르쉬의 연대기」(*The Annals of Lorsch*). 아인하르트는 그 연대기를 편집하고 741-801년 부분의 일부를 집필했으며, 802-829년의 역사는 완전히 독자적으로 집필했다. 이 연대기는 피핀이 즉위할 때부터 아인하르트가 궁정에서 은퇴할 때까지 발생한 사건들을 연도별로 간략히 기록한다.

3. 「마르켈리누스와 페트루스의 성유물들을 옮긴 이야기」(*Account of the removal of the relics of the blessed martyrs Marcellinus and Petrus*). 사기와 도둑질과 '기적들'에 관한 매우 비상한 이야기이다. 간단히 말해서 그 성유물들이 로마의 부제 듀스도나(Deusdona)와 아인하르트의 대리인 라트레이크(Ratleik), 수아송 대수도원의 하인 훈(Hun)에 의해서 도둑질을 당하는 이야기를 매우 솔직하게 진술한다. 그러나 성유물들이 로마에서 안전하게 옮겨져 공개 전시된 뒤부터 많은 기적들이 발생했다고 하며, 바로 이 기적들을 소개하기 위해서 이 책이 집필되었다.

4. 「마르켈리누스와 페트루스의 수난」(*The Passion of Marcellinus and Petrus*). 354편의 강약격 4보격 시들로 구성된 시집. 아인하르트가 쓴 것으로 간주되지만, 이 성인들의 유골이 옮겨진 일이 전혀 언급되지 않는 점을 감안할 때 그가 과연 저자인지 매우 의심스럽다.

5. 「서간집」(*Letters*). 모두 71통의 편지를 수록하고 있으며, 대부분의 서신들이 불완전하다. 대부분 매우 간략하며, 사업 문제를 다룬다. 여러 통은 루이와 로타르에게 보낸 것이고, 한 통은 그[아인하르트]의 아내가 죽었을 때 세르바투스 루푸스에게 보낸 것으로서, 특별히 주목할 가치가 있다.

165. 스마라그두스

스마라그두스(Smaragdus)의 초기 생애에 관해서는 알려진 바가 없다. 그는 베네딕투스회에 가입했고, 수도원 학교 교장을 지내던 중 805년경에 카스텔리온 산 수도원의 대수도원장으로 선출되었다. 얼마 뒤에 자신의 수사들을 이끌고 베르됭 교구에 속한 뫼즈 강변으로 가서 성 미히엘 수도원을 세웠다. 그는 학문뿐 아니라 현실을 헤쳐가는 능력에서도 탁월했다. 그런 면 때문에 샤를마뉴와 경건자 루이라는 두 군주 밑에서 살면서 그들에게 높은 평가를 받았다. 샤를마뉴는 그를 기용하여 교황 레오 3세에게 필리오케 채택에 관한 엑스라샤펠 공의회(809)의 결의를 전달하는 서신을 작성하게 하고, 그를 수행원들과 함께 로마로 보내 그 문제를 교황에게 상정하도록 했다. 스마라그두스는 교황에게 비서 역할을 수행하면서 의정서를 작성했다. 경건자 루이도 그를 각별히 여겨 그의 수도원에 많은 재산을 기부했으며, 824년에는 그를 툴의 주교 프로타리우스(Frotharius, 813-837 재위)와 함께 밀라노 대수도원장 이스문드(Ismund)와 그의 수사들 사이에 발생한 불화를 중재할 책임자로 지명했다. 그는 840년경에 죽었다.

그의 저서들은 근면과 경건을 보이지만, 독창성은 떨어진다. 출판된 그의 산문 저서들은 다음과 같다. 1. 「매년 각 축일에 낭송할 서신서와 복음서 해설집」(*Collections of Comments on the Epistle and Gospel for each holy day in the year*). 비평의 관점을 떠나서 여러 교회 저자들의 글에서 포괄적으로 편집한 책. 설교자들이 사용하도록 작성했으며, 저자 자신은 「회중의 책」(*liber comitis*)이라고 표현한다. 2. 「수사의 왕관」(*The monk's diadem*). 수도 생활의 주요 의무들과 덕목들을 다룬 10장에 걸친 금욕적 규율과 단상 모음. 대부분 다른 글들을 편집한 것이다. 카시아누스의 「교부 선집」(*Collectiones patrum*)과 대 그레고리우스의 저서들이 자료가 되었다. 스마라그두스는 대수도원장으로 승진한 뒤에 이 책을 집필했으며, 자신의 수사들에게 저녁마다 이 책을 읽도록 했다. 이 책은 매우 폭넓은 인기를 누렸고, 중세에 널리 유포되었으며, 거듭해서 출판되었다. 3. 「성 베네딕투스 수도회칙에 관한 주석」(*Commentary upon the rule of St. Benedict*). 엑스라샤펠 공의회(817)가 결의한 수도원 개혁에 힘입어 작성한 책. 매우 엄격하다는 데 특징이 있다. 4. 「왕도」(*The Royal way*). 경건자 루이가 아퀴타니아의 왕으로 재위할 당시에 그에게 헌정한 책. 24장으로 되어 있으며, 만약 충실히 따를 경우 지상의 왕을 천상의 왕국으로 인도할 만한 도덕적·영적 조언들로 구성되어 있다. 이 책은 「수사의 왕관」을 세속 생활의 필요에 맞춰 개작한 것에 불과하다. 5. 「로마 회의의 결의서」(*Acts of the Roman conference*). 앞서 언급한 의정서. 6. 「샤를마뉴가 성령의 발출에 관하여 교황 레오에게 보낸 서신」(*Epistle of Charles the Great to Leo the Pope upon the procession of the Holy Spirit*). 위에 언급한 서신. 7. 「프로타리우스와 스마라그두스가 황제 루이에게 보낸 서신」(*Epistle of Frotharius and Smaragdus to the Emperor Louis*). 중재자들이 작성한 보고서. 8. 「문법서 혹은 도나투스 평전」(*A larger grammar or a commentary upon Donatus*). 그의 첫 저서로서, 800–805년의 어느 시기에 학자들의 요청을 받아 작성했다. 일부분을 제외하고는 여전히 인쇄되지 않았다. 이 사본에는 「선지자들에 대한 주석」과 「성 미카엘 수도원의 역사」(*History of the Monastry of St. Michael*)가 남아 있다. 스마라그두스는 시(詩)도 남겼다. 그리스도를 찬송한 시 한 수 말고도 「선집」(*Collections*)과 「성 베네딕투스 수도회칙에 관한 주석」(*Commentary on the rule of St. Benedict*)에 붙인 운율체 서론들이 남아 있는데, 앞 책의 서문은 6보격에 29행으로 되어 있고, 뒷 책의 서문은 2행 연구(聯句)에 37행으로 되어 있다.

166. 오를레앙의 요나스

요나스(Jonas)는 아퀴나니아 태생으로서, 821년에 테오둘푸스를 계승하여 오를레앙의 대주교가 되었다. 대주교가 된 첫 해에는 오를레앙 근처의 미치(Mici) 수도원을 개혁하여 그곳을 훨씬 더 쓸모있는 곳으로 만들었다. 그는 해박한 고전과 신학 지식에다 행정가로서의 능력을 겸비함으로써 중요한 공의회들에서 지도자 역할을 수행했으며, 경건자 루이에게 자주 미묘하고 어려운 임무를 자주 맡았다. 예를 들어 황제는 그를 제국의 특정 지역들에 파견하여 법이 제대로 집행되고 있는지 조사하도록 했고, 835년에는 르 망의 플뢰리 수도원과 성 칼레츠 수도원에 파견했다. 하지만 그가 수행한 가장 두드러진 역할은 825년 11월에 파리에서 주교들과 신학자들의 회합을 주선하여 화상 숭배 문제를 심의하도록 한 일이었다. 황제는 그와 상스 대주교 제레미야를 로마로 보내 할리트가르 (Halitgar)와 아말라리우스가 그 주제에 관해 작성한 교부들의 글모음을 교황에 게 제출했다. 이 시도가 어떤 결과로 나타났는지는 알려지지 않는다. 요나스는 파리에서 열린 개혁적 공의회(829)를 주도했고, 아마도 그 공의회의 법령을 작성한 듯하다. 그리고 835년 3월 4일에 디덴호펜에서도 에보(Ebo)의 면직을 통고하는 의정서를 받아적었다. 그는 843년 혹은 844년에 숨을 거두었다.

그의 저서들은 비록 소수이긴 하지만 흥미롭고 중요하다.

1. 「평신도의 생활 규율」(*The layman's rule of life*). 3권으로 되어 있고, 828년에 가정을 이루고 살면서 거룩한 생활을 할 수 있는 비결을 문의한 오를레앙의 백작 마스프레드(Mathfred)를 위해서 작성했다. 첫 권과 마지막 권은 내용이 일반적이지만, 둘째 권은 특별히 결혼한 사람들을 위해서 쓴 글이다. 넉넉히 예상할 수 있듯이, 요나스는 모든 형태의 악을 강하게 비판하며, 따라서 그의 가치는 윤리학 역사에 중요한 가치를 지닌다. 둘째 권을 먼저 작성했을 가능성이 크다.

2. 「왕의 생활 규율」(*The King's rule of life*). 829년경에 작성했고, 피핀에게 헌정했다. 이 책과 앞서 언급한 책은 성경과 교부들, 특히 아우구스티누스의 글을 편집한 것에 지나지 않지만, 저자 자신의 발언들이 당대의 죄들과 어리석은 행위들을 잘 들여다 볼 수 있게 한다.

3. 「화상 숭배」(*The Worship of Images*). 이것이 그의 대표작이며 대단히 중요한 저서이다. 세 권으로 되어 있으며, 튀랭의 클라우디우스를 비판하여 작성했다. 클라우디우스가 죽던 때(839)에 거의 완성했으나, 클라우디우스의 과감한 견해를 따를 사람이 없다고 지레짐작하고서 조금 남겨놓고 완성하지 않았다. 그러나 클라우디우스의 제자들과 추종자들이 같은 사상을 퍼뜨리는 것을 발견하고는 다시 글을 이어쓰기 시작하여 842년에 완성했다. 이 책은 경건자 루이의 요청으로 쓰기 시작했으나, 그가 840년에 죽었기 때문에, 요나스는 이 책을 그의 아들 대머리 샤를에게 헌정했다. 헌사를 쓴 서신에서 그는 앞서 언급한 대로, 이 책을 쓰게 된 동기를 진술한다. 요나스는 아이러니와 풍자라는 자신의 무기를 가지고 클라우디우스를 비판하고, 그에게 조금도 추켜세우는 색깔로 묘사하지 않으며, 심지어 그의 라틴어 사용을 조롱하기까지 한다. 첫째 권은 화상(그림) 사용, 성인들에 대한 호칭 기도와 숭배, 그들이 살아 있는 사람들을 위해서 대신 빌어준다는 교리, 그들의 성유물에 대한 합당한 공경을 변호하지만, 프랑스 교

회는 화상을 숭배하지 않는다고 주장한다. 둘째 권은 십자가 공경과 로마에 대한 세 번의 순례를 변호한다.

4. 「성 휘베르의 유골이 이전된 역사」(*History of the translation of the relics of Saint Hubert*). 사냥꾼들의 수호성인 휘베르는 727년에 리에주의 초대 주교를 지내다가 죽어 그 도시에 있는 성 베드로 교회에 묻혔다. 744년에 그는 교회의 다른 부분으로 이장되었으나, 825년에 리에주의 주교 발캉(Walcand)이 그의 유골을 자신이 다시 설립한 앙뱅 수도원으로 옮겼으며, 요나스가 언급하는 것은 바로 이 두 번째 이전이다.

167. 라바누스 마우루스

그의 생애

마그넨티우스 라바누스 마우루스(Magnentius Hrabanus Maurus)가 본인 자신이 사용한 원명이다. 카롤링거왕조 시대에 활동한 위대한 학자들과 교사들의 한 사람인 그는, 776년경에 마인츠에서 태어났고, 아홉살에 부모의 손에 이끌려 유명한 풀다의 베네딕투스회 수도원에 들어갔다. 헤세의 대공이 다스리는 지역에 있던 이 수도원은 바우골프가 대수도원장(780-802 재위)으로 재직하던 그 시기에 큰 번성을 누렸다. 바우골프 자신이 고전 학자였던 관계로 마우루스는 그곳에서 세속 학문과 신앙 학문을 모두 체계적으로 받았다. 수사 서약을 했고, 801년에는 부제 임명을 받았다. 802년에 바우골프가 죽고 그 자리를 라트가르가 물려받았다. 신임 대수도원장은 처음에는 전임자의 노선을 따랐고, 그 수도원이 학문 중심지로서 갖고 있던 명성을 유지하기 위해서 수사들 가운데 총명한 사람들을 투르로 보내 앨퀸에게 신학뿐 아니라 특히 자유7과를 배워오도록 했다.

그 중에서 라바누스가 있었는데, 정말로 가서 배우고 싶은 마음이 불타올랐다. 유능하고 경험이 많으나 노쇠하고 지치고 다소 기계적인 교사와, 신선하고 패기가 넘치고 지칠 줄 모르는 학생이 그렇게 해서 만나게 된 일이 유럽에 대단히 중요한 결과를 끼치게 된다. 앨퀸은 그에게 책에 들어 있는 지식 이상의 것을 가르쳐 주었다. 다른 사람들을 가르칠 만하게 그를 훈련시켰고, 그로써 그를 위대한 교사들 — 이시도루스 · 비드 · 앨퀸 — 의 반열에 올려놓았다. 앨퀸과 라바누스 사이에는 매우 따뜻한 교분이 싹텄으나, 라바누스가 풀다로 돌아가던 해(804)에 죽음이 앨퀸을 데려갔으며, 그 결과 앨퀸이 살아 있었다면 대단히 흥미로웠을 서신 왕래가 아쉽게도 단 한 차례로 끝나고 말았다.

라바누스는 수도원학교 교장으로 임명되었다. 교장으로 일하던 초기에는 투르에 함께 가서 배웠던 동료 사무엘의 지원을 받았으나, 그가 보름스 주교로 선출되자 혼자 학교를 이끌어 갔다. 신임 대수도원장 라트가르는 건축에 광적인 열정을 지닌 독재자로 속히 변질되어 갔다. 그는 연구와 교육에 시간을 보내기를 아까워했다. 따라서 학교를 문닫게 할 매우 효과적인 꾀를 생각해냈다. 학생들에게서, 심지어 교장 라바누스에게조차 모든 책을 수거했다.[39] 807년에 수도원에 몹시 심한 전염병이 휩쓸고 가는 바람에 특히 젊은 수사들을 중심으로 많은 수사들이 목숨을 잃었고 적지 않은 수가 수도원을 떠났다. 이렇게 사망과 이탈로 인하여 수사들의 수가 400명에서 150명으로 급감했으나, 남아 있는 사람들은 이전보다 훨씬 더 고되게 일해야 했다. 아마도 수도원이 이렇게 학정과 비참에 시달리던 시기에 라바누스는 팔레스타인을 여행한 듯하다. 하지만 그는 그 여행에 대해서는 한 번 언급할 뿐이다.[40] 814년 12월 23일에 그는 사제 임명을 받았다.

817년에 라트가르가 면직되고 라바누스의 친구 에이길이 대수도원장으로 선출되었다. 에이길과 더불어 수도원에는 좀 더 나은 날이 동텄다. 라바누스는 이제 아무런 방해도 받지 않고 가르칠 수 있었고, 다시 한 번 집필에 몰두할 수 있었다. 학교의 규모도 더욱 커져서 분교할 수밖에 없었다. 사회에 나가 활동하려는 학생들은 수도원 바깥에 마련한 장소에서 따로 가르쳤다. 도서관의 장서도 크게 늘었다.

822년에 에이길이 죽고 라바누스가 후임자로 선출되었다. 그는 영적 문제에서 훌륭한 지도자임을 입증했다. 수사들을 인격적으로 배려했고, 그들에게 설교를 자주 했다. 사제들을 교육하는 데에 각별한 관심을 기울였다. 그들의 유익을 위해서 저서들을 편집했으며, 학교에서 특히 성경 과목을 힘써 가르쳤다. 그가 기용한 교장은 앞서 언급한 에이길의 전기작가 칸디두스였다. 이 시기에 그가 길

---

39) 두 권 중에서 앨퀸의 저서만 보존되었다(Migne, C. col. 398). 라바누스가 먼저 글을 썼다는 것이 앨퀸의 서신을 근거로 한 합리적인 추측이다.

40) Migne, CVII. col. 15.

러낸 유명한 제자들로는 세르바투스 루푸스, 발라프리드 스트라보, 그리고 오트프리드를 들 수 있다. 라바누스는 성유물 수집에 심혈을 기울였고, 비용을 아끼지 않고 성소를 마련하여 그곳에 성유물들을 안치했다. 교회당들을 건축했으며, 수사들을 여러 지역으로 파견하여 정착하게 하여 기존의 16개 수도원에 여섯 개의 부속 수도원을 더 늘렸다.

842년 봄에 라바누스는 공직을 사임하고서 풀다 근처에 있는 페테르스베르그의 '암자'로 은퇴했다. 그곳에서 공직에 따른 우수사려에 방해받지 않은 채 연구와 집필에 몰두하다가 생을 마감할 수 있으리라고 생각했다. 이런 목적으로 여러 사람들에게 도움을 청하여 일을 신속히 진행시켰다. 그러나 그와 같은 역량 있는 사람이 공직에서 물러나 한가하게 지내도록 사회가 놔둘 리가 없었다. 마인츠 대주교 오트가르(Otgar)가 죽었을 때(847년 4월 21일) 그는 참사회와 마인츠 귀족 및 민중의 만장일치로 후임 대주교에 선출되었다. 그는 마지못해서 그 직위를 수락하고서 847년 6월 26일에 축성을 받았다. 그해 10월에는 마인츠 성 알바누스 수도원에서 첫 교회회의를 열었다. 독일인 루이스의 지시로 열린 지역 교회회의였다. 회의에 참석한 유명 인사들 가운데는 그의 속교구 주교들인 보름스의 사무엘(수도원 학교의 동료 교사), 힐데스하임의 에보, 앨퀸 밑에서 동문 수학했던 할베르슈타트의 하이모, 그리고 북유럽 선교의 필요를 역설하러 온 함부르크의 안스가르가 있었다. 교회회의는 사제들에게 설교하도록 명령하는 법령을 다시 공포했다. 이 법령으로 라바누스는 높은 평가를 받는다.

848년 10월 1일에 제2차 교회회의가 마인츠에서 열렸고, 이 회의는 고트샬크 문제가 논의된 점에서 첫째 회의 못지않게 기념할 만하다. 고트샬크는 풀다 수도원에서 배운 학생으로서, 그의 처신과 사상이 라바누스의 분노를 일으켰고, 따라서 라바누스는 교회회의에서 그를 비판했다. 그 결과 교회회의는 고트샬크에게 불리한 결정을 내렸고 그를 앙크마르에게 보내 재판을 받게 했다. 엔하르트(Enhard. 아인하르트와 혼동해서는 안 됨)가 작성하기 시작하고, 루돌프가 연속해서 쓴 풀다 연대기에는, 850년에 독일에 심한 기근이 들었을 때 라바누스가 빈첼 마을에서 매일 300명이 넘는 사람들에게 양식을 대주었다는 사실이 감사의 심정이 담긴 문체로 적혀 있다.[41] 851년 혹은 852년 10월에 라바누스는 제3차 마

---

41) Migne, CVII, col. 24.

인츠 교회회의를 주재했는데, 이 회의는 이를테면 성직자들에게 사냥을 금지하는 법안과, 결혼했던 사제에게 성찬을 받는 것이 합당치 않다고 여겨서 그를 떠난 평신도에게 아나테마를 선언하는 법안 등 여러 가지 개혁 법안들을 통과시켰다. 라바누스는 856년 2월 4일에 마인츠에서 숨을 거두었고, 성 알바누스 수도원에 묻혔다. 죽기 전에 수수하면서도 정직한 자신에 관한 비문을 남겼다. 1515년에 브란덴부르크의 추기경 알베르트는 그의 유골을 할레로 이장했다.

그의 지위와 영향력

라바누스는 인격과 신앙과 학문으로 9세기에 단연 돋보이는 인물이었다. 학창 시절에는 지칠 줄 모르게 학문을 추구했고, 교사가 되어서는 사색하고 가르치는 일에 수고를 아끼지 않았고, 대수도원장이 되어서는 의무를 하나도 빠뜨리지 않고 수행하기 위해서 힘썼고, 대주교가 되어서는 숱한 역경에 굴하지 않고 신앙을 위해서 투쟁했으며, "그리스도를 위한 일이라면 악인들의 대적은 아무것도 아니다"는 자신의 좌우명에 충실했다. 그는 자신에게 부여되던 명예들에 들뜨지 않고 겸손했으며, 교만이나 시기와는 거리가 멀었다. 정당한 요구와 비평은 묵묵히 수용하면서도, 원칙을 지키는 일에는 고집스럽고 억척스러웠다. 수사가 자기 수도원을 떠나도 된다는 829년 교회회의의 결정에 홀로 맞설 만한 용기가 있었다. 그는 점성술의 효험을 부정했고 시죄법에 의한 재판에 반대했다. 일찍부터 자신을 경건자 루이의 친구라고 밝혔고, 그의 아들들의 신의 없는 행동을 단호하면서도 진지하게 책망했다. 루이가 죽은 뒤에는 로타르에게 자신의 운명을 걸었으며, 그가 841년 6월 25일에 퐁테네에서 패했을 때 개인적으로 많은 고통을 겪었고, 그 일로 대주교직 사임이 앞당겨졌던 것 같다. 그는 다음 해 봄에 대주교직을 사임했다. 하지만 그와 새 왕 독일인 루이스의 관계는 나쁘지 않았다. 루이스는 그를 자신의 궁정으로 부른 뒤 마인츠 대주교로 임명했다.

라바누스가 불후의 명성을 얻게 된 것은 교육 활동 때문이다. 직접 가르치고 교과서를 집필하는 데 쏟은 노력에 힘입어 독일 제1의 스승(Primus Germaniae Praeceptor)이라는 자랑스러운 칭호를 얻었다. 풀다 수도원 학교는 프랑크 왕국 전역에서 경건과 학문의 중심지로 명성을 얻었다. 하층 계급의 청년들뿐 아니라 많은 수의 귀족 청년들도 그곳에서 교육을 받은 뒤 독일 교회의 주교들과 목회자들이 되었다. 가난하다는 이유로 입학이 거부되는 사례는 없었다. 풀다가 성경을 착실하게 가르치고 연구하는 전통을 세운 뒤 그 전통이 다른 수도원들로 급속히 퍼져나갔다. 훨씬 더 눈여겨 볼 만한 것은, 라바누스가 독일에서 세속 생활을 위해 소년들을 길러내는 수도원 학교를 운영한 최초의 인물이었다는 점이다. 바로 이 점으로 인해서 그는 독일 학교 제도의 설립자라 불리게 되었다. 라바누스가 가르친 학생들은 어디로 가든 교사로서 환영을 받았으며, 제후들로서도 자기 자식들을 믿고 맡길 만한 그만한 학교를 찾을 수 없었다. 그 학교가 탁월했다는 강력한 증거는 풀다의 졸업생으로서 이제는 위대한 학자와 교사가 된 아인하르트가 자기 아들 부신(Wussin)을 입학시켰다는 사실과, 여전히 남아 있는 편지에서 아들에게 그곳에서 공부할 수 있는 대단한 특권을 잘 활용하여 공부에 힘쓰고, 무엇보다도 '위대한 웅변가' 라바누스 마우루스가 하는 말을 경청하라고 당부하는 사실이다. 라바누스가 작성한 백과사전 「우주」(*The Universe*)는 그가 보편적인 지식과, 그것을 다른 사람들에게 전달할 능력을 지니고 있었음을 입증한다. 따라서 앨퀸을 모델로 삼으면서도 스승의 교육관을 확장했으며, 몸소 그리고 저서들을 통해서 시들지 않을 모범을 확고히 세워놓았다.

저서

라바누스는 많은 글을 남긴 저자였다. 그러나 당대의 여느 저자들과 마찬가지로 대부분 교부들과 이후의 성직자들의 글을 편집했다. 당대의 현실적 필요들에 민감하게 부흥했고, 질문을 하는 학생들에게 힘써 대답해 주었다. 성경 지식이 심오했음을 저서들을 통해서 보여준다. 그의 저서들은 일곱 부류로 구분할 수 있다.

I. 성경 관련 저서들. 1. 「주석」. 에스라·느헤미야·욥기·시편·전도서·아가·소선지서들·공동서신들과 계시록을 제외한 성경전서를 대상으로 삼는다. 외경 저서들인 유딧·지혜서·집회서·마카베오서에 대해서도 주석을 썼다.[42] 이 주석들은 아마도 일부는 그의 지시하에 제자들이 편집한 것인 듯하다. 책이 매우 귀하고 도서관은 훨씬 더 귀하던 시대에 성경과 교부들에 관한 지식을 두루 잘 보존한 문헌들이다. 단 한 가지 사실만으로도 이러한 상황이 어떤 것이었

---

42) 인쇄되지 않은 것은 이사야·다니엘·요한복음에 대한 주석들이며, 마가복음·누가복음·사도행전 주석들은 유실되었다. 나머지는 Migne, CVII. col. 439-670; 727-1156에 실려 있다.

는지 확연해진다. 리지외의 주교 프레쿨프(Freculf)가 라바누스에게 모세오경 주석을 집필하라고 강권하는 과정에서, 자기 교구에는 그런 유의 책이 전혀 없고, 심지어 성경전서마저 없으며, 성경전서에 대한 강해서는 더더욱 없다고 쓰는 것이다[43] 라바누스는 답장에서 성경 해석에 대한 소견을 이렇게 적는다. "성경을 잘 깨닫고 싶으면 무엇보다도 성경에 실려 있는 역사와 알레고리, 영적 해석, 비유를 잘 살펴야 합니다. 이는 성경에 네 가지 종류의 의미가 있기 때문입니다. 역사적 · 알레고리적 · 비유적 · 영적 의미가 그것으로서, 우리는 이 네 가지를 지혜의 딸들이라고 부릅니다. 이 네 가지를 통해서 지혜는 자기 자식들을 기릅니다. 이제 공부를 시작한 어린 사람들에게는 역사라는 젖을 먹입니다. 믿음이 발전한 사람들에게는 알레고리라는 빵을 먹이며, 진심으로 항상 선을 행함으로써 풍성한 생활을 누리는 사람들에게는 비유라는 맛있는 음식을 먹입니다. 하지만 세상의 것들을 천시하고 하늘을 뜨겁게 사모하는 사람들에게는 영적 해석(anagoge)이라는 포도주를 가득 베풉니다."

그는 이러한 원리들에 맞춰서 주석을 쓰는데, 다만 최초에 발생한 마태복음 주석(819)에서는 해석학이라고 할 만한 면모를 드러내지 못하고 다만 신비적인 해석만 제시한다. 집필하느라 수고를 많이 기울였음이 틀림없지만, 그것을 20년이나 끌었다. 그는 자신의 자료를 꼭 단어 그대로 옮기지는 않고 자기 말로 풀어서 쓰곤 한다. 발췌를 하면 그 전거를 제시하는 독특한 면모를 보인다. 성경 각 권의 주석마다 독자적인 헌사를 붙인다. 예를 들어, 유딧과 에스더 주석들에는 왕비 주디스(Judith)가 유대인의 그 여걸을 닮았다는 이유로 그녀에게 바치는 헌사가 실려 있고, 역대기 주석에는 정부의 지도자인 그녀의 남편 경건자 루이에게 바치는 헌사가 실려 있으며, 마카베오서에는 독일인 루이스, 예레미야에는 로타르에게 바치는 헌사들이 실려 있다.

2. 같은 문체로 아침 예배에 부르던 성경의 찬송들에 대한 주석도 썼다.

3. 「성경의 알레고리」(*Scripture Allegories*). 알레고리로 규명된 용어들을 알파벳 순서로 편하게 배열한 사전. 예를 들면 다음과 같다. "아누스(annus)는 은혜의 때이다. 이사야[61:2]의 '주의 은혜의 해'의 경우와 같다. 또한 욥기[3:6]의 구원받은 선택자들 가운데 '해의 날 수 가운데 기쁨이 되지 말았더라면'의 경우처

---

43) 마태복음 머리말, Migne, CVII. col. 727.

럼 구속받은 무리를 가리키기도 한다. 시편[102:24]의 '주의 년대는 대대에 무궁하니이다'의 경우처럼 그리스도의 영원성을 가리키기도 한다. 시편[90:9]의 '우리의 평생이 일식간에 다하였나이다', 즉 우리의 인생이 공허하고 쇠락한 가운데 신속히 지나간다는 표현에서처럼 우리의 인생을 뜻하기도 한다."[44]

4. 「막달라 마리아와 그녀의 자매 마르다의 생애」(*The life of Mary Magdalene and her sister Martha*). 이 책은 우리 주님의 생애에서 관련된 부분과 그 자매의 전설적 역사를 다루며, 나름대로 흥미로운 저서이다. 하지만 그는 나사로의 누이 마리아를 막달라 마리아와 혼동하며, 막달라 마리아를 다시 죄인인 여자와 혼동한다. 따라서 마리아가 아름다움의 기적이라고 공언한 뒤에 그리스도를 만나기 전에 그녀의 부정한 상태를 어쩔 수 없이 다룬다.

II. 교육 관련 저서들. 1. 「성직자들의 강요(綱要)」(*The Institutes of the clergy*). 이 중요한 저서는 819년에 많은 사람들의 요청에 부응하여 집필했다. 세 권으로 되어 있고, 서문에 격언이 시의 형태로 실려 있다. 산문 서문은 책의 개요를 소개하며, 자료들을 진술한다. 이 책은 아우구스티누스의 「기독교 교육론」(*De doctrina Christiana*), 카시오도루스의 「강요(綱要)」(*Institutiones*), 그레고리우스의 「목회 지침」(*Cura pastoralis*)을 주로 편집했다. 라바누스의 「성직자들의 강요」 첫 권은 교회의 직분들과 성직복들, 성례들과 미사 예규를 다룬다.[45] 둘째 권은 성무일과의 시간, 호칭기도, 금식, 구제, 고해, 축일들, 죽은 자들을 위한 기도, 시편 찬송과 찬미, 성경낭독, 신조를 다루며, 이단들의 명단을 제시한다. 셋째 권은 교회를 올바로 섬길 수 있는 사역자를 키워내는 데 필요한 교육을 다룬다. 그가 주로 성경 지식을 강조하고, 연구와 설명을 위한 지침을 제시하는 것은 주목할 만하다. 그런 뒤에는 당시에 가르치던 자유7과 같은 교육의 구성 성분들로 넘어간 다음, 어떻게 말하고 가르쳐야 가장 좋은 결과를 낼 수 있는가 하는 문제로 마친다. 설교자는 청중의 나이와 성과 결핍과 약점을 배려해야 한다고

---

44) *Allegoriae in universam Sacram Scripturam*, col. 858.

45) 그는 유대교의 유월절 규례와, 성찬이 기독교의 유월절 식사라는 점에 근거하여 성찬 때 무교병 사용을 변호하며, 창에 찔린 구주의 허리에서 물과 피가 흘러나온 점을 근거로 포도주에 물을 섞어 사용하는 방식을 변호한다. 물은 사람들을, 포도주는 그리스도의 피를 상징한다. 그러므로 둘이 한 잔에 결합되는 것은 사람들이 그리스도와 연합되는 것을 상징한다고 그는 주장한다.

올바로 지적한다. 설교자는 하나님의 대변인으로 서야 하며, 만약 그가 정말로 하나님의 사람이라면 하나님께서 능력으로 그를 붙들어 주실 것이라고 말한다. 이것이 올바른 정신이다. 인간은 아무것도 아니다. 하나님이 전부이다. "설교자는 우리와 우리의 설교를 주관하시고 들어 쓰시는 분에게 영광을 돌려야 한다."[46]

2. 「계산에 관하여」(*On Computation*). 820년에 집필했고, 스승과 제자 사이의 대화 형식으로 되어 있다. 상당 부분이 비드의 「시대의 계산에 대하여」(*De temporum ratione*) 이시도루스의 「어원학」(*Etymologies*), 보에티우스의 「대수학」(*Arithmetic*)을 그대로 옮긴 것이다. 그러나 그 결과 나온 저작은 수와 시간과 계절을 계산하는 중요한 문제를 가르치는 일에서 상당한 진전을 이룩했다.

3. 「우주」(*The Universe*). 세비야의 이시도루스가 이미 보편적 지식의 백과사전 작성에 전형을 수립했고, 라바누스는 「우주」라는 책에서 단지 이시도루스의 「어원학」을 자료만 약간 다르게 배열하고, 알레고리적이고 영적인 문제, 이름들과 단어들에 대한 해석을 첨가하고, 성경을 많이 인용하는 방식으로 재현한다. 이 저서는 그의 학문적 취향이 일찍 결실한 작품들 가운데 하나로서, 844년경에 나왔다. 제롬의 구약 정경의 수인 스물두 권으로 되어 있으며, 할베르슈타트의 하이모와 왕 루이스에게 헌정되었다. 내용은 신론으로부터 시작하며, 처음 다섯 권은 종교와 예배에 관해서 다룬다. 나머지 권들은 동물로 간주되는 인간 자신으로부터 시작하여 짐승들을 거쳐 천체와 시간과 시간 구분, 땅 위의 물과 아래의 물, 땅 위의 구름, 그리고 땅 자체에 이르기까지 세속적인 것들을 다룬다. 그런 뒤 산들과 계곡들과 다양한 지역들, 공공 건물들과 그 부분들, 철학과 언어학, 돌과 금속, 무게와 질량, 질병과 약, 나무와 식물, 전쟁과 승리, 흥행과 오락, 그림과 색깔, 의복과 장식, 음식과 음료, 탈 것과 마구 등에 관해서 말해나간다.

4. 「프리스키아누스 문법의 발췌글」(*Excerpt from Priscian's Grammar*). 표준 문법의 요약판. 거의 운율학에 국한되긴 하지만, 프리스키아누스(6세기 콘스탄티노플의 라틴어 문법학자: 역자주)가 학교들에 소개되는 데 아바지했다.

5. 「성직들, 성례들, 사제의 복장들」(*The holy orders, divine sacraments and priestly garments*).

6. 「교회의 권징」(*Ecclesiastical discipline*). 저자가 대주교로 재직하는 동안 쓴

---

46) *De clericorum institutione*. Lib. III. Cap. XXXIX. col. 420.

마지막 두 논문. 주로 「강요」를 약간 변경하여 발췌한 것에 지나지 않는다.

7. 「인간 육체의 부분들」(*The parts of the human body*). 라틴어와 독일어로 작성되었다. 이 용어집은 발라프리트 스트라보가 라바누스의 강의를 토대로 작성했다. 말미에는 달[月]들과 바람들의 명칭이 라틴어와 독일어로 표기되어 있다.

8. 「언어들의 창제」(*The invention of language*). 히브리어·헬라어·라틴어·스키티아어·룬 어(고대 북유럽 문자) 등 호기심을 끄는 문자들이 창제자로 추정되는 사람들의 이름과 함께 소개된다. 이 소책자는 가장 공통된 약자들과 결합 문자들도 수록한다.

Ⅲ. 특별한 경우에 쓴 저서들. 즉 당대에 유행하던 질문들과 그 질문들에 대답한 저서들. 1. 「소년들의 봉헌」(*The oblation of boys*). 829년의 마인츠 공의회가 고트샬크에게 소속 수도회를 떠나도록 허용하며 내린 결정에 대해서 라바누스가 논박한 유명한 논문. 고트샬크는 두 가지 주장을 제시했는데, 하나는 유아기 혹은 미성년자일 때 부모가 수도원에 들어가게 했다는 이유만으로 평생 수도원에 남도록 하는 것이 옳지 않다는 것이었다. 다른 하나는 소년을 봉헌하려면 자격을 갖춘 증인을 세워야 한다는 것이다. 그리고 자신의 경우에는 색슨족만 그런 증언을 할 수 있는데, 왜냐하면 색슨족의 법률에 따르면 색슨족이 아닌 사람의 증언을 토대로 색슨족의 자유를 박탈한 것은 불법이라는 것이었다. 라바누스는 두 가지 점에서 다 그를 논박한다. 그는 성경과 교부들이 계명과 행실로써 자녀들을 거룩하게 바치는 것을 허용한 증거들을 제시하며, 둘째 주장과 관련하여 다음과 같이 답변한다. "[그것은] 그리스도를 섬기려면 자신의 자유와 고귀함을 버려야 하는 것과 같다." 그러나 고트샬크의 둘째 주장에 대한 진정한 논박은 프랑크인의 증언을 믿을 수 없다는 고트샬크의 주장이었다. 이것이 라바누스의 애국심을 건드렸고, 그의 웅변을 자극했다. 그는 이렇게 말한다. "프랑크인들이 색슨인들보다 오래 전에 그리스도인들이었다는 것은 만천하가 다 아는 사실입니다. 그런데도 색슨인들은 인간적이고 신적인 모든 법을 무시해 가면서까지 프랑크인의 증언을 배척할 권리가 있다는 듯이 행세합니다."[47] 이렇게 고트샬크를 논

---

47) *Quasi illi libertatem ac nobilitatem generis sui perdant qui servitium Christi profitentur.* CVII. col. 431.

박한 그는 성경을 가지고 자신의 세 번째 주장, 즉 하나님을 향해서 한 맹세를 어겨서는 안 된다는 주장을 입증한다. 그가 마지막으로 던진 논지는 수도원주의가 신적인 제도라는 것이다. 이 논문에서 그는 고트샬크를 거명하지 않지만, 그를 염두에 두었다는 것은 두말할 나위가 없다. 그가 불행한 고트샬크에 대해서 취한 행동은 편협한 것이었다.

2. 「자녀들이 부모에게, 백성이 왕에게 바쳐야 할 존경」(*The reverence of children to their patents, and of subjects to their king*). 이 책은 경건자 루이가 833년에 폐위와 투옥을 당한 뒤에 그에게 보낸 글이다. 라바누스는 성경을 인용해 가면서, 하나님께서 어린이들에게는 부모 존경하기를, 백성에게는 왕을 존경하기를 명하셨고, 그렇게 하지 않는 자들에게는 저주를 경고하셨다고 주장한다. 그런 뒤 바로 본론으로 돌아가 당시의 상황을 거론하면서, 루이의 아들들에게 복종을 당부한다. 루이가 베르나르를 처형한 것이 살인죄에 해당하는 것이 아니라고 변호한 다음, 마지막으로 슬픔에 빠져 있는 황제를 위로하고, 훗날 권좌로 복귀하면 훨씬 더 현명하게 다스리라고 권고한다. 논문 전체가 라바누스의 지성과 마음의 어떠함을 잘 드러낸다.

3. 「결혼이 허용되는 관계의 정도에 관하여」(*On the degrees of relationship within which marriage is permissible*).

4. 「마술」(*Magic arts*). 라바누스는 당대에 성행하던 미신에서 초연히 벗어난 인물이었다. 842년에 쓴 이 소책자의 둘째 부분에서 모든 형태의 점술을 강력히 금하고, 그 행위와 관련된 흥미로운 목록을 제시한다. 유령과 악령과 그와 유사한 현상이 귀신의 영향하에 생기는 것이라고 하면서도, 인간의 감각이 얼마든지 속임을 받을 수 있는 가능성을 인정한다. 묘하게도 그는 사무엘의 유령이 사울에게 나타난 일을 인용한다. 그는 사무엘이 실제로 나타난 것이 아니라고 일축하면서, 사울이 마귀에게 속은 것이라고 주장했다. 그 이유는 (1) 실제 사무엘이 하나님의 사람이었다면 사울이 자신에게 절하는 것을 허용하지 않았을 것이고, (2) 실제 사무엘은 아브라함의 품에 있었으며, 따라서 진짜 사무엘이었다면 그 사악한 왕에게 "내일 너와 네 아들들이 나와 함께 있으리라"고 말하지 않았을 것이라고 했다.

5. 「속교구 주교 레기날드가 문의한 몇 가지 교회법 관련 질문들에 대한 답변」(*A Response to certain Canonical Questions of the Suffragan Bishop Reginald*).

6. 「속교구 주교가 주교의 동의를 얻어 사제들과 부제들을 임명하는 것이 가능한가의 여부에 관하여」(Whether it is permissible for a suffragan bishop to ordain priests and deacons with the consent of his bishop). 그는 가능하다고 대답한다.

IV. 고해에 관한 저서들. 1. 두 권의 고해서. 공의회들이 참회에 관하여 결의한 사항들을 소개한다. 2. 고해에 관한 교회법상의 질문들. 3. 「덕행과 악행 그리고 죄에 대한 보속」(The virtues and vices and the satisfaction for sin).

V. 그 밖의 저서들. 1. 「설교집」(Homilies). 두 권이 있는데, 첫째 권은 주요 축일들과 덕행들을 다룬 일흔 편의 설교를, 둘째 권은 복음서들과 서신서들에 관한 163편의 설교를 수록한다. 첫째 권은 826년에 죽은 주교 하이스툴프(Haistulf)에게 헌정한 점으로 미루어 그 이전에 작성되었음이 틀림없다. 두 권에 실린 설교들은 의심할 여지 없이 라바누스가 행한 것들이다. 대 레오 · 아우구스티누스 · 앨퀸 등의 인물들의 설교를 자유롭게 사용하며, 따라서 그의 다른 저작들과 마찬가지로 상당 부분이 편집에 해당한다. 그럴지라도 몇 편은 독창적이며, 당시 성행하던 악행들을 다루고 그로써 당시의 현실을 다루는 점에서 매우 큰 흥미를 일으킨다.

2. 「영혼에 관한 논문」(Treatise on the Soul). 그가 왕 로타르에게 쓴 머리말에서 인정하듯이, 카시오도루스의 「영혼에 관하여」(De Anima)를 발췌하고 거기에 약간의 내용을 덧붙인 책이다. 부록에는 플라비우스 베게티우스 레나투스(Flavius Vegetius Renatus)의 「로마 군대의 훈련에 관하여」(De disciplina Romanae militiae)의 발췌글이 수록되었다. 이 낯선 부록을 수록한 이유는 "야만족들의 잦은 침략"에서 찾을 수 있다. 이 논문은 라바누스의 마지막 저작으로 추정된다.

3. 「순교록」(A martyrology). 저마다 다른 축일을 지닌 성인들을 소개하는데, 대부분은 이름만 적고, 나머지는 생애를 간단히 설명한다. 주요 전거는 제롬의 글이다. 아인하르트를 위해서 성 마르켈리누스와 성 페트루스의 유골을 훔친 라틀레익(Ratleik)의 요청으로 쓴 책이며, 머리말에 대수도원장 그리몰드(Grimold)에게 바치는 짧은 시가 실려 있다.

4. 「하나님을 바라봄」(The vision of God), 「마음의 청결」(Purity of heart), 「고해의 방법」(Mode of penance). 이 세 권은 대수도원장 보노수스(Bonosus, 하토)

에게 헌정한 책들이다. 첫 권은 주로 아우구스티누스의 「하나님을 바라봄」(*De vivendo Deo*)을 발췌했고, 둘째 권과 셋째 권은 다른 옛 자료들을 발췌했다.

5. 「우리 주님의 수난」(*The Passion of our God*). 우리 주님이 당하신 수난을 생각하며 쓴 간략하고도 경건한 명상록.

VI. 서신들. 1. 결혼 가능한 합법적 촌수에 관해 주교 훔베르트에게 쓴 서신. 2. 일곱 통의 개별적인 서신들. 서신 1은 권징에 관하여 속교구 주교 레김발트 (Regimbald)에게 쓴 것이다. 서신 3은 라드베르투스의 성찬관을 비판한 내용을 에이길에게 보낸 것이다. 서신 4, 5, 6은 예정에 관하여 앙크마르와 노킹구스 (Notingus), 백작 에버하르트(Eberhard)에게 보낸 것이다. 서신 7은 독일인 루이스에게 보낸 것으로서, 848년의 마인츠 공의회 법령이다. 서신 8은 고트샬크에 관하여 앙크마르에게 보낸 교회회의 서신이다.

VII. 시. 라바누스는 시적 재능은 없었다. 그럴지라도 운율학을 착실하게 공부했고, 친구들에게 그리고 여러 가지 상황들에 대해서 운율체로 글을 쓸 만한 역량이 있었다. 자신을 포함한 여러 사람들의 비문을 썼다. 그가 남긴 시 가운데 가장 돋보이는 작품은 "십자가 예찬"이라는 장시이다. 이 시는 투르의 앨퀸의 암시를 받아 쓰기 시작했으나 815년이 되어서야 완성했다. 썩 훌륭하지 않은 시재(詩才)와 인내를 가지고 쓴 역작이다. 친구 하토가 그린 스물여덟 점의 그림을 수록했는데, 그림 중 더러는 기하학에 관한 것이고 나머지는 인물이나 대상이다. 그림이 실린 면에는 시의 한 연을 싣고, 글자들은 고르게 배열하되, 더러는 의도적으로 특별한 위치에 두드러지게 배열하여 시선을 끌고 다른 단어들을 구성하도록 한다.

각 연 뒤에는 산문 설명을 붙이며, 둘째 권은 해당 주제에 대한 산문 논문을 싣는다. 책 전체의 머리말에는 세 편의 시를 싣는다. 첫째 시는 앨퀸에게 기도를 간청하는 내용이고, 둘째 시는 교황에게 바치는 헌사이며, 셋째 시 "카이사르의 형상"은 경건자 루이에게 바치는 헌사이다. 앨퀸도 이전에 그와 유사한 목적을 가지고 "거룩한 십자가에 관하여"라는 시를 썼다. 따라서 이 시는 앨퀸에게서 암시를 받았을 가능성이 있지만, 아이디어는 포르투나투스에게로 거슬러 올라간다. 라바누스 마우루스의 이 시는 중세에 매우 큰 인기를 누렸으며, 경이로운 재능의 결실로 간주되었다.

라바누스가 남긴 찬송들은 없다시피하다. 그의 이름으로 되어 있는 찬송들이 많긴 하나 한결같이 진정성이 매우 의심된다.

168. 하이모

하이모(Haymo, Haimo, Aymo, Aimo)는 색슨인으로서 778년경에 태어난 듯하다. 풀다 수도원에서 수사 서약을 했고, 803년에 대수도원장(라트가르)에 의해서 막역한 친구 라바누스 마우루스와 함께 투르로 가서 앨퀸에게 배웠다. 돌아와서는 풀다에서 가르치다가 839년에 히르쉬펠트의 대수도원장으로 선출되었다. 848년에 고트샬크를 단죄한 마인츠 공의회에 참석했다. 할베르슈타트에 막대한 비용을 들여 주교좌성당 도서관을 건립했으나, 불행하게도 이 시설은 1179년에 소실되었다. 그는 853년 3월 27일에 숨을 거두었다. 그는 탁월한 학자였다. 해석학자로서는 단순 명쾌했으나 지나치게 문자적인 해석에 치우쳤다.

그의 저서들은 방대하며, 종교개혁 시기(1519-36)에 로마 가톨릭 사람들에 의해서 최초로 출판되었다. 이 저서들은 트렌트 공의회의 신학에 비해 자유롭고 덜 편견에 치우친 가톨릭 신학을 가르친다. 예를 들어, 그는 베드로가 로마 교회를 세웠다는 주장과, 교황이 보편적 수위권을 지니고 있다는 주장을 부정하며, 파스카시우스의 화체설 교리를 배격한다. 그의 저서들은 크게 다음과 같이 분류할 수 있다.

1. 「주석」(*Commentary*). 시편과 구약성경의 특정 찬송들, 이사야, 소선지서들, 아가, 바울 서신들, 계시록에 관하여 집필하거나 편집한 저서. 2. 「설교」(*Homilies*). 교회력의 절기들에 관한 설교들. 3. 「문집」(*Miscellanies*). "주님의 살과 피" — 고린도전서에 관한 자신의 주석을 발췌한 글. "거룩한 역사의 개요" — 루피누스의 에우세비우스 「교회사」 번역을 비록 전부는 아니지만 사실상 상당 부분을 발췌한 글. 그리고 세 권으로 된 금욕적 글인 "천국을 향한 사랑".

169. 발라프리트 스트라보

발라프리트(Walahfrid)는 시인 겸 주석가, 신학자 겸 교사로서, 809년경에 알레마니아의 미천한 가정에서 태어났고, 콘스탄츠 호수의 섬에 세워진 베네딕투스회 소속 라이헤나우 대수도원 학교에서 교육을 받았다. 스트라보(Strabo, 혹은 스트라부스)라는 그의 별명은 사팔뜨기이기 때문에 붙은 것이지만, 그 자신이 자신의 이름으로 취했다. 그는 826-829년에 풀다 수도원에서 라바누스 마우루스에게 배웠다. 그곳에서 고트샬크와 교분을 쌓았으며, 아마도 공부에 몰입하기 위해서 내내 혼자 독방에 들어가 지낸 듯하다. 풀다를 떠나면서 엑스라샤펠로 갔고, 대법관 일두앵(Hilduin)과 사귀었으며, 그의 주선으로 경건자 황제 루이를 만났다. 루이는 그에게 큰 호감을 가졌고, 그의 학문을 높이 평가하여 자기 아들 샤를의 가정교사로 삼았다. 황후 주디스도 그와 각별히 친하게 지냈다. 838년에 경건자 루이는 그를 라이헤나우의 대수도원장으로 임명했으나, 2년 뒤 독일인 루이스가 그를 파면했다. 그는 슈파이어로 가서 842년까지 지내다가, 독일인 루이스에게 다시 부름을 받고 대수도원장이 되었는데, 아마도 대법관 그리말드(Grimald)의 권유 덕분이었던 것 같다. 849년에 그는 독일인 루이스로부터 프랑스로 건너가 대머리 샤를을 만나라는 임무를 받아 가지고 길을 나섰으나, 그 해 8월 18일에 루아르 강을 건너는 도중에 죽었으며, 라이헤나우에 묻혔다.

발라프리트는 매우 붙임성 있고 친절하고 위트가 넘치는 사람으로서, 교회와 세속 학문 양 분야에 걸쳐 상당한 재능을 지니고 있었고, 더 나아가 재기가 번득이는 시인이었으며, 이 점에서 순전히 기계적으로 산문을 운문으로 고치던 당시의 저자들과 크게 대조를 이룬다. 그는 소년 시절부터 시를 쓰기 시작했으며, 비교적 짧은 생애를 사는 동안 많은 시를 남겼는데, 그 중 상당수가 장시(長詩)들이다.

그의 저서들은 다음과 같다.

I. 주해서들. 1. 「주해」(Glosses). 외경이 포함된 라틴어 성경전서에 대한 간략한 주해. 편집서로서 매우 가치가 있는 저서로서, 주로 아우구스티누스 · 대 그레고리우스 · 세비야의 이시도루스 · 비드의 글을 사용했고, 독창적인 발언도 많이 수록했다. 이 저서는 5백년 동안 서방에서 폭넓게 사용됨으로써 높은 평가를 받았다. 페트루스 롬바르두스는 이 책을 인용할 때 "그 권위"(the authority)라고만 표기할 뿐 더 자세한 표현을 붙이지 않으며, 많은 저자들이 이 책을 자신들이 소유한 성경 본문과 같은 비중으로 다루었다. 이 책은 아주 초창기에 인쇄된 책들에 속한다. 2. 「시편 처음 스무 편에 대한 주해」(*Exposition of the first twenty*

Psalms). 주해라기보다는 사실상 알레고리적 설명에 가까운 저서. 3. 「라바누스 마우루스의 레위기 주석」(*Epitome of Rabanus Maurus's Commentary on Leviticus*). 이 책에는 라바누스가 자신의 위대한 스승에게 바치는 존경이 잘 나타나 있다. 4. 「네 복음서 강해」(*Exposition of the Four Evangelists*). 과거에는 제롬의 저서들 틈에 끼여 인쇄되었다. 주해들은 간략하고, '내면의 의식'을 일깨우는 데 목표를 두었다. 5. 「예배 의식들의 기원과 발전」(*The beginnings and growth of the divine offices*). 전례(典禮) 고고학에 관한 가치 있고 독창적인 저서로서, 840년경에 전례의 다양한 부분들의 기원에 관해서 좀 더 정확한 정보를 갖기를 원하던 라이헤나우 대수도원의 유명한 도서관장이었던 레긴베르트의 요청으로 집필되었다. 이 저서가 가진 보충적 성격이 그런 체계에 결핍이 있었음을 설명해 준다. 발라프리트는 개별 장들을 할애하여 교회당과 제단, 종, 성소를 가리키는 여러 단어들의 유래, '화상(畵像)'들이 예배의 대상들이 아닌 기도의 장식품들이자 보조품들로서 지니는 용도, '새 언약의 제사들'을 다룬다(이 주제를 다룬 장의 제16항에서 그는 라드베르투스의 화체설에 반대하여 그리스도께서 "유월절 식사 후에 제자들에게 떡과 포도주의 실체 안에 자신의 살과 피의 성례를 담아 주시고서 그들에게 자신의 고난을 기념하여 [성례를] 거행하라고 가르치셨다고 말한다"[48]). 그러고 나서 여러 장을 할애하여 성찬, 성직복, 성무일과의 시간과 찬송, 세례, 칭호들 등을 다룬다. 이 저서는 성직과 일반 관직을 비교함으로써 마친다.

II. 예루살렘 함락에 관한 설교. 발라프리트는 예루살렘 성의 함락을 전한 요세푸스의 기록을 소개한 다음, 우리 주님의 예언적 강론(마 24장)을 영적으로 적용한다.

III. 전기. 1. 「대수도원장 성 갈의 생애」(*Life of the Abbot St. Gall*). 성 갈은 스위스의 사도이다(645 혹은 646 죽음). 독창적인 글은 아니고, 라이헤나우에서 가르친 발라프리트의 명예로운 스승 베틴(Wettin)이 쓴 전기를 개작한 것이다. 발라프리트는 같은 내용을 운문으로 개작했다. 2. 「성 오트마르의 생애」(*Life of St. Othmar*). 오트마르는 성 갈 수도원의 대수도원장으로서, 이 전기도 개작된 것이다. 3. 아인하르트가 쓴 샤를마뉴의 전기에 붙인 서론. 아인하르트에 관해서 귀

---

48) *De rebus eccl.* XVI. *Ibid. col. 936.*

중한 정보를 제공한다.

IV. 시. 1.「베틴의 환상」(*The Vision of Wettin*). 그의 시들 가운데 가장 오래된 작품으로서, 그의 주장에 따르면 그가 열여덟살에(즉 826년경에) 썼다고 한다. 독창적인 내용은 아니고, 헤이토(Heito)의 산문에 내용을 보태어 운문으로 개작한 것이다. 궁극적 자료는 베틴 자신으로서, 그는 자신이 여행 도중에(824년 10월) 천사의 인도를 받아 지옥과 연옥과 천국을 본 것을 진술한다. 베틴이 당시에 매우 병약했다는 사실이 그 환상의 기원에 관해서 생각하게 하지만, 시는 그 자체로 뿐 아니라 단테의 「신곡」의 선구자로서도 흥미를 일으킨다. 2.「성 마메스의 삶과 죽음」(*The Life and Death of St. Mammes*). 어릴 때부터 금욕주의자였던 성 마메스는 이상한 충동에 의해서 작은 예배당으로 모여든 들 양들에게 설교를 했다. 이 비범한 행위는 당국자들로부터 견제를 받았다. 결국 마술사로 고소를 당했고, 신들에게 제사를 드리기를 거부한다는 이유로 무신론자라는 고소도 당했다. 그의 대적들은 불과 맹수와 돌팔매질로 그를 죽이려 했다가 성과를 거두지 못하였다. 마침내 그는 하나님의 음성을 듣고서 평온하게 세상을 떠났다. 3.「성 블라이트마익의 삶과 죽음」(*The Life and Death of St. Blaithmaic*). 그는 히(Hy)의 대수도원장이자 순교자였다. 이 책은 아일랜드의 왕자가 어릴 때 금욕 생활을 시작하여 히 섬에서 순교자의 면류관을 쓴 경위를 전한다. 4.「동산 경작」(*Garden culture*). 언약의 동산에서 자라는 식물들을 묘사한 기묘한 시. 5. 「테트리쿠스(디트리히)의 형상에 관하여」(*On the Image of Tetricus*). 경건자 루이와 그의 가문을 예찬한 재치있는 시. 6. 그 밖의 저서들. 서신들과 비문들, 비명(碑銘)들과 찬송들이 있다.

170. 리옹의 플로루스 마기스터

플로루스(Florus)는 8세기 말엽에 태어나 경건자 루이와 대머리 샤를, 루이 2세의 재위 기간에 살았다. 주교좌성당 학교의 교장이었고, 그로 인하여 대개 플로루스 마기스터, 즉 교장 플로루스라 불린다. 부제 혹은 차부제를 지내기도 했다. 학문과 도덕과 역량으로 인하여 폭넓은 명성을 누렸다. 자신의 주교 아고바르두스와 당대의 저명 인사들과 더불어 확고한 신뢰의 관계를 유지했다. 그의 총서는 방대한 규모로 인하여 찬사와 경이의 대상이 된다.

대머리 샤를 때 활동한 다른 모든 학자들과 마찬가지로, 그는 성찬 논쟁과 예정 논쟁에 이바지했다. 성찬 논쟁에서는 파스카시우스 라드베르투스의 화체설에 반대하여 라바누스 마우루스와 라트람누스의 편에 섰으며, 예정 논쟁에서는 존 스코투스 에리게나를 비판했으나, 완전히 고트샬크의 입장으로 넘어가지는 않았다. 앙크마르가 고트샬크 건으로 처음 소집한 퀴어시 공의회(849)에 참석했다. 860년경에 죽었다.

그의 총서는 다음과 같다.

1. 「주교 선출에 관한 교부들의 시선(詩選)」(*A patristic cento on the election of Bishop*). 834년에 작성했고, 초기 기독교 시대에 주교들이 회중과 성직자들의 자유로운 투표에 의해 선출되었던 사실과, 따라서 당시에 왕들이 갈수록 주교 선출에 적극 개입하던 폐습이 전통에 어긋나며, 교회와 국가의 연합을 견지할 필요를 호소하는 점에서만 유지될 수 있다는 사실을 입증하는 데 목적을 두었다.

2. 「미사 주해」(*An Exposition of the Mass*). 본인이 밝힌 대로 대부분 키프리아누스와 암브로시우스, 아우구스티누스 등의 교부들의 글을 편집한 책이다.

3. 「아말라리우스 논박서」(*A Treatise against Amalarius*). 이 책에서 그는 전례를 신비주의적이고 알레고리적으로 설명한 아말라리우스에 반대하여 아고바르두스를 지지한다.

4. 「순교록」(*A Martyrology*). 비드의 저서를 연장해서 쓴 책.

5. 「예정에 관한 설교」(*Sermon on Predestination*).

6. 「스코투스 에리게나의 오류 논박서」(*A treatise against Scotus Erigena's errors*). 852년에 리옹 교회의 명의로 작성되었다. 그는 에리게나가 성경과 교부들을 이성적으로 다루는 점을 환기시키고, 악을 결여[비실재]로 정의하는 것을 배격하며, 그리스도께 대한 믿음과 내면의 계시가 성경을 올바로 이해하는 데 필요하다고 주장한다. 에리게나가 세속 학문을 남용한 데 대해서 그가 비판하면서도, 세속 학문에는 올바른 용도가 있다고 주장한 것은 주목할 만하다.

7. 「아우구스티누스의 바울 서신서 강해」(*St. Augustine's Exposition of the Pauline Epistles*). 오랫동안 비드의 것으로 간주되었던 책.

8. 「국법과 교회법에서 간추린 법령집」(*Capitulary collected from the Law*

and the Canons).

9. 「시집」(*Miscellaneous Poems*). 그가 번득이는 시재(詩才)를 지녔음을 입증하는 책.

10. 그가 황후 주디스에게 쓴 서신이 현존한다.

171. 세르바투스 루푸스

세르바투스(Servatus)라는 별명을 지닌 루푸스(Lupus)는 유력한 가문 출신이었다. 805년에 상스(파리에서 남동쪽으로 약 110km 떨어진 곳)에서 태어나 인근의 베네딕투스회 성 마리아와 성 베드로 수도원(고대에는 베들레헴 수도원)에서 교육을 받았다. 페리에레에 자리잡은 이 수도원은 당시에 대수도원장 알드리히(Aldrich)의 지도를 받았으며, 알드리히는 829년에 상스 대주교가 되었고, 836년에 많지 않은 나이에 세상을 떠났다. 루푸스는 수사 사역을 했고, 부제 임명을 받은 뒤 수도원 학교에서 가르치다가, 830년에 알드리히의 조언을 받고 풀다로 갔다. 일찍이 샤를마뉴의 전기로 그에게 깊은 감명을 준 바 있는 아인하르트가 당시에 불과 몇 km 떨어진 젤리겐슈타트의 대수도원장이었으나, 그의 아들 부신은 풀다에서 교육을 받았으며, 그가 아들을 만나려고 찾아갔을 때 루푸스는 그를 처음 만났다. 이렇게 만난 아인하르트와 풀다의 대수도원장 그리고 유명한 라바누스 마우루스와 더불어 루푸스는 우정을 맺었다. 라바누스에게 바울 서신서를 편집하는 대 작업에 착수하도록 만든 사람이 바로 그였다. 그리고 아인하르트는 지금은 유실되고 없는 「십자가 숭배에 대하여」(*De adoranda cruse*)를 그에게 헌정했다. 그는 풀다에서 연구를 계속하면서 가르치다가, 836년 봄에 페리에레로 돌아갔다. 그 뒤 사제가 되었고, 대수도원 학교에서 문법과 수사학을 가르쳤다.

837년에는 경건자 루이의 궁전에 초대되어 갔고, 다음 해에는 황후 주디스의 특별 요청으로 다시 방문했다(838년 9월 22일). 황실이 보여준 이러한 호의로 인하여 이제 탄탄대로가 예상되는 상황이었으나, 결국 큰 좌절을 맛보게 되었다. 838년과 839년 겨울에 그는 알드리히를 계승한 오도(Odo)와 함께 프랑크푸르트로 갔다. 황제 루이가 839년 1월과 2월에 그곳에 머물고 있었다. 루이는 840년에 죽었고, 대머리 샤를이 그의 위를 이었다. 그런데 842년에 샤를이 로타르와 내통했다는 이유로 오도를 면직시키고, 수사들에게 요청하여 842년 11월 22일에 루푸스를 대수도원장으로 선출하도록 했으며, 황제가 그 선출을 재가했다. 하지만 오도가 순순히 물러가지 않았다. 844년은 루푸스에게 파란만장한 해였다. 페리에레의 수사들이 해마다 샤를에게 돈과 군역(軍役)을 제공해야 했는데, 루푸스 자신도 군역에 나서야 했다. 그 해에 그는 반란을 일으킨 아키텐 주민들을 진압하기 위해 출전했다가 6월 14일에 앙굴렘 전투에서 포로로 잡혔다. 하지만 며칠 뒤에 앙굴렘 백작 튀르피오(Turpio)의 개입으로 풀려나 7월 3일에 페리에레로 돌아갔다.

훗날 그는 샤를의 부탁을 받고서 트루아의 주교 프루덴티우스와 함께 부르고뉴 지방의 수도원들을 방문했으며, 그 해 말에는 베르닐 공의회에 참석하여 법령 작성 책임을 맡았다. 이 공의회의 법령 제12조는 왕이 교회 재산을 차지하는 것을 금하는 내용이다. 그가 이 법령을 작성할 때 특별히 언짢게 생각했던 점은 샤를이 오둘프라는 백작의 충성에 대해서 피카르디 해안에 자리잡은 성 유도쿠스(St. Judocus) 수도원 혹은 암자(St. Josse sur mer)의 수입을 그에게 배정함으로써 보상한 사실이었다. 그 수도원의 수입은 과거에는 앨퀸에게 속해 있었으나 경건자 루이가 페리에레 수도원에 넘겼던 것으로서, 이미 운영에 막대한 비용이 들어가던 그 수도원은 그곳을 잃게 됨으로써 상당한 타격을 입게 되었다. 그 암자는 849년에 가서야 비로소 원주인에게로 귀속되었다.

이 일은 샤를이 루푸스를 복잡한 국정 현안에 루푸스를 기용한 데서 잘 나타나듯 평소 그가 루푸스의 학문과 외교 역량을 높이 평가했기 때문에 더 이상한 일이었다. 예를 들어, 847년에 루푸스는 위트레흐트에서 로타르와 루이 그리고 대머리 샤를 간에 벌어진 평화 회담에 참석했다. 849년 한여름에는 샤를이 그를 로마의 레오 4세에게 보내 브르타뉴의 공작 노미누아(Nominoi)가 교회의 권리를 침해한 문제를 해결하도록 했다. 853년 봄에 루푸스는 수아송 공의회에 참석하여 에보(Ebo)가 그 해에 면직된 뒤에 그가 과거에 임명했던 사제들을 면직시키는 문제에 관해서 앙크마르의 견해를 지지했다. 같은 해에 그는 상스 교구의 회의에 참석하여, 고트샬크 논쟁 때 앙크마르가 취한 입장을 비판한 프루덴티우스의 편을 들었다. 그가 857년의 퀴어시 공의회에도 참석했던 것으로 추정된다. 왜냐하면 그의 「권고」(Admonitio)가 시대의 문제들에 관하여 그 공의회와 같은 정서로 집필되었기 때문이다. 858년에 그는 외교 문제를 가지고 독일인 루이스에게 파견되었다. 하지만 그 해에 그는 당시의 절박한 상황 때문에 대수도원의 귀중품들을 생 제르맹 오세루아의 수사들에게 맡길 수밖에 없는 처지에 들어갔다. 861년에는 트루아의 폴레릭(Foleric)이 그의 수도원을 보호해 주었다. 862년에 루푸스는 파리로 가서 망스의 대주교 로베르를 단죄하는 공의회의 판결문을 작성했다. 이 연대와 더불어 루푸스의 흔적은 종적을 감추는데, 아마도 그 해에 숨을 거두었을 가능성이 크다.

세르바투스 루푸스는 9세기의 위대한 학자 중 한 사람이었다. 하지만 그는 지극히 큰 어려움들을 떠안은 채 지식을 쌓았다. 불안하고 어지러운 시대 상황에 떠밀려 자신이 사랑하던 독거(獨居)를 풀고 나올 수밖에 없었고, 싸움을 모르던 사람이었는데도 불구하고 군인으로 나서야 했고, 학문 연구를 위해 펜을 드는 대신 읍소의 서신들을 작성해야 했으며, 심지어 옥고를 치르기까지 했다. 그럼에도 불구하고 어릴 때부터 나타나 세월이 흐를수록 더욱 강렬해진 향학열이 페리에레 수도원이 보잘것없는 학문 여건을 뚫고 마침내 그의 지배적 열정과 정서가 되었다. 목전에 아무리 화급한 일이 닥쳐 있어도 그런 상황에 밀려서 연구를 뒷전으로 미루어두지 않았다. 라틴 고전 총서 수집이라는 막대한 비용과 노력이 필요한 사업을 계획한 다음 지원을 끌어낼 사람이면 심지어 교황(베네딕투스 3세)까지 마다하지 않고 찾아가 모든 지원을 끌어냈다. 많은 사본들을 대여한 데 힘입어 비교적 양질의 본문을 작성할 수 있었다. 고전 저서들을 늘 곁에 끼고 살았으며, 그러한 공부 덕분에 "어떤 주제든 명쾌하게 설명하는 비범한 역량"을 풍성하게 발휘했다.[49]

그의 저서들은 매우 적다. 아마도 극도로 혼란했던 시대 상황 탓에 책을 쓸 여가가 없었거나, 아니면 다른 많은 학자들처럼 고생과 사후 비평을 의식하여 소극적인 태도를 취했을 것이다. 그의 총서는 다음 순서로 이어진다.

1. 「서간집」(Letters). 모두 130통의 서신이 실려 있다. 서신들은 루푸스가 차지했던 높은 지위를 입증한다. 수신인들이 라바누스 마우루스, 랭스의 앙크마르, 라드베르투스, 라트람누스, 고트샬크 같은 당대의 유력한 교회 지도자들이기 때문이다. 그의 서신들은 내용도 흥미롭고 교훈적이다.[50]

---

49) Neander, vol. iii. p. 482.

2. 「베르뇔의 교령집」(*The Canons of Verneuil*), 844. 위의 내용 참조.

3. 「세 가지 질문」(*The Three Questions*), 852. 자유 의지, 이중 예정, 그리고 그리스도께서 돌아가신 것이 만민을 위해서였는가 아니면 선택된 자들만을 위해서였는가 하는 문제를 다룬다. 대머리 샤를의 요청을 받고서 쓴 이 책으로 고트샬크 논쟁에 이바지했다. 전반적으로 그는 고트샬크 편을 들었다고, 혹은 그보다는 아우구스티누스의 견해를 따랐다고 할 수 있다. 어조와 문체가 뛰어난 책이다.

4. 「트리어의 주교 성 막시미누스의 생애」(*Life of St. Maximus, bishop of Treves*). 15장으로 되어 있고, 839년에 작성되었다. 기존에 나와 있던 그의 전기를 고쳐쓴 것에 불과하며, 이 책과 루푸스의 관계는 쟁점으로 남아 있다.

5. 「성 비그버트의 생애」(*Life of St. Wigbert*). 30장으로 되어 있고, 836년에 헤르스펠트의 대수도원장 분(Bun)의 요청으로 작성되었다. 이 책은 비그버트가 잉글랜드에서 보니파키우스의 요청을 받고 독일로 오게 된 경위와, 그가 프리츨라의 대수도원장이 된 내력(그는 747년에 그곳에서 죽었다), 그리고 기적들을 일으킨 내용과, 기적으로 말미암아 그의 유골이 헤르스펠트로 옮겨진 이야기, 그리고 그의 무덤에서 기적이 일어난 이야기를 흥미롭게 전한다.

172. 드루트마르

크리스티안 드루트마르(Christian Druthmar)는 9세기 초반에 아키타니아에서 태어났다. 9세기 중반 이전에 옛 코르비의 베네딕투스회 수도원의 수사가 되었다. 850년경에는 리에주 교구에 자리잡은 스타벨로 말레디 대수도원으로 초빙되어 가서 수사들에게 성경을 가르쳤다. 그가 그곳에서 죽었는지 아니면 그 후 코르비로 돌아갔는지는 알려지지 않는다.

그는 당대를 크게 앞서간 학자로서, 헬라어에 매우 능통했고 히브리어도 어느

---

50) "여러 세기를 통틀어 다른 어떤 서신도 학자의 삶을 그렇게 유쾌하게 묘사하거나, 학문 생활에 따르는 어려움을 그렇게 실감나게 묘사하지 못했다." Mullinger, p. 166.

정도 알고 있었다. 그런 이유에서 '문법학자' (즉, 문헌학자)라는 별명이 붙었다. 그에게 명성을 안겨준 것은 「마태복음 주석」(*Commentary on Mathew's Gospel*) 으로서, 이 책은 명쾌한 진술과, 특히 해석학의 토대인 역사적 의미를 가장 중시한 점에서 두드러진다. 이러한 그에게 파스카시우스 라드베르투스의 성찬관이 마음에 들었을 리가 없다. 그럼에도 불구하고 그가 마태복음 26:26-28을 주석하면서 화체설을 가르쳤음을 입증하려는 시도가 집요하게 이루어졌다. 참으로 묘하게도 그가 이 흥미로운 점에 대해서 정확히 어떠한 용어를 사용했는지 오늘날 명쾌하게 규명하기가 어렵다. 왜냐하면 1541년에 뱅펠랭 드 쉘레슈타트 (Winphelin de Schelestadt)가 스트라스부르에서 펴낸 초판본들이 하나도 남아 있지 않은데다, 리옹의 코르델리에(Cordelier, 프란체스코회 수사의 총칭: 역자 주) 신부들이 소장하고 있는 사본에 실린 문제의 단락이 루터파 요하네스 세케리우스(Johannes Secerius)가 1530년에 하게나우에서 발행한 제2판과 다르기 때문이다. 오늘날 리옹의 신부들의 판본과 미뉴(Migne)의 총서에 수록된 세케리우스 본문에는 26절이 "Hoc est corpus meum. Id est, in sacramento"("이것은 내 몸이다. 즉 성례 안에 있는 [몸이다]"로 되어 있고, 28절은 "Trensferens spiritaliter corpus in panem, vinum in sanguinem"("영적으로 몸을 떡 안으로 옮기고, 포도주를 피 안으로 옮긴")으로 되어 있다. 사본에는 첫 구절이 "Id est, vere in sacramento subsistens"("즉, 성례 안에 실제로 존속하는")로 되어 있고, 둘째 구절에서 '영적으로' (spiritaliter)라는 단어가 빠져 있다. 오늘날 로마 가톨릭 학자들은 인쇄된 본문이 정확하다고 인정하고 사본은 변경되었다고 대체로 인정하지만, 드루트마르가 가톨릭의 성찬 교리에 대립되어 있지 않다고 주장한다.

누가복음과 요한복음에 대한 간략한 강해들은 그 책들에 대한 드루트마르의 강해 형태의 강의들을 받아적은 것에 불과할 뿐, 그가 마태복음 머리말에 약속하는 책들은 아닌 듯하다.

173. 성 파스카시우스 라드베르투스

파스카시우스(Paschasius)라는 별명을 지닌 라드베르투스(Radbertus)는 화체설 교리를 퍼뜨린 유명한 인물로서, 790년경 프랑스 수아송 시 혹은 근교에서 가난하고 이름없는 부모에게서 태어났다. 그가 아주 어렸을 때에 어머니가 세상을 떠난 까닭에, 그는 몹시 병약한 상태에서 수아송 교회에 '버려졌다.' 그곳에 세워져 있던 베네딕투스회 성모 대수녀원의 수녀들이 그를 측은히 여겨 데려다가 정성껏 간호하여 낫게 해주었다. 그는 근처에 있던 베네딕투스회 성 베드로 수도원의 수사들에게 교육을 받았으며, 체발식까지 했으나 한동안 세상으로 나가서 지냈다. 하지만 지식에 대한 갈증과 경건한 성품이 그를 다시 수도원주의의 속박 아래 들어오게 했다. 결국 그는 피카르디에 있던 베네딕투스회 코르비 수도원에 들어갔다(812경). 그곳은 당시 아달하르(Adalhard)가 대수도원장으로 있던 수도원이었다. 그곳에서 그는 공부와 수사로서의 인격 도야에 힘쓴 결과 오래지 않아 금욕적 경건과 학식으로 명성을 얻게 되었다. 고전 문학, 특히 베르길리우스·호라티우스·테렌티우스를 숙달했고, 교부들에 대해서도 못지않게 능통했다. 헬라어를 알았고, 아마 히브리어도 약간 알았던 것 같다. 그러므로 당시로서는 수도원 학교 교사로서는 보기 드문 자질을 갖춘 셈이었으며, 결국 자신이 몸담은 수도원 학교를 명문의 반열에 올려놓았다. 그에게 배운 유명 인사들 가운데는 소 아달하르(Adalhard the Younger), 성 안스가르(St. Ansgar), 보베의 주교 오도(Odo), 새 코르비의 대수도원장 바리누스(Warinus)가 있었다. 그는 주기적으로 설교하여 청중의 가슴에 깊은 인상을 심어주었으며, 다른 사람들과 함께 베네딕투스의 수도회칙을 엄격히 지켰다.

822년에 그는 자신의 대수도원장 아달하르와 대수도원장의 동생이자 계승자인 발라(Wala)를 수행하여 작센 지방의 코르비를 방문했다. 그곳에 훗날 새 코르비(New Corbie)로 알려진 수도원을 세우기 위함이었다. 826년에 아달하르가 죽고 발라가 후임자로 선출되었다. 그의 선출에 라드베르투스가 아마도 막후에서 큰 역할을 했을 것이다. 어쨌든 그는 수도원의 명을 받아 그 선출에 대해 재가를 받기 위해 경건자 루이를 찾아갔다. 이렇게 해서 황제를 만난 것을 계기로 두 사람 사이에 우정이 싹텄고, 루이는 여러 경우에 라드베르투스에 대한 호의와 감사를 표시했다. 예를 들어 831년에 루이는 그를 작센으로 보내 안스가르와 함께 북유럽 선교 문제를 논의하도록 했고, 그 뒤에도 여러 번 그의 자문을 받았다. 루이는 라드베르투스의 성찬관에 지대한 관심이 있었으며, 자신의 성직자들에게 그에 대한 견해를 물었다.

844년에 라드베르투스는 자기 수도원의 대수도원장으로 선출되었다. 하지만 그 뒤로도 일개의 수사로 남았다. 워낙 겸손한데다 아마 주의 만찬에 대한 견해 때문에 사제 임명을 받기를 고사했기 때문이다. 그의 이름이 대수도원장이라는 직함과 함께 처음 공식 문서에 나타난 때는 846년 2월 14일의 파리 공의회였다. 당시에 그는 자신의 수도원이 대수도원장을 선출하고 수도원 재산을 관리할 자치권을 확보할 수 있었다. 이러한 특권을 누렸다는 것은 루이가 그에게 보여주었던 호의가 그의 아들들의 대에서도 여전히 계속되었다는 증거이다. 라드베르투스는 849년의 퀴어시 공의회에도 참석했고, 고트샬크를 단죄하는 데 가담했다. 2년 뒤(851) 그는 대수도원장직을 사임했다. 애당초 그 직위를 맡을 생각이 없었던 데다가 실제로 맡아서 수행해 보니 불편하기 짝이 없었던 것이다. 대수도원장의 의무가 너무나 복잡하고 다양해서 도저히 연구할 시간을 낼 수 없었다. 그 외에도 수도원의 규율을 대단히 엄격히 유지함으로써 수사들 사이에 불만이 팽배해 있었던 것도 그가 사임하게 된 이유에 포함되었다. 하지만 그가 은퇴를 결심하게 된 가장 큰 이유는 자신이 지도하던 수사들 가운데 한 사람인 라트람누스가 자신의 성찬관을 공식적으로 신랄하게 비판하고 나섰고, 그 결과 수도원 내에 자신에 대한 비난 여론이 고조되었기 때문이었다.

이렇게 해서 대수도원장직을 사임한 직후에, 라드베르투스는 인근에 있던 성 리퀴에 대수도원으로 갔으나 얼마 있지 못하고 코르비로 돌아갔으며, 새로운 대수도원장 밑에서 수사로서 지냈다. 그의 말년이 그에게는 아마도 가장 행복한 시절이었을 것이다. 이때는 아무런 방해도 받지 않은 채 읽고 싶은 책들을 마음껏 읽고, 그토록 좋아하던 연구와 집필도 자유롭게 할 수 있었다. 865년 4월 26일에 그는 숨을 거두었다. 그리고는 성 요한 예배당에 묻혔다. 오랜 세월이 지난 뒤 11세기에 그의 무덤에서 기적들이 발생하기 시작했다. 따라서 그는 1073년에 시성되었고, 그해 7월 12일에 그의 유골이 성대한 의식 속에서 코르비의 성 베드로 교회로 이장되었다.

파스카시우스 라드베르투스의 명성은 831년에 집필한 뒤 844년에 수정한 「주님의 살과 피」(*The body and blood of the Lord*)로 말미암은 것이다. 그가 이 책과 「프뤼드가르에게 보내는 서신」(*Epistle to Frudegard*)에서 동일한 주제에 관하여 제시한 논지들은 이 책 앞 부분에서 이미 길게 다룬 바 있다.[51] 「동정녀 탄생」(*The birth by the Virgin*)이라는 논문(그리스도께서 보통 생육법으로 나셨는가,

다른 방법으로 나셨는가 하는 문제를 다룸)에 대해서 앞에서 이미 충분히 소개
했다.[52]

이 외에도 라드베르투스는 다음과 같은 저서들을 남겼다.

1. 「마태복음 강해」(*An Exposition of the Gospel of Matthew*). 수사들에게 설
교하면서 이 복음서를 강해했다. 그리고 그들의 요청으로 강의 내용을 글로 옮
겼으며, 대수도원장에 선출되기 전까지 열두 권 중에서 네 권을 완성했으나, 그
뒤에는 일이 너무나 바빠서 미뤄두었다. 결국 성 리퀴에의 수사들이 계속해서
책을 내주기를 요청한 것이 계기가 되어 전부를 완성하게 되었다. 각권에 붙은
특별한 머리말들은 주석을 쓰게 된 발단과 과정을 소상히 적고 있다는 점과, 성
경 연구에 관해 제시하는 생각들을 감안할 때 주의 깊게 읽어볼 가치가 있다. 서
론에 언급된 대로 이 책의 주요 전거는 제롬·암브로시우스·아우구스티누스·
크리소스토무스·대 그레고리우스·비드이다. 이들 중에서 비드가 가장 많이
사용된다. 라드베르투스는 발췌를 할 때 반드시 문자 그대로 옮기지는 않고, 자
주 표현을 고치고 부연한다. 라드베르투스는 자신이 인용한 저자들의 이름을 여
백에 표기해 넣는 특징이 있었는데, 필사 과정에서 그런 표기들이 지워졌다. 그
의 해석은 당시의 관습에 비해 좀 더 문자적이었으며, 강해 도중에 당시의 사건
들을 언급함으로써 내용이 더욱 살아나게 한다. 특히 당시의 무질서한 사회 현
실, 성직자들과 수사들의 악행, 고해성사의 남용, 양자론파·토리노의 클라우디
우스·스코투스 에리게나의 오류를 많이 지적한다. 고전 저자들도 자주 인용한
다.

2. 「시편 64편 강해」(*An Exposition of Psalm XLIV*). 이 책은 어릴 때 자기 목
숨을 건져준 수아송의 수녀들을 위해서 썼으며, 그들에게 바친 헌사가 네 권으
로 된 이 책의 가장 중요한 부분이다.

3. 「예레미야 애가 강해」(*An Exposition of the Lamentations of Jeremiah*). 이
책은 노년에 맺은 결실인데, 초창기와 마찬가지로 여기서도 다시 한 번 평신도
들과 성직자들을 가리지 않고 시대를 얼룩지게 하는 악들에 대해서 개탄한다.
파리 근처에 노르만족이 침략한 사실들(857년에 발생한 사건)을 언급하는 점으

---

51) p. 481.
52) p. 486.

로 미루어 그가 그 후에 이 책을 썼음을 알게 된다. 서문에서는 자신이 라틴 저자들이 쓴 애가 주석을 읽어본 적이 없다고 진술한다. 따라서 그의 정보는 그리스 교회의 자료들을 토대로 한 것이며, 그가 라바누스 마우루스가 쓴 유사 저서를 모르고 있었던 셈이 된다. 그는 성경의 교훈을 문자적·영적·도덕적 의미 세 가지로 구분했고, 예레미야 애가에 자기 시대를 위한 예언이 있다고 생각했기에 표상들과 예언들에 특별한 관심을 기울였다.

4. 「믿음, 소망, 사랑」(*Faith, Hope, Love*). 이 책은 답관체(acrostic) 형식의 시로 진행하여 각 행의 첫 글자들이 "라드베르투스 레비타"(Radbertus Levita)라는 이름을 이루게 한다. 세 권이 저마다 그리스도인의 세 가지 덕목 가운데 하나에 헌정된다. 라드베르투스는 대수도원장 발라의 부탁을 받고서 연소한 수사들을 지도하기 위해서 이 책을 썼다. 믿음을 다룬 책은 믿음이 지식으로 이어진다는 진술로 유명하며, 이 점에서 "나는 이해하기 위하여 믿는다"(Credo ut intelligam)는 안셀무스의 유명한 표현에 압축되어 있는 스콜라주의의 주장을 예기했다. 세 번째 책 「사랑에 관하여」는 저자가 대수도원장의 바쁜 업무 때문에 처음 두 권보다 훨씬 늦게 썼다.

5. 「아달하르의 생애」(*Life of Adalhard*). 아달하르는 새 코르비의 초대 대수도원장이다. 이 책은 엄밀한 의미에서 전기라기보다 송덕문이지만, 그럴지라도 그 대수도원장과 코르비의 독일 수도원 설립에 관한 흥미롭고도 유익한 정보를 많이 싣고 있다. 이 책의 모델은 암브로시우스가 황제 발렌티니아누스 2세의 장례식에서 행한 조사이다. 저작 연대는 아달하르가 죽은 826년이다. 덕을 세우는 내용이 많이 실려 있다.

6. 「발라의 생애」(*Life of Wala*). 옛 코르비에서 활동하던 아달하르의 형제이자 그의 후임자. 이 책은 대화체라는 독특한 형식으로 되어 있다. 첫 권에 등장하는 대담자들은 파스카시우스라고 자신을 소개하는 사람과 코르비의 동료 수사 네 명 — 아데오다투스·세베루스·크레메스·알라비쿠스 — 이며, 둘째 권에는 파스카시우스·아데오타투스·테오프라스투스가 등장한다. 이 이름들은 그가 발라라고 부르는 아세니우스와 마찬가지로 분명히 가명들이다. 그는 이런 대화체 형식의 발상을 투르의 성 마르탱 전기에 사용한 술피키우스 세베루스에게서 얻었다. 저작 연대는 발라가 죽은 해인 836년이다.

7. 「루피누스와 발레리우스의 수난」(*The Passion of Rufinus and Valerius*).

두 사람은 287년에 수아송 혹은 그 근처에서 목숨과 기독교 신앙을 바꾼 순교자들이다. 이 책에서 그는 과거의 자료들을 사용하지만, 잦은 일탈과 긴 부연으로 인해 주제의 흥미가 반감된다.

174. 라트람누스

라트람누스(Ratramnus)에 관해서는 알려진 것이 거의 없다. 그는 피카르디 지방 코르비 수도원의 수사로서, 835년 이전에 수도원에 들어갔으며, 학문과 역량으로 명성을 얻게 되었다. 대머리 샤를이 그에게 자주 자문을 구했고, 랭스의 대주교는 포티우스에 맞서서 로마 교회를 변호할 임무를 그에게 맡겼다. 그는 예정과 성찬에 관한 대규모 논쟁들에 참여했다. 비록 아우구스티누스를 크게 존경했지만, 동료 수사들과 함께 모든 교부들의 저서를 토대로 논지를 수립했다. 그는 저서들에서 독립성과 독창성을 드러낸다. 그의 특징 가운데 하나는 주교 버틀러의 「유추」(*Analogy*)의 경우와 마찬가지로 자신이 비판하거나 변호하는 사람들의 이름을 밝히지 않는다는 것이다. 그는 868년에 여전히 살아 있었으나, 그가 얼마나 더 오래 살았는지는 알려지지 않는다.

그는 많은 글을 남기지 않았다. 여섯 편의 논문만 우리에게 전해져 내려온다.

1. 「개의 머리를 가진 사람들에 관한 서신」(*A letter upon the cynocephali*). 매우 진기한 글로서, 개의 머리를 가진 사람들에 관하여 그의 질문에 대답하고나서 그들이 존재의 범주 가운데 어떤 위치를 차지하는지 되물은 사제 림베르(Rimbert)에게 쓴 글이다. 라트람누스는 자신이 그들에 관해서 아는 바를 토대로 생각할 때, 비록 교회가 그들을 일반적으로 짐승으로 분류할지라도 그들은 아담의 타락한 후손들로 생각된다고 답변했다. 그들은 비를 맞음으로써 세례를 받기까지 할 수 있다고 했다.

2. 「그리스도께서 태어나신 방법」(*How Christ was born*). 이 논문에서 라트람누스는 그리스도께서 다소 비정규적인 방법으로 동정녀 마리아의 몸에서 나오셨다는 일부 독일인들의 이론을 논박한다. 정반대로 그리스도의 탄생은 모친이 출산 이전과 과정과 이후에 태가 닫혔기 때문에 동정녀라는 점을 제외하고는 보통 생육법에 따라 이루어졌다고 주장한다. 그리스도의 탄생을 봉인된 무덤에서

나오시고 닫힌 문을 통해 들어오신 사례들과 관련짓는다. 이 책은 대개 라드베르투스의 「동정녀의 출산에 관하여」(*De partu virginis*)에 대한 답서로 간주되지만, 오히려 독자적인 책이고 라드베르투스의 책보다 먼저 집필되었다고 볼 만한 근거가 많다.

3. 「영혼에 관하여」(*De anima*). 이 글은 영국의 여러 도서관들에 소장되어 있지만 인쇄된 적은 없다. 전체 인류가 오직 하나의 영혼을 지닐 뿐이라고, 아우구스티누스의 문장을 곡해한 터에서 마카리우스(혹은 마리아누스) 스코투스가 주장한 견해를 논박하는 데 이 글의 목적이 있다. 그 견해는 라테란 공의회에서 레오 10세(1512-17 재위)에 의해 단죄되었다.

4. 「신적 예정」(*Divine predestination*). 849년에 대머리 샤를의 요청으로 작성되었다. 샤를은 고트샬크 논쟁에서 라트람누스의 견해를 물은 것이다. 이 책에서 라트람누스는 비록 고트샬크의 이름을 언급하지 않을지라도 그의 견해를 변호하며, 마인츠 교회회의(848)와 퀴어시 교회회의(849)가 그 견해를 단죄했음에도 불구하고 이중 예정과 유사한 견해를 주장했으며, 고트샬크가 랭스의 앙크마르에 의해서 잔인하게 박해를 당했다고 주장했다. 첫째 권에서 라트람누스는 선인들이 구원으로 예정되었다는 주장을 상정한 뒤, 교부들이 인용한 성구들과 특히 아우구스티누스가 이 주제에 관해서 해놓은 해석을 근거로 제시했다. 둘째 권에서도 동일한 방법을 사용하여, 하나님께서 악인들을 영원한 저주로 예정하셨다는 주장을 증명한다. 그러나 그것은 죄에 대한 예정이 아니라고 한다. 오히려 하나님은 그들이 죄로 끝날 것을 미리 아시고 도움을 중단하심으로써 그들이 자기들의 죄의 결과로 멸망하게 되도록 하셨다고 한다.

5. 그리스 교회가 로마 교회에 가한 비판들을 다룬 네 권의 저서. 앞에 소개한 책과 마찬가지로 이 책도 다른 사람의 요청을 받고서 쓴 것이다. 967년에 포티우스가 신앙과 실천의 문제를 놓고 로마 교회가 몇 가지 오류를 범하고 있다고 비판했다. 성령 교리, 성직자 독신주의, 안식일과 사순절의 금식이 그것이었다. 교황 니콜라우스 1세는 자신의 주교들에게 이 비난을 논박하도록 당부했다. 이에 랭스의 앙크마르가 보베의 오도에게 논박서를 쓰도록 위임했으나 그가 써 가지고 온 글이 만족스럽지 못하자 라트람누스에게 그 과제를 맡겼다. 그렇게 해서 집필된 라트람누스의 저서는 대단히 큰 인기를 끌었다. 처음 세 권은 성령 교리를 다룬다. 하지만 제4권에서는 라틴 교회의 관습들을 변호한다. 변증을 통해서

논박을 한 글인데도 격조 있고 도량이 있는 그리스도인의 정신을 잘 견지한다. 제4권의 첫 장에서 그는 그리스인들에 대해서 자신들의 관습을 남에게 강요하는 행위를 점잖게 나무란다. 그런 문제에서 생기는 차이란 사도 바울이 고린도전서 1:10에서 명하는 신앙의 일치에 아무런 장애가 되지 않기 때문이라고 말한다. 그는 신앙의 일치를 삼위일체 · 그리스도의 동정녀 탄생 · 그리스도의 고난 · 부활 · 승천 · 하나님의 우편에 앉으심 · 심판을 위한 재림 · 성부와 성자와 성령의 이름 안으로(into) 베푸는 세례 등에 대한 믿음에서 찾는다. 이 책의 처음 석 장에서 그는 초기 교회가 처했던 상황을 회고하는 방식으로 이 명제를 증명한다. 그런 다음 로마 교회의 관습들을 변호해 나간다.

6. 「주님의 살과 피」(*The Body and Blood of the Lord*). 이것이 라트람누스가 남긴 가장 가치 있는 저서로서, 제목이 같은 파스카시우스 라드베르투스의 저서에 대한 회답이다. 라트람누스는 성찬 논쟁이 발생했을 때 그 문제를 어떻게 생각하느냐고 물은(944) 대머리 샤를에게 이 책을 헌정한다. 자신이 모시던 대수도원장인 라드베르투스의 이름을 언급하지 않은 채, 그의 교리들을 검토해 나간다. 이 논쟁의 전모에 관해서는 앞 부분에서 충분히 다루었다.[53]

이 책은 이상한 운명을 맞이했다. 라드베르투스의 견해를 지지하는 강력한 흐름을 돌려놓지 못했고, 그 결과 중세에는 거의 잊혀졌다. 후대에는 스코투스 에리게나의 저서로 오인되었고, 그 이유로 베르켈리 공의회에 의해 소각하라는 단죄를 받았다(1050). 이 책을 인쇄된 형태로 처음 사용한 사람은 로체스터의 주교 존 피셔(John Fisher)로서, 그는 오이콜람파디우스를 비판하는 글을 쓰는 과정에서 이 책을 가톨릭의 권위서로 인용한다. 이 일로 인하여 츠빙글리파가 이 책을 주목하게 되었고, 그들은 그렇게 제공된 무기를 들고 즉각 가톨릭 진영을 공격했다. 이 책이 쾰른에서 출판된 해(1532)와 같은 해에 레오 유다이(Leo Judae)는 이 책의 독일어판을 내놓았으며(취리히, 1532), 취리히 목회자들은 이 책을 츠빙글리의 성찬 교리가 전혀 새로운 것이 아님을 입증하는 증거로 사용했다. 그러나 이 책이 개혁파 신학자들에게 열렬한 환영을 받는 사실로 인하여 가톨릭 진영은 의심의 눈초리로 이 책을 바라보았다. 트렌트 공의회는 이 책을 개신교의 위조 문서로 선언했고, 1559년에는 「금서 목록」(*Index*)에 포함시켰다. 벨라르민

---

53) p. 638.

(Bellarmin)와 알란(Allan) 같은 우수한 가톨릭 신학자들이 공의회의 결의에 동의했다. 하지만 얼마 후(1571) 루뱅(두에)의 신학자들이 라트람누스의 이 책을 옹호하고 나섰다. 1655년에 성 보브(Beuve)는 이 책의 정통신앙성을 변호했다. 마지막으로 자케 블루오(Jacques Boileau, 파리, 1712)가 모든 의심을 잠재웠고, 그 결과 오늘날 이 책은 라트람누스의 저서로 인정된다.

이제 말해야 할 것은 라트람누스가 학식과 명쾌함과 판단력 외에도 상당한 비평 능력을 갖고 있다는 내용뿐이다. 그의 비평 능력은 외경의 이야기인 「동정녀의 출생」(*De nativitate Virginis*)과 가짜 제롬의 「동정녀의 승천」(*De assumptione Virginis*)이 날조임을 밝혀내는 데서 역력히 과시되었다. (랭스의 앙크마르는 두 권을 사본으로 작성하여 호화롭게 제본했다.)

175. 랭스의 앙크마르

랭스의 대주교 앙크마르(Hincmar)는 저명한 귀족 가문에서 태어났다. 출생 연도는 806년이고, 지역은 아마도 그 이름을 지닌 지방이었던 것 같다. 그의 이름은 잉구마르(Ingumar), 잉그메르(Ingmer), 이그마르(Igmar)라고도 표기한다. 그는 파리 근처에 자리잡은 베네딕투스회 생 드니(St. Denis) 수도원에서 대수도원장 일두앵(Hilduin) 밑에서 교육을 받았다. 일두앵이 경건자 루이의 대법관으로 임명을 받자(822) 젊은 앙크마르는 그를 따라서 궁정으로 갔다. 그곳에서 재능을 인정받아 두각을 나타냈으며, 금욕적인 생활로 인하여 경건자 루이에게 각별한 총애를 받았다. 앙크마르는 이렇게 해서 다지게 된 지위를 사용하여 당시에 기강이 매우 해이해진 생 드니 수도원을 개혁하는 데 사용했다. 829년에 파리 교회 회의가 수도원의 질서를 바로잡기 위해서 위원회를 파견하자 앙크마르는 전심으로 협력할 뜻을 세우고 수사로서 그 수도원에 들어갔다. 830년에 일두앵이 경건자 루이를 제거하려던 로타르의 음모에 가담한 혐의로 작센 지방의 새 코르비로 추방되었다. 앙크마르는 음모에 가담하지도 않았고 그것에 뜻을 두지도 않았지만, 일두앵을 사모하는 심정으로 그와 함께 유배지로 갔다. 루이에 대한 앙크마르의 영향력에 힘입어 일두앵은 사면을 받고 일년만에 대수도원장직에 복귀했다. 앙크마르는 그 뒤 9년 내지 10년 동안 일부는 대수도원에서, 일부는 궁정에서 지냈다. 이 기간 동안 학문에 정진했으며, 교부학의 토대를 쌓아 훗날 긴요하게 사용했다. 840년에 대머리 샤를이 루이를 계승하면서 곧 그를 항구적으로 측근에 두었으며, 이로써 앙크마르는 유명한 성직자 겸 신학자로서 두각을 나타나게 된 파란만장한 생애를 걷게 되었다. 844년에 사제 임명을 받은 뒤에 대머리 샤를로부터 콩피뉴에 있는 성 마리아 대수도원과 플레에 있는 성 제르메 대수도원의 감독권을 받았다. 샤를은 그에게 토지도 하사했는데, 앙크마르는 대주교로 승진하면서 그것을 생 드니 수도원의 순례자 숙박소로 기증했다. 844년 12월에 앙크마르는 베르닐 공의회에서 주도적인 역할을 수행했으며, 이듬해 4월에 열린 보베 공의회에서는 랭스의 성직자들과 민중에 의해서 대주교로 선출되었다. 대머리 샤를이 이 선출을 재가한 뒤, 그는 845년 5월 3일에 수아송의 주교 로타드(Rothad)에 의해서 랭스 대주교와 수도대주교로 축성받았다.

앙크마르가 교구를 맡고, 샤를로부터 그곳에 딸린 모든 재산을 반환받자마자 문제가 터지기 시작했다. 전임 대주교 에보(Ebo)가 면직되고 그가 선출되는 동안 그 교구가 다소 혼란에 빠져 있었던 결과였다. 앙크마르의 첫 번째 시련은 에보한테서 왔다. 그는 자신이 여전히 대주교라는 근거로 앙크마르의 선출에 항의했다. 그러나 846년의 파리 공의회는 앙크마르의 선출을 재가했으며, 847년에 레오 4세는 그에게 팔리움을 하사했다. 이렇게 해서 첫 번째 시련을 극복하는가 싶더니 두 번째 시련이 닥쳐왔다. 그것은 840년의 몇 달 동안 에보가 무력으로 자신의 옛 교구를 차지하고, 그 기간 동안 여러 사제들을 임명한 데 따른 후유증이었다. 앙크마르는 그들을 강등 조치했고, 853년의 수아송 공의회는 그의 행동을 승인했다. 하지만 그의 행동은 자연히 저항을 받았다. 불만 세력의 지도자는 면직을 당한 사제들 가운데 한 사람인 울파(Wulfad)였다. 이 문제는 868년까지 끌다가, 교황 하드리아누스가 사실상 면직당한 사제들의 손을 들어주는 방향으로 귀결되었다. 그것은 교황이 한편으로는 앙크마르에게서 모든 비난을 벗겨주면서, 다른 한편으로는 울파가 부르주 대주교로 선출된 것(866)을 재가했기 때문이다.

또 다른 문제는 그를 대주교로 축성했던, 그리고 그의 속교구 주교들 가운데 한 사람이었던 수아송의 주교 로타드한테서 왔다. 로타드가 어떤 사제를 불륜죄로 면직시켰고, 그 조치를 주교 공의회가 재가했다. 그러자 앙크마르가 이의를 제기하고 나섰다. 로타드는 속교구 주교에 지나지 않으므로 파면권이 없으며,

공의회 소집권도 없다는 것이 그의 지론이었다. 또한 그는 자신에 대한 불복종을 공식적으로 단죄하고, 면직된 사제를 복권시키라고 지시했다. 로타드는 그의 지시를 완강하게 거부하다가 그 자신이 면직을 당했다(861). 양 집단이 모두 교황에게 호소했고, 교황은 마침내(865년 1월 21일) 로타드의 편을 들어주고 그를 복직시켰다.

863년에 앙크마르는 수도대주교로서 쾰른의 귄터(Günther)의 형제 일두앵이 캉브레의 주교로 승진하는 데 동의하기를 거부했다. 일두앵은 로타르에 의해서 이 지위에 지명된 바 있으나, 앙크마르는 그가 주교 자격이 없다고 말했고, 교황은 그의 판단을 승인했다.

앙크마르가 치른 가장 길고 힘겨운 투쟁은 조카이자 이름도 같은 랑의 주교 앙크마르와 벌인 투쟁이었다. 랑의 주교는 고집을 세우고는 자신의 수도대주교와 왕에게 복종하지 않았다. 그 결과 랭스의 앙크마르가 그를 면직시켰고(871), 왕은 그를 잡아 가두고는 눈을 뺐다. 교황 하드리아누스 2세(872 죽음)는 그를 변호해 주었으나 아무런 힘도 되지 못했다. 교황 요한 8세도 그의 편을 들어주었고, 878년에는 그에게 미사 집례권을 회복시켜 주었다. 그는 882년에 죽었다.

이상의 투쟁들과 예정 및 성찬에 관한 논쟁들, 그리고 다른 곳에서 이미 길게 다룬 대로 그가 고트샬크를 박해한 일은 앙크마르가 정치가로서 받아야 할 정당한 평가를 흐려놓는 경향이 있다. 그럴지라도 그는 서방 프랑크 왕국에서 명실상부한 지도자였으며, 자신의 지혜와 열정에 힘입어 무질서가 판을 치던 시기에 나라를 지켰다. 그는 경건자 루이, 대머리 샤를, 그리고 카를로만과 우호적인 관계를 유지했다. 카롤링거 왕조의 여러 왕비들에게 면류관을 씌워주었으며, 869년에는 대머리 샤를의 대관식을 치러주었다. 그들의 결혼을 주례하기도 했다. 859년에 루이에게 파견된 독일 사절단을 이끌었으며, 860년에는 코블렌츠에서 평화 회담을 주관했다. 대머리 샤를이 로마와 대립할 때 샤를 편을 들었으며, 871년에는 그를 위해서 교황 하드리아누스 2세에게 매우 격렬한 서신을 보냈다. 이런 점들을 감안할 때, 그가 교회정치보다 국가 정치에서 더 성공을 거두었다고 할 수 있다. 그는 자신이 섬기는 왕이 불명예를 당하지 않도록 보호하고 독립을 견지하도록 뒷받침해주었으나, 정작 자신은 내내 교황의 재가를 받는 데 실패했고, 876년에 교황 요한 8세가 상스의 대주교 앙제지(Ansegis)에게 부여한, 모두가 부러워한 프랑스 교회 수장이라는 영예도 얻지 못했다.

앙크마르가 개입한 이 논쟁들에서 가장 중요한 사실들 가운데 하나는 그 과정에서 저 유명한 가짜 이시도루스 교령집이 처음으로 인용되었다는 것과, 그것도 논쟁에 개입한 모든 파벌들이 그것을 사용했다는 것이다. 그것이 위조 문서임을 앙크마르 같은 인물이 정말로 몰랐을까 하는 의문이 생기는데, 정말로 몰랐을 것이라고 생각할 근거가 있다. 이는 그가 두 가지 날조 이야기인 마리아의 탄생에 관한 외경의 이야기와, 제롬이 작성했다고 전해진 마리아의 승천에 관한 설교를 사실로 믿은 것이 비평 능력이 현저히 떨어지거나 아예 없었음을 입증하기 때문이다. 가짜 이시도루스 교령집이 날조라는 사실은 라트람누스에 의해서 밝혀졌다. 그는 그 위조 문서를 자신의 편의대로 사용했다. 교황에 대항하여 프랑스 교회의 자유를 주장할 때처럼 자기에게 도움이 된다 싶으면 인용하고, 자기 조카와 투쟁할 때처럼 자기 사상에 방해가 된다 싶으면 무시해 버렸다. 그 문서의 원래 의도란 수도대주교들로부터 주교들의 독립을 주장하는 데 있었기 때문이다.

앙크마르는 용감한 투사였을 뿐 아니라 신실한 목자이기도 했다. 공의회들을 소집하고, 민원을 듣고, 어려운 문제들을 처리하고, 개선안을 세우고 실천하는 등 주교로서 수행해야 할 일상적 과제들을 빠뜨리지 않고 효과적으로 수행했다. 교육과 학문 증진에 각별히 관심을 쏟았다. 자신이 학자였으며, 자신의 성직자들에게 학교를 세우는 데 모든 역량을 다 동원하라고 독려했다. 랭스 주교좌성당 도서관과 성 레미 수도원 도서관의 장서수를 크게 늘렸고, 그 도서관들을 위해서 사본을 많이 제작했다. 자신의 저서들로도 도서관들을 풍성하게 했다. 건축에도 관심이 깊었다는 사실이, 에보가 착공했으나 그가 완공한 웅장한 랭스 주교좌성당과 증축된 성 레미 수도원에 잘 나타나 있다.

이 비범한 인물의 생애는 끝까지 평탄치 않았다. 881년에 루이 3세의 측근인 오도아케르를 보베의 주교로 축성하기를 완강히 거부함으로써 왕과 대립하게 되었다. 앙크마르는 그가 주교직에 정말로 적합하지 않은 사람이라고 주장했으며, 교황이 그의 편을 들어줌으로써 오도아케르는 결국 파문을 당했다. 다음 해 초반에는 천하를 공포에 떨게 하던 노르만족이 랭스의 이웃 지역에 모습을 드러냈다. 앙크마르는 성 레미에 안치되어 있던 소중한 성유물들이 걱정되어서 자신이 에페네로 도피할 때 그것들도 그리로 이전했다. 그는 882년 12월 21일에 그곳에서 숨을 거두었고, 이틀 뒤에 랭스에 묻혔다.

천년의 세월을 놓고 그를 되돌아볼 때, 그는 교회를 지배하려 들었던 세속 군주와 교황에 대해서 확고부동하게 맞섰던 인물이다. 한편으로는 국가가 크고작은 분쟁과 전쟁을 치르는 과정에서 교회의 수입을 빨아들이고 성직자들을 활용하기 위해서 노력하고, 다른 한편으로는 교황이 교회 문제에서 자신이 수위권을 확보하려고 안간힘을 쓰던 시대에, 갈리아 교회의 자유를 옹호했다. 앙크마르가 거만하고 냉정하고 자기를 추구하는 인물이었던 것은 분명 사실이다. 그러나 다른 한편으로는 마음이 순수했던 사람이고, 엄격한 도덕주의자였으며, 신념이 그만큼 깊고 뜨거웠기 때문에 자신과 대척점에 선 사람들의 견해를 더욱 관용하지 못했으며, 불행한 고트샬크에 대해서도 그러했다고 생각할 수 있다. 그가 변호한 대의(大義)는 정당하고 숭고한 것이었으며, 교회와 국가에 거세게 밀려오던 무정부적 조류를 그가 막지 못함으로써 아주 먼 후대까지 그로 인한 결과에 휩싸이게 되었다.

저서

앙크마르의 저서들은 그가 본래 실천적인 인물이었음을 드러낸다. 가짓수는 많지만 분량은 대부분 얄팍하다. 내용은 당대의 현실적 문제에 대한 답변이 주종을 이룬다. 이 점이 사가의 관심을 크게 자극하지만, 다른 한편으로는 항구적인 중요성이 떨어지는 단점도 있다. 그의 저서들에 나타난 교부들에 관한 지식은 상당한 수준이며, 그것을 풀어내는 역량도 탁월하다. 하지만 고위 성직자로서 늘 현실 문제에 대처해야 했던 까닭에 조용히 연구에 몰입할 수 없었으며, 다른 사람들의 노력에 의존하고 그들의 주장과 정보를 자신의 의도에 맞게 다듬어 사용하는 정도로 만족해야 했다. 이 책에서는 지면 관계상 비교적 중요한 저서들만 언급할 수밖에 없다. 약 스물세 권의 저서들은 유실된 것으로 알려진다.

I. 고트샬크 논쟁에 관련된 저서들.[54]

1. 첫째 저서는 855년에 집필한 「신적 예정과 의지의 자유」(*Divine Predestination and the Freedom of the Will*)이다. 모두 세 권으로 되어 있지만, 대머리 샤를에게 보낸 서언적 서신을 제외하고는 모두 유실되었다.[55]

---

54) 참조. p. 465.

55) Migne, CXXV. col. 49-56.

2. 이 왕의 요청으로 같은 주제에 관해서 두 번째 논문을 썼다.

3. 857년에 고트샬크와 라트람누스가 자신에 대해서 가한 비판, 즉 찬송의 가사를 "삼위이신 하나님, 당신을"(Te, *trina* Deitas)에서 "거룩하신 하나님, 당신을"(Te, *sancta* Deitas)으로 바꿈으로써 사벨리우스적 경향을 드러냈다는 비판을 논박했다.

II. 랑(Laon)의 앙크마르 논쟁에 관련된 저서들.[56] 서로 논쟁을 주고받는 내용의 서신들로서, 랑의 앙크마르를 공식적으로 비판하는 서신, 그의 면직을 공포하는 서신, 교황 하드리아누스 2세에게 쓴 교회회의 서신, 랑의 앙크마르가 그 교황에게 쓴 서신이다.

III. 정치 · 사회 문제들에 관한 저서들.

1. 「왕 로타르와 왕비 퇴베르가의 이혼」(*The divorce of king Lothair and queen Theutberga*).[57] 이 글은 863년에 쓴 것으로서, 여러 주교들이 그 문제에 관해서 앙크마르 자신에게 문의한 서른 가지 질문들에 대한 답한 것이다. 마술사와 마법과 시죄법에 대한 그의 확고한 신념이 잘 나타나 있고, 당시의 생활 방식과 예법에 관한 흥미롭고 가치 있는 언급들이 많다.

2. 대머리 샤를, 그의 아들 말더듬이 루이 2세, 그의 딸 주디스, 그의 아내 헤르민트루드에게 면류관을 씌워주면서 행한 연설과 기도.

3. 「왕이 갖추어야 할 인격과 수행해야 할 직무」(*The personal character of the king and the royal administation*). 대머리 샤를에게 헌정되었고, 저자 자신이 편집된 글임을 밝힌다. 성경과 교부들, 그중에서도 암브로시우스 · 아우구스티누스 · 대 그레고리우스를 자료로 삼는다. 앙크마르는 23장을 다음 제목으로 분류한다:

(a) 왕이 인격과 직무 일반[1-15장]; (b) 법 집행시 견지해야 할 신중함[16-28장]; (c) 친족일지라도 하나님과 교회와 국가에 반역한 자들을 가차없이 처단해야 할 왕의 의무[29-33장]. 이 부분은 반란이 빈번하게 발생하던 시기에, 따라서 왕이 백성을 다룰 때 온유함뿐 아니라 엄위도 필요했던 시기에 작성했다. 앙크

---

56) *OPuscula et epistolae in causa Hincmari Laudunensis*, Migne, CXXVI. col. 279-648.

57) *De divortio Lotharii regis et Tetbergae reginae*, Migne, CXXV. col. 619-772.

마르는 매우 평이한 어조로 지혜로운 조언을 써놓았다.

4. 「금해야 할 악과 힘써야 할 덕」(*The vices to be shunned and the virtues to be exercised*). 대머리 샤를을 위해서 쓴 또 다른 논문이며, 주로 대 그레고리우스의 「설교집」과 「도덕률」을 편집한 것이다. 왕 레카레드(Reccared)가 가톨릭 신앙으로 전향했을 때, 대 그레고리우스가 그(레카레드)에게 보낸 서신을 대머리 샤를이 앙크마르에게 보내달라고 요청한 것을 계기로 이 글을 쓰게 되었다. 앙크마르 자신의 글은 일종의 부록이다. 이 책은 서신에 언급된 자비의 일들을 지적하는 것으로 시작하여, 그레고리우스의 저서들을 토대로 그런 일들, 그리고 정반대되는 악들을 대하는 문제를 다루어 나간다. 9, 10장에서 앙크마르는 성찬을 논하며, 자신이 파스카시우스 라드베르투스의 견해를 받아들였음을 나타낸다.

5, 6. 불법이 판을 치던 당시에 공공연히 자행되던 성폭행 문제를 다룬 논문들.

7. 「왕국의 귀족들에게 ― 왕 카를로만을 위한 교훈서」(*To the noblemen of the Kingdom, for the instruction of King Carloman*). 882년에 즉위한 어린 왕 카를로만을 위한 교훈서를 써달라는 프랑스 귀족들의 정중한 요청을 받고서 쓴 글. 그러므로 나이 지긋한 정치가가 집필한 마지막 글들 가운데 한 편인 셈이다.

IV. 교회 문제들에 관한 저서들. 1. 「852, 874, 877, 881년의 법령집」(*Capitularies of 852, 874, 877, 881*). 2. 「샤를에게 쓴 교회의 자유에 관한 변호서」(*A defense of the liberties of the church, addressed to Charles*). 세 부분으로 되어 있고, 각 부분에 Quaterniones, '작은 바퀴'(Rotula), '교훈'(Admonitio)이라는 부제가 붙어 있다. 1부는 교회가 국가로부터 독립해야 할 필요를 말하면서, 이 주제에 관해 고대 기독교 로마 제국의 법률을 인용한다. 2부는 성직자들에 대한 재판을 다루면서, 교회회의들의 법령과 교황의 결정을 소개한다. 3부는 교회의 권리들에 관해 왕에게 교훈하는 내용이다.

3. 「사제들에 대한 고소」(*The crimination of priests*). 사제들을 재판할 때 지켜야 할 수칙을 제시한 귀중한 논문. 교회회의 법령들, 그리고 대 그레고리우스와 그 밖의 저자들의 글을 인용함으로써 논지를 뒷받침한다.

4. 「사제 토이트프리트의 건」(*The case of the presbyter Teutfrid*). 그는 왕비 임마(Imma)의 겉옷과 보석들이 박힌 금 허리띠, 상아 상자 등의 물건을 훔쳤다.

이 논문은 그 사건이 지니고 있는 교회적·법적 측면들을 다루며, 그런 죄인을 어떻게 다루어야 하는지를 보여준다. 대 그레고리우스의 글을 자유롭게 인용한다.

V. 기타 저서들.

1. 「시편 104:17 강해」(*Exposition of Psalm civ. 17*). 불가타 성경에는 그 구절의 후반이 "학의 둥지가 그들의 우두머리이다"(the nest of the stork is their chief, 한글개역판, "학은 잣나무로 집을 삼는도다")로 되어 있다. 이 논문은 이 구절의 의미를 묻는 독일인 루이의 질문에 답변으로 작성되었다. 그는 본문 비평으로부터 시작하는데, 그 과정에서 칠십인역의 번역, 제롬·아우구스티누스·프로스페르·카시오도루스의 주해를 인용한다. 그가 옹호하는 그 구절의 의미는 모든 작은 새들의 우두머리인 학의 둥지가 다른 새들의 둥지를 능가한다는 것이다. 이 논문은 이른바 성경의 난제들 가운데 하나를 다루는 방식으로 인해 특히 흥미를 끈다.

2. 「베놀의 환상」(*The vision of Bernold*). 이 간단하고 흥미로운 이야기는 대머리 샤를이 죽은 877년을 배경으로 하고 있다. 베놀은 랭스에서 살았는데, 그에 관한 이야기가 앙크마르의 귀에 들어갔다. 그는 나흘간 생사를 오락가락하다가 환상을 보게 되었고, 그 이야기를 자신의 고해신부에게 해주었고, 고해신부는 다시 앙크마르에게 해주었는데, 앙크마르는 그 이야기를 널리 알려야겠다는 생각으로 책을 펴냈다. 베놀은 건강을 되찾았고, 따라서 자신의 이야기를 보증하는 산 증인인 셈이었다. 그는 환상 중에 '어떤 곳', 즉 연옥으로 갔는데, 그곳에는 41명의 주교들이 누더기를 걸친 채 더러운 몰골로 한 번은 혹한에, 한 번은 타는 듯한 더위에 시달리고 있었다. 그들 중에 앙크마르의 전임 대주교 에보가 그를 발견하고는, 교구민들과 성직자들에게 즉시 돌아가 자신들을 위해서 구제와 기도와 연보를 바칠 것을 부탁해달라고 간청했다. 베놀이 그렇게 하고 돌아와 보니 주교들이 마치 방금 목욕과 면도를 마친 듯이 말쑥한 얼굴에 장백의를 입고 영대를 두르고 샌들을 신고 있었다. 하지만 제의(祭衣)는 입고 있지 않았다. 베놀은 환상 속에서 그들을 떠나 어두운 곳으로 갔는데, 그곳에서 대머리 샤를이 쓰레기더미에 앉아 거의 뼈만 남은 채 구더기들에게 먹히고 있는 모습을 보았다. 샤를이 그의 이름을 부르면서 제발 도와달라고 간청했다. 어떻게 해주면 좋겠느냐고 물었더니, 자신이 이 고통을 당하는 것은 생전에 앙크마르의 조

언을 듣지 않았기 때문이라고 하면서, 만약 돌아가서 앙크마르의 도움을 얻어가
지고 오면 고통을 면할 수 있을 것이라고 대답했다. 환상 속에서 샤를이 시키는
대로 한 뒤 돌아와 보니 그가 왕복을 입고서 아름다운 전경 속에서 건강해진 몸
으로 서 있었다. 그와 작별하고서 더 가다가 다른 두 사람을 만나게 되었다. 대
주교 예세(Jesse)와 백작 오타르(Othar)였다. 그들을 위해서도 지상으로 돌아가
다른 사람들의 구제와 기도와 연보를 얻어가지고 왔다. 마지막으로 한 사람을
만나게 되었는데, 그는 베놀을 보고서 14년만 있으면 그도 육신을 떠나서 지금
있는 곳으로 오게 될 것이라고 한 다음, 하지만 마음을 다해 구제와 선행에 힘쓴
일이 있어야 아름다운 거처를 얻게 될 것이라고 말했다. 표정이 잔뜩 경직된 그
촌사람은 베놀을 보고서 과연 그럴 능력이 있는지 의심스럽다고 말했다가 그의
말을 듣고서 입을 다물었다. 그런 뒤 베놀은 성찬을 받고 싶다고 말했고, 먼저
포도주를 주니까 거의 반 잔을 마신 다음 "떡도 있으면 조금 먹을 수 있을 것 같
습니다" 하고 말했다. 그렇게 해서 떡을 먹은 그는 기력이 되살아나 건강을 회복
했다. 앙크마르는 이 환상을 전하면서, 이 이야기가 대 그레고리우스의 「대화」
(*Dialogues*), 비드의 「교회사」(*Ecclesiastical History*), 성 보니파키우스의 저서들,
그리고 발라프리트 스트라보가 언급한 베틴의 글에 나오는 이야기들과 비슷한
점을 상기시킨다.[58] 그리고는 독자들에게 더욱 열심히 기도하고, 특히 왕 샤를과
죽은 다른 사람들을 위해서 기도하라고 권고하는 것으로 글을 맺는다.

　3. 「성 레미기우스의 생애」(*The life of St. Remigius*). 레미기우스는 랭스의 수
호성인이다. 이 책은 「프랑크인들의 업적」(*Gesta Francorum*), 투르의 그레고리
우스, 전설과 전승의 자료들을 발췌하는 방법으로, 특히 도덕적ㆍ알레고리적 해
석을 강조하는 방법으로 포르투나투스의 간단한 레미기우스 전기를 보완한 것
이다. 책의 분량이 책의 가치나 흥미에 비해 지나치게 많다. 앙크마르는 이 책에
「성 레미기우스 찬사」(*Encomium of St. Remigius*)를 덧붙인다. 두 권의 목적은
역사나 비평을 쓰려는 것이 아니라, 도덕을 권장하고, 랭스의 수호성인을 높임
으로써 랭스 교회를 높이려는 것이다. 혹시는 클로드비크(Chlodwig)가 레미기
우스에게 선물을 바친 행위가 얼마든지 본받을 만한 것임을 암시하고 싶은 마음
도 있었을지도 모르겠다.

---

58) 참조. § 169.

4. 앙크마르는 「베르티니우스 연대기」(*Bertinian Annals*, 이 제목이 붙은 이유는 성 베르티니우스 수도원에서 발견한 사본을 토대로 처음 출판되었기 때문이다) 제3부에서 참된 역사가로 등장한다. 서방 프랑크 왕국의 역사를 다룬 이 연대기는 741년부터 시작하여 882년까지 내려간다. 앙크마르는 861년부터 882년까지의 부분을 썼다. 그는 자신이 수행하고 있던 작업에 대해서 분명히 책임감을 느꼈을 것이다. 그렇게 생각하게 되는 이유는, 모든 사실을 매우 공평한 방법으로 진술하되, 특히 그 자신이 당대 역사에서 중요한 부분을 차지한 대목을 기술할 때는 더욱 그러하기 때문이다.

5. 「서간집」(*Letters*).[59] 모두 55통으로 구성되어 있고, 비중 있는 문제들을 다룬다. 사적인 서신이 아니라, 사실상 공적인 문서들이다.

6. 「시집」(*Poems*). 몇 편 되지 않으며, 시적 가치도 크지 않다.

176. 존 스코투스 에리게나

생애

존 스코투스 에리게나(John Scotus Erigena)는 철학자와 신학자이자 역사상 위인들 가운데 한 사람으로서, 그에 관해서는 별로 알려진 바가 없다. 조상, 출생지, 교육, 성장지, 죽음이 모두 쟁점으로 남아 있다. 소소한 몇 가지 사실들, 예를 들어 대머리 샤를의 궁정에서 그가 차지한 지위와 그의 저서들에 대해서만 권위 있게 말할 수 있다.

그는 800-815년의 어느 시기에 아일랜드에서 태어나서, 그곳의 유명한 수도원들 가운데 한 곳에서 라틴어와 라틴 교부들뿐 아니라 그리스 교부들, 특히 오리게네스에 대해서도 배웠다. 843년에 프랑스로 가서 대머리 샤를의 주목을 받았고, 그와 친구가 되는 영광을 누렸다. 왕은 그를 궁정학교 교장으로 임명하고, 자주 그에게 자문을 구했다. 그는 탁월한 학문과 교사와 철학자로서의 역량, 흠 없는 삶으로 인해 궁정의 위신을 크게 높여놓았다. 지식의 폭이 무한히 넓음으로 해서 대중에게 한없는 존경을 받았으며, 실제로도 그의 업적은 매우 비범한

---

59) *Epistolae*, Migne, CXXVI, col. 9-280.

것이었다. 그는 헬라어를 상당히 잘 알았으며, 그래서 자신의 저서들에 헬라어 단어들을 자주 사용한다. 그리스 신학자들, 특히 위(가짜) 디오니시우스와 막시무스의 책을 읽고 많은 것을 배웠다. 칼키두스(Chalcidus)가 번역한 플라톤의 「티마이오스」(Timaeus)와 아리스토텔레스의 「범주론」(Categories)을 익숙히 알았다. 아우구스티누스 · 보에티우스 · 카시오도루스 · 이시도루스의 저서들에 대해서도 해박했다. 당대에 벌어진 두 가지 큰 교리 논쟁인 예정 논쟁과 성찬 논쟁에 주도적으로 개입했으며, 대머리 샤를의 요청으로 위 디오니시우스의 글들을 라틴어로 번역했다. 그의 외모에 관해 알려진 유일한 사실은 그가 아인하르트와 마찬가지로 키가 작았다는 것이다. 그는 877년에, 아마 대머리 샤를이 죽은 직후에 숨을 거둔 듯하다.

저서

앞서 논한 예정에 관한 논문과 디오니시우스 번역서 외에도, 스코투스 에리게나는 다음 저서들을 썼다:

1. 고백자 막시무스가 쓴 나지안주스 그레고리우스의 「모호한 점들」(Obscurites)에 대한 번역. 864년에 대머리 샤를의 부탁을 받고 작성했다.

2. 「천상의 위계 체제, 교회의 성직위계, 그리고 디오니시우스의 신비주의 신학에 대한 주해」(Exposition of the Heavenly Hierarchy, the Ecclesiastical Hierarchy, and the Mystical Theology of Dionysius).

3. 「요한복음 서론에 관한 설교」(Homily upon the prologue to John's Gospel).

4. 「요한복음 주석」(A commentary upon John's Gospel). 아직까지 이 책의 단편 네 부분밖에 발견되지 않았다.

5. 「마르티아누스 카펠라의 변증학에 대한 주석」(A commentary upon the Dialectic of Martianus Capella). 이 책은 호로(Haureau)가 출판했다.

6. 「영혼이 하나님을 떠났다가 돌아옴」(The out-going and in-coming of a soul to God). 이 책은 작은 분량의 단편만 발견되었다.

7. 「하나님을 봄」(The vision of God). 이 책은 성 오메르 수도원에 사본으로 보존되어 있으며, 아직 출판되지 않았다.

8. 「시집」(Verses). 수록된 시들 가운데 그리스의 시 몇 편이 에리게나의 행간 번역과 함께 실려 있다. 그는 헬라어 단어들과 시들을 자신의 다른 시들의 행간

에 삽입하기도 한다.

9. 스코투스 에리게나의 대표작은 「자연의 구분」(*The Division of Nature*)이다. 모두 다섯 권으로 되어 있고, 교사와 제자 사이의 대화체로 되어 있다. 주로 제자가 말을 많이 하는데, 그는 교회의 양심을 대변하며, 하지만 항상 결말에는 교사가 발언한다. 문체는 활력이 넘치고 화두의 범위가 가장 중요한 신학적·우주론적·인류학적 질문들을 포괄한다. 이 책은 서방에서 철학과 신학을 연합시키려고 한 최초의 본격적인 시도였다. 앙크마르의 유명한 정적 울파(Wulfad)에게 바친 헌사에서와 마찬가지로 스코투스 에리게나는 그를 단지 '형제'라고 부르며, 이 책은 865년, 그러니까 울파가 부르주 대주교로 승진하기 전에 기록되었음이 틀림없다.

그의 신학적 교훈

「자연의 구분」에 스코투스 에리게나는 자신의 신학과 철학을 집대성해 놓았다. '자연'(nature)이라는 용어로 그가 뜻한 것은 존재하는 것과 존재하지 않는 것을 망라한 것이다. 더 나아가 '존재하지 않는 것'이라는 표현이 다음과 같은 내용을 포함하는 것으로 해석한다. 1. '존재하지 않는 것'이란 우리의 감각이나 이성의 범위를 넘어서는 것이다; 2. 존재의 범위에서 높은 지위에 있는 존재들은 낮은 지위에 있는 존재들에게 알려지지 않는다; 3. 현재는 다만 잠재적으로만 존재하는 것이다(예. 아담 안에 있던 인류, 씨앗 형태로 있는 식물 등); 4. 왔다가 가며, 따라서 인지 가능한 것들처럼 참되게 존재하지 않는 것이다; 5. 하나님의 형상을 상실한 것으로서의 죄이다.

에리게나는 자연을 네 종으로 구분한다. (1) 창조는 하지만 창조되지는 않는 종; (2) 창조되기도 하고 창조하기도 하는 종; (3) 창조되되 창조하지는 못하는 종; (4) 창조되지도 않고 창조하지도 못하는 종. 처음 세 가지 구분은 아리스토텔레스의 삼중적·존재론적 구분(움직여지지 않으면서 움직이는 것, 움직여지면서 움직이는 것, 움직여지기만 하고 움직이지 못하는 것)을 신플라톤주의와 기독교의 관점에서 수정한 것이다. 네 번째 형태는 만물이 하나님에게로 돌아간다는 위 디오니시우스의 교리에 의해서 암시되었다.

그의 신학에 깔려 있는 근본 사상들 가운데 하나는 참된 철학과 참된 신앙이 동일하다는 것이다. 둘 다 동일한 신적 기원을 둔다. 하지만 그는 '참된 신앙'과 권위, 즉 교회 교리에 대해서는 정확히 동일하게 이해하지 않았고, 양자가 대립할 경우 그는 전자의 편을 들었다. 그는 성경을 해석할 때 알레고리 방법을 사용한다. 교부들을 성경 저자들과 거의 대등한 반열에 올려놓으며, 성경 해석에 발휘된 교부들의 지혜가 의문의 대상이 될 수 없다고 주장한다. 그러면서도 교부들이 서로 상충될 경우에는 이성에 가장 부합한 것을 성경에 가장 부합한 해석으로 선정하는 것이 용납된다고 주장한다. 다양하고 깊이가 한이 없고 공작의 깃털처럼 인상적인 본문의 감춰진 의미를 이끌어내는 것은 이성의 영역에 속하는 작업이라고 말한다. 이 주장과 관련하여 스코투스 에리게나가 신약성경을 헬라어 원어 성경으로 읽었고, 구약성경을 칠십인역이 아닌 제롬의 번역으로 읽었다는 것을 알면 흥미가 생긴다. 더 나아가 그가 날마다 성경을 잘 연구할 수 있도록 인도해달라고 간절히 구했다는 사실을 알면 더욱 흥미를 갖게 된다.[60]

스코투스 에리게나가 가르친 교리는 그가 진술하듯이 세 가지 주제로 압축할 수 있다. (1) 단순하시면서 동시에 만물의 다양한 원인이신 하나님; (2) 하나님으로부터의 발출(Procession). 일반적인 것부터 구체적인 것에 이르기까지 존재하는 모든 것 안에서 자신을 나타내는 신적인 선(善); (3) 하나님에게로 돌아감. 한 분을 향해서 이루어지는 다양한 회귀.

1. 첫째 주제. 창조하되 창조를 받지 않는 하나님 혹은 자연(Nature). a. 하나님의 존재 자체를 상고함. 하나님은 만물의 본질이고, 홀로 참되시며, 만물의 시작과 중간과 마침이시다. 그분은 불가해하시다. 본질·진리·선·지혜 같은 속성들을 '긍정적'(affirmative) 신학에 따라 하나님에게 적용할 수 있긴 하지만, 형이상학적으로만 그렇게 할 수 있다. 왜냐하면 그런 속성 각각은 반대의 속성을 지니고 있는 데 반해서, 하나님에게는 그런 반대의 속성이 없기 때문이다. 따라서 '부정적' 신학은 그런 속성들이 하나님에게 적용될 수 없다고 올바로 주장한다. 자의식도 하나님의 속성이 될 수 없다. 비록 천사들조차 하나님의 본질을 볼 수 없지만, 그럴지라도 그분의 존재(즉, 성부)는 만물의 존재에서 볼 수 있고, 그분의 지혜(즉, 성자)는 만물의 질서 정연한 배열에서 볼 수 있으며, 그분의 생명(즉, 성령)은 만물의 항시적 운동에서 볼 수 있다. 그러므로 하나님은 세 가지 실체 안에 있는 하나의 본질이다.

---

60) Neander, III. p. 462.

스코투스 에리게나는 성령의 발출에 관하여 다마스쿠스 요한의 교리를 취하며, 그것을 성자와 성부의 관계에 적용한다: "성령이 성자를 통해서 성부에게서 나오시듯이, 성자는 성령을 통해서 성부에게서 태어나신다."[61] 그는 옛 교부들의 방식을 사용하여 하나님의 세 위격을 불길을 구성하는 빛과 열과 광선에 비유한다. 그러나 '위격들'(persons)을 실제의 존재들로 이해하지 않고 하나님의 존재가 발휘되는 양상들과 관계들의 이름들로만 이해했다. 하나님은 창조와 창조 만물의 모든 부분에서 자신을 실현하시지만, 그러면서도 본질의 단순성을 잃지 않으신다. 만물에게서 초연히 떨어져 계시며, 만물은 하나님을 떠나서 독립된 존재를 갖고 있는 게 아니라 다만 하나님의 현시일 뿐이다. 하나님은 존재하는 만물의 실체인 동시에 우유성(偶有性, accident)들이다. "그러므로 하나님은 만유이시고 만유가 하나님이다."[62] 그러나 하나님은 자신을 피조물들에게 계시하신다. 먼저 경건한 사람들에게 환상으로 나타나셨지만, 이것은 일시적인 것일 뿐이었다. 그런 뒤 하나님은 항상 여러 가지 덕들의 형식으로 나타나셨다. 지성(intellect) 자체가 신현(神顯, theophany)이다. 가시적이든 불가시적이든 세상 전체도 그러하다.

2. 하나님 혹은 자연으로부터의 발출. a. 창조하고 창조되는 자연, 혹은 초창기의 세계관들과, 로고스 안에서 통일된 세계관들. 하나님은 세계의 자연과 본질이시다. 창조는 신적 본성의 결과이며, 원인으로서 영원히 그 결과들을 낳으며, 참으로 그 자체가 사물들의 첫 형태들이자 근거들이다. 하나님의 순수한 존재는 유한한 존재들 안에 자신을 직접 나타내실 수 없기 때문에, 하나님께서 자신을 나타내실 수 있는 원형(prototype)들을 창조하실 필요가 있었다. 창조로써 하나님은 이러한 원형들 혹은 초기의 원인들을 뚫고 나가 가시적 피조물들로 구성된 세계에 들어가신다. 이렇게 해서 삼위 하나님께서 유한자들 안에 들어오시되, 성육신 안에 뿐 아니라 모든 창조된 존재들 안에 들어오신다. 우리의 생명은 우리 안에 계신 하나님의 생명이다. 앞에서 언급했듯이, 우리가 하나님을 아는 이유는 우리 안에서 하나님이 자신을 계시하시기 때문이다. 이들 원형들은 로고

---

61) *De div. Nat.* II. 33 (col. 612).

62) III. 10 (col. 650). 이것이 '제자'의 발언이지만, '스승'은 이것을 반박하지 않는다.

스 안에서 자신들의 통일을 발견하기 전에는 주관적 존재만 가질 뿐이다. 그런
데 성령의 영향에 힘입어 그들이 시간과 공간이라는 외적 세계를 빚어낸다.

b. 창조를 받되 창조하지 않는 자연, 혹은 현상 세계와 인간 안에서 그것의 통
일. 로고스 안에서 만물이 영원부터 존재한다. 창조는 시간 안에서 그들이 나타
난 것이다. 초기 개념들의 발전 원리는 성령이시다. 세계의 물질성은 다만 외형
일 뿐이고, 공간과 시간은 정신 안에서만 존재한다. 하나님이 천지를 지으실 때
조건이었던 '무'(無)는 하나님 자신의 불가해한 본질이었다. 전체 현상 세계는
그 실제 존재의 그림자에 지나지 않는다. 인간은 자신 안에서 창조계의 모든 모
순들과 차이들을 통합하는, 현상 세계의 중심이다. 인간의 지성은 감각적이고
이해 가능한 것들을 파악할 능력이 있으며, 그 자체가 사물들의 실체이다. 따라
서 모든 자연은 인간 안에서 창조되며, 그 안에서 존재한다. 왜냐하면 그 모든
부분들에 대한 개념이 그 안에 심겨졌기 때문이다. 신적 사고가 우선이고, 인간
의 사고는 사물들의 부차적 실체이다.

낙원은 영적으로 이해해야 한다. 아담은 역사적 인물이 아니라 선재(先在) 상
태에 있던 인간이다. 인간은 결코 죄가 없지 않았다. 왜냐하면 죄는 제한과 결핍
으로서, 우연한 것도 일시적인 것도 아니며, 창조와 인간 본성의 고유한 것이기
때문이다.

c. 신성과 창조된 존재의 결합, 곧 신인(神人). 스코투스 에리게나는 이 점에
대해서 이중적 사상 체계를 드러낸다. 한편으로는 그리스도를 육체와 정신과 영
혼을 지닌 역사적 인물로, 간단히 말해서 피조물들의 모든 감각적이고 지적인
속성들의 결합으로 설명한다. 그러나 다른 한편으로는 성육신이 영원하고 필수
적인 사실이었으며, 인간들과 천사들의 자각 안에서 표현하기 어렵고 지극히 다
양한 신현을 통해서 이루어졌다고 주장한다.

3. 하나님께 돌아감, 혹은 창조하되 창조받지 않는 '자연'(Nature) 안에서 세
상의 완성. a. 시간이 있기 이전의 개념에 따라 하나님께로 돌아감, 혹은 예정 교
리. 진정한 예정은 하나 곧 거룩함을 향한 예정 하나뿐이다. 악인들에 대한 예지
라는 것은 없다. 하나님은 가장 완전한 통일과 단순함을 지니고 계시며, 따라서
그분의 존재는 그분의 지식과 의지와 다르지 않다. 그리고 하나님은 온전한 자
유가 있기 때문에 자신의 자연을 어떻게 조직하시든 상관이 없다. 그러나 이 조
직은 동시에 세상의 법과 정부에 대한 것이다. 즉, 그것의 예정이다. 그리고 하

나님은 선한 분이시기 때문에 그 예정은 선한 것일 수밖에 없다. 악의 성격 자체
— 그것은 하나님을 대적하는 것으로서, 본질상 실체적인 것이 아니라 선과 함
께 뒤섞인 결핍이요 일시적인 것이되, 세상의 발전에 본질적이다 — 가 악을 비
실재로 만들며, 따라서 악은 신적 지식의 대상이 되지 않는다. 하나님은 악 자체
를 아시지 않고, 다만 선의 부정으로만 아신다. "하나님의 지식은 그분 존재의
계시로서, 그분의 의지와 창조 행위와 하나이다. 악이 신적 인과율에서 유래할
수 없듯이, 그것을 신적 지식의 대상으로 여기는 것도 불가능하다."[63] 더 나아가
악인들의 형벌에 관한 신적 예정이나 예지라는 것은 없다. 형벌은 그들이 법을
어긴 결과로 임하기 때문이다. 악인들은 스스로를 벌한다. 지옥은 반역하는 의
지 안에 있다. 예정은 간단히 말해서 자연의 영원한 법이고 불변하는 질서이며,
그것에 힘입어 선택된 자들이 파멸의 상황에서 회복되고, 버림받은 자들이 파멸
안에 갇힌다.

　　b. 만물이 하나님에게로 돌아감. (만물의 일시적 원리들 혹은 구원 교리에 입
각하여 상고함.) 스코투스 에리게나의 저서들에는 이 주제가 매우 산발적으로
다루어진다. 그리스도는 구주이신데, 행위가 아닌 존재 자체로 구주이시다. 그
의 죽으심은 부활의 방편으로서만 중요하다. 그것은 그리스도의 부활과 승천과
더불어 시작했다. 왜냐하면 그제서야 만물이 최초의 원인들 안에서 연합한 상태
로 돌아가고, 이 돌아감이 곧 구원을 이루기 때문이다. 그러므로 구원의 결과들
은 인간들뿐 아니라 천사들에 의해서도, 심지어 무생물들에 의해서까지 느껴진
다. 구원은 우리 인간에 관한 한 사변적 지식에 있다. 우리는 사색에 힘입어 하
나님과 연합한다.

　　c. 만물이 하나님에게로 돌아감. (장차 있을 만물의 완성에 입각하여 상고함.)
만물은 하나님에게서 나왔고, 하나님에게로 돌아간다. 이것이 창조의 법칙이다.
이 돌아감의 토대는 인간이 로고스에게 돌아가는 데 있다. 그 단계는 다음과 같
다. (1) 육체의 형태로부터의 구원; (2) 부활과 성(性)의 폐기; (3) 육체가 영혼으
로 변화함; (4) 최초의 원인들로 돌아감; (5) 자연이 이 원인들과 함께 하나님 안
에서 안식함. 그러나 물론 이러한 생각은 오직 하나님께서만 영원히 존재하신다
는 것과, 영원한 형벌이 있을 수 없다는 것을 암시한다. 스코투스 에리게나는 이

---

63) Neander, *l. c.* III. p. 465.

두 가지 논리적 결론을 피하려고 하지만 뜻을 이루지 못한다.

그의 철학

위버베크(Ueberweg)는 스코투스 에리게나의 철학적 견해와 교훈을 다음과 같이 진술한다. "에리게나의 교리에서 근본적인 개념이자 동시에 근본적인 오류는 추상(abstraction)의 정도들(degrees)이 실제 존재 범위의 정도들과 일치한다는 개념이다. 그는 논리표(Tabula Logica)를 상정한다. 존재하는 개별적 대상들 이전에 그리고 또한 그들 안에 존재한다. 혹은 그보다는 후자가 전자 안에 존재한다. 이러한 (실재론적) 공식들 사이의 구분은 그의 저서들에서는 아직 발전된 상태로 나타나지 않는다 …… 그는 철저한 실재론자이다. 물론 그가 변증학의 가지들 혹은 변증학의 보조 수단들인 문법과 수사학이 다만 단어들에 관련될 뿐 사물들 자체에 관련되지 않는다고 가르치고, 따라서 그것들이 엄밀한 의미에서 학문이 되지 못한다고 가르치는 것이 사실이다. 하지만 그는 변증학을 지식의 방법론적 형식에 관한 교리로 정의하고, 지극히 일반적인 개념들 혹은 논리적 범주들을 논의하는 것을 그 독특한 과업으로 설정함으로써 변증학 자체를 윤리학·물리학·신학과 대등한 반열에 놓는다. 그 범주들을 단순한 주관적 형식들이나 이미지들로 간주하지 않고, 모든 창조된 것들 가운데 가장 숭고한 종류의 이름들로 간주한다.

"그의 범주론에서 가장 주목할 만한 특징은 범주들이 서로 조합을 이룬다는 주장과, 범주들을 운동과 휴식[안식]의 개념들에 포함시키려고 하는 시도이다. 또한 장소에 관한 범주들을 '이해의 작업'이라고 이름 붙인 논리학의 정의와 일치시키는 점도 주목할 만하다. 그는 철학화(philosophising)의 형식이나 방법과 관련된 변증학의 지침들을 구체적으로 논하지 않는다. 그가 관심을 기울이는 가장 본질적인 것은 그리스인들이 '구분'(division), '정의'(definition), '증명'(demonstration), '분석'(analysis)이라 부르는 네 가지 형식의 활용이다. 그는 분석을 파생적이고 합성된 것들을 단순하고 보편적이고 근본적인 것들로 환원하는 작업으로 이해한다. 그러나 그 용어를 정반대 의미로도 사용하여, 창조 만물에 자신을 계시하신 하나님을 나타내는 작업을 가리키기도 한다."

그의 영향과 중요성

스코투스 에리게나는 생시에 이단이나 미친 사람으로 간주되었다. 이 사실과 더불어, 그의 견해가 당대의 수준을 훨씬 뛰어넘었다는 사실로 인하여 그가 당대에 끼친 영향은 지금 우리가 예상할 수 있는 것보다 훨씬 미약했다. 그의 말년에 관한 상충된 보고들에 잘 나타나듯이 그는 세인들의 주목을 거의 받지 못한 상태로 말년을 보냈다. 그럴지라도 그는 죽은 뒤에 영향력을 발휘했다. 철학과 신학을 하나로 본 그의 견해가 안셀무스와 토마스 아퀴나스에게서 꽃을 피우기 시작했다. 최초의 원인들(causes)에 관한 그의 사색은 헤일스의 알렉산더와 알베르투스 마그누스에게서 꽃을 피웠다. 베나의 아말릭(Amalich)과 디난토의 다비드(David)는 그에게서 범신론을 이끌어냈으며, 중세의 다양한 신비주의 분파들이 그에게서 영감을 받았다. 항상 정통신앙 수호에 경각심을 갖고 있던 교회는 그의 책 「자연의 구분에 대하여」가 해악을 끼치고 있다고 파악했다. 젊은 사람들, 심지어 수도원에 들어간 사람들조차 이 책을 열심히 읽었다. 도처에서 이 책이 주목을 받았다. 따라서 상스에서 열린 공의회는 이 책을 공식적으로 단죄했고, 그 뒤 교황(호노리우스 3세)은 1225년 1월 23일자 칙서에서 그 책을 "이단적 부패의 벌레들이 우글거리는 책"으로 표현하면서, 그 책의 사본들을 모두 수거하여 파기하라고 지시했다. 이 지시가 소기의 효과를 거둔 것 같다. 그 뒤에 이 책은 사람들의 기억에서 잊혀졌다. 그러나 1681년에 토머스 게일(Thomas Gale)이 옥스퍼드에서 이 책을 출판했다. 이에 대해서 로마 교회는 다시 경각심을 갖게 되었고, 교황 그레고리우스 13세가 1685년 4월 3일자 칙서에서 이 책을 금서목록에 포함시켰다.

스코투스 에리게나는 독창성과 사색 능력이 매우 탁월했다. 그의 저서들은 사상들과 과감한 주장들로 가득하다. 철저히 삼단논법의 형식으로 주제를 전개하는 것은 그의 독자적인 방식이었으며, 그가 논리학을 강조한 것은 그만큼 당대의 사상계에서 우위를 점하고 있었다는 증거이다. 스콜라 학자들은 전승에 대해서 겸손하게 고개를 숙였으나, 그는 당당하고 독립적인 태도로 전승을 다루었다. 자신의 '제자'에게 그는 "어떠한 권위도 자네를 두렵게 해서는 안 된다"고 말했다.[64] 따라서 그를 '스콜라주의의 아버지'라고 하는 것은 잘못이다. 오히려 그는 사색 철학의 창시자였다고 하는 것이 옳다.[65] 스콜라주의자들이 그의 글을

---

64) *De div. Nat.* I, 66 (col. 511).

전거로 사용했지만, 그는 스콜라주의자가 아니었다. 신비주의자들이 그의 사상을 사용했지만, 그는 신비주의자가 아니었다. 그는 길을 발견했을 뿐, 자신이 지나간 비옥한 땅을 철저히 탐사하는 특권은 그의 몫이 아니었다. 그가 개척한 길을 따라서 다른 사람들이 들어가 열정적으로 탐사했을 뿐이다. 그는 중세의 저자들 가운데 가장 흥미를 갖게 하는 저자의 한 사람이다. 그의 사상에 접근하려면 공부를 해야 하고, 공부를 하고 나면 그 만한 보상을 얻게 된다. 「자연의 구분에 대하여」는 걸작이며, 바우어(Baur)가 잘 말하는 대로 "지극히 숭고한 사색적 사상들을 포괄하는 조직된 체계"이다.[66]

특주

스코투스 에리게나가 태어나고 죽은 지역

그가 아일랜드에서 태어났다는 진술은 그의 이름을 해석한 데 토대를 둔 것이다. 스코투스라는 이름은 구체적인 지명을 가리킨다고 보기가 어렵다. 아일랜드와 스코틀랜드를 가리키는 데 다 사용되었고, 전자는 대 스코티아(Scotia Major)라 불렸기 때문이다. 그러나 에리게나는 히에루게나가 변형된 이름일 가능성이 매우 크다. 어느 경우에서든 헬라어 단어를 사용하기를 좋아하던 존[요하네스]이 자신의 원명에 보통 아일랜드를 가리키던 '거룩한 섬' 혹은 '성인들의 섬'에서 자신이 태어났음을 암시하기 위해 덧붙였을 가능성이 큰 것이다. 이 가능성이 더욱 크게 하는 것은 그가 고백자 막시무스를 부를 때 그가 그리스에서 태어난 사실을 암시하기 위해서 그라이가–게나(Graiga–gena)라고 부른다는 점이다. 동시대 사람들과 그에 관한 언급을 싣고 있는 가장 오래된 사본들은 그를 요아네스 스코투스(Joannes Scotus 혹은 Scottus)라고 부르지만, 그의 디오니시우스 번역을 수록한 가장 오래된 사본들은 요아네스 이에루게나(Joannes Ierugena)라고 부른다. 세월이 흐르면서 필사자들이 헬라어를 몰랐기 때문에 별명이 에리우게나(Eriugena), 에리게나(Erygena), 마지막에는 에리게나(Erigena)로 기록되었다. 그 별명의 또

---

65) 스피노자, 셸링, 특히 헤겔의 노선에서. 반면에 그는 고대 철학을 기독교화한 형태로 정리한다.

66) *l. c.* II. 274.

다른 어원은 가능성이 조금 떨어지는 것으로서, 아일랜드를 가리키는 헬라어 이름인 ’Ιέρνη+γένα, ’Ιέρνη에서 유래했다고 보는 것이다. 하지만 이 가설에는 처음 ν이 사라진 이유를 해명해야 하는 어려움이 있다. 에리게나라는 별명을 스코틀랜드 서부 해안에 자리잡은 도시 아이르(Ayr), 혹은 웨일스 쪽 접경에 자리잡은 잉글랜드의 주 헤리퍼드의 에르게네(Ergene)로 설명하려는 시도도 있지만 별다른 논의 없이 일축해도 괜찮다.

상반되는 권위 있는 정보가 없는 점을 감안할 때, 스코투스 에리게나가 프랑스에서 죽었을 가능성이 크다. 그러나 그가 알프레드 대왕의 초청을 받고 잉글랜드로 들어가서 맘스베리의 대수도원장이 되었으며, 그곳에서 자신이 지도하던 학자들의 손에 살해되었다는 전승이 있다. 하지만 알프레드와 같이 보수적이고 충직한 교회의 아들이 비록 이단은 아니지만 사상적으로 기인에 해당하던 스코투스 에리게나 같은 사람을 초청했을 가능성은 희박하다. 대머리 샤를은 877년에 죽었다. 그런데 에리게나가 그 이전에 프랑스를 떠났을 가능성이 없으며, 그렇다면 그는 거처를 옮겼을지라도 적어도 예순두살이 되어서, 혹은 나이가 더 든 다음에 그렇게 한 셈이다. 애서(Asser)의 알프레드 대왕 전기를 참고하면 그 전승이 합리적으로 설명된다. 애서는 알프레드가 갈리아에서 열정과 재능과 학식이 뛰어난 요한[존]이라는 사제 겸 수사를 초청했는데, 이는 그와 대화를 나눔으로써 유익을 얻고자 함이었다고 말한다. 이어서 몇 쪽에 걸쳐서 애서는 이 요한을 연로한 색슨인이라고 부르며, 알프레드가 그를 애설니의 초대 대수도원장으로 임명했다는 내용과, 그가 자객들에게 살해되었다는 내용을 적는다. 「영국 수도원의 역사」(*Mon. hist. Brit.*), vol. i. [1848], pp. 489, 493, 4 Eng. trans. 본(Bohn)의 “고대 총서”(Antiquarian Library)에 수록된 ‘여섯 편의 고대 잉글랜드 연대기’(*Six Old English Chronicles*), pp. 70, 80, 81. 애서가 쓴 요한의 전기가 에리게나의 것으로 혼동되려면 그만큼 그의 명성이 잉글랜드까지 퍼졌어야 하는데, 실제로 그러한 이야기가 잉굴프(Ingulph), 맘스베리의 윌리엄(William), 매튜 패리스(Matthew Pais)의 글에 소개된다.

177. 아나스타시우스

아나스타시우스(Anastasius)는 로마 교회의 도서관장을 지낸 인물이며, 따라서 같은 이름을 지닌 다른 사람들과 구분하기 위해서 '도서관장'(the Librarian)이라는 별명이 붙는다. 그는 교황 니콜라우스 1세(858-867 재위) 때 티베르 강 건너편에 자리잡은 산타 마리아 수도원의 대수도원장이었다. 그는 869년에 대사의 자격으로 콘스탄티노플에 파견되어, 루이 2세의 딸과 황제 마케도니아인 바실리우스의 아들의 혼인을 주선했다. 콘스탄티노플에 머물고 있는 동안 제8차 에큐메니컬 공의회가 소집중이었는데, 헬라어를 잘 구사한 까닭에 회의에 참석한 교황 대사에게 큰 도움을 주었다. 로마로 돌아올 때 공의회의 법령집을 가지고 돌아왔고, 교황 하드리아누스 2세의 요청을 받고 그 문서를 라틴어로 번역했다. 바로니우스에 따르면 그는 886년에 숨을 거두었다.

어떤 학자들은 그를 추기경 사제 아나스타시우스와 동일인으로 간주해왔다(예. 파브리키우스⟨Fablicius⟩와 헤르겐뢰터⟨Hergenröther⟩). (그 추기경 사제는 850년에 면직과 파문을, 853년에 아나테마를 당했으나, 855년에 베네딕투스 3세에 대립하여 교황에 선출된 뒤 그를 옥에 가두었다. 하지만 856년에 폐위된 뒤에 879년에 죽었다.) 이 견해를 받아들이는 사람들은 니콜라우스와 루이 2세가 어떤 이유에서였든 그의 과오를 용서했고, 하드리아누스 2세가 계속해서 그에게 호의를 보였다고 생각하지 않을 수 없게 된다. 아나스타시우스라는 이름은 교회사에서 너무나 흔해서 그런 개연성이 낮은 동일시에 의존하는 것이 안전하지도 않고 꼭 필요하지도 않다.

아나스타시우스의 명성은 그리스 저자들의 글을 적지 않게 번역해 놓은 것과, 그가 「교황전」(*Liber Pontificalis*)과 관계가 있을 것이라는 추측에 토대를 둔다. 그의 문체는 야만에 가까울 정도로 조야하지만, 그리스 저자들에 관한 많은 정보를 라틴인들에게 전달한 점에서 공로가 적지 않다. 그는 제6차, 7차, 8차 에큐메니컬 공의회의 법령집들,[67] 니케포루스의 연대기,[68] 부제 요한(John the Deacon)이 작성한 단의론 역사에 관한 헬라어 문헌집,[69] 그리고 여러 성인들의 전기를 라틴어로 번역했다.[70] 또한 니케포루스 · 게오르그 신켈루스(George Syncellus) · 고백자 테오파누스(Theophanus Confessor)의 저서들에서 교회사 부

---

67) Migne, CXXVII. col. 103-CXXVIII.

68) *Idem.* col. 511-554.

69) *Collecteama. Idem.* col. 557-714.

70) *Idem.* col. 713-738.

분을 편집하여 번역했는데, 이 자료가 파울루스 디아코누스의 이른바 「혼합 교회사」(Historia Miscella)에 수록되었다.

현존하는 그의 저서들은 제8차 에큐메니컬 공의회 법령집 번역서에 붙인 귀중한 역사적 서론, 「선집」(Collectanea) 번역서에 붙인 머리말, 세 통의 서신(두 통은 대머리 샤를에게, 한 통은 대주교 아도에게 씀),[71] 그리고 추측하건대 「교황전」에 수록된 교황 니콜라우스 1세의 전기로 이루어져 있다.

178. 베로나의 라테리우스

라테리우스(Ratherius, Rathier)는 890년에 리에주 혹은 그 근교의 귀족 가문에서 태어나 로베 수도원에서 공부했다. 수사가 되어 많은 학식을 쌓았고, 931년에는 베로나 주교로 축성을 받았다. 성직자들의 과오와 타락, 특히 그들의 결혼에 관하여 맹렬히 비판을 가함으로써 격렬한 반대를 불러일으켰다. 바이에른의 아놀드(Arnold)가 베로나를 점령했을 때(934), 이탈리아의 왕 휴고(Hugo)는 아놀드와 공모했다는 이유로 그를 면직시킨 뒤 935년 2월부터 937년 8월까지 파비아에 죄수와 방불하게 연금시켰다. 그 뒤에는 코모의 주교에게 감독을 받게 했다.

941년 초반에 라테리우스는 프랑스 남부로 도피한뒤 프로방스의 부유한 가문에서 가정교사로 활동했으며, 944년에는 로베 수도원으로 다시 들어갔다. 2년 뒤에 베로나 교구를 되찾았으나, 948년에 그 지위에서 다시 쫓겨났다. 953년부터 955년까지 그는 리에주 주교를 지냈다. 주교직을 그만둔 뒤 로베 수도원의 부속 수도원인 알나의 대수도원장이 되었으며, 그 자리에 있으면서 파스카시우스의 견해를 되살림으로써 성찬 논쟁에 불을 지폈다. 961년에 그는 세 번째로 베로나 주교가 되었으나, 과거의 불행으로부터 교훈을 받지 못한 탓에 968년에 그에게 불만을 품은 성직자들에 의해서 다시 자리에서 밀려났다. 그 뒤 리에주로 돌아가 알나의 대수도원장직을 맡았다. 돈으로 그 밖의 직위들을 샀으며, 심지어 한 해 동안(971) 강압적인 방법으로 로베 대수도원장직을 차지했다. 그는 974년 4월 25일에 나뮈르 백작의 궁전에서 숨을 거두었다.

---

71) *Idem.* col. 737–742.

라테리우스는 "많은 점에서 당대의 테르툴리아누스라는 칭호를 얻을 만하다."[72] 어떤 학자들은 악을 열정적으로 비판한 그의 태도에서 개신교 종교개혁자들의 열정을 바라보기도 하지만, 그의 관점은 종교개혁자들과 사뭇 달랐다. 그는 많이 배운데다 야심도 컸지만, 고집과 탐욕도 강했다. 그의 저서들은 문체는 보잘것없으나 참고할 만한 정보가 많다. 대표적인 저서들을 소개하자면 다음과 같다.

1. 「전투」(*Combat*).[73] 여섯 권으로 되어 있으며, 「서론적 강론집」(*Preliminary discourses*)이라고도 불린다. 장황한 문체로 인생에서의 다양한 직업들과 관계들을 다루며, 특히 주교들의 의무를 집중해서 다룬다. 친구도 책도 접할 수 없던 옥중 생활(935-937)의 여가에 쓴 글이다.

2. 「교회법에 가해지는 경멸에 관하여」(*On contempt for canonical law*).[74] 961년에 작성했고, 자기 교구의 무질서, 특히 자신의 세입 지출에 대한 성직자들의 반대를 다룬다. 그는 이런 행위들을 자신이 인용하는 교회법에 대한 경멸로 이해한다.

3. 「특정 성격에 관한 추측」(*A conjecture of a certain quality*).[75] 자신의 태도를 적극 변호하는 책으로서, 966년에 작성했다. 그의 서신 14통과 설교 11편이 수록되었다. 첫 번째 서신에서 그는 화체설에 대한 신앙을 공언한다.

179. 게르베르투스(교황 실베스터 2세)

게르베르투스(Gerbert, 제르베르)는 '그 어부의 권좌'(the Fisherman's chair)에 앉은 학자 겸 철학자로서, 10세기의 암흑을 밝힌 가장 밝은 빛이었다. 950년에 오베르뉴 지방 올리락 혹은 그 근교의 미천한 가정에서 태어나 그곳에 있던 베네딕투스회 수도원에서 수사로서 교육을 받았다. 바르셀로나의 백작 보렐(Borel)을 따라 스페인에 가서 아랍 학문을 조금 맛본 일도 있는데, 아마 라틴어

---

72) Neander, *Hist. Chr. Ch.* III. 469.

73) *Agnosticon* 혹은 *Libri Praeloquiorum.* Migne, CXXXVI. col. 145-344.

74) *De contemptu canonum. Ibid.* col. 485-550.

75) *Qualitatis conjectura cujusdam. Ibid.* col. 521-550.

번역서들을 통해서 그렇게 했을 것이다. 자신의 후원자 보렐과 함께 로마도 방문하여(968) 교황 요한 13세의 눈에 들었으며, 교황의 천거로 황제 대 오토를 알현했다. 훗날 어린 오토 3세의 가정교사 겸 친구가 되었으며, 과거에 콘스탄티누스 대제가 세웠던 그리스-로마 제국을 로마 시에 다시 수립한다는 낭만적인 꿈을 그에게 심어주었다. 야심이 많았고, 황제와 왕의 총애를 받기를 좋아했다.

게르베르투스는 랭스 주교좌성당 학교 교장이 되었으며, 학자와 교사로서 큰 명성을 얻었다. 모든 주제에 걸쳐 희귀하고 가치 있는 저서들을 수집했다. 신학이든 인문학이든 모든 지식 분야에 강렬한 관심이 있었으며, 특히 수학·천문학·물리학·음악을 좋아했다. 아라비아 숫자와 십진법을 프랑스에 최초로 소개했으며, 천체 관측 기구들과 증기로 바람을 넣는 오르간을 제작함으로써 과학적·기계적 재능을 드러냈다. 그러면서도 대단히 현실적인 정치가였다.

972년에 그는 황제의 호의로 보비오 대수도원을 얻었으나, 이웃 지역의 귀족들과 갈등을 겪으면서 비록 그 직위는 유지하긴 했으나 혐오감을 떨쳐버릴 수 없었다. 그는 친구에게 보낸 편지에서 "온 이탈리아가 내게는 하나의 로마로 보이며, 로마인들의 도덕 상태는 세계의 공포다"고 썼다. 그는 랭스로 돌아가 교장직을 다시 수행하면서 원근 각처에서 학생들을 끌어들였으며, 주교좌성당 학교를 크게 발전시켰다. 991년에 랭스 근처의 성 바솔루스 교회에서 열린 공의회에서 서기로 활동했으며, 오를레앙의 주교 아르눌프(Arnulf)가 교황청의 허세와 부패를 격렬히 비판한 연설의 문안을 작성했다. 당시에 어떠한 갈리아의 성직자도 그처럼 대범한 발언을 할 수 없었다. 카롤링거 왕조의 마지막 왕들 가운데 한 사람의 서자로서 랭스의 대주교였던 아르눌프는 그 공의회에 의해서 위그 카페(Hugh Capet)에 반역을 꾀했다는 이유로 면직을 당했고, 왕의 희망에 따라 게르베르투스가 그의 후임자로 선출되었다. 그러나 그의 선출이 쟁점으로 비화하자, 그는 로마를 향해서 거의 분리주의적 태도를 취했다. 결국 그는 면직을 당했고, 그의 경쟁자인 아르눌프가 교황의 지원을 받아 상리 혹은 랭스 공의회에 의해서 대주교로 복직했다(996). 그 일이 있은 뒤 게르베르투스는 프랑스를 떠나 자기 제자 오토 3세의 초대로 마그데부르크로 갔고, 다시 그를 따라 이탈리아로 갔고(996), 황제의 호의에 힘입어 라벤나의 대주교가 되었으며(998), 일년 뒤에는 실베스터 2세로서 교황좌에 올랐다. 그가 최초의 프랑스 출신 교황이었다. 그를 주제로 한 시(詩)에 표시된 대로, 세 가지 R(랭스, 라벤나, 로마)이 그가 역임한 높

은 직위를 나타낸다:

"Scandit ab R. Gerbertus in R., fits postea papa vigens R."

(게르베르투스는 로마에서 로마로 올라와, 그 후에 로마를 다스리는 교황이 되었다.)

랭스의 게르베르투스로서, 그는 자유로운 견해들을 주창하고, 당시에 하나님의 전에 앉아 있던 로마의 적그리스도들을 과감하게 공격했다. 그러나 실베스터 2세가 되어서는 갈리아의 선조들을 버리고 교황제를 강하게 주장했다. 하지만 짧고 말썽이 많았던 재위 기간(999-1003) 동안 이렇다 할 치적을 남기지 못했다. 굳이 업적이라고 한다면 헝가리 왕 스테파누스에게 대관식을 치러준 일과, 비록 시기상조이긴 했으나, 기독교의 처음 천년이 지나가는 시점에서 세상의 종말을 기대하여 무수히 많은 순례자들이 성지로 몰려가던 상황에서 십자군의 필요를 최초로 역설한 일을 들 수 있다.

그의 인품에 대해서는 평가가 크게 엇갈린다. 중세 후반의 교황 전기작가들은 그를 마귀와 공모한 마술사로 묘사하며, 그의 생애와 교황 재위를 괴악한 범죄들의 연속으로 평가한다. 이런 이야기가 생기게 된 이유는 그의 학식이 그만큼 비범한데다 이슬람교를 접해본 경험 때문이기도 했고, 과거에 로마에 적대적인 태도를 취했기 때문이기도 했다. 현대의 몇몇 사가들은 그를 야심에 눈먼 모략가로 평가한다.[76]

그가 학문에 쏟은 노력은 주로 수학에 관한 것이었다. 그가 남긴 신학 저서들은 수도 극히 적은 데다 중요하지도 않으며, 당대의 미신 수준을 벗어나지 못한다. 그의 간단한 논문 「주님의 살과 피에 관하여」(*De Corpore et Sanquine Domini*)는 파스카시우스 라드베르투스가 가르친 화체설 교리를 변호하고, 거기에 (성체소화론파〈Stercorianists〉의 주장과 달리) 축성된 성물들이 다른 음식들처럼 소화되지 않고, 다만 속사람을 위한 영원한 영적 자양이 되며, 장차 부활할 몸의 배아(胚芽)가 된다는 내용을 덧붙인 것이다.[77] 말이 다한 곳에 신앙의 여지

---

76) 특히 그프뢰러가 그러하고, Hauck도 약간 그런 태도를 보인다. 그러나 Hock, 뷔딩거, Damberger는 그의 인격과 정통신앙을 변호한다. Neander, Hefele, Giesebrecht는 그를 공정하게 다룬다.

77) In Migne, col. 179-188.

78) *De Corp. et Sang. D. c.* 7 (col. 185).

가 더욱 많은 법이다.[78]

「주교직의 의미에 관하여」(*De informatione episcoporum*)라는 설교에서(이것이 정말로 그가 행한 것이라면), 그는 주교직을 왕직 위에 두며, 공공연한 주교직 거래(성직 매매)를 비판하지만, 모든 주교들이 베드로와 함께 그리스도의 양들을 보살펴야 할 의무를 지닌다고도 주장한다. 이것은 이 글이 그가 교황이 되기 전에 쓴 것이라는 점과, 그가 교황지상주의 곧 바티칸의 교황 절대주의 교리를 지지하지 않았다는 점을 암시한다.

그가 교황들과 황제들, 왕들, 왕비들, 대주교들과 그 밖의 고위 성직자들에게 보낸 서신들은 당대의 역사와 그가 맺었던 인맥, 정치와 음모에서 그가 발휘한 수완을 이해하는 데 도움이 된다. 서신들은 대부분 짧고, 오토 3세의 서신들도 더러 수록한다. 가장 길고 흥미로운 서신은 위그 카페의 아내 아델라이데(Adelaide) 왕비에게 보낸 것과, 랭스 교구의 속주교들에게 보낸 것으로서, 경쟁자 아르눌프의 반대에 대해서 자신이 랭스의 주교가 된 것을 변호하는 내용이다. 훗날 그는 교황이 되자마자 아르눌프를 랭스 대주교로 복직시켰다.

180. 샤르트르의 풀베르

게르베르투스가 가르친 유명한 제자들로는 황제 오토 3세, 프랑스 왕 로베르, 프랑스 사가 리셰(Richer), 그리고 당대에 가장 유명한 교사인 샤르트르의 풀베르(Fulbert)를 꼽을 수 있다. 이들은 10세기의 암흑을 몰아내기 시작한 새로운 학문 열정을 앞장서서 일으킨 사람들이다. 프랑스가 이 열정을 주도했고, 이탈리아가 그 뒤를 따랐다.

자신을 존경하는 사람들로부터 '프랑스의 소크라테스'라 불린 풀베르는 950년경에 아마도 샤르트르의 가난하고 미천한 가정에서 태어났고, 랭스 주교좌성당에서 게르베르투스에게 배웠다. 공부를 마친 뒤 샤르트르로 돌아와 비슷한 학교를 세웠는데, 이 학교가 얼마 지나지 않아서 랭스 학교에 버금가는 명성을 얻게 되었다. 1003년경에 그는 샤르트르 교회의 종교법 고문(chancellor)으로, 1007년에는 주교로 선출되었다. 주교좌성당이 화재로 붕괴되었을 때(1020), 그는 프랑스 각처와 다른 나라들에서 재건을 위한 기부금을 모았으나, 완공을 보지 못한 채 눈을 감았다. 그는 프랑스에서 발생한 정치적·교회적 분쟁들에 개입했고, 주교들이 칼을 사용하는 것에 반대했으며, 평신도들이 돈에 눈이 멀어 교회 재산을 횡령하고 성직을 매매하는 행위를 비판했다. 왕비 콘스탄티아의 음모에 반대하다가 황실의 호의를 잃었다. 그는 1029년 4월 10일에 숨을 거두었다.

풀베르의 명성은 주로 왕성한 교사로서 거둔 성공에 있다. 그의 별명이 이것을 암시한다. 그는 독창적인 사상가는 어니았으나 학생들에게 열정을 심어주는 비결을 잘 알고 있었다. 그의 인격은 학식보다 훌륭했다. 학생들을 가르칠 때 지적 훈련에 영적 훈련을 지혜롭게 결합했고, 학생들이 신자로서 끝까지 바르게 사는 데 교육의 목표를 두었다. 항상 황혼 무렵에 학생들과 함께 정원을 거닐면서, 천국에 관하여 대화를 나누곤 했다. 때로는 그런 생각에 압도되어 학생들 앞에서 눈물을 흘리면서, 진리의 길에서 절대로 떠나지 말 것과, 힘을 다해서 하늘 본향을 사모하고 나아갈 것을 권고했다.

그가 배출한 가장 유능한 학생은 화체설을 열정적으로 반대한 투르의 베렌가리우스(Berengar)였는데, 그가 스승에게서 그러한 견해를 배운 것이 아닌가 하는 추측이 가끔 제기되었다. 그러나 풀베르는 전통적인 정통신앙을 고수했으며, 자신의 수도대주교인 상스의 대주교에게 보낸 서신들에서 자신은 혁신에 반대한다고 분명히 썼다. 그는 실재적 임재를 호기심 차원의 사색보다 신앙과 예배의 대상으로 간주했으나, 실체가 창조되는 것을 믿는 일에 비하면 신적 능력으로 실체가 변화하는 것을 믿는 일은 오히려 수월하다고 주장했다. 그는 성인들, 특히 성모 마리아를 열정적으로 숭배했으며, 마리아의 탄생 축일을 기념한 초창기 성직자들 가운데 한 사람이다.

풀베르의 저서들은 139(혹은 138)통의 서신들로 구성된다. 그 중에서 더러는 구체적인 수신인들에게 보낸 서신들이고, 9통은 설교, 27통은 찬송과 시, 그리고 소수는 아마도 성 오베르의 전기를 포함한 저작들이다. 그의 서신들은 그 시대의 역사를 이해하는 데 상당한 흥미와 중요성을 지닌다. 가장 길고 가장 중요한 서신은 그가 본질적이고 근본적인 것으로 이해한 세 가지 교리, 즉 삼위일체와

---

79) *Ep.* V. (이전에는 *Ep.* 1, in Migne, col. 196 sqq.), *De tribus quae sunt necessaria ad profectum Christianae religionis.* 1007년에 자신의 수도대주교에게 쓴 서신.

세례와 성찬 교리를 다룬다.[79]

게르베르투스가 세운 랭스의 학교에서부터 풀베르가 세운 샤르트르의 학교가 유래했고, 이 학교에서 다시 베렌가리우스가 세운 투르의 학교가 유래했는데, 이 세 학교가 모두 인기와 효과 면에서 동등한 명성을 누렸다. 이 세 학교는 차례로 란프랑쿠스가 베크에 세운 수도원 학교에 명성을 내주었다. 란프랑쿠스는 이탈리아 출신으로서 프랑스에서 활동했고, 자신의 경쟁자 베렌가리우스와 대립했으며, 잉글랜드에서 캔터베리 대주교로서 공적 활동을 마감했다. 그는 자신의 제자이자 후임자로서 제2의 아우구스티누스와 가톨릭 스콜라주의의 아버지로 평가되는 안셀무스에 의해 축출되었다. 안셀무스와 더불어 신학 발전에 새롭고 중요한 장이 시작된다.

181. 로둘푸스 글라베르. 브레멘의 아담.

11세기의 역사 저자들 중에서 로둘푸스 글라베르(Rodulfus Glaber)와 브레멘의 아담(Adam)이 특히 언급할 가치가 있다. 전자는 프랑스 역사를, 후자는 유럽 북부의 역사를 썼다.

로둘푸스 글라베르는 부르고뉴 태생으로서, 아주 어릴 적에 삼촌에 의해 수도원에 들어갔다가 행실이 나쁘다는 이유로 쫓겨났다. 하지만 그는 못된 행실을 고치고서 기율이 엄격한 클뤼니의 베네딕투스회 수도원 학교에 들어갔다. 공부를 마친 뒤 디종에 있는 성 베니뉴스 수도원에서 잠시 살다가 클뤼니로 돌아갔고, 1050년경에 숨을 거두었다.

주요 저서는 당대의 역사(1000–1045)를 다룬 다섯 권이다. 조야한 라틴어에 부정확한 내용, 연대상의 실수, 전설적인 기적 등이 가득한 저서이지만, 당대를 이해하는 데 흥미롭고도 없어서는 안 될 자료이며, 그 시대 사람들이 부패상을 생생하게 묘사한다. 1031년에 죽은 디종의 대수도원장 성 기욤의 전기도 썼다.

브레멘의 아담은 작센인으로 태어나 (아마도) 마그데부르크에서 교육을 받았

---

80) 함부르크는 초기부터 북유럽의 주교좌가 있던 도시였고, 그 뒤에도 명목적으로는 그 지위를 유지했으나, 벤드족과 노르만족의 끊임없는 침입으로 인해서 브레멘에 자리를 넘겨주었다.

고, 브레멘에서 교사와 참사회원으로 활동하다가(1068), 1072-1076년의 어느 시기에 함부르크-브레멘 주교들의 역사를 작성했다.[80] 이 글이 788년부터 아달베르(1045-1072년에 브레멘의 대주교를 지낸 인물)가 죽을 때까지 독일 북부와 스칸디나비아의 가장 오래된 교회사를 다룬 주요 자료이다. 아담은 장서가 풍부히 소장되어 있던 브레멘 도서관과 구전 전승에서 자료를 얻었다. 그러기 위해서 "야만족들의 역사를 마치 한 권의 책에 기록하듯 자신의 기억에 보존하고 있던" 덴마크 왕 스벤 에스트리트손(Sven Estrithson)을 찾아가기도 했다. 아담의 기록은 공정하고 신뢰성이 있지만, 연대를 무시한다. 그는 단순미가 부족한 점을 제외하면 북유럽의 헤로도토스라 불릴 만하다. 베르길리우스·호라티우스·루키아누스를 친숙히 알았고, 주로 살루스티우스의 문체를 모방했다. 짐짓 짧은 문장과 금언투의 표현을 사용한 것도 다 그래서였다. 그는 중세 최초의 사가들 반열에 포함된다.

182. 성 페트루스 다미아니

I. 생애. 페트루스 다미아누스(Peter Damianus) 혹은 다미아니(Damiani, 1007-1072)는 힐데브란트의 친구이자 성직자들의 도덕 개혁을 열정적으로 주창한 사람으로서, 라벤나에서 태어났고, 소년기를 매우 힘겹게 보냈으나 형 다미아누스(그는 형의 이름을 취했다)의 도움으로 라벤나와 파인차, 파르마에서 공부할 수 있었다. 고향 도시로 돌아가 자유7과의 교사로서 명예와 안정된 생활을 얻었다. 그러다가 서른살에 동향 사람 로무알드(Romuald)의 본을 따라 돌연히 세상을 등지고 움브리아 지방의 구보(유구비움) 근처의 폰테 아벨라노로 가서 은수자가 되었다(훗날 그는 로무알드의 전기를 썼다). 그곳에서 곧 높은 차원의 금욕적 성결에 이르렀으며, 인근 지역 전체의 은수자들과 수사들을 감독하는 대수도원장이 되었다.

대수도원장으로 재직하면서 시편 낭송 시간에 스스로 채찍질을 하여 공로를 쌓는 방법을 체계화하여 널리 보급했다. 시편 한 편을 낭송할 때마다 가죽으로 만든 채찍으로 맨등을 백 번 때려야 했으니, 시편 전체를 낭송하려면 1만5천 번 채찍질을 해야 했다. 이러한 고행 방식이 크게 유행하면서 많은 수사들이 자신의 유익을 위해서 혹은 연옥에 떨어져 있는 영혼들이 풀려나기를 바라는 심정으로 시편을 부를 때 거의 죽음을 생각하게 할 정도로 스스로 채찍질을 했다. 채찍질로 가장 명성을 얻은 사람은 도미니쿠스(Dominicus)로서, 그는 맨몸에 쇠갑옷을 입고서(이런 이유로 Loricatus〈쇠갑옷〉이란 별명이 붙었다) 열두 편의 시편을 쉬지 않고 낭송하는 동안 과도하게 채찍질을 해댔다. 마침내 그는 지쳐서 죽었다(1063). 심지어 귀족 여성들도 "이 연옥의[혹은 '죄를 씻는'] 방법"(hoc purgatorii genus, 다미아니의 표현)을 열정적으로 실천했다. 비판의 소리도 높았으나, 그는 이 자발적 고행을 그리스도의 수난과 순교자들의 고통에 즐거이 동참하는 행위로 변호했다. 그러면서도 제자들에게 과도한 실행을 자제하도록 할 필요를 느꼈으며, 그래서 아무도 강제로 채찍질을 해서는 안 되고, 한 번에 40편의 시편 낭송에 4천 번의 채찍질로 충분하다고 지시했다.

다미아니가 말과 행실로 권장한 금욕 생활은 심원한 결과들을 초래했다. 이것이 도미니쿠스회와 프란체스코회의 수도 규율의 일부가 되었으며, 13-14세기에, 특히 흑사병이 창궐하던 시기(1349)에 대단히 광범위하게 퍼졌다. 그 무렵에 '채찍질 고행파'(Flagellants) 혹은 '십자가 고행파'(Cross-bearers) 같은 집단들이 나타나 회개의 심정이 발동하면 십자가를 앞세운 채 허리까지 맨살을 드러내고 얼굴에는 베일을 가리고서 이탈리아·독일·잉글랜드 곳곳을 순례했으며, 우리 주님의 생애 33년을 기념하여 33일간 하루에 두 번씩 참회의 시편을 낭송하면서 스스로 채찍질을 했다.

다미아니는 클뤼니에 거점을 둔 엄수파 수도원의 지도자가 되었으며, 성직자 중심적·신정적(神政的) 관점에서 성직자 사회와 교회가 극도로 타락하고 변질된 시기에 개혁을 위해서 노력했다. 그는 당시의 상황을 소돔과 고모라의 상황에 비유했으며, 성직 매매와 사제들의 축첩 행위를 가장 큰 두 가지 악으로 규정했다. 돈으로 성직을 매수한 사람은 면직으로써 벌하고, 결혼한 사제들이 집례하는 미사에 평신도들이 참여하지 못하도록 금하는 법을 제정해야 한다고 주장했다. 그리고 그러한 법이 과연 1059년에 라테란 공의회에 의해서 통과되었다. 그는 비록 1053년에 교황 레오 9세조차, 약탈을 일삼는 노르만족에 대항하여 직접 군대를 끌고 나가 싸운 일이 있었음에도 불구하고, 성직자들이 전투에 참여하는 행위에 대해서도 단죄했다. 사제는 신앙을 수호하려는 명목에서조차 칼을 들어서는 안 되며, 하나님의 말씀과 성령의 검만 가지고 싸워야 한다고 확고히 주장했다.

이렇게 재능과 경건과 열정을 지닌 인물이 광야에 감춰진 채 남아 있을 수 없었다. 그 결과 1058년에 로마로 초빙을 받아 완곡한 고사에도 불구하고 교황 스테파누스 10세에 의해 오스티아의 주교와 로마 교회의 추기경으로 임명되었다. 1061년에는 가까스로 교황관을 쓰는 운명을 피할 수 있었다. 그는 힐데브란트 계열의 교황들(그레고리우스 6세·클레멘스 2세·레오 9세·빅토르 2세·스테파누스 10세·니콜라우스 2세·알렉산더 2세)의 영적 고문이자 겸열관이었으며, 힐데브란트 자신에게도 그러한 역할을 수행했다. 교황들에게 중요한 임무를 맡아 밀라노·피렌체·몬테카시노·클뤼니·마인츠·프랑크푸르트로 파견되었다. 카달루스(Cadalous)가 주도한 교황청 분열 기도를 저지하는 데에도 이바지했다.[81]

황제 하인리히 3세의 신임을 얻어 제2의 다윗이라는 찬사를 받았고, 과부가 된 왕비 아그네스의 고해신부가 되었으며, 그녀의 아들 하인리히 4세가 아내 베르타와 이혼하려 할 때 그를 저지하여 이혼을 막았다. 한때 주교직을 사임했으나, 힐데브란트의 부름을 받고 은둔지에서 다시 나왔다. 따라서 다미아니는 힐데브란트를 자신의 거룩한 사탄이라고도 했고, 교황의 주라고도 했다. 그는 고위직에 따라오는 온갖 허영들과 위엄들을 하찮게 여겼다. 사람들이 다들 떠받드는 주교좌보다 아펜니노 산맥에 자리잡은 자신의 수도원 암자를 더 사랑했다. 그곳에 가면 내면의 세상을 정복할 수 있었고, 시편을 낭송하고 스스로 채찍질을 할 수 있었고, 기분 전환으로 풍자글과 비문을 쓸 수 있었으며, 나무 수저를 만들 수 있었다. 그는 이렇게 말했다. "만약 지나간 시대의 주교들이 이렇게 주교직을 맡아 수행하느라 온갖 고생을 견뎌야 했다면 과연 무슨 일을 이루어냈겠는가? 주교가 되어 허구한날 칼과 창을 든 군대를 이끌고 나가고, 이교도장군처럼 무장 병력의 호위를 받다니! 노상 궁정의 연회에 참석하고, 날마다 행렬을 벌이다니! 잔칫상에는 타락한 손님들을 위해 산해진미가 가득한데, 가난한 사람들은 먹지 못해 날로 야위어 간다!"

그의 마지막 사역은 고향 도시의 교회에서 발생한 분열을 치유한 것이었다.

---

81) 카달루스는 파르마의 주교로서, 재산이 아주 많았고, 그러한 기반을 가지고 성직을 매입했다.

그는 고향에서 파인차로 돌아간 뒤인 1072년 2월 23일에 열병으로 숨을 거두었다. 힐데브란트가 교황좌에 올라 개혁 작업을 벌이기 일년 전의 일이었다. 그 개혁을 위하여 다미아니가 비록 경직되긴 하나 정직한, 근실하고도 사심 없는 경건으로 그 길을 닦았다.

II. 저서들. 다미아니의 저서들은 서신들·설교들·성인들의 전기들·금욕 생활을 장려하는 소책자들·시들로 구성된다. 이 저서들은 그 시대 교회의 모습을 비쳐주는 거울이다.

1. 서신들은 수신인들의 부류에 따라 여덟 권으로 분류된다. (a) 당시의 로마 주교들(그레고리우스 6세·클레멘스 2세·레오 9세·빅토르 2세·니콜라우스 2세·알렉산더 2세·대립교황 카달루스 혹은 호노리우스 2세); (b) 추기경 주교들과 특히 추기경 힐데브란트; (c) 총대주교들과 라벤나와 쾰른의 대주교들; (d) 다양한 주교들; (e) 수석 사제들(Archipresbyters), 대부제들, 사제들, 그외 성직자들. 이 서신들은 당대 교회의 부패상을 적나라하게 묘사하며, 도덕 개혁을 위한 열정이 뜨겁게 전달된다. 그는 자신을 "죄인들의 괴수 페트루스"(Petrus peccator monachus)라고 부른다. 대립교황 카달루스에게 보낸 서신들에는 그의 풍자 역량이 잘 발휘되어 있다. 그가 카달루스에게 말한 것은, 그의 이름 자체가 '타락하다' 라는 뜻의 카도(cado)와 '백성' 이란 뜻의 헬라어 라오스에서 유래하여 불길하다는 것과, 그가 세 번 폐위를 당해 마땅하다는 것, 그런데다가 간음과 대단히 극악한 성직매매 죄를 새로 범했다는 것, 자신의 교회(파르마)를 팔고 다른 교회를 매입했다는 것, 그 교회가 그러한 간음들로 인해 머리끝까지 더럽혀졌다는 것이다. 그는 카달루스가 일년 내에 죽을 것이라고 예언했으나, 그는 더 오래 살았으며, 이에 대해서 다미아니는 자신이 도덕적 죽음을 빗대어 말한 것이라고 해명했다.

2. 설교는 모두 74편이다. 분량이 짧으며, 교회 축일들, 사도들, 성모 마리아, 순교자들, 성인들, 성유물들을 다루며, 교회 차원의 금욕적 경건에 힘쓸 것을 당부한다.

3. 성인들의 전기는 베네딕투스회 계열의 성인들, 즉 클뤼니의 오딜로·로무알드·로둘푸스·도미니쿠스 로리카투스(자기 채찍질 고행의 영웅)의 생애를

---

82) Migne, 925-1024.

다룬다. 모두 도미니쿠스의 예를 본받아야 한다고 권장한다.[82]

4. 교리 논쟁서들. 「가톨릭 신앙에 관하여」(*De Fide Catholica*); 「유대인 비판서」(*Contra Judaeos*); 「유대교와 기독교의 대화」(*Dialogue inter Judaeum et Christianum*); 「신적 전능에 관하여」(*De Divina Omnipotentia*); 「성령의 발출에 관하여」(*De Processione Spiritus Sancti*, 그리스인들을 비판한 글) 등.

5. 논쟁 및 금욕서들. 이 가운데 가장 중요한 책은 「고모리아누스의 생애」(*Liber Gomorrhianus*, 1051)로서, 자신의 눈에 소돔과 고모라의 방탕으로까지 내려앉은 성직자들의 불륜을 과감히 파헤친 글이다(책 제목이 그래서 그렇게 붙었다). 이 책은 교황 레오 9세에게 헌정되었다. 그는 교황에게 자신의 권한을 발동하여 부패를 척결해달라고 요구했다. 「그라티시무스의 생애」(*Liber Gratissimus*)는 라벤나의 대주교 하인리히에게 쓴 책으로서, 성직매매를 비판하는 내용이다. 그는 그 밖에도 세상을 경멸하는 내용과, 수도 생활을 통해 완전에 이른다는 내용, 은수자들의 생애, 성직자들의 독신 등에 관한 소책자들과, 무절제와 탐욕 등을 비판하는 소책자들을 썼다.

6. 기적들과 유령 출몰에 관하여.

7. 주요 사도들, 특히 베드로와 바울의 화상들에 관하여.

8. 미사 교령(敎令)과 그 밖의 전례들에 관한 주해.

9. 구약과 신약성경에 관한 해석학적 단편들.

10. 시들과 풍자들과 비문들과 기도문들. 그가 남긴 가장 훌륭한 시는 낙원의 영광을 노래한 것으로서, 아우구스티누스의 시적 산문을 토대로 쓴 것이다:

"Ad perennis vitae fontem mens sativit arida."[83]

(영원한 생명의 삶으로 메마른 마음이 채워졌다)

---

83) III, p. 840.

● **독자 여러분들께 알립니다!**
'**CH북스**'는 기존 '**크리스천다이제스트**'의 영문명 앞 2글자와
도서를 의미하는 '**북스**'를 결합한 출판사의 새로운 이름입니다.

필립 샤프 교회사전집 4

그레고리우스 1세부터 그레고리우스 7세까지

1판 1쇄 발행 2004년 9월 25일
1판 중쇄 발행 2023년 6월 1일

발행인 박명곤 **CEO** 박지성 **CFO** 김영은
기획편집 채대광, 김준원, 박일귀, 이승미, 이은빈, 이지은, 성도원
디자인 구경표, 임지선
마케팅 임우열, 김은지, 이호, 최고은
펴낸곳 CH북스
출판등록 제406-1999-000038호
전화 070-4917-2074 **팩스** 0303-3444-2136
주소 서울시 강서구 마곡중앙6로 40, 장흥빌딩 10층
홈페이지 www.hdjisung.com **이메일** main@hdjisung.com
제작처 영신사
ⓒ CH북스 2004